2500

MONUMENTS ET SITES

OUVERTS AU PUBLIC

LE GUIDE

DU PATRIMOINE

EN FRANCE

Illustrations de couverture : en haut, château de Chambord, Loir-et-Cher (Centre), © DR ;
en bas, Le Mont-Saint-Michel, Manche (Basse-Normandie), © DR.
4e de couverture : en haut, la Conciergerie, Paris, A. Frich. © CMN, Paris ;
en bas, château de Cons-la-Grandville, Meurthe-et-Moselle (Lorraine), © S. Wieser.

ISBN : 978-2-7577-0081-5

2500 MONUMENTS ET SITES OUVERTS AU PUBLIC

LE GUIDE

DU PATRIMOINE EN FRANCE

ÉDITIONS DU PATRIMOINE
CENTRE DES MONUMENTS NATIONAUX

Avant-propos

Cette nouvelle édition d'*Ouverts au public, le guide du patrimoine en France* a fait l'objet d'une mise à jour de son contenu et d'une refonte de sa présentation. Dans le but de mieux faire connaître notre patrimoine national et d'en faire apprécier la diversité, elle présente des monuments et des sites qui répondent à un double critère : être protégés (classés ou inscrits) au titre des monuments historiques, pour leur intérêt architectural, artistique ou historique exceptionnel ; être ouverts au public et offrir une structure d'accueil avec des horaires fixes et réguliers plusieurs mois par an.

Toutefois, il n'a pas paru nécessaire de faire figurer dans cet ouvrage des édifices telles de nombreuses églises paroissiales dont l'ouverture va de soi, ni même de grandes cathédrales – certaines de ces dernières sont néanmoins citées parce que l'accès d'une de leurs parties est soumis à l'acquittement d'un droit d'entrée (tours, crypte, trésor...).

On trouvera dans cette édition quelque 2500 notices classées par ordre alphabétique des régions, des départements à l'intérieur de ces régions, puis par communes de ces départements. Un index alphabétique des communes vient en fin d'ouvrage faciliter les recherches, de même que des cartes régionales orthonormées, auxquelles renvoient des coordonnées inscrites au-dessus de chaque notice. En fin de ces notices s'ajoutent des renseignements pratiques : périodes et horaires d'ouverture, possibilité de restauration sur place. Comme ces données sont susceptibles d'évoluer d'une année sur l'autre, les numéros de téléphone et, à chaque fois que cela a été possible, les adresses Internet sont précisés, qui permettront au lecteur de se renseigner plus avant. Certains sites étant fermés pour cause de travaux l'année de parution de cette nouvelle édition, mais devant rouvrir ensuite, leur notice a été maintenue, avec indication de leur inaccessibilité provisoire. Enfin, outre les logos signalant l'appartenance d'un monument à la liste du patrimoine mondial, ou sa dépendance du Centre des monuments nationaux, d'autres logos viennent préciser l'accessibilité des lieux aux visiteurs handicapés.

Conçu tel un outil pour le tourisme culturel, ce guide s'adresse à tous ceux qui désirent découvrir le patrimoine français dans toute sa richesse et sa diversité.

cartes

Autoroute

Route principale

Route secondaire

Préfecture de région

Préfecture de département

Site ouvert au public

Édifice religieux

Édifice civil, hôtel particulier

Château, fortification

Site archéologique

Parc, jardin

Site industriel

Autre

logos

Label « Musée de France »

Label « Tourisme handicap »

Label « Jardin remarquable »

Inscrit au patrimoine mondial de l'Unesco

Géré par le Centre des monuments nationaux

Label « Patrimoine européen »

pictos

Visiteurs sourds et malentendants

Visiteurs mal et non-voyants

Visiteurs déficients auditifs

Visiteurs à mobilité réduite

Présence d'une boucle magnétique

Visiteurs déficients intellectuels

Restauration possible sur place

Depuis l'adoption en 1972 par la conférence générale de l'UNESCO de la Convention concernant la protection de l'héritage culturel et naturel mondial, une liste du patrimoine mondial, régulièrement enrichie, vient cataloguer les sites culturels ou naturels considérés d'importance pour l'héritage commun de l'humanité. Le but premier de cette liste est de faire connaître et protéger ces sites exceptionnels, sans pour autant se substituer aux mesures de protection prises pas les États, par exemple le classement ou l'inscription en France.

Les sites inscrits le sont par un Comité du patrimoine mondial de l'UNESCO, selon qu'ils répondent à l'un ou plusieurs des dix critères suivants :

– représenter un chef-d'œuvre du génie créateur humain ;

– témoigner d'un échange d'influences considérable pendant une période donnée ou dans une aire culturelle déterminée, sur le développement de l'architecture ou de la technologie, des arts monumentaux, de la planification des villes ou de la création de paysages ;

– apporter un témoignage unique ou du moins exceptionnel sur une tradition culturelle ou une civilisation vivante ou disparue ;

– offrir un exemple éminent d'un type de construction ou d'ensemble architectural ou technologique ou de paysage illustrant une ou des période(s) significative(s) de l'histoire humaine ;

– être un exemple éminent d'établissement humain traditionnel, de l'utilisation traditionnelle du territoire ou de la mer ;

– être directement ou matériellement associé à des événements ou des traditions vivantes, des idées, des croyances ou des œuvres artistiques et littéraires ayant une signification universelle exceptionnelle ;

– représenter des phénomènes naturels ou des aires d'une beauté naturelle et d'une importance esthétique exceptionnelles ;

– être des exemples éminemment représentatifs des grands stades de l'histoire de la Terre ;

– être des exemples éminemment représentatifs de processus écologiques et biologiques en cours dans l'évolution et le développement des écosystèmes ;

– contenir des habitats naturels les plus représentatifs et les plus importants pour la conservation *in situ* de la diversité biologique.

Selon le Code du patrimoine, deux mesures de protection au titre des monuments historiques peuvent s'appliquer aux immeubles : le classement et l'inscription.

Le classement

Les immeubles ou parties d'immeubles dont la conservation présente, du point de vue de l'histoire ou de l'art, un intérêt public sont classés par décision du ministre chargé de la Culture après consultation de la Commission nationale des monuments historiques.

Le classement a pour conséquences pour le propriétaire de l'immeuble :

– de ne pouvoir le réparer, le restaurer, le détruire, le déplacer ou le modifier, même en partie, sans l'autorisation préalable du préfet de région (direction régionale des Affaires culturelles);

– de protéger ses abords : toute transformation extérieure d'un immeuble visible depuis le monument ou en même temps, et situé dans un rayon de 500 m depuis le monument, doit faire l'objet d'un avis conforme de l'architecte des Bâtiments de France;

– en contrepartie, l'État peut apporter une aide financière pour les travaux de restauration et d'entretien des monuments;

– les travaux de restauration sont réalisés par un architecte en chef des monuments historiques ou par un architecte présentant un niveau de qualification équivalent;

– les propriétaires qui effectuent des travaux et font visiter leur monument au moins quarante jours par an en été bénéficient d'avantages fiscaux.

L'inscription

Les immeubles ou parties d'immeubles qui, sans nécessiter un classement, présentent un intérêt historique ou artistique suffisant pour en justifier la préservation peuvent être inscrits au titre des monuments historiques par les préfets de région après consultation de la commission régionale du Patrimoine et des Sites.

L'inscription a pour conséquences pour le propriétaire de l'immeuble :

– de ne pouvoir obtenir un permis de construire, un permis de démolir ou d'autres autorisations d'urbanisme, sans l'accord préalable du préfet de région (direction régionale des Affaires culturelles);

– de ne pouvoir effectuer des travaux autres que ceux qui sont soumis aux procédures d'urbanisme qu'après avoir averti, quatre mois auparavant, la direction régionale des Affaires culturelles de son projet;

– de protéger ses abords, au même titre et dans les mêmes conditions que pour un immeuble classé;

– en contrepartie, l'État peut apporter une aide financière, qui ne peut dépasser 40 % du montant de la dépense totale, et se situe en pratique généralement à un taux inférieur, pour les travaux de restauration et d'entretien des monuments;

– le propriétaire a le libre choix du maître d'œuvre;

– les propriétaires qui effectuent des travaux et font visiter leur monument au moins quarante jours par an en été bénéficient d'avantages fiscaux.

Sommaire

ALSACE

BAS-RHIN – HAUT-RHIN

A
B
ALSACE
Sarreguemines
Wissembourg
1
Lembach
Hunspach
A 4
Lichtenberg
Sarre
Diedendorf
RN 61
La Petite-Pierre
Moder
RN 62
RN 63
A 35
Rhin
Eschbourg
Haguenau
Saverne
Zorn
Sarrebourg
Marmoutier
Strasbourg
Bas-Rhin
Mutzig
Molsheim
A 35
2
LORRAINE
Bruche
RN 420
A 352
Natzwiller
RN 83
Barr
Scheer
RN 422
Ill
A 35
Kintzheim
Sélestat
Saint-Dié
Orschwiller
Sainte-Marie-aux-Mines
Ribeauvillé
RN 415
Riquewihr
Orbey
Katzenthal
Colmar
Wintzenheim
Neuf-Brisach
3
Fecht
Rouffach
A 35
Guebwiller
Soultz
Ensisheim
Rhin
Thann
RN 66
Rixheim
Mulhouse
A 36
RN 66
Belfort
Altkirch
Haut-Rhin
4
FRANCHE-COMTÉ
N
0
30 km
A
B

A2 **BARR**

Hôtel Marco, dit « Folie Marco »

Musée de la Folie-Marco
30, rue du Docteur-Sultzer
67140 Barr
Tél. : 03 88 08 66 65
www.barr.fr
Propriété de la commune
Classé

L'hôtel Marco est construit en 1763 pour Louis-Félix Marco, bailli de la seigneurie de Barr. Il s'élève sur trois niveaux, nuancés sur la rue par un élégant avant-corps à fronton triangulaire ; de chaque côté de la façade, une porte cochère donne accès à la cour, aux dépendances et au jardin. Le musée aménagé à l'intérieur présente une collection de mobilier ancien, tapisseries, faïences, porcelaines, étains.

Juin-sept. : t.l.j. sf mar. 10 h-12 h, 14 h-18 h (w.-e. en mai et oct.). Fermé en hiver. Visite guidée. Visite sur r.-v. pour les groupes auprès de l'office du tourisme au 03 88 08 66 65.

A1 **DIEDENDORF**

Château

67260 Diedendorf
Tél. : 03 88 01 01 96
www.chateau-de-diedendorf.com
Propriété privée
Inscrit

Le château de Diedendorf fut construit en 1580, pendant cette période troublée que fut la Réforme, et durant laquelle la maison de Nassau, partisane du luthéranisme, et les évêques de Metz se disputaient la région. On pénètre dans le domaine par l'unique porte ménagée dans l'enceinte. Cette grande enceinte rectangulaire d'environ 60 m de large sur 80 m de long, est défendue aux quatre angles par quatre tours rondes. Le corps de logis principal, en U, est adossé au mur arrière ouest de l'enceinte. On peut y admirer des peintures murales *a secco*, représentant des architectures en trompe-l'œil dans les appartements comprenant une quinzaine de pièces. Ces peintures, ainsi que les plafonds à la française, ont été longtemps cachés par des enduits et des coffrages. Tout ce décor intérieur, qui est un témoignage assez rare sur la manière dont on concevait, vers 1580, l'aménagement d'un petit château dans la région, renait petit à petit.

Juil.-sept. : ven., w.-e. et j. fériés 15 h, 17 h. Visite libre des extérieurs toute l'année. Visite guidée du château. Visite sur r.-v. pour les groupes t.l.j. de mai à oct. au 06 08 58 50 62 (15 pers. min.).

A1 **ESCHBOURG**

Maison des rochers

Lieu-dit Graufthal
67320 Eschbourg
Tél. : 03 88 70 17 63
Propriété privée
Classé

Après avoir servi d'entrepôts au Moyen Âge, les cavités des falaises de grès rose qui dominent ce hameau de la vallée de la Ziunsel sont aménagées en habitations, sans doute au XVIIIe s. (le linteau d'une porte indiquait la date de 1760). Occupées par des personnes de condition modeste, ces trois maisons troglodytiques sont habitées jusqu'en 1958. Accolées les unes aux autres, elles sont construites à même la roche et partiellement couvertes de toitures lorsque les rochers ne les surplombent pas en totalité. On peut voir au-dessus de ces maisons un autre bâtiment, qui serait une ancienne fabrique d'allumettes.

Pâques-sept. : dim. et j. fériés 14 h-18 h (juil.-août : t.l.j. 14 h-18 h 30). Visite guidée. Visite sur r.-v. pour les groupes (10 pers. min.).

Double page d'ouverture : château du Haut-Kœnigsbourg, Orschwiller (Bas-Rhin).

HUNSPACH B1

Fort de Schœnenbourg

Route du Commandant-Reynier
67250 Hunspach
Tél. : 03 88 80 96 19/03 88 80 59 39
www.lignemaginot.com
Propriété de la commune
Inscrit

Construit entre 1931 et 1935, le fort de Schœnenbourg est un des éléments du système fortifié conçu par le ministre de la Guerre, André Maginot, afin d'éviter une nouvelle invasion allemande. Il joue un rôle majeur en juin 1940 dans la protection du nord de l'Alsace. C'est le plus important ouvrage de la ligne Maginot visitable dans cette région. Plus de 3 km de galeries, profondes de 18 à 30 m, relient les différents secteurs : à l'avant, six blocs de combat ; à l'arrière, des services pour une garnison de six cents hommes : caserne, cuisines, infirmerie, centrale électrique, systèmes de filtrage de l'air, réserves d'eau, etc.

4 avr.-4 oct. : t.l.j. 14h-18h, dim. 9h30-11 h, 14h-18h ;
10-18 oct. : sam. 14h-18h, dim. 9h30-11h, 14h-18h ;
24 oct.-4 nov., 11 nov. : t.l.j. 14h-18h, dim. 9h30-11h, 14h-18h.
Visite libre. Visite guidée sur r.-v. pour les groupes toute l'année (20 pers. min.).

KINTZHEIM A2

Ruines du château

67600 Kintzheim
Tél. : 03 88 92 84 33
www.voleriedesaigles.com
Propriété privée
Classé

Jardin remarquable

Situé sur un éperon rocheux, le château de Kintzheim domine le village. L'essentiel des bâtiments date du début du XIVe s., tandis que les aménagements intérieurs, la basse-cour et la chapelle remontent au XVe s. Partiellement détruit par les Suédois en 1633, le château est ensuite reconstruit et restauré. Après avoir appartenu à plusieurs familles successives, il passe à la ville de Sélestat, puis à un propriétaire privé. Les constructions, en grès rose, sont bien conservées. Le château abrite aujourd'hui la Volerie des Aigles, qui propose des démonstrations de vols de rapaces en liberté.

Avr.-oct. : t.l.j. 14h-16h (déb. juin-fin août : 14h-17h ;
14 juil.-20 août : 10h-11h15, 14h-17h) ; 1er-11 nov. : mer. et w.-e., 14h-16h.
Fermé de mi-nov. à mars. Visite libre. ♿ en partie.

LEMBACH B1

Ruines du château du Fleckenstein

67510 Lembach
Tél. : 03 88 94 43 16
www.ot-lembach.com/
www.fleckenstein.fr
Propriété de la commune
Classé

Élevé sur un rocher de 40 m de haut, le château est probablement construit au XIIe s. pour contrôler la vallée de la Sauer. Il appartient à la famille de Fleckenstein jusqu'au début du XVIIIe s., mais son histoire demeure obscure jusqu'à sa destruction, en 1689, par les troupes de Louis XIV. Il conserve, à l'intérieur des murs d'enceinte, la basse cour, une tour carrée de l'époque gothique, des galeries d'accès et quelques salles creusées dans le rocher, dont la salle des Chevaliers, remarquable par son pilier central monolithe.

3 janv.-19 mars : dim. 12h-16h ; 20 mars-juin, sept.-oct. : t.l.j. 10h-17h30 ;
juil.-août : t.l.j. 10h-18h ; 1er-7 nov. : t.l.j. 10h-17h.
Visite libre. Visite guidée sur r.-v.
(mi-mars à déb. nov. : lun.-sam. 11h30-17h30 ; dim. 11h30-18h).

A1 LICHTENBERG

Château

67340 Lichtenberg
Tél. : 03 88 89 98 72
www.chateaudelichtenberg.com
Propriété de la commune
Classé

Les textes mentionnent le château de la famille de Lichtenberg dès 1206. Lorsqu'il passe aux Hanau, en 1570, il est reconstruit et transformé en forteresse adaptée aux armes à feu par Daniel Specklin, architecte de la ville de Strasbourg. Prise par les Français en 1677, celle-ci est alors remodelée. Incendiée en 1870 et abandonnée jusqu'en 1993, elle fait aujourd'hui l'objet d'un programme de restauration mené par les architectes Andrea Bruno et Jean-Pierre Laubal, visant à y introduire une architecture résolument contemporaine tout en en consolidant les ruines.

2 mars-5 avr. : w.-e. 13h-17h ; Pâques : 10h-18h ;
14 avr.-mai, sept.-1er nov. : t.l.j. sf lun. mat. 10h-12h, 13h30-18h,
w.-e. et j. fériés 10h-18h ; juin-août : lun. 13h30-18h, mar.-dim.
et j. fériés 10h-18h ; 2-11nov. : t.l.j. 13h-17h.
Visite sur r.-v. de déc. à fév. Si lun. férié, fermeture le mar. mat.
Visite libre. Visite guidée pour individuels en juil.-août.
Visite guidée sur r.-v. pour les groupes. ♿ en partie.

A2 MARMOUTIER

Église abbatiale (ancienne)

8, place du Général-de-Gaulle
67440 Marmoutier
Tél. : 03 88 71 46 84
www.paysdemarmoutier.com
Propriété de la commune
Classé

Trois églises – mérovingienne, carolingienne et ottonienne – précèdent la construction de l'édifice actuel, qui date des XIIe et XIIIe s., époque de l'apogée de l'abbaye. Les bâtiments conventuels sont reconstruits au XVIIIe s., et l'ensemble est vendu comme bien national après 1792. La façade en grès rouge, romane, est encadrée de tourelles octogonales ; la nef et le transept, gothiques, comportent des peintures murales des XVIe s. et XVIIe s. ; quant au chœur, rebâti en 1769 dans un style gothique, il est habillé de lambris et de stalles au décor foisonnant. L'orgue du début du XVIIIe s. est la première œuvre majeure d'André Silbermann. La crypte archéologique permet de suivre l'histoire des églises abbatiales successives.

T.l.j. 9h-12h, 13h30-18h.
Visite libre. Visite guidée sur r.-v. pour les groupes (10-70 pers.).

Musée d'Arts et Traditions populaires

6, rue du Général-Leclerc
67440 Marmoutier
Tél. : 03 88 71 46 84
www.paysdemarmoutier.com
Propriété de la commune (bâtiment),
propriété privée (collections)
Inscrit

Situé non loin de l'abbaye, le musée d'Arts et Traditions populaires est installé dans une maison qui remonte à 1590. Légèrement remaniée aux XVIIIe et XIXe s., elle se compose d'un rez-de-chaussée maçonné et de deux étages en pan de bois et se distingue par un mur pignon sur la rue et un oriel polygonal. La restauration a permis de mettre au jour un plafond de la fin du XIIe s. peint de motifs populaires. Le musée présente depuis 1987 une collection consacrée à la vie quotidienne et à l'art populaire ainsi qu'une très importante collection du patrimoine rural judéo-chrétien alsacien.

Mai-oct. : dim. et j. fériés, 10h-12h, 14h-18h.
Visite guidée sur r.-v. en semaine (10-45 pers.).

MOLSHEIM A2

Chartreuse (ancienne)

Musée de la Chartreuse
4, cour des Chartreux
67120 Molsheim
Tél. : 03 88 49 59 38
www.molsheim.net/
www.ot-molsheim-mutzig.com
Propriété privée
Classé

Les chartreux s'installent à Molsheim en 1598, après la destruction de leur couvent strasbourgeois victime des troubles de la Réforme. Édifiée selon un plan caractéristique des monastères de l'ordre de Saint-Bruno, avec un cloître pourvu de cellules individuelles, la chartreuse est ruinée en 1792 par les effets conjugués de la Révolution et d'un incendie. Certains des bâtiments subsistants sont utilisés comme hôpital au XIXe s. Si l'église et le cloître ont disparu en grande partie, on peut voir aujourd'hui le cellier, l'hôtellerie et la recette ; le prieuré, construit vers 1700 et demeuré intact, a été transformé en musée consacré à l'histoire de la ville et de sa région ; les cuisines abritent la fondation Bugatti.

2-14 juin, 16 sept.-15 oct. : t.l.j. sf mar. 14h-17h ;
15 juin-15 sept. : t.l.j. sf mar. 10h-12h, 14h-18h ; w.-e. et j. fériés 14h-17h.
Visite libre. Visite guidée sur r.-v. pour les groupes toute l'année (20-50 pers.).

MUTZIG A2

Château des Rohan

Musée régional d'Armes
39, rue du Château
67190 Mutzig
Tél. : 03 88 38 31 98
www.ot-molsheim-mutzig.com
Propriété de la commune
Inscrit

Dès la fin du XIIIe s., une forteresse se dresse à l'entrée de la vallée de la Bruche. De type *Wasserburg* (cernée de larges fossés), elle est habitée successivement par plusieurs familles nobles. Sous l'épiscopat des cardinaux de Rohan (1704-1789), elle devient une fastueuse résidence d'été des évêques de Strasbourg. Elle est convertie en manufacture d'armes après la Révolution. Le château est composé d'un corps de bâtiment principal et de trois tours carrées aux angles. Il abrite depuis 1985 un centre culturel et le musée régional d'Armes.

Janv.-juin, sept.-déc. : w.-e. 14h-18h ; juil.-août : t.l.j. sf lun. et mar. 14h-18h.
Visite libre. Visite guidée. Visite sur r.-v. pour les groupes au 03 88 38 11 61.

NATZWILLER A2

Centre européen du résistant déporté

Site de l'ancien camp de concentration de Natzweiler
DIACVG Départementale 130
67130 Natzwiller
Tél. : 03 88 47 44 67
www.struthof.fr
Propriété de l'État
Classé

Le Centre européen du résistant déporté présente l'organisation du système concentrationnaire, et rend hommage à ceux qui se dressèrent contre l'oppression nazie. Expositions, conférences, ateliers incitent à la réflexion avant la visite de l'ancien camp de Natzweiler. Près de cinquante deux mille personnes furent déportées là ou dans l'un de ses Kommandos. Haut lieu de la mémoire nationale, le Struthof invite au recueillement, et sensibilise à une vigilance nécessaire face aux dérives totalitaires, qu'elles soient actuelles ou à venir.

Mars-15 avr., 16 oct.-24 déc. : t.l.j. 9h-17h ;
16 avr.-15 oct. : t.l.j. 9h-18h30. Fermé de Noël à fin fév.
Visite libre. Visite guidée sur réservation au 03 88 47 44 57.
Réservation obligatoire pour les groupes. en partie.

A2 — ORSCHWILLER

Château du Haut-Kœnigsbourg

67600 Orschwiller
Tél. : 03 88 82 50 60
haut-koenigsbourg@cg67.fr
Propriété du département
Classé

Dès le XIIe s. est attestée l'existence d'un château, propriété des Hohenstaufen, dominant la plaine d'Alsace. Démoli, il est reconstruit après 1479 par les comtes de Thierstein qui le dotent d'un système défensif perfectionné. Pris par les Suédois en 1633, il tombe en ruine. Au début du XXe s., Guillaume II de Hohenzollern le restaure en cherchant à lui redonner son aspect de la fin du XVe s., avec un souci de vérité archéologique : reconstruit, redécoré et remeublé, il propose une vision très vraisemblable de l'architecture médiévale et présente une collection d'armes et de meubles des XVe et XVIIe s.

Janv.-fév., nov.-déc. : t.l.j. 9h45-12h, 13h-16h30 ; mars, oct. : t.l.j. 9h45-16h30 ; avr.-mai, sept. : t.l.j. 9h30-17h ; juin-août : t.l.j. 9h30-18h. Fermé 1er janv., 1er mai, 25 déc. Visite libre. Visite guidée. Visite audioguidée. ♿ avec aide. (visite adaptée pour les groupes sur réservation).

A1 — PETITE-PIERRE (LA)

Château de La Petite-Pierre

Maison du parc
Place du Château
67290 La Petite-Pierre
Tél. : 03 88 01 49 59
www.parc-vosges-nord.fr
Propriété de la commune
Classé

Mentionné pour la première fois en 1205, le château s'élève sur un roc escarpé. Reconstruit au XVIe s., il est ensuite utilisé comme camp militaire et réaménagé à plusieurs reprises pour s'adapter aux exigences de défense. Du XVIe s., il ne reste que la tour abritant un escalier à vis et la porte d'entrée. On peut aussi voir la plate-forme d'artillerie, les vestiges de l'ancien donjon, transformé en poudrière, la salle du Pilier avec une citerne du XIVe s., etc. Rénové, le château est le siège de la Maison du parc naturel régional des Vosges du Nord depuis 1977 et abrite une exposition permanente sur l'histoire du site.

Fév.-déc. : t.l.j. sf mar. 10h-12h, 14h-18h. Fermé 24, 25 et 31 déc. et en janv. Visite libre. ♿ en partie.

A2 — SAVERNE

Château épiscopal des Rohan (ancien)

Musée de Saverne
Place du Général-de-Gaulle
67700 Saverne
Tél. : 03 88 91 06 28/03 88 91 80 47
www.mairie-saverne.fr/
www.ot-saverne.fr
Propriété de la commune
Classé

Plusieurs châteaux se sont succédé à l'emplacement du bâtiment actuel. À la suite d'un incendie, le quatrième cardinal de Rohan fait édifier, entre 1779 et 1790, une nouvelle résidence dont la construction est interrompue par la Révolution : seule est réalisée la façade néoclassique sur le jardin, exécutée par Salins de Montfort. Sous le Second Empire, l'architecte Lejeune restaure le château pour le transformer en asile pour veuves, en reproduisant approximativement côté ville la façade sur le jardin. De 1871 à 1945, le bâtiment sert de caserne. Il est racheté en 1952 par la commune qui y installe en particulier le musée d'Art et d'Histoire, le Musée archéologique et la donation Louise-Weiss.

Janv.-14 juin, 16 sept.-23 déc. : t.l.j. sf mar. 14h-18h, w.-e. et j. fériés 10h-12h, 14h-18h ; 15 juin-15 sept. : t.l.j. sf mar. 10h-12h, 14h-18h. Fermé 1er janv., 1er mai, Ven. saint, 1er et 11 nov., 24-31 déc. Visite libre. Visite guidée. Visite guidée sur r.-v. pour les groupes toute l'année (10 pers. min.). ♿

STRASBOURG B2

Cathédrale Notre-Dame

Place de la Cathédrale
67000 Strasbourg
Tél. : 03 88 43 60 32
www.cathedrale-strasbourg.asso.fr
Propriété de l'État
Classé

Strasbourg – Grande île
inscrit sur la Liste du patrimoine mondial en 1988

Située à l'emplacement d'une basilique remontant à l'an mille, la cathédrale est édifiée entre le XIIe et le XVe s. À la Réforme, elle passe au protestantisme jusqu'en 1681. Modifiée aux XVIIIe et XIXe s., elle est endommagée à la Révolution et lors des dernières guerres. Le chœur et le transept nord (1190-1240) sont de style roman rhénan, alors que la nef (1240-1275) s'inspire du gothique français et la façade (1277-1439) de l'architecture germanique. La flèche, haute de 142 m, achevée en 1439, est la plus élevée de tout l'Occident jusqu'au XIXe s. La façade en grès rose est célèbre pour le travail en dentelle de ses sculptures. À l'intérieur, les vitraux, le pilier des Anges, l'orgue, la chaire et l'horloge astronomique sont tout aussi remarquables.

CATHÉDRALE T.l.j. 7h-11h20, 12h40-19h.
FLÈCHE Avr.-sept. : t.l.j. 9h-19h15 (juil. : ven. et sam. 9h-21h45; 1er août-15 août : ven. et sam. 9h-20h45); 16 août-31 août : ven. et sam. 9h-19h45; oct.-mars : t.l.j. 10h-17h15. Fermé 1er janv., 1er mai, 25 déc.
HORLOGE ASTRONOMIQUE T.l.j. sf dim. et j. fériés : 11h35-12h30. Visite libre. Visite guidée sur r.-v. pour les groupes (40 pers. max.). ♿

Musée de l'Œuvre-Notre-Dame

3, place du Château
67000 Strasbourg
Tél. : 03 88 52 50 00
www.musees-strasbourg.org
Propriété de la commune
Classé

Strasbourg – Grande île
inscrit sur la Liste du patrimoine mondial en 1988

Le musée est installé dans un ensemble de bâtiments gothiques, Renaissance et du XVIIe s., dont le noyau est la maison de l'Œuvre Notre-Dame, siège depuis le XIIIe s. de l'institution chargée de la collecte des fonds nécessaires à la construction et à l'entretien de la cathédrale. Y sont également accolés les anciens logements du receveur et de l'architecte, ainsi que la loge des maçons et tailleurs de pierre de la cathédrale. Les différents corps de bâtiments sont groupés autour de quatre petites cours, dont l'une aménagée en jardin médiéval. Le musée, fondé en 1931, abrite une riche collection d'art alsacien du Moyen Âge et de la Renaissance.

T.l.j. sf lun. 12h-18h, w.-e. 10h-18h. Fermé 1er janv., Ven. saint, 1er mai, 1er et 11 nov., 25 déc. Visite libre. Visite guidée sur r.-v. pour les groupes au 03 88 88 50 50 (20 pers. min.). ♿ en partie.

Palais Rohan

2, place du Château
67000 Strasbourg
Tél. : 03 88 52 50 00
www.musees-strasbourg.org
Propriété de la commune
Classé

TOURISME & HANDICAP

Strasbourg – Grande île
inscrit sur la Liste du patrimoine mondial en 1988

Cette ancienne résidence des princes-évêques est élevée de 1731 à 1742 par Robert de Cotte, premier architecte du roi, à l'initiative du cardinal Armand de Rohan-Soubise. À partir de la Révolution, elle devient successivement siège de l'administration municipale, palais impérial et université, puis est transformée en musée à la fin du XIXe s. Les bâtiments se déploient entre une cour d'honneur et une terrasse sur l'Ill. L'intérieur allie petits appartements d'habitation et grands appartements d'apparat. Le palais abrite le musée des Beaux-Arts, celui des Arts décoratifs et le Musée archéologique.

T.l.j. sf mar. 12h-18h, w.-e. 10h-18h. Fermé 1er janv., Ven. saint, 1er mai, 1er et 11 nov., 25 déc. Visite libre. Visite guidée sur r.-v. pour les groupes au 03 88 88 50 50 (20 pers. min.). ♿

Musée alsacien

23-25, quai Saint-Nicolas
67000 Strasbourg
Tél. : 03 88 52 50 01
www.musees-strasbourg.org
Propriété de la commune
Partiellement inscrit

Ouvert au public en 1907, le Musée alsacien est installé dans trois anciennes demeures typiques de l'architecture urbaine de la Renaissance alsacienne. Les sept corps de bâtiment sont reliés par des coursives et des escaliers et donnent sur des cours où ont été intégrés des éléments extérieurs lors de la restauration. Dans ce dédale architectural, une trentaine de salles présentent de nombreux témoignages sur la vie de l'Alsace rurale des XVIIIe et XIXe s.

T.l.j. sf mar. 12h-18h, w.-e. 10h-18h.
Fermé 1er janv., Ven. saint, 1er mai, 1er et 11 nov., 25 déc.
Visite libre. Visite audioguidée. Visite sur r.-v. pour les groupes, réservation obligatoire au 03 88 88 50 50. Visite guidée sur r.-v. pour les groupes avec réservation au même numéro (20 pers. max.).

Jardin botanique

28, rue Goethe
67000 Strasbourg
Tél. : 03 90 24 18 65
http://jardin-botanique.u-strasbg.fr
Propriété de l'État
Inscrit et classé

Inauguré en 1884 sur le domaine de l'université impériale allemande, le jardin botanique est aménagé sur 3,5 ha par l'architecte Hermann Eggert. Outre un arboretum, des parterres de fleurs ainsi que des serres chaudes et froides, le jardin comprend un lac riche en plantes aquatiques et un observatoire astronomique. L'unique vestige des serres métalliques du XIXe s. est une serre polygonale, aux allures de pagode, construite spécialement pour la culture du nénuphar géant Victoria amazonica.

Mars-avr., sept.-oct. : t.l.j. 8h-18h, w.-e. 10h-18h ; mai-août : t.l.j. 8h-19h30, w.-e. 10h-19h30 ; nov.-fév. : t.l.j. 8h-12h, 14h-16h, w.-e. 14h-16h.
Fermé j. de neige ou de gel, 1er janv., 1er mai, 1er et 11 nov., 25 et 26 déc.
Visite guidée. Visite sur r.-v. pour les groupes en semaine au 03 90 24 18 86.

B1 **WISSEMBOURG**

Musée Westercamp

3, rue du Musée
67160 Wissembourg
Tél. : 03 88 54 28 14
www.parc-vosges-nord.fr
Propriété de la commune
Inscrit

Le musée Westercamp doit son nom à un mécène, ancien notaire à Wissembourg. Il est installé dans deux maisons bourgeoises du XVIe s., les différents bâtiments étant disposés autour d'une cour intérieure et d'un petit jardin. L'une d'entre elles est probablement une ancienne ferme viticole, comme le laissent penser les motifs foisonnants du décor du premier étage de la façade sur rue, qui a par ailleurs conservé son oriel. Le musée, inauguré en 1913, présente une collection variée d'archéologie et d'histoire locale.

Temporairement fermé pour travaux. Pour plus d'informations quant à une prochaine réouverture se renseigner au 03 88 54 28 14.

COLMAR A3

Musée d'Unterlinden

1, rue d'Unterlinden
68000 Colmar
Tél. : 03 89 20 15 50/03 89 20 15 58
www.musee-unterlinden.com
Propriété de la commune
Classé

Le musée d'Unterlinden est installé dans un ancien couvent de dominicaines fondé en 1232, au lieu-dit Subtilia, ce qui signifie « sous les tilleuls » ou Unterlinden. Le couvent devient aux XIVe et XVe s. un centre économique important et un haut lieu de la mystique rhénane. Abandonné à la Révolution, il est sauvé par un érudit local qui fonde la Société Schongauer, et y aménage un musée dès 1849. Du vaste monastère du XIIIe s. subsistent les bâtiments conventuels disposés autour d'un cloître en grès rose et la chapelle où est exposé le célèbre retable d'Issenheim de Matthias Grünewald.

Mai-oct. : t.l.j. 9h-18h; nov.-avr. : t.l.j. sf mar. 9h-12h, 14h-17h.
Fermé 1er janv., 1er mai, 1er nov., 25 déc.
Visite libre. Visite audioguidée. Visite guidée sur r.-v.
Visite guidée sur r.-v. pour les groupes (15 pers. min.).

ENSISHEIM A3

Palais de la Régence (ancien)

6, place de l'Église
68190 Ensisheim
Tél. : 03 89 26 49 54
www.ville-ensisheim.fr
Propriété de la commune
Classé

Le palais est construit entre 1535 et 1547, alors que la ville connaît ses années les plus prospères, pour y abriter la régence, administration territoriale autrichienne. Il est le témoin majeur de la présence des Habsbourg en Haute-Alsace aux XVIe et XVIIe s. Converti en caserne pendant la guerre de Trente Ans, le bâtiment est restauré en 1637 et cédé à la commune en 1701. Il sert d'hôtel de ville jusqu'en 1961. L'édifice marie harmonieusement les architectures gothique et Renaissance, avec sa halle voûtée au rez-de-chaussée et sa tourelle d'escalier octogonale. L'intérieur abrite le musée, consacré à l'histoire de la ville et à l'activité des mines de potasse.

T.l.j. sf mar. et j. fériés 14h-18h.
Visite libre. Visite guidée. Visite sur r.-v. pour les groupes.

KATZENTHAL A3

Ruines du château de Wineck

Lieu-dit Schlossberg
68230 Katzenthal
Tél. : 03 89 23 38 23
Propriété privée
Inscrit

Construit vers 1200 sans doute par les comtes d'Eguisheim-Dabo, le château est cité pour la première fois en 1251 lorsqu'il est donné en suzeraineté à l'évêque de Strasbourg. Tenu en arrière-fief par les chevaliers de Wineck, famille patricienne de Colmar, il devient au milieu du XIVe s. propriété des barons de Rathsamhausen qui le conservent jusqu'en 1828. Il appartient depuis 1866 à la Société pour la conservation des monuments historiques d'Alsace. Dominant le village et le vignoble de Katzenthal, il se signale par son donjon carré qui a été surélevé au XIVe s. et restauré récemment. Le musée installé à l'intérieur présente l'histoire du château.

Avr.-oct. : dim. et j. fériés 14h30-18h.
Visite libre. Visite guidée. Visite sur r.-v. pour les groupes (30 pers. max.).

Aquitaine

Dordogne – Gironde – Landes
Lot-et-Garonne – Pyrénées-Atlantiques

A
B
1
2
3
4
N
0
30 km
Saintes
Cognac
Royan
Le Verdon-sur-Mer
POITOU-CHARENTE
RN 215
Lesparre-Médoc
Saint-Germain-d'Esteuil
Vertheuil
Étang d'Hourtin-Carcans
RN 137
A 10
RN 10
Cussac-Fort-Médoc
Blaye
Plassac
Saint-Émilion
Prignac-et-Marcamps
Saint-André-de-Cubzac
Étang de Lacanau
Libourne
A 630
Bordeaux
Vayres
Génissac
Pessac
Gironde
Latresne
Rauzan
La Sauve
Bassin d'Arcachon
RN 250
Baurech
Langoiran
Portets
La Brède
Arbis
Cadillac-sur-Garonne
Étang de Cazaux et de Sanguinet
Preignac
Budos
Langon
Saint-Maixant
A 63
Mazères
Villandraut
Uzeste
Préchac
Étang de Biscarosse et de Parentis
OCÉAN ATLANTIQUE
Étang de d'Aureilhan
Eyre
RN 10
RD 932
Landes
RN 134
RD 933
Étang de Léon
Saint-Justin
Douze
Mont-de-Marsan
Midou
Étang de Soustons
Midouze
RN 124
Perquie
Adour
Dax
Saint-Sever
A 63
Saint-Pandelon
Duhort-Bachen
Gaujacq
Hagetmau
Bayonne
RN 117
Amou
Saint-Laurent-de-Gosse
RN 134
Biarritz
Sorde-l'Abbaye
Mascaraàs-Haron
Saint-Jean-de-Luz
Bidache
Guéthary
Ciboure
Orthez
Morlanne
Hendaye
Urrugne
Cambo-les-Bains
A 64
Momas
Saint-Martin-d'Arberoue
Montaner
Aïcirits-Camou-Suhast
Bidouze
Charre
Pau
Aren
Saint-Étienne-de-Baïgorry
Mauléon-Licharre
Gelos
Oloron-Sainte-Marie
Nive
Nay
Trois-Villes
Sévignacq-Meyracq
Pyrénées-Atlantique
Saison
Lestelle-Bétharram
Lourdes
Gave d'Aspe
Béost
Argelès-Gazost

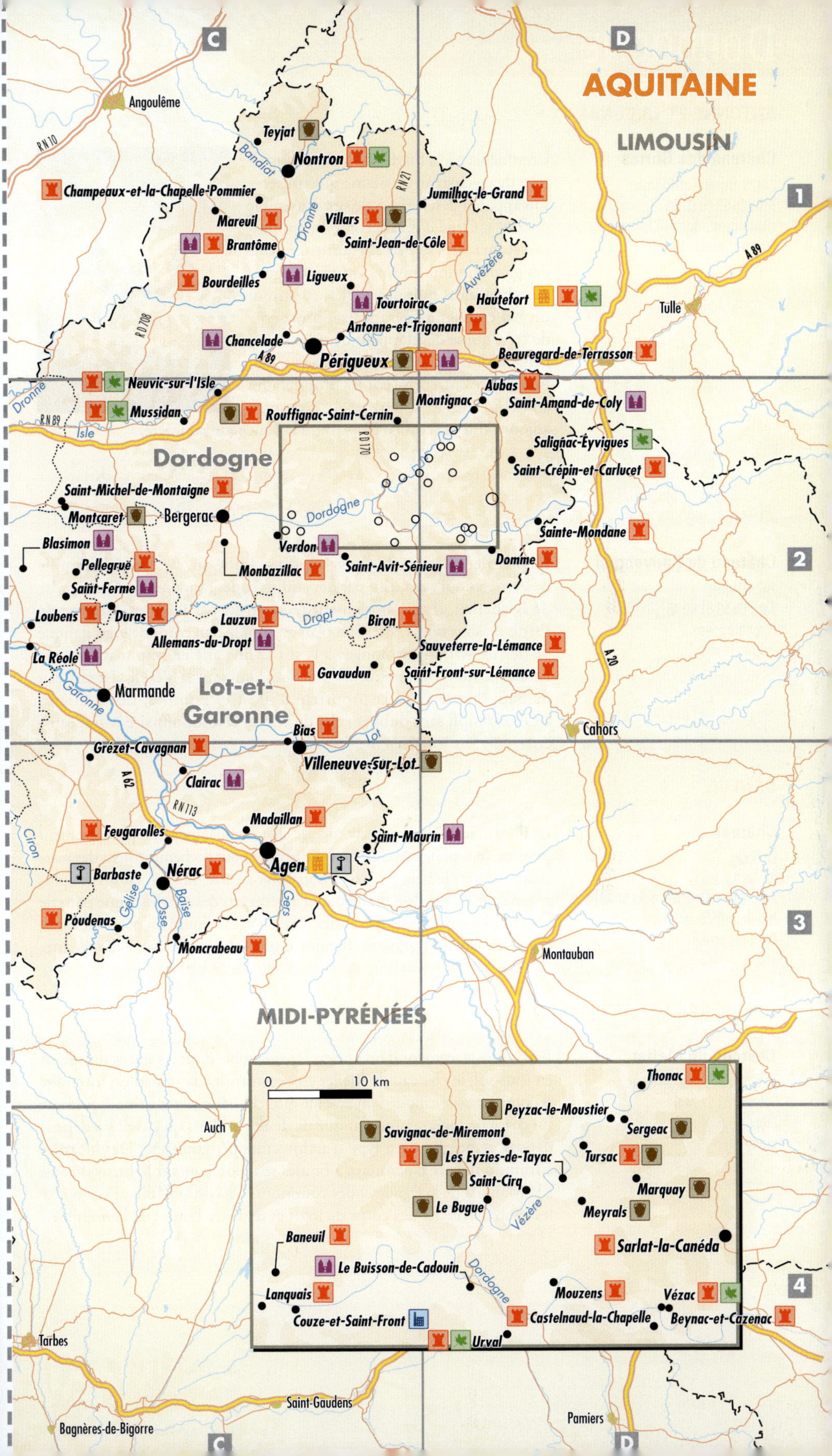
AQUITAINE
LIMOUSIN
MIDI-PYRÉNÉES
Dordogne
Lot-et-Garonne
C
D
1
2
3
4
Angoulême
RN 10
Teyjat
Nontron
Bandiat
Champeaux-et-la-Chapelle-Pommier
Jumilhac-le-Grand
RN 21
Mareuil
Villars
Dronne
Brantôme
Saint-Jean-de-Côle
Bourdeilles
Ligueux
Auvézère
Tourtoirac
Hautefort
Tulle
A 89
RD 708
Chancelade
Antonne-et-Trigonant
Périgueux
Beauregard-de-Terrasson
Neuvic-sur-l'Isle
Aubas
Montignac
Saint-Amand-de-Coly
Mussidan
Rouffignac-Saint-Cernin
RN 89
Isle
RD 170
Salignac-Eyvigues
Saint-Crépin-et-Carlucet
Saint-Michel-de-Montaigne
Montcaret
Bergerac
Dordogne
Blasimon
Verdon
Sainte-Mondane
Saint-Avit-Sénieur
Domme
Pellegrue
Monbazillac
Saint-Ferme
Loubens
Duras
Lauzun
Dropt
Biron
Allemans-du-Dropt
Sauveterre-la-Lémance
A 20
La Réole
Gavaudun
Saint-Front-sur-Lémance
Marmande
Garonne
Bias
Lot
Cahors
Grézet-Cavagnan
Villeneuve-sur-Lot
A 62
Clairac
RN 113
Madaillan
Feugarolles
Saint-Maurin
Ciron
Barbaste
Nérac
Agen
Gélise
Osse
Baïse
Gers
Poudenas
Moncrabeau
Montauban
Auch
Tarbes
Saint-Gaudens
Bagnères-de-Bigorre
Pamiers
0
10 km
Thonac
Peyzac-le-Moustier
Savignac-de-Miremont
Sergeac
Les Eyzies-de-Tayac
Tursac
Saint-Cirq
Marquay
Le Bugue
Vézère
Meyrals
Baneuil
Sarlat-la-Canéda
Le Buisson-de-Cadouin
Dordogne
Mouzens
Lanquais
Vézac
Castelnaud-la-Chapelle
Beynac-et-Cazenac
Couze-et-Saint-Front
Urval

ANTONNE-ET-TRIGONANT C1

Château des Bories

24420 Antonne-et-Trigonant
Tél. : 05 53 06 00 01
sitedesbories@orange.fr
Propriété privée
Classé

Commencée à la fin du XVe s., la construction de ce château de plaine qui conserve son appareil défensif s'étale sur l'ensemble du XVIe s. Orné d'une décoration sculpturale recherchée, le château abrite une salle des gardes et une cuisine voûtées d'ogives aux cheminées monumentales, et surtout un bel escalier à la française, prototype de ceux qui se développent dans les hôtels périgourdins des XVIe et XVIIe s. La restauration douce entreprise par les propriétaires au début du XXe s. permet de découvrir aujourd'hui cet édifice dans toute sa fraîcheur première.
Juil.-août : t.l.j. sf dim. 13h-19h.
Visite guidée. Visite sur r.-v. le reste de l'année et pour les groupes. ♿

AUBAS D2

Château de Sauvebœuf

24290 Aubas
Tél. : 05 53 51 89 46
Propriété privée
Inscrit

Le premier château de Sauvebœuf est édifié au XVe s. par la famille de Ferrières qui l'embellit par des jardins et des fontaines. Rasé sur ordre de Richelieu, il est rapidement reconstruit par Charles Antoine de Ferrières, sous Louis XIII. Son plan est simple : un corps de logis flanqué de deux pavillons prolongés à l'est par une aile en retour d'équerre. La façade nord donne sur une terrasse dominant la Vézère. Le château de Sauvebœuf a été la propriété d'illustres familles, des Ferrières à Oberkampf, sans oublier celle du tribun révolutionnaire Mirabeau.
Juil.-août : t.l.j. 10h-12h, 14h-18h. Visite guidée. Visite extérieure. ♿

BANEUIL C2 DÉTAIL

Château

Le Bourg
24150 Baneuil
Tél. : 02 53 27 48 80/05 53 57 48 80
beauroyr@hotmail.com
Propriété privée
Inscrit

Dominant le village et ses environs, le château de Baneuil est probablement élevé au XIe s. pour surveiller la route utilisée pour l'acheminement des marchandises vers le haut Périgord. Son donjon carré du XIe s. est un des plus anciens du Périgord; il permettait d'accéder par des échelles à une porterie aérienne et aux salles supérieures. Au XVe s. est ajouté un corps de logis, dont subsiste un fragment, flanqué d'une tour ronde avec échauguette.
Juil. : t.l.j. 14h-18h. Visite guidée. Visite sur r.-v. pour les groupes (10 pers. max.).

BEAUREGARD-DE-TERRASSON D1

Château de Mellet

24120 Beauregard-de-Terrasson
Tél. : 05 53 51 24 94
Propriété privée
Inscrit

Bâti à l'emplacement d'un ancien repaire noble dont les traces subsistent en sous-sol, le château de Mellet est reconstruit à la suite d'un incendie. Il domine et surveille de loin la route qui relie Périgueux à Brive. Il présente un corps de logis central flanqué de deux pavillons qui, avec ses dépendances, témoigne d'un type d'architecture périgourdine. Des lucarnes à fronton décoré d'acrotères à boules se répondent sur le brisis du toit à la Mansart de la façade et des communs. Un cordon saillant surmonte les soubassements des corps de logis et renforce l'unité de l'ensemble.
14 juil.-1er sept. : t.l.j. 14h-19h. Visite libre des extérieurs. ♿

D2 DÉTAIL — BEYNAC-ET-CAZENAC

Château féodal de Beynac

24220 Beynac-et-Cazenac
Tél. : 05 53 29 50 40
Propriété privée
Classé

Cette forteresse est bâtie à partir du XIIe s. par les seigneurs de Beynac – une des quatre baronnies du Périgord – sur un point défensif naturel, pour verrouiller la vallée. Place stratégique durant la guerre de Cent Ans, à la limite du royaume de France et de celui d'Angleterre, le château est protégé par une double enceinte crénelée et une double douve. Propriété des Beynac jusqu'au XIIe s., il a conservé, à l'extérieur, ses dispositions médiévales.

Mars-mai : t.l.j. 10h-18h ; juin-sept. : t.l.j. 10h-18h30 ;
oct.-nov. : t.l.j. 10h à la tombée du jour ; déc.-fév. : t.l.j. 12h à la tombée du jour.
Visite libre. Visite guidée. Visite guidée sur r.-v. pour les groupes.

C2 — BIRON

Château

24540 Biron
Tél. : 05 53 63 13 39
www.semitour.com
Propriété du département
Classé

Biron occupe une butte au cœur du vieux « Pays aux bois ». Première des quatre baronnies du Périgord, le château édifié dès le XIe s. passe, au siècle suivant, aux mains de la puissante famille de Gontaut qui le conserve jusqu'au début du XXe s., le restaure et l'agrémente. Il présente, répartis en quatre ensembles, une variété de bâtiments édifiés entre les XIIe et XVIIIe s. Du Moyen Âge datent le donjon, les courtines, la tour carrée et la chapelle gothique ; les bâtiments classiques, sur les côtés nord et ouest de la cour d'honneur, sont achevés en 1730.

Fév. à mi-mars, mi-nov. à mi-déc. : t.l.j. sf lun. et w.-e. 10h-12h30-14h-17h30 ;
mi-mars à juin : t.l.j. sf lun. 10h-12h30, 14h-18h ; juil.-août : t.l.j. 10h-19h ;
sept. à mi-nov. : t.l.j. sf lun. 10h-12h30, 14h-18h30 ;
mi-déc. à déb. janv. : t.l.j. sf lun. 10h-12h30, 14h-17h30.
Fermé déb. janv. à déb. fév., 25 déc. Visite libre.
Visite guidée. Visite sur r.-v. pour les groupes au 05 53 05 65 60 (20-40 pers.).

C1 — BOURDEILLES

Château

24310 Bourdeilles
Tél. : 05 53 03 73 36
www.semitour.com
Propriété du département
Classé

Siège d'une des quatre baronnies du Périgord, le château est dressé sur un éperon rocheux dominant la Dronne. On distingue deux ensembles : la forteresse des XIIIe et XVe s. et le palais Renaissance. La forteresse comprend un donjon octogonal couronné de mâchicoulis et un corps de logis fortifié du côté de la rivière. Le palais, édifié sur les plans de Jacquette de Montbron, épouse du sénéchal André de Bourdeilles, est un grand logis rectangulaire à trois niveaux percés de fenêtres à croisées de pierre. Un salon doré au décor raffiné est réalisé pour la visite hypothétique de Catherine de Médicis. Une collection de mobilier et d'objets complète l'ensemble.

Fév. à mi-mars, mi-nov. à mi-déc. : t.l.j. sf mar. et w.-e. 10h-12h30, 14h-17h30 ;
mi-mars à juin : t.l.j. sf mar. 10h-12h30, 14h-18h ; juil.-août : t.l.j. 10h-19h ;
sept. à mi-nov., mi-déc. à déb. janv. : t.l.j. sf mar. 10h-12h30, 14h-18h.
Fermé déb. janv. à déb. fév., 25 déc. Visite libre.
Visite guidée. Visite sur r.-v. pour les groupes au 05 53 05 65 60 (20-40 pers.).

Double page d'ouverture : Château de Puyguilhem, Villars (Dordogne).

BRANTÔME C1

Abbaye

Boulevard Charlemagne
24310 Brantôme
Tél. : 05 53 05 80 63
www.ville-brantome.fr
Propriété de la commune
Inscrit et classé

L'abbaye de Brantôme, dont la fondation est attribuée à Charlemagne, est lovée dans une anse de la Dronne au cœur d'un site naturel troglodytique. Détruite par les Normands, elle est reconstruite au XIe s., comme en témoigne son clocher érigé sur un rocher creusé de galeries. L'église, isolée du clocher, est reconstruite à plusieurs reprises et subit au XIXe s., une importante restauration. Du cloître du XVIe s. subsistent la salle capitulaire et une galerie. Les bâtiments conventuels sont restaurés au XVIIe et XVIIIe s., avec une adjonction XIXe. Élément original, la grotte du Jugement Dernier est aménagée sous la falaise. Aujourd'hui, un parcours, « du creusé au construit », permet de découvrir la singularité et la richesse de ce site.

Fév.-mars, oct.-déc. : t.l.j. sf mar. 10h-12h, 14h-17h;
avr.-juin, sept. : t.l.j. sf mar. 10h-12h30, 14h-18h; juil.-août : t.l.j. 10h-19h.
Fermé 1er janv., 25 déc. Visite libre des extérieurs.
Visite guidée sur r.-v. pour les groupes t.l.j. sf mar.

Château de La Hierce

24310 Brantôme
Tél. : 06 06 66 56 61
Propriété privée
Classé

Bâti dans les années 1520-1530, sous le règne de François Ier, La Hierce est un des exemples les plus remarquables et les plus précoces de l'architecture Renaissance en Périgord. Le corps de logis et les tours disposés de façon dissymétrique sont agrémentés de frontons sculptés, de baies à meneaux, de pilastres, d'une loggia et d'une porte sculptée qui confèrent à l'édifice son élégance et sa beauté. Celui-ci s'insère dans un site troglodytique, composé de diverses grottes et d'une pisciculture accompagnée d'une habitation aérienne unique en France, l'une des grottes, par ailleurs, étant ornée de gravures préhistoriques. Le parc abrite un jardin botanique consacré à la flore naturelle du Périgord.

Juil. à mi-oct. : t.l.j. sf ven. 11h pour les groupes et sur r.-v. pour les individuels, à partir de 14h30 pour les groupes et les individuels.
Visite guidée des extérieurs et des grottes. Visite sur r.-v. toute l'année.

BUGUE (LE) C2 DÉTAIL

Grotte de Bara-Bahau

24260 Le Bugue
Tél. : 05 53 07 44 58
http://barabahau.free.fr
Propriété privée
Classé

Dominant la vallée de la Vézère, la grotte de Bara-Bahau offre un bel exemple de gravures pariétales de l'époque magdalénienne. Creusée par une ancienne rivière souterraine, la grotte est d'abord occupée par les ours. Vers 12000 avant notre ère, les hommes du Paléolithique supérieur ornent de gravures une petite salle qui présente des chevaux, bisons, aurochs, des mains humaines et d'autres signes.

Fév.-juin : t.l.j. 10h-12h, 14h-17h30; juil.-août : t.l.j. 9h30-19h;
sept.-déc. : t.l.j. 10h-12h, 14h-17h. Fermé en janv.
Visite guidée. Visite sur r.-v. pour les groupes.

Grotte préhistorique du Sorcier

Saint-Cirq
24260 Le Bugue
Tél. : 05 53 07 14 37
www.grottedusorcier.com
Propriété privée
Classé

Sites préhistoriques et grottes ornées de la vallée de la Vézère
inscrit sur la Liste du patrimoine mondial en 1979

La grotte préhistorique du Sorcier se situe entre Le Bugue et les Eyzies, à Saint Cirq. Grotte ornée de gravures de l'époque magdalénienne, elle est exceptionnelle par ses représentations humaines. Les hommes préhistoriques – entre quinze et dix-sept mille ans – ont gravé sur les parois et les plafonds des animaux (bisons, chevaux, bouquetins), des signes géométriques, et, fait extrêmement rare dans l'art rupestre, trois personnages humains, dont l'un est mondialement connu : le célébrissime sorcier au sexe particulièrement développé, répertorié par les préhistoriens comme l'une des plus belles gravures d'Europe.

Juil.-août : t.l.j. 10h-19h; mars-juin, sept.-nov. : t.l.j. 10h-18h. Visite guidée.

C2 Détail

Buisson-de-Cadouin (Le)

Cloître de l'ancienne abbaye

24480 Le Buisson-de-Cadouin
Tél. : 05 53 63 36 28
www.semitour.com
Propriété du département, propriété de la commune
Classé

Chemin de Saint-Jacques-de-Compostelle inscrit sur la Liste du patrimoine mondial en 1998

Enfouie dans un vallon encaissé, Cadouin est une abbaye cistercienne fondée en 1115 et dont l'activité s'interrompt en 1790. L'installation au XIIe s. d'un morceau présumé du Saint Suaire, qui plus tard s'est révélé être un tissu copte, en fait un sanctuaire de pèlerinage très actif au XIIIe s. En 1370, le monastère est à moitié ruiné mais, après la guerre de Cent Ans, les abbés entreprennent la restauration des bâtiments monastiques, du cloître et du logis abbatial. Le cloître est reconstruit à la fin du XVe s. en style gothique flamboyant.

Fév. à mi-mars, mi-nov. à mi-déc. : t.l.j. sf mar. et w.-e. 10h-12h30, 14h-17h30 ; mi-mars à juin : t.l.j. sf mar. 10h-12h30, 14h-18h ; juil.-août : t.l.j. 10h-19h ; sept. à mi-nov., mi-déc. à déb. janv. : t.l.j. sf mar. 10h-12h30, 14h-18h. Fermé déb. janv. à déb. fév., 25 déc. Visite libre. Visite guidée. Visite sur r.-v. pour les groupes au 05 53 05 65 60 (20-40 pers.).

D2 Détail

Castelnaud-la-Chapelle

Château de Castelnaud

Musée de la Guerre au Moyen Âge
24250 Castelnaud-la-Chapelle
Tél. : 05 53 31 30 00
www.castelnaud.com
Propriété privée
Inscrit et classé

Castelnaud est fondé au XIIe s. sur un emplacement stratégique, dominant la Dordogne. Fief de la famille de Caumont, il est reconstruit sous la souveraineté anglaise, ce dont témoignent le donjon et la courtine en éperon. Durant la guerre de Cent Ans, il est vivement disputé par les Français. En 1442, au terme d'un siège de trois semaines, les Anglais sont définitivement chassés de Castelnaud. Durant la Renaissance, le château est renforcé et embelli. Puis, délaissé, il sert de carrière de pierre après la Révolution. Depuis trente ans, il fait l'objet d'importantes campagnes de restauration et abrite un musée consacré à la guerre au Moyen Âge.

Fév.-mars, oct. à mi-nov. (vac. scol.) : t.l.j. 10h-18h ; avr.-juin, sept. : t.l.j. 10h-19 h ; juil.-août : t.l.j. 9h-20h ; mi-nov. à fin janv. : t.l.j. 14h-17h. Visite libre. Visite guidée en été et sur r.-v. pour les groupes.

Château des Milandes

24250 Castelnaud-la-Chapelle
Tél. : 05 53 59 31 21
www.milandes.com
Propriété privée
Inscrit

Propriété des Caumont au XVe s., le château des Milandes s'élève sur une terrasse qui domine la Dordogne. Vendu comme bien national à la Révolution, il est racheté en 1900 par un industriel, Charles Claverie, qui entreprend de gros travaux de restauration. Il est acquis en 1947 par Joséphine Baker qui installa sa « Tribu Arc en Ciel ». Le château est constitué d'un corps de logis flanqué de deux tours rondes et d'une tour carrée en façade sud ; des constructions récentes (début XXe s.) sont insérées dans les décrochements du plan primitif. Devant le château, la chapelle castrale est d'un style de transition entre gothique flamboyant et Renaissance. Spectacle de rapaces dans les jardins nouvellement restaurés.

Avr., oct. : t.l.j. 10 h-18 h 15, sam. 13h30-18h15 ; juil-août : t.l.j. 9h30-19h30 ; mai-juin, sept. : t.l.j. sf sam. 9h30-19h30 ; oct.-vac. Toussaint : t.l.j. 10 h-18h30. Visite libre. Visite guidée. Visite guidée sur r.-v. pour les groupes.

Château de Lacoste
24250 Castelnaud-la-Chapelle
Tél. : 05 53 29 89 37
www.chateau-de-lacoste.com
Propriété privée
Inscrit

Lacoste est une belle demeure restaurée au XIXe s. sur des bases Renaissance et classique. Le corps de logis central est encadré par deux pavillons carrés ; sur sa façade est, un second corps en équerre lui donne un plan en L. Situé sur un promontoire, le parc qui l'entoure offre différents points de vue sur les vallées de la Dordogne et du Céou, ainsi que sur les châteaux de Castelnaud et de Beynac.

Juin-sept. : t.l.j. 14h-19h. Visite libre et guidée des parcs et jardins.
Visite sur r.-v. pour les groupes toute l'année (30-100 pers.).

CHAMPEAUX-ET-LA-CHAPELLE-POMMIER C1

Château des Bernardières
Bernardières
24340 Champeaux-et-la-Chapelle-Pommier
Tél. : 02 47 46 18 73
Propriété privée
Inscrit

Le château des Bernardières est un édifice complexe élevé sur une falaise qui surplombe la Nizonne. Les parties les plus anciennes du château remontent aux XIIIe et XIVe s. : une enceinte cernée de fossés entoure le donjon carré ; une tour circulaire à mâchicoulis défend la porte et le pont-levis. Au XVIIe s., les comtes d'Aydie agrandissent le château et construisent des terrasses.

Juil.-sept. : t.l.j. sf mar. 10h-12h, 14h-18h.
Visite guidée. Visite sur r.-v. toute l'année.

CHANCELADE C1

Abbaye
24650 Chancelade
Tél. : 05 53 04 86 87
www.abbaye-chancelade.com
Propriété privée
Inscrit

L'abbaye de Chancelade est fondée au XIIe s. par un moine de l'abbaye augustinienne de Cellefrouin en Charente. Son église abbatiale romane est achevée dès 1133 ; elle s'apparente aux édifices charentais et reflète l'austérité de son ordre fondateur, tout en adoptant la nef unique périgourdine. Des éléments de peinture murale témoignent d'un ancien décor peint couvrant. Le logis abbatial, implanté au XVe s. et restauré au XVIIe, traduit avec l'ensemble des bâtiments abbatiaux l'histoire mouvementée du site, renversé par les huguenots, puis relevé au début du XVIIe s.

15 juin-1er sept. : t.l.j. 10h-12h, 15h-18h.
Visite libre. Visite guidée sur r.-v. pour les groupes (20-100 pers.).

COUZE-ET-SAINT-FRONT C2 DÉTAIL

Moulin de la Rouzique
Écomusée historique du papier
Route de Varennes
24150 Couze-et-Saint-Front
Tél. : 05 53 24 36 16
www.bergerac-tourisme.com
Propriété de la commune
Inscrit

Ce moulin est un des témoins les plus intéressants de l'ensemble des papeteries installées sur la Couze où l'activité rayonne depuis les XVe et XVIe s. Composé d'un corps de logis principal à deux niveaux flanqué d'un bâtiment couvert en cinq sheds à pentes régulières, sa haute cheminée ronde et les volets pivotants de l'étendoir achèvent la silhouette industrielle du bâtiment. L'énergie est transmise par une roue à palettes de fer. Le moulin a conservé tout le matériel nécessaire à la fabrication du papier-filtre : machine à forme ronde, piles hollandaises, cuves et roues à palettes en bois. Il abrite aujourd'hui un écomusée du papier.

Mi avr.-juin, sept. : t.l.j. sf sam. 14h-18 h ;
juil.-août : t.l.j. sf sam. 10h-19h, dim. 14h-19h.
Visite guidée. Visite sur r.-v. pour les groupes toute l'année (25 pers.).

D2 **DOMME**

Porte des Tours

Place de la Halle
24250 Domme
Tél. : 05 53 31 71 00
www.ot-domme.com
Propriété de la commune
Classé

La porte des Tours, édifiée en 1281, est la principale porte fortifiée de cette bastide royale française du XIIIe s. Elle se compose de deux demi-tours qui abritent un escalier à vis et des salles de garde. Les Templiers y sont emprisonnés de 1307 à 1318; des graffitis gravés sur les murs témoignent de cet épisode.
Juil.-août : t.l.j. 10h15, 14h, 16h. Visite guidée.
Visite sur r.-v. le reste de l'année et pour les groupes (2-25 pers.).

CD2 Détail **EYZIES-DE-TAYAC (LES)**

Abri Pataud

24620 Les Eyzies-de-Tayac
Tél. : 05 53 06 92 46
www.semitour.com
Propriété du département
Classé

L'abri Pataud est un gisement préhistorique situé au centre de la falaise dominant Les Eyzies, sur la rive gauche de la Vézère. La stratigraphie de l'abri représente environ quinze mille ans d'occupation humaine discontinue, entre –35000 et –20000. Elle se développe sur près d'une dizaine de mètres d'épaisseur de sédiments. Un musée installé sur le site présente les résultats des fouilles effectuées.
Fév. à mi-mars, mi-nov. à mi-déc. : t.l.j. sf ven. et w.-e. 10h-12h30, 14h-17h30; mi-mars à juin, sept. à mi-nov. : t.l.j. sf sam. 10h-12h30, 14h-18h; juil.-août : t.l.j. 10h-19h; mi-déc.-déb. janv. : t.l.j. sf mar. 10h-12h30, 14h-18h.
Fermé déb. janv. à déb. fév., 25 déc. Visite libre. Visite guidée.
Visite sur r.-v. pour les groupes toute l'année au 05 53 05 65 60 (20-40 pers.).

Château de Tayac

Musée national de Préhistoire
1, rue du Musée
24620 Les Eyzies-de-Tayac
Tél. : 05 53 06 45 45
www.musee-prehistoire-eyzies.fr
Propriété de l'État
Classé

Tourisme & Handicap

Le château de Tayac, fief d'une branche des Beynac, est accroché à la falaise. Il est construit sur une terrasse surplombant le village et comprend deux corps de bâtiment du XVIe s. Il doit à sa localisation à proximité des sites préhistoriques de référence d'avoir été acquis par l'État et sauvé de la ruine par une importante restauration en 1914 afin d'y installer le musée national de Préhistoire. Ce dernier a été entièrement rénové en 2004 et permet de découvrir quatre cent mille ans d'histoire humaine au travers des collections exceptionnelles complétées de restitutions d'hommes ou d'animaux disparus.
Juil.-août : t.l.j. 9h30-18h30; juin, sept. : t.l.j. sf mar. 9h30-18h; oct.-mai : t.l.j. sf mar. 9h30-12h30, 14h-17h30.
Visite libre. Visite guidée sur r.-v.

Grotte de Font-de-Gaume

Route des grottes
24620 Les Eyzies-de-Tayac
Tél. : 05 53 06 86 00
http://eyzies.monuments-nationaux.fr
Propriété de l'État
Classé

Centre des monuments nationaux

Tourisme & Handicap

Sites préhistoriques et grottes ornées de la vallée de la Vézère inscrit sur la Liste du patrimoine mondial en 1979

La grotte de Font-de-Gaume est un témoignage majeur de l'art pariétal à l'époque magdalénienne. Elle abrite un ensemble exceptionnel de peintures polychromes ainsi que des gravures. Depuis sa découverte en 1901, plus de deux cents figurations animales et signes y ont été recensés. Les animaux dominants sont les bisons (84). Chevaux, mammouths, cervidés, rennes font également partie du bestiaire représenté. On y distingue deux phases stylistiques (ancienne et moyenne) du Magdalénien.
16 sept.-14 mai : t.l.j. sf sam. 9h30-12h30, 14h-17h30;
15 mai-15 sept. : t.l.j. sf sam. 9h30-17h30.
Fermé 1er janv., 1er mai, 1er nov., 11 nov., 25 déc.
Visite guidée. Réservation conseillée.

Grotte des Combarelles

Route des grottes
24620 Les Eyzies-de-Tayac
Tél. : 05 53 06 86 00
http://eyzies.monuments-nationaux.fr
Propriété de l'État
Classé

Sites préhistoriques et grottes ornées de la vallée de la Vézère inscrit sur la Liste du patrimoine mondial en 1979

Avec plus de huit cents figurations pariétales très majoritairement gravées, la grotte des Combarelles, découverte en 1901 et authentifiée par L. Capitan, H. Breuil et D. Peyrony, est à juste titre considérée comme un sanctuaire majeur de la culture magdalénienne. Au-delà du porche, fouillé par E. Rivière dès 1892, s'enfoncent deux galeries divergentes. La plus importante, ouverte à la visite, est un couloir étroit affectant un tracé en zig zag sur plus de 240 m de long. Le bestiaire, finement gravé et plus rarement dessiné en noir, évoque une faune diversifiée incluant chevaux, rennes, bouquetins, mammouths, rhinocéros, ours, félins et quelques bovidés; la lecture de ces gravures animalières, largement enchevêtrées, est facilitée par un traitement souvent réaliste qui les distingue nettement d'un ensemble exceptionnel d'une cinquantaine de figures anthropomorphes, beaucoup plus schématiques, et de quelques signes, notamment des tectiformes. L'ensemble est attribué au Magdalénien récent, aux alentours de – 13000.

16 sept.-14 mai : t.l.j. sf sam. 9h30-12h30, 14h-17h30;
15 mai-15 sept. : t.l.j. sf sam. 9h30-17h30.
Fermé 1er janv., 1er mai, 1er nov., 11 nov., 25 déc.
Visite guidée. Réservation conseillée.

Abri du Poisson

Route des grottes
24620 Les Eyzies-de-Tayac
Tél. : 05 53 06 86 00
http://eyzies.monuments-nationaux.fr
Propriété de l'État
Classé

Sites préhistoriques et grottes ornées de la vallée de la Vézère inscrit sur la Liste du patrimoine mondial en 1979

Situé dans le vallon de Gorge d'Enfer, encaissé dans les massifs calcaires de Tayac et du Grand Roc qui surplombent la rive droite de la Vézère, l'abri du Poisson est découvert par Giraud en 1892, et doit son nom à la sculpture en bas relief réalisée sur la voûte de l'abri, découverte vingt ans plus tard. Il s'agit d'un saumon « becquart » à la mâchoire retroussée, caractéristique du mâle épuisé par le frai. La datation gravettienne (vers – 25000) d'un sujet rare (1 des 10 poissons pariétaux recensés) en ferait la première représentation de poisson connue au monde.

16 sept.-14 mai : t.l.j. 9h30-12h30, 14h-17h30; 15 mai-15 sept. : t.l.j. 9h30-17h30.
Ouvert ts les mar. à 10h ou sur demande.
Fermé 1er janv., 1er mai, 1er nov., 11 nov., 25 déc. Visite guidée.

Gisement de La Micoque

24620 Les Eyzies-de-Tayac
Tél. : 05 53 06 86 00
http://eyzies.monuments-nationaux.fr
Propriété de l'État
Classé

Sites préhistoriques et grottes ornées de la vallée de la Vézère inscrit sur la Liste du patrimoine mondial en 1979

Découvert en 1895, ce gisement en pied de versant est un des sites de référence. La Micoque est fondamentale pour l'appréhension du début du Paléolithique; sa stratigraphie, haute de près de 10 m, couvre plus de trois cent mille ans de cultures préhistoriques, telles que le Micoquien, à qui le gisement a donné son nom, et le Tayacien.

16 sept.-14 mai : t.l.j. 9h30-12h30, 14h-17h30; 15 mai-15 sept. : t.l.j. 9h30-17h30.
Ouvert ts les mar. à 14h30 ou sur demande.
Fermé 1er janv., 1er mai, 1er nov., 11 nov., 25 déc. Visite guidée.

Abri de Laugerie-Haute

Route des grottes
24620 Les Eyzies-de-Tayac
Tél. : 05 53 06 86 00
http://eyzies.monuments-nationaux.fr
Propriété de l'État
Classé

CENTRE DES MONUMENTS NATIONAUX

TOURISME & HANDICAP

Sites préhistoriques et grottes ornées de la vallée de la Vézère inscrit sur la Liste du patrimoine mondial en 1979

Situé sur la rive droite de la Vézère, à 2 km des Eyzies, cet abri est l'un des plus vastes de la région avec 200 m de long environ. Ce site fondamental, fouillé entre autres par Hauser, Peyrony et Bordes, a accueilli 25 millénaires d'occupation humaine du Périgordien final au Magdalénien moyen (entre –24000 et –14000) à laquelle la chute de plusieurs énormes blocs d'effondrement, formant la limite naturelle actuelle, a mis fin. Les niveaux archéologiques révèlent un outillage lithique très abondant, une industrie osseuse de belle qualité ainsi que des objets d'art mobilier ou sur blocs gravés principalement dans la couche supérieure.

16 sept.-14 mai : t.l.j. 9h30-12h30, 14h-17h30 ; 15 mai-15 sept. : t.l.j. 9h30-17h30.
Ouvert ts les mar. à 10h ou sur demande.
Fermé 1er janv., 1er mai, 1er nov., 11 nov., 25 déc.
Visite guidée. Réservation conseillée.

Château de Commarque

Sireuil
24620 Les Eyzies-de-Tayac
Tél. : 05 53 59 00 25
www.commarque.com
Propriété privée
Classé

Commarque est une agglomération castrale dont les plus anciens éléments remontent au XIIe s. Au Moyen Âge, ce *castrum* est détenu par les Beynac et plusieurs familles nobles, parmi lesquelles on trouve les Commarque dès le XIIIe s. Le château proprement dit date pour l'essentiel de la seconde moitié du XIVe s. ; de la maison noble de Commarque subsistent l'enceinte et la maison-tour du XIIIe s. En 1500 le *castrum* est partiellement déserté et, au XVIIIe s., le site est définitivement abandonné. La réhabilitation des lieux commencera en 1968 avec le rachat par M. Hubert de Commarque.

Avril, vac. Toussaint : t.l.j. 10h-18h ; mai-juin, sept : t.l.j. 10h-19h ;
juil.-août : t.l.j. 10h-20h. Visite libre. Visite guidée sur r.-v.

Grottes du Roc de Cazelle

Route de Sarlat
24620 Les-Eyzies-de-Tayac
Tél. : 05 53 59 46 09
www.rocdecazelle.com
Propriété privée
Classé

TOURISME & HANDICAP

Aux Eyzies, capitale mondiale de la préhistoire, Cazelle est l'un des sites les plus impressionnants de ce riche patrimoine. Ses falaises escarpées sont entièrement excavées par des grottes, des refuges et des souterrains. Peuplé de tout temps, l'ensemble a d'abord été habité à la Préhistoire puis creusé et aménagé en château fort au Moyen Âge et enfin, réutilisé et transformé au début du XXe s. en habitation civile. Dans ce parc préhistorique on découvre des reconstitutions de la vie de nos lointains ancêtres et ceci dans les lieux mêmes où ils ont vécu.

Fév.-avr., oct.-nov. : t.l.j. 10h-18h ; mai-juin, sept. : t.l.j. 10h-19h ;
juil.-août : t.l.j. 10h-20h ; déc.-janv. : t.l.j. 11h-17h (vac. Noël : 10h-17h).
Visite libre. (juil.-août).

D1 HAUTEFORT

Hospice

Musée de la Médecine
Place Jacques-François de Hautefort
24390 Hautefort
Tél. : 05 53 50 40 27
www.musee-medecine-hautefort.com
Propriété de la commune
Classé

L'ancien hospice de Hautefort est fondé en 1669 par le marquis Jacques-François de Hautefort. Bâtiment communal, il abrite depuis plus de dix ans un musée d'histoire de la médecine du XVIIe s. à nos jours. Il occupe six des huit grandes salles du bâtiment (sur un étage) ; l'une d'entre elles étant la chapelle, cœur de l'ancien hospice. Le bâtiment reste une fondation hospitalière originale, créée, à l'époque de l'enfermement, pour accueillir les pauvres et leur apporter le secours de la religion, alors que la pauvreté était considérable en France.

Avr.-oct. : t.l.j. 10h-12h, 14h-18h.
Visite libre. Visite guidée possible. en partie.

Château

Le Bourg
24390 Hautefort
Tél. : 05 53 50 51 23
www.chateau-hautefort.com
Propriété de la fondation du château de Hautefort
Classé

Rare témoignage de l'architecture classique en Périgord, le château est une demeure de plaisance édifiée au XVIIe s. sur ordre du marquis de Hautefort par l'architecte Nicolas Rambourg. Elle est meublée et décorée dans le respect des modes des XVIIe et XVIIIe s. Au XIXe s., le comte de Choulot esquisse les jardins à la française et crée le parc à l'anglaise de 30 ha qui offre des vues variées sur la campagne et les villages environnants.

Mars : w.-e. et j. fériés 14h-18h;
avr.-mai : t.l.j. 10h-12h30, 14h-18h30;
juin-sept : t.l.j. 9h30-19h (juil.-août : nocturne le mer. 20h30-0h);
oct. : t.l.j. 14h-18h; 1er-11 nov. : w.-e. et j. fériés 14h-18h. Visite libre.
Visite guidée. Visite sur r.-v. pour les groupes toute l'année (20 pers.).

JUMILHAC-LE-GRAND — D1

Château de Jumilhac

24630 Jumilhac-le-Grand
Tél. : 05 53 52 42 97
www.pays-jumilhac.fr
Propriété privée
Classé

Le château de Jumilhac est édifié à l'extrémité d'un éperon rocheux qui domine la vallée de l'Isle. L'ensemble des corps de logis centraux des XIVe et XVe s. dessine un polygone irrégulier. Les hautes façades à multiples décrochements, construites en moellons de schiste, sont couronnées par un chemin de ronde et coiffées de toitures d'ardoises complexes et variées. Au XVIIe s., deux ailes en retour d'équerre viennent constituer une cour d'honneur carrée devant la grande façade.

Juin-sept. : t.l.j. 10h-19h; nocturne le mardi (juin-sept.) et mar., jeu. (juil.-août), 21h30-23h30; mi-mars à mai, oct. à mi-nov. : w.-e. et j. fériés 14h-18h30; mi-nov. à mi-mars : dim. 14h30-17h30.
Visite libre des jardins. Visite guidée du château et des jardins.
Visite sur r.-v. pour les groupes.

LANQUAIS — C2 DÉTAIL

Château

24150 Lanquais
Tél. : 05 53 61 24 24
www.chateaudelanquais.fr
Propriété privée
Classé

Château fort accolé à un palais Renaissance construit par des bâtisseurs du Louvre. Palais des rois de France, sa construction est entreprise dans la seconde moitié du XVIe s. par les La Tour, seigneurs de Turenne et Limeuil, sur les bases d'un puissant édifice médiéval ruiné par les sièges de la guerre de Cent Ans, reconstruit au XVe s. puis à nouveau endommagé. Du château du XVe s. subsistent une tour polygonale, une tour ronde et une moitié de corps de logis que le logis neuf poursuit sur deux travées articulées par un grand pavillon d'angle. L'inspiration du Louvre y est manifeste dans le plan et les décors : bossages, baies, frontons et cheminées de pierre sculptée. Ce palais abrite un mobilier du XVIIe s. et également des éléments préhistoriques de la collection d'Alexis de Gourgue. Lors de la visite du château, des caves et des souterrains, on retrouve la vie quotidienne du Moyen Âge à la Renaissance.

Juil.-août : t.l.j. 10h-19h; mai-juin, sept. : t.l.j. sf mar. 10h30-12h, 14h30-18h30;
mars-avr., oct.-nov. : t.l.j. sf mar. 14h30-18h.
Visite libre. Visite guidée. Visite sur r.-v. pour les groupes toute l'année.
(pour les groupes).

C1

LIGUEUX

Abbaye (ancienne)

24460 Ligueux
Tél. : 05 53 05 03 01
Propriété privée
Inscrit

La tradition attribue à Charlemagne la fondation de l'abbaye de Ligueux autour de 770 et le dépôt de la relique du bras de saint Siméon. Dévastée par les Normands, elle est relevée au début du XIIe s. puis refondée selon la règle de saint Benoît. Plusieurs fois saccagée durant la guerre de Cent Ans et les guerres de Religion, elle prospère aux XVIIe et XVIIIe s. et abrite un pensionnat pour jeunes filles nobles. Elle est définitivement ruinée en 1792 et les religieuses sont dispersées. Une très grande partie des bâtiments conventuels a disparu, dont les cloîtres. De l'ensemble subsistent l'église romane à nef unique et des éléments des bâtiments claustraux. L'ancien logis de la prieure, datant du XVIIe s., est aujourd'hui réaménagé en habitation.

1er-29 juil., 19-31 août : t.l.j. 14h-18h. Visite guidée.

C1

MAREUIL

Château

27, rue du château
Tél. : 05 53 60 99 85
24340 Mareuil
www.parc-naturel-perigord-limousin.fr
Propriété privée
Classé

Déjà attesté au XIe s., ce château est d'abord une puissante forteresse protégée par un système de défense dont il conserve les tours crénelées et l'entrée fortifiée. Pendant la guerre de Cent Ans, la fidélité des seigneurs de Mareuil au roi de France déchaîne contre eux la colère destructrice des Anglais. Mais au XVIe s., Mareuil devient une des quatre baronnies du Périgord. Durant la Renaissance, le bâtiment est restauré et transformé en château de plaisance, occupé à la fin de l'Ancien Régime par les Talleyrand. Transformé en exploitation agricole au XIXe s., il se dégrade rapidement avant d'être racheté puis restauré en 1964.

Avr.-juin : t.l.j. 10h15-12h, 14h-17h15 ; juil.-août : t.l.j. 10h-12h15, 14h-18h15 ; sept.-10 oct. : t.l.j. 10h15-12h, 14h-17h ; 11 oct.-15 nov. : t.l.j. sf mar. et dim. mat. 14h-17h. Visite guidée. Visite sur r.-v. pour les groupes (10 pers. min.). ♿

D2 DÉTAIL

MARQUAY

Abri de Cap-Blanc

Musée cavernicole de Marquay
Cap-Blanc
24620 Marquay
Tél. : 05 53 06 86 00
http://eyzies.monuments-nationaux.fr
Propriété de l'État
Classé

CENTRE DES MONUMENTS NATIONAUX

Sites préhistoriques et grottes ornées de la vallée de la Vézère inscrit sur la Liste du patrimoine mondial en 1979

Découvert en 1909, cet abri-sous-roche est un haut lieu de la préhistoire. Il dévoile une longue frise de reliefs sculptés à même la falaise calcaire : chevaux, bisons, bovins, rennes dont certains dépassent 2 m de longueur. Autour de ce décor monumental, vieux de plus de quinze mille ans, un espace muséographique offre au visiteur un panorama de la vie et de l'art à Cap-Blanc.

16 sept.-14 mai : t.l.j. sf sam. 9h30-12h30, 14h-17h30 ;
15 mai-15 sept. : t.l.j. sf sam. 9h30-17h30.
Fermé 1er janv., 1er mai, 1er et 11 nov., 25 déc.
Visite guidée. Visite sur r.-v. pour les groupes toute l'année.

MEYRALS D2 DÉTAIL

Grotte de Bernifal
24220 Meyrals
Tél. : 05 53 29 66 39
Propriété privée
Classé

Découverte par l'abbé Henri Breuil en 1898, cette grotte aux multiples concrétions est ornée de groupes de figures, gravées ou peintes sur les parois, datant du Magdalénien. Si la représentation du mammouth occupe une large place, on y rencontre aussi des chevaux, cervidés, bisons, rennes, ours, ainsi que des signes : tectiformes, triangulaires, étoiles et figurations humaines.
Juil.-août : t.l.j. 9h-19h ; juin, sept. : t.l.j. 9h-12h, 14h-19h ;
oct.-mai : w.-e. et vac. scol. 9h-12h, 14h-19h.
Visite guidée. Visite sur r.-v. toute l'année.

MONBAZILLAC C2

Château
Musée du Vin
24240 Monbazillac
Tél. : 05 53 61 52 52/05 53 63 65 00
www.chateau-monbazillac.com
Propriété des Caves de Monbazillac
Classé

Situé sur une célèbre terre viticole, le site de Monbazillac est avant tout connu pour sa vigne. Le château est bâti vers 1550 par Charles d'Aydie. Son aspect est encore féodal : de plan rectangulaire, cantonné de tours rondes et entouré de fossés secs. Sur cette base traditionnelle, au-dessus du crénelage qui court autour de l'édifice, les parties hautes sont divisées en pavillons percés de grandes croisées de pierre. Le bâtiment a traversé intact les périodes historiques. Il abrite aujourd'hui, entre autres, un musée consacré au vin.
Juin-sept. : t.l.j. 10h-19h ; fév.-mars, nov.-déc. : t.l.j. 10h-12h, 14h-17h (sf lun. nov.-mars) ; avr. ; t.l.j. 10h-12h, 14h-18h. ;
mai, oct. : t.l.j. 10h-12h30, 14h-18h. Fermé en janv.
Visite libre. Visite guidée. Visite sur r.-v. pour les groupes.

MONTCARET C2

Site archéologique et villa gallo-romaine
Le Bourg
24230 Montcaret
Tél. : 05 53 58 50 18
http://montcaret.monuments-nationaux.fr
Propriété de l'État
Classé

CENTRE DES MONUMENTS NATIONAUX

La villa gallo-romaine de Montcaret est découverte en 1827 lors de l'établissement d'un lavoir municipal. Il s'agit d'une villa à péristyle et cour intérieure typique des constructions du midi de la Gaule. L'habitat s'y organise de part et d'autre d'un espace central ouvert. L'intérêt de ces vestiges du Bas Empire, remaniés au Moyen Âge, provient de la qualité et de l'étendue des pavements de mosaïque.
28 mai-sept. : t.l.j. 9h45-12h30, 14h-18h30 ; oct.-27 mai : t.l.j. sf sam. 10h-12h30, 14h-17h30. Fermé 1er janv., 1er et 11 nov., 25 déc.
Visite libre. Visite guidée. Visite sur r.-v. pour les groupes.

MONTIGNAC D2

Gisement préhistorique du Regourdou
24290 Montignac
Tél. : 05 53 51 81 23
www.regourdou.fr
Propriété privée
Classé

Le Regourdou se situe à 800 m au-dessus de la grotte de Lascaux. Lors de fouilles conduites dans les années cinquante, un squelette incomplet de Néandertalien est découvert sous un tas de pierres. Il s'agit probablement d'une des très rares sépultures connues du Paléolithique moyen.
Fév.-juin : t.l.j. 11h-18h ; juil.-août : t.l.j. 10h-19h.
Visite guidée. Visite sur r.-v. pour les groupes.

C2 DÉTAIL

MOUZENS

Château de Monsec

24220 Mouzens
Tél. : 05 53 29 22 33
chateaudemonsec@orange.fr
Propriété privée
Inscrit

Le château de Monsec est à l'origine une forteresse médiévale organisée en quatre bâtiments formant un carré flanqué de tours et d'échauguettes. Aux XVe et XVIe s. il est transformé en château de plaisance dans le style Renaissance et jouit d'une vue sur la vallée de la Dordogne qu'il domine. Les deux corps de logis s'articulent autour d'une tour carrée. L'un est flanqué d'une tour ronde et d'un porche du XVe s., l'autre est orné d'échauguettes et de bretèches. Au XIXe s., une chapelle néogothique vient compléter l'ensemble.

12 juil.-sept. : t.l.j. 10h-12h, 15h-18h. Visite libre des extérieurs.
Visite guidée sur r.-v. et pour les groupes (6-40 pers.).

C2

MUSSIDAN

Château de Montréal

Issac
24400 Mussidan
Tél. : 05 53 81 11 03
www.best-of-perigord.tm.fr
Propriété privée
Classé

Jardin remarquable

Élevé au XIIe s., le château de Montréal domine la vallée de la Crempse. Démantelé au XVe s., il est transformé en château de plaisance au XVIe s. par la famille Pontbriand qui modernise la double enceinte. Au XIXe s., l'ensemble est agrémenté de jardins à la française et d'un jardin à l'anglaise. Il abrite une remarquable bibliothèque en rotonde et une chapelle qui conserve une relique de la sainte épine entourée de statues. Le nom du château aurait été donné en 1535 à la cité découverte sur les rives du Saint-Laurent par Claude de Pontbriand, dit « Montréal », et Jacques Cartier.

Juil.-sept. : t.l.j. 10h-12h, 14h30-18h30.
Visite guidée. Visite sur r.-v. pour les groupes toute l'année (10 pers.).

C2

NEUVIC-SUR-L'ISLE

Château et parc de Neuvic

24190 Neuvic-sur-l'Isle
Tél. : 05 53 80 86 60
www.chateau-parc-neuvic.com
Propriété privée
Classé

Construit au XVIe s. au bord de l'Isle, ce château a conservé des éléments Renaissance : architecture extérieure, évier en pierre dans les salles voûtées, fresques de la chambre dite « d'Henri IV ». Le XVIIIe s. apporte plusieurs modifications : aménagement d'un grand salon Louis XV, de la chambre de Diane et d'une grotte romantique, et ajout de la chapelle. Propriété des de Fayolle et des de Mellet durant quatre cents ans, rachetée par des Américains et une aventurière au XXe s., elle abrite aujourd'hui un institut médico-éducatif et s'est enrichie en 1993 d'un parc botanique de 6 ha.

CHÂTEAU Juil.-août : t.l.j. sf jeu. 15h, 17h. Visite guidée.
PARC Avr.-oct. : t.l.j. sf jeu. 10h-12h, 14h-18h (juil.-août : 10h-19h).
Visite libre. Visite sur r.-v. pour les groupes (15-50 pers.).
(sur r.-v. mar. et jeu. midi en période scol., zone C).

C1

NONTRON

Château et parc

Avenue du Général-Leclerc
24300 Nontron
Tél. : 05 53 56 25 50
Propriété de la commune
Inscrit

L'actuel château de Nontron fut construit à partir de mai 1768 sur l'emplacement de l'ancienne forteresse des Peytavis, par Jean-Charles de Lavie, président du Parlement de Bordeaux. Incendié en 1878, il a fait l'objet d'une restauration importante. De plan rectangulaire, ses façades identiques comportent un avant-corps central sommé d'un fronton triangulaire qui se détache sur le toit à la Mansart. À l'intérieur, un escalier monumental donne accès aux différentes salles de l'étage. Le jardin des Arts, vaste parc en terrasse, se déploie, au pied du château, dominant la vallée du Bandiat.

Janv.-mai, oct.-déc. : t.l.j. 8h-18h30 ; juin-sept. : t.l.j. 7h-19h.
Visite libre. Visite guidée sur r.-v. pour les groupes.

PÉRIGUEUX — C1

Temple de Vésone

Jardin de Vésone
24000 Périgueux
Tél. : 05 53 53 10 63
www.tourisme-perigueux.fr
Propriété de la commune
Classé

La tour de Vésone est le monument antique le mieux conservé de Périgueux, importante ville antique d'Aquitaine au IIe s. apr. J.-C. La tour est le vestige d'un temple à *cella* ronde érigé à cette époque. D'un diamètre intérieur de 17 m pour une hauteur de 23 m, la *cella* était entourée d'une colonnade. Le péristyle se composait de trente colonnes supportant une toiture. L'édifice aujourd'hui écrêté et éventré a perdu toute sa décoration de marbre. Ce sanctuaire de tradition gauloise apparaît comme une réalisation originale dans le monde romain.

Avr.-sept. : t.l.j. 7h30-21h; oct.-mars : t.l.j. 7h30-18h30. Visite libre des extérieurs. Visite guidée de la villa gallo-romaine juin-sept. : t.l.j. sf dim. 10h30; oct.-mai : lun., mer., ven. 15h. Visite sur r.-v. pour les groupes. ♿

Tour Mataguerre

26 Place-Francheville
24000 Périgueux
Tél. : 05 53 53 10 63
www.tourisme-perigueux.fr
Propriété de la commune
Classé

La tour Mataguerre est la dernière des vingt-huit tours de l'enceinte médiévale protégeant le bourg du Puy-Saint-Front. Plusieurs fois reconstruite, son état actuel date de 1477. Couronnée d'un parapet à mâchicoulis, elle repose sur une base polygonale. Selon la tradition, elle doit son nom à un prisonnier du parti anglais resté captif dix-sept ans dans la salle basse.

Oct.-mai : mar., jeu., sam. 15h; juin-sept. : t.l.j. 15h.
Visite guidée lors de la découverte du secteur médiéval de la ville.

Cathédrale Saint-Front et cloître

Place de la Clautre
24000 Périgueux
Tél. : 05 53 08 07 44/05 53 53 10 63
Propriété de l'État
Classé

Chemin de Saint-Jacques-de-Compostelle
inscrit sur la Liste du patrimoine mondial en 1998

La basilique Saint-Front, dominant le Puy-Saint-Front et la ville, est une cathédrale depuis 1669. De plan en croix grecque, elle est d'inspiration romano-byzantine. À nef unique, elle est couverte par cinq grandes coupoles sur pendentifs; l'ensemble est entièrement remodelé par l'architecte Paul Abadie à partir de 1851. En avant de la cathédrale, sur la place de la Clautre, les premières travées et la façade romane de la vieille église du VIe s. forment aujourd'hui une cour à ciel ouvert contre laquelle s'appuie le clocher. Elle ouvre aussi sur le cloître dont les galeries, édifiées du XIIe au XIVe s., abritent des fragments de l'ancienne basilique.

T.l.j. 10h-18 (sf pendant offices religieux).
Visite libre. Visite guidée dans le cadre des visites découvertes de la cathédrale et de la ville médiévale et Renaissance, juil.-août : t.l.j. sf dim. 14h30.
Visite sur r.-v. pour les groupes. ♿

PEYZAC-LE-MOUSTIER — D2 DÉTAIL

Gisement du Moustier

24620 Peyzac-le-Moustier
Tél. : 05 53 06 86 00
http://eyzies.monuments-nationaux.fr
Propriété de l'État
Classé

CENTRE DES MONUMENTS NATIONAUX

TOURISME & HANDICAP

Sites préhistoriques et grottes ornées de la vallée de la Vézère
inscrit sur la Liste du patrimoine mondial en 1979

Découvert en 1863, ce site majeur devient en 1869 éponyme de la culture « moustérienne », correspondant à l'homme de Néandertal. L'abri inférieur exploité dès 1907 révèle l'année suivante la présence d'un squelette humain néandertalien. La stratigraphie se compose de plusieurs faciès industriels : Moustérien typique puis Moustérien de tradition acheuléenne et Moustérien à denticulés ainsi que, dans les couches supérieures, Périgordien inférieur et Aurignacien.

Jeu. 10h pdt les vac. de la zone C.
Visite sur r.-v. le reste de l'année. Visite guidée.

La Roque Saint-Christophe

24620 Peyzac-le-Moustier
Tél. : 05 53 50 70 45
www.roque-st-christophe.com
Propriété privée
Classé

À mi-chemin entre les Eyzies et Montignac-Lascaux s'élève en à pic sur la Vézère la falaise de la Roque Saint-Christophe. Remarquable par ses formes puissantes, son nombre d'habitats et son ancienneté d'occupation par l'homme, ce site constitue un cadre d'une rare et sauvage beauté. Ces cavités naturelles ont été occupées par l'homme à la Préhistoire puis ensuite modifiées pour devenir un fort et une cité du Moyen Âge jusqu'au début de la Renaissance. L'on y découvre l'empreinte laissée par nos ancêtres sur la roche ainsi qu'un conservatoire de machines de levage, reconstituées en hommage aux grands bâtisseurs médiévaux.

Fév.-mars, oct.-11 nov. : t.l.j. 10h-18h ; 12 nov.-janv. : t.l.j. 14h-17h ;
avr.-juin, sept : t.l.j. 10h-18h30 ; juil.-août : 10h-20h.
Fermé 1er janv., 25 déc. Visite libre. Visite guidée. (déb. avr. à fin oct.).

C2 ROUFFIGNAC-SAINT-CERNIN

Grotte de Rouffignac

24580 Rouffignac-Saint-Cernin
Tél. : 05 53 05 41 71
www.grottederouffignac.fr
Propriété privée
Classé

Sites préhistoriques et grottes ornées de la vallée de la Vézère inscrit sur la Liste du patrimoine mondial en 1979

Cette grotte ornée, dont le peintures ont été révélées en 1956, est une cavité longue de plusieurs kilomètres d'abord occupée par les ours. La figuration pariétale paléolithique est exécutée par gravure profonde et peinture en noir dans une grande unité stylistique. Avec ses cent cinquante-huit figures de mammouths, elle offre le plus grand nombre connu de représentations de cet animal. Bisons, chevaux, bouquetins et rhinocéros viennent compléter l'ensemble. Un petit train permet d'en faire la découverte.

Juil.-août : t.l.j. 9h-11h30, 14h-18h ;
Rameaux-juin, sept.-1er nov. : t.l.j. 10h-11h30, 14h-17h.
Visite guidée. Visite sur r.-v. pour les groupes de mars à nov. (20 pers. min.).

Château de l'Herm

24580 Rouffignac-Saint-Cernin
Tél. : 05 53 05 46 61
www.chateaudelherm.com
Propriété privée
Inscrit

Presque fondu dans la végétation, l'Herm représente, avec Commarque aux Eyzies, l'une des plus belles ruines du Périgord. Le château défensif, implanté au XIVe s., est remanié entre 1500 et 1520 dans un style gothique flamboyant. Après 1605 et durant près d'un siècle, une crise de succession ensanglante la demeure et aboutit à son adjudication en 1679. Transformée alors en exploitation agricole, elle est abandonnée dès 1714. Aujourd'hui, ruiné mais préservé, l'Herm conserve son aspect d'origine. En 1899, il ressuscite grâce à l'écrivain Eugène Le Roy qui en fait le décor de son roman *Jacquou le Croquant*.

Avr.-11 nov. : t.l.j. 10h-19h. Visite libre. Visite guidée sur r.-v. le reste de l'année.
Visite guidée sur r.-v. pour les groupes (10 pers. min.).

D2 SAINT-AMAND-DE-COLY

Abbaye

Le Bourg
24290 Saint-Amand-de-Coly
Tél. : 05 53 51 04 56
info@perigord-patrimoine.com
Propriété de la commune
Inscrit

Située dans ce village classé parmi les plus beaux villages de France, l'abbaye de Saint-Amant-de-Coly est fondée au VIe s. par l'ermite limousin Amand. Transformée au XIIe s. en abbaye fortifiée par les bénédictins, elle prospère au XIIIe s. et comporte alors de nombreux bâtiments abbatiaux. Elle est ensuite affaiblie par les conflits et la guerre de Cent Ans puis pillée en 1575 par les huguenots. De l'ensemble subsiste aujourd'hui l'abbatiale romane qui domine le village de son imposant porche-donjon.

T.l.j. 9h30-19h. Visite libre. Visite guidée en juil.-août.
Visite sur r.-v. pour les groupes (5-55 pers.).

SAINT-AVIT-SÉNIEUR C2

Abbaye

Le Bourg
24440 Saint-Avit-Sénieur
Tél. : 05 53 22 39 12
info@perigord-patrimoine.com
Propriété de la commune
Classé

Chemin de Saint-Jacques-de-Compostelle
inscrit sur la Liste du patrimoine mondial en 1998

Dès le XIe s., un groupe de moines vit canoniquement près du tombeau de saint Avit, ermite du VIe s. L'abbaye proprement dite est édifiée au XIe s. et prospère au siècle suivant. Au XVIe s., les bâtiments déjà affaiblis par les guerres sont saccagés par les huguenots ; le monastère est ruiné. Au-delà de sa façade occidentale cantonnée par les tours d'angle, les travées de sa nef unique sont voûtées de croisées d'ogives bombées rappelant le type angevin.

Mi-juil. à mi-août. : t.l.j. sf w.-e. 10h-18h30.
Visite libre. Visite guidée. Visite sur r.-v. pour les groupes toute l'année.

SAINT-CRÉPIN-ET-CARLUCET D2

Château de Lacypierre

Le Vieux Bourg
24590 Saint-Crépin-et-Carlucet
Tél. : 05 53 29 39 28
serge.lebon.archi@wanadoo.fr
Propriété privée
Inscrit

Au milieu du XVe s., les Benié de Lacypierre revisitent un château aux bases du XIIIe s. Il s'agit d'un logis barlong, conforté par une tour de justice carrée du XVe s., devenue un cabinet de toilette dès le XVIIe s., et par une tour hexagonale enfermant l'escalier à vis érigée au XVIe s. L'ensemble est couvert par 600 t de lauzes lui conférant un caractère de demeure rurale propre à la noblesse locale. L'édifice, inscrit en 1946 fut alors dénommé « château de Lacypierre » par le ministère de la Culture. Les dépositaires actuels sauvent et restaurent cet émouvant patrimoine depuis 1968.

Pâques-Toussaint : t.l.j. 10h-20h. Visite libre de l'exposition et du parc.
Visite guidée sur r.-v. pour les intérieurs et pour les groupes (20 pers.). ♿

SAINT-JEAN-DE-CÔLE C1

Château de la Marthonie

Place du Château
24800 Saint-Jean-de-Côle
Tél. : 05 53 62 30 25
www.ville-saint-jean-de-cole.fr
Propriété privée
Classé

Brûlé pendant la guerre de Cent Ans, le château de la Marthonie est reconstruit dès 1413 par Mondot de la Marthonie, premier président du parlement de Paris. Il se compose de deux corps de logis en équerre : une aile médiévale flanquée de deux tours des XVe et XVIe s. et une aile du XVIIe s. élevée sur une galerie. Les salles basses abritent aujourd'hui un musée historique du papier et une exposition sur le livre dans la vie quotidienne.

Juil.-août : t.l.j. 10h-12h, 14h-18h30.
Visite guidée. Visite sur r.-v. pour les groupes (15 pers.). ♿

SAINT-MICHEL-DE-MONTAIGNE C2

Tour historique de Montaigne

Château de Michel de Montaigne
24230 Saint-Michel-de-Montaigne
Tél. : 05 53 58 63 93
www.chateau-montaigne.com
Propriété privée
Classé

Le château de Michel Eyquem, Seigneur de Montaigne (1533-1592) se situe en Périgord, aux portes de Bergerac et Saint-Émilion, au cœur d'un parc majestueux. Sur ces lieux, depuis le XIVe s., s'élève un château plusieurs fois remanié, partiellement reconstruit suite à l'incendie qui le ravagea en 1885. Seule la Tour, épargnée par les flammes, se visite. Au dernier étage, en sa librairie, Montaigne écrivit ses Essais entre 1571 et 1592, et fit peindre sur les poutres du plafond des sentences humanistes grecques et latines.

Fév.-avril, nov.-déc. : t.l.j. sf lun., mar. 10h-12h30, 14h-17h30 ; mai-juin, sept.-oct. : t.l.j. sf lun., mar. 10h-12h30, 14h-18h30 ; juil.-août : t.l.j. 10h-18h30.
Ouvert t.l.j. pdt vac. scol. Pâques et Toussaint. Fermé janv., 25 déc.
Visite guidée. Visite sur r.-v. pour les groupes (25-50 pers.). ♿ parc.

D2 **SAINTE-MONDANE**

Inscrit dans une double enceinte, le château de Fénelon se dresse au-dessus de la vallée de la Dordogne, entre Sarlat et Souillac. Il offre l'aspect d'une forteresse qui mêle le caractère guerrier du Moyen Âge et l'esthétique de la Renaissance. Il est l'un des derniers et le plus important château à avoir gardé son impressionnante toiture de lauzes. Bâti sur une succession de terrasses rocheuses, il a gardé intact tout son système défensif. Chargé d'histoire, le château fut la demeure natale de François de Salignac de la Mothe-Fénelon (1651-1715) : précepteur du duc de Bourgogne et auteur des célèbres *Aventures de Télémaque*, il deviendra archevêque de Cambrai.

Fév., nov. : sam. et dim. 14h-17h; mars, oct. : t.l.j. sf mar. 14h-17h; avril-juin, sept. : t.l.j. sf mar. 10h30-12h30, 14h30-18h; juil.-août : t.l.j. 10h-19h. Fermé en déc. et janv. Visite libre. ♿ avec aide.

Château de Fénelon
24370 Sainte-Mondane
Tél. : 05 53 29 81 45
chateau.fenelon@wanadoo.fr
Propriété privée
Classé

D2 **SALIGNAC-EYVIGUES**

Ces jardins, exceptionnels par leur originalité et leur architecture végétale hors du commun, sont l'exemple même de l'art topiaire et sont considérés comme l'un des plus beaux jardins français du Périgord. Jardins à la française mêlés d'influence italienne restaurés dans le respect des tracés d'origine et recomposés dans l'esprit français du XVIIIe s. ils sont essentiellement composés de charmes, d'ifs, de buis, de cyprès et de pelouses. Ayant toujours appartenu à la même famille depuis plus de cinq cents ans, le manoir du XVIIe s. est resté dans son état d'origine et l'actuel propriétaire, Patrick Sermadiras, et sa femme Capucine lui conservent vie avec rigueur et passion.

Janv.-mars, oct.-déc. : t.l.j. 10h30-12h30, 14h30 à la tombée de la nuit; avr. : t.l.j. 10h-19h; mai-sept. : t.l.j. 9h30-19h.
Visite libre. Visite audioguidée des jardins.
Visite sur r.-v. pour les groupes. ♿ en partie.

Jardins du manoir d'Eyrignac
24590 Salignac-Eyvigues
Tél. : 05 53 28 99 71
www.eyrignac.com
Propriété privée
Inscrit

D2 Détail **SARLAT-LA-CANÉDA**

Le château de Puymartin domine la vallée des Beunes sur la route des Eyzies à Sarlat. Sa construction s'étale du XIIIe au XVe s. Passé le châtelet d'entrée, un escalier Renaissance mène au logis dont les corps sont soudés par deux hautes tours à mâchicoulis. Resté dans la famille de Montbron depuis plusieurs siècles, Puymartin conserve mobilier et décoration intérieure : un cabinet peint du XVIIe s., des plafonds à la française et de belles cheminées de la même époque, ainsi que des tapisseries des Flandres et d'Aubusson.

Avril-sept. : t.l.j. 10h-12h, 14h-18h (18h30 en juil; 10h-18h30 en août); oct-11 nov. : t.l.j. 14h-17h30 (visite sur r.-v. le mat.).
Visite guidée. Visite sur r.-v. pour les groupes toute l'année (20-40 pers.). ♿

Château de Puymartin
24200 Sarlat-la-Canéda
Tél. : 05 53 59 29 97
www.chateau-de-puymartin.com
Propriété privée
Inscrit et classé

Château de Temniac

24200 Sarlat-la-Canéda
Tél. : 05 53 30 25 26
http://temniac.ifrance.com
Propriété privée
Classé

Selon la légende, c'est en 890 que les comtes de Périgord vendent le château de Temniac au monastère de Sarlat. Agrandi par les religieux, il est de 1316 à la Révolution la propriété des évêques de Sarlat. Durant la guerre de Cent Ans, les guerres de Religion et la Fronde, il est saccagé à plusieurs reprises puis reconstruit. Au XVIIe s. François de Salignac, 31e évêque de Sarlat, le relève et bâtit une habitation au centre du quadrilatère formé par le mur d'enceinte. En 1683, il en fait le premier séminaire du diocèse de Sarlat. En 1794, le château est confisqué et revendu ; l'église devient paroissiale.

Juil.-août : t.l.j. 9h30-18h ; mai-juin, sept.-oct. : t.l.j. 10h-17h30.
Visite guidée. Visite sur r.-v.
Visite sur r.-v. le reste de l'année et pour les groupes toute l'année.

SAVIGNAC-DE-MIREMONT

C2 DÉTAIL

Gisement préhistorique de La Ferrassie

Route des grottes
24260 Savignac-de-Miremont
Tél. : 05 53 06 86 00
http://eyzies.monuments-nationaux.fr
Propriété de l'État
Classé

CENTRE DES MONUMENTS NATIONAUX

TOURISME & HANDICAP

À proximité d'une petite grotte et d'un abri modeste, le grand abri de La Ferrassie est exploité au début du siècle et fouillé de façon plus moderne entre 1968 et 1973. Son imposante stratigraphie de référence de –40000 à –25000 voit la succession des derniers Moustériens supplantés par les premiers hommes modernes (à l'Aurignacien) auxquels succèdent des Périgordiens. Outre cette transition culturelle, La Ferrassie est célèbre pour ses huit sépultures néandertaliennes (enfants, adultes, vieillard) et un bel ensemble de blocs gravés de figurations schématiques découvert dans les niveaux aurignaciens constituant les premières manifestations bien datées d'art préhistorique.

16 sept.-14 mai : 9h30-12h30, 14h-17h30 ; 15 mai-15 sept. : 9h30-17h30.
Ouvert ts les mar. à 14h30 ou sur demande.
Visite guidée sur r.-v. Visite sur r.-v. pour les groupes toute l'année.

SERGEAC

D2 DÉTAIL

Site préhistorique de Castel-Merle

24290 Sergeac
Tél. : 05 53 50 79 70
site.castelmerle@orange.fr
Propriété privée
Classé

Une suite de onze gisements préhistoriques célèbres, dont un abri orné ouvert au public. Ces abris se situent dans les falaises du vallon de Castel-Merle, affluent de la Vézère. Ces habitats ont fourni de nombreuses collections constituées de milliers d'éléments de parures en ivoire, coquillages et dents percées. Une industrie abondante et variée en os et silex ainsi que plusieurs blocs peints, gravés et sculptés, de toutes les périodes du Paléolithique supérieur. Un important chantier de fouille international est ouvert au public en juin et juillet.

Avril-sept. : tous les apr.-midi sf w.-e.
Visite guidée. Visite sur r.-v. pour les groupes toute l'année.

C1 **TEYJAT**

Grotte dite « de la Mairie »

24300 Teyjat
Tél. : 05 53 06 86 00
http://eyzies.monuments-nationaux.fr
Propriété de l'État
Classé

Située en Périgord vert dans la partie la plus septentrionale de la Dordogne, la grotte de la Mairie est partiellement fouillée à la fin du XIXe s. Il faut attendre 1903 pour que D. Peyrony et P. Bourrinet découvrent d'exceptionnelles représentations animalières dont le style se caractérise par un très grand naturalisme. Rennes, cerfs, bisons, aurochs, chevaux et ours sont finement gravés sur des dalles de calcite provenant d'une cascade stalagmitique démantelée. Attribuées au Magdalénien récent, les gravures de la grotte de la Mairie attestent de la phase ultime du développement de l'art pariétal paléolithique avant sa disparition. À proximité du site, un musée permet de découvrir l'ensemble des gravures de la grotte de la Mairie grâce à une vidéo et retrace également le mode de vie des magdaléniens avec une exposition d'objets et de mobiliers préhistoriques.

Juil.-août : sam. 10h-12h, 14h-18h. Le musée est ouvert t.l.j. en juil.-août, le sam. en avr.-juin et sept.-oct., sur r.-v. en nov.-mars. Visite guidée sur r.-v. au 05 53 56 47 73 (2 groupes de 5 pers. par visite et par heure).

D2 DÉTAIL **THONAC**

Château et jardins de Losse

24290 Thonac
Tél. : 05 53 50 80 08
www.chateaudelosse.com
Propriété privée
Classé

Le château domine la Vézère. Entourée de fossés et de remparts, la forteresse médiévale, édifiée en à-pic sur la rivière, a fait place en 1576 à un élégant logis Renaissance. On accède, côté champs, par le pont dormant au châtelet fortifié, l'un des plus grands ouvrages de ce genre dans le Sud-Ouest, et à la cour d'honneur. La terrasse ouvre sur une vue splendide de la vallée. À l'intérieur, le remarquable décor et le mobilier d'époque attestent de la position privilégiée de Jean II de Losse, précepteur d'Henri IV et gouverneur du Limousin et de la Guyenne sous les derniers Valois et les premiers Bourbons. Les jardins offrent un parcours labyrinthique dans les chambres de verdure, le chemin de ronde tapissé de roses, le jardin de lavandes, la Rustica, le « knot garden », etc.

Mai-sept. : 12h-18h. Fermé le sam. à l'exception des w.-e. fériés.
Visite libre des jardins avec notice. Visite guidée du château.
Visite sur r.-v. pour les groupes en mai (20 pers. min.). ♿ en partie.

D1 **TOURTOIRAC**

Ancienne abbaye

Le Bourg
24390 Tourtoirac
Tél. : 05 53 51 12 17
Propriété de la commune
Inscrit et classé

L'abbaye cistercienne Saint-Pierre-es-Liens est fondée par Guy, vicomte de Limoges. Sa construction débute au XIe s. Une première église romane à nef unique est reprise à l'époque gothique et restaurée au XIXe s. Une partie de l'enceinte du XIVe s. subsiste avec son chemin de ronde. Une petite chapelle prieurale y est adossée, dont la voûte en berceau est agrémentée de vases acoustiques en céramique. En face, le logis abbatial du XVIIe s. abrite les vestiges de la salle capitulaire ornée de chapiteaux romans sculptés.

Juil.-août : t.l.j. 10h-12h30, 14h30-18h.
Visite libre. Visite guidée. Visite sur r.-v. le reste de l'année. ♿ avec aide.

TURSAC — D2 DÉTAIL

Village troglodytique de La Madeleine
Le Petit-Marzac
24620 Tursac
Tél. : 05 53 46 36 88
www.village-la-madeleine.com
Propriété du département
Classé

Situé sur la rive droite de la Vézère, le grand abri de La Madeleine est un gisement éponyme du Magdalénien. Connu dès 1865, il a livré de remarquables objets d'art et est essentiel pour la connaissance de l'art mobilier et de l'outillage magdalénien. Le village troglodytique a fait l'objet d'occupations humaines quasi ininterrompues de 15000 avant notre ère à nos jours, avec une période d'aménagement importante au Moyen Âge.
Juil.-août : t.l.j. 9h30-19h; sept.-juin : t.l.j. 10h-18h.
Visite libre. Visite guidée. Visite sur r.-v. pour les groupes (20 pers. min.).

Maison forte de Reignac
24620 Tursac
Tél. : 05 53 50 69 54
www.maison-forte-reignac.com
Propriété privée
Classé

Construit dans la roche, repaire noble depuis sept cents ans conservé dans un état exceptionnel et entièrement meublé, il est en France le seul monument de type « château falaise » totalement intact. Infiniment plus grande que l'on peut le soupçonner, vue de l'extérieur, la façade cache d'impressionnantes salles souterraines et aériennes. Construit sous les escarpements, ce refuge surgit du roc dans lequel il est inséré et dissimule de vastes abris qui connurent de fondamentales étapes de notre civilisation. Surplombant la rivière et face à un gué, les hommes préhistoriques avaient déjà choisi ce lieu il y a vingt mille ans.
Vac. de fév.-avr., oct.-nov. : t.l.j. 10h-18h; mai-juin, sept. : t.l.j. 10h-19h; juil.-août : t.l.j. 10h-20h; vac. de Noël : t.l.j. 10h-17h. Visite libre.

URVAL — C2 DÉTAIL

Château de La Bourlie
24480 Urval
Tél. : 05 53 22 06 00
commarqueg@wanadoo.fr
Propriété privée
Inscrit

Entouré d'un parc arboré, le château de La Bourlie est un repaire noble qui a conservé sa vocation agricole et forestière grâce à la continuité familiale. Il est formé de deux corps de logis des XIIIe et XIVe s., reliés par une tour d'angle du XVe s. Les bâtiments des communs prolongent la muraille qui ferme la cour intérieure. Dès l'origine, l'enceinte abrite le potager et le verger. Au XVIIIe s. un jardin d'agrément fut créé : charmille, allée de tilleuls et topiaires. Au XIXe s., l'ensemble est traité en parc paysager tout en respectant l'ormeraie du XVIIe s. Aujourd'hui, le jardin fait l'objet de travaux de replantation, des perspectives y sont réouvertes et une roseraie reconstituée est implantée entre les topiaires.
Ouvert toute l'année et de mai à sept. pour le jardin. Visite guidée sur r.-v.

VERDON — C2

Chartreuse de Montbrun
Montbrun
24520 Verdon
Tél. : 05 53 23 21 51
delaloge.hub@wanadoo.fr
Propriété privée
Inscrit

Cette demeure néoclassique est une chartreuse périgourdine type. Construite entre 1772 et 1799, elle est la seule à posséder cinq corps de bâtiment en ligne. Avec ses communs, elle forme un quadrilatère qui s'organise autour d'une cour intérieure avec, en son centre, un puits couvert. La chartreuse occupe la partie occidentale des bâtiments. Son pavillon central, légèrement saillant, est marqué par un toit dressé. L'ensemble des couvertures forme un volume complexe dont la fantaisie est unifiée par les tuiles anciennes patinées.
Juil.-août : t.l.j. 14h-19h.
Visite guidée. Visite libre des extérieurs toute l'année.
Visite sur r.-v. pour les groupes (40 pers. max.). ♿ avec aide.

D2 Détail

VÉZAC

Jardins et château de Marqueyssac

Marqueyssac
24220 Vézac
Tél. : 05 53 31 36 36
www.marqueyssac.com
Propriété privée
Classé

Marqueyssac est implanté sur une pointe du causse surplombant la Dordogne dans l'un des sites les plus impressionnants du Périgord noir. Le château actuel est une demeure d'agrément de la fin du XVIIIe s. couverte en lauzes, offrant une grande façade flanquée d'une tour centrale. À l'arrière, le corps de logis à deux pavillons s'ouvre sur le parc. À la fin du XVIIe s., Bertrand Vernet de Marqueyssac fait réaliser quatre terrasses inspirées des jardins italiens de la Renaissance, dont la conception est attribuée à l'école de Le Nôtre. En 1861, Julien de Cerval fait planter des dizaines de milliers de buis ponctués d'essences ornementales, de belvédères et de rocailles.

Juil.-août : t.l.j. 9h-20h (nocturne jeu. 19h-0h) ; avr.-juin, sept. : t.l.j. 10h-19h ; fév.-mars, oct.-11 nov. : t.l.j. 10h-18h ; 12 nov. à fin janv. : t.l.j. 14h-17h.
Visite libre. Visite guidée sur r.-v. et pour les groupes.
(Pâques-Toussaint).

C1

VILLARS

Grotte de Villars

24530 Villars
Tél. : 05 53 54 82 36
www.grotte-villars.com
Propriété privée
Classé

La grotte ornée de Villars constitue le plus grand réseau souterrain du Périgord (13 km) ; les eaux y ont créé un décor naturel exceptionnel. Les peintures préhistoriques sont découvertes en 1958. La décoration est caractérisée par la représentation bison-cheval-bouquetin dont les figures sont réparties en groupes dans trois salles. Le style est proche de celui de Lascaux et l'on retrouve le thème de l'homme face au bison.

Juil.-août : t.l.j. 10h-19h30 ; avr.-juin, sept. : t.l.j. 10h-12h, 14h-19h ; oct. : t.l.j. 14h-18h30. Visite guidée.
Visite sur r.-v. pour les groupes toute l'année. (juil.-août).

Château de Puyguilhem

24530 Villars
Tél. : 05 53 54 82 18
http://puyguilhem.monuments-nationaux.fr
Propriété de l'État
Classé

Pièce maîtresse de la Renaissance en Périgord, Puyguilhem est bâti au milieu du XVIe s. par un architecte de la famille de La Marthonie. Le corps de logis est cantonné d'une tour ronde flanquée d'une tour polygonale contenant la vis d'escalier et d'une tour pentagonale renfermant un autre escalier. À l'arrière, deux pavillons achèvent l'ensemble, dont l'un, au sud, est remanié au XVIIIe s. Sur les façades, les travées des baies sont sommées de lucarnes de pierre finement sculptées qui répondent aux cheminées.

Mai-août : t.l.j. 10h-12h30, 14h-18h30 ;
sept.-avr. : t.l.j. sf lun. (excepté Pâques) et mar. 10h-12h30, 14h-17h30.
Fermé 1er janv., 1er mai, 1er et 11 nov., 25 déc.

ARBIS — B2

Château de Benauge

33760 Arbis
Tél. : 05 56 23 62 64
Propriété privée
Inscrit

Du sommet d'une colline, ce château commande la plus grande partie du pays entre la Dordogne et la Garonne. Au XIIe s., un donjon en pierre vient compléter les défenses de bois qui entourent la butte protégée par un fossé. Détruit par les Anglais en 1253, le château est reconstruit à la fin du XIIIe s. par Jean de Grailly qui fait ériger enceinte et tours de défense. À la fin du XVIe s., le duc d'Épernon modernise l'édifice, ouvre les baies et construit un bâtiment dans la cour. Mais, préférant son palais de Cadillac, il délaisse Benauge qui est vendu en 1700. Aujourd'hui, le site et une partie de son système défensif conservé permettent au visiteur de découvrir un des importants châteaux forts de la région.
Ouvert t.l.j. toute l'année. Visite guidée sur r.-v. pour les groupes (10-100 pers.).

BAURECH — B2

Château de Lacaussade

Pavillon de la Chasse et de la Nature
33880 Baurech
Tél. : 05 56 78 75 38
Propriété privée
Inscrit

Édifié à la fin du XVIe s. sur une base médiévale, le château de Lacaussade présente près de deux cents objets composant une collection d'art cynégétique et également de somptueux objets provenant du musée de la Chasse et de la Nature installé en l'hôtel Guénégaud à Paris. Ainsi, entre fauconnerie et vénerie, chasse à l'arc et tir au fusil, l'art cynégétique est présent partout dans les murs du château. Afin d'avoir un panorama complet de cette tradition ancestrale, le château expose aussi bien armes, peintures, faïences et costumes qu'animaux naturalisés et gravures. Une visite riche en découvertes stylistiques qui est également prétexte à plonger dans les allées d'arbres centenaires, à emprunter le vieil escalier du donjon, entre bretèches et échauguettes, qui témoigne ainsi d'une époque durant laquelle l'utilisation des armes n'était pas uniquement réservée à la chasse.
Avr.-Toussaint : w.-e. et j. fériés 14h-18h.
Visite sur r.-v. le reste de la semaine. Visite libre. Visite guidée.

Château de Lyde

Route de Saint-Caprais
33880 Baurech
Tél. : 05 56 78 73 02
Propriété privée
Inscrit et classé

Le château de Lyde est édifié vers 1630 à l'initiative de M. de Rodarel, conseiller au parlement de Bordeaux, et remis en état sous la Restauration. Occupant le sommet d'une colline, entouré d'un parc, il est représentatif d'une formule adoptée dans le Bordelais au XVIIe s. : un logis bas agrémenté de pavillons plus élevés. Côté parc, le pavillon central est épaulé d'une tourelle abritant l'escalier à vis. La chapelle, du XVIIIe s., conserve son décor d'origine, dont un retable architecturé.
Août-sept. : t.l.j. sf w.-e. 14h30-18h. Visite guidée. Visite intérieure de la chapelle. Visite extérieure du château. Visite sur r.-v. pour les groupes. ♿

BLASIMON — C2

Abbaye

33540 Blasimon
Tél. : 05 56 71 52 12/05 56 71 59 62
tourisme-blasimon@free.fr
Propriété de la commune
Classé

Cette ancienne abbatiale bénédictine entourée des ruines de son monastère est attestée dès le Xe s. Reconstruite au XIIe s., elle est voûtée d'ogives au XIIIe s. Assiégée pendant les guerres de Religion, elle fait l'objet d'une restauration en 1848. L'édifice à nef unique possède une façade de style saintongeais. Le porche présente un des plus beaux ensembles de sculpture romane de la région, tant au niveau des voussures, avec une représentation des Vices et des Vertus, que des chapiteaux.
Ouvert w.-e. toute l'année : 9h-18h.
Visite sur r.-v. le reste de la semaine. Visite libre. Visite guidée sur r.-v. ♿

B1 **BLAYE**

Citadelle

Musée d'Art et d'Histoire
du pays blayais
33390 Blaye
Tél. : 05 57 42 12 09
www.blaye.net
Propriété de la commune
Classé

Fortifications de Vauban
inscrites sur la Liste du
patrimoine mondial en 2008

La forteresse de Blaye est une clé de la défense de Bordeaux et de la Guyenne. Prise en 994 par les comtes d'Angoulême, elle reste dans la famille des Rudel jusqu'au XIVe s. Disputée par les Anglais et les Français, elle est ravagée à plusieurs reprises et joue un rôle important durant la Fronde. Louis XIV, conscient de son rôle stratégique, fait reprendre les fortifications dès 1650. Vauban visite Blaye en 1685 ; son « grand dessein » de citadelle bastionnée aux portes monumentales est exécuté de 1686 à 1689. Pour verrouiller la Gironde, il construit aussi sur la rive opposée le fort Médoc et, sur un banc de sable au milieu de l'estuaire, le fort Paté.

Ouverte t.l.j. toute l'année. Visite extérieure. Visite libre.
Visite guidée sur r.-v. pour les groupes (10 pers. min.). ♿

B2 **BORDEAUX**

Palais Gallien, amphithéâtre romain

33000 Bordeaux
Tél. : 05 56 00 66 00
www.bordeaux-tourisme.com
Propriété de la commune
Classé

Bordeaux, Port de la Lune
inscrit sur la Liste du patrimoine mondial en 2007

C'est le plus ancien témoin encore visible de la ville romaine (*Burdigala*). De cet amphithéâtre gallo-romain, on peut voir la porte monumentale, certaines arcatures et le départ des murs, inclus dans les jardins et les maisons alentours. Ces arènes se trouvaient hors des murs du *castrum*. L'édifice construit en petit appareil avec des murs de moellons et de briques, mesurait 132 x 111 m environ avec une arène de 70 x 47 m, dimensions normales pour ce genre d'ouvrage. De forme elliptique, il était vraisemblablement destiné aux jeux et à la gladiature. Ses dimensions, ainsi que son organisation spatiale, sont très proches de celles des arènes d'Arles et de Nîmes. Au XVIIe s., le Palais Gallien servit de refuge aux truands et filles publiques. La rumeur en fit le rendez-vous des sorcières avant qu'un maire de la Révolution ne le transforme en carrière publique.

Juin-sept. : t.l.j. 14h-19h. Visite libre.
Visite sur rendez-vous le reste de l'année et pour les groupes (25 pers.). ♿

Crypte archéologique de Saint-Seurin

Place des Martyrs-de-la-Résistance
33000 Bordeaux
Tél. : 05 56 00 66 00
www.bordeaux-tourisme.com
Propriété de la commune
Classé

Chemin de Saint-Jacques-de-Compostelle
inscrit sur la Liste du
patrimoine mondial en 1998

Le site de Saint-Seurin constitue probablement le berceau du christianisme bordelais. Dès le IVe s., les convertis s'installent à l'extérieur de la ville, loin des remparts, sur le site d'une grande nécropole gallo-romaine où ils édifient une première chapelle. Au XIe s., les chanoines entreprennent la construction d'un vaste édifice roman, dont subsistent encore le porche, le chevet, la crypte et la base du clocher. On continuera ensuite à bâtir et à modifier jusqu'au XVIe s., en y ajoutant notamment plusieurs chapelles. Au XIXe s., on dote l'église d'une nouvelle façade de style néoroman, signée de Poitevin et Maggesi. En 1910, des fouilles archéologiques permirent de mettre à jour, devant la basilique, une vaste nécropole chrétienne, aux sépultures superposées, s'étageant du IVe au XVIIIe s.

Juin-sept. : t.l.j. 14h-19h. Visite libre.
Visite sur r.-v. le reste de l'année et pour les groupes (19 pers.). ♿

Cathédrale Saint-André

Place Pey-Berland
33000 Bordeaux
Tél. : 05 56 52 68 10/05 56 81 64 36
Propriété de l'État
Classé

Chemin de Saint-Jacques-de-Compostelle
inscrit sur la Liste du patrimoine mondial en 1998

Une première cathédrale romane est consacrée en 1096 par le pape Urbain II. À partir de 1280, la construction d'un grand édifice de style gothique est entreprise. Débutant par l'est, elle s'achève au XIVe s. avec le voûtement du chœur et l'édification de la façade sculptée du transept nord avec ses tours. L'ancienne nef est raccordée au niveau du transept et voûtée aux XVe et XVIe s. Endommagé durant la période révolutionnaire, le bâtiment est restauré et isolé au XIXe s. ; le cloître du XIVe s. est détruit ; l'architecte diocésain Paul Abadie y aménage des sacristies néogothiques.
Lun. : 14h-19h30 ; mar., jeudi-ven. : 7h30-18h ;
mer., sam. : 10h-19h30 ; dim. : 9h30-18h.
Visite libre. Visite guidée. Visite sur r.-v. pour les groupes.

Tour Pey-Berland

Place Pey-Berland
33000 Bordeaux
Tél. : 05 56 81 26 25
http://pey-berland.monuments-nationaux.fr
Propriété de l'État
Classé

CENTRE DES MONUMENTS NATIONAUX

Bordeaux, Port de la Lune
inscrit sur la Liste du patrimoine mondial en 2007

La tour Pey-Berland, édifice gothique flamboyant élevé entre 1440 et 1446, est le clocher, dissocié, de la cathédrale Saint-André de Bordeaux. C'est l'archevêque Pey-Berland qui pose la première pierre et lui donne son nom. Restaurée au XIXe s. la tour est surmontée d'une flèche couronnée en 1863 par la statue de Notre-Dame-d'Aquitaine. Un gros bourdon de 8 t, nommé Ferdinand-André, y est installé en 1869.
Oct.-mai : t.l.j. sf lun. 10h-12h30, 14h-17h30 ;
juin-sept. : t.l.j. 10h-13h15, 14h-18h.
Fermé 1er janv., 1er mai, 25 déc. Visite libre.
Visite guidée. Visite sur r.-v. pour les groupes.

Basilique et flèche Saint-Michel

Pace Canteloup
33000 Bordeaux
Tél. : 05 56 00 66 00
www.bordeaux-tourisme.com
Propriété de la commune
Classé

Chemin de Saint-Jacques-de-Compostelle
inscrit sur la Liste du patrimoine mondial en 1998

La basilique Saint-Michel, placée sous le patronage royal de Louis XI, est commencée dans la seconde moitié du XVe s. Trois portails sculptés, de style flamboyant, ornent la façade occidentale et les deux autres agrémentent les transepts. La flèche, clocher détaché de la basilique, est érigée entre 1472 et 1492, en avant de la façade occidentale. L'ouvrage est confié à Jean Lebas et à son fils. La flèche centrale, plus haute que la tour Pey-Berland, culmine à 120 m. Frappée par la foudre et les intempéries, la tour est détruite en partie dès le XVIIe s. Au XIXe s., après avoir abrité le télégraphe de Claude Chappe, la flèche est reconstruite par l'architecte diocésain Paul Abadie.
BASILIQUE T.l.j. sf dim. 10h-18h. Visite libre. Visite guidée le 1er sam. du mois.
FLÈCHE Juin-sept. : t.l.j. 14h-19h ; oct.-mai : t.l.j. sf w.-e. et lun. 10h30-13h.
Visite libre. Visite guidée et autoguidée. Visite sur r.-v. le reste de l'année.

Porte Cailhau

Place du Palais
33000 Bordeaux
Tél. : 05 56 00 66 00
www.bordeaux-tourisme.com
Propriété de la commune
Classé

Bordeaux, Port de la Lune
inscrit sur la Liste du patrimoine mondial en 2007

Moins d'un demi-siècle après la fin de la guerre de Cent Ans à la bataille de Castillon (1453), les jurats ouvrent cette porte haute de 35 m dans les fortifications de Bordeaux, devant le palais de l'Ombrière, siège du parlement de la ville. En gage de leur fidélité au royaume de France, ils en font un véritable arc de triomphe dédié au roi Charles VIII, récent vainqueur de la bataille de Fornoue (Italie). L'édifice (1493-1496) est certes défensif, équipé d'une herse et couronné de mâchicoulis, mais la Renaissance toute proche y amène les éléments d'un nouveau langage architectural : fenêtres à meneaux, élégante décoration sculptée, hautes toitures coniques, etc.
Juin-sept. : t.l.j. 14h-19h.
Visite libre. Visite sur r.-v. le reste de l'année et pour les groupes (19 pers.).

Église Notre-Dame

Place du Chapelet
33000 Bordeaux
Tél. : 05 56 81 01 37
Propriété de la commune
Classé

Le couvent des jacobins, bâti dès le XIIIe s., est rasé au XVIIe s. lors des travaux d'agrandissement du château Trompette. L'architecte-ingénieur du roi en Guyenne, Pierre-Michel Duplessy, dresse les plans d'une nouvelle église en 1684 et débute la construction qui est achevée en 1707 par le père Jean Fontaine. La façade baroque de l'église ouvre à l'est et le plan est inspiré de celui du Gesù à Rome : large nef voûtée en plein cintre et bas-côtés dans lesquels s'ouvrent les chapelles latérales richement décorées. La tribune d'orgue, chef-d'œuvre de stéréotomie, se prolonge par des balcons sur trompe.

Oct.-mai : t.l.j. sf w.-e. 14h30-17h30 ; juin-sept. : dim. 15h-18h. Fermé j. fériés.
Visite libre. Visite guidée. Visite sur r.-v. pour les groupes. ♿

Grand théâtre

Place de la Comédie
33000 Bordeaux
Tél. : 05 56 00 85 95
www.opera-bordeaux.com
Propriété de la commune
Classé

Bordeaux, Port de la Lune
inscrit sur la Liste du patrimoine mondial en 2007

Aujourd'hui Opéra national de Bordeaux. La construction, par le grand architecte Victor Louis, dura de 1773 à 1780. Le résultat fut ce long rectangle de 88 m par 47, précédé d'un portique aux douze colonnes colossales et entouré de galeries voûtées qui accueillaient des commerces. Légèrement en retrait sur une balustrade, douze statues en pierre : ce sont les neuf muses accompagnées de Minerve, Vénus et Junon. À l'intérieur, seize colonnes doriques supportent le plafond à caisson du vestibule. Un escalier monumental conduit à la salle de spectacle aux douze colonnes décorées à l'or fin, un lustre de cristal de Bohème descend du plafond repeint au XXe s. par Roganeau.

Visite guidée mer. et sam. à 15h, 16h, 17h. ♿

Palais Rohan

Place Pey-Berland
33000 Bordeaux
Tél. : 05 56 00 66 00
www.bordeaux-tourisme.com
Propriété de la commune
Classé

Bordeaux, Port de la Lune
inscrit sur la Liste du patrimoine mondial en 2007

Ferdinand-Maximilien Mériadec, prince de Rohan, archevêque de Bordeaux, décide de « la reconstruction de la maison archiépiscopale ». Il obtient du roi, pour financer l'opération, l'autorisation de lotir 30 ha de terrains appartenant à l'église – et qui deviendront le quartier Mériadeck. Après la révolution, le palais Rohan devient préfecture de la Gironde en 1800 ; il est le siège de l'hôtel de ville depuis 1837. À l'intérieur, les salons et la salle à manger conservent leur grand décor aristocratique. L'escalier d'honneur, avec ses trois trompes de pierre, est un des chefs-d'œuvre de la stéréotomie française. La salle du conseil municipal, aménagée en 1889, est caractéristique de l'architecture officielle de la IIIe République. À l'arrière, le jardin, remanié au XIXe s., avec une grille due au ferronnier bordelais Marius Faget (1879).

Visite guidée tous les mer. à 14h30.
Visite sur r.-v. pour les groupes toute l'année. ♿

Petit hôtel Labottière

13, rue Saint-Laurent
33000 Bordeaux
Tél. : 05 56 48 44 10
www.petithotellabottiere.fr
Propriété privée
Classé

Construit pour Étienne Labottière entre 1783 et 1788 par les architectes Étienne et Jean Laclotte, le petit hôtel Labottière est un bel exemple d'architecture bordelaise dans le goût néoclassique. Bâti entre une cour polygonale et un jardin, le logis principal est desservi par un vestibule à colonnade. La façade sur jardin reprend ornements et bossages auxquels s'ajoute un jeu de balustrades qui se répondent de la terrasse au couronnement. Restauré et meublé, cet édifice est un témoin précieux de l'art de vivre au XVIIIe s.

Visite guidée. Visite sur r.-v. pour les groupes (12 pers.).

Hôtel de Lisleferme

Muséum d'histoire naturelle
5, place Bardineau
33000 Bordeaux
Tél. : 05 56 48 26 37/05 56 48 29 86
www.bordeaux.fr
Propriété de la commune
Inscrit

Construit à la fin du XVIIIe s. par Bonfin pour Nicolas de Lisleferme, poète et jurisconsulte, la demeure abrite depuis 1857 le muséum d'histoire naturelle. Un salon ovale lambrissé par le sculpteur Cabirol et une rampe d'escalier en fer forgé sont les éléments les plus remarquables du décor conservé.

Fermé pour rénovation jusqu'en 2012. ♿ r.-d.-c.

Entrepôt Lainé

Musée d'Art contemporain
7, rue Ferrère
33000 Bordeaux
Tél. : 05 56 00 81 50
www.bordeaux.fr
Propriété de la commune
Inscrit

L'entrepôt Lainé est élevé en 1824 par l'ingénieur Claude Deschamps pour stocker les marchandises de l'important trafic colonial du port. Ce bâtiment austère, aux références romaines, s'ouvre face aux quais par un narthex à trois travées. À l'intérieur, une vaste double nef à sept travées, éclairée par des fenêtres hautes, est flanquée de bas-côtés surmontés d'une mezzanine. Menacé dès 1962 –son annexe est détruite–, il est acquis par la ville en 1971 et abrite aujourd'hui le musée d'Art contemporain de Bordeaux (CAPC).

T.l.j. sf lun. et j. fériés 11h-18h (20h le mer.). Visite libre. Visite guidée. Visite sur r.-v. pour les groupes (10-30 pers.). ♿

BRÈDE (LA) — B2

Château de La Brède

Avenue du Château
33650 La Brède
Tél. : 05 56 78 47 72
www.chateaulabrede.com
Propriété privée
Classé

Cette forteresse de plaine est élevée à partir du début du XIVe s. sur l'emplacement d'une bâtisse plus ancienne. Remanié aux XVIe et XVIIe s., le château a conservé son caractère de forteresse atypique par sa forme polygonale, son donjon rectangulaire, sa tour ronde et ses douves encore remplies d'eau. Le domaine est transmis par héritage au célèbre philosophe et homme de lettres Montesquieu, qui en fait sa demeure privilégiée. Montesquieu embelli son parc en s'inspirant de ceux qu'il a découverts en Angleterre et il y aménage un corps de ferme. Entièrement meublé, le château dévoile des pièces emblématiques où Montesquieu travaillait, telles que sa chambre et sa bibliothèque.

Mi-avr. au 2 mai : t.l.j. sf mar. 14h-18h30;
3-31 mai, 1er-24 oct. : w.-e. et j. fériés 14h-18h30;
juin-sept. : t.l.j. sf mar. 14h-18h45; 25 oct.-11 nov. : w.-e. et j. fériés 14h-17h30.
Visite guidée. Visite sur r.-v. pour les groupes.

BUDOS — B2

Château

Clos-du-Jardin
33720 Budos
Tél. : 05 56 25 87 57
www.assoadichats.com
Propriété privée
Inscrit

Bâti en 1306 par Raymond Guilhem de Budos, parent du pape Clément V, le château de Budos est défendu par une vaste enceinte quadrangulaire cantonnée de tours circulaires. Les vestiges des bâtiments d'habitation s'appuient sur trois côtés des courtines. L'élément le mieux conservé reste le châtelet d'entrée : inscrite dans une tour carrée, sa porte est protégée par un pont-levis. Le château est aujourd'hui entouré de terres viticoles.

Avr.-juin : t.l.j. 14h-18h; juil-sept. : t.l.j. 10h-19h. Fermé en déc.
Visite guidée. Visite sur r.-v. janv.-mars et oct.-nov.

B2 **CADILLAC-SUR-GARONNE**

Le château de Cadillac est élevé entre 1599 et 1634 par le premier duc d'Épernon. Digne des demeures royales, cette résidence ducale est l'un des premiers exemples d'architecture à la française. Il en subsiste le corps de logis principal et son haut pavillon central en avant-corps, les pavillons des deux ailes en retour d'équerre, la cour d'honneur et les jardins. Des plafonds peints, des lambris et de remarquables cheminées monumentales témoignent de la richesse de l'ancien décor intérieur. Le château est aussi un lieu de mémoire car il fut occupé au XIXe s. et pendant plus de cent ans par des établissements pénitentiaires féminins.

Juin-sept. : t.l.j. 10h-13h15, 14h-18h;
oct.-mai : t.l.j. sf lun. 10h-12h30, 14h-17h30. Fermé 1er janv., 1er mai, 25 déc.
Visite libre. Visite guidée. Visite sur r.-v. pour les groupes (60 pers. max.).

Château de Cadillac

4, place de la Libération
33410 Cadillac-sur-Garonne
Tél. : 05 56 62 69 58
http://cadillac.monuments-nationaux.fr
Propriété de l'État
Classé

CENTRE DES MONUMENTS NATIONAUX

B1 **CUSSAC-FORT-MÉDOC**

Pour parfaire son projet de reconstruction de la citadelle de Blaye, Vauban conçoit un système de verrouillage de la Gironde comprenant deux forts supplémentaires : fort Médoc sur la rive gauche et fort Paté au centre, sur un îlot de la Gironde. Séduit par ce projet, Louis XIV ordonne le début des travaux en 1686. Le fort Médoc est composé de quatre bastions reliés par des courtines; casernes, citerne et poudrière complètent l'ensemble. Depuis le Médoc, on accède par une grande porte marquée aux armes du Roi-Soleil.

Avr.-oct. : t.l.j. 9h-20h; nov.-mars : t.l.j. sf lun. 10h-17h30.
Visite libre. Visite guidée sur r.-v. pour les groupes. ♿

Fort Médoc

Route du Fort-Médoc
Cussac-le-Vieux
33460 Cussac-Fort-Médoc
Tél. : 05 56 58 98 40
office.tourisme.cussac.medoc@wanadoo.fr
Propriété de la commune
Inscrit

Fortifications de Vauban inscrites sur la Liste du patrimoine mondial en 2008

B2 **GÉNISSAC**

La forteresse de Génissac est édifiée à partir de 1354 par Pierre Amanieu de Moissac, selon le plan traditionnel du château carré : un quadrilatère ceint de douves sèches, renforcé sur trois angles par des tours rondes et sur le quatrième par un donjon carré; le châtelet d'entrée est doté d'un pont-levis. Une petite chapelle castrale est érigée dans l'ancienne basse-cour en 1496. Malgré les aménagements et modifications exécutés aux XVIe et XVIIIe s., l'édifice a dans son ensemble conservé son aspect d'origine.

Visite guidée uniquement sur r.-v.

Vieux château

33420 Génissac
Tél. : 05 57 24 48 41
Propriété privée
Inscrit

B2 **LANGOIRAN**

Élevé sur un site escarpé occupé au XIIIe s., le château de Langoiran est disputé pendant la guerre de Cent Ans entre les Français et les Anglais. Mis à sac puis incendié pendant la Fronde, il est ensuite laissé à l'abandon. L'enceinte est soutenue par des obstacles naturels. Au nord, un gros donjon circulaire, contre lequel s'appuient des bâtiments étagés sur plusieurs terrasses, forme le point culminant du système fortifié. L'ensemble est aujourd'hui en ruine.

Avr.-sept. : t.l.j. 14h-19h; oct.-mars : t.l.j. 14h-17h;
vac. scol. : t.l.j. 10h-12h, 14h-19h. Fermé 1er janv., 25 déc.
Visite libre. Visite guidée sur r.-v. Visite sur r.-v. pour les groupes.

Château

Le Pied-du-Château
33550 Langoiran
Tél. : 05 56 67 12 00
www.chateaumedievaldelangoiran.com
Propriété privée
Classé

LATRESNE B2

Chartreuse de Valrose
41, route du Bord-de-l'Eau
33360 Latresne
Tél. : 05 56 20 64 18
Propriété privée
Inscrit

La chartreuse de Valrose est un exemple bien conservé de maison de campagne à vocation viticole construite pour de riches négociants bordelais, non loin de la ville et en bordure de Garonne. Sans doute bâtie dans la seconde moitié du XVIIIe s., elle est réaménagée autour de 1820 par l'architecte Corcelles. Son corps de logis en U présente d'élégantes façades néoclassiques et un vestibule au décor raffiné.

Juin-sept. : mar.-ven. 14 h-17 h 30.
Visite guidée. Visite sur r.-v. pour les groupes toute l'année (5-35 pers.).

LIBOURNE B2

Hôtel de ville
Musée des Beaux-Arts
33500 Libourne
Tél. : 05 57 55 33 44
www.ville-libourne.fr
Propriété de la commune
Classé

L'hôtel de ville de Libourne est construit au XVe s. pour abriter le siège des délibérations de la jurade et du conseil de ville. Restauré au début du XXe s., il a conservé son beffroi, sa façade à pignon avec des fenêtres à croisées de pierre, un escalier monumental et des cheminées ornées. Outre les services de la mairie, il abrite le musée des Beaux-Arts créé en 1818.

Ouvert toute l'année. Lun.-ven. : 13 h 45-17 h 15.
Visite libre. Visite guidée sur r.-v. Visite sur r.-v. pour les groupes.

LOUBENS C2

Château de Lavison
33190 Loubens
Tél. : 05 56 71 41 35
Propriété privée
Inscrit

Le château de Lavison comporte aux XIIIe et XIVe s. un donjon et, sans doute, une basse-cour avec enceinte. Le logis est modifié et agrandi aux XVe et XVIe s. en même temps que sont remaniés l'enceinte et le châtelet. Actuellement, le château de Lavison est un logis rectangulaire à haut comble accolé à une tour carrée et flanqué d'une tourelle ronde abritant un escalier à vis. L'enceinte qui ferme la cour est renforcée de deux tours rondes et d'un important châtelet d'entrée doté de mâchicoulis.

Visite sur r.-v. toute l'année.

MAZÈRES B2

Château de Roquetaillade
33210 Mazères
Tél. : 05 56 76 14 16
http://chateauroquetaillade.free.fr
Propriété privée
Classé

Habité par la même famille depuis sept cents ans, le site fortifié de Roquetaillade présente deux châteaux médiévaux, dont l'un restauré par Viollet-le-Duc. Du château vieux, bâti du XIIe au XIVe s., il subsiste le donjon et la tour-porche ainsi qu'un important corps de bâtiment. Au XIVe s., le cardinal de La Mothe, neveu du pape Clément V, fait ériger le château neuf, dont le premier étage est de style Renaissance, selon les techniques anglaises de fortification : sa puissante enceinte, cantonnée de tourelles rondes, est ramassée autour d'un grand donjon carré. En 1866, la restauration est confiée à Viollet-le-Duc qui s'attache à l'architecture et à la conception du grand escalier, réalise les chambres du rez-de-chaussée avec Edmond Duthoit à qui l'on doit, par ailleurs, la chapelle du château.

Janv.-juin, sept.-déc. : t.l.j. 14 h 30-17 h ; juil.-août : t.l.j. 10 h 30-18 h.
Fermé 25 déc. Visite guidée. Visite sur r.-v. pour les groupes toute l'année.

C2

PELLEGRUE

Château du Puch-de-Gensac

33790 Pellegrue
Tél. : 01 40 75 61 49/05 56 61 37 80
Propriété privée
Inscrit

Le château du Puch-de-Gensac est situé à l'extrémité d'un promontoire rocheux qui s'avance dans le vallon de la Durèze. Ses constructions les plus anciennes remontent au XIVe s. Au XVIe s., cette simple maison forte fait l'objet d'importants travaux d'agrandissement : on construit un corps de logis à caractère défensif et une tour d'escalier polygonale. L'enceinte épouse les contours du promontoire rocheux et une tour-porte à pont-levis donne accès au château. Aux XVIIe et XVIIIe s. sont ajoutés de nouveaux bâtiments et des terrasses.

1er-20 juil., 10-30 sept. : t.l.j. 10h-12h, 14h30-17h. Visite guidée.

B2

PESSAC

Maison municipale Frugès – Le Corbusier

4, rue Le Corbusier
33600 Pessac
Tél. : 05 56 36 56 46
www.mairie-pessac.fr
Propriété de la commune
Classé

Le quartier moderne de Frugès illustre les recherches sur les maisons standardisées et l'habitat bon marché menées par Le Corbusier à qui l'industriel bordelais Henry Frugès confie en 1924 le projet d'une cité ouvrière à Pessac selon le principe des cités-jardins. Cinquante habitations, réparties en trois rues, sont réalisées dans un contexte difficile : méfiance et incompétence technique, critiques et frein des services municipaux. Achevées en 1926, elles ne sont habitées qu'en 1929. Par la suite, les aménagements réalisés ont malmené la cohérence du projet originel. Reconnu aujourd'hui comme élément de notre patrimoine contemporain, le quartier a trouvé sa place. La maison municipale, restaurée, présente maquette et histoire du site.

Ouvert toute l'année. Mer., ven. : 14h-18h ; jeu. : 10h-12h, 14h-18h ; w.-e. : 14h-18h30. Visite guidée. ♿

B1

PLASSAC

Villa gallo-romaine

Rue du Chardonnet
33390 Plassac
Tél. : 05 57 42 84 80
http://plassac.gironde.fr
Propriété du département
Classé

Signalé depuis le XIXe s. et mis au jour en 1962, le site gallo-romain de Plassac s'étend sur plus de 5000 m² au bord de l'estuaire de la Gironde. Les fouilles ont mis en évidence l'existence et l'histoire de trois villas bâties du Ier au VIe s. de notre ère. Inspirées des modèles de la Rome impériale, elles sont parcourues de galeries enserrant des patios et ornées de marbre, de mosaïques et de décors peints dérivés du IIIe style pompéien. Le mobilier trouvé lors des fouilles est présenté dans un musée archéologique situé à proximité où l'on peut découvrir une restitution en 3D d'une des trois villas.

Avr., oct. : t.l.j. sf dim. mat. 9h-12h, 14h-18h ; mai-sept. : t.l.j. 9h-12h, 14h-19h.
Visite libre du musée. Visite guidée du site.
Visite sur r.-v. pour les groupes le reste de l'année.

PORTETS B2

Château de Mongenan

16, rue de Mongenan
33640 Portets
Tél. : 05 56 67 18 11
www.chateaudemongenan.com
Propriété privée
Inscrit

Le château de Mongenan est construit en 1736 pour Antoine de Gascq, président du parlement de Guyenne, au cœur de la région viticole des Graves. Cette folie de style Régence tardif est située sur une colline dominant la Garonne et précédée d'un jardin à la française qui descend vers un potager fleuri conçu dès 1741. Mongenan est entouré d'un parc à l'anglaise avec théâtre de verdure en terrasse. L'intérieur, converti en musée, est consacré au XVIIIe s.

15 fév.-déc. : w.-e. et j. fériés 14h-18h (juin, sept.-oct. : t.l.j. 14h-18h; juil.-août : t.l.j. 10h-12h, 14h-19h).
Animations chaque w.-e. Visite guidée. Visite sur r.-v. pour les groupes.

PRÉCHAC B2

Château de Cazeneuve

33730 Préchac
Tél. : 05 56 25 48 16
www.chateaudecazeneuve.com
Propriété privée
Classé

Le château royal de Cazeneuve (XVIIe s.) est situé à proximité de Bordeaux. Ancienne propriété des rois de Navarre, du roi Henri IV et de la reine Margot, il est entièrement meublé d'époque. Ses communs tels que chai et caves médiévales souterraines, nymphée, prisons, boulangerie, grottes troglodytiques sont entourés d'un grand parc arboré avec plans d'eau. Il est toujours habité par la famille ducale des Sabran-Pontevès.

Juin-sept. : t.l.j. 14h-18h; Pâques-mai, oct.-Toussaint : w.-e. et j. fériés 14h-18h.
Visite libre du parc (ouvert à 11h). Visite guidée du château.
Visite sur r.-v. pour les groupes toute l'année.

PREIGNAC B2

Château de Malle

33210 Preignac
Tél. : 05 56 62 36 86
www.chateau-de-malle.fr
Propriété privée
Classé

Le château est édifié au début du XVIIe s. pour Jacques de Malle, président au parlement de Bordeaux. En 1702, Jeanne de Malle épouse Alexandre-Eutrope de Lur-Saluces qui fait embellir la demeure. Un pavillon central à deux niveaux, couvert d'un toit d'ardoises à pans brisés, interrompt les ailes basses en retour fermées par deux tours rondes. L'intérieur meublé est orné de boiseries et de trompe-l'œil. Une grille en fer forgé donne accès à la cour bordée de dépendances.

Avr.-oct. : t.l.j. 14h-18h (visite sur r.-v. le mer.).
Viside guidée du château. Visite libre des jardins.

PRIGNAC-ET-MARCAMPS B2

Grotte de Pair-non-Pair

2, chemin de Pair-non-Pair
33710 Prignac-et-Marcamps
Tél. : 05 57 68 33 40
http://pair-non-pair.monuments-nationaux.fr
Propriété de l'État
Classé

CENTRE DES MONUMENTS NATIONAUX

Découverte en 1881, Pair-non-Pair est l'une des grottes ornées les plus remarquables du début du Paléolithique supérieur. Elle est ornée de décors gravés datés de l'Aurignacien (environ de 33000 à 26000 avant notre ère). Elle constitue un des premiers grands assemblages de l'art pariétal paléolithique. Les animaux forment des groupes associant bovidés, chevaux, bouquetins, cervidés et mammouths, dans un style homogène. C'est le lieu où, pour la première fois, on a démontré la réalité d'un art préhistorique.

16 sept.-14 juin : t.l.j. sf lun. 10h, 11h15, 14h30, 16h00;
15 juin-15 sept. : t.l.j. sf lun. 10h, 11h15, 12h30, 13h30, 14h30, 15h30, 16h30, 17h30. Visite guidée. Visite sur r.-v. pour les groupes (18 pers. max.).

B2 — RAUZAN

Château de Rauzan

Place du Château
33420 Rauzan
Tél. : 05 57 84 03 88
officedetourismerauzan@wanadoo.fr
Propriété de la commune
Classé

Le château de Rauzan constitue un vaste ensemble fortifié isolé par de profondes vallées et dont les parties les plus anciennes remontent au XIIIe s. Renforcé au XIVe s. et restauré après la guerre de Cent Ans, il a conservé son enceinte, défendue par deux tours carrées. Un grand corps de logis trapézoïdal vient s'appuyer au donjon circulaire qui commande la porte du château.

Juil.-août : t.l.j. 10h-12h, 14h-18h ;
sept.-juin : t.l.j. sf lun. et vac. scol. de Noël : 10h-12h, 14h-17h .
Visite libre. Visite guidée sur r.-v. en partie.

C2 — RÉOLE (LA)

Ancien prieuré des bénédictins

1, esplanade Charles-de-Gaulle
33190 La Réole
Tél. : 05 56 61 10 11
www.lareole.fr
Propriété du département, propriété de la commune
Classé

Probablement fondé au Xe s. selon la règle de saint Benoît, le monastère se développe et prospère au XIIIe s. La chapelle prieurale est aujourd'hui l'église paroissiale. Les bâtiments monastiques sont refaits à partir de 1704 sur les plans de Maurice Mazey qui dirige les travaux. Achevé en 1724, le corps de logis est flanqué de deux pavillons et surmonté d'une « mirande ». Les étages sont desservis par deux escaliers agrémentés de rampes de fer forgé dues au ferronnier réolais Blaise Charlut. L'ensemble réhabilité abrite aujourd'hui la mairie et les services administratifs mais également le musée municipal.

Visite sur r.-v. uniquement

B2 — SAINT-ANDRÉ-DE-CUBZAC

Château du Bouilh

33240 Saint-André-de-Cubzac
Tél. : 05 57 43 01 45/05 57 43 06 59
Propriété privée
Classé

À l'emplacement d'une ancienne maison forte, Frédéric de La Tour du Pin entreprend en 1787 l'édification d'une résidence prestigieuse dont il confie les plans à l'architecte Victor Louis. Deux ans plus tard, en 1789, les travaux sont interrompus. Louis avait conçu un projet grandiose inspiré des villas palladiennes : deux corps de logis réunis par une galerie avec, en contrebas, des communs en hémicycle. Seuls ont été réalisés l'un des deux corps de logis et les communs, réunis au XIXe s. par une chapelle néoclassique. Quoiqu'inachevé, l'ensemble est imposant.

15 juin-sept. : jeu., w.-e. et j. fériés 14h30-18h30 (14 juil.-15 août : t.l.j.).
Visite libre des extérieurs. Visite guidée du château.
Visite sur r.-v. pour les groupes.

B2 — SAINT-ÉMILION

Ensemble troglodytique

Place du marché
33330 Saint-Émilion
Tél. : 05 57 55 28 28
www.saint-emilion-tourisme.com

Juridiction de Saint-Émilion inscrite sur la Liste du patrimoine mondial en 1999

Dans la ville basse, le monument le plus original est sans conteste l'église monolithe, entièrement creusée dans le rocher calcaire à la fin du XIe s. Elle est la plus vaste d'Europe par ses dimensions. Les Catacombes, utilisées à partir du IXe s., constituent un cimetière souterrain prestigieux et une crypte sculptée de personnages représentant le Résurrection des Morts. L'Ermitage, aménagé à partir d'une grotte naturelle, abritait le moine Émilion qui vint en 750 et y vécut les dix-sept dernières années de sa vie. La Chapelle de la Trinité, construite en son honneur, est un magnifique témoignage de l'architecture du XIIIe s., avec à l'intérieur de remarquables peintures murales restaurées.

Avr.-oct. : t.l.j. à partir de 10h ; nov.-mars : t.l.j. à partir de 10h30.
Visite guidée (départ depuis l'office du tourisme, place des Créneaux).

Clocher de l'église monolithe

33330 Saint-Émilion
Tél. : 05 57 55 28 28
www.saint-emilion-tourisme.com
Propriété de la commune
Classé

Juridiction de Saint-Émilion
inscrite sur la Liste du
patrimoine mondial en 1999

Le clocher est situé au-dessus de l'église monolithe. Les deux premiers niveaux datent du XIIe s., les deux suivants du XIIIe s. ; la flèche et l'escalier sont achevés au XVe s. En 1626, le clocher est renforcé par de lourds massifs de pierre qui masquent les parties romanes sur trois côtés. La terrasse qui surmonte le troisième étage offre le panorama le plus élevé sur la ville et ses alentours.
Ouvert t.l.j. toute l'année. Visite libre.
Réservation auprès de l'office du tourisme.

Château du Roi

Rue du Couvent
33330 Saint-Émilion
Tél. : 05 57 55 28 28
Propriété de la commune
Classé

Juridiction de Saint-Émilion
inscrite sur la Liste du
patrimoine mondial en 1999

La construction du château du Roi est commencée en 1237 sur un emplacement choisi soit par Louis VIII, soit par Henri III d'Angleterre. Isolé du centre-ville, le site est protégé sur trois côtés par un fossé creusé dans le roc ; le dernier côté, vers la cité, est formé par deux terrasses. La tour s'élève sur un cube de rocher, elle est de plan à peu près carré et de construction archaïque, aux murs épais, surmontés d'une plate-forme avec une échauguette. Hôtel de ville jusqu'en 1720, c'est aujourd'hui le site de la proclamation du ban des vendanges.
Avr.-sept. : t.l.j. à partir de 11 h ; t.l.w.-e. et vac. scol. le reste de l'année.
Visite libre. Réservation auprès de l'office du tourisme.

SAINT-FERME — C2

Église et abbaye

33580 Saint-Ferme
Tél. : 05 56 61 69 92/05 56 61 62 10
saint-ferme.mairie@wanadoo.fr
Propriété de la commune
Inscrit et classé

Fondée par les moines noirs avant le XIe s., l'abbaye bénédictine de Saint-Ferme est édifiée aux XIIe et XIIIe s. Fortifiée pendant la guerre de Cent Ans, elle héberge les pèlerins de Saint-Jacques-de-Compostelle et rayonne sur la contrée. Meurtrie par les guerres de Religion, elle s'éteint en 1770. Après quelques travaux de restauration, l'ensemble des bâtiments monastiques et de l'église abbatiale romane est néanmoins parvenu jusqu'à nous.
Juin-sept. : t.l.j. sf lun. et dim. 14 h 30-18 h ; oct.-mai : t.l.j. sf lun., sam. et dim. 14 h 30-17 h. Visite libre. Visite guidée. Visite sur r.-v. pour les groupes.

SAINT-GERMAIN-D'ESTEUIL — B1

Site archéologique de Brion

33340 Saint-Germain-d'Esteuil
Tél. : 05 56 09 02 07
g.moty@wanadoo.fr
Propriété de la commune
Classé

Les vestiges visibles du site archéologique de Brion sont ceux d'une ville gallo-romaine construite vers le milieu du Ier s. de notre ère. Abandonnée dès le IIIe s., elle reste longtemps ignorée. Le site est repéré dès 1784, puis décrit par Léo Drouyn et Camille Jullian. Il faut attendre la seconde moitié du XXe s. pour que soient identifiés un temple, des secteurs d'habitat, des bâtiments publics et un théâtre gallo-romain à l'intérieur duquel s'est installée une maison forte médiévale.
Visite libre toute l'année. Visite guidée (juil.-août).
Visite sur r.-v. pour les groupes toute l'année. ♿ en partie.

SAINT-MAIXANT — B2

Domaine de Malagar

Centre François Mauriac
33490 Saint-Maixant
Tél. : 05 57 98 17 17
http://malagar.asso.fr
Propriété du département
Classé

TOURISME & HANDICAP

Aux confins de plusieurs régions touristiques et viticoles prestigieuses, Malagar est un site exceptionnel dominant la vallée de la Garonne et la forêt des Landes. Le domaine entre dans le giron de la famille Mauriac en 1843, lorsque Jean Mauriac, arrière-grand-père de l'écrivain, s'en porte acquéreur. C'est à cette époque que Malagar prend l'aspect qu'on lui connaît : une maison de maître enserrée par deux chais, un bâtiment de ferme prolongé par deux auvents, un parc de 4 ha et un vignoble de 14 ha. François Mauriac hérite du domaine en 1927. Pâques, l'été, le temps des vendanges sont des occasions régulières de venue à Malagar. Lieu de vie, le site est aussi pour le romancier un havre de paix propice au travail et demeurera un lieu d'inspiration privilégié. Dans l'ancien chai à vin rouge aujourd'hui aménagé en salle d'exposition, clichés d'époque, photos de scènes familiales, documents historiques engagent le visiteur à découvrir l'itinéraire de cet écrivain à travers l'histoire du XXe s. La visite guidée de la maison, laissée telle qu'il l'a connue, fait partager l'univers et l'intimité du Prix Nobel de Littérature. Lieu de mémoire consacré à François Mauriac, cette maison d'écrivain est aussi un lieu de culture vivante, qui propose, de mai à octobre, rencontres et débats, lectures et spectacles, concerts, parcours artistiques et expositions.

Juin-sept. : t.l.j. 10h-12h30, 14h-18h;
oct.-mai : mer., jeu., ven. 14h-17h, w.-e. et j. fériés 10h-12h30, 14h-17h.
Fermé 1er mai et la dernière semaine de l'année.
Visite libre. Visite guidée. Visite sur r.-v. pour les groupes. ♿

B2 **SAUVE (LA)**

Abbaye de La Sauve-Majeure

2, rue de l'Abbaye
33670 La Sauve
Tél. : 05 56 23 01 55
http://la-sauve-majeure.monuments-nationaux.fr
Propriété de l'État
Classé

CENTRE DES MONUMENTS NATIONAUX

Chemin de Saint-Jacques-de-Compostelle
inscrit sur la Liste du patrimoine mondial en 1998

Les vestiges de l'ancienne abbaye bénédictine de La Sauve-Majeure révèlent l'un des plus beaux ensembles d'art roman en Aquitaine. Fondée en 1079 par Gérard de Corbie qui est sanctifié en 1197, l'abbaye abrite, dès le XIIe s. une importante communauté monastique comptant plus de soixante-dix prieurés. Très affaibli pendant la guerre de Cent Ans, le monastère est mis en commende à la fin du XVe s. Fin XVIIe s., l'ensemble abbatial est restauré par les Mauristes puis abandonné au XVIIIe s. Transformé en école normale au XIXe s., l'édifice est incendié en 1910. Subsistent aujourd'hui une partie de la façade et de la nef abbatiale ainsi que le large chœur voûté, orné de chapiteaux historiés remarquables. L'ascension de son clocher révèle un beau point de vue sur le paysage de l'Entre-deux-Mers.

Juin-sept. : t.l.j. 10h-18h; oct.-mai : t.l.j. sf lun. 10h-13h, 14h-17h30.
Fermé 1er janv., 1er mai, 25 déc. Visite libre.
Visite guidée sur r.-v. ♿ avec aide.

B2 **UZESTE**

Collégiale

33730 Uzeste
Tél. : 05 56 25 87 48
Propriété de la commune
Classé

La construction de l'église d'Uzeste a commencé au XIIe s. et prend toute sa magnificence grâce au pape Clément V. Originaire de cette paroisse, il l'érige en collégiale en 1312, puis la désigne comme lieu de sa sépulture. Le gisant funéraire en marbre blanc, sur un socle noir, œuvre de Jean de Bonnefal, est achevé en 1359 et prend place dans le chœur. La collégiale est pillée par les huguenots au XVIe s. En mauvais état après la Révolution, elle est restaurée au XIXe s.

Ouvert t.l.j. toute l'année 10h-17h.
Visite libre. Visite guidée sur r.-v. et pour les groupes. ♿

VAYRES B2

Château de Vayres

33870 Vayres
Tél. : 05 57 84 96 58
www.chateaudevayres.com
Propriété privée
Classé

Ci-contre :
château de Cadillac,
Cadillac-sur-Garonne (Gironde).

Le château de Vayres appartient au XIIIe s. à la famille d'Albret. De cette période datent la plupart des corps de bâtiment autour de la cour d'honneur. Au XVIe s., Henri IV cède le château, meurtri par la guerre de Cent Ans et les guerres de Religion, à la famille de Gourgue. Les nouveaux propriétaires entreprennent d'importantes restaurations et l'architecte Louis de Foix réalise une façade sur la cour d'honneur. À la fin du XVIIe s., le château est agrémenté d'une façade sur la Dordogne avec un escalier à double révolution qui descend jusqu'aux jardins à la française.

Juil. à mi-sept. : t.l.j. 14h-18h30;
Pâques-juin, mi-sept. à fin oct. : dim. et j. fériés 14h-18h30.
Visite guidée. Visite sur r.-v. pour les groupes toute l'année (20 pers. min.).

VERDON-SUR-MER (LE) B1

Phare de Cordouan

33123 Le-Verdon-sur-Mer
Tél. : 05 46 05 30 93
www.pharedecordouan.com
En mer, estuaire de la Gironde.
Propriété de l'État
Classé

Un premier fanal, entretenu par des ermites, s'élève dès l'époque carolingienne dans l'estuaire de la Gironde, sur l'îlot de Cordouan. Au XIVe s., Édouard, prince de Galles, dit le Prince Noir, fait ériger une tour portant une plate-forme. En 1582, Henri III commande à l'architecte Louis de Foix la réédification de la tour; ce dernier multiplie les étages en une succession de coupoles, colonnes et lanternes. Henri IV veille sur ce projet dont les travaux s'achèvent en 1611. En 1786, l'ingénieur Teulère surélève l'édifice par une construction dont l'austérité néoclassique poursuit l'architecture puissante et raffinée des parties basses.

T.l.j. sf ven., à marée basse et selon la météo.
Pâques-nov. : transport par promenade en mer, à partir du Verdon et de Royan.
Visite libre. Visite guidée. Visite limitée à 30 pers. max.

VERTHEUIL B1

Ancienne abbaye

Place Saint-Pierre
33180 Vertheuil
Tél. : 05 56 73 30 10
www.vertheuil-medoc.com
Propriété de la commune
Inscrit et classé

L'abbaye de Vertheuil, dont la fondation est attribuée à Charlemagne, est élevée à l'emplacement d'une villa gallo-romaine. Placée sous la protection de la papauté en 1179 elle devient une abbaye royale. L'église, avec sa façade romane d'inspiration saintongeaise, constitue l'unique témoin de cette période. En 1572, l'abbaye est assiégée et pillée par les huguenots, puis reformée au XVIIe s. Le logis abbatial est reconstruit en 1766, mais en 1792, l'abbaye est vendue comme bien national et en partie démolie. Rachetée par la municipalité, elle est aujourd'hui restaurée.

Juin-sept. : t.l.j. 10h-13h, 14h30-18h30.
Visite libre. Visite sur r.-v. pour les groupes.

VILLANDRAUT B2

Château de Villandraut

Rue Lafon-Isore
33730 Villandraut
Tél. : 05 56 25 87 57
www.assoadichats.net
Propriété privée
Classé

Bertrand de Got, devenu le pape Clément V, fait édifier dès 1305 un château neuf dans sa seigneurie familiale, sur les bords du Ciron. Villandraut est un des premiers châteaux à réunir les fonctions de palais et de forteresse. L'enceinte quadrangulaire est entourée de vastes douves totalement maçonnées et munie de six tours, dont une est en partie rasée en 1592. La résidence se déploie dans les ailes, réparties sur trois côtés de la cour intérieure.

Avr.-juin : t.l.j. 14h-18h; juil.-sept. : t.l.j. 10h-19h.
Visite guidée. Visite sur r.-v. janv.-mars et oct.-nov.

AMOU B4

Château d'Amou

Chemin de ronde
40330 Amou
Tél. : 05 58 89 00 08
www.chateauamou.com
Propriété privée
Inscrit

Situé au sud de la Chalosse, le château d'Amou succède à deux édifices incendiés durant la guerre de Cent Ans et les guerres de Religion. Léonard de Caupenne, dignitaire de Louis XIV et nouveau marquis d'Amou, fait reconstruire le château à partir de 1678 sur des plans attribués à Jules Hardouin-Mansart, premier architecte du roi. Le bâtiment offre au visiteur une belle façade classique dont les baies ont été pourvues de croisées de pierre par l'entrepreneur local. Des lucarnes de pierre chapeautées de frontons ornent la haute toiture à la Mansart.

15 juil.-7 août, 19 août-23 sept. : t.l.j. sf mar. et sam. 15 h, 16 h, 17 h.
Visite guidée. Visite guidée sur r.-v. pour les groupes de mai à oct.

DAX B3

Crypte archéologique

Musée de Borda
11, rue des Carmes
40100 Dax
Tél. : 05 58 74 12 91
www.dax.fr
Propriété de la commune
Inscrit

Temple monumental gallo-romain du IIe s. Importants vestiges, certains murs sont conservés sur plus de 3 m. Cet édifice se composait d'un grand escalier, d'une *cella* (le sanctuaire), entourée d'une colonnade, l'ensemble étant construit sur un haut podium, monumental par ses dimensions. Techniques architecturales très originales pour construire sur un terrain marécageux : des contreforts semi-circulaires renforcent les fondations. Toute nouvelle présentation depuis 2007 : remarquable collection, mosaïques, statues en bronze. Interactivité : manipulations, jeux, odeurs et objets tactiles.

Ouvert t.l.j. sf lun. toute l'année 14 h-18 h. Fermé 1er janv., 1er mai, 1er et 11 nov., 25 déc. Visite guidée. Visite sur r.-v. pour les groupes (10 pers. min.).

Parc du Sarrat

Rue du Sel-Gemme
40100 Dax
Tél. : 05 58 56 80 17
www.dax.fr
Propriété de la commune
Inscrit

Le parc est un jardin mixte, jardin à la française enveloppé dans un jardin de style paysager basé sur le naturalisme contrastant avec le jardin régulier. Les bâtiments sont influencés par l'œuvre de Neutra : continuité des espaces, liaisons fortes avec le cadre naturel, formes simples et dépouillées. Le parc est également un conservatoire naturel pour l'Ophioglosse des Açores, centre d'initiation et école de la nature.

Mars-nov. : mar., jeu., sam. 15 h 30. Visite guidée.
Visite sur r.-v. pour les groupes à l'office du tourisme.

DUHORT-BACHEN B3

Château de Bachen

40800 Duhort-Bachen
Tél. : 05 58 71 76 76
Propriété privée
Inscrit

Établi sur un plateau dominant l'Adour, le château de Bachen occupe un site castral ancien. Siège d'une baronnie liée à un vaste domaine, il est entièrement reconstruit dans la seconde moitié du XVIIIe s. Il se compose d'un logis aux proportions harmonieuses qui, avec sa toiture, s'apparente à l'architecture béarnaise, et d'une aile basse de communs en retour d'équerre. L'ensemble a été récemment restauré et un aménagement paysager accompagne les parties viticoles.

Mars-déc. : jeu. et sam. 15 h-17 h, ven. et dim. 11 h-13 h 30.
Visite guidée sur r.-v. et pour les groupes (8-10 pers.).

B3 **GAUJACQ**

Château

2, route de Brassempouy
40330 Gaujacq
Tél. : 05 58 89 01 01
www.chateaudegaujacq.com
Propriété privée
Classé

Chef-d'œuvre insolite du XVIIe s. construit sur un site gallo-romain autour d'un « jardin des délices » par François de Sourdis (1635-1707). Élevé sur un promontoire offrant depuis la terrasse un magnifique panorama sur les Pyrénées, il s'inspire de la villa romaine et du Trianon de Jules-Hardouin Mansart (1646-1708).

15 fév.-15 nov. : t.l.j. sf mer. 15h, 16h, 17h (et 18h en juin); juil.-août : t.l.j. 11h, 14h, 15h, 16h, 17h, 18h; visite nocturne les deuxièmes et quatrièmes lun. de juil. à 22h et d'août à 21h30.
Visite guidée. Visite sur r.-v. pour les groupes toute l'année.

B3 **HAGETMAU**

Crypte de Saint-Girons

Avenue Corisande
40700 Hagetmau
Tél. : 05 58 05 77 77
www.tourisme-hagetmau.com
Propriété de la commune
Classé

Selon la tradition, Charlemagne, de passage en Chalosse, dépose les reliques de saint Girons, évangéliste de la région au VIIe s. Cet établissement constitue la base de la collégiale. Ruinée par les Normands, elle est reconstruite au XIIe s. et prospère les deux siècles suivants. Elle est ensuite malmenée pendant la guerre de Cent Ans et pillée par les huguenots. On accède à la crypte romane par deux escaliers de pierre. Au centre, quatre colonnes marquent la place du sarcophage disparu. La crypte abrite un ensemble de chapiteaux au décor sculpté de grande qualité.

Juil.-août : t.l.j. sf mar. 15h-18h. Visite guidée. Visite sur r.-v. le reste de l'année.

B3 **MONT-DE-MARSAN**

Donjon Lacataye

Musée Despiau-Wlérick
6, place Marguerite-de-Navarre
40000 Mont-de-Marsan
Tél. : 05 58 75 00 45
www.mont-de-marsan.org
Propriété de la commune
Inscrit

L'ancien donjon Lacataye est un bâtiment en pierre coquillère. Le nom de « Cataye » laisse supposer une utilisation fortifiée et la tradition locale l'a longtemps identifié, sans preuves, au donjon du château de Nolibos construit par Gaston Phœbus. L'édifice semble être, à l'origine, un ensemble de deux maisons civiles médiévales. Cédé à la ville en 1860, il fut transformé en caserne et abrite depuis 1968 le musée Despiau-Wlérick essentiellement dédié à la sculpture du début du XXe s. contemporaine des deux sculpteurs montois, Charles Despiau et Robert Wlérick.

T.l.j. sf. mar. et j. fériés : 10h-12h, 14h-18h.
Visite libre. Visite guidée. Visite sur r.-v. pour les groupes.

B3 **PERQUIE**

Château de Ravignan

40190 Perquie
Tél. : 05 58 45 28 39/05 58 45 33 07
http://armagnac-ravignan.com
Propriété privée
Inscrit

Reconstruit sous Louis XIII, le château de Ravignan est achevé en 1663; le bâtiment se compose alors d'un corps de logis encadré par deux pavillons. En 1855 démarre une nouvelle campagne de travaux sur un plan symétrique : un corps de logis et un pavillon sont ajoutés à l'ouest. Le parc, dessiné par le paysagiste Bülher, date de 1902. En 1909 les toitures sont surélevées. Malgré les siècles qui séparent les phases de construction, l'édifice est homogène et constitue une des plus belles demeures landaises.

Juil.-sept. : w.-e. et j. fériés 15h, 16h, 17h, 18h (1er-14 août : t.l.j. 17h).
Visite guidée. Visite sur r.-v. avr.-oct.
Visite sur r.-v. pour les groupes (10 pers. min.).

SAINT-JUSTIN B3

Château de Fondat

40240 Saint-Justin
Tél. : 05 58 71 86 06
Propriété privée
Inscrit

Dévasté à deux reprises, et reconstruit au milieu du XVIIe s., le château de Fondat est remanié au XIXe s. dans un style néo-Renaissance. L'édifice, de plan rectangulaire, est flanqué de tours et tourelles de style Tudor. Les façades du XIXe s. sont implantées sur des maçonneries plus anciennes, probablement du XVIIe s. Le domaine de Fondat regroupe aussi, dans un parc de 49 ha aux arbres bicentenaires, des dépendances datant des XVIIe et XVIIIe s., dont un chai à armagnac et un colombier.
Juin-oct. : w.-e. 14h-18h. Visite libre du parc et des communs.
Visite guidée sur r.-v. des intérieurs et pour les groupes (20-60 pers.).

SAINT-LAURENT-DE-GOSSE A4

Château de Montpellier

40390 Saint-Laurent-de-Gosse
Tél. : 05 59 56 25 16
Propriété privée
Inscrit

Établi sur un site en terrasse en bordure du fleuve et face à la chaîne pyrénéenne, le château de Montpellier est construit dans le premier quart du XVIIIe s. pour une famille de riches négociants bayonnais. La demeure est représentative des maisons de plaisance de l'âge classique élevées pour la bourgeoisie locale dans les pays de bas Adour. Elle se compose d'un corps de logis rectangulaire cantonné de deux pavillons, dont l'un abrite la chapelle. L'ordonnance simple et régulière de la façade est mise en valeur par une situation remarquable sur les bords de l'Adour. Une terrasse et une cale pavée complètent l'ensemble.
Avr. : t.l.j. 13h-17h ; mai-15 août : dim. et j. fériés 13h-17h.
Visite guidée. Visite sur r.-v. pour les groupes.

SAINT-PANDELON B3

Château des évêques de Dax (ancien)

305, route du Château
40180 Saint-Pandelon
Tél. : 05 58 98 72 19
Propriété privée
Inscrit

Sur ce site défensif, Arnaud de Caupenne, évêque de Dax, et le sire de Campagne construisent avant 1311 une maison forte pour surveiller le passage du pont ; elle reste la propriété des évêques de Dax jusqu'en 1774. Chacun d'entre eux aménage et agrandit la demeure au cours des siècles. Les restaurations s'attachent à mettre en valeur les vestiges de ces épisodes successifs, en particulier des papiers peints antérieurs à la Révolution.
Visite guidée sur r.-v. toute l'année et pour les groupes (12-25 pers.).

B3 **SAINT-SEVER**

Fondé vers 1280 sous l'impulsion d'Éléonore de Castille, épouse d'Édouard Ier d'Angleterre, ce couvent, implanté au revers des remparts du XIIe s., a subi les nombreux sièges de la ville avant d'être englobé dans la nouvelle enceinte et restauré après 1335. En grande partie détruit par les huguenots en 1569-1570, le couvent est reconstruit au XVIIe s. Il conserve les traces des différentes périodes, dont des vestiges de peintures murales, et abrite aujourd'hui un musée historique de la cité et du chemin de Saint-Jacques-de-Compostelle ainsi que le manuscrit du XIe s. *L'Apocalypse de Saint-Sever*.

Juin-oct. : t.l.j. 14h-18h.

Visite libre. Visite guidée sur r.-v. et pour les groupes.

Couvent des jacobins

Musée historique
Place de la République
40500 Saint-Sever
Tél. : 05 58 76 34 64
jacobins.saint-sever. fr
Propriété de la commune
Classé

B4 **SORDE-L'ABBAYE**

L'abbaye bénédictine Saint-Jean est élevée à l'emplacement d'une ancienne villa gallo-romaine. Point de passage pour les pèlerins de Saint-Jacques-de-Compostelle, elle connaît une grande prospérité durant la période médiévale. Dévastés à plusieurs reprises au cours du XVIe s., puis à nouveau au début du XVIIe s., les bâtiments conventuels sont réédifiés dans les premières années du XVIIIe s., selon le mouvement de reconstruction de la congrégation de Saint-Maur à laquelle l'abbaye adhère dans les années 1660. L'église romane et le logis abbatial sont restaurés au XIXe s.

Oct.-mars : t.l.j. sf w.-e. 9h-12h, 13h30-16h30.

Visite libre. Visite guidée. Visite sur r.-v. pour les groupes (25 pers.).

Abbaye Saint-Jean

Place de l'Église
40300 Sorde-l'Abbaye
Tél. : 05 58 73 60 03
Propriété de la commune
Classé

Chemin de Saint-Jacques-de-Compostelle
inscrit sur la Liste du patrimoine mondial en 1998

AGEN C3

Hôtels Vergès, de Vaurs, de Monluc et d'Estrades

Musée des Beaux-Arts
Place du Docteur-Esquirol
47000 Agen
Tél. : 05 53 69 47 23
www.agen.fr
Propriété de la commune
Classé

À côté de l'hôtel de ville s'élèvent trois beaux hôtels attenants : l'hôtel d'Estrades, en lits de brique et de pierre alternés, de la fin du XVIe s., l'hôtel de Vaurs, de style Renaissance, qui présente deux façades et un bel escalier à vis sculpté, et l'hôtel du consul Jean Vergès, également Renaissance, avec sa cour intérieure. Acquis par la ville à la fin du XIXe s. et restaurés avec soin, ils abritent le musée des Beaux-Arts d'Agen.
Oct.-avr. : t.l.j. sf mar. 10h-12h30, 13h30-18h ; mai-sept. : t.l.j. sf mar. 10h-18h.
Fermé 1er janv., 1er mai, 1er nov., 25 déc.
Visite libre. Visite guidée. Visite sur r.-v. pour les groupes (30 pers.).

Théâtre Ducourneau

Place du Docteur-Esquirol
47000 Agen
Tél. : 05 53 66 26 60
www.agen.fr
Propriété de la commune
Inscrit

Le théâtre Ducourneau est construit en 1907 à l'emplacement d'un théâtre datant de 1808. Il est financé par Alphonse-Pierre Ducourneau, natif d'Agen, qui a fait fortune avec l'invention d'un nouveau type de ciment. Dessiné par l'architecte Guillaume Tronchet, il offre le plan d'un théâtre classique à l'italienne. L'utilisation du béton armé permet d'aménager à l'intérieur des balcons en porte à faux offrant une meilleure visibilité. Ce matériau en a fait un des premiers théâtres incombustibles en France. La façade est ornée de sculptures et l'intérieur présente d'intéressantes peintures murales exécutées par des artistes locaux.
Visite guidée sur r.-v. et pour les groupes (10-30 pers.).

ALLEMANS-DU-DROPT C2

Église Saint-Eutrope

Place de l'Église
47800 Allemans-du-Dropt
Tél. : 05 53 20 25 59
Propriété de la commune
Inscrit

D'origine romane, l'église Saint-Eutrope est remaniée aux XVe, XVIIIe et XIXe s., altérant l'homogénéité de la structure d'origine. L'intérêt de l'édifice réside dans l'important décor peint à la détrempe du XVe s. qui se développe sur les murs de la nef et du chœur. Ces peintures, recouvertes de badigeon au cours du XVIIe s., ont été découvertes en 1935, 1964 et 1972. Elles développent les thèmes de la Passion, de la Résurrection et du Jugement dernier.
Ouvert t.l.j. toute l'année : 9h-19h.
Visite libre. Visite guidée sur r.-v. pour les groupes (4-100 pers.).

BARBASTE C3

Moulin des Tours

47230 Barbaste
Tél. : 05 53 65 51 38/05 53 65 09 37
www.cg47.org
Propriété du SIVU Pays d'Albret
Classé

Érigé au XIIIe s. sur la rive droite de la Gélise, le moulin des Tours défend l'accès du pont roman du XIIe s. et l'ancienne voie romaine. Propriété de la puissante famille d'Albret dès 1308, il est remis en état par Henri IV en 1579, mais est plusieurs fois assiégé au XVIIe s. Au XIXe s., il connaît la grande époque de la meunerie en Néracais. Il est ensuite affecté à l'industrie du liège avant d'être ravagé par un incendie en 1937. Le corps de logis central, de plan carré, est affecté à la meunerie. Il est cantonné de quatre tours de défense auxquelles s'ajoutent bretèches, meurtrières et chemin de ronde.
Juil.-août : t.l.j. sf lun.-mer. 10h-12h30, 14h30-18h30.
Visite sur r.-v. le reste de l'année. Visite libre. Visite guidée.
Visite sur r.-v. pour les groupes.

C2 **BIAS**

Château de Favols

47300 Bias
Tél. : 05 53 70 28 19
www.cg47.org
Propriété privée
Inscrit

Situé au bord du Lot, le château de Favols est érigé au XIIIe s. pour commander la voie des gués franchissant le fleuve. Favols signifie « le village de l'entrée, du passage ». Il s'agit d'un quadrilatère cantonné de tours d'angle carrées avec une cour intérieure formant une terrasse au-dessus de la rivière. L'édifice a conservé sa disposition d'origine malgré les modifications datant de la fin du XVIIe s. : trois tours et un corps de bâtiment subsistent de l'époque médiévale.
Ouvert toute l'année. Visite sur r.-v. pour les groupes. ♿

C3 **CLAIRAC**

Abbaye bénédictine (ancienne)

4, place de l'Église
47320 Clairac
Tél. : 05 53 79 34 81
Propriété privée
Inscrit

L'abbaye bénédictine de Clairac est bâtie au Moyen Âge sur une terrasse dominant la rive droite du Lot. Foyer du protestantisme, elle est très endommagée par le siège de 1574 et réduite par Louis XIII en 1621. Les bâtiments sont restaurés dans les années suivantes ; ils se composent de deux logis en L avec une tour d'angle, un cloître et des caves voûtées. L'abbaye est vendue comme bien national à la Révolution ; après avoir abrité un lycée, elle héberge aujourd'hui une exposition d'automates.
Avr.-oct. : t.l.j. 10h-18h ; nov.-mars : mer., w.-e. et j. fériés : 10h-18h.
Fermé 1er janv., 25 déc. Visite libre. Visite guidée.

C2 **DURAS**

Château des ducs de Duras

Musée ethnologique
Place du Château
47120 Duras
Tél. : 05 53 83 77 32
www.chateau-de-duras.com
Propriété de la commune
Classé

Propriété de la famille de Bouville au XIIIe s., la seigneurie de Duras est à l'origine une imposante forteresse. Elle passe au XIVe s. aux Durfort, qui restent propriétaires jusqu'à la Révolution. Largement remaniée au XVIIe s., elle est transformée en demeure de plaisance. Le corps central flanqué de tours d'angle se compose de quatre bâtiments entourant une cour rectangulaire. On y accède par une avant-cour défendue par deux tours rondes adossées au massif de la porte et au petit château. Il abrite aujourd'hui un musée ethnologique.
Fév.-mars, nov.-déc. : t.l.j. 14h-18h ;
avr.-juin, sept.-oct. : t.l.j. 10h30-13h, 14h-18h ; juil.-août : t.l.j. 10h-19h.
Fermé janv., 24-25 déc. Visite libre. Visite guidée juil.-août.
Visite sur r.-v. pour les groupes toute l'année (15-50 pers.).

C3 **FEUGAROLLES**

Château de Trenquelléon

47230 Feugarolles
Tél. : 05 53 95 22 02
Propriété privée
Inscrit

Le château de Trenquelléon offre un bel exemple d'architecture classique. Terminé en 1771, il n'a subi aucune modification. Précédé d'une cour sur laquelle ouvrent les dépendances, il est établi sur une terrasse à laquelle on accède par un escalier en fer à cheval. Le corps de logis, sans étage, couvert d'un toit à double pente, est flanqué de deux pavillons dont la haute toiture en ardoises est percée de grandes lucarnes de pierre.
Mi-juil. à fin août : t.l.j. 10h-12h, 14h30-18h30. Visite guidée des extérieurs. ♿

GAVAUDUN C2

Château fort

Le Bourg
47150 Gavaudun
Tél. : 05 53 40 04 16
www.cg47.org/
www.chateaudegavaudun.com
Propriété de la commune
Classé

Implantée sur un éperon rocheux surplombant la vallée de la Lède, le château de Gavaudun est un exemple de l'architecture militaire du XIIIe s. Élevé à l'emplacement d'un repaire cathare détruit au XIe s., il est au centre d'importantes opérations militaires pendant la guerre de Cent Ans et les guerres de Religion, avant d'être en grande partie détruit en 1796. Le donjon haut de 20 m épouse les contours du rocher et renferme cinq salles superposées munies de meurtrières.

Avr.-juin, sept.-oct. : w.-e. 10h-13h, 14h-18h ;
vac. de Pâques : mar., jeu., ven. et w.-e. 10h-13h, 14h-18h ; juil.-août : t.l.j. 10h-18h (descente en rappel du donjon mar. 17h ; visite guidée ven. à 10h).
Visite guidée sur r.-v. le reste de l'année.
Visite sur r.-v. pour les groupes toute l'année.

GRÉZET-CAVAGNAN C3

Château de Malvirade

47250 Grézet-Cavagnan
Tél. : 05 53 20 61 31
www.malvirade.com/www.cg47.org
Propriété privée
Inscrit

La famille Sacriste, nobles et puissants seigneurs dévoués à la cause des Albret, acquiert le domaine de Malvirade au XVe s., et le fait transformer en résidence d'agrément. Le château actuel est un édifice du XVIIe s. Il comporte un corps de logis cantonné de deux pavillons et une aile en retour d'équerre. Une salle du pavillon sud est ornée de décors peints : des scènes de chasse tropicale sur les poutres et une frise de trophées.

Mai-juin, Journées du patrimoine : w.-e. 14h30-17h30 ;
juil.-août : t.l.j. sf lun. 14h30-17h30.
Visite guidée. Visite sur r.-v. pour les groupes toute l'année (30-50 pers.).

LAUZUN C2

Château

Rue du Renfort
47410 Lauzun
Tél. : 05 53 94 18 89
www.cg47.org
Propriété privée
Classé

Le château de Lauzun est la propriété de la famille de Caumont du XIIIe s. à la fin du Moyen Âge. Fidèle au parti catholique pendant les guerres de Religion, Lauzun est érigé en comté puis en duché. Les bâtiments s'organisent autour d'une cour trapézoïdale. Une partie du corps de logis du XVe s., remanié aux XVIIIe et XIXe s., est agrémentée d'une tour polygonale. En face, le second corps de logis de la fin du XVIe s. abrite de remarquables cheminées monumentales. Entre ces deux ailes, une porte d'honneur est établie à la fin du XVIIe s.

Déb. juil. à fin août : t.l.j. 14h-18h.
Visite guidée. Visite sur r.-v. pour les groupes toute l'année (20 pers.).

C3

MADAILLAN

Château

47360 Madaillan
Tél. : 05 53 87 56 23/
06 12 72 97 51
www.cg47.org
Propriété privée
Inscrit

La forteresse de Madaillan est érigée vers la fin du XIIIe s. au sommet d'un éperon rocheux, au confluent de deux vallées. Menacée de démolition par le roi de France, elle est partiellement détruite en 1331. L'enceinte quadrangulaire est renforcée, au sud, par un donjon pentagonal. Un logis occupe la partie est de cet ensemble. Au XIVe s., une courtine est établie et un gros donjon carré édifié. Après des siècles d'abandon, le château a subi plusieurs campagnes de restauration depuis la fin du XIXe s.

Mai-juil., sept.-oct. : t.l.j. sf w.-e. 15h30;
août : t.l.j. 15h30, 16h30, 17h30; nov.-avr. : dim. 15h30.
Visite guidée. Visite sur r.-v. pour les groupes (10-100 pers.). ♿

C3

MONCRABEAU

Château de Pomarède

47600 Moncrabeau
Tél. : 05 53 65 43 01
www.cg47.org
Propriété privée
Inscrit

Le château de Pomarède, édifié aux XVIIe et XVIIIe s., est caractéristique de l'architecture gasconne de cette époque. Vendu comme bien national en 1793, le domaine est racheté au XIXe s. par Paul Dupré de Pomarède qui le transmet à ses descendants. Il se compose d'une maison de maître et de bâtiments agricoles répartis autour d'une cour. Le logis principal se déploie au fond de la cour et abrite, en son centre un bel escalier à rampe en fer forgé qui dessert l'étage.

14 juil.-15 sept. : t.l.j. 9h-12h, 14h-18h.
Visite guidée. Visite sur r.-v. le reste de l'année et pour les groupes.

C3

NÉRAC

Château Henri-IV

Impasse Henri-IV
47600 Nérac
Tél. : 05 53 65 21 11
www.cg47.org/www.nerac.fr
Propriété de la commune
Classé

Le château Henri-IV est élevé à la fin du XVe s. par Alain le Grand, sire d'Albret. Résidence des Albret, le château est, de 1427 à 1588, un centre d'activités littéraire, religieuse et politique très brillant. Henri IV y loge souvent, ainsi que Marguerite de Valois. Après la mort du roi en 1610, le château décline. En 1793, trois des quatre ailes qui entouraient alors une cour carré sont abattues. La partie nord subsiste ; une galerie à arcades en encorbellement court sur toute la longueur du premier étage. Ses arcs en anse de panier reposent sur des colonnes torses à chapiteaux.

Juil.-sept. : t.l.j. sf lun. 10h-12h, 14h-19h;
oct.-mai : t.l.j. sf lun. 10h-12h, 14h-18h. Fermé 1er janv., 25 déc.
Visite libre. Visite guidée. Visite sur r.-v. pour les groupes.

C3

POUDENAS

Château

47170 Poudenas
Tél. : 05 53 65 70 53
www.poudenas.com
Propriété privée
Classé

Le château de Poudenas est élevé au XIIIe s., sur une haute colline, pour surveiller la vallée de la Gélise. Au XVIIe s., la famille de Bouzet le transforme en demeure de plaisance et effectue des remaniements radicaux entre 1660 et 1686 ; un grand corps de logis et des portiques voûtés portant des terrasses sont alors édifiés. Deux escaliers relient celles-ci à un jardin inférieur au sud, ce qui donne à la demeure des accents italianisants.

Visite sur r.-v. pour les groupes toute l'année. ♿

SAINT-FRONT-SUR-LÉMANCE C2

Château de Bonaguil

47500 Saint-Front-sur-Lémance
Tél. : 05 53 71 90 33
www.bonaguil.org
Propriété de la commune de Fumel
Classé

La forteresse de Bonaguil est érigée aux XVe et XVIe s. par les seigneurs de Roquefeuil, sur un site défensif occupé dès le XIIIe s. Bonaguil est un des derniers grands châteaux forts construits en France et témoigne d'un nouveau type de défense architecturale adaptée aux armes à feu. Il possède plus de cent cannonières. Protégé par six tours, sept tourelles, deux enceintes et des terrasses bastionnées, son donjon en proue de navire offre moins de surface au tir d'artillerie. Mais Bonaguil ne subit aucun siège. Durant la Révolution, il est confisqué, pillé et privé de ses toitures.

Fév.-mars : t.l.j. 11h-13h, 14h30-17h30 ; avr.-mai : t.l.j. 10h30-13h, 14h30-17h30 ; juin-août : t.l.j. 10h-18h ; sept. : t.l.j. 10h30-13h, 14h30-17h ; oct. : t.l.j. 11h-13h, 14h30-17h ; nov. (vac. scol.) : dim. et j. fériés 11h-13h, 14h30-17h ; déc. (vac. scol.) : t.l.j. 14h30-17h. Fermé 1er janv., 25 déc.
Visite libre. Visite guidée. Visite sur r.-v. pour les groupes (20 pers. min.).

SAINT-MAURIN C3

Abbaye bénédictine (ancienne)

Musée ethnographique
Château abbatial – Hôtel de ville
47270 Saint-Maurin
Tél. : 05 53 95 31 25
www.cg47.org
Propriété de la commune, propriété privée
Classé

L'abbaye de Saint-Maurin est fondée après le martyre du jeune diacre Maurin au VIe s. Donnée à l'abbaye de Moissac, elle est relevée au XIe s. puis affiliée à l'ordre de Cluny. Son église est consacrée en 1097. Ravagée à plusieurs reprises durant la guerre de Cent Ans et les guerres de Religion, elle est restaurée au XVIIe s. et retrouve la prospérité avant d'être délaissée et vendue comme carrière à la Révolution. De l'ensemble subsistent aujourd'hui de nombreux vestiges et l'imposant château abbatial.

Juil.-août, Journées du patrimoine : t.l.j. sf mar. 15h-19h.
Visite libre. Visite guidée. Visite sur r.-v. le reste de l'année et pour les groupes.

SAUVETERRE-LA-LÉMANCE C2

Château des Rois Ducs

47500 Sauveterre-la-Lémance
Tél. : 05 53 40 67 17
Propriété privée
Inscrit

Bâti au-dessus de la vallée de la Lémance, le château de Sauveterre, propriété de la couronne anglaise, est construit peu avant 1289. Il offre une architecture défensive peu en phase avec les innovations de son temps. Après une brève occupation française, il est remis en état au début du XIVe s. et repris définitivement par les Français en 1432. La forteresse a conservé l'essentiel de ses éléments médiévaux. Trois des côtés de l'enceinte épousent la forme du promontoire rocheux. L'entrée de la place est protégée par un puissant donjon arrondi qui abrite un rez-de-chaussée couvert d'une coupole et une salle haute voûtée.

15 juin-sept. : t.l.j. 10h-12h, 15h-19h. Fermé d'oct. à mi-juin.
Visite guidée. Visite sur r.-v. pour les groupes (20-100 pers.).

VILLENEUVE-SUR-LOT C2

Tour romaine d'Eysses

Place Saint-Sernin d'Eysses
47300 Villeneuve-sur-Lot
Tél. : 05 53 70 65 19
www.cg47.org
Propriété privée
Inscrit

Les vestiges de la tour semi-circulaire de Villeneuve-sur-Lot, construite au Ier s. de notre ère, rappellent le site antique d'Eysses. Les fouilles ont révélé la cité gallo-romaine d'Excisum avec, en particulier, les vestiges d'un vaste ensemble monumental identifié comme le forum. L'ensemble du site a livré un riche mobilier et de nombreux éléments d'architecture en marbre qui attestent de la prospérité de la cité au début du Ier s.

Juil.-août : t.l.j. 14h-18h30. Visite libre. Visite guidée.
Visite sur r.-v. le reste de l'année. Visite sur r.-v. pour les groupes toute l'année.

B4 — **AÏCIRITS-CAMOU-SUHAST**

Château de Camou

Mairie annexe de Camou-Suhast
64120 Aïcirits-Camou-Suhast
Tél. : 05 59 65 84 03
www.tourisme64.com
Propriété de la commune
Inscrit

Le château de Camou s'élève sur une ancienne motte féodale, déjà attestée au XIe s., et dont le fossé est partiellement conservé. Probablement érigé au XVIe s., le château se présente encore en 1846 sous la forme d'un vaste édifice flanqué d'une tour d'escalier. Transformé en exploitation agricole après une période d'abandon, la moitié est du bâtiment est démolie entre 1850 et 1860, ce dont témoignent les traces d'arrachement de la façade. Les restaurations entreprises aujourd'hui le remettent en état.
Juil.-août : t.l.j. 14h30-18h. Visite guidée.
Visite sur r.-v. le reste de l'année et pour les groupes (40 pers. max.).

B4 — **AREN**

Château

64400 Aren
Tél. : 06 89 60 01 06
j.monget@haut-bearn.tm.fr
Propriété privée
Inscrit

Fief d'une seigneurie mentionnée dès le XIIe s., le château d'Aren est acquis au XVe s. par le riche négociant oloronais Raymond-Arnaud de Marrun. Il fait bâtir la maison forte et, à l'occasion du mariage de son fils, commande des peintures murales. L'une d'elles, parvenue jusqu'à nous, figure un jeune couple et reflète ce désir de mieux vivre qui succède à la guerre de Cent Ans. En 1658, l'édifice est agrandi par le baron Mesplès. De plan en U, il présente aujourd'hui deux corps de bâtiments, l'un du XVe et l'autre du XVIIe s.
Juil.-sept. : t.l.j. sf mar. 14h30-18h30. Visite libre. Visite guidée.
Visite sur r.-v. le reste de l'année et pour les groupes (10-50 pers.).

A4 — **BAYONNE**

Cathédrale Sainte-Marie

Place Pasteur
64100 Bayonne
Tél. : 05 59 46 11 43
www.bayonne-tourisme.com
Propriété de l'État
Classé

Chemin de Saint-Jacques-de-Compostelle inscrit sur la Liste du patrimoine mondial en 1998

La cathédrale Sainte-Marie est élevée à partir du XIIIe s. à l'emplacement d'une ancienne église romane. Sa construction en style gothique, ainsi que celle du cloître, est conduite par un architecte d'origine champenoise. Elle s'étale jusqu'au XVe s. Au XVIe s. la tour sud est érigée, coiffée en 1607 d'un bulbe d'ardoise. Au XIXe s., après de graves désordres, une campagne de restauration est mise en place par l'architecte Émile Boeswillwald. Une galerie du cloître et le mur sud de la nef sont démolis; une flèche remplace le dôme de la tour sud et une seconde tour est érigée au nord.
Ouvert toute l'année. Lun.-sam. : 10h-11h45, 15h-17h45;
dim. et j. fériés : 15h30-18h. Fermé pendant les offices religieux.
Visite sur r.-v. pour les groupes (19 pers. max.). ♿

Maison Dagourette

Musée Basque
37, quai des Corsaires
64100 Bayonne
Tél. : 05 59 59 08 98
www.musee-basque.com
Propriété de la commune
Classé

Construite, avec ses entrepôts, au début du XVIIe s. pour un négociant bayonnais qui lui donne son nom, la maison Dagourette témoigne de l'ancien urbanisme portuaire. Au XVIIe s., elle est occupée par un couvent de visitandines, puis par un hôpital qui y demeure jusqu'au Second Empire. Acquis par la ville au début du XXe s., elle abrite aujourd'hui le musée Basque et de la Tradition bayonnaise. Les façades conservent des fenêtres à encadrement mouluré et à meneaux. À l'intérieur, un escalier du XVIIIe s. avec rampe de fer forgé donne accès aux étages.
Juin-sept. : t.l.j. sf lun. et j. fériés 10h-18h30
(juil.-août : t.l.j. 10h-18h30, nocturne le mer. 18h30-21h30).
Visite libre. Visite guidée. Visite sur r.-v. pour les groupes. ♿

BÉOST B4

Abbaye laïque

Château de Béost
64440 Béost
Tél. : 06 77 06 16 40
Propriété privée
Inscrit

Béost est une des plus anciennes abbayes laïques du Béarn. Relais sur la route de Saint-Jacques-de-Compostelle, elle est érigée au début du XIIe s. par Gaston IV le Croisé. Propriété de la famille d'Espalungue au XVIe s., la tour de guet et la salle médiévale sont incluses dans une vaste demeure Renaissance. La restauration du bâtiment laissé à l'abandon est entreprise depuis trente ans ; elle est poursuivie aujourd'hui par les chantiers de bénévoles.

Vac. scol. : t.l.j. 10h-12h, 15h-18h. Visite guidée sur r.-v. le reste de l'année. ♿

BIARRITZ A4

Chapelle impériale

Rue Pellot
64200 Biarritz
Tél. : 05 59 22 37 10
www.biarritz.fr
Propriété de la commune
Classé

Édifiée sur le domaine du parc impérial, la chapelle est dédiée à Notre-Dame-de-Guadalupe pour laquelle l'impératrice Eugénie a une dévotion particulière. La chapelle impériale est construite par l'architecte Émile Boeswillwald en 1864-1865. Bâtie en brique, elle se compose d'une nef unique terminée par une abside. Le décor intérieur conjugue divers styles historicistes ; il utilise des matériaux et des techniques variés. Une peinture de Steinheil au cul-de-four en est le point d'orgue.

Mars, nov.-déc. : sam. : 14h30-17h ; avr.-mai, oct. : t.l.j. 14h30-18h ;
juin-sept. : jeu., sam. 14h30-18h. Visite libre. Visite guidée.
Visite sur r.-v. pour les groupes toute l'année.

Domaine de Françon

81, rue de Salon
64200 Biarritz
Tél. : 05 59 41 70 50
Propriété de la CAF d'Aquitaine
Inscrit

John Pennington Mellor fait construire en 1880, dans un grand parc, une vaste demeure de style « Old English », par les architectes Ralph Selden Wornum et Edward Salomon. La bâtisse présente de multiples décrochements de volumes surmontés d'un belvédère. Le hall d'entrée, élément structurant les pièces résidentielles, possède un décor éclectique où domine le bois ; la cage d'escalier est éclairée par des vitraux dus au Munichois Zettler. Un décor raffiné se déploie dans les différentes salles : poutres peintes, frises, portes et cheminées.

Mars-déc. : t.l.j. 9h-12h, 14h-19h.
Visite libre. Visite guidée sur r.-v. pour les groupes.

BIDACHE A4

Château de Gramont

64520 Bidache
Tél. : 05 59 56 00 28
Propriété privée
Inscrit et classé

Le château de Bidache est mentionné pour la première fois en 1250. Les seigneurs de Gramont y transfèrent leur résidence à partir de 1329. Incendié en 1523, reconstruit et transformé à plusieurs reprises, les ruines du château, fief des ducs de Gramont, seigneurs de Bidache, témoignent aujourd'hui d'une mosaïque architecturale du XIVe s. au XVIIIe s. Des hôtes illustres y ont été accueillis, comme Charles IX, Catherine de Médicis, Henri IV et Mazarin.

Pâques-sept. : t.l.j. 14h-18h. Visite guidée. Visite sur r.-v. pour les groupes. ♿

A4 **CAMBO-LES-BAINS**

Villa Arnaga

Musée Edmond-Rostand
Route du Docteur-Camino
64250 Cambo-les-Bains
Tél. : 05 59 29 83 92
www.arnaga.com
Propriété de la commune
Classé

En juillet 1902, l'écrivain Edmond Rostand achète plusieurs hectares sur une colline qui domine le torrent Arnaga pour construire une maison en style néobasque, dont la construction est confiée à l'architecte parisien Joseph-Albert Tournaire, assisté par l'architecte bordelais Pierre Ferret. La villa s'inspire de la maison rurale labourdine traditionnelle et le plan reprend les dispositions des grandes villas balnéaires. Le décor intérieur est réalisé par de nombreux artistes à la mode. Le poète y vit jusqu'à sa mort. En 1960 la ville achète l'ensemble pour y installer le musée Rostand.

Mars : w.-e. 14h30-18h ; avr.-juin, sept.-18 oct. : t.l.j. 10h-12h30, 14h30-19h ; juil.-août : t.l.j. 10h-19h ; 19 oct.-4 nov. : t.l.j. 14h30-18h.
Visite commentée des jardins en juil.-août : lun. 16h30, jeu. 11h.
Visite guidée. Visite sur r.-v. pour les groupes toute l'année.

B4 **CHARRE**

Château de Mongaston

Musée de la Figurine historique
1, chemin Gaston-VII
64190 Charre
Tél. : 05 59 38 65 92
Propriété privée
Inscrit

Maison forte perchée au sommet du mont dominant la vallée du Saison, le château de Mongaston est édifié par Gaston VII de Moncade au XIIIe s. Remanié aux XIVe et XVIe s., le corps de logis rectangulaire à trois niveaux est flanqué d'une tourelle d'escalier polygonale et, à l'angle opposé, d'une échauguette dont subsiste la base. En 1929, un incendie détruit en grande partie l'édifice qui fait l'objet depuis 1971 d'importants travaux de restauration. Il abrite aujourd'hui un musée consacré à la figurine historique.

Mai-oct. : t.l.j. sf mar. 14h30-18h ; nov.-avr. : visite sur r.-v.
Visite guidée. Visite sur r.-v. pour les groupes toute l'année (10-50 pers.).

A4 **CIBOURE**

Villa Leïhorra

1, impasse Muskoa
64500 Ciboure
Tél. : 05 59 47 07 09
maiteberenger@minitel.net
Propriété privée
Classé

Demeure construite entre 1926 et 1929 par l'architecte Joseph Hiriart pour sa famille. Située au flanc de la colline de Bordagain au-dessus de jardins en terrasses avec bassins et fronton, elle s'organise autour d'un patio à fontaine d'inspiration antique et hispanique. Des artistes renommés ont exécuté un remarquable décor Art déco : ferronneries de Schwartz, mosaïques du céramiste Cazaux, vitrail de Gruber, dalles de verre dans la salle de bains de Paul Daum, meubles de Prou.

Janv.-mars : mar., w.-e. 14h-17h ; avr.-oct. : mar., jeu., w.-e. 15h-18h30 ; nov.-déc. : w.-e. 14h-16h30. Fermé dim. Pâques et Pentecôte, 15 août, 1er nov., 25 déc. Visite guidée. Visite sur r.-v. pour les groupes (10-40 pers.).

GELOS B4

Haras national de Pau-Gelos

1, rue du Maréchal-Leclerc
64110 Gelos
Tél. : 05 59 35 06 52
www.haras-nationaux.fr
Propriété des haras nationaux
Inscrit

Le baron de Duplaa fait construire le château actuel en 1784. En 1808, Napoléon Ier y séjourne et décide d'y installer un haras. Le grand corps de logis est agrémenté d'un avant-corps central légèrement saillant surmonté d'un fronton triangulaire. Au XIXe s., deux pavillons sont édifiés en reprenant les mêmes partis. Les écuries, pour la plupart du XIXe s., sont dissimulées dans un vaste parc.

Nov.-avr. : t.l.j. sf lun. et dim. 14h30; mai-juin, sept.-oct. : t.l.j. sf lun. et dim. 14h30, 16h30; juil.-août : t.l.j. sf lun. et dim. 10h, 14h30, 16h30.
Visite guidée. Visite sur r.-v. pour les groupes (20 pers. min.).

GUÉTHARY A4

Villa Saraleguinea

117, avenue du Général-de-Gaulle
64210 Guéthary
Tél. : 05 59 54 86 37/05 59 26 57 85
www.musee-de-guethary.fr
Propriété de la commune
Inscrit

La villa Saraleguinea, du nom du patronyme de l'épouse du commanditaire, occupe un des points les plus élevés de la commune. Elle est construite en 1909 par François-Joseph Cazalis pour Jacques Hippolyte Lesca qui a fait fortune en Amérique du Sud. L'architecture mêle éléments classiques et références labourdines. Le rez-de-chaussée est réservé aux pièces de réception qui ont reçu un décor de boiseries néo-Louis XVI. Le parc dessiné par les frères Gelos est tronqué en 1953 par la création d'un lotissement. La villa est aujourd'hui en partie occupée par le musée de Guéthary qui conserve les œuvres de Swiecinski, sculpteur et céramiste d'origine polonaise.

Mai-juin, sept.-oct. : t.l.j. sf mar. et dim. 14h30-18h30;
juil.-août : t.l.j. sf mar. et dim. 15h-19h.
Visite libre des extérieurs. Visite sur r.-v. pour les groupes (10 pers. min.).

HENDAYE A4

Château d'Antoine d'Abbadie

Fondation Antoine d'Abbadie de l'Académie des sciences
Route de la Corniche
64700 Hendaye
Tél. : 05 59 20 04 51
www.academie-sciences.fr
Propriété de l'Académie des sciences
Classé

Dressé face à l'Océan, au milieu d'un parc, le château d'Antoine d'Abbadie est construit entre 1860 et 1870 par Viollet-le-Duc et son assistant Edmond Duthoit. De style néogothique, en accord avec le décor et le mobilier, l'édifice porte la marque de la passion orientaliste de son propriétaire. Antoine d'Abbadie y installe un observatoire d'astronomie qui permet de dresser des catalogues d'étoiles. La disposition est originale : trois ailes partent d'un corps central, ce qui offre un maximum d'ensoleillement et d'ouverture sur la nature.

Fév.-mai, oct.-15 déc. : t.l.j. sf lun. et dim. 14h-17h;
juin-sept. : lun.-ven. 12h30-14h, w.-e. 14h-18h. Fermé j. fériés.
Visite libre. Visite guidée. Visite sur r.-v. pour les groupes (25 pers. max).

LESTELLE-BÉTHARRAM B4

Chapelle Notre-Dame

Sanctuaire de Bétharram
64800 Lestelle-Bétharram
Tél. : 05 59 71 92 30
www.betharram.fr
Propriété de la commune
Classé

La chapelle Notre-Dame remplace un petit édifice du XVe s. incendié pendant les guerres de Religion et insuffisant pour répondre aux besoins du pèlerinage. Elle est édifiée au XVIIe s. par Barthélemy de Saint-Martin dans un style baroque. Au-delà d'une façade monumentale de marbre ornée de statues, un décor intérieur exubérant couvre les murs de peintures et de sculptures en bois doré réalisées à la fin du XVIIe s. et au début du XVIIIe. Cet ensemble a été récemment restauré.

Ouvert t.l.j. toute l'année 9h-12h, 14h-18h.
Visite libre. Visite guidée sur r.-v.

Chapelle Saint-Michel-Garicoïts

Sanctuaire de Bétharram
64800 Lestelle-Bétharram
Tél. : 05 59 71 92 30
www.betharram.fr
Propriété privée
Inscrit

La chapelle Saint-Michel-Garicoïts, contiguë à la chapelle Notre-Dame, est destinée à abriter la châsse du fondateur de la congrégation des prêtres du Sacré-Cœur-de-Jésus. Commencée peu après la béatification de ce dernier, la chapelle est inaugurée en 1928. L'architecte Gabriel Andral utilise un plan simple à deux niveaux, autour d'une rotonde centrale, relevant d'un courant néoclassique. Il y intègre un riche programme de décoration à la fois classique et moderne (ferronnerie, orfèvrerie, verrerie).
Ouvert t.l.j. toute l'année 9h-12h, 14h-18h. Visite libre. Visite guidée sur r.-v. ♿

B4

MASCARAÀS-HARON

Château

64330 Mascaraàs-Haron
Tél. : 05 59 04 92 60
www.tourisme64.com
Propriété privée
Inscrit

Érigé sur une butte anciennement fortifiée dans le vignoble de Madiran, le château de Mascaraàs est à l'origine le siège d'une abbaye laïque. Relais de chasse que la tradition attribue à Jeanne d'Albret, mère d'Henri IV, le château actuel résulte d'importants agrandissements effectués au XVIIe s. par la famille Batz-Duisse. Le long corps de logis est flanqué, à l'arrière, de pavillons et de tourelles. L'église et le chai, en style béarnais, datent du XVIe s. Le château conserve un décor intérieur du XVIIIe s., avec boiseries et peintures.
Juin-15 sept. : t.l.j. sf mar. 11h-12h, 15h-18h ; avr.-nov. : w.-e 10h-12h, 15h-18h.
Visite guidée. Visite sur r.-v. pour les groupes toute l'année. ♿

B4

MAULÉON-LICHARRE

Château fort

Haute-Ville
64130 Mauléon-Licharre
Tél. : 05 59 28 02 37
www.valleedesoule.com
Propriété de la commune
Inscrit

Cette forteresse érigée à l'emplacement d'un camp protohistorique, sur un éperon barré dominant la vallée du Saison, est l'objet de nombreux conflits entre la Soule et la couronne d'Angleterre. Le bâtiment est ruiné à plusieurs reprises et démantelé en 1642 sur ordre de Louis XIII. L'édifice est imposant par la masse de ses murs d'enceinte à meurtrières et embrasures pour canons. Ses quatre tours arasées sont couvertes d'un petit toit en ardoises. Le chemin de ronde offre un large panorama sur la région.
Mai-14 juin : w.-e. 11h-13h30, 15h-19h ; 15 juin-15 sept. : t.l.j. 11h-13h30, 15h-19h.
Visite libre. Visite guidée. Visite sur r.-v. pour les groupes (20 pers. min.).

Château d'Andurain de Maytie

1, rue du Jeu-de-Paume
64130 Mauléon-Licharre
Tél. : 05 59 28 04 18
www.valleedesoule.com
Propriété privée
Classé

Le château d'Andurain est aussi appelé château Maytie, du nom de la famille mauléonnaise qui le fait édifier à la fin du XVIIe s. Le corps de logis rectangulaire, flanqué de pavillons saillants, supporte une imposante toiture d'ardoises en carène de navire renversé. Des mascarons ornent la façade et les tours. À l'intérieur, un mobilier des XVIIe et XVIIIe s. côtoie les cheminées d'origine en pierre sculptée.
Juil.-20 sept. : t.l.j. sf jeu. 11h-12h, 15h-18h.
Visite guidée. Visite sur r.-v. pour les groupes toute l'année (20-50 pers.).

MOMAS B4

Château

64230 Momas
Tél. : 05 59 77 14 71
Propriété privée
Inscrit

Le château de Momas est érigé à l'emplacement d'une ancienne motte médiévale. Le château actuel se compose d'un corps de logis à un étage. Une tour d'escalier du XVIe s. est englobée dans un agrandissement du XVIIe s. À l'intérieur, le rez-de-chaussée conserve des boiseries du XVIIIe s. La maison à l'abandon est acquise en 1983 et restaurée, ainsi que les jardins qui présentent un large éventail de plantes à fleurs et de légumes rares.

Avr.-nov. : w.-e. 14h-18h. Visite guidée. Visite extérieure.
Visite sur r.-v. le reste de l'année et pour les groupes.

MONTANER B4

Château

64460 Montaner
Tél. : 05 59 81 98 29
www.tourisme64.com
Propriété du département
Classé

Centre d'une vicomté dès le Xe s., Montaner passe en 1090 par mariage aux vicomtes de Béarn. Au XVIe s., Gaston Fébus fait construire la forteresse par son ingénieur militaire Sicard de Lordat. L'utilisation de la brique permet un achèvement rapide des travaux. Un haut donjon carré se dresse contre l'enceinte polygonale rythmée de contreforts. Les huguenots qui occupent les lieux de 1569 à 1621 font divers aménagements. Au XVIIe s., le château est malmené et menacé ; le donjon est transformé en prison. Racheté par le département en 1854, des travaux de sauvegarde sont entrepris.

Avr.-juin, sept.-oct. : t.l.j. sf mar. 14h-19h ; juil.-août : t.l.j. 10h-19h.
Visite guidée. Visite des extérieurs. Visite sur r.-v. pour les groupes..

MORLANNE B4

Château de Morlanne

64370 Morlanne
Tél. : 05 59 81 60 27/05 59 04 58 83
www.tourisme64.com
Propriété du département
Inscrit

Construit en 1373 par Sicard de Lordat, maître d'œuvre de Gaston Fébus, pour le demi-frère de ce dernier, Morlanne est une pièce essentielle du système défensif de la vicomté de Béarn. Les murailles de l'enceinte polygonale, bâties de briques et de cailloux roulés, portent un couronnement crénelé et une tour-porte commande la place. Le logis seigneurial est adossé au revers des courtines. Laissé à l'abandon, le château est acquis par Raymond Ritter, médiéviste de renom, qui en entreprend la restauration et le lègue en 1971 au département, avec ses collections de mobilier et de tableaux de maîtres.

Avr.-juin, sept.-oct. : t.l.j. sf mar. 14h-19h ; juil.-août : t.l.j. 10h-19h.
Visite guidée. Visite des extérieurs. Visite sur r.-v. pour les groupes.

NAY B4

Maison carrée

Musée béarnais
Place de la République
64800 Nay
Tél. : 05 59 13 99 65
www.tourisme64.com
Propriété de la commune
Classé

Édifiée pour un riche marchand drapier du XVIe s., la Maison carrée est un hôtel particulier Renaissance inspiré de l'architecture florentine. La cour offre un rez-de-chaussée et deux étages de galeries superposant les ordres dorique, ionique et corinthien ; une galerie en bois couronne l'ensemble. La Maison carrée abrite aussi un musée béarnais.

Mai-juin, sept.-oct., vac. scol. : t.l.j. sf dim. et lun. 10h-12h, 14h-18h ; juil.-août : t.l.j. 10h-12h, 15h-19h. Visite guidée.
Visite sur r.-v. le reste de l'année et pour les groupes (10-50 pers.).

B4 **OLORON-SAINTE-MARIE**

Cathédrale Sainte-Marie

Place de la Cathédrale
64400 Oloron-Sainte-Marie
Tél. : 05 59 39 98 00
www.tourisme-oloron.com/
www.tourisme64.com
Propriété de la commune
Classé

Chemin de Saint-Jacques-de-Compostelle inscrit sur la Liste du patrimoine mondial en 1998

L'église Sainte-Marie est élevée vers 1102 sur la rive gauche du gave d'Aspe. Devenue cathédrale, elle est reconstruite en style gothique aux XIIIe et XIVe s. Les bases romanes sont encore visibles dans le transept et la tour-porche, qui a conservé un portail sculpté du XIIe s. Au XIVe puis au XVIIIe s. sont ajoutées des chapelles. L'ensemble est restauré au XIXe s.

TRÉSOR 15 juin-15 sept. : t.l.j. 10h-12h, 15h-18h.
Visite sur r.-v. pour les groupes le reste de l'année.
CATHÉDRALE T.l.j. 8h-20h.
Visite libre. Visite guidée. Visite sur r.-v. pour les groupes (10-55 pers.).

B4 **ORTHEZ**

Tour Moncade

Rue Moncade
64300 Orthez
Tél. : 05 59 69 36 24
www.mairie-orthez.fr/
www.tourisme64.com
Propriété de la commune
Classé

La tour Moncade est le seul vestige de la forteresse élevée par Gaston VII au XIIIe s. et renforcée par Gaston Fébus au XIVe s. Ce dernier érige les trois étages supérieurs de la tour et y installe la cour d'Orthez qui y siège jusqu'en 1464. Pendant les guerres de Religion, le château est pillé et brûlé. À la Révolution, il est vendu et démantelé. En 1845, rachetée par la municipalité, la tour est restaurée et couronnée de créneaux.

Mai : dim. et j. fériés 10h-12h30, 14h30-18h30;
juin-août : t.l.j. 10h-12h30, 15h-19h; sept. : t.l.j. 10h-12h30, 14h30-18h30.
Visite libre. Visite sur r.-v. pour les groupes.

Maison Jeanne-d'Albret

Musée Jeanne-d'Albret
37, rue Bourg-Vieux
64300 Orthez
Tél. : 05 59 69 14 03
www.museejeannedalbret.com
Propriété de la commune
Classé

Cette gentilhommière est édifiée aux environs de 1500 pour de riches bourgeois d'Orthez. Elle a peut-être été donnée aux rois de Navarre en échange de lettres de noblesse, mais il est peu probable que la mère d'Henri IV, Jeanne d'Albret, l'ait occupée. Située en angle de rue, la maison se compose de deux bâtiments en équerre percés de baies à meneaux. Une tourelle d'escalier est nichée dans l'angle rentrant. Des dépendances et un pigeonnier complètent l'ensemble.

T.l.j. sf dim. et j. fériés : 10h-12h, 14h-18h.
Visite libre. Visite sur r.-v. pour les groupes (50 pers. max.).

B4 **PAU**

Château

Musée national
2, rue du Château
64000 Pau
Tél. : 05 59 82 38 02
www.musee-chateau-pau.fr
Propriété de l'État
Classé

Construit sur un éperon rocheux par les vicomtes de Béarn au XIe s., le château de Pau est agrandi au XIVe s. par Gaston Fébus. Henri d'Albret et Marguerite d'Angoulême le dotent d'un décor Renaissance. En 1553, le futur roi de France Henri IV y voit le jour. Louis-Philippe et Napoléon III procèdent à sa restauration et l'agrandissent. Le château de Pau abrite un ensemble exceptionnel de tapisseries des XVIe et XVIIe s. et une riche collection d'œuvres relatant l'histoire d'Henri IV.

15 juin-15 sept. : t.l.j. 9h30-12h30, 13h30-18h45;
16 sept.-14 juin : t.l.j. 9h30-11h45, 14h-17h. Fermé 1er janv., 1er mai, 25 déc.
Visite guidée. Visite sur r.-v. pour les groupes (35 pers. max.). ♿ r.-d.-c.

Maison natale de Bernadotte

Rue Tran
64000 Pau
Tél. : 05 59 27 48 42
www.pau-en-ligne.com
Propriété de la commune
Classé

La maison natale du maréchal Bernadotte, élu prince héritier de Suède en 1810 et fondateur de l'actuelle dynastie suédoise, est une demeure béarnaise du XVIIIe s. Derrière la façade de deux étages à balcons de bois elle abrite des meubles Louis XVI, Empire et régionaux, ainsi qu'une collection de documents, tableaux, médailles et sculptures relatifs à Bernadotte et à sa descendance.

T.l.j. sf lun. 10h-12h, 14h-18h.
Visite libre. Visite guidée sur r.-v. et pour les groupes.

SAINT-ÉTIENNE-DE-BAÏGORRY A4

Château d'Etxauz

Bourg
64430 Saint-Étienne-de-Baïgorry
Tél. : 05 59 37 48 58
www.tourisme64.com
Propriété privée
Inscrit

Le fief de Baïgorry est créé en 1033 par Sanche le Grand de Navarre; la famille des vicomtes joue un rôle important en basse Navarre. La maison forte d'Etxauz est agrandie en 1555. De forme rectangulaire, elle est coiffée d'une haute toiture et flanquée de deux tours rondes et de deux échauguettes.

T.l.j. sf lun. 10h-12h, 14h-17h30.
Visite guidée. Visite sur r.-v. pour les groupes (100 pers. max.).

SAINT-JEAN-DE-LUZ A4

Maison de Louis XIV

Place Louis-XIV
64500 Saint-Jean-de-Luz
Tél. : 05 59 26 27 58
www.maison-louis-xiv.fr
Propriété privée
Inscrit

Construite en 1643 pour le riche armateur Johannis de Lohobiague, cette maison est représentative de l'ancienne splendeur de la ville. Sa façade est flanquée de deux tourelles formant échauguettes qui reposent sur des trompes appareillées. En 1659, elle loge le jeune Louis XIV venu signer le traité des Pyrénées et épouser en 1660 l'infante Marie-Thérèse d'Espagne. Restée dans la même famille, elle a conservé mobilier et boiseries d'époque.

Juil.-août : t.l.j. sf mar. 10h30-12h30, 14h30-18h30;
juin, sept.-15 oct. : t.l.j. sf mar. 11h, 15h, 16h, 17h;
vac. de Pâques et Toussaint, w.-e. et ponts de mai : visite à 11h, 15h, 16h.
Visite guidée. Visite sur r.-v. pour les groupes (15-30 pers.).

Maison de l'Infante

1, rue de l'Infante
64500 Saint-Jean-de-Luz
Tél. : 05 59 26 36 82
www.tourisme64.com
Propriété privée
Inscrit

De son vrai nom *Joanoenia*, cette maison est édifiée au XVIIe s. pour Joannot de Haraneder, riche armateur et bayle de la ville dont les armes sont gravées au-dessus de la porte d'entrée. Le style de la demeure est inspiré des villas toscanes. Ses façades associent la brique et la pierre. L'infante Marie-Thérèse d'Espagne y réside lors de son mariage avec Louis XIV en juin 1660.

T.l.j. sf dim., lun. mat. 11h-12h30, 14h30-18h30.
Visite guidée.

A4 **SAINT-MARTIN-D'ARBEROUE**

Grottes préhistoriques d'Isturitz et Oxocelhaya

64640 Saint-Martin-d'Arberoue
Tél. : 05 59 29 64 72/05 59 47 07 06
www.grottes-isturitz.com
Propriété privée
Inscrit et classé

Deux galeries superposées constituent les niveaux supérieurs et médians d'un réseau karstique creusé par l'Arberoue. La grotte d'Isturitz, dans laquelle de nouvelles fouilles sont en cours, renferme l'un des plus grands gisements préhistoriques européens, célèbre pour avoir livré notamment un très riche mobilier magdalénien. La grotte d'Oxocelhaya, outre d'imposantes formations calcitiques, renferme des figurations pariétales.

Mars-mai, oct.-nov. : t.l.j. 14h-17h (vac. scol. et j. fériés 11h, 14h-17h); juin, sept. : t.l.j. 11h, 12h, 14h-17h; juil.-août : t.l.j. 10h-13h, 14h-18h.
Visite guidée. (juil.-août).

B4 **SÉVIGNACQ-MEYRACQ**

Château de Sévignacq

Route de Bescat
64260 Sévignacq-Meyracq
Tél. : 05 59 05 72 36
Propriété privée
Inscrit

Le château de Sévignacq, élevé à l'emplacement d'un *castrum* médiéval, constitue un exemple des constructions dites « abbayes laïques » que l'on rencontre en Béarn. L'abbaye laïque et une église sont édifiées au XVIe s. puis remaniées au début du XVIIe s. Des transformations viennent compléter et modifier le château aux XVIIIe et XIXe s. L'édifice comprend deux parties : un corps de bâtiment cantonné de pavillons dans lequel vient s'insérer l'abside de l'église et un second bâtiment accolé au précédent. Un parc paysager clos de murs, avec terrasses et belvédère, domine la vallée.

Juil. à mi-août : t.l.j. sf mer. 13h-19h. Visite guidée.
Visite sur r.-v. pour les groupes toute l'année (10-20 pers.).

B4 **TROIS-VILLES**

Château Élizabea ou de Trois-Villes

64470 Trois-Villes
Tél. : 05 59 28 54 01
www.valleedusoule.com
Propriété privée
Inscrit

Le château d'Élizabea est édifié en 1663 par Arnaud du Peyrer, comte de Tréville et capitaine des mousquetaires du roi. Construit d'après un plan de François Mansart, sur une terrasse dominant le Saison, le corps de logis rectangulaire est flanqué de deux courtes ailes formant pavillons. Un parc à l'anglaise est planté au XIXe s. et un jardin à la française en 1925.

Avr.-mai, sept. : w.-e. et lun. 10h-12h30; août : lun. 10h-12h30.
Visite guidée. Visite sur r.-v. pour les groupes toute l'année (10 pers. min).

A4 **URRUGNE**

Château d'Urtubie

64122 Urrugne
Tél. : 05 59 54 31 15
www.chateaudurtubie.net
Propriété privée
Inscrit

Par autorisation du roi Édouard III d'Angleterre, Martin d'Urtubie entreprend en 1341 la construction d'un château qui est rasé puis reconstruit dans la première moitié du XVIe s. Du XIVe s. subsistent le donjon et la muraille avec sa porterie. Au XVIe s. sont édifiés le corps de logis Renaissance et la tour d'escalier. L'édifice est encore agrandi au XVIIIe s. et le décor intérieur est remanié. Il conserve une collection de tapisseries des XVIe et XVIIe s.

Avr.-oct., vac. de Toussaint : t.l.j. 10h30-12h30, 14h-18h30 (15 juil.-août : t.l.j. 10h30-18h30). Visite guidée.

Auvergne

Allier – Cantal
Haute-Loire – Puy-de-Dôme

A
B
Châteauroux
Saint-Amand-Montrond
CENTRE
La Châtre
Aumance
RN 144
Huriel
Montluçon
RN 145
Cher
Œil
Bouble
RN 144
Davayat
Loubeyrat
Mozac
Riom
Volvic
Châteaugay
RD 941
RD 447
A 71
A 72
RD 941B
Clermont-Ferrand
Romagnat
RN 89
Chanonat
Guéret
1
2
3
4
Puy-de-Dôme
Aubusson
LIMOUSIN
Chapdes-Beaufort
Pontgibaud
Sioulet
Sioule
RN 89
Limoges
Orcival
A 20
Le Mont-Dore
Murol
Ussel
Dordogne
A 89
Lanobre
Rhue
Auzers
Mauriac
Cantal
Anglards-de-Salers
Ally
Salers
Tulle
Brive-la-Gaillarde
Maronne
Saint-Chamant
Tournemire
RN 122
Marmanhac
Polminhac
Cère
RN 120
Aurillac
Raulhac
Arpajon-sur-Cère
N
RN 122
Célé
0
30 km
Vieillevie
MIDI-PYRÉNÉES
Figeac

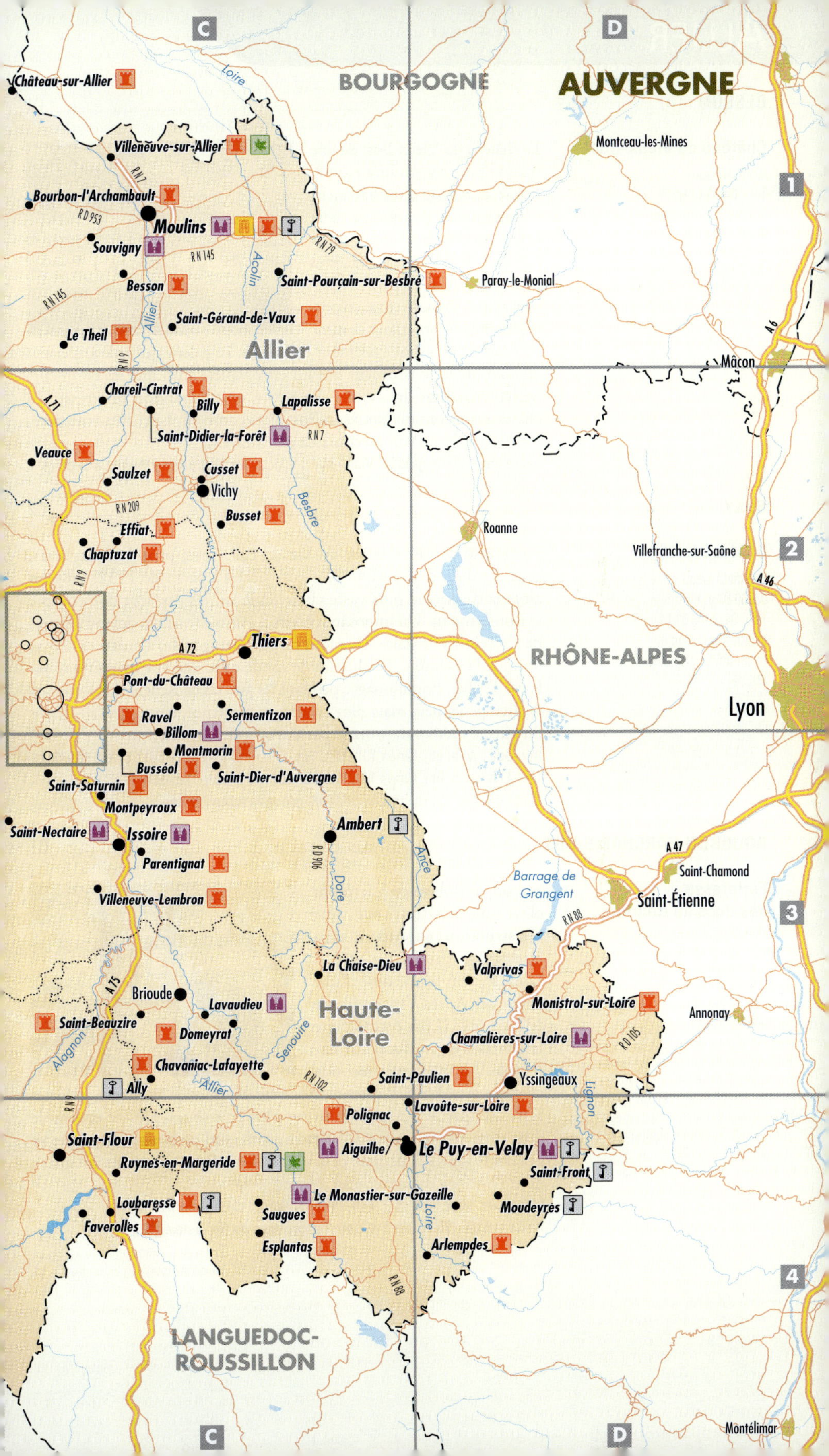
C
D
BOURGOGNE
AUVERGNE
Château-sur-Allier
Loire
Villeneuve-sur-Allier
Montceau-les-Mines
RN 7
1
Bourbon-l'Archambault
RD 953
Moulins
Souvigny
RN 145
RN 79
Acolin
Besson
Saint-Pourçain-sur-Besbre
Paray-le-Monial
RN 145
Allier
Saint-Gérand-de-Vaux
Le Theil
A 6
Allier
RN 9
Mâcon
Chareil-Cintrat
A 71
Billy
Lapalisse
Saint-Didier-la-Forêt
RN 7
Veauce
Saulzet
Cusset
Vichy
RN 209
Besbre
Busset
Effiat
Roanne
Chaptuzat
Villefranche-sur-Saône
2
RN 9
A 46
Thiers
A 72
RHÔNE-ALPES
Pont-du-Château
Ravel
Sermentizon
Lyon
Billom
Montmorin
Busséol
Saint-Dier-d'Auvergne
Saint-Saturnin
Montpeyroux
Ambert
Saint-Nectaire
Issoire
A 47
Parentignat
RD 906
Ance
Barrage de Grangent
Saint-Chamond
Dore
Villeneuve-Lembron
Saint-Étienne
3
RN 88
La Chaise-Dieu
Valprivas
Brioude
A 75
Lavaudieu
Monistrol-sur-Loire
Haute-Loire
Annonay
Saint-Beauzire
Domeyrat
Alagnon
Senouire
RD 105
Chamalières-sur-Loire
Chavaniac-Lafayette
Allier
RN 102
Saint-Paulien
Yssingeaux
Lignon
Ally
RN 9
Lavoûte-sur-Loire
Polignac
Saint-Flour
Aiguilhe
Le Puy-en-Velay
Ruynes-en-Margeride
Saint-Front
Le Monastier-sur-Gazeille
Loubaresse
Saugues
Moudeyres
Loire
Faverolles
Esplantas
Arlempdes
RN 88
4
LANGUEDOC-ROUSSILLON
Montélimar

BESSON C1

Château du Vieux-Bost

03210 Besson
Tél. : 04 70 42 80 84
lolkowicz@wanadoo.fr
Propriété privée
Classé

Le château du Vieux-Bost est une maison forte construite au XVIe s. qui se compose d'un bâtiment rectangulaire, flanqué de deux tours rondes et de deux tours carrées. Au XVIIe s. les façades sont redécorées, les jardins aménagés ; une chapelle et un colombier coiffés de lanternons comme les tours rondes sont également construits. La galerie qui relie le château au colombier, le bâtiment qui lui est parallèle ainsi que les bâtiments agricoles datent du XVIIIe s. Le XIXe s. voit l'abandon progressif du château au profit du Nouveau-Bost alors construit. Le château inhabité, pillé, est aujourd'hui en cours de restauration.

Visite libre. Visite guidée. Visite sur r.-v. pour les groupes de mi-juin à sept. ♿

BILLY C2

Château fort

Rue du Château
03260 Billy
Tél. : 04 70 43 51 51
ot.billy@wanadoo.fr
Propriété de la commune
Classé

Forteresse édifiée à la fin du XIIe s., Billy reste propriété des sires, puis des ducs de Bourbon plusieurs siècles à partir de 1232. Billy est alors la deuxième plus vaste châtellenie sur les dix-sept que compte le Bourbonnais. Un imposant châtelet, toujours visible, défend l'entrée de l'enceinte circulaire. Une tour de guet octogonale, ajoutée au XIVe s., domine l'ensemble. Le chemin de ronde offre une vue magnifique sur le val d'Allier. Endommagée pendant les guerres de Religion, la forteresse décline peu à peu, mais elle conserve sa prestance, émergeant au-dessus du village médiéval, protégé par des collines de verdure.

Avr.-oct. : w.-e. et j. fériés 10 h-11 h, 14 h-17 h ; mai-juin, sept. : t.l.j. sf lun. 10 h-11 h, 14 h-17 h (w.-e. et j. fériés 17 h 30) ; juil.-août : t.l.j. 10 h-11 h, 14 h-17 h.
Visite guidée. Visite sur r.-v. pour les groupes toute l'année.

BOURBON-L'ARCHAMBAULT C1

Forteresse des ducs de Bourbon

03160 Bourbon-l'Archambault
Tél. : 04 70 67 02 30
www.ot.bourbon.com
Propriété privée
Classé

Au XIIIe s. Robert de Clermont élève un château sur une construction antérieure déjà attestée au milieu du VIIIe s. Louis Ier, son fils, le dote d'une chapelle. Après l'incendie de 1370, Louis II fait reconstruire le château en renforçant l'ensemble. Au XVe s. une seconde chapelle est édifiée. Puissante propriété des ducs de Bourbon, la forteresse compte avant la Révolution plusieurs tours. De cet ensemble il ne reste aujourd'hui que les trois tours nord en bossages, qui protégeaient le logis seigneurial, et la tour sud-est dite « Qui-qu'en-grogne », dont l'horloge du lanterneau date du XVIIIe s.

Mars-juin, sept.-oct. : t.l.j. 14 h-18 h ; juil.-août : t.l.j. 10 h-19 h.
Visite guidée. Visite sur r.-v. pour les groupes de fév. à nov.

C2

BUSSET

Château de Busset

Le Bourg
03270 Busset
Tél. : 04 70 59 13 97
www.busset.com
Propriété privée
Inscrit

Le fief de Busset appartient successivement aux familles de Vichy, de Tourzel, puis aux Bourbons. Reconstruit au XVe s., le château fait l'objet de nombreuses campagnes de travaux au cours des siècles. De plan en L, il est flanqué de trois tours rondes et prolongé par l'église paroissiale.

Mai-juin, sept. : w.-e. et j. fériés 14h-18h;
juil.-août : t.l.j. 14h30-18h30 (nocturne ven. 21h30). Visite guidée.
Visite sur r.-v. pour les groupes d'avr. à oct. (le soir sur r.-v.).

C2

CHAREIL-CINTRAT

Château

03140 Chareil-Cintrat
Tél. : 04 70 56 94 28
http://chareil-cintrat.monuments-nationaux.fr
Propriété de l'État
Classé

CENTRE DES MONUMENTS NATIONAUX

Située au pied d'une colline, la terre de Chareil fut à l'origine un des fiefs de la maison de Bourbon. Par droit de succession, le château de Chareil échoit, au début du XVIe s., à Claude Morin, contrôleur ordinaire des guerres, pour qui furent effectués les décors peints « italiansants ». En 1954, l'État se porte acquéreur du château et entreprend des travaux de restauration. La décoration sculptée marquée par la seconde Renaissance française est ordonnée selon les trois registres d'architecture, ionique, dorique et corinthien. Les percements intérieurs sont ornés d'encadrements appareillés. Les peintures murales forment un ensemble d'une exceptionnelle qualité par leur inspiration, leur homogénéité et l'élégance de certains tableaux.

15 juin-15 sept. : t.l.j. sf lun. 10h-12h, 14h-18h. Visite libre.
Visite guidée. Visite sur r.-v. pour les groupes le reste de l'année.

C1

CHÂTEAU-SUR-ALLIER

Château de Saint-Augustin

03320 Château-sur-Allier
Tél. : 04 70 66 42 01
www.chateau-saint-augustin.fr
Propriété privée
Classé

Le château de Saint-Augustin était un fief des La Souche puis, en 1692, Michel Cadier, premier baron de Veauce, ancêtre de l'actuel propriétaire, l'acheva avec l'aide de Mansart qui va le transformer en rendez-vous de chasse. Vers 1810, le comte Chaillon de Jonville l'aménagea en villa palladienne. La visite permet de découvrir ce beau château entièrement meublé et habité, ses écuries, sa sellerie et sa chapelle.

Mai-juin : w.-e. 12h-18h; juil.-août : t.l.j. 12h-18h.
Visite guidée. Visite sur r.-v. le reste de l'année et pour les groupes.

Double page d'ouverture :
château de Villeneuve-Lembron
(Puy-de-Dôme).

CUSSET C2

Fortifications

Musée-souterrains de Cusset
Rue des Fossés de la Tour prisonnière
03300 Cusset
Tél. : 04 70 96 29 17
www.ot.cusset@wanadoo.fr
Propriété de la commune
Inscrit

L'enceinte de Cusset est élevée de 1476 à 1483, à la fin du règne de Louis XI, lors des conflits avec la Bourgogne et le Bourbonnais. Lors du déplacement des frontières du royaume, Cusset perd son rôle stratégique et dès 1674 les fortifications ne sont plus entretenues. À partir de 1767 le fossé est comblé et les murailles servent de carrière. Édifiée sur plus d'un kilomètre, et entourée d'un fossé en eau, l'enceinte est dotée de quatre portes et de quatre tours à canon. La tour Prisonnière, la seule ayant conservé son intégrité, est un vaste cylindre parementé en bossages en damier noir et blanc.

Juin-sept. : t.l.j. sf lun. 14h-19h.
Visite guidée des souterrains à 14h30, 15h30, 16h30, 17h30.
Visite sur r.-v. pour les groupes toute l'année au 04 70 31 39 41 (10 pers. min.).

HURIEL B1

Château fort, dit « La Toque »

6, place de la Toque
03380 Huriel
Tél. : 04 70 28 60 08
www.allier-tourisme.com
Propriété de la commune
Classé

Le château, construit entre la fin du XIe s. et la fin du XIIe s. par les Humbaud, appartient à plusieurs familles avant d'être racheté par la commune en 1879. De forme rectangulaire, il compte cinq niveaux élevés sur une cave voûtée. Aux XVe et XVIe s. les hourds des deux derniers étages disparaissent. De grandes fenêtres sont alors percées, et des cheminées aménagées à l'intérieur. Des quatre tours rondes n'en subsistent que deux. Le surnom de « La Toque » vient de sa toiture du XVIe s. conservée jusqu'en 1903.

Juin, sept. : t.l.j. sf lun. mat. et w.-e. 9h-12h, 14h-18h;
juil.-août : t.l.j. 10h-12h, 14h-19h.
Visite libre. Visite guidée. Visite sur r.-v. pour les groupes.

LAPALISSE C2

Château de La Palice

03120 Lapalisse
Tél. : 04 70 99 08 51/04 70 55 01 12
www.ville-lapalisse.fr
Propriété privée
Classé

Le château de La Palice est construit au XVe s. sur une ancienne forteresse du XIIIe s. Propriété des La Palice, il est acquis en 1429 par Jacques de Chabannes, grand-père de Jacques II de Chabannes, maréchal de France (v. 1470-1525), devenu le célèbre « Monsieur de La Palice ». Le château change de mains jusqu'à son rachat en 1731 par François de Chabannes, ancêtre des actuels propriétaires. La chapelle du XVe s. renferme les gisants de Jacques Ier de Chabannes et de son épouse. Le salon doré, qui abrite la *Tenture des neuf preux*, ensemble de tapisseries flamandes du XVe s., offre un remarquable plafond à caissons sculptés et peints.

Avr.-sept. : t.l.j. 9h-12h, 14h-18h; oct. : w.-e. 9h-12h, 14h-18h. Visite guidée.
Visite sur r.-v. pour les groupes toute l'année (15 pers. min.). ♿ r.-d.-c.

B1 **MONTLUÇON**

Château de la Louvière

Avenue du Cimetière-de-l'Est
03100 Montluçon
Tél. : 04 70 08 73 52
www.mairie-montlucon.fr
Propriété de la commune
Inscrit

Le château de la Louvière est une grande villa à l'italienne construite à partir de 1927 par l'architecte Sappin des Reynaud, pour le riche industriel François-Joseph Troubat. Destinée à abriter ses collections de mobilier et d'œuvres d'art, la demeure est un pastiche d'une folie du XVIIIe s. En 1953, deux ailes semi-circulaires, construites par P. Bougerolle, sont rajoutées. Une salle d'exposition est édifiée dans le parc en 1960. L'ensemble est légué à la ville de Montluçon en 1976 pour devenir un musée.

Juil.-15 sept. : t.l.j. sf lun., mar. 14h-19h ; 16 sept.-juin : t.l.j. sf lun., mar. 14h-18h. Fermé 1er janv., 1er et 8 mai, 14 juil., 11 nov., 25 déc.
Parc ouvert t.l.j. toute l'année 14h-18h (17h en hiver). Visite libre.
Visite sur r.-v. pour les groupes toute l'année sf lun. et mar.

Château fort des ducs de Bourbon

Musée des Musiques populaires
03100 Montluçon
Tél. : 04 70 08 73 51
www.mairie-montlucon.fr/
www.musees-montlucon.com
Propriété de la commune
Inscrit

Élevé de 1374 à 1410 par Louis II de Bourbon, le château est confisqué en 1527 et passe aux princes de Condé. À la Révolution, la ville en obtient la jouissance avant d'en devenir propriétaire en 1816. De forme rectangulaire, il s'élève sur deux niveaux et a conservé une tour d'angle carrée crénelée ainsi que la tour de l'horloge. La galerie de bois du premier étage et un bâtiment en retour ont disparu. Le château abrite aujourd'hui un musée des Musiques populaires.

Fév.-sept. : t.l.j. sf mar. 14h-19h ; oct.-nov. : t.l.j. sf mar. 14h-18h.
Fermé 1er janv., 1er mai, 8 mai, 14 juil., 11 nov., 25 déc. Visite libre.
Visite sur r.-v. pour les groupes au 04 70 08 73 52 (10 pers. min.).

C1 **MOULINS**

Beffroi, dit « Jacquemart »

03000 Moulins
Tél. : 04 70 48 01 33
www.ville-moulins.fr
Propriété de la commune
Classé

Le beffroi de Moulins, édifié par les consuls en 1407-1408, est remplacé en 1451 par l'actuel bâtiment. Il s'agit d'une tour rectangulaire terminée en corniche moulurée en saillie avec gargouilles aux angles. Au-dessus, la terrasse à balustrade supporte de fortes colonnes sur lesquelles reposent le toit, la galerie abritant les automates, ainsi que le campanile. Suite à l'incendie de 1655, le campanile a été reconstruit et doté de trois cloches et de quatre automates en bois recouverts de plomb. Du côté de la place, le beffroi possède une petite salle voûtée qui servait d'échoppe depuis le XVe s.

Avr.-juin, sept. : le sam à 15h ; juil.-août : mar. et sam. 15h.
Visite guidée. Visite sur r.-v. pour les groupes toute l'année.

Cathédrale Notre-Dame

Place des Vosges
03000 Moulins
Tél. : 04 70 20 89 65
www.ville-moulins.fr
Propriété de l'État
Classé

La première collégiale est bâtie par Louis II en 1390. Une église plus grande est édifiée de 1468 à 1550. Confisquée à la Révolution, elle est rendue au culte en 1802 et érigée en cathédrale en 1832. Les travaux d'agrandissement durent de 1852 à 1876. La collégiale, élevée en gothique flamboyant, contraste avec la partie XIXe s., construite en pierres noires et blanches de Volvic et de Chauvigny, dans un style XIIIe s. sobre. Le trésor présente le triptyque du Maître de Moulins exécuté pour le duc Pierre II de Bourbon et Anne de Beaujeu vers 1500.

CATHÉDRALE T.l.j. 8h-12h, 14h-19h.
TRIPTYQUE Janv.-23 mars, nov.-déc. : t.l.j. 10h-11h40, 14h-17h ; 24 mars-oct. : t.l.j. 9h30-11h40, 14h-17h30. Fermé 1er nov. Visite libre de la cathédrale.
Visite guidée du triptyque. Visite sur r.-v. pour les groupes toute l'année.

Château des ducs de Bourbon

Musée des Beaux-Arts
3, place du Colonel-Laussedat
03000 Moulins
Tél. : 04 70 20 48 47
http://musee-anne-de-beaujeu.cg03.fr
Propriété du département
Classé

Le château des ducs de Bourbon est construit entre 1366 et 1375 par Louis II. L'aile ajoutée par Pierre II et Anne de Beaujeu en 1497 compte parmi les premiers édifices Renaissance en France. Incendié en 1755, le château a conservé son donjon, auquel est accolé un petit bâtiment de la fin du Moyen Âge avec une galerie extérieure d'inspiration italienne et une tour (pavillon Anne de Beaujeu). Le bâtiment, reconstruit en 1900, abrite le musée des Beaux-Arts.
Sept.-juin : t.l.j. sf mar. et dim. mat. 10h-12h, 14h-18h; juil.-août : t.l.j. sf mar. et dim. mat. 10h-12h, 13h-18h.
Fermé 1er janv., 1er mai, 25 déc. Visite libre. Visite guidée sur r.-v.

Musée européen de la Visitation

4, place de l'Ancien-Palais
03000 Moulins
Tél. : 04 70 44 39 03
www.musee-visitation.eu
Propriété privée
Classé

Cet édifice des XVe et XVIIe s. appartint à partir de 1461 à Guillaume Moreau, secrétaire de la duchesse du Bourbonnais. Il connaît de nombreux propriétaires jusqu'à son achat en 1937 par la Société d'Émulation du Bourbonnais qui y ouvre en 1939 un Musée d'ethnographie devenu depuis 2004 le Musée de la Visitation. C'est un bâtiment à pignons et coursives en pan de bois. Les étages sont desservis par un escalier à vis en grès, entièrement restauré, dont la tourelle est reliée à la maison par trois étages de galeries couvertes, à balustrade en bois.
Mer.-sam. 10-12h, 14h-18h. Visite guidée.

SAINT-DIDIER-LA-FORÊT C2

Abbaye Saint-Gilbert

6, rue de l'Abbaye
03110 Saint-Didier-la-Forêt
Tél. : 04 70 45 45 72
www.abbaye-saint-gilbert.com
Propriété privée
Inscrit et classé

L'abbaye est fondée en 1150 par Gilbert de Neuffonts à son retour de croisade. Elle se compose alors d'une église et de trois bâtiments abritant la salle capitulaire, les cuisines, les cellules, l'hôtellerie et l'hôpital. En 1779 le logis abbatial est élevé à côté de l'abbaye. Vendue comme bien national à la Révolution, elle est partiellement démolie vers 1850, puis se dégrade jusqu'en 1950 où elle est rachetée et restaurée. De la construction d'origine ne subsistent que la salle capitulaire voûtée d'ogives, le chauffoir dans le bâtiment est et l'hôpital à l'est.
T.l.j. sf mer. 9h30-18h30. Visite libre.

SAINT-GÉRAND-DE-VAUX C1

Château de Saint-Géran

03340 Saint-Gérand-de-Vaux
Tél. : 04 70 45 11 42
http://saint.geran.free.fr
Propriété privée
Classé

Construit au Moyen Âge, le château de Saint-Géran est arasé au début du XVIIe s. par Jean-François de La Guiche qui comble les fossés, élève un nouveau bâtiment et ajoute une aile au sud, flanquée de deux tourelles en encorbellement. L'aile nord date du XVIIIe s. Le corps central a conservé, à l'intérieur, des peintures Renaissance et un riche décor de boiseries. L'aile sud abrite un bel escalier qui se développe amplement.
Avr.-oct. : t.l.j. sf mer. et sam. 15h, 17h. Visite libre du parc (t.l.j. sf sam. 14h-18h). Visite guidée. Visite sur r.-v. le reste de l'année et pour les groupes. ♿

C1 SAINT-POURÇAIN-SUR-BESBRE

Château de Thoury

03290 Saint-Pourçain-sur-Besbre
Tél. : 04 70 42 00 41
Propriété privée
Inscrit et classé

Le château de Thoury, du nom des premiers propriétaires, est élevé sur une motte féodale primitive. Entouré de douves, il se compose de deux bâtiments disposés en équerre, reliés entre eux par de hautes courtines dont le tracé épouse celui des fossés et palissades entourant la motte du château primitif. L'entrée, précédée d'un pont enjambant les deux douves, se fait par une tour quadrangulaire à mâchicoulis flanquée de deux tourelles. Son portail ogival date du XVe s. La cour intérieure possède une galerie XVIe s. Le château appartient depuis 1751 à la même famille.

Avr.-mai : w.-e. et j. fériés 14h-19h ; juin-oct. t.l.j. sf mar. 10h-12h, 14h-19h.
Visite libre. Visite extérieure. Visite sur r.-v. pour les groupes d'avr. à oct.
♿ en partie.

C2 SAULZET

Château de Beauverger

03800 Saulzet
Tél. : 04 70 90 13 82/04 70 43 39 78
Propriété privée
Inscrit

Probablement construit au XIIIe s., le château de Beauverger est longtemps la propriété de la famille Regnault de Cordebœuf. En 1449 Merlin de Cordebœuf obtient de Charles VII la permission de fortifier l'ensemble. Le château est alors pourvu de fossés en eau, de quatre grosses tours d'angle et d'une demi-tour en milieu de façade nord, le tout couronné de créneaux. L'édifice a été modifié au XIXe s.

Pâques-Toussaint : t.l.j. sf lun. 14h30-19h. Visite guidée.
Visite sur r.-v. pour les groupes toute l'année (10 pers. min.).

C1 SOUVIGNY

Prieuré

03210 Souvigny
Tél. : 04 70 43 99 75
www.ville-souvigny.fr
Propriété privée,
propriété de la commune
Classé

Le prieuré de Souvigny est fondé par Cluny entre le Xe et le XIe s. Au XIIe s. il devient un puissant prieuré et les seigneurs de Bourbon y édifient leurs tombeaux. Son déclin s'amorce avec sa mise en commende au XVIe s. À la Révolution, les derniers moines sont expulsés et l'église est pillée. La commune achète le prieuré en 1790 et le revend à des particuliers. Les tombeaux des Bourbons sont conservés dans les bras du double transept. De l'ensemble subsistent aussi des vestiges du cloître et de la salle capitulaire. Le musée lapidaire présente, entre autres, une colonne dite « du Zodiaque », sorte de calendrier sculpté.

Mars-mai, oct.-nov. : t.l.j. sf mar. 9h-12h, 14h-18h ;
juin-sept. : t.l.j. 9h-12h, 14h-19h. Fermé 1er janv., 25 déc.
Visite guidée. Visite sur r.-v. pour les groupes (30 pers. max.). ♿

THEIL (LE) C1

Château de Fontariol

03240 Le Theil
Tél. : 04 70 42 33 72
http://chateau-fontariol.planet-allier.com
Propriété privée
Inscrit

Le château de Fontariol est probablement construit à la fin du XVe s. ou au début du XVIe s. Au milieu du XVIIIe s. il appartient à Marguerite Louan de Fontariol qui le donne en 1775 à son neveu le marquis de Tilly. Il passe en 1779 à Gilbert de Boucaumont des Garennes. C'est un corps de logis rectangulaire implanté au nord d'une cour cernée de murs et entourée de bâtiments agricoles. Sa façade sud présente une tour ronde talutée qui abrite un escalier à vis et, au sommet, un pigeonnier. Une autre tour ronde renforce l'angle nord-ouest. Le château, exemple caractéristique de manoir bourbonnais, accueille une exposition de serrurerie.

Juil.-août : t.l.j. 14h-19h (visite aux chandelles sur r.-v. mer. 21h30);
juin, sept. : w.-e. 14h-19h. Visite guidée.
Visite sur r.-v. pour les groupes de juin à sept.

VEAUCE C2

Château

03450 Veauce
Tél. : 04 70 58 53 27
Propriété privée
Inscrit et classé

La construction du château de Veauce remonte au XIe s. Propriété des Bourbons au XIIe s., il passe en 1527 à la Couronne. Après plusieurs changements de propriétaires, il est racheté par les Cadier de Veauce qui le conservent jusqu'au milieu du XXe s. Le château édifié sur un pic rocheux, dont il épouse les contours, domine la vallée d'Ébreuil. Il se compose de plusieurs bâtiments qui s'organisent autour d'une cour d'honneur. Au nord, le corps de logis flanqué de deux tours a conservé son architecture médiévale d'origine.

Temporairement fermé pour travaux. Pour plus d'informations quant à une prochaine réouverture, se renseigner au 04 70 58 53 27.

VILLENEUVE-SUR-ALLIER C1

Arboretum de Balaine

03460 Villeneuve-sur-Allier
Tél. : 04 70 43 30 07
www.arboretum-balaine.com
Propriété privée
Classé

Jardin remarquable

Le premier château remonte au XIVe s., mais en ruine, il a été reconstruit selon des plans de l'architecte moulinois, Evezard, pour la famille de Farges, au XVIIIe s. Aglaë Andanson s'y installe et aménage en 1804 un grand parc. Durant le XIXe s. le château sera remanié parson petit-fils Napoléon Doumet-Andanson. En 1944, le parc à l'anglaise est classé parmi les sites et les monuments historiques et, depuis 1993, la chapelle, les diverses fabriques et la façade bourbonnaise du château le sont également. Le parc compte actuellement plus de trois mille espèces.

Mars-nov. : t.l.j. 9h-12h, 14h-18h. Visite libre.
Visite guidée. Visite sur r.-v. pour les groupes (20 pers. min.).

Château du Riau

03460 Villeneuve-sur-Allier
Tél. : 04 70 43 34 47
www.chateau-du-riau.com
Propriété privée
Classé

Édifié entre le XVe s. et le XVIIe s., le château du Riau est acquis à la fin du XVe s. par Charles Popillon avant d'être revendu en 1689 au comte des Gouttes. Le château a conservé son donjon en briques rouges et noires, flanqué de deux tourelles, qui protège l'entrée de la cour. Le logis principal est encadré vers 1750 par deux nouvelles ailes. La grange aux dîmes en colombages, construite en 1584 et située à l'extérieur de l'enceinte, est remarquablement bien conservée.

Juil., mi-août à mi-sept. : t.l.j. sf sam. 14h30-18h30.
Visite guidée. Visite sur r.-v. pour les groupes toute l'année (10 pers. min.).

B3 **ALLY**

Le château de La Vigne est élevé au XVe s. par Louis de Scorailles, sénéchal du Berry et du Limousin, à l'emplacement d'un château du XIIe s. Son histoire est liée à la famille de Scorailles, propriétaire jusqu'au début du XXe s. Établi en équerre, le château est flanqué de deux tours rondes et d'une tour carrée avec un chemin de ronde sur mâchicoulis. Il conserve deux décors peints des XVe et XVIe s. dans la chapelle et dans la salle de justice, ainsi que des décorations du XVIIIe s. Le château abrite aujourd'hui des collections de voitures, de poupées du monde et une exposition sur le méridien de Paris.

15 juin-15 sept. : t.l.j. 14h-19h. Visite guidée. Visite sur r.-v. le reste de l'année et pour les groupes. r.-d.-c. (pour les groupes).

Château de La Vigne

15700 Ally
Tél. : 04 71 69 00 20
www.chateaudelavigne.com
Propriété privée
Inscrit

B3 **ANGLARDS-DE-SALERS**

Le château de La Trémolière édifié au XVe s. fut le siège d'une seigneurie appartenant à la famille de Montclar. Dans les étages sont exposées des tapisseries « Le bestiaire fantastique », collection de dix verdures du XVIe s., classées Monument historique. Ces exceptionnelles tapisseries présentent un bestiaire surabondant, aussi naïf que pittoresque. Le verger de Déduit, est un jardin contemporain d'inspiration médiévale. Il est né du mariage entre l'imaginaire pictural de la collection de tapisseries « Le bestiaire fantastique » et de l'imaginaire du précieux écrit *Le roman de la rose*.

Juil.-août : t.l.j. sf lun. mat. 10h30-12h30, 14h-19h ; mai : w.-e. 14h-19h. ; juin, sept. : t.l.j. 14h-19h. Visite libre. Visite guidée juil.-août.
Visite sur r.-v. pour les groupes toute l'année.

Château de La Trémolière et verger de Déduit

15380 Anglards-de-Salers
Tél. : 04 71 40 05 72
anglards-de-salers.mairie@wanadoo.fr
Propriété de la commune
Classé

B4 **ARPAJON-SUR-CÈRE**

Le château de Conros, édifié vers 1130 par Astorg d'Aurillac, se dresse sur un éperon rocheux qui domine une boucle magnifique et sauvage de la Cère. L'imposant donjon, flanqué d'un corps de logis et de deux tours rondes a été transformé à la Renaissance en une majestueuse demeure toujours habitée. La beauté et la pureté de son architecture en font un ensemble harmonieux mis en valeur par un beau parc romantique, sublimé par des arbres centenaires et des fleurs odoriférantes. Conros abrite l'exposition « Ode aux Parfums » et le musée Arts et Traditions populaires de la Vallée de la Cère. Robert d'Humières, né à Conros, grand-père des propriétaires actuels, a traduit les œuvres de Rudyard Kipling dont le célèbre Livre de la Jungle.

Juin-août : t.l.j. 14h-18h. Visite guidée.
Visite sur r.-v. pour les groupes de mai à oct. (10 pers. min.). r.-d.-c.

Château de Conros

15130 Arpajon-sur-Cère
Tél. : 04 71 63 50 27
www.chateau-conros.com
Propriété privée
Inscrit

B3 **AUZERS**

Reconstruit entre 1470 et 1510 sur un premier château du XIVe s., le château d'Auzers est aujourd'hui encore la propriété de la même famille. Restauré au XVIe s., il se compose d'un corps de logis rectangulaire flanqué de deux tours et de deux échauguettes d'angle et d'une tour d'escalier en façade. Cette tour est dotée d'un chemin de ronde sur mâchicoulis indépendant de celui qui ceint le reste du château. L'ancien oratoire est orné de peintures murales du XVIe s.

Pâques-Toussaint : t.l.j. 14h-18h30. Visite guidée.
Visite sur r.-v. pour les groupes toute l'année (10 pers. min.).

Château fort

15240 Auzers
Tél. : 04 71 78 62 59
www.chateau-auzers.com
Propriété privée
Classé

FAVEROLLES C4

Château du Chassan

15390 Faverolles
Tél. : 04 71 23 43 91
lechassan@fontant.com
Propriété privée
Inscrit

Propriété de la famille de Ponsonnailles de Grisols depuis le XIVe s., le château du Chassan doit son aspect actuel à la reconstruction opérée au XVIIIe s. Du château précédent ne subsiste qu'une porte dans l'aile sud. Le corps de logis, encadré par deux ailes, offre un avant-corps surmonté d'un fronton triangulaire. À l'intérieur, le décor et le mobilier du XVIIIe s. ont été conservés. Six tapisseries des XVIe-XVIIe s., provenant probablement de l'ancien château de Faverolles, y sont présentées.

Juil.-août : t.l.j. 14h-18h. Visite guidée.
Visite sur r.-v. pour les groupes toute l'année.
Parc ouvert de Pâques à Toussaint 10h-19h.

LANOBRE B3

Château fort de Val

15270 Lanobre
Tél. : 04 71 40 30 20
info@chateau-de-val.com
Propriété de la commune
Classé

Le château fort de Val est élevé au XVe s., sur des fondations du XIIIe s., par Guillaume IV d'Estaing. Périodes d'abandon et campagnes de travaux se succèdent au cours des siècles. Dans l'ensemble mal entretenu par les propriétaires successifs, il est restauré au XIXe s. En 1949, lors de la construction du barrage de Bort-les-Orgues, les propriétaires sont expropriés. Le château est alors sauvé par la commune qui l'achète en 1953. Situé sur une presqu'île au bord du lac, il se compose d'un corps de logis rectangulaire flanqué de six tours rondes couronnées de mâchicoulis et coiffées en poivrière. La tour d'angle des communs, rajoutés aux XVe et XVIIIe s., est un vestige de l'enceinte du XIIIe s.

15 fév.-14 juin, 16 sept.-14 oct. : t.l.j. sf mar. 10h-12h, 14h-17h30 ;
15 juin-15 sept. : t.l.j. 10h-12h, 14h-18h30. Fermé du 15 oct. au 14 fév.
Visite libre. Visite sur r.-v. pour les groupes de mi-fév. à mi-oct.

LOUBARESSE C4

Château de Longevialle

15390 Loubaresse
Tél. : 04 71 23 42 96
www.longevialle.com
Propriété privée
Inscrit

Le château de Longevialle est édifié au début du XVIIIe s. par Guérin Falcon à l'emplacement d'un ancien domaine. Il reste dans la même famille pendant près de deux cent cinquante ans avant l'expropriation par EDF en 1958. Il revient dans la famille en 2001 et un vaste programme de restauration est entrepris. Établi sur un plan en U, il abrite notamment un remarquable escalier d'honneur à rampe forgée, supporté par quatre colonnes de granit.

Août-10 sept. : t.l.j. 14h-18h. Visite guidée. ♿

Ferme de Pierre Allègre

15320 Loubaresse
Tél. : 04 71 23 42 96
www.margeride-truyere.com
Propriété de la commune
Inscrit

Au cœur du village de Loubaresse, la visite de la ferme de Pierre Allègre permet d'imaginer ce qu'était le quotidien d'une famille de paysans de Margeride au XIXe s.

Juil.-août : t.l.j. 10h-13h, 15h-19h ; juin, 1er-18 sept. : t.l.j. 14h-18h.
Visite guidée. Visite sur r.-v. pour les groupes toute l'année. ♿ r.-d.-c.

B4

MARMANHAC

Château de Sédaiges

15250 Marmanhac
Tél. : 04 71 47 30 01
www.chateausedaiges.com
Propriété privée
Inscrit

Propriété de la même famille depuis l'origine, le château de Sédaiges est ruiné à la suite de la guerre de Cent Ans, reconstruit après 1461, puis remanié en 1741, ainsi qu'à la fin du XIXe s., époque à laquelle les intérieurs sont réaménagés. Le château est défendu par quatre tours d'angle, chacune couronnée d'un chemin de ronde. Un chemin de ronde subsiste également sur la façade sud.

Juil.-août, Journées du patrimoine : t.l.j. 14h30, 15h45 et 17h.
Visite guidée. Visite sur r.-v. pour les groupes toute l'année.

B3

MAURIAC

Monastère Saint-Pierre

15200 Mauriac
Tél. : 04 71 68 07 24
Propriété de la commune
Classé

La fondation du monastère Saint-Pierre est attribuée à la fille de Clovis. Affaibli et partiellement détruit par les guerres il est reconstruit une première fois au XIIe s., puis au XVIIe s., avant d'être vendu à la Révolution. L'église est rasée en 1820. Depuis 1980 la commune a entrepris la mise en valeur du site. La sacristie aux voûtes d'arêtes reposant sur une colonne centrale, la salle capitulaire à deux nefs, la galerie est du cloître aux baies géminées du XIVe s. en sont les principaux vestiges.

Mai-juin, sept. : t.l.j. sf mar. et dim. mat. 10h-12h, 13h30-18h ;
juil.-août : t.l.j. sf dim. mat. 10h-12h, 13h30-18h.
Visite guidée. Visite sur r.-v. pour les groupes (18 pers. max.).

B4

POLMINHAC

Château de Pesteils

15800 Polminhac
Tél. : 04 71 47 44 36/06 73 39 24 04
www.chateau-pesteils-cantal.com
Propriété privée
Classé

Le château de Pesteils est édifié au XIIIe s., puis remanié aux XVIIe et XIXe s. De l'ancienne forteresse (XIIIe s.) subsiste le donjon colossal de 40 m de haut qui évoque le Moyen Âge dans sa plus rude expression. Témoignage glorieux de ce que devait être cette place forte du Cantal. Les fresques du XVe s., les plafonds peints du XVIIe s., l'ameublement, les tapisseries, les peintures évoquent le passé de cette demeure seigneuriale. Le parc et la terrasse offrent un des plus beaux panoramas de la région. La visite du château de Pesteils traverse huit siècles d'histoire cantalienne à travers une même famille.

Avr.-sept., vac. scol. : t.l.j. 14h-18h30 ; juil.-août : t.l.j. 10h-19h.
Visite libre. Visite guidée. Visite sur r.-v. pour les groupes toute l'année.

B4

RAULHAC

Château de Messilhac

15800 Raulhac
Tél. : 04 71 49 55 55
www.messilhac.com
Propriété privée
Classé

Élevé sur un promontoire dominant la vallée du Goul, le château de Messilhac est au XIIIe s. une place fortifiée appartenant aux seigneurs Bénavent-Montamat. À la fin du XVIe s. le château est le siège du bailli de la haute Auvergne. Occupé par les troupes anglaises durant les guerres de Religion, le château passe au XVIIIe s. aux Greils de La Volpillière. En 1998 il est racheté par son actuel propriétaire qui le restaure. Encadré par deux grandes tours carrées, le corps central offre une remarquable façade Renaissance. L'aile, située à l'arrière, a été aménagée à la fin du XVIIIe s.

15 juin.-août : t.l.j. 14h30-18h30.
Visite guidée. Visite sur r.-v. pour les groupes de juin à oct. (10 pers. min.).

RUYNES-EN-MARGERIDE C4

Jardin de Saint-Martin

15320 Ruynes-en-Margeride
Tél. : 04 71 23 42 96
www.margeride-truyere.com
Propriété de la commune
Inscrit

Au XIVe s. le château de Ruynes est la propriété successive des Mercœur, des dauphins d'Auvergne puis des Bourbons. Après 1527, il connaît encore de nombreux propriétaires dont le comte de Lastic en 1775. Démantelé à la Révolution, il est restitué aux Lastic en 1850, puis racheté par la commune en 1969. La première enceinte contient le donjon et deux bâtiments mitoyens; la seconde englobe la prairie qui entoure le château. L'écomusée de la Margeride y a reproduit les milieux naturels de la Margeride, et y présente ses cultures traditionnelles.
Juil.-août : t.l.j. 10h-13h, 15h-19h; juin, 1er-18 sept. : t.l.j. 14h-18h.
Visite libre. Visite sur r.-v. pour les groupes toute l'année.

École de Clémence Fontille

15320 Ruynes-en-Margeride
Tél. : 04 71 23 42 96
www.margeride-truyere.com
Propriété de la commune
Inscrit

L'école de Clémence Fontille, du nom d'une institutrice particulièrement appréciée par les élèves au début du siècle, est représentative d'une école de la IIIe République. L'écomusée de la Margeride y présente le matériel scolaire utilisé depuis l'ouverture de l'école en 1870 jusqu'à sa fermeture en 1983. École privée de filles, elle devient école publique mixte en 1873. L'ancien logement de l'institutrice est le cadre d'une exposition sur l'évolution des méthodes pédagogiques de l'enseignement de l'histoire à l'école.
Juil.-août : t.l.j. 10h-13h, 15h-19h; juin, 1er-18 sept. : t.l.j. 14h-18h. Visite libre.
Visite guidée. Visite sur r.-v. pour les groupes toute l'année. r.-d.-c.

SAINT-CHAMANT B4

Château

15140 Saint-Chamant
Tél. : 04 71 69 26 85
http://saintchamant.free.fr
Propriété privée
Inscrit

Dominant la vallée de la Bertrande, le château de Saint-Chamant a conservé son donjon édifié à la fin du XVe s. Fief de Robert de Balsac, conseiller de Louis XI, le château est de 1589 à 1783 la propriété des Lignerac, ducs de Caylus. Le donjon rectangulaire, flanqué d'une tour d'escalier, domine un large corps de logis doté d'un pavillon à l'ouest. Le château a gardé son décor d'origine avec des cheminées et des plafonds peints du XVe s., des boiseries du XVIIIe s., du mobilier et des tapisseries du XVIIe s.
Juil.-août : t.l.j. 14h30-18h30. Visite guidée.
Visite sur r.-v. le reste de l'année et pour les groupes en juil.-août, le mat.

SAINT-FLOUR C4

Musée d'Art et d'Histoire « Alfred Douët » et Maison consulaire

17, place d'Armes
15100 Saint-Flour
Tél. : 04 71 60 44 99
www.musee-douet.com
Propriété privée
Classé

Derrière sa façade renaissance, la maison consulaire abrite un cabinet de curiosité au charme intimiste et authentique. Les œuvres et objets réunis par Alfred Douët (1875-1952) évoquent les goûts éclectiques de ce collectionneur : peintures des écoles françaises, italiennes et flamandes; sculptures du XVe au XIXe s.; orfèvrerie médiévale, émaux Renaissance, faïences (Iznic, Rouen, Moustiers, etc.), tapisseries d'Aubusson, armes et meubles précieux composent un ensemble remarquable.
15 avr.-15 oct. : t.l.j. 10h-12h, 14h-18h;
16 oct.-14 avr. : t.l.j. sf dim. et j. fériés 10h-12h, 14h-18h. Fermé 1er mai.
Visite libre. Visite guidée. Visite sur r.-v. pour les groupes. r.-d.-c.

B3 **SALERS**

Maison des Templiers

Musée de Salers
Rue des Templiers
15140 Salers
Tél. : 04 71 40 75 97
nfernies@wanadoo.fr
Propriété privée
Classé

Le musée de Salers se situe dans la Maison des Templiers. Ce nom se justifie. En effet, la superbe entrée en galerie est décorée de médaillons sculptés qui évoquent les Croisades, les Templiers et leurs successeurs dans ce lieu : les Hospitaliers. Le couloir du XIIIe s. donne sur un escalier à vis en pierre qui dessert l'ensemble de cette demeure Renaissance qui présente dans chaque pièce des objets exceptionnels. Au rez-de-chaussée est installée une pharmacie du XIXe s. exploitée à Salers jusqu'en 1947 et que la ville a acquise et transférée en son état. Le mobilier est classé.
Avr.-sept. : t.l.j. sf mar. 10h30-12h30, 15h-17h (juil.-août 18h).
Visite libre. Visite guidée sur r.-v. le reste de l'année.

Maison du Bailliage

Place Tyssandier-d'Escous
15140 Salers
Tél. : 04 71 40 70 59
Propriété privée
Classé

La maison Valens dite « du Bailliage » est construite au XVIe s. par Antoine de Mossier, avocat du roi au bailliage de Salers. Ce bâtiment Renaissance, décoré de salamandres, est flanqué en façade de deux tourelles d'angle, et dans la cour d'une tour octogonale avec échauguette.
Juil.-août : 10h-12h, 14h-18h. Visite libre. Visite guidée.
Visite sur r.-v. pour les groupes toute l'année. ♿ r.-d.-c.

B4 **TOURNEMIRE**

Château d'Anjony

15310 Tournemire
Tél. : 04 71 47 61 67
www.anjony.com
Propriété privée
Classé

Construit par Louis d'Anjony, compagnon de Jeanne d'Arc, sur ordre du roi Charles VII afin de protéger les alentours. Le donjon d'Anjony est toujours là, intact et fier, exemple très caractéristique des petites forteresses de montagne du XVe s. Son histoire fut tumultueuse au XVe et XVIe s., car une véritable « vendetta » opposa la famille d'Anjony à celle des Tournemire, trop proches voisins et rivaux. Au XVIIIe s., on ajouta à l'austère construction médiévale un corps de logis plus accueillant et plus conforme au goût de l'époque. Riches intérieurs décorés de remarquables fresques du XVIe s. et mobilier des diverses époques de la vie du château. La demeure est toujours habitée par la même famille depuis l'origine.
Mi-fév. à mars, oct. à mi-nov. : t.l.j. 14h-17h ; avr.-juin, sept. : t.l.j. 14h-18h ; juil.-août : t.l.j. sf dim. mat. 11h, 11h30, 14h-18h30.
Visite guidée. Visite sur r.-v. pour les groupes toute l'année.

B4 **VIEILLEVIE**

Château fort

15120 Vieillevie
Tél. : 04 71 64 20 83/06 20 52 39 21
djcassagne@noos.fr
Propriété privée
Inscrit

Le château de Vieillevie remanié au XVe s. et au XVIIIe s. surplombe le Lot. Il perd sa fonction stratégique en 1587 lors de la réunion des différentes seigneuries sous l'autorité d'Amaury de Mouret. Le château présente un corps de logis rectangulaire doté d'une petite aile en retour et de deux tours rondes. Le logis, surmonté de hourds reposant sur des corbeaux de bois, conserve des plafonds à solives et des cheminées du XVe s.
Juil.-août : t.l.j. sf w.-e. et j. fériés 15h30, 16h30, 17h30.
Visite guidée. Visite sur r.-v. pour les groupes toute l'année.

AIGUILHE C4

Église Saint-Michel

43000 Aiguilhe
Tél. : 04 71 09 50 03
www.rochersaintmichel.fr
Propriété de la commune
Classé

La disposition particulière de la chapelle tient à la forme du piton volcanique sur lequel elle est perchée depuis le Xe s. On y accède par un escalier taillé dans le rocher. La nef ovale, semblable à un déambulatoire, aboutit au chœur. Ce dernier correspond à l'oratoire primitif. De forme carrée et voûté en pyramide, il possède deux absidioles semi-circulaires. Des peintures du XIIe s. couvrent le chœur (Jugement dernier). La façade est dotée de nombreuses sculptures et motifs en mosaïques de marbre, brique et lave.

Fév.-14 mars, vac. Noël : t.l.j. 14h-17h; 15 mars-avr., oct.-15 nov. : t.l.j. 9h30-12h, 14h-17h30 (vac. et w.-e. de Pâques, vac. Toussaint et w.-e. du 11 nov. : t.l.j. 9h30-17h30); mai-9 juil., 26 août-sept. : t.l.j. 9h-18h30; 10 juil.-25 août : t.l.j. 9h-18h45. Fermé 1er janv., 25 déc. Visite libre. Visite guidée. Visite sur r.-v. pour les groupes toute l'année sf par neige.

ALLY C3

Moulin de Pargeat

43380 Ally
Tél. : 04 71 76 77 22/04 71 76 77 74
www.ally43.fr
Propriété de la commune
Inscrit

La position géographique de la commune d'Ally, située sur un plateau qui s'étend entre les vallées de l'Allier et de l'Alagnon, a favorisé l'installation de plus de dix moulins à vent au début du XIXe s. Celui de Pargeat, circulaire, est coiffé d'une toiture conique tournante : une perche, fichée dans la charpente et descendant jusqu'au sol, permet de faire tourner la toiture de façon à toujours orienter le mieux possible les ailes au vent. Depuis quelques années, quatre autres moulins ont été réhabilités, dont le moulin de la maison Blanche en moulin… à paroles.

Mai-juin, sept. : dim. et j. fériés 14h-17h30 (sur r.-v. en semaine); juil.-août : t.l.j. 10h-11h30, 15h-18h30; oct. : dim. et j. fériés 14h-16h30 (sur r.-v. en semaine). Visite guidée. Visite sur r.-v. pour les groupes toute l'année. ♿ r.-d.-c.

ARLEMPDES D4

Château fort

43490 Arlempdes
Tél. : 04 71 57 17 14
Propriété d'une association
Inscrit

Probablement édifié entre le XIIe s. et le XIVe s., le château d'Arlempdes s'élève sur un plateau basaltique surplombant abruptement la Loire. Propriété des seigneurs de Montlaur au XIIIe s., il connaît de nombreux propriétaires et des aménagements successifs qui rendent difficile la lecture des différentes phases de construction. Il est acheté en 1963 par une association de sauvegarde qui s'attache à remettre en valeur le site en état de ruine. Seule la cour au nord-est est bâtie. Subsistent la chapelle Saint-Jacques (restaurée) ainsi qu'un bâtiment correspondant probablement au donjon primitif (XIIe s.).

Juil.-août : t.l.j. sf sam. 14h-18h. Visite guidée. Visite sur r.-v. de mars à oct.

C3 CHAISE-DIEU (LA)

Abbaye

43160 La Chaise-Dieu
Tél. : 04 71 00 06 06
www.abbaye-chaise-dieu.com
Propriété privée,
propriété de la commune
Classé

L'abbaye bénédictine de La Chaise-Dieu est fondée en 1052 par Robert de Turlande. Elle prospère jusqu'à sa mise en commende en 1516. À la Révolution les vingt derniers moines sont dispersés. Elle conserve un grand nombre de tombeaux, dont celui du pape Clément VI. Le collatéral nord est orné de la célèbre *Danse macabre* où la mort entraîne gaiement les hommes, du pape au damoiseau. Au-dessus des stalles, vingt-six scènes de la vie du Christ en tapisseries sont mises en parallèle avec des épisodes de l'Ancien Testament. Derrière l'église s'étend une vaste cour dominée par la tour Clémentine, comportant un puits et un four en prévision de sièges éventuels. Au sud de l'église se trouvent les vestiges d'un cloître et les bâtiments conventuels. À la fin de l'été, l'abbatiale accueille un festival de musique baroque et religieuse.

Janv. : w.-e. 10h-12h, 14h-17h ; fév.-avr., oct.-déc. : t.l.j. 10h-12h, 14h-17h ; mai, sept. : t.l.j. 10h-12h, 14h-18h ; juin : t.l.j. 9h-12h, 14h-18h ; juil.-15 août : t.l.j. 9h-19h. Fermé dim. mat., 1er janv., 25 déc.
Visite libre. Visite guidée. Visite sur r.-v. pour les groupes (10-50 pers.). ♿

D3 CHAMALIÈRES-SUR-LOIRE

Prieuré

43800 Chamalières-sur-Loire
Tél. : 04 71 03 44 67
Propriété de la commune
Classé

Le prieuré bénédictin de Chamalières, fondé au Xe s., dépend de l'abbaye de Saint-Chaffre. Affaibli dès le XIIe s., il périclite rapidement lors de sa mise en commende au XVIe s. avant d'être supprimé en 1787. L'église romane, dont le chœur est voûté d'un très vaste cul-de-four, conserve des chapiteaux de qualité, des peintures romanes aux piliers de la croisée du transept, et une colonne figurant aux angles quatre rois et prophètes. Un bâtiment du prieuré, reconstruit au XVIIIe s., englobe des arcades du cloître.

Août : t.l.j. sf lun. 15h, 16h30 (départ sur le parvis de l'église) ;
sept. : w.-e. 14h30 sur r.-v. auprès de l'office du tourisme av. ven. 16h.

C3 CHAVANIAC-LAFAYETTE

Château

43230 Chavaniac-Lafayette
Tél. : 04 71 77 50 32
www.chateau-lafayette.com
Propriété d'une association
Inscrit

Située dans le petit village de Chavaniac, cette maison forte du XIVe s., remaniée et restaurée plusieurs fois au cours de son histoire, est la demeure natale du célèbre général marquis de La Fayette. Il y naît le 6 septembre 1757 et y passe les onze premières années de sa vie. Il y revient régulièrement jusqu'en 1829. Certaines pièces conservent leur décor du XVIIIe s. Une fondation américaine, propriétaire, y entretient le souvenir du général. Encadré par deux tours d'angle, le château est agrémenté de terrasses et d'un vaste parc.

Mars-juin, sept. à mi-nov. : t.l.j. sf mar. 10h-12h, 14h-18h ; juil.-août : t.l.j. 9h-18h.
Visite libre. Visite guidée. Visite audioguidée. Visite sur r.-v. pour les groupes.

C3 DOMEYRAT

Château fort

43230 Domeyrat
Tél. : 04 71 76 82 95
www.chateaudedomeyrat.com
Propriété du département
Classé

La construction du château de Domeyrat remonte au XIIIe s. Il appartient alors à la famille Papabœuf. Au XVIIIe s. il est acquis par F.-M. Fargès puis revendu en 1794, en état de ruine. L'enceinte, dont le tracé irrégulier suit le relief de l'éperon rocheux, est dotée de tours d'angle rondes. Le château rectangulaire en est également pourvu. Dans une tour, des peintures du XVIIe s. représentent des scènes de chasse et à l'étage supérieur des scènes religieuses.

Juil.-août : t.l.j. sf sam. 14h, 15h, 16h, 17h. Visite guidée.
Visite sur r.-v. le reste de l'année et pour les groupes. ♿ avec aide.

ESPLANTAS C4

Château d'Esplantas

43170 Esplantas
Tél. : 04 71 77 31 19/04 71 77 19 70
www.route-chateaux-auvergne.org
Propriété privée
Inscrit

Une datation par dendrochronologie fait remonter la construction du donjon d'Esplantas à l'année 1252. Le château se compose d'un donjon et d'un logis rectangulaire qui épouse la forme du rocher. Le logis remanié et redécoré au XVIIIe s. conserve de larges pièces et de grandes cheminées.

10 juil.-août : t.l.j. 14h30-18h30. Visite libre. Visite guidée.
Visite sur r.-v. pour les groupes toute l'année (10 pers. min.). ♿ r.-d.-c.

LAVAUDIEU C3

Abbaye

43100 Lavaudieu
Tél. : 04 71 76 46 00
www.abbayedelavaudieu.fr
Propriété de la commune
Classé

Fondée au XIe s. par Robert de Turlande, l'abbaye bénédictine de Lavaudieu prospère jusqu'en 1516. À la Révolution les chanoinesses se dispersent et l'abbaye est vendue. Depuis 1922 elle est progressivement restaurée. L'église du XIIe s. possède un important ensemble de peintures murales dont une étonnante représentation de la Mort du XIVe s. Le cloître roman supporte une galerie en bois. Le réfectoire renferme une fresque du XIIe s. d'influence byzantine.

Avr.-juin, sept.-11 nov. : t.l.j. sf mar. 10h-12h, 14h-18h ;
juil.-août : t.l.j. 10h-19h. Visite libre de l'église.
Visite guidée. Visite sur r.-v. pour les groupes toute l'année.

LAVOÛTE-SUR-LOIRE C4

Château de Lavoûte-Polignac

43800 Lavoûte-sur-Loire
Tél. : 04 71 08 50 02
chateau.de.lavoutepolignac@wanadoo.fr
Propriété privée
Inscrit

Élevé sur un promontoire dominant la Loire, le château de Lavoûte est dès le Xe s. la demeure de plaisance des vicomtes de Polignac. Son histoire est étroitement liée à l'ascension de cette puissante famille aujourd'hui encore propriétaire. Victime d'un incendie à la fin du XVIIIe s., saccagé et vendu à la Révolution, le château est racheté par les Polignac en 1815. Il se compose d'un long bâtiment rectangulaire flanqué de deux tours d'angle et de deux courtes ailes en retour. L'intérieur abrite des tapisseries des Flandres des XVIIe et XVIIIe s., des cheminées monumentales, et une galerie de peintures des Polignac et de la famille royale.

Avr.-mai, oct. : t.l.j. 14h-18h ; juin-sept. : t.l.j. 10h-13h, 14h-19h.
Visite guidée. Visite sur r.-v. pour les groupes toute l'année. ♿ r.-d.-c.

D4 — MONASTIER-SUR-GAZEILLE (LE)

Abbaye

43150 Le Monastier-sur-Gazeille
Tél. : 04 71 03 94 08
Propriété de la commune
Classé

Probablement fondée au VIIe s., cette abbaye est la plus ancienne du Velay. L'église édifiée à la fin du Xe s. est reconstruite à la fin du XIe s. L'abbaye, saccagée en 1362 par les routiers anglais, est dotée d'un château reconstruit au XVe s. En 1710 un nouveau bâtiment faisant office de cloître est élevé, mais l'abbaye décline et doit fermer en 1787. L'église, dont la façade romane est très bien conservée, abrite un trésor dont le buste reliquaire de saint Théofrède (saint Chaffre). Le château abbatial est un massif rectangle cantonné de quatre tours d'angle et d'une tour d'escalier. Il abrite le musée municipal et présente entre autres des vestiges lapidaires de l'abbaye.

Juin, oct. : t.l.j. sf lun. 14h30-17h ; juil.-août : t.l.j. sf lun. 10h30-12h, 14h-18h ; sept. : t.l.j. sf lun. 10h30-12h, 14h30-17h. Visite sur r.-v. pour les groupes.

D3 — MONISTROL-SUR-LOIRE

Château des Évêques

Allée du Château
43120 Monistrol-sur-Loire
Tél. : 04 71 66 03 14
www.ot-monistrol.com
Propriété d'une association
Inscrit

Cité pour la première fois en 1165, le château de Monistrol-sur-Loire est acquis puis reconstruit en 1270 par les évêques du Puy, dont il est jusqu'à la Révolution la résidence d'été. Agrandie et remaniée au cours des siècles, la forteresse est transformée en château d'agrément sous le règne de Louis XIV. Trois tours du XVe s. encadrent le château. La plus petite est liée à l'ancienne poterne. Les deux autres tours sont réunies par une façade XVIIe s. L'intérieur renferme un escalier d'honneur orné d'une remarquable rampe en fer forgé.

Juil.-août : mar.-sam. 9h-12h, 14h-18h, lun. 9h-12h, dim. 10h-12h ;
sept.-juin : mar.-sam. 9h-12h, 13h30-17h30, lun. 9h-12h.
Visite libre. Visite guidée sur r.-v. Visite sur r.-v. pour les groupes.

D4 — MOUDEYRES

Ferme des frères Perrel

43150 Moudeyres
Tél. : 04 71 03 85 37
Propriété de la commune
Classé

La ferme des frères Perrel témoigne de l'architecture et de la vie rurale du Mézenc jusqu'à la première moitié du XIXe s. Habitée encore en 1974 et remarquablement bien entretenue, elle est acquise par la commune en 1976. Elle regroupe la maison d'habitation recouverte de lauzes et les bâtiments agricoles, aux toits de chaume de seigle. La ferme a conservé ses dispositions d'origine avec un couloir d'accès unique pour la maison et l'étable, son mobilier ainsi que l'ensemble de l'outillage.

Avr.-juin, sept.-oct. : t.l.j. 10h-12h, 14h30-18h30 ;
juil-août. : t.l.j. 10h-12h30, 14h-19h ; vac. Toussaint : t.l.j. 14h30-17h.
Visite guidée. Visite sur r.-v. pour les groupes.

C4 — POLIGNAC

Forteresse de Polignac

Place Princesse de Polignac
43770 Polignac
Tél. : 04 71 04 06 04
www.forteressepolignac.com
Propriété de la fondation Polignac
Classé

Propriété des Polignac depuis le XIe s., le château est abandonné au profit de Lavoûte-Polignac au début du XVIIe s. Vendu à la Révolution, il est racheté par les Polignac qui relèvent le donjon en 1893. Clos par des murailles, l'accès au château est protégé par une suite de portes et un chemin de ronde dominé par le donjon crénelé. La tour de la géhenne, le corps de logis et la chapelle romane sont en état de ruine.

5 avr.-mai, 15 sept.-11 nov. : t.l.j. sf lun. 10h-12h30, 13h30-18h30 ;
juin-14 sept. : t.l.j. 9h-19h. Visite libre. Visite guidée.
Visite sur r.-v. pour les groupes toute l'année.

PUY-EN-VELAY (LE) C4

Baptistère Saint-Jean
43000 Le Puy-en-Velay
Tél. : 04 71 05 45 52
Propriété de l'État
Classé

Relié à la cathédrale par une arcade, le baptistère fait partie du groupe cathédral primitif. Élevée au XIe s. au plus tard, sa nef unique est alors surmontée d'une coupole. Il est ensuite remanié. Dans le flanc nord une niche accueille la cuve baptismale pyramidale. L'abside est circulaire, le chevet, plat. La nef conserve des vestiges de peintures du XIIe s., tandis que dans la tribune des peintures du XVe s. représentent entre autres le martyre de saint Laurent et de sainte Foy.
Temporairement fermé pour travaux. Pour plus d'informations quant à une prochaine réouverture, se renseigner au 04 71 05 45 52.

Cloître de la Cathédrale du Puy-en-Velay
Musée d'Art religieux
3, rue du Cloître
43000 Le Puy-en-Velay
Tél. : 04 71 05 45 52
http://cathedrale-puy-en-velay.monuments-nationaux.fr
Propriété de l'État
Classé
CENTRE DES MONUMENTS NATIONAUX
Chemin de Saint-Jacques-de-Compostelle inscrit sur la Liste du patrimoine mondial en 1998

La cathédrale Notre-Dame du Puy est élevée aux XIe et XIIe s. sur un ancien édifice déjà voué au culte de la Vierge et remontant à l'époque carolingienne. Très vite la cathédrale est agrandie pour accueillir les pèlerins de plus en plus nombreux. L'exiguïté du site, au sommet d'un étroit piton de lave volcanique, nécessite la construction de quatre travées supplémentaires sur le vide. Ces dernières reposent sur de puissants piliers rattrapant un dénivelé de 17 m. À voir à l'intérieur, la Vierge noire déposée sur le maître-autel et les fresques du transept nord. Le cloître, édifié en même temps que la cathédrale, offre des chapiteaux historiés remarquables. Le bâtiment des mâchicoulis abrite le musée d'Art religieux.
20 mai-22 sept. : t.l.j. 9h-12h, 14h-18h30 (juil.-août : t.l.j. 9h-18h30); 23 sept.-19 mai : t.l.j. 9h-12h, 14h-17h. Fermé 1er janv., 1er mai, 1er et 11 nov., 25 déc. Visite libre. Visite guidée. Visite sur r.-v. pour les groupes.

Statue de la Vierge Notre-Dame-de-France
Rue du Cloître
43000 Le Puy-en-Velay
Tél. : 04 71 04 11 33
Propriété de la commune
Inscrit

La statue de la Vierge Notre-Dame-de-France est édifiée en 1860 par le sculpteur Jean-Marie Bonnassieux à la demande de Mgr de Morlhon, évêque du Puy-en-Velay. L'attitude de la Vierge, tenant l'enfant sur son bras droit, est inhabituelle dans la statuaire religieuse, mais représenté ainsi l'Enfant Jésus peut bénir la ville sans cacher le visage de sa mère. La statue, entièrement creuse, se visite de l'intérieur par un escalier conduisant jusqu'au niveau du cou de la Vierge. 213 canons en fonte de fer ont été utilisés pour créer la statue. Elle mesure 16 m de haut et pèse 110 t. Le piédestal en pierre est recouvert de 45 t de fonte de fer. La statue est composée de 105 morceaux boulonnés.
16 mars-avr. : t.l.j. 9h-18h; mai-juin, sept. : t.l.j. 9h-19h; juil.-août : t.l.j. 9h-19h30; oct.-15 mars : t.l.j. 10h-17h (déc.-janv. : vac. scol. t.l.j. 10h-17h, dim. 14h-17h). Fermé de mi-nov. à fév. Visite libre.
Visite sur r.-v. pour les groupes de mi-mars à oct.

SAINT-BEAUZIRE C3

Château de Lespinasse
43100 Saint-Beauzire
Tél. : 04 71 76 81 12
www.route-chateaux-auvergne.org
Propriété privée
Inscrit

La construction du château de Lespinasse remonte probablement au début du XIVe s. Le chevalier Érard Ier de Lespinasse, capitaine des montagnes d'Auvergne, s'y installe en 1358. Dans l'ensemble bien conservé, le château a gardé ses dispositions d'origine avec, au centre de la cour, le donjon

carré et le logis seigneurial flanqué de deux tours rondes, une aile de dépendances à deux échauguettes et différents bâtiments adossés aux courtines.
Juil.-août : t.l.j. 14h30, 16h, 17h30. Visite guidée.
Visite sur r.-v. pour les groupes toute l'année. ♿ r.-d.-c.

D4 **SAINT-FRONT**

Ferme de Bigorre
43550 Saint-Front
Tél. : 04 71 59 53 04
Propriété de la commune
Inscrit

Cette chaumière construite à la fin du XVIIIe s. ou au début du XIXe s. a très peu été modifiée. Un seul bâtiment regroupe, au rez-de-chaussée, l'habitation et l'étable et au-dessus la grange accessible de l'extérieur. Une petite étable également couverte de chaume y est accolée. La cheminée dans l'angle possède un four à pain et un four à pâtisserie. Dans la grange on peut voir la charpente et l'envers de la couverture de chaume avec son système de fixation.
Juil.-août : t.l.j. 14h30-19h. Visite guidée.
Visite sur r.-v. pour les groupes toute l'année. ♿

C3 **SAINT-PAULIEN**

Château de La Rochelambert
43350 Saint-Paulien
Tél. : 04 71 00 48 99
Propriété privée
Classé

Le château de La Rochelambert est construit au XVe s. sur un ancien château fort attesté au XIIIe s. Pillé par les huguenots en 1562, il est restauré en 1578 par Hélène de L'Estranges, veuve de François de La Rochelambert. En 1859 George Sand séjourne au château qui sert de cadre à son roman *Jean de La Roche*. La famille de La Rochelambert l'occupe jusqu'en 1925. Un escalier du XIXe s. conduit au portail Renaissance flanqué d'une tour ronde (chapelle). Le logis et la tour d'escalier sont surmontés de mâchicoulis. L'intérieur conserve des plafonds à la française, des cheminées médiévales, du mobilier, des œuvres d'art, des armes et des souvenirs de George Sand.
Avr.-sept. : t.l.j. sf jeu. 10h30-12h, 14h30-18h.
Visite guidée. Visite sur r.-v. le reste de l'année et pour les groupes.

C4 **SAUGUES**

Tour des Anglais
43170 Saugues
Tél. : 04 71 77 81 22
www.cc-paysdesaugues.fr
Propriété de la commune
Classé

Dès le Xe s., Saugues est une place fortifiée accueillant les pèlerins de Saint-Jacques-de-Compostelle. La tour des Anglais, élevée à la fin du XIIe s. pour protéger la ville, est une haute tour rectangulaire munie de dix contreforts surmontés de bretèches et d'une couronne de mâchicoulis. Elle est dotée de latrines et de placards.
Juil.-août : t.l.j. 10h-12h, 14h-18h30. Visite libre.
Visite sur r.-v. pour les groupes toute l'année.

D3 **VALPRIVAS**

Château
Centre culturel
73, place Carl-de-Nys
43210 Valprivas
Tél. : 04 71 66 71 33
Propriété d'une association
Classé

Le château de Valprivas, dont la construction remonte probablement au XIIIe s., appartient à la fin du XVIe s. à Antoine Du Verdier, bibliographe des poètes de la Pléiade. On lui doit les aménagements Renaissance (porte à cariatides, galerie, décoration de l'aile nord et de la tourelle d'escalier, peintures de la chapelle). Au début du XVIIIe s. le château passe à la famille de Saint-Hilaire, propriétaire jusqu'à la Révolution. Depuis 1961 il appartient au Centre culturel de Valprivas. Les deux peintures murales de la chapelle sont attribuées à l'atelier de Rubens.
Avr.-sept. : t.l.j. sf lun. 10h30-12h, 15h30-18h.
Visite sur r.-v. le reste de l'année et pour les groupes. ♿ r.-d.-c.

AMBERT C3

Moulin à papier Richard-de-Bas

Musée historique du Papier
63600 Ambert
Tél. : 04 73 82 03 11
www.richarddebas.fr
Propriété privée
Classé

La papeterie Richard-de-Bas est déjà attestée en 1326 par un document d'archives portant le filigrane au cœur fascé, marque de la fabrique Richard-de-Bas. Le moulin a conservé la salle des maillets, le cuvier, la presse, et à l'étage l'habitation du maître papetier, reconstituée telle qu'elle était au XVIe s. À l'étage du second bâtiment se trouve le séchoir. Dans les pièces consacrées au tri des chiffons est installé un musée, qui présente une histoire des supports de l'écrit.

Ouvert t.l.j. toute l'année 9h30-12h30, 14h-18h ; juil.-août : t.l.j. 9h30-19h. Fermé 1er janv., 25 déc. Visite guidée. Visite sur r.-v. pour les groupes (15 pers. min.).

BILLOM C2

Église Saint-Cerneuf

63160 Billom
Tél. : 04 73 68 39 85
Propriété de la commune
Classé

De l'église Saint-Cerneuf, chœur, déambulatoire, abside et crypte sont romans. Au XIIIe s., transept, nef, bas-côtés et portail sont édifiés sur les bases romanes. La chapelle axiale du Précieux-Sang accueille les sculptures sur bois de l'école de Pierre Vaneau (XVIIe-XVIIIe s.). Peu dégradée à la Révolution, elle est restaurée au XIXe s. Avec la salle capitulaire elles restent les témoins de l'ensemble canonial construit fin XIe-début XIIe s.

T.l.j. 9h-16h30 (juin-août 19h). Visite libre.

BUSSÉOL C3

Château féodal

63270 Busséol
Tél. : 04 73 69 00 84
www.route-chateaux-auvergne.org
Propriété privée
Inscrit

Le château fort de Busséol est édifié par Guillaume VIII, comte d'Auvergne, en 1170, à l'emplacement d'une forteresse du Xe s. Il est au cours des siècles la propriété d'illustres personnages, dont le pape Alexandre III ou Jean Stuart, prince d'Écosse, et relève du domaine royal avec Catherine de Médicis, reine de France, comtesse d'Auvergne, qui y séjourne avec son fils Charles IX en 1566. Abandonné à la Révolution, il est sauvé en 1966 par les actuels propriétaires. Défendu par un donjon, il a conservé, à l'intérieur, une cheminée circulaire du XIIe s. Du chemin de ronde, on découvre un remarquable jardin suspendu, classé jardin d'exception par l'Institut des jardins et parcs de France.

15 juin-15 sept. : t.l.j. 10h-12h, 14h30-18h30 ; 16 sept.-14 juin : w.-e. 14h30-17h30. Visite guidée. Visite sur r.-v. pour les groupes toute l'année.

CHANONAT C3 DÉTAIL

Château de la Batisse

63450 Chanonat
Tél. : 04 73 79 41 04
www.chateaudelabatisse.com
Propriété privée
Classé

Jardin remarquable

Le château de la Batisse est jusqu'en 1381 la propriété de la famille d'Aultier. Il est acquis en 1635 par Claude Roussel puis en 1697 par Jean Girard de Chasteauneuf, dont la famille est aujourd'hui encore propriétaire. Aux Roussel on doit la transformation de la forteresse en manoir et aux Girard la création de l'immense jardin à la française. L'ensemble des bâtiments successifs dessine un S. Les deux tours opposées qui cantonnent l'ensemble sont, avec le reste de la courtine, les vestiges de l'enceinte médiévale. Les jardins à la française dessinés par l'école de Le Nôtre, dont on peut voir les minutieux plans du XVIIIe s., sont en partie rétablis avec leurs bassins, bosquets, labyrinthe, etc.

6 juil.-29 août : t.l.j. sf sam. et lun. mat. 10h30, 13h30, 15h, 16h45 ; 3 avr.-juin, 14 sept.-2 nov. : w.-e. et j. fériés 15h, 16h30. Visite guidée. Visite libre des jardins. Visite sur r.-v. le reste de l'année et pour les groupes au 04 73 88 67 11.

B2 **CHAPDES-BEAUFORT**

Chartreuse de Port-Sainte-Marie

63230 Chapdes-Beaufort
Tél. : 04 73 26 68 44
http://pagesperso.orange.fr/chartreuse.psm
Propriété d'un syndicat intercommunal
Inscrit

Fondée en 1219 par les seigneurs de Beaufort, la chartreuse de Port-Sainte-Marie répond au critère d'isolement conformément à la règle érigée par saint Bruno, fondateur de l'ordre. D'importants travaux sont engagés aux XVIIe et XVIIIe s. En 1792 les moines sont expulsés. Abandonnée, la chartreuse tombe en ruine jusqu'en 1970 où Les Amis de la chartreuse décident de la tirer de l'oubli.

Visite guidée en juil.-août. Visite sur r.-v. le reste de l'année et pour les groupes.

C2 **CHAPTUZAT**

Château de la Roche Aigueperse

63260 Chaptuzat
Tél. : 04 73 63 65 81
Propriété privée
Classé

Le château de la Roche est édifié en grande partie au XVIe s. autour d'une tour de guet du XIIe s. qui servait d'avant-poste au château de Montpensier pour contrôler la frontière entre l'Auvergne et le Bourbonnais. Propriété au XVIe s. du chancelier Michel de L'Hospital, il appartient aujourd'hui à la descendance de Vivant de Villedieu, marquis de Torcy et de Rosey (1745-1795), dernier doyen du parlement de Bourgogne. Le donjon est relié à la tour du XIIe s. et à une autre tour par différents corps de logis, délimitant une cour triangulaire fermée par une balustrade décorée de figures allégoriques des quatre saisons. La poterne flanquée de deux tours rondes est reliée au donjon par un pan de courtine.

Juil. à mi-sept. : t.l.j. sf mar. 10h-12h30, 14h30-18h30.
Visite guidée. Visite sur r.-v. pour les groupes.

C2 Détail **CHÂTEAUGAY**

Château fort

63119 Châteaugay
Tél. : 04 73 87 24 35
www.chateaugay.fr
Propriété de la commune
Classé

Châteaugay, initialement appelé « château de Vigoche », est élevé au XIVe s. par Pierre de Giac. De 1480 jusqu'à la Révolution il appartient aux Laqueuille. De forme quadrilatère, le château a conservé son donjon carré, taluté et crénelé, ainsi que deux tours rondes reliées par une courtine. La tourelle d'escalier date du XVe s. Le logis et la loggia en encorbellement datent des remaniements réalisés à la Renaissance.

Juin : visite sur r.-v. ; juil.-août : t.l.j. 14h30-18h ;
sept. : dim. 14h-17h (Journées du patrimoine 18h).
Visite guidée. Visite sur r.-v. pour les groupes toute l'année (40 pers. min.).

C2 Détail **CLERMONT-FERRAND**

Cathédrale Notre-Dame-de-l'Assomption

Place de la Victoire
63000 Clermont-Ferrand
Tél. : 04 73 98 65 00
Propriété de l'État
Classé

La cathédrale est édifiée au XIIIe s. sur un édifice roman succédant lui-même à une église consacrée en 946. Les tours romanes sont démolies en 1851 par Viollet-le-Duc qui les remplace par les deux flèches actuelles, élevées au-dessus d'un narthex également édifié par ses soins. La cathédrale s'organise autour d'une nef à doubles collatéraux, avec son transept, un chœur surélevé, et un déambulatoire aux cinq chapelles rayonnantes. Sous le chœur, qui présente un ensemble de vitraux XIIe-XIIIe s., la crypte conserve des peintures murales des XIIe et XIIIe s.

Ouvert t.l.j. toute l'année 10h-18h. Visite sur r.-v. pour les groupes toute l'année.

Basilique Notre-Dame-du-Port

Paroisse Notre-Dame de Clermont
19, rue Blatin
63000 Clermont-Ferrand
Tél. : 04 73 29 29 70
paroisse.notredamedeclermont@wanadoo.fr
Propriété de la commune
Classé

Chemin de Saint-Jacques-de-Compostelle
inscrit sur la Liste du patrimoine mondial en 1998

Notre-Dame-du-Port est une église du XIIe s. essentiellement romane. Endommagée à la Révolution, elle est restaurée au XIXe s. (tour du portail ouest et clocher octogonal de la croisée du transept). L'église adopte le plan en croix latine des églises romanes de la région de Clermont. Les chapiteaux romans des huit colonnes du chœur sont remarquables. La crypte semi-enterrée reprend le plan du chœur. L'extérieur est tout autant digne d'intérêt : étagement des volumes du chevet, décoration architecturale et mosaïques de pierres polychromes, porte latérale aux sculptures romanes.

T.l.j. 8h-19h. Visite libre en dehors des célébrations.
Visite guidée sur r.-v. Visite sur r.-v. pour les groupes toute l'année.

DAVAYAT — C2 DÉTAIL

Château

63200 Davayat
Tél. : 04 73 63 30 27
Propriété privée
Inscrit

La construction du château de Davayat, gentilhommière de style Louis XIII, remonte au XVIIe s. Il appartient depuis 1732 aux descendants de Charles-Amable de Saulieu, compagnon de La Fayette lors de la guerre d'Indépendance américaine. La petite aile, ajoutée au XVIIIe s. en retour à l'aile principale, offre, côté jardin, une belle terrasse à balustres. Deux cadrans solaires ornent les façades défendues par deux lions de pierre. Des collections d'éventails et de costumes XVIIIe s. sont présentées à l'intérieur.

Juil.-sept. : t.l.j. sf sam. 14h30-18h.
Visite guidée. Visite sur r.-v. pour les groupes toute l'année.

EFFIAT — C2

Château

63260 Effiat
Tél. : 04 73 63 66 76
www.route-chateaux-auvergne.org
Propriété privée
Classé

Le château d'Effiat est construit par Gilbert Coiffier au XVIe s. Agrandissements et création du jardin et du parc sont réalisés entre 1625 et 1632 par Antoine Coiffier, marquis d'Effiat, surintendant des finances sous Louis XIII. Le château est précédé d'une cour d'honneur fermée par un portail aux armes des Effiat. Une pièce d'eau et une grotte de rocaille séparent jardin et terrasse de l'ancien parc. Le château abrite les documents d'archives retraçant l'histoire de la famille Coiffier, dont l'illustre Cinq-Mars (fils d'Antoine Coiffier) mort sur l'échafaud pour avoir conspiré contre Richelieu.

Juil.-août : t.l.j. sf lun. 14h-19h. Visite guidée.
Visite sur r.-v. le reste de l'année et pour les groupes.

C3

ISSOIRE

Abbatiale Saint-Austremoine

1, place Saint-Paul
63500 Issoire
Tél. : 04 73 89 18 53
http://catholique-clermont.cef.fr
Propriété de la commune
Classé

Saint-Austremoine est à l'origine l'église abbatiale d'une abbaye bénédictine. Construite au XIIe s., dégradée par les protestants, puis par la Révolution, l'église est restaurée au XIXe s. Elle adopte la disposition en croix latine des églises romanes élevées aux alentours de Clermont. La particularité de l'église Saint-Austremoine réside dans la polychromie intérieure, restituée lors des restaurations du XIXe s. Elle reflète l'époque romane où les églises étaient peintes. L'église a conservé de remarquables chapiteaux historiés. La crypte abrite une châsse en émaux champlevés de Limoges contenant des reliques de saint Austremoine, patron de l'église.

T.l.j. 9h-19h. Visite libre. ♿

C2 DÉTAIL

LOUBEYRAT

Château de Chazeron

63410 Loubeyrat
Tél. : 04 73 86 59 46
www.chateau-de-chazeron.com
Propriété privée
Classé

Le château de Chazeron est édifié au XIVe s. sur les vestiges d'un château plus ancien. Il est largement transformé au XVIIe s. par François de Monestay de Chazeron, lieutenant général des armées de Louis XIV. On lui doit le perron, la galerie d'honneur, deux ailes et l'installation de la grande grille en fer forgé qui conserve son monogramme. En 1940 le château est transformé en prison et accueille un temps durant des détenus politiques (Blum, Reynaud, Daladier).

Mai-juin, sept. : t.l.j. 15h-18h ; juil.-août : t.l.j. 14h30-18h30.
Visite guidée. Visite sur r.-v. pour les groupes toute l'année.

B3

MONT-DORE (LE)

Thermes

1, place du Panthéon
63240 Le Mont-Dore
Tél. : 04 73 65 05 10
Propriété du département
Classé

La construction des thermes du Mont-Dore commence en 1817. Ils sont agrandis en 1889, puis en 1934. Le bâtiment des vapeurs est reconstruit en 1974. L'édifice présente de larges emprunts à l'architecture et à la décoration romaines, byzantines et romanes. La décoration de pièces entièrement mosaïquées, par Ernest Pincot, est typique de l'entre-deux-guerres.

Mai-20 oct. : t.l.j. sf dim. 14h30, 15h30, 16h30, 17h30 ;
21 oct.-avr. : t.l.j. sf w.-e. 15h. Visite guidée.
Visite sur r.-v. pour les groupes toute l'année (70 pers. max.). ♿

C3

MONTMORIN

Château fort

63106 Montmorin
Tél. : 04 73 68 30 94
www.route-chateaux-auvergne.org
Propriété privée
Classé

L'histoire de ce château, édifié au XIIe s., est étroitement liée à l'histoire de la puissante famille Montmorin qui le conserve jusqu'après la Révolution. Relativement bien conservé il a gardé sa porte fortifiée, surmontée de mâchicoulis et défendue par deux tours. Le corps de garde, adossé à la courtine, abrite dans ses quatre salles une collection d'armes des XIIIe et XVIIIe s. Le chemin de ronde offre un remarquable panorama sur la chaîne des Puys.

1er-15 juin, 15 juil.-août : t.l.j. sf sam. 14h-18h.
Visite guidée. Visite sur r.-v. pour les groupes toute l'année.

MONTPEYROUX — C3

Donjon

63114 Montpeyroux
Tél. : 04 73 96 62 68
Propriété d'une association
Classé

Le fief de Montpeyroux est rattaché en 1212 au comté d'Auvergne par un don de Philippe Auguste. Un donjon cylindrique est alors construit pour assurer au sud-est la défense du village. Ce donjon est complété au début du XIVe s. par une plate-forme crénelée surmontée d'un poste de guet.
Mai-sept. : t.l.j. 9h30-12h30, 14h30-19h30 ;
janv.-avr., oct.-déc. : w.-e. 14h-18h ;
Visite libre. Visite sur r.-v. pour les groupes toute l'année.

MOZAC — C2 Détail

Abbaye Saint-Pierre

Musée lapidaire
63200 Mozac
Tél. : 04 73 38 65 47
Propriété de la commune
Classé

L'abbaye Saint-Pierre, fondée au VIIe s., prospère jusqu'au XIIIe s. Affaiblie par un séisme au XVe s. l'abbaye n'a pas les moyens de relever correctement l'église. Le déclin se poursuit avec sa mise en commende. À la Révolution les six derniers religieux se dispersent. L'église en croix latine fait partie des églises romanes de la région de Clermont et, bien qu'en partie démolie, elle conserve de remarquables chapiteaux aux accents antiques et orientaux.
ÉGLISE Ouvert t.l.j. toute l'année 9h-17h (juin-août 19h).
MUSÉE Juil.-15 sept. : t.l.j. 10h-12h, 15h-19h ;
janv.-juin, mi-sept. à déc. : visite sur r.-v. du lun. au ven. Visite guidée.
Visite sur r.-v. pour les groupes toute l'année (15 pers. min.).

MUROL — B3

Château

16, avenue de Grevenmacher
63790 Murol
Tél. : 04 73 26 02 00
www.chateaudemurol.fr
Propriété de la commune
Classé

Élevé sur un promontoire basaltique au XIIe siècle, le château a longtemps été épargné par les tourmentes de l'histoire. Ce chef-d'œuvre de l'art militaire médiéval subit au XIXe siècle bien des dégradations, avant d'être classé Monument historique. Ont été préservés la chapelle romane, le donjon, les courtines qui épousent le tracé de l'enceinte polygonale primitive, le corps de logis Renaissance et la seconde enceinte élevée aux premiers temps de l'artillerie.
Janv.-mars, oct.-déc. : w.-e., j. fériés et vac. scol. 10h-17h ;
avr.-sept. : t.l.j. 10h-18h. Fermé 1er janv., 14 juil., 25 déc.
Visite libre. Visite guidée w.-e. et vac. scol. 10h-17h.
Visite sur r.-v. pour les groupes toute l'année.

ORCIVAL — B3

Château de Cordès

63210 Orcival
Tél. : 04 73 21 15 89/06 65 53 27 38
www.chateau-cordes-orcival.com
Propriété privée
Classé

Élevé au XVe s., le château de Cordès est acquis en 1659 par le maréchal Emmanuel d'Allègre puis transformé en demeure de plaisance par son fils Yves de Tourzel. Le château se compose de deux corps de logis en équerre flanqués de quatre tours. La cour d'honneur s'ouvre sur un remarquable jardin à la française attribué aux ateliers Le Nôtre. Il se compose de trois salles de verdure dessinées par des charmilles de hêtres de 8 m de haut. Haies de buis et ifs taillés en pyramide enserrent des centaines de rosiers.
Juin, 1er-13 sept. : t.l.j. sf lun. et mar. 10h-12h, 14h-18h ;
juil.-août : t.l.j. 10h-12h, 14h-18h. Visite libre du jardin. Visite guidée du château.
Visite sur r.-v. le reste de l'année et pour les groupes.

L'église Notre-Dame d'Orcival, élevée au début du XIIe s., est restée intacte. En croix latine, elle épouse le plan des églises romanes édifiées autour de Clermont. L'étagement des volumes au chevet est remarquable et traduit l'équilibre des volumes intérieurs. Éminent lieu de pèlerinage, Orcival conserve une remarquable Vierge en majesté du XIIe s. Les vantaux des portails, autrefois recouverts de peaux, conservent des pentures ouvragées d'origine.

Juin-sept. : t.l.j. 8h-20h ;
oct.-mai : t.l.j. 8h-17h. Visite libre. Visite guidée de mi-juil. à mi-août.
Visite sur r.-v. pour les groupes toute l'année (40 pers. max.). ♿

Basilique Notre-Dame

63210 Orcival
Tél. : 04 73 65 89 77
www.terresdomes-sancy.com
Propriété de la commune
Classé

C3 — **PARENTIGNAT**

Château

63500 Parentignat
Tél. : 04 73 89 51 10
www.parentignat.com
Propriété privée
Classé

En 1707 Jean-Antoine de Lastic, chevalier seigneur et prieur de Bredon, achète la seigneurie de Parentignat aux héritiers de Maximilien de Sommyèvre pour son neveu François II de Lastic. En 1775, François IV, son petit-fils, lieutenant général des armées du roi, entreprend une importante campagne de travaux et donne à Parentignat son aspect actuel. Le logis à frontons triangulaires est doté de deux ailes en retour, flanquées de tours. Deux grandes écuries bordent la cour aux parterres gazonnés, fermée par un portail monumental. La terrasse domine un bassin et le parc à l'anglaise. Le château conserve un remarquable mobilier des XVIIe et XIXe s., des tapisseries, une bibliothèque et une exceptionnelle collection de portraits par Largillière, Van Loo, Mignard, Houasse, ainsi que des toiles de Desportes, Oudry ou du Lorrain.

Mai-sept. : w.-e. 14h30-18h30 (5 juin-19 sept. : t.l.j.).
Visite guidée. Visite sur r.-v. pour les groupes.

C2 — **PONT-DU-CHÂTEAU**

Château

Place de l'Hôtel de Ville
63430 Pont-du-Château
Tél. : 04 73 83 73 62
www.ville-pont-du-chateau.fr
Propriété de la commune
Classé

C'est au milieu du XVIIe s. que Guillaume de Montboissier Beaufort-Canillac, marquis de Pont-du-Château, fit construire ce château, sur l'emplacement d'un ancien château incendié en 1580, et sur un site qui accueillit vraisemblablement une forteresse dès le Xe s. D'importants aménagements lui furent apportés au XVIIIe s. Acquis par la commune après la Révolution, le château abrite aujourd'hui l'Hôtel de Ville. Il conserve un remarquable escalier à double révolution en pierre de Volvic et renferme notamment de beaux plafonds à la française peints de blasons et un décor de gypserie. Les anciennes cuisines abritent le musée municipal de l'Ancienne batellerie de l'Allier.

Juil.-août : t.l.j. 10h-12h, 14h-18h. Visite guidée. ♿ sf musée.

B2 — **PONTGIBAUD**

Forteresse de Château Dauphin

63230 Pontgibaud
Tél. : 04 73 88 73 39
www.chateaudauphin.com
Propriété privée
Classé

Château Dauphin est édifié au XIIe s., par Robert Ier Dauphin, comte d'Auvergne. Il est agrandi au XVe s. par le maréchal Gilbert III de La Fayette. En 1756, il est acheté par César de Moré, comte de Chaliers, dont l'arrière-petit-fils assure la restauration et l'entière redécoration au XIXe s. Le corps de bâtiment principal, dominé par un donjon circulaire, occupe le centre de l'ancienne enceinte médiévale dont six tours sont conservées. La forteresse est agrémentée de parterres, du XVIIIe s. et d'un jardin potager.

Juil.-août : t.l.j. sf lun. 14h-19h ; Pâques-Toussaint : dim. et j. fériés 14h-18h.
Visite libre des jardins. Visite guidée. Visite sur r.-v. pour les groupes toute l'année.

RAVEL C2

Château

63190 Ravel
Tél. : 04 73 68 44 63/01 47 57 83 09
www.chateauderavel.com
Propriété privée
Classé

Le château de Ravel est donné en 1294 par le roi Philippe IV le Bel à son conseiller Pierre Flotte, chancelier de France. Il passe à la puissante famille d'Estaing à la fin du XVIe s. On doit à l'amiral d'Estaing (1729-1794) l'aménagement des petits appartements et du jardin. En 1806 le château est vendu à Charles de Riberolles Beaucène, dont les descendants sont les actuels propriétaires. Le château est flanqué de six tours et d'un donjon. La façade d'entrée, bordée d'une terrasse reposant sur une galerie, donne sur les jardins. La salle des États, au plafond à caissons peints et frise héraldique, date du XIIIe s. Au-dessus, l'étage présente une suite d'appartements décorés au XVIIIe s.

Juil.-sept. : t.l.j. 10h-12h, 14h-18h;
Pâques-juin, oct.-Toussaint : t.l.j. 14h-18h, dim. 10h-12h, 14h-18h.
Visite guidée. Visite sur r.-v. pour les groupes. jardins.

RIOM C2 DÉTAIL

Beffroi

63200 Riom
Tél. : 04 73 38 99 94
www.ville-riom.fr
Propriété de la commune
Classé

Le beffroi de Riom, capitale administrative de la Terre d'Auvergne dès le XIIIe s., est rebâti au XVIe s. sur une base médiévale. Le dôme est refait au XVIIe s. et des restaurations sont entreprises à la fin des XVIIIe et XIXe s. Flanqué de sa tour d'escalier, le beffroi s'élève sur trois niveaux carrés. Le quatrième niveau, octogonal, reçoit l'horloge et supporte un dôme reposant sur huit colonnettes. Le beffroi accueille une exposition sur Riom et son patrimoine.

Juil.-août : t.l.j. 10h-12h, 14h-18h (mer. jusqu'à 21h);
sept.-juin : t.l.j. sf lun. 10h-12h, 14h-17h. Fermé 1er janv., 25 déc.
Visite libre. Visite sur r.-v. pour les groupes toute l'année.
(maquette tactile, plan en relief, etc.).

ROMAGNAT C2 DÉTAIL

Château d'Opme

Musée de Lattre-de-Tassigny
63540 Romagnat
Tél. : 04 73 87 54 85
www.route-chateaux-auvergne.org
Propriété privée
Classé

Édifié vers la fin du XIe s., le château d'Opme appartient aux comtes, puis aux dauphins d'Auvergne. Bâti autour d'une cour intérieure, le logis est flanqué de cinq tours, dont seules trois subsistent. En l'an 1613, Antoine de Ribeyre devient propriétaire d'Opme et y effectue d'importants travaux. Il crée une entrée d'honneur et un escalier intérieur, puis aménage deux jardins en terrasse, chacun ordonné autour d'une pièce d'eau. Le jardin de la terrasse supérieure est à la française. Celui de la terrasse inférieure accueille la reconstitution d'un potager XVIIe s. et une remarquable fontaine Renaissance attribuée à Androuet Du Cerceau. Le château abrite un musée dédié au maréchal de Lattre de Tassigny qui a séjourné au château.

15 juil.-15 sept. t.l.j. sf mar. 14h-19h; Pâques-Toussaint : dim. et j. fériés 14h30-18h.
Visite libre. Visite sur r.-v. pour les groupes (20 pers. min.).

SAINT-DIER-D'AUVERGNE C3

Château des Martinanches

63520 Saint-Dier-d'Auvergne
Tél. : 04 73 70 81 98
www.chateau-des-martinanches.com
Propriété privée
Classé

Le château des Martinanches, forteresse médiévale remaniée aux XVe et XVIIIe s., est situé sur la commune de Saint-Dier-d'Auvergne, au cœur du Parc naturel régional du Livradois-Forez. Au fond d'un vallon, il a su défier le temps et expose aujourd'hui aux visiteurs une architecture allégée au fil des années. Il est entouré de douves ou miroir d'eau, agrémenté d'un jardin à la française et d'un parc arboré. Le château est flanqué de quatre tours d'angle et d'une tourelle d'escalier. À l'intérieur, il offre une belle salle voûtée d'ogives avec cheminée Renaissance.

Juil.-août : t.l.j. sf sam. 14h-18h30; mai-Toussaint : dim. et j. fériés 14h-18h.
Visite guidée. Visite sur r.-v. pour les groupes toute l'année.

C3 **SAINT-NECTAIRE**

Église Saint-Nectaire

63710 Saint-Nectaire
Tél. : 04 73 88 50 67/04 73 79 50 40
http://saintnectaire.sancy.com
Propriété de la commune
Classé

Chef-d'œuvre de l'art roman auvergnat, l'église a été édifiée au XIIe siècle sur le tombeau de saint Nectaire, évangélisateur du pays des Couzes. Le bâtiment, dépendant d'un prieuré de la Chaise-Dieu, a conservé ses dispositions d'origine avec son chevet à déambulatoire et chapelles rayonnantes. Le parti architectural est d'une rare monumentalité. L'église de Saint-Nectaire, entièrement restaurée entre 2006 et 2008, offre un remarquable cycle de chapiteaux historiés polychromes (Passion et Résurrection du Seigneur, Vie de saint Nectaire). Le Trésor est riche, entre autres, d'une Vierge en Majesté et du buste doré de saint Baudime.

Mai-oct. : t.l.j. 9h-19h; nov.-avr. : t.l.j. 10h-17h.
Visite libre. Visite guidée t.l.j. sf dim. en juil.-août 15h, 17h.

C3 **SAINT-SATURNIN**

Château royal de Saint-Saturnin

Place de l'Ormeau
63450 Saint-Saturnin
Tél. : 04 73 39 39 64
www.chateaudesaintsaturnin.com
Propriété privée
Classé

Le château de Saint-Saturnin est la résidence des barons de La Tour d'Auvergne dès le XIIIe s. qui le transforment au XVe s., à l'époque Renaissance. Il appartient alors aux reines Catherine de Médicis et Marguerite de Valois, puis au roi Louis XIII. Restauré, il offre un bel exemple de l'architecture militaire médiévale : douves, remparts et chemin de ronde, tours à créneaux et mâchicoulis. Le visiteur découvre le donjon, la cour d'honneur, les terrasses ouvrant sur le parc, les étonnantes charpentes du XVe s. et pénètre dans les grandes salles de réception ainsi que dans la chambre de la Reine.

Mai-juin : t.l.w.-e. 14h-18h30; 1er juil.-15 sept. : t.l.j. 10h-19h.
Visite guidée. Visite sur r.-v. pour les groupes toute l'année (20 pers. min.).

C2 **SERMENTIZON**

Château d'Aulteribe

63120 Sermentizon
Tél. : 04 73 53 14 55
http://aulteribe.monuments-nationaux.fr
Propriété de l'État
Classé

CENTRE DES MONUMENTS NATIONAUX

Situé à la pointe nord des monts du Livradois, à proximité de la voie romaine qui reliait Lezoux au Puy-en-Velay, le château d'Aulteribe offre au regard une architecture composite, à la fois médiévale et romantique. Au début du XIXe s., Henriette Onslow et Joseph de Pierre entreprirent de « rajeunir » l'ancienne forteresse dans le goût romantique et la dotèrent d'une très riche collection de meubles et d'œuvres d'art. En 1954, le marquis Henri de Pierre légua à la Caisse nationale des monuments historiques et des sites le château d'Aulteribe et ses collections : meubles, tapisseries des Flandres et d'Aubusson, tableaux des XVIIe et XIXe s., porcelaines de Chine, etc., forment un ensemble décoratif d'une qualité exceptionnelle.

15 mai-15 sept. : t.l.j. 10h-12h, 14h-18h30;
16 sept.-14 mai : t.l.j. sf lun. 10h-12h, 14h-17h30.
Fermé 1er janv., 1er mai, 1er et 11 nov., 25 déc. Visite guidée.
Visite sur r.-v. pour les groupes toute l'année.

THIERS C2

Maison des Consuls

Musée de la Coutellerie
58 rue de la Coutellerie
63300 Thiers
Tél. : 04 73 80 58 86
www.musee-coutellerie-thiers.com
Propriété de la commune
Inscrit

La maison des Consuls, probablement édifiée au XVIIe s., est située dans le vieux quartier de Thiers. Les pièces ont conservé de belles cheminées du XVIIIe s. La maison abrite une partie du musée de la Coutellerie – spécialité de Thiers depuis le Moyen Âge – évoquant le travail et la vie des ouvriers couteliers au cours des siècles (démonstrations, présentation de collections).

Juil.-août : t.l.j. 10h-12h30, 13h30-19h ; juin, sept. : t.l.j. 10h-12h, 14h-18h ; oct.-mai : t.l.j. sf lun. 10h-12h, 14h-18h. Fermé janv., 1er mai, 24 et 25 déc.
Visite libre. Visite guidée. Visite sur r.-v. pour les groupes toute l'année.

VILLENEUVE-LEMBRON C3

Château

63340 Villeneuve-Lembron
Tél. : 04 73 96 41 64
http://villeneuve-lembron.monuments-nationaux.fr
Propriété de l'État
Classé

Le château de Villeneuve fut édifié à la fin du XVe s. pour Rigaud d'Aureille, bailli des montagnes d'Auvergne, maître d'hôtel des rois Louis XI, Charles VIII, Louis XII et François Ier. Le bâtiment, de plan carré est cantonné de quatre tours. Il a été décoré d'un ensemble de peintures murales dont il subsiste des vestiges dans les deux galeries du corps de logis, dans la chapelle ainsi que dans les anciennes écuries. Au XVIIe s., Isaac Dufour, trésorier de France à Riom achète le château. Il reste de cette époque des boiseries et de magnifiques plafonds peints. En 1937, l'État se porte acquéreur du château et entreprend la restauration qui se poursuit encore aujourd'hui.

15 mai-15 sept. : t.l.j. 10h-12h, 14h-18h30 ; 16 sept.-14 mai : t.l.j. sf lun. 10h-12h, 14h-17h30. Fermé 1er janv., 1er mai, 1er et 11 nov., 25 déc.
Visite guidée. Visite sur r.-v. pour les groupes toute l'année.

VOLVIC C2 Détail

Château fort de Tournoël

63530 Volvic
Tél. : 04 73 33 53 06
www.tournoel.com
Propriété privée
Classé

Juché au sommet d'un éperon rocheux, le château de Tournoël, dont la construction remonte probablement au XIIe s., connaît une histoire mouvementée liée au pillage des ligueurs, à des héritages contestés et à des procès ruineux. Endommagé au XVIe s. il a gardé sa cour d'honneur, plusieurs salles avec de belles cheminées, la chapelle seigneuriale, le donjon carré et le puissant donjon cylindrique.

Juil.-août : t.l.j. 10h-19h30.
Visite libre. Visite guidée.
Visite sur r.-v. pour les groupes toute l'année.

Ci-contre :
château d'Aulteribe, Sermentizon (Puy-de-Dôme).

BOURGOGNE

CÔTE-D'OR – NIÈVRE
SAÔNE-ET-LOIRE – YONNE

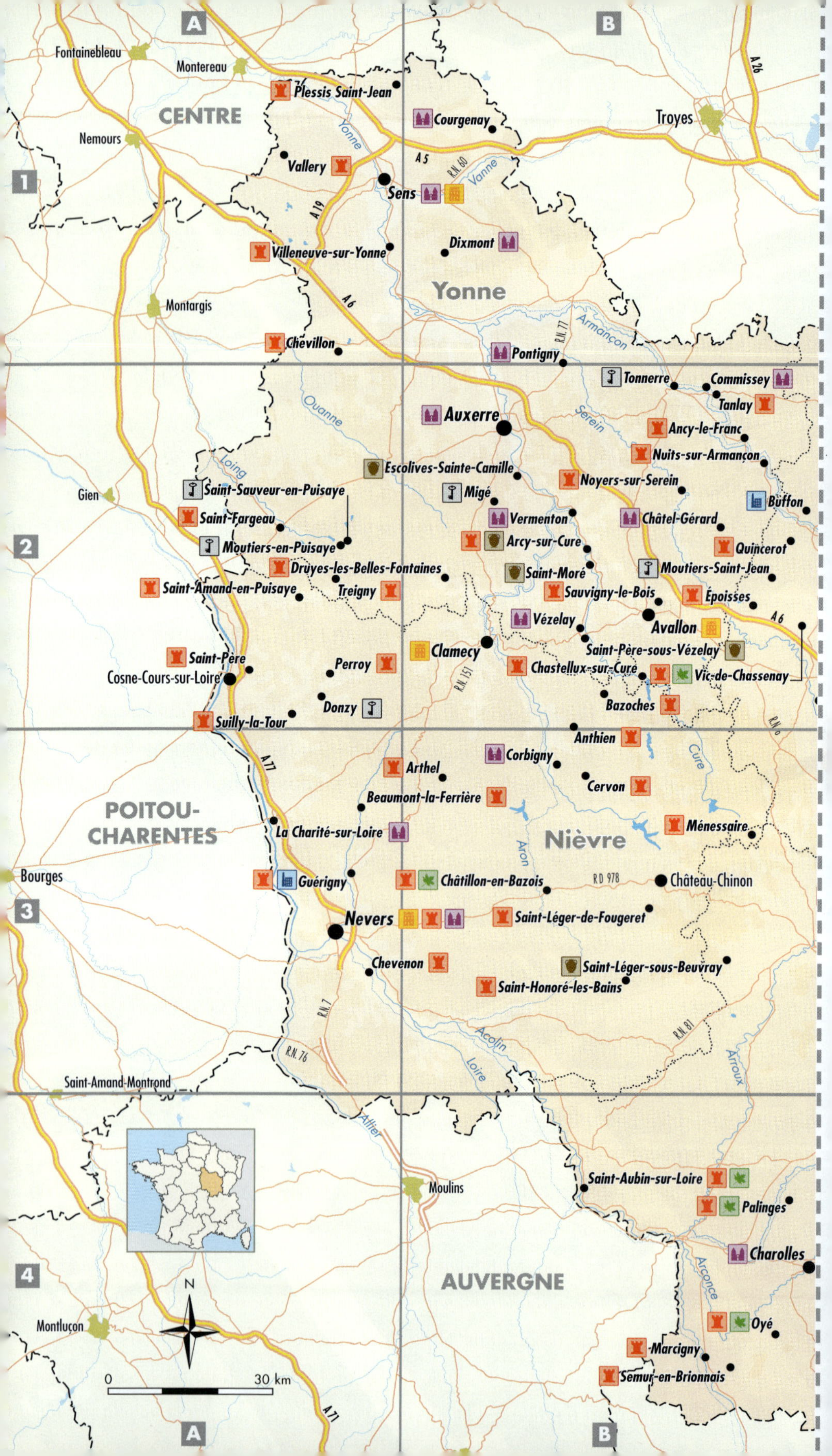
A
B
1
2
3
4
Fontainebleau
Montereau
Plessis Saint-Jean
Courgenay
Troyes
A 26
CENTRE
Nemours
Yonne
Vallery
A 5
R.N. 60
Vanne
Sens
A 19
Dixmont
Villeneuve-sur-Yonne
Yonne
A 6
Montargis
Armançon
R.N. 77
Chevillon
Pontigny
Tonnerre
Commissey
Tanlay
Ouanne
Auxerre
Serein
Ancy-le-Franc
Nuits-sur-Armançon
Loing
Escolives-Sainte-Camille
Noyers-sur-Serein
Saint-Sauveur-en-Puisaye
Migé
Buffon
Gien
Saint-Fargeau
Vermenton
Châtel-Gérard
Arcy-sur-Cure
Quincerot
Moutiers-en-Puisaye
Druyes-les-Belles-Fontaines
Saint-Moré
Moutiers-Saint-Jean
Saint-Amand-en-Puisaye
Treigny
Sauvigny-le-Bois
Époisses
Vézelay
A 6
Avallon
Clamecy
Saint-Père-sous-Vézelay
Saint-Père
Perroy
Chastellux-sur-Cure
Vic-de-Chassenay
Cosne-Cours-sur-Loire
R.N. 151
Donzy
Bazoches
Suilly-la-Tour
Anthien
A 77
Corbigny
Cure
Arthel
Cervon
POITOU-CHARENTES
Beaumont-la-Ferrière
Ménessaire
La Charité-sur-Loire
Nièvre
Aron
Bourges
Guérigny
Châtillon-en-Bazois
RD 978
Château-Chinon
Nevers
Saint-Léger-de-Fougeret
Chevenon
Saint-Léger-sous-Beuvray
Saint-Honoré-les-Bains
R.N. 7
R.N. 81
Acolin
R.N. 76
Loire
Arroux
Saint-Amand-Montrond
Allier
Saint-Aubin-sur-Loire
Moulins
Palinges
Charolles
AUVERGNE
Arconce
N
Oyé
Montluçon
Marcigny
0
30 km
Semur-en-Brionnais
A 71

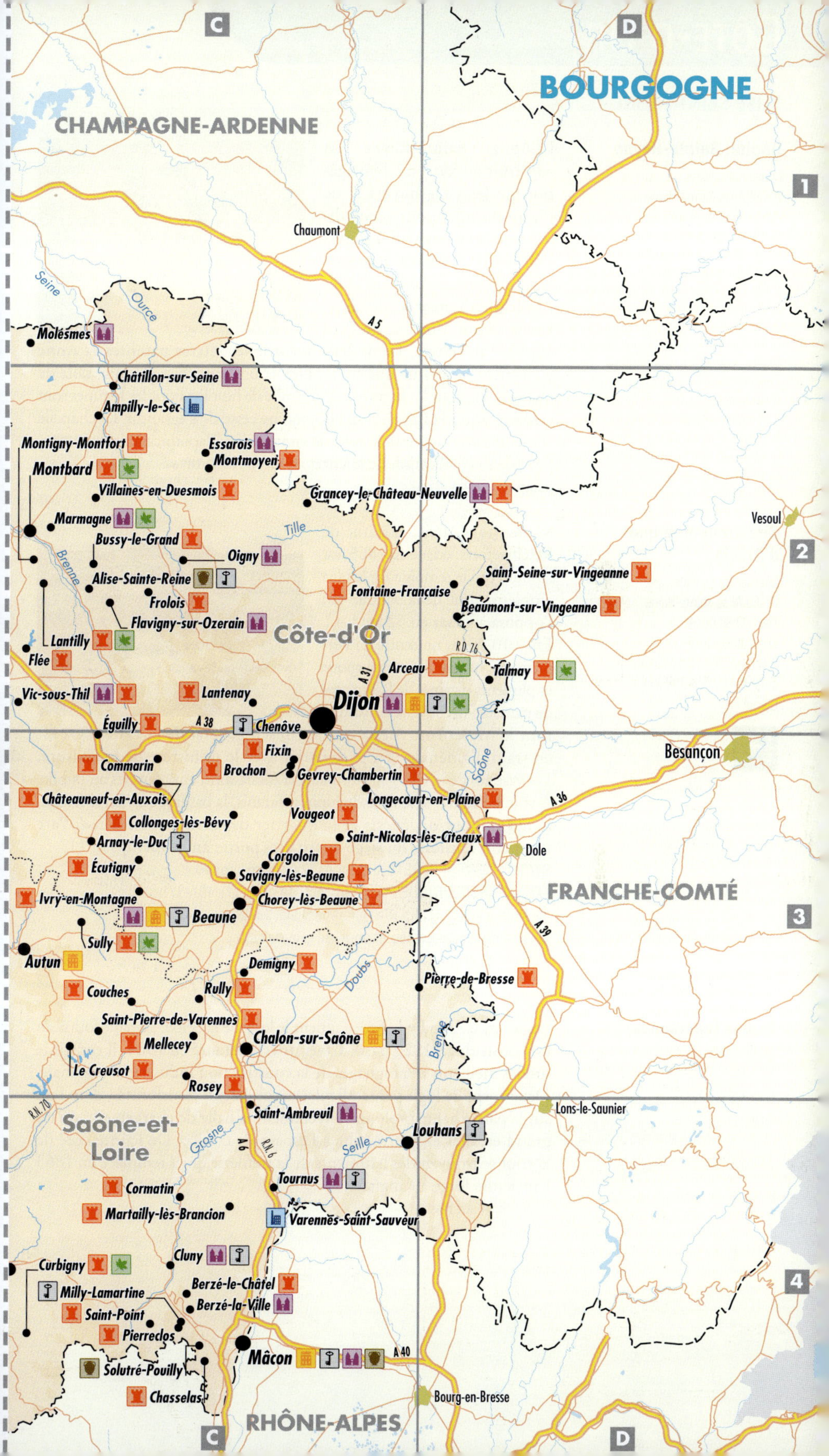
C
D
BOURGOGNE
CHAMPAGNE-ARDENNE
1
Chaumont
Seine
Ource
A 5
Molesmes
Châtillon-sur-Seine
Ampilly-le-Sec
Montigny-Montfort
Essarois
Montmoyen
Montbard
Villaines-en-Duesmois
Grancey-le-Château-Neuvelle
Marmagne
Vesoul
Tille
Bussy-le-Grand
2
Brenne
Oigny
Alise-Sainte-Reine
Saint-Seine-sur-Vingeanne
Fontaine-Française
Frolois
Beaumont-sur-Vingeanne
Flavigny-sur-Ozerain
Côte-d'Or
Lantilly
RD 76
Flée
Arceau
Talmay
A 31
Vic-sous-Thil
Lantenay
Dijon
Éguilly
A 38
Chenôve
Fixin
Besançon
Commarin
Brochon
Gevrey-Chambertin
Saône
Châteauneuf-en-Auxois
Longecourt-en-Plaine
A 36
Vougeot
Collonges-lès-Bévy
Saint-Nicolas-lès-Cîteaux
Arnay-le-Duc
Dole
Corgoloin
Écutigny
Savigny-lès-Beaune
FRANCHE-COMTÉ
Ivry-en-Montagne
Chorey-lès-Beaune
Beaune
3
Sully
A 39
Autun
Demigny
Doubs
Pierre-de-Bresse
Couches
Rully
Saint-Pierre-de-Varennes
Chalon-sur-Saône
Mellecey
Brenne
Le Creusot
Rosey
R.N. 70
Saint-Ambreuil
Lons-le-Saunier
Saône-et-Loire
Grosne
A 6
R.N. 6
Seille
Louhans
Tournus
Cormatin
Martailly-lès-Brancion
Varennes-Saint-Sauveur
Cluny
Curbigny
Berzé-le-Châtel
4
Milly-Lamartine
Berzé-la-Ville
Saint-Point
Pierreclos
Mâcon
A 40
Solutré-Pouilly
Chasselas
Bourg-en-Bresse
RHÔNE-ALPES
C
D

ALISE-SAINTE-REINE C2

Hôpital Sainte-Reyne

Chemin des Bains
21150 Alise-Sainte-Reine
Tél. : 03 80 96 77 02
www.hopital-stereyne.fr
Propriété de la commune
Inscrit et classé

L'hôpital Sainte-Reyne est construit au XVIIe s. à l'instigation de Jean Desnoyers et de Pierre Blondel pour accueillir les nombreux malades venus solliciter une guérison auprès de la source miraculeuse qui jaillit à l'endroit du martyre de sainte Reine. Saint Vincent de Paul appuie l'initiative, Louis XIV accorde les lettres patentes et Anne d'Autriche constitue une rente. Dès 1663, une chapelle, une salle de quatorze lits pour les hommes et une salle de huit lits pour les femmes sont créées. Jusqu'à la Révolution l'hôpital ne cesse de s'agrandir. La chapelle abrite une exposition sur le culte de sainte Reine. L'apothicairerie du XVIIIe s. possède une collection de faïences des XVIIe et XVIIIe s.

Visite uniquement sur r.-v.

Site archéologique d'Alésia

Chemin des fouilles
21150 Alise-sainte-Reine
Tél. : 03 80 96 96 23
www.alesia.com
Propriété d'une association, propriété du département
Classé

Sur le site d'Alésia, la statue de Vercingétorix, érigée en 1865, est aujourd'hui le témoignage le plus emblématique de la bataille qui l'opposa à César en 52 av. J.-C. En 2010-2011, un centre d'interprétation, un musée archéologique et plusieurs dizaines de kilomètres de parcours-découverte constitueront le MuséoParc Alésia que le conseil général de la Côte-d'Or est en train d'aménager en partenariat avec le ministère de la Culture. Les vestiges de la ville gallo-romaine d'Alésia sont, eux, ouverts au public. À voir le théâtre, le temple de Jupiter-Taranis, la basilique civile, le forum, le monument d'Ucuetis et le quartier des artisans. Le MuséoParc racontant l'histoire du siège ouvrira ses portes au printemps 2011.

STATUE DE VERCINGÉTORIX Accès libre toute l'année.
SITE ARCHÉOLOGIQUE Fév.-mars, oct.-14 nov. : t.l.j. 10h-17h ; avr.-juin, sept. : t.l.j. 9h-18h ; juil.-août : t.l.j. 9h-19h.
Visite libre. Visite guidée et pour les groupes sur r.-v.

AMPILLY-LE-SEC C2

Forges (anciennes)

21400 Ampilly-le-Sec
Tél. : 03 80 91 46 53
Propriété privée
Inscrit

Les forges d'Ampilly-le-Sec se situent le long de la Seine. Le haut-fourneau est construit en 1829 par P. Cousturier. Restauré en 1984, il constitue un des meilleurs témoignages de la construction industrielle régionale. Deux corps de logis perpendiculaires subsistent, transformés, dont l'un sur la partie haute prolonge directement la halle de chargement, qu'un grand escalier en pierre relie à l'espace de coulée. De l'autre côté de la cour se trouvent les bâtiments de la tréfilerie qui a remplacé en 1863 l'ancienne forge à l'anglaise.

Visite libre sur r.-v.

C2 **ARCEAU**

Château d'Arcelot

21310 Arceau
Tél. : 03 80 37 18 97
www.arcelot.com
Propriété privée
Inscrit

Le château d'Arcelot est construit entre 1761 et 1765 par Philibert II Verchère, conseiller au parlement de Bourgogne, sous la direction de Thomas Dumorey, architecte en chef de la province, à l'emplacement d'une maison à deux pavillons. Arcelot, premier château néoclassique construit en Côte-d'Or, se compose de trois corps de bâtiment rectangulaires. Le corps central est coiffé d'un toit à versants concaves. Le salon et la chapelle possèdent des stucs et des marbres polychromes, datés de 1764.

Juil.-sept. : mer.-sam. 10h-12h, 14h-18h.
Visite guidée. Visite guidée sur r.-v. pour les groupes (15 pers. min.).

C3 **ARNAY-LE-DUC**

Hôpital Saint-Pierre

Maison régionale des Arts de la table
15, rue Saint-Jacques
21230 Arnay-le-Duc
Tél. : 03 80 90 11 59
www.musee-artsdelatable.com
Propriété de la commune
Inscrit

L'hospice Saint-Pierre est construit en 1693 au bord de l'Arroux. Il abrite aujourd'hui la Maison régionale des Arts de la table. L'ancienne cuisine a conservé un buffet-dressoir d'époque Louis XV et présente une collection de faïences, parmi lesquelles deux plats de Bernard Palissy et un plat d'Urbino. Chaque année une exposition sur un thème lié aux arts culinaires, à la gastronomie et aux arts de la table est présentée dans les salles de l'ancien hospice.

Avr.-nov. : t.l.j. 10h-12h, 14h-18h. Visite libre. Visite guidée pour les groupes.

D2 **BEAUMONT-SUR-VINGEANNE**

Château

Rue de Richebourg
21310 Beaumont-sur-Vingeanne
Tél. : 03 80 47 70 04
Propriété d'une société privée
Classé

Le château de Beaumont-sur-Vingeanne est un ancien château fort construit par Saulx-Tavannes qui a subi les ravages de l'invasion des armées impériales en 1636. L'actuel château dit « Maison des Champs » est édifié en 1724 par Claude Jolyot sur le versant de la colline de Beaumont. Deux avant-corps latéraux rythment la façade antérieure dont les angles sont percés d'une fenêtre contrée et ornés de chaînes de bossages rappelant les ordres antiques ; une balustrade dissimule le toit. Les pièces intérieures sont décorées de boiseries.

Juil.-sept. : t.l.j. 14h30-18h30. Visite guidée.

C3 **BEAUNE**

Hospices de Beaune

Musée de l'Hôtel-Dieu
2, rue de l'Hôtel-Dieu
21200 Beaune
Tél. : 03 80 24 45 00
www.hospices-de-beaune.com
Propriété de l'hôpital de Beaune
Classé

L'hôtel-Dieu de Beaune est fondé par le chancelier de Philippe le Bon, Nicolas Rolin, en 1443. Ce « Palais pour les Pôvres » est doté d'une rente annuelle et de ressources propres, dont les vignes et les salines. Avec ses façades gothiques et ses toits recouverts de tuiles émaillées multicolores en terre cuite il marque l'architecture de la province. À la veille de la Révolution il compte cent douze lits et fonctionne jusqu'en 1971. La pharmacie d'époque Directoire renferme notamment une riche collection de pots couverts en faïence de Nevers et des flacons en verre. L'hospice abrite également de remarquables tapisseries et *Le Jugement dernier*, célèbre polyptyque de Rogier Van der Weyden.

20 mars-21 nov. : t.l.j. 9h-18h30 ; 22 nov.-19 mars : t.l.j. 9h-11h30, 14h-17h30.
Visite libre. Visite guidée sur r.-v. pour les groupes.

Double page d'ouverture :
château de Bussy-Rabutin,
Bussy-le-Grand (Côte-d'Or).

Hôtel des ducs de Bourgogne

Musée des Vins de Bourgogne
Rue d'Enfer
21200 Beaune
Tél. : 03 80 22 08 19
www.beaune.fr/www.musees-bourgogne.org
Propriété de la commune
Classé

L'hôtel des ducs de Bourgogne date des XVe-XVIe s. C'est une demeure à galerie et colombage. La cuverie du XIVe s. abrite une collection de pressoirs et de cuves allant du XVIe et XIXe s. Les collections du Musée du Vin de Bourgogne évoquent l'histoire de la vigne depuis l'Antiquité jusqu'au XXe s. Le travail du vigneron est mis en scène, grâce à la muséographie de Georges-Henri Rivière. Des salles sont consacrées aux rites bachiques et aux arts décoratifs liés à la vigne : faïences, verres, tapisseries de Jean Lurçat et Michel Tourlière, etc.

Avr.-nov. : t.l.j. 9h30-18h ; déc.-mars : t.l.j. sf mar. 9h30-17h.
Fermé 1er janv., 25 déc. Visite libre. Visite guidée.

Porte Marie de Bourgogne

Musée des Beaux-Arts
6, boulevard Perpreuil – 19, rue Poterne
21200 Beaune
Tél. : 03 80 24 56 92/03 80 24 98 70
www.beaune.fr/
www.musees-bourgogne.org
Propriété de la commune
Inscrit

Installé Porte Marie de Bourgogne depuis 2002, le musée présente des collections de sculptures, peintures, objets d'art et dessins du XIIe au début du XXe s. Les points forts de l'accrochage sont la peinture flamande et hollandaise des XVIe et XVIIe s. (atelier de Brueghel de Velours, Droogsloot, etc.), ainsi que les œuvres d'Hippolyte Michaud et de Félix Ziem, peintres beaunois du XIXe siècle. La Bourgogne se trouve représentée grâce à des œuvres de Rude, de Prud'hon mais aussi de Naigeon et Darviot.

Janv.-déc. : t.l.j. 14h-18h (sf mar. de déc. à mars). Fermé 1er janv., 25 déc.
Visite libre. Visite guidée.

BROCHON — C3

Château Stephen Liégeard

1, rue Stephen-Liégeard
21220 Brochon
Tél. : 03 80 52 93 01
Propriété de la région
Inscrit et classé

Le château de Brochon est construit entre 1895 et 1902 par les architectes Leprince et Perreau pour Stephen Liégeard (homme politique, poète et mécène qui inventa l'appellation « Côte d'Azur ») au milieu de jardins dessinés par Eugène Bülher. Son architecture est inspirée de la Renaissance, notamment du château d'Azay-le-Rideau. Il se compose de deux corps principaux reliés entre eux par un gros pavil-lon. Une tour de plan carré, une tour ronde abritant un escalier à vis suspendu, des tourelles en surplomb complètent l'ensemble. À l'intérieur, la salle à manger a conservé des boiseries ornées de guirlandes de fleurs et fruits ainsi qu'un plafond peint de scènes de vendanges.

Mi-juil. à mi-août : jeu.-dim. 14h-18h. Visite guidée à 14h30 et 16h30.

BUFFON — B2

Grande forge

Musée de la Sidérurgie
21500 Buffon
Tél. : 03 80 92 10 35
http://grandeforgedebuffon.c.la
Propriété privée
Classé

La forge de Buffon est construite en 1768 sur une dérivation de l'Armançon par le naturaliste Georges-Louis Leclerc de Buffon qui réalise ses expériences sur la fusion. La force hydraulique permet de faire fonctionner les soufflets pour le haut-fourneau, les marteaux pour l'affinerie, la fenderie pour la finition des fers et les lavoirs à minerai. Cette usine sidérurgique regroupe sur le même site l'ensemble des opérations de production, les habitations ouvrières et la maison du maître. Au XIXe s. elle produit 450 t de barres de fer.

Avr.-sept. : t.l.j. sf mar. 10h-12h, 14h30-18h. Visite libre.
Visite guidée à 15h, 16h et 17h. Visite sur r.-v. pour les groupes (20 pers.).

C2

BUSSY-LE-GRAND

Château de Bussy-Rabutin

Rue du Château
21150 Bussy-le-Grand
Tél. : 03 80 96 00 03
http://bussy-rabutin.monuments-nationaux.fr/
www.bussy-rabutin.com
Propriété de l'État
Classé

Le château de Bussy-Rabutin est un ancien manoir du XVe s. transformé au XVIIe s. par la famille des Rabutin. C'est au comte Roger de Bussy-Rabutin que l'on doit une remarquable décoration intérieure. Ce cousin de Mme de Sévigné, exilé en Bourgogne par Louis XIV, a exprimé de façon truculente sur les murs de son château ses ressentiments et sa nostalgie de la Cour. La salle des Devises, le salon des Hommes de Guerre, la tour dorée, la chambre de Bussy et la galerie des Rois restent un témoignage unique de l'esprit du Grand Siècle. Les 12 ha du parc accueillent un parterre classique, bassins et fontaines, labyrinthe et architectures végétales.

15 mai-14 sept. : t.l.j. sf lun. 9h15-12h, 14h-18h ; 15 sept-14 mai : t.l.j. sf lun. 9h15-12h, 14h-17h. Fermé 1er janv., 1er mai, 1er et 11 nov., 25 déc.
Visite libre. Visite guidée. Visite guidée sur r.-v. pour les groupes.

C3

CHÂTEAUNEUF-EN-AUXOIS

Château de Châteauneuf

Grand-Rue
21320 Châteauneuf-en-Auxois
Tél. : 03 80 49 21 89
www.cr-bourgogne.fr
Propriété de la région
Classé

En Bourgogne, installé dans le village de Châteauneuf, le château de Châteauneuf-en-Auxois, puissante forteresse médiévale construite sur un éperon rocheux dominant la vallée, a subi plusieurs modifications architecturales au cours des siècles. Philippe Pot, conseiller du duc Philippe le Bon et chevalier de la Toison d'or, fit construire à partir de 1459 un ensemble de logis de style flamboyant autour du donjon carré du XIIe s. et de son enceinte du XIIIe s. À voir particulièrement la chapelle décorée de peintures murales du Christ et des apôtres (Crédo apostolique) et la réplique du tombeau de Philippe Pot conservé au Louvre, ainsi que, dans les appartements, les tapisseries illustrant la vie de Moïse datant du début du XVIIe s.

Janv.-14 mai, 15 sept.-déc. : t.l.j. sf lun. 10h-12h30, 14h-17h45 ;
15 mai-16 sept. t.l.j. sf lun. 9h30-12h30, 14h-18h45.
Fermé 1er janv., 1er mai, 1er et 11 nov., 25 déc. Visite guidée. (sur r.-v.).

C2

CHÂTILLON-SUR-SEINE

Abbaye Notre-Dame de Châtillon

Musée du Châtillonnais
Rue du Bourg
21400 Châtillon-sur-Seine
Tél. : 03 80 91 24 67
www.musees-bourgogne.org/
www.musee-vix.fr
Propriété de la communauté de communes
Classé

L'abbaye Notre-Dame de Châtillon a été fondée à l'initiative de Bernard de Clairvaux. Les bâtiments conventuels, entièrement restaurés, abritent désormais le musée archéologique qui présente les découvertes des sites de la région. Il expose notamment les vestiges découverts à Vertault, fouille qui a livré de nombreux objets illustrant la vie quotidienne et l'artisanat de l'époque gallo-romaine, et ceux du mont Lassois dont la pièce majeure est le vase de Vix, découvert en 1953 dans la sépulture d'une jeune princesse celte du premier âge du fer. Il s'agit du plus grand vase de bronze connu.

Sept.-juin : t.l.j 9h-12h, 14h-18h ; juil.-août : t.l.j. 10h-19h.
Fermé 1er janv., 1er mai, 25 déc. Visite libre. Visite guidée sur r.-v.

CHENÔVE C3

Pressoirs des ducs de Bourgogne

8, rue Roger-Salengro
21300 Chenôve
Tél. : 03 80 52 82 83/03 80 51 55 70
www.ville-chenove.fr
Propriété de la commune
Inscrit

Les Pressoirs des ducs de Bourgogne, symbole prestigieux de la tradition viticole dans la région, remonte au XIIIe s. Ils sont logés dans un cellier dont la charpente est remarquable. L'un d'eux dispose d'un mécanisme de levier, un énorme contrepoids en pierre, dit « la Margot », qui développe 20 t de pression. Rénovés entièrement au début du XVe s., sous Philippe le Hardi, ils fonctionnent jusqu'en 1926 au rythme journalier de 23 000 l de jus de raisin. La vinification se faisant directement dans les caves placées sous la cuverie.

Juil.-août : t.l.j. 10h-12h, 14h-18h ; sept. : w.-e. 10h-12h, 14h-18h.
Visite libre. Visite guidée sur r.-v. pour les groupes.

CHOREY-LÈS-BEAUNE C3

Château

2, rue Jacques-Germain
21200 Chorey-lès-Beaune
Tél. : 03 80 22 06 05
www.chateau-de-chorey-les-beaune.fr
Propriété d'une société privée
Inscrit

Le château de Chorey est probablement construit au XIIIe s. par Jean de Frolois. Propriété de Jean de Damas jusqu'en 1572, il est endommagé à plusieurs reprises, avant d'être entièrement restauré au XVIIe s. par les Migieu. Le château formant un rectangle est bordé de douves. De la maison forte subsistent deux tourelles dans la basse-cour. Le corps principal est coiffé d'un toit en pavillon comme la tourelle de plan massé qui abrite un escalier tournant desservant les étages. Un jardin, orné de bassins et abritant un pigeonnier, agrémente l'ensemble.

14 juil.-août : t.l.j. 9h-11h30, 14h-17h30. Visite extérieure. Visite libre.

COLLONGES-LÈS-BÉVY C3

Château

Route des Messanges
21220 Collonges-lès-Bévy
Tél. : 03 80 61 40 29
ras.dehautdesigny@free.fr
Propriété privée
Inscrit

Le château de Collonges est bâti vers 1685 par Prosper Bauyn à l'emplacement d'une forteresse dont subsistent les fossés, puis transformé vers 1720 par Louis-Georges de Massol. Au début du XIXe s. il est vendu au général Gassendy, puis passe aux Marey-Monge qui l'aménagent. Il forme un corps de logis rectangulaire avec deux ailes en retour d'équerre. Une terrasse à balustre adossée à la façade ouest est supportée par une galerie percée de grandes baies en plein cintre. Les tours du XVIIe s. abritent une chapelle et un pigeonnier. À l'intérieur, certaines pièces ont gardé leur décor d'origine.

12 juil.-20 août : t.l.j. 13h-19h. Visite guidée.

COMMARIN C3

Château de Commarin

21990 Commarin
Tél. : 03 80 49 23 67
www.commarin.com
Propriété privée
Classé

Le château de Commarin est une maison forte du XIIe s. transformée en puissante forteresse au début du XVe s. par Jean de Cortiambles. Restauré et embelli au cours des siècles par les descendants de la même famille, le château forme un quadrilatère entouré de douves franchies par un pont dormant. Dans la cour d'honneur deux tours, vestiges du château, précèdent le corps de logis élevé en 1702. L'intérieur renferme du mobilier et des œuvres d'art, dont quatre tapisseries du XVIe s. tissées à l'occasion du mariage de Girard de Vienne.

Avr.-nov. : t.l.j. 10h-12h, 14h-18h. Visite guidée. Visite libre du parc de 8h à 18h.

C3 **CORGOLOIN**

Château de Cussigny

21700 Corgoloin
Tél. : 03 80 62 98 28
Propriété privée
Inscrit

Le château de Cussigny est une ancienne maison forte du XIVe s., reconstruite en 1742 par Henri Bénigne qui conserve alors l'aspect défensif du château avec ses quatre tours carrées et ses larges douves. En 1788, la famille de Loisy supprime deux tours et fait bâtir deux logements dans le prolongement des ailes. Au début du XIXe s. l'aile nord et les deux dernières tours d'angle sont démolies tandis que les fossés sont comblés. Les bâtiments forment aujourd'hui un L. Les façades limitées par des jambes en bossages sont couronnées de frontons et percées de trois portes en plein cintre.

Mi-juil. à mi-août : t.l.j. 10h-12h, 14h30-18h30.
Visite libre du jardin à la française. Visite guidée des intérieurs sur r.-v.

C2 **DIJON**

Palais des ducs et des États de Bourgogne

Musée des Beaux-Arts
Place de la Libération
21000 Dijon
Tél. : 03 80 74 52 09
www.musees-bourgogne.org
Propriété du département, propriété de la commune
Classé

Le Palais des États de Bourgogne, commencé au XVIIe s. par Jules Hardouin-Mansart, s'ordonne autour de trois cours souveraines englobant l'ancien palais ducal médiéval. La tour Philippe-le-Bon de 1450, haute de 50 m, domine la cour d'honneur. Le logis du roi est flanqué de deux ailes en retour d'équerre. À l'ouest, les bâtiments entourant la cour de Flore sont terminés peu avant 1789. Ils intègrent, dans l'angle nord-est, la chapelle des Élus où était célébrée la messe durant la session des états de Bourgogne. Un escalier dessiné en 1735 par Gabriel conduit à la salle des États. La cour de Bar dominée par la tour de Philippe le Hardi, partie la plus ancienne du palais, date du XIVe s. Elle abrite le prestigieux musée des Beaux-Arts qui présente, entre autres, les tombeaux des ducs.

Mai-oct. : t.l.j. sf mar. 9h-18h ; 2 nov.-30 avr. : t.l.j. sf mar. 10h-17h.
Fermé 1er janv., 1er et 8 mai, 14 juil., 1er et 11 nov., 25 déc. Visite libre.
Visite guidée sur r.-v. Depuis le printemps 2008 les travaux de rénovation du musée des Beaux-Arts ont commencé. Le musée reste ouvert, mais le parcours de visite peut être perturbé. Merci de vous renseigner à l'avance.

Cathédrale Sainte-Bénigne et sa crypte

Place Sainte-Bénigne
21000 Dijon
Tél. : 03 80 30 39 33
cathedralestbenignedijon@wanadoo.fr
Propriété de l'État
Classé

La cathédrale Sainte-Bénigne est une ancienne abbatiale de style gothique bourguignon. En l'an 1001, l'abbé Guillaume de Volpiano fait bâtir, sur les ruines d'une église, une basilique romane accompagnée d'une crypte et d'une rotonde. L'église s'effondre en 1271. Le bâtiment gothique présente une façade à contreforts massifs et saillants, deux tours octogonales aux toits couverts de tuiles multicolores. La crypte romane, vestige de la rotonde à trois étages, conserve une fosse contenant les restes du sarcophage de saint Bénigne, mort au IIIe s.

CATHÉDRALE T.l.j 9h-19h.
CRYPTE T.l.j. 9h-18h. Visite libre. Visite guidée.

Hôtel Lantin

Musée national Magnin
4, rue des Bons-Enfants
21000 Dijon
Tél. : 03 80 67 11 10
www.musee-magnin.fr
Propriété de l'État
Classé

L'hôtel Lantin est construit entre 1652 et 1681 par Étienne Lantin, conseiller à la Chambre des comptes. La famille Magnin l'acquiert au XIXe s. Il est réaménagé par Perret dans les années trente pour y accueillir les collections que Maurice Magnin lègue avec l'hôtel à l'État. Le musée garde son aspect de cabinet d'amateur et de demeure habitée, selon le vœu du donateur, et conserve plus de deux mille tableaux, dessins et objets d'arts, dont d'importantes œuvres de Le Sueur, La Hyre, Bourdon, Champaigne et Lafosse.

T.l.j. sf lun. 10h-12h, 14h-18h; nocturne le 1er mar. du mois jusqu'à 20h.
Fermé 1er janv., 25 déc. Visite libre. Visite sur r.-v. pour les groupes.
(audioguide avec fonction vidéo en langue des signes).

Monastère des Bernardines

Musée d'Art sacré,
Musée de la Vie bourguignonne
17, rue Sainte-Anne
21000 Dijon
Tél. : 03 80 48 80 90
www.musees-bourgogne.org
Propriété de la commune
Classé

L'hospice Sainte-Anne fondé au XVIIe s., s'installe en 1803 dans le monastère des sœurs Bernardines chassées à la Révolution. Les Cisterciennes de l'abbaye Notre-Dame de Tart arrivent à Dijon en 1623. Un cloître et une maison pour leur aumônier sont construits dès 1679 et l'édification d'une église est confiée à Louis Trestournel, frère de la congrégation de l'Oratoire, sur le modèle de celle de l'ordre de la Visitation. En 1767, l'ensemble conventuel se parachève par la construction de la maison des sœurs tourières. La ville de Dijon achète l'église en 1950, la restaure et y installe le musée d'Art sacré. Le cloître du XVIIe s. abrite le musée de la Vie bourguignonne.

Mai-sept. : t.l.j. sf mar. 9h-12h30, 13h30-18h;
oct.-avr. : t.l.j. sf mar. 9h-12h, 14h-18h. Fermé 1er janv., 1er et 8 mai, 14 juil., 1er et 11 nov., 25 déc. Visite libre. Visite guidée sur r.-v.

Jardin des Sciences

Muséum-Planétarium-Jardin botanique
Parc de l'Arquebuse
1, avenue Albert-Ier et
14, rue Jehan de Marville
21000 Dijon
Tél. : 03 80 48 82 00
www.musees-bourgogne.org
Propriété de la commune
Classé

Le muséum, abrité dans les bâtiments de l'ancienne caserne des arquebusiers datant de 1608, a été fondé par Léonard Nodot, Dijonnais passionné de nature. Il présente de façon interactive des collections diverses en minéralogie, fossiles, insectes, animaux naturalisés, coquillages, momies, statues et objets de civilisations anciennes. À ce bâtiment, s'ajoutent le Pavillon du Raines qui reçoit des expositions temporaires et le planétarium. À voir également le jardin botanique et la roseraie. L'ensemble forme le Jardin des Sciences.

T.l.j. : 9h-12h, 14h-18h (mai-août : 19h); w.-e. : 14h-18h.
Fermé 1er janv., 1er et 8 mai, 14 juil., 1er et 11 nov., 25 déc.
Visite libre. Visite guidée sur r.-v. pour les groupes.

ÉCUTIGNY C3

Château

21360 Écutigny
Tél. : 03 80 20 02 51
Propriété privée
Inscrit et classé

Le château d'Écutigny, construit sur un site gallo-romain, remonte au XIIe s. En 1596, Jean Jaquot, trésorier de France en Bourgogne l'acquiert. Il va entreprendre des travaux avec son petit-fils, Antoine Joly, afin de reconstruire l'ancienne place forte « à la moderne », ce dont témoignent aujourd'hui deux pierres portant les dates de 1632 et 1646. Édifié sur une terrasse dominant la vallée, on accède au château par une allée plantée d'arbres et un pont de pierres flanqué de deux piliers du XVIIIe s. Le château est entouré d'une douve sèche datant du XVe s. qui protégeait sans doute le logement seigneurial primitif. C'est au XVIIe s. que des appartements furent aménagés dans le corps de logis principal, reconstruit au-dessus d'un sous-sol voûté en berceau maintenu tel quel.

12 août-sept. : t.l.j. 9h-12h, 14h-17h. Visite guidée.

C3 **ÉGUILLY**

Château

21320 Éguilly
Tél. : 03 80 90 72 90
Propriété privée
Classé

Le château d'Éguilly est probablement bâti à la fin XIIe s. Modifié par la famille d'Éguilly jusqu'à la fin du XVe s., puis reconstruit par la famille de Choiseul en 1692, il passe ensuite à la famille de Mac-Mahon dans la seconde moitié du XVIIIe s. Le château est clos d'une enceinte rectangulaire cernée de douves et flanqué, dans ses angles nord, de tours carrées et, dans ses angles sud, de tours rondes. Les corps de logis élevés d'un étage carré sont couverts de hauts toits à croupes percés de lucarnes à ailerons. Une chapelle de deux travées voûtées d'ogives ainsi qu'un puits à margelle circulaire complètent l'ensemble.

T.l.j. : 10h-12h, 14h-18h. Visite guidée.

B2 **ÉPOISSES**

Château

21460 Époisses
Tél. : 03 80 96 40 56/01 42 27 73 11
www.chateaudepoisses.com
Propriété privée
Classé

Ancienne résidence royale mérovingienne, la forteresse d'Époisses est une place forte très importante du duché de Bourgogne. Entouré d'une double enceinte de fortifications pouvant accueillir la population en cas de troubles, le château proprement dit se composait de sept tours reliées par un chemin de ronde. La tour de Bourdillon, la plus ancienne, date du Xe s. Après les guerres de Religion, au XVIIe s. le château est transformé en demeure d'habitation confortable et les façades sur cour sont modifiées plusieurs fois. Si trois tours ont été rasées à la Révolution, le château garde son aspect de forteresse.

Juil.-août : t.l.j. sf mar. 10h-12h, 14h-18h. Parc ouvert toute l'année : 9h-19h. Visite libre. Visite guidée sur r.-v. pour les groupes d'avr. à oct.

C2 **ESSAROIS**

Abbaye du Val-des-Choues

8, chemin de Val-des-Choues
21290 Essarois
Tél. : 03 80 81 01 09
www.abbayeduvaldeschoues.com
Propriété privée
Inscrit

L'abbaye du Val-des-Choues est fondée au XIIe s. selon une règle combinant celle de saint Benoît, les principes d'observances des Cîteaux et certaines prescriptions des Chartreux. Un chartreux de Lugny, le frère Viard, serait à l'origine de sa fondation. Elle est reconnue par Rome en 1203 et devient chef d'ordre de vingt monastères. L'édification des bâtiments se poursuit jusqu'au XIVe s. Rattachée en 1761 à l'ordre cistercien elle devient l'abbaye du Val-Saint-Lieu. Elle est vendue comme bien national en 1799 ; les bâtiments des XII-XIVe s. ont alors disparu. Seuls subsistent ceux des XVIIe et XVIIIe s., réunis autour de la cour de la Famille.

Avr.-juin, sept. : t.l.j. sf mar. 13h-17h ; juil.-août : t.l.j. 10h-18h ; oct.-Toussaint : w.-e. 13h-17h. Visite libre.

FIXIN C3

Manoir de la Perrière

21220 Fixin
Tél. : 03 80 52 47 85
http://pagesperso-orange.fr/joliet
Propriété privée
Inscrit

Le manoir de la Perrière se situe en haut du village de Fixin. Ancien pavillon de chasse des ducs de Bourgogne, il est donné aux religieux de l'abbaye de Cîteaux par l'un d'eux, vraisemblablement le duc Hugues II. Il est d'abord une maison de convalescence pour les moines, puis un abri face aux invasions des bandes de pillards. Le manoir est alors fortifié et entouré d'épaisses murailles. Les bâtiments qui subsistent datent des XIIIe et XVIIIe s. La cave voûtée soutenue par des piliers ronds et carrés abrite un pressoir du XIIIe s. et deux cuves. Dans le jardin subsiste un colombier carré. La tour accolée à l'immeuble dans la cour du manoir provient de l'hôtel de la Galère, rue de la Liberté à Dijon, qui était en démolition. Depuis 1850, la famille Joliet y produit le premier cru Clos de la Perrière.

T.l.j. : 8h-18h (hors vendanges).

FLAVIGNY-SUR-OZERAIN C2

Abbaye de Flavigny

Rue de l'Abbaye
21150 Flavigny-sur-Ozerain
Tél. : 03 80 96 20 88
www.anis-flavigny.com
Propriété d'une société privée
Classé

La fondation de l'abbaye bénédictine de Flavigny remonte au VIIIe s. Elle comprend une grande église abbatiale, la basilique Saint-Pierre, et des bâtiments claustraux. La crypte Sainte-Reine est la partie inférieure de l'abside carolingienne construite en 758. En 864, les restes de sainte Reine, martyrisée à Alise, y sont placés. Une chapelle hexagonale avec un déambulatoire se situe dans le prolongement de la crypte dont le style rappelle des rotondes préromanes de Saint-Bénigne de Dijon et de Saulieu. Reconstruite par les bénédictins en 1618, l'abbaye abrite actuellement la fabrique d'anis de la Maison Troubat.

FABRIQUE T.l.j. sf w.-e. 9h-10h45. Fermé trois semaines en été et une semaine entre Noël et 1er janv.

CRYPTE 7 fév.-août : t.l.j. 9h-12h, 14h-18h ; sept.-6 fév. : lun.-jeu. 8h30-11h30, 14h-17h (16h le mer.) ; ven. 8h30-11h30 ; w.-e. 10h-18h.

FLÉE C2

Château

21140 Flée
Tél. : 03 80 97 17 07/06 73 20 04 06
www.chateaudeflee.fr
Propriété privée
Inscrit

Le château de Flée est une ancienne maison forte attestée dès 1252. De nombreux seigneurs s'y succèdent, dont le prince de Rohan-Montauban et Louis Dupille de Saint-Séverin, ancien trésorier de la maison du roi, qui fait bâtir à la fin du XVIIIe s. l'actuel château. Il est en partie détruit en 1932. Amputé de son aile nord et de trois travées de corps de logis, il se compose de deux étages et d'un étage de comble. Il est couvert d'un toit avec brisis et terrasson, éclairé de grandes baies rectangulaires et de lucarnes en chapeau de gendarme. Un parc à l'anglaise agrémente l'ensemble.

Avr.-oct. : t.l.j. 10h-12h, 15h-18h. Visite guidée sur r.-v.
Hébergement possible au château.

D2 **FONTAINE-FRANÇAISE**

Château

Rue Honorine-de-Monaco
21610 Fontaine-Française
Tél. : 03 80 75 80 40
Propriété privée
Classé

Le château de Fontaine-Française, construit par les Vergy au XIIIe s., est reconstruit par François Bollioud de Saint-Julien, receveur général du clergé, sur les plans de l'architecte parisien Souhard de 1754 à 1758. Le château comprend un corps central de plan rectangulaire allongé que flanquent deux ailes en retour d'équerre. Il présente un étage de soubassement, un rez-de-chaussée, un étage carré percé de fenêtres rectangulaires et un étage de comble percé de lucarnes en plein cintre. Les salons intérieurs rappellent le passage d'Honorine de Grimaldi, princesse de Monaco, de Mme de Saint-Julien, de Voltaire et de Mme de Staël.

Juil.-sept. : t.l.j. sf mar. 10h-12h, 14h-18h. Visite guidée.

C2 **FROLOIS**

Château

21150 Frolois
Tél. : 03 80 96 22 92
Propriété privée
Inscrit

Le château de Frolois, implanté sur un promontoire rocheux surplombant la vallée du Vau, est au XIe s. une imposante forteresse appartenant aux puissants sires du village. Au XIIIe s. celle-ci englobe l'église paroissiale et cinq tours, l'ensemble étant séparé du plateau par un fossé taillé dans le roc. Plusieurs fois remanié et partiellement détruit à la Révolution, le château comprend aujourd'hui un corps de logis, de plan rectangulaire allongé, flanqué d'une aile à un demi-étage plus élevé. Il conserve de beaux plafonds aux poutres peintes, décorées de roses. D'autres pièces sont ornées de toiles peintes marouflées appelées « tapisseries de Bergame ».

Juil.-août : t.l.j. 14h30-18h30. Visite guidée sur r.-v.

C3 **GEVREY-CHAMBERTIN**

Château de Gevrey

Place du Château
21220 Gevrey-Chambertin
Tél. : 03 80 34 36 77
http://chateaudegevrey.free.fr
Propriété d'une société privée
Inscrit

Le château de Gevrey est un ancien prieuré fortifié construit vers 1257 par Yves de Poisey, abbé de Cluny, en forme de quadrilatère sur un terrain appartenant à l'abbaye. Siège d'un prieuré monastique, il est abandonné par les religieux, mais reste le centre de leur exploitation. Pillé pendant les guerres de Religion et en partie détruit, il tombe en ruine. Vendu à la Révolution il est ensuite régulièrement habité. Un incendie en 1976 détruit sa toiture et la cuverie. L'entrée fortifiée flanquée d'une tour et le logis, cantonné d'une tourelle abritant un escalier et d'une grosse tour d'angle de la fin du XIIIe s., sont les seuls bâtiments subsistant de l'ancien château. Gevrey-Chambertin est aujourd'hui l'un des fleurons du vin de Bourgogne.

Ven-dim. : 10h-12h, 14h-18h (17h en hiver);
les autres jours de la semaine sur r.-v.
Fermé 1er janv., jour de Pâques, 15 août, 25 déc. Visite guidée.

C2 **GRANCEY-LE-CHÂTEAU-NEUVELLE**

Château de Grancey et collégiale Saint-Jean

21580 Grancey-le-Château-Neuvelle
Tél. : 03 80 75 63 45/03 80 75 60 30
Propriété privée
Classé

Le château de Grancey est construit au XIIe s. sur un éperon rocheux dominant la vallée de la haute Tille. Modifié et agrandi aux XIIe et XVe s., il est laissé à l'abandon par ses propriétaires, avant d'être repris en 1700 par Jacques-Léonord Rouxel, second maréchal de Médavy, qui construit une vaste demeure sur les fondations du donjon. Le château de plan rectangulaire est encore entouré de son enceinte fortifiée. Son vaste corps de logis aux lignes très sobres et éclairé de multiples fenêtres est couvert de toits plats dissimulés par une balustrade. Du château médiéval subsistent l'entrée, des tours rondes et carrées et la chapelle construite dans une tour au XIIIe s., agrandie au XIVe et modifiée aux XVe et XIXe s. Elle renferme des peintures murales et un orgue.

Juil.-août : t.l.j. sf dim. et j. fériés. 15h, 16h ou sur r.-v.
Visite guidée de la collégiale uniquement.

IVRY-EN-MONTAGNE C3

Château de Corabœuf

21340 Ivry-en-Montagne
Tél. : 03 80 20 22 87
Propriété privée
Classé

Possédé du XIe au XIVe s. par la famille de Corabœuf, le fief passe aux Salins qui édifient vers 1450 un donjon carré sur un site isolé à flanc de pente. En 1478, Louis XI donne l'ordre de le démolir sans que cela soit suivi d'effet. L'incendie de 1567 par l'armée huguenote n'a pas davantage raison du château de Corabœuf. L'accès dans la cour carrée se fait par une tour-porche couverte d'une haute toiture posée sur d'anciens mâchicoulis. Cette tour comprend une porte charretière et une porte piétonne que surmontent trois ouvertures destinées au pont-levis disparu. En 1860, une aile est ajoutée dans un style néogothique, avec fenêtres à meneaux. Des jardins aménagés au XVIIIe par Jean-Baptiste Richard d'Ivry, seuls subsistent une pièce d'eau et un petit pavillon.

Pâques-Toussaint : t.l.j. 9h-19h. Visite libre extérieure.
Exposition dans la salle basse du donjon. ♿

LANTENAY C2

Château

2 *bis*, rue du Château
21370 Lantenay
Tél. : 03 80 35 33 77
Propriété privée
Inscrit et classé

Commencé vers 1655 par Jean Bouhier, conseiller au parlement de Dijon, le château de Lantenay est achevé par Antoine-Bernard Bouhier entre 1700 et 1741. Une restauration en 1922 modifie la distribution et la décoration des pièces. Il se compose de deux bâtiments en L hauts d'un étage et flanqués à chaque extrémité d'un pavillon carré possédant deux niveaux. L'aile sud est reliée au corps central par un portique ouvrant sur la cour par une serlienne. Chacun des pavillons renferme un escalier monumental. Dans le parc à l'anglaise subsistent le colombier et l'ancienne chapelle.

Mi-mai à sept. : les premiers et troisièmes dim. du mois, jeu. et j. fériés 14h-18h.
Visite guidée. Visite libre du parc.
Visite sur r.-v. le reste de l'année et pour les groupes.

LANTILLY C2

Château

21140 Lantilly
Tél. : 03 80 97 11 57
Propriété privée
Inscrit et classé

Jardin remarquable

Dominant la plaine des Laumes, face au site d'Alésia, le château de Lantilly est entièrement reconstruit en 1709 par Charles de Chaugy sur une partie de la forteresse du XIIe s. En 1775, des Damas, il passe entre les mains d'Alexandre de Virieu. Le corps de bâtiment principal rectangulaire, couvert d'un toit à croupes en tuiles plates, est flanqué de deux ailes cantonnées de tours carrées. Se dégage, sur la façade ouest, un avant-corps hémicirculaire coiffé d'un toit en cul-de-four. De nombreuses baies rectangulaires et des lucarnes à frontons dans les combles ont valu à Lantilly le nom de « château aux cent fenêtres ».

Juil.-15 oct. : t.l.j. sf mar. 10h-12h, 14h30-18h.
Visite guidée sur r.-v.

C3 **LONGECOURT-EN-PLAINE**

Château

2, rue du Château
21110 Longecourt-en-Plaine
Tél. : 03 80 39 88 76
Propriété privée
Inscrit

Le château de Longecourt est une ancienne maison forte appartenant aux ducs de Bourgogne. Reconstruit au XVe s. par la famille de Baissey, il est transformé en demeure de plaisance en 1757 pour Nicolas-Philippe Berbis qui confie les travaux à l'architecte Lenoir le Romain. Ce dernier conserve les douves et les grosses tours d'angle circulaires en brique mais plaque sur les façades un enduit en stuc. Des oculus ornés de guirlandes de feuillages, un fronton cintré, six bustes sur des consoles complètent le décor.

Juin-sept. : t.l.j. sf ven. 14h-18h.
Visite guidée sur r.-v. Visite des extérieurs toute l'année.

C2 **MARMAGNE**

Abbaye de Fontenay

21500 Marmagne
Tél. : 03 80 92 15 00
www.abbayedefontenay.com
Propriété privée
Classé

L'abbaye de Fontenay, deuxième fille de Clairvaux, est fondée en 1118 par saint Bernard. Jusqu'au XVIe s. elle connaît une grande prospérité, comptant plus de trois cents moines et convers, mais le régime de la commende et les guerres de Religion provoquent son déclin. À la Révolution elle est transformée en papeterie. L'abbaye regroupe une église abbatiale, dont la façade est dépouillée de tout ornement, le dortoir des moines, dont la charpente de chêne en forme de carène renversée date du XVe s., le cloître adossé au côté sud de l'église, la salle capitulaire et le *scriptorium*.

11 nov.-mars : t.l.j. 10h-12h, 14h-17h ;
avr.-1er nov. : t.l.j. 10h-18h (19h en juil.-août).

B3 **MÉNESSAIRE**

Château

21430 Ménessaire
Tél. : 03 80 64 15 88
Propriété privée
Inscrit

Le château de Ménessaire est construit au XIIe s., probablement par un membre de la maison de Roussillon. Ravagé par les Écorcheurs en 1444 et incendié au XVIe s., le château n'est en 1578 plus qu'une ruine. Jacques de Fussey, lieutenant général des armées du roi et gouverneur du Roussillon, le reconstruit. Laissé à l'abandon dès 1801 par les Guyotat, il est sauvé en 1972 par les actuels propriétaires qui ont entrepris sa restauration. De plan rectangulaire et ceint de fossés en partie comblés, il est flanqué de tours rondes couvertes de toits coniques en tuiles multicolores. À l'intérieur, une grande salle possède un plafond à solives apparentes à la française peint de guirlandes de fleurs.

Juil. à mi-août : t.l.j. sf dim. 9h-12h, 14h-18h. Visite libre.

C1 **MOLESMES**

Abbaye

21330 Molesmes
Tél. : 03 80 81 62 32
Propriété privée
Inscrit

L'abbaye de Molesmes est fondée en 1075 par saint Robert qui désire appliquer la règle bénédictine dans toute sa rigueur. En 1098, il part de Molesmes avec quelques moines fonder l'abbaye de Cîteaux. Un nouveau logis abbatial est construit au XVIIIe s. Actuellement sont encore visibles les celliers voûtés des XIIIe et XVe s. ainsi que le grand bâtiment conventuel du XVIIIe s. et ses sept voûtes différentes. Du cloître subsistent quelques vestiges. Une exposition permanente d'art religieux et d'iconographies consacrées à saint Robert y est présentée. Des concerts et des expositions temporaires y sont organisés chaque été.

Juil.-août : t.l.j. sf mar. 14h30-19h (visite guidée à 14h30, 15h30, 16h30, 17h30) ;
mai-juin : w.-e. 14h30-19h (visite guidée à 15h et 17h).

MONTBARD C2

Château et jardin

Musée Buffon
Rue du Parc Buffon
21500 Montbard
Tél. : 03 80 92 50 42
www.musees-bourgogne.org
Propriété de la commune
Classé

Le château de Montbard, probablement construit par les derniers ducs capétiens au XIVe s., est alors l'un des plus puissants de la Bourgogne. Le naturaliste Buffon entreprend de vastes travaux en 1735 et la forteresse en ruine est abattue, excepté deux tours et la chapelle. Buffon fait élever dans le parc son cabinet de travail. Les vestiges du château et le parc sont acquis par la ville en 1885 qui y ouvre un jardin public. La tour de l'Aubespin, haute de 40 m, s'élève sur quatre étages couronnés par une terrasse. La tour Saint-Louis est abaissée d'un étage par Buffon qui y installe une bibliothèque. Ces deux tours abritent des salles voûtées sur croisées d'ogives.

PARC BUFFON Mars-oct. : t.l.j. sf lun. et mar. 10h30, 14h15, 15h30, 16h30. Fermé 1er janv., 1er mai, 25 déc. Visite guidée.

MUSÉE BUFFON Mars-oct. : t.l.j. sf mar. 10h-12h, 14h-18h ; nov.-fév. : t.l.j. sf mar. 14h-17h, w.-e. 10h-12h, 14h-17h. Fermé 1er janv., 25 déc. Visite guidée.

MONTIGNY-MONTFORT C2

Château de Montfort

21500 Montigny-Montfort
Tél. : 03 80 92 33 34/03 80 92 44 52
Propriété privée
Inscrit

Édifié au XIe s., reconstruit partiellement au XIIIe s., ce château d'architecture rare a subi l'outrage des ans et des hommes. Ses ruines majestueuses dressées sur un piton rocheux dominant la route de Montbard à Semur-en-Auxois, sa muraille défensive, refuge à deux reprises du saint suaire de Turin, son puits de 28 m et ses fossés creusés dans la roche, sa tour empreinte du souvenir de la princesse Amélie de Nassau, sont autant de témoignages des puissantes familles qui se sont succédées sur ce lieu jusqu'à la révolution. Travaux de consolidation et de restauration en cours.

15 juin-30 sept. : dim. et j. fériés 14h30-18h.
Visite sur r.-v. pour les groupes d'oct. à sept. (10 pers. min.).

MONTMOYEN C2

Château

21290 Montmoyen
Tél. : 01 45 04 30 15
Propriété privée
Inscrit

Le château de Montmoyen est probablement une ancienne forteresse du XIIe s. dont l'enceinte englobait l'église. En 1632 Antoine Coquet y édifie le château actuel qui passe ensuite aux Massol, qui l'aménagent au cours des XVIIe et XVIIIe s. et le conservent jusqu'au début du XIXe s. Le château est construit sur un plan rectangulaire, comprenant trois corps en U et cantonné de pavillons. Au centre de la façade est, une porte en plein cintre donne accès à un escalier éclairé par des baies.

Mi-juil. à août : t.l.j. 11h-12h, 15h-18h. Visite guidée sur r.-v.

MOUTIERS-SAINT-JEAN B2

Hôpital Saint-Sauveur

21500 Moutiers-Saint-Jean
Tél. : 03 80 96 74 61
ehpad.moutiers.st.jean@orange.fr
Propriété privée
Inscrit

L'hôpital Saint-Sauveur est fondé en 1661 par l'abbé Claude-Charles de Rochechouart de Chandenier, ami et disciple de saint Vincent de Paul. Sa pharmacie créée en 1680 présente des boiseries du XVIIIe s., la partie basse d'un sobre classicisme est surmontée de quatre rangées d'étagères. Des niches séparées par des colonnettes géminées y renferment une riche collection de faïences bourguignonnes, deux cents pots, des chevrettes, des pots à piédouche provenant des faïenceries de Nevers ou de celle du prieuré de Vausse. Elle abrite également une collection d'étains du XVIIIe s.

Juin à mi-sept. : t.l.j. sf mar. 14h-17h. Visite guidée.

C2 **OIGNY**

L'abbaye Notre-Dame d'Oigny, de l'ordre de saint Augustin, est fondée en 1106 par un ermite et ses compagnons. Les bâtiments sont construits au XIIIe s. Saint Louis y est accueilli en 1269 lors de son voyage à Cluny. L'abbaye prospère jusqu'au début du XVIe s. avant de décliner. En 1770 elle n'abrite plus que cinq religieux. Elle est vendue à la Révolution. L'abbaye est située au fond d'un vallon boisé que borde la Seine. La distribution des bâtiments correspond à celle répandue dans les autres abbayes. Autour du cloître, au nord, se trouvent l'église, la salle capitulaire et celle des moines ; au sud, le chauffoir, la cuisine, le réfectoire, le bâtiment des hôtes. Autour de l'abbaye, les dépendances se répandent de façon concentrique. Subsistent l'ancienne salle capitulaire et un escalier du XVIIe s.
Ouvert t.l.j. sur r.-v. toute l'année. Visite guidée.

Abbaye Notre-Dame d'Oigny
21450 Oigny
Tél. : 03 80 96 51 39
Propriété privée
Inscrit

B2 **QUINCEROT**

Le château de Quincerot est situé dans la vallée de l'Armançon, sur la voie allant d'Avallon à Montbard. Cette ancienne maison forte du XIIIe s. est démantelée sur ordre du roi en 1596. Roland d'Haranguier de Quincerot, capitaine pour Henri IV de la forteresse de Semur-en-Auxois, la rachète et la reconstruit. Il conserve l'enceinte féodale, les quatre tours et le donjon du XIIIe s. et fait édifier un corps de logis et un escalier monumental extérieur.
Juil. à mi-août : t.l.j. 9h-12h, 14h-17h.
Visite libre du parc. Visite guidée de l'intérieur sur r.-v.

Château
21500 Quincerot
Tél. : 03 80 96 75 81
Propriété privée
Inscrit

C3 **SAINT-NICOLAS-LÈS-CÎTEAUX**

L'abbaye de Cîteaux est fondée en 1098 par Robert, abbé de Molesmes, au cœur d'une forêt marécageuse entre Seurre et Dijon. Sous l'impulsion de saint Bernard, entré comme novice en 1112 et fondateur de l'abbaye de Clairvaux en 1115, cette nouvelle famille monastique cistercienne va rayonner sur toute l'Europe. Expulsés à la Révolution, les moines cisterciens n'y reviennent qu'en 1898. Aujourd'hui, trois bâtiments seulement subsistent d'avant la Révolution : la bibliothèque du XVe s. restaurée, un bâtiment du XVIIe s., le définitoire, et un bâtiment du XVIIIe s., construit par Nicolas Lenoir, toujours habité par les moines.
28 avr.-juin, sept.- 3 oct. : t.l.j. sf lun. et mar. : 9h45-12h45, 14h15-18h, dim. 12h-18h ; juil.-août : t.l.j. sf lun. 9h45-18h30, dim. 12h-18h30.
Fermé mat. de l'Ascension et mat. du 15 août. Visite guidée.

Abbaye Notre-Dame de Cîteaux
21700 Saint-Nicolas-lès-Cîteaux
Tél. : 03 80 61 32 58
www.citeaux-abbaye.com
Propriété d'une association
Classé

TOURISME & HANDICAP

D2 **SAINT-SEINE-SUR-VINGEANNE**

Le château de Rosières est une ancienne ferme du XIe s., appartenant au duc de Bourgogne, que Pierre de Saint-Seine transforme en maison forte pour défendre la frontière avec la Franche-Comté en 1321. En 1674 elle parvient à Claude-Bernard Maillard, conseiller au parlement de Bourgogne, qui édifie le corps de bâtiment, décore les intérieurs et aménage les jardins. De l'ensemble subsistent une tour-porche percée d'une porte charretière en plein cintre ainsi qu'un énorme donjon rectangulaire. Son angle nord-ouest présente une tourelle d'angle octogonale en surplomb et celui du sud-ouest une tour rectangulaire renfermant un escalier à vis. Les pièces du premier étage sont couvertes de plafonds peints à poutres apparentes.
Ouvert t.l.j. toute l'année : 9h-19h. Visite libre.
Visite guidée pour les groupes (15 pers. min.).

Château de Rosières
21610 Saint-Seine-sur-Vingeanne
Tél. : 03 80 75 96 24
www.chateauderosieres.com
Propriété privée
Classé

SAVIGNY-LÈS-BEAUNE C3

Château de Savigny

Musée de la Moto, de l'Aviation et de la Voiture de course
21420 Savigny-lès-Beaune
Tél. : 03 80 21 55 03
www.chateau-savigny.com
Propriété privée
Inscrit

Le château de Savigny construit au milieu du XIVe s. par Jean de Frolois, maréchal de Bourgogne, est partiellement démantelé en 1478 lorsque les Guiot de Roussillon prennent le parti de Marie de Bourgogne. Il est reconstruit au XVIIe s. par les Bouhier qui font alors élever le petit château. Le grand château de plan rectangulaire et ceint de douves est flanqué de tours rondes plus hautes que les corps de logis. Il abrite à l'étage un musée de la Moto. Le petit château comporte un pavillon central rectangulaire flanqué de deux ailes en arc de cercle, elles-mêmes flanquées de pavillons. Il abrite une collection de voitures de compétition.
15 avr.-oct. : t.l.j. 9h-18h30; nov.-14 avr. : t.l.j. 9h-12h, 14h-17h30.
Fermé première quinzaine de janv. Visite libre.
Visite sur r.-v. pour les groupes. (20 pers. min.).

Manoir (ancienne maison Theureau)

1, rue Sœur-Goby
21420 Savigny-lès-Beaune
Tél. : 03 80 21 52 31
Propriété privée
Classé

Le manoir de Savigny construit en bordure du Rhoin est bâti en 1700 par Isaac Theureau. Il est acquis en 1834 par Pierre Guillemot, conseiller à la cour royale de Dijon. La maison d'habitation rectangulaire est couverte d'un toit à croupes et dans sa partie centrale d'un toit en pavillon. Deux corps de bâtiment flanqués à leurs extrémités de pavillons carrés délimitent une cour fermée à l'ouest. Une chapelle, décorée de stucs blancs sur fond jaune et d'une peinture, se trouve dans le bâtiment sud. Un jardin à la française comprend une grotte abritant des statues de Mercure, Isis et Diane.
25 mars-oct. : t.l.j. 9h-12h, 14h30-19h; nov.-15 fév. : t.l.j. 14h30-17h45.
Fermé 1er janv., 1er mai, 25 déc. Visite libre.

TALMAY D2

Château

21270 Talmay
Tél. : 03 80 36 13 64
Propriété privée
Classé

Pierre II Filsjean fait construire en 1762 un château de facture classique à l'emplacement d'une forteresse du XIIIe s. dont il conserve le haut donjon carré, coiffé d'un toit surmonté d'un lanternon. Il se compose d'un bâtiment central et de deux courtes ailes en retour d'équerre. Ils sont couverts de toits à croupes en tuiles plates multicolores. Les deux façades présentent un avant-corps de trois travées percé de baies en plein cintre et surmonté d'un fronton. Un grand vestibule décoré de pilastres et de vases de fleurs occupe la partie centrale du bâtiment tandis que le grand escalier tournant à deux volées a été placé dans l'aile est, où se trouve également la chapelle.
Juil.-août : t.l.j. sf lun. 15h-18h. Visite possible du parc et du jardin de mai à sept. sur r.-v. Visite guidée. Visite sur r.-v. toute l'année.

VIC-DE-CHASSENAY B2

Parc et château de Bourbilly

21140 Vic-de-Chassenay
Tél. : 03 80 97 05 02
bourbilly@wanadoo.fr
Propriété privée
Inscrit

Le château de Bourbilly, construit pour défendre la population des seigneuries, sera achevé, en 1739, par Marguerite de Beaujeu. En 1592, Jeanne Frémyot, future sainte Jeanne de Chantal, épouse dans la chapelle seigneuriale, Christophe de Rabutin, grand père de la célèbre Madame de Sévigné, qui sera, pendant soixante-neuf ans, dame de Bourbilly. Le comte de Franqueville réajuste le château après la Révolution et fait dessiner le parc par Alphand. Ses descendants, ont restauré, avec un soin rare, la chapelle incendiée en 1952.
Juil.-15 sept. : t.l.j. sf mar. 10h-12h, 15h-18h.
Visite guidée. Parc ouvert toute l'année : t.l.j. 10h-18h.
Visite sur r.-v. pour les groupes toute l'année.

C2

VIC-SOUS-THIL

Château et collégiale de Thil

Hameau de Maison-Dieu
21390 Vic-sous-Thil
Tél. : 06 08 23 24 19
chateau.de.thil@aliceadsl.fr
Propriété privée
Classé

Le château de Thil est construit sur une butte dominant la plaine d'Auxois et le Morvan. Au Xe s. un système de défense élaboré remplace une enceinte plus ancienne. Le château est restauré aux XIIIe et XIVe s. par la famille de Thil qui cesse d'y habiter au début du XVe s. Il est sauvé des ruines en 1925. Il se compose d'une vaste enceinte pratiquement ovale ceinte de fossés. À l'intérieur de l'enceinte, deux grandes cours s'ordonnent autour de constructions des XIIIe et XIVe s. et du donjon primitif situé au centre. À l'extrémité sud de la butte se trouve une église à nef unique et chevet plat datée du XIIIe s. et érigée en collégiale au milieu du XIVe s.
Avr.-juin : w.-e. et j. fériés 10h-12h, 14h-18h;
juil.-sept. : t.l.j. sf lun. 10h-12h, 14h-18h. Visite libre.

C2

VILLAINES-EN-DUESMOIS

Château ducal

Rue du Vieux-Château
21450 Villaines-en-Duesmois
Tél. : 03 80 89 03 10
Propriété privée
Inscrit

Le château de Villaines-en-Duesmois est une forteresse rebâtie par le duc Hugues IV au milieu du XIIIe s. Elle devient l'une des résidences privilégiées des ducs de Bourgogne qui la transforment au cours des XIVe et XVe s. Après la réunion du duché au royaume, le château est donné à Philippe de Hochberg, puis passe à la famille de Longueville et à André Baudry en 1697. De forme rectangulaire, il est cantonné de tours rondes très saillantes, plus hautes que les courtines dont subsistent exclusivement les arrachements. Elles sont percées d'archères et munies de batteries de canonnières. L'ensemble est cerné par de grands fossés à fond plat.
Mi-juil.-août : w.-e. 10h-12h, 14h-18h. Visite libre. Visite guidée sur r.-v.

C3

VOUGEOT

Château du Clos de Vougeot

21640 Vougeot
Tél. : 03 80 62 86 09
www.tastevin-bourgogne.com
Propriété d'une association
Classé

Le Clos de Vougeot est un domaine viticole constitué par les moines de Cîteaux du XIIe au XIVe s. De cette époque datent celliers et cuverie, celle-ci abrite quatre gigantesques pressoirs et une double rangée de cuves. Le grand cellier, est à demi-enterré, son plafond remarquable est soutenu par huit piles de pierre. Au-dessus du cellier, le grenier possède une charpente, telle une cathédrale de poutraison. Il servait de dortoir aux convers qui travaillaient la vigne. C'est en 1551, que dom Loysier, 48e abbé de Cîteaux fait ajouter aux bâtiments d'exploitation, une construction Renaissance, véritable château dans les vignes avec deux tours carrées, des fenêtres à meneaux, d'élégantes moulures. À la Révolution, le Clos de Vougeot est confisqué, déclaré bien national puis vendu. Durant un siècle, de nombreux propriétaires se succèdent et se partagent le domaine. Le château sera restauré à la fin du XIXe s., et acquis, en 1944, par la Confrérie des Chevaliers du Tastevin.
Janv.-mars, oct.-déc. : t.l.j. 9h-11h30, 14h-17h30;
avr.-sept. : t.l.j. 9h-18h30 (17h sam.). Fermé 1er janv., 24, 25 et 31 déc.
Visite guidée.

ANTHIEN B2

Château de Villemolin
58800 Anthien
Tél. : 03 86 22 01 09/01 47 27 04 47
Propriété privée
Inscrit (chapelle)

Le château de Villemolin, qui a succédé à un site gallo-romain, est habité par la famille de Certaines qui en a hérité en 1538. Au XVIIe s., le corps de logis d'origine est flanqué de deux tours rondes. Il est remanié au XIXe s. grâce au « milliard des émigrés » accordé en 1825 pour indemniser les nobles des préjudices de la Révolution. C'est ainsi qu'Edmond de Certaines, né en exil, fait construire la chapelle, de style néogothique. En 1875, Joseph de Certaines engage la reconstruction et fait modifier les toitures. Il ajoute aussi, dans un souci de symétrie, la tour sud-ouest. Dans le vestibule trône une imposante cheminée, vestige du château de Certaines.
Juil.-août : t.l.j. sf mar. 14h-18h. Visite guidée sur r.-v. toute l'année.

ARTHEL B3

Château de la Motte
58700 Arthel
Tél. : 03 86 60 19 59
Propriété privée
Inscrit

Le château de la Motte est édifié au XIIe s. à l'emplacement d'une maison forte appartenant aux comtes de Nevers et dominant l'ancienne voie romaine qui reliait Montenoison à Entrains. Une enceinte rectangulaire avec des tours rondes délimite le bâtiment. Une de ces tours sert d'habitation, sa base est talutée et ses murs épais sont percés de canonnières et de bretèches. Au XVe s. un corps de logis est élevé contre la courtine est, percée de deux grandes fenêtres à croisillons de pierre.
Juil.-sept. : t.l.j. 14h-18h.

BAZOCHES B2

Château de Bazoches
58190 Bazoches
Tél. : 03 86 22 10 22
www.chateau-bazoches.com
Propriété privée
Classé

Le château de Bazoches est une vaste forteresse édifiée au XIIe s. puis remaniée au XVe s. par ses propriétaires successifs. En 1675, le maréchal de Vauban le rachète à ses cousins et y entreprend d'importants travaux (notamment en fermant le château qui était ouvert en V sur la vallée pour y aménager une imposante galerie qui lui servit dorénavant de bureau d'études). Ce grand bâtiment est construit sur une longue cave voûtée en berceau surbaissé. Les pièces intérieures disposent d'un riche mobilier et de nombreux souvenirs de Vauban.
25 mars-5 nov. : t.l.j. 9h30-12h, 14h15-18h (17h en oct.); juil.-août : t.l.j. 9h30-18h.
Visite libre. Visite guidée sur r.-v.

BEAUMONT-LA-FERRIÈRE A3

Château de Sauvages
58700 Beaumont-la-Ferrière
Tél. : 03 86 38 12 17
Propriété privée
Inscrit

Le château de Sauvages est édifié par la famille de Morogues en 1576, date à laquelle Jacques est nommé gouverneur de la place de La Charité-sur-Loire par le duc d'Anjou. Construit sur une terrasse qui domine la vallée de la Nièvre, il présente un grand corps de logis à deux niveaux et niveau de comble flanqué de deux ailes couvertes d'un toit à croupes. Les huit colonnes de la porte d'entrée sont de style Renaissance ainsi que les salamandres sous la fenêtre à double baie et meneau sculpté.
Juin à mi-juil. : t.l.j. 10h-12h, 14h-17h.
Visite guidée extérieure. Visite sur r.-v. pour les groupes.

B3

CERVON

Château de Lantilly

58800 Cervon
Tél. : 03 86 20 01 22
http://chateau.lantilly.free.fr
Propriété privée
Inscrit

Le château de Lantilly est édifié au XIVe s. par Michel de Torcy et ceinturé d'une double enceinte de douves pour défendre l'accès de Corbigny par la vallée de l'Anguison. En partie détruit par les guerres de Religion, il est remanié aux XVIIe et XIXe s., notamment par Louis Forme qui fait démolir les anciennes tours d'enceinte. De plan rectangulaire, l'entrée est précédée d'un pont dormant à deux arches qui s'ouvre sous un grand arc en plein cintre.

Juil.-août : t.l.j. sf mar. 15h-18h.
Visite guidée sur r.-v. le reste de l'année et pour les groupes.

A3

CHARITÉ-SUR-LOIRE (LA)

Prieuré de la Charité

58400 La Charité-sur-Loire
Tél. : 03 86 70 15 06
www.lacharitesurloire-tourisme.com
Propriété privée,
propriété de la commune
Classé

Chemin de Saint-Jacques-de-Compostelle inscrit sur la Liste du patrimoine mondial en 1998

Le prieuré de la Charité, fondé en 1059 par l'abbaye de Cluny, se situe sur la route des pèlerins de Saint-Jacques-de-Compostelle entre Vézelay et Bourges. La grande église prieurale Notre-Dame en est le monument-phare : le clocher d'entrée et le majestueux déambulatoire du début du XIIe s., qui ont échappé au grand incendie de 1559, témoignent de la richesse du décor de cette église, signature des clunisiens. Le prieuré comporte une seconde église, Saint-Laurent, exhumée par les archéologues, conservée au milieu d'un jardin. La salle du Chapitre et les bâtiments gothiques sont désormais visitables après restauration et dédiés aux manifestations culturelles ; le réfectoire et le salon du prieur abritent des expositions.

Expositions pendant l'été. Visite libre.
Visite guidée église et prieuré sur r.-v. à l'office du tourisme.

B3

CHÂTILLON-EN-BAZOIS

Château de Châtillon

58110 Châtillon-en-Bazois
Tél. : 03 86 84 12 15/01 46 22 00 37
www.chateaubazois.com
Propriété privée
Inscrit

L'histoire du château de Châtillon remonte à plus de dix siècles. À l'origine, le site a d'abord été celui d'une forteresse médiévale construite dans la boucle formée par l'Aron sur l'éperon calcaire laissé par l'érosion. Après les guerres bourguignonnes le château fut reconstruit au XVe s. sur les restes du donjon du XIIIe s. dont on aperçoit encore les traces dans l'édifice actuel et dans la tour de défense. Ce lieu est encore habité. Aujourd'hui on visite l'intérieur et ses intéressantes collections, le parc ainsi que les jardins d'une grande originalité.

Mi-juil. à fin août : t.l.j. sf lun. 14h30, 15h45, 17h. Visite guidée.

A3

CHEVENON

Château

58160 Chevenon
Tél. : 03 86 68 70 73
Propriété privée
Classé

Le château de Chevenon est construit entre 1382 et 1406 pour Guillaume de Chevenon, écuyer et gouverneur du château royal de Vincennes en 1370. Très inspiré de son modèle parisien, le château, de plan carré, est alors protégé par deux enceintes de fossés et campé de puissantes tours rondes. Au XVIIIe s. il tombe en ruine et certaines de ses parties sont démolies. Il est sauvé par Frédéric Girerd, député de la Nièvre et ministre sous la IIIe République, qui l'acquiert en 1848 à l'instigation de George Sand. L'intérieur du château a gardé son style médiéval.

Mai-sept. : t.l.j. 9h-18h. Visite extérieure.
Visite intérieure guidée sur r.-v. pour les groupes (15-30 pers.).

CLAMECY B2

Hôtel de Bellegarde

Musée d'Art et d'Histoire
Romain-Rolland
Avenue de la République
58500 Clamecy
Tél. : 03 86 27 17 99
www.musees-bourgogne.org
Propriété de la commune
Inscrit

TOURISME & HANDICAP

L'hôtel de Bellegarde de style Louis XIII est construit sur un bâtiment plus ancien, comme en témoigne la date de 1580 gravée sur la clé de voûte d'une cave. Il est destiné à accueillir, de 1635 à 1643, l'exil du duc de Bellegarde, accusé de complot contre Richelieu. En 1718, le bâtiment inutilisé est vendu aux administrateurs de l'hôpital pour y transférer l'ancien hôtel-Dieu de Bethléem. Aujourd'hui, cet édifice, ainsi que la maison natale de Romain Rolland et celle de son grand-père abritent le musée d'Art et d'Histoire Romain-Rolland. L'établissement détient des souvenirs de l'écrivain, des tableaux contemporains offerts à François Mitterrand, de l'archéologie gallo-romaine et mérovingienne, des affiches de Charles Loupot, des faïences anciennes et une évocation du flottage du bois.

Juin-sept. : t.l.j. sf mar. et dim. mat. 10h-12h, 14h-18h;
fév.-mai, oct.-déc. : t.l.j. sf dim. mat., lun., mar. 10h-12h, 14h-18h.
Fermé en janv., 1er mai, 1er et 11 nov., 25 déc.

CORBIGNY B3

Abbaye Saint-Léonard (ancienne)

Rue de l'Abbaye
58800 Corbigny
Tél. : 03 86 20 02 53
Propriété de la commune
Classé

L'abbaye Saint-Léonard est reconstruite sur un éperon rocheux proche de l'Anguison après l'incendie de 1180. Philippe Auguste s'y arrête en 1190 lorsqu'il part pour la troisième croisade. Elle est endommagée par les armagnacs puis incendiée par les huguenots en 1563. Les travaux de reconstruction s'échelonnent de 1754 à 1783 avec l'architecte Caristie. À partir de 1789, l'abbaye connaît des utilisations diverses. Elle est successivement occupée par des haras, des administrations, un petit séminaire, un pensionnat et une école normale, une école publique en 1888, une école d'agriculture en 1894, et un collège jusqu'en 1981.

T.l.j. sf dim. 9h30-12h30, 14h-17h.

DONZY A2

Moulin de Maupertuis

Écomusée de la Meunerie
Rue André-Audinet
58220 Donzy
Tél. : 03 86 39 39 46
www.moulinmaupertuis.org
Propriété d'une association
Inscrit

Le moulin de Maupertuis est situé au centre du village de Donzy. Il fait partie des cinquante-sept moulins que comptaient le Nohain et ses affluents. Son existence est attestée au moins depuis 1753. Il est construit sur quatre niveaux et se divise en deux parties : le stockage des sacs de blé, farine, son, et la partie technique correspondant à la transformation du blé en farine. Fonctionnant grâce à l'eau, sa roue de poitrine utilise le poids de l'eau dans des augets, au nombre de trente-six, contenant chacun 100 l. C'est l'un des derniers moulins à subsister dans son intégralité, possédant encore les mécanismes qui permettent de moudre les grains, tels les broyeurs à cylindres, les élévateurs à godets, etc.

Juin : t.l.j. sf mer. 16h-19h, w.-e. 14h-19h; juil.-sept. : t.l.j. 14h-19h (18h à partir du 15 sept.); mai, oct. : w.-e., j. fériés 14h-18h.
Vac. Pâques et Toussaint : t.l.j. sf w.-e. 14h-18h.
Visite libre. Visite guidée. Visite pour les groupes (à partir de 10 pers.).

A3 **GUÉRIGNY**

Château de Villemenant

58130 Guérigny
Tél. : 03 86 90 09 60/01 47 36 34 41
www.villemenant.com
Propriété privée
Classé

Le château de Guérigny est édifié au milieu du XIVe s. par Girard de Carroble. Remanié au XVIIIe s., il devient la propriété, en 1750, de Pierre Babaud de La Chaussade, qui développe considérablement les forges de Guérigny. En 1781, Louis XVI, pour le récompenser de son zèle, achète l'ensemble de ses établissements. Le château retombe dans le domaine privé en 1854. Construit sur un plan carré, il était ceint de fossés alimentés par la Nièvre. Les deux tours qui flanquent le corps de logis de l'enceinte principale présentent encore des archères et canonnières, alors que dans leur partie supérieure les murs sont percés de fenêtres à croisillons.
Visite guidée sur r.-v. toute l'année.

Forges royales de La Chaussade (anciennes)

Avenue Arnault-de-Lange
58130 Guérigny
Tél. : 03 86 37 01 08
http://museevieuxguerigny.free.fr
Propriété de la commune, propriété d'une association
Inscrit et classé

Les forges de Guérigny, en fonction depuis le XVIe s., ont cessé leur activité en 1971. Spécialisées dans la fabrication des ancres pour la Royale, elles ont fourni de nombreux autres éléments pour les constructions navales. Les bâtiments protégés datent de la deuxième moitié du XVIIIe s. et du début du XIXe s. Aujourd'hui, sont exposés des engins de forgeage, des machines, des éléments de production et des maquettes d'équipements industriels. Un marteau pilon de 5 t, de 1886, et une machine à vapeur de 120 CV de 1908, sont classés Monuments historiques, plusieurs autres éléments des collections sont inscrits.
Juil. à mi-sept : t.l.j. sf mar. 15h-19h.
Visite guidée. Visite sur r.-v. pour les groupes toute l'année. ♿ r.-d.-c.

A3 **NEVERS**

Palais ducal

Place de la République
58000 Nevers
Tél. : 03 86 68 46 00
www.ville-nevers.fr
Propriété de la commune
Classé

Résidence des seigneurs du Nivernais, le Palais ducal est construit par le comte Jean de Clamecy entre 1464 et 1491. La façade sud est remaniée dans la première moitié du XVIe s., certainement à l'époque de la famille de Clèves, élevée au rang de duc et pairs du royaume en 1538. Louis de Gonzague en poursuit l'embellissement en 1573 par l'ajout de lucarnes et de hautes cheminées. Si la façade nord, flanquée de deux grosses tours rondes, présente encore un caractère médiéval, la façade sud laisse percevoir les premières influences de la Renaissance française qui s'épanouit pleinement dans le décor des lucarnes.
Avr.-oct. : dim. 15h30. Visite guidée.

Porte du Croux

Musée archéologique du Nivernais
Rue de la Porte-du-Croux
58000 Nevers
Tél. : 03 86 59 17 85
www.cg58.fr
Propriété de la commune
Classé
[m]

La porte du Croux témoigne de la volonté de modernisation et de remise en état, au cœur de la guerre de Cent Ans, de l'enceinte laissée à l'abandon à la fin du XIIe s. Construite de 1394 à 1398, elle présente des échauguettes d'angle sur contreforts épais reliés par des mâchicoulis ainsi que des ponts-levis à flèches. En 1578, pendant les guerres de Religion, les échevins la murent. L'abbesse de l'abbaye Notre-Dame y établit ses archives, remplacées à la Révolution par un dépôt de poudre. Denis Durosier de Magneux, baron de Vertpré, l'acquiert en 1847 et en fait don à la ville à condition d'en obtenir le classement, d'en assurer l'entretien et de l'aménager en musée d'antiquités nivernaises.
Janv.-1er juil. : mar., jeu., ven. 14h-17h ; 2 juil.-1er sept. : mar.-ven. 15h-18h ; 2 sept.-déc. : mar., mer., ven. 14h-17h. Visite uniquement sur r.-v.

Abbaye Notre-Dame (ancienne)

Musée municipal Frédéric-Blandin
16, rue Saint-Genest
58000 Nevers
Tél. : 03 86 66 44 60
www.cg58.fr/
www.musees-bourgogne.org
Propriété de la commune
Inscrit

L'abbaye bénédictine Notre-Dame est installée au VIIe s. à l'emplacement du martyre de saint Revérien. Le monastère de dames est reconstruit en 1121 puis en 1478. L'abbaye joue un grand rôle dans l'histoire de Nevers jusqu'en 1794, date à laquelle elle est démantelée. Au XIXe s. les bâtiments perdent leur affectation et servent à des activités profanes. Depuis 1972 elle abrite le musée municipal Frédéric-Blandin, qui présente entre autres des faïences de Nevers.

Temporairement fermé pour travaux. Pour plus d'informations quant à une prochaine réouverture, se renseigner au 03 86 66 44 60.

PERROY — A2

Château de la Motte-Josserand

58220 Perroy
Tél. : 03 86 39 49 00
Propriété privée
Classé

Le château de la Motte-Josserand est construit sur un rocher au milieu des marais, probablement sur une motte plus ancienne. Érigé en forteresse après la guerre de Cent Ans, il est vendu en 1426 au capitaine Perrinet Gressart qui en améliore les défenses. Il passe ensuite aux mains de divers propriétaires. Les bâtiments subsistants datent principalement des XIVe, XVe et XVIIe s. Le château de forme quadrilatère se compose de quatre pavillons reliés à quatre grosses tours d'angle par des corps de logis. L'ensemble est entouré de fossés inondables. La façade principale est caractéristique de l'architecture militaire, les tours d'angle sont flanquées de bretèches et percées de meurtrières. Le portail oriental a gardé les rainures des ponts-levis.

Juil.-août : t.l.j. 14h-18h ou sur r.v. Visite guidée.

SAINT-AMAND-EN-PUISAYE — A2

Château

Musée du Grès
13, Grand-Rue
58310 Saint-Amand-en-Puisaye
Tél. : 03 86 39 63 72
www.cg58.fr
Propriété de la commune
Classé

Le château de Saint-Amand-en-Puisaye est construit entre 1530 et 1540 par Antoine de Rochechouart, sur l'emplacement d'une forteresse brûlée pendant la guerre de Cent Ans. Acquis en 1659 par Mazarin, qui le lègue à son petit-neveu, fils du duc de Nevers, il passe en 1710 aux Guyot, qui le conservent jusqu'en 1896. Le château est construit en brique et pierre de taille dans le style de certains châteaux du Blésois. Le corps de logis est flanqué de deux tours carrées. L'ensemble est entouré de douves sèches franchies par des ponts dormants. Le château abrite aujourd'hui le musée du Grès.

21 mars-mai : w.-e. et j. fériés 10h-12h30, 14h30-18h30 ;
juin-sept. : t.l.j. sf mar. 10h-12h30, 14h30-19h. Visite libre.
Visite guidée. Visite sur r.-v. pour les groupes au 03 86 60 68 44.

B3

SAINT-HONORÉ-LES-BAINS

Château de La Montagne

58360 Saint-Honoré-les-Bains
Tél. : 03 86 30 70 87
Propriété privée
Inscrit

Le château de La Montagne est construit à l'emplacement d'une ancienne demeure endommagée par les guerres de Religion. Il est édifié en 1776 par l'architecte Caristie. Construit sur trois niveaux et un niveau de comble, le corps central est éclairé de nombreuses et larges fenêtres. Ses façades et ses deux ailes présentent les mêmes caractéristiques architectoniques. L'intérieur rappelle les remaniements apportés au XIXe s. par l'architecte Félix Duban. Au XIXe s. une importante poterie active jusqu'en 1920 est créée dans la propriété

Mi-juil. à début sept. : t.l.j. sf sam. 14h, 15h, 16h.
Visite guidée. Visite sur r.-v. pour les groupes de Pâques à sept.

B3

SAINT-LÉGER-DE-FOUGERET

Château

58120 Saint-Léger-de-Fougeret
Tél. : 03 86 85 05 17/06 15 08 23 61
Propriété privée
Inscrit

Le château de Saint-Léger est établi à l'emplacement d'une maison forte flanquée d'une tour carrée au XVe s. Celle-ci ne subit guère de modifications jusqu'à ce que la famille de Champs l'acquière au XVIIe s. Le bâtiment principal est alors allongé d'une pièce et rehaussé d'un étage de trois pièces. Par la suite ce corps est flanqué de deux pavillons rectangulaires en légère avancée et surmontés de girouettes. Au XVIIIe s. une tour rectangulaire est construite sur la façade ouest et une aile perpendiculaire est ajoutée au côté sud. À l'intérieur, des lambris et du mobilier des XVIIe et XVIIIe s. ainsi qu'un escalier droit à rampe d'appui en fer forgé sont visibles.

Juil.-sept. : t.l.j. 10h-12h, 14h-18h. Visite libre.

A2

SAINT-PÈRE

Château de Villemoison

Ancienne commanderie des Templiers
58200 Saint-Père
Tél. : 03 86 28 11 85
Propriété privée
Inscrit et classé

Le château de Villemoison est une ancienne commanderie de l'ordre des templiers dont les parties anciennes datent du XIIe s. Elle est remise à l'ordre des hospitaliers de Saint-Jean-de-Jérusalem au début du XIVe s. Les pèlerins qui se rendent à Saint-Jacques-de-Compostelle y sont hébergés. L'ensemble, édifié sur deux niveaux et un niveau de comble, est harmonieux, essentiellement sur sa façade orientale, rythmée par des ouvertures romanes ou de grandes baies Renaissance. L'autre façade est flanquée d'une tourelle carrée couverte d'un toit en pavillon et abritant un escalier à vis. L'église romane possède un chœur voûté en cul-de-four et orné d'une fresque du XIIIe s. représentant le Christ en gloire.

Mi-juil. à déb. sept. : t.l.j. 14h45, 16h, 17h30. Visite guidée.

A2

SUILLY-LA-TOUR

Château des Granges

58150 Suilly-la-Tour
Tél. : 03 86 26 30 71
Propriété privée
Inscrit et classé

Le château de Suilly-la-Tour, édifié par Bureau de La Rivière dans la seconde moitié du XIVe s., est ruiné pendant la guerre de Cent Ans puis abandonné. En 1591 Jacques de Forgues acquiert le fief et fait édifier le château actuel. Par la suite il est légué à Charles de Lesseps, petit-fils du constructeur du canal de Suez. Entouré de fossés inondés, le château est de forme rectangulaire. À son extrémité, se trouve une chapelle dont les murs sont décorés de fresques de style italien datées de 1605 et consacrées à la vie de Jésus. Les façades de la cour intérieure sont en partie remaniées au XIXe s.

Juin-juil., sept. : t.l.j. 10h-12h, 14h-18h.
Visite libre. Visite guidée sur r.-v. Visite sur r.-v. de la chapelle.

AUTUN C3

Hôtel du chancelier Rolin
Musée Rolin
5, rue des Bancs
71400 Autun
Tél. : 03 85 52 09 76
www.musees-bourgogne.org
Propriété de la commune
Classé

L'hôtel du chancelier Rolin est un hôtel particulier du XVe s., propriété de Nicolas Rolin, fondateur de l'hôtel-Dieu de Beaune. Cinq corps de bâtiment s'ordonnent autour de deux cours. Les deux ailes de la cour nord conservent leur aspect médiéval et abritent le musée Rolin depuis 1880. Un escalier à vis dessert les salles des trois étages dans lesquelles subsistent les cheminées d'époque. Le musée se compose de quatre sections : le fonds médiéval présenté dans une aile construite au XVe s., l'archéologie gallo-romaine, la peinture européenne à partir du XVIIe s. et l'histoire régionale.

Avr.-sept. : t.l.j. sf mar. 9h30-12h, 13h30-18h ;
oct.-mars : t.l.j. sf mar. 10h-12h, 14h-17h. Fermé 1er janv., 1er mai, 14 juil., 1er et 11 nov., 25 déc. Visite libre. Visite guidée sur r.-v.

BERZÉ-LA-VILLE C4

Chapelle du château des Moines
71960 Berzé-la-Ville
Tél. : 03 85 38 81 18
www.academiedemacon.fr
academiedemacon
Propriété de l'Académie de Mâcon
Classé

La Chapelle des Moines, proche de la ville de Cluny, date du XIe s. Dès 1893, la chapelle fut classée Monument historique. Elle est célèbre par ses peintures, considérées comme le plus beau témoignage de l'art roman clunisien, et qui sont vraisemblablement l'œuvre d'artistes rassemblés par saint-Hugues lors de ses voyages au Mont-Cassin. Le rapprochement avec l'art byzantin de la Cappadoce s'impose, comme aussi avec les peintures des sanctuaires romains de la même époque. Elles permettent d'imaginer le décor, disparu, de l'église abbatiale de Cluny III.

Dernier sam. de mars-avr., oct.-2 nov. : t.l.j. 10h-12h, 14h-17h30 ;
mai-juin, sept. : t.l.j. 9h-12h, 14h-18h ; juil.-août : t.l.j. 9h-18h.
Visite libre. Visite guidée sur r.-v. pour les groupes.

BERZÉ-LE-CHÂTEL C4

Château
71960 Berzé-le-Châtel
Tél. : 03 85 36 60 83
www.berze.fr
Propriété privée
Classé

Ancien poste de légionnaires romains, le château de Berzé est tenu par Geoffroy de Berzé. De nombreuses fois assiégé durant les guerres entre armagnacs et bourguignons puis lors des guerres de Religion, il est pillé et brûlé en 1789 et partiellement démantelé avant d'être restauré. Le château des XIIIe et XIVe s. est défendu par douze tours rondes et une triple enceinte fermée. Un jardin de buis taillés est créé dans la première cour. Le château comprend un ensemble de bâtiments entourant une cour centrale triangulaire. L'aménagement intérieur est transformé au XIXe s. dans le style néogothique, des fenêtres rectangulaires sont alors percées.

Juil.-août : t.l.j. 10h-18h ; juin, sept. : t.l.j. sf jeu. 14h-18h.
Visite guidée. Visite sur r.-v. pour les groupes toute l'année (20 pers. max.).

C3 — CHALON-SUR-SAÔNE

Hôtel des Messageries

Musée Nicéphore-Nièpce
28, quai des Messageries
71100 Chalon-sur-Saône
Tél. : 03 85 48 41 98
www.museeniepce.com
Propriété de la commune
Inscrit

L'hôtel des Messageries est un ancien bureau de coche et diligences construit à la fin du XVIIIe s. Depuis 1972, il abrite le musée Nicéphore Nièpce, consacré à la photographie, qui conserve la collection unique de l'inventeur. Les douze salles d'exposition invitent à un parcours dans le monde de la photographie, passé et présent. Films, installations interactives et projection 3D mettent en scène et accompagnent les collections d'images et d'appareils.

Juil.-août : t.l.j. sf mar. 10h-18h ; sept.-juin : t.l.j. sf mar. : 9h30-11h45, 14h-17h45. Fermé j. fériés. Visite libre. Visite guidée. Visite guidée sur r.-v. pour les groupes.

Hôpital Saint-Laurent (ancien)

7, quai de l'Hôpital
71100 Chalon-sur-Saône
Tél. : 03 85 44 65 87
www.ch-chalon71.fr/www.chalon.fr
Propriété du Centre hospitalier William Morey
Inscrit

La création d'un hôpital sur l'île Saint-Laurent remonte au XVIe s. Témoin de cette époque, le bâtiment de la Communauté des sœurs abrite une partie de leurs appartements. Le réfectoire des sœurs (1720) conserve son aménagement d'origine et notamment ses magnifiques boiseries. La pharmacie du XVIIIe s. renferme près de quatre cents tiroirs et une collection de plus de deux cent cinquante pots. Le dôme à la croisée des quatre salles de malades est édifié en 1770 par Émiland Gauthey, célèbre ingénieur de la région. La chapelle du XIXe s. est ornée d'une splendide collection de vitraux et d'œuvres d'art Renaissance.

Avr.-sept : mer., jeu., ven. 15h ; oct.-mars : mer. 15h. Fermé j. fériés. Visite guidée. Visite premier et troisième dim. du mois toute l'année sur r.-v. Visite sur r.-v. pour les groupes toute l'année.

B4 — CHAROLLES

Prieuré de la Madeleine (ancien)

Musée du Prieuré
4, rue du Prieuré
71120 Charolles
Tél. : 03 85 24 24 74
www.musees-bourgogne.org
Propriété de la commune
Inscrit et classé

Le prieuré de la Madeleine est un prieuré clunisien du Xe s. De l'ensemble subsistent aujourd'hui un corps de bâtiment et une tour octogonale du XVe s. présentant de grandes fenêtres à meneaux et une porte en accolade. La salle capitulaire renferme des poutres sculptées et décorées de masques fantastiques. Le bâtiment du XVe s. abrite une dizaine de chapiteaux du XIIe s. et un musée, qui présente une collection de faïences de Charolles, des peintures de Jean Laronze et les sculptures de René Davoine.

Juin, sept. : t.l.j. sf mar. 14h-18h ; juil.-août : t.l.j. sf mar. 10h-12h, 14h-18h. Visite sur r.-v. le reste de l'année.

C4 — CHASSELAS

Château

71570 Chasselas
Tél. : 03 85 35 12 01
www.chateauchasselas.fr
Propriété privée
Inscrit

Le château de Chasselas, à deux kilomètres de la Roche de Solutré, porte le nom de la famille propriétaire au XIIIe s. En très mauvais état, il est vendu en 1706 et passe entre les mains de différentes familles. Pillé à la Révolution, le château est alors amputé d'une tour. Les bâtiments, datant principalement des XIVe, XVIe et XVIIIe s., s'ordonnent autour d'une cour rectangulaire. Le corps de logis est couvert d'une haute toiture à croupes. Une tour circulaire se dresse à son côté, une autre flanque l'angle nord-ouest et est reliée à une troisième par des bâtiments à usage agricole.

T.l.j. 10h-12h, 14h-18h. Visite libre.

CLUNY C4

Abbaye de Cluny

Palais Jean de Bourbon
71250 Cluny
Tél. : 03 85 59 12 79
http://cluny.monuments-nationaux.fr
Propriété de l'État
Classé

Fondée en 910, l'abbaye de Cluny devint rapidement une des plus importantes capitales spirituelles de l'Europe médiévale. Près de mille monastères étaient sous son autorité. La dernière église abbatiale, la *Maior Ecclesia* fut la plus grande de la chrétienté jusqu'à la construction de Saint-Pierre de Rome au XVIe s. Bien que démantelée après la Révolution, on vient, aujourd'hui encore, du monde entier admirer les vestiges de cette immense église. La visite est complétée par un film en 3D qui restitue la majesté de celle qui fut appelée « le Parvis des Anges ».

Mai-août : t.l.j. 9h30-18h30 ; sept.-avr. : t.l.j. 9h30-12h, 13h30-17h.
Fermé 1er janv., 1er mai, 1er et 11 nov., 25 déc.
Visite libre. Visite guidée. (maquette tactile).

Hôtel-Dieu

Place de l'Hôpital
71250 Cluny
Tél. : 03 85 59 59 59
www.cluny-tourisme.com
Propriété d'un établissement public
Inscrit

L'hôtel-Dieu de Cluny est construit par le cardinal de Bouillon, abbé de Cluny, de 1683 à 1715, selon une architecture simple et fonctionnelle. À la veille de la Révolution, les sœurs de l'ordre de Sainte-Marthe s'occupent de seize lits. L'hôtel-Dieu conserve sa chapelle qui renferme des œuvres sculptées de 1700, la salle des administrateurs, la salle des hommes et celle des femmes. L'apothicairerie avec ses boiseries de style Empire renferme une importante série de pots à piédouche, à chevrettes et d'albarelles des XVIIe-XVIIIe s.

Juin-août : sam. 14h30, 16h. Visite guidée.
Visite libre toute l'année de la chapelle 9h-17h en dehors des offices.
Visite sur r.-v. pour les groupes (10 pers. min.).

CORMATIN C4

Château

71460 Cormatin
Tél. : 03 85 50 16 55
www.chateaudecormatin.com
Propriété privée
Classé

Élevé de 1606 à 1625 pour les marquis d'Huxelles, le château de Cormatin garde le plan carré et les douves de la forteresse médiévale. Ses hautes façades à bossages et ses toits à forte pente couverts d'ardoises sont caractéristiques de l'atelier des Du Cerceau, architectes d'Henri IV. Dans la cour, deux portes en pierre dorée, à colonnes et frontons brisés, sont taillées en 1623 sur les dessins de Salomon de Brosse. Cinq salles, très richement sculptées, dorées et peintes, offrent un des plus brillants exemples de l'art décoratif Louis XIII, dans un état de conservation unique. Grands parterres fleuris, labyrinthe de buis, jardin potager, théâtre de verdure et pièces d'eau évoquent l'art des jardins au début du XVIIe s.

8-27 mars : w.-e. 14h-17h ; 28 mars-14 juin, 16 sept.-11 nov. : t.l.j. 10h-12h, 14h-17h30 ; 15 juin-13 juil., 16 août-15 sept. : t.l.j. 10h-12h, 14h-18h ; 14 juil.-15 août : t.l.j. 10h-18h. Visite libre des jardins.
Visite guidée des appartements. Visite sur r.-v. pour les groupes.

C3 **COUCHES**

Le château de Couches, attesté dès le XIe s., est aussi appelé le « château de Marguerite de Bourgogne », car il aurait abrité la femme de Louis X le Hutin, après sa disparition de Château-Gaillard, où elle était retenue pour adultère. Considérablement agrandi au milieu du XIIIe s. par la famille de La Roche-Nolay, il est démantelé au XVIIe s. Les bâtiments d'habitation sont reconstruits en style néogothique aux XIXe et XXe s. La chapelle de style gothique flamboyant et un corps de logis de forme rectangulaire flanqué de deux tours carrées datent de la seconde moitié du XIXe s.

Avr.-mai, oct. : dim. et j. fériés 14h-18h ; juin, sept. : t.l.j. 14h-18h ; juil.-août : t.l.j. 10h-12h, 14h-18h. Visite guidée.
Visite sur r.-v. pour les groupes toute l'année (20 pers. min.).

Château, dit « de Marguerite de Bourgogne »

71490 Couches
Tél. : 03 85 45 57 99
Propriété privée
Inscrit

C3 **CREUSOT (LE)**

Le château de la Verrerie est à l'origine une cristallerie créée à la demande de Louis XVI. Construite entre 1784 et 1788 elle devient rapidement célèbre, notamment par ses tailles à pointes de diamant. Vendue en 1833, elle reste inutilisée jusqu'à son rachat par les Schneider en 1837 qui en font leur résidence. Au début du XXe s., elle est transformée en château et entourée d'un parc. Le corps principal est flanqué de deux ailes en équerre à l'extrémité desquelles se trouvent deux pavillons coniques contenant autrefois les fours. Ils sont aujourd'hui aménagés l'un en chapelle, l'autre en théâtre. Le château abrite le musée de l'Homme et de l'Industrie.

Juil.-août : t.l.j. 10h-12h, 13h-18h, w.-e. et j. fériés 14h30-18h30 ; sept.-juin : t.l.j. sf mar. 10h-12h, 14h-18h, w.-e. et j. fériés 14h-18h.
Fermé 1er janv., 1er mai, 1er nov. et 25 déc.
Visite libre. Visite guidée. Visite sur r.-v. pour les groupes.

Château de la Verrerie

Écomusée Creusot-Montceau
Musée de l'Homme et de l'Industrie
71200 Le Creusot
Tél. : 03 85 73 92 00
http://ecomusee-creusot-montceau.fr
Propriété de la commune, propriété privée
Classé

C4 **CURBIGNY**

Charles de Blanchefort de Créquy fait construire le château de Drée vers 1620. Il y engloutit la fortune des deux sœurs dont il fut successivement l'époux. De plan rectangulaire, le château est formé de trois corps de bâtiment en U cantonnés de pavillons. Très sobres, les façades de la cour d'honneur ont été enrichies au XIXe s. d'un somptueux perron décoré de deux étages de colonnes et d'un balcon à balustres. La décoration intérieure, achevée au XVIIIe, présente un décor de style rocaille et du mobilier Louis XV et Louis XVI.

Avr-mai, sept.-oct. : t.l.j. sf mar. 14h-17h ; juin-août : t.l.j. 10h-17h30 (entre 12h et 14h visite des jardins uniquement). Visite guidée des intérieurs. Visite libre des extérieurs et des dépendances. Visite guidée sur r.-v. pour les groupes toute l'année (20 pers. min.). (juin-août).

Château de Drée

71800 Curbigny
Tél. : 03 85 26 84 80
www.chateau-de-dree.com
Propriété privée
Inscrit

DEMIGNY — C3

Château

71150 Demigny
Tél. : 03 85 49 41 90
www.chateaudedemigny.com
Propriété privée
Inscrit

Édifié au XIIIe s., le château de Demigny est un vaste quadrilatère cantonné de tours. Il passe entre plusieurs mains avant d'échoir à Louis de Foudras en 1752. En 1805, le mariage de son fils Alexandre-Henri avec la riche Marie-Antoinette de Schlegenberg permet de financer la construction, à 60 m de l'ancienne forteresse, d'une nouvelle demeure au goût de l'époque. Le corps principal rectangulaire est couvert d'un toit à croupes en ardoises. Il est flanqué de deux pavillons hors œuvre. La façade est comporte un avant-corps couronné d'un fronton.

Juil.-août : t.l.j. sf lun. 10h-12h, 14h-18h.
Visite sur r.-v. pour les groupes de Pâques à la Toussaint.

LOUHANS — C4

Hôtel-Dieu

3, rue du Capitaine-Vic
71500 Louhans
Tél. : 03 85 75 54 32
www.bresse-bourguignonne.com/
www.louhans.fr
Propriété de la commune
Classé

L'hôtel-Dieu de Louhans, fondé en 1682, est agrandi au XVIIIe s., et dispose alors d'une cinquantaine de lits. Il abrite deux grandes salles communes séparées par une grille en fer forgé dans lesquelles subsistent les lits en bois clos de rideaux portant une plaque dite de fondation où est mentionné son destinataire. La pharmacie présente des boiseries Louis XIV et le laboratoire renferme des cuivres, étains, poteries bressanes. L'apothicairerie, décorée de boiseries Louis XIII, abrite entre autres une exceptionnelle collection de faïences italo-hispano-mauresques des XVe et XVIe s.

Fév.-mars, nov.-15 déc. : t.l.j. sf mar. 14h30, 16h;
avr.-15 juin, 16 sept.-oct. : t.l.j. sf mar. 10h30, 14h30, 16h;
16 juin-15 sept : t.l.j. sf mar. 10h30, 14h30, 16h, 17h30.
Fermé 1er mai. Visite guidée.

MÂCON — C4

Apothicairerie de l'hôtel-Dieu

344, rue des Épinoches
71000 Mâcon
Tél. : 03 85 39 90 38
www.macon.fr
Propriété du Centre Hospitalier de Mâcon
Classé

L'apothicairerie se trouve au rez-de-chaussée de l'hôtel-Dieu à droite du hall d'entrée, sous le grand escalier. Elle date, comme le bâtiment, de la fin du XVIIIe s. L'architecte Soufflot a établi les plans du bâtiment et dirigé la construction de la façade. Ce « salon de vente » a son parquet et son décor d'origine. Les meubles/vitrines présentent une riche collection de pots de pharmacie, certains en céramique de Mâcon. Deux grands vases d'apparat polychromes ornent le dessus des portes, en face à face.

Juin-sept. : t.l.j. sf lun. et dim. mat. 10h-12h, 14h-18h.
Fermé 14 juil. Visite sur r.-v. le reste de l'année.

Couvent des Ursulines

Musée des Ursulines
5, rue des Ursulines
71000 Mâcon
Tél. : 03 85 39 90 38
www.macon.fr/
www.musees-bourgogne.org
Propriété de la commune
Classé

Installé dans un couvent du XVIIe s., le musée développe des collections en archéologie et ethnographie. L'importante section des beaux-arts est riche d'œuvres du XVIe s. à l'art contemporain. On remarque une Vénus de l'École de Fontainebleau, des peintures de Champaigne, Le Brun, Perrier, Largillierre, etc. Puis, des portraits, des paysages et scènes d'histoire, de Greuze à Puvis de Chavannes, sont suivis d'une section symboliste. Ensuite, les peintres cubistes montrent la voie de l'abstraction représentée par Albers, Nemours, Morellet, Descombin (art sériel) ainsi que par l'art construit (donation Repères).

T.l.j. sf lun. et dim. mat. : 10h-12h, 14h-18h.
Fermé 1er janv., 1er mai, 14 juil., 1er nov., 25 déc.

Église Saint-Clément (ancienne)

Site archéologique
Place Saint-Clément
71000 Mâcon
Tél. : 03 85 39 90 38
www.macon.fr
Propriété de la commune
Inscrit

L'église paroissiale Saint-Clément, reconstruite en style néogothique, est désaffectée en 1973. Elle se situe au sud de la ville. Les fouilles archéologiques effectuées de 1985 à 1992 ont mis au jour plusieurs dizaines de sarcophages – dont les sépultures des premiers évêques de Mâcon – et les fondations d'une église funéraire construite au VIe s., peu après l'accession de Mâcon au rang de cité épiscopale. C'est le seul site de cette période visible dans toute la Bourgogne du sud.

Ouvert t.l.j. toute l'année. Visite guidée sur r.-v. uniquement.

Hôtel-Dieu

344, rue des Épinoches
71000 Mâcon
Tél. : 03 85 39 90 38
Propriété d'un établissement public
Inscrit

L'hôtel-Dieu de Mâcon est construit d'après les plans de Germain Soufflot par son élève Melchior Munet, à partir de 1761. L'édifice s'ordonne autour d'une chapelle circulaire couronnée d'un dôme dont l'ampleur et la hauteur sont remarquables. La chapelle permet aux malades des quatre salles de suivre la messe, elle est décorée de fresques aux scènes bibliques et de prophètes. À la veille de la Révolution, l'hôtel-Dieu dispose de soixante-dix lits. L'apothicairerie conserve une riche collection de provenance locale dont vingt-quatre pots bleu et blanc en forme d'amphore.

Juin-sept. : jeu.-dim. 14h-19h. Visite libre. Visite guidée sur r.-v.
Visite sur r.-v. le reste de l'année et pour les les groupes.

Hôtel Senecé

Musée Lamartine
41, rue Sigorne
71000 Mâcon
Tél. : 03 85 39 90 38
www.macon.fr/
www.musees-bourgogne.org
Propriété de l'Académie de Mâcon
Classé

Installé dans un hôtel particulier du XVIIIe s., le musée regroupe des collections sur la vie et l'œuvre d'Alphonse de Lamartine (1790-1869). Elles sont constituées de peintures, de sculptures, d'objets personnels, ainsi que de documents graphiques, gravures et dessins, qui donnent un aperçu sur l'œuvre du poète et les actes de l'homme politique. Plusieurs œuvres d'artistes de l'époque romantique, dont celles de Marianne de Lamartine, épouse de l'écrivain, sont exposées. Le mobilier, les tapisseries d'Aubusson et les objets d'art décoratif présentés forment les collections historiques de l'Académie de Mâcon.

T.l.j. sf lun. et dim. mat. 10h-12h, 14h-18h.
Fermé 1er janv., 1er mai, 14 juil., 1er nov., 25 déc.

Le Vieux Saint-Vincent

240, rue de Strasbourg
71000 Mâcon
Tél. : 03 85 39 90 38
www.macon.fr
Propriété de la commune
Classé

Proche de l'ancien oppidum de Mâcon, les deux tours et le narthex d'âge roman constituent les seuls vestiges de l'ancienne cathédrale Saint-Vincent. Vendue comme bien national en 1799, elle fut livrée à la pioche des démolisseurs qui détruisirent la nef, le transept et le chœur d'époque gothique. Dans le narthex, on peut voir l'ancien tympan dont les sculptures ont été mutilées pendant les guerres de Religion. Sa composition est d'une extrême originalité de conception et regroupe sur cinq registres superposés les scènes du Jugement dernier.

Juin-sept. : t.l.j. sf lun. et dim. mat. 10h-12h, 14h-18h. Fermé 14 juil.
Visite libre. Visite guidée. Visite sur r.-v. le reste de l'année et pour les groupes.

MARCIGNY B4

Musée de la tour du Moulin

7-9, rue de la Tour
71110 Marcigny
Tél. : 03 85 25 37 05
http://tourdumoulin.blogspot.com
Propriété de la commune
Classé

La tour du Moulin fut construite sur des remparts protégeant un ancien prieuré des Dames bénédictines autour duquel la ville s'est édifiée. C'est une imposante tour fortifiée, qui servait autrefois de moulin à farine. Les murs extérieurs sont curieusement ornés de boulets de pierre en relief. L'intérieur abrite un musée consacré à l'histoire locale, à des collections d'anciennes faïences françaises, de Delft et des majoliques italiennes ayant appartenu au collectionneur Charles Damiron, une pharmacie de cent quinze vases de Nevers et deux salerons du XVIIe s. de Bernard Palissy. C'est également un musée des Beaux-Arts.

Mi-juin à mi-sept. : t.l.j. 10h30-12h30, 14h-19h, w.-e. 14h-18h;
avr. à mi-juin, mi-sept. à oct. : t.l.j. sf mar. 14h-18h.
Visite libre. Visite guidée sur r.-v.

MARTAILLY-LÈS-BRANCION C4

Château de Brancion

71700 Martailly-lès-Brancion
Tél. 03 85 32 19 70
www.brancion.fr
Propriété privée,
propriété d'une association
Classé

Campé sur un éperon rocheux, Brancion domine les vallées de la Saône et de la Grosne entre Tournus et Cluny. Le château érigé entre le Xe et le XIIe s. devient propriété des Ducs de Bourgogne en 1259. Le cheminement le long des terrasses permet de découvrir le logis de Beaufort avec ses deux tours défensives, le remarquable logis de Beaujeu construit à la fin du XIIIe s. et le donjon haut d'une vingtaine de mètres offrant un panorama exceptionnel sur plus d'une trentaine de kilomètres.

7 avr.-sept. : t.l.j. 10h-13h, 14h-18h30; oct.-5 nov. : t.l.j. 14h-18h30.
Nocturne jusqu'à 20h30 les ven. et sam. en juil.-août.
Visite libre. Visite sur r.-v. pour les groupes toute l'année (15 pers. min.).

MELLECEY C3

Château de Germolles

100, place du 5-septembre
71640 Mellecey
Tél. : 03 85 98 01 24
www.chateaudegermolles.fr
Propriété privée
Classé

En 1380, le duc de Bourgogne, Philippe le Hardi, offre à son épouse, Marguerite de Flandres, une forteresse que celle-ci transforme en maison de plaisance. Elle fait intervenir les meilleurs artistes bourguignons (Sluter, Beaumetz). La demeure conserve des espaces de service (cuisine, cellier), la suite princière avec chapelle et salle d'honneur, les appartements de la cour et des décors (peintures murales, sculptures, carreaux de pavage). Des dépendances (maison de l'intendant, bergerie) et un parc à l'anglaise datant du XIXe s. complètent le site. Germolles est l'un des rares exemples subsistant en France de palais princier de cette période.

Janv. à mi-mars, mi-nov. à fin déc. : visite sur r.-v.;
mi-mars à fin avr., mi-oct. à mi-nov. : t.l.j. sf lun. 14h-18h;
mai à mi-oct. : t.l.j. 9h30-19h30. Visite guidée du château.
Visite libre du parc. Visite sur r.-v. pour les groupes toute l'année.

MILLY-LAMARTINE

C4

Maison de Lamartine

71960 Milly-Lamartine
Tél. : 03 85 37 70 33
Propriété privée
Inscrit

La maison de Lamartine est construite en 1705 par l'arrière-arrière-grand-père du poète pour servir de « vendangeoir » au centre d'un vaste domaine viticole, constitué dès le XVIIe s. Lamartine y passe son enfance et en devient propriétaire en 1830. Mais en 1860 il doit, pour éviter la ruine, se résigner à vendre cette maison qui lui inspire certains de ses poèmes : *Milly ou la Terre natale, La Vigne et la maison*. L'intérieur de la maison est encore meublé et un espace « livres et documents » évoque l'enfance de Lamartine, ses sources d'inspiration et son activité viticole.
Visite sur r.-v. toute l'année. ♿

OYÉ

B4

Château de Chaumont

71800 Oyé
Tél. : 03 85 25 80 76
Propriété privée
Inscrit

Le château de Chaumont remonte pour ses parties les plus anciennes au XVIe s. Il est reconstruit au XVIIIe s. (en englobant d'anciennes pièces du XVIe s.) par Jean Circaud de Chaumont, qui accède à la noblesse et fait fortune grâce à l'embouche des bovins Charolais. Les trois corps de bâtiment s'ordonnent autour d'une cour d'honneur, selon un plan en U. Dans le prolongement de l'aile est, subsiste l'ancienne écurie du XVIe s. transformée au début du XXe s. en salle de réception. La tour d'escalier à vis prolongeant la grande salle provient du château du XVIe s. de Moulin-l'Arconce. Le jardin, dessiné par Albert du Marais selon des plans de Luizet, est meublé de statues du XVIIIe s. pour la plupart. La grande charmille de 350 m qui ferme le parc existait au XVIIIe s.
Août : t.l.j. sf mar. 15h-19h. Visite guidée. Visite sur r.-v. du 15 mai au 15 oct.

PALINGES

B4

Château de Digoine

71430 Palinges
Tél. : 03 85 70 20 27
www.chateaudedigoine.com
Propriété privée
Classé

Le château de Digoine est construit en 1709 par Claude-Éléonore de Reclesne à l'emplacement d'une forteresse datant du XIIIe s. De facture classique, il est achevé vers 1770 sur les plans de l'architecte Edme Verniquet. Situé dans un vaste parc paysager, le château comprend un corps de logis principal rectangulaire flanqué sur sa façade sud de courtes ailes en retour d'équerre. La façade nord, moins austère, est cantonnée de deux grosses tours circulaires à dômes et lanternons. Dans le vaste parc, un petit théâtre est installé en 1842 dans lequel Constant Coquelin et Sarah Bernhardt y ont joué *L'Aiglon*. Il a conservé tous ses aménagements et décors d'époque.
Mai-nov. : w.-e. et j. fériés 14h-19h (juil.-sept. : t.l.j. 14h-19h).
Visite guidée des intérieurs. Visite sur r.-v. pour les groupes de mai à nov.

PIERRECLOS

C4

Château

71960 Pierreclos
Tél. : 03 85 35 73 73
www.chateaudepierreclos.com
Propriété privée
Inscrit

Passé le splendide portail et traversé la cour d'honneur, on découvre l'église romane sur la grande terrasse, avec sa magnifique vue sur le vignoble. À l'intérieur du château (XVe-XVIIe s.), est évoquée la vie au Moyen Âge : les cuisines, la salle d'armes, la boulangerie avec four banal, la salle des gardes, les cachots puis le musée de la vigne et du vin et la grande cave romane. Ce lieu cher à Lamartine fut la source d'inspiration de son œuvre *Jocelyn*. Situé dans un site classé, ce château a connu les principaux faits de l'histoire de France.
Avr.-oct. : t.l.j. 10h-18h (ven., sam. 16h) ;
nov.-mars : t.l.j. sf dim. et j. fériés 10h-12h, 14h-17h (ven., sam. 16h).
Visite libre. Visite sur r.-v. pour les groupes toute l'année.

PIERRE-DE-BRESSE C3

Château de Pierre

Écomusée de la Bresse bourguignonne
71270 Pierre-de-Bresse
Tél. : 03 85 76 27 16
www.ecomusee-de-la-bresse.com
Propriété du département
Classé

Le château de Pierre est construit en 1680 pour Claude de Thyard à l'emplacement d'une ancienne forteresse. Le château comprend deux parties bien distinctes, toutes deux entourées de fossés inondés : les communs et le logis seigneurial. Ce dernier est un bâtiment de plan rectangulaire composé de trois corps de bâtiment et flanqué de quatre tours à dômes et lanternons. Les communs, formés de deux corps de bâtiment et précédés chacun d'un petit pavillon, s'ordonnent autour d'une cour rectangulaire. La communication entre les deux ensembles construits en briques se fait par un pont de pierre. Le château de Pierre-de-Bresse est aujourd'hui le siège de l'Écomusée de la Bresse bourguignonne, véritable conservatoire de la mémoire du pays bressan. Le public y découvre des expositions permanentes et temporaires liées au milieu naturel, à l'histoire et aux activités traditionnelles et actuelles de la Bresse bourguignonne.

Mi-mai à sept. : t.l.j. 10h-12h, 14h-18h; oct. à mi-mai : t.l.j. sf sam. et dim. mat. 10h-12h, 14h-18h. Fermé entre Noël et 1er janv.

ROSEY C3

Château

21, rue du Château
71390 Rosey
Tél. : 03 85 43 47 22
Propriété privée
Inscrit

Le château de Rosey est construit en 1767 par Antoine Clerguet, capitaine en chef de la grande fauconnerie de France. Au XIXe s. Antoine-Denis Bottex fait abattre la chapelle et la bibliothèque qui formaient deux courtes ailes. Le château comprend un bâtiment rectangulaire avec un sous-sol voûté d'arêtes et couvert d'un toit bas à quatre pans en tuiles creuses. Des jardins à la française entourent le château et les communs.

Juin-oct. : t.l.j. 14h-18h. Visite sur r.-v. Visite sur r.-v. pour les groupes toute l'année.

RULLY C3

Château

71150 Rully
Tél. : 03 85 87 20 89
www.chateau-rully-bourgogne.com
Propriété privée
Inscrit

Le château de Rully est une forteresse médiévale édifiée à partir du donjon carré du XIIe s. Au XIVe s., trois tours rondes sont élevées ainsi que les courtines et le chemin de ronde. Des bâtiments d'habitation sont construits à l'intérieur de la cour au XVe s. et des toits sont posés arasant la partie supérieure des tours. L'architecture militaire du Moyen Âge subsiste avec les créneaux, les mâchicoulis, les meurtrières. La grande cuisine du donjon possède une cheminée monumentale. Les communs élevés au XVIIIe s. sont couverts de laves : pierres posées à plat, sans fixation. C'est le plus grand ensemble de toits de pierre en Bourgogne.

Juil.-août : t.l.j. sf lun. et mar. 15h, 16h, 17h. Visite guidée. Visite sur r.-v. pour les groupes toute l'année (15-50 pers.).

SAINT-AMBREUIL C4

Abbaye de la Ferté

La Ferté-sur-Grosne
71240 Saint-Ambreuil
Tél. : 03 85 44 17 96
www.abbayeferte.com
Propriété privée
Inscrit

L'abbaye de la Ferté fut la première des quatre grandes filles inspirées par Cîteaux. Fondée en 1113 par l'abbé Étienne, détruite par les troupes de l'amiral de Coligny, elle est reconstruite en 1680. À la Révolution, l'ensemble est vendu et partiellement détruit. Aujourd'hui, on peut visiter l'un des plus grands palais abbatiaux cisterciens.

Avr.-15 oct. : t.l.j. 14h30, 15h30 (juil.-août, dim. et j. fériés : 10h30, 11h30, 14h30, 15h30, 16h30, 17h30). Visite guidée. Visite sur r.-v. pour les groupes toute l'année.

B4

SAINT-AUBIN-SUR-LOIRE

Château et son parc

Château de Saint-Aubin
71140 Saint-Aubin-sur-Loire
Tél. : 03 85 53 95 20
www.chateaudestaubin.com
Propriété privée
Classé

Le château de Saint-Aubin a été édifié pour Charles-Jean Baptiste des Gallois de la Tour entre 1771 et 1777 par l'architecte Edme Verniquet sur une colline qui domine la ville. Remplaçant l'ancienne forteresse construite en bordure de la Loire, le château, de style néoclassique, est une construction en pierres blondes qui se compose d'un corps principal de plan rectangulaire flanqué de deux ailes en équerre ; cet ensemble étant lui-même encadré de deux majestueux communs de briques et de tuiles. L'intérieur, grâce aux restaurations dont il a été l'objet, a su retrouver tout son raffinement d'antan. Le parc, quant à lui, s'organise autour de terrasses à balustrades qui descendent en pente douce jusqu'à la Loire.

15 juin-15 sept. : t.l.j. sf sam. 14 h-18 h.
Visite guidée. Visite sur r.-v. pour les groupes (10 pers. min.).

B3

SAINT-LÉGER-SOUS-BEUVRAY

Oppidum de Bibracte-Mont Beuvray

71990 Saint-Léger-sous-Beuvray
Tél. : 03 85 86 52 35
www.bibracte.fr
Propriété d'un établissement public de coopération culturelle
Classé

Bibracte, capitale économique, politique et religieuse des Éduens, l'un des peuples gaulois les plus puissants, s'étend sur près de 200 ha au sommet du mont Beuvray à la lisière des départements de la Nièvre et de la Saône-et-Loire, dans le sud du massif du Morvan. Cette ville antique des IIe et Ier s. av. J.-C. ceinturée de remparts est un haut lieu de la guerre des Gaules. Vercingétorix y est élu à la tête de la coalition gauloise contre les Romains en 52 av. J.-C. et César y termine ses *Commentaires de la guerre des Gaules*. Bibracte fait chaque année l'objet de fouilles conduites par des universitaires venus de toute l'Europe. Un musée de facture contemporaine, situé au pied de la ville gauloise, est dédié à l'âge du Fer et propose des expositions, animations et services. Le centre de recherche européen de Bibracte contribue au développement de l'archéologie et de ses méthodes et à la formation des participants. Il abrite un vaste centre de documentation.

MUSÉE Mi-mars à mi-nov. : t.l.j. 10 h-18 h (juil.-août : 19 h). Visite audioguidée.
Visite guidée sur r.-v. pour les groupes toute l'année (20 pers. min.).
SITE Visite guidée d'avr. à sept. Visite sur r.-v. pour les groupes toute l'année.
(audioguide spécifiques). (kit « Bibracte au bout des doigts »).
(juil.-août).

C3

SAINT-PIERRE-DE-VARENNES

Château de Brandon

71670 Saint-Pierre-de-Varennes
Tél. : 03 85 55 45 16/06 87 37 51 30
www.chateau-de-brandon.com
Propriété privée
Inscrit

Construit sur un camp gallo-romain, Brandon, jusqu'à la fin du XVe s., participait à la défense du duché de Bourgogne. C'est un modèle de construction militaire avec cours haute et basse fermées, chemin de ronde du XIIe s. et porterie de la fin du XIIIe s. Le corps de logis principal fut modifié sous Louis XIII quand la place forte fut aménagée en résidence au XVIIe s. Brandon est aujourd'hui une demeure familiale habitée toute l'année.

15 avr-sept. : t.l.j. 12 h 30-17 h 30. Visite guidée.
Visite sur r.-v. pour les groupes toute l'année.

SAINT-POINT C4

Château de Lamartine

71520 Saint-Point
Tél. : 03 85 50 50 30
www.chateaulamartine.com
Propriété privée
Classé

Au Moyen Âge, le château de Saint-Point protège l'une des vallées permettant l'accès à l'abbaye de Cluny. Lamartine reçoit le château en héritage en 1820 et y réside jusqu'à sa mort en 1869. De 1852 à 1855, Alphonse de Lamartine et son épouse Mary Ann Birch font construire dans le style néogothique un donjon, une galerie et des créneaux. De la construction d'origine subsiste le corps de logis ouest rectangulaire flanqué de deux tours rondes. Un portique à arcades en anse de panier supporte une terrasse à garde-corps ajouré. Contre la façade est s'élèvent un donjon carré et une haute tourelle circulaire. À l'intérieur du château se trouve le cabinet de travail de Lamartine, voûté en berceau et tapissé de toile à rayures. Un parc à l'anglaise abrite son tombeau.

Avr.-oct. : w.-e. et j. fériés 10h-18h ; juil.-août : t.l.j. 10h-18h.
Visite guidée. Visite sur r.-v. pour les groupes toute l'année (20 pers. min.).

SEMUR-EN-BRIONNAIS B4

Château Saint-Hugues (ruines)

71110 Semur-en-Brionnais
Tél. : 03 85 25 13 57
www.semur-en-brionnais-vp.fr
Propriété de la commune
Inscrit

Le château Saint-Hugues est construit sur un site naturellement fortifié déjà occupé aux temps préhistoriques. À la fin du Xe s. les Chamelet y font bâtir un donjon dans lequel naît Hugues, futur rénovateur de l'abbaye de Cluny. Le château cesse d'être une résidence au XIIIe s. et sert de prison dès 1560. De l'ensemble fortifié ne subsistent qu'une poterne et le donjon roman rectangulaire de 22 m dont les murs ont à la base 2 m d'épaisseur. Dans les murailles se discernent des ouvertures en plein cintre obturées, une petite porte au premier étage et deux fenêtres à meneau et croisillon. La maison du geôlier, construite en 1780, abrite une collection d'affiches de la Révolution.

Avr.-15 mai, 15 sept. 11 nov. : t.l.j. 10h-12h, 14h-18h, dim. et j. fériés 14h-18h ;
16 mai-16 sept. : t.l.j. 10h-12h, 14h-19h, dim. et j. fériés 14h-19h.
Visite libre. Visite guidée sur r.-v.

SOLUTRÉ-POUILLY C4

Gisement préhistorique, site archéologique

Musée départemental de Préhistoire
71960 Solutré-Pouilly
Tél. : 03 85 35 85 24
www.musees-bourgogne.org
Propriété de la commune
Classé

Le gisement de Solutré est un site de chasse fréquenté pendant plus de vingt-cinq mille ans par les hommes du Paléolithique supérieur, de 35000 à 10000 av. J.-C. Des fouilles entreprises au pied de la roche en 1866 mettent en évidence une accumulation d'ossements, de chevaux principalement, mais aussi de bisons, d'aurochs, de cerfs et de mammouths. Le site de Solutré est aussi célèbre pour avoir donné son nom à une culture du Paléolithique supérieur : le Solutréen, caractérisé par la taille de pointes bifaciales en « feuilles de laurier ». Le musée départemental de Préhistoire situé au pied de la roche évoque l'archéologie préhistorique du Mâconnais, les chevaux et les chasses du Paléolithique supérieur à Solutré et le Solutréen dans le contexte européen.

Janv.-mars, oct.-nov. : t.l.j. 10h-12h, 14h-17h ; avr.-sept. : t.l.j. 10h-18h.
Fermé 1er janv., 1er mai et déc.

C3 SULLY

Château

71360 Sully
Tél. : 03 85 82 09 86
www.chateaudesully.com
Propriété privée
Classé

La veuve du maréchal Gaspard de Saulx-Tavannes fait édifier le château de Sully vers 1570 sur les ruines d'une demeure moyenâgeuse. Œuvre de l'architecte Nicolas Ribonnier, il est empreint du passage de ses propriétaires successifs : les Sully, Couches, Montaigu, Rabutin, Morey, qui fait reconstruire la façade et les terrasses nord, et Mac-Mahon. Entouré de douves et précédé d'une grande cour bordée de part et d'autre par les communs, le château se compose de quatre ailes flanquées de tours d'angle carrées posées en losanges. La cour intérieure est de style Renaissance.

6 fév.-7 mars, 27 mars-14 nov. : t.l.j. 10h-18h (juil.-août : 19h).
Visite libre des extérieurs. Visite guidée sur r.-v. pour les groupes toute l'année (10 pers. min.).

C4 TOURNUS

Abbaye Saint-Philibert

71700 Tournus
Tél. : 03 85 27 00 20/
03 85 51 03 76 (curé)
www.tournugeois.fr
Propriété de la commune
Classé

Au IXe s., des moines chassés de Noirmoutier par les invasions normandes arrivent en Bourgogne avec dans leurs bagages les reliques de saint Philibert. Bien que dédiée à saint Valérien, l'abbaye qui les accueille prend alors le nom du prestigieux fondateur de Jumièges. Édifiée aux Xe et XIe s., elle est de style roman. L'église abbatiale ornée de bandes lombardes se présente comme un donjon percé d'archères. La pénombre régnant dans l'avant-nef contraste avec la luminosité qui baigne la nef grâce aux ouvertures dans les berceaux transversaux de la voûte. L'ensemble du monastère a été construit et regroupé autour du cloître : le réfectoire et le cellier du XIIe s., la salle capitulaire voûtée d'ogives, le *locutorium* présentant une collection lapidaire.

Mai-sept. : t.l.j. 8h30-19h ; oct.-avr. : t.l.j. 8h30-18h.
Visite audioguidée. Visite guidée sur r.-v. pour les groupes toute l'année.
(possibilité de visite signée). (documents disponibles en braille).

Hôtel-Dieu

Musée Greuze
21, rue de l'Hôpital
71700 Tournus
Tél. : 03 85 51 23 50
www.musees-bourgogne.org
Propriété de la commune
Classé

L'hôtel-Dieu de Tournus est construit en 1661 par le cardinal de Bouillon, seigneur de Tournus, et dispose alors d'une seule salle meublée pour accueillir les malades. En 1715 et 1792 sont construites deux autres salles, ainsi que la chapelle vers laquelle convergent les trois salles. À la Révolution, sa capacité est de cinquante-six lits. Il cesse ses activités en 1982. Subsistent les lits clos en chêne, et l'apothicairerie qui conserve environ trois cents pots en faïence de Nevers des XVIIe et XVIIIe s. L'hôtel-Dieu abrite le musée Greuze où sont présentés des objets d'archéologie, des sculptures d'artistes locaux et des dessins, portraits et sanguines de l'artiste, né à Tournus.

Avr.-oct. : t.l.j. sf mar. 10h-13h, 14h-18h.
Visite libre. Visite guidée sur r.-v. pour les groupes toute l'année (15 pers. min.).

C4 VARENNES-SAINT-SAUVEUR

Tuilerie (ancienne)

71480 Varennes-Saint-Sauveur
Tél. : 03 85 74 60 45/03 85 72 76 09
Propriété de la commune
Inscrit

L'ancienne tuilerie de Varennes-Saint-Sauveur date du XVIIe s. Elle subit une restauration au siècle suivant. C'est un imposant ensemble industriel de 50 m de long et de 20 m de large composé de deux éléments principaux : le séchoir d'une part et le four d'autre part, rassemblés en un unique bâtiment. C'est un rare exemple d'architecture préindustrielle, notamment avec ses toits à larges pentes.

Visite sur r.-v. pour les groupes toute l'année sf w.-e. (10 pers.).

ANCY-LE-FRANC B2

Château

18, Place de Clermont-Tonnerre
89160 Ancy-le-Franc
Tél. : 03 86 75 14 63
www.chateau-ancy.com
Propriété privée
Classé

Chef-d'œuvre de Serlio, célèbre architecte italien du roi François Ier, ce palais Renaissance est l'unique réalisation en France d'une architecture profondément originale. Vaste quadrilatère à quatre ailes égales flanquées de pavillons carrés autour d'une magnifique cour. Ce fleuron du XVIe s. est bâti au cœur d'un grand parc pour Antoine III, comte de Clermont, beau-frère de Diane de Poitiers. Le château renferme une série remarquable de peintures murales des XVIe et XVIIe s. qui en font le plus bel exemple actuellement conservé. Appartements, galeries, chapelle, salle des gardes, chambre du Roi, salons et cabinets en sont richement décorés. Depuis 1999 des restaurations importantes ont eu lieu.

Avr. à mi-nov. : t.l.j. sf lun. non fériés 10h30, 11h30, 14h, 15h, 16h (17h d'avr. à fin sept.). Visite guidée. Visite sur r.-v. pour les groupes toute l'année.

ARCY-SUR-CURE B2

Château du Chastenay

Le Val-Sainte-Marie
89270 Arcy-sur-Cure
Tél. : 03 86 81 90 63
www.grottes-arcy.net
Propriété privée
Inscrit et classé

Le château du Chastenay, édifié à l'emplacement d'un ancien manoir construit par Jean de Lys en 1349, est longtemps la propriété des Aulenay, seigneurs de Chastenay en Bourbonnais. En 1549 ils remplacent le manoir par une nouvelle construction dans le style Renaissance. L'édifice de plan rectangulaire présente un étage avec toiture à pente raide à deux versants. Au centre de la façade s'élève une tour d'escalier hexagonale. L'intérieur a conservé des plafonds à poutraison peinte et abrite un polyptyque du XIVe s. illustrant l'histoire de Joseph.

Avr.-juin, sept.-11 nov. : t.l.j. 10h-12h, 14h-17h ; juil.-août : t.l.j. 10h-17h30. Visite guidée. Visite sur r.-v. pour les groupes toute l'année (20 pers. min.).

Grottes préhistoriques d'Arcy

89270 Arcy-sur-Cure
Tél. : 03 86 81 90 63
www.grottes-arcy.net
Propriété privée
Inscrit

Les grottes d'Arcy présentent un ensemble de cavernes creusées par la Cure dans un massif calcaire corallien de la fin de l'ère secondaire. La grande grotte, 33000 av. J.-C., place Arcy au deuxième rang mondial des grottes ornées, après la grotte Chauvet en Ardèche. Onze grottes conservent les vestiges des occupations humaines qui se sont succédées sur près de deux cent mille ans. Elles abritent au total quarante unités graphiques (peintures, points d'ocre, gravures) datées de –28000 à –24000 et représentant mammouths, rhinocéros, empreintes de mains et un bouquetin découvert en 1990. Des ammonites et polypiers fossilisés sont également visibles, témoins de la présence d'une mer chaude, quelques millions d'années auparavant.

Avr.-juin, sept.-11 nov. : t.l.j. 10h-12h, 14h-17h ; juil.-août : t.l.j. 10h-17h30. Visite guidée. Visite sur r.-v. pour les groupes toute l'année (20 pers. min.).

B2 **AUXERRE**

Musée-abbaye Saint-Germain

2 *bis*, place Saint-Germain
89000 Auxerre
Tél. : 03 86 18 05 50
www.musees-bourgogne.org
Propriété de la collectivité territoriale
Classé

L'abbaye Saint-Germain est fondée au VIe s. par l'épouse de Clovis, Clotilde, à l'emplacement de l'oratoire qui gardait le tombeau de saint Germain, évêque d'Auxerre, inhumé en 448. Elle devient un centre important de pèlerinage et connaît au IXe s. un rayonnement considérable, comme en témoignent ses cryptes et ses fresques carolingiennes datées de 858 reproduisant le martyre de saint Étienne. Ces fresques sont l'un des rares exemples de peinture murale carolingienne à nous être parvenus. L'église abbatiale de style gothique remplace à partir du XIIIe s. l'église romane carolingienne. Transformée en hôpital au XIXe s., l'abbaye abrite depuis 1988 un musée d'Art et d'Histoire.

Juin-sept. : t.l.j. sf mar. 10h-12h30, 14h-18h30; oct.-mai : t.l.j. sf mar. 10h-12h, 14h-18h. Visite sur r.-v. pour les groupes toute l'année.

Cathédrale Saint-Étienne

Presbytère de la cathédrale
4, rue de Caylus
89000 Auxerre
Tél. : 03 86 52 31 68/03 86 52 23 29
www.cathedrale-auxerre.com
Propriété de la commune
Classé

La nouvelle cathédrale Saint-Étienne fut construite dès 1215 sur ordre de l'évêque Guillaume de Seignelay, à l'emplacement de l'ancien édifice roman du XIe s. De ce dernier subsistent les superbes cryptes ornées de fresques, dont le célèbre Christ à cheval illustrant l'apparition du Roi des Rois, le cavalier de l'Apocalypse de saint Jean. C'est avec la construction de la tour nord, au XVIe s., que s'acheva le chantier de l'église gothique. Le Trésor de la cathédrale renferme des manuscrits enluminés, des ivoires, de l'orfèvrerie liturgique, ainsi qu'une collection d'objets du XIIIe s., châsses ou autres, en émail de Limoges.

CATHÉDRALE Rameaux-Toussaint : t.l.j. 7h30-18h;
Toussaint-Rameaux : t.l.j. 7h30-17h.
CRYPTE ET TRÉSOR Rameaux-Toussaint : dim. mat. 9h-18h;
Toussaint-Rameaux : t.l.j. sf dim. mat. 10h-17h.
Pas de visite pendant les offices religieux. (prévenir l'accueil).

B2 **AVALLON**

Hôtel Condé

Musée du Costume
6, rue Belgrand
89200 Avallon
Tél. : 03 86 34 19 95
www.ville-avallon.fr
Propriété de la commune
Inscrit

L'hôtel Condé, immeuble cédé en 1640 au prince Henri II de Bourbon-Condé, appartient à plusieurs reprises à la famille Filsjean. Il accueille ensuite diverses écoles avant d'être vendu à la ville en 1984. La partie principale date du XVIIIe s. L'aile donnant sur la rue basse des remparts est édifiée en 1882. La façade, percée de baies rectangulaires, est ornée d'un balcon en fer forgé porté par des consoles à volutes. L'hôtel Condé abrite aujourd'hui le musée du Costume.

15 avr.-1er nov. : t.l.j. 10h30-12h30, 13h30-17h30.
Visite guidée. Visite guidée pour les groupes (10 pers. min.).

B2 **CHASTELLUX-SUR-CURE**

Château

89630 Chastellux-sur-Cure
Tél. : 03 86 34 20 03
Propriété privée
Inscrit

Appartenant à la même famille depuis plus de mille ans, cette forteresse flanquée de huit tours a été au cours des siècles régulièrement embellie. De nombreux membres de cette famille ont marqué l'histoire de France, notamment à l'époque de Jeanne d'Arc lorsque les Bourguignons combattaient les Français, et à celle de l'Indépendance américaine avec le marquis de Chastellux, grand ami du général Washington et cousin de La Fayette.

2 juil.-5 nov. : t.l.j. sf lun. et mar. 10h15, 11h15, 14h30, 15h30, 16h30.
Visite guidée. Visite libre du parc.

CHÂTEL-GÉRARD B2

Prieuré de Vausse

89310 Châtel-Gérard
Tél. : 03 86 82 87 28/06 28 29 62 77
www.pays-tonnerrois.com
Propriété privée
Inscrit

Au cœur de la forêt domaniale de Châtel-Gérard, au milieu d'une clairière défrichée par les moines au début du XIIIe s., et cultivée depuis, une apparition pleine de charme : le Prieuré de Vausse fondé vers 1200 par Anséric de Montréal et qui dépendait de l'abbaye du Val des Choues (Côte-d'Or). Vendu comme bien national à la Révolution, il abrita jusqu'en 1858 une faïencerie dont les productions sont très recherchées. Aujourd'hui, on visite une petite chapelle accolée à l'église, construite pour accueillir les pèlerins et le cloître d'une rustique élégance encadrant un adorable jardin de curé.

Juil.-août : t.l.j. sf mar. 14h-19h ; juin, sept. : dim. 14h-19h.
Visite guidée. Visite sur r.-v. pour les groupes de mars à oct. (20 pers. min.).

CHEVILLON A1

Château

89120 Chevillon
Tél. : 03 86 73 16 81
Propriété privée
Inscrit

Le château de Chevillon est vraisemblablement construit à la fin du XIIe s. par Étienne de Sancerre. En 1402 il appartient à Anne de Thianges-Vallery, puis à la famille de Courtenay à partir du XVe s. Adjugé à Claude-Mathieu Radix, conseiller du roi, en 1745, le château très délabré est restauré, embelli et meublé, avant que les propriétaires suivants le délaissent et qu'à la Révolution une aile soit détruite. Le château, qui conserve ses tours et ses fossés inondés, présente deux corps de bâtiment à angle droit flanqués de tours rondes. L'aile des communs y fait face.

Juil.-sept. : lun-jeu. 14h-18h. Visite libre des extérieurs uniquement.
Visite guidée sur r.-v. pour les groupes toute l'année.

COURGENAY B1

Abbaye de Vauluisant

89190 Courgenay
Tél. : 03 86 86 78 40
www.vauluisant.com
Propriété privée
Inscrit et classé

L'abbaye de Vauluisant est fondée en 1127 entre la forêt d'Othe et celle de Lancy. Endommagée et pillée lors de la guerre de Cent Ans, elle est remaniée au XVIe s. La porterie Notre-Dame, avec ses deux tours rondes, marque l'entrée de l'abbaye. Le château, de nouveau remanié au XIXe s., constitue une partie de l'aile occidentale des convers. Il contient un escalier monumental de Franque du XVIIIe s. L'enceinte de 9 ha abrite un parc à l'anglaise et un réseau hydraulique, alimenté par la rivière Alain, que les moines avaient canalisée à des fins économiques et agricoles.

15 avr.-oct. : dim., j. fériés 14h-17h30. Visite libre. Visite guidée.
Visite sur r.-v. pour les groupes toute l'année.

DIXMONT B1

Prieuré de l'Enfourchure

89500 Dixmont
Tél. : 03 86 96 05 78/03 86 96 96 83
Propriété privée
Inscrit

Le prieuré de l'Enfourchure est fondé en 1209, sur un site donné à l'ordre de Grandmont, par le comte Guillaume de Joigny. Cette communauté religieuse austère a un grand rayonnement spirituel dans la région au cours du XIVe s. Ruiné par la guerre de Cent Ans, le prieuré est reconstruit dans le premier quart du XVIe s. par son prieur commendataire Gabriel Gouffier, puis malheureusement pillé pendant les guerres de Religion. L'ordre de Grandmont est supprimé en 1769. La Révolution entraîne la vente du domaine et des bâtiments, livrés à la Bande noire. Aujourd'hui, ne subsistent que l'arcature de la façade, les ruines de la chapelle et une partie des bâtiments du XVIe s., en cours de restauration.

Juin-sept. : w.-e. 15h-19h. Visite guidée.
Visite sur r.-v. le reste de l'année et pour les groupes (15 pers. min.).

B2 **DRUYES-LES-BELLES-FONTAINES**

Le château de Druyes, dont les ruines se dressent sur une colline dominant la vallée, est l'ancienne demeure des comtes d'Auxerre et de Nevers. Prototype d'une série de châteaux construits à la fin du règne de Philippe Auguste, ce château fort au plan carré sans donjon est devenu un palais fortifié. Le logis seigneurial est décoré d'ouvertures et d'arcatures romanes juxtaposées. Pierre II de Courtenay, comte d'Auxerre et de Nevers, y reçoit en 1218 les ambassadeurs qui venaient lui offrir la couronne impériale de l'Empire latin de Constantinople.

Pâques-sept. : w.-e. 15h-18h (juil.-août : t.l.j. 15h-18h). Visite guidée.
Visite guidée sur r.-v. pour les groupes toute l'année (20 pers. min.).

Château fort des comtes d'Auxerre et de Nevers

11, rue Chanzy
89560 Druyes-les-Belles-Fontaines
Tél. : 03 86 41 51 71
www.chateau-de-druyes.com
Propriété privée,
propriété de la commune
Classé

B2 **ESCOLIVES-SAINTE-CAMILLE**

Le site d'Escolives est installé sur la rive gauche de l'Yonne à 10 km au sud d'Auxerre. Une occupation humaine est attestée dès le Néolithique. Les fouilles, entreprises depuis 1955, ont mis au jour une villa édifiée dès le début du Ier s. et modifiée jusqu'à la fin du Ve s. Elle s'organise autour d'une grande cour qui dessert des thermes et de grandes salles d'apparat. Aux IVe-Ve s. apr. J.-C. la villa prend de l'importance, en superficie (5-6 ha avec la partie agricole) mais aussi par son architecture et ses décors luxueux. Des blocs sculptés provenant de monuments religieux sont remployés à la fin du IIIe s. en fondation des thermes.

Avr.-oct. : t.l.j. 10h-12h, 14h-17h ; nov.-mars : t.l.j. sf w.-e. 10h-12h, 14h-16h.
Fermé 1er janv., 1er mai, 1er nov., 31 déc. Visite guidée.
Visite sur r.-v. pour les groupes toute l'année.

Site archéologique gallo-romain et mérovingien

9, rue Raymond-Kapps
89290 Escolives-Sainte-Camille
Tél. : 03 86 53 34 79
archeo.escolives@wanadoo.fr
Propriété de l'État
Inscrit

B2 **MIGÉ**

Le moulin à vent Dautin est construit par Édouard Dautin en 1794 dans un couloir de vents sur les hauteurs de Migé. Modifié au XIXe s., il présente des ailes Berton installées vers 1865 et est équipé d'une machine à vapeur en 1874. Il cesse de fonctionner en 1890. Restauré un siècle plus tard par une association, c'est aujourd'hui le seul moulin à vent capable de produire de la farine en Bourgogne. Le moulin est mis en fonctionnement et fait découvrir une technique de mouture disparue actuellement.

15 avr.-15 oct. : w.-e. et j. fériés 14h30-18h30 (juil.-août : t.l.j. 14h30-18h30).
Visite sur r.-v. le reste de l'année. Visite guidée.

Moulin à vent Dautin

4, impasse de la Noue
89580 Migé
Tél. : 03 86 52 63 91/03 86 46 88 44
www.moulinavent-dautin.com
Propriété d'une association
Inscrit

A2 **MOUTIERS-EN-PUISAYE**

Le four à poterie de la Bâtisse est construit dans le dernier quart du XVIIIe s. lorsque la famille Cagnat prend possession du domaine. D'une capacité de 75 m³ il est utilisé pour la cuisson des grès au sel, à la cendre et au laitier. La famille Cagnat-Solano, une des plus anciennes familles potières de la Puisaye, présente le travail de potier d'autrefois : le travail du « marcheux », la voquouée et le pétrissage de la terre, travail sur le tour à bâton, le tour à pied, les tours à moteur, le séchage sur planche, l'émaillage à la louche et la cuisson au feu de bois. Toute la production de céramiques traditionnelles est ainsi suivie depuis la réalisation de pièces jusqu'à leur sortie du four.

Juin-sept. : t.l.j. sf lun. 10h-12h30, 14h-18h30, dim. 14h-19h ;
oct.-mai : t.l.j. sf dim. et lun. 10h-12h30, 14h-18h. Visite libre. Visite guidée.

Poterie de la Bâtisse

La Bâtisse
89520 Moutiers-en-Puisaye
Tél. : 03 86 45 68 00
www.poterie-batisse.com
Propriété privée
Inscrit

NOYERS-SUR-SEREIN B2

Tour des remparts

7 *bis*, rue des Terreaux
89310 Noyers-sur-Serein
Tél. : 03 86 82 61 75
www.tour-des-remparts.com
Propriété privée
Inscrit et classé

L'ancienne fortification du village médiéval, édifiée au XIIIe s., comprend à l'origine vingt-trois tours et trois portes. En 1778 les herses et les portes de la ville sont démontées. Aujourd'hui subsistent dix-neuf tours et deux portes en pierre de taille très remaniées. Les tours rondes sont couvertes en lave et tuiles plates. La porte Peinte est armée de quatre bouches à canon, la tour de Venoise est le corps de garde de la porte disparue. La porte de Rue est voûtée en arc brisé très remaniée.

Mi-mars à mi-nov. : t.l.j. 10h-12h, 14h-18h. Visite guidée sur r.-v. pour les groupes.

NUITS-SUR-ARMANÇON B2

Château de Nuits

42, rue du Maréchal-Leclerc
89390 Nuits-sur-Armançon
Tél. : 01 47 63 82 78/06 64 14 19 47
www.chateaudenuits.fr
Propriété privée
Classé

Le château de Nuits, érigé entre 1549 et 1584 par la famille Chenu en surplomb de l'Armançon, possède encore une partie de ses moyens défensifs. Il comprend un grand corps principal de plan rectangulaire flanqué de deux pavillons carrés élevés d'un étage supplémentaire et coiffés de toitures pyramidales. La façade est découpée en six travées par cinq pilastres encadrant de hautes portes-fenêtres au fronton cintré.

Avr.-1er nov. : t.l.j. sf mar. 11h, 14h15, 15h15, 16h15, 17h15.
Visite guidée. Visite sur r.-v. pour les groupes toute l'année (20 pers. min.).

PLESSIS-SAINT-JEAN A1

Château

7, place de l'Église
89140 Plessis-Saint-Jean
Tél. : 03 86 66 36 65
http://chateauplessissaintjean.org
Propriété privée
Inscrit

Trois édifices ont été successivement construits sur le même emplacement : un château fort du XIIe s., un château Renaissance et un château XIXe s. Des éléments de chacune de ces périodes persistent ; parmi eux, un observatoire, un cadran solaire, des fossés, des souterrains, des oubliettes, les traces d'un pont-levis, des caches secrètes ainsi qu'un bassin qui présenterait certaines caractéristiques d'une cuve baptismale de l'époque paléochrétienne. La résurrection de ce château est due à ses actuels propriétaires, aidés de l'association Renaissance des châteaux de Plessis-Saint-Jean. Ils ont transformé le château en lieu d'exposition, de concert et de réception.

Juil.-sept. : w.-e. 14h, 15h, 16h, 17h. Visite guidée.

PONTIGNY B1

Abbaye

89230 Pontigny
Tél. : 03 86 47 54 99
www.abbayedepontigny.eu
Propriété du département,
propriété de la commune
Classé

L'abbaye de Pontigny, deuxième fille de Cîteaux, est fondée en 1114 sur les bords du Serein. Elle se développe rapidement avec Hugues de Mâcon, compagnon de Bernard de Clairvaux. Dès 1150 sont construits l'église et les bâtiments conventuels autour du cloître. Son prestige spirituel et temporel s'accroît aux XIIe et XIIIe s. avec l'essor de l'ordre cistercien. Elle possède alors une quinzaine de granges exploitées par les moines sur 40 km, des forêts, vignes, celliers, mines et maisons de ville. À la fin du XIIe s. le chevet plat primitif est démoli et remplacé par un chœur gothique.

Juin-sept. : t.l.j. 9h-19h ; oct.-mai : t.l.j. 10h-17h.
Visite libre. Visite guidée sur r.-v. pour les groupes.

A2 **SAINT-FARGEAU**

Édifié sur les fondations d'un château fort bâti en 990 par un proche d'Hugues Capet, le château de Saint-Fargeau est au XVe s. la demeure de Jacques Cœur, argentier de Charles VII. Par la suite, un compagnon d'armes de Jeanne d'Arc, Antoine de Chabannes, l'achète et y effectue de gros travaux. En 1652, Melle de Montpensier y est envoyée en exil par son cousin Louis XIV, pour avoir participé à la Fronde. Elle décide de le reconstruire et confie les travaux à l'architecte François Le Vau. Le château se présente sous la forme d'un vaste pentagone de brique et pierre recouvert d'ardoises et doté de six tours monumentales. Le Vau aménage la cour intérieure et les appartements dans le goût classique de l'époque. Un parc à l'anglaise de 118 ha entoure le château.

CHÂTEAU 21 mars-juin, sept.-11 nov. : t.l.j. 10h-12h, 14h-18h; juil.-août : t.l.j. 10h-12h, 14h-19h. Visite guidée du château. Visite libre du parc.
FERME Avr.-juin, sept. : w.-e., j. fériés et vac. scol. 10h-12h, 14h-17h ; juil.-août : t.l.j. 10h-12h, 14h-18h.
Visite libre. Visite sur r.-v. pour les groupes au 03 86 74 03 76.

Château

Place du Château
89170 Saint-Fargeau
Tél. : 03 86 74 05 67
www.chateaudesaintfargeau.com
Propriété privée
Classé

B2 **SAINT-MORÉ**

Le site de Cora est habité dès l'époque néolithique (six mille ans avant notre ère). Il abrite ensuite des villages retranchés jusqu'à la conquête romaine avant de devenir un poste fortifié sur la voie d'Agrippa reliant Lyon à Boulogne-sur-Mer. Une muraille flanquée de tours rondes que précède un large fossé défend le seul accès possible au plateau de 25 ha constituant le retranchement. Des circuits permettent de découvrir les grottes préhistoriques de Saint-Moré, le camp de Cora ou la carrière de sarcophages mérovingiens et la fontaine miraculeuse de Saint-Moré.

Juin-sept. : w.-e. 9h30-17h. Visite guidée par des archéologues (10 pers. min.).
Visite sur r.-v. pour les groupes toute l'année.

Camp antique de Cora

1, rue du Pont
89270 Saint-Moré
Tél. : 03 86 33 44 19
coraliger@wanadoo.fr
Propriété de la commune
Classé

B2 **SAINT-PÈRE-SOUS-VÉZELAY**

Site unique en France, à 1,5 km au sud de Saint-Père, les Fontaines Salées révèlent des émergences d'eau minérale captée dès le Néolithique au moyen de cuvelages en chêne évidé (2300 av. J.-C.), toujours intacts, qui en font un site archéologique de première importance. À voir : la nécropole à incinération des « Champs d'Urnes » (env. 900 av. J.-C.), les vestiges d'un temple circulaire de la divinité des eaux (Ier ou IIe s. av. J.-C.), et ceux d'un établissement thermal gallo-romain et d'une enceinte en plein air des Ier et IIe s. apr. J.-C. Le musée regroupe les céramiques, statuettes, bijoux, ex-voto, etc. trouvés sur le site.

MUSÉE Avr. : w.-e. 10h-12h30, 13h30-18h30; mai-juin, sept. : t.l.j. sf lun. 10h-12h30, 13h-18h30; juil.-août : t.l.j. 10h-12h30, 14h30-18h30.
SITE Avr.-juin, sept. : t.l.j. 10h-12h30, 13h-18h30; juil.-août : t.l.j. 10h-18h30; oct. : t.l.j. 10h-12h30, 13h30-17h30.
Visite libre. Visite guidée sur r.-v. pour les groupes toute l'année.

Site archéologique des Fontaines-Salées

89450 Saint-Père-sous-Vézelay
Tél. : 03 86 33 37 71
www.saint-pere.fr
Propriété de la commune
Classé

SAINT-SAUVEUR-EN-PUISAYE A2

Château

Musée Colette
89520 Saint-Sauveur-en-Puisaye
Tél. : 03 86 45 61 95
www.musees-bourgogne.org
Propriété de la commune
Classé

Le musée consacré à Colette, enfant du village, est installé dans un pavillon du château de Saint-Sauveur dont la tour sarrasine qui signale le rustique château du XVIIe s. est le dernier exemple de donjon à plan ovale construit en France. Le salon et la chambre que Colette occupait au Palais-Royal ont été reconstitués à l'identique. Des souvenirs et des objets personnels légués par la famille de Bertrand de Jouvenel, son second mari, complètent les collections et deux cent cinquante photos accompagnées d'une bande sonore évoquent sa vie.
Avr.-oct. : t.l.j. sf mar. : 10h-18h ; nov.-mars : t.l.j. sf mar. : 14h-18h.
Visite sur r.-v. pour les groupes.

SAUVIGNY-LE-BOIS B2

Château de Montjalin

Musée des Voitures de chefs d'État
89200 Sauvigny-le-Bois
Tél. : 03 86 34 46 42
odelafon@aol.com
Propriété privée
Inscrit

Le château de Montjalin est construit au sommet d'une petite colline en 1780 par la famille de Fresne. De forme régulière le bâtiment principal est orné d'un double escalier avec un perron d'honneur donnant accès au hall d'entrée dallé en pierre de Bourgogne. Un portail en fer forgé encadré de deux colonnes s'ouvre sur une longue allée et sur le parc qui jouxte un bois. Les communs se composent d'une orangerie, d'un pigeonnier, d'anciennes écuries et d'une sellerie. Dans ceux-ci est présentée une collection de trente voitures de marques prestigieuses qui ont appartenu à de grands chefs d'État du siècle.
T.l.j. 9h-19h. Visite guidée.
Visite sur r.-v. pour les groupes toute l'année (50-150 pers.).

SENS A1

Cathédrale Saint-Étienne

89100 Sens
Tél. : 03 86 72 93 82/03 86 65 06 57
www.mairie-sens.fr
Propriété de l'État
Classé

Saint-Étienne de Sens est la première des grandes cathédrales gothiques de France, commencée vers 1130 à l'initiative de l'archevêque Henri Sanglier. Composée d'un vaisseau central et de deux collatéraux, elle est complétée au XVe s. par un transept gothique flamboyant réalisé par Martin Chambiges. La façade principale, amputée au siècle dernier de sa tour-beffroi, conserve sa tour sud coiffée d'un campanile. Le trésor, l'un des plus riches de France, est accessible par le musée du palais archiépiscopal.
Ouvert t.l.j. sf dim. toute l'année 8h30-18h. Visite guidée sur r.-v. toute l'année auprès de l'office du tourisme au 03 86 65 19 49.

Palais archiépiscopal

Place de la cathédrale
89100 Sens
Tél. : 03 86 64 46 22
www.mairie-sens.fr
Propriété de la commune, propriété de l'État
Classé

Construit au XVIe s., le palais archiépiscopal comporte une aile de la première Renaissance complétée d'une longue galerie sur deux niveaux construite vers 1550. Ses salles abritent les collections du musée. Dans l'ancienne chapelle privée des archevêques se trouve le trésor de la cathédrale, l'un des plus riches de France avec celui de Conques. Il renferme une collection de tissus et de vêtements liturgiques ainsi que des ivoires et des pièces d'orfèvrerie. Les ailes François Ier et Henri II abritent des collections consacrées à l'histoire de Sens et du Sénonais.
Juil.-août : t.l.j. 10h-18h ; juin, sept. : t.l.j. 10h-12h, 14h-18h ;
oct.-mai : mer., w.-e. : 10h-12h, 14h-18h, lun., jeu., ven. : 14h-18h.
Fermé 1er janv., 25 déc. Visite sur r.-v. pour les groupes (10 pers. min.).

Salle synodale

Place de la Cathédrale
89100 Sens
Tél. : 03 86 64 46 22
Propriété de l'État
Classé

La salle synodale se situe au premier étage du palais synodal construit autour de 1230-1240 et restauré par Viollet-le-Duc au XIXe s. Cette salle est le lieu de réunions pour les assemblées ecclésiastiques et les synodes. Elle présente des voûtes en ogives et est éclairée par des baies jumelles, surmontées d'une rosace polylobée. Au rez-de-chaussée du palais la salle voûtée à deux nefs accueillait le tribunal de l'officialité. Deux travées sont cloisonnées afin de permettre la création des cachots. Cette salle carcérale du XIIIe s. conserve de nombreux graffitis.

Juil.-août : t.l.j. 10h-18h ; juin, sept. : t.l.j. 10h-12h, 14h-18h ; oct.-mai : mer., w.-e. : 10h-12h, 14h-18h, lun., jeu., ven. : 14h-18h. Fermé 1er janv., 25 déc. Visite sur r.-v. pour les groupes (10 pers. min.).

B2 — TANLAY

Château

89430 Tanlay
Tél. : 03 86 75 70 61
www.chateaudetanlay.fr
Propriété privée
Classé

L'ancien château de Tanlay est édifié au XIIIe s. Il appartient alors à une branche cadette des Courtenay, famille proche des Capétiens. Pendant les guerres de Religion il passe à la famille de l'amiral de Coligny qui en fait un important rendez-vous des Huguenots. Puis Particelli d'Hemery, surintendant des finances de Mazarin, édifie le château actuel avec l'architecte Le Muet et à la fin du XVIIe s., il devient la propriété des marquis de Tanlay. Les bâtiments occupent trois côtés d'un quadrilatère ceint de larges douves. L'accès se fait par le Petit Château construit en 1558. Le corps central, est flanqué de deux ailes de même élévation et de deux tourelles d'escalier polygonales. La cour d'honneur s'ouvre sur les larges bâtiments des écuries. Un canal de 500 m prolonge les douves jusqu'au Nymphée. La coupole de la tour de la Ligue est ornée de fresques de l'école de Fontainebleau et la grande galerie de peintures en trompe-l'œil et grisaille.

Avr. à mi-nov. : t.l.j. sf mar. 10h-11h30, 14h15, 15h15, 16h15, 17h15. Visite guidée. Visite sur r.-v. pour les groupes toute l'année.

Abbaye de Quincy

Commissey
89430 Tanlay
Tél. : 03 86 75 87 03
abbayedequincy@wanadoo.fr
Propriété privée
Inscrit

L'abbaye de Quincy, sixième fille de Pontigny, est fondée en 1133 dans un vallon retiré du Tonnerrois par douze moines venus de Pontigny. Elle rassemble deux cents à trois cents moines et quatre cents à six cents convers. Après 1568 et le pillage dirigé par les protestants, l'abbaye décline. Reconstruite et remaniée, elle est vendue comme bien national en 1791, ses statues et tombeaux sont alors dispersés, avant qu'elle ne s'effondre en 1797. Le marquis de Tanlay l'acquiert en 1822. De l'abbaye subsistent encore l'hôtellerie, des bâtiments claustraux des XIIe et XVe s. ainsi que le logis abbatial de style Renaissance.

Mars, nov. : t.l.j. sf mar. 14h-17h ; avr. : t.l.j. sf mar. 10h-12h, 14h-17h ; mai, sept.-oct. : t.l.j. sf mar. 10h-12h, 14h-18h ; juin-août : t.l.j. sf mar. 10h-12h, 14h-19h. Visite guidée. Visite guidée sur r.-v. pour les groupes toute l'année.

B2 — TONNERRE

Hôtel-Dieu et musée Marguerite-de-Bourgogne

Place Marguerite-de-Bourgogne
89700 Tonnerre
Tél. : 03 86 55 14 48
Propriété de la commune
Classé

L'hôtel-Dieu de Tonnerre est fondé à la fin du XIIIe s. par Marguerite de Bourgogne, veuve de Charles Ier d'Anjou, roi de Naples et de Sicile et frère de Saint Louis. Revenue dans son fief après la mort de son mari, elle fait vœu de charité et s'occupe des malades jusqu'à sa mort en 1308. La salle des malades abrite alors quarante lits disposés dans des alcôves de bois et alignés le long des murs percés de hautes baies cintrées. Dès 1650 la salle est convertie en église paroissiale où est présenté le tombeau de Marguerite de Bourgogne. Le musée abrite notamment la charte de fondation de l'hospice, des ornements religieux et une importante collection d'objets et instruments liés à l'histoire médicale.

Avr.-oct. : t.l.j. 9h-12h, 14h-18h, dim. et j. fériés 10h-11h30, 14h-16h30 ; nov.-mars : t.l.j. sf dim. 9h-11h30, 14h-17h30. Visite guidée sur r.-v. pour les groupes toute l'année.

TREIGNY A2

Château de Ratilly

89520 Treigny
Tél. : 03 86 74 79 54
www.chateauderatilly.fr
Propriété privée
Inscrit

Édifié au XIIIe s. sur les fondations d'une forteresse du XIe s., le château de Ratilly devait abriter les Huguenots au cours des guerres de Religion et accueillir les Jansénistes pourchassés au début du XVIIe s. Il a été peu à peu transformé par les propriétaires successifs qui ont su en respecter la beauté originelle. Quadrilatère flanqué de quatre tours d'angle rondes au toit conique et deux autres entourant le porche d'entrée et le lanterneau XVIIe, ceint de vastes douves, Ratilly abrite un atelier de poterie et, depuis 1956, un centre d'art privé.

Avr.-14 juin : lun-ven. 10h-12h, 14h-18h, w.-e. et j. fériés 15h-18h ; 15 juin-14 sept. : t.l.j. 10h-18h ; 15 sept.-oct. : lun-ven. 10h-12h, 14h-16h30, w.-e. et j. fériés 15h-18h. Visite guidée.
Visite sur r.-v. le reste de l'année et pour les groupes (20 pers min.).

VALLERY A1

Château des Condé

Place des Condé
89150 Vallery
Tél. : 03 86 97 77 00
www.weddingchateau.com
Propriété privée
Classé

Le château primitif date sans doute du XIIIe s. En grande partie détruit au XVe s., il est reconstruit vers 1550 par Jacques d'Albon de Saint-André, maréchal de France et ami intime d'Henri II, d'après les plans de l'architecte du Louvre, Pierre Lescot. Les travaux sont interrompus à la mort du maréchal en 1562, et le château passe aux Condé jusqu'à ce que la dynastie intègre le château de Chantilly. Mutilé aux siècles suivants par manque de moyens financiers, il ne reste de l'ensemble qu'un corps de logis dont la façade ouest est percée d'une galerie de cinq arcades jadis ouvertes en péristyle et un pavillon d'angle à bossages vermiculés. Le parc est aujourd'hui en cours de restauration afin qu'il retrouve sa structure d'origine.

Avr.-1er nov. : dim. et j. fériés 15h-17h30 (15 juil.-15 août : t.l.j. 15h-17h30).
Visite guidée sur r.-v. pour les groupes toute l'année. ♿

VERMENTON B2

Abbaye de Reigny

89270 Vermenton
Tél. : 03 86 81 59 30/06 07 37 27 76/09 62 14 70 23
www.abbayedereigny.com
Propriété privée
Inscrit

Fondée en 1128 par l'abbé Étienne de Toucy, sous l'autorité de saint Bernard, l'abbaye de Reigny fut mise sous la protection de pape Eugène III en 1147. Elle fut très puissante et prospère au Moyen Âge et accueillit jusqu'à trois cents moines et convers. En 1493, Charles VIII en fit une fondation royale. La guerre de Cent Ans, les Huguenots et la Révolution française ont eu raison du bel édifice qui garde cependant de son prestigieux passé de très intéressants vestiges. L'exceptionnel réfectoire cistercien du XIVe s. avec son élégante nef à double travée qui a conservé sa polychromie d'époque, la salle et le dortoir des moines réaménagés au XVIIe s. Des bâtiments démolis, on peut encore deviner les bases de l'église abbatiale. Enfin, tout le réseau hydraulique cistercien a été préservé.

20 avr.-12 oct. : dim. 15h, 16h, 17h (juil.-août : t.l.j. sf dim. mat. et lun. : 10h15, 11h15, 15h, 16h, 17h, visite supplémentaire à 18h du 15 juil. au 15 août).
Visite guidée. Visite sur r.-v. pour les groupes toute l'année.
(visite en langage parlé complété). ♿
(sur r.-v. pour les groupes toute l'année).

B2 **VÉZELAY**

Église Sainte-Marie-Madeleine

Basilique – Presbytère
89450 Vézelay
Tél. : 03 86 33 39 50
www.vezelay.cef.fr
Propriété de la commune
Classé

À l'origine, l'église Sainte-Marie-Madeleine est un monastère fondé au IXe s. par Girart de Roussillon. Au XIe s., il passe sous l'obédience de Cluny. L'église carolingienne est agrandie afin de pouvoir accueillir le grand nombre de pèlerins et de pénitents attirés par les reliques de sainte Madeleine. À la fin du XIIIe s. le rayonnement de l'abbaye décline et en 1537 elle est transformée en chapitre de chanoines. Pillée par les Huguenots en 1569 et en partie rasée à la Révolution, elle est restaurée par Viollet-le-Duc de 1840 à 1859. Le tympan sculpté du portail central est l'un des plus remarquables exemples de l'art roman bourguignon.

Ouvert t.l.j. toute l'année 7 h-20 h.
Visite libre. Visite guidée t.l.j. sf lun. en juil.-août à 14 h 30.
Visite sur r.-v. pour les groupes toute l'année (10 pers. min.).

A1 **VILLENEUVE-SUR-YONNE**

Portes de Joigny et de Sens

Musée Villeneuvien
et salle d'exposition
89500 Villeneuve-sur-Yonne
Tél. : 03 86 87 37 66
Propriété de la commune
Classé

Les portes fortifiées de Joigny et de Sens sont les vestiges des remparts de la ville, résidence royale créée par le roi Louis VII en 1163. À l'origine, l'enceinte en fer à cheval s'ouvrant sur la rivière comprenait cinq portes accompagnées de tourelles. Il ne subsiste aujourd'hui de l'enceinte que ces deux portes ainsi que le donjon de 17 m de diamètre dont les murs atteignent 4 m d'épaisseur. Les remparts sont désormais aménagés en jardin. Le Musée Villeneuvien de la porte de Joigny abrite les collections archéologiques ainsi que des œuvres d'artistes régionaux et retrace l'histoire de la ville.

Visite guidée sur r.-v. toute l'année.

Bretagne

Côtes-d'Armor – Finistère
Ille-et-Vilaine – Morbihan

A
B
1
2
3
4
Roscoff
Pleumeur-Bodou
Tréguier
Paimpol
Minihy-Tréguier
Lannion
Cléder
Sibiril
Plouézoch
Ploubezre
Ploëzal
Tréflaouénan
Saint-Vougay
Ploudaniel
Lanvellec
Brélès
Morlaix
Guingamp
Brest
Plounéour-Ménez
Finistère
Côtes-d'Armor
Landévennec
Chateaulin
Spézet
Saint-Goazec
Saint-Michel-en-Glomel
Perret
Pontivy
Île de Sein
Quimper
Ploneour-Lanvern
Pont-l'Abbé
Loctudy
Mellac
Morbihan
Clohars-Carnoët
Hennebont
Lorient
Îles de Glénan
Port-Louis
Île de Groix
Larmor-Baden
Carnac
Locmariaquer
Arzon
Le Palais
Belle-Île-en-Mer
OCÉAN ATLANTIQUE
Elorn
Penze
Aulne
Léguer
Trieux
Odet
Aven
Ellé
Scorff
Blavet
Loch
N
0
30 km

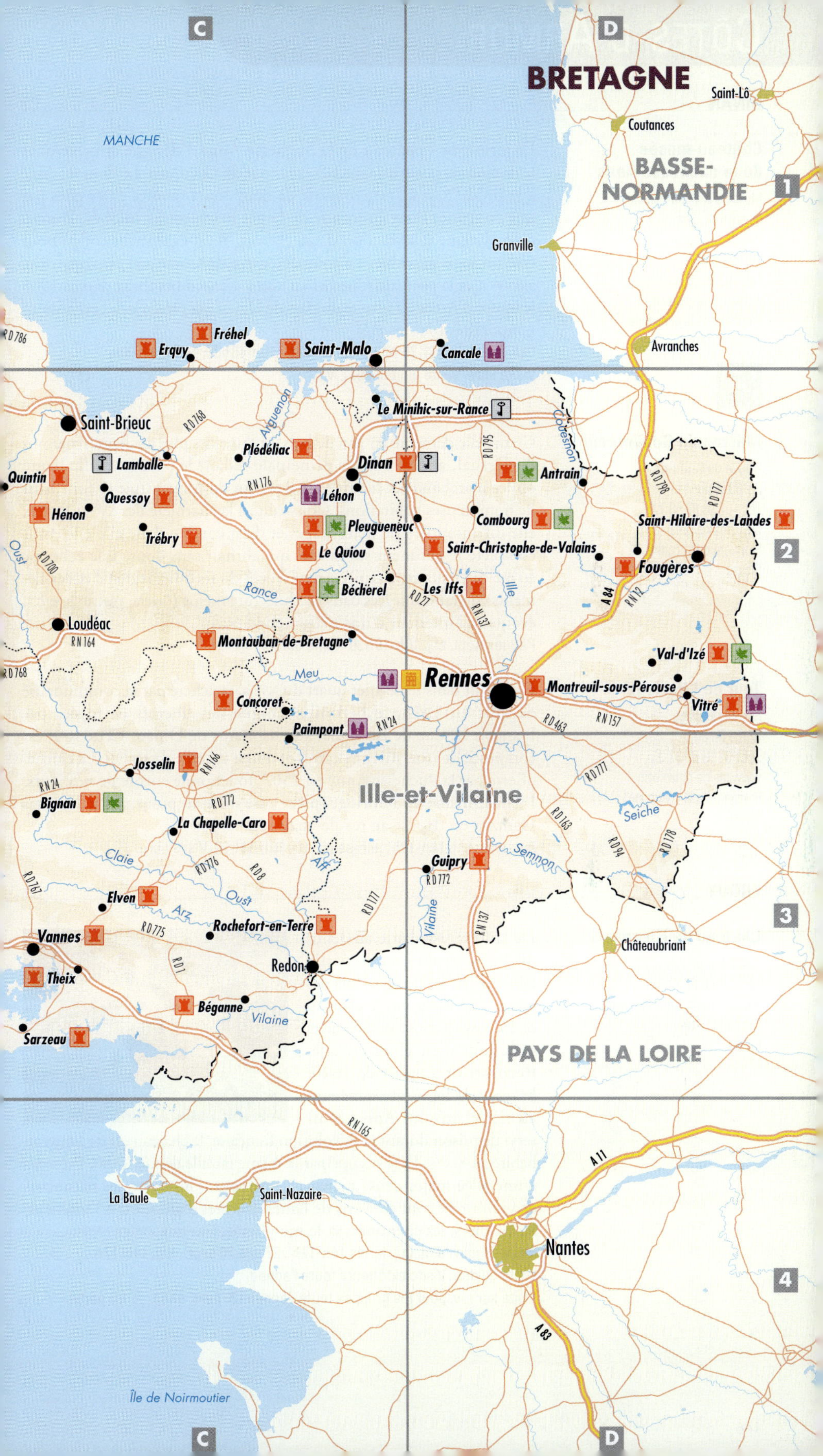

C
D
BRETAGNE
Saint-Lô
Coutances
BASSE-NORMANDIE
1
MANCHE
Granville
Avranches
RD 786
Fréhel
Erquy
Saint-Malo
Cancale
Le Minihic-sur-Rance
Saint-Brieuc
RD 768
Arguenon
Couesnon
RD 795
Plédéliac
Lamballe
Dinan
Antrain
Quintin
RN 176
RD 798
RD 177
Quessoy
Léhon
Hénon
Pleugueneuc
Combourg
Saint-Hilaire-des-Landes
Trébry
Le Quiou
Saint-Christophe-de-Valains
2
Oust
RD 700
Fougères
Rance
Bécherel
Les Iffs
RD 27
Ille
A 84
RN 12
RN 137
Loudéac
RN 164
Montauban-de-Bretagne
Val-d'Izé
RD 768
Meu
Rennes
Montreuil-sous-Pérouse
Concoret
Vitré
Paimpont
RN 24
RD 463
RN 157
Josselin
RN 166
RD 777
RN 24
Ille-et-Vilaine
Bignan
RD 772
Seiche
La Chapelle-Caro
RD 163
RD 178
Claie
RD 776
RD 8
Aff
Guipry
Semnon
RD 94
RD 767
RD 772
Oust
Elven
RD 177
Arz
Vilaine
RN 137
3
Vannes
RD 775
Rochefort-en-Terre
Châteaubriant
RD 1
Theix
Redon
Béganne
Vilaine
Sarzeau
PAYS DE LA LOIRE
RN 165
A 11
La Baule
Saint-Nazaire
Nantes
4
A 83
Île de Noirmoutier
C
D

DINAN C2

Château-musée de la duchesse Anne

Musée d'Art et d'Histoire du pays de Dinan
Rue du Château
22100 Dinan
Tél. : 02 96 39 45 20
www.mairie-dinan.fr
Propriété de la commune
Inscrit et classé

Le terme de « château de la duchesse Anne » désigne abusivement le donjon, la porte du Guichet et la tour de Coëtquen. Le donjon, érigé à la fin du XIVe s., est composé de deux tours réunies entre elles par une courtine. Il est couronné de larges mâchicoulis trilobés. Pourvu d'un système d'adduction d'eau élaboré, il est également conçu pour être un logis agréable. La tour défensive de Coëtquen est construite au XVe s. et la porte du Guichet au XIIIe s. L'ensemble abrite depuis 1908 le musée d'Art et d'Histoire du pays de Dinan qui présente des expositions temporaires tous les étés.
Oct.-mai : t.l.j. 13h30-17h30 ; juin-sept. : 10h-18h30. Fermé en janv.
Visite libre. Visite guidée sur r.-v.

Maison du Gouverneur

24, rue du Petit-Fort
22100 Dinan
Tél. : 02 96 87 58 72
www.mairie-dinan.com
Propriété de la commune
Classé

Cette belle demeure en pan de bois est l'une des plus anciennes maisons du Jerzual, ancienne voie principale reliant le port à la ville haute où les marchands et les artisans de la fin du Moyen Âge se font bâtir de nombreuses habitations. Construite à la charnière des XVe et XVIe s., elle est composée de deux étages et d'un comble. Une aile en retour complète le bâtiment sur la rue, qui abritait sans doute une échoppe au rez-de-chaussée. Les pièces renferment du mobilier régional et des éléments en granit intégrés dans l'architecture même (éviers, placards, etc.), évoquant l'intérieur d'une maison médiévale.
Pâques-sept. t.l.j. 10h-18h30. Visite libre.

Tour de l'Horloge

Rue de l'Horloge
22100 Dinan
Tél. : 02 96 87 02 26
www.mairie-dinan.com
Propriété de la commune
Classé

Construit dans le dernier quart du XVe s. et acheté par la communauté de ville en 1498, le beffroi témoigne des libertés octroyées par François II, duc de Bretagne, aux habitants de Dinan. Cette tour est composée de trois niveaux carrés et d'une tourelle d'escalier. La cloche, offerte par la duchesse Anne en 1507, fonctionne encore de nos jours. Le mécanisme de l'horloge, pièce rare mise au point par le Nantais Hamzer, est déposé au rez-de-chaussée.
Avr.-mai : t.l.j. 14h-18h ; juin-sept. : t.l.j. 10h-18h30. Visite libre.

ERQUY C1

Château de Bienassis

22430 Erquy
Tél. : 02 96 72 22 03
www.chateau-bienassis.com
Propriété privée
Classé

De la forteresse bâtie au début du XVe s. et en grande partie détruite par les ligueurs lors des guerres de Religion, le château de Bienassis a conservé les douves et le mur d'enceinte crénelé. Reconstruit à partir de 1620, le corps de logis est réaménagé au siècle suivant. Après avoir servi de prison durant la Révolution française, le château est de nouveau habité au XIXe s. Il est occupé par la même famille depuis 1880. Précédés d'une allée majestueuse menant à une cour d'honneur, les bâtiments en granit rose sont couverts de hautes toitures d'ardoises. À l'intérieur, les escaliers, les cheminées et le mobilier datent des XVe et XVIIe s.
8 mai-21 juin : dim. et j. fériés 14h-17h ; 22 juin-20 sept. : t.l.j. 14h-17h.
Visite guidée. Visite extérieure toute l'année.
Visite sur r.-v. pour les groupes toute l'année (20 pers. min.). ♿ en partie.

D1 **FRÉHEL**

Fort La Latte

22240 Fréhel
Tél. : 02 99 30 38 84/02 96 41 57 11
www.castlelalatte.com
Propriété privée
Classé

Édifié vers le milieu du XIVe s., le château de La Roche-Guyon est endommagé lors des guerres de Religion, puis remanié et restauré entre 1690 et 1715, sur ordre de Louis XIV, qui l'utilise comme défense côtière. Il prend alors le nom de fort La Latte. Son usage militaire se poursuit jusqu'au XIXe s. Sur un massif rocheux qui s'avance dans la mer s'élève l'enceinte de grès rose flanquée de tours qui encadrent un donjon cylindrique. Des ponts-levis surplombent les profondes crevasses qui séparent le château de la terre ferme. On peut voir le système défensif du XIVe s., toujours en place, ainsi que le corps de garde, le logis du gouverneur, la citerne, la chapelle, etc.

Avr.-sept. : t.l.j. 10h-12h30, 14h-18h ; 8 juil.-26 août : t.l.j. 10h-19h ; oct.-mars : w.-e., j. fériés et vac. scol. 14h-18h. Fermé 1er janv, 25 déc. Visite guidée. Visite guidée sur r.-v. pour les groupes toute l'année.

C2 **HÉNON**

Manoir du Colombier

22150 Hénon
Tél. : 02 96 73 57 81
olivier.de.lorgeril@wanadoo.fr
Propriété privée
Inscrit

Le manoir du Colombier, édifié à partir du XVe s. par les Visdeloup, est aujourd'hui encore la propriété de la même famille. Parmi les éléments les plus anciens figure une élégante tourelle ornée de sculptures. Les autres bâtiments datent du XVIIe s. La chapelle, remaniée à la fin du XVIIIe s., est ornée de boiseries de style Louis XVI réalisées vers 1823. On accédait au manoir par une allée de chênes dont il reste quelques spécimens séculaires. Le parc à la française est remplacé au XVIIIe s. par un jardin romantique à l'anglaise, au bord d'un étang, et plus récemment complété par un potager, des arbres fruitiers et un jardin de roses.

Mi-juin à mi-sept. : w.-e. et j. fériés 14h-18h. Visite extérieure uniquement. Visite guidée sur r.-v. Visite sur r.-v. pour les groupes.

C2 **LAMBALLE**

Maison du Bourreau

Musée des Arts et Traditions populaires
Musée Mathurin-Méheut
Place du Martray
22400 Lamballe
Tél. : 02 96 31 05 38
www.lamballe-communaute.com
Propriété du département
Classé

Située sur l'ancienne place du Pilori et jadis habitée par la famille Bourceau, cette demeure doit son nom à un photographe du début du XXe s. Celui-ci, qui en édite alors une carte postale avec la mention « vieille maison à Lamballe », cherche à en augmenter le succès en transformant son nom en « maison du Bourreau ». Construit au tournant des XIVe et XVe s., ce bâtiment en pan de bois comporte un rez-de-chaussée et deux étages surmontés de combles. Le rez-de-chaussée accueille le musée des Arts et Traditions populaires, les étages abritent un musée consacré au peintre Mathurin Méheut (1882-1958), natif de la ville.

MUSÉE DES ARTS ET TRADITIONS POPULAIRES 3 juin-sept. : mar.-sam. 10h-12h, 14h30-18h. Visite libre.
MUSÉE MATHURIN-MÉHEUT Avr. : lun.-sam. 10h-12h, 14h30-17h ; juin-sept. : lun.-sam. 10h-12h, 14h30-18h ; mai, oct.-déc. : mer., ven., sam. 14h30-17h. Fermé j. fériés. Visite libre. Visite guidée sur r.-v. pour les groupes.

Double page d'ouverture : château, Brest (Finistère).

LANVELLEC B1

Château de Rosanbo

22420 Lanvellec
Tél. : 02 96 35 18 77
www.rosanbo.net
Propriété privée
Inscrit

Construit au XVe s., le château de Rosanbo est transformé à partir de 1683 en gentilhommière par Le Peletier, conseiller au parlement de Paris et fils du ministre des Finances de Louis XIV. Il est remanié au XVIIIe s. et restauré au XIXe s. De l'ancienne forteresse médiévale, il a conservé les terrasses fortifiées. C'est un château classique, ordonné autour d'une cour fermée, avec fenêtres à la française et toit à la Mansart. Les pièces intérieures renferment du mobilier de différentes époques et une bibliothèque. Redessiné par le paysagiste Achille Duchêne au début du XXe s., le parc à la française est constitué de salles de verdure et comporte des voûtes de charmilles.

Avr.-juin, sept. : t.l.j. 14h-17h; juil.-août : t.l.j. 11h-18h30; oct. : w.-e. 14h-17h.
Visite libre du parc. Visite guidée du château.
Visite guidée sur r.-v. pour les groupes toute l'année.

LÉHON C2

Abbaye Saint-Magloire

22100 Léhon
Tél. : 02 96 87 40 40
http://pagesperso-orange.fr/lehon-22/abbaye.htm
Propriété de la commune
Classé

Fondée en 850 puis incendiée au Xe s. par les Normands, la première abbaye est reconstruite au XIIe s. par les bénédictins. Agrandie au XVIIe s. mais peu à peu délaissée au siècle suivant, elle est vendue à la Révolution. Sa restauration a été entreprise en 1885. L'église abbatiale, précédée d'un porche roman, renferme notamment une belle cuve baptismale monolithe du XIIIe s. et d'intéressantes pierres tombales du XIVe s. On visite également le réfectoire du XIIIe s. et les bâtiments conventuels du XVIIe s. (cloître, dortoir, salle du chapitre, etc.) qui forment un ensemble presque complet.

Juil.-août : t.l.j. dim. mat. 10h-12h, 14h-18h. Visite libre. Visite guidée lun., mer., ven. 15h30. Visite sur r.-v. pour les groupes toute l'année (10 pers. min.).

MINIHY-TRÉGUIER B1

Chapellenie Saint-Yves

8, rue du Bourg
22220 Minihy-Tréguier
Tél. : 02 96 92 92 02
www.tregor-cotedajoncs-tourisme.com
Propriété privée
Classé

Édifiée pour saint Yves à la fin du XIIIe s., la résidence du chapelain présente une architecture caractéristique des maisons seigneuriales du Trégor. Construits en granit et en schiste, ses murs solides sont percés d'ouvertures modestes, ornés seulement de quatre portes ogivales en granit doré. La demeure comporte en outre un colombier dominant la rivière du Jaudy. L'ensemble a récemment été restauré.

Août-sept. : visite guidée mar. et dim. à 15h, 15h30.
Visite guidée sur r.-v. pour les groupes.

B1 **PAIMPOL**

Abbaye de Beauport

Site du Conservatoire du littoral
Kérity
22500 Paimpol
Tél. : 02 96 55 18 58
www.abbaye-beauport.com
Propriété du Conservatoire du littoral
Classé

Unique fondation bretonne de l'ordre des prémontrés, à vocation pastorale et hospitalière, l'abbaye de Beauport joue à partir du XIIIe s. un important rôle spirituel et économique dans la région. Elle décline cependant au XVIe s. et, malgré leur restauration au XVIIe s., les bâtiments sont endommagés lorsqu'elle est vendue à la Révolution. Sous l'impulsion de Prosper Mérimée, elle suscite au XIXe s. l'engouement de la génération romantique. Elle appartient depuis 1993 au Conservatoire du littoral. Les vestiges de l'église du XIIIe s. et du cloître, le réfectoire, l'hôtellerie, le bâtiment au Duc, le cellier et l'aumônerie témoignent de son brillant passé.

T.l.j. 10h-12h, 14h-17h (15 juin-15 sept. : 10h-19h).
Fermé 1er janv., 24, 25, 31 déc. Visite libre. Visite guidée 15 juin-15 sept.
Visite sur r.-v. pour les groupes (15-50 pers.). ♿ en partie.

B2 **PERRET**

Forges des Salles (anciennes)

22570 Perret
Tél. : 02 96 24 90 12
www.lesforgesdessalles.info
Propriété privée
Inscrit

Les forges des Salles, bâties au XVIIIe s. en aval d'un étang, propriété des Rohan, comptent parmi les plus grosses forges au bois de Bretagne. Composées d'un fourneau, d'une affinerie, d'une chaufferie et d'une fenderie, elles sont restées en activité jusqu'au milieu du XIXe s. Les trente bâtiments ont conservé la physionomie qu'ils avaient à la fin du XVIIIe s. : autour du haut-fourneau, qui a été démonté, sont disposés les constructions industrielles (transformation du fer, halles de stockage), les logements des forgerons, la maison du maître de la forge et les dépendances. Certains bâtiments ont été réaménagés selon leur fonction d'origine.

De Pâques à la Toussaint : w.-e. et j. fériés (juil.-août : t.l.j.) 14h-18h.
Visite libre. Visite guidée. Visite sur r.-v. pour les groupes (20 pers. min.). ♿

C2 **PLÉDÉLIAC**

Château de la Hunaudaye

Le Saint-Esprit-des-Bois
22270 Plédéliac
Tél. : 02 96 34 82 10
www.la-hunaudaye.com
Propriété du département
Classé

Au creux d'un vallon se dresse le château de la Hunaudaye, rebâti au XIVe s. par les seigneurs de Tournemine. Le bâtiment est démantelé puis incendié à la Révolution. L'enceinte en granit, construite sur un plan octogonal et entourée de douves, est flanquée à chaque angle d'une tour ronde couronnée de mâchicoulis, dont la plus imposante, tenant lieu de donjon, est desservie par un escalier à vis. Les deux petites datent sans doute de la première forteresse, édifiée vers 1220. On peut également voir les vestiges des cuisines et du logis seigneurial. La visite emprunte les anciens chemins de ronde pour mieux comprendre le système défensif et les logis seigneuriaux. Chaque été, une exposition temporaire explore un thème de l'imaginaire médiéval et des ateliers pour enfants sont proposés.

15 juin-15 sept. : t.l.j. 10h30-18h30.
Visite guidée. Visite sur r.-v. pour les groupes toute l'année.
(visite signée sur r.-v. + boucle magnétique).

PLEUMEUR-BODOU B1

Radôme

Site de Cosmopolis
Cité des télécoms
22560 Pleumeur-Bodou
Tél. : 02 96 46 63 80
www.cite-telecoms.com
Propriété privée
Classé

Le village de Pleumeur-Bodou est le lieu de la première liaison historique par satellite entre la France et les États-Unis, le 11 juillet 1962. Le radôme, sphère en toile épaisse de 50 m de hauteur et 64 m de diamètre, est conçu pour abriter l'antenne PB1, construction massive en magnésium et aluminium, qui, reliée au satellite *Telstar*, a permis de recevoir la première image télévisée des États-Unis. Par la suite, l'usage des antennes paraboliques, plus petites et pouvant être laissées à l'air libre, a entraîné le déclassement progressif de l'antenne PB1.

Avr.-sept. : 10h-18h, w.-e. 14h-18h; mai-juin : t.l.j. 10h-18h; juil.-août : t.l.j. 10h-19h; vac. scol. fév., Toussaint, Noël 10h-18h, dim. 14h-18h. Fermé en janv.
Visite libre. Visite guidée sur r.-v. pour les groupes. (juil.-août).

PLOËZAL B1

Château de la Roche-Jagu

22260 Ploëzal
Tél. : 02 96 95 62 35
www.cotesdarmor.fr/larochejagu
Propriété du département
Classé

Construit au XVe s. à l'emplacement d'une forteresse du XIe s. détruite lors des guerres de Succession de Bretagne, le château de la Roche-Jagu est l'un des plus beaux exemples d'architecture civile médiévale de la Bretagne septentrionale. Avec son chemin de ronde et ses tours, la façade dominant la rivière du Trieux témoigne de sa fonction militaire; la façade côté cour, plus résidentielle, révèle une plus grande recherche décorative, notamment avec ses dix-neuf cheminées inspirées du gothique flamboyant anglo-normand. La disposition intérieure des pièces est demeurée intacte. Le domaine comprend un parc de 30 ha, interprétation contemporaine des jardins médiévaux.

Avr.-juin, sept.-4 nov. : t.l.j. 10h-12h, 14h-18h; juil.-août : t.l.j. 10h-13h, 14h-19h; vac. scol. Noël et fév. t.l.j. 14h-17h. Fermé en janv.
Visite libre du parc (visite guidée sur r.-v. pour les groupes en juil.-août).
Visite libre. Visite guidée. Visite sur r.-v. pour les groupes.
(restaurant : 02 96 95 16 08).

PLOUBEZRE B1

Château de Kergrist

22300 Ploubezre
Tél. : 02 96 38 91 44
http://kegrist.monsite.wanadoo.fr
Propriété privée
Inscrit

Édifié à partir de 1427 et agrandi au cours des siècles suivants, le château de Kergrist se compose de trois corps de logis accolés dont l'architecture reflète clairement les différentes époques de construction. La façade la plus ancienne, du XVe s., se déploie entre des tourelles asymétriques, couronnées de lucarnes de style gothique flamboyant; la façade opposée, remaniée au XVIIIe s., est ornée d'un fronton classique; les ailes en retour, du XVIIe s., donnent sur des jardins à la française. L'intérieur de cette demeure familiale habitée est agrémenté de plafonds peints, de boiseries et de mobilier du XVIIIe s.

15 avr.-oct. : t.l.j. 11h-18h. Visite libre des jardins.
Visite guidée du château sur r.-v. pour les groupes (15 pers. min.). en partie.

C2 **QUESSOY**

Château de La Houssaye

22120 Quessoy
Tél. : 02 96 42 51 80
Propriété privée
Inscrit et classé

Construit par une famille de nobles parlementaires au XVIIIe s., le château de La Houssaye domine le parc qui l'entoure. De plan rectangulaire, en pierre de taille, il présente deux façades d'ordonnance classique dont les deux travées centrales, légèrement saillantes, sont surmontées de toits à la Mansart. À l'arrière, l'escalier en fer à cheval et le perron auquel il donne accès sont bordés d'une belle grille en fer forgé. Un colombier en granit et une chapelle édifiée au XIXe s. avec des matériaux du XVe s. complètent l'ensemble.

15 juil.-août : t.l.j. 10h-12h30, 14h30-18h. Visite libre. Visite extérieure.

C2 **QUINTIN**

Château

22800 Quintin
Tél. : 02 96 74 94 79
www.chateaudequintin.fr
Propriété privée
Inscrit et classé

Construit au milieu du XVIIe s. à l'emplacement d'un édifice plus ancien, le château de Quintin attribué à Gabriel Du Cerceau est resté inachevé. De cet édifice, conçu en forme de quadrilatère, on ne peut voir que deux corps de bâtiment en équerre, reliés par un important double pavillon. Les dépendances sont transformées en château au XVIIIe s. Une terrasse et des jardins, qui dominent l'étang, complètent le domaine. À l'intérieur sont présentées des collections d'éventails, de pièces d'orfèvrerie, de porcelaines et de miniatures.

Janv., avr.-mai, oct.-déc. : dim. et vac. scol. 14h-17h ;
juin, sept. : t.l.j. 14h-17h30 ; juil.-août : t.l.j. 10h30-12h, 14h-18h.
Visite guidée toutes les heures. Visite sur r.-v. pour les groupes (15 pers. min.).

C2 **QUIOU (LE)**

Château du Hac

22630 Le Quiou
Tél. : 02 96 83 43 06
www.saint-malo-tourisme.com
Propriété privée
Classé

Le château du Hac réunit deux corps de bâtiment d'époques différentes, l'un des années 1440-1448, construit pour Jean Hingant, familier du duc de Bretagne, l'autre étant le vestige d'un édifice antérieur. Les façades n'ont pratiquement pas été modifiées. Les intérieurs, quelque peu réaménagés vers 1930, ont néanmoins gardé leur disposition d'origine, typique des réalisations de cette époque qui associent une salle à deux chambres. Ce bel ensemble témoigne de l'architecture civile au temps de la Bretagne ducale, à la croisée de la tradition gothique et de la Renaissance.

Août-sept. : t.l.j. sf ven. et sam. 13h-19h.
Visite guidée. Visite sur r.-v. pour les groupes.

B2 **SAINT-MICHEL-EN-GLOMEL**

Manoir de Coatcouraval

22110 Saint-Michel-en-Glomel
Tél. : 02 96 29 09 61
http://tourismekreizbreizh.com
Propriété privée
Inscrit et classé

Coatcouraval est construit vers le milieu du XVe s. pour Pierre de Boutteville, écuyer au service du duc de Bretagne. L'ensemble est caractéristique des manoirs de la Bretagne occidentale. Sa façade principale, percée d'ouvertures non symétriques, est couronnée de trois importantes lucarnes sculptées. Sur l'autre façade, le toit descend plus bas et supporte une chambre de guet couverte en poivrière. Dans le jardin, deux sources alimentent des bassins où jadis était lavé le lin.

T.l.j. 14h-18h. Visite libre. Visite extérieure.

TRÉBRY C2

Château de la Touche-Trébry

22510 Trébry
Tél. : 02 40 89 65 60/06 73 22 12 43
www.chateau-de-la-touche.com
Propriété privée
Inscrit

Christophe de La Roche, gouverneur de Moncontour, fait construire le château de la Touche-Trébry à la fin du XVIe s. en utilisant certaines parties d'un manoir plus ancien. Entouré de murs d'enceinte, il a l'aspect d'un château médiéval. Le portail, couronné de mâchicoulis, est à l'origine encadré de deux importantes tours rondes à toit en bulbe, mais celle de droite s'est écroulée en 1985. Le corps de logis est pourvu de quatre tourelles d'angle à toit en bulbe. Ses deux ailes basses en retour d'équerre, réservées à l'usage agricole, ferment la cour intérieure.

15 juil.-29 août : t.l.j. sf lun. 10h-12h, 14h-18h. Visite guidée.

TRÉGUIER B1

Cathédrale Saint-Tugdual

Place du Martray
22220 Tréguier
Tél. : 02 96 92 22 33
www.tregor-cotedajoncs-tourisme.com
Propriété de l'État
Classé

Construite entre le début du XIVe s. et la fin du XVe s., la cathédrale de Tréguier se distingue par ses trois tours qui reposent sur le transept : la tour Hastings, du XIe s., seul témoin de la première cathédrale romane, une tour gothique et une flèche reconstruite au XVIIIe s., ajourée des symboles d'un jeu de cartes. Trois porches y donnent accès. L'intérieur comporte notamment des stalles Renaissance, le tombeau de saint Yves (1890) reproduisant le monument du XVe s. et un trésor. Adossé à l'évêché, le cloître datant de 1468 est orné d'élégantes arcades en granit, de style flamboyant.

Juin-sept. : t.l.j. 9h-19h (fermeture du cloître le midi) ; oct.-juin : t.l.j. 9h-12h, 14h-18h. Fermeture exceptionnelle possible en cas de cérémonie religieuse. Visite libre. Visite guidée de la cathédrale en saison estivale. Visite sur r.-v. pour les groupes toute l'année.

Monastère des Augustines

Centre Saint-Augustin
30, rue de La Chalotais
22220 Tréguier
Tél. : 02 96 92 32 20
www.tregor-cotedajoncs-tourisme.com
Propriété privée
Classé

Le monastère des sœurs augustines de Tréguier est construit au XVIIe s. à l'emplacement de la salle des Passants où saint Yves (1253-1303) soignait les indigents. La partie centrale du monastère proprement dit, qui date de 1666, comporte un cloître, un réfectoire, une salle de récréation, deux dortoirs et une salle pour les novices. L'aile gauche, appelée « pensionnat », de la première moitié du XIXe s., servait à loger les jeunes filles recevant une éducation religieuse. L'aile droite, remaniée au XIXe s., a abrité l'hôtel-Dieu puis l'hôpital jusqu'en 1990. L'ensemble renferme un intéressant mobilier et plusieurs sculptures du XVIIe s.

Juil.-août : t.l.j. sf w.-e. Renseignement pour les horaires au 02 96 92 32 20. La chapelle du monastère est ouverte toute l'année t.l.j. sf dim. 9h-18h. Visite guidée. Visite sur r.-v. pour les groupes toute l'année (10 pers. min.).

Maison d'Ernest Renan

20, rue Ernest-Renan
22220 Tréguier
Tél. : 02 96 92 45 63
http://maison-renan.monuments-nationaux.fr
Propriété de l'État
Classé

CENTRE DES MONUMENTS NATIONAUX

C'est dans cette solide maison de la fin du XVIe s. que l'écrivain Ernest Renan (1823-1892) passe les quinze premières années de sa vie. Cette ancienne maison d'armateur en granit et pan de bois, située au cœur de la ville, non loin de la cathédrale, est typique de l'architecture du Trégor. À l'intérieur, le cabinet de travail que l'écrivain possédait au Collège de France y a été reconstitué. On y voit également sa chambre d'écolier. Ouverte au public depuis 1947, la maison perpétue le souvenir de l'auteur de la *Vie de Jésus*.

Avr.-juin : t.l.j. sf lun. et mar. 10h-12h, 14h-18h ; juil.-août : t.l.j. 10h-12h, 14h-18h ; oct.-mars : sur r.-v. pour les groupes. Fermé 1er janv., 1er mai, 1er et 11 nov., 25 déc. Visite libre. Visite guidée. Visite sur r.-v. pour les groupes d'oct. à mars.

A2 **BRÉLÈS**

Domaine de Kergroadez

29810 Brélès
Tél. : 02 98 32 43 93
www.kergroadez.fr
Propriété privée
Classé

Implantée sur cette terre depuis le XIVe s., la famille de Kergroadez fait construire l'actuel château de 1598 à 1613. Abandonné à la fin du XVIIIe s. il est restauré au cours du XXe s. en conservant intact l'ensemble de sa structure de granit. Constitué de trois ailes en U autour d'une cour fermée par une galerie et avec quatre pavillons aux angles, l'ensemble conserve son caractère défensif et celui d'une demeure de la Renaissance bretonne. La toiture du château, dont une très belle tour à la Philibert de l'Orme, vient d'être restaurée.

Mi-avr. à oct. : t.l.j. 10h-12h30, 14h-18h. Fermé dim. mat.
Visites guidées. Accès du parc, libre toute l'année.
Visite sur r.-v. le reste de l'année et pour les groupes.

A2 **BREST**

Château

Musée national de la Marine
Boulevard de la Marine
29200 Brest
Tél. : 02 98 22 12 39
www.musee-marine.fr
Propriété de l'État
Classé

Édifié sur des fondations gallo-romaines, le château de Brest est assiégé par Du Guesclin, occupé par les Anglais et sert aussi de prison durant la Révolution. Il a fait l'objet de modifications successives jusqu'à ce que Vauban, au XVIIIe s., le renforce et lui donne sa configuration actuelle. Restaurée, cette forteresse imposante abrite les collections de musée national de la Marine dans les tours Paradis et le donjon ainsi qu'un espace d'interprétation de l'histoire du château tour Madeleine.

Avr.-sept. : t.l.j. 10h-18h30; oct.-mars : t.l.j. 13h30-18h30. Fermé 1er mai, 25 déc.
Visite libre. Visite guidée. Visite guidée sur r.-v.
pour les groupes toute l'année (15-100 pers.).

A1 **CLÉDER**

Manoir de Tronjoly

29233 Cléder
Tél. : 02 98 69 40 01/02 98 69 33 54
www.cleder-tourisme.com
Propriété privée
Classé

Construit à partir de 1535 par Christophe de Kergoët, seigneur de Tronjoly, le manoir présente l'ensemble complet d'une gentilhommière du XVIe s. : le corps de logis principal est flanqué de deux ailes entourant une cour carrée; le quatrième côté est constitué d'une esplanade surélevée, bordée d'une balustrade, où s'élèvent une chapelle du XIXe s. et l'élégant pavillon du chapelain. Un œil-de-bœuf et une belle lucarne de style gothique flamboyant surmontent la porte d'entrée. Une vasque ronde de granit monolithe occupe le centre de la cour. Un parc et un jardin de 17 ha agrémentent l'ensemble.

Visite extérieure libre (parc et cour d'honneur) : t.l.j. 10h-18h.
Visite guidée du manoir sur r.-v. un mois à l'avance.

B3 **CLOHARS-CARNOËT**

Domaine abbatial de Saint-Maurice

Saint-Maurice
29360 Clohars-Carnoët
Tél. : 02 98 71 65 51
www.clohars-carnoet.fr
Propriété du Conservatoire du littoral
Inscrit

Ancienne abbaye cistercienne implantée en 1177, elle est située dans le cadre enchanteur de la forêt de Carnoët sur les rives de la rivière Laïta. À découvrir : les vestiges romantiques de l'abbatiale, la salle du chapitre du XIIIe s., le logis de l'abbé, les jardins et terrasses. Un film et une exposition évoquent la vie en Bretagne au XIIIe s., le quotidien des moines et l'histoire. Une colonie de chauves-souris est protégée dans les combles du logis, que l'on peut observer grâce à des caméras infrarouges.

15 juin-15 sept. : t.l.j. 11h-19h; fév.-oct. : dim., j. fériés et vac. scol. 14h-18h sf sam.
Fermé du 16 sept. à fin janv. Visite libre. Visite audioguidée. Visite sur r.-v. pour les groupes toute l'année (70 pers. max.). Animations en saison. ♿ en partie.

LANDÉVENNEC A2

Abbaye Saint-Guénolé (ancienne)

29560 Landévennec
Tél. : 02 98 27 73 34
http://abbaye-landevennec.cef.fr
Propriété privée
Classé

La tradition rapporte que l'abbaye de Landévennec aurait été fondée au Ve s. par saint Guénolé. Les ruines de l'abbaye sont un témoin unique d'une occupation monastique du site depuis le Ve s. jusqu'à la Révolution française. Aujourd'hui subsistent les vestiges archéologiques des sept monastères qui s'y sont succédé, notamment le cloître et l'église carolingienne de Gurdisten (IXe s.), ainsi que les murs de l'église romane (XIe s.). Le musée permet au public une meilleure compréhension du site grâce au travail interrompu des archéologues depuis une trentaine d'années.

Juil.-15 sept. : 10h-19h ; juin : 14h-18h ; 16-30 sept. : 14h-18h ;
oct.-mai : w.-e., j. fériés, vac. scol. 14h-18h. Visite libre. Visite guidée.
Visite sur r.-v. pour les groupes (10 pers. min.).

LOCTUDY A3

Manoir de Kerazan

29750 Loctudy
Tél. : 02 98 87 50 10
www.kerazan.fr/
www.institut-de-france.fr
Propriété de l'Institut de France
Inscrit

Demeure seigneuriale des XVIe et XVIIIe s., le manoir est situé au cœur d'un parc à l'anglaise de 5 ha (avec sa ferme et son jardin potager). Il renferme le seul intérieur intégralement intact dans le Finistère : cuisine, chambres, salons de réception ou de jeux, fumoir, bibliothèque. C'est également le troisième musée des Beaux-Arts du département avec une collection de peintures (toiles du XVIe au XIXe s.) et un ensemble exceptionnel de faïences de Quimper (dont un violoncelle d'1 m 20 unique au monde). Propriété de l'Institut de France, le manoir permet de découvrir « l'art de vivre au XIXe s. ».

3 avr.-14 juin, 13-26 sept. : t.l.j. sf lun. 14h-18h ; 15 juin-12 sept. : t.l.j. de 10h30-19h.
Visite guidée. ♿ (16 juin-13 sept. : 12h-19h).

MELLAC B3

Manoir de Kernault

29300 Mellac
Tél. : 02 98 71 90 60
www.cheminsdupatrimoineenfinistere.com
Propriété du département
Inscrit et classé

Construit vers 1420-1430, remanié aux XVIIe et XVIIIe s., le manoir de Kernault a toujours appartenu à la même famille noble. Entre 1795 et 1800, il sert de lieu de résistance de la chouannerie, puis est de nouveau habité jusqu'en 1989. Il est alors acquis par le département. Les dispositions d'ensemble sont représentatives de l'organisation d'une demeure noble rurale : de part et d'autre d'une cour carrée sont disposés le logis et les communs, avec une chapelle dont les vitraux datent du XVe s. et un rare exemple de grenier sur galerie du XVIIe s. À l'intérieur subsistent un escalier de pierre à vis, de beaux planchers moulurés et des lambris du XVIIIe s.

Juil.-août : t.l.j. 10h-12h30, 14h-19h ;
avr.-juin, sept.-oct. : mer. dim., j. fériés et t.l.j. pendant vac. scol. 14h-18h.
Visite libre. Visite guidée.
Visite sur r.-v. pour les groupes (10-100 pers.).

B1 **MORLAIX**

Couvent des Jacobins

Place des Jacobins
29600 Morlaix
Tél. : 02 98 88 68 88
www.musee.ville.morlaix.fr
Propriété de la commune
Classé

Le couvent de dominicains de Morlaix est fondé en 1234, à la suite du passage dans la ville du futur saint Dominique. La vaste église-halle achevée en 1250 est réaménagée et complétée entre le XIVᵉ et le début du XVIIᵉ s., notamment par l'ajout d'un collatéral et d'un faux transept. En 1481, les moines dominicains sont remplacés par des jacobins. En 1792, le couvent est supprimé et le cloître détruit. Au début du XIXᵉ s., l'église est scindée en deux par un plancher, le niveau inférieur devenant une écurie, le niveau supérieur une remise à fourrage, jusqu'à sa restauration à partir de 1876. Le premier étage de l'église et une aile du couvent abritent aujourd'hui un musée d'art et d'histoire.

Oct.-mars, juin : t.l.j. sf mar. et dim. : 10h-12h, 14h-17h ; avr.-mai, sept. : t.l.j. sf mar. 10h-12h, 14h-18h, dim. 14h-18h ; juil.-août : t.l.j. 10h-12h30, 14h-18h30.
Visite libre. ♿ (guide de visite écrit).

Maison à Pondalez

9, Grand-Rue
29600 Morlaix
Tél. : 02 98 88 68 88
www.musee.ville.morlaix.fr
Propriété de la commune
Classé

Cette maison civile à pan de bois date du XVIᵉ s., époque de prospérité où la ville, affirmant sa vocation maritime, attire des nobles désargentés venus y faire fortune. La récente restauration a permis de restituer ses volumes initiaux, en particulier le « pondalez » : ce terme breton désigne l'escalier à galerie en bois sculpté qui caractérise les maisons morlaisiennes et le vaste espace central dans lequel il se développe en assurant la liaison entre les différents corps de logis. Outre l'escalier, l'intérieur est remarquable par ses cheminées à épaulement et ses décors peints du XVIIᵉ s. Sur quatre niveaux, œuvres et objets de la collection ont trait à l'histoire de Morlaix, à la vie quotidienne de ces maisons, à l'architecture et à l'histoire de la ville.

Oct.-mars, juin : t.l.j. sf mar. et dim. : 10h-12h, 14h-17h ;
avr.-mai, sept. : t.l.j. sf mar. 10h-12h, 14h-18h, dim. 14h-18h ;
juil.-août : t.l.j. 10h-12h30, 14h-18h30.
Visite libre. ♿ r.-d.-c. (guide de visite écrit).

Maison, dite « de la duchesse Anne »

33, rue du Mur
29600 Morlaix
Tél. : 02 98 88 23 26
www.mda-morlaix.com
Propriété privée
Classé

Cet hôtel particulier de la première moitié du XVIᵉ s., à pan de bois et encorbellement, est orné sur sa façade de statues religieuses et profanes d'une excellente facture. L'intérieur se caractérise par un espace central s'élevant jusqu'au comble, appelé la « lanterne », où se trouvent un escalier à vis et des galeries dites « pondalez » qui relient les chambres entre elles, le tout étant soutenu par un pilier haut de 11 m sur lequel sont sculptés des saints protecteurs. À cet ensemble fait face une haute cheminée de granit. Architecture et décor sont typiques de la transition entre les styles gothique flamboyant et Renaissance.

Mai : t.l.j. sf dim. et j. fériés 11h-18h, jeu. 13h30-18h ;
juin-août : t.l.j. sf dim. et j. fériés 11h-18h ; sept. : t.l.j. sf dim. 11h-18h.
Visite libre. Visite guidée.
Visite sur r.-v. pour les groupes hors saison (10 pers. min.).

A3 **PLONÉOUR-LANVERN**

Manoir de Trévilit

29720 Plonéour-Lanvern
Tél. : 02 98 87 04 50
Propriété privée
Inscrit

La terre de Trévilit est donnée à l'abbaye de Landévennec, au XIᵉ s., par Benoît, évêque de Quimper, guéri d'une grave maladie sur la tombe de saint Guénolé. L'abbaye la conserve jusqu'au XIVᵉ s. Différents propriétaires se sont succédé depuis. Du château-manoir construit aux XIIIᵉ-XIVᵉ s. ont subsisté la maison forte et une partie de la deuxième enceinte. On accède à la cour d'honneur en franchissant l'imposant mur de défense qui a conservé ses mâchicoulis. Les différents bâtiments sont disposés autour de la cour, le corps de logis principal se distinguant par son élégante porte d'entrée ogivale.

T.l.j. 9h-18h. Visite libre. Visite extérieure.

PLOUDANIEL — A1

Château de Trébodennic

29260 Ploudaniel
Tél. : 02 98 83 65 17
http://chateau-trebodennic.com
Propriété privée
Inscrit

Édifié en 1584 par Alain Du Pouldry, conseiller au parlement de Bretagne, le château de Trébodennic est resté dans la même famille jusqu'à la Révolution française. Au milieu du XIXe s., l'un des propriétaires entreprend de démolir la demeure, dont la partie ouest a dû être reconstruite. La massivité des doubles tours du XIXe s. nuit quelque peu au charme qui se dégage des bâtiments anciens. La façade, percée de hautes fenêtres, est complétée par une tourelle en encorbellement. Ornée de figures sculptées dans le granit, la porte d'entrée Renaissance est surmontée d'un fronton triangulaire qui indique la date de construction du château.

Visite guidée sur r.-v. toute l'année.

PLOUÉZOCH — B1

Cairn de Barnenez

Route de Kernelehen
29252 Plouézoch
Tél. : 02 98 67 24 73
http://barnenez.monuments-nationaux.fr
Propriété de l'État
Classé

CENTRE DES MONUMENTS NATIONAUX

Découvert en 1953, fouillé et restauré jusqu'en 1968, le grand tumulus mégalithique de Barnenez se compose de deux cairns juxtaposés. À l'est, un cairn primaire, qui remonte au milieu du Ve millénaire av. J.-C., contient cinq tombes à couloir ; à l'ouest, le cairn secondaire, de la fin du Ve millénaire, rassemble six autres tombes. Au nord, dans la carrière ouverte, des chambres voûtées en pierres sèches voisinent avec des dolmens classiques. Trois tombes, non accessibles au public, possèdent des dalles décorées dont les reproductions sont présentées dans le bâtiment d'accueil.

Mai-août : t.l.j. 10h-18h30 ; sept.-avr. : t.l.j. sf lun. 10h-12h30, 14h-17h30. Fermé 1er janv., 1er mai, 1er et 11 nov., 25 déc. Visite libre. Visite guidée. Visite sur r.-v. pour les groupes (10-50 pers.). ♿ avec aide.

PLOUNÉOUR-MÉNEZ — B2

Abbaye

Le Relec
29410 Plounéour-Ménez
Tél. : 02 98 78 05 97
www.cheminsdupatrimoineenfinistere.com
Propriété du département
Classé

Bâtie en aval de deux étangs sur un site déjà occupé au VIe s. par un établissement monastique, l'abbaye du Relec fait partie des treize abbayes fondées en Bretagne sous l'impulsion de saint Bernard. Les cisterciens y sont demeurés jusqu'à la veille de la Révolution. L'église romane, consacrée en 1132 et fortement remaniée du XVIe au XVIIIe s., a été conservée, ainsi que la sacristie. Des bâtiments abbatiaux subsistent les ruines de la salle capitulaire et du cellier des moines.

Fév.-avr., oct.-déc. : t.l.j. sf lun., mar. 14h-18h ;
mai-sept. : t.l.j. 10h-12h30, 13h30-18h. Visite guidée de juin à sept.
Visite sur r.-v. du lun. au ven. pour les groupes toute l'année (20-60 pers.). ♿

PONT-L'ABBÉ — A3

Château

Musée Bigouden
29120 Pont-l'Abbé
Square de l'Europe
Tél. : 02 98 66 09 03/02 98 66 00 40
www.ville-pontlabbe.fr
Propriété de la commune
Inscrit

Édifié entre le XIIIe et le XVIIIe s. à l'emplacement d'une motte féodale, le château de Pont-l'Abbé a subi les guerres de la Ligue puis est incendié et dévasté en 1675 lors d'une révolte paysanne. Il sert de prison à la Révolution avant d'être acquis par la ville en 1836. Des importantes fortifications ne subsistent aujourd'hui qu'un donjon privé de ses mâchicoulis, une tour de guet, des caves voûtées de pierres et un reste de tour d'angle. Le Musée bigouden est installé dans le donjon alors que le corps de logis, reconstruit au début du XVIIIe s., abrite l'hôtel de ville.

Juin-sept : t.l.j. 10h-12h30, 14h-18h (19h juil.-août) ;
avr.-mai : t.l.j. sf lun. 14h-18h. Fermé 1er mai.
Visite guidée. Visite sur r.-v. pour les groupes toute l'année.

A2 **QUIMPER**

Évêché (ancien)

Musée départemental breton
1, rue du Roi-Gradlon
29000 Quimper
Tél. : 02 98 95 21 60
www.cg29.fr
Propriété du département
Classé

Le palais épiscopal de Quimper, dit « logis de Rosmadec », est implanté en 1424 au flanc sud de la cathédrale. Vers 1508, l'évêque Claude de Rohan élève de nouvelles pièces au sud, distribuées par une tour-escalier richement ornée, qu'il poursuit par une aile en équerre donnant sur l'Odet. En 1645, le logis, détruit par un incendie cinquante ans plus tôt, est remplacé par un bâtiment sobre. L'aile sur l'Odet est remaniée en 1776 puis étendue en 1866, dans un style néogothique. La tour d'angle renferme un escalier couronné d'un bel ouvrage de charpenterie lambrissée en forme de palmier. C'est dans cet ensemble, récemment rénové, qu'est installé le Musée départemental breton, fondé en 1846.

Juin-sept. : t.l.j. 9h-18h; oct.-mai : t.l.j. sf lun. et dim. mat. 9h-12h, 14h-17h.
Fermé j. fériés. Visite libre. Visite guidée.
Visite sur r.-v. pour les groupes. (audioguide).

A1 **ROSCOFF**

Pen An Hent

16, rue Albert-de-Mun
29380 Roscoff
Tél. : 06 11 40 54 37
Propriété privée
Inscrit

Pen An Hent est une maison de ville, la seule du XVIIIe s. dans un ensemble édifié au XVIe s., quand le nouveau Roscoff fut établi sur un terrain gagné sur la mer. Située en plein cœur de la cité, cette malouinière affirme sa différence par rapport au style roscovite. La demeure charme par ses grandes pièces très lumineuses, ses lambris et ses cheminées.

14-18 juil., 2-30 août : 8h-14h; sept. : w.-e. 8h-14h.

B2 **SAINT-GOAZEC**

Domaine de Trévarez

29520 Saint-Goazec
Tél. : 02 98 26 82 79
www.cheminsdupatrimoineenfinistere.com
Propriété du département
Inscrit

Construit en 1893 et 1907, à l'initiative de James Kerjégu, le domaine de Trévarez abrite, dans un parc floral et forestier de 85 ha, un château et ses dépendances (anciennes écuries et anciennes serres). Endommagé lors de la Seconde Guerre mondiale, le château, œuvre de l'architecte parisien Walter-André Destailleurs, est de style éclectique, mêlant classicisme et néogothique, brique rose et granit de Kersanton. Le parc est composé d'un jardin régulier, de jardins d'eau et d'espaces paysagers. On peut aussi y voir le bassin de la chasse, la chapelle Saint-Hubert et sa fontaine du XVIIIe s.

Juil.-août : t.l.j. 11h-18h30; avr.-juin, sept. : t.l.j. 13h-18h;
mars, oct.-1er-11 nov. : mer., w.-e. 14h-17h30; 22 nov.-11 janv. : t.l.j. 14h-18h30.
Visite libre. Visite guidée sur r.-v. pour les groupes (20 pers. min.).
en partie.

A1 **SAINT-VOUGAY**

Château de Kerjean

29440 Saint-Vougay
Tél. : 02 98 69 93 69
www.cheminsdupatrimoineenfinistere.com
Propriété du département
Classé

Achevé dans la seconde moitié du XVIe s. selon les vœux d'un riche ecclésiastique, Hamon Barbier, le château de Kerjean associe une forteresse de granit et une demeure au décor soigné. Louis XIII y voyait « l'une des plus belles maisons du royaume ». L'ensemble est protégé par une double enceinte, constituée d'une part des remparts, d'autre part des trois bâtiments entourant la cour d'honneur. On accède à cette dernière par un portail richement orné. Les différentes salles présentent une collection de mobilier breton du XVIIe au XIXe s. Un parc de 20 ha entoure l'ensemble. Expositions temporaires, spectacles, visites et animations rythment l'année.

Juil.-août : t.l.j. 10h-19h; avr.-mai : t.l.j. sf mar. 14h-18h;
juin, sept. : t.l.j. sf mar. 13h-18h; oct. : t.l.j. sf mar. 14h-17h;
nov.-mars : mer. et dim. 14h-17h. Fermé janv., 1er et 11 nov., 25 déc.
Visite libre. Visite guidée. Visite sur r.-v. pour les groupes. r.-d.-c. et parc.

SIBIRIL A1

Château de Kérouzéré

29250 Sibiril
Tél. : 02 98 29 96 05
www.finisteretourisme.com
Propriété privée
Classé

Édifié en 1425 par Jean de Kérouzéré, échanson du duc de Bretagne, ce château est un intéressant exemple d'architecture militaire du XVe s. Sur un plan rectangulaire, il est flanqué de trois tours d'angle cylindriques à mâchicoulis. Un pavillon édifié au début du XVIIe s., après les guerres de la Ligue, occupe le dernier angle. À l'intérieur, où le granit des murs est apparent, certaines fenêtres sont bordées de bancs de pierre. Les pièces ont conservé un mobilier ancien.

Mai-juin, 15 sept.-oct. : mer. 17 h ; 1er-14 juil., 15 sept.-oct : mer. et dim. 17 h ; 15 juil.-août : t.l.j. 14 h 30, 16 h, 17 h 30. Visite guidée.
Visite extérieure libre toute l'année.
Visite sur r.-v. pour les groupes (20-40 pers.).

SPÉZET B2

Chapelle Notre-Dame-du-Crann

Route de Roudouallec
29540 Spézet
Tél. : 02 98 93 80 03
www.mairie-spezet.fr
Propriété de la commune
Classé

La chapelle Notre-Dame-du-Crann est édifiée en 1535 à l'emplacement d'un oratoire du XIIIe s. Crann, mot d'origine celtique, signifie « bois, broussailles ». L'ensemble date du XVIe s., à l'exception de la sacristie et du clocher aux lanternons, remontant au siècle suivant. En forme de croix latine, la chapelle abrite un ensemble remarquable de huit vitraux, considéré comme l'un des plus anciens et des plus beaux de Bretagne. Consacrés aux vies de Jésus, de la Vierge et de quelques saints, ils ont été montés entre 1546 et 1550 dans différents ateliers bretons. Deux retables du XVIe s., en bois polychrome, complètent ce décor intérieur restauré en 2001.

Mai-sept. : t.l.j. 13 h 30-18 h. Visite guidée.
Visite sur r.-v. pour les groupes toute l'année au 02 98 93 94 27.

TRÉFLAOUÉNAN A1

Manoir de Créac'h Ingar

29440 Tréflaouénan
Tél. : 02 98 29 51 54
www.paysduleon.com
Propriété privée
Inscrit

Construit en deux temps, à la fin du XVIe s. et à celle du XVIIIe s., le manoir de Créac'hingar a toujours appartenu à la même famille. Cette ancienne ferme a sans doute servi de relais pour les pèlerins se rendant à Saint-Jacques-de-Compostelle. Endommagés et pillés durant les guerres de la Ligue, les bâtiments sont en cours de restauration depuis 1978. L'intérieur est surtout remarquable par son vaste escalier à balustres en granit, à volée droite. Au premier étage, une salle ornée d'une curieuse cheminée aurait servi de chapelle clandestine pendant la Révolution. Le parc, aménagé sur les terres agricoles, a été créé récemment.

Visite libre de l'extérieur toute l'année.
Visite guidée de l'intérieur pendant les vac. scol. sur r.-v.

D2 **ANTRAIN**

Château de Bonne-Fontaine

35560 Antrain
Tél. : 02 99 98 31 13
www.bonnefontaine.com
Propriété privée
Inscrit

Construit en 1547, le château de Bonne-Fontaine a été remanié au XIXe s. Il se compose de deux bâtiments accolés coiffés de combles élevés, couverts d'ardoises, pourvus de lucarnes Renaissance et de hautes souches de cheminées. L'élégance des tourelles qui ornent la demeure – l'une d'entre elles, octogonale, abrite un escalier – tempère l'austérité des éléments fortifiés ajoutés au XIXe s., en particulier le donjon circulaire à mâchicoulis. Un puits ancien à margelle monolithe est placé devant la façade. L'ensemble est situé dans un vaste parc à l'anglaise.

Pâques-Toussaint : t.l.j. 10h-12h, 14h-18h.
Visite libre. Visite extérieure. Visite guidée sur r.-v. pour les groupes.

C2 **BÉCHEREL**

Château de Caradeuc

35190 Bécherel
Tél. : 02 99 66 77 76
caradeuc@free.fr
Propriété privée
Inscrit

Édifié en 1723 à la demande de Anne Nicolas de Caradeuc, doyen du parlement de Bretagne, le château de Caradeuc allie le granit breton au style classique. La façade sud que le visiteur découvre à son arrivée comporte un péristyle à colonnes alors que la façade nord se caractérise par un escalier monumental de granit et une vaste terrasse dominant la vallée de la Rance. Un parc à la française, dessiné par l'architecte-paysagiste Édouard André en 1898, sert d'écrin à la demeure. Il comporte, au détour de ses allées ombragées, des statues telle la statue monumentale de Louis XIV et également des fabriques comme le tholos de Zéphyr.

Juil.-août : t.l.j. 12h-18h ; Pâques-juin, sept.-Toussaint : w.-e. 14h-18h.
Visite libre du parc. Visite guidée pour les groupes (15 pers. min.).

D1 **CANCALE**

Église Saint-Méen (ancienne)

Musée des Arts
et Traditions populaires
Place Saint-Méen
35260 Cancale
Tél. : 02 99 89 79 32/02 99 89 71 26
http://pagesperso.orange.fr/cancamuse
Propriété de la commune
Inscrit

Placée sous la dépendance de l'abbaye du Mont-Saint-Michel, la paroisse de Saint-Méen existe dès le XIe s. L'église est entièrement reconstruite de 1715 à 1727 par l'architecte Garangeau, puis agrandie de 1836 à 1838. Son chœur date de 1842. De plan rectangulaire, en granit, elle est surmontée d'une tour carrée, à toit d'ardoises octogonal, et complétée d'un campanile. La plate-forme supérieure offre une vue sur la baie du Mont-Saint-Michel et les villes alentour. Désaffectée depuis 1875, l'église abrite aujourd'hui un musée présentant les arts et les traditions du pays cancalais.

Juil.-août : t.l.j. sf lun. mat. 10h-12h, 14h30-18h30 ;
juin, sept. : ven.-lun. 14h30-18h30 ; mai : ven. et w.-e. 14h30-18h30.
Visite libre. Visite guidée. Visite sur r.-v. pour les groupes (10-40 pers.).

D2 **COMBOURG**

Château et parc

23, rue des Princes
35270 Combourg
Tél. : 02 99 73 22 95
www.combourg.net
Propriété privée
Inscrit et classé

Érigé aux XIVe et XVe s. à l'emplacement d'une forteresse plus ancienne, le château de Combourg est acheté par le père de François-René de Chateaubriand en 1761. Viollet-le-Duc est consulté lors de sa restauration. Quatre corps de bâtiment, couronnés de mâchicoulis et d'un chemin de ronde percé de créneaux et de meurtrières, enserrent une cour étroite, flanquée de quatre tours coiffées de toits en poivrière. La tour du More, ainsi nommée par Chateaubriand, est la plus ancienne. L'ensemble domine un vaste étang. À l'intérieur sont conservés des souvenirs de l'écrivain et la chambre où il a passé son enfance.

CHÂTEAU Avr.-juin, sept : t.l.j. 14h-17h30 ; juil-août : t.l.j. 10h30-11h15, 14h-17h ; oct : 14h-17h.
PARC Avr.-sept : t.l.j. 9h30-12h30, 14h-18h ; oct : t.l.j. 10h-12h, 14h-17h.
Fermé sam. sf juil.-août.
Visite guidée. Visite sur r.-v. pour les groupes en mars et nov.

FOUGÈRES D2

Château

83, place Pierre-Symon
35300 Fougères
Tél. : 02 99 99 79 59
www.chateau-fougeres.com
Propriété de la commune
Classé

Bâti sur un promontoire rocheux niché au fond d'une vallée, point stratégique aux portes de la Bretagne, le château de Fougères a conservé l'intégralité de ses remparts et ses treize tours édifiées du XIIe au XVe s. Il a subi de nombreux sièges, menés par les armées anglaise ou française au cours des siècles. Son donjon est détruit en 1166 par les Anglais et la forteresse n'a cessé d'être remaniée pendant cinq cents ans. Avec ses trois enceintes successives, elle offre un bel exemple des différentes étapes de l'architecture militaire médiévale.

Mai-juin, sept. : t.l.j. sf. lun. 10 h-13 h, 14 h-19 h ; juil.-août : t.l.j. 10 h-19 h ; oct.-avr. : t.l.j. sf. lun. 10 h-12 h 30, 14 h-17 h 30. Fermé 1er janv., 25 déc.
Visite libre. Visite guidée.
Visite sur r.-v. pour les groupes. ♿ en partie.

GUIPRY D3

Château des Champs

35480 Guipry
Tél. : 02 99 34 03 97
edouard.de-guibert@worldonline.fr
Propriété privée
Inscrit

La construction du château des Champs remonte au XVIIe s., mais son aspect actuel est dû aux agrandissements effectués au siècle suivant, avec le remploi des matériaux provenant du château de Lohéac. Château, chapelle, dépendances et communs sont groupés autour de deux cours et entourés de douves. Le corps de logis principal, construction assez simple, se termine côté douves par une tour d'angle à meurtrières. Au premier étage, le salon a conservé douze fresques du XVIIIe s., à sujet biblique, et un plafond en bois travaillé.

Juin-15 juil., 25 août-sept. : t.l.j. 9 h-18 h. Visite libre. Visite extérieure.

IFFS (LES) D2

Château de Montmuran

35630 Les Iffs
Tél. : 02 99 45 88 88
www.montmuran.com
Propriété privée
Inscrit et classé

De la forteresse construite à Montmuran au XIIe s. subsistent deux tours accolées, au nord. Au XIVe s. est érigé un imposant châtelet précédé d'un pont-levis toujours en état de marche et encadré de deux grosses tours rondes à mâchicoulis. Dans la chapelle, construite à la même époque, Bertrand Du Guesclin aurait été armé chevalier en 1354 et se serait marié en 1374. Entre les deux parties médiévales, un corps de logis a été construit au XVIIIe s. L'une des tours nord est pourvue d'une étuve installée au XIVe s., avec des bassins à eau chaude et un système de chauffage par le sol et les murs.

Juin-sept. : t.l.j. sf sam. 14 h-18 h.
Visite guidée. Visite sur r.-v. pour les groupes toute l'année (15-40 pers.).

C2 **MINIHIC-SUR-RANCE (LE)**

Cale sèche de La Landriais

Association des amis
de la baie de La Landriais
16, rue de Bel-Air
35870 Le Minihic-sur-Rance
Tél. : 02 99 88 59 43
jfhourriere@yahoo.fr
Propriété d'une association
Inscrit

C'est en 1908 que François Lemarchand, directeur du chantier naval de La Landriais, fait construire devant son chantier une cale sèche sans équivalent sur les côtes françaises. La mer envahit la cale à marée haute, ce qui permet d'y mener le navire, puis s'assèche à marée basse et demeure sèche aux marées suivantes, les portes étant fermées de façon étanche. Le carénage des bateaux peut ainsi se faire sans être dépendant du rythme des marées. Elle mesure 45 m de long, 10 m de large et 5 m de haut. La construction navale en acier et le déclin de la pêche ont entraîné l'arrêt de son utilisation. Sa restauration a débuté en 1990 et s'est achevée à l'été 2008.

Accessible t.l.j. selon les horaires de la marée.
Visite libre. Visite sur r.-v. pour les groupes en juil. et août. (12 pers. min.).

C2 **MONTAUBAN-DE-BRETAGNE**

Château féodal de Montauban

30, route de Médréac
35360 Montauban-de-Bretagne
Tél. : 02 99 06 40 21
Propriété privée
Classé

L'actuel château de Montauban succède à une résidence seigneuriale du XIIIe s., elle-même édifiée sur une forteresse plus ancienne. Il est composé d'un imposant châtelet d'entrée datant de 1430, complété d'un pavillon contigu ajouté au XVIIIe s. Dans la cour subsiste le donjon du XIIIe s., qui a perdu deux étages. Illustrant les différentes vagues de fortification que connut la Bretagne au Moyen Âge, le château était en outre pourvu de défenses avancées – douves, cavaliers, entrées successives –, pour l'essentiel encore aujourd'hui en place. Les vestiges de l'ancienne forteresse avec leurs fossés de défense au fond d'une cuvette constituent aujourd'hui une réserve naturelle.

14 juil.-août : t.l.j. 14 h-18 h.
Visite libre. Visite guidée. Visite sur r.-v. pour les groupes.

D2 **MONTREUIL-SOUS-PÉROUSE**

Manoir de La Faucillonnaie

Musée de La Faucillonnaie
35500 Montreuil-sous-Pérouse
Tél. : 02 99 75 04 46
www.ot-vitre.fr
Propriété privée
Inscrit

Le manoir de La Faucillonnaie est construit en 1677, accolé à un manoir de l'époque gothique encore visible aujourd'hui. À l'intérieur de la maison de maître du XVIIe s. se trouve un escalier monumental en bois qui distribue les deux bâtiments : d'une belle envolée, il peut être comparé à ceux d'hôtels particuliers rennais de la même époque. L'étable, qui date de 1942, a été remaniée en 1962. D'autres bâtiments de ferme complètent l'ensemble. Un musée y présente le patrimoine rural du pays de Vitré.

Mai-sept. : t.l.j. sf mar. 10 h-12 h 45, 14 h-18 h ;
oct.-avr. : t.l.j. sf mar., dim. mat. 10 h-12 h 15, 14 h-17 h 30.
Fermé 1er janv., dim. de Pâques, 1er nov., 25 déc. Visite libre. ♿ en partie.

PAIMPONT C2

Abbaye (ancienne)

35380 Paimpont
Tél. : 02 99 07 81 37
www.abbayedepaimpont.org
Propriété de la commune
Classé

Occupée à partir de 1190 par les chanoines réguliers de Saint-Augustin, l'abbaye de Paimpont doit sans doute son origine à un monastère fondé au VIIe s. par le roi Judicaël alors propriétaire d'un château près de l'étang. Isolée sur deux côtés par l'eau, l'église date du XIIIe s. Elle abrite une belle Vierge à l'Enfant en pierre du XVe s., ainsi que des lambris anciens. Elle rejoint par son transept nord les bâtiments abbatiaux, construits au XVIIe s., où se trouvent notamment la sacristie et son riche trésor. Le large corridor de l'étage qui dessert les cellules possède encore des enduits d'époque.

TRÉSOR Pâques à mi-sept. : w.-e. et j. fériés 15h-18h30 (juil.-août : t.l.j. 10h15-12h30, 15h-18h30). Visite guidée l'été ou sur r.-v. le reste de l'année. ♿

PLEUGUENEUC D2

Domaine de La Bourbansais

35720 Pleugueneuc
Tél. : 02 99 69 40 48
www.labourbansais.com
Propriété privée
Classé

Construit à la fin du XVIe s. sur les vestiges d'une villa gallo-romaine, le château de La Bourbansais, résidence estivale de parlementaires bretons, a été remis au goût du jour au milieu du XVIIIe s. : des pavillons à la Mansart sont venus compléter les deux corps de logis placés en angle droit, la façade sud étant déjà flanquée de deux tours rondes ; un décor de boiseries et de lambris a pris place à l'intérieur, un parc avec un jardin à la française a été créé. Aujourd'hui, les communs abritent une meute de grande vénerie, et le parc un jardin zoologique et une promenade botanique.

CHÂTEAU Avr.-sept. : t.l.j. 11h15, 14h, 15h, 16h, 17h ; oct.-mars : dim. 15h, 16h ; vac. Toussaint et de fév. : t.l.j. 15h, 16h. Fermé 1er janv., 25 déc. Visite guidée. Visite sur r.-v. pour les groupes (20 pers. min.).

PARC ZOOLOGIQUE ET JARDIN Avr.-sept. : t.l.j. 10h-19h ; oct.-mars : t.l.j. 13h30-17h30 ; vac. Toussaint et de fév. : t.l.j. 10h-18h. ♿ (avr.-sept.).

RENNES D2

Chapelle Saint-Yves

11, rue Saint-Yves
35000 Rennes
Tél. : 02 99 67 11 11
www.tourisme-rennes.com
Propriété de la commune
Classé

L'histoire de la chapelle Saint-Yves, construite au XVe s., est liée à celle de l'ancien hôpital, fondé en 1358. En 1644, les augustines qui desservent celui-ci achètent les hôtels particuliers qui jouxtent la chapelle et y édifient leur couvent. Au XIXe s., l'achèvement des quais de la Vilaine entraîne la démolition de l'hôpital, le rez-de-chaussée de la chapelle étant transformé en magasin et son étage en habitation. Restaurée en 1998, tout comme la maison à pans de bois du XVIIe s. qui la jouxte pour accueillir l'office du tourisme, elle est désormais éclairée par des verrières de Lardeur. Sa façade est un pignon percé d'une haute fenêtre en ogive, au-dessus de la porte en anse de panier, dans un style gothique flamboyant assez sobre. À l'intérieur, une exposition permanente présente le patrimoine rennais.

Juil.-août : t.l.j. 9h-19h, dim. et j. fériés 11h-13h, 14h-18h ; sept.-juin : t.l.j. 10h-18h, dim. et j. fériés 11h-13h, 14h-18h. Fermé 1er janv., 1er mai, 25 déc. Visite libre. Visite guidée. ♿

Hôtel de ville

Place de l'Hôtel-de-Ville
35000 Rennes
Tél. : 02 23 62 10 10/02 99 67 11 08
www.tourisme-rennes.com
Propriété de la commune
Inscrit et classé

Dessiné par l'architecte Jacques Gabriel, à la suite de l'incendie de 1720 qui ravage le cœur de Rennes, l'actuel hôtel de ville, à l'ouest de la place royale, abritait la communauté de ville au sud, le présidial au nord, dans deux pavillons qui reprennent les dispositions des grands hôtels classiques et se rejoignent par un subtil décrochement en quart de cercle. Au centre, la tour de l'horloge, tour circulaire à deux étages surmontée d'un dôme en bulbe modifié en 1812, rappelle l'ancien beffroi. À l'intérieur de l'ancien présidial, un « Panthéon rennais » est dédié au souvenir des morts pour la France. À l'est de la place royale, l'architecte Millardet répond, en 1832, au parti incurvé de l'hôtel de ville par la rotonde du théâtre.
Lun-ven. 8h30-17h; sam. 9h30-12h. Fermé j. fériés. Visite guidée sur r.-v. en juil.-août. Visite sur r.-v. pour les groupes. du lun. au ven.

Palais du parlement de Bretagne

Place du Parlement
35000 Rennes
Tél. : 02 99 67 11 66
www.tourisme-rennes.com
Propriété de l'État
Classé

Le parlement, siège de la cour de justice chargée d'enregistrer les édits et les lettres royales, se dote au XVIIe s. d'un édifice qui exprime en ses murs le prestige de sa fonction. Bâti de 1618 à 1655 sur les plans de Salomon de Brosse, architecte du palais du Luxembourg à Paris, il marque l'arrivée de l'art royal à Rennes. Il se révèle par l'exceptionnelle qualité de son décor intérieur, dont la Grand-Chambre en constitue le joyau (plafonds à la française, boiseries sculptées et dorées), comme un remarquable témoignage du grand décor royal du XVIIe s. et l'un des grands symboles de l'histoire de la Bretagne. Marqué par un incendie en 1994 et par une restauration exemplaire, l'édifice dédié à la cour d'appel est ouvert à la visite.
Visite guidée sur r.-v. Individuels : 02 99 67 11 66. Groupes : 02 99 67 11 08.

D2 **SAINT-CHRISTOPHE-DE-VALINS**

Château de La Bélinaye

La Bélinaye
35140 Saint-Christophe-de-Valins
Tél. : 02 99 39 31 77
allombard@wanadoo.fr
Propriété privée
Inscrit

Le manoir, datant de 1630, est formé de trois pavillons dissymétriques. Le pavillon central jouit d'un toit en forme de dôme, surmonté d'un clocheton et d'une statue de Cérès. On y accède par un escalier à l'italienne, doté d'une balustrade en granit. Du jardin à la française et du parc, on peut observer les détails architecturaux (bossages, modillons, encadrements de fenêtres, cheminées élancées, etc.) caractéristiques de l'architecture bretonne du début du XVIIe s.
T.l.j. 9h-12h, 13h30-17h. Fermé sam. apr.-midi, dim. et j. fériés.
Visite libre. Visite sur r.-v. pour les groupes les jours non ouvrables et fériés.

D2 **SAINT-HILAIRE-DES-LANDES**

Château de La Haye

35140 Saint-Hilaire-des-Landes
Tél. : 02 99 98 80 11
Propriété privée
Inscrit

C'est à Henri de La Haye Saint-Hilaire (1593-1622), ancien gouverneur de Fougères, que le château doit son aspect actuel. Il élève le logis seigneurial à la fin du XVIIe s., tout en conservant la porte fortifiée et une tour ronde de la forteresse du XVe s. Les bâtiments entourent la cour d'honneur : au sud, le logis formé de deux pavillons (fin XVIe et XVIIe s.) coiffés de toits à la Mansart ; à l'ouest, des communs en bel appareil de granit ; au sud-est, une chapelle du début du XVIIIe s., reliée au logis principal par une balustrade de granit qui surplombe les douves. Le château de La Haye appartient à la même famille depuis près de mille ans.
T.l.j. 10h-12h, 14h-17h30. Visite libre. Visite extérieure.
Visite guidée sur r.-v. pour les groupes (25-80 pers.).

SAINT-MALO C1

Château

Musée d'Histoire de la ville
35400 Saint-Malo
Tél. : 02 99 40 71 57
www.ville-saint-malo.fr
Propriété de la commune
Classé

Le château de Saint-Malo s'appuie au sud-ouest sur les remparts de la ville, dont le petit donjon édifié en 1393 constitue une tour d'angle. Le nouveau château bâti en 1424 par le duc de Bretagne Jean V est flanqué de tours à la fin du XVe s. et complété par Vauban. Il a conservé son grand donjon à trois étages, son castelet et sa citerne. Cet ensemble est aujourd'hui occupé par un musée consacré à l'histoire et aux traditions maritimes du pays malouin, alors que les casernes construites aux XVIIe et XVIIIe s. abritent l'hôtel de ville.

Avr.-sept. : t.l.j. 10h-12h30, 14h-18h; oct.-mars : t.l.j. sf lun 10h-12h, 14h-18h.
Fermé j. fériés. Visite libre. Visite sur r.-v. pour les groupes.

Château du Bos

Route de la Passagère
Quelmer
35400 Saint-Malo
Tél. : 02 99 81 40 11
Propriété privée
Classé

Cette élégante malouinière (maison de campagne) est élevée en 1717 par la famille Magon, armateurs et corsaires, à l'emplacement d'un précédent manoir. La façade d'entrée est pourvue d'un avant-corps ovale en légère saillie surmonté d'un fronton, tandis qu'une avancée centrale à pans coupés rythme la façade côté jardin. La salle à manger est décorée de boiseries Régence, le salon de musique de boiseries Louis XVI. La chapelle, modeste, construite en 1737, est typique des chapelles des malouinières avec sa façade éclairée d'un œil-de-bœuf au-dessus de la porte couronnée d'un petit campanile. Dans le jardin à la française, des statues italiennes représentent les quatre saisons.

Visite guidée sur r.-v. de Pâques à la Toussaint.

Tour Solidor

Musée international
du Long cours cap-hornier
35400 Saint-Malo
Tél. : 02 99 40 71 58
www.ville-saint-malo.fr
Propriété de l'État
Classé

La forteresse de Solidor est élevée à l'entrée de l'estuaire de la Rance, de 1362 à 1369, par le duc de Bretagne Jean IV, dans le but de surveiller la France. Restaurée au XVIIe s., elle forme un haut massif de trois tours très rapprochées, réunies par d'étroites courtines et coiffées de hauts toits. Du chemin de ronde, la vue s'étend sur tout l'estuaire et la côte. Après avoir été prison d'État, la tour abrite depuis 1969 le musée international du Long cours cap-hornier.

Avr.-sept. : t.l.j. 10h-12h30, 14h-18h; oct.-mars : t.l.j. sf lun t.l.j. 10h-12h, 14h-18h.
Fermé j. fériés. Visite libre. Visite sur r.-v. pour les groupes.

VAL-D'IZÉ D2

Parc du Boiscornillé

35450 Val-d'Izé
Tél. : 02 99 49 83 02/06 07 79 11 32
Propriété privée
Inscrit

Composé d'éléments remontant aux XVe et XVIIe s., le château est unifié fin XIXe dans le style néogothique par les architectes J. et H. Mellet. En 1872, D. Bühler conçoit un vaste « parc agricole », en organisant prairies, bosquets et perspectives pour valoriser les vues sur le bourg, ses clochers et métairies. En 1902, E. André transforme les alentours du château; d'importants travaux de terrassement lui permettent de diversifier les ambiances en créant des lieux d'intimité (parterre français, rond-point de buis) ou en aménageant des points de vue (balcon de la cour d'honneur, embarcadère de l'étang muré).

1er dim. de juil.-1er dim. de sept. : t.l.j. 10h-19h. Visite libre.
Visite sur r.-v. pour les groupes toute l'année.

Château-musée des Rochers-Sévigné

Route d'Argentré-du-Plessis
35500 Vitré
Tél. : 02 99 75 04 54
www.ot-vitre.fr
Propriété privée
Inscrit

Résidence bretonne de Mme de Sévigné entre 1654 et 1690, le château des Rochers-Sévigné est construit au début du XVIe s., remanié au siècle suivant et agrandi en 1885. Il se compose de deux corps de bâtiment en équerre réunis par une tour cylindrique. La chapelle et le parc sont créés à la fin du XVIIe s. Des souvenirs et objets familiers de la marquise, qui y rédige nombre de ses lettres, sont présentés dans le « Cabinet vert ». C'est elle qui a donné leur nom aux allées du parc qui s'étend au-delà du jardin à la française : la Solitaire, l'Infini, l'Humeur de ma mère, etc.

Mai-sept. : t.l.j. sf mar. 10h-12h45, 14h-18h;
oct.-avr. : t.l.j. sf mar. et dim. mat. 10h-12h15, 14-18h.
Fermé 1er janv., dim. de Pâques, 1er nov., 25 déc. Visite libre. Visite guidée.
Visite sur r.-v. pour les groupes (10 pers. min.).

Château

Musée des Barons-de-Vitré
Place du Château
35500 Vitré
Tél. : 02 99 75 04 54
www.ot-vitre.fr
Propriété de la commune
Classé

Inséré dans la ville, à la frontière de la Bretagne, le château de Vitré est une vaste forteresse édifiée du XIIIe au XVe s. à l'emplacement d'un château du XIe s. construit par les barons de Vitré. Devenu résidence des comtes de Laval au XVe s., il passe aux La Trémoïlle au XVIIe s. L'enceinte, triangulaire, est défendue par sept tours et dominée par un important donjon circulaire. Un châtelet pourvu d'un pont-levis à bascule en commande l'accès. À l'intérieur des salles sont présentés divers témoignages du riche passé de la cité médiévale.

Mai-sept. : t.l.j. sf mar. 10h-12h45, 14h-18h;
oct.-avr. : t.l.j. sf mar. et dim. mat. 10h-12h15, 14-18h.
Fermé 1er janv., dim. de Pâques, 1er nov., 25 déc.
Visite libre. Visite guidée. Visite sur r.-v. pour les groupes (10 pers. min.).

Chapelle Saint-Nicolas

Musée Saint-Nicolas
Rue Pasteur
35500 Vitré
Tél. : 02 99 75 04 54
www.ot-vitre.fr
Propriété de la commune
Inscrit

Construite pour les religieuses augustines travaillant dans les hôpitaux Saint-Nicolas et Saint-Yves, établis depuis le XIIIe s., la chapelle a été édifiée en deux campagnes entre le milieu du XVe s. et le début du XVIe s., dans un style gothique flamboyant. Elle a été aménagée en musée d'art sacré à la suite du transfert des hôpitaux vers un nouveau site, en 1986. On peut y voir en particulier des peintures murales et le tombeau du prieur Robert de Gramesnil, mort en 1500, qui fit construire le bâtiment.

Mai-sept. : t.l.j. sf mar. 10h-12h45, 14h-18h;
oct.-avr. : t.l.j. sf mar. et dim. mat. 10h-12h15, 14-18h.
Fermé 1er janv., dim. de Pâques, 1er nov., 25 déc.
Visite libre. Visite sur r.-v. pour les groupes (10 pers. min.).

ARZON — B3

Cairn du Petit-Mont

Port du Crouesty
56640 Arzon
Tél. : 06 03 95 90 78
www.morbihan.fr
Propriété du département
Classé

Le cairn du Petit-Mont est situé sur un des promontoires qui marquent le côté méridional de la presqu'île de Rhuys. Sa construction s'étale sur une très longue période. Vers 4500 av. J.-C., un premier cairn ne contenant aucun aménagement interne est construit. Vers 4000-3500 av. J.-C. un deuxième cairn vient s'appuyer contre le flanc sud du premier en recouvrant un dolmen à couloir et à chambre simple. Vers 2700-2500 av. J.-C. un troisième cairn est construit condamnant l'accès du second et deux nouveaux dolmens vont être créés. L'un de ces dolmens a été détruit lors de la construction d'un bunker en 1943 et l'entrée de l'autre dolmen est précédée d'un portique monumental certainement ajouté à l'époque romaine.

Avr.-juin, sept. : t.l.j. sf mer. 14h30-18h30; juil.-août : t.l.j. 10h-13h, 14h30-18h30.
Visite libre. Visite guidée. Visite sur r.-v. pour les groupes (10-50 pers.).

BÉGANNE — C3

Château de Léhélec

56350 Béganne
Tél. : 02 99 91 84 33
www.tourisme-pays-redon.com
Propriété privée
Inscrit

Le château de Léhélec est un exemple de belle demeure morbihanaise, sobre et majestueuse, construite vers 1660 par Jean Le Mintier, l'un des cent gentilshommes de la Maison du Roi. L'édifice offre au sud une belle perspective surplombant ses trois cours bordées d'importantes dépendances du XVIe s., dont les lucarnes alternent le triangle et le plein cintre. L'un des bâtiments des communs abrite un petit musée de meubles et d'objets anciens de la campagne, ainsi qu'une galerie de peintures. Cette propriété, toujours habitée, est dans la même famille depuis 1578.

Juil.-août : t.l.j. sf mar. 14h-19h. Visite guidée.
Visite sur r.-v. pour les groupes de juin à oct.

BIGNAN — C3

Domaine de Kerguehennec

56500 Bignan
Tél. : 02 97 60 44 44
www.art-kerguehennec.com
Propriété du département
Inscrit et en partie classé

Le château de Kerguehennec est édifié vers 1710 par l'architecte vannetais Olivier Delourme pour les frères Hogguer, banquiers suisses protestants qui résidaient à Paris et prêtaient régulièrement de l'argent au roi. La demeure, qui allie la tradition d'un plan à ailes saillantes au modernisme du style des ingénieurs, a été remaniée au XIXe s. Elle est précédée de longs communs de part et d'autre d'une cour. Le vaste parc et son arboretum, dessiné en 1872 par Denis Bülher, servent d'écrin à des sculptures contemporaines depuis 1986, date de l'installation dans le château d'un centre d'art contemporain – centre de rencontre.

PARC Toute l'année.
CHÂTEAU T.l.j. sf lun. 11h-18h (juil.-août : 11h-19h). Fermé déc.-janv.
Visite libre. Visite guidée sur r.-v. pour les groupes (15 pers. min.).

B3 **CARNAC**

Vieux de 6 500 ans, le site mégalithique de Carnac est un haut lieu de la Préhistoire européenne. Ses quelque 3 000 menhirs sont répartis sur 40 ha et 4 km de longueur selon une organisation architecturée. Des études récentes ont permis de rattacher l'histoire de ces alignements aux évolutions intervenues au cours du Néolithique, début de la vie sédentaire. Les files de menhirs permettaient le cheminement vers un espace considéré comme sacré ; « les enceintes » et les dolmens avaient une fonction funéraire.

Mai-juin : t.l.j. 9h-19h ; juil.-août : t.l.j. 9h-20h ; sept.-avr. : t.l.j. 10h-17h.
Fermé 1er janv., 1er mai, 25 déc. Visite guidée.
Visite sur r.-v. pour les groupes toute l'année au 02 97 52 77 97.

Alignements de Carnac
Maison des Mégalithes
Le Ménec
56340 Carnac
Tél. : 02 97 52 29 81
http://carnac.monuments-nationaux.fr
Propriété de l'État
Classé

CENTRE DES MONUMENTS NATIONAUX

C3 **CHAPELLE-CARO (LA)**

Le château du Crévy, dont certaines parties des remparts sont les restes d'un oppidum romain du IIIe s., fut longtemps l'une des plus importantes seigneuries de Bretagne. De la forteresse médiévale du XIVe s., il reste une tour isolée, à l'angle du rempart surplombant la rivière l'Oust. La grosse tour du XVIe s. est, quant à elle, surmontée d'un chemin de ronde et de mâchicoulis. Séparé, le corps de logis date du XVIIe s., de même que les élégants communs qui bordent la cour d'honneur. Les autres parties du château ont été construites au XIXe s. dans un goût néogothique.

Visite sur r.-v. uniquement (15 pers. min.).

Château du Crévy
56460 La Chapelle-Caro
Tél. : 02 97 74 91 95
yves.paranthoine@orange.fr
Propriété privée
Inscrit

C2 **CONCORET**

Situé aux confins nord-ouest de la forêt de Paimpont, le château de Comper est entouré de cinq étangs dont l'un qui alimentait ses douves. Son histoire est tumultueuse. Détruit par Du Guesclin en 1373 et reconstruit peu après, démantelé par Henri IV en 1598 et remanié à partir de 1620, il est incendié à la Révolution et restauré au XIXe s. ; la partie sud du manoir et l'escalier datent de cette époque. De l'enceinte quadrangulaire ne subsistent que les deux tours encadrant l'entrée, des vestiges de la tour sud à côté du pont et une partie de la tour est. Depuis 1990, le château de Comper abrite l'association du Centre de l'imaginaire arthurien. Celle-ci se consacre à mettre en lumière la légende arthurienne depuis ses origines celtiques jusqu'à nos jours.

Avr.-juin, sept.-oct. : t.l.j. sf mar. et mer. 10h-17h30 ;
juil.-août : t.l.j. sf mer. 10h-19h. Visite libre. Visite guidée.
Visite sur r.-v. pour les groupes (10 pers. min.). r.-d.-c.

Château de Comper
Centre de l'imaginaire arthurien
Château de Comper
56430 Concoret
Tél. : 02 97 22 79 96
www.centre-arthurien-broceliande.com
Propriété privée
Classé

ELVEN C3

Château de Largoët

56250 Elven
Tél. : 02 97 53 52 79
Propriété privée
Classé

Construite par les Malestroit aux XIIIe et XIVe s., la forteresse de Largoët accueille le futur Henri VII d'Angleterre, qui y est emprisonné de 1474 à 1476. Elle est incendiée en 1488 quand les troupes du roi de France Charles VIII envahissent la Bretagne. Il en reste aujourd'hui plusieurs bâtiments : un châtelet d'entrée de la fin du XVe s. adossé à une porte à deux tours du XIIIe s., des courtines du XIIIe s., un donjon résidentiel du XIVe s., une tour en fer à cheval du début du XVe s., remaniée au XIXe s. pour servir de pavillon de chasse, et enfin un logis du XVIIe s. L'ensemble est entouré de douves. Le donjon, avec ses 44 m de hauteur, est l'un des plus élevés de France.

Janv. à mi-nov. : 9h-18h. Fermé de mi-nov. au 31 déc. Visite extérieure libre. Visite guidée l'apr.-midi en juil. et août. Visite sur r.-v. pour les groupes. Spectacle « son et lumière » ven. et sam. de mi-juil. à fin août. ♿

HENNEBONT B3

Haras

Espace de découverte du cheval en Bretagne
Rue Victor-Hugo
56700 Hennebont
Tél. : 02 97 89 40 30
www.haras-hennebont.fr
Propriété de l'État
Inscrit

Le dépôt d'étalons créé en 1806 par Napoléon Ier à Langonnet est transféré en 1857 à Hennebont, dans l'enclos de l'ancienne abbaye de la Joie. Les écuries sont situées dans un long bâtiment d'un seul niveau, couvert d'ardoises, composé d'une suite de baies en plein cintre et d'un avant-corps central percé d'une porte cochère. Le crépi clair contraste avec l'encadrement des ouvertures et des angles en briques rouges. L'écurie no 1 abrite un espace muséographique dédié au monde du cheval.

Mai-juin, sept : mar. ven. 9h30-12h30, 14h-18h, sam.-lun. 14h-18h; juil.-août : t.l.j. 10h-19h. Visite guidée. Visite sur r.-v. pour les groupes toute l'année. ♿

Porte Broërec'h

Musée des Tours Broërec'h
1, rue de la Prison
56700 Hennebont
Tél. : 02 97 36 24 52/02 97 36 29 18
hennebont-patrimoine@orange.fr
Propriété de la commune
Classé

Dans le très beau cadre de la porte de ville médiévale, classée monument historique, l'association Hennebont Patrimoine présente dix salles thématiques : costumes de la région, meubles, vie paysanne (salle de ferme, outils), guerre 39-45 (objets, armes, documents), histoire de la ville (maquette au XIVe s.), navigation fluviale, commerce portuaire (nombreuses maquettes didactiques), peintures, faïences. Du chemin de ronde on a une vue imprenable sur la ville, les remparts et le jardin.

Juin-sept. : t.l.j. 10h30-12h30, 13h30-18h30. Visite libre. Visite guidée. Visite sur r.-v. pour les groupes (10 pers. min.).

JOSSELIN C3

Château

Place de la Congrégation
56120 Josselin
Tél. : 02 97 22 36 45
www.chateaudejosselin.fr
Propriété privée
Classé

En 1370, Olivier de Clisson fait édifier une forteresse à partir du château du XIIe s. À sa mort, elle devient propriété des Rohan. À la fin du XVe s. est construit un logis dont la façade est achevée vers 1520. Richelieu démantèle Josselin en 1629, le donjon et une partie de l'enceinte étant alors détruits. Le châtelet, ruiné, est démoli vers 1760. Restauré à partir de 1860, le château est aujourd'hui toujours habité par les Rohan. Avec ses trois tours majestueuses, il domine la vallée de l'Oust. Sa façade en gothique flamboyant, véritable dentelle de granit, préfigure la Renaissance bretonne.

Avr. à mi-juil., sept. : t.l.j. 14h-18h; mi-juil. à août : t.l.j. 11h-18h; oct., w.-e. et vac. scol. : 14h-17h. Visite guidée. Visite libre du jardin à la française. Visite sur r.-v. pour les groupes toute l'année. ♿

B3 **LARMOR-BADEN**

Cairn de Gavrinis

Accueil : cale de Pen-Lannic
56870 Larmor-Baden
Tél. : 02 97 57 19 38
www.morbihan.fr
Propriété du département
Classé

Le cairn de Gavrinis, un dolmen recouvert de pierres, se situe à l'extrémité sud de l'île de Gavrinis. C'est un exemple caractéristique d'architecture néolithique réalisé en maçonnerie sèche : des murs de parement structurent la masse de pierres disposées en écailles de part et d'autre du dolmen intérieur. La date de construction reste incertaine : elle est sans doute relativement tardive. Son utilisation cessa brutalement vers 3000 av. J.-C. La couverture de la chambre provient du débitage d'une grande stèle dont le fragment principal recouvre le dolmen de la Table des marchands à Locmariaquer. L'ornementation exubérante s'observe presque sur toute la surface des dalles. Dans ce foisonnement de lignes, on reconnaît les symboles habituels de l'art mégalithique : écusson, signes en « U », crosses, zigzags, serpents, chevrons, haches, arcs et flèches.

Avr., juin, sept. : t.l.j. 9h30-12h30, 13h30-18h30 ;
mai : 13h30-18h30 en semaine, 9h30-12h30, 13h30-18h30 w.-e. et j. fériés ;
juil.-août : t.l.j. 9h30-12h30, 13h30-19h ; oct. : t.l.j. sf mer. 13h30-17h.
Visite guidée sur r.-v. Visite sur r.-v. pour les groupes (10-48 pers.).

B3 **LOCMARIAQUER**

Table des Marchand

Site des mégalithes de Locmariaquer
Route de Kerlogonan
56740 Locmariaquer
Tél. : 02 97 57 37 59
http://locmariaquer.monuments-nationaux.fr
Propriété de l'État, du département et de la commune
Classé

CENTRE DES MONUMENTS NATIONAUX

Site majeur du néolithique armoricain, on y découvre trois monuments emblématiques de l'architecture mégalithique bretonne : le grand menhir brisé, le dolmen de la Table des Marchand et le tumulus d'Er-Grah, érigés entre 4700 et 3800 av. J.-C. Le grand menhir brisé est le plus grand monolithe jamais érigé par l'homme à cette époque. Le dolmen de la Table des Marchand fait partie des tombes à couloir et présente deux magnifiques dalles ornées. Le tumulus d'Er-Grah appartient à la catégorie des sépultures individuelles fermées.

Mai-juin : t.l.j. 10h-18h ; juil.-août : t.l.j. 10h-19h ;
sept.-avr. : t.l.j. 10h-12h30, 14h-17h15.
Fermé 1er janv., 1er mai et 25 déc. Visite libre. Visite guidée.
Visite guidée sur r.-v. pour les groupes (10 pers. min.) au 02 97 52 77 97.

B4 **PALAIS (LE)**

Citadelle Vauban

Belle-Île-en-Mer
56360 Le Palais
Tél. : 02 97 31 84 17/02 97 31 85 54
www.citadellevauban.com
Propriété privée
Classé

Du fait de sa position stratégique, Belle-Île suscite l'intérêt royal dès 1549. Commencée par les ducs de Gondi, la construction de la citadelle est poursuivie par Fouquet à partir de 1658, et complétée par Vauban qui y séjourne à trois reprises à partir de 1683. Elle est prise par les Anglais entre 1761 et 1763. Peu à peu abandonnée, elle devient propriété privée en 1960. Dans cet important ensemble de murailles, on peut voir le musée d'Art et d'Histoire et la salle marine historique, des casemates du XVIIe s., la tour du magasin de poudre et sa poudrière circulaire, le vaste arsenal (1780) et une salle d'histoire maritime dans les combles ainsi que des cachots.

Juil.-août : t.l.j. 9h-19h ; avr.-juin, sept.-oct. : t.l.j. 9h30-18h ;
nov.-mars : t.l.j. 9h30-17h. Visite libre. Visite guidée de mai à sept.
Visite sur r.-v. pour les groupes (10-30 pers.). (avr.-oct.).

PONTIVY B2

Château des Rohan

Rue de Lourmel
56300 Pontivy
Tél. : 02 97 25 04 10
Propriété de la commune
Inscrit et classé

Cet imposant château, édifié à la fin du XVe s. par Jean II de Rohan, est aujourd'hui encore, malgré son donjon ruiné, l'un des meilleurs exemples d'architecture militaire du bas Moyen Âge. Il reste deux des quatre grosses tours à poivrières que comportait l'enceinte dont les murs, épais de plus de 3 m, et les courtines, hautes de 20 m et couronnées de mâchicoulis, dominent le paysage. Les hautes lucarnes qui coupent le chemin de ronde ont été créées au début du XVIe s. pour rendre les lieux habitables. Les bâtiments de la cour ont été remaniés aux XVIIe et XVIIIe s., avec l'ajout de frontons et d'un escalier orné d'une rampe en fer forgé.

Juil.-août : t.l.j. 10h30-19h ; sept.-juin : t.l.j. sf lun., mar. 10h-12h, 14h-18h. Visite libre. Visite guidée sur r.-v.

PORT-LOUIS B3

Citadelle

Musée de la Marine
Musée de la Compagnie des Indes
56290 Port-Louis
Tél. : 02 97 82 56 72
www.musee-marine.fr
Propriété privée
Classé

La construction de la citadelle de Port-Louis sur une pointe rocheuse à l'entrée de la rade de Lorient commence en 1591, durant l'occupation espagnole, sous la conduite de Cristobal de Rojas, ingénieur des fortifications de Cadix. Elle est poursuivie de 1616 à 1622 par l'architecte Jacques Corbineau, bâtisseur du château de Brissac, et achevée en 1636, sur ordre de Richelieu. Son plan est un rectangle bastionné aux angles et sur les côtés, la partie tournée vers la ville étant protégée par une demi-lune que l'on franchit par un petit pont dormant reconstruit en 1779. Elle abrite le musée de la Marine et celui de la Compagnie des Indes.

Mai-août : t.l.j. 10h-18h30 ; sept.-avr. : t.l.j. sf mar. 13h30-18h.
Fermé 1er mai et du 16 déc. au 31 janv. Visite libre.
Visite guidée sur r.-v. pour les groupes (20 pers. min.).

ROCHEFORT-EN-TERRE C3

Château

56220 Rochefort-en-Terre
Tél. : 02 97 43 31 56
www.rochefort-en-terre.com
Propriété du département
Inscrit

Dominant la cité, le château est au Moyen Âge le siège d'une importante seigneurie ayant appartenu aux Rochefort dès le XIIe s., puis aux Rieux à partir de 1374. Une porte monumentale, des remparts encore imposants, une tour et des communs constituent les vestiges de l'ancien château détruit à la Révolution. Le château actuel est aménagé dans un style néogothique au début du XXe s. par le peintre américain Alfred Klots, qui a remployé certains éléments de bâtiments anciens. Le château abrite des toiles de cet artiste et de son fils Trafford, ainsi que du mobilier qui leur a appartenu. Le musée attenant est consacré à l'histoire et aux traditions locales.

Avr. : w.-e. 14h-18h30 ; mai : w.-e. et j. fériés 14h-18h30 ;
juin, sept. : t.l.j. 14h-18h30 ; juil.-août : t.l.j. 10h-18h30.
Visite guidée. Visite sur r.-v. pour les groupes. ♿

SARZEAU C3

Château de Kerlevénan

56370 Sarzeau
Tél. : 02 97 26 46 79
www.tourisme-sarzeau.com
Propriété privée
Classé

Édifié à partir de 1782 par l'architecte Jacques Jouanne, le château de Kerlevénan n'est pas achevé lorsque la Révolution française oblige ses propriétaires à l'exil. C'est Auguste Caristie qui construit le perron en 1828 et qui décore le salon et la salle à manger. Le château est totalement terminé en 1850. Dans un style néoclassique très pur, ses façades sont rythmées par les travées, les colonnes et les avant-corps qui accrochent la lumière. Dans le parc se trouvent un pavillon chinois plein de fantaisie et un « temple de l'Amour » remanié en chapelle néo-Renaissance à la fin du XIXe s. Les écuries se distinguent par leur façade incurvée.

Juil.-15 sept. : t.l.j. sf ven. 13h30-18h ; nov.-juin : visite sur r.-v.
Visite guidée. Visite extérieure. Visite sur r.-v. pour les groupes toute l'année.

Forteresse bâtie au XIIIe s. et remaniée au XVe s., le château de Suscinio est l'une des résidences favorites des ducs de Bretagne. Passé à la couronne de France en 1520, il tombe peu à peu en ruine et sert de carrière de pierres après sa vente à la Révolution. Restauré depuis 1965, il a notamment conservé sept tours et leurs courtines, le donjon, la chapelle, le logis-châtelet et le logis du XVe s. L'ensemble est entouré de douves en eau. Un somptueux pavement datant des années 1330, découvert dans la chapelle, est présenté dans le musée archéologique.

Avr.-sept. : t.l.j. 10h-19h; fév.-mars, oct. : t.l.j. 10h-12h, 14h-18h; nov.-janv. : t.l.j. 10h-12h, 14h-17h. Fermé 24-25 et 31 déc., 1er janv.
Visite libre. Visite guidée. Visite sur r.-v. pour les groupes (20-50 pers.).

Château de Suscinio

56370 Sarzeau
Tél. : 02 97 41 91 91
www.suscinio.info
Propriété du département
Classé

C3 **THEIX**

Construit au XIVe s. et XVe s. par la famille Josso, attachée à la maison des ducs de Bretagne, ce château bien conservé et encore habité est un témoin vivant de l'histoire de la Bretagne au Moyen Âge et de l'évolution de la vie dans les manoirs bretons du XIV au XVIIe s. Rare château à avoir conservé l'intégrité de son enceinte fortifiée, il a servi de résidence à Mgr Sébastien de Posmadec, évêque de Vannes.

Juil.-1er sept., Journées du patrimoine : t.l.j. 14h-19h.
Visite guidée. Visite sur r.-v. pour les groupes toute l'année (15 pers. min.).
♿ en partie.

Château du Plessis-Josso

56450 Theix
Tél. : 02 97 43 16 16
www.plessis-josso.com
Propriété privée
Inscrit et classé

C3 **VANNES**

Construit dans la première moitié du XVe s., le « Château-Gaillard » a abrité le parlement de Bretagne à partir de 1456 et jusqu'en 1532, date à laquelle le roi de France en est devenu possesseur. Il appartient ensuite à plusieurs propriétaires avant d'être acquis en 1912 par la Société polymathique du Morbihan. Entre cour et jardin, il est composé de deux corps de bâtiment. Côté cour se trouvent une tour polygonale et une porte d'entrée donnant accès à un escalier à vis en pierre de taille; côté jardin, une tourelle. L'intérieur, pourvu de grandes cheminées et orné de boiseries, accueille les collections du musée de Vannes.

Mi-mai à sept. : t.l.j. 10h-18h. Visite libre. Visite guidée sur r.-v.
Visite audioguidée. Visite sur r.-v. pour les groupes le reste de l'année.

Château-Gaillard

Musée d'histoire de Vannes
2, rue Noé
56000 Vannes
Tél. : 02 97 01 64 00
www.mairie-vannes.fr
Propriété privée
Classé

Centre

Cher – Eure-et-Loir – Indre
Indre-et-Loire – Loir-et-Cher – Loiret

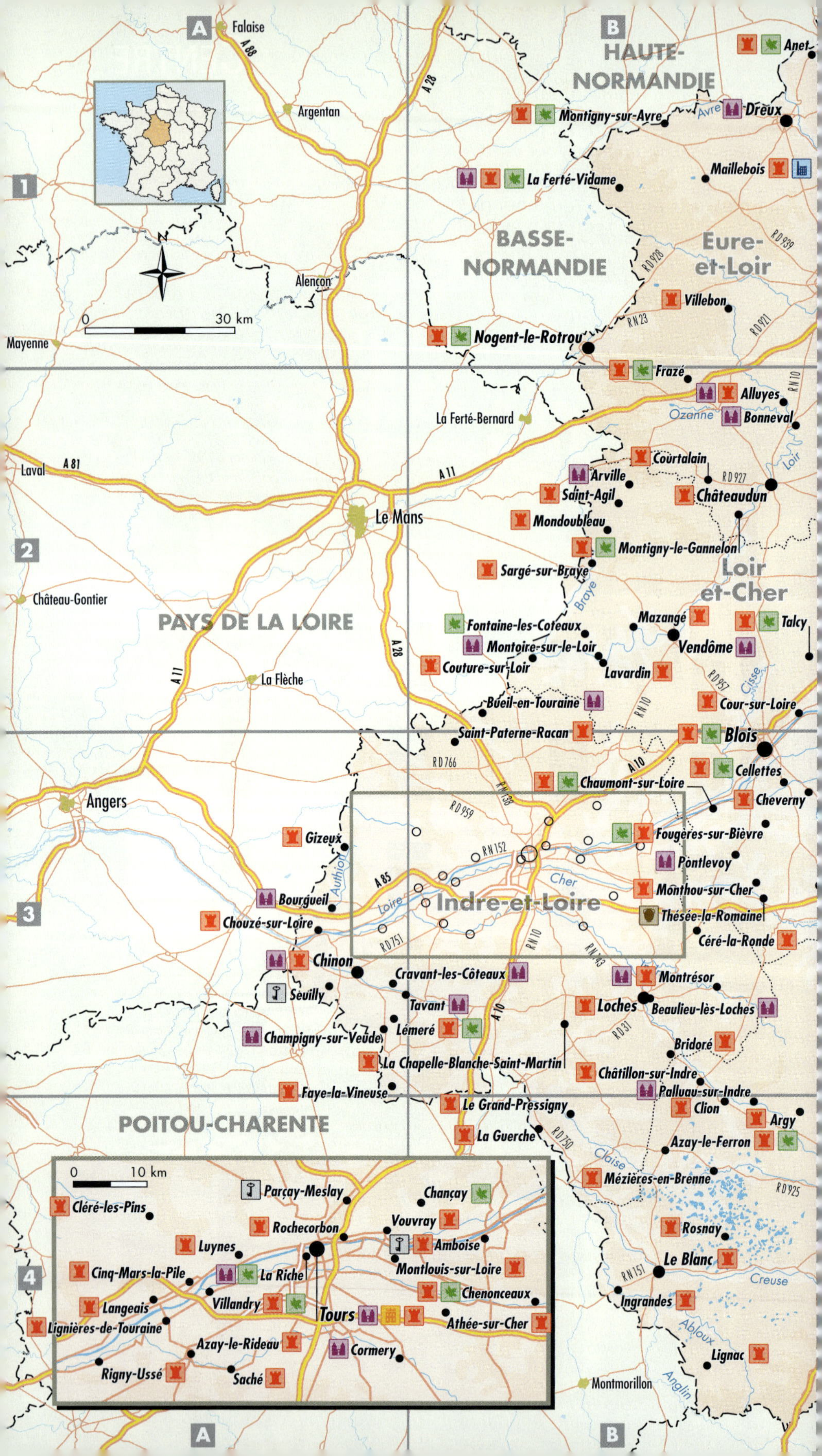

A
B
Falaise
Argentan
Alençon
Mayenne
HAUTE-NORMANDIE
BASSE-NORMANDIE
Eure-et-Loir
Loir-et-Cher
Indre-et-Loire
PAYS DE LA LOIRE
POITOU-CHARENTE
0 30 km
0 10 km
1
2
3
4
Anet
Montigny-sur-Avre
Dreux
Maillebois
La Ferté-Vidame
Villebon
Nogent-le-Rotrou
Frazé
Alluyes
Bonneval
La Ferté-Bernard
Laval
Le Mans
Courtalain
Arville
Saint-Agil
Châteaudun
Mondoubleau
Montigny-le-Gannelon
Sargé-sur-Braye
Château-Gontier
Fontaine-les-Coteaux
Montoire-sur-le-Loir
Couture-sur-Loir
Mazangé
Vendôme
Lavardin
Talcy
La Flèche
Bueil-en-Touraine
Cour-sur-Loire
Saint-Paterne-Racan
Blois
Cellettes
Chaumont-sur-Loire
Cheverny
Angers
Gizeux
Fougères-sur-Bièvre
Pontlevoy
Bourgueil
Monthou-sur-Cher
Thésée-la-Romaine
Chouzé-sur-Loire
Céré-la-Ronde
Chinon
Cravant-les-Côteaux
Montrésor
Seuilly
Tavant
Loches
Beaulieu-lès-Loches
Champigny-sur-Veude
Lémeré
Bridoré
La Chapelle-Blanche-Saint-Martin
Châtillon-sur-Indre
Faye-la-Vineuse
Palluau-sur-Indre
Le Grand-Pressigny
Clion
Argy
La Guerche
Azay-le-Ferron
Mézières-en-Brenne
Rosnay
Le Blanc
Ingrandes
Lignac
Montmorillon
Parçay-Meslay
Chançay
Cléré-les-Pins
Rochecorbon
Vouvray
Luynes
Amboise
Cinq-Mars-la-Pile
La Riche
Montlouis-sur-Loire
Villandry
Chenonceaux
Langeais
Tours
Athée-sur-Cher
Lignières-de-Touraine
Azay-le-Rideau
Cormery
Rigny-Ussé
Saché
Loire
Cher
Braye
Loir
Cisse
Ozanne
Avre
Authion
Claise
Creuse
Abloux
Anglin
A 88
A 28
A 81
A 11
A 85
A 10
RN 23
RN 10
RN 152
RN 138
RN 43
RN 151
RD 928
RD 939
RD 921
RD 927
RD 957
RD 766
RD 959
RD 751
RD 31
RD 750
RD 925

C
D
PARIS
CENTRE
Rambouillet
ÎLE-DE-FRANCE
1
Pierres
Maintenon
Eure
A 11
Gallardon
Chartres
A5
Étampes
Essonne
Fontainebleau
Montereau
Denonville
RN 154
Ouarville
Malesherbes
Nemours
A 10
RN 20
RD 97
Sancheville
Sens
Tillay-le-Péneux
Pithiviers
Nottonville
Dadonville
Yèvre-le-Châtel
Loigny-la-Bataille
A 19
Loing
RD 955
Chilleurs-aux-Bois
A6
Ozoir-le-Breuil
Chevilly
RD 921
Montargis
Joigny
RN 60
2
RN 157
A 77
Ouanne
Orléans
RN 7
Loiret
Nogent-sur-Vernisson
Meung-sur-Loire
Loire
Saint-Benoît-sur-Loire
A 10
Loiret
Auxerre
Beaugency
A 71
Sully-sur-Loire
La Bussière
Cosson
Gien
La Ferté-Saint-Aubin
RD 948
Chambord
Saint-Brisson-sur-Loire
Tour-en-Sologne
Blancafort
Grande Sauldre
Beuvron
RN 20
Aubigny-sur-Nère
BOURGOGNE
Oizon
Léré
Petite Sauldre
Le Noyer
Lassay-sur-Croisne
Romorantin-Lanthenay
La Chapelle-d'Angillon
Sancerre
Chémery
Cher
3
RN 76
RD 940
Selles-sur-Cher
Vierzon
Morogues
Loire
Menetou-Salon
Valençay
Mehun-sur-Yèvre
La Charité-sur-Loire
RN 151
Yèvre
Frédille
Bourges
Bouges-le-Château
Limeux
RD 976
Chassy
Menetou-Couture
Auron
RN 76
Levroux
Jussy-Champagne
Nevers
RD 956
RN 144
A 20
Issoudun
RN 151
Cher
RD 953
Apremont-sur-Allier
Indre
Théols
Arnon
RN 143
Sagonne
Châteauroux
Indre
RD 940
Thaumiers
Bannegon
RD 943
RD 990
Lignières
Bruère-Allichamps
Sarzay
Saint-Amand-Montrond
Saint-Chartier
Lys-Saint-Georges
Le Châtelet
Ainay-le-Vieil
4
Saint-Marcel
Nohant-Vic
A 71
RD 927
Fougerolles
Châteaumeillant
Moulins
Pommiers
La Châtre
AUVERGNE
Gargilesse-Dampierre
RD 940
Les monuments compris entre Sully-sur-Loire (Loiret) et Chalonnes (Maine-et-Loire) sont situés dans le Val de Loire inscrit au Patrimoine Mondial.
UNESCO
Organisation des Nations Unies pour l'éducation, la science et la culture
Val de Loire entre Sully-sur-Loire et Chalonnes inscrit sur la Liste du patrimoine mondial en 2000
LIMOUSIN
C
D

AINAY-LE-VIEIL C4

Château

18200 Ainay-le-Vieil
Tél. : 02 48 63 36 14/02 48 63 50 03
http://chateau.ainaylevieil.free.fr
Propriété privée
Inscrit et classé

Siège de la châtellenie, cette forteresse du XIVe s. appartient à la famille de Sully dès le milieu du XIIIe s. puis à celle des Culan fin XIVe s. Elle est acquise en 1467 par celle de Bigny. Elle comprend une enceinte octogonale entourée d'eau, avec neuf tours, un chemin de ronde, une tour d'escalier, un logis fin gothique, début Renaissance, avec une tour d'honneur richement décorée et une chapelle ornée de peintures murales du XVIe s. et du XVIIe s. Un parc, une roseraie et des jardins de chartreuses agrémentent l'ensemble.

Juil.-août : 10h-19h ; fév. : 14h-18h ; avr.-juin, sept. : t.l.j. 10h-12h, 14h-19h ; fév.-mars, oct.-nov. : t.l.j. sf mar. 10h-12h, 14h-19h. Fermé déc.-janv.
Visite guidée. r.-d.-c.

APREMONT-SUR-ALLIER D4

Parc floral et écuries du château

18150 Apremont-sur-Allier
Tél. : 02 48 77 55 00
www.apremont-sur-allier.com
Propriété privée
Inscrit

Construit par le quatrième marquis de Saint-Sauveur au XIXe s., les écuries du château d'Apremont sont entièrement pavées ; elles comportent douze stalles, trois boxes et une grande remise où est exposée une collection de calèches du XIXe s. Le parc floral d'Apremont offre la particularité d'être à la fois un arboretum, un parc botanique et un lieu de rêve. Une pergola de glycine, environ quinze cents espèces de plantes vivaces et annuelles, topiaires et charmes taillés mettent en valeur trois « fabriques » édifiées dans l'esprit de la fin XVIIIe s.

Pâques à fin sept. : t.l.j. 10h30-12h30, 14h30-18h30 ;
dim. et j. fériés 10h30-18h30.
Ouvert sans interruption les w.-e. et j. fériés. Visite libre.

AUBIGNY-SUR-NÈRE C3

Château des Stuarts

Musée franco-écossais
Musée Marguerite-Audoux
Place de la Résistance
18700 Aubigny-sur-Nère
Tél. : 02 48 81 50 07
www.aubigny.net
Propriété de la commune
Classé

Le château d'Aubigny-sur-Nère est donné en 1423 par Charles VII à l'Écossais Jean Stuart, son allié contre les Anglais. Après l'incendie de 1512, Robert Stuart le fait reconstruire entre 1525 et 1540. Les artisans écossais y installent les verreries et les tissages qui font de la draperie l'activité d'Aubigny jusqu'au XIXe s. Une cour intérieure met en valeur la façade rythmée de fenêtres à croisées et de tourelles d'escalier. Remanié par Louise de Kéroualle, duchesse de Portsmouth, il abrite aujourd'hui l'hôtel de ville, le Musée franco-écossais et le musée Marguerite-Audoux.

Pâques-juin, sept.-oct. : w.-e. et j. fériés 14h30-18h ;
juil.-août : t.l.j. 10h-12h30, 15h-19h. Visite libre. (dans le musée).

BANNEGON D4

Château

18210 Bannegon
Tél. : 02 48 61 85 20
Propriété privée
Inscrit et classé

Ce château médiéval (XIIIe-XVe s.) est bâti sur une plate-forme entourée de douves en eau. Charles VII y séjourne. Les bâtiments s'organisent autour d'une cour à laquelle on accède par une tour-porche. En partie détruit pendant les guerres de Religion, l'ensemble a conservé un corps de logis du XVe s. et deux tours du XVIIIe s. Une cuisine dite « sarrasine », des charpentes en carène renversée et un colombier en sont les éléments remarquables. Le château est une fois par an le théâtre d'une fête médiévale reproduisant la vie de château au Moyen Âge.

Juil.-août : t.l.j. 10h-12h, 14h-17h. ; Pâques-juin : w.-e. 10h-12h, 14h-17h.
Visite guidée. Visite sur r.-v. pour les groupes. r.-d.-c.

C3

BLANCAFORT

Château

18410 Blancafort
Tél. : 02 48 58 60 11
www.chateaublancafort.com
Propriété privée
Inscrit

Bâti dans la seconde moitié du XVe s. à l'emplacement d'un édifice du XIe s., le château de Blancafort est transformé au XVIIe s. par la famille de Faucon. S'élevant sur les bords de la Sauldre, il se compose d'un corps de logis en fond de cour cantonné par deux tours en fer à cheval, de deux ailes et de trois pavillons dont un donjon. Ces bâtiments sont entourés d'un parc et d'un jardin à la française.

Juin-sept. : t.l.j. 10h-19h ; avr.-mai, oct. : t.l.j. sf mar. 10h-12h, 14h-18h30.
Visite guidée du château. Visite libre du parc et des jardins.
Visite sur r.-v. pour les groupes (20 pers. min.).
(sur réservation + aire de pique-nique).

C3

BOURGES

Hôtel des Échevins

Musée Estève
13, rue Édouard-Branly
18000 Bourges
Tél. : 02 48 24 75 38
www.ville-bourges.fr
Propriété de la commune
Classé

Édifié sur la muraille gallo-romaine, cet ancien hôtel de ville, précédemment annexe d'un collège de jésuites, est construit en 1489, après l'incendie qui frappe Bourges en 1487. Il offre une tour d'escalier octogonale ornée de motifs gothiques et une galerie Louis XIII (1624), œuvre de l'architecte Jean Lejuge. L'hôtel des Échevins abrite aujourd'hui la donation du peintre Maurice Estève qui compte deux cent quinze œuvres (dessins, peintures et tapisseries, aquarelles, collages et lithographies).

Janv. : t.l.j. sf. mar. 14h-17 h ; fév.-mars : t.l.j. sf mar. et dim. mat. 10h-12h, 14h-17h ; avr.-juin, sept.-déc. : t.l.j. sf mar. et dim. mat. 10h-12h, 14h-18h ; juil.-août : t.l.j. sf mar. et dim. mat. 10h-12h30, 13h30-18h.
Fermé 1er janv., 1er mai, 1er et 11 nov., 25 déc.
Visite libre, audiovisuelle. Visite sur r.-v. pour les groupes.

Cathédrale Saint-Étienne

Place Étienne-Dolet
18000 Bourges
Tél. : 02 48 65 49 44
http://cathedrale-bourges.monuments-nationaux.fr
Propriété de l'État
Classé

La construction de la cathédrale de Bourges s'échelonne du XIIe au XVIe s. Édifice exemplaire par ses dimensions, son parti architectural et pour son esthétique, elle possède une remarquable collection de vitraux du XIIIe au XVIIe s. Au XIVe s., la tour sud est étayée par une grande arcade, et la façade ouest remaniée. La tour nord s'effondre en 1506 et est reconstruite sous la conduite de l'architecte Guillaume Pelvoysin. La crypte du XIIe s. abrite le gisant en marbre blanc du duc de Berry, des fragments du jubé détruit au XVIIe s. et Mise au tombeau du XVIe s.

CATHÉDRALE Avr.-sept. : t.l.j. 8h30-19h15 ; oct.-mars : t.l.j. 9h-17h30.
CRYPTE ET TOUR Oct.-mars : t.l.j. 9h30-11h30, 14h-16h45 ; avr., sept : t.l.j. 9h45-11h45, 14h-17h30 ; mai-juin : t.l.j. 9h30-11h30, 14h-17h30 ; juil-août : 9h30-11h30, 14h-18h. Fermé 1er janv., 1er mai, 1er et 11 nov., 25 déc.
Visite libre ou guidée de la cathédrale. Visite guidée de la crypte et de la tour.
Visite sur r.-v. pour les groupes. nef.

Double page d'ouverture : château d'Azay-le-Rideau (Indre-et-Loire).

Hôtel Salvi, dit « Cujas »

Musée du Berry
4, rue des Arènes
18000 Bourges
Tél. : 02 48 70 41 92
www.ville-bourges.fr
Propriété de la commune
Classé

Construit en 1515 par Guillaume Pelvoysin pour Durand Salvi, marchand florentin, cet édifice doit son nom au juriste Cujas, qui y vit de 1585 à 1590. Il comprend un corps de logis en fond de cour, deux ailes étroites et une galerie. Le parti décoratif de briques rouges et noires en façade sur cour est une nouveauté à Bourges au début du XVIe s. L'hôtel appartient depuis 1891 à la ville. Il abrite aujourd'hui le musée du Berry (pièces archéologiques, sculptures, mobilier, etc.).
Janv. : t.l.j. sf mar. 14h-17h ; fév-mars : t.l.j. sf mar. et dim. mat. 10h-12h, 14h-17h ; avr.-juin, sept.-déc. : t.l.j. sf mar. et dim. mat. 10h-12h, 14h-18h ; juil.-août : t.l.j. sf mar. et dim. mat. 10h-12h30, 13h30-18h.
Fermé 1er janv., 1er mai, 1er et 11 nov., 25 déc. Visite libre. r.-d.-c.

Palais Jacques-Cœur

10, rue Jacques-Cœur
18000 Bourges
Tél. : 02 48 24 79
http://palais-jacques-coeur.monuments-nationaux.fr
Propriété de l'État
Classé

CENTRE DES MONUMENTS NATIONAUX

Ce palais est édifié de 1443 à 1451 pour l'argentier de Charles VII, Jacques Cœur. Cette « Grand'Maison » est un des rares exemples d'architecture civile gothique. S'organisant autour d'une cour principale séparée de la rue par les corps de bâtiment à deux étages de galeries, elle témoigne d'une attention nouvelle portée au confort.
Avr.-sept. : t.l.j. 10h-12h15, 14h-18h ; mai-juin : t.l.j. 9h30-12h30, 14h-18h15 ; juil.-août : t.l.j. 9h30-13h, 14h-18h30 ; oct.-mars : t.l.j. 9h30-12h, 14h-17h15.
Fermé 1er janv., 1er mai, 1er et 11 nov., 25 déc.
Visite libre. Visite guidée. Visite sur r.-v. pour les groupes.
r.-d.-c. (sur demande). (visite signée).

BRUÈRE-ALLICHAMPS C4

Abbaye de Noirlac

Centre culturel de rencontre
18200 Bruère-Allichamps
Tél. : 02 48 62 01 01
www.abbayedenoirlac.fr
Propriété du département
Classé

Fondée en 1150, l'abbaye cistercienne de Noirlac, située au bord du Cher, dans un environnement préservé, déroule près de neuf siècles d'une histoire riche, reflets d'époques en mutation constante et souvent tourmentées. Aujourd'hui Centre culturel de rencontre, elle accueille un public à la découverte de son histoire étonnante et de son architecture de lumière. Répondant à une vocation d'ouverture culturelle, elle propose de nombreux rendez-vous artistiques et abrite des résidences de création tout au long de l'année. Elle a été dotée, en 1977, de vitraux modernes créés par le plasticien Jean-Pierre Raynaud.
Fév.-mars, nov.-22 déc. : t.l.j. 14h-17h ; avr.-sept. : t.l.j. 10h-18h30.
Visite libre. Visite guidée. Visite sur r.-v. pour les groupes.
(dépliant en braille).

CHAPELLE-D'ANGILLON (LA) C3

Château de Béthune

Rue du Château
18380 La Chapelle-d'Angillon
Tél. : 02 48 73 41 10
www.chateau-angillon.com
Propriété privée
Inscrit et classé

Ce château tient son nom de Maximilien de Béthune, duc de Sully, propriétaire en 1605. Il a pour origine l'un des plus anciens donjons carrés de la région (XIe s.), érigé par Gilon de Sully, détenteur de seigneuries voisines, auquel sont adjoints divers bâtiments formant un ensemble architectural d'allure trapézoïdale. À gauche de la cour se trouve un corps de bâtiment refait au XVIe s. et à droite subsistent les vestiges d'une galerie au décor sculpté d'époque Renaissance.
Fin juin-sept. : t.l.j. sf dim. mat. 9h30-19h ; oct.-fin juin : t.l.j. sf dim. mat. 9h30-12h, 14h-18h. Visite guidée. Visite sur r.-v. pour les groupes.

D3 **CHASSY**

Château de Villiers

18800 Chassy
Tél. : 02 48 77 53 20
dreuzy@free.fr
Propriété privée
Inscrit

Ancienne maison forte de la fin du XIVe s., le château de Villiers est racheté en 1650 pour être modifié avant d'être délaissé jusqu'en 1900. Garnison de l'état-major américain lors de la Première Guerre mondiale, il est victime des pillages du second conflit mondial avant d'être restauré en 1960. Comportant à l'origine deux corps de logis se faisant face, une poterne et un pont-levis, il est complété de communs en fer à cheval autour du colombier. Les jardins créés en 1980 agrémentent l'ensemble.
Visite sur r.-v. uniquement.

Moulin à vent de Villiers

18800 Chassy
Tél. : 02 48 80 21 34
Propriété privée
Classé

Ce moulin à vent du XVIe s. est situé à proximité du village de Dejointes, réputé autrefois pour ses tailleurs de pierre. Les claveaux des portes du moulin sont de grande qualité. Les guerres causent la cessation d'activité du moulin, qui, laissé à l'état de ruine, n'est restauré qu'en 1985.
Mai-sept. : dim. et j. fériés 14h30-18h30. Visite guidée.
Visite sur r.-v. le reste de l'année et pour les groupes.

C4 **CHÂTEAUMEILLANT**

Hôtel de Marcillac

Musée archéologique Émile-Chénon
10-12, rue de la Victoire
18370 Châteaumeillant
Tél. : 02 48 61 49 24/02 48 61 39 89
http://museechenon.e-monsite.com/accueil.htm
Propriété de la commune
Inscrit

Le musée Émile-Chénon, aussi appelé « maison Grégueil », est installé dans l'hôtel de Marcillac dont la construction remonte au XIVe s. Il présente une collection gallo-romaine avec la reconstitution d'une cave à amphores et une collection médiévale présentant des monnaies, ainsi que des silex taillés et diverses poteries issues de fouilles locales.
Juin-sept. : t.l.j. 10h-12h, 14h30-18h ; oct.-mai : lun. 14h-17h, mer. 10h-12h, jeu.-sam. 10h-12h, 14h-17h. Fermé j. fériés.
Visite guidée. Visite sur r.-v. pour les groupes toute l'année.

C4 **CHÂTELET (LE)**

Abbaye Notre-Dame-de-Puyferrand

18170 Le Châtelet
Tél. : 02 48 56 29 35
Propriété de la commune
Classé

Cette abbatiale de l'ordre des chanoines réguliers de Saint-Augustin est érigée sur une butte au XIIe s. et agrandie au XIIIe s. Cet édifice au plan en croix latine est représentatif de l'architecture romane berrichonne et présente une vaste nef à vaisseau unique charpenté, dont des passages berrichons assurent la circulation dans les bras du transept. Seules deux absides sur trois subsistent encore, l'abside centrale ayant été détruite lors de l'incendie de 1569 provoqué par les protestants.
3e dim. de juin-fin sept. : w.-e. et j. fériés 15h-18h.
Visite guidée. Visite sur r.-v. pour les groupes.

JUSSY-CHAMPAGNE D3

Château de Jussy

18130 Jussy-Champagne
Tél. : 02 48 25 00 61
Propriété privée
Classé

Ce château résulte de deux campagnes de construction aux XVIe et XVIIe s., dues à François de Gamaches, chef du parti royaliste en Berry, puis à son petit-fils qui confie les travaux à l'architecte Jean Lejuge. Cet édifice cerné de douves est bâti en brique et pierre et se compose d'un corps de logis, de galeries à arcades en retour bordant la cour et de pavillons d'angle.

8 juil.-20 août : t.l.j. 14h-18h30.
Visite guidée. Visite sur r.-v. pour les groupes toute l'année (10 pers. max.).

LÉRÉ D3

Collégiale Saint-Martin

18240 Léré
Tél. : 02 48 72 54 32
otsicantonlere@wanadoo.fr
Propriété de la commune
Inscrit et classé

Cette église collégiale du XIIe s. dépend à l'origine de Saint-Martin de Tours, dont la représentation sculptée figure sur un tympan du XIVe s. Elle possède des portes du XIVe s. et un chœur muni de voûtes d'ogives du XVIe s.

Contacter l'office du tourisme au 02 48 72 54 32 pour plus de précisions sur les horaires de visite.
Visite libre. Visite guidée. Visite sur r.-v. pour les groupes.

LIGNIÈRES C4

Château

18160 Lignières
Tél. : 02 48 60 20 41
ot.lignieres@wanadoo.fr
Propriété privée
Classé

Situé à l'emplacement d'une ancienne forteresse médiévale détruite, cet édifice, propriété du prince Sixte-Henri de Bourbon-Parme, est érigé de 1654 à 1656 à la demande d'un financier parisien, M. de Nouveau, par l'architecte François Le Vau et son maître maçon Michel Roy. Le projet des jardins est confié au maître jardinier Gabriel Thévenon. Le château se compose d'une façade sur cour aux angles incurvés, d'une galerie, de deux pavillons encadrant la terrasse d'entrée et de larges douves, ce qui donne à la demeure un style évoquant ceux de François Mansart ou de Louis Le Vau.

Visite sur r.-v. uniquement. ♿

LIMEUX C3

Prieuré Saint-Laurent

Conservatoire des plantes tinctoriales et aromatiques
18120 Limeux
Tél. : 02 48 57 34 53/02 48 57 13 08
Propriété privée
Inscrit

Le jardin conservatoire de Manzay se trouve dans l'enceinte du prieuré Saint-Laurent, fondé au milieu du XIIIe s. La disposition des végétaux, des bosquets et des allées évoque la variété de leurs usages au cours des temps : on y trouve des plantes tinctoriales, textiles et aromatiques, ces dernières étant utilisées depuis l'époque néolithique.

Juil.-août : t.l.j. sf mar. 15h-19h ; mai-juin, sept.-oct. : w.-e. et j. fériés 15h-19h.
Visite libre. Visite guidée. Visite sur r.-v. pour les groupes. ♿

C3 — MEHUN-SUR-YÈVRE

Château

Musée Charles-VII
Place du Général-Leclerc
18500 Mehun-sur-Yèvre
Tél. : 02 48 57 35 51
http://pagesperso-orange.fr/office-tourisme-mehun-sur-yevre
Propriété de la commune
Classé

Édifié au XIIe s. sur un promontoire au confluent de l'Yèvre et de l'Annain, ce château appartient d'abord à la famille de Courtenay avant d'être repris en 1360 par le duc Jean de Berry et remodelé par l'architecte Guy Dammartin entre 1367 et 1390. Il possède un portail fortifié, un donjon, des tours couronnées de constructions en forme de belvédères polygonaux, une chapelle à deux étages et sert de modèle aux autres chantiers berrichons du XVe s., dont l'hôtel Jacques-Cœur et celui des Échevins à Bourges. Le château abrite aujourd'hui le musée Charles-VII.

Mars-avr., oct. : w.-e. 14h30, 18h ; mai-juin, sept. : t.l.j. sf lun. 14h30-18h ; juil.-août : t.l.j. 14h30-18h. Fermé de nov. à mars.
Visite guidée. Visite sur r.-v. pour les groupes.

D3 — MENETOU-COUTURE

Abbaye Notre-Dame-de-Fontmorigny

Place du Donjon
18320 Menetou-Couture
Tél. : 02 48 76 12 33
Propriété privée
Inscrit et classé

Située en val d'Aubois, cette abbaye, d'abord bénédictine, s'est affiliée à l'ordre de Cîteaux en 1149 sur les instances de saint Bernard. L'implantation des bâtiments et leur évolution architecturale entre le XIIe et le XVIIIe s. illustrent l'histoire monastique cistercienne. Malgré de nombreux remaniements, elle a conservé l'église (XIIe s.), les bâtiments destinés aux convers (XIIIe s.), le logis abbatial (XVe s.), des vestiges du cloître (XVIIIe s.) ainsi qu'un vivier et un jardin.

Mai-juin, sept.-oct. : t.l.j. 14h-20h ; juil.-août : t.l.j. sf lun. 14h-20h.
Visite guidée. Visite sur r.-v. pour les groupes. ♿

C3 — MENETOU-SALON

Château

Musée de l'Automobile et de la Voiture à cheval
2, rue du Château
18510 Menetou-Salon
Tél. : 02 48 64 80 54
www.chateau-menetou-salon.com
Propriété privée
Inscrit

Le château de Menetou-Salon devrait son nom, dit-on, à la traduction de « *Monasterllum Sardonis* » (monastère de Sarlon), une désignation attribuée à un chef normand vivant au XIe s. Propriété des princes d'Arenberg depuis le XVIIIe s., le château a été profondément remanié et considérablement agrandi, de 1884 à 1891, par l'architecte Paul Ernest Sanson qui en a fait un des plus remarquables exemples du style néogothique. Le château héberge également un musée automobile et hippomobile.

Juil.-août : t.l.j. 10h-19h ; mai-juin, sept. : t.l.j. 14h-18h.
Visite guidée. Visite sur r.-v. pour les groupes toute l'année. ♿ r.-d.-c.

D3 — MOROGUES

Château de Maupas

18220 Morogues
Tél. : 02 48 64 41 71
www.chateaudemaupas.fr
Propriété privée
Inscrit

Édifié au XVe s., ce château fut la résidence de la duchesse de Berry, arrière-petite-fille d'Henri IV, qui y séjourna durant la guerre de Vendée. Propriété privée, dans la même famille depuis plus de trois siècles, il est ouvert à la visite, notamment pour sa collection unique en France d'assiettes en faïence du XVIIe au XIXe s. fabriquées dans les manufactures européennes. Les longues allées du parc permettent d'admirer d'imposants massifs de roses, et d'étonnants parterres de broderie.

Pâques-sept. : t.l.j. 14h-19h.
Visite guidée. Visite sur r.-v. pour les groupes. ♿ .

NOYER (LE) D3

Château de Boucard-Champs

18260 Le Noyer
Tél. : 02 48 58 72 81
Propriété privée
Classé

Le château de Boucard-Champs est édifié en 1350 pour la famille Boucard puis remanié au milieu du XVIe s. Cerné de douves il a conservé des tours d'angle et des échauguettes d'époque médiévale qui contrastent avec la cour du XVIe s. de style Renaissance et le corps de logis abritant les appartements de Philibert de Montault de Bénac (maréchal de Navailles exilé au château au XVIIe s.). La porte d'entrée possède un tympan sculpté de motifs militaires et donne accès à l'un des premiers escaliers rampe-sur-rampe en Berry.

T.l.j. 10h-12h, 14h-19h.
Visite guidée sur r.-v. Visite sur r.-v. pour les groupes. ♿ ext. et r.-d.-c.

OIZON C3

Château de La Verrerie

18700 Oizon
Tél. : 02 48 81 51 60
www.route-jacques-coeur.org
Propriété privée
Inscrit et classé

Probablement édifié à la fin du XVe s., le château de La Verrerie, qui dépend à cette époque du château d'Aubigny-sur-Nère, devient en 1841 la propriété du marquis de Vogüé. Ses bâtiments occupent trois côtés d'une cour dont le quatrième forme une terrasse donnant sur des prairies et des bois. Représentatif du « goût français », il possède aussi des fresques du XVIe s. dans la chapelle et une loggia à l'italienne.

Juil.-août : t.l.j. 11h-18h; avr.- juin, sept.-oct. : t.l.j. sf lun. et mar. 11h-18h.
Visite guidée. Visite sur r.-v. pour les groupes. ♿ r.-d.-c.

SAGONNE D4

Château

18600 Sagonne
Tél. : 02 48 80 01 27
www.chateausagonne.com
Propriété privée
Classé

Bâtie au XVe s. sur un site gallo-romain, cette forteresse entourée de douves possède à l'époque une enceinte polygonale et appartient entre autres aux familles de Sancerre et d'Amboise avant de devenir la demeure de Jules Hardouin-Mansart, architecte de Versailles. Elle sert de carrière après la Révolution et subit de nombreuses transformations. Son énorme donjon abrite aujourd'hui une chapelle et deux chambres à décor peint.

Pâques-mai, oct. : dim. 14h-18h ; juin-sept. : t.l.j. 10h-12h, 14h-18h.
Visite libre de l'extérieur. Visite guidée. Visite sur r.-v. pour les groupes en dehors des périodes d'ouverture.

SAINT-AMAND-MONTROND C4

Château de Meillant

18200 Saint-Amand-Montrond
Tél. : 02 48 63 32 05
www.chateau-de-meillant.com
Propriété privée
Classé

Ancienne forteresse féodale édifiée par la maison de Sancerre aux XIIIe et XIVe s., ce château, trônant au sein d'un parc, possède trois corps de logis que l'on doit successivement à Étienne de Sancerre (XIVe s.), Charles Ier d'Amboise (XVe s.) et Charles II d'Amboise (XVe-XVIe s.). Cet édifice est composé en outre d'un châtelet d'entrée, d'une cour, de communs, d'écuries et de douves flanquées de tours. Les dépendances reconstituent en miniatures le décor de la vie quotidienne au Moyen Âge à nos jours.

Mars-juin, sept.-15 nov. : 9h30-12h, 14h-18h; juil.-août : 9h30-18h.
Visite libre de l'exposition. Visite guidée du château. ♿ r.-d.-c.

D3

SANCERRE

Château (vestiges)

Place du Connétable
18300 Sancerre
Tél. : 02 48 54 08 21
Propriété privée
Inscrit

Le château de Sancerre est mentionné pour la première fois au Xe s. À la mort du comte de Champagne en 1152, le château revient à son fils avant d'être cédé en 1234 à Louis XI. Les seuls vestiges notables subsistant de cet édifice dominant la vallée de la Loire sont la tour des Fiefs qui remonte à la fin du XIVe s. et la tour Saint-Jean élevée en 1509. La tour des Fiefs est la seule restante des six tours que comptait la forteresse avant sa démolition en 1621 après le siège de la ville par les troupes royales. Avant d'être le clocher de l'église Notre-Dame, la tour Saint-Jean a d'abord servi d'hôtel de ville-beffroi.

Mars-nov. : w.-e. et j. fériés : 14h-18h. Visite libre.

D4

THAUMIERS

Château de la Forêt

Route de Jacques-Cœur
18210 Thaumiers
Tél. : 02 48 61 81 62
Propriété de la commune
Inscrit

Transformé au XVIIIe s., le château de la Forêt est une ancienne forteresse du XVe s. où Madeleine de l'Aubespine, chantée par Ronsard, a vécu. La particularité de cette demeure, qui arbore deux tours du XVe s., tient dans son implantation sur une plate-forme partiellement entourée de douves.

Juil.-15 sept. : 10h-20h. Visite libre de l'extérieur. Visite sur r.-v. de l'intérieur toute l'année. Visite sur r.-v. pour les groupes toute l'année. ♿

C3

VIERZON

Jardin de l'Abbaye, square Lucien-Beaufrère

Abbaye
18103 Vierzon Cedex
Tél. : 02 48 52 65 45
www.ville-vierzon.fr
Propriété de la commune
Inscrit

Réalisé par l'architecte et sculpteur Eugène-Henri Karcher en 1927, ce square offre un jeu de lignes droites et de formes géométriques, caractéristique de la période Art déco des années vingt à trente (monument aux morts, bassins, cascades, auditorium). L'apport local est lui aussi présent dans l'emploi des émaux et du fer forgé. Ce jardin est le premier à connaître la mise en lumière à l'électricité.

Visite libre t.l.j. Visite guidée sur r.-v. ♿

Fours de porcelainerie

Établissement Gaucher-et-Vincent-Blin
Rue Pierre-Debournou
18000 Vierzon
Tél. : 02 48 53 06 14
Classé

En 1779 le comte d'Artois crée une forge en bordure de l'Yèvre avec fonderie et hauts-fourneaux, qui bénéficie du minerai acheminé par le Cher et le canal de Berry (1830). La présence d'argile réfractaire favorise la naissance d'une activité porcelainière à partir de 1816, période à laquelle est créé l'établissement Gaucher-et-Vincent-Blin. Construit en briques, un four est constitué de deux chambres superposées (le globe et le laboratoire) correspondant aux deux phases de cuisson des pièces.

Mai-sept. : visite guidée à 17h30; oct.-juin : visite guidée sur r.-v.
Visite sur r.-v. pour les groupes toute l'année.

Atelier Célestin-Gérard

Halles de fonderie
de la Société française
Rue de la Société-Française
18100 Vierzon
Tél. : 02 48 52 65 45/02 48 53 06 14
www.ville-vierzon.fr
Propriété de la commune,
propriété de la communauté de communes
Inscrit

Le père du machinisme agricole vierzonnais, Célestin Gérard, crée en 1848 un atelier qui devient la Société française de matériel agricole et industriel. Il est à l'origine de la première batteuse mobile de France, construite en 1866. La façade sculptée de sa maison symbolise sa réussite par le choix des personnages représentés et les figures allégoriques. Les halles de fonderie, dont les façades ont été récemment restaurées, s'ordonnent en triade de demi-cercles en verre et métal ouvragé encadrant trois séries de bâtiments en briques vernissées. Une esplanade et un jardin ont également été aménagés.

Visite libre toute l'année. Visite guidée. Visite guidée sur r.-v.

ALLUYES B2

Donjon et chapelle castrale Saint-Nicolas

Fondation Chevallier-Debeausse
28800 Alluyes
Tél. : 02 37 47 77 77
comptafcd@orange.fr
Propriété privée
Inscrit et classé

La seigneurie d'Alluyes est acquise par Florimont Robertet, trésorier de France et secrétaire d'État des rois Charles VIII, Louis XI et François Ier, avant d'être érigée en marquisat par Henri IV en 1602. Construit entre deux bras du Loir, ce château conserve un portail du XIIIe s. flanqué de deux tours, un donjon circulaire de 30 m de circonférence contenant trois salles superposées voûtées d'ogives et une chapelle qui garde les traces de peintures du début de la Renaissance.

T.l.j. sur r.-v. : 10h-12h, 14h-18h. Visite libre. Visite sur r.-v. pour les groupes.

ANET B1

Château et parc

28260 Anet
Tél. : 02 37 41 90 07
www.chateaudanet.com
Propriété privée
Classé

Construit par Philibert Delorme entre 1547 et 1552 sur ordre d'Henri II pour Diane de Poitiers, cet édifice est repris par César de Vendôme (fils d'Henri IV), dont le petit-fils entreprend l'aménagement du grand escalier de l'aile gauche confié à Claude Desgots. Les jardins sont l'œuvre de Jacques Ier Mollet et Étienne Dupérac, architectes du duc d'Aumale. Ce château rassemble les œuvres de nombreux artistes français et italiens : des bas-reliefs de Jean Goujon, des statues de Germain Pilon, des œuvres du Primatice et d'Andrea Della Robbia et la *Diane* de Benvenuto Cellini.

Avr.-oct. : t.l.j. sf mar. 14h-18h ; nov., fév.-mars : w.-e. : 14h-17h.
Fermé déc., janv. Visite libre de la cour, de la chapelle et du tombeau de Diane.
Visite guidée de l'intérieur. Visite sur r.-v. pour les groupes. ♿ r.-d.-c.

BONNEVAL B2

Abbaye Saint-Florentin

Centre hospitalier Henri-Ey
32, rue de la Grève
28800 Bonneval
Tél. : 02 37 47 55 89
www.ville-bonneval.eu
Propriété du centre hospitalier Henri-Ey
Classé

L'abbaye bénédictine fut fondée en 857 et unie à la congrégation de Saint-Maur en 1645 avant d'être en partie détruite vers 1793. Il ne subsiste de l'église que l'extrémité du bras gauche du transept (XIe s.) et de grandes arcades du bas-côté sud de la nef des XIIe et XIIIe s. Le logis abbatial reconstruit en 1490 sur les soubassements du XIIIe s., pour l'abbé René d'Illiers, en échiquier de pierre de taille et de rognons de silex, jouxte des bâtiments conventuels restaurés par les mauristes de 1698 à 1785. Depuis 1861, le site est affecté à un établissement public de soins en santé mentale.

Ouvert l'après-midi lors des Journées du patrimoine.
Visite guidée. Visite sur r.-v. pour les groupes. ♿

CHARTRES C1

Cathédrale Notre-Dame

28000 Chartres
Tél. : 02 37 21 22 07
http://cathedrale-chartres.monuments-nationaux.fr
Propriété de l'État
Classé

CENTRE DES MONUMENTS NATIONAUX

La cathédrale Notre-Dame est depuis plus d'un millénaire un des centres de pèlerinage les plus fréquentés du monde occidental. En 1194, la cathédrale romane, dont il subsiste la crypte, est victime d'un incendie. Elle est reconstruite au XIIIe s. dans le style gothique avec une nef achevée en 1210 et un transept conçu entre 1230 et 1235. En 1506, après la destruction par la foudre de la flèche nord du massif occidental, le maître d'œuvre Jean Texier dit « Jean de Beauce » édifie une nouvelle flèche dans le style flamboyant qui culmine à 113 m. Il entreprend ensuite la réalisation de la clôture du chœur et du pavillon de l'horloge.

Mai-août : t.l.j. sf dim. mat. 9h30-12h30, 14h-18h ;
sept.-avr. : t.l.j. sf dim. mat. 9h30-12h30, 14h-17h.
Fermé 1er janv., 1er mai, 25 déc.

Évêché

Musée des Beaux-Arts
29, cloître Notre-Dame
28000 Chartres
Tél. : 02 37 90 45 80/02 37 90 45 95
www.ville-chartres.fr
Propriété de la commune
Classé

Le musée des beaux-arts de Chartres est établi dans l'ancien palais des évêques, situé au chevet de la Cathédrale. Il comporte un bel ensemble de bâtiments des XVe, XVIIe et XVIIIe s. : l'architecture intérieure du vestibule, de la salle dite « à l'italienne », de la chapelle et de l'enfilade des salons d'apparat témoigne de la magnificence de cette demeure épiscopale sous l'Ancien Régime.

Mai-oct. : t.l.j. sf mar. et dim. mat. 10h-12h, 14h-18h ; nov.-avr. : t.l.j. sf mar. et dim. mat. 10h-12h, 14h-17h. Fermé 1er janv., 1er mai, 8 mai, 1er et 11 nov., 25 déc. Visite libre. Visite guidée sur r.-v. pour les groupes.

Maison Picassiette

22, rue du Repos
28000 Chartres
Tél. : 02 37 90 45 80/02 37 90 45 95
www.ville-chartres.fr
Propriété de la commune
Classé

Cette demeure est un témoignage peu commun d'art populaire du XXe s. que l'on doit à son propriétaire Raymond Isidore, travailleur dans une fonderie puis fossoyeur municipal. De 1928 jusqu'en 1960, il construit et décore sa maison et son jardin avec des mosaïques, des débris de vaisselle et des fragments de porcelaine et de verre.

Avr.-juin, sept. : t.l.j. sf mar. et dim. mat. 10h-12h, 14h-18h ; juil.-août : t.l.j. sf mar. et dim. mat. 10h-18h ; oct. : w.-e. 10h-12h, 14h-18h. Fermé 1er et 8 mai, 1er et 11 nov. Visite libre. Visite sur r.-v. pour les groupes.

B2 — CHÂTEAUDUN

Château

Place Jehan-de-Dunois
28200 Châteaudun
Tél. : 02 37 94 02 90
http://chateaudun.monuments-nationaux.fr
Propriété de l'État
Classé

Centre des monuments nationaux

La construction du château de Châteaudun s'échelonne du XIIe s. à la Renaissance. Il appartient à la famille d'Orléans de 1391 à 1710, puis à celle de Luynes jusqu'à son rachat par l'État en 1938. Un donjon circulaire de 31 m de haut est attesté en 1180. Dunois, petit-fils de Charles V, fait bâtir de 1451 à 1468 une Sainte Chapelle et l'aile ouest fondée sur des cuisines voûtées d'ogives retombant sur des cheminées. L'élément remarquable de l'aile nord, édifiée de 1500 à 1518, est le grand escalier dont le plan caractérise l'escalier français de la Renaissance.

Mai-juin : t.l.j. 10h-13h, 14h-18h ; juil.-4 sept. : t.l.j. 10h-13h, 14h-18h15 ; 5 sept-avr. : t.l.j. 10h-12h30, 14h-17h30. Fermé 1er janv., 1er mai, 25 déc. Visite libre. Visite guidée. (visite signée).

B2 — COURTALAIN

Château

28290 Courtalain
Tél. : 02 37 98 80 25
www.chateau-de-courtalain.com
Propriété privée
Inscrit

Situé sur la rive de la vallée de l'Yerre, le château de Courtalain est construit en 1483 à l'emplacement d'une forteresse médiévale par Guillaume d'Avaugour, chambellan du roi Louis XII. Il comprend deux corps de bâtiment en équerre qui rejoignent une tour extérieure. Percée d'une baie, cette dernière donne sur la cour où se trouve une tourelle d'escalier polygonale. Le duc de Montmorency, dont la famille possède le château depuis le XVIe s., décide d'achever sa décoration en 1854 en surchargeant les fenêtres et les lucarnes de motifs ciselés dans le style de la première Renaissance.

13 juil.-23 août : t.l.j. visite à 10h, 11h, 14h, 15h, 16h et 17h. Fermé le 15 août en matinée. Visite guidée. (pour les groupes sur réservation).

DENONVILLE C1

Château

Place du Château
28700 Denonville
Tél. : 02 37 99 63 07
www.chateaudenonville.fr
Propriété privée
Inscrit

La construction du château de Denonville, flanqué de quatre tours crénelées, remonte au XVIIe s. De l'édifice primitif ne subsiste que les communs et les douves. Le corps de logis, reconstruit en 1770 par Claude Liégeon, est sans doute un exemple précoce d'architecture néogothique. Un escalier muni d'une rampe en fer forgé dessert les appartements parés de boiseries d'époque.
Visite guidée sur r.-v. toute l'année. ♿ r.-d.-c.

DREUX B1

Chapelle royale Saint-Louis

2, square d'Aumale
28100 Dreux
Tél. : 02 37 46 07 06/02 37 46 01 73
www.ot-dreux.fr
Propriété privée
Classé

Élevée sur l'emplacement d'une ancienne chapelle funéraire, cette construction en croix grecque avec croisée en rotonde est transformée par Pierre-Bernard Lefranc à la demande de Louis-Philippe de 1838 à 1844 afin d'en faire un mausolée de la dynastie. D'extérieur néogothique et d'intérieur partiellement néoclassique et néogothique, cette chapelle est un précieux témoin de l'architecture et du décor du XIXe s. Elle est pourvue de vitraux, œuvres de la Manufacture de Sèvres (1843-1851) et fruits du concours de grands artistes tels que Viollet-le-Duc, Ingres, Delacroix, Millet, Pradier, etc. Elle conserve un ensemble de gisants de la famille des Orléans.
Avr.-juin, sept. : t.l.j. sf mar. 9h30-12h, 13h30-17h30;
juil.-août : t.l.j. sf mar. 9h30-12h30, 13h30-18h30;
sept. : 9h30-12h, 13h30-17h30.
Visite guidée. Visite sur r.-v. pour les groupes toute l'année.

FERTÉ-VIDAME (LA) B1

Chapelle Saint-Pierre-de-Réveillon

28340 La Ferté-Vidame
Tél. : 02 37 37 62 45
www.oreeduperche.com
Propriété de la commune
Inscrit et classé

Véritable bijou dans un écrin de verdure, la chapelle de Réveillon retient l'attention par sa charpente en nef de bateau renversé, et surtout par ses peintures murales du XVIe s. : Passion du Christ, vie des saints, « Dit des Trois Morts et des Trois Vifs », miracle de Saint-Hubert. La chapelle constitue le point de départ idéal pour les randonnées pédestres aux alentours.
Visite libre et commentée (voir programme détaillé au Syndicat d'initiative).
Visite guidée sur r.-v. pour les groupes. ♿

Château et parc de la Ferté-Vidame

Rue du Temple
28340 La Ferté-Vidame
Tél. : 02 37 37 62 45/02 37 37 68 59
www.tourisme28.com
Propriété du département
Classé

Ancienne propriété du duc de Saint-Simon, c'est là que le célèbre mémorialiste écrivit la plus grande partie de son œuvre. Acheté en 1764 par le marquis de Laborde, grand financier, banquier de la cour de Louis XV, le château médiéval cède la place à un véritable palais (on n'aperçoit plus aujourd'hui que ses ruines grandioses) entouré d'un des plus grands parcs à la française qui ait été réalisé au XVIIIe s. Construits en briques et pierres au début du XVIIIe s. par Saint-Simon et agrandis par Louis-Philippe, les communs offrent une très belle ordonnance dans le parc.
Avr.-oct. : 9h-19h; nov.-mars : 9h-17h30.
Visite libre. Visite sur r.-v. pour les groupes. ♿

B2 **FRAZÉ**

Château, parc et jardins

28160 Frazé
Tél. : 02 37 29 56 76
www.perchethironnais.com
Propriété privée
Classé

Mariant la pierre, l'ardoise et la brique, cet édifice est acheté en 1493 par le seigneur de Barenton Florentin Girard, et reconstruit au XVe s. De cette plate-forme carrée entourée de douves ne subsistent qu'un donjon servant d'entrée, le logement, deux tours, une galerie et un puits, les communs du XVIe s., et un corps d'entrée situé entre deux ailes du XVIe s. Un jardin à la française met en valeur les bâtiments et terrasses, et se compose de massifs de fleurs bordés de buis réguliers agrémentés d'ifs, de houx taillés et de pelouses.

Pâques-fin sept. : dim. et j. fériés 15h-18h.
Visite guidée uniquement sur r.-v. pour les groupes (20 pers. min.).

C1 **GALLARDON**

Tour, dite « de l'Épaule »

Impasse de la Tour
28320 Gallardon
Tél. : 02 37 31 11 11
www.sigallardon.com
Propriété de la commune
Classé

Vestige du château démantelé sur ordre de Dunois vers 1442, cette tour circulaire de 18 m de diamètre est un donjon du XIIe s. que l'on attribue au comte de Blois, Thibaud V, en qualité de maître d'ouvrage. Cette tour dite « de l'Épaule » fait écho au donjon élevé à Auneau à la même époque par les seigneurs locaux.

Ouvert toute l'année. Visite libre. Visite sur r.-v. pour les groupes.

C2 **LOIGNY-LA-BATAILLE**

Église votive, ossuaire et musée

28140 Loigny-la-Bataille
Tél. : 02 37 99 74 96/02 37 90 12 59
mairieloignylabataille@wanadoo.fr
Propriété privée
Inscrit et classé

Ce village beauceron garde les blessures de la bataille du 2 décembre 1870, opposant les Prussiens et les Bavarois aux Français, dans son musée. Le mémorial (église) abrite la chapelle mortuaire et la crypte où reposent les ossements de 1200 soldats ainsi que les tombeaux du général de Charrette et du général de Sonis. Un chemin de la mémoire vous permettra de découvrir les sites de la bataille autour de Loigny.

Pâques-Toussaint : 14h30-17h30. Fermé 1er et 8 mai, Ascension, dim. et lun. de Pentecôte, 14 juil., 15 août, 1er et 11 nov.
Visite guidée. Visio-visite sur pocket PC. Visite sur r.-v. pour les groupes.

B2 **MAILLEBOIS**

Château

28170 Maillebois
Tél. : 02 37 48 17 01
maillzblaise@orange.fr
Propriété privée
Inscrit

Construit à la fin du XVe et au début du XVIe s. pour la famille d'Orléans, le château est amputé de moitié au début du XIXe s. pour permettre une ouverture sur la cour carrée entourée de bâtiments et de tours d'angle. Les actuels communs, attribués à Nicolas Desmarets, l'acquéreur du château en 1679, occupent l'emplacement d'un ancien château construit pour l'intendant des Finances, François d'Orléans, favori d'Henri III, et dont il ne reste aucune trace.

15 mai-15 oct. Visite guidée.
Visite sur r.-v. Visite sur r.-v. pour les groupes. r.-d.-c.

Forges de Dampierre-sur-Blévy

28170 Maillebois
Tél. : 01 47 63 02 54
www.tourisme28.com
Propriété privée
Classé

Établissement sidérurgique édifié en 1670 par Henri Jules de Bourbon, duc d'Enghien et fils du Grand Condé, les forges sont restées propriété des Bourbon jusqu'en 1789 et ont cessé leur activité en 1858. Aujourd'hui, il subsiste le haut-fourneau double (unique exemplaire d'un haut-fourneau du XVIIe s. encore debout), la halle à charbon de bois, la maison du maître de Forges et la vaste chaussée maçonnée sur un étang de 17 ha.

10 juil.-20 août : 13h-19h. Visite libre. Visite guidée.
Visite sur r.-v. pour les groupes du 15 avr. à sept.

MAINTENON C1

Château de Maintenon

28130 Maintenon
Tél. : 02 37 23 00 09
chateau.maintenon@cg28.fr
Propriété privée
Classé

Françoise d'Aubigné, future marquise de Maintenon et seconde épouse de Louis XIV, fait l'acquisition du château le 27 décembre 1674 et entreprend une campagne de travaux. Une aile est alors ajoutée, le corps de logis est relié à l'église Saint-Nicolas et les appartements de la marquise sont aménagés. On doit le dessin des parterres à Le Nôtre ainsi que les tracés des deux allées du parc, dont l'une porte son nom et l'autre celui du poète Racine qui écrivit à la demande de Mme de Maintenon ses tragédies *Esther* et *Athalie*. Au fond de la perspective se profilent les ruines majestueuses de l'aqueduc inachevé de Vauban.

15 fév.-14 mai, 15 sept.-14 déc. : t.l.j. sf mar. 14h-17h ;
15 mai-14 sept. : t.l.j. sf mar. 10h30-18h ;
j. fériés, w.-e. et Journées du patrimoine : 10h30-18h.
Visite libre des appartements de Mme de Maintenon et Grands Appartements.
Visite guidée sur r.-v. pour les groupes et hors saison (20 pers. min.).
(pour les groupes).

MONTIGNY-LE-GANNELON B2

Château, manège et parc

Avenue du Marquis-de-Lévis
28220 Montigny-le-Gannelon
Tél. : 02 37 98 30 03
www.domainedemontigny.com
Propriété privée
Inscrit

TOURISME & HANDICAP

Surplombant la vallée du Loir, cette demeure est construite de 1475 à 1495 pour Jacques de Renty à l'emplacement d'un ancien château, détruit pendant la guerre de Cent Ans. En 1831, elle passe au prince de Montmorency-Laval, qui confie en 1886 sa restauration à un élève de Viollet-le-Duc, Clément Parent ; ce dernier réussit un pastiche et harmonise les façades entre elles. Le parc, les pelouses et la futaie de chênes sont aménagés en 1834 après la construction du pavillon Montmorency à la demande du prince.

PARC Pâques, oct.-Toussaint : t.l.j. sf sam. mat. et dim. mat. 10h-12h, 14h-18h (sam. 17h) ; juin-sept. : t.l.j. 10h-18h. Visite libre.
CHÂTEAU Juin-sept. : t.l.j. sf sam. mat. et dim. mat. 10h-12h, 14h30-18h.
Visite guidée. Visite sur r.-v. pour les groupes. (visite en braille).

MONTIGNY-SUR-AVRE B1

Château, parc et allée du Larry

28270 Montigny-sur-Avre
Tél. : 02 37 48 28 25
www.montignysuravre.com
Propriété privée
Classé

Ce château, dont le projet est attribué à François Mansart, est construit pour Hugues de Laval, propriétaire de Montigny au début du XVIIe s. Édifice de style Louis XIII à structure de brique et pierre, l'ensemble du bâtiment est constitué d'un corps de logis, de pavillons d'entrée et de communs dont certaines parties connaissent au XVIIIe s. des interventions menées par Joseph Durey de Sauroy.

T.l.j. 10h-12h, 14h-17h. Fermé en août.
Visite guidée. Visite sur r.-v. pour les groupes de mai à sept. (10 pers. min.).

B1 **NOGENT-LE-ROTROU**

Château Saint-Jean et parc

Musée des Arts et Traditions du Perche
Rue du Château
28400 Nogent-le-Rotrou
Tél. : 02 37 52 18 02
www.ville-nogent-le-rotrou.fr
Propriété de la commune
Classé

Dominant la vallée de l'Huisne, un ancien fort du Xe s. fait place au XIe s. au puissant donjon rectangulaire bordé d'un profond fossé d'où s'élève une enceinte circulaire, renforcée par sept tours rondes dont deux gardent l'entrée. Le château est investi lors de la guerre de Cent Ans et, en 1428, le donjon est incendié par l'Anglais Salisbury. À la Renaissance, le châtelet et un logement de deux étages, donnant sur une tourelle d'escalier appuyée au donjon, sont reconstruits. Érigé en duché-pairie, le château revient en 1624 à Sully qui y fait construire un petit logis de style Louis XIII. Transformé en prison durant la Révolution puis voué à l'abandon, le château est sauvé en 1843. Il abrite aujourd'hui un musée d'histoire locale et des expositions temporaires.

Ouvert t.l.j. sf mar. 10h-12h, 14h-18h. Fermé 1er janv., 1er mai, 1er nov., 25 déc.
Visite libre. Visite guidée. Visite sur r.-v. pour les groupes. ♿ r.-d.-c.

C2 **NOTTONVILLE**

Abbaye du Bois (ancienne)

28140 Nottonville
Tél. : 02 37 96 91 64
www.poncon.com/nottonville/menuabba.htm
Propriété privée
Classé

Situé à la limite du plateau de la Beauce et de la vallée de la Conie, cet ancien prieuré de l'abbaye de Marmoutier, aussi nommé « ferme de l'Abbaye-du-Bois », a conservé des bâtiments des XIe, XVe et XVIe s. Cerné d'une enceinte en pierre, il s'ouvre par un porche fortifié et se compose d'un logis abbatial, d'une poterne, d'une grange « aux moines », d'un colombier, d'un cul-de-basse-fosse et d'un cellier souterrain de 30 m de long.

Mai-oct. : w.-e. et j. fériés : 14h30-18h30 (juil.-août sur r.-v. en semaine).
Visite guidée. Visite sur r.-v. pour les groupes toute l'année (20 pers.).

C1 **OUARVILLE**

Le Grand Moulin

28150 Ouarville
Tél. : 02 37 22 14 04/02 37 22 13 87
josette.cornille@wanadoo.fr
Propriété privée, propriété de la commune
Classé

Moulin à vent, dont la construction remonte au XIIIe s., il est constitué d'une cage en bois sur pivot, ce qui lui vaut l'appellation commune de moulin pivot ou moulin chandelier.

Pâques-Toussaint : dim. et j. fériés 14h30-18h.
Visite sur r.-v. pour les groupes.

C2 **OZOIR-LE-BREUIL**

Moulin à vent de Frouville-Pensier

28200 Ozoir-le-Breuil
Tél. : 02 37 98 70 31
http://moulin.frouville.free.fr
Propriété privée
Inscrit

Les origines de Frouville remontent à 1274. Moulin pivot seigneurial jusqu'en 1762, il brûla en 1822. Reconstruit en pierre en 1826 par Crignon d'Ouzouer, député du Loiret, il s'arrêta de moudre en 1914. Délaissé jusqu'en 1982 puis restauré, il a retrouvé sa vocation première : moudre, ce qui en fait le seul moulin encore en état de marche, aujourd'hui, en Eure-et-Loir.

Pâques-sept. : dim. et j. fériés 14h30-18h30.
Visite guidée. Visite sur r.-v. pour les groupes toute l'année (10 pers. min.).

PIERRES C1

Jardin médiéval de Bois-Richeux

28130 Pierres
Tél. : 06 11 88 20 20
www.boisricheux.com
Propriété privée
Classé

Situé près de Maintenon, le jardin de Bois-Richeux est inséré dans l'enceinte d'une ferme dont l'origine semble se situer au XIIe s. Ce jardin aménagé à la manière médiévale se compose de préaux aromatiques, de plessis potagers en damier et d'une herberie que borde un cloître encadré de châtaigniers.

Juin-juil., sept. : t.l.j. sf lun. 8h-12h, 14h-16h.
Visite libre. Visite guidée. Visite sur r.-v. pour les groupes. ♿

SANCHEVILLE C2

Moulin du Paradis

28800 Sancheville
Tél. : 02 37 44 01 40/06 10 80 16 10
Propriété de la commune
Inscrit

Moulin pivot ou chandelier, cet édifice serait du XVIIe s. en référence à une date, 1625, gravée sur le bourdon. Après une longue période d'agonie (1948-1994), il a été restauré en 1995 avec ses ailes à planches. Les pièces d'origine ont été conservées : le bourdon, la sommière, les deux meules, la trémie, le régulateur, etc.

1er dim. d'avr.-1er dim. d'oct. : dim. et j. fériés 15h-18h30.
Visite sur r.-v. pour les groupes toute l'année (10 pers. min.).

TILLAY-LE-PÉNEUX C2

Château et jardin de Villeprévost

28140 Tillay-le-Péneux
Tél. : 02 37 99 45 17
Propriété privée
Inscrit

Ce château, gentilhommière beauceronne du XVIIIe s., appartient depuis deux siècles à la famille d'Armand-François Fougeron, conseiller du roi et juge de paix d'Orgères. C'est lui qui a procédé de janvier à mai 1798, dans le grand salon, à l'interrogatoire de trois cents bandits de la bande des « chauffeurs d'Orgères » enfermés dans les caves du château. Le parc, très sobre, conçu en 1756 par un jardinier de Versailles de l'école de Le Nôtre, est un parfait exemple du « jardin-axe », l'ensemble s'organisant autour du parcours qui mène du portail d'entrée, traversant le corps de logis, au point de disparition de l'horizon du soleil couchant le soir du 15 août.

15 avr.-15 oct. : w.-e. 14h-18h30. Visite libre du parc.
Visite guidée de la cour et du grand salon.
Visite sur r.-v. pour les groupes le reste de l'année et en sem. (20 pers. min.). ♿

VILLEBON B1

Château

28190 Villebon
Tél. : 02 37 37 35 63
chateauvillebon@aol.com
Propriété privée
Classé

Édifié au XIVe s. par Jeannet d'Estouteville, capitaine de Charles VI, devenu par alliance seigneur de Villebon, le château est assiégé et conquis à deux reprises par les Anglais. Pourvu de puissantes murailles et de tours de brique bordées de douves, il est restauré grâce à un don royal de mille livres ; un escalier octogonal est alors élevé dans la cour intérieure. Les façades sur cour ont perdu leur allure médiévale et sont percées de fenêtres à trumeaux surmontées de lucarnes sculptées. Une grande galerie est ornée de fresques du XVIIe s. commandées par Sully, alors propriétaire, et représentant ses châteaux favoris.

Avr.-oct. : visite guidée 1er dim. de chaque mois à 15h et 16h45.
Visite guidée sur r.-v. de mars à oct. pour les groupes.

B4 — **ARGY**

Château

36500 Argy
Tél. : 02 54 84 21 55
http://chateaudargy.free.fr
Propriété privée
Classé

La terre d'Argy, propriété des seigneurs d'Argy jusqu'à la fin du XIIIe s., est acquise au XVe s. par la famille Brillac. Située entre Valençay et Buzançais, cette demeure médiévale s'apparente à un château militaire de plaine. Pierre de Brillac, chambellan du roi, fait remplacer la plus imposante des tours d'angle du château par un donjon (XVe s.), qui vient relier, par des corps de galeries à arcades sur colonnes, les trois tours d'angle du château. Cette galerie de promenade qui entoure la cour intérieure possède deux étages, élément rare pour l'époque.

Visite sur r.-v. toute l'année. Visite libre. Visite guidée.

B4 — **AZAY-LE-FERRON**

Château et parc

36290 Azay-le-Ferron
Tél. : 02 54 39 20 06
www.chateau-azay-le-ferron.com
Propriété de la commune de Tours
Classé

Édifié au XVe s. le château d'Azay-le-Ferron dépend de la baronnie de Preuilly-sur-Claise et de la province de Touraine. Son logis se compose de quatre corps : la tour Frotier, du nom des propriétaires de 1423 à 1534, remonte à 1496 ; l'aile d'Humières est construite par J. de Crevant, baron de Preuillis, vers 1638 ; le pavillon François Ier est de la première Renaissance ; celui de Breteuil est élevé au XVIIIe s. En 1926, une galerie est construite sur le modèle de Valençay, reliant le logis aux communs et donnant sur le parc.

Avr.-juin, sept. : t.l.j. sf mar. 10h-12h, 14h-18h ; juil.-août : t.l.j. 10h-18h ;
oct. : w.-e. 10h-12h, 14h-17h30.
Visite guidée du château. Visite libre du parc.
Visite sur r.-v. pour les groupes (10 pers. min.). ♿ r.-d.-c. + parc et jardins.

B4 — **BLANC (LE)**

Château Naillac

Écomusée de la Brenne
36300 Le Blanc
Tél. : 02 54 37 25 20
www.parc-naturel-brenne.fr
Propriété de la commune
Inscrit

La construction du château Naillac remonte au XIIe s. Dominant la Creuse de ses deux donjons, il est remanié plusieurs fois au cours des siècles. Il a conservé une salle seigneuriale ornée d'une cheminée romane entourée de baies géminées à colonnettes, la charpente intérieure d'un hourd du XVe s. et les graffitis tracés par les prisonniers à la fin du XVIIIe s. Transformé en école pendant plus d'un siècle, il abrite depuis 1986 le siège et les collections de l'écomusée de la Brenne.

Fév.-avr., oct.-déc. : t.l.j. sf lun. 10h-12h, 14h-17h ;
mai-juin, sept. : t.l.j. sf lun. 9h30-12h30, 14h-18h ; juil.-août : t.l.j. 9h30-18h.
Fermé 11 nov., 25 déc. Visite libre. Visite sur r.-v. pour les groupes. ♿

BOUGES-LE-CHÂTEAU C3

Château

36110 Bouges-le-Château
Tél. : 02 54 35 88 26
http://bouges.monuments-nationaux.fr
Propriété de l'État
Inscrit et classé

Cette demeure est construite en 1762 par Charles François Le Blanc de Marnaval, à l'emplacement d'un ancien château, d'après les plans de l'architecte Gabriel. Ses façades rectangulaires classiques sont surmontées de frontons et de balustrades et donnent sur un beau jardin à la française entouré d'un parc de 80 ha. Légué par la famille Viguier en 1967 à l'État, ce petit « Trianon berrichon » possède une très importante collection de meubles et d'objets d'art. Les communs abritent deux selleries, les écuries et une collection de voitures hippomobiles.

Mars, nov. : w.-e. 11h, 15h, 16h, 16h45; avr.-juin, sept.-oct. : t.l.j. sf mar. 11h, 15h, 16h, 16h45 ; juil.-août : t.l.j. 11h15, 12h, 15h, 16h, 17h, 17h45.
Fermé déc.-fév., 1er mai. Visite libre du jardin, du parc, des communs et du musée. Visite guidée du château.
Visite sur r.-v. pour les groupes toute l'année. ♿ r.-d.-c.

CHÂTEAUROUX C4

Hôtel du maréchal Bertrand

Musée Bertrand
2, rue Descente-des-Cordeliers
36000 Châteauroux
Tél. : 02 54 61 12 30
www.ville-chateauroux.fr
Propriété de la commune
Inscrit

Cette demeure construite en 1769 par Martin Boucher, premier ingénieur du roi et grand-père du maréchal Bertrand, abrite un musée créé par Just Veillat qui présente des collections archéologiques, des souvenirs napoléoniens, des collections de peintures du XVIe au XXe s., des sculptures et des objets d'art décoratif.

Juin-août : t.l.j. sf lun. 10h-12h, 14h-18h, w.-e. 10h-12h, 14h-19h; sept. : t.l.j. sf lun. 10h-12h, 14h-18h; oct.-mai : t.l.j. sf lun. 14h-18h.
Fermé en janv. et j. fériés sf 1er nov., 14 juil., 15 août. Visite libre.
Visite guidée sur r.-v. Visite sur r.-v. pour les groupes (15 pers. max.). ♿

CHÂTILLON-SUR-INDRE B3

Château (tour de César)

Place du Vieux-Château
36700 Châtillon-sur-Indre
Tél. : 02 54 38 75 44
Propriété de la commune
Inscrit et classé

Siège d'une importante seigneurie du Berry, passée en 1203 sous contrôle royal, ce château se compose alors d'une motte du XIe s. supportant un donjon du XIIe s., et d'une enceinte circulaire (chemise). De cette dernière, formant l'ancienne basse-cour du château, ne subsiste qu'une tour rectangulaire remaniée dans ses étages, qui conserve deux archères du XIIIe s. Le donjon, accessible autrefois par un pont-levis, donne aujourd'hui dans le vide et possède deux étages voûtés en coupole, et un étage de défense pourvu à l'origine de hourds au sommet.

Juil.-août : 10h-12h, 14h30-18h30. Visite libre le reste de l'année.
Visite guidée en juil. et août. Visite sur r.-v. pour les groupes.

C4 **CHÂTRE (LA)**

Château, dit « ancien donjon »

Musée George-Sand
et de la Vallée-Noire
71, rue Venôse
36400 La Châtre
Tél. : 02 54 48 36 79
www.pays-george-sand.com
Propriété de la commune
Inscrit

Construit au XVe s. pour la famille de Chauvigny, ce château d'allure modeste offre une forme de donjon répandue à cette époque. Il sert de prison de 1734 à 1934. Aujourd'hui un musée y est installé et présente des collections d'oiseaux naturalisés du début du siècle.
Fév.-mars, oct.-déc. : t.l.j. sf mar. 9h-12h, 14h-17h ;
avr.-juin, sept. : t.l.j. sf mar. 9h-12h, 14h-18h30 ; juil.-août : t.l.j. 9h-19h.
Visite libre. Visite guidée sur r.-v. pour les groupes.

B4 **CLION**

Château de l'Isle-Savary

36700 Clion
Tél. : 02 54 38 61 71
chateau.isle.savary@free.fr
Propriété privée
Inscrit et classé

Le château de Clion appartient à la famille Savary au XIIIe s. avant d'être reconstruit en 1460 par Guillaume de Varye, financier au service de Jacques Cœur, puis remanié au XVIIe s. Cet édifice de plan quadrangulaire, aux apparences militaires, est flanqué de quatre tours d'angle et d'une tour-donjon carrées et a conservé son chemin de ronde couvert, sa chapelle, son donjon et ses douves.
Avr.-sept. : 10h-12h, 15h-17h. Visite guidée.
Visite sur r.-v. pour les groupes (5 pers. min.). ♿ en partie.

C4 **FOUGEROLLES**

Abbaye Notre-Dame-de-Varennes

36230 Fougerolles
Tél. : 02 54 31 30 59/06 85 82 41 62
http://abbayedevarennes.free.fr
Propriété privée
Inscrit et classé

En 1155, Henri II Plantagenêt s'approprie le bénéfice de la fondation, intervenue en 1148 à l'initiative d'Ebbe II de Déols, de l'Abbaye royale Notre-Dame de Varennes. Appartenant à l'ordre de Cîteaux, le monastère présente aujourd'hui peu d'éléments de son état médiéval mais a conservé l'aspect qu'il avait au XVIIIe s., époque à laquelle comme tant d'autres il constituait davantage un bénéfice ecclésiastique que le centre d'une communauté vivante. De l'église du XIIe s. ne subsiste que la nef centrale. Le dortoir des convers, réaménagé en 1725 par le prieur pour s'en faire un logis, conserve des éléments de l'une des galeries du cloître, des vestiges importants du réfectoire et du chauffoir étant encore en place. Construite en 1698, la maison de l'abbé et ses dépendances sont devenues en 1900 la résidence de la photographe Jenny de Vasson qui y a reçu pendant vingt ans nombre des artistes de son temps.
ÉGLISE (intérieur) ET AUTRES BÂTIMENTS CONVENTUELS (extérieur)
Juil.-sept. : t.l.j. 13h-19h. Visite libre.
Visite guidée sur r.-v. pour les groupes de mai à sept.

C3 **FRÉDILLE**

Abbaye Notre-Dame-du-Landais

Saint-Martin-de-Lamps
36180 Frédille
Tél. : 02 54 34 70 49
Propriété privée
Inscrit et classé

L'abbaye du Landais, fondée en 1145, est incendiée en 1568 et restaurée au XVIIe s. avant d'être vendue à la Révolution comme bien national. Désertée au XVIIIe s., elle est victime de vandalisme au XIXe s. et sert de carrière en 1830. Les seuls vestiges encore existants sont le chœur, pourvu d'un chevet plat et de travées voûtées d'ogives, les deux chapelles du transept sud et la sacristie de l'ancienne aile des moines surmontée d'une petite salle voûtée (ancien trésor).
Visite sur r.-v. et pour les groupes toute l'année. ♿

GARGILESSE-DAMPIERRE C4

Château de Gargilesse

Place du Château
36190 Gargilesse-Dampierre
Tél. : 02 54 47 76 16
www.chateaudegargilesse.com
Propriété privée
Inscrit et classé

Construit dans la vallée de la Creuse au XIIe s., le château de Gargilesse appartient alors à la famille de Naillac. Détruit en 1650 après la Fronde, le château est reconstruit au XVIIIe s. De l'édifice d'origine, il ne subsiste que deux tours médiévales dont une porte-porche. La chapelle du XIIe s., constituée d'une nef à deux travées et d'une crypte, est transformée en église paroissiale au XVIIIe s. Elle offre un chevet décoré de peintures des XIIIe et XVe s. et abrite la plus ancienne Vierge en bois polychrome du département. Le château accueille aujourd'hui une galerie dédiée à l'art et à l'histoire.

Mai-juin : w.-e. 14h30-19h (visite sur r.-v. le reste de la semaine) ; juil.-août : t.l.j. 14h30-19h. Visite de l'exposition dans les salons meublés du château. Visite du parc. Visite sur r.-v. pour les groupes.

INGRANDES B4

Château

36300 Ingrandes
Tél. : 02 54 37 46 01
www.chateauingrandes.com
Propriété privée
Inscrit

La construction du château d'Ingrandes remonte en grande partie au XVe s. Il possède un donjon, des communs, de belles cheminées et un hourd daté de 1465 dans la tour sud-est. Du logis, il ne reste que des ruines. Cependant, en 2002, le rez-de-chaussée du logis a été restauré ainsi que la tour escalier donnant accès aux trois niveaux du logis qui reçoit en 2008 son toit en poivrière. Le hourd, pour sa part, a été complètement restauré en 2005. L'ensemble se visite.

15 juil.-août : t.l.j. sf mar. 10h-13h, 15h-18h. Visite guidée sur r.-v.

ISSOUDUN C4

Hôtel-Dieu

Musée de l'Hospice Saint-Roch
Rue de l'Hospice-Saint-Roch
36100 Issoudun
Tél. : 02 54 21 01 76
www.issoudun.fr
Propriété de la commune
Classé

Le musée est installé dans un ancien Hôtel-Dieu créé au XIIe s., en fonction jusqu'à la fin du XIXe s. La chapelle du XVe s. a conservé son décor intérieur comprenant deux bas-reliefs monumentaux représentant l'arbre de Jessé. Les fonctions hospitalières sont évoquées avec l'apothicairerie du XVIIe s., l'officine et la pharmacie XIXe s., ainsi qu'avec le jardin de simples installé dans la cour du musée. L'aile contemporaine du musée s'inscrit remarquablement dans la partie ancienne. Elle accueille des collections d'art extraeuropéen et des expositions d'art des XXe et XXIe s.

Mai-sept. : lun. et mar. 14h-19h, mer.-dim. 10h-12h, 14h-19h ; oct.-avr. : mer.-ven. 14h-18h, w.-e. 10h-12h, 14h-18h. Fermé 1er mai, 1er et 11 nov., 24-26 déc. et 31 déc.-31 janv. Visite libre. Visite guidée sur r.-v. Visite sur r.-v. pour les groupes (10 pers. min.).

LEVROUX C3

Château de Villegongis

36110 Levroux
Tél. : 02 54. 36 60 51
Propriété privée
Inscrit et classé

Construit de 1530 à 1575 par Pierre Trinqueau, maître d'œuvre de Chambord, pour Avoye de Chabannes et Jacques de Brizay, cet édifice, surnommé le « petit Chambord berrichon », est restauré aux XVIIIe et XIXe s. Il comprend un corps de logis et deux tours d'angle rondes bordées de douves. Les cheminées monumentales sur les tours sont ornées des sculptures de leurs saints patrons et l'intérieur de cette demeure, desservi par un escalier droit Renaissance, renferme du mobilier des XVIIe et XVIIIe s. ainsi que de nombreux objets d'art et portraits de famille.

Visite extérieure sur r.-v. uniquement.

B4 **LIGNAC**

Château Guillaume

36370 Lignac
Tél. : 02 54 25 62 81/02 54 25 72 02
www.parc-naturel-brenne.fr
Propriété privée
Classé

Bâti entre 1087 et 1127 pour le duc d'Aquitaine Guillaume IX, comte de Poitou, ce château possède un donjon roman du XIIe s. de structure composite, agrandi au XIVe s., et quatre tours circulaires restaurées avec fantaisie au XIXe s. dans l'esprit des travaux de Viollet-le-Duc.
Juin-sept. : t.l.j. 14h30-18h. Fermé 28 sept.-5 oct. Visite guidée.
Visite sur r.-v. pour les groupes le reste de l'année. ♿ ext. et r.-d.-c.

C4 **LYS-SAINT-GEORGES**

Château

36230 Lys-Saint-Georges
Tél. : 02 54 30 81 51
Propriété privée
Inscrit

Le château de Lys-Saint-Georges appartient du milieu du XVe au XVIIIe s. à la famille Bertrand. Vers 1500, Gilbert Bertrand, chambellan de Louis XII et gouverneur du Berry, fait reconstruire le château et le donjon du XIIe s. Ce dernier est un exemple de tour maîtresse gothique par son étagement en retrait sur le chemin de ronde. Le logis seigneurial, adossé à l'enceinte, a perdu lors des restaurations du XIXe s. une partie de son caractère gothique finissant.
T.l.j. toute l'année. Visite libre. Visite extérieure jusqu'au porche et dans une partie des jardins. ♿

B4 **MÉZIÈRES-EN-BRENNE**

Tours de l'ancien château

Musée de la Pisciculture
Place Jean-Moulin
36290 Mézières-en-Brenne
Tél. : 02 54 38 12 99
www.parc-naturel-brenne.fr
Propriété privée
Inscrit

Les deux tours de l'ancien château de Mézières-en-Brenne sont les derniers vestiges d'une place forte médiévale. Elles abritent aujourd'hui un musée d'histoire locale et l'antenne de l'écomusée du Blanc, qui présente les espèces de poissons peuplant les étangs ainsi que diverses techniques d'élevage et de pêche.
15 mars-oct. : t.l.j. sf mar. et dim. 15h-18h ; nov-14 mars : visite sur r.-v. auprès de l'office du tourisme au 02 54 38 12 24. Fermé 1er janv., dim. et lun. de Pâques, 1er et 8 mai, dim. et lun. de Pentecôte, 14 juil., 15 août, 1er et 11 nov., 24 et 25 déc. Visite libre. Visite sur r.-v. pour les groupes.

C4 **NOHANT-VIC**

Domaine George-Sand

Hameau de Nohant
36400 Nohant-Vic
Tél. : 02 54 31 06 04
http://maison-george-sand.monuments-nationaux.fr
Propriété de l'État
Classé

CENTRE DES MONUMENTS NATIONAUX

Construit à la fin du XVIIIe s. pour le gouverneur de Vierzon, ce château est acquis en 1793 par la grand-mère de George Sand, Mme Dupin de Francueil, qui y fait aménager un parc, un jardin, un verger et des serres. Cette demeure est la maison d'enfance d'Aurore Dupin, dont l'intérieur reflète le cadre de vie de l'écrivain : salle à manger, chambre bleue, petit théâtre et théâtre de marionnettes conçues par Maurice Sand. George Sand y écrit la majeure partie de son œuvre et y reçoit nombre d'hommes illustres, tels que Balzac, Chopin, Liszt, Flaubert.
Avr., sept. : t.l.j. 10h-12h30, 14h-18h ; mai-juin : t.l.j. 9h30-12h, 14h-18h30 ; juil.-août : t.l.j. 9h30-13h, 14h-18h30 ; oct.-mars : t.l.j. 10h-12h30, 14h-17h. Fermé 1er janv., 1er mai, 1er et 11 nov., 25 déc.
Visite libre du parc et du cimetière. Visite guidée. Visite sur r.-v. pour les groupes. ♿ jardin et r.-d.-c. avec aide.

PALLUAU-SUR-INDRE B4

Prieuré Saint-Laurent

36500 Palluau-sur-Indre
Tél. : 02 54 38 45 55
mairie.palluau-indre@wanadoo.fr
Propriété privée
Classé

L'église romane du prieuré Saint-Laurent, désaffectée, comporte une nef unique, un chœur d'une travée voûtée en berceau, une abside en cul-de-four, des chapiteaux à feuillages et une crypte du XIe s. Elle conserve encore des fragments de peintures murales des XIIe et XVe s., Vierge et Christ en majesté, Annonciation, Martyre de saint Laurent, et fait l'objet de restaurations depuis quelques années.

T.l.j. 9h-18h. Visite libre. Visite guidée sur r.-v. pour les groupes. ♿

POMMIERS C4

Château du Châtelier

36190 Pommiers
Tél. : 02 54 47 85 95
Propriété privée
Classé

Le château du Châtelier est composé de deux bâtiments à l'architecture très pure, entourés de douves et séparés par une belle cour pavée comportant un puits. Le logis principal, d'époque Louis XIII, donne accès à un élégant donjon Renaissance, datant du XVe s.

Juil.-sept. : lun.-jeu. 8h-12h, 13h30-17h30, ven. 8h-11h.
Visite libre des extérieurs uniquement. ♿

ROSNAY B4

Château du Bouchet-en-Brenne

36300 Rosnay
Tél. : 02 54 37 80 14
www.parc-naturel-brenne.fr
Propriété privée
Classé

Bâtie au XIIIe s., cette forteresse médiévale est occupée par les Anglais lors de la guerre de Cent Ans. Incendiée au XVIe s., le propriétaire Louis de Mortemart, comte de Maure fit de grands travaux au milieu du XVIIe s. : deux ailes et une grande galerie surmontée d'une terrasse donnant sur l'étang de la Mer Rouge. À l'intérieur, sont présentés des meubles berrichons, des trophées de chasse et une collection d'oiseaux naturalisés.

Juil.-août : t.l.j. 14h30-18h30.
Visite guidée sur r.-v. uniquement. ♿ r.-d.-c.

SAINT-CHARTIER C4

Château de Saint-Chartier

36400 Saint-Chartier
Tél. : 02 54 06 30 84
Propriété privée
Inscrit et classé

Résidence des Chauvigny, puissants seigneurs de Déols au XIIIe s., ce château médiéval est reconstruit au XVe s. et remanié au XIXe s. Il possède un corps de galerie du XIIIe s. dit « du Jeu de Paume », une colonnade constituée de colonnes à chapiteaux à feuillagées, unies par des arcs en bois.

Ce château est celui mentionné dans le roman de George Sand, *Les Maîtres Sonneurs*.

Visite guidée sur r.-v. uniquement.

C4

SAINT-MARCEL

Argentomagus

Musée et site archéologiques
Les Mersans
36200 Saint-Marcel
Tél. : 02 54 24 47 31
www.argentomagus.com
Propriété de l'État,
propriété de la commune
et propriété privée
Inscrit et classé

Oppidum celtique, puis ville gallo-romaine abandonnée à la fin du IVe s., Argentomagus a échappé à l'urbanisation médiévale et moderne d'où l'état de conservation exceptionnel de ses vestiges. Sont actuellement visibles un pont et des rues, des éléments du forum, un théâtre, une fontaine monumentale, un ensemble cultuel ainsi que des habitations. L'une d'entre elles, découverte en 1987 lors de la construction du musée de site, constitue la crypte archéologique de ce dernier ; elle comprend une pièce, probablement située en sous-sol à l'origine, avec des peintures murales et une autre contiguë où se trouve, en place, un remarquable autel domestique, unique en Gaule. Le musée retrace l'histoire de l'homme dans cette partie de la vallée de la Creuse, des origines à la fin de l'époque gallo-romaine, et introduit à la visite du site.

Sept.-juin : t.l.j. sf mar. 9h30-12h, 14h-18h ; juil.-août : t.l.j. 9h30-12h, 14h-18h ; sept.-juin : t.l.j. sf mar. 9h30-12h, 14h-18h.
Fermé du 24 déc. au 1er janv. et les trois premières semaines de janv.
Visite libre du site archéologique toute l'année. Visite guidée sur r.-v.
Visite sur r.-v. pour les groupes. (dans certaines zones du musée).

C4

SARZAY

Château

36230 Sarzay
Tél. : 02 54 31 32 25
www.sarzay.com
Propriété privée
Classé

Le château de Sarzay, construit au XIVe s., fut une importante forteresse comprenant une trentaine de tours et trois ponts-levis. Elle contint l'invasion anglaise. Sorti intact de la guerre de Cent Ans, des guerres de Religion, de la Fronde et de la Révolution, puis resté longtemps à l'abandon, son donjon-logis du XVe s. flanqué de cinq tours fait l'objet d'une patiente restauration depuis les années quatre-vingt. George Sand y situe son roman *Le Meunier d'Angibault*. De nombreuses salles aujourd'hui meublées ont conservé leur authenticité. Le sommet des tours permet de découvrir le paysage alentour. Des douves profondes recreusées, la chapelle et la halle complètent la beauté du site.

T.l.j. 10h-20h30. Visite libre. Visite guidée.
Visite sur r.-v. pour les groupes. Visite nocturne sur r.-v. r.-d.-c.

C3

VALENÇAY

Parc et château

2, rue de Blois
36600 Valençay
Tél. : 02 54 00 10 66
www.chateau-valencay.fr
Propriété du département,
propriété de la commune
Classé

Propriété du prince de Talleyrand, ministre de Napoléon Bonaparte, ce monument Renaissance et classique devient un centre d'activité politique avant de servir de prison aux princes d'Espagne sous l'Empire. Ce château, au décor intérieur Louis XVI et Empire, a gardé son mobilier historique. Animé par des spectacles historiques et proposant de multiples attractions – le Grand labyrinthe de Napoléon, le Damier fleuri, les châteaux gonflables, etc. –, il est le château préféré des enfants.

20 mars-avr. : t.l.j. 10h30-18h ; mai : t.l.j. 10h-18h ; juin : t.l.j. 9h30-18h30 ; juil.-août : t.l.j. 9h30-19h ; sept. : t.l.j. 10h-18h ; oct.-14 nov. : t.l.j. 10h30-17h30.
Visite libre du musée et du parc animalier. Visite guidée du château.

AMBOISE

Château royal

37400 Amboise
Tél. : 02 47 57 00 98
www.chateau-amboise.com
Propriété de la fondation Saint-Louis
Classé

Surplombant la Loire, le château rattaché à la Couronne en 1431 est bâti par Charles VII, Louis XII et François Ier sur les soubassements d'une ancienne forteresse médiévale. Les logis royaux sont élevés en regard de la chapelle Saint-Hubert qui abrite la sépulture de Léonard de Vinci et qui a été dotée en 1952 de vitraux dessinés par Max Ingrand illustrant la vie de Saint Louis. Le château, prison royale au XVIIe s., possède une exceptionnelle collection de mobilier gothique, d'époque Renaissance et deux salons de style Empire.

Janv. : t.l.j. 9h-12h30, 14h-16h45; fév. : t.l.j. 9h-12h30, 13h30-17h; mars : t.l.j. 9h-17h30; avr.-juin : t.l.j. 9h-18h30; juil.-août : t.l.j. 9h-19h; sept.-oct. : t.l.j. 9h-18h; 2 nov.-15 nov. : t.l.j. 9h-17h30; 16 nov.-déc. : t.l.j. 9h-12h30, 14h-16h45.
Fermé mar., 1er janv., 25 déc. Visite libre. Visite guidée.
Visite sur r.-v. pour les groupes. ♿ avec aide.

Château du Clos-Lucé

Parc Léonardo-da-Vinci
Demeure de Léonard-de-Vinci
2, rue Le Clos-Lucé
37400 Amboise
Tél. : 02 47 57 00 73
www.vinci-closluce.com
Propriété privée
Classé

De ce manoir, où Léonard de Vinci a passé les dernières années de sa vie, ne subsiste que le corps de logis bâti sous Louis XI. Au rez-de-chaussée se trouvent l'oratoire de la reine Anne de Bretagne, aménagé à la demande de son époux Charles VIII, lieu d'exposition de fresques de l'atelier de Léonard, des salons aux lambris du XVIIIe s. et une salle de réception meublée dans le style Renaissance. La chambre et le cabinet de travail dévoilent à l'étage le lieu où le maître aurait tracé les plans d'un château et d'une ville à Romorantin, à la demande de François Ier. Le sous-sol abrite une collection de quarante « fabuleuses machines » de Léonard de Vinci dont le premier aéroplane et la première automobile (maquettes récentes réalisées d'après ses manuscrits).

Janv. : 10h-18h; fév.-juin : 9h-19h; juil.-août : 9h-20h; sept.-oct. : 9h-19h; nov.-déc. : 9h-18h. Fermé 1er janv., 25 déc.
Visite libre. Visite libre du parc t.l.j. de mars à nov.

Pagode de Chanteloup

Route de Bléré
37400 Amboise
Tél. : 02 47 57 20 97
www.pagode-chanteloup.com
Propriété privée
Classé

La pagode de Chanteloup est le seul vestige d'un château élevé en 1775 par le duc de Choiseul, ministre de Louis XV, et dont les bâtiments sont abandonnés puis détruits en 1823 par des marchands de biens. On doit la pagode et son décor de chinoiseries à l'architecte Le Camus de Mézières. Monument insolite, la pagode se mire dans une pièce d'eau en demi-lune au cœur d'un parc paysager de 14 ha. Une restitution virtuelle permet de revivre les riches heures de l'extraordinaire château de Chanteloup, détruit en 1823.

Vac. de fév. : t.l.j. 14h-17h, w.-e. 12h-17h; avr. : t.l.j. 10h-18h; mai, sept. : t.l.j. 10h-18h30; juin : t.l.j. 10h-19h; juil.-août : t.l.j. 9h30-19h30; oct.-15 nov. : w.-e. et j. fériés 10h-12h, 14h-17h; vac. scol. 10h-17h.
Fermé de mi-nov. à mi-fév.
Visite libre. Visite guidée sur r.-v. pour les groupes (50 pers. max.).
(pour les groupes sur réservation).

B3 DÉTAIL

ATHÉE-SUR-CHER

Château de Nitray

Cité de la vigne et du vin
37270 Athée-sur-Cher
Tél. : 02 47 50 29 74
www.visit-chateau.com
Propriété privée
Inscrit

Le château de Nitray est construit par Aimery Lopin, maître des requêtes de la reine Louise de Savoie. Le site comprend le château, la cour, la chapelle, les pavillons, le cellier et le pigeonnier. L'ensemble s'ouvre par une porte d'entrée à deux tours du XVe s., dont l'une abrite une chapelle. Il comprend un grand corps de logis du XVIe s., deux pavillons avec escalier intérieur et une cour d'honneur. Le château possède une chapelle, un chai, et donne sur un parc.

Janv.-juin, sept.-déc. : t.l.j. 10h-19h, w.-e. sur r.-v. ; juin-sept. : t.l.j. 10h-19h.
Visite libre. Visite guidée sur r.-v. pour les groupes.
(groupe de 10 pers. min.).

B3 DÉTAIL

AZAY-LE-RIDEAU

Château

37190 Azay-le-Rideau
Tél. : 02 47 45 42 04
http://azay-le-rideau.monuments-nationaux.fr
Propriété de l'État
Classé

CENTRE DES MONUMENTS NATIONAUX

Bâti sur une île au milieu de l'Indre, Azay-le-Rideau est édifié sous François Ier par un de ses financiers, Gilles Berthelot. Émergeant au centre d'un parc romantique, le château conserve une remarquable unité de style : une alliance parfaite d'éléments traditionnels et d'italianisme. Le décor des salles entièrement meublées retrace la vie des plus illustres hôtes des lieux à travers les siècles.

Juil.-août : t.l.j. 9h30-19h ; avr.-juin, sept. : t.l.j. 9h30-18h ;
oct.-mars : t.l.j. 10h-12h30, 14h-17h30. Fermé 1er janv., 1er mai, 25 déc.
Visite libre. Visite guidée. Visite audioguidée.
Visite sur réservation pour les groupes. ♿ parc. (audioguide adapté).

B3

BEAULIEU-LÈS-LOCHES

Abbaye de la Trinité

5, place du Maréchal-Leclerc
37600 Beaulieu-lès-Loches
Tél. : 02 47 59 06 64
www.beaulieulesloches.eu
Propriété privée
Inscrit

Cette abbaye bénédictine, dont la fondation remonte à 1004, est l'œuvre de Foulques III Nerra. Elle est dominée par un clocher roman et possède des croisillons de transept de la même époque, ainsi qu'une nef et un chœur reconstruits au XVe s. après leur destruction par les Anglais en 1412. L'abbaye abrite encore aujourd'hui de nombreuses œuvres telles qu'une pietà du XVe s., des statues de terre cuite du XVIIIe s. dans le chœur et des portraits et bas-reliefs de la Cène datés du XVIIe s. dans la sacristie.

Pâques-Toussaint : 10h-18h30 ; Toussaint-Pâques : 10h-15h30. Visite sur r.-v.

A3

BOURGUEIL

Abbaye bénédictine (ancienne)

Musée des Arts et Traditions populaires
52, avenue Le Jouteux
37140 Bourgueil
Tél. : 02 47 97 73 35
www.ot-bourgueil.fr
Propriété privée
Inscrit

L'abbaye bénédictine de Bourgueil est fondée en 990 par Emma, fille de Thibault le Tricheur. Cet édifice connaît une grande notoriété dès le XIIIe s. puis au XVIIIe s. lors de son agrandissement. L'église abbatiale est rasée à la Révolution. De l'abbaye il ne subsiste que le réfectoire et l'ancien monastère avec le dortoir des moines (XVIIIe s.) renfermant un monumental escalier suspendu. Ce dernier mène aux cellules des moines, transformées en musée du terroir.

Avr.-oct. : w.-e. et j. fériés 14h-18h ;
juil.-août : t.l.j. 14h-18h, w.-e. et j. fériés 10h-18h.
Visite guidée. Visite sur r.-v. pour les groupes toute l'année. ♿ r.-d.-c.

BRIDORÉ — B3

Château

37600 Bridoré
Tél. : 02 47 94 72 63
www.chateau-bridore.com
Propriété privée
Classé

Fief relevant du Grand-Pressigny au XIIIe s., ce bel ensemble bordé de tours et de caponnières est aux XIVe et XVe s. la propriété de M. Le Meingre, le maréchal Boucicaut. Remanié au XVe s. par Imbert de Bastarnay, secrétaire de Louis XI, le château est cerné de profondes douves sèches sur trois côtés et possède un porche d'entrée, flanqué d'une tour circulaire à mâchicoulis, et un donjon-porche à lucarne Louis XII auquel vient s'accoler le corps de logis seigneurial.

Juin-sept. : 13h-19h. Visite guidée.
Visite sur r.-v. pour les groupes toute l'année (20 pers. min.).

BUEIL-EN-TOURAINE — B2

Collégiale de Bueil

Place Jean-de-Bueil
37370 Bueil-en-Touraine
Tél. : 02 47 24 44 06
Propriété privée
Classé

La collégiale de Bueil se compose de l'église paroissiale Saint-Pierre-aux-Liens (1480) et de la collégiale de Saint-Michel-et-des-Saints-Innocents (1394). Elle possède une crypte qui abritait des gisants aujourd'hui remontés dans des enfeus, une cuve baptismale en bois sculpté du XVIe s. et une Vierge à l'Enfant du XIVe s.

Visite libre : t.l.j. 9h-20h. Visite guidée : juin-août : w.-e. 15h-19h.
Visite sur r.-v. pour les groupes.

CÉRÉ-LA-RONDE — B3

Château de Montpoupon

Musée du Veneur
37460 Céré-la-Ronde
Tél. : 02 47 94 21 15
www.montpoupon.com
Propriété privée
Inscrit et classé

Ancienne forteresse du XIIIe s., ce château ne garde de cette époque que des tours alors que le corps de logis, avec fenêtres à meneaux et gâbles de style gothique, date du XVe s. L'intérieur présente trois chambres (du maréchal de la Motte Houdancourt, du Roy et de Prie), une salle à manger et un salon. La cuisine conserve plus de cent cinquante pièces de cuivre. Les communs rappellent les passions des propriétaires pour la chasse et le cheval avec le musée du Veneur qui présente la vénerie à travers vingt-cinq salles (sellerie, trompes, tableaux, appartements reconstitués, écuries, etc.).

Fév.-mars, oct.-13 déc. : w.-e. et j. fériés 10h-12h, 14h-16h ; avr.-juin, sept. : t.l.j. 10h-12h, 14h-18h ; juil.-août : t.l.j. 10h-18h. Visite libre.
Visite sur r.-v. pour les groupes (15 pers. min.). (juil.-sept. : t.l.j. sf lun. ; oct.-mars : jeu.-dim., lun.-mer. sur r.-v. uniquement).

CHAMPIGNY-SUR-VEUDE — A3

La Sainte Chapelle

2, place du Château
37120 Champigny-sur-Veude
Tél. : 02 47 95 71 46/02 47 58 13 62
Propriété privée
Classé

Édifié dès 1508 par Louis Ier de Bourbon, prince de La Roche-sur-Yon, le château de Champigny-sur-Veude est rasé en 1635 sur ordre de Richelieu, après la rébellion de Gaston d'Orléans. Il n'en reste aujourd'hui que des communs, une cour, des jardins et la collégiale funéraire de style gothique (1507-1545) précédée d'un porche classique (1549-1558). Cette dernière est une Sainte Chapelle, fondation princière abritant un morceau de la Vraie Croix. Elle conserve un ensemble de vitraux (1538-1608) représentant la vie du Christ, celle de Saint Louis et les portraits des Bourbons.

Mai : w.-e. 14h30-17h30 ; juin : mer.-dim. 14h30-17h30 ; juil.-août : t.l.j. 14h30-18h, w.-e. 10h-12h30, 14h30-18h ; sept. : t.l.j. sf ven. 14h30-17h30.
Visite libre. Visite sur r.-v. pour les groupes toute l'année.

B3 Détail — **CHANÇAY**

Jardins du château de Valmer

37210 Chançay
Tél. : 02 47 52 93 12
www.chateaudevalmer.com
Propriété privée
Inscrit

Les jardins en terrasses à l'italienne de Valmer offrent un panorama unique. Balustrades, statues, colonnes, escaliers et jets d'eau ponctuent des ambiances variées où charmilles, fleurs, fruits et légumes s'épanouissent avec élégance et harmonie. Le potager-conservatoire présente plus de mille variétés de plantes légumières, fruitières, condimentaires, aromatiques et officinales. Exceptionnelle chapelle troglodytique de 1524. Le domaine produit des vins de Vouvray, élaborés et mis en bouteille au château par le propriétaire.

Mai : w.-e. et j. fériés 10h-12h30, 14h-19h ; juin : t.l.j. 10h-12h30, 14h-19h ; juil.-août : t.l.j. sf lun. 10h-19h ; sept.-10 oct. : t.l.j. sf lun. 10h-12h30, 14h-18h. Visite guidée du parc. Visite sur r.-v. pour les groupes toute l'année des jardins et des caves.

B3 — **CHAPELLE-BLANCHE-SAINT-MARTIN (LA)**

Château de Grillemont

37240 La Chapelle-Blanche-Saint-Martin
Tél. : 02 47 59 62 03
Propriété privée
Inscrit et classé

Construit en 1470 par Bertrand de Lescouet, grand veneur de Louis XI, le château de Grillemont est transformé en résidence de plaisance au XVIIIe s. à l'initiative du fermier général Dangé d'Orsay qui fait abattre le donjon et redessiner les jardins. Un parc à l'anglaise, prolongé par des prairies et des cèdres dévoilant un étang, agrémente l'ensemble.

Juil.-15 août : 13h-18h. Visite libre du parc.
Visite guidée de l'intérieur à 14h, 15h, 16h. Visite sur r.-v. pour les groupes.

B3 Détail — **CHENONCEAUX**

Château

37150 Chenonceaux
Tél. : 02 47 23 90 07
www.chenonceau.com
Propriété privée
Classé

Le château de Chenonceau est élevé sur un ancien édifice détruit en 1411, dont ne subsistent que le donjon dit « tour des Marques » et le soubassement d'un moulin qui sert de base à la construction du nouveau logis bâti pour Thomas Bohier, receveur général des finances de Normandie de 1514 à 1522. Chenonceau est offert à Diane de Poitiers par Henri II en 1547. L'architecte Philibert Delorme fait construire une aile à deux étages longue de 60 m (1556-1559) qui enjambe le Cher au-dessus de cinq arches. Restitué à la mort du roi à Catherine de Médicis qui y fait des aménagements, le château abrite aujourd'hui un musée de cire qui relate ses grandes heures historiques.

Janv.-8 fév. : t.l.j. 9h30-17h ; 9 fév.-15 mars : t.l.j. 9h30-18h ;
16-31 mars : t.l.j. 9h30-19h ; avr.-mai : t.l.j. 9h-19h ;
juin, sept. : t.l.j. 9h-19h30 ; juil.-août : t.l.j. 9h-20h ;
oct. : t.l.j. 9h-18h30 ; 1er-5 nov. : t.l.j. 9h-18h ; 6 nov.-déc. : t.l.j. 9h30-17h.
Pâques, 1er mai, 8 mai, Ascension, Pentecôte : 9h-20h.
Visite libre. Visite guidée. Visite sur r.-v. pour les groupes. ♿ visite virtuelle.

CHINON A3

Forteresse royale

Musée Jeanne-d'Arc
37500 Chinon
Tél. : 02 47 93 13 45
www.forteresse-chinon.fr
Propriété du département
Classé

Surplombant la ville, la forteresse commencée au Xe s. évoque l'époque où l'histoire de la France et celle de l'Angleterre étaient intimement mêlées : la cour d'Henri II Plantagenêt et d'Aliénor d'Aquitaine s'y établit au XIIe s. Philippe Auguste, vainqueur de Jean sans Terre, occupe la place en 1205 et y fait édifier un donjon. En 1429, dans la grande salle a lieu la rencontre historique de Jeanne d'Arc avec le Dauphin, futur Charles VII. La forteresse royale de Chinon vit actuellement une autre étape majeure de son histoire. Depuis juin 2006 et pour deux ans, l'édifice abritera un chantier historique sans précédent visant à restituer sa splendeur militaire et sa cohésion d'antan. Une occasion unique de découvrir les techniques et le savoir-faire des artisans d'art qui travaillent à ce formidable projet.

Janv.-mars : 9h30-17h ; avr.-sept. : 9h-19h ; oct.-déc. : 9h30-17h.
Fermé 1er janv., 25 déc. Visite libre. Visite guidée.
Visite sur r.-v. pour les groupes. ♿ r.-d.-c.

Chapelle Sainte-Radegonde

Musée des Arts et Traditions populaires
37500 Chinon
Tél. : 02 47 93 18 12
www.chinon-histoire.org
Propriété d'une association

Accroché à la falaise creusée de maisons troglodytiques, un portail roman marque l'entrée de la chapelle qui porte le nom de l'épouse du roi Clotaire Ier, venue au VIe s. consulter un ermite qui avait établi sa cellule dans une grotte du coteau. La cellule est agrandie en chapelle et communique avec une cave demeurante. Elle abrite le tombeau de l'ermite et possède une fresque romane du XIIIe s. représentant une chasse royale. Dans les dépendances de la chapelle sont exposés des objets artisanaux du passé : ustensiles à l'usage de la lessive ou de la fabrication de l'huile de noix.

Ouvert toute l'année sur r.-v.

CHOUZÉ-SUR-LOIRE A3

Château des Réaux

51, rue des Réaux
37140 Chouzé-sur-Loire
Tél. : 02 47 95 14 40
www.chateaudesreaux.fr
Propriété privée
Inscrit

Édifié aux XVe et XVIe s. et agrandi au XVIIIe s., le château des Réaux est successivement la demeure des Briçonnet, maires de Tours et conseillers des rois, de Tallemant des Réaux, célèbre chroniqueur de la société aristocratique sous les règnes d'Henri IV et de Louis XIII. Le château se compose d'un logis du XVIe s., avec pavillon d'entrée, deux tours rondes et donjon carré, dont les façades sont en damier de brique et pierre, d'une aile gauche du XVIIIe s. et d'un corps bas de la fin du XIXe s.

T.l.j. 10h-18h. Visite guidée sur r.-v. ♿

CINQ-MARS-LA-PILE B3 DÉTAIL

Château

Rue du Château
37130 Cinq-Mars-la-Pile
Tél. : 02 47 96 40 49
Propriété privée
Inscrit et classé

Lieu de naissance du marquis de Cinq-Mars, Henri Coeffier de Ruzé, favori de Louis XIII, ce château est démantelé en 1642 et son propriétaire est accusé de conspiration avec les Espagnols et décapité sur ordre de Richelieu. Il ne reste de cet édifice que les douves, deux des quatre tours rondes du XIIIe s. et la tourelle d'escalier de la grosse tour, les fenêtres à croisées et les cheminées qui témoignent des travaux des XIVe et XVe s. Adossés à une petite tour subsistent des vestiges d'une travée de baies Renaissance, d'importants terrassements et un pont dormant desservant la basse-cour.

Juil.-15 sept. : t.l.j. sf mar. 11h-20h30 ; avr.-juin, 16 sept.-oct. : w.-e. 11h-20h30.
Fermé 1er janv., 1er mai, 1er et 11 nov., 25 déc., 15-28 fév., 1er-15 oct.
Visite libre. Visite sur r.-v. pour les groupes.

B3 Détail

CLÉRÉ-LES-PINS

Château de Champchevrier

37340 Cléré-les-Pins
Tél. : 02 47 24 93 93
www.champchevrier.com
Propriété privée
Classé

Le château de Champchevrier, apprécié des rois de France (Louis XI, Louis XIII), est une ancienne forteresse du XIe s. qui confronte habilement deux pavillons Renaissance et un corps de logis du XVIIe s. Il est complété de dépendances et d'un colombier, protégé de douves et de fossés. Siège de l'ambassade du Royaume-Uni en juin 1940, ce château possède une riche décoration intérieure, particulièrement la chambre du Roi parée de tapisseries du XVIIe s. Il est habité par la même famille depuis 1728.

15 juin-3e dim. de sept. : t.l.j. 10h-18h, w.-e. 14h-18h.
Visite libre des dépendances, du chenil, de la salle de chasse. Visite guidée de l'intérieur du château. Visite sur r.-v. pour les groupes toute l'année.
(sur r.-v. pour les groupes de 20 pers. min.).

B3 Détail

CORMERY

Abbaye Saint-Paul

37320 Cormery
Tél. : 02 47 91 82 87
www.loches-tourainecotesud.com
Propriété de la commune
Inscrit et classé

Fondée par Ithier, abbé de Saint-Martin de Tours en 791, cette abbaye peuplée de bénédictins par l'abbé Alcuin en 800 est reconstruite par l'abbé Fridugise en 831, avant de tomber en ruine au XIe s. Rebâtie à plusieurs reprises, elle subit les dommages de la guerre de Cent Ans et s'enrichit d'un nouveau dortoir lors de la restauration menée par les mauristes à la fin du XVIIe s. De cet ensemble éclectique ne subsistent que les bâtiments conventuels : une chapelle de la Vierge (XVe s.), des parties des galeries du cloître (XIVe s.), l'aumônerie (XVe s.), les logis de l'abbé et du prieur (XVe s.) et le réfectoire du XIIIe s.

Juil.-août : t.l.j. 9h-12h, 14h-18h.
Visite guidée sur r.-v. Visite sur r.-v. pour les groupes.

A3

CRAVANT-LES-CÔTEAUX

Église Saint-Léger-du-Vieux-Bourg

Musée lapidaire
37500 Cravant-les-Côteaux
Tél. : 02 47 93 12 40/02 47 98 49 14
Propriété d'une association
Classé

Cette église est souvent considérée comme un des rares sanctuaires carolingiens demeurant presque intacts. Mais la structure de ses fenêtres et le décor des chevrons sculptés la font remonter au XIe s. Désaffectée en 1863, elle abrite aujourd'hui des collections lapidaires parmi lesquelles sont présentés entre autres des sarcophages mérovingiens et deux piliers carolingiens.

T.l.j. 9h-12h, 13h30-19h. Visite libre. Visite guidée.

A3

FAYE-LA-VINEUSE

Château de la Grillère

37120 Faye-la-Vineuse
Tél. : 02 47 95 66 06
Propriété privée
Inscrit

Édifié au XVIe s. par les Rémonfort, ce château avec pavillons en retour d'équerre et tours polygonales est l'œuvre de l'architecte Lemercier. Il possède une façade sur cour remaniée au XVIIe s., une autre sur jardin du XVIIIe s. et un mur d'enceinte à l'est qui arbore une porte Renaissance. L'intérieur est revêtu de boiseries, et présente du mobilier des XVIIe et XVIIIe s., des tapisseries et des tableaux de Largillière, de Rigault et de Mignard.

15 juin-15 sept. : 9h-12h, 14h-19h ; 16 sept.-14 juin : visite sur r.-v. Visite guidée.

GIZEUX — A3

Château
Route de
Château-la-Vallière-Bourgueil
37340 Gizeux
Tél. : 02 47 96 45 18
www.chateaudegizeux.com
Propriété privée
Classé

Cet édifice du XVIIe s. est précédé d'une tour ronde isolée du XIVe s., dernier vestige de la forteresse d'Hugues Du Bellay dont la famille reste propriétaire près de trois cent cinquante ans. Le château a conservé deux galeries décorées de peintures murales, l'une de la Renaissance et l'autre du XVIIe s. représentant sur 400 m^2 des châteaux royaux et des scènes champêtres. Il possède de somptueux communs du XVIIIe s., un parc et des écuries.

Avr., oct : t.l.j. sf dim. mat. 10 h, 11 h, 14 h 30, 15 h 30, 16 h 30 ;
Mai-sept. : t.l.j. 10 h-18 h, dim. 14 h-18 h.
Visite guidée. Visite sur r.-v. pour les groupes (15 pers. min.).

GRAND-PRESSIGNY (LE) — B4L

Musée de la Préhistoire
37350 Le Grand-Pressigny
Tél. : 02 47 94 90 20
www.prehistoiregrandpressigny.fr
Propriété du département
Inscrit et classé

Dominant la Claise, le château fort du Grand-Pressigny a conservé son donjon carré et son enceinte du XIIe s. Réaménagé au XVe s. puis au XVIe s. par Honorat II de Savoie, il possède une galerie Renaissance qui abrite aujourd'hui le musée départemental de la Préhistoire. Y est exposée une collection d'outils de silex issus des ateliers locaux, qui exportaient en Europe la matière première et les produits finis ou semi-finis.

Janv.-mars, oct.-déc. : t.l.j. sf mar. 10 h-12 h 30, 14 h-17 h ;
avr.-juin, sept. : t.l.j. 10 h-18 h ; juil.-août : t.l.j. 10 h-19 h.
Fermé 1er janv., 25 déc.

GUERCHE (LA) — B4

Château
37350 La Guerche
Tél. : 02 47 91 02 39
www.chateaudelaguerche.com
Propriété privée
Inscrit

Édifié à la fin du XVe s. à l'emplacement d'une ancienne place forte défendant le passage de la Creuse traversée à cet endroit par une voie romaine, ce château conserve des tours massives, une salle des gardes, un pont-levis et deux étages de souterrains voûtés. L'un abrite les canons de l'époque et l'autre, ancien grenier, sert un temps de prison et possède une voûte de style Plantagenêt.

Mi-juin à mi-sept. : 10 h-13 h, 14 h-19 h, dim. 13 h-19 h.
Visite sur r.-v. le reste de l'année.

LANGEAIS — B3 DÉTAIL

Château
37130 Langeais
Tél. : 02 47 96 72 60
www.chateau-de-langeais.com
Propriété de l'Institut de France
Classé

Doté du plus ancien donjon de pierre en France (fin du Xe s.), le château de Langeais offre un bel ensemble architectural. Enjeu entre les Anglais et les Français lors de la guerre de Cent Ans, il est finalement conservé par les Français. Seul en subsiste le donjon. L'actuel château est bâti à la demande de Louis XI, sous la surveillance de Jean Bourré, capitaine de Langeais. Largement restauré au XIXe s., il abrite aujourd'hui des mobiliers et des tapisseries d'époque ainsi qu'un musée de cires évoquant le mariage de Charles VIII et d'Anne de Bretagne.

Fév.-mars : t.l.j. 9 h 30-17 h 30 ; avr.-juin, sept.-12 nov. : t.l.j. 9 h 30-18 h 30 ;
juil.-août : t.l.j. 9 h-19 h ; 13 nov.-janv. : t.l.j. 10 h-17 h.
Visite libre. Visite guidée. Fonctionnement du pont-levis, t.l.j. à 10 h et 16 h.
Visite sur r.-v. pour les groupes. ext. et r.-d.-c.

A3 **LÉMERÉ**

Château et jardins du Rivau

Le Coudray
37120 Lémeré
Tél. : 02 47 95 77 47
www.chateaudurivau.com
Propriété privée
Inscrit et classé

En Val de Loire, entre Chinon et Richelieu, Le Rivau est un ensemble architectural unique : le château-forteresse du Moyen Âge, les écuries Renaissance et le pressoir l'apparentent à un château de légende. Immortalisé par Jeanne d'Arc et Rabelais, Le Rivau, après une campagne de restauration de quinze ans, a retrouvé sa splendeur et semble à nouveau s'être échappé d'un album de contes et de légendes. Les douze jardins inspirés des contes de fées invitent à découvrir une succession de floraisons : collections d'iris, de pivoine, de roses, etc.

Pâques-mai, oct. à mi-nov. : t.l.j. 10h-12h30, 14h-19h ;
juin-août : t.l.j. 10h-19h ; sept : t.l.j. sf mar. 10h-19h.
Visite libre. Visite guidée sur r.-v. pour les groupes toute l'année.
♿ en partie. 🍽 (juin-août : 11h30-14h30).

B3 Détail **LIGNIÈRES-DE-TOURAINE**

Château de Fontenay

37130 Lignières-de-Touraine
Tél. : 02 47 96 67 62
www.chateaudefontenay-touraine.com
Propriété privée
Inscrit

Le château de Fontenay est une demeure seigneuriale du XIVe s. L'originalité de son plan d'origine, en forme de carré parfait, attire tout de suite l'attention. Cette disposition a été beaucoup utilisée au Moyen Âge. En réalité, le château est bâti sur les vestiges d'une villa gallo-romaine. Il se compose d'un logis ou donjon primitif, auquel des constructions postérieures du XVIe s. et du XVIIe s. ont été ajoutées. Un mur d'enceinte, remarquablement conservé, forme le reste du carré, qui abrite un petit jardin à la française.

2-27 juin, 15 sept.-3 oct. : t.l.j. sf w.-e. 10h-13h, 15h30-19h ;
30 juin-13 sept. : t.l.j. sf dim. 10h-13h, 15h30-19h.
Visite guidée. Visite sur r.-v. pour les groupes toute l'année.

B3 **LOCHES**

Cité royale

37600 Loches
Tél : 02 47 59 01 32
www.chateau-loches.fr
Propriété du département
Inscrit et classé

C'est l'une des plus belles cités fortifiées de France. Le donjon, haut de 36 m, a été construit par un comte d'Anjou, Foulques Nerra, au début du XIe s. S'il figure parmi les plus imposants de son époque en Europe, il est aussi l'un des mieux conservés. Modèle d'architecture militaire, il est transformé en prison royale par Louis XI. Le logis royal se trouve à proximité. Ce joyau de la Renaissance française, haut lieu de l'histoire de France, a été une résidence de prédilection de la dynastie des Valois. Sa façade ouverte en terrasse domine la ville et la vallée de l'Indre. Le logis a accueilli notamment Jeanne d'Arc, Agnès Sorel et Anne de Bretagne.

Janv.-mars : 9h30-17h ; avr.-sept. : 9h-19h ;
oct.-déc. : 9h30-17h. Fermé 1er janv., 25 déc.
Visite libre. Visite guidée. Visite sur r.-v. pour les groupes (10 pers. min). ♿ ext.

LUYNES B3 DÉTAIL

Château

Avenue du Clos-Mignot
37230 Luynes
Tél. : 02 47 55 67 55
Propriété privée
Inscrit

À l'origine forteresse médiévale du XIIe s., le château joua un rôle très important au cours de la guerre de Cent Ans. Modifié progressivement aux XVe et XVIIe s. en une confortable demeure de plaisance, il reçut la visite de personnages illustres (Louis XI, Catherine de Médicis et Louis XIII). Propriété des ducs de Luynes depuis 1619 et toujours occupé par cette même famille, le château abrite une imposante collection de mobilier, de tapisseries et de portraits de diverses époques.

Avr.-sept. : t.l.j. 10h-12h30, 14h-18h.
Visite guidée du château. Visite libre des jardins et de la chapelle du XVe s.
Visite sur r.-v. pour les groupes. (fiches de visite).

MONTLOUIS-SUR-LOIRE B3 DÉTAIL

Château de la Bourdaisière

Conservatoire de la tomate
37270 Montlouis-sur-Loire
Tél. : 02 47 45 16 31
www.chateaulabourdaisiere.com
Propriété privée
Inscrit

Construit à l'emplacement d'une forteresse appartenant au XIIIe s. au maréchal Boucicaut, ce château de plaisance est élevé en 1520 par Philibert Babou. Berceau de Gabrielle d'Estrées, favorite d'Henri IV, il ne subsiste de cet édifice que les communs du XVIIe s., complétés par un intéressant corps de logis du XIXe s. Le château est bordé d'un jardin à l'anglaise et possède une serre restaurée, une roseraie et un potager-conservatoire qui présente cinq cent cinquante variétés de tomates.

Avr.-oct. : t.l.j. 9h30-19h.
Visite libre des jardins. Visite guidée du château.

MONTRÉSOR B3

Château

37460 Montrésor
Tél. : 02 47 92 60 04
www.chateaudemontresor.fr
Propriété privée
Classé

Place forte dont la fondation est attribuée à Foulques III Nerra, le château de Montrésor passe à la fin du XIIe s. de la tutelle du roi d'Angleterre Henri II Plantagenêt à celle de Philippe Auguste qui l'unit à la Couronne. Le château est démoli au XIIIe s. et reconstruit en 1395 pour Jean de Bueil, avec Jean Binet pour maître d'œuvre. Acquis au XVIe s. par Imbert de Bastarnay, il est doté d'un corps de logis qui surplombe l'Indrois. Il abrite de nombreuses œuvres d'art parmi lesquelles des tableaux de Véronèse, du Caravage, des œuvres de Van Loo, de Winterhalter et une collection du cardinal Fesch.

Avr.-11 nov. : t.l.j. 10-19h ; 12 nov.-mars : w.-e. 10h-18h (sur r.-v. en semaine).
Visite libre. ♿ extérieur et r.-d.-c.

Collégiale Saint-Jean-Baptiste

37460 Montrésor
Tél. : 02 47 91 43 00
www.chateaudemontresor.fr
Propriété de la commune
Classé

La collégiale est un des chefs-d'œuvre français de la première Renaissance. Elle abrite de nombreux tombeaux de la famille Bastarnay, à l'origine de l'édifice, ainsi que des vitraux et des stalles datant du XVIe s. L'église s'enrichit également de quatre tableaux de la collection Fesch et de deux œuvres du XVIIe s. récemment restaurées : une représentation de Saint-Blaise et *L'Annonciation* de Philippe de Champaigne.

T.l.j. toute l'année 9h-19h. Visite libre. ♿ ext. et r.-d.-c.

B3 DÉTAIL — PARÇAY-MESLAY

Grange de Meslay

37210 Parçay-Meslay
Tél. : 02 47 29 19 29
www.meslay.com
Propriété privée
Classé

La grange de Meslay, dépendant de l'abbaye de Marmoutier, fut construite en 1220. L'imposante entrée de Meslay apparaît comme un porche monumental au-dessus duquel s'élève une tour carrée à deux étages. Après être passé sous ce magnifique porche, on parvient à la grange qui fut conçue presque à la façon d'un édifice religieux. En effet, longue de 60 m et large de 25, elle est divisée en cinq nefs de treize travées par une quadruple rangée d'imposants piliers en cœur de chêne supportant la charpente qui s'élève à 15 m. La grange de Meslay, qui est une des dernières granges de cette importance existante en Europe, représente un superbe exemple de l'architecture civile du XIIIe s.

Pâques-Toussaint : w.-e. et j. fériés 15h-18h30. Visite libre.

B3 DÉTAIL — RICHE (LA)

Prieuré Saint-Cosme

Demeure de Ronsard
37520 La Riche
Tél. : 02 47 37 32 70
www.prieure-ronsard.fr
Propriété du département
Classé

Jardin remarquable

Depuis sa fondation en 1092 et jusqu'au XVIIIe s., la communauté des chanoines accueille au prieuré de Saint-Cosme les pèlerins en route pour Saint-Jacques-de-Compostelle. L'histoire du site reste marquée par la présence des rois de France en Touraine aux XVe et XVIe s. et surtout par la venue de Pierre de Ronsard qui en devient le prieur en 1565. Le « prince des poètes » y reçoit, la même année, la visite de Catherine de Médicis et de son fils, le roi Charles IX. Dans ce cadre propice à son inspiration, Ronsard vit ses derniers jours et s'y éteint dans la nuit du 27 décembre 1585.

15 mars-avr., sept.-15 oct. : t.l.j. 10h-18h ; mai-août : t.l.j. 10h-19h ;
15 oct.-15 mars : t.l.j. sf mar. 10h-12h30, 14h-17h. Fermé 1er janv., 25 déc.
Visite libre. Visite guidée sur r.-v. pour les groupes (10 pers. min.). ♿ r.-d.-c.

A3 DÉTAIL — RIGNY-USSÉ

Château d'Ussé

37420 Rigny-Ussé
Tél. : 02 47 95 54 05
www.chateaudusse.fr
Propriété privée
Inscrit et classé

Reconstruit dans la seconde moitié du XVe s. et dans la première moitié du XVIe s. à l'emplacement d'une forteresse médiévale, le château d'Ussé comprend alors un corps de logis, un corps de liaison desservant la cour, un donjon extra-muros, une collégiale. Une entrée, située entre deux tours, est condamnée avec le corps principal au XVIIe s. À la même époque sont aménagées ses terrasses et l'orangerie. La collégiale abrite aujourd'hui des stalles du XVIe s. et une Vierge en faïence émaillée de Luca Della Robbia. Source d'inspiration de Charles Perrault, le château abrite entre autres la restitution de scènes de *La Belle au bois dormant*.

Mi-fév. à mars, sept.-11 nov. : 10h-18h ; avr.-août : 10h-19h. Visite libre.

B3 DÉTAIL — ROCHECORBON

Manoir des Basses-Rivières

24, quai de la Loire
37210 Rochecorbon
Tél. : 02 47 52 80 99
Propriété privée
Inscrit

Édifié en 1713, le manoir des Basses-Rivières est une demeure vigneronne depuis 1770. Elle possède un puits-cheminée de 70 m qui amenait le raisin directement dans la cave et comprend un logis et un escalier troglodytique médiéval descendant jusqu'à 20 m dans la falaise à laquelle elle s'adosse.

T.l.j. sf mar. 14h-19h. Visite extérieure uniquement.
Visite libre. Visite sur r.-v. pour les groupes.

SACHÉ — B3 DÉTAIL

Château
Musée Balzac
37190 Saché
Tél. : 02 47 26 86 50
www.musee-balzac.fr
Propriété du département
Classé

Au cœur de la Touraine, le château de Saché (XVIe-XVIIIe s.) est le lieu d'inspiration privilégié d'Honoré de Balzac. De 1830 à 1837, années les plus prolifiques de sa carrière, l'auteur de *La Comédie humaine* y trouve, chez son ami Jean de Margonne, le refuge idéal pour échapper à ses créanciers et à la vie parisienne. Dans la petite chambre du deuxième étage, il écrit plusieurs chefs-d'œuvre dont *Le Père Goriot*, *Les Illusions perdues* et *La Recherche de l'absolu*. La vallée de l'Indre, Saché et les châteaux environnants constituent le cadre de son célèbre roman *Le Lys dans la vallée*.

Avr.-juin, sept. : t.l.j. 10h-18h ; juil.-août : t.l.j. 10h-19h ;
oct.-mars : t.l.j. sf mar. 10h-12h30, 14h-17h. Fermé 1er janv., 25 déc.
Visite libre. Visite audioguidée. Visite guidée. Visite sur r.-v. pour les groupes.

SAINT-PATERNE-RACAN — B2

Château de La Roche-Racan
37370 Saint-Paterne-Racan
Tél. : 02 47 29 20 02
www.racan.org
Propriété privée
Inscrit

Édifié par Jacques Ier Gabriel pour le marquis de Racan, poète pastoral du XVIIe s., ce château comprend à l'origine un corps de logis flanqué de deux pavillons dont un seul subsiste. Ce dernier, surmonté d'une tourelle d'angle, est décoré de cariatides et bordé de longues terrasses à balustres disposées sur des arcades à mascarons.

Juil.-14 août : 9h30-12h30, 14h30-17h30.
Visite guidée.
Visite sur r.-v. le reste de l'année.

SEUILLY — A3

La Dévinière
Musée Rabelais
37500 Seuilly
Tél. : 02 47 95 91 18
www.musee-rabelais.fr
Propriété du département
Classé

C'est dans cette métairie, ancienne maison de vigneron, que Rabelais voit le jour vers 1483. Elle se compose d'un logis à un étage du XVe s., précédé d'un colombier, et abrite des caves pourvues de vieux pressoirs à vis en bois et roue de serrage. La maison abrite aujourd'hui un musée qui retrace la vie et l'œuvre de l'écrivain.

Juil.-août : t.l.j. sf mar. 10h-19h ;
avr.-juin, sept. : t.l.j. 10h-12h30, 14h-18h ;
oct.-mars : t.l.j. 10h-12h30, 14h-17h.
Fermé 1er janv., 25 déc. Visite libre.
Visite guidée sur r.-v. pour les groupes (10 pers. min.).
(document de visite en caractères agrandis).

A3 **TAVANT**

Église Saint-Nicolas

37220 Tavant
Tél. : 02 47 58 58 01
www.communedetavant.fr
Propriété de la commune
Classé

Cet édifice de la fin du XIe s. est une des rares églises romanes tourangelles entièrement voûtée en berceau, preuve des influences poitevines et berrichonnes sensibles également dans le plan. Elle est élevée sur une crypte légèrement postérieure (XIIe s.) ornée de remarquables fresques illustrant la lutte du Bien contre le Mal et possède un chœur décoré de fresques du début du XIIe s. dont un Christ en majesté et une partie du cycle de l'enfance du Christ, une Annonciation, une Nativité et des scènes illustrant le Bien et le Mal.

Mars, oct.-nov. : lun.-ven. 10h-12h30, 13h30-18h;
avr.-sept. : mer.-dim. 10h-12h30, 13h30-18h. Fermé déc.-fév.
Visite libre. Visite guidée. Visite sur r.-v. pour les groupes (10 pers. min.).

B3 DÉTAIL **TOURS**

Cathédrale Saint-Gatien, cloître de la Psalette

1, rue Racine
37000 Tours
Tél. : 02 47 47 05 19
www.paroisse-cathedrale-tours.cef.fr/
http://la-psalette.monuments-nationaux.fr
Propriété de l'État
Classé

CENTRE DES MONUMENTS NATIONAUX

Construite vers 1236, la cathédrale de Tours est achevée au XVIe s. Elle possède une nef des XIVe-XVe s. et un chœur rappelant par ses verrières du XIIIe s. la Sainte-Chapelle à Paris. Elle abrite dans une chapelle le tombeau des enfants de Charles VIII et d'Anne de Bretagne. Le cloître de la Psalette, édifié de 1442 à 1524, offre un remarquable ensemble Renaissance. Il est organisé en trois galeries adossées au mur nord de la cathédrale et possède un scriptorium (1520) desservi par un escalier, précédant une bibliothèque abritée dans une belle salle voûtée d'ogives où sont exposées des fresques des XIIIe et XIVe s.

CATHÉDRALE Pâques-Toussaint : visite guidée de 10h-12h, 14h30-17h30.
Visite libre t.l.j. le reste de l'année.
CLOÎTRE DE LA PSALETTE Avr. : t.l.j. sf dim. mat. 10h-12h30, 14h-17h30;
mai-août : t.l.j. sf dim. mat. 9h30-12h30, 14h-18 h ;
sept.-mars : t.l.j. sf lun., mar. et dim. mat. 10h-12h30, 14h-17h30.
Fermé 1er janv., 25 déc. Visite guidée.

Archevêché

Musée des Beaux-Arts
18, place François-Sicard
37000 Tours
Tél. : 02 47 05 68 73
www.tours.fr
Propriété de la commune
Classé

Attesté à cet emplacement depuis le VIe s., le palais épiscopal puis archiépiscopal s'appuie sur l'enceinte gallo-romaine du IVe s. Il subsiste un bâtiment du XIe s. et un autre du XIIe s., dont le mur pignon porte un balcon du XVIe s. qui servait à la lecture des jugements du tribunal ecclésiastique. Les autres bâtiments sont des XVIIe et XVIIIe s. Le jardin à la française est fermé par un portail monumental élevé entre 1776 et 1778. L'archevêché abrite le musée des Beaux-Arts.

T.l.j. sf mar. : 9h-18h. Fermé 1er janv., 1er mai, 14 juil., 1er et 11 nov., 25 déc.
Visite libre. Visite guidée sur r.-v. pour les groupes.

Hôtel Goüin

Musée archéologique
25, rue du Commerce
37000 Tours
Tél. : 02 47 66 22 32
www.musee-gouin.fr
Propriété du département
Classé

Le musée de l'hôtel Goüin offre un bel exemple d'architecture civile de la Renaissance. Élevé sur des fondations romaines, il abrite un musée archéologique retraçant toutes les époques de l'histoire de Tours de la préhistoire à la Renaissance.

Temporairement fermé pour travaux. Pour plus d'informations quant à une prochaine réouverture, se renseigner au 02 47 66 22 32.

Château

25, avenue André-Malraux
37000 Tours
Tél. : 02 47 70 88 46
www.tours.fr
Propriété de la commune
Inscrit

De la forteresse du XIIIe s., le château n'a conservé que la tour de Guise. Le long du quai se trouve le logis des gouverneurs du XVe s., surmonté de lucarnes à gâble. À l'intérieur, le pavillon de Mars, conçu sous Louis XVI et flanqué au sud d'une tour ronde du XIIIe s. Le château abrite aujourd'hui de nombreuses expositions temporaires tout au long de l'année.
T.l.j. sf lun. 14h-18h (certaines expositions peuvent induire des changements d'horaires). Visite libre. Visite guidée pour certaines expositions.

Hôtel Raimbault

Chapelle souterraine
et musée du Gemmail
7, rue du Mûrier
37000 Tours
Tél. : 02 47 61 01 19
www.gemmail.com
Propriété de la commune
Inscrit

L'hôtel Raimbault, édifié en 1835, abrite le musée du Gemmail et possède une chapelle souterraine du XIIe s. décorée de gemmaux. Le gemmail : cet assemblage de pièces de verre coloré en relief est éclairé de l'intérieur par une source lumineuse artificielle.
Pâques-15 oct. : t.l.j. sf lun. 14h-18h30.
Visite libre. Visite guidée. Visite sur r.-v. pour les groupes.

VILLANDRY — B3 DÉTAIL

Château et jardins

37510 Villandry
Tél. : 02 47 50 02 09
www.chateauvillandry.com
Propriété privée
Inscrit et classé

Le château de Villandry est construit en 1532 pour Jean Le Breton, secrétaire d'État de François Ier. Il se compose à l'origine d'un corps de logis sur fond de cour pavée, de deux ailes en retour et d'un quatrième corps aujourd'hui disparu. Le château est entouré de jardins Renaissance reconstitués au premier quart du XXe s. par Joachim Carvallo d'après les planches d'Androuet Du Cerceau et plantés sur trois niveaux. Le plus élevé est le miroir d'eau, vaste bassin rectangulaire servant de réserve, d'où l'eau s'écoule en cascades vers les douves. Un labyrinthe mène au jardin d'agrément, lui-même composé du jardin d'amour et du jardin de musique, dont les buis et les ifs forment les figures symboliques. Le jardin potager en constitue la partie la plus spectaculaire.
CHÂTEAU 1er-6 janv., 20-31 déc. : 9h30-16h30;
9-29 fév., 1er-14 nov. : 9h-17h; 1er-29 mars : 9h-17h30;
30 mars-juin, sept.-oct. : 9h-18h; juil.-août : 9h-18h30.
Visite libre. Visite guidée. Visite guidée sur r.-v. pour les groupes.
JARDINS 1er janv.-8 fév., 17 nov.-31 déc. : 9h-17h; 9-29 fév.,
26 oct.-16 nov. : 9h-17h30; 1er-29 mars : 9h-18h; 30 mars-juin, sept. : 9h-19h;
juil.-août : 9h-19h30; 1er-25 oct. : 9h-18h30.
Visite libre. Visite guidée. Visite sur r.-v. pour les groupes.

VOUVRAY — B3 DÉTAIL

Château de Jallanges

Vernou-sur-Brenne
37210 Vouvray
Tél. : 02 47 52 06 66
www.chateaudejallanges.fr
Propriété privée
Inscrit

Le château de Jallanges dominant le vignoble de Vouvray est construit en brique et pierre aux XVe et XVIe s. Il possède une chapelle du XVIIe s. et d'importants communs situés au centre d'un parc planté de cèdres. Un jardin à la française agrémente l'ensemble.
Avr.-sept. : t.l.j. 10h-12h, 14h-18h; oct.-mars : sur r.-v. Visite guidée.
Visite sur r.-v. pour les groupes.

B2 — ARVILLE

Commanderie des templiers

Centre d'Histoire
des ordres de chevalerie
Route des Templiers
41170 Arville
Tél. : 02 54 80 75 41
www.commanderie-arville.com
Propriété d'une association
Inscrit

Fondée dans la première moitié du XIIe s., cette commanderie, l'une des mieux conservées de France, des frères hospitaliers de Saint-Jean-de-Jérusalem, se compose d'un ensemble de bâtiments appareillés en roussard (grès) du XVIe s. et d'une chapelle du XIIe s. précédée d'un clocher-pignon relié à une tour bâtie en silex faisant partie intégrante de la muraille. Elle possède une porte d'entrée du XVe s. comprenant deux tourelles en brique aux toits de lattes de châtaignier, une grange aux dîmes restaurée, un pigeonnier, un four, et abrite depuis peu le centre d'Histoire des ordres de chevalerie évoquant l'époque des croisades.

Fév.-avr., sept.-nov. : t.l.j. 10h-12h30, 13h30-17h30 ; mai-août : t.l.j. 10h-18h30.
Fermé déc.-janv. Visite libre. Visite audioguidée.
Visite sur r.-v. pour les groupes toute l'année (10 pers. min.). ♿

B3 — BLOIS

Château et parc

41000 Blois
Tél. : 02 54 90 33 32/02 54 90 33 33
www.chateaudeblois.fr
Propriété de la commune
Classé

TOURISME & HANDICAP

L'existence à Blois d'une forteresse est attestée dès le XIIIe s. Il n'en subsiste que la salle des États généraux, faisant aujourd'hui saillie entre l'aile Louis XII (corps de logis d'entrée) et l'aile François Ier. Louis XII, devenu roi en 1498, est à l'origine de trois bâtiments de brique et pierre encadrant la cour et dont il ne reste que l'aile Louis XII, située entre l'avant-cour et la cour d'honneur carrée. Cette dernière est aussi bordée par la chapelle Saint-Calais à laquelle s'adosse l'aile de Charles d'Orléans, par l'aile François Ier et l'aile Gaston d'Orléans, œuvre de François Mansart réalisée de 1635 à 1638. La façade intérieure présente un remarquable escalier à vis polygonal en saillie et souligne, par la façade des loges, l'innovation d'une conception Renaissance. Le château est encore chargé du souvenir de la mort du duc de Guise et abrite un musée lapidaire, des sculptures monumentales, une salle des portraits et une collection de ferronnerie et de serrurerie.

Janv.-mars, 4 nov.-déc. : t.l.j. 9h-12h30, 13h30-17h30 ;
avr.-juin, sept. : t.l.j. 9h-18h30 ; juil.-août : t.l.j. 9h-19h ; oct.-3 nov. : t.l.j. 9h-18h.
Fermé 25 déc., 1er janv. Visite libre. Visite guidée. ♿ accueil sur r.-v.

B3 — CELLETTES

Château de Beauregard, jardin des Portraits et parc

41120 Cellettes
Tél. : 02 54 70 36 74
www.beauregard-loire.com
Propriété privée
Classé

Jardin remarquable

Cette ancienne métairie est érigée en seigneurie en 1495 par Louis d'Orléans, futur Louis XII, pour Jean Doulcet, maître de la Chambre aux deniers de Charles d'Orléans. Le château comprend, côté cour, des pignons à redents et une tour d'escalier hors œuvre. Le corps de logis Doulcet disparaît en 1622, avant que l'édifice ne soit érigé en vicomté en 1654 et que deux ailes sur cour ne soient détruites au XIXe s. La galerie du premier étage expose 327 portraits et possède depuis 1627 un remarquable carrelage de Delft. Situé au sein d'un parc de 70 ha, le jardin de vivaces, dit « des Portraits », est l'œuvre du paysagiste contemporain Gilles Clément.

Fév.-mars, oct.-nov. : 9h30-12h30, 14h-17h ;
avr.-mai, sept. : t.l.j. 9h30-12h30, 14h-18h30 ; juil.-août : t.l.j. 9h30-18h30.
Fermé déc.- janv. Visite libre. Visite guidée sur r.-v. (sur réservation).

CHAMBORD C3

Château et parc

41250 Chambord
Tél. : 02 54 50 40 00
www.chambord.org
Propriété de l'État
Classé

Situé au cœur d'un domaine de 5 433 ha (dont 1 000 ha sont ouverts au public), le château royal de Chambord est le plus vaste et le plus somptueux des châteaux de la Loire avec 156 m de façade, 56 m de haut, 440 pièces. Construit à partir de 1519 pour François Ier, il est achevé par Louis XIV en 1685. Attribuée à Léonard de Vinci, sa conception se distingue par son prodigieux escalier à doubles révolutions. Ses célèbres terrasses composées de cheminées, tourelles et lucarnes évoquent le merveilleux des romans de chevalerie. Les importantes collections qui y sont conservées témoignent de la vie au fil du temps dans cette demeure royale principalement dédiée à la chasse. Des aires de visions, des sentiers de randonnées et des pistes cyclables permettent de découvrir les richesses du parc forestier, réserve nationale de chasse.

Janv.-mars, oct.-déc. : 9h-17h15 ; avr.-11 juil., 18 août-sept. : 9h-18h15 ; 12 juil.-17 août : 9h-19h30. Fermé 1er janv., 1er mai, 25 déc.
Visite libre. Visite guidée, audioguidée.
Visite sur r.-v. pour les groupes. ♿

CHAUMONT-SUR-LOIRE B3

Domaine de Chaumont

41150 Chaumont-sur-Loire
Tél. : 02 54 20 99 22
www.domaine-chaumont.fr
Propriété de la région
Classé

Dominant la Loire, cette ancienne forteresse est démolie sur ordre de Louis XI en 1465 et reconstruite par la famille de Chaumont-Amboise jusqu'en 1510. En 1560, Catherine de Médicis achète Chaumont et, devenue veuve, contraint Diane de Poitiers à l'accepter en échange de Chenonceaux. À la fin du XIXe s., les princes de Broglie réaménagent le château de façon luxueuse, construisent des écuries et font dessiner un parc paysager par Henry Duchêne. Le château expose aujourd'hui des tapisseries d'Aubusson et de Bruxelles, des meubles des XVIe et XVIIe s. La ferme du château abrite le Conservatoire international des parcs et jardins et du paysage.

Janv.-mars, 5 nov.-déc : t.l.j. 10h-17h ; avr.-juin, sept. : t.l.j. 10h-18h30 ; juil.-août : t.l.j. 10h-19h ; oct.-4 nov. : t.l.j. 10h-18h. Visite libre. Visite guidée.

CHÉMERY C3

Château

41700 Chémery
Tél. : 02 54 71 82 77
www.chateaudechemery.com
Propriété privée
Inscrit

Le château de Chémery est probablement édifié à la Renaissance à l'emplacement d'un château du XIIIe s., dont il reste quelques vestiges, lui-même établi sur une forteresse du XIIe s. Les archives de ce château ont malheureusement disparu à la Révolution. L'actuel château est entouré de douves enchâssant l'ensemble.

Mars-nov. : t.l.j. 11h-18h30.
Visite guidée. Visite sur r.-v. pour les groupes (15 pers. min.).

B3

CHEVERNY

Château

41700 Cheverny
Tél. : 02 54 79 96 29
www.chateau-cheverny.com
Propriété privée
Inscrit

Bâti de 1625 à 1634 par le comte Hurault de Cheverny, ce château affiche une grande unité de style dans son architecture et sa décoration. L'ordonnance symétrique de la façade antérieure est caractéristique des époques d'Henri IV et Louis XIII : deux parties médianes flanquent le corps central et sont cantonnées de pavillons à dômes carrés surmontés de campaniles ajourés. Le château abrite des bustes d'empereurs romains, des sculptures, des tableaux, des lambris polychromes et des meubles des XVIIe et XVIIIe s. La plus vaste pièce est la salle des armes dont les volets intérieurs sont l'œuvre du peintre blésois Jean Mosnier, de même que les plafonds à la française de la chambre du Roi et de la salle à manger. Dans les communs, une exposition permanente, « Les secrets de Moulinsart », permet de revivre grandeur nature les événements qui se déroulèrent dans ce château mythique, cher aux lecteurs de Tintin. Un jardin d'agrément, contemporain, s'étend désormais entre le château et l'orangerie. Un jardin potager, quadrillage composite d'espaces fleuris mais aussi de rangs de vigne, de légumes et d'arbustes fleuris, a pris place en face de la salle des trophées.

Janv.-mars, nov.-déc. : t.l.j. 9h45-17h ; avr.-juin, sept. : t.l.j. 9h15-18h15 ; juil.-août : t.l.j. 9h15-18h45 ; oct. : t.l.j. 9h45-17h.
Visite libre. Visite guidée sur r.-v.

Château de Troussay

Musée de Sologne
41700 Cheverny
Tél. : 02 54 44 29 07
Propriété privée
Inscrit

Cette gentilhommière, dont l'origine remonte aux XVe et XVIe s., appartient au XIXe s. à l'historien Louis de La Saussaye qui l'enrichit d'éléments décoratifs anciens provenant d'édifices disparus de la région. Le carrelage Louis XII du rez-de-chaussée, les vitraux d'époque Renaissance (à l'origine ceux de l'hôtel de Guise à Blois), les grisailles (XVIIe s.) du plafond du petit salon représentant les sarabandes d'amours (œuvre de J. Mosnier) et les meubles des XVIe-XVIIIe s. constituent les éléments caractéristiques de cet édifice. Les anciennes dépendances, encadrant la cour d'honneur, abritent le musée de Sologne qui évoque la vie domestique et agricole d'antan.

Juil.-août : t.l.j. 10h-18h30 ; avr.-fin juin : t.l.j. 10h30-12h30, 14h-18h ; sept. : 10h30-12h30, 14h-18h ; oct. : w.-e. 10h30-12h30, 14h-17h30.
Fermé nov.-mars. Visite libre des extérieurs.
Visite guidée. Visite sur r.-v. pour les groupes.

B2

COUR-SUR-LOIRE

Château

1, rue Robert-de-Flers
41500 Cour-sur-Loire
Tél. : 02 54 46 81 04
Propriété privée
Inscrit

Construit pour le receveur des Finances de Louis XII Jacques Hurault, seigneur de Cour de 1492 à 1517, ce château aux lucarnes à croisées avec gâbles à crochets est rattaché à celui de Ménars aux XVIIe et XVIIIe s. Il est aménagé pour la marquise de Pompadour avant de connaître de nombreux remaniements et d'être dépourvu de ses éléments décoratifs, aujourd'hui tous dispersés. Un parc agrémente l'ensemble.

Juil., 1er sem. de sept. : tous les apr.-midi.
Visite guidée. Visite sur r.-v. pour les groupes.

COUTURE-SUR-LOIR B2

Manoir de la Possonnière

Maison natale de Ronsard
41800 Couture-sur-Loir
Tél. : 02 54 72 40 05
www.pays-de-ronsard.fr
Propriété de la communauté de commune
Classé

Loys de Ronsard, de retour des guerres d'Italie, orna vers 1515 le manoir de la Possonnière de sculptures qui apparaissent comme étant une des premières manifestations de la pénétration de la renaissance italienne en France, et de devises qui sont d'autant de rappels des philosophies chrétienne et païenne. Son fils, Pierre de Ronsard, y naquit le 11 septembre 1524 et y vécut ses douze premières années, entendant dès cette époque l'appel des Muses. Le charme émanant de la Possonnière est à l'image de l'empreinte laissée par le poète vendômois dans la littérature française.

4e w.-e. de mars à fin mai, oct. à mi-nov. : jeu.-dim. et j. fériés 14h-18 ; juin, sept. : t.l.j. sf lun. 14h-18h ; juil.-août : t.l.j. 10h-19h.
Visite libre. Visite guidée. Visite sur r.-v. pour les groupes (15 pers. min.). ♿

FONTAINE-LES-COTEAUX B2

Parc botanique de la Fosse

41800 Fontaine-les-Coteaux
Tél. : 02 54 85 38 63
www.jardins-de-france.com
Propriété privée
Inscrit

Situé sur un coteau de la vallée du Loir, cet arboretum de 25 ha est créé en 1751 et entretenu par les générations successives d'une même famille. Le parc est planté d'arbres et d'arbustes issus du monde entier. Des allées et des clairières aménagées sont bordées de plantes d'un intérêt à la fois scientifique et esthétique.

Juil.-7 août : 10h30-18h30. Visite libre. Visite guidée.
Visite sur r.-v. pour les groupes toute l'année (10 pers. min.). ♿

FOUGÈRES-SUR-BIÈVRE B3

Château et jardin

1, rue Henri-Goyer
41120 Fougères-sur-Bièvre
Tél. : 02 54 46 27 18
http://fougeres-sur-bievre.monuments-nationaux.fr
Propriété de l'État
Classé

CENTRE DES MONUMENTS NATIONAUX

Le château de Fougères-sur-Bièvre est édifié dans la seconde moitié du XVe s. et au début du XVIe s. par trois générations de notables blésois. Il offre un remarquable exemple de l'art de bâtir du terroir. L'imposante courtine d'entrée avec mâchicoulis, la poterne fortifiée, la grosse tour et le donjon du XVe s. contrastent avec le style des portes à accolades, côté cour, surmontées de frontons sculptés gothiques. Une galerie d'inspiration Louis XII est ajoutée au quatrième côté au XVIe s., ainsi que des pilastres à rinceaux et chapiteaux d'époque Renaissance. Situé près d'une rivière, avec son jardin d'inspiration médiévale, il permet d'associer patrimoine et nature.

8 mai-10 sept. : t.l.j. 9h30-12h, 14h-18h ; 11 sept.-7 mai : t.l.j. sf mar. 10h-12h, 14h-17h. Fermé 1er janv., 1er mai, 1er et 11 nov., 24 déc.
Visite libre. Visite guidée. Visite sur r.-v. pour les groupes. ♿ r.-d.-c. + jardin.

C3 — LASSAY-SUR-CROISNE

Château du Moulin

Conservatoire de la fraise
41230 Lassay-sur-Croisne
Tél. : 02 54 83 83 51
www.chateau-moulin-fraise.com
Propriété privée
Classé

Construit en 1492 par J. de Persigny, architecte de la cour, ce château situé au cœur de la Sologne témoigne de la prospérité de Philippe du Moulin, compagnon et capitaine du roi Charles VIII. Il ne reste du château primitif que les douves, le donjon, deux tours d'entrée et une partie de la courtine couverte et flanquée d'une tour rehaussée sous Louis XIII. Le plafond peint du salon est bien conservé, de même qu'une statue de sainte Catherine issue de l'école de Michel Colombe du XVe s. et des tapisseries du XVIe et XVIIe s.

Avr.-sept. : t.l.j. sf mer. 10h-12h30, 14h-18h30.
Visite guidée. Visite sur r.-v. pour les groupes. ♿ avec aide.

B2 — LAVARDIN

Ruines du château

41800 Lavardin
Tél. : 02 54 85 07 74
www.lavardin.net
Propriété de la commune
Inscrit et classé

Principale place forte des comtes de Vendôme au Moyen Âge, ce château occupe une place stratégique dès le XIIe s. en raison de sa position entre les domaines de France capétienne et les possessions des rois angevins. On distingue les trois enceintes élevées par Bouchard de Lavardin : celle du châtelet (XIIe-XVe s.), celle du donjon rectangulaire (XIe s.) de 26 m de haut, renforcée au siècle suivant de tours d'égale hauteur, et celle appelée « chemise » qui est la mieux conservée.

Juin-15 sept. : 11h-12h, 15h-18h. Visite sur r.-v. pour les groupes.

B2 — MAZANGÉ

Manoir de Bonaventure

Le-Gué-du-Loir
41100 Mazangé
Tél. : 02 54 72 07 43
http://mazange.free.fr
Propriété privée
Classé

Propriété successive des templiers au XIIe s. puis des cordeliers aux XIIIe et XIVe s., qui la dédient à saint Bonaventure, cette demeure est la propriété de la famille Musset de 1537 à 1847. Ses bâtiments principaux et son enceinte datent des, XVe, XVIe et XVIIe s. ; ils sont à l'abandon jusqu'en 1969 avant d'être restaurés par les propriétaires actuels.

Visite guidée sur r.-v. uniquement.

B2 — MONDOUBLEAU

Ruines de l'ancienne forteresse

Place du Marché
41170 Mondoubleau
Tél. : 02 54 80 77 08
Propriété de la commune
Inscrit

De l'ancien château de Hugues Doubleau, vassal du comte de Blois-Chartres au début du XIe s., il ne subsiste qu'une forte motte et un contour d'enceinte. L'actuel château est construit entre 1180 et 1218 pour les vicomtes de Châteaudun, Hugues V et Hugues VI. L'édifice comprend un donjon circulaire, ruiné et incliné, que l'on rapproche de celui conçu pour le comte de Blois et qui diffère par l'absence de voûte et l'emplacement du corps de logis seigneurial. Les cheminées entre autres ont disparu, lors de l'exploitation de la motte par un chaufournier qui causa l'effondrement de la tour au XIXe s.

Juin-août : sam. visite à 15h.
Visite guidée. Visite sur r.-v. pour les groupes (4 pers. min.).

MONTHOU-SUR-CHER B3

Château du Gué-Péan

41400 Monthou-sur-Cher
Tél. : 02 54 71 37 10
www.guepean.com
Propriété privée
Classé

Le château du Gué-Péan est l'un des moins connus des châteaux de Touraine ; il se compose de trois corps de bâtiment avec deux pavillons Renaissance aux extrémités des corps latéraux, une chapelle, une salle des gardes et un chemin de ronde accessible. Ces bâtiments, cantonnés de quatre grosses tours rondes et entourés de douves sèches, encadrent une cour fermée. Les salons sont ornés de toiles de maîtres tels que David ou Andréa del Sarto et abritent une collection d'autographes et des tapisseries.

Mai-sept. : 10h-12h30, 14h-18h30.
Visite guidée. Visite sur r.-v. pour les groupes le reste de l'année. ♿

MONTOIRE-SUR-LE-LOIR B2

Chapelle Saint-Gilles

41800 Montoire-sur-le-Loir
Tél. : 02 54 85 23 30
Propriété privée
Classé

Cet ancien prieuré, constitué d'une chapelle du XIe s. à laquelle il manque trois travées de la nef, dépend de l'abbaye de Saint-Calais. Il abrite des fresques du XIIe s., œuvre majeure de la peinture romane, dont la datation, l'interprétation iconographique et l'appartenance stylistique sont controversées. Sa renommée tient à la présence de fresques du XIIe s. (Christ de l'Apocalypse) décorant les trois absides qui, disposées en trèfle, forment le chœur et le transept.

Visite libre. Se renseigner auprès de l'office du tourisme au 02 54 85 23 30.
Visite guidée sur r.-v.

PONTLEVOY B3

Abbaye

1, place du Collège
41400 Pontlevoy
Tél. : 02 54 32 99 39
www.euramcenter.com/
www.eurabbey.com
Propriété privée
Classé

Le seigneur Guelduin fonda l'abbaye de Pontlevoy en 1034, en construisant une chapelle, Notre-Dame-des-Blanches. Les moines de Saint-Maur, un groupe de bénédictins réformateurs développèrent l'abbaye jusqu'au XVIIe s. Grâce à la diligence du cardinal Richelieu, l'abbaye fit office de Collège royal. En 1776, Louis XVI fonda à l'abbaye une école militaire. En 2001, The European-American Center for International Education ouvrit ses portes pour établir une école de pensée internationale qui lie les cultures du monde entier.

T.l.j. 9h-19h. Visite libre des jardins. Visite guidée sur r.-v. ♿

SAINT-AGIL B2

Château

12, rue du Château
41170 Saint-Agil
Tél. : 02 54 80 94 02
Propriété privée
Inscrit

Le château de Saint-Agil est élevé au XVe s. Entouré de douves, il fait l'objet d'une campagne de travaux entre 1510 et 1529 au cours de laquelle Antoine de La Vove aménage un corps d'entrée à deux tours (briques rouges et noires), donnant ainsi l'amorce à une reconstruction générale. La façade est maintes fois remaniée au XVIIIe s. au point que seules les dispositions conservées sur l'arrière avec une tour d'escalier attestent son origine du XVe s. Elle subit de nouvelles adjonctions au XIXe s.

T.l.j. sf dim. 10h-17h. Fermé j. fériés. Visite libre de l'extérieur.
Visite guidée de la partie Renaissance à l'intérieur
et de la glacière de conservation sur r.-v. pour les groupes.

D2 **GIEN**

Château

Musée de la Chasse
1, place du Château
45500 Gien
Tél. : 02 38 67 69 69
www.loiret.com
Propriété du département
Classé

Édifié vers 1494 pour Anne de Beaujeu, fille aînée de Louis XI, régente de France, le château de Gien est construit dans un appareil de briques rouges et noires qui dessinent des motifs losangés. Il abrite le musée international de la Chasse depuis 1952 avec une exposition d'armes et d'accessoires de la préhistoire à nos jours. Y sont également présentés des œuvres d'art (dessins, gravures, tapisseries, pendules, faïences, etc.), en particulier des études de François Desportes et des toiles de Jean-Baptiste Oudry.

Fév.-mars, oct.-déc. : t.l.j. sf mar. 10h-12h, 14h-17h ;
avr.-juin, sept. : t.l.j. sf mar. 10h-18h ; juil.-août : 10h-18h. Fermé 1er janv., 25 déc.
Visite libre. Visite guidée sur r.-v. Visite guidée sur r.-v. pour les groupes.

C1 **MALESHERBES**

Château et parc

45330 Malesherbes
Tél. : 02 38 34 80 18
www.loiret.com
Propriété privée
Inscrit et classé

Dominant la vallée de l'Essonne, ce château, qui est la propriété de M. de Malesherbes, défenseur de Louis XIV devant la Convention, est édifié au XIVe s. et témoigne de la vie des personnages qui y ont reçu leurs souverains, de Charles V à Louis XIV. L'édifice se compose de deux ailes en brique et pierre du XVIIIe s., de trois tours d'angle médiévales et de dépendances allant du XIVe au XVIIIe s. L'édifice est mis en valeur par un grand parc paysager de 90 ha comprenant des charmes, des hêtres, des chênes et un jardin à la française.

20 juil., 3-14 août, 17-28 août, 31 août-3 sept. : 10h-16h. Visite libre.

C2 **MEUNG-SUR-LOIRE**

Château

45130 Meung-sur-Loire
Tél. : 02 38 44 36 47
www.loiret.com
Propriété privée
Inscrit

Résidence des évêques d'Orléans jusqu'à la Révolution et lieu de refuge de Salisbury durant la guerre de Cent Ans, ce château bâti au XIIIe s. se compose d'un corps de logis rectangulaire, de quatre tours d'angle (dont trois sont encore visibles), d'ouvrages de défense et d'imposantes murailles. Il conserve une chapelle souterraine, des oubliettes et un cul-de-basse-fosse dont François Villon fut sorti par Louis XI. Remanié au XVIIIe s., le château présente aujourd'hui encore vingt et une pièces meublées.

Janv.-16 fév. : w.-e. et j. fériés 10h30-12h, 14h30-16h30 ;
17 fév.-13 avr., oct.-11 nov. : t.l.j. 10h-12h, 14h-17h30 ;
14 avr.-sept. : t.l.j. 10h-18h. Visite libre. Visite guidée.
Visite sur r.-v. pour les groupes toute l'année (20 pers. max.). ascenseur.

D2 **NOGENT-SUR-VERNISSON**

Arboretum national des Barres

45290 Nogent-sur-Vernisson
Tél. : 02 38 97 62 21
www.arboretumdesbarres.com
Propriété de l'État
Classé

Créé en 1873, l'arboretum de 35 ha est l'ancienne propriété de la famille de Vilmorin, enrichie par les découvertes de célèbres botanistes. Elle rassemble aujourd'hui une riche collection d'arbres et d'arbustes (américains, européens et asiatiques) : 2700 espèces ligneuses, et quelques raretés telles qu'un thuya à quatre-vingts troncs, un séquoia de 46 m ou un arbre à mouchoirs, etc.

Avr.-juin : t.l.j. sf mar. 10h30-18h30 ; juil.-août : t.l.j. 10h30-18h30 ;
sept.-oct. : t.l.j. sf mar. 10h-17h30. Visite libre. Visite guidée.
Visite sur r.-v. pour les groupes toute l'année.

ORLÉANS C2

Cathédrale Sainte-Croix

45000 Orléans
Tél. : 02 38 77 87 50
(presbytère)
http://cathedrale-orleans.cef.fr
Propriété de l'État
Classé

Commencée au XIIIe s. et poursuivie au début du XVIe s., la cathédrale d'Orléans est en partie détruite par les protestants en 1586. Henri IV entreprend de la reconstruire dans le style gothique et confie les travaux au maître maçon d'Orléans Claude Johannet. Les travaux se poursuivent aux XVIIIe et XIXe s. La façade occidentale possède trois porches surmontés de rosaces et d'une galerie ajourée. Ses angles sont flanqués de tours à escaliers extérieurs à vis sculptés à jour. Le chœur est décoré de boiseries du XVIIIe s., œuvres de Degoullons (décorateur de Versailles) réalisées d'après Mansart, Gabriel et Lebrun. La crypte abrite deux sarcophages dont celui de Robert de Courtenay (XIIIe s.), donateur de précieux éléments du trésor.

Avr.-sept. : 9h15-12h, 14h-19h ; oct.-mars : 9h15-12h, 14h-17h.
Fermé dim. matin, 1er janv., 1er mai, 1er et 11 nov., 25 déc.
Visite libre. Visite guidée. Visite sur r.-v. pour les groupes.

Hôtel Cabu

Musée historique et archéologique de l'Orléanais
Square Abbé-Desnoyers
45000 Orléans
Tél. : 02 38 79 25 60
www.orleans.fr
Propriété de la commune
Classé

L'hôtel Cabu offre un bel exemple d'architecture civile du XVIe s. Attribué à Jacques Ier Androuet Du Cerceau, il est construit en 1548 pour Philippe Cabu, avocat au châtelet d'Orléans. La façade sur cour présente deux corps latéraux, l'un contenant des comptoirs de marchandises et l'autre un escalier à vis. L'ordonnancement de cette façade, avec ses ordres superposés, ses cartouches à la manière de Du Cerceau, marque la première manifestation du style « Henri II » à Orléans. L'hôtel abrite aujourd'hui un musée où sont entre autres conservés les chapiteaux de Saint-Benoît-sur-Loire et le trésor gallo-romain de Neuvy-en-Sullias.

Oct.-avr. : mer. 13h30-17h45, dim. 14h-18h ;
mai-juin, sept. : mar.-sam. 13h30-17h45, dim. 14h-18h ;
juil.-août : mar.-sam. 9h30-12h15, 13h30-17h45, dim. 14h-18h. Fermé 1er janv., 1er et 8 mai, 14 juil., 1er et 11 nov., 25 déc. Visite libre. Visite guidée sur r.-v.

Hôtel Groslot

3, place de l'Étape
45000 Orléans
Tél. : 02 38 79 22 30
www.loiret.com
Propriété de la commune
Classé

Tourisme & Handicap

Attribué à Jacques Androuet Du Cerceau, l'hôtel primitif est bâti de 1549 à 1555 pour Jacques Groslot, bailli d'Orléans, chancelier du duc d'Alençon. Les ailes en retour du bâtiment en U sont doublées de corps étroits après la mort du propriétaire en 1549. De 1790 jusqu'en 1982, il sert d'hôtel de ville. Les deux ailes sont rajoutées au XIXe s. et la décoration intérieure est réalisée entre 1850 et 1854 par l'architecte Albert Delton.

Oct.-juin : dim.-ven. 10h-12h, 14h-18h, sam. 16h30-18h ;
juil.-sept. : dim.-ven. 9h-19h, sam. 17h-21h.
Visite suspendue lors des traditionnelles fêtes de Jeanne d'Arc les 7 et 8 mai et durant les cérémonies officielles. Visite libre.
Visite guidée sur r.-v. Visite sur r.-v. pour les groupes.

Parc floral de La Source

45000 Orléans
Tél. : 02 38 49 30 00
www.parc-floral-la-source.fr
Propriété de la commune, propriété du département
Inscrit

Tourisme & Handicap

Conçu en 1967 lors des Floralies internationales, le site se compose d'un parc paysager de 35 ha, d'un jardin de fougères, de roses et de dahlias abrités de chênes centenaires. Au détour de balades, le visiteur découvrira la source du Loiret ainsi que la grande serre aux papillons et les locaux administratifs (non visitables) dus aux architectes Jean Prouvé et Louis Arretche. Lieu de curiosité et de détente, il réunit en un jardin contemporain sept cents iris classés Collection nationale. Une grande volière présente une architecture novatrice, complétée par une serre aux papillons tropicaux.

T.l.j. toute l'année 14h-17h. Fermé 1er janv., 25 déc.

C2

SAINT-BENOÎT-SUR-LOIRE

Abbaye de Fleury

44, rue Orléanaise
45730 Saint-Benoît-sur-Loire
Tél. : 02 38 35 72 43
www.abbaye-fleury.com
Propriété de la commune
Classé

Vers 672 sur les bords de Loire le corps de saint Benoît, mort en 547, et enseveli sous les ruines du Mont-Cassin. Ses reliques, placées dans la crypte (XIIe s.), ont contribué à la prospérité de l'abbaye qui porte depuis son nom. L'édifice se compose d'un clocher-porche aux chapiteaux sculptés, d'une nef (achevée en 1218), d'un chœur (1065-1108) de style roman et d'un transept, dont la coupole construite sur trompes porte le clocher central. Sa structure architecturale et son décor sculpté ont eu une très large influence sur l'art roman européen.

T.l.j. toute l'année 6h30-22h. Visite guidée sur r.-v. de Pâques à la Toussaint.

D2

SAINT-BRISSON-SUR-LOIRE

Château et parc

9, rue du Château
45500 Saint-Brisson-sur-Loire
Tél. : 02 38 36 71 29
www.chateaudesaintbrissonsurloire.com
Propriété de la commune
Inscrit

Dominant le Val de Loire, ce château du XIIe s. appartient au cours des siècles à d'illustres familles, dont les Courtenay au XIVe s., les Séguier dès 1567, Louis VI le Gros et Philippe Auguste. La particularité du château tient au plan hexagonal régulier des bâtiments cantonné de tours alternativement rondes et carrées.

Avr.-15 nov. : t.l.j. sf lun. 10h-12h, 14h-18h; juil.-août : t.l.j. 10h-12h, 14h-18h. Visite guidée. Démonstration de tirs de machines de guerres médiévales (mar., jeu., dim. 16h en juil.-août).

C2

SULLY-SUR-LOIRE

Château

Avenue de Béthune
45600 Sully-sur-Loire
Tél. : 02 38 36 36 86
www.loiret.com
Propriété du département
Inscrit et classé

Berceau de la puissante famille des Sully connue dans le Berry et l'Orléanais dès le Xe s., ce château n'a pas gardé de vestiges antérieurs au XIVe s. Il se compose d'un donjon rectangulaire du XIVe s., cantonné de quatre tours rondes, dont la construction est attribuée à Guy de La Trémoille, époux de Marie de Sully et les plans, à Raymond du Temple, architecte du roi et du duc d'Orléans. Au sud de ce donjon, un petit château formé d'un logis du XVe s. et de deux tours vient refermer la cour.

Fév.-mars, oct.-déc. : t.l.j. sf lun. 10h-12h, 14h-17h;
avr.-juin, sept. : t.l.j. sf lun. 10h-18h; juil.-août : 10h-18h. Fermé 25 déc.

C2

YÈVRE-LE-CHÂTEL

Forteresse

45300 Yèvre-le-Châtel
Tél. : 02 38 34 26 66
www.loiret.com
Propriété de la commune
Classé

Située sur un éperon rocheux dominant la Rimarde, cette forteresse médiévale comprend un château et des vestiges d'une enceinte de bourg, dont subsistent un châtelet d'entrée à deux tours et une poterne située au-dessous de l'église. Le château, bâti pour Philippe Auguste au XIIIe s. sur une fortification acquise par la Couronne en 1112, offre un plan en parallélogramme irrégulier scandé de quatre tours circulaires. À l'intérieur, les tours sont voûtées sur ogives et possèdent des archères à forte plongée.

Avr.-nov. : t.l.j. 14h-19h. Visite sur r.-v. pour les groupes toute l'année.

Champagne-Ardenne

Ardennes – Aube – Haute-Marne – Marne

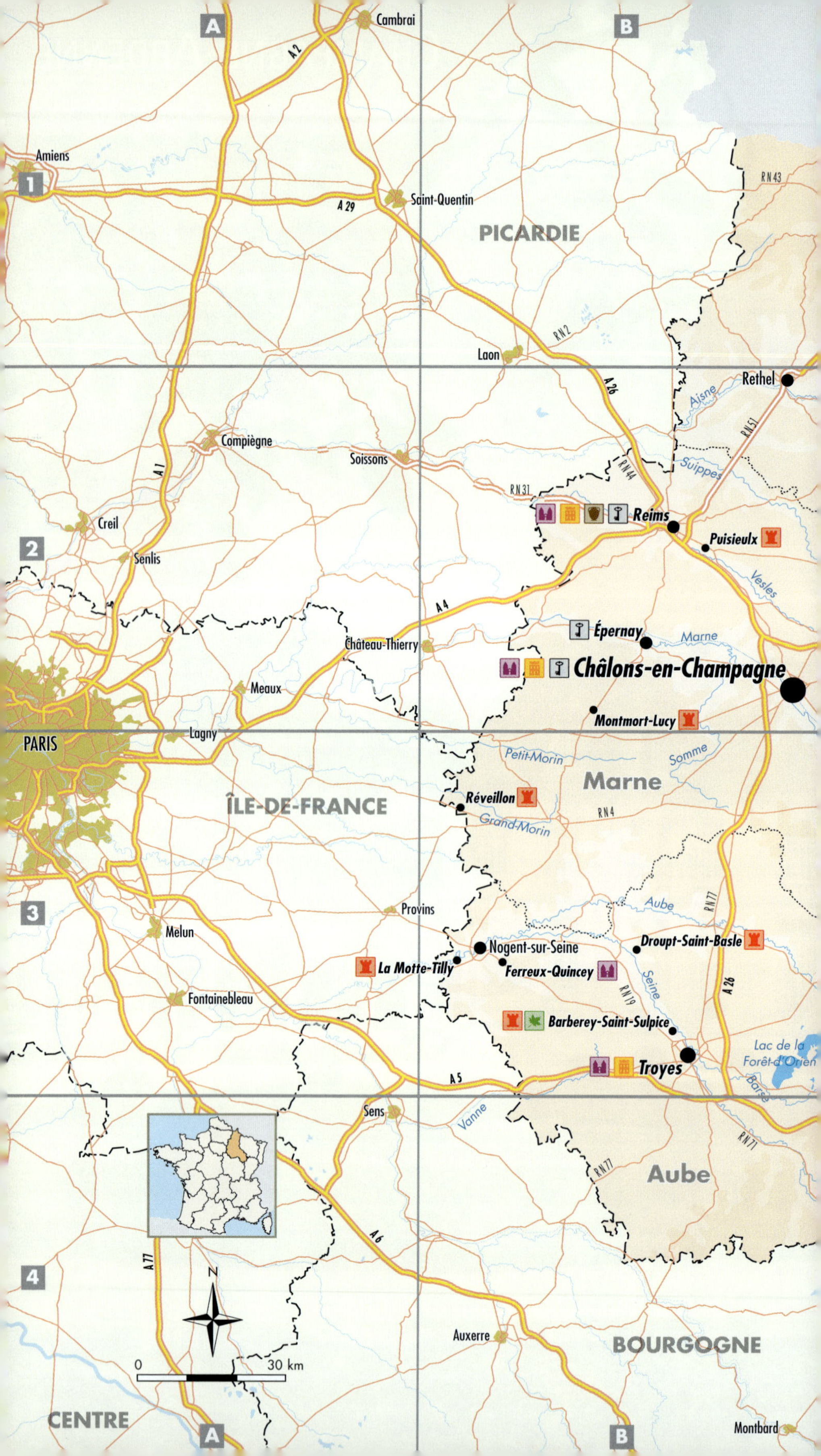
A
B
Cambrai
A 2
Amiens
1
A 29
Saint-Quentin
PICARDIE
RN 43
RN 2
Laon
Rethel
A 26
Aisne
RN 51
Compiègne
Soissons
RN 44
Suippes
A 1
RN 31
Reims
Puisieulx
Creil
2
Senlis
Vesles
A 4
Épernay
Marne
Château-Thierry
Châlons-en-Champagne
Meaux
Montmort-Lucy
PARIS
Lagny
Petit-Morin
Somme
Marne
Réveillon
ÎLE-DE-FRANCE
RN 4
Grand-Morin
Aube
RN 77
3
Provins
Melun
Nogent-sur-Seine
Droupt-Saint-Basle
La Motte-Tilly
Ferreux-Quincey
Seine
RN 19
A 26
Fontainebleau
Barberey-Saint-Sulpice
Lac de la Forêt-d'Orient
Troyes
A 5
Barse
Sens
Vanne
RN 71
RN 77
Aube
A 6
A 77
4
N
0
30 km
Auxerre
BOURGOGNE
CENTRE
Montbard

CHAMPAGNE-ARDENNE
C
D
1
2
3
4
Givet
Meuse
Revin
Rocroi
Semois
Montcornet-en-Ardennes
Charleville-Mézières
A 203
Sedan
Glaire
Remilly-Aillicourt
Launois-sur-Vence
Mouzon
RN 43
Vendresse
Villy-la-Ferté
Longwy
Neuville-Day
Ardennes
RD 947
Vouziers
Thionville
RD 964
Chatel-Chéhéry
RD 977
A 4
Verdun
Metz
Braux-Sainte-Cohière
Sainte-Menehould
A 4
RN 3
A 31
RN 35
LORRAINE
RN 44
Bar-le-Duc
RN 74
Vitry-le-François
RN 4
RN 4
Nancy
Toul
Saint-Dizier
RD 966
Lunéville
Lac de Der Chantecoq
Blaise
RN 67
RN 35
Joinville
Dommartin-le-Franc
Neufchâteau
Brienne-le-Château
Cirey-sur-Blaise
Reynel
RN 57
Marne
RN 420
RN 19
Bar-sur-Aube
Épinal
Rognon
Meuse
Ville-sous-la-Ferté
RN 74
A 5
Chaumont
Ource
Dinteville
Haute-Marne
RD 417
RN 19
A 31
Aujon
Langres
FRANCHE-COMTÉ
Hauts-Vals-sous-Nouroy
Auberive
RN 19
Baissey
Vesoul

CHARLEVILLE-MÉZIÈRES C1

Moulin

Musée Arthur-Rimbaud
Quai Rimbaud
08000 Charleville-Mézières
Tél. : 03 24 32 44 65
www.mairie-charlevillemezieres.fr
Propriété de la commune
Classé

Le moulin à eau de Charleville-Mézières est édifié en 1626 sur les bords de la Meuse par Claude Briau d'après les plans de Clément Métezeau et ce pour le duc Charles de Gonzague. D'expression monumentale, ses façades mêlent pierre et brique et la toiture est couverte d'ardoises. Placée dans la perspective de la place ducale, la façade affiche un remarquable décor à colonnes ioniques colossales, fronton et haute toiture à clocheton. Le moulin abrite aujourd'hui un musée consacré au poète Arthur Rimbaud, natif de Charleville-Mézières.

T.l.j. sf lun. 10h-12h, 14h-18h. Fermé 1er janv., 1er mai, 25 déc.
Visite libre. Visite guidée sur r.-v. Visite sur r.-v. pour les groupes.

CHATEL-CHÉHÉRY C2

Abbaye Notre-Dame-de-Chéhéry

08250 Chatel-Chéhéry
Tél. : 03 24 30 57 52
Propriété privée
Inscrit

L'abbaye Notre-Dame-de-Chéhéry est une ancienne abbaye cistercienne fondée par saint Bernard en 1147 au cœur de l'Argonne. Vers 1750, l'architecte Nicolas Joseph procède à la complète reconstruction du monastère. De cette époque subsiste le logis abbatial en brique à toiture d'ardoises qui allie l'élégance du style français au dépouillement requis par la fonction monastique du lieu. Le cloître et la chapelle sont entièrement détruits.

15 juin-sept. : 10h-12h, 14h-18h. Visite guidée sur r.-v.

GIVET C1

Fort de Charlemont

08600 Givet
Tél. : 08 10 81 09 75
www.valdardennetourisme.com
Propriété de l'État
Inscrit

Dernier vestige architectural de l'art militaire du XVIIe s. au nord de la France, ce fort est juché sur la falaise de la Pointe-Est. Cette citadelle, qui assurait la défense de la ville, fut édifiée en 1555 par Charles Quint. À cette époque, ce territoire, sous domination espagnole, marquait la frontière d'un royaume de France isolé par l'empire des Habsbourg. Le bastion fut fortifié par Vauban au XVIIe s., la garnison du fort comptait alors plus de quatre mille hommes. Cette place forte fut occupée par les Prussiens dans les années 1820. Le fort de Charlemont abrite aujourd'hui le 3e régiment des commandos parachutistes et le premier Centre d'entraînement commando de l'armée installé en France.

Juil.-août : t.l.j. 10h-12h, 13h-17h. Visite guidée.
Ce site, situé sur le domaine militaire, est accessible uniquement lors des visites guidées organisées par l'office du tourisme.

GLAIRE C1

Château de la Villette

08200 Glaire
Tél. : 03 24 29 07 14
www.tourisme-champagne-ardenne.com
Propriété privée
Inscrit

Le château de la Villette est une maison forte édifiée au XVe s. par la famille de Warigny sur la presqu'île d'Iges. Au XVIIIe s., Jean-François de Maucombe, écuyer et secrétaire du roi, procède à des travaux d'agrandissement avec l'adjonction d'un pavillon saillant et agrémente le domaine d'un jardin à la française. La réhabilitation du parc est actuellement envisagée.

Visite guidée sur r.-v. toute l'année 9h-17h.

C1

LAUNOIS-SUR-VENCE

Relais de messageries royales et de poste aux chevaux

25, avenue Roger-Ponsart
08430 Launois-sur-Vence
Tél. : 03 24 35 06 36/03 24 35 05 46
www.launoissurvence.com
Propriété privée et d'une association
Classé

Ensemble architectural, aménagé en 1654, à la croisée de grands itinéraires (Amsterdam-Marseille et Paris-Sedan), site exceptionnel, unique en France, en forme de quadrilatère avec une vaste cour intérieure, le relais se compose de la demeure du maître de poste et son bureau postal, d'une hostellerie avec chambres et tables d'hôtes, d'une vaste halle aux diligences, véritable cathédrale de poutres et pierres avec son écurie des chevaux fatigués, d'une cidrerie avec sa réserve en cave, d'une suite d'écuries des chevaux reposés surmontée de locaux de réserve à grains et fourrage. S'y ajoutent une roseraie et un verger traditionnel du patrimoine fruitier ardennais.

T.l.j. toute la journée. Visite libre. Visite guidée sur r.-v.

C1

MONTCORNET-EN-ARDENNE

Château

Musée du château
08090 Montcornet-en-Ardenne
Tél. : 03 24 54 93 48
chateaumontcornet@cegetel.net
Propriété privée
Inscrit

Le château de Montcornet-en-Ardenne, déjà attesté au XIIe s., est renforcé en 1446 par Antoine de Croy, alors au service du duc de Bourgogne. Charles de Gonzague, propriétaire de la seigneurie en 1613, entame des travaux laissés inachevés par le démantèlement du château en 1760. Le site comprend un boulevard d'artillerie, une basse-cour flanquée de deux tours que domine un château central organisé autour d'une cour carrée. Outre les ruines qui restent accessibles, les souterrains du château renferment actuellement un musée qui retrace l'histoire des lieux.

Pâques-juin, sept.-oct. : w.-e. 14h-18h ; juil.-août : t.l.j. sf lun. 14h-18h.
Fermé de la Toussaint à Pâques. Visite sur r.-v. pour les groupes.

C1

MOUZON

Porte de Bourgogne

Musée de la Porte-de-Bourgogne
08210 Mouzon
Tél. : 03 24 26 10 63/03 24 26 12 11
www.mouzon.fr/
http://amismouzon.free.fr
Propriété de la commune
Inscrit

La porte de Bourgogne est le dernier vestige des remparts construits autour de la cité à la fin du XIIe s. sur ordre du seigneur de Mouzon, archevêque de Reims. Véritable entrée de ville, l'édifice s'ouvre vers les pays dits « bourguignons », placés au XVIe s. sous la tutelle de l'Espagne et de l'Autriche. La porte offre un témoignage de l'évolution de l'adaptation des techniques militaires à l'artillerie ; la porte est doublée par un bastion, puis incluse dans la nouvelle enceinte commandée par Richelieu en 1638 et rasée en 1690. Elle fait également partie d'un circuit de visite des fortifications.

Visite libre de l'extérieur. Visite guidée de l'intérieur sur r.-v.

C2

NEUVILLE-DAY

Château-donjon de Day

08130 Neuville-Day
Tel. : 03 24 71 45 41
www.sud-ardennes-tourisme.com
Propriété privée
Inscrit

Le donjon de Day est de forme cylindrique, flanqué d'une tourelle elle aussi cylindrique. Édifié par Sigebaud, compagnon d'armes de Saint Louis à son retour de croisade, il date de 1243. Il fut la propriété des Boham aux XIVe et XVe s. Remanié aux XVe puis XVIIe s., il est alors la propriété du maréchal de Schulemberg. La tourelle accueille un escalier à vis desservant trois niveaux de salles voûtées : sous-sol avec coupole à oculus, rez-de-chaussée à coupole ; à l'étage, une salle seigneuriale sur croisées d'ogives à sept compartiments avec une vaste cheminée aux armes des Boham et Ligneville est installée au XVe s. L'aile du château est accolée au donjon au XVIIe s., afin de servir de résidence au marquis de Lançon, commandant des armées de l'Argonne. La restauration entreprise depuis 1984 tend à lui faire retrouver ses nobles origines avec jardins (broderies de buis) et chapelle dans le parc.

Visite guidée uniquement sur r.-v. toute l'année.

Double page d'ouverture :
château de La Motte-Tilly (Aube).

REMILLY-AILLICOURT C1

Château de Remilly

Rue d'En-bas
08450 Remilly-Aillicourt
Tél. : 03 24 26 79 77
phimathieu@aol.com
Propriété privée
Inscrit

Le château de Remilly est édifié en 1774 pour Raulin, manufacturier en drap à Sedan. Il constitue un bel exemple de demeure classique, sobre et bien proportionnée. Le bâtiment se compose d'un corps de logis et de deux ailes plus basses en retour sur la cour d'entrée. Un décor de bossage en table vient souligner la porte du logis. Couronnée de combles à la Mansart, la toiture est couverte en ardoise. L. S. Béchet de Léocour en est le propriétaire le plus illustre, fils de manufacturier, soldat de la Révolution, aide de camp du maréchal Ney, il devient général et reçoit en 1808 le titre de baron d'Empire.
Visite sur r.-v. toute l'année.

REVIN C1

Maison espagnole

2, rue Victor-Hugo
08500 Revin
Tél. : 03 24 42 13 73/03 24 40 19 59
www.ville-revin.net
Propriété de la commune
Inscrit

Vraisemblablement construite au XVIe s., cette bâtisse, aujourd'hui rénovée, est l'une des dernières maisons à pans de bois de Revin. Reposant sur un soubassement de pierres, ses murs en torchis et en briques s'ornent de colombages et d'encorbellements. Son appellation vient sans doute du souvenir de l'occupation espagnole de la ville qui fut rattachée à la France en 1769. Aujourd'hui transformé en musée du Patrimoine local, le rez-de-chaussée abrite une reconstitution de l'intérieur d'une famille revinoise modeste dans les années vingt à trente, tandis que les étages abritent chaque année une exposition temporaire qui met en valeur la ville de Revin et les Ardennes.
Déb. mai à fin sept. : lun.-sam. 10h-12h, 13h30-18h30, dim. 10h-12h, 14h-18h, j. fériés 14h-18h. Visite libre. Visite guidée.

ROCROI C1

Ensemble fortifié

08230 Rocroi
Tél. : 03 24 54 20 06
www.otrocroi.com
Propriété de la commune
Classé

Pour contrer les attaques de l'Espagne par les Pays-Bas, Henri II commande en 1555 la construction d'une place forte à Rocroi. Elle adopte un plan pentagonal en étoile avec courtines, bastions à oreillons et fossés. Un plan d'urbanisme organise conjointement la ville en dix rues rayonnantes à partir d'une place centrale. Toujours en première ligne dans la bataille des frontières, Rocroi est sans cesse modernisé depuis sa fondation jusqu'à son déclassement en 1889, notamment par Vauban en 1675. Actuellement, un ancien poste de garde du XVIIe s. abrite un musée et un sentier parcourt le front est de l'enceinte.
Visite guidée sur r.-v. toute l'année. Accès libre sur les remparts.

C1 **SEDAN**

Château-Haut

08200 Sedan
Tél. : 03 24 29 98 80
www.chateau-fort-sedan.fr
Propriété de la commune
Classé

Le château de Sedan est le plus grand château féodal d'Europe, occupant une surface totale de 35 000 m^2 ; il s'est développé autour d'un donjon primitif du XIIIe s. Entre 1440 et 1487, Jean et Robert Ier de La Marck doublent la surface de ce dernier en incorporant au nord une cour triangulaire enserrée de murailles. Robert IV et Henri-Robert l'agrandissent ensuite de quatre bastions, greffés aux angles entre 1553 et 1572. Constamment modernisée au cours des siècles, la forteresse hérite d'un plan d'une rare complexité mais aussi d'une richesse historique unique, témoignant de cinq siècles d'architecture militaire.
Vac. scol. (zone B), avr.-juin : t.l.j. 10h-12h, 13h30-17h ;
sept.-mars (hors vac. scol.) : t.l.j. sf lun. 10h-12h, 13h30-17h ;
juil.-août : t.l.j. 10h-18h. Fermé 1er janv., 25 déc.
Visite guidée. Visite libre audioguidée.

Usine textile, dite « le Dijonval »

Musée des Anciennes Industries
6-10, avenue du Général-Marguerite
08202 Sedan
Tél. : 03 24 27 73 73
Propriété de la commune
Classé

En 1646, Nicolas Cadeau fonde avec privilège royal une manufacture de drap dans le faubourg de la Cassine. Sa composition initiale avec corps de logis et aile en retour s'est modifiée au fil de l'évolution des activités et des techniques. En 1755, Jean-Baptiste Paigon fait édifier un bâtiment sur rue développé autour d'un pavillon central. La famille Bacot mécanise la fabrication en introduisant en 1820 une machine à vapeur, à l'origine de nouvelles restructurations. En 1958, l'établissement ferme et abrite désormais le musée des Anciennes Industries.
Avr.-oct. : t.l.j. 14h-18h.

C1 **VENDRESSE**

Haut-fourneau

Rue du Fourneau
08160 Vendresse
Tél. : 03 24 35 44 32
Propriété de l'État
Inscrit

Le fourneau de Vendresse est créé en 1564 par les moines d'Élan puis les ducs de Rethel. À l'origine, il fonctionne au charbon de bois et transforme le minerai originaire de Villers-le-Tilleul et de Balaives. Au XVIIIe s., l'établissement coule les conduites de fonte destinées aux fontaines des châteaux royaux de Versailles et de Marly. Entre 1822 et 1824, Jean Nicolas Gendarme procède à la reconstruction du haut-fourneau, qui, depuis 1909, est utilisé pour la pisciculture.
Visite sur r.-v.

C1 **VILLY-LA-FERTÉ**

Ouvrage Maginot

08370 Villy-la-Ferté
Tél. : 03 24 27 50 80/03 24 22 61 49
www.ouvragelaferte.fr
Propriété de la commune
Inscrit

Fort construit vers 1935 à la pointe occidentale de la ligne Maginot afin de protéger la vallée de la Chiers. Il comprend deux blocs d'infanterie, reliés par une galerie souterraine et flanqués de deux casemates d'artillerie. Le 18 mai 1940, à 18 h, les Allemands lancent une violente offensive contre les fortifications de La Ferté qui entraîne la mort de cent sept soldats français, asphyxiés dans les souterrains.
Rameaux-Toussaint : dim. et j. fériés 14h-18h ; juil.-août : t.l.j. sf lun. 14h-18h.
Visite guidée.

BARBEREY-SAINT-SULPICE B3

Château

10600 Barberey-Saint-Sulpice
Tél. : 03 25 81 24 90
www.aube-champagne.com
Propriété privée
Classé

Le château de Barberey est édifié en 1626 à l'initiative de Jean Ier Le Mairat, seigneur de Droupt-Saint-Basle, sur les fondations d'une demeure médiévale dont subsistent encore les fossés délimitant la plate-forme centrale. L'édifice, caractéristique du style Louis XIII, bâti en pierre blanche moulurée autour de caissons de brique uniquement décoratif, se compose d'un corps de logis, de deux ailes en légère saillie auxquelles sont adossés, côté parc, deux pavillons. Le jardin à la française, divisé en quatre parterres, est recréé en 1965 d'après un plan du XVIIIe s.

Août-15 sept. : 10h-12h, 14h-18h. Visite extérieure uniquement.
Visite libre. Visite sur r.-v. le reste de l'année.

BRIENNE-LE-CHÂTEAU C3

École militaire

Musée Napoléon et trésor des églises
34, rue de l'École-Militaire
10500 Brienne-le-Château
Tél. : 03 25 92 82 41
www.ville-brienne-le-chateau.fr
Propriété de la commune
Classé

En 1779, Napoléon Bonaparte, issu de la petite noblesse corse et boursier du roi, entame sa formation à l'école militaire de Brienne-le-Château qu'il quitte en 1784 avec le brevet de sous-lieutenant et l'appréciation suivante : « Fera un excellent marin. » En 1814, durant la campagne de France, il revient à Brienne où il inflige une défaite aux Prussiens de Blücher. Il installe alors son quartier général au château. Aujourd'hui, les bâtiments du collège militaire abritent un musée présentant les souvenirs de Napoléon à Brienne et le trésor des églises du parc de la forêt d'Orient qui expose une magnifique collection de pièces d'art sacré.

Avr.-oct. : t.l.j. 10h-12h30, 14h-18h ; nov.-mars : t.l.j. sf lun. 10h-12h30, 14h-17h, w.-e. et j. fériés 14h-17h. Fermé pour les vac. de fin d'année, 1er mai.
Visite sur r.-v. toute l'année. ♿ en partie.

DROUPT-SAINT-BASLE B3

Château

10170 Droupt-Saint-Basle
Tél. : 03 25 21 15 54
www.chateaudedroupt.com
Propriété privée
Inscrit

En 1586, Louis Le Mairat, maire de Troyes, construit son château entouré de douves avec pont-levis. En 1714, la famille de Guillaume de Chavaudon édifie le château actuel entre les tours du XVIe s. Depuis 1983, ses propriétaires redonnent à cette demeure son authenticité et sa noblesse. Les magnifiques communs abritent un musée d'Art populaire.

Août-sept. : t.l.j. 10h-12h, 14h-18h. Visite guidée mer. et sam. à 15h.
Visite guidée du musée sur r.-v. Visite sur r.-v. pour les groupes toute l'année.

FERREUX-QUINCEY B3

Abbaye du Paraclet

10400 Ferreux-Quincey
Tél. : 03 25 39 42 00
Propriété privée
Inscrit

En 1118, Pierre Abélard, clerc et philosophe scolastique, et Héloïse s'éprennent l'un de l'autre, un enfant naît de cette union gardée secrète. Pour venger un honneur qu'ils pensent bafoué, les proches de la jeune fille, alors réfugiée au couvent, font émasculer Abélard. En 1129, ce dernier fonde l'abbaye du Paraclet et invite Héloïse qui en deviendra la première abbesse. Les pieux amants, respectivement décédés en 1142 et 1162, sont réunis dans un même tombeau, détruit en 1792. De l'abbaye ne subsistent que le logis abbatial du XVIIIe s. et la ferme fortifiée du XVIIe s. Quant aux deux corps, ils reposent au cimetière du Père-Lachaise à Paris.

Mi-juil. à fin août : t.l.j. sf dim. 10h-12h, 14h-18h. Visite guidée.

B3 **MOTTE-TILLY (LA)**

Construite en 1754, cette « maison des champs » est l'œuvre de l'abbé Terray, futur contrôleur des finances de Louis XV. En 1910, le comte de Rohan Chabot, apparenté par sa mère à la famille Terray, entreprend de restaurer et de redessiner le parc à la française. À partir de 1964, sa fille, la marquise de Maillé, reconstitue avec un goût parfait l'ameublement et la décoration intérieure illustrant l'art de vivre au XVIIIe s. Depuis 1972, le domaine est propriété du Centre des monuments nationaux.

15 mai-15 sept. : t.l.j. sf lun. et mar. 10h-12h, 14h-18h;
16 sept.-14 mai : t.l.j. sf lun. et mar. 14h-17h30.
Fermé 1er janv., 25 déc.
Visite guidée. Visite sur r.-v. pour les groupes toute l'année.

Château

10400 La Motte-Tilly
Tél. : 03 25 39 99 67
http://la-motte-tilly.monuments-nationaux.fr
Propriété de l'État
Classé

CENTRE DES MONUMENTS NATIONAUX

B3 **TROYES**

À proximité de la cathédrale, l'ancienne abbaye Saint-Loup, édifiée aux XVIIe et XVIIIe s., abrite le musée des Beaux-Arts et d'Archéologie ainsi que le musée d'Histoire naturelle.

T.l.j. sf lun. toute l'année 9h-12h, 13h-17h.
Fermé 1er janv., 1er mai, 11 nov., 25 déc.
Visite libre. Visite guidée sur r.-v. pour les groupes (12 pers. min.). ♿ r.-d.-c.

Musée Saint-Loup (ancienne abbaye)

Musée des Beaux-Arts et d'Archéologie
Musée d'Histoire naturelle
Rue de la Cité
10000 Troyes
Tél. : 03 25 76 21 68
www.ville-troyes.fr
Propriété de la commune
Inscrit

Le palais épiscopal de Troyes, accolé à la cathédrale, déploie ses deux bâtiments autour d'une vaste cour. L'aile gauche, en damier de brique et pierre, date du XVIe s. L'aile du fond s'orne d'un fronton sculpté et remonte au XVIIe s. En 1976, la ville de Troyes entreprend la reconversion de l'évêché en musée afin d'accueillir les œuvres d'art des XIXe et XXe s. léguées par les industriels troyens, Pierre et Denise Lévy.

T.l.j. sf lun. toute l'année 10h-13h, 14h-18h.
Visite libre. Visite guidée. Visite sur r.-v. pour les groupes (12 pers. min.). ♿

Évêché

Musée d'Art moderne
Donation Pierre et Denise Lévy
14, place Saint-Pierre
10000 Troyes
Tél. : 03 25 76 26 80
www.ville-troyes.fr
Propriété de l'État, propriété de la commune
Classé

Hôtel de Mauroy

Musée de l'Outil
et de la Pensée ouvrière
7, rue de la Trinité
10000 Troyes
Tél. : 03 25 73 28 26
www.maison-de-l-outil.com
Propriété de la commune
Classé

Hôtel édifié vers 1560 pour Jean de Mauroy, contrôleur des aides et des tailles. Les quatre ailes distribuées autour de la cour centrale forment un répertoire remarquable des formes de l'architecture troyenne du XVIe s. : pans de bois, colonnes au tronc feuillagé, façades en bardeaux, en damier de brique et pierre. Successivement orphelinat puis fabrique de bois, la maison échoit à la ville qui la confie en 1966 à l'association ouvrière des compagnons du Devoir. Elle abrite aujourd'hui le musée de l'Outil et de la Pensée ouvrière.

Avr.-sept. : t.l.j. 10h-18h ; oct.-mars : t.l.j. sf mar. 10h-18h. Fermé 1er janv., 25 déc. Visite libre. Visite sur r.-v. pour les groupes toute l'année (10 pers. min.).

Hôtel de Vauluisant

Musée historique de Troyes
Musée de la Bonneterie
4, rue de Vauluisant
10000 Troyes
Tél. : 03 25 73 05 85
www.ville-troyes.fr
Propriété de la commune
Classé

Le musée est installé dans un hôtel particulier, typique de l'architecture Renaissance construit au milieu du XVIe s. et agrandi aux XVIIe et XVIIIe s. Il est dédié à l'art troyen du XVIe s. et à la bonneterie.

T.l.j. sf lun. toute l'année 9h-12h, 13h-17h.
Fermé 1er janv., 1er mai, 11 nov., 25 déc.
Visite libre. Visite guidée sur r.-v. pour les groupes (12 pers. min.).

Hôtel-Dieu

Apothicairerie
Quai des Comtes-de-Champagne
10000 Troyes
Tél. : 03 25 80 98 97
www.ville-troyes.fr
Propriété de la commune
Classé

Sur le site de l'Hôtel-Dieu-le-Comte, fondé au XIIe s. par le comte de Champagne Henri Ier le Libéral, demeure l'ancienne pharmacie, préservée en l'état depuis son aménagement au XVIIIe s. Trois cent dix-neuf boîtes médicinales en bois peint constituent un ensemble unique, complété par une collection de faïence et de nombreux récipients d'apothicaires.

T.l.j. sf lun. toute l'année 9h-12h, 13h-17h.
Fermé 1er janv., 1er mai, 11 nov., 25 déc.
Visite libre. Visite guidée sur r.-v. pour les groupes (12 pers. min.). ♿

VILLE-SOUS-LA-FERTÉ — C4

Abbaye Notre-Dame-de-Clairvaux (ancienne)

Hostellerie des Dames
10310 Ville-sous-la-Ferté
Tél. : 03 25 27 52 55
http://abbaye-clairvaux.barsuraube.net
Propriété de l'État
Classé

En 1115, Bernard et douze religieux quittent Cîteaux pour fonder l'abbaye de Clairvaux qui compte parmi les quatre premières filles de l'ordre cistercien. Elle devient une capitale incontestée de la chrétienté avec un rayonnement successivement spirituel et économique qui perdure jusqu'au XVIIIe s. L'architecture, transcription dans la pierre des exigences de pureté de l'ordre, connaît trois campagnes principales de construction initiées en 1115 (établissement provisoire), en 1135 (ancien bâtiment des convers) et au XVIIIe s. pour le grand cloître. En 1808, Napoléon transforme Clairvaux en prison. L'église est détruite, mais le magnifique bâtiment des convers subsiste.

Avr.-28 juin : mer.-dim. 11h, 13h45, 15h, 16h15 ; 29 juin-25 sept. : lun.-mar. 15h, mer.-dim. 11h, 14h, 15h, 16h, 17h ; 28 sept.-15 nov. : mer.-dim. 11h, 14h, 15h30 ; 16 nov.-mars : mer.-dim. 11h, 14h30.
Fermé 1er janv., 25 déc. Visite guidée. Visite sur r.-v. pour les groupes toute l'année au moins trois semaines à l'avance (20 pers. min.).

C4 **AUBERIVE**

Abbaye

52100 Auberive
Tél. : 03 25 84 20 20
www.abbaye-auberive.com
Propriété privée
Inscrit

Fondée en 1135 par douze moines venus de Clairvaux, l'abbaye d'Auberive, autrefois dénommée *Alpa Ripa*, est implantée sur une terre isolée et traversée de cours d'eau, assurant ainsi l'autarcie nécessaire aux moines qui suivaient les préceptes de saint Bernard. Elle présente alors l'architecture typique du plan bernardin : une abbatiale à chevet plat orienté à l'est, une aile est pour les moines du chœur, une aile ouest pour les moines convers et une aile nord pour les communs. Entre 1750 et 1770, deux campagnes de reconstruction donnent à l'abbaye son apparence actuelle. L'ancienne église abbatiale est détruite, à l'exception du chœur. À la Révolution, l'abbaye est vendue au gendre du philosophe Denis Diderot, Caroillon de Vandeul, qui la transforme en filature de coton. Maintes fois remaniés au cours du XIXe s., les bâtiments servent, à partir de 1856, de prison pour les femmes. L'ensemble architectural de l'abbaye présente donc un éventail d'éléments architecturaux très disparates, mais qui se marient harmonieusement : un chœur du XIIIe s., le cloître et des façades du XVIIIe s., les grilles dites « de Jean Lamour », ou encore les cellules des prisonnières du XIXe s. L'abbaye s'inscrit également dans le XXIe s., car aujourd'hui elle abrite un centre d'Art contemporain.
Juin-5 oct. : t.l.j. sf lun. et mar. 10h-12h30, 14h-18h30.
Visite libre. Visite guidée le dim. à 15h de mai à oct.

C4 **BAISSEY**

Moulin

52250 Baissey
Tél. : 03 25 88 41 64
www.tourisme-langres.com
Propriété d'une association
Inscrit

Le moulin à eau de Baissey s'élève depuis le XVe s. non loin de la rivière Vingeanne. Le bâtiment actuel date du XIXe s. et comprend une roue formée de palettes appelées aubes qui transforme la force motrice générée par le courant en mouvement rotatif. Ce dernier est alors transmis par une succession d'engrenages aux meules qui battent, pilent et broient les céréales. Aujourd'hui géré par une association, le moulin, dont le mécanisme est remis en fonctionnement lors des visites, témoigne du savoir-faire des meuniers d'antan.
Mai-juil., sept. : w.-e. et j. fériés 14h30-17h30 ; août : t.l.j. sf mar. 15h-19h.
Visite guidée. Visite sur r.-v. pour les groupes toute l'année.

C4 **CHAUMONT**

Château

52000 Chaumont
Tél. : 03 25 03 80 80
www.tourisme-chaumont-champagne.com
Propriété du département
Inscrit

Le donjon du XIIe s. est le dernier vestige du château des comtes de Champagne construit sur l'éperon naturel dominant la vallée de la Suize. De plan carré, les murs atteignent 3 m d'épaisseur à leur base et s'achèvent par une galerie érigée en 1725. Successivement ouvrage défensif de la ville, logement seigneurial puis prison jusqu'en 1866, le donjon accueille aujourd'hui des expositions temporaires.
Juin-sept. : t.l.j. sf mar. 14h30-18h30, w.-e. 14h30-19h.

CIREY-SUR-BLAISE C3

Château

33, rue Émile-du-Châtelet
52110 Cirey-sur-Blaise
Tél. : 03 25 55 43 04
www.visitvoltaire.com
Propriété privée
Inscrit et classé

Pour punir le marquis Louis Jules du Châtelet de son ralliement au parti de Gaston d'Orléans durant la Fronde, son château de Cirey-sur-Blaise est rasé, puis partiellement reconstruit après son retour en grâce de 1643. À l'initiative de la marquise Émilie du Châtelet et de son hôte Voltaire qui y séjourne de 1734 à 1749, la demeure est embellie et agrandie d'une aile qui s'ouvre par un remarquable portail sculpté aux allégories des arts et des sciences telles l'astronomie et les mathématiques.
Juil.-août : t.l.j. 14h30-18h30 ainsi que dim. et j. fériés de mai, juin et sept. Visite guidée. Visite sur r.-v. pour les groupes d'avr. à oct. (10 pers. min.).

DINTEVILLE C4

Château et parc

52120 Dinteville
Tél. : 03 25 02 78 01
www.tourisme-hautemarne.com
Propriété privée
Inscrit

Le château de Dinteville est édifié au XVIe s. sur un terre-plein entouré de douves. Il est profondément remanié au XVIIIe et au XIXe s. : le corps de logis initial est enrichi d'un avant-corps central, puis agrandi de deux courtes ailes en retour. Le parc paysager, dessiné au XIXe s., comporte des éléments réguliers : douves, allées d'eau, alignements ainsi qu'une orangerie, un colombier et deux petits pavillons d'entrée.
23 juil.-août : 14h-18h. Visite guidée.

DOMMARTIN-LE-FRANC C3

Haut-fourneau

52110 Dommartin-le-Franc
Tél. : 03 25 55 45 12/06 15 38 48 90
www.tourisme-hautemarne.com
Propriété privée
Inscrit

Le haut-fourneau de Dommartin-le-Franc, construit en 1835 par le maître de forges Le Bachellé, est un exemple du matériel utilisé à l'époque proto-industrielle déjà décrit par Diderot et d'Alembert dans *L'Encyclopédie* du XVIIIe s. Concurrencé par la minette lorraine et le coke, il cesse son activité en 1886. De l'ancienne fonderie, il subsiste aujourd'hui le moulin, la halle de coulée et la halle où était entreposé le charbon de bois.
Juil.-août : t.l.j. sf lun. 14h30-18h ; sept. : w.-e. 14h30-18h.
Visite sur r.-v. le reste de l'année.

HAUTS-VALS-SOUS-NOUROY C4

Château du Pailly

52600 Hauts-Vals-sous-Nouroy
Tél. : 03 25 87 67 67
www.tourisme-langres.com
Propriété de l'État
Classé

Le château du Pailly est édifié pour Gaspard de Saulx-Tavannes, futur maréchal de France, de 1563 à 1573, sur une forteresse médiévale dont subsistent le donjon et les trois tours d'angle. Les travaux modernisent l'édifice en oblitérant son caractère militaire afin de l'inscrire dans les principes architecturaux de la Renaissance, dont il est le plus bel exemple dans la région. Au XVIIe s., une nouvelle campagne de construction aboutit à la destruction d'une aile donnant au château son plan actuel en U. En 1821, Jean-François Moreau-Dubreuil acquiert le domaine et procède à sa restauration.
Fermé provisoirement pour raison de sécurité. Pour plus d'informations quant à une prochaine réouverture, se renseigner au 03 25 87 67 67.

C3 **JOINVILLE**

Château du Grand-Jardin

5, avenue de la Marne
52300 Joinville
Tél. : 03 25 94 17 54
www.legrandjardin.com
Propriété du département
Inscrit et classé

Le château et son jardin clos sont réalisés pour Claude de Lorraine, premier duc de Guise, entre 1533 et 1546. Conçu en pendant du château d'En Haut dévolu à l'habitation, le domaine du Grand-Jardin est entièrement consacré aux plaisirs et à l'apparat. Il constitue, de par ses qualités constructives et la richesse de son décor sculpté, une œuvre majeure de la Renaissance. Maintes fois transformé au cours des siècles, le domaine a retrouvé son aspect du XVIe s. grâce aux campagnes de restauration menées sous l'égide du conseil général.

Fév.-avr., 5 oct.-19 déc. : t.l.j. sf mar. 14h-18h ; mai-4 oct. : t.l.j. sf mar. 9h30-19h.
Fermé de Noël à fév. Visite libre. Visite guidée.
Visite guidée sur r.-v. pour les groupes. ♿ avec aide.

C4 **LANGRES**

Église Saint-Didier

Musée d'Art et d'Histoire
4, place Saint-Didier
52200 Langres
Tél. : 03 25 87 08 05
www.tourisme-langres.com
Propriété de la commune
Classé

La tradition situe, à l'emplacement de l'actuelle église, l'oratoire du IVe s. de saint Didier, évêque de Langres, qui subit le martyre au temps des Vandales. Successivement dépendance de la cathédrale, puis prieuré au XIIe s., l'édifice roman est transformé à la Révolution en halle et en grenier à blé. Pour sauver la chapelle d'une destruction irrémédiable, la Société historique et archéologique de Langres convertit en 1843 les lieux en musée lapidaire. Aujourd'hui, l'église Saint-Didier, agrandie d'un bâtiment de verre et de béton érigé par Jean-Michel Musso, abrite le musée d'Art et d'Histoire.

Avr.-oct. : w.-e. 10h-12h, 14h-18h ; nov.-mars : w.-e. 10h-12h, 14h-17h.
Fermé 1er janv., 1er mai, 1er nov., 24 apr.-midi, 25 déc., 31 déc. apr.-midi.
Visite libre. Visite audioguidée. ♿

Tour de Navarre

52200 Langres
Tél. : 03 25 87 67 67
www.tourisme-langres.com
Propriété de l'État
Classé

La tour de Navarre est l'un des sept ouvrages d'artillerie qui renforcent l'enceinte fortifiée de la cité de Langres. Édifiée entre 1511 et 1521, elle s'élève sur trois niveaux à 17 m de hauteur pour un diamètre de 28 m. La tour d'Orval, tangente à la première, forme une rampe hélicoïdale qui permettait l'acheminement des pièces d'artillerie sur la plate-forme au sommet de la tour de Navarre.

Avr.-juin, sept. : t.l.j. 14h30-18h ; juil.-août : t.l.j. 10h30-12h30, 14h-18h30.
Démonstration de tir à l'arquebuse tous les soirs à 18h30 du 15 juil. au 15 août.
Visite libre. Visite audioguidée.

C3 **REYNEL**

Château

52700 Reynel
Tél. : 03 25 01 34 84
www.tourisme-hautemarne.com
Propriété privée
Inscrit

Au Moyen Âge, la cité de Reynel constitue un poste avancé de défense face au Saint Empire romain germanique et plus tard face à la Lorraine. La seigneurie, érigée en comté en 757 puis en marquisat, échoit à de puissantes familles féodales dont les Joinville et les Amboise. Le château, qui subit les outrages successifs des guerres de Religion et de la guerre de Trente Ans, subsiste au XVIIe s. en état de ruine. En 1793, Claude-Adrien de La Rue, comte de Mareilles, acquiert le domaine et entreprend sa complète reconstruction.

15 juin-sept. : t.l.j. sf mar. 14h-18h30. Visite guidée.
Visite sur r.-v. pour les groupes d'avr. à oct.

BRAUX-SAINTE-COHIÈRE C2

Château
51800 Braux-Sainte-Cohière
Tél. : 03 26 60 83 51
www.institut-de-france.fr
Propriété de l'Institut de France
Classé

Château édifié à la fin du XVIe s. pour Philippe de Thomassin, gouverneur de Châlons. Les bâtiments s'ordonnent selon un quadrilatère cantonné aux angles de quatre tours. Les communs datent du XVIIIe s., occupent trois côtés de la cour et sont construits dans l'appareil champenois qui alterne couche de brique et couche de gaize (pierre locale). Le quatrième côté est occupé par le logis, reconstruit au XVIIe s. Les lieux abritent actuellement l'Association culturelle de Champagne-Argonne et le colombier, situé dans la cour, le musée régional d'Orientation.
Sept.-juin : visite uniquement sur r.-v. au 03 26 60 83 51 ou 01 44 41 44 20.

CHÂLONS-EN-CHAMPAGNE B2

Cloître de Notre-Dame-en-Vaux
51000 Châlons-en-Champagne
Tél. : 03 26 69 38 53
www.chalons-en-champagne.net
Propriété de la commune
Classé

Chemin de Saint-Jacques-de-Compostelle
inscrit sur la Liste du patrimoine mondial en 1998

Le cloître de Notre-Dame-en-Vaux, initié vers 1170, illustre le passage de l'art roman au gothique dans le nord de la France et offre, avec sa colonnade, un rare exemple de statues-colonnes. Le programme iconographique très complexe mêle des motifs traditionnels romans (lions, dragons, sirènes) à des thèmes novateurs telle la parabole des Vierges sages et des Vierges folles. Détruit en 1759, le cloître est redécouvert depuis 1960 : un musée abrite les vestiges dégagés lors des fouilles et donne accès au site.
Avr.-sept. : t.l.j. sf mar. 10h-12h, 14h-18h ; oct.-mars : t.l.j. 10h-12h, 14h-17h, w.-e. 10h-12h, 14h-18h. Fermé 1er janv., 1er mai, 1er et 11 nov., 25 déc.
Visite libre. Visite guidée sur r.-v.

Hôtel de Vidamé
Musée Garinet
13, rue Pasteur
51000 Châlons-en-Champagne
Tél. : 03 26 69 38 53
www.chalons-en-champagne.net
Propriété de la commune
Inscrit

Unique exemple médiéval conservé à Châlons-en-Champagne de maison construite en pierre, cette demeure est édifiée vers 1513 pour Claude Raulet. En 1599, elle devient la résidence du vidame de Châlons et ce jusqu'à la Révolution. Les façades de l'édifice, ordonnées selon un plan en équerre, présentent des baies gothiques, parfaitement conservées du côté jardin. Le portail est réalisé en 1625 pour Pierre Guillaume et présente un décor sculpté foisonnant. L'hôtel abrite aujourd'hui le musée Garinet.
T.l.j. sf. mar. 14h-18h. Fermé les j. fériés. Visite guidée sur r.-v.

ÉPERNAY B2

Coopérative vinicole Champagne-de-Castellane
57, rue de Verdun
51201 Épernay
Tél. : 03 26 51 19 11
Propriété privée
Inscrit

En 1883, Fernand Mérand fonde sa maison de champagne sur un terrain bordant les voies ferrées. Une première campagne de construction, initiée en 1889, est marquée par le creusement dans la colline de 10 km de galeries à usage de caves. En 1904, l'établissement est agrandi d'un cellier couronné d'un château d'eau en forme de tour attribué à Auguste Marius Toudoire, l'architecte de la gare de Lyon à Paris. Lieu de production mais aussi vitrine publicitaire, les édifices affichent un décor riche et soigné.
Avr.-oct. : 10h-12h, 14h-18h.
Visite guidée. Visite sur r.-v. pour les groupes toute l'année.

B2 **MONTMORT-LUCY**

Château de Montmort

3, rue de la Libération
51270 Montmort-Lucy
Tél. : 03 26 59 10 04
www.montmort.com
Propriété privée
Classé

Le château initial est reconstruit à partir de 1562 par Jeanne de Hangest dont la famille est propriétaire du domaine depuis le XIVe s. Élevé sur un terre-plein cantonné de bastions et de fossés, le logis s'apparente à un pavillon de plan centré marqué aux angles de tours rondes. En 1842, Victor Hugo le décrit comme « un ravissant tohu-bohu de tourelles, de girouettes, de pignons, de lucarnes et de cheminées ». L'intérieur abrite une remarquable salle des gardes ornée d'une cheminée monumentale à cariatides attribuée à Jean Goujon. Depuis 2002, les anciennes écuries du château abritent une collection d'objets, témoins du second conflit mondial sur la circonscription d'Épernay.

Juil.-sept. : t.l.j. sf lun. 14h30-16h30, dim., 15 août,
w.-e. de Pentecôte 14h30, 15h30, 17h. Visite guidée
La salle des gardes est accessible uniquement aux groupes sur r.-v.
Visite sur r.-v. pour les groupes d'avr. à oct. (20 pers. min.).

B2 **PUISIEULX**

Fort de la Pompelle

Musée militaire
51500 Puisieulx
Tél. : 03 26 49 11 85
www.ville-reims.fr
Propriété de la commune
Inscrit et classé

Le fort de la Pompelle est érigé entre 1880 et 1883 afin de renforcer les fortifications construites autour de Reims par le général Séré de Rivière après la guerre de 1870. Occupé par les troupes allemandes le 4 septembre 1914, le fort est repris le 24 septembre. Dès lors, il résistera sans faillir à quatre années de bombardements et d'assauts.

Nov.-mars : t.l.j. sf mar. 10h-17h ; avr.-oct. : t.l.j. sf mar. 11h-18h, w.-e. 11h-19h.
Fermé du 24 déc. au 6 janv.
Visite guidée sur r.-v. Visite sur r.-v. pour les groupes.

B2 **REIMS**

Abbaye Saint-Denis

Musée des Beaux-Arts
8, rue Chanzy
51100 Reims
Tél. : 03 26 35 36 00
www.ville-reims.fr
Propriété de la commune
Classé

Au IXe s., chassés de Paris par le siège normand, les religieux de Saint-Denis trouvent refuge à Reims qui met à leur disposition une chapelle. En 1201, les chanoines augustins récupèrent les lieux et fondent l'abbaye. Les bâtiments sont reconstruits entre 1738 et 1754 et constituent l'unique exemple local d'architecture rocaille. À la Révolution, l'église est sacrifiée au percement de la rue Libergier. Successivement dépôt, collège, caserne russe puis grand séminaire à partir de 1822, l'abbaye devient en 1908 le musée des Beaux-Arts.

T.l.j. sf mar. 10h-12h, 14h-18h. Fermé 1er janv., 1er mai, 14 juil., 1er et 11 nov., 25 déc.
Visite guidée sur r.-v. au 03 26 35 36 10. Visite sur r.-v. pour les groupes.

Abbaye Saint-Remi

Musée Saint-Remi-de-Reims
53, rue Simon
51100 Reims
Tél. : 03 26 35 36 90
Propriété de la commune
Classé

À la fin du VIIIe s., l'archevêque Tilpin fonde l'abbaye autour du tombeau de saint Remi qui baptisa Clovis avec la sainte ampoule en 496. Hormis la salle capitulaire gothique, les bâtiments monastiques, ordonnés autour du cloître central, datent des XVIIe et XVIIIe s. En 1774, un incendie consume l'abbaye aussitôt reconstruite par l'architecte Duroché, qui réalise notamment le fastueux escalier d'honneur. Successivement transformé en caserne puis en hôpital au XIXe s., ce haut lieu de la chrétienté abrite actuellement un musée consacré à l'histoire et à l'archéologie de la ville.

T.l.j. toute l'année 14h-18h30, w.-e. 14h-19h.
Fermé 1er janv., 14 juil., 1er et 11 nov., 25 déc.
Visite guidée sur r.-v. pour les groupes.

Chapelle Foujita

33, rue du Champ-de-Mars
51100 Reims
Tél. : 03 26 35 36 00/03 26 40 06 96
www.ville-reims.fr
Propriété de la commune
Inscrit

La chapelle Foujita est édifiée en 1966 par l'architecte Maurice Clauzier sur un terrain offert par René Lalou des champagnes Mumm. L'artiste Tsuguharu Foujita, pour célébrer sa conversion au catholicisme, imagine tout le décor intérieur, fortement empreint de classicisme. Il se compose de fresques peintes par lui-même, de vitraux et de sculptures respectivement réalisés sur ses plans par Charles Marq, Maxime Chiquet et André Frères. L'année même, la chapelle est inaugurée et remise à la ville de Reims.
Mai-oct. : t.l.j. sf mer. 14h-18h. Fermé 1er mai et 14 juil.
Visite sur r.-v. le reste de l'année pour les groupes.

Collège des jésuites

Musée de l'ancien collège des jésuites
1, place Museux
51100 Reims
Tél. : 03 26 35 34 71/03 26 35 34 70
www.ville-reims.fr
Propriété de la commune
Classé

En 1606, la compagnie de Jésus s'implante à Reims et entreprend, jusqu'en 1678, la construction d'un collège qui accueille Colbert comme illustre élève. Les bâtiments renferment une bibliothèque en boiseries de chêne, chef-d'œuvre de l'art baroque français. Le réfectoire, quant à lui, reçoit un décor tout en boiserie et en peintures, œuvre de l'artiste Jean Hélart sur le thème des vies de saint Ignace de Loyola et de saint François Xavier. En 1762, le collège est transformé en hôpital, puis en musée depuis 1976.
COURS ET JARDINS T.l.j. sf w.-e. 9h-12h, 14h-18h.
PARTIES HISTORIQUES T.l.j. 9h-12h, 14h-18h.
PLANÉTARIUM T.l.j. 9h-12h, 14h-18h.
ESPACE EXPOSITIONS TEMPORAIRES T.l.j. 14h-18h. Visite libre.
Fermé 1er janv., 1er mai, 14 juil., 1er et 11 nov., 25 déc.

Cryptoportique

Place du Forum
51100 Reims
Tél. : 03 26 35 34 70/03 26 77 75 15
www.reims.fr
Propriété de la commune
Classé

Le cryptoportique est un monument gallo-romain datant du IIIe s. apr. J.-C. qui se présente sous la forme d'une galerie semi-enterrée. Il n'en reste plus que l'aile orientale, remarquablement bien conservée : elle mesure 60 m de long sur 9,50 m de large. Ses voûtes constituées d'un blocage de mortier rose et de pierres, haute de 5,65 m, reposent sur une série de douze piliers de taille. Cet édifice, éclairé par des fenêtres aux ouvertures biseautées, servait de soubassement à un portique aérien délimitant le forum, véritable cœur de la cité, au croisement des deux voies principales.
Juin-15 oct. : t.l.j. sf lun. 14h-17h. Visite libre.

Hôtel de La Salle

4 *bis*, rue de l'Arbalète
51100 Reims
Tél. : 03 26 47 73 21
hoteldelasalle@wanadoo.fr
Propriété privée
Classé

Lieu de naissance, en 1651, de Jean-Baptiste de La Salle, fondateur des frères des Écoles chrétiennes et patron des éducateurs. Façade de style Renaissance datée de 1545-1546. Remarquable porche en biais surmonté d'un plein cintre torsadé. Dans la cour intérieure, élégant escalier à vis rappelant celui du château de Blois. Rez-de-chaussée occupé par un petit musée consacré à Jean-Baptiste de La Salle et au rayonnement de son œuvre éducative.
T.l.j. sf dim. 9h-12h, 14h30-18h.
Visite guidée. Visite sur r.-v. pour les groupes.

Musée-Hôtel Le Vergeur

36, place du Forum
51100 Reims
Tél. : 03 26 47 20 75
www.museelevergeur.com
Propriété d'une association
Classé

Portant le nom de Nicolas Le Vergeur, bourgeois du XVIe s. enrichi grâce à la gabelle, le musée Le Vergeur est composé de trois corps de bâtiment datant des XIIIe, XVe et XVIe s. Y sont exposées des œuvres datant de l'Antiquité au XXe s. et plus particulièrement cinquante gravures d'Albrecht Dürer, un mobilier Renaissance et néogothique, ainsi que des œuvres d'Asie et d'Orient du XIXe s. rapportées par Monsieur Hugues Krafft lors de ses voyages. À sa mort en 1935, ce mécène rémois lègue son hôtel particulier et ses collections à la Société des Amis du Vieux Reims qu'il avait créée en 1909. Le musée présente également des salles en situation du XIXe s. : chambres à coucher, cuisine, salle de bain, fumoir, etc. et un jardin très agréable pour une promenade architecturale.

T.l.j. sf lun. toute l'année 14h-18h.
Fermé 1er janv., 1er mai, 14 juil., 1er nov, 25 déc. Visite guidée.

Palais du Tau

Musée du Tau
2, place du Cardinal-Luçon
51100 Reims
Tél. : 03 26 47 81 79
http://palais-tau.monuments-nationaux.fr
Propriété de l'État
Classé

De 1671 à 1693, la résidence des archevêques, perpétuellement remaniée depuis le IXe s., est reconstruite dans le goût classique par l'architecte Robert de Cotte à la demande de l'archevêque Charles Maurice Le Tellier. Une des deux ailes initiales est détruite, ôtant à l'édifice son plan en T qui lui valait son nom. Après la Révolution, les lieux abritent successivement un tribunal, une caserne puis une prison avant d'être restaurés pour accueillir le sacre de Charles X en 1825. Ravagé par les flammes en 1914, le palais du Tau est transformé en musée après la Seconde Guerre mondiale. Il abrite aujourd'hui les sculptures originales, les trésors et une partie des collections de tapisseries de la cathédrale.

6 mai-8 sept. : t.l.j. sf lun. 9h30-18h30;
9 sept.-5 mai : t.l.j. sf lun. 9h30-12h30, 14h-17h30.
Fermé 1er janv., 1er mai, 1er et 11 nov., 25 déc.
Visite libre. Visite guidée. Visite guidée sur r.-v. pour les groupes.

Salle de la Reddition

12, rue Franklin-Roosevelt
51100 Reims
Tél. : 03 26 47 84 19
www.ville-reims.fr
Propriété de la commune
Classé

En 1945, le général Eisenhower installe dans ce lycée technique, édifié à partir de 1926 par l'architecte Hippolyte Portevin, le quartier général des forces alliées. Le 7 mai 1945, à 2h41 du matin, l'acte de capitulation de l'Allemagne nazie est signé dans l'ancienne salle des professeurs. La pièce, transformée depuis en musée, est conservée à l'identique : les murs couverts de cartes militaires, la table, les chaises et le ventilateur demeurent les témoins solennels de la fin de la Seconde Guerre mondiale.

T.l.j. sf mar. 10h-12h, 14h-18h.
Fermé 1er janv., 1er mai, 14 juil., 1er et 11 nov., 25 déc.

Tours de la cathédrale Notre-Dame
Place du Cardinal-Luçon
51100 Reims
Tél. : 03 26 47 81 79
http://cathedrale-reims.monuments-nationaux.fr
Propriété de l'État
Classé

CENTRE DES MONUMENTS NATIONAUX

Lieu du sacre des rois de France, la cathédrale Notre-Dame est un chef-d'œuvre de l'art gothique, remarquable tant par son architecture que par sa statuaire. Deux édifices ont précédé la cathédrale actuelle édifiée à partir de 1211. Les tours élevées au cours du XVe s. culminent à plus de 80 m. Les bombardements, durant la Première Guerre mondiale, causent des dégâts considérables. Il faut vingt années à Henri Deneux, architecte en chef des Monuments historiques, pour restaurer le gros œuvre.

15 mars-5 mai, 9 sept.-oct. : sam. 10h, 11h, 14h, 15h et 16h, dim. 14h, 15h et 16h ; 6 mai-8 sept. : t.l.j. sf lun. et dim. mat. toutes les demi-heures de 10h à 11h30 et de 14h à 17h.
Fermé 1er nov.-14 mars, 1er mai. Visite guidée.

RÉVEILLON B3

Château
1, rue du Château
51310 Réveillon
Tél. : 03 26 80 38 88
www.sezanne-tourisme.fr
Propriété privée
Classé

Le château fut reconstruit par Claude d'Ancienville entre 1607 et 1617 sur les fondations d'un édifice médiéval, dont il conserve l'allure avec ses bâtiments cantonnés de tours carrées, et ses larges douves drainant les eaux du Réveillon. L'originalité et la modernité s'affirment au regard du décor intérieur initié par Jules Robert de Cottes, architecte du roi Louis XV qui acquit le domaine en 1730. De cet ensemble subsistent huit panneaux présentant des *Fables* de la Fontaine dus à Claude III Audran, des toiles de Pierre Denis Martin ainsi que quelques œuvres de Jean-Baptiste Oudry. Le retable de la chapelle est orné d'une pietà attribuée à l'école de Lebrun.

Juil.-sept. : mer.-ven., dim. 13h15, 14h15, 15h15, 16h15, 17h15.
Visite guidée. Visite sur r.-v. pour les groupes (25 pers. min.).
(pour les groupes de 25 pers. min.).

Ci-contre :
cathédrale de Reims (Marne).

CORSE

CORSE-DU-SUD – HAUTE-CORSE

A
B
CORSE
1
2
3
4
MER MÉDITERRANÉE
Bastia
RN 193
RN 197
RN 1197
Calvi
RN 198
Golo
Haute-Corse
Morosaglia
Fango
RN 193
Corte
RN 200
Tavignano
Aléria
Liamone
Gravone
Fium' Orbo
Ajaccio
RN 196
Corse-du-Sud
Petreto-Bicchisano
Taravo
Levie
RN 198
Rizzanèse
Sartene
Ortolo
RN 196
N
0
30 km
A
B

Chapelle impériale

50-52, rue Cardinal-Fesch
20000 Ajaccio
Tél. : 04 95 21 48 17
www.ajaccio.fr
Propriété de l'État
Classé

Adossée au palais Fesch, la chapelle impériale est construite de 1857 à 1859 sur ordre de Napoléon III, qui entend exécuter la clause testamentaire de son oncle, le cardinal Fesch. Édifiée par Cazeneuve d'après les dessins de Paccart, tous deux architectes de la Couronne, la chapelle d'inspiration Renaissance présente un plan en croix latine, articulé autour d'une vaste croisée de transept, surmontée par un tambour et coiffée d'une coupole. Un double escalier en granit donne accès à la crypte située sous le dôme. Elle abrite, entre autres, les sarcophages de Charles-Marie Bonaparte et de Letizia Ramolino, père et mère de Napoléon, et celui du cardinal Fesch.

Avr.-juin, sept. : t.l.j. sf lun. mat. 9h15-12h15, 14h15-17h15 (lun. apr.-midi : 13h-17h15) ; juil.-août : t.l.j. sf lun. mat. 9h-18h30, w.-e. 10h30-18h (lun. apr.-midi : 13h30-18h, nocturne le ven. 21h-0h) ; oct.-mars : t.l.j. sf lun. et dim. 9h15-12h15, 14h15-17h15. Visite libre.

Hôtel de ville

Musée napoléonien
Avenue Antoine-Serafini
20000 Ajaccio
Tél. : 04 95 51 52 53
www.ajaccio.fr
Propriété de la commune
Classé

La première pierre de l'hôtel de ville d'Ajaccio est posée en 1826. Les travaux, réalisés d'après les plans de l'architecte Alphonse de Gisors, sont terminés en 1836. La décoration du salon napoléonien est confiée à Jérôme Maglioli, jeune artiste ajaccien. L'effondrement du plafond, en 1888, a malheureusement fait disparaître les fresques. Le musée complète la collection napoléonienne du musée Fesch. Il présente des portraits de cour de la famille impériale, une série de bustes néoclassiques et du mobilier ayant appartenu au cardinal Fesch.

15 juin-15 sept. : t.l.j. sf lun. mat. 9h-11h45, 14h-17h45 ;
16 sept.-14 juin : 9h-11h45, 14h-16h45.
Fermé w.-e. et j. fériés et en cas de réception officielle. Visite libre.

Maison Bonaparte

Musée national
Rue Saint-Charles
20000 Ajaccio
Tél. : 04 95 21 43 89
www.ajaccio.fr/
www.musees-nationaux-napoleoniens.org
Propriété de l'État
Classé

Entrée dans le patrimoine de la famille en 1682, la maison Bonaparte est située au cœur de la vieille ville d'Ajaccio. Elle abrite le Musée national qui évoque, à travers de nombreux portraits, le riche mobilier de Letizia Ramolino, mère de Napoléon, et d'autres objets, l'histoire de la célèbre famille Bonaparte et avec elle l'histoire de toute la Corse.

Avr.-sept. : t.l.j. sf lun. 9h-12h, 14h-18h ;
oct.-mars : t.l.j. sf lun. 10h-12h, 14h-16h45. Fermé 1er mai.
Jardin accessible aux heures d'ouverture du musée. Visite libre.

Double page d'ouverture : citadelle de Corte (Haute-Corse).

Palais Fesch

Musée Fesch
50-52, rue du Cardinal-Fesch
20000 Ajaccio
Tél. : 04 95 21 48 17
www.ajaccio.fr/
www.musee-fesch.com
Propriété de l'État
Classé

Commencée en 1827, la construction du palais est une volonté du cardinal Joseph Fesch, oncle maternel de Napoléon Ier. Son projet est de créer un grand établissement abritant un institut des arts et une partie de sa collection privée. Ainsi un millier de tableaux du XIVe au XIXe s. sont légués à la ville d'Ajaccio, composés d'écoles italiennes, françaises et flamandes. Une section napoléonienne, enrichie par divers legs et donations, complète les collections du legs Fesch.

Temporairement fermé pour travaux. Pour plus d'informations quant à une prochaine réouverture, se renseigner au 04 95 21 48 17.

LEVIE B3

Cucuruzzu

20170 Levie
Tél. : 04 95 78 48 21
www.alta-rocca.com
Propriété territoriale
Classé

Le *casteddu* de Cucuruzzu est édifié à l'âge du bronze, vers 1800 av. J.-C., sur un chaos rocheux qui domine la moyenne vallée du Rizzanèse. Il présente une imposante enceinte en blocs de granit cyclopéens adaptée à l'enrochement naturel. Au centre de cette fortification, une tour est encore partiellement conservée. Récemment consolidé, le complexe a fait l'objet de fouilles archéologiques.

Avr.-mai, oct. : t.l.j. 9h30-18h ; juin, sept. : t.l.j. 9h30-19h ; juil.-août : t.l.j. 9h30-20h. Visite libre. Visite audioguidée. Visite sur r.-v. pour les groupes toute l'année au 04 95 78 48 21.

PETRETO-BICCHISANO A3

Site archéologique de Filitosa

20140 Petreto-Bicchisano
Tél. : 04 95 74 00 91
www.filitosa.fr
Propriété privée
Classé

Huit mille ans. C'est l'âge de ce haut lieu de la préhistoire corse. Situé à proximité de la plaine du Taravo, le site de Filitosa est occupé du VIe au Ier millénaire avant notre ère. Vers 111 av. J.-C., pendant l'occupation romaine, l'habitat se diffuse autour du site et l'éperon n'est plus occupé que périodiquement. Cette longue période d'occupation est lisible à travers des fragments de céramiques du néolithique ancien, des meules et des menhirs du néolithique récent ainsi que de nombreux vestiges de l'âge du bronze. Les fortifications de l'éperon, les statues-menhirs, les traces de cabanes et l'édification des trois complexes monumentaux datent de cette période. Le musée présente les vestiges de fouilles comme le matériel recueilli sur le site. Il offre aussi un éclairage sur le mégalithisme.

Pâques-oct. : t.l.j. 8h au coucher du soleil.
Visite libre. Visite audioguidée par bornes.
Visite sur r.-v. le reste de l'année et pour les groupes.

B2 **ALÉRIA**

Fort Matra

Musée départemental d'Archéologie
Place du Fort
20270 Aléria
Tél. : 04 95 57 00 92
www.cg2b.fr
Propriété du département
Classé

Le fort Matra est construit en 1484 à l'époque de la domination génoise. C'est d'abord un poste de garnison, appartenant à la célèbre famille des Matra, destiné à surveiller la côte orientale. Durant les guerres d'indépendance corse, le fortin est occupé en 1730 par les révolutionnaires corses. En 1736, c'est au fort Matra que les chefs indépendantistes proposent la couronne de Corse au baron allemand Théodore de Neuhoff. Le fort abrite aujourd'hui les remarquables collections d'objets archéologiques trouvés sur le site d'Aléria.

Mi-mai à sept. : 8h-12h, 14h-19h ; oct. à mi-mai : 8h-12h, 14h-17h.
Fermé 1er janv., 1er mai, 1er et 11 nov., 25 déc. Visite libre.

Site archéologique

20270 Aléria
Tél. : 04 95 57 00 92
Propriété territoriale
Classé

Aléria, fondée par les Phocéens vers 565 av. J.-C. est le premier comptoir commercial créé en Corse. Située au croisement des grandes routes commerciales de l'Antiquité, elle est aussitôt convoitée par les Étrusques et les Carthaginois. Conquise en 259 av. J.-C. par les Romains, Aléria se développe mais reste essentiellement un site militaire stratégique. Les fouilles ont mis au jour quelques vestiges de la ville romaine, correspondant très probablement au centre monumental et administratif de la cité.

Visite aux mêmes conditions que le fort Matra. Visite guidée sur r.-v.

B2 **CORTE**

Citadelle

Musée de la Corse
20250 Corte
Tél. : 04 95 45 25 45
www.musee-corse.com
Propriété territoriale
Classé

Au IXe s., Corte est une place forte, dont les Génois s'emparent au XIIIe s. lors de l'occupation de l'île. La citadelle proprement dite est construite en 1419 par un seigneur féodal corse, Vincentello d'Istria. Occupé par l'armée jusqu'au départ de la Légion étrangère, ce site abrite depuis 1997 le musée de la Corse.

Nov.-mars : t.l.j. sf dim., lun. 10h-17h ;
avr.-21 juin, 22 sept.-oct. : t.l.j. sf lun. 10h-18h ; 22 juin-20 sept. : t.l.j. 10h-20h.
Fermé 1er mai, 1er et 11 nov., 24 déc. et du 31 déc. au 14 janv.
Visite libre. Visite guidée. Visite sur r.-v. pour les groupes au 04 95 45 26 06.

B2 **MOROSAGLIA**

Musée départemental Pascal-Paoli

Hameau de Stretta
20218 Morosaglia
Tél. : 04 95 61 04 97
www.cg2b.fr
Propriété du département
Classé

La maison natale de Pascal Paoli, homme politique et militaire, auteur d'une des premières constitutions démocratiques en 1755, a conservé l'aspect d'une maison de notable du XVIIIe s. Elle est donnée au département de la Corse par Jean-Baptiste Franceschini-Pietri, en 1889. La donation stipulait que l'oratoire servirait de dépôt aux cendres du général Paoli et que le rez-de-chaussée abriterait un « musée national corse ».

Mars.-août : t.l.j. 9h-12h, 14h30-19h ; sept.-fév. : t.l.j. 9h-12h, 13h-17h.
Fermé 1er janv., 1er mai, 1er et 11 nov., 25 déc.
Visite libre. Visite guidée.

FRANCHE-COMTÉ

DOUBS – HAUTE-SAÔNE – JURA – TERRITOIRE DE BELFORT

A
B
FRANCHE-COMTÉ
Épinal
LORRAINE
1
A 31
Guebwill
CHAMPAGNE-ARDENNE
Jonvelle
RD417
Fougerolles
ALSACE
Luxeuil-les-Bains
Amance
Haute-Saône
Semouse
Breuchin
Ognon
Giromagny
Étueffont
Ronchamp
RN19
RN57
Lure
RN19
RD76
Rupt-sur-Saône
Vesoul
Belfort
Territoire de Belfor
Champlitte
Oricourt
Ray-sur-Saône
Villersexel
Courtelevant
Salon
Vallerois-le-Bois
Filain
Montbéliard
RN57
Saône
Ognon
2
Saint-Broing
Mandeure
RN83
Gray
Sorans-lès-Breurey
Gy
Rigney
BOURGOGNE
Belvoir
Doubs
Moncley
Vaire-Arcier
Pesmes
Doubs
Besançon
A 36
RN73
RN83
Dessoubre
Doubs
Ornans
Morteau
Dole
RN57
Arc-et-Senans
Grand'Combe-Châteleu
Montbenoît
Loue
RD472
Chaussin
Salins-les-Bains
Nans-sous-Sainte-Anne
Pontarlier
Drugeon
RN5
Arbois
La Cluse-et-Mijoux
A 39
3
Brenne
Frontenay
RD471
Arlay
Baume-les-Messieurs
Le Pin
Syam
Seille
Marigny
Lons-le-Saunier
Louhans
RN5
RN83
Ain
RN78
RD470
Jura
Bienne
Lac Léman
Saint-Amour
Suran
Villards-d'Héria
Saint-Claude
Montfleur
Oyonnax
4
Annemasse
Bourg-en-Bresse
N
0
30 km
RHÔNE-ALPES
Annecy
A
B

A3

ARC-ET-SENANS

Saline royale

Institut Claude-Nicolas-Ledoux
25610 Arc-et-Senans
Tél. : 03 81 54 45 45
www.salineroyale.com
Propriété du département
Classé

Manufacture royale du XVIIIe s., la Saline Royale, conçue par l'architecte Claude-Nicolas Ledoux, est un témoignage unique dans l'histoire de l'architecture industrielle du sel. Formée de 11 bâtiments disposés en demi-cercle autour de la maison du directeur, elle regroupait ateliers et lieux de vie pour les ouvriers. Mais elle a également servi de base à la réflexion philosophique de Ledoux qui dressa les plans d'une ville idéale de Chaux. Elle abrite aujourd'hui le musée du sel et un musée dédié à Ledoux.

Nov.-mars : 10h-12h, 14h-17h ; avr.-juin, sept.-oct. : 9h-12h, 14h-18h ; juil.-août : 9h-19h. Fermé 25 déc., 1er janv. Visite audioguidée. Visite guidée. Visite sur r.-v. pour les groupes (20 pers. min.). ♿ en partie. (visite avec plaques en braille). (sur r.-v. pour les groupes toute l'année et pour les individuels en juil.-août).

B2

BELVOIR

Château

25430 Belvoir
Tél. : 03 81 86 30 34
www.chateau-belvoir.com
Propriété privée
Inscrit

Établi sur un des promontoires qui dominent le vallon de Sancey, le château de Belvoir, qui conserve une partie du XIIIe s., est remis en état à la fin du XVe s. et complété au début du XVIIe s. par les Cusance. Il comporte trois tours circulaires et deux corps de logis séparés par deux cours. La porterie est du côté du plateau. La tour à l'extrémité de l'éperon présente une échauguette sur encorbellement avec des figurations.

Pâques-Toussaint : dim. et j. fériés et t.l.j. en juil.-août 10h-11h30, 14h30-17h30. Visite guidée. Visite sur r.-v. le reste de l'année et pour les groupes (25 pers. min.).

A2

BESANÇON

Citadelle

Musée de la Résistance
et de la Déportation
Rue des Fusillés
25000 Besançon
Tél. : 03 81 87 83 12/03 81 87 83 33
www.citadelle.com
Propriété de la commune
Classé

Fortifications de Vauban inscrites sur la Liste du patrimoine mondial en 2008

La citadelle fortifie la colline verrouillant la boucle du Doubs constitutive du site de Besançon. Amorcée par les Espagnols, Vauban reprend sa construction entre 1668 et 1711. Elle comporte trois fronts bastionnés, des bâtiments formant la traverse du corps de la fortification et y déterminent deux cours. On remarque la chapelle et le puits. Bâtiments et espaces sont investis par trois musées et un parc zoologique. Le musée de la Résistance et de la Déportation de la ville de Besançon se compose de vingt salles et de deux espaces voués à l'œuvre de deux artistes déportés. Un centre de ressources est accessible sur rendez-vous.

Fév.-27 mars : t.l.j. 10h-17h ; 28 mars-3 juil., 30 août-oct. : t.l.j. 9h-18h ; 4 juil.-29 août : t.l.j. 9h-19h ; 31 oct.-janv. : t.l.j. 9h-17h (sf mar. 10 nov.-déc.). Fermé 1er janv., 25 déc. Visite libre. Visite audioguidée. Visite sur r.-v. pour les groupes toute l'année (25-100 pers.). Second étage déconseillé avant 12 ans. ♿ en partie.

Double page d'ouverture : saline royale, Arc-et-Senans (Doubs).

Horloge astronomique Cathédrale Saint-Jean, au clocher

Rue du Chapitre
25000 Besançon
Tél. : 03 81 81 12 76
http://horloge-besancon.monuments-nationaux.fr
Propriété de l'État
Classé

L'horloge astronomique de la cathédrale Saint-Jean est réalisée à la demande du cardinal Mathieu par Auguste Lucien Vérité de Beauvais. Achevée en 1860, elle comporte cinquante-sept cadrans avec celui du système solaire au centre du soubassement ; dans la partie supérieure des automates s'animent pour les heures. C'est aussi une horloge publique qui donne l'heure aux quatre cadrans des quatre faces du clocher.

Avr.-sept. : t.l.j. sf mar. visite à 9h50, 10h50, 11h50, 14h50, 15h0, 16h50, 17h50 ; oct.-mars : t.l.j. sf mar. et mer. visite à 9h50, 10h50, 11h50, 14h50, 15h00, 16h50, 17h50. Fermé janv., 1er mai.
Visite guidée. Visite sur r.-v. pour les groupes.

Hôpital Saint-Jacques

Apothicairerie
Rue de l'Orme-de-Chamars
25000 Besançon
Tél. : 03 81 80 92 55
www.besancon-tourisme.com
Propriété privée
Classé

L'hôpital Saint-Jacques est construit de 1686 à 1703 suivant une conception moderne et son architecture fait école pour les constructions de la ville. L'apothicairerie est rapidement installée grâce à son administrateur Gabriel Gascon. Elle présente plus de deux cent cinquante pots dans les rayons décorés de la petite salle. La grande salle est plus sobre.
Visite guidée uniquement sur r.-v. toute l'année. ♿

CLUSE-ET-MIJOUX (LA) B3

Château de Joux

25300 La Cluse-et-Mijoux
Tél. : 03 81 69 47 95/03 81 39 40 02
www.chateaudejoux.com
Propriété de la communauté de communes
Classé

La cluse de Joux, qui permet la seule traversée facile du Jura, est fortifiée anciennement. Depuis le bord de l'éperon, des enceintes sont disposées successivement, formant une sorte d'encyclopédie de la fortification. La troisième enceinte termine la partie médiévale ; elle est revue par Vauban qui développe un tracé bastionné pour la quatrième enceinte. La cinquième est reconstruite en terre suivant les principes de Séré de Rivière en 1879-1881 avec deux casemates cuirassées.
Avr.-15 nov. : t.l.j. 10h-11h30, 14h-16h30 ; juil.-août : t.l.j. 9h30-18h.
Départ des visites toutes les demi-heures. Fermé de mi-nov. à avr.
Visite guidée. Visite sur r.-v. pour les groupes toute l'année (20 pers. min.).

GRAND'COMBE-CHÂTELEU B3

Ferme double à « tué »

Musée des Fermes du pays horloger
Les Cordiers
25570 Grand'Combe-Châteleu
Tél. : 03 81 68 86 90
www.pays-horloger.com
Propriété privée
Inscrit

Cette ferme qui porte la date 1796 est double : elle intègre deux fermes indépendantes symétriques par rapport à la faîtière. La grange haute très développée, bardée de bois, est caractéristique. Le rez-de-chaussée comporte les étables et les logements qui sont articulés autour du « tué », grande cheminée centrale destinée à fumer les viandes et dont la hotte en tronc de pyramide est faite de planches. Tout est resté en place.
15 juin-15 sept. : t.l.j. 10h-12h, 14h-18h ; le reste de l'année : lun.-ven. 14h-18h.
Visite sur r.-v. pour les groupes toute l'année. ♿ en partie.

B2

MANDEURE

Théâtre antique

Rue du Théâtre
25350 Mandeure
Tél. : 03 81 36 28 80
www.ville-mandeure.com
Propriété de la commune
Classé

Le théâtre de Mandeure, construit à la fin du Ier s. pour recevoir environ vingt mille spectateurs, compte avec ses 142 m de diamètre parmi les plus grands connus en France. Il comporte quatre étages de gradins séparés par trois couloirs semi-circulaires, dont il ne reste que les fondations des rangs inférieurs. Les extrémités des ailes en hémicycle et la façade sont bordées d'un rez-de-chaussée et de trois étages de galeries pourvus d'un décor d'arcades superposées. L'orchestre, quant à lui, a conservé son dallage en bel appareil trapézoïdal. Le théâtre possède un mur de scène réduit lui permettant de s'ouvrir sur l'axe d'un sanctuaire.

Juil.-août : t.l.j. sf mar. 15h-19h ; deux derniers w.-e. de juin, deux premiers w.-e. de sept. : 15h-19h. Visite libre toute l'année. Visite guidée juil.-août.

A2

MONCLEY

Château

25170 Moncley
Tél. : 03 81 80 92 01/03 81 80 92 55
http://moncley.jimdo.com
www.besancon-tourisme.com
Propriété privée
Classé

Bâti en 1778 pour le président du parlement Terrier de Santans sur l'éperon de l'ancien château, le château de Moncley est une grande composition d'architecture néoclassique. Le corps de logis est centré par une rotonde côté jardin et par un portique côté cour où il est encadré par les ailes des communs. Le vestibule avec le grand escalier sont monumentaux, les appartements conservent des décors d'origine.

Visite guidée sur r.-v. le dim. Visite sur r.-v. pour les groupes toute l'année .

B2

MONTBÉLIARD

Château des ducs de Wurtemberg

Musée du Château
Mairie de Montbéliard
25200 Montbéliard
Tél. : 03 81 99 22 61
www.montbeliard.com/
www.musees-franchecomte.com
Propriété de la commune
Classé

Le château des ducs de Wurtemberg est situé sur un éperon au confluent du Doubs et de la Lizaine, point stratégique au seuil de la porte de Bourgogne. Cité dès le Xe s., à l'origine de la ville, il appartient aux Wurtemberg de 1397 à 1793. D'abord installé à l'ouest de l'éperon, il s'est ensuite développé à l'est avec deux tours circulaires et un grand corps de bâtiment du XVIIIe s. Dans ce vaste ensemble, on remarque la maison des Gentilshommes construite de 1595 à 1597 par l'architecte Heinrich Schickhardt.

T.l.j. sf mar. : 10h-12h, 14h-18h. Fermé 1er janv., 1er mai, 1er nov., 25 déc.
Visite libre. Visite guidée.
Visite sur r.-v. pour les groupes (40 pers. max.). ♿ en partie.

Hôtel Beurnier-Rossel

Musée d'Art et d'Histoire
8, place Saint-Martin
25200 Montbéliard
Tél. : 03 81 99 24 93
www.montbeliard.com/
www.musees-franchecomte.com
Propriété de la commune
Classé

Construit en 1773 par La Guépière pour Rossel, conseiller de Régence, l'hôtel Beurnier-Rossel est un hôtel urbain développé : logis sur la place, cour avec communs, jardin. La façade antérieure est centrée par la porte cochère et les balcons des deux étages. L'intérieur conserve des décors et un poêle d'origine dû au faïencier Frey. Il abrite un musée consacré à l'histoire du vieux Montbéliard.

T.l.j. sf mar. : 10h-12h, 14h-18h. Fermé 1er janv., 1er mai, 1er nov., 25 déc.
Visite libre. Visite guidée.
Visite sur r.-v. pour les groupes toute l'année. ♿ en partie.

MONTBENOÎT B3

Abbaye

Rue Val-Saugeais
25650 Montbenoît
Tél. : 03 81 38 10 32
www.otcm25.org
Propriété de la commune
Classé

Située le long du Doubs, au cœur de Saugeais, l'abbaye de Montbenoît construite du XIIe au XVIIe s., offre un ensemble architectural complet et une histoire riche. L'église présente un chœur gothique flamboyant, déjà marqué par la Renaissance, qui conserve entre autres de magnifiques stalles de bois sculpté (1527). Dans le cloître, dont la construction a commencé au XIIe s., les motifs variés des chapiteaux, la galerie voûtée et les portes d'angle sont remarquables. Ce charmant petit cloître est entouré des anciens bâtiments abbatiaux (cuisine des moines, cachot, etc.).

Juil.-août : t.l.j. visite guidée 10h, 11h15, 14h15, 15h30, 16h45;
sept.-juin : visite libre en passant par l'office du tourisme. ♿ en partie.

MORTEAU B3

Château Pertusier, dit « Maison Cuche »

Musée de l'Horlogerie
du Haut-Doubs
17, rue de la Glapiney
25500 Morteau
Tél. : 03 81 67 40 88
www.musee-horlogerie.com
Propriété privée
Classé

Construite vers 1576 pour la famille Cuche, cette maison est réaménagée par les Pertusier au XIXe s. Le décor Renaissance et néo-Renaissance des façades est abondant. L'intérieur conserve des éléments d'origine et des décors XIXe s. avec des toiles peintes figurant des scènes de l'histoire locale. La demeure abrite aujourd'hui le musée de l'Horlogerie du Haut-Doubs.

T.l.j. 10h-12h, 14h-18h. Fermé w.-e. d'oct. à avr.
Fermé 1er janv., 25 et 31 déc. Visite libre. Visite guidée.
Visite audioguidée. Visite sur r.-v. pour les groupes toute l'année (10-35 pers.).

NANS-SOUS-SAINTE-ANNE A3

Taillanderie

La Doye
Rue du Four
25330 Nans-sous-Sainte-Anne
Tél. : 03 81 86 64 18
www.musees-des-techniques.org
Propriété privée
Classé

Cette ancienne taillanderie, fabrique d'outils taillants (faux, haches, etc.), est fondée en 1838, puis acquise en 1865 par les Philibert qui y ont travaillé jusqu'en 1969. À l'écart du village, cet ensemble de bâtiments conserve les différentes installations, ateliers et salles de production, le magasin d'expédition et la ferme. Y sont aussi présentés les différents outils produits.

Mars, nov. : dim., j. fériés, vac. scol. 14h-18h; avr., oct. : t.l.j. 14h-18h;
mai-juin, sept. : t.l.j. 10h-12h30, 14h-18h30; juil.-août : 10h-19h.
Fermé déc.-fév. Visite guidée. Visite sur r.-v. pour les groupes (15-50 pers.). ♿

A3 **ORNANS**

Maison natale de Courbet

Musée départemental Gustave-Courbet
Place Fernier
25290 Ornans
Tél. : 03 81 62 23 30
www.musees-franchecomte.com
Propriété du département
Inscrit

Le musée Courbet, installé dans cette maison du XVIe et XVIIIe s. où il naquit, a fermé ses portes en 2008 pour de grands travaux de rénovation et d'agrandissement qui font partie d'un projet d'ensemble intitulé « Pays de Courbet ». Ce projet comprend la constitution d'un circuit reliant les différents sites visités et peints par le peintre qui seront réaménagés : la source de la Loue, la ferme familiale de Flagey, le musée Courbet et le dernier atelier occupé par le peintre à Ornans. Le futur musée sera doté d'espaces pour les collections permanentes et les expositions temporaires. Il devrait rouvrir ses portes dans le courant de l'année 2010.

Temporairement fermé pour travaux. Pour plus d'informations quant à une prochaine réouverture, se renseigner au 03 81 62 23 30.

A2 **RIGNEY**

Château de La Roche

25640 Rigney
Tél. : 03 81 86 10 15/03 81 86 10 54
Propriété privée
Inscrit

Rigney est le berceau de la famille de La Roche qui s'illustre pendant les croisades. Au XVIe s., les Plaine reconstruisent le logis. Une ferme-école y est fondée en 1869. Établi sur le rebord d'une falaise dominant la rive de l'Ognon, il s'agit d'un ensemble de bâtiments formant trois cours, autrefois retranché par un fossé. Le logis comporte une galerie à étage et un escalier voûté. Il conserve une chapelle et des cheminées, dont une à hotte avec frise dorique figurée.

Mai-sept. : t.l.j. sf mar. 9h30-11h30, 14h-18h30. Fermé oct.-avr.
Visite libre. Visite guidée. Visite sur r.-v. pour les groupes (30 pers.). ♿

A2 **VAIRE-ARCIER**

Château de Vaire-le-Grand

10, rue de Charmont
25220 Vaire-Arcier
Tél. : 06 81 87 41 38
http://v.l.g.free.fr
Propriété privée
Classé

Construit en 1718 pour le président au parlement Boisot, le château de Vaire-le-Grand est une des premières demeures comtoises rurales inspirées des modèles parisiens. Il est installé sur une butte parallèle au Doubs. L'axe majeur est commandé par le corps de logis ; il ordonne le jardin à la française en trois terrasses et rejoint le Doubs au loin. L'axe secondaire est celui de l'accès à la cour d'honneur par le portail entre les pavillons. Le rez-de-chaussée du logis conserve des décors.

Juil. : dim. et 14 juil. 14h-18h ; août : t.l.j. 14h-18h ;
Journées du patrimoine : 14h-18h.
Visite guidée. Visite sur r.-v. pour les groupes (20 pers. min.). ♿

CHAMPLITTE A2

Couvent des augustins (ancien)

Rue des Casernes
70600 Champlitte
Tél. : 03 84 67 62 42
s@degand.net
Propriété privée
Classé

Le couvent des augustins de Champlitte est fondé en 1396, par Jean de Vergy. L'église, aujourd'hui détruite en grande partie, a été construite peu après 1412, précédant la construction des cloîtres. Les bâtiments ont été modifiés et agrandis au XVIIe et au XVIIIe s. À l'extérieur de la vieille ville le couvent s'étend au sud d'un vaste enclos autrefois planté de vignes. Il conserve deux galeries de cloître voûtées sur croisées d'ogives.

Ouvert toute l'année sur r.-v. auprès de l'office du tourisme au 03 84 67 67 19. Visite guidée. ♿ en partie.

Château

Musée départemental Albert-et-Félicie-Demard
7, rue de l'Église
70600 Champlitte
Tél. : 03 84 67 82 00
www.cg70.fr
Propriété du département
Classé

Le château de Champlitte, propriété de la famille de Vergy dès le XIIIe s., est reconstruit entre 1570 et 1577 sur des plans attribués à Hugues Sambin. Incendié en 1751, il est reconstruit après 1768 par les architectes Colombot et surtout Bertrand, en conservant une partie du bâtiment Renaissance, notamment la galerie sur cour. De plan en U, le bâtiment présente, côté jardin, un avant-corps central arrondi couvert d'un dôme. Il abrite aujourd'hui le musée départemental d'Art et Traditions populaires.

Oct.-mars : sf mar., sam. mat. et dim. mat. t.l.j. 14h-17h;
avr.-sept. : t.l.j. sf mar., sam. mat. et dim. mat. 9h30-12h, 14h-18h.
Fermé vac. scol. de Noël, 1er mai, 1er et 11 nov. Visite libre. Visite guidée. Visite audioguidée. Visite sur r.-v. pour les groupes (20-50 pers.).

FILAIN A2

Château

70230 Filain
Tél. : 03 84 78 30 66
www.filain.com
Propriété privée
Classé

À l'origine maison forte, le château de Filain connaît plusieurs campagnes de travaux au XVe s. et à la fin du XVIe s. avant d'importantes transformations réalisées aux XVIIIe et XIXe s. Les parties qui le composent s'organisent suivant un plan en U autour d'une cour, dont le fond présente une façade à galerie rythmée d'ordres superposés. À l'intérieur subsiste une cheminée monumentale dont le linteau porté par des cariatides est orné d'une scène de chasse.

Mai-sept. : t.l.j. sf lun. et jeu. 10h-12h, 14h-18h.
Visite guidée. Visite sur r.-v. pour les groupes. ♿

FOUGEROLLES B1

Distillerie

Écomusée du Pays de la cerise
Le Petit-Fahys
70220 Fougerolles
Tél. : 03 84 49 52 50
www.musees-des-techniques.org
Propriété de la commune
Inscrit

Le domaine du Petit-Fahys, tout en grès des Vosges, regroupe plusieurs bâtiments construits entre 1829 et 1834. Cette ferme bourgeoise, devenue distillerie après 1901, s'harmonise des formes et des matériaux propres à l'architecture locale avec la maison à « charri » (avant grange), le « chalot » ou grenier isolé, ou encore toitures en laves de grès. En activité jusqu'en 1978, la distillerie accueille le musée du Pays de la cerise et du kirsch.

15 fév.-juin, sept.-15 nov. : mer.-dim. 14h-18h;
juil.-août : t.l.j. 11h-19h, dim. 14h-19h. Visite libre. Visite guidée.
Visite sur r.-v. pour les groupes toute l'année (15 pers. min.). ♿

A2 **GRAY**

Château

Musée Baron-Martin
6, rue Pigalle
70100 Gray
Tél. : 03 84 65 69 10
www.ville-gray.fr
Propriété de la commune
Inscrit et classé

Dominant la vallée de la Saône, l'actuel château de Gray occupe l'emplacement d'un important ensemble fortifié mentionné dans les textes dès la fin de l'époque carolingienne. Il est plusieurs fois incendié dès le Moyen Âge. Le mur d'enceinte médiéval, en grande partie conservé, s'ouvre vers la ville par une tour-porche de plan carré. Le corps de bâtiment principal a été édifié sur des caves médiévales. Modifié et décoré au XVIIIe s., il abrite depuis 1903 un musée municipal.

Mai-sept. : t.l.j. sf mar. 10h-12h, 14h-18h ;
oct.-avr. : 14h-17h (matin sur r.-v. pour les groupes).
Fermé vac. de Noël, 1er mai, 1er nov., 25 déc. Visite libre.
Visite guidée sur r.-v. Visite sur r.-v. pour les groupes (10-50 pers.).

A2 **GY**

Château

70700 Gy
Tél. : 03 84 32 80 80
http://chateau-gy.ifrance.com
Propriété privée
Classé

Propriété des archevêques de Besançon depuis le Moyen Âge, le château de Gy est plusieurs fois détruit, victime des guerres. L'édifice actuel date de la fin du XVe s. et de la première partie du XVIe s. Il est réaménagé au XVIIIe s. par le cardinal de Choiseul-Beaupré. Dominant la ville, il se compose de quatre ailes autour d'une cour ouverte avec une belle tour d'escalier à vis de plan octogonal, percée de quatre niveaux de fenêtres à meneau et remplage flamboyants, abondamment sculptés.

Pâques-Toussaint : w.-e. et j. fériés 15h, 16h, 17h ;
juil.-15 sept. : t.l.j. sf mar. 15h, 16h, 17h. Visite guidée.
Visite uniquement le mat. sur r.-v. pour les groupes. ♿ r.-d.-c.

A1 **JONVELLE**

Bains d'une villa gallo-romaine

70500 Jonvelle
Tél. : 03 84 92 54 37
Propriété privée
Classé

La villa gallo-romaine de Jonvelle est mise au jour en 1968. Il s'agit d'un domaine agricole comprenant une partie résidentielle et des bâtiments d'exploitation. L'habitation du maître est dotée d'un balnéaire aménagé au cours du IIe s. selon la facture traditionnelle des thermes romains. Le sol de la salle froide (*frigidarium*) est recouvert d'une belle mosaïque polychrome. Le décor principal représente dans le médaillon central quatre poissons d'eau douce (truites et chevesnes) évoquant des espèces peuplant la Saône. Les deux pieds chaussés de sandales sont un motif unique en Gaule. Ce site accueille également un musée archéologique qui présente une remarquable collection de poteries, tuiles, outils, bijoux et autres vestiges de l'époque gallo-romaine.

Avr-juin, 16 sept.-oct. : dim. et j. fériés 14h-18h ; juil.-15 sept : t.l.j. 14h-18h.
Visite libre. Visite guidée. Visite sur r.-v. pour les groupes (20 pers. min.)
auprès de l'association « Vestiges gallo-romains ».

LUXEUIL-LES-BAINS B1

Abbaye Saint-Colomban
Rue Victor-Genoux
70300 Luxeuil-les-Bains
Tél. : 03 84 40 13 38
www.luxeuil.fr/
www.amisaintcolomban.net
Propriété de l'association diocésaine de Besançon
Classé

L'abbaye de Luxeuil est fondée par Colomban, moine irlandais, en 590. Plusieurs fois ruinés, les bâtiments situés au centre de la vieille ville comprennent l'église Saint-Pierre, le cloître, le palais abbatial et les bâtiments conventuels reconstruits aux XVIIe et XVIIIe s. Ces derniers se composent de plusieurs corps de bâtiments de vastes dimensions formant un ensemble complexe entre rue et jardin, précédé d'une cour à l'ouest ouverte par une porterie. Le monastère abrite aujourd'hui une maison d'accueil et une école privée.
Visite guidée pendant les Journées du patrimoine et toute l'année sur r.-v. au 03 84 40 13 38. Fermé 25 déc.

Tour des Échevins
Musée Jules-Adler
36, rue Victor-Genoux
70300 Luxeuil-les-Bains
Tél. : 03 84 40 00 07/03 84 40 06 41 (office du tourisme)
www.luxeuil.fr
Propriété de la commune
Classé

La tour des Échevins fut construite dans la seconde moitié du XVe s. par Henri Jouffroy. C'est un bâtiment de plan rectangulaire à trois étages et une pièce par niveau, s'ouvrant sur un bel escalier latéral. Ses façades portent un riche décor sculpté de style gothique. En haut de la tour, la vue est imprenable sur le Jura et les Alpes. Au rez-de-chaussée, stèles funéraires du Ier au IIIe s. et ex-voto. Poteries et céramiques d'époque gauloise au premier étage. Salle des expositions temporaires et des peintres régionaux au deuxième étage. Au troisième étage, salle consacrée aux œuvres du peintre naturaliste luxovien Jules Adler (1865-1952).
Mai-oct. : t.l.j. sf lun. 15h-19h, sam. 9h30-12h. Visite sur r.-v. pour les groupes.

ORICOURT B2

Château fort
1, rue Nicolas-Rolin
70110 Oricourt
Tél. : 03 84 78 74 35
www.oricourt.com
Propriété privée
Classé

Construit au bord d'un plateau calcaire, le château fort d'Oricourt se compose de deux enceintes datant vraisemblablement du XIIe s. : la basse-cour et le château proprement dit, plate-forme polygonale entourée de fossés et de murs équipés de hautes tours de plan carré. À l'intérieur, contre les courtines ont été élevés plusieurs corps de bâtiment, dont le logis seigneurial, construit vers la fin du XVe s. ou le début du XVIe s., et modifié au XVIIe s., avec une galerie à arcades, des fenêtres à meneaux et un escalier à vis.
Mars-13 juin, sept.-15 nov. : t.l.j. sf mar. 14h-18h ;
14 juin-août : t.l.j. sf mar. 10h-12h, 14h-19h.
Visite libre. Visite guidée. Visite sur r.-v. le reste de l'année.

PESMES A2

Château
70140 Pesmes
Tél. : 03 84 31 23 37
Propriété privée
Inscrit

Avant la conquête française, en 1674, Pesmes, de par sa situation, joue un rôle stratégique dans le système défensif impérial. Reconstruit après le passage des troupes de Louis XI en 1479 par la famille de La Baume-Montrevel, embelli au XVIIIe s., le château, malgré les destructions de l'époque révolutionnaire, conserve, très modifiés, un pavillon d'entrée, d'anciennes remises et écuries et une partie de l'ancien logis, bâtiment élevé contre les anciens remparts, qui domine la ville basse et la vallée de l'Ognon.
Juil.-août : t.l.j. sf ven. et sam. 10h-12h, 15h-19h.
Visite libre. Visite guidée. Visite sur r.-v. pour les groupes (20 pers. max.).

La maison royale de Pesmes se dresse à l'intersection de l'enceinte du bourg haut et de la ville basse. Construite avant le XVIIe s., son histoire reste mal connue. Sa position et la présence de meurtrières dans le soubassement voûté attestent un rôle défensif. L'important volume intérieur, jadis voûté d'arêtes sur deux niveaux, suggère la fonction d'entrepôt. La maison royale est aujourd'hui entièrement réaménagée.
Avr.-sept. : t.l.j. sf mar. visite à 15h, 16h, 17h.
Visite guidée. Visite sur r.-v. pour les groupes (15-50 pers.).

Maison royale
70140 Pesmes
Tél. : 03 84 31 23 23
Propriété privée
Inscrit

A2

RAY-SUR-SAÔNE

Dominant le cours de la Saône depuis le rebord d'un plateau, le château fort médiéval de Ray-sur-Saône appartient à la même famille depuis le XIe s. Très endommagé pendant la guerre de Trente Ans, il est en partie reconstruit à la fin du XVIIe s. et au début du XVIIIe s., puis transformé après 1774. Édifice d'un plan général en U, il s'ouvre sur une cour d'honneur et sur un vaste parc réaménagé au XXe s. en intégrant des éléments architecturaux de l'ancienne basse-cour.
JARDIN Ouvert toute l'année.
CHÂTEAU Pâques-sept. : dim. à 15h. Visite libre. Visite guidée. ♿

Château
70130 Ray-sur-Saône
Tél. : 03 84 78 42 44
Propriété privée
Classé

B2

RONCHAMP

La chapelle Notre-Dame-du-Haut est consacrée en 1955 sur une colline qui domine Ronchamp, ancien lieu de pèlerinage où s'élevait une chapelle détruite à la Libération. À la demande de la commission d'Art sacré de Besançon, Le Corbusier en a fourni les plans. La chapelle se distingue d'abord par sa toiture formée de deux dalles minces en béton. Les murs sont constitués de voiles de ciment projeté sur une armature métallique. À la complexité du plan intérieur, où s'enchevêtrent plusieurs volumes, répond l'unité extérieure, d'une éclatante blancheur des murs et des tours.
Janv.-fév., nov.-déc. : 10h-16h ; mars, oct. : 10h-17h ; avr.-sept. : 9h30-19h.
Fermé 1er janv. Visite libre. Visite guidée.
Visite sur r.-v. pour les groupes (2-60 pers.). ♿

Chapelle Notre-Dame-du-Haut
70250 Ronchamp
Tél. : 03 84 20 65 13
www.chapellederonchamp.fr
Propriété privée
Classé

A2

RUPT-SUR-SAÔNE

Dominant la vallée de la Saône, le château de Rupt, attesté dès le XIIe s., occupe un site stratégique important. Transformé au cours des siècles, en partie ruiné en 1792, l'édifice actuel est le fruit de travaux réalisés par le comte d'Orsay et ses successeurs Stanislas et Joseph de Buyer au XIXe s. Dans un parc arboré, il regroupe un donjon du début du XIIe s., un petit château construit aux XVe et XVIe s. dans le rempart du XVIIe s., une cuverie du XVe s. ainsi que des bâtiments du XIXe s. : une gentilhommière, un pavillon de chasse néogothique, une ferme lombarde, une serre-orangerie et un chenil.
Avr.-oct. : w.-e., lun. et j. fériés 10h-12h, 14h-18h ; 14-31 juil. t.l.j.
Visite libre. Visite sur r.-v. pour les groupes. ♿ en partie.

Château
70360 Rupt-sur-Saône
Tél. : 03 84 92 70 41
Propriété privée
Inscrit

SAINT-BROING A2

Abbaye de Corneux (ancienne abbaye des Prémontrés)

Château de Corneux
70100 Saint-Broing
Tél. : 03 84 65 43 32
Propriété privée
Inscrit

Fondé au XIIe s., c'est le premier établissement de prémontrés dans le diocèse de Besançon. Les bâtiments abbatiaux et l'église sont reconstruits au XVIIIe s. Deux portails permettent d'entrer dans le domaine clos de murs. Il conserve des communs et un bâtiment abbatial sur caves voûtées qui intègre deux ailes du cloître voûtées d'arêtes. La rampe du grand escalier est à balustres en fer forgé.

Temporairement fermé pour travaux. Pour plus d'informations quant à une prochaine réouverture, se renseigner au 03 84 65 43 32. ♿

VALLEROIS-LE-BOIS B2

Château

70000 Vallerois-le-Bois
Tél. : 03 84 78 37 16
Propriété privée
Classé

Le château de Vallerois-le-Bois est construit entre le XIIe s., pour les parties les plus anciennes du donjon, et le XVIe s. ou le début du XVIIe s., pour l'essentiel du bâtiment. Plusieurs dates se retrouvent gravées sur l'édifice, accompagnant les armoiries de la famille de Vaudrey, seigneur du lieu. Dressé sur une éminence qui domine le village, l'ensemble s'ouvre par une porterie ornée de pilastres sur une cour où le logis présente des baies à meneaux, et une tour d'escalier à vis de plan polygonal.

Avr.-juin : dim. 14h-18h30 ; mi-juil. à mi-août : t.l.j. 14h-18h30.
Fermé 25 déc. Visite libre. Visite guidée à la demande. ♿

VESOUL A2

Couvent des Ursulines

Musée Georges-Garret
1, rue des Ursulines
70000 Vesoul
Tél. : 03 84 76 51 54
www.vesoul.fr
Propriété de la commune
Inscrit

Les ursulines se sont établies à Vesoul en 1615, au nord-ouest de la vieille ville, non loin des remparts. L'église, élevée en 1632, est le premier bâtiment qu'elles font construire. Le reste du couvent est édifié en deux campagnes principales, en 1680 et en 1716. Après la Révolution, les vastes bâtiments sont occupés par des administrations diverses : prison, théâtre, école normale d'instituteurs. Le couvent accueille aujourd'hui les collections du musée municipal.

T.l.j. sf mar. : 14h-18h. Fermé 1er janv., 1er mai, 14 juil., 1er et 25 nov., 25 déc.
Visite libre. Visite guidée sur r.-v. Visite sur r.-v. pour les groupes.

VILLERSEXEL B2

Château

Musée de Grammont
Place de l'Hôtel-de-Ville
70110 Villersexel
Tél. : 03 84 20 51 53
www.villersexel.com
Propriété privée
Inscrit

Le château de Villersexel est construit au début du XVIIIe s. par la famille de Grammont, propriétaire de la terre et de la seigneurie depuis 1700, à l'emplacement d'un ancien château fort probablement détruit au XVIIe s. Incendié en janvier 1871, il est reconstruit entre 1882 et 1887 sur les plans de l'architecte E. Danjoy. Le château couvert en ardoises se dresse dans un vaste parc boisé. Il s'agit d'un bâtiment de style Louis XIII alliant brique et pierre.

T.l.j. sf lun. : 14h30-18h. Visite guidée.
Visite sur r.-v. le mat. pour les groupes (20 pers. min.).

A3 ARBOIS

Château Pécauld

Musée de la Vigne et du Vin
39600 Arbois
Tél. : 03 84 66 40 45
www.musees-franchecomte.com
Propriété de la commune
Inscrit

Une tour d'angle –la tour Velfaux– et deux murs de l'enceinte médiévale sont intégrés à un corps de logis du début du XVIe s. que les Pécauld ont étendu par la suite. La tour Velfaux, circulaire, et une tour carrée calent le corps de logis couvert d'un haut toit à croupes. On remarque les vastes caves. Le château Pécauld abrite aujourd'hui un musée consacré à la vigne et au vin.

Juil.-août : t.l.j. 10h-12h30, 14h-18h ; mars-juin, sept.-oct. : t.l.j. sf mar. 10h-12h, 14h-18h ; nov.-fév. : t.l.j. sf mar. 14h-18h.
Fermé janv. (sf vac. de Noël), 1er mai, 25 déc. Visite libre. Visite guidée.
Visite sur r.-v. pour les groupes (10-40 pers.).

Maison du père de Pasteur

83, rue de Courcelles
39600 Arbois
Tél. : 03 84 66 11 72
www.academie-sciences.fr/pasteur.htm
Propriété privée
Classé

En 1830, le père de Louis Pasteur installe sa tannerie à Arbois. Il meurt en 1868. Le savant reprend progressivement l'ensemble du bâtiment, acquiert une habitation voisine et un jardin, fait faire des travaux d'exhaussement et d'aménagement. Transformée en maison de vacances, Pasteur la dote d'un laboratoire. Elle conserve ses dépositions, décors et mobilier, témoignant précisément de la vie quotidienne du savant.

Juin-sept. : 9h45, 10h45, 11h45, toutes les heures de 14h à 18h ;
avr.-mai, 1er-15 oct. : le mat. pour les groupes sur r.-v., 14h15, 15h15, 16h15, 17h15.
Fermé janv. et fév. Visite guidée. Visite sur r.-v. pour les groupes t.l.j. d'avr. à oct. et du lun. au ven. de mi-oct. à mars (20 pers. min.).

A3 ARLAY

Château

Route de Saint-Germain
39140 Arlay
Tél. : 03 84 85 04 22
www.arlay.com
Propriété privée
Classé

Les imposants vestiges de la forteresse médiévale des comtes de Chalon, princes d'Orange, occupent le sommet de la colline. En contrebas, le château XVIIIe s., construit par la comtesse de Lauraguais fut d'abord un couvent au XVIIe s. Remeublé en 1820 par le prince Pierre d'Arenberg, le château présente un bel ensemble intérieur d'époque Charles X, raffiné et moderne. Le superbe parc romantique de 8 ha offre aux visiteurs de saisissants points de vue sur le contrefort du Jura et sur le vignoble réputé du château, fondé lui aussi au Moyen Âge.

Déb. juin à mi-sept. : 14h-18h. Visite guidée.
Visite sur r.-v. pour les groupes (20-50 pers.). château seulement.

A3 BAUME-LES-MESSIEURS

Abbaye

39210 Baume-les-Messieurs
Tél. : 03 84 44 99 28
www.baumelesmessieurs-jura.com
Propriété de la commune, propriété privée
Classé

L'abbaye de Baume-les-Messieurs est implantée au IXe s. dans une des « reculées » les plus caractéristiques du Jura. Elle se développe, et son abbé fonde Cluny. Après son déclin, elle est chapitre noble au XVIIIe s. Ce vaste ensemble de bâtiments forme trois cours. Le logis abbatial est situé entre la cour d'entrée et la cour du cloître. Au côté nord de l'ensemble, l'abbatiale romane, voûtée d'ogives, est vaste. Elle présente un groupe exceptionnel de tombeaux médiévaux, des statues et un retable flamand du XVIe s.

15 mai-sept. : 10h-12h, 14h-18h. Visite guidée.
Visite sur r.-v. pour les groupes toute l'année (10 pers. min.).

CHAUSSIN A3

Moulin Taron

2, rue du Moulin
39120 Chaussin
Tél. : 03 84 81 81 06
www.gaudes-de-chaussin.com
Propriété privée
Inscrit

Depuis le XIIIe s., un moulin est établi dans le village sur une longue dérivation de l'Orain. Il est reconstruit en 1843 avec un bâtiment complémentaire abritant battoir et écurie. Il est conçu avec une organisation verticale de la chaîne opératoire. Une turbine de Louhans remplace trois roues ; au rez-de-chaussée subsiste le beffroi à colonnes en fonte ; l'étage sert au broyage avec quatre paires de meules ; le blutage se fait dans le comble. Le moulin est spécialisé dans la fabrication de farine de maïs pour les gaudes.

T.l.j. sf dim. et lun. : 8h-12h, 14h-17h. Fermé j. fériés, 29 juil.-15 août.
Visite guidée. Visite sur r.-v. pour les groupes (35 pers. max.).

DOLE A3

Hôtel-Dieu

2, rue Bauzonnet
39100 Dole
Tél. : 03 84 69 01 50/03 84 72 11 22
www.dole.org
Propriété de la commune
Classé

Construit entre 1613 et 1687, l'hôtel-Dieu de Dole est organisé autour d'une cour fermée. À l'extérieur, l'énorme balcon qui règne au premier étage est supporté par des consoles sculptées toutes différentes et terminé par une échauguette. Le rez-de-chaussée des galeries de la cour est voûté d'ogives ; on remarque l'escalier à vis plaqué devant et le grand escalier intérieur XVIIIe s. L'hôtel-Dieu conserve sa pharmacie, le bureau de la mère supérieure, la chapelle qui était visible depuis les salles des malades à l'étage. Il abrite aujourd'hui la médiathèque de Dole.

Visite guidée sur r.-v. au 03 84 72 11 22 (20 pers. max.).

Maison natale de Louis Pasteur

43, rue Pasteur
39100 Dole
Tél. : 03 84 72 20 61
www.musee-pasteur.com
Propriété de la commune
Classé

Louis Pasteur est né à Dole le 27 décembre 1822. Célébré de son vivant, il est venu à Dole en 1883 honorer la modeste demeure de ses parents, située dans le quartier pittoresque de la ville basse, au bord du canal des tanneurs. Le musée, inauguré en 1923, a été réaménagé en 1995 et agrandi en 2008. Au-dessus de la tannerie paternelle, les collections, sur deux étages et trois immeubles contigus, présentent ses œuvres artistiques de jeunesse, des meubles et des objets familiers, en plus des travaux et instruments scientifiques de ce bienfaiteur de l'humanité et de ses disciples, les « pastoriens ».

Avr.-juin, sept.-oct. : t.l.j. 10h-12h, 14h-18h, dim. et j. fériés 14h-18h ;
juil.-août : t.l.j. 10h-18h, dim. et j. fériés 14h-18h ; nov.-mars : w.-e. 14h-18h.
Visite libre. Visite guidée. Visite sur r.-v. pour les groupes toute l'année.

Pavillon des Officiers

Musée des Beaux-Arts
85, rue des Arènes
39100 Dole
Tél. : 03 84 79 25 85
www.dole.org
Propriété de la commune
Classé

De 1738 à 1774 Dole se dote d'une caserne militaire située à l'extérieur des remparts de la porte d'Arans. Le pavillon des Officiers est l'œuvre d'Antoine-Louis Attiret et du peintre Jean-Denis Attiret. Bel exemple d'architecture militaire comtoise, le bâtiment, de facture sobre, est pourvu sur le fronton d'un trophée d'armes sculpté par Michel Devosges. Il abrite depuis 1980 le musée des Beaux-Arts. Cette institution, créée en 1821, oriente ses collections autour de trois fonds : l'archéologie, le fonds d'art ancien (XVIe-XIXe s.) et l'art contemporain (figuration narrative, nouveau réalisme).

T.l.j sf dim. mat. et lun. : 10h-12h, 14h-18h (ouvert le mer. jusqu'à 20h).
Fermé 1er mai, 1er nov., 24 déc.-2 janv. Visite libre. Visite guidée.
Visite sur r.-v. pour les groupes (4-30 pers.).

Île-de-France

Essonne – Hauts-de-Seine – Seine-et-Marne – Seine-Saint-Denis
Val-de-Marne – Val-d'Oise – Yvelines – Paris

A
B
Rouen
Elbeuf
Epte
1
Seine
HAUTE-NORMANDIE
Val-d'Oise
Ambleville
Chaussy
Wy-dit-Joli-Village
RN 14
La Roche-Guyon
Évreux
Mantes-la-Jolie
A 13
Médan
Poissy
Maule
Chambourcy
Thoiry
Yvelines
RN 12
Montfort-l'Amaury
Chevreuse
Gambais
Magny-les-Hameaux
Dreux
2
Vesgre
Dampierre-en-Yvelines
Saint-Forget
Cernay-la-Ville
Rambouillet
Choisel
Le Val-Saint-Germain
A 10
Dourdan
PAYS DE LA LOIRE
Chartres
Nogent-le-Retrou
3
RN 20
0
10 km
Sannois
Le Bourget
Maisons-Laffitte
Argenteuil
A 1
Hauts-de-Seine
Seine-Saint-Denis
Saint-Germain-en-Laye
Saint-Denis
A 14
Croissy-sur-Seine
Saint-Ouen
Montfermeil
Courbevoie
Bobigny
Le Raincy
Nanterre
Chatou
A 3
Port-Marly
Rueil-Malmaison
PARIS
Louveciennes
Bougival
Saint-Cloud
Vincennes
A 13
Ville-d'Avray
Boulogne-Billancourt
Nogent-sur-Marne
A 4
Issy-les-Moulineaux
Ivry-sur-Seine
Bry-sur-Marne
Sèvres
Meudon
Maisons-Alfort
Versailles
Créteil
La Varenne-Saint-Hilaire
Orléans
Yvelines
Sceaux
L'Haÿ-les-Roses
Jouy-en-Josas
Châtenay-Malabry
Val-de-Marne
Boissy-Saint-Léger
Antony
4
Villiers-le-Bâcle
A 5
Essonne
Palaiseau
Saint-Rémy-lès-Chevreuse
A 6
Périgny-sur-Yerres
A 10
A
B

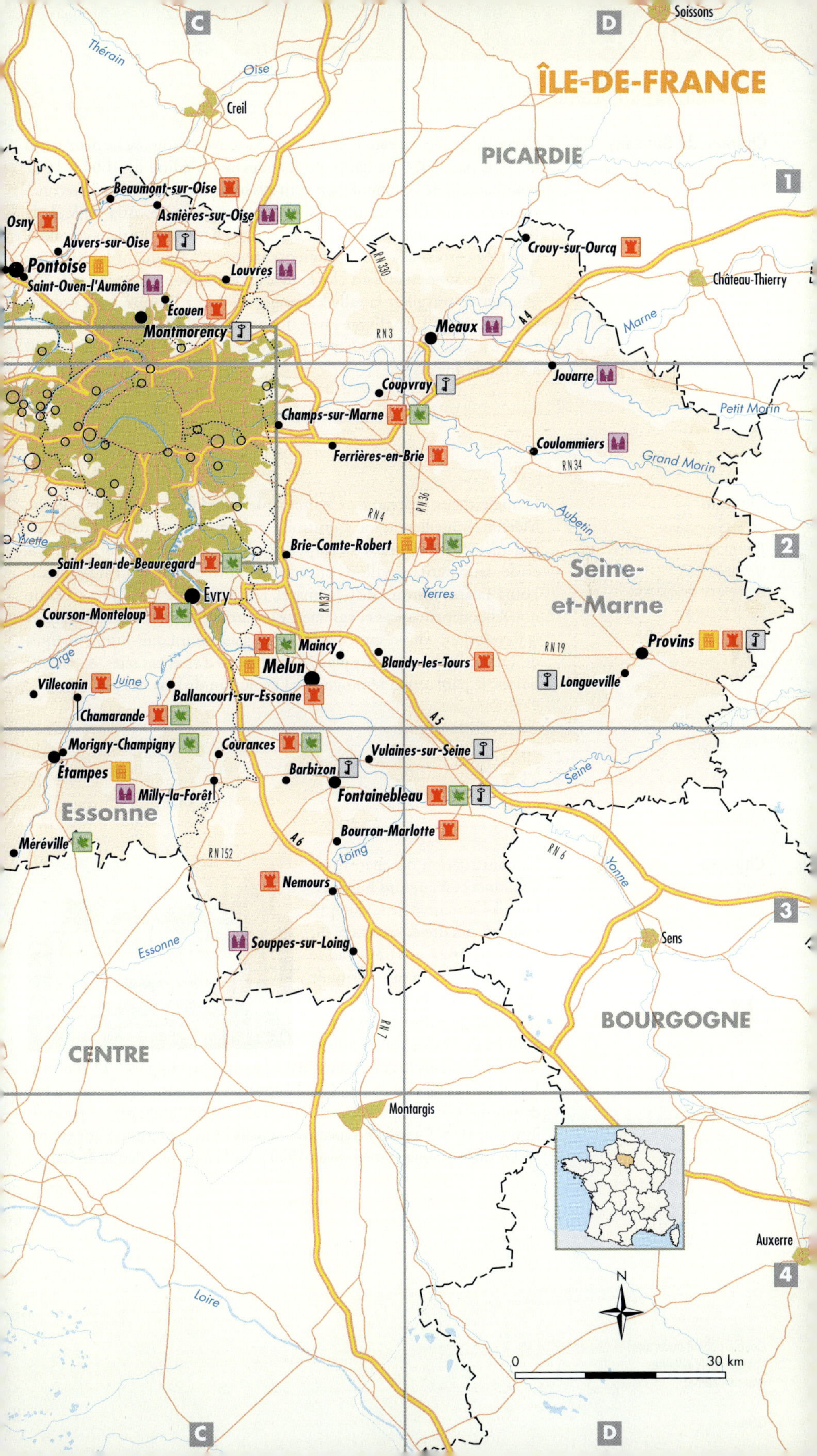

ÎLE-DE-FRANCE
C
D
1
2
3
4
PICARDIE
BOURGOGNE
CENTRE
Seine-et-Marne
Essonne
Soissons
Creil
Château-Thierry
Sens
Montargis
Auxerre
Thérain
Oise
Marne
Petit Morin
Grand Morin
Aubetin
Yerres
Orge
Juine
Yvette
Seine
Loing
Yonne
Essonne
Loire
RN 330
RN 3
A4
RN 34
RN 36
RN 4
RN 37
RN 19
A5
A6
RN 152
RN 6
RN 7
Beaumont-sur-Oise
Asnières-sur-Oise
Osny
Auvers-sur-Oise
Pontoise
Saint-Ouen-l'Aumône
Louvres
Écouen
Montmorency
Crouy-sur-Ourcq
Meaux
Jouarre
Coupvray
Champs-sur-Marne
Ferrières-en-Brie
Coulommiers
Brie-Comte-Robert
Saint-Jean-de-Beauregard
Évry
Courson-Monteloup
Maincy
Blandy-les-Tours
Provins
Melun
Villeconin
Ballancourt-sur-Essonne
Longueville
Chamarande
Morigny-Champigny
Courances
Vulaines-sur-Seine
Étampes
Barbizon
Milly-la-Forêt
Fontainebleau
Méréville
Bourron-Marlotte
Nemours
Souppes-sur-Loing
N
0
30 km

BALLANCOURT-SUR-ESSONNE C2

Château du Saussay

91610 Ballancourt-sur-Essonne
Tél. : 01 64 93 20 10
www.tourisme-essonne.com
Propriété privée
Inscrit

Cerné de douves en eau, le château de Saussay se compose de deux corps de logis parallèles. Le bâtiment de gauche est édifié de 1604 à 1622 pour Laurent de Gaumont. Son petit-fils initie la construction du second, rigoureusement identique à l'aile de son grand-père. À la veille de la Révolution, Joseph de Clanclaux agrandit la demeure des deux pavillons d'entrée carrés. Les aménagements intérieurs évoquent la mémoire des propriétaires successifs : les grands et petits salons de style Louis XV, le salon de travail et la salle à manger au décor Empire, sans oublier la bibliothèque aux livres rares. Le parc, initialement aménagé à la française avec miroir d'eau et grande perspective, est remanié vers 1830 à la mode anglaise.

15 mars-15 oct. : dim. et j. fériés 14h-18h.
Visite guidée. Visite sur r.-v. pour les groupes.

CHAMARANDE C2

Château

91730 Chamarande
Tél. : 01 60 82 52 01
www.essonne.fr
Propriété du département
Inscrit et classé

Le majestueux château de Chamarande est édifié en 1654 pour Pierre Mérault, conseiller du roi. Construite en brique, pierre de grès et ardoise, la demeure se compose d'un corps de logis flanqué de l'aile des communs et de deux petits pavillons encadrant l'entrée de la cour d'honneur. Louis Talaru, marquis de Chalmazel, fait construire de 1739 à 1742 de nouvelles dépendances et agrémente le parc d'élégantes fabriques. Après la Révolution, celui-ci est redessiné à l'anglaise pour Louis-Justin, marquis de Talaru. Rythmé par des plans d'eau bordés d'essences rares, de massifs boisés, le parc actuel témoigne de l'évolution de l'art des jardins.

PARC Nov.-janv. : 9h-17h ; fév.-mars, oct. : 9h-18h ; avr.-mai : 9h-19h ; juin-sept. : 9h-20h.
CHÂTEAU Ouverture en fonction des expositions (se renseigner sur www.essone.fr).

COURANCES C3

Château

91490 Courances
Tél. : 01 64 98 07 36/01 64 98 41 18
www.courances.net
Propriété privée
Classé

La construction du château de Courances est aujourd'hui attribuée à l'initiative de Claude Ier Gallard, notaire et secrétaire du roi, entre 1622 et 1630. Passée de main en main, abandonnée depuis 1830, la demeure est sauvée de la ruine par le baron Samuel de Haber qui confie sa restauration dans le goût Louis XIII à l'architecte Hippolyte Destailleur. La brique est révélée en façade et les toitures sont enrichies de pots à feu et œils-de-bœuf. Commencé au XVIe s., l'aménagement du parc se poursuit jusqu'au XXe s. Grande perspective, massifs boisés et bassins côtoient un jardin anglo-japonais aménagé en 1930 pour la marquise Berthe de Ganay.

Premier w.-e. d'avr.-1er nov. : w.-e. et j. fériés 14h-18h30.
Visite libre du parc. Visite guidée du château.

Double page d'ouverture : château de Vincennes (Val-de-Marne).

C2 COURSON-MONTELOUP

Domaine de Courson

91680 Courson-Monteloup
Tél. : 01 64 58 90 12
www.domaine-de-courson.fr
Propriété privée
Inscrit et classé

À la fin du XVIIe s., Nicolas de Lamoignon, intendant du Languedoc, fait transformer le manoir édifié au XVIe s. pour Gilles Le Maître en la noble demeure actuelle. Construit en brique et pierre, le château comprend un corps central et deux ailes en retour qui abritent respectivement une galerie, une bibliothèque et une salle à manger. Au XIXe s., la décoration intérieure est modifiée par l'architecte Delarue et le peintre Denuelle. Le parc, initialement à la française, est transformé en 1820 en jardin romantique aux essences rares par Louis-Martin Berthault, puis enrichi par les paysagistes Eugène Bühler vers 1850 et Timothy Vaughan récemment.
PARC Dim. et j. fériés 10h-18h (17h en hiver). Fermé vac. de Noël. Visite libre.
CHÂTEAU 15 mars-15 nov. : dim. et j. fériés 14h-18h.
Visite guidée. Visite sur r.-v. pour les groupes. ♿ en partie.

B2 DOURDAN

Château

Place-du-Général-de-Gaulle
91410 Dourdan
Tél. : 01 64 59 66 83
www.mairie-dourdan.fr
Propriété de la commune
Classé

Symbole de la puissance capétienne, le château de Dourdan est édifié vers 1222 pour Philippe Auguste. Cerné d'un fossé sec, il comprend une enceinte de plan presque carré flanquée de six tours percées d'archères et d'un châtelet fortifié. Le donjon, isolé à un angle de l'enceinte et autrefois couronné de hourds en bois et d'un toit en poivrière, abrite des salles superposées voûtées d'ogives. En 1591, le château, tenu par les ligueurs, est assiégé et pris par les troupes d'Henri IV. Prison de 1690 à 1892, le château est acheté par la famille Guyot qui le vend en 1961 à la municipalité.
T.l.j. sf lun. et mar. 10h-12h, 14h-18h (17h ven.). Fermé en janv., 25 déc.
Visite sur r.-v. pour les groupes (10 pers. min.). ♿ r.-d.-c.

C3 ÉTAMPES

Hôtel, dit « d'Anne de Pisseleu »

Place de l'Hôtel-de-Ville
et des Droits-de-l'Homme
91150 Étampes
Tél. : 01 69 92 69 00
www.mairie-etampes.fr
Propriété de la commune
Inscrit et classé

Le corps principal de l'hôtel dit « d'Anne de Pisseleu » est construit durant la première moitié du XVIe s. pour Guillaume Audren, prévôt d'Étampes entre 1512 et 1538. Sa façade nord, soulignée par une échauguette en brique, offre un remarquable décor sculpté de la première Renaissance avec une frise décorée de motifs végétaux, d'animaux et de figures humaines ainsi que deux médaillons à l'effigie d'Anne de Pisseleu et de François Ier. Successivement restauré au XIXe s. et au XXe s., l'ancien hôtel abrite aujourd'hui la Direction intercommunale de l'action culturelle, l'accueil du tourisme et des expositions temporaires.
T.l.j. sf dim. 8h30-12h, 13h30-17h.

Hôtel de ville

Musée d'Étampes
Place de l'Hôtel-de-Ville
91150 Étampes
Tél. : 01 69 92 68 18/01 69 92 69 12
www.mairie-etampes.fr
Propriété de la commune
Inscrit

En 1514, Louis XII accorde aux habitants d'Étampes le droit d'élire un maire et des échevins, puis en 1517 celui de prélever sur les deniers communs pour acheter ou faire construire une maison de ville. À cet effet, deux édifices datant de la fin du XVe s. sont acquis. En 1847, les travaux de reconstruction et d'agrandissement de l'hôtel de ville sont entrepris. Le décor intérieur est alors entièrement renouvelé et une nouvelle aile construite de 1851 à 1852 par les architectes Pierre et Auguste Magne, à l'emplacement de l'ancien grenier à sel utilisé autrefois pour l'impôt de la gabelle. L'aile droite abrite aujourd'hui le musée municipal consacré à l'histoire d'Étampes et de sa région.
T.l.j. sf lun. et mar. 14h-17h. Fermé j. fériés.
Visite libre. Visite sur r.-v. pour les groupes.

MÉRÉVILLE C3

Jardins romantiques

12, rue Victor-Hugo
91660 Méréville
Tél. : 01 60 66 57 74
www.essonne.fr
Propriété du département
Inscrit et classé

En 1784, le banquier Jean-Joseph de Laborde acquiert le domaine de Méréville, château carré cantonné de tours construit en 1460. Il décide alors de le remanier et de réaménager le jardin dans l'esprit de la fin du XVIIIe s. L'architecte François-Joseph Bélanger, remplacé en 1786 par Hubert Robert, y conçoit le plus admiré des jardins paysagers de la fin du siècle. Des cascades, des lacs, des grottes et des îles artificielles se mêlent aux bosquets et nombreuses fabriques. Les plus importantes d'entre elles sont transportées en 1899 au parc de Jeurre alors que demeurent la colonne Trajane de 30 m de haut et les ruines du moulin parmi d'autres fabriques abandonnées. Délaissé par ses propriétaires successifs, oublié de 1920 à 1990, le parc connaît une renaissance grâce à l'Association des amis du jardin romantique de Méréville et à son rachat par le département.

Juin-oct. : dim. 10 h-18 h. Visite libre. Visite guidée.
Visite sur r.-v. pour les groupes toute l'année sur mereville@essonne.fr

MILLY-LA-FORÊT C3

Chapelle Saint-Blaise-des-Simples

Rue Jean-Moulin
91490 Milly-la-Forêt
Tél. : 01 64 98 84 94/01 64 98 83 17
www.milly-la-foret.fr
Propriété de la commune
Inscrit

Entourée de plantes médicinales, la chapelle Saint-Blaise-des-Simples est édifiée au XIIe s. Elle constitue l'unique vestige de l'ancienne maladrerie, édifice hospitalier voué aux soins des lépreux. En 1959, Jean Cocteau imagine sa décoration intérieure sur le thème des « simples » (plantes médicinales). Un Christ aux épines et une grande fresque sur la résurrection du Christ côtoient la représentation de plantes telles la menthe, la belladone ou la renoncule qui forment un herbier géant sur les murs. La chapelle abrite désormais la tombe de l'artiste avec l'inscription « Je reste avec vous » et un buste du poète sculpté par Arno Breker.

Pâques-Toussaint : t.l.j. sf mar. 10 h-12 h, 14 h 30-18 h ;
Toussaint-Pâques : w.-e. et j. fériés 10 h 15-12 h, 14 h 30-17 h.
Fermé du 15 nov. à déb. mars. ♿

MORIGNY-CHAMPIGNY C3

Parc de Jeurre

91150 Morigny-Champigny
Tél. : 01 64 94 57 43
www.tourisme-essonne.com
Propriété privée
Inscrit et classé

Louis-César-Alexandre Dufresne de Saint-Léon, directeur général de la liquidation de la dette publique, acquiert en 1892 le domaine de Jeurre. En 1899, il agrémente son jardin de quatre fabriques provenant du parc de Méréville imaginé par Hubert Robert. Le Temple de la piété filiale, la colonne rostrale de marbre bleu, le cénotaphe de Cook et la façade de la laiterie y sont remontés. Son fils poursuit l'enrichissement de ce sanctuaire d'architectures démolies. La façade est du château présente l'avant-corps de l'hôtel d'Anglade construit à Paris, rue des Archives, par Robert de Cotte et la façade ouest reçoit des bas-reliefs provenant d'un ancien hôtel de la rue Ménars. Dans le parc, le fronton du château de Saint-Cloud et le portail de l'hôtel parisien de Mme de Verrue, rue du Regard, sont remontés.

T.l.j. sf mer. et sam. mat. 10 h, 15 h.
Fermé j. fériés et du 15 déc. au 10 janv. Visite guidée.

C2 **SAINT-JEAN-DE-BEAUREGARD**

François Dupoux, avocat au conseil privé du roi et protégé de Concini, entreprend en 1612 la construction du château, poursuivie et achevée sous Louis XIV. Composé d'un corps principal en grès cantonné de deux hauts pavillons et de deux ailes dans l'alignement, l'édifice comprend aussi les bâtiments des communs et l'imposant pigeonnier de quatre mille boulins. Le domaine est agrémenté d'un jardin à la française et d'un remarquable potager fleuri de 2 ha ayant conservé son tracé initial.

15 mars-15 nov. : dim. et j. fériés 14-18h. Visite guidée.
Visite sur r.-v. pour les groupes t.l.j. sf mer. ♿ parc

Château
91940 Saint-Jean-de-Beauregard
Tél. : 01 60 12 00 01
www.domsaintjeanbeauregard.com
Propriété privée
Classé

B2 **VAL-SAINT-GERMAIN (LE)**

En 1772, Jean Le Maître, trésorier général de l'artillerie et du génie, fait abattre l'ancien château du Marais et confie à l'architecte Jean-Benoît-Vincent Barré le soin d'édifier une fastueuse demeure. Construit sur l'ancienne plate-forme entourée de fossés en eau, le nouvel édifice adopte un plan rectangulaire rythmé par le jeu des toitures et les légers décrochements en façades. Côté cour, le pavillon central s'ouvre sur un portique surmonté d'un attique et couronné d'un dôme carré. Le château est entouré d'un parc à la française transformé à la mode anglaise de 1903 à 1906 par Achille Duchêne. Il abrite désormais un musée relatant son histoire et celle de ses illustres hôtes tels Talleyrand et Gaston Palewski.

15 mars-15 nov. : dim. et j. fériés 14h-18h.
Visite libre. Visite guidée. Visite sur r.-v. pour les groupes au 01 64 58 91 60 ou 01 64 58 91 33 (20 pers. min.). ♿

Château du Marais
91530 Le Val-Saint-Germain
Tél. : 01 64 58 96 01
www.chateaudumarais.com
Propriété privée
Classé

C2 **VILLECONIN**

Demeure médiévale datant de la fin du XIVe s., le château de Villeconin a conservé sa salle des gardes, son donjon, des vestiges de son pont-levis ainsi que ses douves. À la fin du XVIe s., le château est remanié pour la famille Cochefilet. Il est alors agrandi d'une tour d'angle et un nouvel axe d'entrée est dégagé sur la cour. L'intérieur du manoir conserve une remarquable charpente en forme de vaisseau renversé. Le parc, avec ses compositions florales d'inspiration médiévale, ses massifs de buis taillés et ses allées forgées, invite les visiteurs à de paisibles promenades.

Juin-10 juil. : visite guidée t.l.j. 14h30-18h. Visite libre du parc.
Visite guidée du château. Visite sur r.-v. pour les groupes toute l'année. ♿

Manoir
91580 Villeconin
Tél. : 01 60 80 36 29/01 45 34 18 06
www.chateaudevilleconin.fr
Propriété privée
Inscrit

C2 DÉTAIL **VILLIERS-LE-BÂCLE**

Tsuguharu Foujita, peintre français d'origine japonaise, acquiert en 1960 cette petite maison rurale située dans la vallée de la Mérantaise. Elle abrite son atelier et sa demeure jusqu'à sa mort survenue en 1968. En 1991, son épouse lègue le domaine au conseil général de l'Essonne qui le transforme en un lieu de mémoire dédié à l'œuvre du peintre qui participa à l'école de Paris. Au dernier étage, son atelier est conservé dans son état d'origine : pinceaux, pigments et chevalets côtoient sur le mur pignon une esquisse en fresque de l'œuvre réalisée par l'artiste dans la chapelle Notre-Dame-de-la-Paix à Reims.

Sam. : 14h-17h; dim. : 10h-12h30, 14h-17h30. Visite sur r.-v. mar., jeu. et ven.

Maison-atelier Foujita
7, route de Gif
91190 Villiers-le-Bâcle
Tél. : 01 69 85 34 65
www.essonne.fr
Propriété du département
Inscrit

BOULOGNE-BILLANCOURT
C2 DÉTAIL

Bibliothèque Marmottan

7, place Denfert-Rochereau
92100 Boulogne-Billancourt
Tél. : 01 55 18 57 60
www.marmottan.com
Propriété de l'Académie des beaux-arts
Inscrit

Grand voyageur, historien et collectionneur d'objets napoléoniens, Paul Marmottan construit lui-même de 1890 à 1927 son hôtel particulier dans le style du Premier Empire, conseillé par l'architecte Monin. Il y établit son lieu de résidence, de travail ainsi qu'une bibliothèque et une galerie des estampes. À sa mort, survenue en 1932, la demeure et ses riches collections consacrées à l'époque napoléonienne sont léguées à l'Académie des beaux-arts. Après des travaux d'agrandissement et de restauration menés en 1996, l'hôtel conserve, outre les nouveaux espaces dévolus à la bibliothèque, le cabinet de travail de Paul Marmottan dans son décor original ainsi que la galerie décorée de sa collection de paysages.

BIBLIOTHÈQUE Mer., jeu., ven. 14h-18h, sam. 9h30-12h, 14h-17h.
MUSÉE MARMOTTAN-MONET T.l.j. sf lun. 11h-18h (mar. 21h).
Fermé 1er janv., 1er mai, 25 déc. Visite libre.

CHÂTENAY-MALABRY
C2 DÉTAIL

Domaine de la Vallée-aux-Loups

Musée de Chateaubriand
87, rue de Chateaubriand
92290 Châtenay-Malabry
Tél. : 01 55 52 13 00
www.maison-de-chateaubriand.fr
Propriété du département
Inscrit et classé

En 1807, Chateaubriand acquiert puis transforme dans le goût romantique la modeste demeure édifiée au XVIIIe s. pour un brasseur du faubourg Saint-Antoine. Il fait plaquer sur la façade un portique soutenu par deux colonnes de marbre noir et deux cariatides et créneler les murs du parc planté de nouvelles essences rares. En 1814, Chateaubriand est contraint de se séparer du domaine, alors acheté par Matthieu de Montmorency qui procède à son agrandissement et y reçoit durant quelques étés Juliette Récamier. Aujourd'hui, cet ermitage abrite un musée reconstituant l'univers de l'illustre écrivain ainsi qu'une bibliothèque et un centre de documentation.

MUSÉE Mars-oct. : t.l.j. sf lun. 10h-12h, 14h-18h, dim. 11h-18h ; nov.-fév. : t.l.j. sf lun. 14h-17h.
PARC Avr.-sept. : t.l.j. 10h-19h ; oct., mars : t.l.j. 10h-18h ; nov.-fév. : t.l.j. 10h-17h.
Visite libre. Visite guidée. Visite guidée sur r.-v. pour les groupes.

COURBEVOIE
C2 DÉTAIL

Pavillon de la Suède et de la Norvège, pavillon des Indes anglaises

Musée Roybet-Fould
178, boulevard Saint-Denis
92400 Courbevoie
Tél. : 01 43 33 30 73
www.ville-courbevoie.fr
Propriété de la commune
Inscrit

Pour l'Exposition universelle de 1878, l'architecte Enrik Thrapp Meyer édifie le pavillon en pin rouge de la Suède et de la Norvège, acquis peu avant 1900 par Consuelo Fould, petite-fille du banquier et homme politique Achille Fould. Il est alors remonté sur la façade côté Seine de sa résidence d'été, mitoyenne de la demeure de son père adoptif, le prince Stirbey. Les deux domaines échoient par legs et acquisition à la ville de Courbevoie qui les réunit en un vaste jardin public. L'ancienne demeure, abrite désormais le musée Roybet-Fould.

T.l.j. sf mar. 10h30-18h. Fermé j. fériés.

C2 Détail — ISSY-LES-MOULINEAUX

La tour aux Figures émane d'une commande publique passée en 1983 par le ministère de la Culture au peintre Jean Dubuffet. Haute de 24 m, elle intègre une structure composée d'une ossature en béton armé ainsi que d'un système de poteaux-poutres désarticulés, œuvre de l'architecte Antoine Butor. La paroi extérieure est formée en stratifié de verre époxy revêtu de peinture polyuréthane. Les plafonds et les murs intérieurs sont constitués par un voile de plâtre projeté sur les volumes en carton armé.
TOUR AUX FIGURES Mai-oct. : visite commentée sur r.-v. au 01 41 23 87 00.
PARC Janv., nov.-déc. : t.l.j. 8h-17h ; fév. : t.l.j. 8h-18h ;
mars : t.l.j. 7h30-19h ; avr.-mai, août : t.l.j. 7h-20h30 ;
juin-juil. : t.l.j. 7h-21h ; sept. : t.l.j. 7h-20h ; oct. : t.l.j. 8h-19h.

Tour aux Figures
Parc départemental
de l'Île-Saint-Germain
92130 Issy-les-Moulineaux
Tél. : 01 40 93 44 94
www.issytourisme.com
Propriété du département,
propriété de la commune
Inscrit

C2 Détail — MEUDON

Certainement édifiée entre 1485 et 1515 pour Jean Mazelin, la demeure est successivement remaniée en 1600 et entre 1632 et 1645 pour Rollin Burin qui l'agrandit de deux ailes en retour sur la rue. En 1676, après la mort de Molière, son épouse Armande Béjart acquiert la maison bourgeoise où elle habite jusqu'en 1700. Le musée d'Art et d'Histoire y est installé depuis 1942. Le jardin, restauré de 1976 à 1978, abrite encore la table d'Armande Béjart environnée aujourd'hui de sculptures de Courbet, Bourdelle, Mateo Hernandez, Drivier et Hans Arp.
Temporairement fermé pour travaux. Pour plus d'informations quant à une prochaine réouverture, se renseigner au 01 46 23 87 13.

Maison d'Armande Béjart
Musée d'Art et d'Histoire
11, rue des Pierres
92190 Meudon
Tél. : 01 46 23 87 13
www.ville-meudon.fr
Propriété de la commune
Classé

Les illustres propriétaires successifs de la terre de Meudon font travailler à l'aménagement de leur domaine les plus grands architectes et artistes. Du « Château Vieux » bâti à l'époque de la Renaissance il ne reste rien. Le corps central du « Château Neuf », édifié par Hardouin-Mansart au début du XVIIIe s. a été sauvegardé et transformé en observatoire en 1877. Le jardin compte parmi les œuvres les plus originales de Le Nôtre : une Grande Perspective, longue de 3 km, bordée de part et d'autre par des jardins étagés sur la pente ; elle débute par une orangerie et une loggia superposées dues à Louis Le Vau.
Avr.-sept. : t.l.j. 8h-20h ; oct.-mars : t.l.j. 8h-18h. Visite libre.

Domaine national
Place Jules-Janssen
92190 Meudon
Tél. : 01 46 23 87 13
www.ville-meudon.fr
Propriété de l'État,
propriété de la commune
Classé

Auguste Rodin et sa compagne Rose Beuret louent en 1893 puis acquièrent la villa des Brillants, résidence en brique et pierre de style Louis XIII édifiée durant la seconde moitié du XIXe s. En 1901, le sculpteur fait remonter dans le jardin le pavillon de la place de l'Alma, vaste hall qui avait accueilli une de ses expositions en 1900. En contrebas, il fait reconstruire le fronton et une partie de la façade du château d'Issy-les-Moulineaux, incendié en 1871. À la mort de l'artiste en 1917, le domaine est légué à l'État et sa dépouille enterrée dans le parc, sous la statue du Penseur.
Avr.-sept. : ven.-dim. 13h-18h.

Villa des Brillants
Musée national Auguste-Rodin
19, avenue Auguste-Rodin
92190 Meudon
Tél. : 01 41 14 35 00
www.musee-rodin.fr
Propriété d'un établissement public
Classé

RUEIL-MALMAISON

C2 DÉTAIL

Musée national des châteaux de Malmaison et de Bois-Préau

12-13, avenue du Château-de-la-Malmaison
92500 Rueil-Malmaison
Tél. : 01 41 29 05 55
www.chateau-malmaison.fr
Propriété de l'État
Inscrit et classé

Le château de Malmaison est édifié au début du XVIIe s. pour Christophe Perrot, conseiller au parlement de Paris. Acquis en 1799 par Joséphine, il devient la résidence favorite de Bonaparte durant tout le Consulat. Entre 1800 et 1802, les architectes Charles Percier et Pierre Fontaine puis Louis-Martin Berthault à partir de 1810 en conçoivent la décoration intérieure. Suite à son divorce en 1809, Joséphine s'y retire définitivement et s'y éteint en 1814. Malmaison est offert à l'État en 1904 par le banquier Osiris et, en 1926, Edward Tuck cède Bois-Préau, autre résidence acquise par Joséphine et reconstruite à partir de 1854. Garnies du mobilier provenant des résidences impériales, les deux demeures sont transformées en musée.

MUSÉE Avr.-sept. : t.l.j. sf mar. 10h-17h45, w.-e. 10h-18h15; oct.-mars : t.l.j. sf mar. 10h-12h30, 13h30-17h15, w.-e. 10h-12h30, 13h30-17h45. Fermé 1er janv., 25 déc.
PARC Avr.-sept. : 10h-18h30; oct.-mars : 10h-18h. Fermé 1er janv., 25 déc.

SAINT-CLOUD

C2 DÉTAIL

Domaine national

Musée historique
92210 Saint-Cloud
Tél. : 01 41 12 02 90
http://saint-cloud.monuments-nationaux.fr
Propriété de l'État
Classé

Édifié pour la famille florentine des Gondi au XVIe s., le château de Saint-Cloud est remanié pour Monsieur, frère de Louis XIV, propriétaire depuis 1658, par les architectes Le Pautre, Hardouin-Mansart et Le Nôtre pour les jardins. Agrandi pour Marie-Antoinette, puis embelli du Premier au Second Empire, il est incendié pendant la guerre franco-prussienne. Ce haut lieu de la monarchie et de l'Empire est finalement rasé en 1892 par la IIIe République. Le parc de 460 ha conservant les tracés de Le Nôtre et un musée historique installé dans le pavillon des Écuries Basses témoigne encore de son destin prestigieux.

PARC Mai-août : t.l.j. 7h30-22h; sept.-oct., mars-avr. : t.l.j. 7h30-21h; nov.-fév. : t.l.j. 7h30-20h.
MUSÉE HISTORIQUE Mer., w.-e. et j. fériés : 14h-18h. (visite signée).

SCEAUX

C2 DÉTAIL

Domaine

Musée de l'Île-de-France
92330 Sceaux
Tél. : 01 41 87 29 50
www.chateau-sceaux.fr
Propriété du département
Classé

En 1670, Jean-Baptiste Colbert, ministre de Louis XIV, acquiert le château de Sceaux élevé à la fin du XVIe s. Il est alors agrandi, sans doute par les architectes François Le Vau, Antoine Le Pautre ou Claude Perrault et le parc dessiné par André Le Nôtre. Vendu comme bien national à la Révolution, il est finalement détruit sous le Consulat. À son emplacement, l'architecte Joseph-Michel Le Soufaché édifie à partir de 1856 sur les dessins d'Augustin-Théophile Quantinet la demeure actuelle en brique et pierre, pour le duc et la duchesse de Trévise. Le domaine est acquis en 1926 par le département qui y fonde le musée de l'Île-de-France, inauguré en 1934. Après restauration, le parc a retrouvé le dessin imaginé par Le Nôtre. On y a remonté, en 1932, le pavillon de Hanovre, jadis boulevard des Italiens à Paris.

MUSÉE Avr.-oct. : t.l.j. sf mar. 10h-13h, 14h-18h ; nov.-mars : t.l.j. sf mar. 10 h-13h, 14h-17h. Fermé certains j. fériés. Visite libre. Visite guidée.
PARC Janv., nov.-déc. : t.l.j. 8h-17h ; fév. t.l.j. 8h-18h ; mars : t.l.j. 7h30-19h ; avr.-mai, août : t.l.j. 7h-21h ; juil.-août : t.l.j. 7h-22h ; sept : t.l.j. 7h-20h30 ; oct. : t.l.j. 8h-19h.

C2 Détail — **SÈVRES**

Riche du soutien de Louis XV et de Mme de Pompadour, la manufacture royale de porcelaine est déménagée en 1756 de Vincennes à Sèvres dans les nouveaux bâtiments édifiés par les architectes Lindet et Jean-Rodolphe Perronet. Sous l'Empire, à partir de 1805, son directeur Alexandre Brongniart redonne à l'institution malmenée sous la Révolution tout son éclat et fonde le musée en 1824. Initialement installé dans les combles de la manufacture, il est transféré dans le bâtiment actuel construit par l'architecte Jacques-Félix-Alexandre Laudin en 1876. Ses riches collections retracent l'histoire de la céramique de toutes les époques et de tous les pays. La manufacture abrite désormais le Centre international d'études pédagogiques.

MUSÉE NATIONAL DE CÉRAMIQUE T.l.j. sf mar. 10 h-17 h.
Fermé 1er janv., 25 déc. Visite guidée. ♿
MANUFACTURE Visite sur r.-v. au 01 46 29 22 06 ou 01 46 29 22 09 pour les groupes (20-30 pers.).

Manufacture nationale de porcelaine

Musée national de Céramique
Place de la Manufacture
92310 Sèvres
Tél. : 01 41 14 04 20
www.musee-ceramique-sevres.fr
http://manufacturedesevres.culture.gouv.fr
Propriété de l'État
Inscrit

Dans l'espoir de s'enrichir par une opération immobilière à proximité de l'« embarcadère du chemin de fer » – la ligne Paris-Versailles venait d'être créée –, Balzac acquiert en 1838 la maison des Jardies, ancienne maison de vigneron du XVIIe s. Balzac se fait construire « une espèce de chalet », tandis que la maison est occupée par son jardinier Brouette. Deux ans plus tard, il est cependant contraint à la fuite, poursuivi par ses créanciers. Léon Gambetta, lassé de ses combats politiques, s'y retire en 1878 en compagnie de sa maîtresse Léonie Léon. Blessé par une arme à feu, il y décède le 31 décembre 1882. La demeure est aussitôt léguée à l'État qui la transforme en musée. Le décor d'origine a fait l'objet d'une importante restauration et d'une politique d'acquisitions qui permet de retracer la vie et l'œuvre du grand homme d'État. Dans le jardin s'élève le monument à la mémoire de Gambetta réalisé par le sculpteur Frédéric-Auguste Bartholdi en 1891.

Jeu., ven. et w.-e. : 14 h 30-18 h 30. Fermé 1er janv., 1er mai, 25 déc.
Visite libre. Visite guidée. Visite sur r.-v. pour les groupes.

Maison des Jardies

Maison de Léon Gambetta et propriété de Balzac
14, avenue Gambetta
92310 Sèvres
Tél. : 01 45 34 61 22
http://maison-jardies.monuments-nationaux.fr
Propriété de l'État
Inscrit et classé

CENTRE DES MONUMENTS NATIONAUX

C2 Détail — **VILLE-D'AVRAY**

Louis XV acquiert la seigneurie de Ville-d'Avray en 1747. Louis XVI la cède à Marc Antoine Thierry, son premier valet de chambre et intendant du garde-meuble, et l'érige en baronnie. À l'emplacement de l'ancien manoir de la Brosse, Thierry procède en 1776 à la construction du château actuel. Demeure de trois étages couverte d'un toit en ardoises éclairé par sept lucarnes arrondies, sa paternité est parfois attribuée à l'architecte Joseph-Émile-Michel Le Fèvre qui réalise aussi dans le jardin des fabriques, aujourd'hui disparues. En 1969, la commune acquiert le château dont il ne reste que la partie centrale, et l'affecte à des activités culturelles (concerts, musée, expositions).

Ouvert toute l'année sur r.-v. et pendant les expositions temporaires.

Château

Musée municipal
10, rue de Marnes
92410 Ville-d'Avray
Tél. : 01 47 50 44 02/01 47 50 40 15
www.mairie-villedavray.fr
Propriété de la commune
Inscrit

BARBIZON C3

Atelier du peintre Jean-François Millet

27, Grand-Rue
77630 Barbizon
Tél. : 01 60 66 21 55
www.atelier-millet.fr
Propriété privée
Inscrit

En 1859, le peintre Jean-François Millet découvre le hameau de Barbizon et installe définitivement son atelier et sa nombreuse famille dans cette modeste demeure prêtée par son ami Sensier. Le 20 janvier 1875, terrassé par la maladie, il y décède avec aux lèvres cette dernière phrase : « C'est dommage, j'aurais pu travailler encore. » Son corps est inhumé dans le cimetière de Chailly, près de la tombe de son ami Théodore Rousseau. La maison, qui a conservé son cadre d'autrefois, témoigne de la vie, de l'œuvre mais aussi de l'influence d'un artiste qui révolutionna le monde de l'art en magnifiant l'homme du labeur et la vie paysanne.
T.l.j. sf mar. et mer. 9h30-12h30, 14h30-17h30. Fermé 25 déc.
Visite libre. Visite guidée sur r.-v. ♿

Auberge Ganne

Musée de l'École-de-Barbizon
92, Grand-Rue
77630 Barbizon
Tél. : 01 60 66 22 27
www.seine-et-marne.fr
Propriété privée
Inscrit

Au milieu du XIXe s., le petit hameau de Barbizon accueille une colonie de peintres réunis dans un désir commun : représenter sur le motif la nature et ses métamorphoses, loin de la ville industrielle et de l'académisme parisien. Narcisse Diaz de La Peña, Théodore Rousseau, Jean-François Millet, Antoine Barye et bien d'autres aiment à se retrouver dans l'auberge des époux Ganne. Contre le gîte et le couvert, ils couvrent les cheminées, les armoires et les buffets de peintures et croquis. Aujourd'hui restaurée et transformée en musée de l'École de Barbizon, l'auberge ne cesse d'évoquer la mémoire de ce mouvement artistique précurseur de l'impressionnisme.
Sept.-juin : t.l.j. sf mar. 10h-12h30, 14h-17h30 ;
juil.-août : t.l.j. sf mar. 10h-12h30, 14h-18h. Fermé 1er mai, 22 déc.-1er janv.
Visite libre. Visite guidée. Visite sur r.-v. pour les groupes.
Visite spéciale pour handicapés sur r.-v.

BLANDY-LES-TOURS C2

Château

77115 Blandy-les-Tours
Tél. : 01 60 59 17 80
www.seine-et-marne.fr
Propriété du département
Classé

Le château de Blandy-les-Tours figure parmi les derniers témoins d'architecture du XIVe s. conservés en Île-de-France. Sa réouverture, en septembre 2007, a couronné quinze années d'efforts depuis son rachat par le conseil général de Seine-et-Marne en 1992. L'édifice, aujourd'hui restauré, présente le château dans son état au XVIIe s. Un parcours d'interprétation emmène le visiteur dans la cour et les tours. Acteur d'un patrimoine vivant, le château de Blandy-les-Tours accueille, tout au long de l'année, une programmation artistique et culturelle destinée à un large public.
Avr.-oct. : t.l.j. sf mar. 10h-12h30, 13h30-18h ;
nov.-mars : t.l.j. sf mar. 10h-12h30, 13h30-17h. Fermé 1er janv., 1er mai, 25 déc.
Visite libre. Visite guidée. Visite sur r.-v. pour les groupes (15 pers. min.).

C3

BOURRON-MARLOTTE

Château de Bourron

14 *bis*, rue du Maréchal-Foch
77780 Bourron-Marlotte
Tél. : 01 64 78 39 39
www.bourron.fr
Propriété privée
Inscrit et classé

Le château de Bourron, situé entre le village et la forêt de Fontainebleau, a été édifié au début du XVIIe s. à l'emplacement d'une ancienne forteresse médiévale. Son style architectural en brique et en pierre et ses deux ailes en fer à cheval ne sont pas sans évoquer le château de Fontainebleau. L'intérieur conserve des éléments de décor, tels qu'un poêle en faïence suisse, une bibliothèque en boiseries Louis XV mais également des tapisseries flamandes de la fin du XVIe s. Entouré par des douves en eaux vives, alimentées par la source Saint-Sévère, le château est bordé d'un parc de 40 ha recelant notamment une remarquable glacière bien préservée. L'axe majeur de ce parc à la française demeure les grandes perspectives qui donnent toute sa grandeur au château de Bourron.

PARC Juil.-sept. : lun.-ven. 9h-12h, 14h-17h. Fermé w.-e. et j. fériés. Visite libre.
CHÂTEAU Ouvert toute l'année uniquement sur r.-v. pour les groupes (30 pers. min.). Visite guidée de l'intérieur. (du mer. au dim. midi).

C2

BRIE-COMTE-ROBERT

Château

77170 Brie-Comte-Robert
Tél. : 01 64 05 63 31
www.briecomterobert.fr
Propriété de la commune
Classé

Le château de Brie-Comte-Robert est érigé au tournant du XIIe s. pour Robert II, comte de Dreux et cousin germain de Philippe Auguste. Successivement assiégé pendant la guerre de Cent Ans, les guerres de Religion puis la Fronde, le château est en partie démantelé en 1649. Germain-Louis Chauvelin procède en 1750 à sa démolition à hauteur d'un étage, hormis la tour Saint-Jean détruite en 1879. Subsistent aujourd'hui les vestiges de l'enceinte carrée de 55 m de côté entourée de douves en eau et fortifiée de tours d'angle circulaires, d'une tour demi-circulaire et de deux tours-portes carrées. Des fouilles archéologiques sont menées depuis 1982 et viennent préciser l'histoire de la forteresse. Les résultats sont exposés dans un musée installé à l'entrée du château.

CHÂTEAU T.l.j. sf lun. 9h-17h.
Visite libre. Visite guidée sur r.-v. pour les groupes (15 pers. min.).
MUSÉE ARCHÉOLOGIQUE Dim. w.-e. 10h-12h30, 14h30-18h.
Fermé en août et j. fériés. Visite guidée sur r.-v. pour les groupes (15 pers. min.).

Hôtel-Dieu

Place des Halles
77170 Brie-Comte-Robert
Tél. : 01 60 62 64 26
www.briecomterobert.fr
Propriété de la commune
Classé

De l'ancien Hôtel-Dieu fondé au XIIe s. subsiste la partie basse de la belle façade de la chapelle édifiée durant la première moitié du XIIIe s. Aujourd'hui restaurée, elle présente une porte trilobée enrichie d'une archivolte en dents de scie et encadrée de six arcades gothiques avec colonnettes en délit. Au-dessus des chapiteaux, les écoinçons sont ornés d'animaux fantastiques, de visages et de bustes sculptés. Les lieux abritent aujourd'hui des expositions temporaires d'art contemporain.

Ouvert lors des fréquentes expositions temporaires.

CHAMPS-SUR-MARNE C2

Château

31, rue de Paris
77420 Champs-sur-Marne
Tél. : 01 60 05 24 43
http://champs-sur-marne.monuments-nationaux.fr
Propriété de l'État
Classé

Au début du XVIIIe s., l'architecte du roi, Pierre Bullet, et son fils Jean-Baptiste Bullet de Chamblain édifient le château de Champs-sur-Marne pour le riche financier Paul Poisson de Bourvallais. Malmené sous la Révolution, le château est restauré pour le banquier Louis Cahen d'Anvers à partir de 1895, qui le remeuble. L'ensemble est donné à l'État en 1935. Derrière ses sobres façades, les appartements intérieurs allient un extrême raffinement au nouveau souci de confort. Le parc, reconstitué au début du siècle par Achille Duchêne, comprend un jardin à la française mêlant parterres de broderies, bosquets et bassins ainsi qu'un parc à l'anglaise sur sa partie orientale.

CHÂTEAU Temporairement fermé pour travaux. Pour plus de renseignements quant à une prochaine réouverture, se renseigner au 01 60 05 24 43.
PARC Fév.-19 mai, 22 sept-oct. : t.l.j. sf mar. 9h45-17h30 ;
20 mai-21 sept. : t.l.j. sf mar. 9h45-18h30 ; nov.-janv. : w.-e. 9h45-17h30.
Fermé 1er janv., 1er mai, 1er et 11 nov., 25 déc.
Visite guidée sur r.-v. (visite signée).

COULOMMIERS D2

Commanderie des Templiers

Centre de Culture et d'Histoire
77120 Coulommiers
Tél. : 01 64 65 08 61
www.commanderie-templiers.fr
Propriété de la commune
Classé

TOURISME & HANDICAP

En 1173, les templiers s'installent sur les hauteurs de Coulommiers et fondent la commanderie sur des terres offertes par Henri, comte palatin de Troyes. Après la suppression de l'ordre sous Philippe IV le Bel, en 1312, elle est donnée à l'ordre des hospitaliers de Saint-Jean de Jérusalem. À la Révolution française, terres et bâtiments sont vendus comme biens nationaux à des fermiers. Les bâtiments, remaniés au cours des siècles, s'agencent autour d'une cour rectangulaire : logis du commandeur, chapelle ornée de fresques, maison du chapitre, colombier, caves et granges. La commanderie de Coulommiers constitue aujourd'hui un vestige très rare et l'ensemble templier le plus complet pour le nord de la France. Elle est animée par un centre de Culture et d'Histoire autour de la période du Moyen Âge.

Mars-nov. : mer.-dim. : 14h-18h ; juil.-août : t.l.j. 14h-18h.
Visite libre. Visite guidée.

Couvent des Capucins

Musée municipal des Capucins
13, rue du Général-de-Gaulle
77120 Coulommiers
Tél. : 01 64 65 11 31
Propriété de la commune
Classé

Aux abords de son château, Catherine de Gonzague Princesse de Clèves fonde, en 1617, le couvent des Capucins. De cet ensemble monastique subsiste encore l'église qui abrite dans son chœur une grotte de coquillages ornée de peintures murales et de niches avec des bas-reliefs à thématique religieuse. Aujourd'hui, elle accueille le musée municipal qui retrace l'histoire de Coulommiers et de ses environs de la préhistoire jusqu'au début du XXe s. Parmi ses collections : deux globes par Coronelli, une pharmacie d'époque Empire ou encore le produit des fouilles du site gallo-romain de Pécy.

Mai-sept. : mer., ven.-dim. 14h-18h ; oct.-avr. : mer., w.-e. 14h-17h30.
Visite libre. Visite sur r.-v. t.l.j. pour les groupes (6 pers. min.).
(possibilité de visite guidée).

C2 COUPVRAY

Maison natale de Louis Braille

13, rue Louis-Braille
77450 Coupvray
Tél. : 01 60 04 82 80
www.braillenet.org/louis_braille/maisnat.htm
Propriété de la commune
Inscrit

Maison paysanne du XVIIIe s. où Louis Braille, l'inventeur de l'alphabet à points saillants pour les personnes non voyantes, voit le jour en 1809. À l'âge de 3 ans, l'enfant se blesse à l'œil en jouant dans l'atelier de son père vigneron-bourrelier, accident qui entraîne sa cécité. La maison est acquise en 1952 par la commune qui l'aménage en musée. À travers son intérieur reconstitué, il témoigne du mode de vie d'une famille rurale briarde au XIXe s. L'atelier du père est conservé avec tous ses outils de travail. L'étage, consacré à la vie et à l'œuvre de Louis Braille, expose les différents procédés et appareils nécessaires à l'écriture braille.

Avr.-sept. : t.l.j. sf lun. 10h-12h, 14h-18h ;
oct.-mars : t.l.j. sf lun. et ven. 14h-17h. Visite guidée.

D1 CROUY-SUR-OURCQ

Château de Houssoy

Place de Houssoy
77840 Crouy-sur-Ourcq
Tél. : 01 64 35 60 95
Propriété privée
Classé

En 1311, Jean Ier de Sépois acquiert le fief de Houssoy des mains du comte de Valois et entreprend vers 1390 la construction d'un manoir fortifié à l'emplacement de l'ancienne demeure. De l'édifice initial, seuls subsistent la tour-donjon et le grand mur pignon de l'ancien logis qui conserve sa remarquable souche de cheminée à trois conduits. La tour, qui abritait autrefois des chambres munies de latrines en encorbellement sur le fossé, est aujourd'hui occupée par le syndicat d'initiative ainsi que par un lieu d'exposition permanente consacrée à l'ancienne navigation sur l'Ourcq.

T.l.j. 10h-18h. Visite guidée sur r.-v. uniquement.

C2 FERRIÈRES-EN-BRIE

Château de Ferrières

77164 Ferrières
Tél. : 01 64 66 31 25
www.chateaudeferrieres.sorbonne.com
Propriété de l'État
Inscrit

Désireux d'inscrire dans la pierre sa formidable ascension sociale, James de Rothschild confie en 1853 la construction du château de Ferrières à l'architecte paysagiste Joseph Paxton, auteur du Crystal Palace à Londres. La vaste demeure, qui mêle librement le style Renaissance au style victorien, adopte un plan quadrangulaire cantonné de tours carrées autour d'un immense hall couronné d'un plafond vitré à doubles verrières. L'éclectique décoration intérieure, réalisée sous l'égide du peintre Eugène Lami, forme un magistral exemple de l'art décoratif du Second Empire. Le château est implanté dans un parc à l'anglaise.

Mai-sept. : t.l.j. 14h-19h ; oct.-avr. : t.l.j. 14h-17h. Fermé 1er janv., 25 déc.
Visite guidée. Visite sur r.-v. pour les groupes.

FONTAINEBLEAU C3

Château

77300 Fontainebleau
Tél. : 01 60 71 50 70
www.musee-chateau-fontainebleau.fr
Propriété de l'État
Classé

À l'instigation de François Ier, le château de Fontainebleau est construit à partir de 1528 autour d'une résidence de chasse médiévale. Fontainebleau devient un foyer de création pour la peinture et la sculpture : des artistes italiens, Rosso Fiorentino, Luca Penni, Primatice, Niccolò dell'Abbate révolutionnent la décoration intérieure marquée d'une nouvelle élégance sophistiquée dont témoignent la galerie François Ier, la chambre de la duchesse d'Étampes et la salle du bal, achevée sous Henri II par Philibert Delorme. Habité par tous les souverains jusqu'à Napoléon III, fruit de constants remaniements, le château s'organise sur un plan irrégulier et offre une grande diversité stylistique. Le parc mêle un jardin à la française dessiné par Le Nôtre, un parc à l'anglaise créé sous le Premier Empire et le jardin ombragé de Diane.

CHÂTEAU Oct.-mars : t.l.j. sf mar. 9h30-17h ; avr.-sept. : t.l.j. sf mar. 9h30-18h.
Fermé 1er janv., 1er mai, 25 déc.
JARDINS Nov.-fév. : t.l.j. 9h-17h ; mars-avr., oct. : t.l.j. 9h-18h ;
mai-sept. : t.l.j. 9h-19h. Visite libre. Visite guidée.
Visite sur r.-v. pour les groupes.

Maison d'arrêt

Musée des Prisons
1, rue du Sergent-Perrier
77300 Fontainebleau
Tél. : 01 60 74 99 99
www.fontainebleau-tourisme.com
www.musee-prisons.justice.gouv.fr
Propriété de l'État
Inscrit

La maison d'arrêt de Fontainebleau est construite en 1845 par les architectes du département Mangeon et Trélat sur un terrain mitoyen du tribunal de grande instance. Édifié selon les critères de la circulaire ministérielle de 1841 sur le système cellulaire, l'établissement adopte un plan panoptique permettant au surveillant de voir chaque détenu dans sa cellule sans être vu lui-même. Désaffecté depuis 1900, ce témoignage de l'architecture carcérale du XIXe s. abrite désormais le musée national des Prisons qui retrace l'histoire de l'institution pénitentiaire du XVIe s. jusqu'à nos jours à travers ses réserves visitables.

Visite guidée sur r.-v. auprès de l'office du tourisme.
Pour les horaires, se renseigner au 01 60 74 99 99.

JOUARRE D2

Abbaye Notre-Dame

6, rue Montmorin
77640 Jouarre
Tél. : 01 60 22 64 54
www.abbayejouarre.org
www.tourisme-jouarre.com
Propriété privée
Classé

L'abbaye colombanienne est fondée vers 630 par Adon, frère de saint Ouen, évêque de Rouen. La guerre de Cent Ans puis trois incendies survenus entre 1415 et 1422 ruinent le monastère, progressivement reconstruit du XVIe au XIXe s. De l'église funéraire Saint-Paul, construite par Agilbert entre 670 et 675, subsistent les deux cryptes Saint-Paul et Saint-Ebrégésile réunies au XVIIe s. Exceptionnel témoin de l'art mérovingien, elles abritent les tombeaux des fondateurs et de leur famille. Le sarcophage d'Agilbert présente sur son panneau de tête le Christ en majesté entouré des symboles des Évangélistes et, sur la face latérale, le Christ trônant encadré d'anges et d'orants. Reposent aussi le cénotaphe de Théodechilde, orné de coquilles et de bandes inscrites, le cénotaphe de Mode, de Balde, d'Agilbert et le monument funéraire d'Osanne. La tour romane, ancien clocher-porche de l'église carolingienne de l'abbaye, a été incendiée durant la guerre de Cent ans. Restaurée à diverses époques, elle présente, sur trois étages, de belles salles Renaissance. On peut y découvrir l'histoire de l'abbaye ainsi que la vie actuelle de la communauté bénédictine qui vit dans les bâtiments des XVIIIe et XIXe s.

CRYPTE T.l.j. sf mar. 10h15, 11h15, 14h15, 15h15 et 16h15
(visite supplémentaire à 17h15 en été). Visite guidée.
TOUR ROMANE T.l.j. sf mar. 14h30-17h30, sam. 11h-12h15, 14h30-17h30,
dim. 10h45-12h15, 14h30-18h. Visite libre.

D2 **LONGUEVILLE**

Rotonde SNCF

77650 Longueville
Tél. : 01 64 08 60 62
www.ajecta.org
Propriété de l'État
Inscrit

De 1880 à 1967, le dépôt de Longueville assure le garage, la préparation et la réparation des locomotives de la Compagnie des chemins de fer de l'Est puis de la SNCF. La rotonde à ossature en bois et remplissage de briques est construite de 1903 à 1906 par l'ingénieur Muntz. Elle se développe en demi-lune autour d'un pont tournant qui permet le classement des locomotives vers les voies de remisage disposées en étoile. Gérée par l'Association de jeunes pour l'entretien et la conservation des trains d'autrefois (AJECTA), la rotonde abrite aujourd'hui un musée et un atelier consacrés à la mémoire de la vapeur. Ses riches collections regroupent douze locomotives à vapeur, environ soixante-dix voitures et wagons et quelques autorails et locotracteurs.

Janv.-mai, oct.-déc. : dim. et j. fériés 13h-17h ;
juin-sept. : w.-e. et j. fériés 10h-18h. Fermé du 24 déc. au 1er janv.
Visite guidée. Visite sur r.-v. pour les groupes.

C2 **MAINCY**

Château de Vaux-le-Vicomte

Musée des Équipages
77950 Maincy
Tél. : 01 64 14 41 90
www.vaux-le-vicomte.com
Propriété privée
Classé

Vaux-le-Vicomte est construit de 1656 à 1661 pour Nicolas Fouquet, surintendant des finances sous Louis XIV. L'architecte Louis Le Vau édifie le majestueux château sur une plate-forme rectangulaire entourée d'un fossé en eau, Charles Le Brun en imagine la somptueuse décoration intérieure et André Le Nôtre achève le jardin à la française. Le 17 août 1761, une fête convie toute la Cour à Vaux-le-Vicomte dont la magnificence irrite l'orgueil du roi et entraîne la disgrâce de son propriétaire. Arrêté, emprisonné, Fouquet finit sa vie dans la forteresse de Pignerol. Passé entre différentes mains, le domaine est acquis en 1875 par l'industriel Alfred Sommier qui lui redonne tout son faste. En 1919, ce chef-d'œuvre de l'art du XVIIe s. est ouvert au public et les anciennes écuries abritent aujourd'hui le musée des Équipages.

Fin mars-déb. nov. : t.l.j. 10h-18h (sf mer. en juil.-août).
Visite audioguidée. ♿ r.-d.-c. avec aide.
(t.l.j. 11h30-18h et jusqu'à 23h les soirs de visite aux chandelles).

D1 **MEAUX**

Palais épiscopal

Musée Bossuet
5, place Charles-de-Gaulle
77100 Meaux
Tél. : 01 64 34 84 45
www.ville-meaux.fr
Propriété de la commune
Classé

Le palais épiscopal de la ville de Meaux est attesté par les sources iconographiques dès 1154. Deux salles basses accolées à une chapelle palatine témoignent encore de ses origines médiévales. Au XVIe s., Guillaume Briçonnet, évêque de Meaux de 1516 à 1534, fait construire l'avant-corps en pierre et brique abritant la remarquable rampe d'accès sur la façade sud et la petite galerie couverte faisant face au jardin. Au XVIIe s., Dominique Séguier initie la construction de la façade donnant sur les jardins aménagés en 1642 et procède au réaménagement des appartements intérieurs. L'ancien palais épiscopal abrite désormais les collections du musée Bossuet, évêque de Meaux de 1682 à 1704, consacrées à l'évocation du grand orateur et à un musée des Beaux-Arts.

Avr.-sept : t.l.j. sf mar. 10h-12h, 14h-18h ; oct.-mars : t.l.j. sf lun., mar. et dim. mat. 10h-12h, 14h-17h. Fermé 1er janv., 1er mai, 14 juil., 25 déc.
Visite libre. Visite audioguidée. Visite sur r.-v. pour les groupes.

MELUN C2

Hôtel de la Vicomté

Musée municipal
4, quai de la Courtille
77000 Melun
Tél. : 01 64 79 77 70
www.ville-melun.fr
Propriété privée
Inscrit

L'hôtel de la Vicomté, une des plus anciennes demeures de la ville, est reconstruit en 1538 pour Nicolas Pinot, avocat du roi au bailliage de Melun. Au XVIIe s., elle échoit à Nicolas Fouquet, surintendant des finances de Louis XIV et vicomte de Melun, d'où il dirige les travaux de construction de son château de Vaux-le-Vicomte. La façade élevée quai de la Courtille conserve deux lucarnes de style Renaissance, l'une d'elles portant la date de 1538. Depuis 1966, la maison abrite les collections du musée municipal de Melun fondé en 1860 et consacré à l'histoire de la ville et de ses environs.

T.l.j. sf lun. et mar. 14h-18h ; 1er dim. du mois : 14h-18h. Fermé j. fériés.

NEMOURS C3

Château

Musée municipal
Rue Gauthier-Ier
77140 Nemours
Tél. : 01 64 28 27 42
www.ville-nemours.fr
Propriété de la commune, propriété privée
Inscrit et classé

Le château de Nemours est édifié dans la seconde moitié du XIIe s. pour Gauthier de Nemours. Initialement composée d'un simple donjon quadrangulaire cantonné de quatre tourelles, la résidence seigneuriale est intégrée vers 1200 dans une nouvelle enceinte défensive de la ville. Un corps de bâtiment comprenant trois étages de galeries est alors construit pour relier le donjon à la tour carrée située au milieu du front nord de l'enceinte. Il est remanié au XVe s. pour le duc d'Armagnac, puis Philippe d'Orléans confie vers 1674 à Jean Pagelle la construction du portail monumental et du perron. Enfin, le sculpteur Justin-Chrysostome Sanson, entouré d'artistes locaux, procède au début du XXe s. à la restauration de la demeure fortifiée qui abrite désormais le musée municipal de Nemours.

Mer.-sam. 10h-12h, 14h-18h, dim. 14h-18h. Visite libre.
Visite guidée. Visite sur r.-v. le mar. et le jeu. pour les groupes.

PROVINS D2

Grange aux dîmes

77160 Provins
Tél. : 01 64 60 26 26
www.provins.net
Propriété de la commune
Classé

Au XIIe s., Provins devient une riche cité marchande, un carrefour économique grâce aux célèbres foires de Champagne qui s'y déroulent au printemps et à l'automne. Durant ces périodes, les chanoines de Saint-Quiriace louent l'édifice qu'ils possèdent à usage de marché couvert. La salle basse coiffée de voûtes d'arêtes sert d'entrepôt pour les marchandises, le rez-de-chaussée voûté sur croisée d'ogives accueille les boutiques et le troisième niveau sous charpente est dévolu aux habitations. À la fin du XIIIe s., après le déclin des foires, l'édifice sert d'entrepôt des dîmes, impôt prélevé sur les récoltes, qui lui laisse son nom. Ce remarquable bâtiment abrite désormais l'exposition permanente « Provins au temps des foires de Champagne ».

Janv.-2 avr., 2 nov.-déc. : w.-e., j. fériés et t.l.j. pendant vac. scol. (zone C) 14h-17h ; 3 avr-29 août : t.l.j. 10 h-18h ;
30 avril-1er nov. : t.l.j. 14h-18h, w.-e. et j. fériés 10h-18h.
Fermé 1er janv., 25 déc. Visite audioguidée.

Maison romane

Musée de Provins
7, rue du Palais
77160 Provins
Tél. : 01 64 60 26 26
www.provins.net
Propriété privée
Classé

Élevée au XIIe s., la Maison romane est l'une des plus vieilles demeures de la cité médiévale. Au XIIIe s., elle abrite une synagogue et l'école rabbinique puis devient au XIVe s. la propriété de Pierre d'Orgemont, président du parlement de Paris, puis chancelier de France en 1373. Sa façade courbe, percée de trois grandes baies, et la salle basse soutenue par un pilier carré à chapiteau biseauté en constituent les parties les plus anciennes. Elle abrite actuellement le musée de Provins et des Provinois consacré à l'histoire de la ville et de ses environs.

Janv.-2 avr., 6 nov.-19 déc. : w.-e., j. fériés, t.l.j. sf lun. pendant vac. scol. (zone C) 12h-17h30; 3 avr.-11 juin, 13 sept.-5 nov. : t.l.j. 12h-17h30; 12 juin-12 sept. : t.l.j. 11h-18h30. Fermé 29 août, 1er janv. Visite libre.

Tour de César

Rue de la Pie
77160 Provins
Tél. : 01 64 60 26 26
www.provins.net
Propriété de la commune
Classé

Symbole de la puissance seigneuriale, lieu de refuge mais aussi prison, la tour de César est construite au XIIe s. pour Henri le Libéral, comte de Champagne. Au cœur d'une enceinte munie d'une tour-porte prolongée au XVe s. par un mur à coursière intérieure, le donjon octogonal s'élève, flanqué de quatre tourelles circulaires et d'échauguettes, sur de puissants contreforts. La tour abrite au rez-de-chaussée et au premier étage une salle voûtée, la chambre du gouverneur et des cellules aménagées dans les tourelles et l'épaisseur des murs. La terrasse supérieure, initialement pourvue d'un chemin de ronde à ciel ouvert, est couverte d'une charpente au XVIIe s. et reçoit les cloches de Saint-Quiriace.

Janv.-2 avr., 2 nov.-déc. : t.l.j. 14h-17h; 3 avr.-1er nov. : t.l.j. 14h-18h. Fermé 1er janv., 25 déc. Visite libre.

C3 SOUPPES-SUR-LOING

Abbaye de Cercanceaux

77460 Souppes-sur-Loing
Tél. : 01 60 55 07 38
www.abbaye-cercanceaux.fr
Propriété privée
Inscrit

L'abbaye cistercienne de Cercanceaux est fondée en 1181. Tombée en commende en 1514, pillée, l'abbaye est reconstruite au début du XVIIe s. avant de sombrer à nouveau dans la ruine. De cet ensemble monastique subsistent aujourd'hui des anciens aménagements hydrauliques, le bâtiment des moines, l'aile sud de l'abbaye, l'oratoire, le logis rectangulaire de l'abbé, le vivier et le pressoir au sein d'un beau parc. Vendue comme bien national suite à la Révolution, ses propriétaires actuels s'attachent à réhabiliter ce lieu chargé de mémoire.

Visite guidée sur r.-v. toute l'année.

C3 VULAINES-SUR-SEINE

Maison de Mallarmé

Musée départemental
Stéphane-Mallarmé
4, promenade Stéphane-Mallarmé
77870 Vulaines-sur-Seine
Tél. : 01 64 23 73 27
www.seine-et-marne.fr
Propriété du département
Inscrit

De 1874 à sa mort en 1898, Stéphane Mallarmé séjourna dans cette ancienne auberge face à la Seine et à la forêt de Fontainebleau. Aujourd'hui, le musée restitue le charme de la villégiature à travers les meubles et les objets familiers du poète, sa bibliothèque et les œuvres de ses amis peintres et sculpteurs. Le jardin où Mallarmé aimat « faire la toilette des fleurs avant sienne », les expositions temporaires dans les salles du rez-de-chaussée complètent l'évocation de cet écrivain exceptionnel.

Sept.-juin : t.l.j. sf mar. 10h-12h30, 14h-17h30 ; juil-août : t.l.j. sf mar. 10h-12h30, 14h-18h. Fermé 1er mai et du 24 déc. au 1er janv. Visite libre. Visite guidée. Visite audioguidée. (visite signée + boucle magnétique).

BOURGET (LE) — C1 DÉTAIL

Aérogare du Bourget

Musée de l'Air et de l'Espace
Aéroport du Bourget
93300 Le Bourget
Tél. : 01 49 92 70 00
www.mae.org
Propriété de l'État
Inscrit

L'aérogare du Bourget est construite en 1937 par l'architecte Georges Labro. Le bâtiment est entièrement en béton armé recouvert, en façade de calcaire marbrier blanc. Trois statues représentant les destinations desservies, œuvres du sculpteur Armand Martial, ornent l'avant-corps central. Côté piste, l'avancée de la tour de contrôle et l'ordonnance des terrasses se réfèrent au style « paquebot ». En 1973, l'aérogare cesse son activité de lignes régulières et accueille la plus belle collection au monde de machines volantes, prototypes, avions mythiques d'hier et d'aujourd'hui, engins spatiaux, etc.

Avr.-sept. : t.l.j. sf lun. 10h-18h ; oct.-mars : t.l.j. sf lun. 10h-17h.
Fermé 1er janv., 25 déc. Visite libre.
Visite audioguidée. Visite sur r.-v. pour les groupes.
(audioguide adapté).

MONTFERMEIL — C2 DÉTAIL

Maison de l'Horloge

Musée du Travail Charles-Peyre
1, rue de l'Église
93370 Montfermeil
Tél. : 01 45 09 28 56
http://le.vieux.montfermeil.free.fr
Propriété du département,
propriété de la commune
Inscrit

Ancienne maison rurale élevée dans le style de la Brie, le bâtiment dit « de l'Horloge » est construit vers 1635. Il demeure le dernier vestige de la ferme seigneuriale du petit château de Montfermeil, remanié par l'architecte Ledoux et finalement détruit en 1928. Géré par la Société historique du Vieux-Montfermeil, l'édifice enduit de chaux et couvert de petites tuiles plates accueille depuis 1982 les collections du musée du Travail. Sous une belle charpente en bois, il abrite les outils nécessaires aux métiers traditionnels de la région.

Mer., ven., sam. 14h30-17h30. Fermé en août.
Visite guidée. Visite sur r.-v. pour les groupes.

SAINT-DENIS — C2 DÉTAIL

Carmel

Musée d'Art et d'Histoire
22 *bis*, rue Gabriel-Péri
93200 Saint-Denis
Tél. : 01 42 43 05 10
www.tourisme93.com
Propriété de la commune
Inscrit et classé

Le carmel de Saint-Denis est fondé en 1625 par le cardinal de Bérulle. De 1770 jusqu'à sa mort survenue en 1787, Mme Louise, fille de Louis XV, s'y retire et commande en 1780 la construction d'une chapelle à l'architecte du roi Richard Mique. Inspiré de celle du couvent de la Reine à Versailles et de l'architecture palladienne, le sanctuaire en croix grecque est couvert d'une coupole. Le cloître conserve un ensemble original de cent soixante-quatorze sentences peintes sur les murs évoquant les règles de l'ordre. Après restauration, les bâtiments monastiques abritent depuis 1972 le musée d'Art et d'Histoire.

Lun., mer., ven. : 10h-17h30 ; jeu. 10h-20h ; w.-e. : 14h-18h30.
Fermé j. fériés. Visite sur r.-v. pour les groupes au 01 42 43 37 57 (25 pers. max.).

Basilique-cathédrale de Saint-Denis

1, rue de la Légion-d'Honneur
93200 Saint-Denis
Tél. : 01 48 09 83 54
http://saint-denis.monuments-nationaux.fr
Propriété de l'État
Classé

La basilique-cathédrale de Saint-Denis, monument emblématique de l'histoire de France tant par ses qualités architecturales que par sa valeur symbolique, est édifiée à l'instigation de sainte Geneviève vers 475. Reconstruite sous Charlemagne, profondément transformée au XIIe s. puis au XIIIe s., restaurée au XIXe s. par Debret puis Viollet-le-Duc, la basilique constitue avec son chevet le premier chef-d'œuvre de l'architecture gothique. À partir de Dagobert, mais surtout à partir des premiers Capétiens, Saint-Denis devient la nécropole des souverains de France, de leurs familles et des grands serviteurs du royaume. En 1793, les tombes sont profanées. Les tombeaux, déplacés au musée des Monuments français d'Alexandre Lenoir, sont réinstallés en 1816, accompagnés de tombeaux provenant de diverses églises. Le chœur et le transept abritent désormais plus de soixante-dix gisants et tombeaux qui retracent une extraordinaire histoire de l'art funéraire français.

Avr.-sept. : t.l.j. 10h-18h15, dim. 12h-18h15;
oct.-mars : t.l.j. 10h-17h15, dim. 12h-17h15.
Fermé 1er janv., 1er mai, 25 déc. et pendant les offices religieux.
Visite guidée et audioguidée. en partie. (visite signée).

C2 Détail — **SAINT-OUEN**

Château

Musée des Beaux-Arts
12, rue Albert-Dhalenne
93400 Saint-Ouen
Tél. : 01 49 48 95 20
www.ville-saintouen.fr
Propriété de la commune
Inscrit et classé

En 1821, Louis XVIII acquiert le château de Saint-Ouen édifié au XVIIe s. et procède à sa démolition. Il confie alors à Jean-Jacques-Marie Huvé le soin d'édifier une nouvelle résidence qu'il offre à sa favorite, la comtesse de Cayla. Simple pavillon carré à l'italienne et précieux exemple d'architecture de la Restauration, la demeure abrite un remarquable décor intérieur réalisé sous l'égide de Pierre-François-Léonard Fontaine. Subsistent les boiseries gris et or de la salle de billard et du petit salon. La municipalité de Saint-Ouen acquiert en 1958 le château et y installe le musée des Beaux-Arts de Saint-Ouen après une restauration menée de 1961 à 1965.

T.l.j. sf mar. et dim. 14h-19h, sam. 14h-18h. Fermé j. fériés.
Visite libre. Visite sur r.-v. pour les groupes.

BOISSY-SAINT-LÉGER

C2 DÉTAIL

Château de Grosbois

Avenue du Maréchal-de-Lattre-de-Tassigny
94470 Boissy-Saint-Léger
Tél. : 01 45 10 24 24
www.cg94.fr
Propriété de la Société du cheval français
Inscrit et classé

En 1616, Charles de Valois acquiert le domaine de Grosbois construit à partir de 1597 pour Nicolas de Harlay, surintendant des finances d'Henri IV. Les deux ailes en retour d'équerre sont alors ajoutées au bâtiment principal édifié en forme d'exèdre sur une plate-forme entourée de fossé. Vendu comme bien national sous la Révolution, il passe entre les mains de Barras, chef du Directoire, du général de Moreau, de Fouché avant d'échoir au maréchal Berthier qui confère à la demeure son style napoléonien. Au premier étage, il fait décorer le salon des huissiers, le salon de l'Empereur et la galerie des batailles ornée des bustes des douze maréchaux.

15 mars-nov. : dim. et j. fériés 14h-17h.
Visite guidée. Visite sur r.-v. pour les groupes toute l'année au 01 49 77 15 24.

BRY-SUR-MARNE

C2 DÉTAIL

Manoir de Malestroit

Musée Adrien-Mentienne
2, Grand-Rue Charles-de-Gaulle
94360 Bry-sur-Marne
Tél. : 01 45 16 68 00
www.bry94.fr
Propriété de la commune
Inscrit

Résidence au XIVᵉ s. de Jehan de Malestroit, évêque de Nantes et chancelier de Bretagne, le manoir de Malestroit est reconstruit dans un style Louis XIV au tournant du XVIIᵉ s. Successivement propriété du danseur de l'Opéra de Paris Gaëtan Vestris, de Mademoiselle de Rigny, l'élégante demeure échoit au maire de Bry, Adrien Mentienne, qui lui adjoint des vestiges de demeures parisiennes détruites. La colonne sculptée à gauche de la façade et le bandeau à frises de la cour proviennent ainsi du château des Tuileries. Le manoir abrite désormais le musée historique et archéologique Adrien-Mentienne.

T.l.j. sf dim. 8h30-12h, 14h-17h30, sam. 8h30-12h. Visite libre.
Visite sur r.-v. pour les groupes lun., mar. et jeu apr.-midi.

IVRY-SUR-SEINE

C2 DÉTAIL

Moulin de la Tour

Place du 8-Mai-1945
94200 Ivry-sur-Seine
Tél. : 01 49 60 24 26
www.cg94.fr
Propriété de la commune
Inscrit

Dernier exemple de moulin à vent du Val-de-Marne, l'ouvrage médiéval de l'ancienne seigneurie d'Ivry et Saint-Frambourg est profondément modifié sous Louis XIV, en 1674. Il adopte une forme télescopique soulignée par deux cordons en saillie et une base cyclopéenne composée d'énormes pierres taillées. L'édifice, progressivement démantelé à partir du XIXᵉ s., est finalement acquis par la municipalité qui procède à sa restauration en collaboration avec l'Association des amis du Moulin. Il a désormais retrouvé sa toiture, ses ailes, ses planchers ainsi que ses différents mécanismes de mouture.

Visite guidée troisième sam. du mois 15h-18h.
Visite sur r.-v. pour les groupes.

C2 Détail

MAISONS-ALFORT

Musée Fragonard de l'École nationale vétérinaire d'Alfort

École nationale
vétérinaire d'Alfort
7, avenue du Général-de-Gaulle
94704 Maisons-Alfort
Tél. : 01 43 96 71 72
Propriété de l'État
Inscrit

En 1766, l'École nationale vétérinaire s'implante à Maisons-Alfort. Les premiers bâtiments dus à l'architecte Soufflot sont détruits au XIXe s. au profit de nouvelles constructions qui s'échelonneront sur cinq campagnes de construction menées successivement entre 1834 et 1935. Bourgelat, écuyer du roi Louis XV, y fonde un cabinet des curiosités recelant diverses pièces d'anatomie, de physiologie et de pathologie. Ces collections, progressivement enrichies, sont ouvertes au public depuis 1991. Entre art et science, le musée abrite aussi les célèbres écorchés d'Honoré Fragonard, cousin du peintre.

Ouvert toute l'année : mer.-jeu. 14h-18h ; w.-e. 13h-18h. Fermé août.
Visite libre. Visite sur r.-v. pour les groupes. (audioguide spécial).

C2 Détail

NOGENT-SUR-MARNE

Pavillon Baltard

12, avenue Victor-Hugo
94130 Nogent-sur-Marne
Tél. : 01 43 24 76 76
www.pavillonbaltard.fr
Propriété de la commune
Classé

En 1969, les Halles, construites de 1858 à 1874 par Victor Baltard et Félix-Emmanuel Callet à Paris, sont transférées à Rungis. Malgré une mobilisation internationale, les pavillons sont entièrement démolis en 1972 à l'exception du numéro 8, celui des œufs et de la volaille, qui est remonté en 1977 à Nogent-sur-Marne. Aujourd'hui transformé en espace polyvalent, il conserve la mémoire de cet exceptionnel modèle architectural, prototype des marchés couverts du XIXe s. Le pavillon, restauré et adapté à sa nouvelle fonction, comprend une structure en fonte coiffée de lanterneaux vitrés.

Ouvert selon la programmation événementielle.

C2 Détail

PÉRIGNY-SUR-YERRES

Closerie et villa Falbala

Fondation Dubuffet
Rue du Moulin neuf
94520 Périgny-sur-Yerres
Tél. : 01 47 34 12 63
www.cg94.fr
Propriété privée
Classé

Entre sculpture, peinture et architecture, la villa Falbala et la closerie l'enserrant sont imaginées et réalisées par l'artiste Jean Dubuffet entre 1971 et 1976, sur un terrain lui appartenant. Les murs en béton qui forment la closerie ainsi que le sol sont recouverts de peinture polyuréthane blanche aux volumes rehaussés de tracés noirs. Au centre s'élève une villa édifiée en résine stratifiée autour d'une charpente métallique. Elle abrite une antichambre et le « cabinet logologique » composé de vingt-quatre panneaux disposés en rectangle, sculptés et décorés d'écritures tracées en rouge, bleu et noir.

Visite guidée uniquement sur r.-v.

Varenne-Saint-Hilaire (La) C2 Détail

Villa Médicis

5, rue Saint-Hilaire
94210 La Varenne-Saint-Hilaire
Tél. : 01 48 86 33 28
www.saint-maur.com/musee
Propriété privée
Inscrit

La demeure, initialement baptisée l'« hostel des Piliers », puise ses origines à la fin du XVe s. Progressivement modifiée au fil des siècles par ses propriétaires successifs, elle est agrémentée à la fin du XVIIIe s. d'un salon ovale aménagé pour Guillaume Angot et décoré de boiseries Louis XVI. À partir de 1850, la villa, surnommée « Médicis » en souvenir d'un séjour légendaire de la reine Catherine au château du Bellay de Saint-Maur, est entièrement reconstruite puis lentement dénaturée et divisée en appartements. Aujourd'hui restauré, l'édifice abrite depuis 1983 le musée de la ville de Saint-Maur-des-Fossés.

T.l.j. sf lun. 10h-12h, 14h-18h, dim. 11h-13h, 14h-19h.
Fermé 1er janv., 1er mai, lun. de Pentecôte, 14 juil., 15 août, 25 déc.
Visite libre. Visite guidée sur r.-v.

Vincennes C2 Détail

Château

Avenue de Paris
94300 Vincennes
Tél. : 01 43 28 15 48
http://vincennes.monuments-nationaux.fr
Propriété de l'État
Classé

CENTRE DES MONUMENTS NATIONAUX

En 1336-1340, Philippe VI de Valois fait construire le donjon de Vincennes aux abords du manoir capétien primitif. Repris sous le règne de Jean II le Bon, les travaux sont achevés par Charles V, qui entoure l'ensemble d'une vaste enceinte rectangulaire flanquée de neuf tours. La Sainte-Chapelle fondée en 1379 sur le modèle de celle du palais de la Cité à Paris ne sera terminée qu'au XVIe s. À partir de 1654, la construction d'un palais est entreprise par Louis le Vau à la demande de Mazarin pour Louis XIV. Le roi et la cour y séjournent fréquemment jusqu'à leur installation à Versailles. Situés de part et d'autre d'une cour d'honneur, les pavillons du Roi et de la Reine sont séparés par un portique et un mur percé d'arcades de l'ensemble médiéval, où le donjon sert de prison depuis le XVe s. Après avoir perdu son rôle de résidence royale, le château connaît diverses fonctions avant d'être affecté à l'armée au XIXe s. Gravement endommagé lors de la Seconde Guerre mondiale, il a fait l'objet d'importants travaux de restauration. Il abrite aujourd'hui les services historiques des trois armées.

Avr.-sept. : t.l.j. 10h-18h ; oct.-mars : t.l.j. 10h-17h15.
Fermé 1er janv., 1er mai, 1er et 11 nov., 25 déc. Visite libre.
Visite audioguidée. Visite guidée. (visite signée).

B1 **AMBLEVILLE**

Château

1, place de la Mairie
95710 Ambleville
Tél. : 01 34 67 98 45
www.chateauxetjardins.com
Propriété privée
Inscrit et classé

Château féodal du XIVe s. remanié vers 1545 par Jean Grappin, architecte ayant œuvré à Gisors. La demeure se compose d'un corps de logis allongé flanqué d'un ancien châtelet cantonné de tourelles d'angle. La façade sud a été plaquée vers 1700 d'un décor de puissants pilastres et d'un fronton triangulaire sculpté de cartouche. À droite, un bâtiment Louis XVI a remplacé l'ancien donjon. Les jardins de style italien sont composés de quatre terrasses, mêlant topiaires, bassins, cascade, échiquier, tonnelle et statue antiques.

20 mars-juin, sept.-oct. : w.-e. 10h45-12h, 14h-17h30;
juil.-août : t.l.j. sf lun. 10h45-15h, 14h-17h30.
Visite libre des jardins. Visite guidée du château.
Visite sur r.-v. pour les groupes toute l'année au 06 08 87 06 72.

C1 **ASNIÈRES-SUR-OISE**

Abbaye de Royaumont

95270 Asnières-sur-Oise
Tél. : 01 30 35 59 70
www.royaumont.com
Propriété privée
Classé

Suite aux dispositions testamentaires de Louis VIII, Saint Louis fonde en 1228 l'abbaye cistercienne de Royaumont. Bénéficiant des attentions royales, elle allie le faste au dépouillement requis par les règles de l'ordre. Les bâtiments sont organisés autour du cloître puis enrichis du palais abbatial construit dans le goût des villas palladiennes de 1785 à 1789 par Le Masson. Progressivement ruinée, l'abbaye est vendue comme bien national en 1791. L'église abbatiale est alors détruite et les bâtiments monastiques abritent une filature de coton. En 1869, l'abbaye retrouve sa vocation religieuse avec l'installation des sœurs de la Sainte-Famille qui procèdent à sa drastique restauration. L'industriel Jules Goüin acquiert le domaine en 1905 et son petit-fils crée en 1964 la Fondation Royaumont devenue aujourd'hui un centre culturel de notoriété internationale dans les domaines du chant et de la chorégraphie.

T.l.j. 10h-18h (17h30 nov.-fév.). Visite libre.
Visite guidée le w.-e. et j. fériés apr.-midi. Visite sur r.-v. pour les groupes au 01 30 35 59 91. (w.-e. et j. fériés 12h-18h).

C1 **AUVERS-SUR-OISE**

Auberge Ravoux, dite « maison de Van Gogh »

Place de la Mairie
95430 Auvers-sur-Oise
Tél. : 01 30 36 60 60
www.maisondevangogh.fr
Propriété privée
Inscrit et classé

Le 20 mai 1890, Vincent Van Gogh s'installe à Auvers-sur-Oise et prend pension à l'auberge Ravoux. Occupée à peindre les paysages environnants, l'humeur de l'artiste oscille entre de brefs moments de bonheur et des crises de désespoir. Le 27 juillet, il se tire un coup de pistolet au milieu d'un champ et expire deux jours plus tard dans sa chambre. Son corps ainsi que celui de son frère Théo, qui ne lui survit que quelques mois, reposent dans le cimetière d'Auvers. Après une minutieuse restauration, l'austère chambre installée sous les combles a retrouvé son état d'origine.

Mars-oct. : mer.-dim. 10h-18h. Fermé 1er janv., 25 déc.
Visite guidée. Visite sur r.-v. pour les groupes uniquement en matinée les w.-e. et j. fériés (12 pers. min.).

Château de Leyrit

Rue de Léry
95430 Auvers-sur-Oise
Tél. : 01 34 48 48 40/01 34 48 48 45
www.chateau-auvers.fr
Propriété privée,
propriété du département
Inscrit

Château édifié pour Zanobi Lioni, banquier italien proche de Marie de Médicis. En 1662, le domaine est acquis par Jean de Leyrit qui lui laisse son nom. Initialement composé d'un corps de logis rectangulaire, le bâtiment est flanqué vers 1756 de deux pavillons et sa façade sud est reconstruite. Les jardins, ordonnés en trois terrasses descendant vers l'Oise, abritent un remarquable nymphée couvert d'une voûte plate et entièrement orné de mosaïques de pierres et de coquillages. Restauré par le conseil général du Val-d'Oise, le château propose depuis 1994 un parcours-spectacle qui entraîne le visiteur dans un « voyage au temps des impressionnistes ».

Avr.-sept. : t.l.j. sf lun 10h30-18h;
oct.-mars : t.l.j. sf lun 10h30-16h30. Fermé vac. de Noël.

Maison-atelier de Daubigny

61, rue Daubigny
95430 Auvers-sur-Oise
Tél. : 01 34 48 03 03
www.atelier-daubigny.com
Propriété privée
Classé

Le peintre paysagiste Charles-François Daubigny aime à peindre sur le motif en Isère, Normandie, vallée de l'Oise ou de Seine. En 1857, son atelier flottant est amarré à Auvers. En 1861, il y fait construire un atelier. De 1863 à 1873, avec l'aide de ses enfants et de son ami Corot, il en couvre les murs de peintures pleines de fraîcheur et de liberté. La chambre de Cécile est ornée de fleurs et d'une représentation de contes, *Le Petit Chaperon rouge, Le Petit Poucet, Le Corbeau et le Renard*. Les paysages « Souvenirs d'Italie », de l'atelier sont peints suivant les dessins et les directives de Corot.

Pâques-1er nov. : jeu.-dim. 14h-18h30.
Visite libre. Visite sur r.-v. pour les groupes toute l'année.

BEAUMONT-SUR-OISE — C1

Château

Place du Château
95260 Beaumont-sur-Oise
Tél. : 01 34 70 08 08
www.ville-beaumont-sur-oise.fr
Propriété de la commune
Inscrit

Seigneurie sous Hugues Capet, Beaumont est érigé en comté au XIe s. Le premier comte Yves de Beaumont installe à l'intérieur de l'enceinte du château une église collégiale transformée au XIIe s. en prieuré placé sous l'autorité de Saint-Martin-des-Champs à Paris. Il est ruiné par la guerre de Cent Ans, assiégé par Henri IV en 1590, et les attaques révolutionnaires achèvent la destruction du château et du prieuré. Les fouilles récentes permettent de retrouver les vestiges du donjon barlong construit au tournant du XIe s. et une partie de l'enceinte initialement polygonale reconstruite à la fin du XIIe s.

T.l.j. 10h-12h, 14h-18h. Visite sur r.-v. pour les groupes.

CHAUSSY — B1

Domaine de Villarceaux

95710 Chaussy
Tél. : 01 53 85 51 85
www.iledefrance.fr/villarceaux
Propriété de la région
Classé

Jardin remarquable

Le domaine de Villarceaux comprend un manoir érigé au XIIIe s. puis remanié au XVIIe s. et le « château d'en haut » datant du milieu du XVIIIe s. Du manoir, seuls subsistent les trois bâtiments des communs reliés au « pavillon de Ninon ». Ce dernier abrita, dans son remarquable décor conservé du XVIIe s., les amours de Louis de Mornay, marquis de Villarceaux, et de Ninon de Lenclos. De 1755 à 1759, Charles-Jean-Baptiste du Tillet, marquis de La Bussière, abandonne le vieux manoir et confie à l'architecte Jean-Baptiste Courtonne la construction d'un nouveau château. Fruit du classicisme français, l'édifice présente sur sa façade principale un avant-corps central à trois pans et deux pavillons en légère saillie. L'ensemble est entouré de jardins mêlant terrasses, bosquets et miroirs d'eau.

Deuxième w.-e. d'avr.-1er juin : 14h-17h; sept. à l'avant-dernier w.-e. d'oct. : mer., w.-e. et j. fériés 14h-17h; 1er juin-août : t.l.j. sf lun. 14h-17h.
Visite guidée. Visite sur r.-v. pour les groupes t.l.j. sf lun. du deuxième w.-e. d'avr. à l'avant-dernier w.-e. d'oct. 14h-17h. ♿ en partie.

C1 **ÉCOUEN**

Château

Musée national de la Renaissance
95440 Écouen
Tél. : 01 34 38 38 50
www.musee-renaissance.fr
Propriété de l'État
Classé

À l'emplacement d'une ancienne forteresse, le château d'Écouen est construit de 1539 à 1555 pour le connétable Anne de Montmorency, compagnon d'enfance de François Ier, homme de guerre et mécène éclairé. Encadrés de fausses douves et d'une terrasse, les trois corps de bâtiment forment un quadrilatère cantonné aux angles de pavillons carrés, fermé sur l'entrée par une aile basse. L'ensemble est bâti dans un style sévère tout en pierre. Les façades sur cour et celle sur jardin au nord ont reçu postérieurement de riches avant-corps à ordre dus à l'architecte Jean Bullant. Depuis 1975, le château d'Écouen abrite, dans ses remarquables décors intérieurs restaurés, le musée national de la Renaissance.

MUSÉE T.l.j. sf mar. 9h30-12h45, 14h-17h15 (17h45 l'été à partir de mi-avr.).
Fermé 1er janv., 1er mai et 25 déc. Visite guidée w.-e. à 15h30.
Visite sur r.-v. pour les groupes.
PARC 15 avr.-sept. : t.l.j. 8h-19h ; oct.-14 avr. : 8h-18h.
Fermé 1er janv., 25 déc. Visite libre.
(t.l.j. sf mar. 10h30-17h30, se renseigner au 01 34 04 07 93).

C1 **LOUVRES**

Tour Saint-Rieul

Musée archéologique
Rue des Deux-Églises
95380 Louvres
Tél. : 01 34 72 10 84
www.ville-louvres.fr
Propriété de la commune
Classé

De l'église Saint-Rieul élevée à la fin du XIe et au début XIIe s., subsistent la travée du chœur et celle de l'avant-corps de style roman. Les fouilles archéologiques menées entre 1976 et 1990 dans et à la périphérie de ce monument ont mis au jour une nécropole comportant de très riches sépultures mérovingiennes. Cette découverte et celles réalisées dans l'ensemble du Pays du France ont justifié la création d'un musée d'abord associatif puis municipal et aujourd'hui intercommunal.

Temporairement fermé pour travaux. Pour plus d'informations quant à une prochaine réouverture, se renseigner au 01 34 72 10 84.

C1 **MONTMORENCY**

Maison de Jean-Jacques Rousseau

Musée Jean-Jacques-Rousseau
5, rue Jean-Jacques-Rousseau
95160 Montmorency
Tél. : 01 39 64 80 13
www.ville-montmorency.fr
Propriété de la commune
Classé

Jean-Jacques Rousseau s'installe en 1756 à l'Hermitage, propriété prêtée par Mme d'Épinay et aujourd'hui disparue. Cependant, une fâcherie avec son hôtesse le contraint à quitter les lieux, il loue alors la maison Montlouis de 1757 jusqu'à la condamnation de son *Émile* par le Parlement et sa fuite vers la Suisse en 1762. Dans le jardin s'élève un petit pavillon dénommé « donjon » par Rousseau qui y écrit l'essentiel de ses grandes œuvres romanesques et philosophiques : *La Nouvelle Héloïse*, *Le Contrat social* et l'*Émile*. Transformés aujourd'hui en musée, la demeure et le jardin reconstituent l'univers original de l'écrivain.

T.l.j. sf lun. 14h-18h. Fermé 1er mai et entre Noël et 1er janv.
Visite guidée. Visite sur r.-v. pour les groupes le mat. du mar. au sam.

OSNY C1

Château de Grouchy

Rue William-Thornley
95520 Osny
Tél. : 01 34 25 42 00
www.osny.fr
Propriété de département
Inscrit

Ancienne demeure du secrétaire de Louis XIII, le château de Grouchy est entièrement reconstruit pour Charles-Malo-François, comte de Lameth, qui acquiert le domaine en 1785. Lazare Weiler, à partir de 1898, Frédéric de Reisit et l'architecte Paul Morel à partir de 1901 procèdent à de profonds réaménagements : reconstruction à l'identique de l'aile droite, aménagement du vestibule Louis XV, du grand salon et de l'escalier orné de statues aux allégories des quatre saisons, œuvres d'Henri Léon Greber. En 1984, le château est affecté à l'hôtel de ville : l'ancienne salle des gardes abrite le musée de l'Armure et les combles de l'aile droite reçoivent l'espace William-Thornley, consacré à l'œuvre du peintre postimpressionniste.

Lun., jeu. : 13h30-17h ; mar., mer., ven. : 9h-12h, 13h30-17h ; sam. : 9h-12h.
Visite guidée.

PONTOISE C1

Hôtel d'Estouteville

Musée Tavet-Delacourt
4, rue Lemercier
95300 Pontoise
Tél. : 01 30 38 02 40
http://otpontoise.free.fr
Propriété de la commune
Inscrit

Hôtel particulier à tourelles d'angle construit de 1447 à 1483 à l'instigation de l'archevêque de Rouen Guillaume d'Estouteville pour loger le grand vicaire, son représentant à Pontoise. Devenu bien national en 1791, il abrite un temps le tribunal d'instance avant d'être acquis en 1889 par Camille Tavet, un érudit local, puis cédé à la commune. Rare exemple d'architecture civile gothique, il a retrouvé après restauration ses tourelles d'angle et ses flamboyantes fenêtres à meneaux. La demeure abrite aujourd'hui les collections d'œuvres d'art du musée Tavet-Delacourt.

T.l.j. sf lun. et mar. 10h-12h30, 13h30-18h. Visite libre. Visite guidée.

ROCHE-GUYON (LA) B1

Château

1, rue de l'Audience
95780 La Roche-Guyon
Tél. : 01 34 79 74 42
www.chateaudelarocheguyon.fr
Propriété privée
Classé

Stratégiquement placé en rebord de falaise à la frontière du duché de Normandie, le château s'apparente au tournant du XIIe s. à une austère forteresse troglodytique protégée en hauteur par un donjon circulaire relié au château par un escalier foré dans la masse même de la falaise. Remarquable synthèse architecturale, ce premier château médiéval est agrandi et remanié à la Renaissance, puis transformé en palais princier au XVIIIe s. par Madeleine de La Rochefoucault puis par Marie, duchesse d'Enville. Après la Révolution, Louis-François de Rohan hérite du domaine en 1816 et fait refaire l'ancienne chapelle troglodytique par Joseph-Antoine Froelicher.

6 fév.-28 mars, 1er-28 nov. : t.l.j. 10h-17h ;
29 mars-oct. : t.l.j. 10h-18h, w.-e. 10h-19h. Fermé vac. de Noël.
Visite libre. Visite guidée. Visite sur r.-v. pour les groupes.

C1 **SAINT-OUEN-L'AUMÔNE**

Abbaye de Maubuisson

Rue Richard-de-Tour
95310 Saint-Ouen-l'Aumône
Tél. : 01 34 64 36 10
www.cergypontoise.fr
Propriété du département,
Inscrit et classé

L'abbaye cistercienne de Maubuisson est fondée en 1236 par Blanche de Castille. Riche du soutien royal, elle est florissante au Moyen Âge, puis sombre progressivement dans la décadence. En 1793, l'abbaye est transformée en hôpital militaire puis vendue comme carrière de pierre en 1797. Subsistent aujourd'hui l'aile est du cloître abritant la sacristie, la salle capitulaire, le grand parloir voûté d'ogives, la salle des religieuses ainsi que le bâtiment des latrines. À l'entrée s'élèvent une demeure du XVIIIe s. destinée à recevoir les hôtes et une grange du XIIIe s. couverte d'une vaste charpente. En 1979, l'abbaye est en partie acquise par le département qui procède à des travaux de fouille et accueille, aujourd'hui, dans les bâtiments abbatiaux et la grange une programmation d'art contemporain.

ABBAYE T.l.j. sf mar. 13h-18h, w.-e. et j. fériés 14h-18h.
PARC 14 mars-14 sept. : t.l.j. 7h-21h ; 15 sept.-13 mars : t.l.j. 8h-18h30.
Fermé 1er janv., 1er mai et 25 déc. Visite guidée de l'abbaye.
Visite libre du parc. Visite guidée sur r.-v. pour les groupes. ♿

C1 Détail **SANNOIS**

Moulin Trouillet

26, rue des Moulins
95110 Sannois
Tél. : 01 39 98 21 16
www.ville-sannois.fr
Propriété de la commune
Inscrit

Le moulin à vent de Sannois est construit en 1759 sur la butte de Montrouillet. Entièrement en bois, il demeure un des rares exemples de moulin à pivot subsistant en Île-de-France. La poutre centrale, la plus ancienne pièce de l'édifice, permettant la rotation de l'ouvrage, date de cinq cents ans. En 1866, il cesse son activité et abrite une guinguette installée dans la maison du meunier. Menacé de destruction dans les années trente, le moulin est finalement conservé et restauré à partir de 1976. Aujourd'hui, le visiteur peut découvrir la richesse des mécanismes qui, remis en état de marche, permettent de transformer le vent en force mécanique écrasant le grain.

Visite guidée dim. 13h30-18h30.

B1 **WY-DIT-JOLI-VILLAGE**

Hypocauste

95420 Wy-Dit-Joli-Village
Tél. : 01 34 67 41 79
Propriété privée
Classé

En 1976, Claude Pigeard, forgeron érudit, décide de transformer sa vieille forge de Wy-Dit-Joli-Village en un musée de l'Outil. Lors des travaux d'aménagement, il met au jour les soubassements de thermes gallo-romains du IIe s. apr. J.-C. Subsistent la salle de chauffe (*prefurium*), la salle chaude (*tepidarium*) avec baignoire en abside et la salle tiède (*tepidarium*). Après restauration, ces remarquables vestiges servent désormais d'antique écrin à l'exposition de plus de cinq mille outils, ustensiles et objets d'art populaire du XIIIe s. à nos jours.

Mi-avr. à fin oct. : dim. 14h30-18h, w.-e. sur r.-v.

BOUGIVAL — C2 Détail

Chalet d'Ivan Tourgueniev

Musée européen Ivan-Tourgueniev
16, rue Ivan-Tourgueniev
78380 Bougival
Tél. : 01 45 77 87 12
www.tougueniev.fr
Propriété de la commune,
propriété d'une association
Inscrit

En 1875, l'écrivain Ivan Tourgueniev, Pauline Viardot et son époux acquièrent le domaine des Frênes. Le couple s'installe dans la villa édifiée pour Hortense de Beauharnais au XIXe s. À ses côtés, Tourgueniev fait construire sa résidence, éclectique mélange entre un chalet suisse et une datcha russe. La demeure devient, jusqu'à sa mort survenue en 1883, un lieu de travail et de rencontres où se côtoient Émile Zola, Henry James, Guy de Maupassant, Gabriel Fauré, Camille Saint-Saëns ou Jules Massenet. Aujourd'hui transformée en musée, elle évoque la mémoire de l'écrivain, de ses amis littérateurs et compositeurs français.

Avr.-oct. : dim. 10h-18h. Visite sur r.-v. pour les groupes toute l'année.

CERNAY-LA-VILLE — B2

Abbaye des Vaux-de-Cernay

78720 Cernay-la-Ville
Tél. : 01 34 85 23 00
www.abbayedecernay.com
Propriété privée
Inscrit et classé

L'abbaye des Vaux-de-Cernay est fondée en 1118 par la congrégation normande de Savigny, puis soumise à la règle cistercienne en 1147. Elle devient dès lors un foyer intense de vie spirituelle et intellectuelle dont l'apogée coïncide avec l'abbatiat de saint Thibaut entre 1235 et 1247. Ruinée par la guerre de Cent Ans, vendue comme bien national suite à la Révolution, l'abbaye est finalement acquise en 1873 par la famille Rothschild qui entreprend sa reconstruction. De l'ensemble monastique subsistent l'église à l'état de ruine, la grande salle des moines du XIIIe s. et le bâtiment des convers profondément remanié au XVIIe puis au XIXe s.

W.-e. et j. fériés 9h-17h.

CHAMBOURCY — B2

Maison d'André Derain

64, Grand-Rue
78240 Chambourcy
Tél. : 01 30 74 70 04
http://maisonderain.free.fr
Propriété privée
Inscrit

En 1935, le peintre André Derain acquiert cette demeure du XVIIIe s., surnommée « La Roseraie », et y habite les vingt dernières années de sa vie. Côté parc, elle s'ouvre par une rotonde et un jeu de terrasses sur un domaine verdoyant. La tradition veut que la qualité d'une terre trouvée sous un sapin, un lendemain d'orage, décide l'artiste à tenter l'art du modelage. Désormais ouvert à la visite, l'atelier est conservé dans l'état même où il se trouvait à la mort de Derain en 1954. Chevalets, couleurs, esquisses, moulages et objets intimes reconstituent l'univers du peintre qui, avec Vlaminck et Matisse, fonda le fauvisme.

Les 4e w.-e. de chaque mois 15h. Visite sur r.-v. pour les groupes (15 pers. min.).

CHATOU — C2 Détail

Maison Fournaise

Île des Impressionnistes
78400 Chatou
Tél. : 01 34 80 63 22
www.musee-fournaise.com
Propriété de la commune
Inscrit

Auberge des bords de Seine fréquentée au XIXe s. par les personnalités du monde artistique et politique. Issu d'une famille de chef d'écluse, Alphonse Fournaise fait construire en 1857 ce restaurant de brique et métal. Face au succès, l'édifice est doublé en 1867 d'un nouveau restaurant et d'une élégante terrasse représentée dans le célèbre *Déjeuner des canotiers* de Jean Renoir. En 1906, l'établissement ferme ses portes et sombre progressivement dans l'oubli jusqu'à son rachat par la ville de Chatou, qui y installe un nouveau restaurant et un musée municipal consacré à son histoire.

Mer.-ven. : 10h-12h, 14h-18h ; w.-e. et j. fériés : 11h-18h. Visite libre.
Visite guidée le dim. à 15h. Visite sur r.-v. pour les groupes.

B2 **CHEVREUSE**

Château de la Madeleine

78460 Chevreuse
Tél. : 01 30 52 09 09
www.parc-naturel-chevreuse.fr
Propriété du département
Inscrit

Chevreuse, Montlhéry et Rochefort-en-Yvelines constituent trois places fortes d'où les seigneurs opposés au roi bâtirent leur hégémonie aux XIe et XIIe s. Le château de la Madeleine s'est progressivement développé autour du donjon barlong à contreforts plats et enceinte polygonale signalé en 1108 par Suger. Entre 1366 et 1393, Pierre de Chevreuse fait ériger les deux tours circulaires complétées en 1440 du châtelet d'entrée à pont-levis et des deux tourelles carrées. Propriété du département depuis 1981, le château abrite désormais la Maison du parc naturel régional de la haute vallée de Chevreuse et une exposition consacrée à l'histoire de Chevreuse.

Mars-oct. : mer.-sam. : 14h-17h30, dim. et j. fériés 10h-18h ;
nov.-fév. : mer.-dim. et j. fériés 14h-17h30.
Visite libre. Visite sur r.-v. pour les groupes (15 pers. min.).

B2 **CHOISEL**

Château de Breteuil

78460 Choisel
Tél. : 01 30 52 05 02
www.breteuil.fr
Propriété privée
Classé

À l'emplacement d'un ancien manoir dont le colombier et les fossés sont conservés, Thibaut Desportes, grand audiencier de la chancellerie de France, initie vers 1600 la construction du château de Breteuil. Un corps de passage flanqué de deux pavillons d'angle ouvrait initialement sur la cour fermée au fond par un grand bâtiment en brique et pierre. Agrandie de deux ailes au XIXe s., la demeure est entourée de jardins à la française aménagés par les paysagistes Henri et Achille Duchêne au début du XXe s. Parmi l'important mobilier, la table de Teschen, entièrement incrustée de pierres dures, se signale comme un chef-d'œuvre de l'orfèvrerie du XVIIIe s. Dans les diverses pièces du château, cinquante personnages de cire du musée Grévin croisent l'histoire de France et celle de la famille de Breteuil.

T.l.j. 14h30-17h30, dim., j. fériés et vac. scol. 11h30-18h30. Visite guidée.
Visite sur r.-v. pour les groupes. Parc ouvert à partir de 10h. (avr.-oct.)

C2 DÉTAIL **CROISSY-SUR-SEINE**

Maison Joséphine

Musée de la Grenouillère
6 *bis*, Grand-Rue
78290 Croissy-sur-Seine
Tél. : 01 30 15 18 69/01 30 53 61 02
www.grenouillere-museum.com
Propriété de la Régie immobilière de Paris
Inscrit

Édifié au XVIIIe s. par l'architecte Nicolas de Lespine qui y demeurait, cet hôtel particulier fut dans les années 1780 la résidence secondaire de la famille Campan (le secrétaire et la célèbre femme de chambre de la reine Marie-Antoinette). Sous la Terreur, Joséphine de Beauharnais vint s'y réfugier avec ses deux enfants Eugène et Hortense. Enfin, la propriété a été louée sous le Directoire par Barras qui y organisait de somptueuses fêtes. L'édifice a abrité un pensionnat pour orphelines (fondation Galien) de 1927 à 1970. Le rez-de-chaussée abrite aujourd'hui un musée consacré au café-bal flottant *La Grenouillère*.

Jeu. et dim. 14h-18h. Fermé 15 déc.-5 janv., 10-16 août.
Visite du musée sur r.-v. pour les groupes.

Chapelle Saint-Léonard (ancienne église paroissiale)
Grand-Rue
78290 Croissy-sur-Seine
Tél. : 01 30 09 31 00
www.croissy.com
Propriété de la commune
Inscrit

Construite à la fin du XIIe s. sous le vocable de saint Martin, l'église paroissiale fut dédiée en 1211 à saint Léonard de Noblat. Édifice gothique, voûté sur croisées d'ogives, l'église a été restaurée au milieu du XVIIe s. grâce à la reine Anne d'Autriche, puis en 1978-1980. Elle est composée d'une nef unique. La façade est surmontée d'un petit clocher et accostée d'un escalier hors œuvre. Fermée définitivement au culte en 1882, l'église fut acquise par le peintre Théophile Poilpot avant d'être rachetée par la ville de Croissy en 1976. Elle est utilisée aujourd'hui comme lieu d'expositions temporaires.
Ouvert pendant les expositions temporaires.

Château
12, Grand-Rue
78290 Croissy-sur-Seine
Tél. : 01 30 09 31 00
www.croissy.com
Propriété de la commune
Inscrit

Le principal corps de logis a été édifié au milieu du XVIIIe siècle pour le seigneur de Croissy, Paul Gautier de Beauvais, à l'emplacement du château médiéval. La façade sur cour présente un balcon de belle facture à garde-corps en fer forgé et soutenu aux extrémités par deux têtes de lion et deux consoles à l'effigie d'Hercule. En 1936, la ville y installe une école primaire qui occupe les lieux jusqu'en 1991. Le château accueille désormais des expositions temporaires.
Ouvert pendant les expositions temporaires.

DAMPIERRE-EN-YVELINES — B2

Château
78720 Dampierre-en-Yvelines
Tél. : 01 30 52 53 24
www.chateau-de-dampierre.fr
Propriété privée
Inscrit

Le manoir du XIIIe s., brûlé pendant la jacquerie en 1358 puis maintes fois restauré, passe en 1663 à la famille de Luynes, toujours propriétaire du château. À partir de 1682, suite à l'installation de Louis XIV à Versailles, Charles Henri d'Albert de Luynes entreprend l'enrichissement du domaine confié à l'architecte Jules Hardouin-Mansart et au paysagiste André Le Nôtre. Respect du passé, symétrie et équilibre des lignes caractérisent la nouvelle résidence. Elle comprend un corps principal cantonné de deux ailes en retour formant une cour précédée d'une cour d'honneur bordée de deux bâtiments agrémentés d'une galerie en rez-de-chaussée. L'intérieur abrite de belles boiseries Louis XIV et Louis XV ainsi qu'une fresque inachevée d'Ingres représentant l'Âge d'or.
Avr.-sept. : t.l.j. 11h-18h30, dim. et j. fériés 11h-12h, 14h-18h30.
Visite guidée. Visite sur r.-v. pour les groupes. ♿ en partie.
(toute l'année, pour déjeuner les lun., jeu., ven. et w.-e. ; pour dîner les ven. et sam., se renseigner au 01 30 52 52 99).

GAMBAIS — B2

Château de Neuville
78950 Gambais
Tél. : 01 34 87 02 70
www.chateauneuville.com
Propriété privée
Inscrit et classé

Communément attribuée vers 1560 à Joachim de Bellengreville, grand prévôt de l'hôtel du Roi, la construction du château de Neuville pourrait être antérieure à cette date. En effet, l'emblème d'Henri II, mort en 1559, orne l'entrée de la chapelle. Initialement composée de cinq corps de logis cantonnés de pavillons d'angle autour de fossés, l'harmonieuse demeure en brique et pierre est remaniée entre 1749 et 1756. L'aile d'entrée est alors détruite et celle de gauche est repoussée afin de créer une nouvelle symétrie sur la cour d'honneur. Le château, aujourd'hui restauré, est entouré d'un vaste parc naturel de 100 ha agrémenté d'un étang.
Juil.-août : t.l.j. sf mar. et mer. 11h-19h. Journées du patrimoine.
Visite libre. Visite sur r.-v. pour les groupes toute l'année.

C2 DÉTAIL

JOUY-EN-JOSAS

Maison le Clos-des-Metz de Léon Blum

4, rue Léon-Blum
78350 Jouy-en-Josas
Tél. : 01 39 20 11 03
www.jouy-en-josas.fr
Propriété de la commune
Inscrit

Léon Blum a vécu de 1945 à sa mort, en 1950, dans cette maison villageoise du XVIIe s. acquise en 1937 par celle qui deviendra sa seconde épouse. La maison possède un grand pignon sur rue, reçoit une large toiture à lucarnes et comprend aussi une vaste grange aménagée en bureau. L'intérieur, conservé dans son état d'origine, abrite désormais un musée, véritable sanctuaire dédié à la vie et à l'œuvre de Léon Blum : chef du parti socialiste SFIO, premier président du gouvernement du Front populaire en 1936, mais aussi critique littéraire et écrivain, fondateur du journal *Le Populaire*.

Mai-juin, sept.-oct. : dim. 14h-17h. Fermé j. fériés.
Visite sur r.-v. pour les groupes toute l'année.

C2 DÉTAIL

LOUVECIENNES

Château

Musée-Promenade Marly-le-Roi/Louveciennes
La Grille Royale – Parc de Marly
78430 Louveciennes
Tél. : 01 39 69 06 26
www.musee-promenade.fr
Propriété de l'État, propriété d'un syndicat intercommunal
Classé

En 1679, Louis XIV décide de construire dans le vallon de Marly, un château destiné à être un ermitage de chasse dans lequel il peut également se retirer loin des tumultes de la Cour versaillaise. Marly est un « château jardin ». Son originalité réside dans son architecture éclatée en deux rangées de six pavillons, conduisant au pavillon royal – tous ont disparu après la Révolution. Le lieu ressemble à un décor de théâtre par les architectures de verdure qui dissimulent les bâtiments colorés à fresque et les bassins et statues qui animent le parc. Le palais des eaux est né et ce, grâce à la merveilleuse machine de Marly, objet de toutes les attentions qui approvisionne en eau les deux résidences du Roi Soleil : Marly et Versailles. Aujourd'hui, le musée permet d'imaginer ce qu'était cet étonnant ensemble.

T.l.j. sf lun. et mar. 14h-17h30. Fermé j. fériés.
Visite sur r.-v. pour les groupes. Parc ouvert de 8h à 17h30.

B2

MAGNY-LES-HAMEAUX

Abbaye de Port-Royal-des-Champs

78114 Magny-les-Hameaux
Tél. : 01 30 43 74 93/01 39 30 72 72
www.port-royal-des-champs.eu
Propriété privée
Classé

En 1204, dans la vallée marécageuse du Rhodon, Mathilde de Garlande fonde une abbaye de femmes relevant de Cîteaux. La construction de l'église est attribuée à Robert de Luzarches, architecte de la cathédrale d'Amiens. À partir de 1602, l'abbesse Jacqueline Arnauld scelle le destin spirituel et politique de l'abbaye qui épouse le jansénisme en 1633, mouvement opposé à l'absolutisme et à la politique de Richelieu. Le pape condamne l'abbaye en 1708, puis Louis XIV ordonne en 1711 sa destruction complète après la dispersion des religieuses. Ses ruines témoignent toujours de ce haut lieu de l'histoire spirituelle française.

W.-e. 11h-12h, 14h-17h. Fermé vac. de Noël.
Visite sur r.-v. pour les groupes en semaine.

Ferme des Granges de Port-Royal

Musée de Port-Royal-des-Champs
78114 Magny-les-Hameaux
Tél. : 01 39 30 72 72
www.port-royal-des-champs.eu
Propriété de l'État
Inscrit et classé

La rigueur spirituelle prônée à Port-Royal-des-Champs suscite de nombreuses vocations. Délaissant la vie mondaine, les solitaires s'installent, dès 1637, dans les anciennes dépendances agricoles de l'abbaye et mènent une existence vouée au travail manuel et intellectuel. Ils créent, dans les bâtiments construits en 1652, une école fondée sur de nouvelles méthodes pédagogiques. Condamnée par le pouvoir royal et l'Église, elle est fermée en 1660. L'édifice est agrandi d'une aile construite par l'architecte Ruprich-Robert à la fin du XIXe s. Il abrite désormais un musée national consacré à l'histoire du lieu et du jansénisme.

Avr.-oct. : t.l.j. sf mar. 10h30-12h30, 14h-18h, w.-e. 10h30-18h30 ;
nov.-mars : t.l.j. sf mar. 10h-12h, 14h-17h30, w.-e. 10h30-18h.
Fermé vac. de Noël. Visite sur r.-v. pour les groupes. ♿ en partie.

MAISONS-LAFFITTE C1 DÉTAIL

Château de Maisons

2, avenue Carnot
78600 Maisons-Laffitte
Tél. : 01 39 62 01 49
http://maisons.monuments-nationaux.fr
Propriété de l'État
Classé

CENTRE DES MONUMENTS NATIONAUX

Le château de Maisons, construit à partir de 1642 par François Mansart pour René de Longueil, offre une architecture remarquable par ses proportions et le jeu des volumes. Élevée sur une plate-forme entourée de douves et point d'orgue d'un savant jeu de terrasses, la demeure se compose d'un corps de logis flanqué de deux pavillons. Elle conserve un riche décor intérieur d'origine (vestibule, grand escalier, chambre du roi), ainsi qu'un ensemble néoclassique aménagé au rez-de-chaussée en 1779 pour le comte d'Artois par François-Joseph Bélanger. Entre 1804 et 1809, le maréchal Lannes transforme dans le style Empire l'ancien appartement dit « de la Reine ». Le château abrite aussi des salles consacrées au patrimoine hippique. Depuis 2008, une extension du circuit de visite a été faite. On peut désormais accéder au sous-sol, à la chambre des bains datée du XVIIe s. et au cabinet de Jean-René de Longueil du début du XVIIIe s. et au premier étage à la chambre de Jacques Laffitte.

Mi-sept. à mi-mai : 10h-12h30, 14h-17h; mi-mai à mi-sept. : 10h-12h30, 14h-18h. Fermé 1er janv., 1er mai, 1er et 11 nov., 25 déc. Visite libre. Visite sur r.-v. pour les groupes. (visite signée).

MANTES-LA-JOLIE B1

Hôtel-Dieu

Musée de l'Hôtel-Dieu
1, rue Thiers
78200 Mantes-la-Jolie
Tél. : 01 34 78 86 60
www.manteslajolie.fr
Propriété de la commune
Inscrit et classé

Le musée de l'Hôtel-Dieu, inauguré en 1996 est situé à proximité de la collégiale Notre-Dame, magnifique exemple de l'architecture gothique en Île-de-France. Les collections permanentes forment deux ensembles : peintures et œuvres sur papier de Maximilien Luce (1858-1941), et œuvres médiévales témoignant de l'art de cette époque dans la région. Deux ou trois expositions temporaires sont présentées chaque année dont le choix s'articule autour de trois axes : arts et culture du monde, patrimoine régional et art contemporain.

T.l.j. sf mar. 12h-18h, w.-e. 12h-19h.
Visite libre. Visite sur r.-v. pour les groupes.

MAULE B2

Prieuré bénédictin Notre-Dame

Musée Victor-Aubert
24, rue Quincampoix
78580 Maule
Tél. : 01 30 90 61 49
http://museeaubertmaule.free.fr
Propriété de la commune
Inscrit

Au sud de l'église Saint-Nicolas, le prieuré bénédictin est fondé en 1076 grâce à une donation de Pierre de Maule aux moines de l'abbaye normande de Saint-Evroult. Le XVIe s. entame le déclin du prieuré qui conduit, un siècle plus tard, à son rattachement à l'oratoire Saint-Honoré de Paris. Parvenu à l'état de vestige, l'ensemble conserve un corps de bâtiment couvert d'une charpente à chevrons portant fermes, utilisé autrefois comme réfectoire. Il abrite désormais les collections du musée Victor-Aubert consacrées à l'archéologie et aux arts et traditions populaires.

Mer., premier sam. et dim. de chaque mois : 15h-18h et sur r.-v. en partie.

B1 **MÉDAN**

Maison d'Émile Zola

26, rue Pasteur
78670 Médan
Tél. : 01 39 75 35 65
www.maisonzola-museedreyfus.com
Propriété d'un établissement public
Inscrit

En 1878, l'écrivain Émile Zola acquiert une maison du XIXe s. en bord de Seine. Aussitôt, il entreprend son agrandissement par l'adjonction d'une tour carrée abritant notamment un cabinet de travail ouvert par une imposante baie. En 1885, il fait construire, de l'autre côté de la maison, une tour à pans coupés qui renferme un salon-billard. Un pavillon pour les invités, une ferme, une serre viennent progressivement enrichir la propriété. Transformée en musée depuis 1985, la demeure continue d'évoquer, à travers le mobilier conservé et divers documents, l'œuvre et la vie de l'auteur de *Nana, Germinal* et *La Bête humaine*, de même que l'affaire Dreyfus dans laquelle il joue un rôle essentiel.

Sam. et j. fériés : 15h, 16h30 ; dim. : 14h30, 15h30, 16h30, 17h (15 nov.-fév. : 15h, 16h30). Fermé 1er janv., 25 déc.
Visite guidée. Visite sur r.-v. pour les groupes en semaine.

B2 **MONTFORT-L'AMAURY**

Maison de Maurice Ravel

5, rue Maurice-Ravel
78490 Montfort-l'Amaury
Tél. : 01 34 86 00 89/01 34 86 87 96
www.ville-montfort-l-amaury.fr
Propriété d'un établissement public
Inscrit

En 1921, le compositeur Maurice Ravel acquiert cette demeure construite en 1907 par l'architecte parisien Morel et surnommée « Le Belvédère ». Il y réside jusqu'à sa mort survenue en 1937 et imagine son aménagement intérieur, désireux d'adapter le logis à sa petite taille. Les pièces sont cloisonnées, remplies de bibelots et un jardin japonais vient agrémenter l'ensemble. La villa, qui conserve le mobilier et les objets chers à Maurice Ravel, abrite aujourd'hui un musée consacré à son œuvre, en parfaite harmonie avec l'esprit des lieux.

Visite guidée sur r.-v. uniquement (7 pers. max.) : mer.-ven. 14h30, 15h30, 16h30; w.-e. 10h, 11h, 14h30, 15h30, 16h30.

B1 **POISSY**

Abbaye

Musée du Jouet
1, enclos de l'Abbaye
78300 Poissy
Tél. : 01 39 65 06 06
www.ville-poissy.fr
Propriété de la commune
Inscrit

En l'honneur de la canonisation de Louis IX en 1297, son petit-fils Philippe IV le Bel commande la construction d'un monastère de dominicaines fondé en 1304. Il accueille, en 1561, le colloque de Poissy où catholiques et protestants tentèrent en vain de trouver un terrain d'entente. Suite à la Révolution, l'abbaye est entièrement détruite à l'exception de l'entrée fortifiée. Édifiée vers 1330, cette dernière comprend un corps central flanqué de deux tours à toit conique et percé d'un porche voûté permettant le passage des voitures. Depuis 1976, elle abrite les collections du musée du Jouet.

T.l.j. sf lun. 9h30-12h, 14h-17h30. Fermé j. fériés.
Visite libre. Visite guidée pour les groupes.

Pavillon de l'Octroi

132, rue du Général-de-Gaulle
78300 Poissy
Tél. : 01 30 74 60 65
www.ville-poissy.fr
Propriété de la commune
Inscrit

Le pavillon de l'Octroi est construit à la porte de Paris entre 1821 et 1832 par l'architecte Goy. Il servait autrefois à la perception des droits sur les animaux vendus au marché de Poissy. Traité dans le style néoclassique, l'édifice de plan octogonal est orné d'un bas-relief réalisé par le sculpteur Caudron. Ce dernier représente une allégorie des richesses apportées par le marché aux bestiaux : Mercure, le dieu du commerce, couronne deux têtes de bœuf qui desservent par leur cou en forme de corne d'abondance des fruits et des pièces de monnaie. Depuis 1982, l'ancien pavillon de l'Octroi abrite l'office du tourisme.

T.l.j. sf dim. et j. fériés 8h30-12h30, 14h-17h30.

Villa Savoye

82, rue de Villiers
78300 Poissy
Tél. : 01 39 65 01 06
http://villa-savoye.monuments-nationaux.fr
Propriété de l'État
Classé

La villa est édifiée de 1928 à 1931 par les architectes Le Corbusier et Pierre Jeanneret, son cousin, pour Pierre Savoye et son épouse. Elle illustre les cinq points de l'architecture nouvelle énoncés dès 1927 par Le Corbusier : construction sur pilotis, toit-terrasse, plan libre, fenêtres en bandeau et façades libres. « Posée au milieu de l'herbe », cette maison de week-end familiale se présente comme un volume lisse et blanc. Une mobilisation internationale en 1958 sauve ce manifeste du Mouvement moderne menacé de démolition. Restaurée, la villa Savoye est désormais ouverte à la visite.

Mars-avr., sept.-oct. : t.l.j. sf lun. 10h-17h ;
mai-août : t.l.j. sf lun. 10h-18h ; nov.-fév. : t.l.j. sf lun. 10h-13h, 14h-17h.
Fermé 1er mai, 1er et 11 nov., 25 déc.-1er janv. Visite libre.
Visite sur r.-v. pour les groupes. avec aide. (visite signée).

PORT-MARLY (LE) — C2 DÉTAIL

Château de Monte-Cristo

Avenue de l'Europe
78560 Le Port-Marly
Tél. : 01 39 16 49 49
www.chateau-monte-cristo.com
Propriété d'un établissement public
Classé

En 1844, Alexandre Dumas confie la construction de sa demeure à l'architecte Hippolyte Durand. L'édifice, cantonné de deux tourelles, possède un étonnant décor néo-Renaissance. Sculptures de visages d'enfants, de vases, d'oiseaux et d'arabesques encadrent des médaillons figurant les écrivains chers à Alexandre Dumas, son visage sculpté par Choiselat trônant au-dessus de la porte d'entrée avec la devise : *j'aime qui m'aime*. L'intérieur renferme une salle mauresque aux couleurs chatoyantes. Dans le parc à l'anglaise, parmi les grottes, cascades et rocailles, se dresse sur une île un castel néogothique surnommé « le château d'If » où Alexandre Dumas aimait à écrire. Le domaine abrite aujourd'hui un musée consacré à son œuvre et à sa vie.

Avr.-oct. : t.l.j. sf lun. 10h-12h30, 14h-18h, w.-e. et j. fériés 10h-18h ;
nov.-mars : dim. 14h-17h. Fermé vac. de Noël.
Visite libre. Visite guidée. Visite sur r.-v. pour les groupes au 01 30 61 61 35.

RAMBOUILLET — B2

Château

Domaine national de Rambouillet
78120 Rambouillet
Tél. : 01 34 83 00 25/01 34 83 29 09
http://chateau-rambouillet.monuments-nationaux.fr
Propriété de l'État
Classé

Manoir fortifié du XIVe s., le château de Rambouillet est progressivement façonné par ses propriétaires successifs pour devenir une luxueuse résidence d'agrément. Les aménagements intérieurs témoignent de cette longue histoire : la salle des marbres aménagée en 1556 sous Jacques Ier d'Angennes, les appartements d'assemblée créés sous le comte de Toulouse au XVIIIe s. et ornés de somptueuses boiseries rococo, la chambre de Napoléon Ier et son cabinet de bains décoré dans le style pompéien. Agrémenté d'un parc à la française, le château de Rambouillet est aujourd'hui une résidence officielle, accueillant les séjours présidentiels et des hôtes de marque.

T.l.j. sf mar. 10h-11h30, 14h-16h30 (avr.-sept. : fermeture à 17h30).
Fermé 1er janv., 1er mai, 1er et 11 nov., 25 déc. et durant les séjours présidentiels.
Visite guidée. Visite sur r.-v. pour les groupes.

Bergerie nationale

Domaine national de Rambouillet
78120 Rambouillet
Tél. : 01 61 08 68 00
www.bergerie-nationale.educagri.fr
Propriété de l'État
Inscrit et classé

En 1783, Louis XVI acquiert le domaine de Rambouillet et y fonde une ferme destinée à l'expérimentation agronomique et à l'élevage de nouvelles races animalières. En 1786, il achète au roi d'Espagne Charles III un troupeau de moutons mérinos qui donneront naissance aux « mérinos de Rambouillet ». La même année, la grande ferme est édifiée par l'architecte Jacques-Jean Thévenin de part et d'autre d'un monumental pigeonnier circulaire. Napoléon Ier y crée les premières bergeries impériales construites en 1805, puis agrandies de nouveaux bâtiments sous le Second Empire et au XXe s. À la suite de l'école des bergers ouverte en 1794, l'École nationale d'élevage ovin est créée en 1939.

Mer., w.-e., j. fériés et pendant vac. scol. (zone C) 14h-17h30.
Visite libre. Visite sur r.-v. pour les groupes au 01 61 08 68 70.

Laiterie

Domaine national de Rambouillet
78120 Rambouillet
Tél. : 01 34 83 00 25/01 34 83 29 09
http://chateau-rambouillet.monuments-nationaux.fr
Propriété de l'État
Classé

Centre des monuments nationaux

Pour agrémenter les séjours de Marie-Antoinette à Rambouillet, Louis XVI confie à Jacques-Jean Thévenin le soin d'édifier en 1785 une laiterie de dégustation. Précédée de deux pavillons ronds, elle présente un style néoclassique avec péristyle dorique et abrite deux pièces en enfilade. La première, de plan circulaire et surmontée d'une coupole, est entièrement revêtue de marbre blanc et ornée de médaillons, œuvre du sculpteur Pierre Julien. Tout comme le bas-relief et la grotte artificielle avec fontaine où trône le groupe sculpté *Amalthée, la nymphe à la chèvre*, présents dans la seconde salle.

T.l.j. sf mar. 10h-11h30, 14h-16h30 (avr.-sept. : fermeture à 17h30).
Fermé 1er janv., 1er mai, 1er et 11 nov., 25 déc. et durant les séjours présidentiels.
Visite guidée. Visite sur r.-v. pour les groupes.

Chaumière des Coquillages

Domaine national de Rambouillet
78120 Rambouillet
Tél. : 01 34 83 00 25/01 34 83 29 09
http://chateau-rambouillet.monuments-nationaux.fr
Propriété de l'État
Classé

Centre des monuments nationaux

Au cœur d'un jardin à l'anglaise, la Chaumière des Coquillages est édifiée en 1779 par l'architecte Goupy et l'entrepreneur Paindebled pour le duc de Penthièvre à l'intention de sa belle-fille, la princesse de Lamballe. D'apparence extérieure rustique, elle surprend par le raffinement de son décor intérieur qui se couvre, des murs au plafond, de coquillages, de marbres et de nacres irisées. La pièce attenante abrite un ensemble de boiseries peintes dans le style pompéien et un plafond figurant des oiseaux en vol autour d'une couronne de laurier.

T.l.j. sf mar. 10h-11h30, 14h-16h30 (avr.-sept. : fermeture à 17h30).
Fermé 1er janv., 1er mai, 1er et 11 nov., 25 déc. et durant les séjours présidentiels.
Visite guidée. Visite sur r.-v. pour les groupes.

Palais du roi de Rome

Place du Roi-de-Rome
78120 Rambouillet
Tél. : 01 34 83 10 31
www.ot-rambouillet.fr
Propriété de la commune
Classé

Le Palais du roi de Rome est désigné ainsi, parce que l'Empereur avait décidé de l'affecter – après travaux de l'architecte Auguste Famin – à son fils né en 1811. Malheureusement, celui-ci ne put y séjourner. Le bâtiment actuel comporte les deux ailes initialement construites de 1783 à 1787 par Thévenin pour le comte d'Angiviller, gouverneur de Rambouillet, mais le pavillon central a été rasé sous Louis-Philippe. Ce monument imposant témoigne de l'architecture néoclassique, malgré quelques traits italianisants dus à Famin. Il abrite les expositions de la ville et le musée du Jeu de l'oie. Un jardin contigu, dit « du roi de Rome », agrémente l'architecture.

PALAIS T.l.j. 14h-18h.
JARDIN T.l.j. 14h-19h.
Visite libre. Visite sur r.-v. pour les groupes.

SAINT-FORGET B2

Château de Mauvières

78720 Saint-Forget
Tél. : 01 30 52 54 76
www.mauvieres.com
Propriété privée
Inscrit

Au XVIIIe s., le château actuel est construit autour d'un ancien château médiéval flanqué de tours. Il comprend un corps de logis central et deux ailes en retour dont l'une aboutit à la chapelle surmontée d'un clocheton. L'avant-corps central arbore un fronton orné ainsi que des dessus de fenêtres décorés de coquilles sculptées de visages féminins. Dans le parc boisé, les bâtiments agricoles abritent un pigeonnier couvert d'un clocheton à bulbe et d'une girouette.

Visite sur r.-v. pour les groupes : t.l.j. sf sam. 10h-12h, 14h-17h. ♿ en partie.

SAINT-GERMAIN-EN-LAYE C2 DÉTAIL

Domaine national

Musée d'Archéologie nationale
78100 Saint-Germain-en-Laye
Tél. : 01 39 10 13 00
www.musee-antiquitesnationales.fr
Propriété de l'État
Classé

Résidence royale de Louis VI à Louis XIV, le château de Saint-Germain-en-Laye est un témoin précieux de la présence royale en Île-de-France. Depuis la première mention d'un *palatum* en 1124, il n'a cessé d'évoluer. En 1539, François Ier entreprend sa reconstruction en conservant les fondations médiévales de plan pentagonal. La modernité s'exprime alors dans les élévations d'inspiration italienne. Jules Hardouin-Mansart greffe en 1680 cinq pavillons aux angles de l'édifice. Abandonné au XVIIIe s., utilisé comme pénitencier au XIXe s., il abrite depuis 1862 le musée des Antiquités nationales. Les travaux de restauration et d'aménagement sont confiés à Eugène Millet qui rétablit le château dans un état XVIe s.

T.l.j. sf mar. 10h-17h15. Fermé 1er janv., 1er mai, 25 déc.
Visite sur r.-v. pour les groupes. ♿

Maison de Claude Debussy

38, rue au Pain
78100 Saint-Germain-en-Laye
Tél. : 01 34 51 05 12
www.ot-saintgermainenlaye.fr
Propriété privée
Inscrit

Maison urbaine du XVIIe s. comprenant une façade sur rue étroite de deux travées et deux corps de logis séparés par une cour. Elle renferme un remarquable escalier extérieur à galerie qui se déploie, rampe sur rampe, entre les deux bâtiments. La demeure est aussi la maison natale de Claude Debussy dont les parents tenaient un commerce de faïencerie. Elle abrite désormais l'office du tourisme et un musée qui évoque la vie, l'œuvre et la mémoire du célèbre compositeur à travers des objets personnels, divers documents et partitions.

Mars-oct. : t.l.j. sf lun. et dim. 14h30-17h45, sam. 10h-12h30, 14h30-17h45 ; nov.-fév. : t.l.j. sf lun. et dim. 14h-17h, sam. 10h-12h30, 14h-17h.
Fermé j. fériés. Visite libre. Visite sur r.-v. pour les groupes.

Maison de Maurice Denis, dite « Le Prieuré »

2 *bis*, rue Maurice-Denis
78100 Saint-Germain-en-Laye
Tél. : 01 39 73 77 87
www.musee-mauricedenis.fr
Propriété du département
Classé

Dans l'observance de l'édit de 1662 prescrivant l'enfermement des indigents, Mme de Montespan fonde un hôpital pour vieillards, construit à partir de 1686. La Révolution le rebaptise « hospice national » avant d'ordonner sa fermeture en 1802 puis sa réutilisation en tannerie. De 1875 jusqu'à sa saisie en 1905, les jésuites y installent une maison de retraite. Le peintre Maurice Denis acquiert finalement le domaine en 1914 et réalise un décor pour l'austère chapelle. Après la mort de l'artiste en 1943, sa famille en fait don au département qui y installe un musée consacré au mouvement symboliste et aux nabis.

T.l.j. sf lun. 10h-17h30, w.-e. et j. fériés 10h-18h30.
Fermé 1er janv., 1er mai, 25 déc. ♿ r.-d.-c.

C2 Détail

SAINT-RÉMY-LÈS-CHEVREUSE

Château de Coubertin

78470 Saint-Rémy-lès-Chevreuse
Tél. : 01 30 85 69 89
www.coubertin.fr
Propriété privée
Inscrit

En 1577, la famille Frédy, anoblie sous Louis XI, acquiert le fief de Coubertin et la ferme de la Verrerie dont elle conserve la propriété pendant quatre cents ans. En 1973, Yvonne de Coubertin lègue le domaine à la fondation créée par Jean Bernard pour le développement du compagnonnage rural. L'élégante demeure de brique et pierre édifiée au XVIIe s. abrite désormais une collection de dessins et sculptures de Joseph Bernard. Le parc accueille les ateliers Saint-Jacques (menuiserie, ferronnerie d'art et taille de pierre), une fonderie, un parc à l'anglaise du XIXe s. et le jardin des Bronzes aménagé en 1979 par l'architecte Robert Auzelle.

Mi-mars à mi-juil., fin sept. à mi-nov. : visite uniquement sur r.-v. pour les groupes.

B2

THOIRY

Château

78770 Thoiry
Tél. : 01 34 87 49 26
www.thoiry.net
Propriété privée
Inscrit

Sur les terres de Thoiry, le maître maçon Olivier Ymbert édifie de 1560 à 1564 le château pour Raoul Moreau, trésorier de l'Épargne. La demeure initiale, simple corps de logis en brique et moellon enduit, connaît plusieurs remaniements. Vers 1580, une cour encadrée de deux pavillons et une avant-cour aboutissant à la route de Neauphle sont aménagées. Au milieu du XVIIIe s., deux pavillons carrés sont adjoints de part et d'autre du logis et un avant-corps vient se plaquer contre la façade sur jardin. Le XIXe s. suscite principalement des modifications relatives à la décoration intérieure. Le domaine est aujourd'hui transformé en parc animalier.

CHÂTEAU T.l.j. 10h-12h45, 13h30-18h (juil.-août : 19h15). Fermé du 11 nov. à fév.
PARC T.l.j. 10h-17h (juil.-août : 18h). Fermé 1er janv., 25 déc.
Visite libre. Visite guidée. Visite sur r.-v. pour les groupes.

C2 Détail

VERSAILLES

Château

Domaine national de Versailles
78000 Versailles
Tél. : 01 30 84 78 00
www.chateauversailles.fr
Propriété de l'État
Classé

Le pavillon de chasse de Louis XIII, édifié en 1624, est métamorphosé à l'instigation de Louis XIV qui y installe le siège de la cour et du gouvernement de France (1682). Les travaux d'agrandissement sont confiés à l'architecte Louis Le Vau de 1661 à 1670, puis à Jules Hardouin-Mansart de 1678 à 1690. Charles Le Brun imagine les somptueux aménagements intérieurs, en partie remaniés au cours des siècles suivants dans le goût rocaille puis néoclassique. Les jardins à la française, œuvre d'André Le Nôtre, mêlent grande perspective, terrasses, allées ombragées, bosquets, miroirs d'eau, sculptures et pavillons. En 1843, Louis-Philippe transforme le château de Versailles, expression par excellence de la monarchie absolue, en un musée « à toutes les gloires de la France », symbole de la réconciliation des Français à travers l'histoire nationale.

T.l.j. sf lun. 9h-18h30 (oct.-avr. : 17h30). Fermé 1er janv., 1er mai, 1er nov., 25 déc.
Visite libre. Visite audioguidée. ♿ en partie.

Grand Trianon

Domaine national de Versailles
78000 Versailles
Tél. : 01 30 83 78 00
www.chateauversailles.fr
Propriété de l'État
Classé

En 1668, Louis XIV acquiert le village de Trianon et l'intègre au parc de Versailles. Deux ans plus tard, Louis Le Vau y édifie une demeure pour le repos royal, reconstruite en 1687 par Jules Hardouin-Mansart et Robert de Cotte. La réutilisation des fondations explique la dissymétrie du plan, compensée par la continuité rythmique des élévations qui jouent sur la répétition des portes-fenêtres encadrées de pilastres. Le Grand Trianon ne comporte qu'un rez-de-chaussée articulé autour d'un péristyle central et couvert d'un toit plat. Louis XV, Napoléon Ier et surtout Louis-Philippe procéderont successivement au réaménagement intérieur de ce palais de marbre.

T.l.j. 12h-19h (nov.-mars : 17h30). Fermé 1er janv., 1er mai, 1er nov., 25 déc. Visite libre. Visite audioguidée.

Petit Trianon

Domaine national de Versailles
78000 Versailles
Tél. : 01 30 83 78 00
www.chateauversailles.fr
Propriété de l'État
Classé

Chef-d'œuvre de l'architecture néoclassique, le Petit Trianon est édifié de 1761 à 1768 par Ange-Jacques Gabriel pour Louis XV et Mme de Pompadour. De plan carré et d'une grande pureté, le pavillon présente quatre façades différentes dont l'une est précédée d'un péristyle de quatre colonnes d'ordre corinthien. L'ensemble des sculptures et des boiseries est réalisé par Honoré Guibert sur le thème de la nature. En 1774, Louis XVI l'offre à Marie-Antoinette qui fait transformer le parc en jardin à l'anglaise par l'architecte Richard Mique (temple de l'Amour, pavillon du Belvédère).

T.l.j. 12h-19h (nov.-mars : 17h30). Fermé 1er janv., 1er mai, 1er nov., 25 déc. Visite libre. Visite audioguidée.

Grande Écurie

Musée du Carrosse
Domaine de Versailles
78000 Versailles
Tél. : 01 30 83 77 88
www.chateauversailles.fr
Propriété de l'État
Classé

Les Écuries du roi sont construites par Jules Hardouin-Mansart de 1679 à 1683 sur deux parcelles comprises entre les trois avenues qui rayonnent à partir du château royal. Bâtis sur le même modèle, les deux édifices s'organisent autour d'une cour en fer à cheval et d'un pavillon central couronné d'un fronton sculpté de trois chevaux jaillissants, œuvres de Raon, Granier et Le Conte. Destinée à l'ensemble des chevaux de selle, la Grande Écurie abrite alors, outre les boxes, deux manèges et une chapelle. Le bâtiment abrite le musée du Carrosse.

Avr.-oct. : w.-e. et j. fériés 14h-17h30 (mai-sept. : 18h30). Fermé 1er janv., 1er mai, 1er nov., 25 déc. Visite libre. Visite audioguidée.

Potager du roi

Domaine national de Versailles
École nationale supérieure du paysage
10, rue du Maréchal-Joffre
78000 Versailles
Tél. : 01 39 24 62 62
www.potager-du-roi.fr
Propriété de l'État
Classé

Sur un terrain marécageux, Jean-Baptiste de La Quintinie est chargé par Louis XIV d'aménager un potager destiné à alimenter la table du roi en fruits et légumes. Il s'articule autour d'un grand carré central découpé en seize parties et ceint de vingt-neuf jardins clos. Jules Hardouin-Mansart participe à l'ordonnancement de l'espace et édifie un pavillon pour La Quintinie et un autre pour abriter les figuiers. À partir de 1874, le potager accueille l'École nationale d'horticulture. Aujourd'hui, c'est l'École nationale supérieure du paysage qui gère le lieu. Le potager est toujours en activité : environ 40 t de fruits et 25 t de légumes sont produits et vendus à la boutique.

Janv.-26 mars : mar. et jeu. 10h-13h ; 27 mars-déc. : t.l.j. sf lun. 10h-18h.
Visite libre. Visite guidée le w.-e. à partir du 27 mars.
Visite sur r.-v. pour les groupes toute l'année (30 pers. max.).

Hôtel Lambinet

Musée Lambinet
54, boulevard de la Reine
78000 Versailles
Tél. : 01 39 50 30 32
www.musee-lambinet.fr
Propriété de la commune
Inscrit et classé

Le musée de la ville de Versailles, dont les collections répondent à une double orientation, évoquer l'histoire de la ville et d'une riche demeure du XVIIIe s., a été récemment restauré et agrandi. Installé en partie, dans un bel hôtel du XVIIIe s., ce musée comporte 35 salles où sont présentées des œuvres de cette époque (bustes de Houdon, Louis XVI par Pajou, peintures, meubles estampillés, rares plaques de cuivre pour l'impression des toiles de Jouy). Cinq salles présentent des collections révolutionnaires en particuliers sur Marat et Charlotte Corday. De nombreux documents évoquent l'histoire de Versailles. Une salle est consacrée à la manufacture d'armes de Nicolas Boutet. Des artistes des XIXe et XXe s. : Boilly, Corot, Le Sidaner, ainsi qu'une riche collection, récemment acquise, de peintres postimpressionnistes, complète cet ensemble (Maillol, Luce, Loiseau, Signac).

Mar., jeu. et w.-e. 14h-18h, mer. 13h-18h, ven. 14h-17h.
Fermé j. fériés et du 1er au 15 août.
Visite libre. Visite audioguidée. Visite sur r.-v. pour les groupes. ♿

Salle du Jeu de paume

1, rue du Jeu-de-Paume
78000 Versailles
Tél. : 01 30 83 77 88
Propriété de l'État
Classé

En 1686, Nicolas Croté, paumier ordinaire du roi, fait édifier un hangar en bois pour pratiquer la paume, jeu très en vogue au XVIIe s. Le 20 juin 1789, chassés de l'hôtel des Menus-Plaisirs fermé sur ordre du roi, les députés du tiers état y trouvent refuge et prêtent le célèbre serment de ne pas se séparer avant d'avoir donné une constitution écrite à la France. Conservée comme symbole de la Révolution, la salle devient bien national en 1793. Elle sert un temps d'atelier aux peintres Gros et Horace Vernet avant d'accueillir depuis 1883 le musée de la Révolution.

Avr.-oct. : w.-e. 12h30-18h30. Visite sur r.-v. pour les groupes.

A
B
Clichy
1
2
3
4
N
0
1 km
Levallois-Perret
Porte de Saint-Ouen
Porte de Clichy
Porte d'Asnières
Avenue de Clichy
Boulevard Berthier
17e
École normale de musique de Paris Alfred-Cortot
Porte de Champeret
Rue de Courcelles
Avenue de Villiers
Boulevard
Porte des Ternes
Boulevard Péreire
Hôtel Nissim de Camondo
Malsherbes
Rue de Rome
Av. des Ternes
Porte Maillot
8e
Maison Opéra
Hôtel Salomon de Rothschild
Hôtel Jacquemart-André
Arc de triomphe
Porte Dauphine
Hôtel Potocki
Chapelle expiatoire
Musée de la Contrefaçon
Av. Victor-Hugo
Av. des Champs-Élysées
Trianon de Bagatelle
Jeu de paume
Allée de Longchamp
16e
Grand Palais
Musée Guimet
Bois de Boulogne
Palais d'Iéna
Jardin des Tuileries
Porte de la Muette
Palais de Chaillot
Quai d'Orsay
Hôtel de Salm
7e
Hôtel Kinski
Appartement de Clemenceau
Hôtel de Béhague
Gare d'Orsay
Porte de Passy
Tour Eiffel
Hôtel Chanac de Pompadour
Maison de Balzac
Hôtel de Biron
Rue de Varenne
Hôtel national des Invalides
Av. du Président-Kennedy
Boulevard de Grenelle
Avenue de Saint-Cloud
Maison La Roche
Av. Mozart
Hôtel de Bourbon-Condé
Porte d'Auteuil
Hôtel du Petit-Montmorency
Quai André-Citroën
Rue de Lourmel
Boulevard Pasteur
Seine
15e
Rue Lecourbe
Rue de Vaugirard
Cimetière du Montparnasse
Boulogne-Billancourt
Porte de Saint-Cloud
Institut Pasteur
Rue de la Convention
Porte de Sèvres
Porte d'Issy
Av. du Maine
Porte de Versailles
La Ruche
Rue Didot
Issy-les-Moulineaux
Porte de la Plaine
Rue d'Alésia
Porte Brancion
Porte de Vanves
14e
Porte de Châtillon
Porte d'Orléans
Montrouge
Palais Royal
Comédie-Française
Bourse du commerce
3e
1er
Hôtel de Rohan
Hôtel de Saint-Aignan
Hôtel Libéral Bruand
Palais du Louvre
Rue de Rivoli
Hôtel Salé
Hôtel de Soubise
Palais de l'Institut de France
Hôtel de Marle
Maison d'Ourscamp
École nationale des Beaux-Arts
Hôtel Carnavalet
Hôtel de ville
Temple de l'Humanité et du Positivisme
4e
Hôtel des Monnaies
Palais de justice
Hôtel de Donon
Musée Eugène-Delacroix
Mémorial du martyr juif inconnu
Hôtel Hénault de Cantobre
6e
Cathédrale Notre-Dame
Bibliothèque polonaise de Paris
Couvent des Cordeliers
Hôtel de Lauzun
Maison d'Auguste Comte
5e
Hôtel de Miramion
Académie de chirurgie
Hôtel de Cluny et Thermes

PARIS
C
D
1
2
3
4
Saint-Ouen
Aubervilliers
Porte de Clignancourt
Porte de la Chapelle
Porte d'Aubervilliers
Porte de la Villette
Pantin
Porte de Pantin
Les Lilas
Porte des Lilas
Porte de Bagnolet
Bagnol
Porte de Montreuil
Porte de Vincennes
Porte de Saint-Mandé
Porte Dorée
Porte de Charenton
Porte de Bercy
Bois de Vincennes
Charenton-le-Pont
Ivry-sur-Seine
Porte d'Ivry
Porte de Choisy
Porte d'Italie
Porte de Gentilly
Gentilly
Parc Montsouris
Boulevard Jourdan
Rue de la Tombe-Issoire
18e
19e
20e
9e
10e
2e
1er
3e
4e
11e
6e
5e
12e
13e
Rue Ordener
Rue de la Chapelle
Rue d'Aubervilliers
Rue de Flandre
Boulevard Barbès
Boulevard de Rochechouart
Place Pigalle
Rue du Faubourg Saint-Denis
Rue Lafayette
Rue du Faubourg-Saint-Martin
Avenue Jean-Jaurès
Rue de Crimée
Parc des Buttes-Chaumont
Place du Colonel Fabien
Place des Fêtes
Grande Halle de la Villette
Musée de la Vie romantique
Musée Gustave-Moreau
Hôtel Bourrienne
Hôpital Saint-Louis
Opéra national de Paris-Garnier
Musée Grévin
Bd des Italiens
Cinéma Rex
Bourse de Paris
Hôtel de Mondragon
Prieuré royal de Saint-Martin-des-Champs
Rue de Ménilmontant
Bibliothèque nationale
Tour Jean-sans-Peur
Hôtel de Toulouse
Rue de Rivoli
Hôtel de Guénégaud des Brosses
Av. Parmentier
Boulevard de Ménilmontant
Cimetière du Père-Lachaise
Boulevard Davout
Conciergerie
Hôtel Le Peletier de Saint-Fargeau
Sainte-Chapelle
Hôtel de Rohan-Guéménée
Boulevard de Charonne
Rue des Pyrénées
Bd St-Germain
Bd St-Michel
Hôtel de Sens
Rue du Faubourg-Saint-Antoine
Arsenal
Palais du Luxembourg
Place de la Nation
Cours de Vincennes
Sorbonne
Av. Ledru-Rollin
Boulevard Diderot
Rue St-Jacques
Panthéon
Jardin des Plantes
Rue de Picpus
Hôtel de Vendôme
Muséum national d'histoire naturelle
Couvent des Carmes
Mosquée de Paris et Institut musulman
Boulevard de Bercy
Abbaye royale du Val-de-Grâce
Abbaye du Port-Royal
Palais de la Porte-Dorée
Hôtel de Massa
Hôpital de la Salpêtrière
Manufacture nationale des Gobelins
Boulevard de l'Hôpital
Chais et entrepôts de Bercy
Pavillon du Togo et du Cameroun
Rue de Tolbiac
Av. d'Italie
Av. de Choisy

1ER ARRONDISSEMENT

Bourse du commerce

2, rue de Viarmes
75001 Paris
Tél. : 01 44 54 19 30
visites-conferences@monuments-nationaux.fr
Propriété privée
Inscrit et classé

À l'emplacement de l'hôtel de Soissons édifié au XVIe s. pour Catherine de Médicis, l'architecte Nicolas Camus de Mézières élève en 1767 à la demande du prévôt des marchands une halle au blé. Le bâtiment annulaire se développe autour d'une cour circulaire, coiffée en 1782-1783 d'une coupole en charpente de bois de 39 m de diamètre, par Jacques-Guillaume Legrand et Jacques Molinos. L'architecte François-Joseph Bélanger substitue en 1809 une structure en fer à ce premier ouvrage incendié en 1803. Transformé en bourse du commerce dès 1885, l'édifice est adapté à sa nouvelle fonction par Henri Blondel. La verrière et les décors peints, restaurés en 1995 et 1998, ont aujourd'hui retrouvé leur éclat. De l'édifice d'origine subsiste un escalier à double révolution en pierre.
Visite guidée sur r.-v. t.l.j. sf le w.-e.
Visite-conférence organisée par le CMN (tél. : 01 44 54 19 30).

Hôtel de Toulouse

2, rue Radziwill
75001 Paris
Tél. : 01 44 54 19 30
visites-conferences@monuments-nationaux.fr
Inscrit

Entre 1635 et 1640, l'architecte François Mansart édifie cet hôtel particulier pour Louis Phelypeaux de La Vrillière. La demeure abrite une remarquable galerie à l'italienne qui occupe l'aile sur jardin. Décorée de stucs blanc et or par Gerard van Obstal, elle est couverte d'une voûte réalisée par le peintre François Perrier qui sera remplacée, lors de la restitution de la galerie dans les années 1875, par une copie des frères Raymond et Paul Balze et Alexandre Denuelle. En 1713, le comte de Toulouse acquiert la demeure et en confie la décoration à Robert de Cotte, architecte du roi. François-Antoine Vassé, dessinateur général de la Marine royale, conçoit alors le nouveau décor Régence de la galerie, décor richement rehaussé d'or qui a induit son appellation de « galerie dorée ». L'hôtel de Toulouse est désormais enchâssé dans les agrandissements successifs opérés par la Banque de France depuis son installation en 1808.
Visite-conférence organisée par le CMN (tél. : 01 44 54 19 30).

Conciergerie

2, boulevard du Palais
75001 Paris
Tél. : 01 53 40 60 80
http://conciergerie.monuments-nationaux.fr
Propriété de l'État
Classé

CENTRE DES MONUMENTS NATIONAUX

La Conciergerie constitue, avec la Sainte-Chapelle, le plus ancien témoignage du palais de la Cité, première résidence royale, et donc siège du pouvoir politique dans Paris. Le concierge, haut personnage du royaume, nommé par le roi, assure l'administration du palais. À ce titre, il y dispose de droits de justice. À la fin du XIVe s., le palais perd sa fonction de résidence royale. Le parlement de Paris y demeure et utilise la Conciergerie comme lieu de détention. Pendant la période de la Terreur, le tribunal révolutionnaire y incarcère les suspects, avant leur procès. En 1914, la Conciergerie, devenue monument historique, ouvre ses portes au public. Aujourd'hui, la visite du monument comporte une partie médiévale avec les prestigieuses salles d'architecture gothique palatiale datant du XIVe s. : salle des gardes, salle des gens d'armes et cuisines de Jean le Bon. Le quartier des prisons, reconstruit sous le règne de Louis XVI, évoque l'univers carcéral de la fin du XVIIIe s. et le rôle important de la Conciergerie pendant la Révolution, grâce à la reconstitution de cellules dont celle de la reine Marie-Antoinette.
Mars-oct. : t.l.j. 9h30-18h; nov.-fév. : t.l.j. 9h-17h.
Fermé 1er janv., 1er mai, 25 déc. Visite libre.
Visite guidée. Visite sur r.-v. pour les groupes. (visite signée).

Sainte-Chapelle

4, boulevard du Palais
75001 Paris
Tél. : 01 53 40 60 80
http://sainte-chapelle.monuments-nationaux.fr
Propriété de l'État
Classé

CENTRE DES MONUMENTS NATIONAUX

Au cœur du palais de la Cité, le roi Louis IX, Saint Louis, fait édifier de 1241 à 1248 la Sainte-Chapelle pour y abriter les reliques de la Passion du Christ, et réaffirmer son double pouvoir spirituel et temporel. Précieux exemple d'architecture gothique rayonnante, celle-ci se compose d'une chapelle basse, utilisée comme paroisse palatine, et d'une chapelle haute, ou reliquaire. L'architecture de l'édifice privilégie l'élancement des voûtes, particulièrement sensible dans la chapelle haute. La chapelle haute est ornée d'un ensemble exceptionnel de vitraux, réalisés par les maîtres verriers parisiens du XIIIe s. Endommagée sous la Révolution, la Sainte-Chapelle a fait l'objet au milieu du XIXe s., d'une restauration exemplaire, dirigée par Lassus, Duban et Boeswillwald.

Mars-oct. : t.l.j. 9h30-18h30; nov.-fév. : 9h-17h. Fermé 1er janv., 1er mai, 25 déc. Visite libre. Visite guidée t.l.j. à 11h et 15h. Visite sur r.-v. pour les groupes. Chapelle haute : visite sur r.-v. ♿ en partie. (visite signée).

Palais de justice

4, boulevard du Palais
75001 Paris
Tél. : 01 44 54 19 30
www.ca-paris.justice.fr
Propriété de l'État
Classé

Résidence royale des premiers Mérovingiens jusqu'à Charles V qui l'abandonne pour l'hôtel Saint-Pol et le Louvre, le palais de la Cité devient ensuite le siège de grandes institutions royales, dont le parlement et la chambre des comptes. Successivement incendiés accidentellement en 1618, 1737, 1776, puis volontairement sous la Commune, les bâtiments actuels datent principalement des travaux de reconstruction menés sous Louis XVI (cour du Mai), et de 1851 à 1914 par les architectes J.-L. Duc, H. Daumet et A. Tournaire.

Visite-conférence organisée par le CMN (tél. : 01 44 54 19 30).

Palais du Louvre

Musée du Louvre
Pyramide, place Napoléon
75001 Paris
Tél. : 01 40 20 50 50/01 44 55 57 50
www.louvre.fr
www.lesartsdecoratifs.fr
Propriété de l'État, propriété des Arts décoratifs
Classé

En 1190-1202 env., Philippe Auguste fait édifier une forteresse, dont le démantèlement commence sous François Ier, qui confie à Pierre Lescot la construction d'un palais royal en 1546. Pour répondre au grand dessein de relier le Louvre au palais des Tuileries, édifié plus à l'ouest pour Catherine de Médicis, Henri V fait construire la grande galerie du Bord-de-l'Eau. Sous Louis XIII et Louis XIV, Lemercier puis Le Vau quadruplent la cour initiale pour aboutir à l'actuelle cour Carrée, que ferme, à l'est, la célèbre Colonnade. Une partie du palais est transformée dès 1793 en Muséum central des arts, sur un projet de Louis XVI. Hector-Martin Lefuel, en charge du chantier en 1853 à 1880, érige les bâtiments de style démonstratif autour de la cour Napoléon. François Mitterrand lance en 1981 le programme du Grand Louvre. Ieoh Ming Pei conçoit l'organisation intérieure du musée et édifie une entrée en pyramide de verre. Aujourd'hui, le palais du Louvre abrite également les musées des Arts décoratifs, de la Mode et du Textile ainsi que le musée de la Publicité.

MUSÉE DU LOUVRE T.l.j. sf mar. 9h-18h, nocturne mer. et ven. jusqu'à 22h. Fermé 1er janv., 1er mai, 25 déc. Visite audioguidée. ♿

MUSÉE DES ARTS DÉCORATIFS, MUSÉE DE LA MODE ET DU TEXTILE, MUSÉE DE LA PUBLICITÉ T.l.j. sf lun. 11h-18h, nocturne le jeu. jusqu'à 21h. Fermé 1er janv., 1er mai, 25 déc.
Visite libre. Visite sur r.-v. pour les groupes.

Jardin des Tuileries

Musée du Louvre
101, rue de Rivoli
75001 Paris
Tél. : 01 40 20 50 50
www.louvre.fr
Propriété de l'État
Classé

Situées dans l'axe qui relie l'actuelle place de la Concorde à la Cour du Louvre, les Tuileries, occupées au XIIIe s. par des manufactures de tuiles, sont acquises par François Ier en 1518. Catherine de Médicis décide d'y élever un palais orné d'un jardin. Transformé par Le Nôtre, sous Louis XIV, pour répondre au nouveau palais royal des Tuileries, le jardin est remanié plusieurs fois au cours des siècles. Incendié par la Commune, le palais est rasé en 1882; seuls subsistent les pavillons de l'Orangerie et du Jeu de paume (XIXe s.), ainsi que les jardins qui ont fait l'objet, dans le cadre du projet Grand Louvre, d'une restauration entre 1991 et 1997 : de nombreux arbres ont été replantés, la statuaire ancienne restaurée et des œuvres contemporaines installées.

Fin mars-mai, sept. : 7h-21h; juin-août : 7h-23h; fin sept. à fin mars : 7h30-19h30. Visite libre. Visite guidée tous les dim. de fin mars à fin nov. départ à 15h30 de l'arc de triomphe du Carrousel.

Palais-Royal, Comédie-Française

Place du Palais-Royal
75001 Paris
Tél. : 01 44 58 13 16/01 42 96 13 30
www.comedie-francaise.fr
http://palais-royal.monuments-nationaux.fr
Propriété de l'État
Classé

CENTRE DES MONUMENTS NATIONAUX

À partir de 1628, l'architecte Jacques Lemercier édifie pour Richelieu le Palais-Cardinal. Passé par testament dans le domaine royal, il est cédé par Louis XIV à son frère, le duc d'Orléans, et à sa descendance qui en conserve la propriété jusqu'en 1848. Le palais actuel résulte des incessants remaniements qui ont eu cours depuis le milieu du XVIIIe s. En 1780, le duc Louis Philippe d'Orléans, futur Philippe Égalité, pressé de dettes, charge Victor Louis d'édifier sur le pourtour du jardin des immeubles locatifs. Ce même architecte réalise de 1786 à 1790 le Théâtre-Français, remarquable pour sa précoce charpente métallique utilisée dans les loges et la coupole. Agrandi en 1862, partiellement incendié en 1900, le bâtiment conserve une importante collection de peintures et de sculptures parmi lesquelles le *Voltaire assis* de Houdon.

Visite-conférence organisée par le CMN (tél. : 01 44 54 19 30) et par la Comédie-Française le sam. et le dim. mat. (tél. : 01 44 58 13 16).

2E ARRONDISSEMENT

Bibliothèque nationale de France – site Richelieu

58, rue Richelieu
75002 Paris
Tél. : 01 53 79 86 87 (visite individuels)
01 53 79 49 49 (visite groupes)
01 47 03 83 40 (musée des Médailles)
www.bnf.fr
Propriété de l'État
Inscrit et classé

En 1724, la Bibliothèque royale s'installe dans l'hôtel de Mazarin, ensemble disparate aménagé par Pierre Le Muet, Maurizio Valperga et formé de la réunion de plusieurs hôtels. Les bâtiments sont agrandis à partir de 1731 de deux nouvelles ailes par Robert de Cotte. Napoléon III confie en 1854 la reconstruction sur place du site à Henri Labrouste qui réalise la grande salle des imprimés couverte de coupoles retombant sur des piliers en fonte ainsi que les magasins attenants.

Tous les 1er mar. du mois sur r.-v. au 01 52 79 87 93.
MUSÉE DES MÉDAILLES T.l.j. 13h-17h, dim. 12h-18h.

Bourse de Paris, palais Brongniart

Place de la Bourse
75002 Paris
Tél. : 01 49 27 55 55
www.euronext.com
Propriété de la commune
Inscrit

À la demande de Napoléon Ier, l'architecte Alexandre Brongniart édifie à partir de 1807 le palais de la Bourse. Tel un temple antique isolé au centre d'une place, le bâtiment est ceint d'un péristyle corinthien d'ordre colossal. De 1813 à 1826, Éloi Labarre et Hippolyte Lebas couvrent l'édifice d'une charpente métallique et aménagent la grande salle centrale ornée de grisailles d'Abel de Pujol et de Charles Meynier. Quatre sculptures aux allégories du Commerce, de la Justice, de l'Agriculture et de l'Industrie, œuvres des sculpteurs Dumont, Duret, Seurre et Pradier, prennent place autour du bâtiment en 1851. Agrandi de deux ailes en 1902-1907, le palais Brongniart abrite actuellement une galerie ouverte au public consacrée aux activités de la Bourse et à son histoire architecturale.

Pour connaître les horaires de visite, se renseigner au 01 49 27 55 55.
Fermé j. fériés. Visite guidée. Visite audioguidée.
Visite sur r.-v. pour les groupes.

Cinéma Rex

5, boulevard Poissonnière
75002 Paris
Tél. : 01 45 08 93 40
www.legrandrex.com
Propriété privée
Inscrit

Inauguré le 8 décembre 1832, le cinéma Rex est édifié par l'architecte Auguste Bluysen et l'ingénieur américain John Eberson à l'instigation de l'impresario Jacques Haïk. Le bâtiment, qui s'élance le long d'une tour de style Art déco, abrite une salle « atmosphérique » imaginée par le décorateur Maurice Dufrêne. D'inspiration hollywoodienne, elle mêle statues antiques, voûtes étoilées et arches lumineuses dans une profusion décorative. En 1974, le cinéma s'agrandit de trois nouvelles salles aménagées en sous-sol qui accueillait initialement une infirmerie, un poste de police, un chenil et une nursery. Le peintre Edward Allington a créé un nouveau rideau de scène, installé en 1993.

T.l.j. sf lun. et mar. 10h-19h (t.l.j. pendant les vac. scol.).
Visite guidée. Visite audioguidée. Visite sur r.-v. pour les groupes.

Tour Jean-sans-Peur

20, rue Étienne-Marcel
75002 Paris
Tél. : 01 40 26 20 28
www.tourjeansanspeur.com
Propriété de la commune
Classé

En 1369, Philippe le Hardi hérite du palais édifié en 1270 par Robert d'Artois, qui devient dès lors la résidence favorite des ducs de Bourgogne à Paris. Son fils, Jean sans Peur, s'y réfugie en 1407 après avoir fomenté l'assassinat du frère du roi, Louis d'Orléans. Il manifeste sa puissance par la construction d'un imposant corps d'hôtel desservi par un escalier d'apparat hors œuvre, plus haute tour civile de Paris (1411). À la fin de l'apanage en 1477, l'hôtel est abandonné puis démembré. À partir de 1598, sa partie ouest abrite la troupe des Comédiens de l'Hôtel de Bourgogne. De 1780 à 1871, le quincaillier Sterlin puis le serrurier Bricard travaillent et logent dans ce qui reste du palais. Achetée en 1874 par la ville de Paris, restaurée en 1893 puis en 1992, la tour Jean-sans-Peur, dernier vestige de l'Hôtel, ouvre au public en 1999. On peut y admirer la voûte végétale de la vis d'escalier, chef-d'œuvre de la sculpture flamboyante française.

12 nov.-déb. avr. : mer. et w.-e. 13h30-18h. Fermé vac. de Noël.
Visite libre. Visite guidée sur r.-v.

3e arrondissement

Hôtel de Donon

Musée Cognacq-Jay
8, rue Elzévir
75003 Paris
Tél. : 01 40 27 07 21
www.paris.fr
Propriété de la commune
Classé

Au cœur du Marais, entre cour et jardin, l'hôtel Renaissance est construit en 1575 pour Médéric de Donon, contrôleur général des Bâtiments du roi. La paternité de l'œuvre demeure incertaine ; elle s'inspire d'une maison bâtie par Philibert Delorme. Occupé depuis le XIXe s. par des artisans, le petit hôtel est acquis en 1975 par la ville de Paris. Depuis 1990, il abrite l'exceptionnelle collection d'œuvres d'art du XVIIIe s. léguée à la ville de Paris par les époux Ernest Cognacq et Louise Jay, fondateur des magasins de la Samaritaine.

T.l.j. sf lun. 10h-18h. Fermé j. fériés.
Visite guidée.

Hôtel Carnavalet

Musée Carnavalet
23, rue de Sévigné
75003 Paris
Tél. : 01 44 59 58 58
www.paris.fr
Propriété de la commune
Classé

L'hôtel initial, édifié en 1547 pour le premier président au parlement de Paris Jacques de Ligneris, comprend un corps de logis décoré de bas-reliefs représentant les quatre saisons attribués à Jean Goujon, et une aile en retour (galerie). Réaménagé en 1660-1661 par François Mansart, l'hôtel est acheté par la ville de Paris en 1866 pour y loger ses collections historiques. Une restauration drastique menée par Victor Parmentier et trois campagnes d'agrandissement lui donnent son aspect actuel. Entre 1871 et 1890, Félix Roguet et Joseph-Antoine Bouvard édifient les bâtiments sur le jardin en intégrant trois vestiges historiques : l'arc de Nazareth, la façade du bureau des marchands drapiers et l'avant-corps central de l'hôtel Desmaret. En 1907, l'architecte Foucault étend l'édifice autour des deux cous de la parcelle voisine. Enfin, le musée annexe en 1989 l'hôtel Le Peletier de Saint-Fargeau.

T.l.j. sf lun. 10h-18h. Fermé j. fériés. Visite guidée.
Visite sur r.-v. pour les groupes au 01 44 59 58 31 ou 01 44 59 58 32.

Hôtel Le Peletier de Saint-Fargeau

29, rue de Sévigné
(accès par l'hôtel de Sévigné)
75003 Paris
www.paris.fr
Propriété de la commune
Classé

L'hôtel particulier est édifié en 1686 et 1689 par l'architecte du roi Pierre Bullet à l'instigation de l'intendant des finances Michel Le Peletier des Forts. D'une grande sobriété, l'édifice s'organise autour d'une cour rectangulaire bordée de bâtiments sobres, sans ornement. Utilisé comme école après la Révolution, il est acquis en 1897 par la ville de Paris qui y installe la Bibliothèque historique. Depuis 1989, l'hôtel Le Peletier de Saint-Fargeau forme une annexe du musée Carnavalet auquel il est relié par une galerie traversant le lycée Victor-Hugo situé entre les deux bâtiments.

T.l.j. sf lun. 10h-18h. Fermé j. fériés. Visite guidée.
Visite audioguidée pour les salles archéologiques.
Visite sur r.-v. pour les groupes au 01 44 59 58 31 ou 01 44 59 58 32.

Hôtel de Guénégaud des Brosses

Musée de la Chasse et de la Nature
62, rue des Archives
75003 Paris
Tél. : 01 53 01 92 40
www.chassenature.org
Propriété de la commune, propriété d'une fondation
Classé

Le Musée de la Chasse et de la Nature est installé dans deux hôtels mitoyens du Marais. Le nom de l'architecte François Mansart est attaché à l'hôtel de Guénégaud, construit, entre cour et jardin au milieu du XVIe s. La sobre élégance des façades, la stéréotomie remarquable de l'escalier d'honneur, sont caractéristiques du style du célèbre architecte. De proportions plus modestes, l'hôtel de Mongelas date du début du XVIIIe s. Il serait dû à l'agence de Jules Hardouin-Mansart. À l'issue d'une importante rénovation, cet édifice a récemment recouvré ses dispositions d'origine. Les collections d'œuvres d'art, d'armes de chasse et d'animaux naturalisés réunies par François Sommer, sont disposées, conformément aux vœux du fondateur du musée, de manière à suggérer l'atmosphère d'une demeure habitée.

T.l.j. sf lun. 11h-18h. Fermé j. fériés. Visite libre. Visite guidée sur r.-v.

Hôtel Libéral Bruand

Musée de la Serrure
1, rue de la Perle
75003 Paris
Tél. : 01 42 77 79 62
Propriété privée
Classé

L'hôtel est construit à partir de 1685 par l'architecte Libéral Bruand, désireux de dégager des revenus de sa location. Le créateur de la chapelle de la Salpêtrière et d'une partie de l'hôtel des Invalides réalise ici une œuvre d'une grande simplicité et originalité. L'édifice comprend un corps principal et une aile en retour. L'étroitesse de la parcelle a empêché la construction de la seconde aile remplacée par une rangée d'arcades supportant initialement une terrasse qui communiquait avec le premier étage de l'hôtel. Restaurée dans les années soixante, la demeure abrite en sous-sol un petit musée de la Serrure.

T.l.j. sf lun. mat. et w.-e. 10h-12h, 14h-17h. Fermé j. fériés. Visite guidée sur r.-v.

Hôtel de Sully

62, rue Saint-Antoine
75004 Paris
Tél. : 01 44 61 21 50
http://sully.monuments-nationaux.fr
Propriété de l'État
Classé

Cet hôtel particulier, caractéristique de l'hôtel aristocratique français du début du XVIIe s., a été construit en 1625 par Mesme Gallet, contrôleur des finances, sous le règne de Louis XIII. Il choisit la proximité de l'actuelle place des Vosges, au cœur du Marais, quartier alors en plein développement. En 1634, le duc de Sully, Maximilien de Béthune, ancien ministre des finances du roi Henri IV, achète l'hôtel et en achève le décor intérieur. Racheté et restauré par l'État, il est aujourd'hui le siège du Centre des monuments nationaux.

T.l.j. 9h-19h. Visite extérieure libre. Fermé 1er janv., 1er mai, 1er et 11 nov., 25 déc.
Visite-conférence organisée par le CMN (tél. : 01 44 54 19 30).

Hôtel de Ville

Place de l'Hôtel-de-Ville
75004 Paris
Tél. : 01 42 76 43 43
visites-conferences@monuments-nationaux.fr
Propriété de la commune
Inscrit

L'édifice actuel occupe l'emplacement de la maison dite « aux Piliers », premier siège municipal acquis en 1357 par Étienne Marcel, prévôt des marchands. Exaltation du pouvoir municipal, un nouvel hôtel de ville est construit de 1533 à 1628. La royauté a toujours cherché à inscrire dans la pierre son autorité : François Ier impose son architecte, Dominique de Cortone; Henri IV appose un bas-relief à son effigie et Louis XIV y place une statue le représentant triomphant de la Fronde. Entre 1836 et 1850, Hippolyte Godde et J.-B. Lesueur agrandissent l'édifice Renaissance. La décoration est confiée à Delacroix, à Ingres et à Alexandre Cabanel. Incendié par les communards en 1871, l'édifice est reconstruit entre 1874 et 1882 parThéodore Ballu et Édouard Deperthes, qui reproduisent sur la place la façade Renaissance.

Visite guidée sur r.-v. t.l.j. sf w.-e.
Visite-conférence organisée par le CMN (tél. : 01 44 54 19 30).

Maison d'Ourscamp

44-46, rue François-Miron
75004 Paris
Tél. : 01 48 87 74 31
www.paris-historique.org
Propriété de la commune
Classé

Cette maison, construite vers 1585, s'élève à l'emplacement de la maison d'Ourscamp, bâtie vers 1255 par les moines de l'abbaye cistercienne d'Ourscamp (Oise). Résidence parisienne du père abbé, la maison d'origine accueille les jeunes moines venus étudier à Paris et stocke les produits agricoles de l'abbaye destinés à la vente sur les marchés parisiens, notamment celui de la porte Baudoyer. Elle conserve, en sous-sol, un cellier gothique divisé en trois nefs et quatre travées d'ogives soutenues par six colonnes. Depuis 1963, les bénévoles de l'Association pour la sauvegarde et la mise en valeur du Paris historique ont obtenu un bail pour entreprendre la restauration totale de cette maison.

T.l.j. 11h-18h, dim. 14h-19h. Fermé les j. fériés. Visite libre ou guidées sur r.-v.

Mémorial de la Shoah

17, rue Geoffroy-l'Asnier
75004 Paris
Tél. : 01 42 77 44 72
www.memorialdelashoah.org
Propriété de la commune
Classé

Centre de documentation et d'archives sur la Shoah, lieu de mémoire, le Mémorial, qui a ouvert ses portes en 2005 sur le site du tombeau du Martyr juif inconnu, est aussi un « musée de la vigilance », conçu pour apprendre, comprendre et ressentir. Rempart contre l'oubli, le mur des Noms y perpétue le souvenir de soixante-seize mille victimes juives déportées de France.

T.l.j. sf sam. 10h-18h, nocturne le jeu. jusqu'à 22h.
Fermé 1er janv., 14 juil., 15 août, 25 déc. et certaines fêtes juives.
Visite libre. Visite guidée le dim.

5E ARRONDISSEMENT

Abbaye royale du Val-de-Grâce

1, place Alphonse-Laveran
75005 Paris
Tél. : 01 40 51 51 92
visites-conferences@monuments-nationaux.fr
Propriété de l'État
Classé

L'abbaye est édifiée de 1645 à 1669 pour Anne d'Autriche sur les plans de François Mansart, modifiés par Jacques Lemercier et Pierre Le Muet assisté de Le Duc. Elle forme un ensemble du XVIIe s. parfaitement conservé d'une rare qualité architecturale et décorative. Les bâtiments monastiques s'ordonnent autour du cloître couvert d'une galerie voûtée d'arêtes. L'église est le fruit du vœu d'Anne d'Autriche d'élever un temple à Dieu s'il lui envoyait un fils. Couronnée d'un dôme de 19 m de diamètre et de 41 m de hauteur, elle offre un plan et une façade d'inspiration romaine. En 1793, la Convention affecte l'abbaye au service de santé des armées. Elle abrite désormais l'École d'application du Service de santé des armées, le musée du Service de santé et la bibliothèque centrale.

Mar., mer. et w.-e. 12h-17h. Visite libre. Visite guidée sur r.-v.
Visite-conférence organisée par le CMN (tél. : 01 44 54 19 30).

Église Sainte-Geneviève, le Panthéon

10, place du Panthéon
75005 Paris
Tél. : 01 44 32 18 00/01 44 32 18 01
http://pantheon.monuments-nationaux.fr
Propriété de l'État
Classé

CENTRE DES MONUMENTS NATIONAUX

TOURISME & HANDICAP

Isolée au sommet de la montagne Sainte-Geneviève, l'église abbatiale de la patronne de Paris est édifiée à partir de 1757 par Jacques-Germain Soufflot et achevée après sa mort en 1780 par Maximilien Brébion et Jean-Baptiste Rondelet. En 1791, l'église est transformée par Antoine Quatremère de Quincy en Panthéon, mausolée des « grands hommes » de la nation. Le monument, rendu au culte en 1806, devient successivement temple laïc en 1830, temple de l'Humanité en 1848, église en 1851 et de nouveau Panthéon depuis 1885 à l'occasion du transfert des cendres de Victor Hugo. Établi sur un plan en croix grecque que couronne un grand dôme à colonnade, l'édifice réalise la synthèse originale entre la légèreté des principes constructifs gothiques et la pureté grecque des élévations.

Avr.-sept. : t.l.j. 10h-18h30 ; oct.-mars : t.l.j. 10h-18h.
Fermé 1er janv., 1er mai, 25 déc. Visite libre.
Visite-conférence organisée par le CMN (tél. : 01 44 54 19 30).
(visite signée).

Hôtel de Cluny et Thermes

Musée de Cluny
Musée national du Moyen Âge
6, place Paul-Painlevé
75005 Paris
Tél. : 01 53 73 78 16/01 53 73 78 00
www.musee-moyenage.fr
Propriété de l'État
Classé

Le musée de Cluny, fondé en 1843 à partir de la collection d'Alexandre Du Sommerard, occupe deux prestigieux monuments : les thermes gallo-romains (Ier-IIIe s.) et l'hôtel des abbés de l'ordre de Cluny de Bourgogne (1485-1498). L'établissement thermal comprenait en son centre le *frigidarium* (salle froide) couvert d'une voûte de 15 m de haut, le *tepidarium* (salle tiède), le *caldarium* (salle chaude), deux palestres pour les exercices physiques et des sous-sols formés d'hypocaustes, de galeries de circulation et des égouts. L'hôtel de Cluny annonce, par sa disposition en U entre cour et jardin et sa fermeture vers l'extérieur, les résidences urbaines parisiennes de l'âge classique.

T.l.j. sf mar. 9h15-17h45. Fermé 1er janv., 1er mai, 25 déc.
Visite libre. Visite audioguidée. Visite sur r.-v. pour les groupes.

Hôtel de Miramion

Musée de l'Assistance publique-Hôpitaux de Paris
47, quai de la Tournelle
75005 Paris
Tél. : 01 40 27 50 05
www.aphp.fr
Propriété d'un établissement public
Inscrit

Créé en 1934 dans un hôtel particulier du XVIIe s. devenu lieu de soin aux indigents dès 1675 et pharmacie centrale des Hôpitaux de Paris en 1812, ce musée hospitalier est le plus ancien en France et l'un des plus riches. Les collections comportent plus de neuf mille œuvres, objets et documents. L'histoire de l'hôpital à Paris depuis le Moyen Âge jusqu'au début du XXe s. y est évoquée dans ses différentes composantes : histoire sociale et religieuse, histoire de la médecine et des professions de santé, histoire des représentations du corps et de la maladie. Chaque année, une exposition temporaire constitue le moteur de ses activités.

T.l.j. sf lun. 10h-18h. Fermé j. fériés et août.
Visite libre. Visite guidée. Visite sur r.-v. pour les groupes.

Jardin des Plantes

Muséum national d'histoire naturelle
57, rue Cuvier
75005 Paris
Tél. : 01 40 79 56 01/01 40 79 54 79
www.mnhn.fr
Propriété de l'État
Classé

Le jardin royal des Plantes médicinales est fondé en 1626 par les médecins ordinaires du roi Jean Héroard et Guy de La Brosse. Il devient sous l'intendance de Buffon (1739-1788) un éminent foyer scientifique puis Muséum national d'histoire naturelle en 1793. Outre ses richesses botaniques, il forme un remarquable recueil d'architecture. Le kiosque du belvédère, édifié en 1787 par Edme Verniquet, est l'une des premières constructions métalliques élevées dans le monde. Deux serres sont réalisées en 1836 par Charles Rohault de Fleury, également architecte de la galerie de Minéralogie et de Géologie. Point d'orgue du parcours, la grande galerie de l'Évolution, installée par Paul Chemetov et Borja Huidobro, anciennement galerie de Zoologie édifiée de 1877 à 1890 par Jules André et inaugurée en 1889. Le Muséum comprend encore le grand amphithéâtre construit par Edme Verniquet de 1787 à 1789, et agrandi par Molinos en 1794, la Ménagerie créée en 1793, les galerie d'Anatomie comparée et de Paléontologie édifiées en 1898 par Ferdinand Dutert et le jardin d'hiver conçus par l'architecte René Berger entre 1935 et 1937.

GRANDE GALERIE DE L'ÉVOLUTION T.l.j. sf mar. 10h-18h.
GALERIES D'ANATOMIE COMPARÉE ET DE PALÉONTOLOGIE, GALERIE DE GÉOLOGIE ET MINÉRALOGIE T.l.j. sf mar. 10h-17h.
CABINET D'HISTOIRE DU JARDIN DES PLANTES T.l.j. sf mar. 10h-17h.
MÉNAGERIE T.l.j. 9h-17h, accès par le jardin.
Visite libre. Visite sur r.-v. pour les groupes.

Mosquée de Paris et l'Institut musulman

2 *bis*, place du Puits-de-l'Ermite
75005 Paris
Tél. : 01 45 35 97 33
www.mosquee-de-paris.org
Propriété privée
Inscrit

En mémoire des soldats musulmans d'Afrique du Nord morts pour la France durant la Première Guerre mondiale, la mosquée de Paris est édifiée entre 1922 et 1926 sur financement de l'État. Les travaux sont menés par les architectes Charles Heubès, Robert Fournez et Maurice Mantout selon les plans de Maurice Tranchant de Lunel, inspecteur général des Beaux-Arts au Maroc. À l'intérieur d'une enceinte, entre cours et jardins, les bâtiments s'organisent selon trois secteurs d'activités : religieux avec la mosquée, culturel avec l'Institut d'études musulmanes, commercial et social avec les boutiques, les restaurants et le hammam.

T.l.j. sf ven. 9h-12h, 14h-18h (fermeture à 19h en été).
Fermé le mat. des jours de fêtes musulmanes.

Sorbonne

47, rue des Écoles
75005 Paris
Tél. : 01 40 46 22 11
www.sorbonne.fr
Propriété de la commune
Inscrit et classé

En 1257, le chanoine Robert de Sorbon fonde un collège qui devient au cours des XIIIe et XIVe s. une prestigieuse faculté de théologie, de philosophie et des arts. Sous l'impulsion de Richelieu, les bâtiments sont entièrement reconstruits de 1626 à 1633. Ils se développent autour d'une chapelle d'inspiration italienne, chef-d'œuvre de Jacques Lemercier qui abrite le tombeau du cardinal, dû à Girardon (1694). En 1881, le ministre Jules Ferry et le vice-recteur de l'académie de Paris, Octave Gréard, décident de reconstruire et d'agrandir le siège de l'Université de Paris. Les travaux sont menés de 1881 à 1901 par l'architecte Henri-Paul Nénot qui conçoit l'ensemble architectural actuel autour de la chapelle, seul élément conservé des constructions antérieures.
Visite-conférence organisée par le CMN (tél. : 01 44 54 19 30).

6E ARRONDISSEMENT

Académie de chirurgie

Faculté de médecine
12, rue de l'École-de-Médecine
75006 Paris
Tél. : 01 40 46 16 93
www.bium.univ-paris5.fr/musee
Propriété de la commune
Inscrit et classé

Remarquable illustration de l'architecture néoclassique de la fin du XVIIIe s., l'École de chirurgie est édifiée par l'architecte du roi Jacques Gondoin entre 1769 et 1786. La façade comprend en son centre un arc triomphal inscrit dans une colonnade ionique qui joue sur l'interpénétration des espaces publics et privés. La salle d'anatomie est traitée comme un amphithéâtre antique avec des sièges en gradins et une voûte en cul-de-four à caissons ouverte par un demi-oculus. Depuis 1953, l'école a quitté les murs occupés désormais par le siège administratif de l'université René-Descartes-Paris V, la bibliothèque, le musée et les archives de la faculté de médecine.
Oct.-15 juil. : t.l.j. sf jeu. et dim. 14h-17h30; 16 juil.-sept. : t.l.j. sf w.-e. 14h-17h30.
Fermé du 24 déc. à la première semaine de janv. et j. fériés.
Visite guidée sur r.-v. et pour les groupes (20 pers. max.).

Couvent des Carmes

Musée de la Bible
et de la Terre sainte
21, rue d'Assas
75006 Paris
Tél. : 01 45 48 09 15
www.icp.fr
Propriété privée
Inscrit et classé

Fondé en 1611 par Nicolas Vivien, le couvent des Carmes garde encore, derrière les bâtiments en brique édifiés en 1894 par Gabriel Ruprich-Robert, la trace des premiers édifices élevés lors de sa création. Reconvertis en prison depuis 1790, ils sont le théâtre du massacre de cent dix-sept prêtres dont les corps sont ensuite jetés dans un puits. Camille de Soyécourt acquiert le domaine en 1797 et y installe une communauté religieuse jusqu'à son rachat en 1845 par l'archevêché. École des hautes études ecclésiastiques, le couvent est transformé en 1875 en Institut catholique. Les bâtiments abritent aussi le musée de la Bible et de la Terre sainte.
Oct.-juin : sam. 16h-18h. ♿ en partie.

Couvent des Cordeliers

15, rue de l'École-de-Médecine
75006 Paris
Tél. : 01 40 46 05 47
Propriété de la commune
Classé

Seul vestige du couvent des Cordeliers fondé en 1230 par Saint Louis, le réfectoire est édifié à partir de la seconde moitié du XIVe s. grâce à la générosité de Jeanne d'Évreux, veuve de Charles IV le Bel, et achevé vers 1506. Édifice en bois hormis les murs en maçonnerie, il comprend une cave, une salle en rez-de-chaussée initialement utilisée comme réfectoire, un étage dévolu au dortoir des novices et un haut comble. Aujourd'hui ouvert lors d'expositions temporaires, le réfectoire des Cordeliers constitue un témoin précieux d'architecture monastique médiévale.
Ouvert durant les expositions temporaires : t.l.j. sf lun. 11h-19h.
Visite-conférence organisée par le CMN (tél. : 01 44 54 19 30).

École nationale supérieure des beaux-arts

14, rue Bonaparte
75006 Paris
Tél. : 01 47 03 50 00
www.ensba.fr
Propriété de l'État
Classé

L'École des beaux-arts est formée d'édifices d'époques et de fonctions variées. Les vestiges du couvent des Petits-Augustins du XVIIe s. sont affectés à l'école en 1816, après avoir abrité depuis 1970 le musée des Monuments français créé par Alexandre Lenoir. L'architecte François Debret construit de 1820 à 1832 le bâtiment des Loges et une partie du palais des Études, achevé par Félix Duban qui élève sur le quai Malaquais le bâtiment des Expositions, repris et complété par Auguste Perret après 1945. Duban aménage aussi les deux cours d'entrée rue Bonaparte et transforme le cloître en cour du Mûrier. Réutilisant des vestiges lapidaires d'édifices disparus, il a su redonner à l'ensemble une originale unité. Enfin, en 1884, l'école annexe l'hôtel de Chimay, quai Malaquais, construit par François Debias-Aubry entre 1740 et 1756.
T.l.j. sf lun. 13h-19h. Visite libre.
Visite-conférence sur r.-v. le lun. apr.-midi sf vac. scol.

Hôtel des Monnaies

Musée de la Monnaie
11, quai Conti
75006 Paris
Tél. : 01 40 46 55 35
www.monnaiedeparis.fr
Propriété de l'État
Inscrit et classé

L'hôtel des Monnaies, manufacture d'émission des monnaies du royaume, est édifié entre 1767 et 1775 par Jacques-Denis Antoine à l'emplacement de l'hôtel de Conti. L'architecte y transfigure la fonction industrielle pour offrir une métaphore de l'opulence nationale servie par le style néoclassique. La façade, longue de 117 m, s'articule autour d'un avant-corps central traité en ordre ionique et surmonté des allégories de la Prudence, de l'Abondance, de la Justice, de la Paix et du Commerce, œuvres des sculpteurs Pigalle neveu, Mouchy et Lecomte. À l'arrière, les différents ateliers s'ordonnent autour de la cour en hémicycle. Un musée occupe désormais les anciens ateliers de frappe déménagés depuis 1973 à Pessac.
T.l.j. sf lun. 11h-17h30, w.-e. 12h-17h30. Visite guidée. ♿
Visite des ateliers, toujours en activité, mer. et ven. à 14h15, sur r.-v.

Hôtel du Petit-Montmorency

Musée Hébert
85, rue du Cherche-Midi
75006 Paris
Tél. : 01 42 22 23 82
www.musee-orsay.fr
Propriété de l'Établissement public du musée d'Orsay
Inscrit

L'hôtel est formé en 1743 par la réunion de plusieurs demeures disparates. En 1752, il devient la propriété du comte de Montmorency-Bours et sera dès lors surnommé l'hôtel du Petit-Montmorency. Le baron Uckermann, héritier du peintre Ernest Hébert, y fonde un musée en 1974 consacré à la vie et à l'œuvre de cet émule d'Ingres, peintre renommé de la seconde moitié du XIXe s. et directeur de la villa Médicis à Rome. Le baron l'offre ensuite à l'État. L'étage noble conserve les appartements d'origine décorés de boiseries et d'un mobilier raffiné.
Temporairement fermé pour travaux. Pour plus de renseignements quant à une prochaine réouverture, se renseigner au 01 42 22 23 82.

Hôtel de Vendôme

École des Mines de Paris
Musée de Minéralogie
60, boulevard Saint-Michel
75006 Paris
Tél. : 01 40 51 91 39
www.musee.ensmp.fr
Propriété de l'État
Inscrit

L'hôtel de Vendôme est édifié entre 1706 et 1714 par les architectes Jean Courtone et Alexandre Leblond pour les Chartreux, ordre religieux fondé par saint Bruno, à usage locatif. En 1815, l'École des mines, créée en 1783, s'y établit et procède à des travaux d'agrandissement venant doubler la construction initiale. Ils sont successivement menés par les architectes François Duquesnoy de 1840 à 1842 puis entre 1860 et 1862 par Valez. Outre les locaux dévolus à l'école, les bâtiments abritent un musée de Minéralogie qui compte parmi les plus grandes collections mondiales.
T.l.j. sf lun. 13h30-18h, sam. 10h-12h30, 14h-17h.
Visite guidée sur r.-v. au 01 40 51 92 90.

Maison d'Auguste Comte
10, rue Monsieur-le-Prince
75006 Paris
Tél. : 01 43 26 08 56
www.augustecomte.org
Propriété privée
Classé

Dernier domicile où le philosophe français Auguste Comte séjourne de 1841 jusqu'à sa mort survenue en 1857. Auguste Comte est le fondateur du positivisme, doctrine philosophique qui, selon ses propres écrits, « se borne à étudier les relations invariables qui constituent les lois effectives de tous les éléments observables, ainsi susceptibles d'être rationnellement prévus les uns par les autres ». Situé au premier étage, l'appartement est resté tel qu'il était lors de sa disparition et abrite, outre un musée consacré à sa vie et à son œuvre, un centre de recherche à vocation philosophique.
Tous les sam. 14h-18h. Fermé en août et vac. scol.
Visite libre. Visite guidée à 15h. Visite sur r.-v. pour les groupes en semaine.

Musée Eugène-Delacroix
6, rue de Fürstemberg
75006 Paris
Tél. : 01 44 41 86 50
www.musee-delacroix.fr
Propriété de l'État
Classé

De 1857 à 1863, date de sa mort et afin de se rapprocher de l'église Saint-Sulpice où il réalise le décor de la chapelle des Saints-Anges, Eugène Delacroix installe son atelier dans cet immeuble situé à l'emplacement des communs de l'ancien palais abbatial de Saint-Germain-des-Prés édifié en 1699. Menacé de destruction, le dernier domicile du peintre doit sa sauvegarde aux peintres Maurice Denis et Paul Signac qui fondent en 1929 la Société des amis d'Eugène Delacroix, acquéreur des lieux en 1951. Une partie de l'appartement abrite désormais un musée intimiste qui plonge le visiteur au cœur de la richesse créatrice d'Eugène Delacroix.
T.l.j. sf mar. 9h30-17h.
Fermé 1er janv., 1er mai, 25 déc. Visite libre. Visite guidée.

Palais de l'Institut de France
23, quai Conti
75006 Paris
Tél. : 01 44 41 43 40
www.institut-de-france.fr
Propriété privée
Classé

Le palais de l'Institut où siègent les cinq Académies (Académie française, Académie des inscriptions et belles-lettres, Académie des sciences, Académie des beaux-arts et Académie des sciences morales et politiques) est installé depuis 1805, selon les vœux de Napoléon, dans l'ancien collège des Quatre-Nations fondé en 1661 en vertu du testament de Mazarin. Conçu par l'architecte Louis Le Vau, l'édifice s'élève face au Louvre et à la cour Carrée, reliée par la passerelle des Arts. Centrée sur une chapelle (devenue coupole pour les réunions solennelles des académiciens), coiffée d'un dôme, sa façade s'étire en deux longues ailes en quart de cercle terminées par des pavillons carrés. Deux bibliothèques sont abritées en ces lieux, la bibliothèque Mazarine, ouverte au public, et la bibliothèque de l'Institut, réservée aux académiciens et aux chercheurs.
Visite guidée le w.-e. à 10h30 et 15h.
Visite-conférence organisée par le CMN (tél. : 01 44 54 19 30).

Palais du Luxembourg
15, rue de Vaugirard
75006 Paris
Tél. : 01 42 34 20 00
www.senat.fr
Propriété de l'État
Classé

Synthèse entre les manières françaises et italiennes, le palais royal du Luxembourg est édifié à partir de 1615 par Salomon de Brosse pour Marie de Médicis alors régente. Devenu bien national en 1791, il abrite une prison, puis le siège de l'exécutif du Directoire. Dès lors, sa distribution intérieure va évoluer au gré des différents régimes politiques : en 1799, il accueille le Sénat. L'architecte Chalgrin y aménage alors une salle des séances. La Restauration y loge à partir de 1814 la Chambre des pairs. Sous la monarchie de Juillet, Alphonse de Gisors construit un nouvel hémicycle richement décoré qui entraîne la reconstruction de la façade

sur le jardin. À l'emplacement de la première salle des séances, il réalise en 1852 une grande galerie dans le style Napoléon III. Depuis 1958, le palais du Luxembourg est le siège du Sénat.
Visite sur r.-v. pour les groupes le lun., ven. et sam. au 01 42 34 20 60 (40 pers. max.). Visite-conférence organisée un sam. par mois à 10h30 et 14h30 par le CMN (tél. : 01 44 54 19 30).

7E ARRONDISSEMENT

Gare d'Orsay

Musée d'Orsay
62, rue de Lille
75007 Paris
Tél. : 01 40 49 48 14
www.musee-orsay.fr
Propriété de l'État
Classé

En 1898, la Compagnie des chemins de fer d'Orléans acquiert les terrains occupés par le palais d'Orsay, incendié sous la Commune, et confie à l'architecte Victor Laloux la tâche d'y édifier une nouvelle gare. Elle est inaugurée le 14 juillet 1900 pour l'Exposition universelle. Première gare électrifiée, l'édifice joue des contrastes : massivité de la façade en pierre, transparence et modernité de l'espace intérieur. Désaffectée depuis 1939, sa conservation et sa reconversion en musée décidée en 1977 symbolisent la nouvelle reconnaissance de l'architecture industrielle au sein du patrimoine national. Les travaux sont menés de 1980 à 1986 par Jean-Paul Philippon, Renaud Bardon et Pierre Colboc et l'aménagement intérieur est dû à Gae Aulenti.
T.l.j. sf lun. 9h30-18h, jeu. jusqu'à 21h45. Fermé 1er janv., 1er mai, 25 déc.
Visite libre. Visite audioguidée. Visite sur r.-v. du mar. au sam. pour les groupes 9h30-16h, jusqu'à 20h le jeu.

Hôtel de Béhague

123, rue Saint-Dominique
75007 Paris
Tél. : 01 47 05 10 46
www.paris.mae.ro
Propriété de l'État roumain
Inscrit

L'hôtel particulier est construit en 1866 par l'architecte Hippolyte Destailleur, puis agrandi entre 1895 et 1904 par Walter Destailleur pour Martine de Béhague, grande amatrice d'art et épouse du comte René de Béarn. L'architecture Belle Époque abritait initialement un décor remarquable, notamment un grand escalier inspiré de celui de la Reine à Versailles et une salle de concerts décorée dans le style byzantin par Gustave-Adolphe Gerhardt. La salle du Chevalier conçue par le sculpteur symboliste Jean Dampt est déposée puis remontée au musée d'Orsay. Après la mort de la comtesse en 1939, l'État roumain se porte acquéreur de la demeure et y installe son ambassade.
Ouvert pour les Journées du patrimoine. Visite guidée sur r.-v.

Hôtel Biron

Musée Auguste-Rodin
79, rue de Varenne
75007 Paris
Tél. : 01 44 18 61 10
www.musee-rodin.fr
Propriété de l'État
Classé

Demeure de style rocaille, l'hôtel Biron allie les caractéristiques de l'hôtel particulier parisien à celles d'un petit château isolé au milieu d'un parc de 3 ha. Il est édifié vers 1728 par l'architecte Jean Aubert pour le financier Peyrenc de Moras. Le maréchal Biron laisse son nom à l'hôtel acquis vers 1820 par la Société du Sacré-Cœur-de-Jésus qui y installe un pensionnat de jeunes filles jusqu'à sa dissolution en 1902. Promis à la démolition, le domaine est néanmoins sauvé par un groupe d'artistes parmi lesquels Cocteau, Matisse, Rilke et Rodin. En 1911, l'État acquiert l'hôtel Biron et inaugure en 1919 le musée national Auguste-Rodin autour du parc transformé en jardin de sculptures.
T.l.j. sf lun. 10h-17h45. Fermé 1er janv., 1er mai, 25 déc.
en partie.

Hôtel de Bourbon-Condé

12, rue Monsieur
75007 Paris
Tél. : 01 47 83 42 49
visites-conferences@monuments-nationaux.fr
Propriété de l'État
Classé

Entre cour et jardin, l'hôtel particulier de Bourbon-Condé est édifié de 1780 à 1782 par l'architecte Alexandre-Théodore Brongniart pour Louis-Joseph de Bourbon-Condé. À l'origine, des bas-reliefs figurant des bacchanales d'enfants, œuvres de Claude Michel dit Clodion, ornaient la façade sur cour. Déposés de leur emplacement initial, ils sont actuellement conservés au musée du Louvre et au Metropolitan Museum de New York. L'intérieur de la demeure conserve un très beau salon ovale décoré de pilastres ioniques cannelés qui s'ouvre dans l'avant-corps de la façade sur jardin.
Visite-conférence organisée par le CMN (tél. : 01 44 54 19 30).

Hôtel Chanac de Pompadour

142, rue de Grenelle
75007 Paris
Tél. : 01 49 55 67 00
www.eda.admin.ch/paris
Propriété de l'État helvétique
Inscrit

L'hôtel particulier est édifié en 1704 par l'architecte Pierre-Alexis Delamair pour l'abbé Pierre de Chanac de Pompadour. En 1767, le baron Pierre-Victor de Besenval acquiert la demeure et confie à Alexandre-Théodore Brongniart son réaménagement intérieur. À l'image des nymphées antiques, une salle de bains est alors aménagée au sous-sol, décorée de colonnes toscanes et de remarquables reliefs du sculpteur Clodion (aujourd'hui déposés au musée du Louvre). Au milieu du XIXe s., l'hôtel est surélevé d'un étage par l'architecte Chabrier et abrite, depuis 1938, l'ambassade de Suisse.
Visite-conférence organisée par le CMN (tél. : 01 44 54 19 30).

Hôtel Kinski

53, rue Saint-Dominique
75007 Paris
Tél. : 01 44 54 19 30
visites-conferences@monuments-nationaux.fr
Propriété de l'État
Inscrit

L'hôtel particulier est construit en 1769 sur les plans de l'architecte Claude-Nicolas Ledoux pour Élisabeth-Olive de Lamoignon, épouse du président de Gourgues. En 1773, la demeure est acquise par la princesse Kinski, petite-fille du palatin de Hongrie, qui procède aussitôt à son réaménagement intérieur alliant luxe et confort. Le plafond du grand salon de style Louis XV est une œuvre réalisée en 1779 par le peintre Simon Julien. Il constitue l'élément le plus remarquable de l'hôtel. Actuellement, l'hôtel abrite la direction de la Musique et du Théâtre, dépendant du ministère de la Culture.
Visite-conférence organisée par le CMN (tél. : 01 44 54 19 30).

Hôtel national des Invalides

Musées de l'Armée
et des Plans-Reliefs
129, rue de Grenelle
75007 Paris
Tél. : 01 44 42 38 77/01 45 51 92 45
www.invalides.org
http://plans-reliefs.monuments-nationaux.fr
Propriété de l'État
Classé

CENTRE DES MONUMENTS NATIONAUX

En 1670, Louis XIV fonde l'hôtel royal des Invalides, première institution destinée à loger et à entretenir les militaires démunis. Libéral Bruand réalise la majorité des bâtiments entre 1671 et 1676, date à laquelle Jules Hardouin-Mansart reprend le chantier et édifie l'église royale, inaugurée en 1706. Inspiré de l'architecture conventuelle et hospitalière, l'ensemble s'organise autour de la grande cour royale entourée de cours latérales. L'église comprend l'église des Soldats reliée à l'église royale dite « dôme des Invalides ». Ce dernier abrite le tombeau de Napoléon Ier aménagé par Louis Visconti en 1840. L'hôtel des Invalides accueille désormais les musées de l'Armée et des Plans-Reliefs.
Oct.-mars : t.l.j. 10h-17h ; avr.-sept. : t.l.j. 10h-18h. Nocturne le mar. jusqu'à 21h.
Le Dôme est ouvert jusqu'à 19h en juil.-août.
Fermé le 1er lun. du mois sf de juil. à sept., 1er janv., 1er mai, 1er nov., 25 déc.
Visite audioguidée. Visite sur r.-v. pour les groupes au 01 44 42 37 72.

Hôtel de Salm

Musée de la Légion d'honneur
et des Ordres de chevalerie
2, rue de la Légion-d'Honneur
75007 Paris
Tél. : 01 40 62 84 25
www.musee-legiondhonneur.fr
Propriété de la Grande chancellerie
de la Légion d'honneur
Classé

L'hôtel est édifié entre 1782 et 1787 par l'architecte Pierre Rousseau pour le prince allemand Frédéric III de Salm-Kyrburg. Il illustre la monumentalisation de l'architecture privée néoclassique. Côté rue de Lille, un écran de colonnes joue sur l'ambiguïté entre les espaces privés et publics. Depuis 1804, l'hôtel abrite le siège de l'ordre de la Légion d'honneur. Incendié par la Commune en 1871, il est restauré à l'identique par l'architecte Anastase Mortier et reçoit une nouvelle décoration contemporaine. De 1922 à 1925, l'architecte Jean de La Morinerie construit les bâtiments dévolus au musée de la Légion d'honneur et des Ordres de chevalerie.

HÔTEL Ouvert le sam. et pendant les Journées du patrimoine.
MUSÉE Mer.-dim. 13h-18h. Fermé lun., 1er janv., 1er mai, 15 août, 1er nov., 25 déc.
Visite libre. Visite audioguidée. Visite sur r.-v. le mar. pour les groupes.

Tour Eiffel

Champ-de-Mars
75007 Paris
Tél. : 01 44 11 23 23
www.tour-eiffel.fr
Propriété de la commune
Inscrit

Couronnement de l'Exposition universelle de 1889, célébration du centenaire de la Révolution française et lauréate d'un concours opposant plus de cent sept projets, la tour métallique est édifiée en vingt-six mois par Gustave Eiffel sur une idée originale des ingénieurs Émile Nouguier et Maurice Koechlin. Soutenue par quatre massifs en maçonnerie, elle s'élève à plus de 300 m de hauteur rythmée par trois terrasses. Construit initialement pour vingt ans, le monument est pérennisé par son utilisation scientifique : en 1889, Eiffel y installe une station d'observation puis elle devient successivement station de TSF en 1903, de radio en 1925 et de télévision en 1925. La tour Eiffel s'est progressivement intégrée au paysage urbain de la capitale pour finalement en devenir l'un des symboles.

Janv.-17 juin, 29 août-déc. : t.l.j. 9h30-23h ; 18 juin-28 août : t.l.j. 9h-0h.
Visite libre.

8E ARRONDISSEMENT

Arc de triomphe

Place du Général-de-Gaulle
75008 Paris
Tél. : 01 55 37 73 77
http://arc-de-triomphe.monuments-nationaux.fr
Propriété de l'État
Classé

CENTRE DES MONUMENTS NATIONAUX

TOURISME & HANDICAP

Par ordre de Napoléon Ier désireux d'honorer les armées françaises, l'arc de triomphe de l'Étoile est édifié à partir de 1806 par l'architecte Jean-François Chalgrin dans la tradition antique. Les travaux, interrompus par le retour des Bourbons en 1814, sont achevés en 1836 par les architectes Jean-Nicolas Huyot et Abel Blouet. Les piédestaux du monument sont décorés de quatre hauts-reliefs allégoriques des sculpteurs François Rude, Jean-Pierre Cortot et Antoine Etex. Le programme iconographique comprend aussi six bas-reliefs illustrant les guerres de la Révolution et de l'Empire, ainsi qu'une frise montrant le départ et le retour des Armées. L'Arc de triomphe demeure, au-delà des bouleversements politiques, le symbole d'une mémoire nationale et républicaine : il accueille le retour des cendres de l'Empereur en 1840, la célébration des funérailles de Victor Hugo en 1885 et abrite depuis 1921 la tombe du Soldat inconnu. Dans les salles de l'entresol et de l'attique, une nouvelle muséographie, interactive et ludique, replace le monument dans la longue lignée des arcs de triomphe et détaille l'histoire de sa construction.

Avr.-sept. : 10h-23h ; oct.-mars : 10h-22h30.
Fermé 1er janv., 1er mai, 8 mai (mat.), 14 juil. (mat.) 11 nov. (mat.), 25 déc.

Chapelle expiatoire

29, rue Pasquier
75008 Paris
Tél. : 01 44 32 18 00
http://chapelle-expiatoire.monuments-nationaux.fr
Propriété de l'État
Classé

En mémoire de Louis XVI et de Marie-Antoinette inhumés dans le cimetière de la Madeleine, Louis XVIII confie en 1815 à l'architecte Pierre-François-Léonard Fontaine l'édification en ce lieu d'une chapelle expiatoire. Chef-d'œuvre méconnu du néoclassicisme tardif et symbole de la Restauration, cet édifice funéraire allie la rigueur des volumes, la simplicité du plan à l'intimité d'une lumière nimbant la coupole. Deux groupes sculptés représentent les défunts souverains : *Louis XVI, auquel un ange montre le ciel*, de Bosio, et *Marie-Antoinette soutenue par la Religion*, de Cortot.

Jeu.-sam. : 13h-17h. Visite libre. Visite guidée.
Fermé 1er janv., 1er mai, 1er et 11 nov., 25 déc.

Grand Palais

Avenue Winston-Churchill
75008 Paris
Tél. : 01 44 13 17 17/01 56 43 20 21
www.grandpalais.fr/
www.palais-decouverte.fr
Propriété de l'Établissement public du Grand Palais
Classé

Le Grand Palais est édifié pour l'Exposition universelle de 1900 dans un endroit stratégique : « l'axe républicain », dernière grande percée de Paris, permettant de passer rapidement des Invalides à l'Élysée par le nouveau pont Alexandre-III. Les architectes Deglane, Louvet, Thomas et Girault répondent à un programme complexe alliant des espaces pour les Salons artistiques à une nef pour les concours hippiques ou les grandes expositions dédiées à l'innovation. L'alliage du métal, du verre et de la pierre constitue une prouesse architecturale tandis que la décoration oscille entre classicisme et Art nouveau. Le Grand Palais abrite dans la nef de grandes manifestations populaires dédiées à la création contemporaine et à l'innovation.

GALERIE NATIONALE DU GRAND PALAIS Programmation événementielle (se renseigner au 01 44 13 17 17 ou 01 56 43 41 73). Visite libre.
Visite audioguidée suivant les événements. en partie.
PALAIS DE LA DÉCOUVERTE T.l.j. sf lun. 9h30-18h ; dim. et j. fériés 10h-19h.
Fermé 1er janv., 1er mai, 14 juil., 15 août, 25 déc.
Visite libre. Visite sur r.-v. pour les groupes. suivant les événements.

Hôtel Jacquemart-André

Musée Jacquemart-André
158, boulevard Haussmann
75008 Paris
Tél. : 01 45 62 11 59
www.musee-jacquemart-andre.com
Propriété de l'Institut de France
Classé

Hôtel particulier réalisé par l'architecte Henri Parent à la demande d'Édouard André, héritier d'une riche famille de banquiers protestants ; il est inauguré en 1875. En 1881, Monsieur André épouse la portraitiste Nélie Jacquemart. Collectionneurs passionnés et avertis, ils rassemblent de rares peintures, mobiliers et objets d'art de l'école française du XVIIIe s., de l'école flamande des XVIIe et XVIIIe s. et de l'école italienne, principalement du Quattrocento. En 1912, l'hôtel particulier du Second Empire et ses exceptionnelles collections sont légués à l'Institut de France qui, selon le souhait des légataires, l'ouvre au public.

T.l.j. 10h-18h. Visite audioguidée.
Visite sur r.-v. pour les groupes au 01 45 62 39 94.

Hôtel Nissim de Camondo

Musée Nissim-de-Camondo
Les Arts décoratifs
63, rue de Monceau
75008 Paris
Tél. : 01 53 89 06 50
www.lesartsdecoratifs.fr
Propriété des Arts décoratifs
Inscrit

Banquier renommé du Paris de la Belle Époque, Moïse de Camondo a collectionné avec passion le mobilier et les objets d'art du XVIIIe s. français, réunissant un ensemble d'une rare qualité. En 1911, il confie à l'architecte René Sergent la construction d'un hôtel particulier, en bordure du parc Monceau. Le Petit Trianon de Versailles sert de modèle, mais, derrière l'admirable décor des appartements lambrissés, se cachent les instruments de la modernité : cuisines, offices et salles de bains. Cet ensemble, conservé dans son intégrité, permet de découvrir le goût d'un grand collectionneur et de comprendre le fonctionnement d'une demeure aristocratique.

T.l.j. sf lun. 10h-18h (jeu. nocturne jusqu'à 21h). Fermé 1er janv., 1er mai, 25 déc.
Visite libre. Visite audioguidée. Visite sur r.-v. pour les groupes.
Visite guidée tous les dim. ♿ r.-d.-c.

Hôtel Salomon de Rothschild

Centre national de la photographie
11, rue Berryer
75008 Paris
Tél. : 01 53 76 12 32
centre.national.de.la.photographie@wanadoo.fr
Propriété de l'État
Inscrit

L'hôtel est édifié dans le style Louis XVI de 1874 à 1878 par l'architecte Léon Ohnet et son élève Justin Ponsard pour la baronne Salomon de Rothschild. Il s'élève à l'emplacement de l'ancienne folie Beaujon du XVIIIe s. et de la maison où Balzac finit ses jours en 1850. La décoration intérieure est confiée au peintre Léopold de Moulignion. À la mort de la baronne en 1922, l'hôtel et ses collections sont légués à l'État. Depuis 1993, les lieux abritent le Centre national de la photographie, créé en 1982 afin de promouvoir la photographie contemporaine.

T.l.j. sf mar. 12h-19h.

Jeu de paume

Galerie nationale du Jeu de paume
1, place de la Concorde
75008 Paris
Tél. : 01 47 03 12 50
www.jeudepaume.org
Propriété de l'État
Classé

Implanté sur une terrasse du jardin des Tuileries et dominant la place de la Concorde, le bâtiment du Jeu de paume, édifié sous Napoléon III puis agrandi en 1878, est le pendant de l'édifice de l'Orangerie. La vogue de ce divertissement passée, il devient en 1927 une annexe du musée du Luxembourg. Au lendemain de la Seconde Guerre mondiale, le bâtiment est affecté aux stockages des œuvres pillées par les forces d'occupation. Entièrement réaménagé en 1991 par l'architecte Antoine Stinco, le Jeu de paume est depuis 2004 un lieu de référence pour la diffusion et l'exposition de la photographie et de l'image du XIXe s. à nos jours (photographie, cinéma, vidéo, installations, etc.).

Mar. : 12h-21h; mer.-ven. : 12h-19h; w.-e. : 10h-19h.
Fermé lun., 25 déc., 1er janv., 1er mai.
En raison des cérémonies, ouverture à 13h le 14 juil.
Visite libre. Visite guidée. Visite sur r.-v. pour les groupes.

9E ARRONDISSEMENT

Hôtel Scheffer-Renan

Musée
de la Vie romantique
16, rue Chaptal
75009 Paris
Tél. : 01 55 31 95 67
www.vie-romantique.paris.fr
Propriété de la commune
Inscrit

Dans la maison du peintre Ary Scheffer, construite en 1830, est retracée la vie artistique, littéraire et musicale de l'époque romantique. Ce musée d'atmosphère avec son jardin, qui a gardé tout le charme d'un hôtel particulier en plein cœur du quartier de Pigalle, est également consacré à l'évocation de l'univers de George Sand. De nombreuses expositions évoquent un romantisme patrimonial ou contemporain. Concerts, lectures, contes pour enfants. Le salon de thé saisonnier permet de profiter du jardin de mai à octobre.

T.l.j. sf lun. 10h-18h. Fermé j. fériés. Visite libre. Visite guidée.
(mi-avr. à mi-oct. : t.l.j. sf lun. 11h30-17h30).

Musée Grévin

10, boulevard Montmartre
75009 Paris
Tél. : 01 47 70 88 08
www.grevin.com
Propriété privée
Inscrit

En 1881, le journaliste Arthur Meyer décide de créer un musée de cires, un journal en trois dimensions présentant les figures illustres de l'actualité. Il fait appel à Alfred Grévin, célèbre caricaturiste et sculpteur. Édifié par l'architecte Esnault-Pelterie, le musée Grévin est inauguré en 1882. À l'intérieur, le théâtre à l'italienne, créé en 1900, est décoré par Jules Chéret et Bourdelle. Reprise de la « salle des Illusions » de l'Exposition universelle de 1900, le palais des Mirages est aménagé en 1906 par l'architecte Eugène Hénard sur un jeu de miroirs et lumière.

T.l.j. 13h-18h30, w.-e. et j. fériés 10h-19h.
Visite libre. Visite guidée sur r.-v. pour les groupes.

Musée Gustave-Moreau

14, rue de La Rochefoucauld
75009 Paris
Tél. : 01 48 74 38 50
www.musee-moreau.fr
Propriété de l'État
Inscrit

Le peintre symboliste Gustave Moreau charge en 1895 l'architecte Albert Lafon de transformer l'hôtel particulier de ses parents en un musée consacré à son œuvre. L'édifice est alors surélevé de deux étages destinés à recevoir des ateliers d'exposition ouverts sur de grandes verrières et reliés entre eux par un escalier hélicoïdal, la façade est entièrement recomposée. L'appartement du premier étage est personnellement aménagé par l'artiste autour de ses objets et souvenirs intimes. Le peintre décède en 1898 et l'atelier-musée ouvre ses portes en 1903. On peut y voir exposés deux cents peintures et plus de quatre mille dessins et aquarelles de Gustave Moreau.

T.l.j. sf mar. 10h-17h15. Fermé 1er janv., 1er mai, 25 déc.
Visite libre. Visite sur r.-v. pour les groupes (30 pers. max.).

Opéra national de Paris-Garnier

1, place de l'Opéra
75009 Paris
Tél. : 08 25 05 44 05
www.opera-de-paris.fr
Propriété de l'État
Classé

L'Opéra de Paris, symbole d'une classe riche et joyeuse, est inauguré en 1875 après treize années d'un chantier colossal dirigé dans ses plus infimes détails par l'architecte Charles Garnier. Parfaitement intégré au cœur des nouveaux quartiers remodelés par le préfet Haussmann, il inaugure un style novateur et éclectique à la gloire de l'Empire triomphant. L'édifice, à son époque le plus grand Opéra du monde, allie l'exubérance d'un décor polychrome au rationalisme de la structure contre laquelle, tel un masque chatoyant, il vient se poser.

T.l.j. 10h-17h (10h-13h les jours de représentations en matinée).
Fermé 1er janv., 1er mai et les jours de manifestations exceptionnelles.
Visite libre. Visite guidée mer. et w.-e. à 11h30 et 15h30; juil.-août : t.l.j. visite à 11h30, 14h et 15h30; vac. scol. : t.l.j. visite à 11h30 et 15h30.

10e ARRONDISSEMENT

Hôpital Saint-Louis

Musée des Moulages dermatologiques et des Cires anatomiques
1, avenue Claude-Vellefaux
75010 Paris
Tél. : 01 42 49 99 15
www.aphp.fr
Propriété d'un établissement public
Inscrit et classé

Le musée des moulages de l'hôpital Saint-Louis est le seul témoin des musées à vocation pédagogique installés au XIXe s. dans les hôpitaux de l'Assistance publique. Construit entre 1882 et 1885, le musée est inauguré en 1889, date du premier Congrès international de dermatologie. Sa collection de cires médicales (près de cinq mille moulages, pour la plupart réalisés par Jules Baretta) a acquis une réelle valeur patrimoniale : elle témoigne d'une forme d'apprentissage de la médecine et apporte une contribution importante à l'histoire de la dermatologie.

Lun.-ven. 9h-17h sur r.-v. uniquement. Fermé j. fériés.

Hôtel Bourrienne

58, rue d'Hauteville
75010 Paris
Tél. : 01 47 70 51 14
Propriété privée
Classé

L'hôtel particulier est édifié et agrandi de 1789 à 1798 par l'architecte Célestin-Joseph Happe pour Mme Préponnier, puis pour le charpentier Tricardeau et enfin pour la famille Lormier-Lagrave. L'hôtel doit son nom à Louis-Antoine Fauvelet Bourrienne, condisciple de Bonaparte et propriétaire de la demeure à partir de 1801. Ce dernier confie son réaménagement ainsi que la reconstruction de la façade sur jardin à l'architecte Étienne-Chérubin Leconte et au peintre allemand Charles Moench pour les ornements. L'hôtel Bourrienne demeure un remarquable exemple du style Empire conservé à Paris.

1er-15 juil., sept : 12h-18h. Visite libre. Visite sur r.-v. le reste de l'année.

12e ARRONDISSEMENT

Chais et entrepôts de Bercy

53, avenue des Terroirs-de-France
75012 Paris
Tél. : 01 43 40 16 22
www.pavillons-de-bercy.com
Propriété de la commune
Inscrit

Au début du XIXe s., des négociants s'implantent sur les quais de Bercy et développent le plus important marché du monde pour le commerce du vin. Depuis 1979, la ville de Paris mène d'importants travaux en vue de la restructuration du quartier. Seuls deux chais anciens (magasin de stockage) sont conservés : les chais de la cour Saint-Émilion construits dans les années 1840 sont aménagés en restaurants et boutiques ; les chais Lheureux de 1886 portent le nom de leur architecte Ernest Lheureux et abritent désormais une école de boulangerie et le musée des Arts forains.

Visite sur r.-v. uniquement au 01 43 40 16 22 ou à diane@pavillons-de-bercy.com. ♿

Palais de la Porte-Dorée

Cité nationale de
l'histoire de l'immigration
293, avenue Daumesnil
75012 Paris
Tél. : 01 53 59 58 60
www.histoire-immigration.fr
Propriété de l'État
Inscrit et classé

Édifice construit à partir de 1928 pour l'Exposition coloniale internationale de 1931 par les architectes Léon Jaussely et Albert Laprade. Il devient ensuite le musée permanent des Colonies, à la gloire de l'Empire français. La façade principale se couvre, derrière sa colonnade, d'un bas-relief en pierre, œuvre d'Alfred Janniot illustrant les richesses des colonies françaises d'Asie, d'Afrique, d'Océanie et des Antilles. À l'intérieur, la salle des fêtes et les bureaux du maréchal Lyautey et de Paul Reynaud reçoivent un mobilier d'Eugène Printz et Émile-Jacques Ruhlmann. Transformé à l'initiative de Malraux en musée des Arts d'Afrique et d'Océanie depuis 1960, l'édifice abrite depuis 2007 les collections et les activités de la Cité nationale de l'histoire de l'immigration.

CITÉ NATIONALE DE L'HISTOIRE DE L'IMMIGRATION
T.l.j. sf lun. 10h-17h30, w.-e. 10h-19h.
AQUARIUM T.l.j. sf lun. 10h-17h30, w.-e. 10h-19h.
Fermés 1er mai, 14 juil., 25 déc.
Visite libre. Visite guidée. Visite sur r.-v. pour les groupes
à reservation@histoire-immigration.fr (8 à 30 pers.). ♿
MÉDIATHÈQUE T.l.j. sf lun. 13h-17h30, sam. 13h-19h. Fermée en août.

Pavillon du Togo et du Cameroun

Institut international bouddhique
40, route circulaire du Lac-Daumesnil
75012 Paris
Tél. : 01 43 41 54 48
Propriété de la commune
Inscrit

Les pavillons à charpente en bois sont édifiés par les architectes Louis-Hippolyte Boileau et Charles Carrière pour l'Exposition coloniale internationale inaugurée en mai 1931. Destinées à recevoir les manifestations du Cameroun et du Togo, les constructions initialement provisoires sont finalement conservées et la plus grande d'entre elles est affectée à partir de 1933 au musée du Bois. À cette occasion, le pavillon reçoit une couverture en sapin nordique. Le musée ferme ses portes en 1971, et, après une campagne de restauration, les lieux abritent depuis 1975 un centre bouddhique.

Visite sur r.-v. uniquement.

13E ARRONDISSEMENT

Hôpital de la Salpêtrière

47, boulevard de l'Hôpital
75013 Paris
Tél. : 01 44 54 19 30
visites-conferences@monuments-nationaux.fr
Propriété de la commune
Inscrit et classé

En 1656, Louis XIV fonde l'Hôpital-Général destiné à recueillir et à contrôler la population indigente de la capitale. Édifiée sur l'ancien arsenal dont il conserve le nom, la Salpêtrière, successivement construite de 1669 à 1756 par les architectes Louis Le Vau, Libéral Bruand et Germain Boffrand, est affecté aux femmes démunies. En 1680, une partie de l'établissement est transformée en prison élevée par l'architecte Nicolas Delespine. L'hôpital est ensuite affecté en 1796 aux maladies mentales et abrite les travaux pionniers des aliénistes Pinel et Charcot.

Visite-conférence organisée par le CMN (tél. : 01 44 54 19 30).

Manufacture nationale des Gobelins

42, avenue des Gobelins
75013 Paris
Tél. : 01 44 08 53 49
www.mobiliernational.culture.gouv.fr
Propriété de l'État
Classé

La manufacture royale des Gobelins est fondée en 1662 par Colbert sur les bords de la Bièvre. Sous la direction du peintre Charles Le Brun, des artistes réalisent tapisseries, mobilier et objets d'art destinés aux maisons royales. Aujourd'hui le site abrite, outre les ateliers de tapisserie de haute lisse des Gobelins, la manufacture de tapis de la Savonnerie ainsi qu'une partie de celle de Beauvais, installée à Paris en 1940. Les bâtiments sont en partie de la fin du XVIIe s. La chapelle, dans l'axe de la grande allée, a été aménagée en 1723 par Robert de Cotte. En 1912, les architectes Camille-Jean Formigé et Léon Jaussely réalisent le bâtiment du musée (actuellement fermé) qui borde l'avenue.

T.l.j. sf lun. 11h-18h. Fermé 1er janv, 1er mai, 25 déc.
Visite guidée mer., ven. et sam. à 15h30 et 17h.
Visite sur r.-v. pour les groupes.

14E ARRONDISSEMENT

Abbaye de Port-Royal

121-125, boulevard de Port-Royal
75014 Paris
Tél. : 01 44 54 19 30
visites-conferences@monuments-nationaux.fr
Propriété d'un établissement public
Inscrit et classé

Initialement implantée dans la vallée de Chevreuse, l'abbaye de Port-Royal-des-Champs s'installe en 1625 à Paris dans l'hôtel de Clagny et devient un foyer rayonnant de la doctrine janséniste. L'architecte Antoine Le Pautre élève en 1646-1648 l'église qui exprime toute la simplicité et la rigueur prônées par la nouvelle doctrine. Le grand cloître est achevé dans les années 1660. Louis XIV, à la suite de l'interdiction du jansénisme, ordonne la dispersion des religieuses en 1664 puis la suppression de l'abbaye en 1709. Les bâtiments de l'ancienne abbaye de Port-Royal sont aujourd'hui affectés à la maternité Baudelocque.
Visite-conférence organisée par le CMN (tél. : 01 44 54 19 30).

Hôtel de Massa

Société des Gens de lettres de France
38, rue du Faubourg-Saint-Jacques
75014 Paris
Tél. : 01 44 54 19 30
www.sgdl.org
Propriété de l'État
Classé

L'hôtel de Massa est construit en 1784 par l'architecte Jean-Baptiste Le Boursier pour Thiroux de Montsauge, contrôleur des finances. La demeure est initialement située sur les Champs-Élysées, au coin de la rue La Boétie, mais, à cause d'une opération immobilière en 1926, elle est déplacée pierre par pierre sur son site actuel par décision d'Édouard Herriot, ministre de l'Instruction publique et des Beaux-Arts. Depuis, l'hôtel abrite le siège de la Société des gens de lettres qui rassemble de nombreux souvenirs littéraires.
Visite-conférence organisée par le CMN (tél. : 01 44 54 19 30).

15E ARRONDISSEMENT

Institut Pasteur

Musée Pasteur
25, rue du Docteur-Roux
75015 Paris
Tél. : 01 45 68 82 83
www.pasteur.fr
Propriété de l'Institut Pasteur
Classé

À la suite de la découverte par Pasteur de son vaccin, une souscription publique ouverte en 1886 offre au savant la direction d'un nouvel établissement de soins, édifié en 1888 par l'architecte Félicien Brébant. En 1895, l'architecte Charles Girault y aménage une chapelle funéraire décorée de mosaïques par Auguste-Guilbert Martin en vue de recevoir la dépouille du savant décédé la même année. Un hôpital et un institut de chimie biologique sont ajoutés à l'édifice en 1900. L'appartement de Pasteur et son laboratoire sont transformés depuis 1936 en un musée consacré aux souvenirs scientifiques de Pasteur et à sa vie quotidienne.
Lun.-ven. 14 h-17 h 30. Fermé août et j. fériés.
Visite guidée. Visite sur r.-v. pour les groupes. sur r.-v. pour les groupes.

La Ruche

52, rue de Dantzig
75015 Paris
Tél. : 01 44 54 19 30
visites-conferences@monuments-nationaux.fr
Propriété privée
Inscrit

À partir de 1895, l'artiste Alfred Boucher acquiert le pavillon des vins de l'Exposition universelle de 1900 et l'installe sur son site actuel pour créer un phalanstère d'artistes, inauguré en 1902. Le nom de « ruche » s'impose certainement en raison de la forme circulaire de l'édifice métallique, surmonté d'une verrière, dont les quatre-vingts ateliers sont étroits comme des alvéoles. Une intense activité artistique y règne, les « abeilles » Fernand Léger, Chaïm Soutine, Amadeo Modigliani, Marc Chagall, Max Jacob et bien d'autres transforment cette « villa Médicis de la misère » en un haut lieu de l'art moderne. Progressivement restaurés depuis 1980, les lieux sont toujours occupés par des artistes.
Visite-conférence organisée par le CMN (tél. : 01 44 54 19 30).

16E ARRONDISSEMENT

Appartement de Clemenceau

8, rue Benjamin-Franklin
75016 Paris
Tél. : 01 45 20 53 41
www.musee-clemenceau.fr
Propriété privée
Classé

De 1895 jusqu'à sa mort survenue en 1929, Georges Clemenceau loue l'appartement situé au rez-de-chaussée du numéro 8 de la rue Franklin, immeuble construit durant la seconde moitié du XIXe s. Dès 1931, la fondation du musée Clemenceau – créée grâce à la générosité d'un admirateur américain du grand homme – ouvre à la visite l'appartement, donnant sur un jardin, intégralement conservé dans son état d'origine et bientôt complété par une galerie documentaire présentant des souvenirs et des documents évoquant l'homme d'État, le journaliste l'écrivain, mais aussi le voyageur et l'ami des arts que fut Clemenceau.
Mar.-sam. 14h-17h30. Fermé août et j. fériés. Visite libre.
Visite audioguidée. Visite sur r.-v. pour les groupes (20 pers. max.).

Maison de Balzac

Musée Balzac
47, rue Raynouard
75016 Paris
Tél. : 01 55 74 41 80
www.paris.fr
Propriété de la commune
Inscrit et classé

La maison où Balzac vécut de 1840 à 1847 demeure un charmant témoin du vieux Passy, alors qu'il n'était encore qu'un village. Surnommée la « cabane de Passy », la résidence a conservé son caractère campagnard et son jardin romantique qui surplombe l'hôtel de Lamballe, siège de l'ambassade de Turquie, où mourut Maupassant. Transformée aujourd'hui en musée, la maison abrite de nombreux objets littéraires (manuscrits, éditions originales, etc.) et des objets chers à l'écrivain qui continuent d'évoquer l'œuvre, la vie et la mémoire d'Honoré de Balzac.
T.l.j. sf lun. 10h-18h. Fermé j. fériés. Visite guidée audioguidée.

Musée de la Contrefaçon

16, rue de la Faisanderie
75016 Paris
Tél. : 01 56 26 14 00
www.unifab.com
Propriété privée
Inscrit

L'hôtel particulier est édifié entre 1898 et 1901 par l'architecte Henry pour l'antiquaire Guiraud. Élevée dans le style du XVIIIe s., la demeure allie élégance et légèreté. Malheureusement occupée et dégradée pendant la Seconde Guerre mondiale, elle abrite depuis 1950 l'Union des fabricants qui procède à sa restauration et à son réaménagement intérieur. La société y fonde au rez-de-chaussée le musée de la Contrefaçon qui présente plus de trois cents produits authentiques, issus de tous secteurs, confrontés à leurs copies afin de mieux discerner le vrai du faux.
T.l.j. sf lun. 14h-17h30. Fermé j. fériés et w.-e. en août.
Visite libre. Visite guidée sur r.-v. pour les groupes (10 pers. min.).

Musée Guimet – musée national des Arts asiatiques

6, place d'Iéna
75016 Paris
Tél. : 01 56 52 53 00
www.guimet.fr
Propriété de l'État
Inscrit

Le musée est construit par l'architecte Terrier en 1880 pour abriter la collection de l'industriel lyonnais Émile Guimet. Initialement consacrée à l'histoire des religions de l'Égypte, de l'Antiquité classique et des pays d'Asie, l'institution va progressivement concentrer ses efforts sur les arts asiatiques. Rattaché à la direction des Musées de France en 1927, il bénéficie d'un enrichissement constant de ses collections : en 1935 il reçoit les sculptures du musée indochinois du Trocadéro et en 1947 les œuvres asiatiques du Louvre. Le musée est agrandi en 1991 d'une nouvelle aile installée dans l'hôtel Heidelbach. De 1996 à 2000, les architectes Henri et Bruno Gaudin mènent à bien un ambitieux programme de rénovation et de restructuration des espaces intérieurs.
T.l.j. sf mar. 10h-18h. Fermé 1er janv., 1er mai, 25 déc. Visite libre.
Visite audioguidée. Visite sur r.-v. pour les groupes. (01 47 23 58 03).

Palais de Chaillot

1, place-du-Trocadéro-et-du-11-Novembre
75016 Paris
Cité de l'Architecture et du patrimoine (CAPA)
Tél. : 01 58 51 52 00
www.citechaillot.fr
Musée de la Marine
Tél. : 01 53 65 69 69
www.musee-marine.fr
Muséum de l'Homme
Tél. : 01 44 05 72 72
www.mnhn.fr
Théâtre de Chaillot
Tél. : 01 53 65 31 00
www.theatre-chaillot.fr
Propriété de l'État
Classé

Projeté pour l'Exposition universelle de 1937, le palais de Chaillot est construit à partir de 1934 par les architectes Louis-Hippolyte Boileau, Jacques Carlu et Léon Azéma sur les fondations de l'ancien palais du Trocadéro, réalisé pour l'exposition de 1878, par Davioud. L'ensemble conjugue un modernisme architectural à un ambitieux programme décoratif alliant sculptures monumentales en extérieur (*Apollon* d'Henri Bouchard et *Hercule* d'Albert Pommier) et peintures intérieures (Dufy, Vuillard, Bonnard, Denis). Le palais de Chaillot abrite actuellement : la cité de l'Architecture et du patrimoine, cité plurielle avec le musée comprenant la galerie des moulages, la galerie des peintures murales et des vitraux, la galerie d'architecture moderne et contemporaine, les expositions temporaires, les galeries d'actualité, les salons de l'Institut français d'architecture (IFA), l'auditorium, la bibliothèque et le centre d'archives; mais aussi le musée de la Marine, le musée de l'Homme et le théâtre de Chaillot.

CAPA T.l.j. sf mar. 11h-19h (jeu. noctume jusqu'à 21h).
Fermé 1er mai, 25 déc. Visite libre.
MUSÉE DE LA MARINE T.l.j. sf mar. 10h-18h. Fermé 1er janv., 1er mai, 25 déc.
Visite libre. Visite audioguidée.
MUSÉE DE L'HOMME Fermé pour travaux jusqu'en 2012.
Pour plus d'informations quant à une prochaine réouverture, se renseigner sur le site www.mnhn.fr.
THÉÂTRE DE CHAILLOT Selon programmes des manifestations.

Trianon de Bagatelle

Route de Sèvres à Neuilly – Bois de Boulogne
75016 Paris
Tél. : 01 53 64 53 80
www.perso-jardins-bagatelle.net
Propriété de la commune
Classé

En 1775, le comte d'Artois acquiert le château de Bagatelle et relève le pari lancé par Marie-Antoinette de construire un nouveau domaine en deux ans. L'architecte François-Joseph Bélanger relève le défi en soixante-trois jours. Il édifie le pavillon rythmé d'un avant-corps central en demi-lune et dresse les plans du jardin réalisé par l'Écossais Thomas Blaikie. Lord Seymour l'acquiert en 1835, fait remanier le pavillon et construire l'orangerie, les écuries, les communs, le pavillon du jardinier ainsi qu'une nouvelle entrée. Transmis à son fils, le fameux Richard Wallace, le domaine s'enrichit du Trianon construit par l'architecte Léon de Sanges et de deux pavillons de garde. En 1905, la ville acquiert le domaine. Jean-Claude-Nicolas Forestier, conservateur des parcs et jardins de la ville, repense alors la plantation dans le goût impressionniste et crée la roseraie.

Été : 9h-20h (les horaires de fermeture varient la tournée des gardiens); hiver : 9h-16h. Expositions temporaires.

Maison La Roche

10, square du Docteur-Blanche
75016 Paris
Tél. : 01 42 88 41 53
www.fondationlecorbusier.asso.fr
Propriété de la fondation Le Corbusier
Classé

Villa construite de 1924 à 1925 par les architectes Le Corbusier et Pierre Jeanneret, pour le collectionneur d'art moderne Raoul La Roche. À l'instar de la villa Jeanneret attenante, elle devait s'insérer dans un projet de lotissement non réalisé sur toute l'impasse, initié par la Banque immobilière de Paris. La villa abrite une galerie sur pilotis édifiée sur deux niveaux desservis par une rampe courbe. Elle préfigure les principes architecturaux chers à l'architecte, notamment l'utilisation du toit-terrasse, de fenêtres étirées en bandeaux et le plan libre. Depuis 1968, les deux demeures sont dévolues à la fondation Le Corbusier et les espaces de la villa La Roche sont ouverts à la visite.

Lun. : 13h30-18h ; mar.-jeu. : 10h-18h ; ven.-sam. : 10h-17h.
Visite libre. Visite sur r.-v. pour les groupes au 01 42 88 75 72.

17e ARRONDISSEMENT

École normale de musique de Paris Alfred-Cortot

114 *bis*, boulevard Malesherbes
75017 Paris
Tél. : 01 47 63 85 72
www.ecolenormalecortot.com
Propriété privée
Inscrit et classé

L'hôtel particulier est construit en 1881 par l'architecte Léopold Cochet pour la famille Rozand. Depuis 1924, la demeure abrite l'École normale de musique Alfred-Cortot. À cet effet, les architectes Auguste et Gustave Perret réalisent de 1928 à 1929 une salle de concerts novatrice en matière acoustique. Édifiée à l'emplacement des anciennes écuries et remises de l'hôtel, elle est simplement ornée d'un film de bronze posé sur les poutres et le garde-corps des balcons après décoffrage du béton. La demeure conserve par ailleurs son décor initial caractéristique de la fin du XIXe s.

Visite-conférence organisée par le CMN (tél. : 01 44 54 19 30).

19e ARRONDISSEMENT

Grande Halle de la Villette

211, avenue Jean-Jaurès
75019 Paris
Tél. : 01 40 03 75 75
www.villette.com
Propriété de l'État
Inscrit

En 1867, les abattoirs de la Villette sont créés par le préfet Haussmann aux portes de Paris et cesseront leur activité en 1974, condamnés par l'évolution de la réfrigération. La Grande Halle, principal vestige de cette époque, est construite au sud du canal de l'Ourcq par les architectes Jules de Mérindol, élève de Baltard, et Louis-Adolphe Janvier pour abriter le marché aux bœufs. Elle élance sa charpente métallique sur 240 m de long, 82 m de large et 19 m de hauteur. Entre 1983 et 1985, Bernard Reichen et Philippe Robert procèdent à sa reconversion en espace culturel polyvalent.

Ouvert durant les expositions temporaires.

Ci-contre :
cathédrale Notre-Dame (Paris).

LANGUEDOC-ROUSSILLON

AUDE – GARD – HÉRAULT – LOZÈRE – PYRÉNÉES-ORIENTALES

A
B
1
2
3
4
Aurillac
Figeac
Cahors
Villefranche-de-Rouergue
Rodez
Millau
Montauban
Albi
Toulouse
Castres
Mazamet
Foix
MIDI-PYRÉNÉES
Hérault
Aude
Pyrénées-Orientales
Javols
Prinsuéjols
Gabrias
Lodève
Soumont
Roujan
Margon
Cazedarnes
Béziers
Caunes-Minervois
Nissan-lez-Ensérune
Saissac
Lastours
Saint-Papoul
Saint-Martin-le-Vieil
Carcassonne
Narbonne
Saint-Hilaire
Ladern-sur-Lauquet
Lagrasse
Limoux
Termes
Villerouge-Termenès
Alet-les-Bains
Arques
Puivert
Duilhac-sous-Peyrepertuse
Cucugnan
Salses-le-Château
Lapradelle-Puilaurens
Tautavel
Rivesaltes
Perpignan
Arboussols
Ille-sur-la-Têt
Prades
Elne
Codalet
Boule-d'Amont
Villefranche-de-Conflent
Collioure
Saint-Génis-des-Fontaines
Mont-Louis
Casteil
Céret
Maureillas-Las-Illas
Le Perthus
Arles-sur-Tech
Sainte-Léocadie
Prats-de-Mollo-la-Preste
A 20
A 62
A 64
A 66
A 68
A 61
A 75
A 9
RN 122
RD 920
RD 921
RN 140
RD 922
RN 88
RD 911
RD 926
RN 108
RD 999
RN 126
RN 112
RN 9
RN 113
RD 919
RD 117
RN 116
RN 114
RN 20
Bès
Truyère
Lot
Tarn
Orb
Orbieu
Agly
Aude
Têt
Tech

LANGUEDOC-ROUSSILLON
AUVERGNE
RHÔNE-ALPES
PROVENCE-ALPES-CÔTE D'AZUR
Lozère
Gard
MER MÉDITERRANÉE
C
D
1
2
3
4
Valence
Privas
Aubenas
Montélimar
Langogne
Mende
Aujac
Florac
Portes
Saint-Paulet-de-Caisson
Pont-Saint-Esprit
Molières-sur-Cèze
Alès
Laudun
Lasalle
Montaren-et-Saint-Médiers
Uzès
Saint-Laurent-des-Arbres
Carpentras
Ribaute-les-Tavernes
Le Vigan
Villeneuve-lès-Avignon
Avignon
Vers-Pont-du-Gard
Nîmes
Beaucaire
Cavaillon
Villevieille
Sommières
Saint-Guilhem-le-Désert
Aimargues
Arles
Assas
Saint-Gilles
Salon-de-Provence
Villeneuvette
Montpellier
Pézenas
Gigean
Aigues-Mortes
Aix-en-Provence
Villeveyrac
Loupian
Marseille
Agde
Chassezac
Ardèche
Rhône
Gardon
Gard
Tarnon
Jonte
Cèze
Dourbie
Vidourle
Hérault
RN 88
RN 106
RD 7
RN 86
RN 110
RN 109
RN 112
A 7
A 9
A 54
A 8
A 55
N
0
30 km

ALET-LES-BAINS A3

Abbaye Notre-Dame
Avenue Nicolas-Pavillon
11580 Alet-les-Bains
Tél. : 04 68 69 93 56
http://info.aletlesbains.free.fr
www.audetourisme.com
Propriété de la commune
Classé

La fondation de Notre-Dame d'Alet remonte probablement au début du IXe s. Une relique de la Vraie Croix, déposée au XIe s., attire de nombreux pèlerins et contribue à la prospérité de l'abbaye qui reçoit en 1318 le siège épiscopal précédemment installé à Limoux. Victime des guerres de Religion elle s'éteint jusqu'à la Révolution. De l'église abbatiale, commencée au XIe s. et partiellement détruite à la fin du XVIe s., il ne subsiste que le chœur, les murs, une partie de la nef et du transept, la façade et les tours-clochers.
Mi-fév. à juin, sept. à mi-déc. : 10h-12h, 14h30-18h;
juil.-août : 10h-12h, 14h30-19h. Visite libre.
Visite sur r.-v. pour les groupes (10-25 pers.).

ARQUES B4

Château
11190 Arques
Tél. : 04 68 69 82 87/04 68 69 84 77
www.chateau-arques.fr
www.payscathare.org
Propriété de la commune
Classé

Le château est mentionné pour la première fois en 1231 lorsqu'il est donné à Pierre de Voisins au cours de la croisade des Albigeois. Il se compose d'une enceinte quadrangulaire dont il ne reste que la partie méridionale. Celle-ci s'ouvre par une porte en arc brisé défendue par un assommoir. De part et d'autre, deux tours : au sud-ouest une tour-logis à un étage dont la voûte est ornée de culots historiés, au sud-est une autre tour transformée en habitation. Au centre de l'enceinte s'élève un donjon quadrangulaire de trois étages, haut de 25 m et cantonné de quatre échauguettes.
Mars, oct.-nov. : t.l.j. 10h30-12h30, 13h30-17h;
avril-juin, sept. : t.l.j. 10h30-12h30, 13h30-18h; juil.-août : t.l.j. 9h30-19h30.
Fermé en janv., fév. et déc.
Visite libre. Visite guidée sur r.-v. pour les groupes. ♿ en partie.

CARCASSONNE B3

Maison des mémoires Joë Bousquet
53, rue de Verdun
11000 Carcassonne
Tél. : 04 68 72 45 55
www.carcassonne-tourisme.com
Propriété du département
Inscrit

Cette demeure du XVIe s. est acquise en 1924 par le docteur Henri Bousquet. Elle devient la résidence de son fils, l'écrivain Joë Bousquet de 1924 à sa mort en 1950. Paralysé à la suite d'une blessure par balle en 1918, Joë Bousquet reste alité jusqu'à son décès. La chambre est restée dans l'état où Bousquet l'avait laissée. Il y rédige toute son œuvre et y reçoit de nombreux écrivains et peintres surréalistes. Une exposition évoque la vie et l'œuvre de l'écrivain.
T.l.j. sf lun. et dim. 9h-12h, 14h-18h. Visite libre. Visite guidée.

Château et remparts de la cité
11000 Carcassonne
Tél. : 04 68 11 70 70
http://carcassonne.monuments-nationaux.fr/www.payscathare.org
Propriété de l'État
Classé

CENTRE DES MONUMENTS NATIONAUX

TOURISME & HANDICAP

Occupée dès le VIe s. av. J.-C., Carcassonne est une ville romaine, fortifiée dès les IIIe et IVe s. avant d'être une cité médiévale. Jusqu'au début du XIIIe s., Carcassonne est une ville prospère, possession de la famille des vicomtes Trencavel. En 1209, Carcassonne est assiégée par les croisés venus combattre les Cathares. Devenue sénéchaussée, le pouvoir royal la dote alors d'une seconde ligne de remparts, agrandit le château et l'entoure d'une enceinte. Restaurée par Viollet-le-Duc au XIXe s., la cité de Carcassonne est une des plus grandes et sans doute la mieux conservée des villes fortifiées d'Europe.
Avr.-sept. : t.l.j. 10h-18h30; oct.-mars : t.l.j. 9h30-17h.
Fermé 1er janv., 1er mai, 1er et 11 nov., 25 déc.
Visite libre. Visite guidée. ♿ en partie.
(projection d'un film sous-titré + visite signée).

B3 **CAUNES-MINERVOIS**

Abbaye Saint-Pierre-et-Saint-Paul

Place de l'Église
11160 Caunes-Minervois
Tél. : 04 68 78 09 44
www.caunesminervois.com
www.payscathare.org
Propriété de la commune
Classé

Fondée à la fin du VIIIe s., l'abbaye bénédictine de Caunes connaît une période de prospérité jusqu'au XIVe s. puis s'affaiblit. La congrégation de Saint-Maur, qui en prend possession en 1663, reconstruit une partie des bâtiments conventuels, mais laisse l'église en l'état. Le chœur du XIe s. a conservé des chapiteaux à volutes caractéristiques du premier art roman méridional. Le portail du XIIIe s. présente un remploi de chapiteaux historiés du XIIe s. Le cloître, remanié au XVIIIe s. et récemment restauré, permet désormais aux visiteurs de découvrir le sol roman du tout premier cloître.

Juil.-août : t.l.j. 10h-19h ; mai-juin, sept.-oct. : t.l.j. 10h-12h, 14h-18h ; fév.-avr., nov.-déc. : t.l.j. 10h-12h, 14h-17h. Fermé en janv., 24-25 et 30-31 déc. Visite libre. Visite guidée sur r.-v. pour les groupes (10 pers. min.).

B34 **CUCUGNAN**

Château de Quéribus

11350 Cucugnan
Tél. : 04 68 45 03 69
www.queribus.fr/www.payscathare.org
Propriété de la commune
Classé

À la porte du pays cathare, sentinelle de l'histoire depuis le XIe s., Quéribus est le dernier bastion à tomber aux mains des Croisés en 1255 pendant « la croisade contre les Albigeois ». Entre Catalogne et Occitanie, il a défendu la frontière de France du XIIIe s. jusqu'à la signature du traité des Pyrénées au XVIIe s. C'est un excellent exemple d'architecture militaire. Du haut de sa terrasse, il offre un magnifique panorama qui s'étend de la mer aux Pyrénées. Plusieurs campagnes de restaurations permettent aujourd'hui un accès facile et sécurisé.

Janv., nov.-déc. : t.l.j. 10h-17h ; fév. : t.l.j. 10h-17h30 ; mars : t.l.j. 10h-18h ; avr.-juin, sept. : t.l.j. 9h30-19h ; juil.-août : t.l.j. 9h-20h ; oct. : t.l.j. 10h-18h30. Fermé 25 déc., en janv. hors vac. scol. Visite libre. Visite audioguidée. Visite guidée sur r.-v. pour les groupes (20 pers. min.).

B4 **DUILHAC-SOUS-PEYREPERTUSE**

Château de Peyrepertuse

11350 Duilhac-sous-Peyrepertuse
Tél. : 06 71 58 63 36
www.chateau-peyrepertuse.com
Propriété de la commune
Classé

Cité pour la première fois au XIe s., Peyrepertuse n'a pas joué de rôle déterminant dans la croisade contre les Albigeois. En 1240, le château est récupéré au nom du royaume de France et devient la forteresse la plus avancée face au royaume d'Aragon jusqu'au traité des Pyrénées (1659) qui déporte vers le sud la frontière franco-espagnole. Peyrepertuse perd alors son importance stratégique. Le site s'étend sur 300 m de longueur et se compose d'une enceinte basse, d'une enceinte médiane et d'un donjon.

Fév.-mars, nov.-déc. : t.l.j. 10h-17h ; avr.-mai, oct. : t.l.j. 10h-18h30 ; juin, sept. : t.l.j. 9h-19h ; juil.-août : t.l.j. 9h-20h30. Fermé trois sem. en janv. et par temps d'orages. Visite libre. Visite audioguidée. Visite guidée sur r.-v. Accès à pied 20 mn.

Double page d'ouverture : forteresse de Salses, Salses-le-Château (Pyrénées-Orientales).

LADERN-SUR-LAUQUET B3

Abbaye Sainte-Marie-de-Rieunette

11250 Ladern-sur-Lauquet
Tél. : 04 68 69 69 06
www.audetourisme.com
Propriété privée
Classé

Fondée en 1162, l'abbaye Sainte-Marie-de-Rieunette est placée sous la protection de l'abbaye cistercienne de Villelongue dès la fin du XIIe s. Elle connaît alors plus de deux siècles de prospérité et compte une trentaine de religieuses. Affaiblie par les guerres de Religion et ruinée par les conflits qui l'opposent aux cisterciens de Villelongue, Sainte-Marie-de-Rieunette est supprimée en 1761 sur ordre de l'évêque de Carcassonne et sert ensuite de métairie. Depuis 1998 une petite communauté de religieuses, détachée du monastère de Boulaur (Gers), y est installée et procède à la restauration de l'ensemble.

Janv.-mai, nov.-déc. : t.l.j. 10h30-12h, 15h30-17h ;
juin-oct. : t.l.j. 10h30-12h, 16h30-19h.
Visite guidée toutes les 30 mn. Visite guidée sur r.-v. pour les groupes.

LAGRASSE B3

Abbaye Sainte-Marie-d'Orbieu

11220 Lagrasse
Tél. : 04 68 43 15 99/04 68 58 11 50 (monastère)
www.abbayedelagrasse.com
www.payscathare.org
Propriété privée,
propriété du département
Classé

Fondée au VIIIe s. sous la protection de Charlemagne, cette abbaye s'est développée rapidement pour devenir l'une des abbayes les plus prospères du Midi. Du VIIIe au XXIe s., les soixante et un abbés qui s'y succèdent participent activement à la vie politique et religieuse du Languedoc et de la Catalogne. À la Révolution, les moines sont chassés, le bâtiment est divisé. Dès lors il se visite en deux parties distinctes : le monastère où l'on peut visiter la cour d'honneur en grès rose, le cloître du XVIIIe s., l'église gothique du XIIIe s. bâtie sur les fondations d'une basilique carolingienne, le transept avec ses absidioles romanes du XIe s., la tour-clocher s'élevant à 42 m, le jardin monastique et le musée lapidaire ; et le logis abbatial où se visite la boulangerie, le transept nord, le dortoir, la chapelle abbatiale du XIIIe s. et une exposition sur le maître de Cabestany. Depuis 2004, l'abbaye renaît grâce à une jeune communauté de chanoines réguliers.

MONASTÈRE Fin janv.-mars, nov. à mi-déc. : t.l.j. 10h-12h30, 14h-17h ;
avr.-juin, oct. : t.l.j. 10h-12h30, 14h-18h ; juil.-sept. : t.l.j. 10h-19h.
Visite libre. Visite guidée sur r.-v. (15 pers. min.). ♿
LOGIS ABBATIAL Horaires d'ouverture variables en fonction des périodes (se renseigner au 04 68 43 15 99 ou abbayedelagrasse@wanadoo.fr).

LAPRADELLE-PUILAURENS B4

Château de Puilaurens

11140 Lapradelle-Puilaurens
Tél. : 04 68 20 65 26
www.payscathare.org
Propriété de la commune
Classé

Mentionné pour la première fois en 958, le château de Puilaurens appartient à la famille de Fenouillet. Dans la première moitié du XIIIe s., il sert de refuge temporaire à quelques Cathares sans pour autant occuper une position stratégique particulière. Après la victoire des croisés contre les Albigeois, Puilaurens appartient au roi de France qui en fait une forteresse royale. Au cours des guerres franco-espagnoles, Puilaurens connaît une histoire mouvementée. Le château a conservé son enceinte crénelée qui épouse les contours du rocher.

Fév., avr., oct.-15 nov. : t.l.j. 10h-17h ; mars : w.-e. 10h-17h ;
mai : t.l.j. 10h-18h ; juin, sept. : t.l.j. 10h-19h ; juil.-août : t.l.j. 9h-20h.
Fermé de mi-nov. à fév.
Visite libre. Visite guidée sur r.-v. pour les groupes (10 pers. min.).

B3 **LASTOURS**

Châteaux

Accueil Rabier
11600 Lastours
Tél. : 04 68 77 56 02
www.payscathare.org
Propriété de la commune
Classé

Les quatre châteaux de Lastours (Cabaret, Tour Régine, Surdespine et Quertinheux) ont été construits indépendamment les uns des autres. Assiégé en 1209 par Simon de Montfort, le château de Cabaret résiste aux premiers assauts de la croisade contre les Albigeois grâce à Pierre Roger de Cabardet, défenseur de la cause cathare. En 1229, ce dernier abandonne le site qui devient alors le siège d'une châtellenie royale. Cabaret conserve sa barbacane, une partie de son chemin de ronde et un donjon. Surdespine n'a conservé que son enceinte. Quertinheux présente une tour ronde et une enceinte polygonale. Tour Régine offre les vestiges d'une enceinte polygonale accolée à une tour circulaire.

Fév.-mars, nov.-déc. : w.-e. et vac. scol. 10h-17h ;
avr.-juin, sept. : t.l.j. 10h-18h ; juil.-août : t.l.j. 9h-20h ; oct. : t.l.j. 10h-17h.
Fermé en janv. Visite libre. Visite guidée sur r.-v. ♿ belvédère.

B3 **NARBONNE**

Palais des Archevêques

Place de l'Hôtel-de-Ville
11100 Narbonne
Tél. : 04 68 90 30 65
www.narbonne-tourisme.com
Propriété de la commune
Classé

L'ancien palais des Archevêques de Narbonne jouxte le cloître de la cathédrale Saint-Just-et-Saint-Pasteur. Il offre un ensemble architectural complexe qui garde les traces de remaniements successifs opérés du XIIe au XIXe s. De la place de l'Hôtel-de-Ville on distingue, du sud au nord : le donjon Gilles-Aycelin, la tour Saint-Martial, le passage de l'Ancre qui mène au cloître et la tour de la Madeleine. Le passage de l'Ancre sépare le Palais-Vieux, dont l'aile est remontée au Xe s., du Palais-Neuf édifié vers la fin du XIIIe s. Le musée de l'Archéologie et celui d'Art et d'Histoire y sont abrités.

Avr.-sept. : t.l.j. 9h30-12h15, 14h-18h ; oct.-mars : t.l.j. sf lun. 10h-12h, 14h-17h.
Fermé 1er janv., 1er mai, 1er et 11 nov., 25 déc.
Visite libre. Visite guidée. Visite guidée sur r.-v. en hiver.

Horreum

7, rue Rouget-de-Lisle
11100 Narbonne
Tél. : 04 68 90 30 54
www.narbonne-tourisme.com
Propriété de la commune
Classé

L'*horreum* est le seul monument antique visible de Narbonne. Il s'agit d'un vaste entrepôt constitué de galeries souterraines destinées à stocker les marchandises. On trouve des horreums dans les grands ports de commerce de l'Antiquité. Ils sont pourvus de petites cellules pour ranger et classer les marchandises.

Avr.-sept. : t.l.j. 9h30-12h15, 14h-18h ; oct.-mars : t.l.j. sf lun. 10h-12h, 14h-17h.
Fermé 1er janv., 1er mai, 1er et 11 nov., 25 déc.
Visite libre. Visite guidée. Visite guidée sur r.-v. en hiver.

Abbaye de Fontfroide

11100 Narbonne
Tél. : 04 68 45 50 71
www.fontfroide.com
Propriété privée
Classé

Fondée vers à la fin du XIe s., l'abbaye est d'abord bénédictine. Affiliée à l'ordre de Cîteaux vers 1146, elle devient très vite une des plus grandes abbayes cisterciennes. Bastion de l'orthodoxie catholique durant l'hérésie albigeoise, elle compte alors plus d'une centaine de moines et environ trois cents frères. En 1476, l'abbaye est mise en commende et connaît un lent déclin. Vendue comme bien national en 1791, elle retrouve une vie monastique de 1858 à 1901, puis est rachetée en 1908 par le peintre collectionneur Gustave Fayet, qui entreprend la restauration des bâtiments.

Janv.-mars, nov.-déc. : t.l.j. 10h-12h, 14h-16h ;
avr.-10 juil., sept. : t.l.j. 10h-12h15, 13h45-17h30 ; 10 juil.-août : t.l.j. 10h-18h ;
oct. : t.l.j. 10h-12h15, 13h45-16h45. Fermé 1er janv., 25 déc.
Visite guidée. Visite guidée sur r.-v. pour les groupes (20 pers. min.). ♿
(6 mars-13 nov. : t.l.j. 11h-17h ; renseignements au 04 68 41 02 26).

PUIVERT A4

Château
Musée du Quercorb
11130 Puivert
Tél. : 04 68 20 81 52
www.chateau-de-puivert.com
Propriété privée
Classé

Propriété de la famille Congost, le château de Puivert est pris en 1210 par Pons de Bruyère, compagnon de Simon de Montfort, lors de la croisade contre les Albigeois. À la fin du XIIIe s., placé sous l'autorité du seigneur du Quercorb, Jean de Bruyère, Puivert devient une marche importante pour la sécurité du royaume. Au début du XIVe s., le château est entièrement reconstruit par Thomas de Bruyère et son épouse Isabelle de Melun. Outre l'enceinte et les communs, le château a conservé son donjon de 35 m.
15 déc.-avr. : t.l.j. sf sam. 10h-17h; mai-15 nov. : t.l.j. 9h-19h.
Fermé 15 nov.-15 déc. Visite libre. Visite guidée sur r.-v. pour les groupes.

SAINT-HILAIRE B3

Abbaye
11250 Saint-Hilaire
Tél. : 04 68 69 62 76
http://pagesperso-orange.fr/abbayedesainthilaire
Propriété de la commune
Classé

Cette abbaye est édifiée autour de 800 à l'emplacement d'une chapelle construite au VIe s. D'abord placée sous le vocable de saint Saturnin, premier évêque de Toulouse, puis sous celui de saint Hilaire, premier évêque de Carcassonne, l'abbaye s'affilie à l'ordre des bénédictins avant d'être dévastée lors des confrontations avec les Cathares, puis reconstruite au XIIIe s. L'abbaye décline lentement au cours des siècles suivants. L'église abbatiale devient église paroissiale en 1758. Elle abrite le monument funéraire de saint Saturnin, sarcophage du XIIe s.
Janv.-mars, nov.-déc. : t.l.j. 10h-12h, 14h-17h;
avr.-juin, sept.-oct. : t.l.j. 10h-12h, 14h-18h; juil.-août : t.l.j. 10h-19h.
Fermé vac. scol. de Noël.
Visite libre. Visite guidée. Visite sur r.-v. pour les groupes (10 pers. min.).

SAINT-MARTIN-LE-VIEIL A3

Abbaye de Villelongue
11170 Saint-Martin-le-Vieil
Tél. : 04 68 24 90 38
www.abbaye-de-villelongue.com
www.payscathare.org
Propriété privée
Classé

Fondée vers la fin du XIIe s., par des moines venus du monastère cistercien de Bonnefont en Comminges, l'abbaye de Villelongue joue un rôle important dans la lutte contre les Albigeois au XIIIe s. Au XIVe s., elle connaît une période prospère, puis décline progressivement avant d'être vendue comme bien national à la Révolution. De l'église, il ne subsiste que le chœur, le transept et la dernière travée de la nef. Les bâtiments monastiques ont conservé le réfectoire, l'aile méridionale du cloître et la salle capitulaire.
Avr.-juin, sept.-Toussaint : t.l.j. sf lun. 10h-12h, 14h-18h30 (sf sam. fermeture à 16h); juil.-août : t.l.j. 10h-12h, 14h-19h (sf sam. fermeture à 16h).
Visite libre. Visite guidée. Visite sur r.-v. pour les groupes (10 pers. min.).

SAINT-PAPOUL A3

Abbaye
11400 Saint-Papoul
Tél. : 04 68 94 97 75
www.saint-papoul.fr
www.payscathare.org
Propriété de la commune
Classé

Fondée au VIIIe s., l'abbaye bénédictine est placée sous le vocable de saint Papoul, disciple de saint Saturnin, premier évêque de Toulouse. Au XIe s., un moine réputé pour son ascétisme, saint Béranger, donne un second souffle à l'abbaye. En 1317, le pape Jean XXII érige l'abbaye en évêché. Trente-quatre évêques s'y succèdent jusqu'à la Révolution. L'évêché est alors supprimé et la cathédrale devient l'église paroissiale. Le chevet de l'abbatiale a conservé des chapiteaux du célèbre sculpteur itinérant de la fin du XIIe s., le maître de Cabestany.
Fév.-mars, nov.-déc. : w.-e. et vac. scol. sf dim. mat. 10h-11h30, 14h-16h30;
avr.-juin, sept. : t.l.j. sf dim. mat. 10h-11h30, 14h-17h30;
juil.-août : t.l.j. sf dim. mat. 10h-18h30;
oct. : t.l.j. sf dim. mat. 10h-11h30, 14h-16h30. Fermé en janv.
Visite libre. Visite guidée. Visite sur r.-v. pour les groupes (10 pers. min.). ♿
(pour les groupes).

A3 **SAISSAC**

Château

11310 Saissac
Tél. : 04 68 24 46 01
www.payscathare.org
Propriété de la commune
Inscrit

Du château, situé en contrebas du village de Saissac, il ne subsiste que les vestiges d'un donjon probablement construit à la fin du XIIIe s., entouré d'une enceinte formant un quadrilatère d'environ 125 m sur 30 m dont les angles sont occupés par des échauguettes ou des tours circulaires. Il ne reste que quelques murs arasés en *opus specatum* du château primitif confisqué en 1209 au seigneur de Saissac, lors de la croisade des Albigeois. Le château sera largement remanié au milieu du XVIe s. par les Bernuy, seigneurs pastelliers, puis, lors des guerres de Religion, il sera remis en défense. De cette période dateraient les échauguettes, les tours circulaires et le corps de logis central. C'est dans ce dernier qu'en 2009 une exposition permanente autour du trésor monétaire médiéval de Saissac a vu le jour.

Avr.-juin, sept. : t.l.j. 10h-18h ; juil.-août : t.l.j. 9h-20h ; oct. : t.l.j. 10h-17h ; nov.-déc., fév.-mars : w.-e., j. fériés et vac. scol. 10h-17h. Fermé janv., 25 déc. Visite libre. Visite guidée. Visite sur r.-v. pour les groupes (10 pers. min.). ♿ en partie.

Tour d'enceinte du château

Musée des Vieux Métiers de la montagne Noire
1, place des Tours
11310 Saissac
Tél. : 04 68 24 47 80
Propriété de la commune
Classé

Perché sur le flanc de la montagne Noire, Saissac conserve les vestiges d'une enceinte dont la construction remonte probablement au XVe s. Destinée à protéger le village lors des guerres de Religion, l'enceinte se réduit aujourd'hui à deux tours. Ces tours sont carrées, voûtées, à escaliers muraux sommés de mâchicoulis. L'une d'elles abrite le musée des Vieux Métiers de la montagne Noire.

Juil.-août : 10h-12h30, 14h30-19h ; mai, juin, sept. : t.l.j. sf ven., sam. 10h-12h30, 14h30-18h ; oct.-avril : t.l.j. sur r.-v. Visite libre. Visite guidée.

B3 **TERMES**

Château

11330 Termes
Tél. : 04 68 70 09 20
www.chateau-termes.com
www.payscathare.org
Propriété de la commune
Classé

Apparue dès le XIe s., la forteresse domine les gorges du Termenet. Le château est tenu par les seigneurs de Termes jusqu'au long siège de 1210 mené par Simon de Montfort lors de la croisade contre les Albigeois. Cédé au roi de France en 1228, qui renforce la place face à l'Aragon, le château est occupé par une garnison jusqu'à sa destruction en 1653. Les vestiges des deux enceintes et de « la chapelle » bénéficient depuis 2005 d'un programme de fouilles et de valorisation.

Mars, nov. à mi-déc. : w.-e., j. fériés et vac. scol. 10h-17h ; avr.-juin, sept.-oct. : t.l.j. 10h-18h ; juil.-août : t.l.j. 10h-19h30. Fermé mi-déc.- fév. Visite libre. Visite audioguidée. Visite sur r.-v. pour les groupes toute l'année.

B3 **VILLEROUGE-TERMENÈS**

Château

11330 Villerouge-Termenès
Tél. : 04 68 70 09 11
www.villerouge.fr
www.payscathare.org
Propriété de la commune
Classé

Le château de Villerouge-Termenès est attesté dès le début du XIIe s. Situé au cœur du village médiéval où fut brûlé Guillaume Bélibaste, le dernier parfait (prêtre) cathare connu, le château, entièrement restauré, abrite aujourd'hui un parcours scénographique original (guide virtuel, vidéo, diaporama, fresques, mannequins, etc.) retraçant la vie quotidienne au Moyen Âge.

Mars : w.-e. 10h-17h ; avr.-juin, sept.-15 oct. : t.l.j. 10h-13h, 14h-18h (sans interruption le w.-e.) ; juil.-août : t.l.j. 10h-19h30 ; 16 oct. à mi-déc. : w.-e. et j. fériés 10h-17h ; vac. de Toussaint : 10h-13h, 14h-17h. Fermé en janv. Visite audioguidée. Visite sur r.-v. pour les groupes (10 pers. min.).

TOURISME & HANDICAP

AIGUES-MORTES C3

Remparts et tour

Logis du Gouverneur
30220 Aigues-Mortes
Tél. : 04 66 53 61 55
http://aigues-mortes.monuments-nationaux.fr
Propriété de l'État
Classé

CENTRE DES MONUMENTS NATIONAUX

TOURISME & HANDICAP

Construite sous le règne de Saint Louis pour donner au royaume un port sur la Méditerranée, la cité d'Aigues-Mortes est le point de départ des deux croisades de Saint Louis en direction du Levant en 1248 et 1270. L'importance des fortifications témoigne du rôle stratégique que doit jouer Aigues-Mortes, implantée dans un Languedoc fraîchement rattaché à la couronne de France par le traité de Paris (1229) et où la pacification n'est pas encore achevée. La tour de Constance, seul ouvrage dû à Saint Louis, construite entre 1241 et 1248, semble avoir fonctionné comme un châtelet commandant l'entrée d'un château incendié en 1421.

Mai-août : t.l.j. 10h-19h ; sept.-avr. : t.l.j. 10h-17h30. Fermé 1er janv., 1er mai, 1er et 11 nov., 25 déc. Visite libre. Visite guidée. Visite audioguidée. ♿

AIMARGUES C2

Château de Teillan

30470 Aimargues
Tél. : 04 66 88 02 38
http://arthur.decazenove.neuf.fr
Propriété privée
Inscrit

Probablement édifié au début du XVIIe s., le château de Teillan, comprenant les bâtiments agricoles et le logis, appartient alors à une importante famille de conseillers à la Cour des comptes, les Bornier. Le jardin conserve une collection d'antiques réunie par Philippe de Bornier au début du XVIIe s., un colombier ainsi qu'une noria, machine hydraulique à godets de la même époque.

15 juin-15 sept. : t.l.j. sf lun. 14h-18h.
Visite guidée. Visite guidée sur r.-v. pour les groupes.

AUJAC C1

Château et hameau du Cheylard

Le Clos du Brouzet
30450 Aujac
Tél. : 04 66 61 20 02
www.payscevennes.fr
Propriété privée
Inscrit

Symbole du double pouvoir de l'évêque d'Uzès et de la famille d'Anduze, le Cheylard d'Aujac s'installe au XIIe s. en haute vallée de la Cèze, sur un éperon à proximité du mont Lozère. Du haut de son promontoire, il est le dernier représentant intact d'un réseau de fortifications sur un itinéraire déjà existant au Moyen Âge, mentionné dès 1270 comme Val Cezarencha. De la tour carrée à la tour ronde, le château illustre l'évolution castrale du Moyen Âge à la Renaissance. Sous la protection de ses remparts, un village médiéval fortifié s'installe avec ferme, colombier, bergerie et chapelle. Aujourd'hui rénové, ce hameau du Cheylard sert comme autrefois à la vie du château. La sauvegarde simultanée du château et de son village castral assure une homogénéité à cet ensemble architectural et constitue un exemple rare de conservation. Habité jusqu'à aujourd'hui, il est l'objet de recherches scientifiques et de restauration.

Ouvert toute l'année dim. et j. fériés 14h-18h ; juil.-août : t.l.j. sf lun. 11h-19h. Fermé Toussaint-Pâques. Visite extérieure libre. Visite intérieure guidée. Visite sur r.-v. pour les groupes toute l'année. ♿ en partie.

D2

BEAUCAIRE

Château

Musée archéologique Auguste-Jacquet
30300 Beaucaire
Tél. : 04 66 59 90 07
www.beaucaire.fr
Propriété de la commune
Classé

Construit sur un vaste rocher occupé dès l'époque romaine, le château de Beaucaire est élevé à partir du XIe s. Propriété du comte de Toulouse en 1125, il est pris par les croisés de Simon de Montfort en 1216 et placé sous tutelle royale lors de l'annexion du Languedoc au royaume de France, en 1229. Le château est reconstruit au XIIIe s. à l'initiative de Saint Louis. Il s'organise autour de trois cours et offre un ensemble fortifié bien conservé. Il abrite le musée archéologique Auguste-Jacquet.
Avr.-oct. : t.l.j. sf mar. 10h-12h30, 14h15-18h ;
nov.-mars : t.l.j. sf mar. 10h-12h, 14h-17h15. Fermé j. fériés.
Visite libre. Visite guidée sur r.-v. pour les groupes (20 pers. min.).

Abbaye Saint-Roman-de-l'Aiguille

Route de Nîmes
30300 Beaucaire
Tél. : 04 66 59 19 72
www.abbaye-saint-roman.com
Propriété de la commune
Classé

Aménagée dans une butte de calcaire, Saint-Roman-de-l'Aiguille est la seule abbaye troglodytique de la région. Probablement fondée au Ve s., elle est affiliée à l'abbaye de Psalmodi au début du XIIe s. En 1363, à l'initiative du pape Urbain V, elle accueille un *studium*, où les jeunes gens ont accès à une instruction gratuite. Sécularisée en 1537, l'abbaye est vendue puis aménagée en château. Au XIXe s., l'ensemble sert de carrière et périclite rapidement. Du château subsistent quelques vestiges de fortifications. L'église offre un plan complexe formé de galeries et de salles creusées dans la roche.
Mars, oct. : t.l.j. sf lun. 14h-17h ; avr.-juin, sept. : t.l.j. sf lun. 10h-13h, 14h-18h ;
juil.-août : t.l.j. 10h-13h, 14h-19h ; nov.-fév. : dim. et vac. scol. 14h-17h.
Fermé 25 déc. Visite libre. Visite guidée sur r.-v. pour les groupes.

C2

LASALLE

Le Castellas

Saint-Bonnet-de-Salendrinque
30460 Lasalle
Tél. : 04 66 85 44 60
Propriété privée
Inscrit

Construit sur des fondations de l'époque carolingienne, le Castellas, château du XIe s., fut un des fiefs de la puissante famille d'Anduze. Devenu possession royale en 1269, il est transformé entre 1618 et 1630 par Isabeau des Ursières. Le château est protégé par une enceinte flanquée d'une tour au nord-ouest et d'une autre au sud-est. Entre ces deux tours, se trouve un corps de logis en L qui possède des croisées, des échauguettes sur culs-de-lampe sculptés ainsi que de nombreux motifs datant du XVIIe s. dont la porte d'entrée en est un remarquable témoin.
Visite sur r.-v. toute l'année.

D2

LAUDUN

Château de Lascours

Route de Lascours
30290 Laudun
Tél. : 04 66 50 39 61
www.gard-provencal.com
Propriété privée
Classé

Lascours est le seul château du département entouré de douves. Propriété des seigneurs de Laudun jusqu'en 1570, il passe ensuite à Guillaume II de Joyeuse, lieutenant général du roi en Languedoc, puis à son fils le cardinal François de Joyeuse, archevêque de Narbonne. Disposé en U, le bâtiment est cantonné de tours rondes et offre de beaux morceaux d'architecture (porte de la chapelle, salle dite des États) probablement réalisés pour Guillaume II de Joyeuse. Depuis 1982, le festival Musique à Lascours investit les lieux.
Avr.-sept. : pour les horaires, se renseigner directement auprès des propriétaires.
Visite libre. Visite guidée sur r.-v.

MOLIÈRES-SUR-CÈZE C2

Château de Montalet

30410 Molières-sur-Cèze
Tél. : 04 66 60 24 91
Propriété privée
Inscrit

Le castrum de Monte-Aleno est cité pour la première fois en 1121. À la fin du XIIe s., Montalet est un fief partiellement inféodé à la famille Bérard. Il participe au système de défense mis en place par les seigneurs locaux pour contrôler des vallées cévenoles. Aux XIVe et XVe s., le château est l'objet de conflits opposant les Bérard à leurs suzerains. Laissé à l'abandon, il est partiellement reconstruit dans la seconde moitié du XVIe s. pour un descendant des Bérard alors seigneur de Montalet. Les vestiges d'une échauguette et d'un crénelage sont encore visibles sur la tour sud du donjon.

Ouvert toute l'année : dim. 10h-16h.
Visite sur r.-v. la semaine. Visite libre. Visite guidée.

MONTAREN-ET-SAINT-MÉDIERS C2

Château de Montaren

30400 Montaren-et-Saint-Médiers
Tél. : 06 08 56 21 20
Propriété privée
Classé

Le château de Montaren est le résultat d'un remaniement et d'une extension entrepris au XVIIe s. Les actuels propriétaires ont la volonté de restituer et de renforcer la cohérence originelle du XVIIe s. dans cette demeure dénaturée au XIXe s. Le château est composé de deux blocs de logis carrés reliés entre eux par un angle commun. La grande terrasse plantée à l'ouest du château est créée au début du XIXe s. Il faut également remarquer les deux façades visibles du jardin est sur lesquelles subsistent encore l'ensemble des mâchicoulis, et un beau portail d'entrée à bossages du début du XVIIe s.

Juil.-août : t.l.j. sf w.-e. 10h-17h. Visite sur r.-v.

NÎMES C2

Amphithéâtre (les arènes)

Place des Arènes
30000 Nîmes
Tél. : 04 66 21 82 56
www.arenes-nimes.com
Propriété de la commune
Classé

Vraisemblablement édifié au Ier s. apr. J.-C., l'amphithéâtre de Nîmes est l'un des mieux conservés du monde romain. Destiné à présenter des combats de gladiateurs, il sert de refuge à la population lors du déclin de l'Empire. Le monument est alors entouré d'une enceinte tandis que les gradins inférieurs sont détruits pour laisser place à un véritable quartier (maisons, églises, château). L'amphithéâtre joue un rôle militaire tout au long du Moyen Âge et retrouve son aspect primitif au XIXe s. De forme elliptique (133 x 101 m), il se compose d'une piste entourée de deux niveaux d'arcades abritant trente-quatre rangs de gradins, cinq galeries concentriques et des escaliers.

Janv.-fév., nov.-déc. : t.l.j. 9h30-17h; mars, oct. : t.l.j. 9h-18h;
avr.-mai, sept. : t.l.j. 9h-18h30; juin : t.l.j. 9h-19h ; juil.-août : t.l.j. 9h-20h.
Fermé les jours de féria.
Visite libre. Visite audioguidée. Visite guidée sur r.-v.

Maison carrée

Place de la Maison-Carrée
30000 Nîmes
Tél. : 04 66 21 82 56
www.arenes-nimes.com
Propriété de la commune
Classé

La Maison carrée est édifiée au début du Ier s. apr. J.-C. en l'honneur de Caïus César et de Lucius César, fils adoptifs de l'empereur Auguste, morts prématurément. Il s'agit d'un parfait exemple d'architecture impériale en Gaule narbonnaise. Maison consulaire au Moyen Âge, propriété privée servant de demeure bourgeoise au XVIe s., église pour les augustins après 1670, archives départementales après la Révolution, puis musée de la ville en 1823, la Maison carrée compte parmi les rares édifices romains à nous être parvenus presque intacts.

Janv.-fév., nov.-déc. : t.l.j. 10h-13h, 14h-16h30 ; mars, oct. : t.l.j. 10h-13h, 14h-18h (fermé entre 13h et 14h en oct.) ; avr.-mai, sept. : t.l.j. 10h-18h30 ; juin : t.l.j. 10h-19h ; juil.-août : t.l.j. 10h-20h. Visite libre. Visite guidée sur r.-v.

Palais épiscopal

Musée du Vieux-Nîmes
Place aux Herbes
30000 Nîmes
Tél. : 04 66 76 73 70
www.nimes.fr
Propriété de la commune
Classé

L'évêché de Nîmes est construit au XVIIe s. pour Mgr Séguier sur les plans d'Alexis de La Feuille, inspecteur du roi pour les ouvrages du canal du Midi. En 1760, il est complété par Pierre Dardailhon pour Mgr Becdelièvre. Conçu selon le plan classique de l'hôtel entre cour et jardin, il abrite aujourd'hui le musée du Vieux-Nîmes.

T.l.j. sf lun. : 10h-18h. Fermé 1er janv., 1er mai, 1er et 11 nov., 25-26 déc. Visite libre. Visite guidée le premier sam. du mois à 15h.

Tour Magne

Place Stéphane-Mallarmé
30000 Nîmes
Tél. : 04 66 21 82 56
www.arenes-nimes.com
Propriété de la commune
Classé

Des fouilles récentes font remonter la fondation de la tour Magne à l'époque protohistorique où on retrouve ce type d'architecture défensive. À l'époque romaine, cette tour est enveloppée dans une nouvelle construction, beaucoup plus haute et intégrée dans l'enceinte de la ville. En 1601, un bourgeois nîmois obtient l'autorisation d'Henri IV de dégager l'intérieur de la tour, persuadé d'y trouver un trésor. Cela explique le vide actuel à l'intérieur, initialement comblé de pierres sèches. De forme octogonale, la tour romaine mesure 30 m de haut, avec une base encastrée dans le rempart et trois étages en retrait. Elle s'élève sur le mont Cavalier, la plus haute des collines de Nîmes.

Janv.-fév., nov.-déc. : t.l.j. 9h30-13h, 14h-16h30 ; mars, oct. : t.l.j. 9h30-13h, 14h-18h ; avr.-mai, sept. : t.l.j. 9h30-18h30 (fermé entre 13h et 14h) ; juin : t.l.j. 9h-19h ; juil.-août : t.l.j. 9h-20h. Visite libre. Visite guidée sur r.-v.

D2 — PONT-SAINT-ESPRIT

Maison des Chevaliers

Musée d'Art sacré du Gard
2, rue Saint-Jacques
30130 Pont-Saint-Esprit
Tél. : 04 66 39 17 61/04 66 90 75 80
Propriété du département
Classé

La maison des Chevaliers est la propriété des Piolenc, riche dynastie de négociants en blé de la vallée du Rhône qui fait agrandir la demeure entre les XIIe et XVe s. Elle est l'un des témoins les mieux conservés de l'architecture civile médiévale. L'*aula* romaine, réaménagée en 1337 et 1343 pour recevoir la cour royale de justice, a conservé sa charpente peinte. La famille y étale ses relations privilégiées avec le roi de France. Deux autres salles d'apparat superposées ont aussi conservé de remarquables plafonds peints auxquels répond le décor des murs. L'hôtel abrite aujourd'hui le musée d'Art sacré du Gard, qui propose une approche culturelle par des œuvres d'art comme par des objets du culte public ou privé, du sentiment religieux.

Janv., mars-juin, sept.-déc. : t.l.j. sf lun. 10h-12h, 14h-18h ; juil.-août : 10h-19h. Fermé 1er-2 janv., fév., Pâques, 1er et 8 mai, 14 juil. 1er et 11 nov., 25-26 déc. Visite libre. Visite guidée.

PORTES C2

Château

30530 Portes
Tél. : 04 66 54 92 05
www.chateau-portes.org
Propriété privée
Classé

Dès le XIIe s. le château se dresse sur le col de Portes et garantit la sécurité des pèlerins sur un tronçon du chemin de Régordane, ancienne route reliant Le Puy au port de Saint-Gilles. Fief des barons d'Anduze, il est vendu en 1321 à Raymond-Guillaume Ier de Budos, neveu du pape Clément V, et reste dans la famille jusqu'au XVIIe s. Vendu comme bien national à la Révolution, il est ruiné par une surexploitation des mines de charbon de son sous-sol. Il est sauvé grâce à une association qui organise sa restauration depuis 1969. De forme quadrilatère, il est cantonné au sud-est d'un pavillon bastionné, au nord-est d'une tour carrée et à l'ouest de tours rondes.
Fév.-avr., oct.-nov. : w.-e. et j. fériés 14h-17h ; mai-juin : t.l.j. sf lun. et mar. 14h-18h ; juil.-août : t.l.j. 10h-19h (13h-19h le lun.) ; sept. : t.l.j. sf lun. 14h-18h ; vac. scol. (sf Noël) : t.l.j. 14h-17h.
Fermé mi-nov à mi-fév. Visite sur r.-v. pour les groupes toute l'année.

RIBAUTE-LES-TAVERNES C2

Château

30720 Ribaute-les-Tavernes
Tél. : 04 66 83 01 66/06 63 65 48 02
chateau.de-ribaute@wanadoo.fr
Propriété privée
Inscrit et classé

Construit sur un ancien prieuré, le château médiéval conserve un rez-de-chaussée voûté et, au dernier étage, des fresques civiles. Ses décors et ses transformations – escalier à double révolution et salon du premier étage – datent du XVIIe s. Deux tours d'angle cantonnent le corps de logis. Encadrée par deux ailes, l'entrée principale offre une façade classique du XVIIIe s. ornée d'un léger avant-corps central surmonté d'un fronton. La pièce maîtresse du château est l'escalier à double volée en fer à cheval rajouté en 1770, qui se développe dans une cage d'escalier ovale.
Juil.-août : t.l.j. 15h-20h. Visite guidée.
Visite sur r.-v. le reste de l'année. (pour groupes et chambre d'hôtes).

SAINT-GILLES C2

Abbaye

30800 Saint-Gilles
Tél. : 04 66 87 33 75
www.saint-gilles.fr
Propriété de la commune
Classé

Chemin de Saint-Jacques-de-Compostelle
inscrit sur la Liste du patrimoine mondial en 1998

La légende attribue à saint Gilles, ermite venu d'Athènes, la fondation de l'abbaye autour du IXe s. Sa vénération contribue à faire de l'abbaye un lieu de pèlerinage très important sur la route de Saint-Jacques-de-Compostelle. Sa renommée prestigieuse et sa situation géographique, favorisant l'essor économique de la ville, lui valent une protection pontificale et royale. Saint-Gilles prospère jusqu'au XIIIe s. Son déclin est ensuite lié à celui de la cité concurrencée dès 1240 par le nouveau port d'Aigues-Mortes. L'abbaye possède deux églises superposées. Le portail offre un ensemble sculpté remarquable illustrant les épisodes de la Passion.
Visite à 10h15, 11h15, 14h15, 15h15, 16h15. Fermé j. fériés, église fermée mer.
Visite guidée sur r.-v. pour les groupes.

Musée-Maison romane

Place de la Maison-Romane
30800 Saint-Gilles
Tél. : 04 66 87 40 42
maisonromane@ville-saint-gille.fr
Propriété de la commune
Classé

La tradition situe dans cette maison la naissance de Gui Foulques, devenu en 1265 le pape Clément IV. Bel exemple d'architecture romane, la maison comporte deux étages sur rez-de-chaussée ornés de baies géminées avec colonnettes à chapiteaux. Elle abrite un musée qui présente de nombreux fragments de sculptures médiévales.
Mars-déc. : t.l.j. sf dim. et j. fériés 9h-12h, 14h-17h (juil.-août fermeture à 19h) ; sept. : 9h-12h, 15h-19h. Visite libre. Visite guidée. Visite sur r.-v. pour les groupes.

D2 **SAINT-LAURENT-DES-ARBRES**

Église fortifiée Saint-Laurent et tour Jacques-Deuze

Tour de Ribas
30126 Saint-Laurent-des-Arbres
Tél. : 04 66 50 10 10
www.saint-laurent-des-arbres.com
Propriété de la commune
Classé

Propriété de l'évêque d'Avignon au XIIIe s., l'église Saint-Laurent remonte probablement au milieu du XIIe s. Surélevée au XIVe s., elle s'organise autour d'une nef à vaisseau unique et possède au niveau de la croisée une coupole nervurée avec quatre colonnettes à chapiteaux corinthiens. Le château, dont il ne reste que le donjon, date aussi du XIIe s. Surélevé au XIVe s., comme l'église, il conserve sur la tour d'origine des consoles de mâchicoulis.

Toute l'année 10h-12h, 15h-18h.
Fermé mar., mer. et dim. mat. Visite guidée. Visite sur r.-v. pour les groupes.

D2 **SAINT-PAULET-DE-CAISSON**

Chartreuse de Valbonne

30130 Saint-Paulet-de-Caisson
Tél. : 04 66 90 41 24
www.chartreusedevalbonne.com
Propriété privée
Classé

La chartreuse de Valbonne est fondée en 1204 par l'évêque d'Uzès. Soucieux d'obéir aux principes de l'ordre des Chartreux, il isole les bâtiments au cœur d'une forêt, favorisant ainsi le recueillement des religieux dont les prières doivent purifier la région alors menacée par l'hérésie. Défendue par une enceinte, la chartreuse a conservé l'ensemble de ses bâtiments, ainsi que l'église édifiée à la fin du XVIIIe s. par l'architecte Jean-Pierre Franque.

Mars-15 déc. : t.l.j. 10h-13h, 13h30-19h ;
16 déc.-fév. : w.-e. 10h-12h, 13h30-17h30. Fermé 1er janv., 25 déc.
Visite libre. Visite guidée sur r.-v. et pour les groupes.

C2 **SOMMIÈRES**

Tour Bermond

Rue du Général-Bruyère
30250 Sommières
Tél. : 04 66 80 99 30
www.ot-sommieres.fr
Propriété de la commune
Inscrit

Du château de Sommières, probablement fondé au XIIe s., subsiste la tour de Bermond, du nom d'un des propriétaires au XIIIe s. Annexé au domaine royal en 1248, le château est fortement endommagé au cours des guerres de Religion. En 1638, il est transformé en caserne et en prison pour les huguenots. L'essentiel des bâtiments est supprimé en 1936 pour l'installation d'un château d'eau. La tour rectangulaire est représentative des tours féodales élevées à l'époque romane dans le Midi.

Juil.-août : t.l.j. sf sam. 16h-19h ; sept.-juin : visite sur r.-v. pour les groupes.
Visite guidée.

C2 **UZÈS**

Duché

30700 Uzès
Tél. : 04 66 22 18 96
www.uzes.com
Propriété privée
Classé

Le duché d'Uzès forme un ensemble fortifié bien conservé, élevé à l'emplacement d'un ancien castrum romain, entre le XIIe et le XIXe s. Son histoire est étroitement liée à l'ascension de la puissante famille de Crussol d'Uzès, propriétaire depuis le XIIe s. La tour Bermonde date du XIIe s. Agrandi au XIIIe s., le château est doté au siècle suivant d'une chapelle et d'une aile, prolongée par une tour polygonale. L'aile dite de la Renaissance, reliant la chapelle à la tour Bermonde, offre une façade sur cour, traditionnellement attribuée à Philibert Delorme.

Sept.-juin : t.l.j. 10h-12h, 14h-18h ; juil.-août : 10h-12h30, 14h-18h30.
Fermé 25 déc. Visite libre.

VERS-PONT-DU-GARD D2

Château de Saint-Privat

30210 Vers-Pont-du-Gard
Tél. : 04 66 37 38 00
Propriété privée
Inscrit

Élevé à l'emplacement d'un ancien monastère, le château de Saint-Privat, fief des vicomtes d'Uzès au XIVe s., puis propriété de la famille de Faret, connaît des remaniements, souvent désordonnés, jusqu'au XVIIIe s. Il s'agit à l'origine d'un ensemble médiéval formé de trois tours carrées à bossages, repris aux XVe et XVIe s. avant d'être unifié au XVIIe s., dans une sorte de palazzo sur une cour à portique, puis transformé au siècle suivant en château entre cour et jardin. Au début du XXe s., le château appartient à Jacques Rouché, directeur de l'Opéra de Paris, qui confie au peintre mystique Desvallières la peinture des murs de la chapelle.

Mai-juin, 15 août-nov. : w.-e. et j. fériés.
Visite libre. Visite guidée sur r.-v. ♿ Jardin.

VILLENEUVE-LÈS-AVIGNON D2

Abbaye Saint-André

30400 Villeneuve-lès-Avignon
Tél. : 06 71 42 16 90
www.tourisme-villeneuvelezavignon.fr
Propriété privée
Classé

Située au sommet du mont Andaon, dominant le Rhône, l'abbaye bénédictine de Saint-André est fondée au XIe s. Le culte voué à sainte Lasarie qui mourut en ces lieux en 586, ainsi que la situation géographique privilégiée, contribuent à la puissance de l'abbaye qui devient royale au XIIIe s. Protégée par le fort Saint-André, elle connaît sa plus grande prospérité au XIVe s., et compte alors parmi les plus importants monastères de la France méridionale. Au XVIIe s., elle est ralliée à la congrégation de Saint-Maur, qui fait appel à l'architecte Pierre Mignard pour la rénovation des deux églises et la construction d'importants bâtiments. En grande partie détruite à la Révolution, l'abbaye s'entoure d'un remarquable jardin.

Oct.-mars : t.l.j. sf lun. 10h-12h, 14h-17h ; avr.-sept. : t.l.j. sf lun. 10h-12h30, 14h-18h. Visite libre. Visite guidée des bâtiments et du jardin.

Fort Saint-André

30400 Villeneuve-lès-Avignon
Tél. : 04 90 25 45 35
http://fort-saint-andre.monuments-nationaux.fr
www.tourisme-villeneuvelezavignon.fr
Propriété de l'État
Classé

Commandité en 1292 par Philippe le Bel, pour affirmer la puissance royale face aux terres de l'Empire et des papes d'Avignon, le fort Saint-André offre aussi protection à l'abbaye bénédictine et au petit bourg Saint-André dont l'existence sur le mont Andaon est attestée depuis le Xe s. Bel ensemble d'architecture militaire du XIVe s., le fort se compose d'une enceinte fortifiée flanquée de tours de guet et d'une porte monumentale encadrée par deux tours jumelles, dont l'appareil porte de nombreuses marques de tâcherons. Les salles du rez-de-chaussée sont couvertes de voûtes d'ogives. Au premier étage, les salles sont voûtées en berceau et éclairées de croisées au nord.

Avr.-15 mai, 16-30 sept. : t.l.j. 10h-13h, 14h-17h30 ;
16 mai-15 sept. : t.l.j. 10h-13h, 14h-18h ; oct.-mars : t.l.j. 10h-13h, 14h-17h.
Fermé 1er janv., 1er mai, 1er et 11 nov., 25 déc. Visite libre. Visite guidée sur r.-v.

Hôtel Pierre-de-Luxembourg

Musée Pierre-de-Luxembourg
2, rue de la République
30400 Villeneuve-lès-Avignon
Tél. : 04 90 27 49 66
www.tourisme-villeneuvelezavignon.fr
Propriété de la commune
Classé

L'hôtel Pierre-de-Luxembourg fait partie des nombreux palais édifiés à Villeneuve lors de l'établissement de la papauté en Avignon en 1309. Les cardinaux y trouvent plus de place pour installer leur demeure. Propriété du cardinal Annibal Caetani de Ceccano, l'hôtel passe ensuite au cardinal Pierre de Luxembourg qui y meurt en 1385. Remanié au XVIIe s. par la veuve du baron de Boucoiran, l'hôtel abrite depuis 1986 le musée Pierre-de-Luxembourg qui contient des œuvres remarquables, dont le *Couronnement de la Vierge*, d'Enguerrand Quarton, peint en 1453-1454, ainsi qu'une remarquable Vierge en ivoire.
Avr.-sept. : t.l.j. sf lun. 10h-12h30, 14h-18h30 ; oct.-mars : t.l.j. sf lun. 10h-12h, 14h-17h. Fermé en fév., 1er janv., 1er mai, 1er et 11 nov., 25 déc.
Visite libre. Visite guidée sur r.-v.

Tour Philippe-le-Bel

30400 Villeneuve-lès-Avignon
Tél. : 04 32 70 08 57
www.tourisme-villeneuvelezavignon.fr
Propriété de la commune
Classé

La tour Philippe-le-Bel est édifiée de 1293 à 1307 pour défendre la ville neuve créée en 1292 par le roi. Elle est située à l'extrémité du pont Saint-Bénézet (pont d'Avignon) reliant les terres du royaume à celles de l'Empire. De forme carrée et massive, la tour s'élève à 60 m. Les salles couvertes de voûtes d'ogives servent de cadre à de nombreuses expositions.
Avr.-sept. : t.l.j. sf lun. 10h-12h30, 14h-18h30 ; oct.-mars : t.l.j. sf lun. 10h-12h, 14h-17h. Fermé de déc. à fév., 1er mai, 1er et 11 nov. Visite libre.

Chartreuse du Val-de-Bénédiction

La Chartreuse
30400 Villeneuve-lès-Avignon
Tél. : 04 90 15 24 24
www.chartreuse.org
www.tourisme-villeneuvelezavignon.fr
Propriété de l'État
Classé

La chartreuse du Val-de-Bénédiction est fondée en 1356 par le pape Innocent VI, à l'emplacement de sa résidence. Bénéficiant d'une constante sollicitude royale et pontificale, la chartreuse devient la plus grande de France après celle de Grenoble. Elle se compose de trois cloîtres et d'une série d'édifices communautaires : église, réfectoire, cellules de moines, salle capitulaire et de nombreux jardins. La chapelle d'Innocent VI a conservé des peintures murales probablement exécutées par Matteo Giovannetti, auteur des fresques du palais des Papes. Elles représentent des saints et des scènes de la vie de saint Jean-Baptiste. L'ensemble abrite depuis 1991 le Centre national des écritures du spectacle.
Oct.-mars : t.l.j. 9h30-17h30, w.-e. 10h-17h ; avr.-juin : t.l.j. 9h-18h30 ; juil.-sept. : t.l.j. 9h-18h30. Fermé 1er janv., 1er mai, 1er et 11 nov., 25 déc.
Visite libre. Visite guidée sur r.-v. (maquette tactile, plan de situation en relief et braille, plan de visite en braille, plan de visite en gros caractères, moulage). (oct.-mai).

C2 VILLEVIEILLE

Château

Rue du Château
30250 Villevieille
Tél. : 04 66 80 01 62/06 70 61 81 49
www.chateau-de-villevieille.fr
Propriété privée
Classé

Son origine remonte au XIe s. Annexé par Saint Louis vers 1240, le château est acheté par Bernard de Pavée en 1529 et reste depuis en sa descendance. Encadré par quatre tours, il se compose de trois bâtiments. L'aile Renaissance s'inspire de l'architecture des châteaux de la Loire. Préservé pendant la révolution, le château a conservé son mobilier et ses décors, notamment les cuirs de Flandre de la salle à manger et les remarquables gypseries du grand salon. Une dizaine de pièces complètent la visite. Les travaux de restauration ont été récompensés par le prix des chefs-d'œuvre en péril en 1968.
Juil.-sept. : 14h-20h ; avr.-juin, oct. : w.-e. et j. fériés 14h-19h.
Visite guidée. Visite sur r.-v. pour les groupes.

AGDE C3

Fort Brescou

34300 Agde
Tél. : 04 67 01 04 04
www.capdagde.com
Propriété de l'État
Inscrit

Le fort Brescou est élevé à la fin du XVIe s. sur un îlot rocheux, au large du cap d'Agde, pour surveiller l'entrée du port d'Agde. Démoli sur ordre de Louis XIII en 1632, il est reconstruit et agrandi en 1680 et sert jusqu'en 1851 de prison d'État. Le fort occupe la quasi-totalité du rocher et se compose de quatre bastions irréguliers ainsi que d'une grosse tour.
15 juin à mi-sept. : départ du Centre-Port du cap d'Agde t.l.j. sf lun. et sam. à 14h30. Visite guidée. Visite sur r.-v. pour les groupes d'avr. à sept.

ASSAS C2

Château d'Assas

Maison du Livre et des Écritures
1, route de Saint-Vincent
34820 Assas
Tél. : 04 67 81 80 49
bibliotheque.pays-viganais@orange.fr
Propriété de la commune,
propriété du département
Classé

Le château d'Assas est construit au milieu du XVIIIe s. sur un ensemble médiéval fortifié, pour une famille d'aubergistes de Montpellier, les Mouton de La Clotte. Élevé à l'intérieur d'une enceinte dont la construction remonte à 1583, le château est cantonné de quatre tours couronnées par des balustres. Il offre une synthèse du château moderne et du château féodal. En 2003, le conseil général du Gard a pris en charge le projet de rénovation de ce bâtiment. Aujourd'hui, le château abrite la maison du Livre et des Écritures, lieu de rencontres et d'échanges autour du livre.
Visite guidée sur r.-v. uniquement.

CAZEDARNES B3

Abbaye de Fontcaude

Hameau de Fontcaude
34460 Cazedarnes
Tél. : 04 67 38 23 85
www.abbaye-de-fontcaude.com
Propriété d'une association
Classé

Surgissant au milieu des vignes et de la garrigue, près d'une source d'eau chaude qui lui donna son nom, l'abbaye de Fontcaude compte parmi les plus beaux joyaux de l'art roman méditerranéen. Un premier prieuré est fondé en 1154 par Guillaume de Nant, l'abbaye est rattachée à l'ordre des prémontrés dès 1179. Le transept et le chevet roman de l'église abbatiale de Fontcaude témoignent d'un soin apporté à une architecture dépouillée, en pierre de taille à joints vifs. Un musée est aménagé à l'emplacement de l'ancien *scriptorium* des moines. Des sculptures du cloître gothique du XIIIe s. y sont exposées ainsi qu'une fonderie de cloche du XIIe s. *in situ*.
Juin-sept. : t.l.j. sf dim. mat. 10h-12h, 14h30-19h ;
juil.-août : t.l.j. sf dim. mat. 10h-19h ;
oct.-mai : t.l.j. sf dim. mat. 10h-12h, 14h30-17h30.
Fermé janv. Visite libre. Visite guidée. Visite guidée sur r.-v. pour les groupes.

GIGEAN C3

Abbaye Saint-Félix-de-Montceau

34770 Gigean
Tél. : 04 67 43 34 81
www.abbaye-st-felix.new.fr
Propriété de la commune
Inscrit

La fondation de l'abbaye Saint-Félix-de-Montceau remonte probablement à la fin du XIe s. ou au début du XIIe s. Destinée à des moniales, l'abbaye, d'obédience bénédictine, s'accroît rapidement grâce aux générosités pontificales, et prospère jusqu'au milieu du XIVe s. Affaiblie par les guerres de Religion et la raréfaction des donations, elle décline progressivement. En 1749 les bâtiments et l'église sont rattachés à l'abbaye de Saint-Geniès-des-Mourgues. De l'ensemble subsistent l'imposante église sans toit et les vestiges des bâtiments monastiques.
Mars-nov. : w.-e. et j. fériés 15h-19h. Visite libre. Visite guidée.

B2 **LODÈVE**

Hôtel du cardinal de Fleury

Musée de Lodève
Square Georges-Auric
34700 Lodève
Tél. : 04 67 88 86 10
www.lodeve.com
Propriété de la commune
Classé

Le musée de Lodève est installé dans l'hôtel particulier de la famille Fleury, élégant bâtiment où a vu le jour le cardinal de Fleury, précepteur et Premier ministre de Louis XV. Ses collections réunissent un département sciences de la terre et archéologie et un département beaux-arts, rassemblé autour des œuvres de Paul Dardé et, depuis 2002, d'un remarquable dépôt privé de peinture, en cohérence historique avec la période à laquelle le musée consacre la majorité de ses expositions temporaires (fin du XIXe-début du XXe s.). Ses expositions estivales, de caractère international, figurent parmi les plus prisées en région.

T.l.j. sf lun. 9h30-12h, 14h-18h. Fermé 1er janv., 1er mai, 1er nov., 25 déc.
Visite libre. Visite guidée sur r.-v.

C3 **LOUPIAN**

Villa antique des Prés-Bas

34140 Loupian
Tél. : 04 67 18 68 18
http://villaloupian.free.fr
Propriété de la commune
Classé

Fondée au Ier s. av. J.-C., la villa gallo-romaine des Prés-Bas, dégagée sur plus de 2 000 m^2, fait partie des nombreuses villas gallo-romaines repérées dans cette partie de l'ancienne Gaule narbonnaise. Elle atteint son développement maximal à la fin du IVe s., époque à laquelle les appartements sont agrandis et revêtus de mosaïques. Les fouilles ont mis au jour des pavements de mosaïques, dont les vestiges permettent de reconstituer le programme iconographique de ce luxueux palais rural. À l'entrée du site est installé le musée de la Villa-Loupian.

T.l.j. sf mar. 13h30-18h (juil.-août : t.l.j.). Fermé 1er janv. et apr. les vac. de Noël, 1er mai, 25 déc. Visite libre. Visite guidée des mosaïques à 14h, 15h, 16h, 17h (visite supplémentaire à 18h en juil.-août).
Visite guidée w.-e. à 11h (t.l.j. en juil.-août).

B3 **MARGON**

Château

34320 Margon
Tél. : 04 67 24 60 54
www.chateaudemargon.com
Propriété privée
Inscrit

Reconstruit après sa prise par les Albigeois, il a gardé de cette époque poterne et herse, meurtrières, chemins de ronde, échauguettes, etc. Modernisé au début du XVIe s., il a été doté de grandes fenêtres à meneaux et cordons sculptés et les intérieurs ont été mis au goût du jour au XVIIe s. Très abîmé à la Révolution – toitures et chemins de rondes ont été détruits – il est, depuis 1981, l'objet d'un important programme de restauration annuel, avec entre autres la remise en état de pièces aux murs peints de portraits de reines ou de paysages, et à l'extérieur des terrasses et du buffet d'eau. Le château est aujourd'hui agrémenté d'un jardin à l'italienne et d'un potager fleuri.

Visite guidée sur r.-v. uniquement.

C3 **MONTPELLIER**

Hôtel des Trésoriers de France

Musée languedocien
7, rue Jacques-Cœur
34000 Montpellier
Tél. : 04 67 52 93 03
www.musee-languedocien.com
Propriété privée
Classé

L'hôtel des Trésoriers de France est d'abord un palais prestigieux élevé au milieu du XVe s. pour Jacques Cœur, argentier et conseiller de Charles VII. Il est acquis en 1632 par les administrateurs des deniers royaux, propriétaires jusqu'à la fin de l'Ancien Régime. Les structures du palais initial se déchiffrent derrière les remaniements opérés au XVIIe s., époque où est construit le remarquable escalier qui se déploie dans une cage en forme de portique à deux ordres de colonnes libres. L'hôtel abrite depuis 1990 le Musée languedocien, qui présente les riches collections de la société archéologique de Montpellier.

15 juin-15 sept. : t.l.j. sf dim. 15h-18h ; 16 sept.-14 juin : t.l.j. sf dim. 14h30-17h30. Fermé j. fériés. Visite libre. Visite sur r.-v. pour les groupes.

Faculté de médecine

2, rue de l'École-de-Médecine
34000 Montpellier
Tél. : 04 67 41 76 40
www.ot-montpellier.fr
Propriété de l'État
Inscrit

La cathédrale Saint-Pierre et la faculté de médecine occupent l'emplacement de l'ancien monastère et collège bénédictin Saint-Benoît, fondé en 1364 par le pape Urbain V. Lors du transfert du siège épiscopal de Maguelonne à Montpellier, en 1536, la chapelle est érigée en cathédrale et les bâtiments accueillent l'évêché. Endommagé lors des conflits religieux au XVIe s., l'ensemble est restauré aux siècles suivants. À la Révolution, le palais épiscopal sert de prison des suspects puis abrite l'école de santé, destinée à former les médecins et chirurgiens militaires, à laquelle succède la faculté de médecine. Installé au premier étage, le musée Atger présente une collection de dessins du XVIe au XIXe s.

Lun., mer. et ven. : 13h30-17h45.
Fermé de mi-juil. à fin août et j. fériés. Visite libre.

Château de la Mogère

2235, route de Vauguières
34000 Montpellier
Tél. : 04 67 65 72 01
www.lamogere.fr
Propriété privée
Classé

Construit pour Fulcrand Limozin, conseiller du roi, au début du XVIIIe s., le château de la Mogère compte parmi les folies élevées autour de Montpellier pour les notables de la ville. Probablement dessiné par Jean Giral, le château est agrémenté d'un jardin à la française et d'un buffet d'eau de rocaille.

Juin-sept. : t.l.j. 14h30-18h30 (sur r.-v. le sam.);
oct.-mai : w.-e. et j. fériés 14h30-18h30 (les autres jours sur r.-v.).
Les jardins se visitent t.l.j. aux heures d'ouvertures du château. Visite guidée.

Château de Flaugergues

1744, avenue Albert-Einstein
34000 Montpellier
Tél. : 04 99 52 66 37
www.flaugergues.com
Propriété privée
Classé

Étienne de Flaugergues acquiert en 1696 sa maison de champs qu'il transformera en ce qui est aujourd'hui la plus ancienne des Folies Montpelliéraines, avec à l'intérieur un spectaculaire escalier à voûtes à clefs pendantes sur trois niveaux, et à l'extérieur un aménagement du site particulièrement harmonieux. Cette maison toujours habitée par la même famille vous dévoile ses richesses parfois insolites et ses collections du XVIIIe s. Le château est entouré de jardins variés.

JARDINS T.l.j. sf dim. et j. fériés 9h-12h30, 14h30-19h.
Ouvert dim. apr. midi, juin-juil., sept. Visite libre.
CHÂTEAU Visite uniquement sur r.-v. Fermé lun. mat. juin-juil., sept.

NISSAN-LEZ-ENSÉRUNE B3

Site et musée d'Ensérune

34440 Nissan-lez-Ensérune
Tél. : 04 67 37 01 23
http://enserune.monuments-nationaux.fr
Propriété de l'État
Classé

Le site d'Ensérune est un des oppidums les plus importants du Midi méditerranéen. Les fouilles réalisées depuis 1915 ont mis au jour les vestiges de différents habitats allant du VIe s. av. J.-C. au Ier s. apr. J.-C. L'évolution de l'organisation de ces habitats est étroitement liée à l'intensification des échanges commerciaux avec le monde méditerranéen. L'oppidum occupe une colline située entre Béziers et Narbonne et domine l'étang asséché de Montady, célèbre pour son drainage en étoile, qui date du XIIIe s. Les découvertes archéologiques faites sur le site sont présentées dans le musée.

Mai-août : t.l.j. 10h-19h; avr., sept. : t.l.j. sf lun. 10h-12h30, 14h-18h;
oct.-mars : 9h30-12h30, 14h-17h30. Fermé 1er janv. 1er mai, 1er et 11 nov., 25 déc.
Visite libre. Visite audioguidée.

C3 **PÉZENAS**

Hôtel d'Alfonce

32, rue Conti
34120 Pézenas
Tél. : 04 67 98 10 38
Propriété privée
Classé

Élevé pour Vital de Plantade, châtelain de Pézenas, l'hôtel d'Alfonce compte parmi les beaux hôtels particuliers construits au XVIIe s. à Pézenas où résident les Montmorency puis les Conti, gouverneurs du Languedoc. Il présente une disposition traditionnelle entre cour et jardin. La façade sur jardin offre trois niveaux de galeries dont la construction remonte au deuxième quart du XVIIe s. C'est dans cet hôtel que Molière aurait présenté la comédie *Le Médecin volant* pour la première fois.
Juin-21 sept. : t.l.j. sf dim. 10h-12h, 14h-18h.
Visite libre. Visite guidée. Visite sur r.-v. le reste de l'année.

Hôtel Vulliod-Saint-Germain

3, rue Albert-Paul-Alliès
34120 Pézenas
Tél. : 04 67 98 90 59
www.ot-pezenas-valdherault.com
Propriété de la commune
Inscrit

Le musée Vulliod-Saint-Germain est installé depuis 1942 dans cet hôtel particulier dont la construction remonte au XVIe s. Légué à la ville par la comtesse de Saint-Germain, l'hôtel est entièrement rénové en 1900 par l'architecte Paul Harant. Le musée évoque l'histoire de Pézenas et le séjour de Molière dans la ville. Il abrite entre autres un ensemble de tapisseries d'Aubusson du XVIIe s., ainsi qu'une collection de faïences et de pots à pharmacie.
Juin-sept. : t.l.j. 10h-12h, 15h-19h (nocturne 1er juil.-15 sept. : mer. et ven. 21h-23h) ; mi-fév. à mai, oct.-11 nov. : t.l.j. sf lun. 10h-12h, 14h-17h30. Fermé 12 nov. à mi-fév.

B3 **ROUJAN**

Prieuré de Cassan

34320 Roujan
Tél. : 04 67 24 52 45
www.chateau-cassan.com
Propriété privée
Classé

En plein cœur des vignes et des oliviers du Languedoc se dresse le somptueux château-abbaye de Cassan. Humble retraite monastique, puissant prieuré royal au XIIe s. puis fastueuse demeure princière au XVIIIe s., les charmes du passé rayonnent encore dans la fraîcheur bienveillante des pierres séculaires.
19 avr.-juin, sept. : t.l.j. 14h-19h ; juil.-août : t.l.j. 11h-19h ; oct. : w.-e. 14h-19h, Visite libre. Visite sur r.-v. pour les groupes toute l'année.

C2 **SAINT-GUILHEM-LE-DÉSERT**

Abbaye de Gellone

34150 Saint-Guilhem-le-Désert
Tél. : 04 67 57 75 80
www.st-guilhem-le-desert.com
Propriété de l'État
Classé

Chemin de Saint-Jacques-de-Compostelle
inscrit sur la Liste du patrimoine mondial en 1998

L'abbaye bénédictine de Gellone est fondée au début du IXe s. par Guillaume, comte de Toulouse. Charlemagne, son cousin, y dépose les reliques de la Vraie Croix dont la vénération contribue, avec celle du corps du Guillaume, inhumé en 812, au rayonnement du monastère. L'abbaye prospère jusqu'au milieu du XVe s., puis décline lors des guerres de Religion. Reprise en 1632 par la congrégation de Saint-Maur, elle est saccagée à la Révolution et abrite ensuite une filature. Seules subsistent alors l'église et une partie du cloître. La restauration de l'abbaye est prise en charge dès 1840 par les Monuments historiques.
ABBAYE T.l.j. 7h45-17h40, dim. et j. fériés 8h30-10h45, 12h-17h45 ; juil.-août : 8h-18h10, dim. et j. fériés 8h30-10h45, 12h-18h10.
Fermeture du cloître entre 12h et 14h.
MUSÉE LAPIDAIRE T.l.j. sf mar. 14h-17h ; juil.-août : t.l.j. 11h-12h, 14h30-18h, mer. 15h30-18h, dim. 14h30-18h. Visite libre. Visite guidée sur r.-v.

SOUMONT B2

Prieuré Saint-Michel-de-Grandmont

34700 Soumont
Tél. : 04 67 44 09 31
www.prieure-grandmont.fr
Propriété privée
Classé

Rallié à l'ordre de Grandmont, le prieuré Saint-Michel est mentionné pour la première fois à la fin du XIIe s. Sous l'impulsion d'un évêque de Lodève, le prieuré bénéficie au XIIIe s. de nombreuses donations. Il est rapidement victime de la réorganisation de l'ordre, supprimé définitivement par ordonnance royale en 1772. Bien conservé, le prieuré a gardé l'ensemble de ses bâtiments qui traduisent, par leur sobriété, la spiritualité de cet ordre religieux tenu à une vie semi-érémitique.

Juin-sept. : t.l.j. 10h30, 15h, 16h, 17h ;
15 janv.-mai, oct.-15 déc. : t.l.j. sf lun. 15h. Visite guidée.

VILLENEUVETTE C3

Manufacture de draps fins

34800 Villeneuvette
Tél. : 04 67 96 06 00/04 67 67 76 76
Propriété de la commune
Inscrit

La manufacture de draps fins de Villeneuvette est créée en 1677, sur des ateliers déjà installés dès 1673 à proximité des eaux de la Dourbie par Pierre Baille, drapier clermontais. Louis XIV y fonde par lettres patentes une communauté entièrement vouée à la production de draps fins de laine, destinés aux Échelles du Levant. La manufacture appartient d'abord à André Pouget, directeur des Gabelles du Languedoc. C'est à cette époque qu'une véritable cité ouvrière est aménagée avec soixante-six logements, un jardin potager, des entrepôts, des ateliers ouvriers et la mise en place du système hydraulique. Propriété des Castanier d'Auriac dès 1720, la manufacture s'agrandit, et la production est augmentée. En 1803, avec Joseph Maistre, une dynastie manufacturière s'installe à Villeneuvette. La production se spécialise dans la fabrication de draps pour l'armée. De nouvelles machines sont introduites petit à petit, mais Villeneuvette cesse son activité en 1954.

Visite guidée toute l'année. Pour plus de précisions pour les horaires, se renseigner au 04 67 96 06 00.

VILLEVEYRAC C3

Abbaye Sainte-Marie de Valmagne

34560 Villeveyrac
Tél. : 04 67 78 06 09
www.valmagne.com
Propriété privée
Classé

Fondée en 1138 par Raymond Trencavel, vicomte de Béziers, l'abbaye de Valmagne adopte dès 1145 la règle de Cîteaux. Rattachée en 1159 à l'abbaye de Bonneval, elle bénéficie au XIIIe s. de la protection des seigneurs du Midi et prospère jusqu'au début du XIVe s. Les troubles du Moyen Âge entraînent la construction de fortifications du XVe s. Endommagée lors des guerres de Religion, l'abbaye est partiellement reconstruite au XVIIe s. avant d'être saccagée à la Révolution puis transformée en exploitation agricole au XIXe s., l'église servant alors de chai à vin. Aujourd'hui restaurée, l'abbaye qui conserve son église aux allures de cathédrale gothique du nord de la France, son très beau cloître, la salle capitulaire, le réfectoire et le pavillon de la fontaine, demeure l'une des abbayes les plus remarquables de l'art cistercien.

15 juin-15 sept. : t.l.j. 10h-18h ; oct.-Pâques : t.l.j. 14h-18h ;
Pâques-14 juin : t.l.j. 14h-18h, w.-e. 10h-18h. Fermé janv., 25 déc.
Visite guidée. (sur demande).

B1 **GABRIAS**

Château de Cougoussac

48100 Gabrias
Tél. : 04 66 32 47 65
Propriété privée
Inscrit

Construit au cours des XVIe et XVIIe s. autour d'un logis médiéval, le château de Cougoussac est habité par la famille de Retz de 1587 à 1849. Délimité par un mur de clôture, il se compose d'un corps de logis principal avec une tour, un avant-corps décentré sur la façade ouest et une chapelle. Le portail d'entrée, encadré par deux pavillons d'angle, est orné du blason de la famille de Retz, également présent sur la porte d'entrée de la façade est du corps de logis.
Visite guidée sur r.-v. toute l'année.

B1 **JAVOLS**

Site gallo-romain

48130 Javols
Tél. : 04 66 42 87 24
www.archeologie-javols.org
Propriété de la région, propriété de la commune
Inscrit

Javols, l'antique *Anderitum*, a été la capitale du Gévaudan. Une borne milliaire est à l'origine des fouilles débutées au XIXe s., et situe cette capitale de cité sur une voie qui relie Lyon à Rodez. Les recherches toujours en cours ont mis en évidence une ville à la romaine dans la partie basse (forum, basilique, théâtre, thermes, etc.), des quartiers d'habitation et deux nécropoles s'étalant jusqu'à une quarantaine d'hectares à son apogée au IIe s.
Juin-13 juil., sept. : lun., mar., jeu., ven. 10h-12h, 14h-17h30 ;
14 juil.-août : t.l.j. sf mar. et dim. mat. 10h-12h, 14h-18h30. Visite libre.
Visite guidée. Visite sur r.-v. pour les groupes toute l'année. ♿ en partie.

C1 **LANGOGNE**

Filature des Calquières

Musée de la Révolution industrielle
23, rue des Calquières
48300 Langogne
Tél. : 04 66 69 25 56
www.musee-lozere.com
Propriété d'une association
Inscrit et classé

La filature de Langogne est implantée près du déversoir d'un béal qui alimente plusieurs moulins. Elle est élevée vers 1852 par Pierre Boyer à côté d'un moulin attesté à cet endroit dès 1442. La production meunière cesse en 1860 alors que la filature, restée dans les mains de la même famille, les Boyer puis les Engels, fonctionne jusqu'en 1990. Les machines, en parfait état de marche (roue hydraulique, loup et diable à battre la laine, machines à carder et à filer), montrent aujourd'hui encore le processus de transformation de la laine de mouton en fil à tisser.
T.l.j. toute l'année 9h-12h, 14h-18h.
Selon les saisons, les horaires peuvent varier (se renseigner au 04 66 69 25 56).
Visite libre. Visite guidée.

B1 **PRINSUÉJOLS**

Château de La Baume

48100 Prinsuéjols
Tél. : 04 66 32 51 59
www.chateaudelabaume.org
Propriété privée
Inscrit et classé

Propriété de la baronnie de Peyre au début du XVIIe s., le château de La Baume est reconstruit dans le deuxième quart du XVIIe s. pour Antoine de Grolée, chambellan de Gaston d'Orléans. Il passe à la fin du XVIIe s. à son fils cadet César de Grolée, lieutenant général de Louis XIV pour le Languedoc, qui rajoute l'aile sud et fait décorer élégamment l'intérieur du château par des artisans locaux.
Juil.-août : t.l.j. 10h-12h, 14h-18h ; sept.-juin : t.l.j. sf mar. sur r.-v. Visite guidée.

ARBOUSSOLS B4

Ancienne église du prieuré de Marcevol

Fondation du prieuré de Marcevol
66320 Arboussols
Tél. : 04 68 05 24 25
www.prieure-de-marcevol.fr
Propriété privée
Classé

La construction de l'église, dédiée à Notre-Dame-des-Grades, remonte probablement au XIe s. Située au cœur de Marcevol, hameau aujourd'hui rattaché à la commune des Arboussols, elle est fortifiée dès le XIIe s., époque à laquelle les chanoines réguliers du Saint-Sépulcre s'installent au village et fondent un prieuré. L'abside de l'église offre un décor de bandes lombardes caractéristique du premier art roman.

Juil.-août, sept. : t.l.j. 10h30-12h30, 14h30-19h;
oct.-nov., avr.-juin : t.l.j. sf lun. 10h30-12h30, 14h30-18h;
déc.-mars : visite sur r.-v.
Visite libre. Visite guidée sur r.-v. (visite spéciale sur r.-v.).

ARLES-SUR-TECH B4

Abbaye Sainte-Marie

66150 Arles-sur-Tech
Tél. : 04 68 83 90 66
www.tourisme-haut-vallespir.com
Propriété de la commune
Classé

Probablement antérieure au IXe s., l'abbaye Sainte-Marie est d'abord placée sous la protection des empereurs carolingiens puis sous celle des seigneurs de la Cerdagne. Sa première consécration est attestée en 1046. En 1078 elle passe sous la commende de l'abbaye de Moissac. Elle connaît des remaniements successifs au cours des siècles, mais l'ensemble des dispositions actuelles de l'église (nef à trois vaisseaux, chœur à trois absides, façade avec l'archivolte du portail et la croix grecque du tympan) date des travaux réalisés au XIe s. La construction du cloître remonte à la seconde moitié du XIIIe s.

Janv.-mars, sept.-déc. : t.l.j. sf dim. 9h-12h, 14h-18h; avr.-juin : t.l.j. sf dim. mat. 9h-12h, 14h-17h; juil.-août : t.l.j. sf dim. mat. 9h-12h, 14h-19h.
Visite libre. Visite guidée sur r.-v. (notice de visite adaptée).
(notice de visite en gros caractères et en braille, maquette tactile, moulages, etc.).

BOULE-D'AMONT B4

Prieuré de Serrabone

66130 Boule-d'Amont
Tél. : 04 68 84 09 30
www.cg66.fr
Propriété du département
Classé

Le prieuré de Serrabone est fondé au XIe s. par le vicomte de Cerdagne Ramon Bernat, qui y installe une communauté religieuse ralliée à l'ordre des augustins. L'église, antérieure à la fondation du prieuré, est reconstruite au XIIe s. Amorcé au XIVe s., le déclin du prieuré s'affirme au siècle suivant. En 1592, il est sécularisé sur ordre de Clément VII, comme tous les prieurés augustins d'Espagne, et s'éteint jusqu'à la Révolution. L'église et la galerie du cloître abritent un décor sculpté remarquable, caractéristique de l'art roman roussillonnais.

T.l.j. 10h-18h. Fermé 1er janv., 1er mai, 1er nov., 25 déc.
Visite libre. Visite guidée. Visite sur r.-v. pour les groupes (10 pers. min.).

B4 **CASTEIL**

Abbaye Saint-Martin-du-Canigou

66820 Casteil
Tél. : 04 68 05 50 03
http://stmartinducanigou.org
Propriété privée
Classé

L'abbaye Saint-Martin-du-Canigou, fondée au début du XIe s. par Guifred II, comte de Cerdagne et son frère Oliba, abbé bénédictin de Saint-Michel de Cuixa et de Ripoll, offre l'une des premières expressions de l'art roman méridional. Isolée sur le versant nord du mont Canigou, difficile d'accès, l'abbaye déclina à partir du XVe s. et fut supprimée en 1783. Restaurée au cours du XXe s., à l'initiative de Mgr de Carsalade du Pont, elle est aujourd'hui habitée par la communauté catholique des Béatitudes. Elle comporte une église haute avec une tour-clocher carrée, une église basse et un cloître.

Fév.-mai, oct.-déc. : t.l.j. sf lun. 10h, 11h, 14h, 15h, 16h, dim. 10h, 12h30, 14h, 15h, 16h ; juin-sept. : 10h, 11h, 12h, 14h, 15h, 16h, 17h, dim. 10h, 12h30, 14h, 15h, 16h, 17h. Fermé janv.
Visite guidée. Visite sur r.-v. pour les groupes. Accès à pied 25-50 mn.

B4 **CODALET**

Abbaye Saint-Michel-de-Cuxa

66500 Codalet
Tél. : 04 68 96 15 35/
04 68 96 02 40 (monastère)
http://monsite.wanadoo.fr/abbaye.cuixa
Propriété privée
Classé

L'abbaye de Saint-Michel de Cuxa fut fondée en 879 autour d'une église déjà en place, pour accueillir les moines du monastère d'Eixalade, située plus haut dans la vallée de la Têt, victime d'une inondation. Placée sous la protection des comtes de Cerdagne, l'abbaye devint rapidement un centre religieux important, où se succédèrent des abbés notables et notamment Oliba élu en 1008, qui institua la première « Paix et trêve de Dieu » en 1027. Vendue à la Révolution après une longue période de déclin, elle fut endommagée et les galeries du cloître, ornées de chapiteaux taillés dans le marbre rose du Conflent, sont éparpillées. Une partie des chapiteaux, restitués à Cuxa, a permis de remonter une partie du cloître. Le reste se trouve aujourd'hui au musée The Cloister à New York. L'église préromane a conservé une seule des grandes tours-clochers élevées dans la première moitié du XIe s.

Avr.-sept. : t.l.j. sf dim. 9h30-11h50, 14h-18h ; oct.-mai : t.l.j. sf dim. 9h30-11h50, 14h-17h. Fermé 1er janv., 25 déc. et j. de fêtes religieuses. Visite libre.
Visite guidée. Visite sur r.-v. pour les groupes (15 pers. min.).

B4 **COLLIOURE**

Château royal

66190 Collioure
Tél. : 04 68 82 06 43
www.cg66.fr
Propriété du département
Classé

Le château royal de Collioure est construit vers 1300 pour les rois de Majorque dont l'éphémère royaume (1276-1344) comprend alors le Roussillon, Montpellier et les Baléares. L'histoire du château est étroitement liée à la situation stratégique de la ville disputée au cours des siècles entre la France et l'Espagne jusqu'au traité des Pyrénées qui scelle définitivement le Roussillon au royaume de France. Constamment remodelé et renforcé jusqu'au XIXe s., le château offre un éventail de toutes les étapes de cette architecture défensive.

Juin-sept. : 10h-18h (juil.-août ouvert jusqu'à 19h) ; oct.-mai 9h-17h.
Fermé 1er janv., 1er mai, 15-16 août, 25 déc. Visite libre. Visite guidée sur r.-v.

ELNE B4

Cathédrale Sainte-Eulalie-et-Sainte-Julie

Plateau des Garafes
66200 Elne
Tél. : 04 68 22 70 90
www.ot-elne.fr
Propriété de la commune
Classé

La ville d'Elne, siège épiscopal du VIe s. au XVIIe s., offre avec la cathédrale Sainte-Eulalie-et-Sainte-Julie un des ensembles romans les mieux conservés. Élevée au XIe s., sur une église déjà en place au début du Xe s., elle prospère jusqu'au transfert de l'évêché à Perpignan en 1602. Le cloître, commencé au XIIe s. et achevé au XIVe s., offre un répertoire iconographique très riche.
Nov.-mars : t.l.j. 9h30-11h45, 14h-16h45 ; avr.-mai : t.l.j. 9h30-17h45 ; oct. : t.l.j. 9h30-12h15, 14h-17h45 ; juin-sept. : t.l.j. 9h30-18h45.
Fermé 1er janv., 1er mai, 25 déc. Visite libre.
Visite guidée sur r.-v. et pour les groupes.

ILLE-SUR-TÊT B4

Hospici d'Illà

10, rue de l'Hôpital
66130 Ille-sur-Têt
Tél. : 04 68 84 83 96
www.ille-sur-tet.com
Propriété privée
Classé

L'ancien hospice Saint-Jacques, fondé au XIIIe s. grâce aux dons de la vicomtesse Ava de Fenollet, est élevé à côté d'une ancienne église déjà attestée au XIIe s. Si l'ensemble a gardé la disposition caractéristique d'un hôpital médiéval avec deux salles superposées composées d'alcôves voûtées abritant les lits des malades, l'essentiel des bâtiments actuels date des XVIIe et XVIIIe s.
Fév.-14 juin, oct.-nov. : t.l.j. sf mar. 14h-18h ;
15 juin-sept. : t.l.j. sf mat. le w.-e. 10h-12h, 14h-19h.
Fermé déc. et janv., 1er mai, 14 juil., 15 août. Visite libre.
Visite guidée sur r.-v. Visite sur r.-v. pour les groupes toute l'année.

MAUREILLAS-LAS-ILLAS B4

Église Saint-Martin-de-Fenollar

66480 Maureillas-las-Illas
Tél. : 04 68 83 73 82
http://maureillas.fr
Propriété de la commune
Classé

Fondée au milieu du IXe s., l'église de Saint-Martin est mentionnée en 844 parmi les biens que possède l'abbaye d'Arles-sur-Tech. Caractéristique des églises préromanes méditerranéennes, elle offre un décor peint daté du XIIe s. Essentiellement conservées dans le chœur, les fresques d'une qualité remarquable illustrent l'Incarnation divine, les vieillards de l'Apocalypse et le Christ en majesté entouré des quatre évangélistes.
15 juin-15 sept. : t.l.j. 10h30-12h, 15h30-19h ; 16 sept.-14 juin : t.l.j. sf mar. 14h-17h. Fermé 1er janv., 1er mai, 1er nov., 25 et 26 déc.
Visite guidée. Visite sur r.-v. pour les groupes.

MONT-LOUIS A4

Place forte de Mont-Louis

66210 Mont-Louis
Tél. : 04 68 04 21 97
www.mont-louis.net
Propriété de l'État, propriété de la commune
Classé

Fortifications de Vauban inscrites sur la Liste du patrimoine mondial en 2008

Après la signature du Traité des Pyrénées en 1659 et le rattachement du Roussillon à la France, Vauban crée Mont-Louis en 1679, au carrefour de trois vallées (Têt, Aude et Cerdagne) pour sécuriser la nouvelle frontière avec l'Espagne. L'ensemble intact forme deux entités carrées bastionnées étagées dans la pente, avec la citadelle, (aujourd'hui le Centre national d'entraînement commando) et la ville neuve, bâtie sur le projet de lotissement en damier prévu par Vauban. Dans la citadelle, le Puits des Forçats servait à l'alimentation en eau de la zone militaire. Y sont conservés sa cage à écureuil et les seaux, éléments de machinerie exceptionnels du XVIIe s.
Juil.-août : t.l.j. 10h, 11h, 14h, 15h, 16h ; 1er-7 sept. : t.l.j. sf dim. 10h, 11h, 14h, 15h, 16h ; 8 sept.-juin : t.l.j. sf dim. 10h, 14h. Fermé 20 déc.-5 janv.
Visite guidée uniquement (terrain militaire interdit au public).
Visite sur r.-v. pour les groupes.

B4 **PERPIGNAN**

Le Castillet

Casa Pairal
Place de Verdun
66000 Perpignan
Tél. : 04 68 35 42 05
www.mairie-perpignan.fr
Propriété de la commune
Classé

Situé à l'entrée de la vieille ville, le Castillet, ou Castellet, correspond à l'ancienne porte principale de l'enceinte de Perpignan. Il est élevé vers 1368 par Pierre IV au moment où le Roussillon appartient à la couronne d'Aragon. En 1483, lors de l'occupation française de la région, Louis XI fait construire l'actuelle porte Notre-Dame. La petite tourelle surmontée d'une coupole en brique date de la même époque. Prison au XVIIe et XVIIIe s., le Castillet abrite aujourd'hui le musée catalan des Arts et traditions populaires baptisé la « Casa Pairal ».

Mai-sept. : t.l.j. sf mar. 10h-18h30 ; oct.-avril : t.l.j. sf mar. 11h-17h30.
Fermé 1er mai, 15 août, 25 déc. 31 déc.
Visite libre. Visite sur r.-v. pour les groupes toute l'année.

Palais des rois de Majorque

4, rue des Archers
66000 Perpignan
Tél. : 04 68 34 48 29
www.cg66.fr
Propriété du département
Classé

Lorsque le roi catalan Jacques II de Majorque s'installe à Perpignan vers 1276, il y construit un somptueux palais sur une colline d'où on découvre toute la plaine du Roussillon. Le château de style gothique s'inspire des modèles ibériques, languedociens et italiens. À l'allure massive du monument dominé par la tour de l'Hommage et par le donjon, répond l'élégance des loggias et des décors mudéjars. La plus grande des trois cours réunit l'Aula, la salle du trône et la salle du conseil. Les petites regroupent les logis royaux et les chapelles. La rudesse de la citadelle de brique rouge du XVIe s. qui l'entoure contraste avec la douceur des jardins plantés dans les lices.

Juin-sept. : t.l.j. 10h-18h ; oct.-mai : t.l.j. 9h-17h.
Fermé 1er janv., 1er mai, 1er nov., 25 déc. Visite libre. Visite guidée sur r.-v.

B4 **PERTHUS (LE)**

Fort de Bellegarde

66480 Le Perthus
Tél. : 04 68 83 60 15
Propriété de la commune
Classé

Isolé entre le col du Perthus et le col de Panissars, le fort de Bellegarde est reconstruit par Vauban entre 1679 et 1685 à l'emplacement d'un ancien château des rois de Majorque. Il forme un pentagone étiré à cinq bastions avec deux enceintes terrassées pour l'artillerie. L'arsenal, disposé en U, fait face à la chapelle dont la façade est ornée de pilastres toscans.

Juin-sept. : t.l.j. 10h30-18h30. Visite libre. Visite guidée à 11h, 15h et 17h.
Visite sur r.-v. le reste de l'année.

B4 **PRATS-DE-MOLLO-LA-PRESTE**

Fort Lagarde et remparts

Place le Foiral
66230 Prats-de-Mollo-la-Preste
Tél. : 04 68 39 70 83
www.pratsdemollolapreste.com
Propriété de la commune
Classé

TOURISME & HANDICAP

Dominant les fortifications de la ville, le fort Lagarde, d'une capacité d'une centaine de soldats, est aménagé au XVIIe s. Il est destiné à protéger la frontière avec l'Espagne, laquelle date du traité des Pyrénées (1659). À l'ouest, le donjon, construit autour d'une ancienne tour à signaux médiévale, est agrandi à partir de 1686 selon le projet du maréchal de Vauban qui est également chargé du remaniement des remparts de la ville. Parfait exemple d'adaptation du concept de fortification bastionnée, il comprend une trentaine de pièces : chapelle, cuisine, casernes, salle d'armes, etc.

Juil.-août : 11h-19h, animation historique de mi-juil. à fin août l'apr.-midi ; avr.-juin, sept.-oct. : t.l.j. sf lun. 14h-18h ; vac. scol. : 14h-17h.
Visite libre d'avr. à oct. Visite guidée.
Visite guidée sur r.-v. pour les groupes toute l'année.

RIVESALTES B4

Maison natale du maréchal Joffre

11, rue du Maréchal-Joffre
66600 Rivesaltes
Tél. : 04 68 64 24 98/04 68 64 04 04
Propriété de la commune
Inscrit

Fils d'un viticulteur, Joseph Joffre est né à Rivesaltes en 1852. Après s'être distingué au Tonkin, au Soudan et à Madagascar, Joffre est nommé chef d'état-major général en 1911, puis commandant en chef en 1914. Vainqueur de la Marne il est relevé en 1916 de son commandement et élevé à la dignité de maréchal de France. Après la guerre il est élu à l'Académie française et effectue jusqu'à sa mort, en 1931, de nombreuses missions de prestige à l'étranger. Un musée évoquant la vie et la carrière de Joffre est installé dans sa maison natale.

Juin-sept. : t.l.j. sf lun. et dim. 9h30-12h30, 15h-19h.
Visite libre. Visite sur r.-v. pour les groupes toute l'année (20 pers. min.).

SAINTE-LÉOCADIE A4

Ferme Cal Mateu

Musée de Cerdagne
66800 Sainte-Léocadie
Tél. : 04 68 04 08 05
www.museedecerdagne.com
Propriété de la commune
Inscrit

Construite au début du XVIIIe s., la ferme Cal Mateu (littéralement « chez Matthieu ») offre un bel exemple d'exploitation agricole caractéristique de la Cerdagne. Les bâtiments d'exploitation et la maison d'habitation sont rassemblés autour d'une cour. La ferme abrite aujourd'hui le musée de Cerdagne qui évoque l'histoire et les traditions de cette région.

13 juil.-20 sept. : t.l.j. sf sam. 10h, 11h30, 14h30, 16h, 17h30. Visite guidée.
Visite en catalan sur r.-v. Visite sur r.-v. le reste de l'année. ♿ en partie.

SAINT-GÉNIS-DES-FONTAINES B4

Abbaye

Rue Georges-Clemenceau
66740 Saint-Génis-des-Fontaines
Tél. : 04 68 89 84 33
www.ville-stgenisdesfontaines.fr
Propriété de la commune
Classé

Fondée sous l'Empire carolingien, l'abbaye de Saint-Génis-des-Fontaines est détruite une première fois au IXe s. avant d'être progressivement reconstruite jusqu'au XIIIe s. Rattachée à l'abbaye catalane de Montserrat en 1507, elle est maintenue jusqu'à la Révolution. Le cloître, remarquable pour sa polychromie de marbres régionaux, est démantelé en 1924 et les colonnes ainsi que les chapiteaux sont exportés à l'étranger. En 1983, une grande partie d'entre eux est rendue à Saint-Génis et remontée. L'église, qui conserve à l'intérieur des vestiges de l'époque préromane, offre surtout, sur le linteau du portail, la plus ancienne manifestation datée de la sculpture romane en France. L'inscription du bas-relief mentionne en effet la vingt-quatrième année du règne du roi capétien Robert II, soit 1019-1020. Le linteau représente le Christ entouré de deux anges et de six apôtres.

Oct.-mars : t.l.j. 9h30-12h, 14h-17h; avr.-juin, sept. : t.l.j. 9h30-12h, 14h-18h; juil.-août : t.l.j. 9h30-12h30, 15h-19h. Fermé 1er janv., 25 déc.
Visite libre. Visite guidée pour les groupes.

B4 **SALSES-LE-CHÂTEAU**

La forteresse de Salses est construite entre 1497 et 1504 par les Espagnols pour verrouiller l'accès du Roussillon. Elle joue un rôle stratégique important jusqu'au traité des Pyrénées (1659). À partir de cette date, le Roussillon devient définitivement une province française et la frontière franco-espagnole est déportée vers le sud. Derrière les murailles défensives, les bâtiments sont répartis sur trois à sept niveaux desservis par un labyrinthe de communications internes. Le dispositif de défense est fractionné en trois parties autonomes comprenant la partie commune, le réduit et le donjon. Par son plan et son architecture révolutionnaires, la forteresse de Salses présente un exemple rare de transition entre le château fort médiéval et les forteresses du XVIIe s. de Vauban.

Juin-sept. : t.l.j. 9h30-19h ; oct.-mai : t.l.j. 10h-12h15, 14h-17h.
Fermé 1er janv., 1er mai, 1er et 11 nov., 25 déc. Visite libre.
Visite guidée. Visite guidée sur r.-v. pour les groupes. avec aide.

Forteresse de Salses
66600 Salses-le-Château
Tél. : 04 68 38 60 13
http://salses.monuments-nationaux.fr
Propriété de l'État
Classé

CENTRE DES MONUMENTS NATIONAUX

TOURISME & HANDICAP

B4 **TAUTAVEL**

La grotte de la Caune de l'Arago, située dans les falaises surplombant le Verdouble, contient un gisement préhistorique très riche. Les fouilles, commencées en 1964, ont mis au jour les vestiges du plus ancien crâne humain retrouvé en Europe, qui remonte à – 450000. Il s'agit d'un homme âgé d'une vingtaine d'années, mesurant 1,65 m et présentant les caractéristiques de l'*Homo erectus*. L'analyse des couches sédimentaires atteste une occupation du site dès – 680000. Le Centre européen de préhistoire, situé à proximité de la grotte, offre de nombreux outils pour comprendre la période du Paléolithique ancien.

Janv.-mars, oct.-déc. : t.l.j. 10h-12h30, 14h-17h ; avr.-juin, sept. : 10h-12h30, 14h-18h ; juil.-août : 10h-19h. Visite libre. Visite audioguidée.

Grotte de la Caune de l'Arago
Centre européen de préhistoire
66720 Tautavel
Tél. : 04 68 29 07 76
www.tautavel.com
Propriété de la commune
Classé

B4 **VILLEFRANCHE-DE-CONFLENT**

Créée à la fin du XIe s. par les comtes de Cerdagne, Villefranche-de-Conflent occupe un site stratégique entre le Roussillon et la Cerdagne, qui l'oblige à se doter d'un système défensif destiné à repousser les avancées françaises, mais n'empêchant pas les prises d'assaut par les troupes de Louis XI en 1475 et de Louis XIV en 1654. Pour protéger la ville, alors soumise à la France, Vauban décide la construction d'un fort au-dessus de la ville, sur la crête de Belloch.

Juil.-août : 9h-20h ; mai-juin : 10h-19h ; sept.-avr. : 10h-18h.
Visite libre. Visite guidée sur r.-v. (15 mai-sept.).

Château fort Liberia
66500 Villefranche-de-Conflent
Tél. : 04 68 96 34 01
www.fort-liberia.com
Propriété privée
Inscrit

Fortifications de Vauban inscrites sur la Liste du patrimoine mondial en 2008

Limousin

Corrèze – Creuse – Haute-Vienne

LIMOUSIN
A
B
1
2
3
4
Bourges
Issoudun
Châtellerault
Châteauroux
A 10
A 71
CENTRE
Le Blanc
Montmorillon
POITOU-CHARENTES
Crozant
Bétête
Petite Creuse
Boussac
Montluçon
Cromac
Lavaufranche
Creuse
RN 145
RN 147
Chambon-sur-Voueize
Guéret
Gartempe
Sainte-Feyre
Évaux-les-Bains
Bellac
Bénévent-l'Abbaye
Moutier-d'Ahun
Peyrat-la-Nonière
Mortemart
Ahun
Saint-Pardoux-les-Cards
Haute-Vienne
Ambazac
Aubusson
Taurion
Tardes
Cher
Oradour-sur-Glane
Felletin
RN 141
Vienne
Limoges
Crocq
Rochechouart
RN 21
Peyrat-le-Château
Le Vigen
RN 979
Maulde
Les Salles-Lavauguyon
Champagnac-la-Rivière
Saint-Jean-Ligoure
RD 940
RD 982
Tardoire
Les Cars
Châlus
Marval
Rilhac-Lastours
Saint-Merd-les-Oussines
Diège
A 20
RN 20
Dournazac
Le Chalard
Meymac
Ussel
Salon-la-Tour
Coussac-Bonneval
Corrèze
Uzerche
Auvézère
Dordogne
AQUITAINE
Arnac-Pompadour
A 89
RN 89
Corrèze
Luzège
Vézère
Tulle
Clergoux
Voutezac
Allassac
Mauriac
Périgueux
A 89
Brive-la-Gaillarde
Aubazine
AUVERGNE
RN 89
RN 120
Collonges-la-Rouge
Saint-Geniez-ô-Merle
Turenne
RN 140
Beaulieu-sur-Dordogne
Aurillac
Bergerac
MIDI-PYRÉNÉES
N
Figeac
0
30 km
Cahors
Villefranche-de-Rouergue
Rodez

A3 **ALLASSAC**

Tour de César

19240 Allassac
Tél. : 05 55 24 08 80
www.allasac-correze.com
Propriété de la commune
Inscrit

La tour du « suzerain », donjon haut de 30 m, est le dernier vestige de l'enceinte fortifiée du château Saint-Martial édifié au XIe s. par le seigneur Archambaud de Comborn. C'est une tour de guet et de défense ronde, dont la base d'origine mérovingienne ou romaine est carrée : elle présente deux salles aux ouvertures en meurtrières. Des corbeaux au sommet indiquent la présence de mâchicoulis aujourd'hui disparus.

Juin, sept. : ven. et w.-e. 14h30, 16h30; juil.-août : mer. et w.-e. 14h30 et 16h30. Visite guidée sur r.-v. (5 pers. min.).

A3 **ARNAC-POMPADOUR**

Château de Pompadour

Le Château
19230 Arnac-Pompadour
Tél. : 05 55 98 51 10
www.les3tours-pompadour.com
Propriété de l'État
Classé

La forteresse est construite en 1026 par Guy de Lastours, détruite en 1200 puis reconstruite au XVe s. par Geoffroy Hélie de Pompadour. Louis XV acquiert le domaine en 1745 et l'offre à sa favorite, Jeanne Antoinette Poisson, célèbre marquise de Pompadour. Amoureuse des chevaux, elle crée le premier haras privé dans les écuries du château. Aujourd'hui, seule l'aile sud subsiste et donne à Pompadour son caractère royal. La grande enceinte extérieure, flanquée de tours rondes, munie de nombreuses canonnières à la française, est un exemple de conservation relativement rare en Limousin.

Visite possible toute l'année. En raison d'un grand nombre de manifestations se déroulant sur les sites du Haras national, se renseigner pour les horaires. Visite guidée. Visites sur r.-v. pour les groupes.

Écurie du Puy-Marmont

Le Château
19230 Arnac-Pompadour
Tél. : 05 55 98 51 10
www.les3tours-pompadour.com
Propriété de l'État
Classé

Sur le domaine du Haras national de Pompadour, les écuries des étalons du Puy-Marmont, situées en plein cœur du village, animent la cité grâce aux nombreux concours, spectacles et autres manifestations équestres. En effet, le Haras national de Pompadour est un haut lieu de compétitions équestres nationales et internationales avec plus de cent jours par an dédiés aux sports équestres. Durant la visite, les différentes races de chevaux de trait, les équipements techniques comme la sellerie d'honneur, le local de reproduction et la forge vous sont présentés.

Visite possible toute l'année. En raison d'un grand nombre de manifestations se déroulant sur les sites du Haras national, se renseigner pour les horaires. Visite guidée. Visites sur r.-v. pour les groupes.

Jumenterie nationale de La Rivière

Le Château
19230 Arnac-Pompadour
Tél. : 05 55 98 51 10
www.les3tours-pompadour.com
Propriété de l'État
Classé

Construite au début du XXe s., sur le domaine des seigneurs de La Rivière, la jumenterie nationale est le site, unique en France, qui offre chaque année un spectacle insolite avec les troupeaux de juments poulinières et leurs poulains. Situé à 3 km de Pompadour, le domaine s'étend sur plus de 80 ha. La chapelle gothique dédiée à sainte Catherine et les vestiges du château de La Rivière datent tous deux du XVe s.

Visite possible toute l'année sf l'hiver. En raison d'un grand nombre de manifestations se déroulant sur les sites du Haras national, se renseigner pour les horaires. Visite guidée. Visites sur r.-v. pour les groupes.

Double page d'ouverture : château de Pompadour, Arnac-Pompadour (Corrèze).

Écuries de l'Orangerie

Le Château
19230 Arnac-Pompadour
Tél. : 05 55 98 51 10
www.les3tours-pompadour.com
Propriété de l'État
Classé

Ces écuries accueillent les poulains issus de l'élevage du haras. Les jeunes chevaux viennent dans ces boxes à partir de 2 ans et demi ou 3 ans pour commencer leur carrière sportive. Cette visite permet de découvrir les différentes disciplines équestres.

Visite possible de mars à sept. En raison d'un grand nombre de manifestations se déroulant sur les sites du Haras national, se renseigner pour les horaires. Visite guidée. Visites sur r.-v. pour les groupes.

AUBAZINES — B3

Monastère des hommes (abbaye Saint-Étienne)

19190 Aubazines
Tél. : 05 55 84 61 12
www.ville-aubazine.fr
Propriété d'une association, propriété de la commune
Classé

L'abbaye est fondée vers 1130 par l'ermite Étienne. Devant l'accroissement du nombre de ses disciples, il crée une double communauté d'hommes et de femmes. Affiliée à l'ordre de Cîteaux en 1147, l'abbaye prospère jusqu'au XVIe s. puis décline pendant les guerres de Religion. En 1757, six des neuf travées de la nef de l'abbatiale sont détruites, faute de moyens pour les entretenir. La Révolution disperse les moines. Restent aujourd'hui l'église abbatiale et une partie des bâtiments du monastère du XIIe et XVIIIe s., de nouveau occupés par une communauté religieuse. L'architecture sobre est fidèle aux principes clunisiens. L'église abrite entre autres une armoire liturgique du XIIe s., le tombeau et la chasse émaillée de saint Étienne.

14 juil.-15 août : t.l.j. sf lun. 10h30 (10h le dim.), 15h, 16h ; juin-13 juil., 16 août-sept. : t.l.j. sf lun. 10h30 (10h le dim.), 15h ; avr.-mai, oct. : t.l.j. sf lun. 15h ; fév.-mars, nov.-déc. : w.-e. 15h. Fermé en janv. et la dernière semaine d'août. Visite guidée. Visite sur r.-v. pour les groupes.

BEAULIEU-SUR-DORDOGNE — B4

Abbatiale

19120 Beaulieu-sur-Dordogne
Tél. : 05 55 91 09 94
www.beaulieu-tourisme.com
Propriété de la commune, propriété privée
Inscrit et classé

L'abbaye est fondée par l'archevêque de Bourges, Rodolphe de Turenne, en 855. De l'ensemble monastique élevé au XIIe s., seule l'église abbatiale d'influence clunisienne nous est parvenue. Église de pèlerinage typique avec triple nef et chœur à déambulatoire, elle est célèbre pour son portail sud. Son tympan, chef-d'œuvre de la sculpture romane limousine, prototype de celui de Moissac, évoque les trois mondes : le Ciel, la Terre et l'Enfer. Un Christ en majesté y trône, entouré d'une trentaine de personnages. Un clocher-beffroi y a été accolé, côté ouest, au XIVe s. Le trésor, présenté dans une vitrine dans le transept nord, contient une Vierge à l'Enfant du XIIe s. en bois revêtu de plaques d'argent, une lanterne qui semble être un travail d'origine byzantine, une châsse émaillée de Limoges dite « des Rois Mages » du XIIe s. et deux bras reliquaires.

T.l.j. 8h-19h. Visite guidée (se renseigner à l'office du tourisme : 05 55 91 09 94).

Chapelle des Pénitents

19120 Beaulieu-sur-Dordogne
Tél. : 05 55 91 09 94
www.beaulieu-tourisme.com
Propriété de la commune
Classé

La chapelle des Pénitents, au clocher-mur dressé sur le mur ouest, est bâtie au XIIe s. sur un rocher dominant la Dordogne. En partie détruite durant la guerre de Cent Ans, elle est restaurée au XVe s. puis au XVIIe s. et enfin vendue comme bien national à la Révolution. Elle fut revendue en 1820 à la confrérie de Pénitents Bleus et abandonnée après sa dissolution à la fin du XIXe s. Achetée par la ville et restaurée, elle est devenue un musée d'histoire locale et une salle d'exposition d'artistes en été. Elle contient d'intéressants objets d'art religieux dont une Piéta du XVe s. À remarquer : sa voûte en bois en forme de coque de bateau renversé.

Mi-juin à mi-sept. : visite guidée (se renseigner à l'office du tourisme : 05 55 91 09 94).

A3

BRIVE-LA-GAILLARDE

Château de Puymège

19100 Brive-la-Gaillarde
Tél. : 05 55 85 33 07
Propriété privée
Inscrit

Le château de Puymège domine le bassin de Brive et la vallée de la Vézère. Du château féodal, il ne reste que les vestiges d'une tour de défense, arasée au XVIIIe s. Mais Puymège est vraisemblablement un château important au Moyen Âge. Le porche du XVIe s. est surmonté d'une tour carrée. Le corps de logis, qui date du XVIIe s., est flanqué de deux ailes, dont une en retour d'équerre datant du XIXe s. Les dépendances du château, construites à cette dernière époque, possèdent une série de cinq arcades au rez-de-chaussée. L'ensemble, de grès rose, est entouré de jardins qui datent de la seconde moitié du XVIIIe s.

Juil.-août, Journées du patrimoine : visite guidée des extérieurs sur r.-v.
♿ en partie.

Hôtel Labenche

Musée Labenche
26 *bis*, boulevard Jules-Ferry
19100 Brive-la-Gaillarde
Tél. : 05 55 18 17 70
www.musee-labenche.com
Propriété de la commune
Classé

Cet hôtel particulier, probablement construit vers 1540 pour Jean II de Calvimont, garde du sceau et greffier du roi pour le bas Limousin, est situé dans la partie fortifiée de la ville. Il échappe ainsi à la destruction lors des guerres de Religion. Remanié au XVIIIe s., il est agrandi au siècle suivant pour les besoins d'un séminaire diocésain. D'architecture Renaissance, il est constitué de deux ailes en retour d'équerre. La cour d'honneur est décorée d'une dizaine de médaillons figurant des personnages en buste. Le bâtiment abrite depuis 1989 les collections de la ville, dont un ensemble de tapisseries anglaises du XVIIe s.

Avr.-oct. : t.l.j. sf mar. 10h-18h30 ; nov.-mars : t.l.j. sf mar. 13h30-18h.
Fermé 1er janv., 1er mai, 1er nov., 25 déc.
Visite libre. Visite audioguidée. Visite sur r.-v. pour les groupes.

B3

CLERGOUX

Château de Sédières

19320 Clergoux
Tél. : 05 55 27 76 40
www.sedieres.fr
Propriété du département
Inscrit

Situé dans un magnifique écrin de verdure et entouré d'étangs, le château de Sédières fut construit au XVe s. Il était alors une forteresse du Moyen Âge, parfaitement close, de forme carrée, renfermant une petite cour. Le pont-levis, quelques meurtrières, l'ancien donjon, gardent trace de cette époque. Au XVIe s., l'édifice perdit son caractère féodal et fut transformé en une résidence de la Renaissance. Le château accueille désormais trois expositions temporaires par an : mars-avril ; mi-juin-mi-septembre ; fin octobre-fin novembre.

Juil.-août : t.l.j. 10h-12h30, 14h-18h30. Visite libre. Visite guidée. (juil.-août).

B3

COLLONGES-LA-ROUGE

Maison de la Sirène

Musée des Arts
et Traditions populaires
19500 Collonges-la-Rouge
Tél. : 05 55 84 08 03
Propriété de la commune
Classé

Cette maison du XVIe s. doit son nom à la sirène en bois sculpté qui orne le porche et qui tient d'une main un peigne et de l'autre un miroir. Elle appartient au début du XXe s. à Henry de Jouvenel, ministre de l'Éducation et mari de l'écrivain Colette. Demeure typique en grès rouge et toit de lauzes, elle abrite le musée des Arts et Traditions populaires qui présente un intérieur d'autrefois.

Pâques-Toussaint : t.l.j. 10h30-12h, 14h30-19h.
Viste sur r.-v. le reste de l'année.

MEYMAC — B3

Abbaye Saint-André

Centre d'Art contemporain
19250 Meymac
Tél. : 05 55 95 23 30
www.centre-art-contemporain-meymac.com
Propriété de la commune
Inscrit et classé

Un monastère est fondé à Meymac dès le XIe s. à la demande d'Archambaud III, vicomte de Comborn. Érigé en abbaye en 1147 pour être rallié à l'ordre de Saint-Benoît, il connaît plusieurs campagnes de construction qui expliquent les curieuses anomalies de l'édifice. Les mauristes récupèrent le lieu au XVIIe s. et entament une campagne de constructions. À la Révolution, l'abbaye sert de caserne puis est achetée par la ville en 1828. Le cloître et certains bâtiments conventuels sont alors rasés. Les collections du garde général des Eaux et Forêts Marius Vazeilles sont exposées dans un des bâtiments. Le bâtiment du XVIIe s. abrite un centre d'Art contemporain inauguré en 1979.
Juil.-août : t.l.j. sf lun. 10h-13h, 14h-19h ; sept.-juin : t.l.j. sf lun. 14h-18h (sur r.-v. le mat.).

SAINT-GENIEZ-Ô-MERLE — B3

Tours de Merle

19220 Saint-Geniez-ô-Merle
Tél. : 05 55 28 22 31
www.st-geniez-o-merle.com
Propriété de la commune
Classé

Au cœur de la Xaintrie en Corrèze, perché sur un éperon rocheux cerné par la Maronne, les Tours de Merle dressent fièrement leur silhouette depuis le XIIe s. Naturellement fort, ce « nid d'aigle » offrait à ses seigneurs la garantie d'une position dominante et spectaculaire à la frontière de l'Auvergne et de l'Aquitaine. Composé de trois ensembles répartis sur deux terrasses, les sept habitats fortifiés dominent un parc de 10 ha. Ils proposent une présentation de la vie locale des paysans et des nobles du XIVe s.
Avr.-juin, sept. : t.l.j. 14h-18h ; juil.-août : t.l.j. 10h-19h ; oct. : dim. 14h-18h ; vac. de Toussaint : t.l.j. 14h-18h.
Visite libre. Visite guidée sur r.-v. toute l'année.

SAINT-MERD-LES-OUSSINES — B3

Ruines gallo-romaines des Cars

19170 Saint-Merd-les-Oussines
Tél. : 05 55 95 18 43
www.detours-en-limousin.com
Propriété du département
Classé

Le site gallo-romain des Cars se compose de deux ensembles distincts : deux mausolées et un édifice d'habitation. Les premières fouilles sont réalisées dans les années trente. Les deux monuments funéraires, construits en blocs de grand appareil, ont été édifiés successivement dans le courant du IIe s. ; seul celui du nord possédait un mur péribole. Leur réalisation est certainement due aux riches propriétaires de la villa située dans le petit vallon. Le site s'organise autour d'une cour bordée d'une galerie couverte qui dessert diverses salles. Il semble avoir été abandonné à la fin du IIIe s.
Visite libre toute l'année. Visite guidée t.l.j. sf lun. en juil.-août. Visite guidée sur r.-v. au départ de l'office du tourisme de Meymac le mar. à 10h en juil.-août. Visite guidée sur r.-v. pour les groupes toute l'année.

SALON-LA-TOUR — A3

Château de la Grènerie

19510 Salon-la-Tour
Tél. : 05 55 98 28 39
Propriété privée
Inscrit

Le château de la Grènerie est érigé sur une terrasse qui domine une petite vallée où se trouve un étang de 3 ha. Les Lesbolières, originaires de Masseret au XIe s., construisent en 1450 le château primitif de la Grènerie. Il passe de main en main avant d'être acquis en 1870 par le baron Rolland qui le restaure. Très imposant, il est constitué d'un bâtiment d'origine de plan rectangulaire avec quatre tours aux angles, d'une chapelle et d'un bâtiment intermédiaire. Le château a conservé de la construction primitive du XVe s. ses petites baies originelles au nord. La façade sud d'entrée et les tours sont restaurées au XIXe s. dans un style néogothique. Les dépendances du château sont construites au XIXe s.
Juil.-août : t.l.j. 10h-12h, 14h-19h. Visite libre. Visite sur r.-v. le reste de l'année.

B3

TULLE

Abbaye Saint-Martin-et-Saint-Michel de Tulle

Musée municipal d'Art et d'Histoire
Place de la Cathédrale
19000 Tulle
Tél. : 05 55 26 91 05
www.ville.tulle.fr
Propriété de l'État
Classé

La cathédrale Notre-Dame-de-la-Nativité de Tulle (fondation de l'évêché en 1317) est l'ancienne abbatiale bâtie entre le VIIIe s. (fondations carolingiennes) et le XIVe s. N'en subsistent que la nef et le clocher-porche gothique haut de 75 m. L'abbaye contiguë conserve des ailes monastiques, une partie du cloître aux sobres arcades et la « petite merveille » ou salle capitulaire (XIIIe s.) ornée de peintures murales évoquant la vie du Christ (XIVe s.). Musée municipal d'art, d'histoire, archéologie, technique, ethnographie, objets d'art, musicologie, le site abbatial occupé insiste également sur l'art sacré, autour du jardin médiéval et de l'architecture bénédictine remarquable.

Temporairement fermé pour travaux. Pour plus d'informations quant à une prochaine réouverture, se renseigner au 05 55 26 91 05.

A3

TURENNE

Château

19500 Turenne
Tél. : 05 55 85 90 66
www.chateau-turenne.com
Propriété privée
Classé

La vicomté de Turenne possède au XVe s. le tiers du bas Limousin, le haut Quercy et le Sarladais, ce qui représente plus de cent mille habitants. Elle prélève des impôts sans en reverser au royaume, bat monnaie et jouit d'une grande autonomie politique et administrative. En 1738, Louis XV rachète la vicomté à Charles Godefroy de Turenne, ruiné. Le château est alors démantelé. Ne subsistent que les deux tours situées aux extrémités du promontoire, séparées par un jardin remplaçant l'ancien corps de logis : la tour de l'Horloge, ancien donjon quadrangulaire à contreforts plats du XIIe s. et de belle dimension, et la tour de César, ancienne tour de guet ronde et exiguë, qui date du XIe s., offrent une vue splendide sur le territoire de la vicomté.

Avr.-juin, sept.-oct. : t.l.j. 10h-12h, 14h-18h ; juil.-août : t.l.j. 10h-19h ; nov.-mars : dim. 14h-17h. Fermé 1er janv., 25 déc.
Visite sur r.-v. pour les groupes. Visite sur r.-v. en période de fermeture.
(mai-juin, sept. sur r.-v. ; juil.-août 11h30-18h).

A3

UZERCHE

Hôtel du Sénéchal

Centre régional de documentation sur l'archéologie du paysage
14, rue de la Justice
19140 Uzerche
Tél. : 05 55 73 26 07
www.archeologie-paysage.org
Propriété de la commune
Inscrit

Surplombant la Vézère, l'ancienne sénéchaussée d'Uzerche fait partie des édifices anciens qui confèrent à la ville son caractère. D'après les moulurations des baies, le bâtiment date du XVIe s. Il offre une belle silhouette avec ses trois tours-circulaire, polygonale et carrée. Le Centre régional de documentation sur l'archéologie du paysage y est installé et présente une exposition permanente sur l'archéologie du paysage rural et urbain en Limousin de l'époque gauloise à la fin du Moyen Âge.

Juil.-août : t.l.j. sf mar. 14h-18h. Visite libre. Visite guidée sur r.-v.
Visite sur r.-v. pour les groupes. Visite sur r.-v. le reste de l'année.

A3

VOUTEZAC

Château du Saillant

19130 Voutezac
Tél. : 05 55 84 94 91
Propriété privée
Inscrit

Élevé au bord de la Vézère, le château du Saillant est, sous les Mérovingiens, une villa royale. Du château primitif subsiste un bâtiment rectangulaire. Le château a gardé ses douves en eaux vives. Les dépendances sont constituées de l'ancienne grange et de l'ancienne bergerie. La grange, où se déroule aujourd'hui le Festival de la Vézère, est formée d'un long bâtiment flanqué de deux pavillons en retour d'équerre. L'intérieur conserve des peintures murales du XVIe s.

Juin : w.-e. 15h-18h. Ouvert en juil.-août pendant le festival de la Vézère.
Visite libre. Visite guidée sur r.-v.

AHUN B2

Château de Chantemille

23150 Ahun
Tél. : 05 55 62 33 67
www.tourisme-creuse.com
Propriété privée
Inscrit

Bâti sur un éperon rocheux dominant la Creuse, le château de Chantemille, enchâssé dans son écrin de verdure, surgit au cœur d'une vallée préservée. Reconstruit en 1470 par Louis Dupuy, sénéchal de la Marche, il relève du modèle du château marchois du XVe s. avec, au centre de la façade principale, sa tour d'escalier quadrangulaire et à l'arrière ses deux tours d'angle circulaires. D'intéressants vestiges du château sur lequel il a été reconstruit subsistent. L'origine de la seigneurie remonte à la fin du Xe s., époque de la fondation de l'abbaye du Moutier-d'Ahun distante de 2 km seulement.

Juil.-août : mar. 15h30, 17h30 ; Journées du patrimoine : 14h30-19h30.
Visite guidée. Visite sur r.-v. pour les groupes toute l'année (10 pers. min.).

AUBUSSON B2

Maison du Tapissier

69, rue Vieille
23200 Aubusson
Tél. : 05 55 66 32 12
www.ot-aubusson.fr
Propriété de la commune
Classé

Cette maison porte le nom de ses anciens propriétaires, les Corneille, famille de lissiers aubussonnais. Datée du XVIe s., elle est l'une des plus anciennes de la ville. Située à l'angle de deux rues, elle présente des façades différentes : celle donnant sur la rue Vieille est la plus importante avec de larges fenêtres chanfreinées. Au rez-de-chaussée se trouve une baie de boutique à étal en saillie. La façade sur la rue Roche possède des ouvertures beaucoup plus étroites. Une tourelle sur cul-de-lampe est posée en encorbellement à l'angle. Un atelier de tapissier d'autrefois est reconstitué à l'intérieur.

T.l.j. sf dim. 9h30-12h30, 14h-18h (juil.-sept. : t.l.j.).
Fermé 1er janv., w.-e. de Pâques, 1er et 8 mai, 25 déc.
Visite libre. Visite guidée sur r.-v. pour les groupes.

BÉNÉVENT-L'ABBAYE B2

Église

23210 Bénévent-l'Abbaye
Tél. : 05 55 62 68 35
www.tourisme-creuse.com
Propriété de la commune
Classé

Bénévent doit son origine à une abbaye de religieux de Saint-Augustin, qui rapportent au XIe s., de la cité de Bénévent en Italie, les reliques de saint Barthélemy. L'église paroissiale de Bénévent, jadis abbatiale, est entièrement construite en granit. De plan en croix latine, c'est un monument en style roman de transition de la fin du XIe s. ou du début du XIIe s. Le clocher central a reçu à la fin du XIXe s., une véritable flèche pictavo-périgourdine.

T.l.j. 9h à 18h. Visite libre. Visite guidée le mer. à 10h30 en juil.-août.
Visite guidée sur r.-v. pour les groupes toute l'année.

B2

BÉTÊTE

Ancienne abbaye de Prébenoît

23270 Bétête
Tél. : 05 55 80 78 91
Propriété de la commune
Inscrit

En 1140, le seigneur de Châtelus-Malvaleix fonde l'abbaye de Prébenoît, sous l'ordre de Cîteaux. Sa particularité actuelle est de posséder sur les parois du grand escalier en bois du XVIIe s. des vestiges de peintures murales représentant l'ensemble de l'abbaye en 1715 et des vestiges de fortifications médiévales. Restaurée pour le séjour de groupes ou d'individuels, l'ancienne abbaye abrite des expositions temporaires en été en complément de l'exposition archéologique permanente. Des fouilles récentes ont mis au jour, dans le chœur de l'abbatiale, un ensemble de carreaux vernissés dont certains représentant des cerfs ou des oiseaux, découverte unique dans un édifice cistercien.

Pâques-Toussaint : t.l.j. 10h-12h, 14h-19h. Visite guidée. ♿ en partie.

B2

BOUSSAC

Château

23600 Boussac
Tél. : 05 55 65 07 62
www.tourisme-creuse.com
Propriété privée
Classé

Situé sur un promontoire dominant la petite Creuse où les ouvrages militaires se sont succédé depuis l'époque romaine, le château actuel date en partie des XIIe et XIIIe s. et du début du XVe s. Démantelé par les Anglais, peu après la bataille de Poitiers en 1356, il est reconstruit au XVe s. par le fidèle compagnon de Jeanne d'Arc, le maréchal de Boussac, puis embelli par son petit-fils Jean III de Brosse. C'est un bâtiment irrégulier, flanqué de sept tours toutes différentes. Grâce à George Sand qui y séjourne, Prosper Mérimée découvre en 1841 toute la série des tapisseries de la *Dame à la licorne*, vendues en 1882 au futur musée de Cluny à Paris. Les propriétaires organisent chaque été des expositions de tapisseries contemporaines d'Aubusson.

Sept.-juin : t.l.j. 9h-12h, 14h-17h ; juil.-août : t.l.j. 9h-18h.
Visite guidée. ♿ en partie.

B2

CHAMBON-SUR-VOUEIZE

Abbatiale Sainte-Valérie

23170 Chambon-sur-Voueize
Tél. : 05 55 82 15 89
www.tourisme-creuse.com
Propriété de la commune
Inscrit

Chambon-sur-Voueize doit son existence à un prieuré fondé en ce lieu au IXe s. par l'abbaye Saint-Martial de Limoges et qui accède lui-même au rang d'abbaye et à la prospérité en 985, lorsque les reliques de sainte Valérie y sont transférées. L'existence de cet important monastère est liée à celles des abbayes de Saint-Martial de Limoges et de Cluny. Le trésor est installé dans l'ancienne tour du chartrier où sont à l'époque rangés les chartes et les manuscrits du monastère. On peut y voir entre autres le buste reliquaire de la sainte, en argent doré, orné d'une couronne de pierres précieuses et d'un collier rehaussé de blasons en émail cloisonné du XVe s.

Juil.-août : t.l.j. 9h-19h ; sept.-juin : t.l.j. 9h-17h.
Visite libre. Visite guidée t.l.j. en juil.-août.
Visite sur r.-v. pour les groupes toute l'année (5 pers. min.).

CROCQ B2

Château

Tour et maison du Patrimoine
23260 Crocq
Tél. : 05 55 67 42 36
www.tourisme-creuse.com
Propriété de la commune
Inscrit

Cette forteresse féodale est bâtie à la fin du XIIe s. par Robert Ier, dauphin d'Auvergne et seigneur de Crocq, dans le but de repousser toute attaque venue du Limousin. Elle fait preuve d'une résistance tenace face aux Anglais avant d'être rasée en 1632, sur ordre de Richelieu, après la révolte des Croquants. Cette rébellion contre l'État, contre la fiscalité excessive et contre les abus des militaires logés chez l'habitant était partie de Crocq. Du château, il ne subsiste que deux tours reliées par une courtine. Une table d'orientation est aménagée à leur sommet.
Mai-juin, sept. : t.l.j. sf jeu. 10h30-12h, 14h30-18h ; 1er-13 juil. : t.l.j. sf jeu. 10h30-12h, 14h30-18h ; 14 juil.-31 août : t.l.j. 10h30-12h, 14h30-19h.
Visite libre. Visite guidée sur r.-v.

CROZANT B2

Vestiges du château

23160 Crozant
Tél. : 05 55 89 80 12/05 55 89 09 05
www.tourisme-creuse.com
Propriété privée,
propriété de la commune
Classé

Attesté pour la première fois dans une charte de 1200-1209, le site de Crozant est l'œuvre de Hugues X de Lusignan et de sa femme Isabelle d'Angoulême. Il est bâti sur un éperon rocheux au confluent de la Creuse et de la Sédelle. Du château subsistent plusieurs tours et des éléments des enceintes (XIIe-XVe s.). En ruine après le tremblement de terre de 1606 et les guerres de Religion, le château est redécouvert par les précurseurs romantiques à la fin du XVIIIe s. et au début du XIXe s. Crozant devient un haut lieu du paysagisme français, fréquenté par des peintres impressionnistes dont Armand Guillaumin est le meilleur représentant.
Juil.-août : t.l.j. 10h-12h, 14h-19h, w.-e. et j. fériés 10h-19h ;
avr. à mi-nov. : 10h-12h, 14h-18h, w.-e. et j. fériés 10h-12h, 14h-19h.
Visite libre. Visite sur r.-v. pour les groupes.

ÉVAUX-LES-BAINS B2

Église Saint-Pierre-et-Saint-Paul

23110 Évaux-les-Bains
Tél. : 05 55 65 50 90
www.tourisme-creuse.com
Propriété de la commune
Classé

L'église d'Évaux-les-Bains est l'ancienne église prévôtale construite au XIe s. Elle se compose d'une tour carrée occidentale répondant à la nef centrale, formant un clocher-porche doté de cinq étages. Elle est surmontée d'une tour octogonale, probablement du XVe s. La tour et le transept sont réunis au XVe s. par une nef avec ses bas-côtés. En 1637, une partie de la voûte de la nef s'écroule, puis un portail à deux baies est construit en 1658 contre la tour romane formant porche de l'église. En 1660, c'est au tour du chœur et du transept de s'écrouler. Ce dernier est alors supprimé et le chœur est élargi.
T.l.j. 10h-20h. Visite guidée sur r.-v. pour les groupes.

FELLETIN B2

Domaine de Banizette

La Nouaille
23500 Felletin
Tél. : 05 55 83 28 55
www.banizette.com
Propriété privée
Inscrit

Banizette est le type même d'une demeure installée au cœur d'un domaine agricole, qui s'étend sur 125 ha. La maison noble, où la seigneurie peut vivre en autarcie, est un genre évolué de la maison forte des siècles précédents. Le domaine se compose d'un manoir et d'une grande métairie, caractérisée par un immense grenier à grains avec son bâtiment de dépendances formé de deux ailes en retour et surmonté d'une tour carrée servant de pigeonnier. Diverses collections d'outils traditionnels évoquant le mode de vie passé dans ces grandes fermes limousines y sont réunies.
Juil.-août : t.l.j. visite à 15h, 16h15, 17h30 ; mai : dim. et j. fériés 15h ;
juin, sept. : w.-e. 15h, 16h15, 17h30.
Visite guidée. Visite sur r.-v. pour les groupes toute l'année (20 pers. min.).

Chapelle, dite « de Notre-Dame-du-Château »

23500 Felletin
Tél. : 05 55 66 54 60
www.felletin-tourisme.fr
Propriété de la commune
Classé

Notre-Dame-du-Château est une église bâtie en 1478 en tant que chapelle annexe. Elle aurait été construite avec des pierres de l'ancien château de la Tour, d'où son surnom. L'intérieur est éclairé par de hautes et étroites fenêtres dotées de dalles de verre du XXe s. Un autel, réalisé sur les plans de l'architecte Le Corbusier, occupe l'emplacement du chœur. La chapelle abrite, durant la période estivale, des expositions de tapisseries.

Mai-juin, sept. : t.l.j. 14h-18h ; juil.-août : t.l.j. 10h-12h, 14h-18h30; oct. : w.-e. 14h-18h.

Château d'Arfeuille

23500 Felletin
Tél. : 05 55 66 40 40
www.tourisme-creuse.com
Propriété privée
Inscrit

Élevé sur un plateau boisé qui domine la vallée de la Creuse, le château actuel est construit en 1480, sur l'emplacement d'un château fort datant du XIIIe s., par Antoine d'Arfeuille. Il est composé d'un corps de logis central au nord d'une cour, flanqué à l'est d'un vaste donjon de plan rectangulaire et à l'ouest d'un bâtiment allongé en partie du XVIIIe s. Le donjon rectangulaire et une tour circulaire s'appuient sur la façade arrière. Le parc, tel qu'il existe aujourd'hui, remonte au XIXe s. Les textes retraçant l'histoire de la Marche mentionnent que la terre d'Arfeuille appartient à cette famille depuis le XIe ou le XIIe s.

Juin : w.-e. 14h-18h30 ; juil.-août : 14h30-18h30.
Visite libre. Visite guidée à 15h30, 17h (mat. sur r.-v.).

B2 LAVAUFRANCHE

Commanderie

Musée des Arts et Traditions populaires
23600 Lavaufranche
Tél. : 05 55 65 07 62
Propriété privée
Classé

Fondée vers 1180, cette ancienne commanderie des hospitaliers de Saint-Jean-de-Jérusalem (chevaliers de Malte) est l'une des dix commanderies de la Creuse. Si le donjon date de cette époque, le corps de logis principal disposé en deux ailes en retour remonte au XVe s., ainsi que la chapelle des XIIe et XIIIe s. qui servait d'église paroissiale avant que Lavaufranche soit rattachée à la paroisse de Soumans. Elle abrite des peintures murales du XVe s. représentant une Crucifixion, une possible illustration de la controverse de sainte Catherine avec les Docteurs et une Cène. Le musée des Arts et Traditions populaires est aménagé dans les communs.

Juil.-août : t.l.j. 14h-18h. Visite guidée.

B2 MOUTIER-D'AHUN

Église

23150 Moutier-d'Ahun
Tél. : 05 55 62 55 93
www.tourisme-creuse.com
Propriété de la commune
Classé

L'église est fondée en 997 par Boson II, comte de la Marche, qui, possédant sur le bord de la Creuse une église dédiée à la Sainte Vierge, la convertit en monastère sous la règle de saint Benoît ; elle est agrégée à l'ordre de Cluny en 1604. Il ne reste aujourd'hui qu'une partie de l'église. Son portail présente des voussures ornées de bas-reliefs et de statuettes du XVe s. Elle possède un ensemble exceptionnel de boiseries du XVIIe s., œuvre du sculpteur auvergnat Simon Bauer.

2-22 mars, 12 nov.-déc. : t.l.j. sf lun. et mar. 14h-17h ;
23 mars-12 juin : t.l.j. sf mar. 10h-12h, 14h-17h ;
13 juin-13 sept. : t.l.j. 10h-12h30, 14h-19h ; 14 sept-11 nov. : t.l.j. sf mar. 14h-17h.
Visite libre. Visite guidée sur r.-v. en été.

PEYRAT-LA-NONIÈRE B2

Château du Mazeau

23130 Peyrat-la-Nonière
Tél. : 05 55 62 33 92
www.tourisme-creuse.com
Propriété privée
Inscrit

Très ancienne dépendance de l'abbaye cistercienne de Bonlieu, le château du Mazeau se présente comme un bâtiment de style moitié civil et moitié militaire. Construit en 1560 par Jean de Saint-Avit, abbé de Bonlieu, le château est défendu par des tours et une ceinture crénelée. Une chapelle est ajoutée au château vers 1840.

Juil.-août : 14h30-19h ; sept. : dim. et Journées du patrimoine 14h30-18h30. Visite guidée. Visite sur r.-v. le reste de l'année.

SAINTE-FEYRE B2

Château

23000 Sainte-Feyre
Tél. : 05 55 81 15 52
www.tourisme-creuse.com
Propriété privée
Inscrit

Ce château est édifié au XVIIIe s. à l'emplacement d'une demeure féodale pour la famille Mérigot, par l'architecte Joseph Brousseaud. D'une facture classique très rare dans la région, il se compose d'un long corps de bâtiment à deux étages séparés par des bandeaux horizontaux, dont la travée centrale est soulignée par un fronton. L'intérieur présente un décor de stuc homogène du XVIIIe s. bien conservé, aux motifs de rocaille. Le sous-sol éclairé, ancien rez-de-chaussée du château médiéval, comporte de nombreuses salles en enfilade à voûtes d'arêtes. De beaux vestiges médiévaux subsistent, dont une tour de défense reconvertie en pigeonnier.

15 juil.-août : t.l.j. 14h-18h30. Visite guidée.

SAINT-PARDOUX-LES-CARDS B2

Château de Villemonteix

23150 Saint-Pardoux-les-Cards
Tél. : 05 55 62 33 92
http://chateau.villemonteix.free.fr
Propriété privée
Classé

C'est l'une des plus anciennes seigneuries du comté de la Marche. Le château est construit au XVe s. par François du Bois sur une structure plus ancienne dont il ne reste plus qu'une partie du donjon datant du XIIIe s. Ce dernier a gardé sa structure originelle du XVe s. C'est un ensemble comportant un corps de logis rectangulaire flanqué aux angles de hautes tours rondes. Du côté est, une tour carrée abrite l'escalier. Un chemin de ronde avec mâchicoulis domine les murailles. Des tapisseries d'Aubusson et des Flandres sont périodiquement exposées dans les salles.

Pâques-Toussaint : t.l.j. 10h-12h, 14h-19h.
Visite guidée. Visite sur r.-v. le reste de l'année.

A2 **AMBAZAC**

Château et parc de Montméry

87240 Ambazac
Tél. : 05 55 56 73 19
Propriété privée
Classé

Théodore Haviland, illustre porcelainier, s'installe définitivement en France en 1875 et fait construire un château, inspiré de demeures américaines contemporaines. Le bâtiment se caractérise par un éclectisme fait de la juxtaposition de styles divers : roman, gothique, Renaissance, art 1900. L'aménagement du parc est confié à Édouard André, célèbre paysagiste du début du siècle. Il réalise un compromis entre un parc ordonné et un parc paysager anglais composé de fabriques, d'étangs, d'une rivière anglaise et d'une grande collection d'arbres rares qui s'étend sur 17 ha vallonnés. La motte castrale de Montcocu, nom du site au Moyen Âge, a été intégrée à cet aménagement.

Juin-sept. : t.l.j. sf ven. et sam. 14h-18h.
Visite sur r.-v. pour les groupes toute l'année (20 pers. min.).

A2 **CARS (LES)**

Château

87230 Les Cars
Tél. : 05 55 36 90 22
www.lescars87.com
Propriété de la commune
Inscrit

La famille Pérusse des Cars, l'une des plus illustres du royaume aux XVe et XVIe s., fait construire un château Renaissance sur les bases d'une forteresse médiévale du XIIIe s. À la Révolution, un inventaire décrit le château qui compte alors cinq gros pavillons entourés d'une terrasse sur laquelle s'ouvrent quatre portes cochères. De cet ensemble architectural caractéristique de la première Renaissance limousine subsistent aujourd'hui une tour d'artillerie et une grosse tour polygonale à cheminée monumentale. Des fouilles archéologiques révèlent peu à peu le plan initial du château. Une exposition et une salle lapidaire présentent le fruit des recherches archéologiques et donnent une idée de la somptuosité du décor sculpté du XVIe s.

Juil.-août : t.l.j. sf mar. 10h-12h, 14h-18h.
Visite guidée sur r.-v. Visite sur r.-v. pour les groupes hors saison.

A3 **CHALARD (LE)**

Église Notre-Dame

87500 Le Chalard
Tél. : 05 55 09 99 99
si.lechalard@wanadoo.fr
Propriété privée, propriété de la commune
Classé

L'église romane du Chalard est fondée au XIe s. par l'ermite saint Geoffroy. Fortifié par les Anglais qui l'avaient occupé pendant la guerre de Cent Ans, le bâtiment présente un massif clocher carré, allégé par ses douze ouvertures. Le chœur polygonal possède des chapiteaux de granit ornés de têtes grimaçantes. Le trésor, exposé dans une vitrine, présente, non loin du tombeau de Geoffroy, la châsse émaillée du milieu du XIIIe s., le crâne reliquaire de saint Geoffroy et deux peintures cuivre du XVIIe s. représentant sainte Catherine et saint Augustin. Le cimetière renferme un ensemble unique de quarante tombes de moines, pour la plupart en forme d'église ou de châsse.

Toussaint-Pâques : w.-e. 10h-17h ; Pâques-Toussaint : t.l.j. 10h-18h.
Visite guidée t.l.j. en juil.-août de 15h à 18h.
Visite guidée sur r.-v. pour les groupes toute l'année.

CHÂLUS A3

Château de Châlus-Chabrol

Musée du Feuillardier
87230 Châlus
Tél. : 05 55 78 56 61/05 55 78 51 13
www.tourisme-hautevienne.com
Propriété privée
Inscrit et classé

C'est sur les fondations d'un château fort, attesté dès le IXe s., qu'est construite au XIe s. une forteresse de style roman entourée d'une double enceinte qui domine la haute vallée de la Tardoire. En 1199, revenu pour châtier ses vassaux qui avaient pris parti pour Philippe Auguste, Richard Cœur de Lion est blessé lors d'un assaut au pied de la muraille et décède quelques jours après. Ses entrailles sont enterrées dans la chapelle du château. Profondément transformé par Gerald de Maulmont au XIIIe s. et détruit à la Révolution, il ne reste plus du château que le donjon cylindrique et une tour d'angle engagée dans le corps de logis. Le musée du Feuillardier (travail du bois de châtaignier) a été aménagé dans les granges.
Juil.-15 sept. : 10h-19h ; 16 sept.-juin : 10h-12h, 14h-18h.
Visite guidée. Visite sur r.-v. pour les groupes toute l'année.

Château de Châlus-Maulmont

87230 Châlus
Tél. : 06 03 10 46 05
www.tourisme-hautevienne.com
Propriété privée
Classé

Château construit entre 1265 et 1275 par Géraud de Maulmont, par ailleurs bâtisseur de Chalusset, clerc du roi de France, homme exceptionnel qui domina, à son époque, la vie politique et administrative du Limousin. La tour du château s'est effondrée en 1994. Reste à voir les belles fenêtres romanes géminées de l'édifice classé monument historique en 1981. La visite des ruines permettra de beaux points de vue sur le château du haut. Un projet de réhabilitation complet du site est en cours en partenariat avec la Fondation du Patrimoine.
Juil.-août : 15h-18h. Visite sur r.-v.

CHAMPAGNAC-LA-RIVIÈRE A2

Château de Brie

Musée de l'Automate
87150 Champagnac-la-Rivière
Tél. : 05 55 78 17 52
www.chateaudebrie.fr/
www.tourisme-hautevienne.com
Propriété privée
Inscrit

Le château de Brie est construit à la fin du XVe et au début du XVIe s. par Jehan de Brye. Il appartient vers 1780 à Mirabeau. Brûlé à la Révolution et abandonné jusqu'en 1805, il est depuis restauré et habité par la même famille. Le corps de logis rectangulaire est complété d'un donjon carré et de deux grosses tours d'angle à l'arrière. Le morceau de bravoure est l'escalier à vis de style gothique flamboyant qui se termine par une voûte en palmier. Dans la grange médiévale, qui est un ancien refuge militaire, quarante personnages animés constituent un inattendu musée de l'Automate.
Avr.-oct. : dim. et j. fériés : 14h-19h (août : musée ouvert t.l.j. 14h-18h).
Visite guidée du château. Visite libre du musée.
Visite sur r.-v. pour les groupes toute l'année.

COUSSAC-BONNEVAL A3

Château de Bonneval

87500 Coussac-Bonneval
Tél. : 05 55 75 24 15
www.bonneval.com.br
Propriété privée
Inscrit

Le château de Bonneval est édifié au XIIIe s. par Jean Ier de Bonneval sur une ancienne forteresse du XIe s. détruite lors de la guerre de Cent Ans. L'histoire du château est étroitement liée à la famille de Bonneval, propriétaire depuis le XIIIe s. Le plus illustre d'entre eux est Claude-Alexandre de Bonneval, dit « Ahmet Pacha », qui, au XVIIIe s., se met au service de l'Empire ottoman et remporte de nombreuses victoires sur les Autrichiens. Le château, de plan carré, est flanqué à chaque angle d'une tour de défense couronnée de mâchicoulis. À l'intérieur, douze pièces se visitent, renfermant entre autres une collection de tapisseries et de nombreux souvenirs d'Ahmet Pacha.
15-30 juin, 15-30 sept. : t.l.j. sf lun. 14h30-18h ; juil.-août : t.l.j. 14h30-19h.
Visite guidée. Visite sur r.-v. pour les groupes (20 pers. min.).

A2 **CROMAC**

Château de Las-Croux

87860 Cromac
Tél. : 05 55 76 74 35
www.las-croux.fr
Propriété privée
Inscrit

Dessiné en 1893 par le paysagiste limougeaud Nivet, présenté dans le prospectus pour l'exposition universelle de Paris en 1900, le parc a conservé son tracé d'ensemble du XIXe s. Les paysages découverts, quand on le parcourt, sont ceux décrits par George Sand dans *La Mare au diable*, ponctués par une tourelle, une orangerie, une serre, un potager, une porterie néogothique, un pavillon néoclassique, ainsi que par des écuries. Construites dans un mélange de pans de bois et de briques, elles suscitent à l'époque, un intérêt majeur en Haute-Vienne. L'actuel château est réalisé en 1865 dans l'enceinte du château féodal dont certaines ruines subsistent. Inspiré du style Louis XIII, il a été construit à partir d'une maison de maître, les ailes sont finalement rajoutées par Jules Martin, architecte à Paris, une quarantaine d'années plus tard.
7 juil.-17 août : t.l.j. 12h-18h.

A3 **DOURNAZAC**

Château de Montbrun

87230 Dournazac
Tél. : 05 55 78 65 26
www.tourisme-hautevienne.com
Propriété privée
Classé

Le domaine de Montbrun se compose de murailles d'enceinte avec des vestiges de tours-poternes et de tours de défense, des vestiges de la chapelle Saint-André et du château proprement dit qui date des XIIe et XVe s. C'est Aymeric Brun qui, en 1179, fait élever la forteresse romane dont il subsiste le donjon carré. Le château est incendié par les Anglais après 1369. Vers 1430, Pierre de Montbrun, évêque de Limoges de 1427 à 1456, conserve le donjon du XIIe s. et reconstruit le château suivant un plan quadrangulaire avec quatre tours circulaires aux angles. Montbrun est pillé, en partie démoli en 1791 puis reconstruit à partir de 1870.
Avr.-oct. : t.l.j. 14h-18h. Visite guidée.
Visite sur r.-v. pour les groupes toute l'année.

A2 **LIMOGES**

Maison traditionnelle de la Boucherie

36, rue de la Boucherie
87000 Limoges
Tél. : 05 55 34 46 87
info@tourismelimoges.com
Propriété de la commune
Inscrit

La maison de la Boucherie est l'une des cinquante-deux maisons bâties au XIIIe s. pour abriter la confrérie des bouchers qui habitaient tous dans cette rue. C'est une maison en pan de bois traditionnelle, où tout se faisait sur place : l'abattage des bêtes, le séchage des peaux dans les greniers à claire-voie, la confection des charcuteries dans l'arrière-boutique et la vente, à même la rue, de la viande qui pendait en façade. Un écomusée reconstitue l'activité de cette confrérie très puissante jusqu'au XIXe s. et qui garde encore de nos jours le privilège de présenter les clefs de la ville aux chefs d'État de passage à Limoges.
Juil.-sept. : 9h30-12h, 14h30-19h. Visite libre.
Visite guidée sur r.-v. Visite sur r.-v. pour les groupes hors saison.

Chapelle Saint-Aurélien

2, rue Saint-Aurélien
87000 Limoges
Tél. : 05 55 34 46 87
info@tourismelimoges.com
Propriété de la confrérie de saint Aurélien
Inscrit

Au IIIe s., lorsque Limoges est évangélisée par saint Martial, premier évêque de Limoges, l'empereur y envoie Aurélien Cotta, prêtre des divinités païennes, pour combattre le christianisme, mais il se convertit. À la mort de saint Martial, Aurélien lui succède. En 1315, l'évêque de Limoges expose les restes de saint Aurélien et permet à la corporation des bouchers de la ville de le prendre pour saint patron. Ensuite, les reliques ont été transférées à l'intérieur de l'enceinte de la ville et conservées dans la chapelle du quartier de la Boucherie qui a pris, par la suite, le nom de chapelle Saint-Aurélien. Elle se compose d'une nef, surmontée d'un clocher au-dessus de la dernière travée, et d'un chœur. L'intérieur est richement meublé et abrite entre autres les statues de sainte Catherine, sainte Anne, la Vierge et l'Enfant Jésus et saint Roch. Le chœur conserve de remarquables boiseries du XVIIe s.
T.l.j. 9h à 18h. Visite libre. Visite guidée sur r.-v. ♿

Pavillon du Verdurier

Rue Rafilhoux
87000 Limoges
Tél. : 05 55 45 63 24
www.ville-limoges.fr
Propriété de la commune
Inscrit

Cet ancien pavillon frigorifique est commandé en 1919 pour les besoins du ravitaillement après la guerre de 14-18. Il est conçu comme un modèle réduit de la gare de Limoges que le même architecte, Roger Gonthier, est alors en train de construire. C'est un pavillon de plan octogonal bâti en béton armé et revêtu à l'extérieur de carreaux de grès bleu-vert et d'un décor de mosaïque. Il est couvert d'une coupole de cuivre. Longtemps fermé, il a bénéficié d'une restauration complète permettant d'en faire un lieu pour des expositions temporaires organisées par la ville de Limoges. Au sous-sol se trouvent des vitraux de Francis Chigot.

Ouvert lors des expositions.

Musée national Adrien-Dubouché

8, place Winston-Churchill
87000 Limoges
Tél. : 05 55 33 08 50
www.musee-adriendubouche.fr
Propriété de l'État
Classé

Construit à la fin du XIXe s. par Henri Mayeux, ce bâtiment abrite le musée national de Porcelaine et autrefois l'École nationale d'art décoratif chargée de former des élèves pour l'industrie de la porcelaine. L'ensemble se compose d'un corps de bâtiment principal flanqué de deux ailes en retour, plus basses et destinées aux services administratifs. À l'image de l'architecture industrielle de l'époque, certaines structures sont en fer et fonte et la façade principale de granit rose est ornée d'un délicat décor peint et de plaque de céramique. Le musée possède environ quinze mille objets permettant de retracer l'histoire de la céramique et du verre de l'Antiquité à nos jours.

T.l.j. sf mar. 10h-12h30, 14h-17h45.
Fermé 1er janv., 1er mai, 25 déc. Visite libre. Visite audioguidée.
Visite sur r.-v. pour les groupes toute l'année (10 pers. min.).

Four à porcelaine des Casseaux (ancien)

28, rue Donzelot
87000 Limoges
Tél. : 05 55 33 28 74
www.tourisme-hautevienne.com
Propriété privée
Classé

L'usine de porcelaine GDA, du nom des trois dirigeants en 1900, est un remarquable exemple de l'activité porcelainière implantée dans le Limousin après la découverte de gisements de kaolin à la fin du XVIIIe s. L'activité prospère jusqu'à l'arrivée, dans les années cinquante, du gaz naturel, qui entraîne la suppression de presque tous les fours chauffés au bois et à la houille. Le four de l'usine GDA est un des rares à nous être parvenus. Construit en 1904 par Charles Field Haviland selon le principe de la « flamme renversée » mis au point par l'ingénieur anglais Minton, il permet deux cuissons simultanées : l'une à 1 400 °C, l'autre à 950 °C. Restauré et aménagé depuis le terrible incendie qui a ravagé le site en 1981, sa visite permet de suivre toute la chaîne de la fabrication de la porcelaine dans ce haut lieu de mémoire industrielle.

Ouvert toute l'année 11h-18h. Fermé dim. et j. fériés.
Visite libre. Visite guidée dim. sur r.-v. pour les groupes toute l'année.

Hôtel de ville et fontaine

87000 Limoges
Tél. : 05 55 34 46 87
info@tourismelimoges.com
Propriété de la commune
Inscrit

Construit de 1879 à 1883 par l'architecte Alfred Leclerc, Grand Prix de Rome, cet édifice se compose d'un corps central carré flanqué de pavillons d'angle prolongés par deux ailes. Inspiré de l'œuvre de François Mansart, il présente la même apparence que la plupart des bâtiments administratifs construits sous la IIIe République : mélange de style Renaissance et Louis XIII. Leclerc fait venir du calcaire de la Vienne, plus facile à travailler que le granit limousin. Les plafonds peints de la salle des mariages et de l'ancienne salle du conseil municipal constituent un ensemble décoratif remarquable. La fontaine dite « des Émailleurs », construite en 1892-1893, est en granit rose, en bronze et en porcelaine.

Visite guidée toute l'année (se renseigner à l'office du tourisme : 05 55 34 46 87).
À voir la visite audioguidée accessible gratuitement sur www.tourismelimoges.com.

Le bâtiment actuel, construit de 1766 à 1774, sur l'emplacement du palais épiscopal de l'évêque Jean de Langeac, par l'architecte limousin Joseph Brousseaud, est un remarquable exemple du style Louis XVI. Depuis 1912 il abrite le musée municipal qui présente, entre autres, des collections d'émaux dont Limoges s'est fait une spécialité dès le Xe s. Les moines de l'abbaye Saint-Martial copient la technique byzantine de l'émail cloisonné puis développent le procédé du champlevé. Leur production de crosses, des châsses et de croix est diffusée partout en Europe. Toutes les techniques, du Moyen Âge à nos jours, sont ici exposées.
Oct.-juin : t.l.j. sf mar. 10h-12h, 14h-17h (18h en juin); juil.-sept. : t.l.j. 10h-12h, 14h-18h. Fermé 1er janv., 1er mai, 1er et 11 nov., 25 déc.

Musée municipal de l'Évêché
Place de la Cathédrale
87000 Limoges
Tél. : 05 55 45 98 10
www.ville-limoges.fr
Propriété de la commune
Classé

Nécropole du IVe s., elle accueille les premières inhumations chrétiennes dont celle de saint Martial, apôtre du Limousin, et de ses deux compagnons Austriclinien et Alpinien. Une abbaye se développe sur ce site autour de leur culte et devient un intense foyer culturel et artistique entre le IXe et le XIIe s. On peut voir également les fondations des deux églises Saint-Pierre et Saint-Benoît datant du Xe s. L'ensemble est détruit à la Révolution. Des fouilles archéologiques ont mis au jour les vestiges de l'abbaye Saint-Martial et des deux églises, ainsi que celles de la nécropole paléochrétienne.
Juil. à mi-sept : visite guidée sur r.-v.

Abbaye Saint-Martial (vestiges)
Place de la République
87000 Limoges
Tél. : 05 55 34 46 87
info@tourismelimoges.com
Propriété de la commune
Classé

A3 MARVAL

Le château de Marval constitue à l'époque médiévale un ouvrage de défense majeur, à en juger par l'importance du plan d'origine. Incendié par les troupes calvinistes de Coligny en 1569, il ne subsiste de cette époque que la salle des gardes et l'escalier. Reconstruit au XVIIe s. avec des pierres récupérées, le bâtiment présente le plan habituel et assez fréquent à l'époque d'un grand corps central, flanqué de deux pavillons au toit à quatre pans.
Juil.-oct. : dim.-mar. et j. fériés 16h, 18h.
Visite guidée. Visite sur r.-v. pour les groupes le reste de l'année.

Château
87440 Marval
Tél. : 05 55 78 76 89
info@tourismelimoges.com
Propriété privée
Inscrit

A2 MORTEMART

C'est Abon Drut, seigneur de Mortemart qui est autorisé à édifier le château en 995, après avoir défendu victorieusement la cité de Bellac contre le comte Guillaume de Poitiers. En 1205, cette seigneurie entre par mariage dans la famille des Rochechouart. Le domaine de Mortemart devient marquisat au XVIIe s. en remerciement des services rendus à Henri III, puis à Henri IV. Par ordre du cardinal de Richelieu, le château est démantelé comme beaucoup d'autres forteresses symboles du pouvoir féodal. Vers 1650, Louis XIV érige le marquisat en duché-pairie. À la Révolution, le château est mis sous séquestre puis vendu comme bien national. À la fin du XIXe s., il est racheté par la famille de Mortemart qui entreprend actuellement sa restauration. Il forme un quadrilatère entouré de douves, dont il ne reste aujourd'hui qu'une partie.
Mai-juin, sept. : dim. et j. fériés 14h30-18h; juil.-août : t.l.j. 14h30-19h. Visite libre.

Château des Ducs
87330 Mortemart
Tél. : 05 55 68 98 98/05 55 68 12 11
Propriété privée
Inscrit

ORADOUR-SUR-GLANE A2

Centre de la mémoire

87520 Oradour-sur-Glane
Tél. : 05 55 43 04 30
www.oradour.org
Propriété du département
Classé

Le 10 juin 1944, une division allemande remontant vers la Normandie encercle et anéantit entièrement le village d'Oradour-sur-Glane. Les habitants du village sont massacrés. Six cents quarante-deux personnes périssent. Depuis tout est resté en l'état. Le Centre de la mémoire inauguré en 1999 appelle à se recueillir à l'entrée du village martyr et présente une exposition permanente relatant l'histoire du massacre et son contexte historique.

Fév., nov.-15 déc. : t.l.j. 9h-17h ; mars-14 mai, 16 sept.-oct. : t.l.j. 9h-18h ; 15 mai-15 sept. : t.l.j. 9h-19h. Fermé du 16 déc. au 31 janv. Visite libre. Visite guidée sur r.-v. pour les groupes.

PEYRAT-LE-CHÂTEAU B2

Tour-porte du XVe s.

Avenue de la Tour
87470 Peyrat-le-Château
Tél. : 05 55 69 48 75
www.peyrat-tourisme.com
Propriété de la commune
Inscrit

Le château actuel se présente comme une tour-porte construite à la fin du XVe s. à laquelle est accolé un corps de logis du XVIe s. s'élevant sur un escarpement rocheux. Très remaniée au XVIIIe s., par le percement de nouvelles baies et l'aménagement des salles intérieures, cette partie est maintenant aménagée en musée de la Résistance qui retrace la vie des maquisards aux côtés du colonel Georges Guingouin.

Juin : t.l.j. sf mar. 10h-12h, 15h-17h30 ; juil.-août : t.l.j. sf mar. 10h-12h, 16h-18h30 ; mai, sept. : t.l.j. sf mar. 15h-17h30.
Visite guidée sur r.-v. pour les groupes toute l'année.

RILHAC-LASTOURS A3

Château de Lastours (ruines)

87500 Rilhac-Lastours
Tél. : 05 55 58 38 47/05 55 58 34 78
www.chateau-de-lastours.fr
Propriété privée
Inscrit

La « maison de Las Tours » est connue dès le Xe s. grâce aux cartulaires de nombreuses abbayes. La famille de Lastours s'illustre dans les croisades mais aussi durant la guerre de Cent Ans pendant laquelle elle se déchire en prenant parti pour et contre les Anglais. Le premier château était installé sur une motte où, au XVe s., sera établie l'église Sainte-Marguerite. Le château fort, construit à quelques centaines de mètres de la motte castrale, présente un tracé pentagonal composé de tours rondes et d'un donjon. À la Révolution, il subit le même sort que tous les châteaux du comté et sert de carrière de pierre aux habitants du village. Il subsiste aujourd'hui les quatre tours et une partie du donjon.

Visite guidée sur r.-v. toute l'année.

A2 **ROCHECHOUART**

Le château de Rochechouart est construit au XVe s., après la guerre de Cent Ans, sur les vestiges de l'immense forteresse des XIe et XIIIe s. dressée sur un promontoire rocheux. En 1836, il est vendu au département. Il se présente comme un vaste quadrilatère d'environ 60 m de côté, flanqué de deux tours défensives, les habitations s'ordonnant sur trois côtés, ouverts sur une cour intérieure de style Renaissance. Deux ensembles monumentaux de peintures murales subsistent à l'étage. Depuis 1985, le château abrite un musée départemental d'Art contemporain récemment réaménagé qui présente des collections d'arte povera, des installations vidéo, une salle permanente consacrée au dadaïste Raoul Hausmann.
Mars-sept. : t.l.j. sf mar. 10h-12h30, 13h30-18h ;
oct.-15 déc. : t.l.j. sf mar. 10h-12h30, 13h30-17h.

Château
Musée départemental
d'Art contemporain
Place du Château
87600 Rochechouart
Tél. : 05 55 03 77 77
www.musee-rochechouart.com
Propriété du département
Classé

A2 **SAINT-JEAN-LIGOURE**

Le site de Châlucet est composé de deux parties. La plus ancienne, le bas-*castrum*, est un village, entouré d'une enceinte, datant du début du XIIe s., où maisons tours de chevaliers et caves voûtées se superposent. Le haut-*castrum*, terminé à la fin du XIIIe s., est, lui, un véritable palais fortifié, qui, après une histoire tumultueuse, fut démantelé en 1595. Il en reste encore des vestiges impressionnants dans un environnement exceptionnel, qui ont su séduire les romantiques du XIXe s.
Mars-14 juin, mi-sept.-9 nov. : t.l.j. 10h30-12h30, 13h30-18h30;
15 juin à mi-sept. : t.l.j. 10h30-18h30. Visite libre. Visite guidée.

Château de Châlucet
87260 Saint-Jean-Ligoure
Tél. : 05 55 00 96 55
www.tourisme-hautevienne.com
Propriété du département
Classé

A2 **SALLES-LAVAUGUYON (LES)**

L'église Saint-Eutrope date de la fin du XIe et du XIIe s. Malgré deux campagnes de travaux successives, l'ensemble, qui revêt une grande unité architecturale, est considéré comme un chef-d'œuvre de l'art roman limousin avec sa nef formée de quatre travées, qui s'élève graduellement suivant le mouvement du sol, et son chœur gothique. À partir de 1986 ont été découvertes des peintures murales du début du XIIe s. qui constituent un des ensembles les plus importants de cette époque conservés en France. Elles se présentent, au revers de la façade ouest, en cinq registres qui mettent en scène la Création, la naissance du Christ, l'illustration des vices et la vie de deux martyrs du Limousin.
Déb. juil.-déb. sept. : t.l.j. 14h30-18h30.
Visite guidée. Visite sur r.-v. le reste de l'année.

Église Saint-Eutrope
87440 Les Salles-Lavauguyon
Tél. : 05 55 00 30 68
www.lavauguyon.com
Propriété de la commune
Classé

A2 **VIGEN (LE)**

Ancienne résidence du porcelainier Charles Haviland, le corps de logis du château est reconstruit en 1841, agrandi en 1876-1877, puis en 1894-1895. Le grand salon est, quant à lui, réalisé en 1908-1909. Le parc, œuvre du paysagiste André Laurent, est conçu à la fin du XIXe s. en suivant le mouvement de l'impressionnisme et du japonisme. Il abrite actuellement un parc zoologique de 70 ha.
Avr-sept. : t.l.j. 10h-20h; oct.-mars : mer., w.-e. et j. fériés 10h-17h30.
Fermé 1er janv., 25 déc. Ouvert t.l.j. pendant les vac. scol. 10h-17h30.
Visite libre. Visite guidée sur r.-v.

Parc zoologique et paysager du Reynou
Domaine du Reynou
87110 Le Vigen
Tél. : 05 55 00 40 00
www.parczooreynou.com
Propriété privée
Classé

LORRAINE

MEURTHE-ET-MOSELLE – MEUSE
MOSELLE – VOSGES

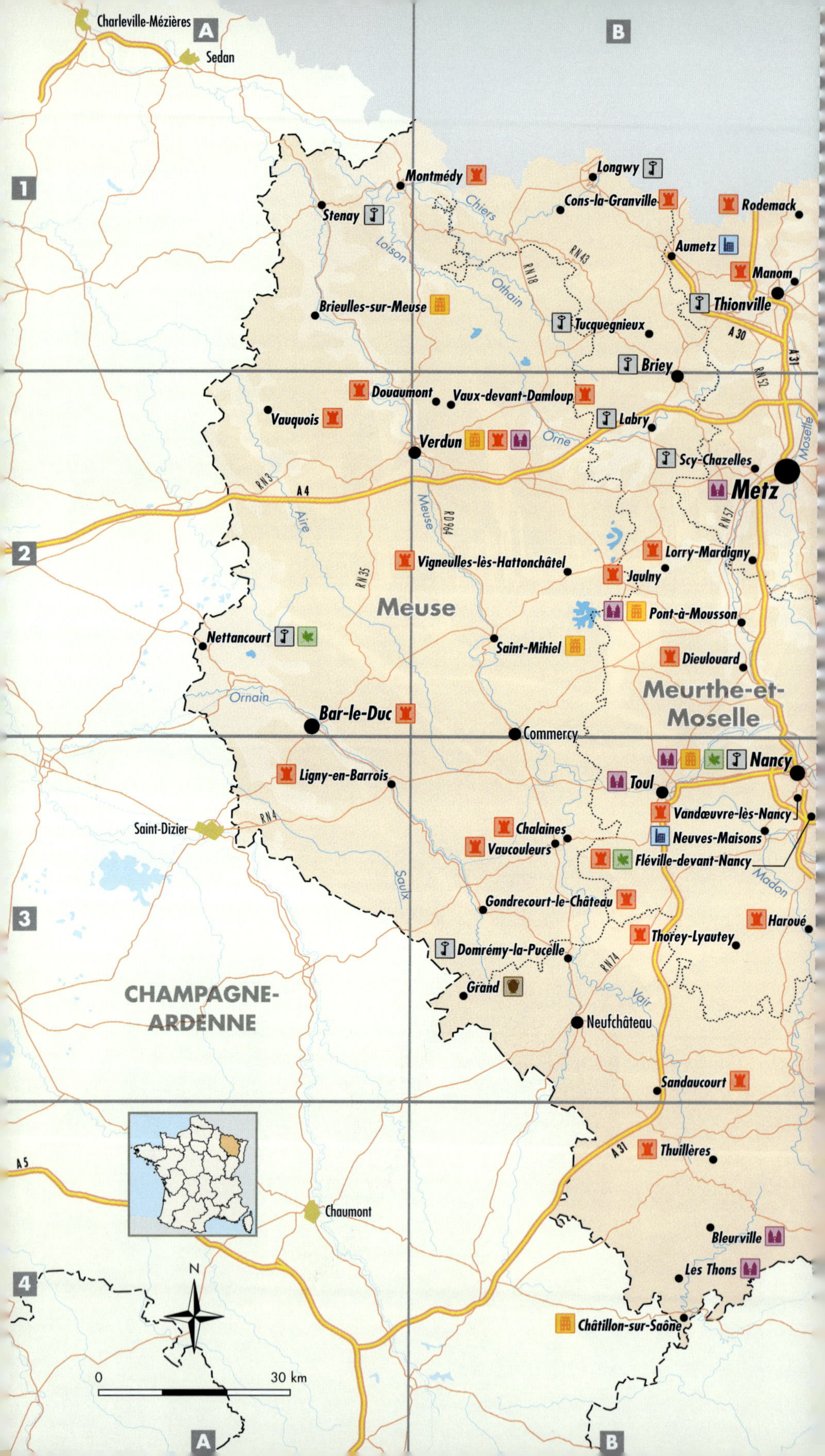
Charleville-Mézières
Sedan
A
B
1
2
3
4
Montmédy
Longwy
Stenay
Cons-la-Granville
Rodemack
Aumetz
Manom
Thionville
Brieulles-sur-Meuse
Tucquegnieux
Briey
Douaumont
Vaux-devant-Damloup
Vauquois
Labry
Verdun
Scy-Chazelles
Metz
Vigneulles-lès-Hattonchâtel
Lorry-Mardigny
Jaulny
Meuse
Pont-à-Mousson
Nettancourt
Saint-Mihiel
Dieulouard
Meurthe-et-Moselle
Bar-le-Duc
Commercy
Nancy
Ligny-en-Barrois
Toul
Vandœuvre-lès-Nancy
Saint-Dizier
Chalaines
Neuves-Maisons
Vaucouleurs
Fléville-devant-Nancy
Gondrecourt-le-Château
Haroué
Thorey-Lyautey
Domrémy-la-Pucelle
Grand
CHAMPAGNE-ARDENNE
Neufchâteau
Sandaucourt
Thuillères
Chaumont
Bleurville
Les Thons
Châtillon-sur-Saône
Chiers
Loison
Othain
Orne
Moselle
Aire
Meuse
Ornain
Saulx
Madon
Vair
RN 43
RN 18
A 30
A 31
RN 52
RN 3
A 4
RD 964
RN 57
RN 35
RN 4
RN 74
A 5
N
0
30 km

LORRAINE
C
D
1
2
3
4
Manderen
Sierck-les-Bains
RD 918
Freistroff
Petite-Rosselle
Forbach
Boulay-Moselle
Hayes
A 4
Courcelles-Chaussy
Sarreguemines
RN 61
Bliesbruck
Bitche
Pange
RN 56
RN 62
RN 74
Nied
Moselle
Seille
Château-Salins
Marsal
Vic-sur-Seille
Azoudange
Sarrebourg
Eulmont
A 4
Canal de la Marne au Rhin
Sanon
Lenoncourt
Réchicourt-le-Château
Laneuveville-devant-Nancy
Sarre
Strasbourg
Vezouze
RN 333
Lunéville
RN 4
Saint-Nicolas-de-Port
RN 59
Meurthe
Celles-sur-Plaine
Gerbéviller
Moyen
Raon-l'Étape
ALSACE
Chamagne
Moyenmoutier
Mortagne
Moselle
RN 57
RN 420
Fave
Châtel-sur-Moselle
Autrey
Saint-Dié
RN 59
RN 57
Girecourt-sur-Durbion
RN 420
Bruyères
RN 415
Canal de l'Est
Épinal
Vologne
RD 417
Colmar
Vosges
RN 57
Bains-les-Bains
Plombières-les-Bains
A 35
Fontenoy-le-Château
Bussang
RN 66
FRANCHE-COMTÉ
Mulhouse
A 36

BRIEY B2

Cité radieuse

Résidence Le Corbusier
1, avenue du Docteur-Giry
54150 Briey
Tél. : 03 82 20 28 55
www.lapremiererue.fr
Copropriété privée
Inscrit

Inaugurée en 1960, l'Unité d'habitation se situe dans une zone boisée, sur le territoire de la commune de Briey. Construite selon les plans de l'architecte Le Corbusier, déjà l'auteur des « Cités radieuses » de Marseille et de Nantes-Rezé, pour remédier à la crise du logement qui touchait à l'époque une population ouvrière et immigrée, l'Unité d'habitation est progressivement devenue le symbole de l'échec de toute une politique d'urbanisme. Laissée à l'abandon et vouée à la démolition, elle ne sera réhabilitée qu'à la fin des années quatre-vingts. Transformée en copropriété, elle revit aujourd'hui, bénéficiant cette fois, auprès des milieux professionnels, d'une reconnaissance unanime.

Lun.-jeu. : 9h-12h30, 14h-17h30 ; ven. : 9h-12h30 ; w.-e. sur r.-v. pour les groupes (10 pers. min.). Premier dim. mars-oct. 14h-17h. Fermé j. fériés. Visite libre. Visite guidée. ♿

CONS-LA-GRANDVILLE B1

Château

54870 Cons-la-Grandville
Tél. : 03 82 44 98 00
www.conslagrandville.com
Propriété privée
Classé

Construite à la fin du XIe s. la forteresse subit de nombreux remaniements aux XVIe, XVIIIe et XIXe s. Le château, occupant l'extrémité nord de la cour d'honneur, offre un aspect bien différent de la masse puissante que l'on perçoit depuis la rue. L'aile droite a gardé son décor Renaissance comme la porte d'entrée de la grande salle, tandis que l'aile gauche et le corps principal reconstruits au XVIIIe s. sont plus classiques. À l'intérieur, on retrouve la distribution et le décor de la fin du XVIe s., ainsi que des pièces de réception dans l'esprit Louis XVI.

14 juil.-fin août : dim. et j. fériés 14h-18h ; Journées du patrimoine jusqu'à 19h. Visite libre. Visite sur r.-v. pour les groupes de juin à mi-oct. (50 pers. max.).

DIEULOUARD B2

Château

54380 Dieulouard
Tél. : 03 83 23 58 76
www.tourisme-meurtheetmoselle.fr
Propriété de la commune
Inscrit

Le château est l'ancienne forteresse des Évêques de Verdun. Il est construit au Xe s. et remanié au XVe s. Le logis épiscopal récemment restauré abrite le musée des Amis du Vieux-Pays qui présente le dépôt de fouilles de Scarpone (matériel gallo-romain) et une collection d'armes. À découvrir également la tour des Archives.

Mars-nov. : dim. 14h-18h. Visite guidée sur r.-v. Visite sur r.-v. pour les groupes (17-50 pers.).

EULMONT C2

La Franche-Moîtresse

74, rue du Château
54690 Eulmont
Tél. : 03 83 22 81 33
Propriété privée
Inscrit

Cette gentilhommière est acquise par la famille Héré à la fin du XVIIe s. L'architecte Emmanuel Héré la transforme en maison de plaisance à partir de 1742. Abandonnée en 1924, elle est rénovée depuis 1966. La maison conserve des éléments du XVIe s. et les réaménagements du XVIIIe s. Au sud du jardin s'élève le colombier à trois cents boulins construit en 1750.

15 mai-sept. Visite sur r.-v. pour les groupes.

B3 **FLÉVILLE-DEVANT-NANCY**

Château

Rue du Château
54710 Fléville-devant-Nancy
Tél. : 03 83 25 64 71
www.fleville.com
Propriété privée
Classé

Le château fut édifié en 1533 à partir d'un donjon carré du début du XIVe s. toujours en place. Depuis 1812, il est la propriété d'une même famille, et conserve beaucoup de ses éléments d'origine. C'est une construction disposée en fer à cheval avec trois tours d'angle rondes. À l'intérieur les dispositions et décorations datent du XVIIIe s., mais subsistent également des boiseries Renaissance. La grande salle des États et la chambre de Stanislas évoquent les heures glorieuses de la Lorraine. Son vaste parc aménagé du XVIe s. au XIXe s. fut dévasté en 1944. Aujourd'hui remis en état, on peut y voir notamment la maison de l'oiseleur, l'orangerie, le belvédère et l'ermitage.

Juil.-août : t.l.j. 14h-19h; avril-15 nov. : w.-e. et j. fériés 14h-19h.
Visite guidée. Visite sur r.-v. pour les groupes d'avr. à nov.

C3 **GERBÉVILLER**

Château et parc

Rue Carnot
54830 Gerbéviller
Tél. : 03 83 42 71 57
http://chateau-gerbeviller.com
Propriété privée
Inscrit et classé

Plusieurs châteaux se sont succédé depuis le Moyen Âge. Celui édifié vers 1740 pour Camille de Lambertye, détruit au cours de la Première Guerre mondiale, fut reconstruit dès 1920 sur les plans d'Albert Laprade. Le parc de 16 ha, dessiné par Berthault, architecte de l'Impératrice Joséphine pour laquelle il conçut les jardins de la Malmaison et de Compiègne, intègre deux monuments exceptionnels du début du XVIIe s. : une grotte-nymphée et un pavillon dû à Clément Metezeau. À découvrir également : la chapelle palatine, le potager en chambres, le jardin 1900.

8 mai-sept. : w.-e. et j. fériés 14h-18h.
Semaines du 14 juil. et du 15 août t.l.j. 14h-18h. Visite libre.
Visite guidée dim. et j. fériés 15h15, 16h30. Visite sur r.-v. pour les groupes.

B3 **HAROUÉ**

Château de Beauvau-Craon

4, place du Château
54740 Haroué
Tél. : 03 83 52 40 14
www.chateaudeharoue.com
Propriété privée
Classé

Construit au début du XVIIIe s. par Germain Boffrand, pour le marquis Marc de Beauvau, prince de Craon, le château offre un aspect moyenâgeux avec ses tours d'angle coiffées de poivrières et les larges douves qui l'entourent. L'aile principale, dont l'avant-corps centre les deux façades sur cour et sur jardin, témoigne, elle, d'une harmonie classique. Au XIXe s. l'aménagement de l'étage supérieur est confié à l'architecte nancéien Prosper Morey. L'ensemble conserve l'essentiel de ses dispositions, certains éléments du mobilier et du décor d'origine.

Avr.-juin, sept.-oct. : w.-e. et j. fériés 14h30-18h;
juil.-août : t.l.j. 10h-12h, 14h30-18h30. Visite libre du parc. Visite guidée.
Visite sur r.-v. pour les groupes toute l'année (20 pers. min.).

Double page d'ouverture : citadelle, Montmédy (Doubs).

B2 **JAULNY**

Château

4, rue du Château
54470 Jaulny
Tél. : 03 83 81 93 04
http://chateaudejaulny.free.fr
Propriété privée
Inscrit et classé

Destiné à protéger la première capitale du Duché lorrain, Prény, le château de Jaulny, vendu comme bien national en 1795, est encore composé de trois tours, de son donjon du XIe et XIIe s. et d'un bâtiment du XVIIIe s. Le donjon a conservé un ensemble mobilier lorrain du XVIe et XVIIIe s. ainsi qu'une collection d'armes et des faïences. Au XVe s., le château est la résidence de Jeanne des Armoises, qui tente de se faire passer pour Jeanne d'Arc, plusieurs années après la mort officielle de cette dernière.

Visite guidée sur r.-v. pour les groupes uniquement.

LABRY B2

Ferme du Colombier

12, rue Rollin
54800 Labry
Tél. : 03 82 33 14 74
www.tourisme-meurtheetmoselle.fr
Propriété privée
Inscrit

Élevée en 1561, cette ferme est l'une des plus anciennes subsistant en Lorraine. Elle s'organise autour d'une cour fermée sur les quatre côtés par des constructions portant la marque du XVIe et du XVIIe s. Des remaniements concernant surtout les ouvertures sont opérés au XVIIIe s. À voir tout particulièrement : l'entrée cochère et piétonne, la conciergerie et son escalier à vis, les deux étables-granges jumelles et l'ancien logis du XVIe s.

Mai à mi-juil. : w.-e.; avr. : t.l.j.
Visite libre extérieure. Visite sur r.-v. pour les groupes.

LANEUVEVILLE-DEVANT-NANCY C3

Château de Montaigu

Musée Salin
167, rue Lucien-Galtier
54410 Laneuveville-devant-Nancy
Tél. : 03 83 53 16 96
www.ot-nancy.fr
Propriété privée
Inscrit et classé

Le château est construit à partir de 1757 pour Bon Prévost, receveur général des fermes de Lorraine. Le marquis Maxime de Vaugirard y effectue, à partir de 1865, d'importants travaux. Il fait élever les deux pavillons de part et d'autre de la façade principale, surélever le simple étage d'attique en une grande toiture percée de lucarnes et crée un avant-corps en arrondi. En 1921, le château passe à Édouard Salin, maître de forges et archéologue. Presque aussitôt détruit par un incendie, il est restauré et réaménagé par un nouveau propriétaire. Le château abrite les collections rassemblées par Édouard Salin.

Avr.-oct. : w.-e. 15h, 16h, 17h. Fermé 1er mai, 14 juil.
Visite guidée. Visite sur r.-v. pour les groupes (30 pers. max.).

LENONCOURT C3

Château

54110 Lenoncourt
Tél. : 03 83 48 60 29
www.tourisme-meurtheetmoselle.fr
Propriété privée
Inscrit et classé

Entouré d'un vaste parc, le château est construit au XVIIIe s. sur les bases d'une maison forte de la fin du XIIIe s. dont il ne subsiste que la tour ouest. S'appuyant sur la courtine primitive, il se présente comme un bâtiment rectangulaire très allongé, encadré par deux tours rondes élevées sur les soubassements médiévaux. L'intérieur témoigne de remaniements successifs; il subsiste la grande cuisine voûtée d'arêtes avec sa cheminée monumentale, le salon du rez-de-chaussée à poutres et solives et de grands salons du XVIIIe s. Exposition de machines de guerre médiévales et collection unique de plaques de cheminée.

Mi-mai à mi-oct. : dim. et j. fériés 14h-17h30.
Visite guidée. Visite sur r.-v. pour les groupes (15-45 pers.).

LONGWY B1

Bâtiment de l'Intendance

Musée municipal
54400 Longwy
Tél. : 03 82 55 85 19
www.mairie-longwy.fr
Propriété de la commune
Classé

Ce fournil, reconstruit en 1751 pour remplacer une première boulangerie bâtie en même temps que la place forte à la fin du XVIIe s., est transformé en bâtiment de la manutention entre 1818 et 1839, endommagé en 1914 et restauré en 1923. De plan rectangulaire à trois niveaux dont un sous les combles, l'intérieur est constitué de grandes salles voûtées destinées autrefois à la panification. À remarquer le grand escalier maçonné. Le bâtiment abrite le musée municipal depuis 1957.

Mai-oct. : t.l.j. sf lun. 10h-12h, 14h-18h; nov.-avr. : t.l.j. sf lun. 14h-18h, w.-e. 10h-12h, 14h-18h. Visite libre. Visite guidée.
Visite sur r.-v. pour les groupes toute l'année (10-40 pers.).

C3 **LUNÉVILLE**

Château Stanislas

Place du Château-Stanislas
54300 Lunéville
Tél. : 03 83 76 04 75
www.cg54.fr
www.chateaudeslumieres.com
Propriété du département
Classé

Le « Versailles lorrain » est construit de 1703 à 1723 par Germain Boffrand pour le duc Léopold Ier de Lorraine. À partir de 1737, le roi de Pologne Stanislas Leszczynski, dernier duc de Lorraine, en fait sa résidence principale. Il s'installe dans un nouveau mobilier et embellit le fameux parc des Bosquets. La perspective tout en longueur des parterres et bassins est un écrin pour ce château exemplaire de l'architecture classique. Depuis l'incendie du 2 janvier 2003, les travaux de restauration de l'édifice en font le plus grand chantier patrimonial d'Europe. Le musée, fermé depuis le sinistre, reconstitue ses collections et propose plusieurs expositions temporaires pendant la saison estivale.

Jardin et parc des Bosquets ouverts toute l'année.
Expositions temporaires de mai à oct.

C3 **MOYEN**

Château « Qui qu'en grogne »

54118 Moyen
Tél. : 03 83 42 75 50
www.tourisme-meurtheetmoselle.fr
Propriété de l'association du château « Qui qu'en grogne »
Classé

Dressé sur un piton rocheux, le château est construit au XVe s. par Conrad Bayer de Boppart, évêque de Metz. Son architecture est adaptée au début de l'artillerie, avec trois enceintes successives et une quinzaine de tours. Le site couvre 1,5 ha. Le château a été démantelé sur ordre de Richelieu en 1639. Le palais épiscopal est imposant. La maison seigneuriale restaurée est aménagée en salle d'expositions : archéologie locale, faïences lorraines, classe d'école 1900, musée agricole.

Mai-juin : w.-e. 14h-18h.
Visite libre. Visite guidée. Visite sur r.-v. pour les groupes.

B3 **NANCY**

Villa Majorelle

1, rue Louis-Majorelle
54000 Nancy
Tél. : 03 83 40 14 86/03 83 94 30 00
www.mairie-nancy.fr
www.edn.nancy.fr
Propriété de la commune
Classé

Construite en 1902, la villa Majorelle est la première maison Art nouveau à Nancy. Elle résulte d'une collaboration étroite entre le commanditaire Louis Majorelle, fabricant de meuble et ferronnier, l'architecte parisien Henri Sauvage et les artistes Alexandre Bigot, Jacques Gruber, Francis Jourdain et Henri Royer. Tant à l'extérieur qu'à l'intérieur bien conservé, elle témoigne du désir d'unité de l'art prônée par de nombreux artistes de l'époque. En 1997 le mobilier de la salle à manger a réintégré l'emplacement d'origine.

Mai-oct. : w.-e. ; nov.-avr. : sam. Visite guidée à 14h30 et 15h45 avec inscription obligatoire au 03 83 40 14 86. Visite sur r.-v. pour les groupes.

Villa Bergeret

24, rue Lionnois
54000 Nancy
Tél. : 03 83 35 90 02
www.uhp-nancy.fr
Propriété de l'État
Classé

La villa est réalisée en 1904 par l'architecte Lucien Weissenburger pour Albert Bergeret, « l'inventeur » de la carte postale, avec le concours des plus grands artistes de l'école de Nancy. Les ferronneries sont de Louis Majorelle, les verrières de Jacques Gruber, le mobilier d'Eugène Vallin, les peintures de Victor Prouvé. L'architecture est un compromis entre classicisme, rationalisme, néogothique et naturalisme. La demeure a conservé une bonne partie de ses dispositions intérieures. Elle est le siège de la présidence de l'université Henri-Poincaré (Nancy-université).

Ouvert toute l'année. Visite sur r.-v. pour les groupes.

Palais ducal et église des Cordeliers

Musée lorrain
64, Grand-Rue
54000 Nancy
Tél. : 03 83 32 18 74
www.nancy.fr
Propriété de la commune
Classé

Les bases du palais sont jetées au XIVe s. sur les ruines du vieux Chastel. Développé aux XVIe et XVIIe s., il comprend jardins en terrasses, salle d'apparat, dépendances, église, couvent et chapelle funéraire. Il est délaissé par les ducs Léopold et Stanislas, et peu à peu connaît des dégradations jusqu'à l'incendie de 1871. Il ne subsiste sur rue que la porterie gothique et une partie de la façade; et, de l'autre côté, les arcades, le vestibule et l'escalier de l'horloge. La chapelle ducale de l'église des Cordeliers est directement inspirée de celle des Médicis à Florence.

T.l.j. sf lun. 10h-12h, 14h-18h. Fermé 1er janv., 1er mai, 14 juil., 1er nov., 25 déc.
Visite libre. Visite guidée. Visite sur r.-v. pour les groupes.

Musée de l'École de Nancy

36-38, rue du Sergent-Blandan
54000 Nancy
Tél. : 03 83 40 14 86
www.edn.nancy.fr
Propriété de la commune
Inscrit

Le musée de l'École de Nancy est installé dans la résidence d'Eugène Corbin, propriétaire des Magasins Réunis et principal mécène de ce mouvement. Depuis 1999, le parc est réhabilité dans l'esprit des jardins 1900, on y retrouve les plantes chères aux artistes mais aussi celles créées par les célèbres horticulteurs nancéiens Victor Lemoine et Félix Crousse. L'aquarium, orné de vitraux de Jacques Gruber, est une construction originale réalisée vers 1904, lieu de détente et de contemplation du monde aquatique. À voir également le monument funéraire de Mme Nathan et la porte d'entrée des ateliers d'Émile Gallé.

T.l.j. sf lun. et mar. 10h-18h. Fermé 1er janv., 1er mai, 14 juil., 1er nov., 25 déc.
Visite libre. Visite guidée. Visite sur r.-v. pour les groupes.

Hôtel de Lillebonne

14, rue du Cheval-Blanc
54000 Nancy
Tél. : 03 83 36 82 82
contact@mjclillebonne.org
Propriété de la commune
Inscrit

Propriété au XVIIe s. de François-Marie de Lorraine, prince de Lillebonne, l'hôtel est acquis en 1826 par les sœurs de Saint-Vincent de Paul et abrite la Charité de Saint-Epvre. Il s'agit d'une construction caractéristique de la fin du XVe s. La façade à trois travées est ornée de frontons curvilignes et de cartouches; la porte d'entrée est, elle, soulignée par un décor sculpté. L'intérieur a conservé un grand escalier au plafond à caissons.

T.l.j. sf dim. 9h-12h30, 13h30-20h, sam. 9h-12h30, 13h30-18h.
Visite libre, expositions d'art contemporain et de photographies.
Visite sur r.-v. pour les groupes.

Musée des Beaux-Arts

3, place Stanislas
54000 Nancy
Tél. : 03 83 85 30 72
www.nancy.fr/www.edn.nancy.fr
Propriété de la commune
Classé

Le musée est situé sur la place Stanislas. En 1999, un important chantier d'agrandissement lui confère son aspect actuel. Le parcours proposé au visiteur souligne la richesse du patrimoine historique de la ville : le pavillon XVIIIe s., conçu par l'architecte Emmanuel Héré, constitue à la fois le point de départ et l'aboutissement de la visite. Il s'ouvre sur une aile réalisée en 1936 où débute la présentation des collections. La visite se poursuit dans une extension contemporaine abritant les collections modernes. Au sous-sol, les vestiges de fortifications, témoins de l'histoire de la cité, ont été intégrés au parcours muséographique.

T.l.j. sf mar. 10h-18h. Fermé 1er janv., 1er mai, 14 juil., 1er nov., 25 déc. Visite libre. Visite guidée. Visite sur r.-v. pour les groupes au 03 83 85 56 06.

B3

NEUVES-MAISONS

Accumulateur à minerai de fer, Zublin

Atelier Mémoire ouvrière
48 *bis*, rue du Général-Thiry
54230 Neuves-Maisons
Tél. : 03 83 47 19 08
http://pagesperso-orange.fr/amo.fjep
Propriété de la commune
Inscrit

Construit en 1929 sur un carreau de mine exploité depuis 1874, ce bâtiment abritait deux opérations complémentaires : le culbutage des berlines et le stockage du minerai dans seize silos en béton armé répartis en deux rangées qui constituent le corps même du bâtiment. La technique de stockage mise au point et brevetée au début du siècle semble avoir été peu utilisée. Ce bâtiment est d'autant plus rare aujourd'hui du fait des nombreuses destructions de carreaux de mines de fer opérées ces dernières années. D'anciens mineurs guident le visiteur à travers 400 m de galeries. Le site naturel et historique s'étend sur 6 ha.
Ouvert toute l'année. Visite guidée. Visite sur r.-v. pour les groupes. ♿

B2

PONT-À-MOUSSON

Abbaye des Prémontrés

9, rue Saint-Martin
54700 Pont-à-Mousson
Tél. : 03 83 81 10 32
www.abbaye-premontres.com
Propriété de la commune
Classé

L'abbaye des Prémontrés témoigne de l'architecture monastique du XVIIIe s. Elle abrite la première université lorraine fondée par Charles III de Lorraine en 1572. Au XIXe s., elle sert de séminaire au diocèse de Nancy, puis d'hôpital après la séparation de l'Église et de l'État. Elle est gravement endommagée pendant la Seconde Guerre mondiale. Restaurée, elle abrite depuis 1964 le Centre culturel de rencontres des prémontrés. Le cloître, cœur de l'abbaye, est un jardin fermé sur trois côtés par d'immenses galeries et sur le quatrième par l'église. Celle-ci est aménagée en salle de spectacle.
T.l.j. 9h-18h. Fermé 25 déc.-2 janv.
Visite libre. Visite guidée. Visite sur r.-v. pour les groupes (10-50 pers.). ♿

Hôtel de la Monnaie

Musée « Au fil du papier »
13, rue Magot-de-Rogeville
54700 Pont-à-Mousson
Tél. : 03 83 87 80 14
www.ville-pont-a-mousson.fr
Propriété de la commune
Inscrit et classé

Construit au XVIIe s., remanié et agrandi au XVIIIe s., l'hôtel de la Monnaie est très endommagé au cours de la Première Guerre mondiale. Devenue propriété de la coopérative agricole du Toulois, elle est défigurée par de nombreuses adjonctions. Sa restauration et l'ouverture en son sein du musée municipal la rendent aujourd'hui digne d'intérêt. L'intérieur a conservé son bel escalier de pierre, de grandes pièces boisées et quelques portes avec huisseries et serrures d'origine. L'hôtel de la Monnaie abrite aujourd'hui une collection unique en France d'objets fabriqués localement à la fin du XIXe s. en papier mâché.
Mai-sept. : t.l.j. sf mar. 14h-18h, dim. 10h-12h, 14h-18h ; oct.-avr. : t.l.j. sf mar. 14h-17h. Visite libre. Visite guidée. Visite sur r.-v. pour les groupes. (possibilités de prêter des gants en coton). ♿

C3

SAINT-NICOLAS-DE-PORT

Brasserie

Musée français de la Brasserie
62, rue Charles-Courtois
54210 Saint-Nicolas-de-Port
Tél. : 03 83 46 95 52
www.passionbrasserie.com
Propriété de la commune
Inscrit et classé

Paul Moreau, copropriétaire de la brasserie de Vézelise, fait construire de 1925 à 1932 les bâtiments des brasseries par l'architecte Fernand César. Modernes et fonctionnels, ils sont réalisés dans le style Art déco. Au deuxième étage, trois cuves en cuivre constituent le cœur de la brasserie. On peut voir, dans les bureaux, deux verrières de Jacques Gruber. La brasserie cesse de fonctionner en décembre 1985 et abrite depuis 1988 le musée français de la Brasserie.
15 juin-15 sept. : t.l.j. 14h30-18h30 ; 16 sept.-14 juin : t.l.j. sf lun. 14h-18h.
Fermé 20 déc.-5 janv. Visite libre. Visite guidée. Visite sur r.-v. pour les groupes.

THOREY-LYAUTEY B3

Château

54115 Thorey-Lyautey
Tél. : 03 83 25 12 12
www.chateaulyautey.com
Propriété privée
Inscrit

La gentilhommière de Thorey est transformée de 1922 à 1925 pour le maréchal Lyautey par l'architecte Albert Laprade, son collaborateur au Maroc. Il fait élever deux ailes de part et d'autre du logis : l'une prolongée par une grande demeure au toit de tuiles très incliné, l'autre plus petite se terminant par une tour carrée. À la mort du maréchal en 1934, la demeure contenant de nombreux souvenirs est ouverte au public. À voir particulièrement la galerie d'armes et de selles, le bureau, la bibliothèque, le salon d'Indochine et de Madagascar, le salon marocain unique en France. Les dépendances accueillent le musée national du Scoutisme.
Mai-sept. t.l.j. sf mar. 14h-18h.
Visite libre. Visite sur r.-v. pour les groupes toute l'année.

TOUL B3

Couvent « Domus Dei »

Musée du Toulois
25, rue Gouvion-Saint-Cyr
54200 Toul
Tél. : 03 83 64 13 38
www.tourisme-meurtheetmoselle.fr
Propriété de la commune
Classé

L'édifice appelé très tôt la « Maison-Dieu » est construit au XIIe s. D'une architecture classique en trois niveaux, il forme un plan en U encadrant un jardin. L'intérieur comprend une salle gothique construite au XIIIe s. Un musée, consacré à l'histoire de la cité, est installé dans les vastes bâtiments entièrement rénovés.
Oct.-mars : t.l.j. sf mar. 14h-17h.
Fermé 1er janv., Pâques, 1er mai, 25 déc.
Visite libre. Visite guidée. Visite sur r.-v. pour les groupes.

TUCQUEGNIEUX B1

Ferme Sainte-Mathilde

9, rue du Pale
54640 Tucquegnieux
Tél. : 03 82 21 29 04
http://aubergemathilde.chez.com
Propriété privée
Classé

L'établissement religieux Sainte-Mathilde est bâti autour d'une chapelle fondée en 1315. Le bâtiment actuel est, au XVIe s., un monastère féminin, servant probablement d'hôpital. Au cours du XIXe s., il est connu sous le nom de « Grosse Maison » et est habité par plusieurs familles d'ouvriers, avant d'être finalement transformé en ferme. Le logis de plan rectangulaire s'organise sur quatre niveaux. La façade principale, restaurée en 1991, porte un décor sculpté. Les espaces intérieurs présentent une disposition rare à une date aussi haute, mais devenue un trait fréquent des fermes lorraines.
Ferme-auberge ouverte sur r.-v. toute l'année : sam. 20h-0h, dim. 12h-17h.
Visite guidée. Visite sur r.-v. pour les groupes. ♿

VANDŒUVRE-LÈS-NANCY B3

Château du Montet

54500 Vandœuvre-lès-Nancy
Tél. : 03 83 56 13 83
Propriété du département
Inscrit

Plusieurs familles se sont succédé sur ce domaine depuis 1533 où ne s'élève à l'origine qu'une chapelle. L'édifice actuel correspond au château des Stainville, complètement transformé par les Landrian vers la fin du XIXe s. Il se compose d'un ensemble de bâtiments accolés les uns aux autres, coiffés de hautes toitures d'ardoises en pavillon. Outre l'abside de la chapelle castrale du XVIe s. sont à remarquer quelques éléments d'architecture troubadour : pignons, tours et balcon de la façade est.
Ouvert toute l'année. Visite libre. Visite extérieure.
Visite sur r.-v. pour les groupes.

A2 **BAR-LE-DUC**

Château des ducs de Bar

Musée du Barrois
Esplanade du Château
1, rue François-de-Guise
55000 Bar-le-Duc
Tél. : 03 29 76 14 67
www.barleduc.fr
Propriété de la commune
Inscrit

La construction du château ducal de Nancy oblige le duc René II à résider à Bar entre 1491 et 1508, année de sa mort. Pendant son séjour, il fait restaurer le château de René Ier le Bon. Démantelée par Louis XIV en 1670, il ne subsiste de l'ancienne demeure ducale ne subsiste que la porte romane, les bâtiments de la Cour des Comptes et le « neuf castel », construit par Charles III. À voir particulièrement la salle voûtée dite du « grand trésor des Chartes » qui abrite aujourd'hui la salle de sculptures du musée du Barrois.

T.l.j. sf lun. et mar. 14h-18h. Fermé 1er janv., 1er mai, 14 juil., 15 août, 1er nov.
Visite libre. Visite guidée deux dim. par mois.
Visite sur r.-v. pour les groupes.

Château de Marbeaumont

Médiathèque Jean-Jeukens
74, rue de Saint-Mihiel
55000 Bar-le-Duc
Tél. : 03 29 79 09 38
www.barleduc.fr
Propriété de la commune
Inscrit

Le château de Marbeaumont est construit entre 1903 et 1905 par l'architecte Jules Renard pour le banquier Paul Varin-Bernier. Malgré son apparence éclectique et traditionnelle – pierre d'Euville et brique, ardoise et zinc –, le bâtiment utilise des techniques de construction et des matériaux modernes : ciment armé et charpente métallique. La description stylistique est difficile tant les ornements sculptés font appel à un répertoire varié allant du Moyen Âge au XVIIIe s. La médiathèque municipale y est installée depuis 1996. Aussi, la vocation première de ce bâtiment n'est pas d'être un musée qu'on visite mais une médiathèque !

Toute l'année : mar., jeu., ven. 13h30-18h, mer. et sam. 10h30-17h.
Fermé dim. et lun. Visite libre. Visite guidée exceptionnellement sur r.-v. ♿

A1 **BRIEULLES-SUR-MEUSE**

Ancienne résidence des Prémontrés

2-4, avenue Poincaré
55110 Brieulles-sur-Meuse
Tél. : 03 29 80 89 89/03 29 85 63 51
Propriété privée
Classé

La maison de Brieulles, édifiée en noviciat en 1646, est reconstruite de 1751 à 1766. À la Révolution, le domaine est vendu et sa chapelle démolie. La demeure est transformée en entrepôt, en école, en logements avant d'être abandonnée. Elle reprend vie grâce à l'action de ses nouveaux propriétaires. Il subsiste deux ailes en équerre couvertes par une haute toiture d'ardoises à croupe. De grandes baies cintrées en anse de panier animent l'austère façade.

Toute l'année : jeu. 10h-17h.
Visite libre. Visite guidée. Visite sur r.-v. pour les groupes.

B3 **CHALAINES**

Domaine de Chalaines

14, rue du Château
55140 Chalaines
Tél. : 03 29 89 47 47
jacques.montoya@wanadoo.fr
Propriété privée
Inscrit

Le domaine de Chalaines est édifié à la fin du XVIIIe s. sur un site en terrasse dominant la Meuse, pour J.-B. Pernot, conseiller du roi. Il reste dans cette famille jusqu'en 1844 et connaît plusieurs propriétaires jusqu'à sa dernière vente en 1914. C'est un édifice de plan rectangulaire coiffé d'un haut toit d'ardoises à croupes percé de lucarnes ovales. Les intérieurs ont été réaménagés au XIXe s. tout en préservant le décor.

Ouvert pendant les Journées du patrimoine. Visite guidée.

DOUAUMONT B2

Fort

55100 Douaumont
Tél. : 03 29 45 71 69/03 29 45 77 84
www.cg55.fr
Propriété de l'État
Classé

Le fort de Douaumont est construit en 1885. Renforcé en 1887 et en 1890 il est remanié de 1901 à 1913. Avec ses trois étages de galeries et ses casemates, c'est le fort le plus important et le plus armé du secteur de Verdun. Il est occupé par les Allemands le 25 février 1916 et repris le 24 octobre suivant. Il reçoit, pendant la bataille, près de cent vingt mille obus. Son architecture presque intacte en fait un témoignage important de la Grande Guerre.

Juin-août : t.l.j. 10h-18h30; avr.-mai, sept. : t.l.j. 10h-18h; fév.-mars. : t.l.j. 10h-13h, 14h-17h; oct.-déc. : t.l.j. 10h-17h. Fermé en janv. Visite libre. Visite guidée. Visite sur r.-v. pour les groupes.

GONDRECOURT-LE-CHÂTEAU B3

Tour Saint-Blaise

55130 Gondrecourt-le-Château
Tél. : 03 29 89 63 38
www.gondrecourt.fr
Propriété d'une association
Inscrit

La tour Saint-Blaise est le seul vestige intact de l'ancien château fort des comtes de Bar. Celui-ci est construit au XIIe s., reconstruit au XIVe s., restauré aux XVe et XVIe s., puis finalement détruit sous l'ordre de Richelieu en 1634. La tour sert de prison de 1816 à 1822, puis l'architecte Théodore Oudet entreprend sa restauration. De plan carré, elle s'élève sur trois étages. Aujourd'hui, une partie du musée du Cheval y est installée.

Juil.-août : t.l.j. sf mar. 14h-18h.
Visite libre. Visite guidée. Visite sur r.-v. pour les groupes toute l'année.

LIGNY-EN-BARROIS A3

Tour Valéran

55500 Ligny-en-Barrois
Tél. : 03 29 78 06 15
www.lignyenbarrois.com
Propriété de la commune
Classé

La tour médiévale est le seul vestige intact de l'ancien château des comtes de Luxembourg et des remparts de Ligny. Son architecture témoigne des solutions défensives élaborées face aux progrès de l'armement durant près de cinq siècles. Hauts de 22 m, ses quatre niveaux sont desservis par un escalier à vis. Les murs, lisses ou à bossages, sont percés de meurtrières, archères, canonnières et couronnés de mâchicoulis. Elle abrite aujourd'hui des expositions temporaires.

Juil.-août : visite guidée t.l.j. à 15h, départ de l'office du tourisme.
Visite sur r.-v. le reste de l'année et pour les groupes.

MONTMÉDY A1

Citadelle

55600 Montmédy
Tél. : 03 29 80 15 90
www.montmedy.fr
Propriété de la commune
Classé

La citadelle de Montmédy est un des sites les plus intéressants de la défense militaire, caractéristique du système « à la Vauban ». La place forte est édifiée en 1221 sur le promontoire de « Mont de Maidy », mais c'est Charles Quint qui construit dès 1545 la vaste citadelle, pratiquement achevée en 1621. Assiégée et prise par les Français en 1657, sa silhouette est modifiée par Vauban à la fin du XVIIe s. Simplement entretenue jusqu'à la Révolution, elle subit deux sièges en 1870, et est évacuée en 1914. Elle abrite aujourd'hui le musée de la Fortification et celui dédié au peintre Jules Bastien-Lepage.

Fév., nov. : t.l.j. 11h-16h; mars : t.l.j. 11h-17h; avr.-juin, sept.-oct. : t.l.j. 10h-18h; juil.-août : 10h-19h. Fermé déc. et janv. Visite libre.
Visite guidée sur r.-v. (fiches en braille + tableaux en relief).

A2 — NETTANCOURT

Domaine de la Grange-aux-Champs

55800 Nettancourt
Tél. : 06 72 85 54 30/06 71 20 70 84
www.la-grange-aux-champs.fr
Propriété privée
Inscrit

Ancienne grange de l'abbaye de Montiers-en-Argonne, la ferme devint en 1500 une seigneurie. Elle connaît plusieurs propriétaires, et, depuis 1862, appartient à la même famille. La maison de maître date des XVIIe et XVIIIe s., et est embellie jusqu'en 1906. La partie sud du vaste parc est aménagée en jardin anglais après 1862, et comprend nombre de fabriques et de bâtiments : conciergerie néogothique, lavoir de 1830, serres et ruchers de la fin du XIXe s. Hormis l'étang qui borde le parc au nord, les eaux participent à la mise en valeur du domaine.

14 juil.-août, Journées du patrimoine : 14h-18h.
Visite libre. Visite guidée le dim. à 15h. Visite sur r.-v. pour les groupes.

B2 — SAINT-MIHIEL

Palais abbatial (ancien)

Musée d'Art sacré
1, rue du Palais-de-Justice
55300 Saint-Mihiel
Tél. : 03 29 89 06 47
www.otsi-saintmihiel.fr
Propriété de la commune
Inscrit et classé

Dès le IXe s., l'abbaye bénédictine Saint-Michel est un grand foyer d'érudition, et devient au XVIIe s. une véritable université. Le palais abbatial est organisé avec des bâtiments orthogonaux au droit du chevet de l'église. L'aile sud, achevée en 1765, comporte au premier étage la grande galerie longue de 50 m abritant la bibliothèque bénédictine. Peu après la Révolution, l'édifice abrite pêle-mêle le tribunal, la prison, le collège, la gendarmerie, les services municipaux. Restaurée, l'aile de la bibliothèque accueille aujourd'hui le musée départemental d'Art sacré.

Juil.-août : t.l.j. sf mar. 14h-18h ; avr.-juin, sept. à mi-oct. : w.-e. et j. fériés 14h-18h.
Visite libre. Visite sur r.-v. pour les groupes toute l'année.

Hôtel de Gondrecourt

16, rue de Larzillière-Beudant
55300 Saint-Mihiel
Tél. : 03 29 90 92 63
www.otsi-saintmihiel.fr
Propriété privée
Inscrit

De 1424 jusqu'à son achat par la maison du roi en 1428, René Ier le Bon et son épouse Isabelle séjournent régulièrement dans cet hôtel. En 1698, le duc Léopold s'y arrête également. Le bâtiment actuel date de la Renaissance et annonce, par sa disposition et son parti général, les hôtels particuliers du XVIIIe s. Il se compose d'un corps central et de deux ailes latérales encadrant une cour. Il abrite un remarquable escalier d'honneur.

Juil.-août. Visite sur r.-v. pour les groupes.

Hôtel de Rouÿn

10, rue du Général-Audéoud
55300 Saint-Mihiel
Tél. : 03 29 89 02 27
www.otsi-saintmihiel.fr
Propriété privée
Inscrit

Cet hôtel, construit vers 1650, est l'habitation de M. de Rouÿn, puis de sa descendance dont le général Audéoud et la famille de Chassey jusqu'à aujourd'hui. L'édifice adopte une disposition en U autour d'une cour d'honneur pavée de galets de rivière. Depuis la rue, on passe un porche monumental surmonté d'une coquille symbolisant la pureté. À l'intérieur, le décor soigné est préservé. L'hôtel abrite le dernier grand poêle en faïence de la Meuse.

1er-15 juil. : t.l.j. 14h, 15h, 16h, 17h, 18h, 19h ; 1er-10 août : t.l.j. 14h, 15h, 16h, 17h, 18h, 19h ; 1er-20 sept. : t.l.j. 14h, 15h, 16h, 17h, 18h, 19h.
Visite guidée. Visite sur r.-v. pour les groupes jusqu'au 15 oct.

STENAY A1

Ancien magasin de vivres

Musée de la Bière
55700 Stenay
Tél. : 03 29 80 68 78
www.musee-de-la-biere.com
Propriété de la commune
Inscrit

Ancien magasin de vivres de la citadelle de Stenay construite vers 1610, le bâtiment, sans doute rehaussé après le siège de 1654, comporte deux niveaux de caves voûtées et deux niveaux de greniers. Il est doté au XIXe s. de tourailles et transformé en malterie. Il accueille depuis 1986 le musée de la Bière qui retrace l'histoire et les modes de fabrication de cette boisson depuis son apparition jusqu'à nos jours. Plusieurs ateliers ont été reconstitués : chambre à houblon, salles des machines et de brassage, cave de fermentation, local de soutirage et laboratoire.

Mars-mai, sept.-oct. : t.l.j. sf mar. 10h-12h, 13h-18h; juin-août : t.l.j. 10h-18h. Fermé nov.-fév. Visite libre. Visite guidée sur r.-v. Visite sur r.-v. pour les groupes toute l'année.

VAUCOULEURS B3

Château de Gombervaux

55140 Vaucouleurs
Tél. : 09 71 51 77 11
http://pagesperso-orange.fr/gombervaux
Propriété privée
Inscrit

Le château de Gombervaux est un ancien rendez-vous de chasse reconstruit au XIVe s. En 1366, le roi Charles V y fête, en compagnie de Du Guesclin, son alliance avec les ducs de Lorraine et de Bar. Le château passe de main en main avant d'être abandonné au début du XVIIIe s. Des quatre tours d'angle, trois subsistent plus ou moins endommagées; le logis principal est appuyé au mur de courtine. Au milieu se dresse encore le donjon carré crénelé, doté au rez-de-chaussée d'un noble portail en tiers-point. On peut découvrir à l'intérieur les voûtes en coupoles appareillées savamment et les cheminées monumentales.

Mai-sept. : visite guidée sur r.-v. (25 pers. max.).

VAUQUOIS A2

Butte

1, rue d'Orléans
55270 Vauquois
Tél. : 03 29 80 73 15
http://pagesperso.orange.fr/vauquois.guerre.14.18
Propriété de l'État
Classé

La colline de Vauquois est un observatoire et un verrou stratégique tombé en septembre 1914 aux mains des Allemands. Ces derniers s'emploient à la fortifier malgré les assauts répétés des Français qui obtiennent la moitié du plateau le 1er mars 1915. Jusqu'en septembre 1918 s'y succèdent guerre de mines, bombardements et coups de main. Finalement, le village de cent soixante-huit habitants est supprimé et la butte n'est plus qu'une gigantesque termitière. Aujourd'hui 22 km de galeries, vestiges de l'immense cité souterraine, subsistent au cœur de la butte.

Ouvert les premiers dim. mat. du mois 9h30-11h et les 1er et 8 mai 10h-17h30. Visite libre en surface toute l'année. Visite guidée des installations souterraines. Visite sur r.-v. pour les groupes toute l'année (10 pers. min.).

VAUX-DEVANT-DAMLOUP B2

Fort de Vaux

55400 Vaux-devant-Damloup
Tél. : 03 29 45 71 69/03 29 45 77 84
www.cg55.fr
Propriété de l'État
Classé

Le fort, situé dans le secteur fortifié de Verdun, est conçu selon le système Séré de Rivière. Construit de 1881 à 1884, il est renforcé en 1888 puis de 1904 à 1906 par une tourelle à canon de 75 mm et deux casemates. L'ouvrage est désarmé en 1915, et pris par les Allemands le 8 juin 1916 malgré la résistance héroïque des troupes du colonel Raynal. Il est repris par les Français le 2 novembre 1916. Les dessus sont bouleversés mais permettent de saisir la violence des combats. Les intérieurs sont aménagés.

Juin-août : t.l.j. 10h-18h30; avr.-mai, sept. : t.l.j. 10h-18h; févr.-mars : t.l.j. 10h-12h, 13h-17h; oct.-déc. : t.l.j. 10h-12h30, 13h30-17h. Fermé en janv. Visite libre. Visite guidée. Visite sur r.-v. pour les groupes.

B2 VERDUN

Palais épiscopal

Centre mondial de la paix, des libertés et des droits de l'homme
Place Monseigneur-Ginisty
55100 Verdun
Tél. : 03 29 86 55 00
www.centremondialpaix.asso.fr
Propriété de la commune
Classé

Le palais épiscopal de Verdun est édifié au début du XVIIIe s. par Robert de Cotte, premier architecte du roi. Suite à la séparation de l'Église et de l'État, l'évêché est affecté au musée municipal. Après restauration, la ville installe en 1927 la bibliothèque dans l'aile ouest. En 1988 l'édifice est cédé pour cinquante ans au Centre mondial de la paix, des libertés et des droits de l'homme. La sobriété du décor de la vaste cour d'honneur, essentiellement affirmé par des arcatures, des clés de voûte sculptées et des cartouches en écoinçons, confère à l'édifice l'élégance et la dignité nécessaires à sa destination actuelle.
Janv.-juin, sept.-21 déc. : t.l.j. sf lun. 9h30-12h, 14h-18h ;
juil.-août : t.l.j. sf lun. 9h30-19h. Fermé 22 déc.-3 janv.
Visite libre. Visite sur r.-v. pour les groupes toute l'année.

Citadelle souterraine

55100 Verdun
Tél. : 03 29 86 14 18
www.cg55.fr
Propriété de la commune
Inscrit

Il s'agit de galeries souterraines creusées en 1888 sous la citadelle haute construite par Vauban au XVIIe s. Reliées par quatre écoutes, elles représentent 7 km d'abris pour deux mille hommes. Au cours de la bataille de 1916, la citadelle basse abrite mess, coopérative, boulangerie (neuf fours cuisant vingt-huit mille pains par jour), hôpital, états-majors et dix mille hommes. C'est un haut lieu symbolique : en 1920 le soldat Thin y choisit le cercueil du Soldat inconnu. Aujourd'hui, un circuit animé fait découvrir en quinze scènes la vie du combattant.
Juil.-août : t.l.j. 9h-19h ; avr.-juin, sept. : t.l.j. 9h-18h ;
fév.-mars., déc. : t.l.j. 10h-12h, 14h-17h ; oct.-nov. : t.l.j. 9h30-12h30, 13h30-17h30.
Dernier départ des nacelles 45 min. av. la fermeture de la citadelle.
Fermé de fin déc. à fév. Visite guidée. Visite sur r.-v. pour les groupes.

Hôtel de la Princerie

Musée de la Princerie
16, rue de la Belle-Vierge
55100 Verdun
Tél. : 03 29 86 10 62
www.verdun.fr
Propriété de la commune
Classé

Élégant édifice Renaissance construit en 1525 par les frères Musson, riches chanoines de la cathédrale, à l'emplacement de la demeure du « Primicier », second personnage du diocèse. La simple façade, ornée seulement de fenêtres à meneaux et d'un portail surmonté d'une Vierge qui a donné son nom à la rue, offre un surprenant contraste avec la cour intérieure. On y découvre un cloître à deux étages faisant galerie avec une tourelle d'angle renfermant l'escalier tournant. L'intérieur, aménagé pour la présentation des collections du musée municipal, conserve une chapelle gothique.
Avr.-oct. : t.l.j. sf mar. 9h30-12h, 14h-18h.
Visite libre. Visite guidée. Visite sur r.-v. pour les groupes toute l'année.

B2 VIGNEULLES-LÈS-HATTONCHÂTEL

Château de Hattonchâtel

55210 Vigneulles-lès-Hattonchâtel
Tél. : 03 29 45 78 40
Propriété privée
Inscrit

Un premier château est édifié en 860 par Hatton, évêque de Verdun. Il est démantelé en 1634 par Richelieu puis reconstruit durant le XVIIIe s. Très endommagé lors de la Première Guerre mondiale, il est restauré par Jacquelin pour le compte d'une Américaine, Miss Skinner. L'architecte réutilise des éléments antérieurs, remonte des tours sur leurs fondations et en imagine d'autres. L'aile nord est le seul vestige du château médiéval.
Visite guidée sur r.-v. toute l'année.

AUMETZ B1

Mine de fer de Bassompierre

Musée des Mines de fer d'Aumetz
57710 Aumetz
Tél. : 03 82 85 76 55
www.musee-minesdefer-lorraine.com
Propriété d'une association
Inscrit

La mine de fer est à l'origine propriété de la société germano-belge Aumetz Friede. Creusée en 1897 et mise en exploitation en 1900, elle approvisionne en minerai l'usine sidérurgique de Knutange. En 1940, les installations de surface sont dynamitées par l'armée française, puis reconstruites : le chevalement en treillis par Klöckers Werke S.A. dès 1941 et le bâtiment pour la machine d'extraction en béton armé en 1963. L'exploitation abandonnée en 1984 est mise en valeur par le musée de Neufchef, le site présente des équipements originaux et uniques.

Mai-sept. : t.l.j. sf lun. 14h-18h. Départ de la dernière visite à 16h30.
Visite guidée. Visite sur r.-v. pour les groupes toute l'année. ♿

AZOUDANGE C2

Domaine de Romécourt

57810 Azoudange
Tél. : 03 87 86 67 35
www.chateauderomecourt.com
Propriété privée
Inscrit

Le domaine de Romécourt est une ferme fortifiée construite à la fin du XVIe s. en briques roses et pierres de grès sculptées, de plan carré avec quatre tourelles d'angle dont l'une est la chapelle. Le plan initial a été maintenu autour de la cour intérieure. Certains murs ont conservé leur décoration de losanges de briques noires. La porte dite « d'Allemagne », le puits de la cour, des encadrements de portes et de fenêtres de style Renaissance ajoutent à l'intérêt de la visite. Seuls la cour intérieure, le parc et la chapelle sont ouverts au public.

Juil.-sept., Journées du patrimoine : lun., mar., mer. 10h-17h.
Visite libre. Visite guidée de la chapelle. Visite sur r.-v. pour les groupes.
♿ sf chapelle.

BITCHE D2

Citadelle

57230 Bitche
Tél. : 03 87 96 18 82
www.ot-paysdebitche.com
Propriété de la commune
Classé

Située à un point de passage important, la citadelle de Bitche est, dès le XIe s., une grande forteresse rattachée à la France puis détachée à plusieurs reprises. Vauban, après 1679, puis Cormontaigne, après 1737, lui donnent sa configuration actuelle. Sa devise, « Je mords derrière comme devant », illustre tous les sièges subis. Construite sur un rocher escarpé à 336 m d'altitude, elle dégage une impression de puissance appréciable en se promenant le long des remparts. Le plateau central, délimité par « la petite et la grosse tête », constitue la pièce maîtresse de l'ensemble. La visite des souterrains rend compte également de son importance. Deux musées présentant l'histoire du pays de Bitche sont aménagés dans la citadelle.

Fin mars-déb. nov. : t.l.j. 10h-17h (juil.-août : 10h-18h).
Visite audioguidée. Visite sur r.-v. pour les groupes. ♿

D2

BLIESBRUCK

La vallée de la Blies fut un axe de communication propice au commerce, dès le VIe s. av. J.-C. De riches aristocrates gaulois s'y firent inhumer avec les symboles de leur statut. Les bijoux en or et le service à vin de la tombe reconstituée de la « princesse de Reinheim » (IVe s. av. J.-C.) en témoignent. Quatre siècles plus tard, une ville et une grande villa y furent construites. La mise en valeur de leurs vestiges, des animations régulières, une grande exposition annuelle et les fouilles en cours restituent la vie quotidienne des artisans-commerçants et des propriétaires fonciers qui y résidèrent sous l'Empire romain.

15 mars-oct. : t.l.j. 10h-18h. Visite libre. Visite guidée à 15h et juil.-août, les dim. et j. fériés. Visite sur r.-v. pour les groupes.

Parc archéologique européen Bliesbruck-Reinheim

1, rue Robert-Schuman
57200 Bliesbruck
Tél. : 03 87 02 25 79
www.archeo57.com
Propriété du département
Inscrit et classé

C2

COURCELLES-CHAUSSY

Le château actuel est le fruit de nombreuses reconstructions, dont la plus importante remonte au début du XXe s. C'est sous l'impulsion du propriétaire, le docteur John von Haniel, et grâce à l'inspiration de l'architecte du château alsacien du Haut-Kœnigsbourg, Bodo Ebhardt, qu'est achevé le bâtiment. L'édifice est un élément composite qui mêle éléments gothiques, Renaissance et Art nouveau. De nombreuses manifestations culturelles (concerts, expositions) font aujourd'hui revivre le château après une longue période d'abandon.

Visite sur r.-v. toute l'année.

Château de Landonvillers

30, allée des Tilleuls
57530 Courcelles-Chaussy
Tél. : 03 87 64 18 07
www.vogel-chateau.com
Propriété privée
Inscrit

C1

FREISTROFF

Édifié à la fin du XIIIe s., le château Saint-Sixte est remanié au XVIe puis au XVIIIe s., perdant ses tours et ses douves. D'une première campagne de travaux subsiste un édifice en grès rouge de plan ovale, articulé autour d'une cour. Le porche fortifié, aménagé au XVIIIe s., donne accès à la cour encadrée par six corps de bâtiment couverts de tuiles en écaille. Deux tourelles d'escalier polygonales y ont conservé leur décor Renaissance. À l'intérieur, des pièces sont entièrement boisées, telles la salle des Chevaliers et celle de la Justice. Transformé en ferme au XIXe s., le château est aujourd'hui un exemple de l'art renaissant en Lorraine.

Avr.-oct. : w.-e. et j. fériés. Visite guidée à 15h.
Visite sur r.-v. pour les groupes toute l'année (10 pers. min.). ♿

Château Saint-Sixte

57320 Freistroff
Tél. : 03 87 57 96 66
www.chateau-freistroff.com
Propriété privée
Classé

C2

HAYES

En 1367, les Messins détruisent le château et font décapiter son seigneur. Le château est reconstruit à la fin du XVIe s., puis remanié au XVIIIe s. Du château primitif subsistent deux tours à l'avant et à l'arrière. L'édifice est de plan rectangulaire avec deux courtes ailes basses dans le prolongement de la façade et deux autres ailes en retour d'équerre vers l'arrière. Un bel escalier en fer à cheval avec grille en fer forgé conduit au portail d'entrée.

Parc ouvert toute l'année. Visite libre. Visite sur r.-v. pour les groupes.

Château

57530 Hayes
Tél. : 03 87 76 62 45
Propriété privée
Classé

LORRY-MARDIGNY B2

Château de Lorry

57420 Lorry-Mardigny
Tél. : 03 87 50 27 40/06 14 66 77 97
http://chateaulorrymardigny.free.fr
Propriété privée
Inscrit

L'édifice a aujourd'hui perdu la splendeur du château construit au XVIIIe s. Il ne subsiste en effet du bâtiment d'origine, propriété de Chazelles, riche parlementaire messin, que l'aile droite. C'est durant l'entre-deux-guerres que l'essentiel des imposants corps de bâtiment qui constituent l'architecture initiale a été rasé. Après une longue période d'abandon l'édifice est petit à petit remis en valeur.

Visite guidée sur r.-v. toute l'année.

MANDEREN C1

Château de Malbrouck

57480 Manderen
Tél. : 03 87 35 03 87
www.chateau-malbrouck.com
Propriété du département
Classé

Construit au début du XVe s. par Arnold VI de Sierck, le site est le symbole de la réussite d'une petite famille noble. Rapidement délaissé en tant que résidence principale, il est transformé en ferme au XVIIIe s. Son nom est lié au duc de Marlborough qui vient y loger en 1705, au cours de la guerre de Succession d'Espagne, pensant envahir la France. Le château est vendu comme bien national à la Révolution. Il est depuis 1975 la propriété du département. Doté de salles de réception, d'un auditorium, d'un espace pédagogique, il accueille expositions et manifestations diverses.

Mars-avr., sept.-déc. : lun. 14h-17h, mar.-ven. 10h-17h, w.-e. et j. fériés 10h-18h ; mai-août : lun. 14h-18h, mar.-ven. 10h-18h ; w.-e. et j. fériés 10h-19h.
Visite libre. Visite guidée.
Visite sur r.-v. pour les groupes toute l'année. ♿

MANOM B1

Château de la Grange

57100 Manom
Tél. : 03 82 53 85 03
www.chateaudelagrange.com
Propriété privée
Inscrit et classé

Le château, construit en 1714 sur les restes d'un château féodal dont subsistent les douves, a été acquis en 1750 par une branche de la famille Fouquet. Il est encore la propriété de ses descendants. À voir, à l'intérieur, un riche ensemble de mobilier des XVIIe et XVIIIe s., de céramiques et de peintures. Autour du château a été créé, dans le cadre du réseau transfrontalier « Jardins sans limites », un jardin contemporain qui reprend l'emprise du jardin du XVIIIe s.

CHÂTEAU 11 avr.-juin, sept.-oct. : w.-e. et j. fériés 14h30, 15h30, 16h30, 17h30 ; juil.-août : t.l.j. visite aux mêmes heures.
Visite sur r.-v. pour les groupes toute l'année.
JARDIN 11 avr.-mai, sept.-oct. : w.-e. et j. fériés 14h-18h ; juin-août : t.l.j. 14h-18h.

MARSAL C2

Porte de France

Maison du Sel
1, place Porte-de-France
57630 Marsal
Tél. : 03 87 35 01 50
www.cg57.fr
Propriété de la commune
Classé

Convoitée pour ses richesses en sel, la cité est fortifiée dès 1252. Elle est prise par les Français en 1663, et réaménagée par Vauban. La porte de France, gardant l'entrée ouest de la ville, est remaniée en 1774. Restaurée depuis 1973, elle abrite la maison du Sel ; on y découvre l'histoire de l'« or blanc » mais aussi les techniques d'exploitation du sel, des plus anciennes aux plus modernes.

T.l.j. sf lun. 9h30-12h, 13h30-18h. Fermé 23 déc.-7 janv., 1er mai. Visite libre. Visite guidée. Visite guidée sur r.-v. pour les groupes toute l'année. ♿

B2 **METZ**

Trésor de la cathédrale Saint-Étienne

Place de la Cathédrale
57000 Metz
Tél. : 03 87 75 54 61
www.cathedrale-metz.fr
Propriété de l'État
Classé

Sur le flanc ouest de la place d'Armes, celle que l'on appelle « la lanterne de Dieu » est l'une des plus belles cathédrales gothiques de France. L'intérieur frappe par la hauteur de la nef et la luminosité que donnent les 6 500 m^2 de vitraux, réalisés du XIIIe au XXe s. Le trésor est à découvrir, notamment l'anneau épiscopal de saint Arnoul, des ivoires messins des IXe et Xe s., des pièces d'orfèvrerie du XIe au XIXe s. et un manteau impérial byzantin. La crypte du XIIIe s. reproduit le plan de l'abside.
Mai-sept. : 8h-19h ; oct.-avr. : 8h-18h.
Visite libre. Visite guidée sur r.-v. pour les groupes.

Couvent des Récollets

1, rue des Récollets
57000 Metz
Tél. : 03 87 55 53 76
www.mairie-metz.fr
Propriété de la commune
Classé

Les cordeliers, religieux franciscains, s'installent à cet endroit en 1230, et édifient le couvent au XIVe s. De 1603 à la Révolution, il est habité par les récollets, également franciscains. Le cloître à plafond de bois, avec arcades en tiers-point très sobres, reflète l'esprit de dépouillement de cet ordre. Les bâtiments jouxtant le cloître ont été remodelés au XVIIIe s. Un des côtés ainsi que l'église ont été démolis en 1804. Le couvent des Récollets abrite aujourd'hui les Archives municipales. À voir, en particulier, les pierres tombales et le gisant encastrés dans les murs du cloître, l'ancienne salle capitulaire avec ses colonnes en bois.
Visite sur r.-v. toute l'année.

Saint-Pierre-aux-Nonnains

Arsenal
3, avenue Ney
57000 Metz
Tél. : 03 87 39 92 00
www.arsenal-metz.fr
Propriété de la commune
Classé

La « plus vieille église de France » intègre des éléments d'architecture romaine, ottonienne et gothique. Sa construction remonte à la fin du IVe s. Incendiée au Ve s., elle est restaurée au VIe s. et transformée en abbaye de femmes. Au Xe s., l'édifice est partagé en trois nefs par des arcades reposant sur d'imposants piliers carrés. Aux XVe et XVIe s., un décor gothique masque la structure romane. Ruinée par le siège de 1552, elle est intégrée au complexe de la citadelle. En 1988, après quinze ans de restauration, l'église fait partie de l'ensemble culturel de l'Arsenal.
Juil.-août : t.l.j. sf lun. et j. fériés 14h-18h ; sept.-juin : w.-e. 14h-18h.
Visite guidée. Visite sur r.-v. pour les groupes. ♿

C2 **PANGE**

Château

Place Saint-Martin
57530 Pange
Tél. : 03 87 64 04 41
www.chateaudepange.fr
Propriété privée
Classé

C'est en 1720 que, sur l'emplacement d'une forteresse, J.-B. Thomas de Pange, trésorier principal des troupes du roi à Metz, fait construire le château selon les plans de l'architecte Louis. La demeure, d'une architecture classique, est composée d'un corps de logis et de deux pavillons, coiffés de grands toits d'ardoises à la Mansart. Il est, depuis le XVIIIe s. propriété de la même famille ; l'actuel marquis s'emploie à préserver le lustre d'antan du château et du parc. À voir, à l'intérieur, mobilier et peintures du XVIIIe s.
CHÂTEAU Juin-sept. : t.l.j. sf lun. 10h-12h, 14h-18h. Visite libre.
Visite guidée w.-e., j. fériés et apr.-midi en juin et sept. et t.l.j. en juil.-août.
Visite sur r.-v. pour les groupes de mai à oct.
PARC Mai-oct. : t.l.j. sf lun. 10h-12h, 14h-18h.

PETITE-ROSSELLE C2

Carreau minier Vuillemin-Wendel

Musée du Carreau Wendel
57540 Petite-Rosselle
Tél. : 03 87 87 29 96
www.la-mine.fr
Propriété privée
Inscrit

Cité de tradition minière dont l'expansion s'est faite durant un siècle jusqu'en 1954. Le puits Saint-Charles, du nom de Charles Wendel, est le plus ancien du bassin. Son exploitation est arrêtée depuis 1965. L'ancien siège de la société de Wendel accueille aujourd'hui le Centre de culture scientifique, technique et industrielle du bassin houiller lorrain (CCSTI). Le parcours muséographique utilise les infrastructures industrielles pour faire découvrir le monde minier.

T.l.j. sf lun. : 10h-18h. Visite guidée.

RÉCHICOURT-LE-CHÂTEAU C3

Château

57810 Réchicourt-le-Château
Tél. : 03 88 36 35 71
david.vetter@voila.fr
Propriété privée
Inscrit

Le comté de Réchicourt est mentionné dès le VIIIe s. Situé à l'est du village, le château actuel date du XVIe s. Remanié au XVIIe s., il est agrandi au XVIIIe s. C'est un imposant bâtiment rectangulaire sur cour auquel on accède par un passage couvert. À remarquer le décor géométrique et floral de type Renaissance au-dessus de la porte cochère.

Mai-sept. : w.-e. Visite guidée. Visite sur r.-v. pour les groupes.

RODEMACK B1

Forteresse-Citadelle

57570 Rodemack
Tél. : 03 82 51 25 50
http://pagesperso-orange.fr/ot.rodemack
Propriété de la communauté de communes
Classé

Domaine de l'abbaye allemande de Fulda au IXe s., cette bourgade appartient de 1190 à 1492 aux seigneurs de Rodemack. C'est une importante forteresse dès le XIIIe s. L'enceinte est construite en 1483. Longtemps disputée avec les Espagnols, la cité est officiellement française en 1763, et est démantelée en 1821. Le château est acheté en 1869 par le baron Charles de Gargan et aménagé en lieu d'habitation. Aujourd'hui, la cité garde intact son caractère médiéval ; le parcours pittoresque des remparts fait découvrir notamment la porte de Sierck, la tour Boncourt, le château féodal et le jardin médiéval.

Ouvert toute l'année. Visite libre. Visite guidée de juin à oct., sam. à 15h30, dim. et j. fériés, 17h. Visite sur r.-v. pour les groupes toute l'année.

SARREBOURG C2

Chapelle des Cordeliers

Place des Cordeliers
57400 Sarrebourg
Tél. : 03 87 08 08 68
www.ville-sarrebourg.fr
Propriété de la commune
Inscrit

Le chœur de l'ancienne chapelle des Cordeliers est tout ce qu'il reste de l'édifice construit au XIIIe s. Il est restauré en 1974 et abrite depuis 1976 une éclatante verrière de 12 m de haut par 7,5 de large réalisée par Marc Chagall sur le thème de la paix. Depuis 1994, on peut découvrir également une tapisserie sur le même thème, transposition d'un vitrail que l'artiste a offert au siège de l'ONU.

T.l.j. sf mar. et dim. mat. 10h-12h, 14h-18h.
Fermé 1er janv., Ven. saint, Pâques, 1er mai, 25-26 déc.
Visite libre. Visite sur r.-v. pour les groupes.

B2 **SCY-CHAZELLES**

Maison de Robert Schuman

8-12, rue Robert-Schuman
57160 Scy-Chazelles
Tél. : 03 87 35 01 40
www.cg57.fr
Propriété du département
Inscrit

Dominant la vallée de la Moselle, à quelques kilomètres de Metz, le village de Scy-Chazelles abrite la maison de Robert Schuman (1886-1963), père fondateur de l'Europe. En poussant la porte d'entrée, le visiteur ressent immédiatement l'atmosphère d'une maison habitée, imprégnée de la personnalité de son occupant. Cette demeure, d'une grande sobriété, est prolongée par de magnifiques jardins appartenant au réseau des « Jardins sans limite ». À proximité se trouve l'église Saint-Quentin, construction romane fortifiée au XIIe s., devenue le lieu de sépulture de Robert Schuman.
Avr.-oct. : t.l.j. sf mer. 10h-12h, 14h-18h. Fermé de nov. à mars (accueil des groupes sur r.-v. uniquement). Visite libre. Visite guidée. Visite sur r.-v. pour les groupes toute l'année. (visite signée).

C1 **SIERCK-LES-BAINS**

Citadelle

57480 Sierck-les-Bains
Tél. : 03 82 83 67 97
www.chateau-sierck.com
Propriété de la commune
Classé

La première mention du château fort installé sur un éperon dominant la Moselle date de 1037 ; il est pendant six siècles la propriété des ducs de Lorraine. Disputé avec les Français au XVIIe s., il est rasé après le siège du Grand Condé en 1643. Une nouvelle enceinte est dessinée par Vauban en 1661. Du XVIIIe au XIXe s., la forteresse est tantôt entretenue tantôt abandonnée, puis elle est définitivement déclassée en 1866. Restaurée et mise en valeur par un remarquable travail bénévole, elle conserve de nombreux éléments du XVe au XIXe s. : murs d'enceinte, casemates, tours massives et caponnières.
Mai-sept. : lun.-sam. 10h-19h, dim. et j. fériés 10h-20h ; mars-avr., oct.-nov. : lun.-sam. 10h-16h, w.-e. et j. fériés 10h-17h. Fermé déc.-fév. Visite libre. Visite guidée en juil. et août. Visite sur r.-v. pour les groupes.

B1 **THIONVILLE**

Tour aux Puces

Musée du Pays thionvillois
Cour du Château
57100 Thionville
Tél. : 03 82 82 25 52
http://tourauxpuces.com
Propriété de la commune
Inscrit

Les origines de ce bâtiment emblématique de la ville sont mal connues. La première construction date du XIe s. et de nombreux remaniements sont réalisés de la fin du XIVe s. au XVIe s. Affectée à l'armée elle sert de magasin d'artillerie puis de prison. Elle se présente selon un plan polygonal de 14 côtés et comprend trois étages. En 1904, la municipalité y installe son musée. Celui-ci, enrichi de collections archéologiques, est depuis peu réaménagé ; il est consacré à l'histoire du Pays thionvillois.
T.l.j. sf lun. 14h-18h. Fermé 1er janv., dim. de Pâques, 1er nov., 24-26 déc., 31 déc. Visite libre. Visite sur r.-v. pour les groupes.

C2 **VIC-SUR-SEILLE**

Hôtel de la Monnaie

Musée d'Art et d'Histoire
10, place du Palais
57630 Vic-sur-Seille
Tél. : 03 87 78 05 30
www.cg57.fr
Propriété de la commune
Classé

La cité est un bourg gallo-romain établi autour de l'exploitation du sel. Elle devient cité épiscopale au cours du XIIIe s. et se développe jusqu'à devenir à la fin du XVIe s. un important centre intellectuel et artistique. L'hôtel de la Monnaie, construit en 1456, est un édifice de style gothique flamboyant rhénan. Il porte un riche décor architectural tant à l'extérieur qu'à l'intérieur. Y est installé le musée d'Art et d'Histoire de la ville ; on peut y découvrir la vie et l'œuvre de l'enfant du pays, le peintre Georges de La Tour.
T.l.j. sf lun. 9h30-12h, 13h30-18h. Fermé 1er mai et vac. scol. de Noël. Visite libre. Visite guidée le dim. à 15h30. Visite sur r.-v. pour les groupes (50 pers. max.).

AUTREY C3

Abbaye Notre-Dame

2, rue de l'Abbaye
88700 Autrey
Tél. : 03 29 65 89 30
www.abbayedautrey.com
Propriété du diocèse de Saint-Dié
Classé

L'abbaye Notre-Dame se compose d'un ensemble de bâtiments construits entre le XIIe et le XIXe s. Au XVIe s., elle connaît un embellissement architectural, dont subsistent le chœur, le transept et deux chapelles. La nef fut reconstruite au XVIIIe s. Après la Révolution, l'église abrite une tréfilerie, puis l'ensemble devient un séminaire. Aujourd'hui, une communauté religieuse y vit et entretient l'ensemble, en particulier un parc classé parmi les 400 plus beaux de France.

ÉGLISE Avr.-nov. : t.l.j. sf mar. 14h-18h.
JARDIN Avr.-nov. : t.l.j. 14h-17h. Visite libre. Visite sur r.-v. le reste de l'année.

BAINS-LES-BAINS C4

Manufacture royale

88240 Bains-les-Bains
Tél. : 03 29 31 32 87/03 29 36 31 75 (office du tourisme)
www.bainsmanufactureroyale.eu
Propriété privée
Inscrit

L'une des premières manufactures de fer étamé est créée par lettres patentes du duc de Lorraine en 1733 avec le statut de Manufacture royale. Aux XVIIIe et XIXe s., l'entreprise, dirigée par une dynastie de maîtres de forges, ne cesse de s'accroître. Le site, à l'écart du village, offre dans un paysage forestier un bel exemple d'architecture industrielle avec halles, château patronal, chapelle et habitats ouvriers. L'ensemble est aujourd'hui restauré et accueille touriste et manifestations culturelles.

Visite libre. Visite guidée les deuxièmes et quatrièmes ven. du mois à 14h30 (se renseigner auprès de l'office du tourisme au 03 29 36 31 75).

BLEURVILLE B4

Abbaye Saint-Maur-de-Bleurville

4, rue des Écoles
88410 Bleurville
Tél. : 03 29 09 02 51/03 83 21 72 32/03 29 09 00 79
http://histoirepatrimoinebleurvillois.hautetfort.com
Propriété privée
Classé

L'église primitive du Xe s. est coiffée au XIe s. par une église romane et un monastère bénédictin. L'abbatiale est consacrée par le pape Léon IX en 1050. Victime des guerres et d'un incendie à la fin du XVe s., l'église est restaurée au XVIe s. La nef conserve quelques arcades romanes. Une crypte de grande dimension est située sous le chœur et le transept de l'église haute. À voir un Christ en bois du XVe s. et une Piéta du XVIe s. due à Mansuy Gauvin. Le logis prieural abrite le musée de la Piété populaire. Jardin monastique.

Juil.-août : 14h-18h. Visite guidée sur r.-v.

BRUYÈRES C4

Synagogue (ancienne)

Musée d'art et de tradition populaire Henri-Mathieu
3, rue de l'Hôpital
88600 Bruyères
Tél. : 03 29 50 52 52
www.ville-bruyeres.fr
Propriété de la commune
Inscrit

Construite de 1902 à 1903 grâce au mécénat du banquier parisien Daniel-Osiris Iffla, la synagogue de Bruyères est réalisée par l'architecte parisien Lucien Hesse. L'ensemble du bâtiment est en grès rose. La synagogue conserve une grande partie de sa structure d'origine, même si elle a servi d'entrepôt. Après la guerre de 1870, l'édifice est protégé comme témoin de l'histoire du judaïsme des Vosges. Un programme de restauration est effectué en 1994-1995. La synagogue abrite aujourd'hui le musée d'art et tradition populaire Henri-Mathieu. Ce musée municipal présente des collections permanentes variées : une collection de faïences des XVIIIe et XIXe s., une reconstitution d'un poêle (salle de séjour) vosgien et un meuble (XVIIIe s.) de l'ancienne pharmacie de l'hôpital de Bruyères garni d'une centaine de pots.

Juin-sept. : jeu.-dim. 15h-18h. Visite libre. Visite guidée.
Visite sur r.-v. pour les groupes toute l'année.

B3 **MAS-D'AZIL (LE)**

Grotte

Avenue de la Grotte –
route de Saint-Girons
09290 Le Mas-d'Azil
Tél. : 05 61 05 10 10
www.sesta.fr
Propriété de la commune
Classé

Occupé par l'ancêtre de l'homme il y a trente mille ans, ce haut lieu de la préhistoire a donné son nom à l'époque azilienne, sous-période du Magdalénien. Commencées au XIXe s., les fouilles de cette grotte ont mis au jour de nombreuses traces d'occupation comme des galets colorés. Cette cavité est l'une des plus vastes de l'Ariège. Elle est l'unique grotte en Europe à pouvoir être traversée en voiture. Le « Faon aux oiseaux », propulseur sculpté en bois de renne, est l'une des pièces majeures des collections du musée du Mas-d'Azil.

GROTTE 14-28 fév. : t.l.j. sf lun. 14h30, 16h ; mars, nov. : dim. 14h30, 16h ; avr.-mai : t.l.j. sf lun. et j. fériés 14h-18h ; juin, sept. : t.l.j. sf lun. 10h-12h, 14h-18h ; juil.-août : t.l.j. 10h-18h ; oct. : dim. et j. fériés 14h-18h ; déc. : t.l.j. 14h30, 16h15.
MUSÉE 14-28 fév. : t.l.j. sf lun. 17h15, 18h15 ; mars, nov. : dim. 17h15, 18h15 ; avr.-mai : t.l.j. sf lun. et j. fériés 15h-18h ; juin, sept. : t.l.j. sf lun. et j. fériés 14h-18h ; juil.-août : t.l.j. 11h-13h, 14h-19h ; oct. : dim. et j. fériés 15h-18h ; déc. : t.l.j. 17h15, 18h15. Fermé 25 déc.
Visite guidée. Visite sur r.-v. pour les groupes toute l'année.

C4 **MONTGAILHARD**

Forges de Pyrène

Route nationale
09330 Montgailhard
Tél. : 05 34 05 10 10
www.sesta.fr
Propriété du département
Inscrit

Bâtie pendant la Révolution, cette forge à la catalane où le minerai en fer est directement transformé cesse son activité vers 1860. Elle est reconvertie en 1885 en taillanderie et produit alors des outils pour l'agriculture et la viticulture jusqu'en 1985. Le conseil général en devient propriétaire avec tout le matériel en 1987. La forge retrace l'histoire de la métallurgie du département de l'Ariège et sert de démonstration du travail du métal au marteau hydraulique. Elle est un témoin privilégié de l'adaptation des techniques de la métallurgie du fer à l'évolution de son environnement et des besoins économiques.

7 fév.-7 mars, 4 avr.- juin, déc. : t.l.j. 10h-12h, 13h30-18h (18h30 le dim.) ; 8 mars-3 avr. : dim. 10h-12h, 13h30-18h30 ; juil.-août : t.l.j. 10h-19h ; sept.-nov. : t.l.j. sf lun. 10h-12h, 13h30-18h (18h30 le dim.). Fermé 25 déc.
Visite guidée. Visite sur r.-v. pour les groupes toute l'année.

C4 **MONTSÉGUR**

Château

09300 Montségur
Tél. : 05 61 01 06 94/05 61 01 10 27
www.montsegur.fr
Propriété de la commune
Classé

Le château de Montségur est édifié sur un éperon rocheux, nommé « pog », haut de 1 207 m. Son histoire s'amorce avec la création d'une communauté religieuse féminine, vouée à la méditation. Dès le XIIIe s., il est le refuge de nombreux Cathares, qui, en réaction à la vie dissolue et fastueuse des catholiques, ont opté pour une vie d'ascète. En 1232, Montségur devient « siège et tête de l'Église cathare ». Raymond VII, comte de Toulouse, soumis au roi de France, promet la destruction du château. En 1244, Hugues des Arcis est envoyé par le roi pour détruire ce site emblématique de l'opposition à la religion officielle. Deux cent cinquante Cathares, qui refusent de renier leur foi, meurent alors brûlés vifs au pied du château.

Fév.-déc. : t.l.j. 11h-16h30 ; mars : t.l.j. 10h30-17h30 ; avr.-juin, oct. : t.l.j. 10h-18h30 ; juil.-août : t.l.j. 9h-19h30 ; sept : t.l.j. 9h30-18h30 ; nov. : t.l.j. 10h30-17h.
Fermé en cas de très mauvaises conditions climatiques, 25 déc.
Visite libre. Visite guidée. Visite sur r.-v. pour les groupes (20 pers. min.).

Double page d'ouverture : château de Castelnau-Bretenoux, Prudhomat (Lot).

NIAUX B4

Grotte

09400 Niaux
Tél. : 05 61 05 10 10
www.sesta.fr
Propriété de l'État
Classé

Cette grotte magdalénienne, ouverte au public depuis le XVIIe s., fait partie d'un réseau souterrain qui comprend également la grotte de Lombrive et celle de Sabart. La salle la plus imposante, dite « le Salon noir », avec ses peintures, ses gravures en argile datant de –13000, est comparable à Lascaux ou Altamira. Une quarantaine d'empreintes de pieds nus marquent l'occupation de cette cavité.
28 janv.-13 fév., 2 nov.-24 déc. : t.l.j. 11 h, 14 h 15, 16 h 15 ;
14-28 fév., 23 oct-1er nov., 26-31 déc. : t.l.j. 11 h, 13 h 30, 14 h 15, 15 h 30, 16 h 15;
mars : t.l.j. sf lun. 11 h, 14 h 15, 16 h 15 ;
avr.-3 juil., 18 sept-22 oct. : t.l.j. 10 h 15, 11 h, 14 h 15, 15 h 30, 16 h 45 ;
4 juil.-29 août : t.l.j. 10 h 30, 11 h 30, 13 h 15, 14 h 15, 15 h, 15 h 45, 16 h 45, 17 h 30;
30 août-17 sept. : t.l.j. 11 h, 13 h 45, 15 h, 15 h 45, 16 h 30.
Fermé 25 déc. Visite guidée. Réservation indispensable (20 pers. max.).

PRAT-BONREPAUX B3

Château de Prat

09160 Prat-Bonrepaux
Tél. : 05 61 96 68 01
Propriété privée
Inscrit

Attesté dès 1268, le château de Prat offre un bel exemple de l'architecture castrale du XIIIe s. Il se compose d'un corps de logis principal du XIVe s., nommé « châtelet ». Ce petit château est flanqué d'une tour et d'un escalier à vis au XVIe s., dans le style renaissance. Il est agrémenté d'écuries et de remises à calèches au XIXe s. pour les commodités de l'époque. De nos jours le bâtiment principal abrite un musée. Chacune de ses pièces met en scène l'histoire et les différents styles du mobilier français.
Visite guidée sur r.-v. toute l'année.

RIMONT B4

Abbaye de Combelongue

09420 Rimont
Tél. : 05 61 96 37 33
www.abbayedecombelongue.fr
Propriété privée
Inscrit

Fondée en 1138, l'abbaye de Combelongue est une des rares abbayes prémontrées du midi de la France. Riche et prospère jusqu'au XIVe s., elle compte alors une centaine de religieux, au nombre desquels on cite Navarre d'Acqs. Sécularisée en 1791, elle passe dans le domaine privé. Cette abbaye romane est entièrement construite en brique, particularité dans ce département dont le matériau de construction principal est la pierre. Le répertoire architectural est appelé « mudejare », caractéristique décorative donnée à certains édifices construits par des musulmans restés en pays chrétien.
Juil.-sept. : t.l.j. 15 h-18 h. Visite guidée de l'abbaye.
Visite libre des jardins. Visite sur r.-v. le reste de l'année.
Visite sur r.-v. pour les groupes toute l'année au 06 07 99 35 82. ♿

SAINT-LIZIER B4

Palais des Évêques

Musée départemental
Route de Montjoie
09190 Saint-Lizier
Tél. : 05 61 05 10 10
www.sesta.fr
Propriété du département
Inscrit

Chemin de Saint-Jacques-de-Compostelle inscrit sur la Liste du patrimoine mondial en 1998

Le palais épiscopal de Saint-Lizier, du nom de son premier évêque, saint Lycerius, est situé dans le prolongement de la cathédrale Notre-Dame-de-la-Sède. Sa construction est postérieure au Ve s. L'abside romaine de Notre-Dame-de-la-Sède constitue la partie visible, la plus ancienne. La majeure partie de l'édifice est de style gothique. La salle capitulaire date du XIVe s. Des peintures murales, datant du XVe s., ont été mises au jour par les campagnes de restauration. Le chœur conserve des boiseries des XVIIe et XVIIIe s. Le palais devient, en 1838, la maison départementale de santé. Il abrite actuellement une partie des collections du Musée départemental.
Temporairement fermé pour travaux. Pour plus d'informations quant à une prochaine réouverture, se renseigner au 05 61 05 10 10.

D2

BROUSSE-LE-CHÂTEAU

Château

12480 Brousse-le-Château
Tél. : 05 65 99 41 14/05 65 99 45 40
brousselechateau@wanadoo.fr
Propriété de la commune
Classé

Possession des comtes de Rouergue pendant plusieurs décennies, ce château devient la propriété des comtes d'Arpajon. Forteresse militaire, destinée à surveiller un lieu de passage, ce château occupe une situation stratégique, à la pointe extrême d'un éperon rocheux dominant les vallées du Tarn et de l'Alrance. Il jouit d'une position spectaculaire dans le paysage, accentuée par son donjon, son enceinte et son corps de logis médiévaux.

Juil.-août : 10 h-19 h ; sept.-juin : 14 h-18 h.

C1

CONQUES

Abbatiale Sainte-Foy

12320 Conques
Tél. : 05 65 72 85 00
www.conques.fr
Propriété de la commune
Classé

Chemin de Saint-Jacques-de-Compostelle
inscrit sur la Liste du patrimoine mondial en 1998

À la fin du VIIIe s., l'ermite Dadon choisit pour se retirer ce site en forme de coquille. Un monastère bénédictin est fondé. L'église du monastère de Sainte-Foy est construite aux XIe et XIIe s. pour favoriser la vénération de sainte Foy, martyrisée en 303 à Agen et dont les reliques furent volées par un moine de Conques en l'an 866. Conques devient une étape majeure sur le chemin de Compostelle. Au XIXe s., Prosper Mérimée sauve de la démolition les chapiteaux sculptés romans, le tympan historié du Jugement dernier, le cloître, le bassin en serpentine et la statue reliquaire, dite « Majesté de Sainte-Foy », en bois, or et pierres précieuses. Depuis 1994, quatre-vingt-quinze verrières de Pierre Soulages ornent les baies et magnifient l'austérité romane de cet édifice.

Avr.-sept. : t.l.j. 9 h 30-12 h 30, 14 h-18 h 30 ; oct.-mars : 10 h-12 h, 14 h-18 h.
Visite guidée de l'abbatiale et des tribunes. Visite sur r.-v. pour les groupes.

C2

COUPIAC

Château

Le Château
12550 Coupiac
Tél. : 05 65 99 79 45
www.chateaudecoupiac.com
Propriété de la commune
Inscrit

Cet édifice, déjà mentionné dans des chartes du IXe s., a été reconstruit au XVe s. par la famille de Panat qui en fait sa résidence principale. Flanqué de trois tours massives et construit sur un rocher, il a été restauré au XVIIIe s. par la famille d'Izarn de Méjanel. De nombreuses salles sont ouvertes à la visite (cellier, cuisine, appartements, tours voûtées, salle des gardes, etc.) et présentent la vie quotidienne au Moyen Âge au travers d'animations, d'expositions et de visites nocturnes.

Pâques-Toussaint : dim. et j. fériés : 14 h-18 h ;
vac. scol. de Pâques et de Toussaint, 15-30 juin, 1er-18 sept. : t.l.j. 14 h-18 h ;
juil.-août, Journées du patrimoine : t.l.j. 10 h-19 h.
Visite libre. Visite sur r.-v. pour les groupes (10 pers. min.).

COUVERTOIRADE (LA) D2

Village médiéval fortifié

12230 La Couvertoirade
Tél. : 05 65 58 55 59
www.lacouvertoirade.com
Propriété de la commune, propriété privée
Classé et inscrit

Créée par les Templiers, cette cité n'est protégée par les remparts qu'en 1445, car le château devient alors trop exigu pour protéger les trente-trois familles d'hospitaliers qui y résident. Les chevaliers de l'ordre de Saint-Jean-de-Jérusalem sont à l'origine de ces remparts. L'enceinte suit la forme d'un octogone irrégulier de 420 m de long et de 2 m de large, cantonné de tours rondes ou carrées, anciens greniers à grains construits par les hospitaliers. Aux détours des ruelles bordées de maisons caussenardes, le village révèle le four banal, l'église du XIVe s. et quelques hôtels particuliers. La cardabelle, fleur emblématique des Causses, décore les portes. La lavogne, mare pour les brebis très typique, se situe à l'extérieur des remparts au sud du village. L'accès au chemin de ronde, une visite avec un audioguide et une visite guidée sont proposés.

Juil.-août : t.l.j. 10h-19h ; avr.-juin, sept. : t.l.j. 10h-12h, 14h-18h ; oct.-nov., mars : t.l.j. 10h-12h, 14h-17h.
Visite libre du village. Visite audioguidée des remparts.
Visite guidée en juil.-août à 11h, 15h et 17h.
Visite guidée sur r.-v. pour les groupes toute l'année.

ESPALION D1

Château de Calmont-d'Olt

12500 Espalion
Tél. : 05 65 44 15 89
www.chateaucalmont.org
Propriété privée
Classé

La baronnie de Calmont d'Olt est une des plus anciennes du Rouergue. L'édification du château remonte au XIe s. L'épaisse enceinte extérieure, édifiée au XVe s., est dotée de huit tours et d'une courtine. Une chapelle attenante est dédiée à saint Michel. Siège de la paroisse, elle abritait la statue de Notre-Dame-de-la-Négrette. Occupé jusqu'au XVIIe s. par ses troupes armées, ce château est abandonné ensuite. C'est en 1987 que des groupes de bénévoles le restaurent et en font un lieu d'animation sur le thème des châteaux forts.

Mai-juin, sept. : t.l.j. 10h-12h, 14h-18h ; juil.-août : t.l.j. 10h-19h ; vac. scol. sf Noël : t.l.j. 14h-18h. Visite libre. Visite guidée.
Visite sur r.-v. pour les groupes toute l'année sf déc. et janv. (15 pers. min.).

ESTAING D1

Château

Place de la Priousse
12190 Estaing
Tél. : 05 65 44 72 24
www.estaingdouze.fr
Propriété privée
Classé

Fondé au XIIe s., et remanié à plusieurs reprises aux XVe, XVIe et XVIIe s., ce château fut la demeure de la famille d'Estaing, qui donna à l'histoire du Rouergue et de la France de nombreux personnages célèbres, militaires et religieux. On peut citer, parmi les plus illustres, Tristan d'Estaing, héros de la bataille de Bouvines, le cardinal Pierre d'Estaing, François, évêque de Rodez et Charles-Henri, amiral, commandant de la flotte française, envoyé aux États-Unis pour soutenir la guerre d'Indépendance. En 1794, l'édifice, confisqué et morcelé, fut vendu par l'État comme bien national. À compter de 1836, le château est la maison mère de la congrégation religieuse Saint-Joseph d'Estaing, avant d'être cédé à la commune d'Estaing en 2000. En 2005, l'édifice devient la propriété de la SCI du château d'Estaing, représentée par Valéry Giscard d'Estaing, président de la République de 1974 à 1981. On y découvre les différents corps de bâtiments, avant de visiter la chapelle des seigneurs d'Estaing (XVe s.) et celle des sœurs de Saint-Joseph d'Estaing (1930). On pénètre ensuite dans le donjon puis dans la salle Jean III et la salle à manger.

Mai-juin, 22 sept-16 oct. : t.l.j. sf lun. et dim. 9h-12h, 14h-18h ; juil.-Journées du patrimoine : t.l.j. sf lun. 10h-12h30, 14h30-19h.
Visite libre. Visite guidée sur r.-v.

D2 **FAYET**

Château

12360 Fayet
Tél. : 05 65 49 59 15
http://chateaufayet.free.fr
Propriété privée
Inscrit

Bâti sur un tertre sous la Renaissance par les Castelnau-Bretenoux, puis embelli par Jean V d'Arpajon, le château de Fayet est une résidence de plaisance où a séjourné Henri IV. Beau puits sculpté et armorié. Enfilade de salons avec plafonds peints et cheminées en gypserie.

Vac. scol. de Pâques et de Toussaint, juil.-août, Journées du patrimoine : t.l.j. sf dim. mat. 10h-12h, 14h-18h. Visite libre. Visite guidée.
Visite sur r.-v. le reste de l'année et pour les groupes.

C1 **FOISSAC**

Grotte préhistorique

12260 Foissac
Tél. : 05 65 64 77 04
www.grotte-de-foissac.com
Propriété privée
Classé

Cette grotte présente au public une occupation de l'âge du cuivre (2500 à 3000 ans av. J.-C.), mais la récente découverte de peintures paléolithiques dans la zone non aménagée donne aux chercheurs de nouvelles perspectives sur ce site. Les premiers témoignages d'activité humaine visibles par le public sont des empreintes de pieds d'enfants. Cette grotte est une des premières carrières d'argiles connues du chalcolithique. Elle renferme également des sépultures individuelles, dont celle d'« Arthur », un homme d'une trentaine d'années, dans un remarquable état de conservation.

Avr.-mai, oct. : t.l.j. sf sam. 14h-18h;
juin, sept. t.l.j. 10h-11h30, 14h-17h30; juil.-août : t.l.j. 10h-18h.
Visite guidée. Visite sur r.-v. pour les groupes toute l'année.

D2 **GISSAC**

Château de Montaigut

12360 Gissac
Tél. : 05 65 99 81 50
chateau-montaigut2@wanadoo.fr
Propriété d'une association
Inscrit

Ce château appartient dès 1206 à Déodat et Pierre de Caylus. Au XVe s., il devient la propriété de la famille Blanc de Montaigut, puis, au XVIIIe s., celle des Lavit de Bédarieux. En 1828, la famille Olivier le rachète. Depuis 1968, il appartient à l'association Les Amis du château de Montaigut. Bâti pour assurer la défense du comté de Millau, le château conserve sa façade caractéristique du XVe s. L'aménagement intérieur mêle les éléments décoratifs du XIe s. et du XVe s. Abaissé et coiffé d'un toit en lauzes à une époque plus récente, il est restauré à partir de 1968 et, depuis 1972, est devenu un centre culturel.

Pâques à Toussaint : t.l.j. 10h-12h, 14h30-18h30 (juil.-août : 10h-18h30).
Visite guidée. Visite guidée sur r.-v. pour les groupes de fév. au 15 déc.

C2 **MARTIEL**

Abbaye fortifiée de Loc-Dieu

12200 Martiel
Tél. : 05 65 29 51 18/06 18 41 65 81
www.cister.net
Propriété privée
Classé

La première abbaye cistercienne du Rouergue, installée sur le lieu-dit *Locus dei*, est fondée en 1124 par les moines de l'abbaye de Dalon. Les bâtiments monastiques, incendiés au XVe s. puis reconstruits et fortifiés, sont de style gothique flamboyant. L'abbatiale, transition entre roman et gothique, date de 1189. Au XIXe s., un grand parc romantique est aménagé et les bâtiments monastiques sont restaurés par Paul Gout en 1880. L'ensemble sert de refuge au musée du Louvre et abrite *La Joconde* pendant la Seconde Guerre mondiale. Loc-Dieu est un rendez-vous des mélomanes lors des concerts de l'été.

Juil.-10 sept. : t.l.j. sf mar. et dim. mat. 10h-12h, 14h-18h.
Visite libre du parc toute l'année. Visite guidée de l'abbaye sur r.-v.
Visite sur r.-v. pour les groupes.

MILLAU D2

Site archéologique de la Graufesenque

12100 Millau
Tél. : 05 65 60 11 37/05 65 59 01 08
www.graufesenque.com
Propriété de l'État
Classé

Vers 30 apr. J.-C., des ateliers de potiers, installés à la Graufesenque, produisent en grande quantité une vaisselle de table caractéristique en terre cuite rouge vernissée, les céramiques sigillées. Fabriquées selon des techniques presque industrielles par près de cinq cents entreprises établies dans le quartier de la Graufesenque, elles sont exportées dans tout l'occident de l'Empire romain. Les recherches archéologiques ont mis au jour une zone de production, réservée à la cuisson des vases, une zone d'habitation et une aire culturelle reprenant le schéma type des cités gallo-romaines, avec des constructions politiques, civiles et cultuelles. Une partie du mobilier recueilli lors des fouilles est présentée sur place, dans la maison d'accueil des visiteurs, l'essentiel étant exposé au musée de Millau.

Oct.-avr. : t.l.j. sf lun. 10h-12h, 14h-17h; mai-juin, sept. : t.l.j. sf lun. 10h-12h, 14h-18h; juil.-août : t.l.j. sf lun. 10h-12h30, 14h30-19h.
Visite libre. Visite guidée. Visite extérieure uniquement.
Visite sur r.-v. pour les groupes. ♿

NAJAC C2

Forteresse royale

12270 Najac
Tél. : 05 65 29 71 65
forteressedenajac@wanadoo.fr
Propriété privée
Classé

Le château de Najac, bâti en 1100 par le comte de Toulouse, Bertrand de Saint-Gilles, fils de Raymond IV, est remanié en 1253 pour Alphonse de Poitiers, frère de Saint Louis. Il bénéficie de la plus haute technologie de l'époque en matière d'architecture militaire. Les courtines sont surélevées jusqu'à 23 m et flanquées de cinq tours de ronde et d'un donjon de 38 m de haut. Les archères du rez-de-chaussée, avec 6,80 m d'ouverture verticale, sont les plus hautes du monde. Le réseau de communication intérieur est un véritable labyrinthe.

Avr.-juin, sept.-oct. : 10h-12h30, 15h-17h30 (18h30 en juin);
1er-11 juil., 23-31 août : 10h-13h, 15h-19h; 12 juil.-22 août : 10h-13h30, 14h30-19h.
Visite sur r.-v. nov.-mars. Visite libre.
Visite guidée. Visite sur r.-v. pour les groupes.

NAUCELLE C2

Château du Bosc

Le Bosc
Camjac
12800 Naucelle
Tél. : 05 65 69 20 83
chateauduboscs-toulouselautrec@orange.fr
Propriété privée
Inscrit

Ancienne forteresse médiévale élevée en 1180, ce château appartient à la famille du Bosc, puis aux seigneurs Maleville de Miramont au XVe s. Enfin, Jean de Faramont et Jean d'Imbert deviennent coseigneurs du lieu. À partir de 1651, les Imbert rachètent la part des Faramont et restent uniques seigneurs du château. Au XIXe s., il devient propriété des Tapié de Céleyrans, famille maternelle d'Henri de Toulouse-Lautrec. Après y avoir passé une partie de son enfance, le célèbre peintre y reviendra tous les étés jusqu'à sa mort en 1901. De nombreux souvenirs en témoignent encore au château, parmi un décor de mobilier et de tapisseries de grande qualité.

T.l.j. 9h-19h (hiver 9h-17h). Fermé 25 déc.
Visite guidée. Visite sur r.-v. en hiver. Visite sur r.-v. pour les groupes.

D2 RIVIÈRE-SUR-TARN

Château de Peyrelade

Route des Gorges-du-Tarn
12640 Rivière-sur-Tarn
Tél. : 05 65 59 74 28
www.ot.gorgesdutarn.com
Propriété de la commune
Inscrit

Construit au XIIe s., sur un éperon rocheux dominant la vallée du Tarn, le château de Peyrelade était au Moyen Âge l'une des plus importantes forteresses du Rouergue. La visite permet de découvrir les travaux de restauration en cours depuis trente ans (salles voûtées, remparts, pont-levis, hourds) et l'incroyable rocher-donjon. Un parcours scénographique (maquette, tables d'interprétation, animations) offre une découverte pédagogique et ludique de la vie médiévale. Superbe panorama sur la vallée et l'entrée des gorges du Tarn.

Juin, 24 août-20 sept. : t.l.j. sf sam. 10h-12h, 14h-18h ; 1er-11 juil. : t.l.j. 10h-12h, 14h-18h ; 12 juil-23 août : t.l.j. 10h-18h. Visite libre. Visite guidée.
Visite sur r.-v. pour les groupes toute l'année (6 pers. min.).

D1 RODELLE

Château de Dalmayrac

12340 Rodelle
Tél. : 05 65 74 99 83
Propriété privée
Inscrit

La construction du château de Dalmayrac remonte au XIIIe s. Au XVe s., il est la propriété du monastère de Saint-Sernin. Il se compose d'un corps de logis principal du XVIIIe s. Les pièces intérieures se répartissent de chaque côté d'un grand escalier à balustres, transformé au XIXe s. La facture des charpentes et de la couverture, d'origine, laisse entendre la qualité de l'édifice médiéval avec ses fenêtres à meneaux et sa tour haute. Enfin, une bâtisse transformée en habitation pour le régisseur complète cet ensemble architectural.

Août-sept. : 13h-19h30. Visite extérieure libre.
Visite intérieure sur r.-v. Visite sur r.-v. pour les groupes (10-30 pers.). ♿

C2 RODEZ

Cathédrale Notre-Dame

Place d'Armes
12000 Rodez
Tél. : 05 65 68 02 20
Propriété de l'État
Classé

L'évêque Raymond de Calmont d'Olt amorce la construction de la cathédrale en 1277 par le chevet, flanqué, au nord, de son imposante tour carrée. De 1501 à 1529, François d'Estaing achève l'édification du clocher flamboyant, haut de 87 m. Georges d'Armagnac finit l'œuvre de son prédécesseur avec la façade occidentale, édifiée entre 1500 et 1562. Cet édifice, de grès rouge, est construit dans l'esprit du gothique du Nord. L'intérieur offre un décor sculpté et des fresques sur la voûte. La chapelle d'axe conserve le tombeau de Gilbert de Cantobre. Le sarcophage de saint Dalmas, des stalles dues au sculpteur André Sulpice, un retable de grande qualité ainsi qu'un orgue du XVIIe s. y sont également conservés.

T.l.j. 8h-18h30. Visite libre, visite guidée en été, et sur r.-v. pour les groupes.
♿ (accès par le côté sud).

D2 SAINT-BEAUZÉLY

Château

Rue de la Madeleine
12620 Saint-Beauzély
Tél. : 05 65 62 03 90
www.saint-beauzely.fr
Propriété de la commune
Inscrit

Le château de Saint-Beauzély est élevé entre le XVe et le XVIIe s. Aujourd'hui transformées en musée, les différentes pièces permettent de découvrir d'anciens métiers comme ceux liés au travail de la pierre, l'école, la maison ou encore la vie des ancêtres. Plus de deux mille objets racontent la vie des maîtres maçons du XVe s. Ces maîtres d'œuvre ont construit les remparts des cités templières et la plupart des monuments de la région. Le château abrite aujourd'hui le musée de la Vie rurale ainsi que le musée des Métiers de la pierre consacré au travail du grès.

Juil.-août : t.l.j. 10h30-12h30, 14h30-18h30 ; mai-juin, sept. : t.l.j. sf jeu. et ven. 14h30-18h30. Visite libre.
Visite guidée. Visite sur r.-v. pour les groupes toute l'année.

SAINT-IZAIRE D2

Château épiscopal

12480 Saint-Izaire
Tél. : 05 65 99 42 27/05 65 99 40 31
www.st-izaire.monclocher.com
Propriété de la commune
Classé

Le château épiscopal du XIVe s. et le bourg fortifié sont l'œuvre des évêques bénédictins de l'abbaye de Vabres, qui ont fait de Saint-Izaire un solide refuge et une agréable résidence d'été. Cet édifice médiéval est caractérisé par un corps de logis massif et quadrangulaire et un puissant donjon. Il est construit en grès rouge, matériau local qui adoucit ses formes. Les grandes fenêtres de la façade ouest sont percées au XVIIe s. et rompent avec l'austérité du bâtiment médiéval. De nos jours, le château épiscopal ouvre ses portes et permet de découvrir notamment la chambre des évêques et la chapelle du château, ornée de fresques du XIVe s.

Mai-juin, sept. : w.-e. et j. fériés 14h-18h ; juil.-août : t.l.j ; 10h-18h.
Visite libre. Visite sur r.-v. pour les groupes (10 pers. min.).

SAINTE-EULALIE-DE-CERNON D2

Commanderie de Templières et Hospitalières

12230 Sainte-Eulalie-de-Cernon
Tél. : 05 65 62 79 98
www.sainte-eulalie-larzac.com
Propriété de la commune
Classé

Situé à l'origine de l'implantation de l'ordre du Temple dans la région, le village sera leur siège sur le Larzac à partir de la seconde moitié du XIIe s. Ayant obtenu en 1159 l'autorisation de construire et de fortifier, ils édifièrent la commanderie ; ensemble architectural fortifié sur l'extérieur et lieu de résidence du commandeur et des moines-soldats. Elle comprend une église, un château et l'enceinte de 11 m de haut. L'architecture du château est caractérisée par les contreforts en saillie et les fenêtres trilobées du XIIIe s. L'intérieur est plus récent, avec une cage d'escalier à la française et des peintures murales, qui représentent des sujets différents, dont la croix de Malte. À la chute de l'ordre, elle accueillit les hospitaliers jusqu'en 1792 ; ce sont eux qui, au XVe s., firent édifier les remparts autour du village. Ils transformèrent la commanderie en résidence d'été du commandeur avec les aménagements du XVIIe s.

Juil.-août : t.l.j. 10h-19h ; mars-juin, sept.-oct. : t.l.j. 10h-12h, 14h-18h.
Visite libre audioguidée. Visite guidée. Visite sur r.-v. pour les groupes.

SYLVANÈS D2

Abbaye

12360 Sylvanès
Tél. : 05 65 98 20 20
www.sylvanes.com
Propriété de la commune
Classé

L'abbaye cistercienne de Sylvanès fut fondée en 1136 par un seigneur de la région de Lodève, Pons de Léras. La grande église abbatiale est caractérisée par sa large nef unique, voûtée en berceau brisé. Le rez-de-chaussée de l'aile sud abrite encore une partie du cloître, la salle capitulaire et le *scriptorium* ; l'étage accueille une exposition permanente de sculpture (A. Zamoïsky). Les lieux sont aujourd'hui animés par le Centre international de rencontres culturelles et musicales, et accueillent chaque été le Festival de musique sacrée de Sylvanès.

5 janv.-15 mars, 14 nov.-15 déc. : t.l.j. sf w.-e. 9h30-12h30, 14h-18h ;
15 mars-juin, sept.-15 nov. : t.l.j. 9h30-12h30, 14h-18h ;
juil.-août : t.l.j. 9h30-13h, 14h-19h.
Visite libre. Visite guidée à heures fixes l'été.
Visite guidée sur r.-v. pour les groupes toute l'année (15 pers.).
♿ en partie. (sur r.-v. pour les groupes).

D2

VERSOLS-ET-LAPEYRE

Château de Versols

12400 Versols-et-Lapeyre
Tél. : 05 65 99 08 84
Propriété privée
Inscrit

Le *castrum* (place forte) de Versols date du XIe s. Il est cédé au XIIIe s. à Guillaume de Roquefeuil, petit-fils de Raymond de Roquefeuil-Anduze et de Guillemette de Montpellier et compagnon de Jacques Ier le Conquérant, roi d'Aragon. Le *castrum* et le *castellum*, qui en fait partie, sont renforcés au XIVe s. À partir des XVIe et XVIIe s., des ouvertures Renaissance sont pratiquées dans le château et des maisons se construisent dans le *castrum*. À partir de 1965, les descendants de Guillaume de Roquefeuil entreprennent la restauration du château.

10-30 juil., 10-30 sept. : 13h30-19h30. Visite guidée.
Visite sur r.-v. pour les groupes en saison et hors saison (10-25 pers.).

D2

VÉZINS-DE-LÉVÉZOU

Château de Vézins

Musée Viala-Renaud-de-Vézins
12780 Vézins-de-Lévézou
Tél. : 05 65 61 87 02
http ://monsite.orange.fr/chateaudevezins
Propriété privée
Inscrit

Véritable forteresse, ce château est construit au XIIe s. par Vézian de Vézins, en forme de fer à cheval, pour surveiller la région et accueillir les habitants en cas de guerre. Il est la propriété de la même famille depuis 1420. Un incendie accidentel l'a partiellement détruit en 1642. Le premier étage est reconstruit à la même époque. L'intérieur offre des salles voûtées du Moyen Âge, des boiseries, des plafonds à caissons à la française et un mobilier du XVIe et du XVIIe s. Ce château abrite de nos jours le musée Viala-Renaud-de-Vézins.

Juil.-août : t.l.j. sf mer. 10h-12h, 14h à 19h. Visite guidée. Visite sur r.-v.
15 avr.-30 oct. pour les groupes (12-60 pers.).

C2

VILLEFRANCHE-DE-ROUERGUE

Chartreuse Saint-Sauveur

Avenue Vézian-Valette
12200 Villefranche-de-Rouergue
Tél. : 05 65 45 13 18
www.villefranche.com
Propriété privée
Classé

C'est en 1450 que Vézian Valette, riche marchand, lègue une partie de sa fortune afin que soit construit un monastère pour les chartreux. Occupé par des moines jusqu'en 1791, celui-ci est ensuite racheté par la commune pour en faire un hospice et de nombreuses transformations sont alors entreprises. La porte en bois sculpté de la chapelle conventuelle, le jubé en bois du XVIIIe s. ainsi que les stalles sculptées du XVe s. sont d'origine. Deux cloîtres sont encore visibles : le petit cloître de style gothique flamboyant, réservé aux moines, et le grand cloître, voûté d'ogives, qui mène aux cellules réservées aux moines.

Janv.-mars, fin sept.-déc. : visite sur r.-v.; avr.-fin juin : t.l.j. sf lun. et dim. 14h-18h; fin juin-fin sept. : t.l.j. 10h-12h, 14h-18h. Visite libre. Visite guidée sur r.-v.

AUCH — B3

Cathédrale Sainte-Marie

Place de la République
32000 Auch
Tél. : 05 62 05 22 89
www.auch-tourisme.com
Propriété de l'État
Classé

Chemin de Saint-Jacques-de-Compostelle inscrit sur la Liste du patrimoine mondial en 1998

Les travaux de construction de la cathédrale sont amorcés en 1489, et se poursuivent jusqu'au XVIIe s. De style gothique septentrional, ce qui est original pour la région, elle est constituée d'une nef à collatéraux et chapelles latérales, complétée par un chœur à chapelles rayonnantes. La façade occidentale Renaissance, dessinée par Jean de Beaujeu, date de 1560. Le riche mobilier intérieur est mis en valeur par des verrières du XVIe s., attribuées à Arnaud de Moles. À la même époque, Dominique Bertin réalise les stalles du chœur, sur lesquelles figurent quinze cents personnages. Enfin, un orgue et un retable du XVIIe s. magnifient l'ensemble.

T.l.j. sf pendant les offices 9h30-12h, 14h-18h.
Visite libre. Visite guidée sur r.-v. pour les groupes. ♿

AVEZAN — B2

Château d'Avezan

32380 Avezan
Tél. : 05 62 66 47 11
Propriété privée
Inscrit

Ce château gascon du XIIIe s. est vraisemblablement commandité par les vicomtes de Lomagne. Il est la propriété de plusieurs familles successives dont les Manas, les Larrocan et les Cournot, propriétaires actuels. Son aspect austère, dû à ses modestes proportions, à l'exiguïté de sa base et à son port dressé sur quatre niveaux, est une des caractéristiques des châteaux gascons des XIIIe et XIVe s. L'actuel grand escalier est aménagé au XVIIe s., par la famille des Lomagne, ainsi que de nombreux aménagements, dont les larges baies des façades et les cheminées. On distingue encore les traces d'un décor gris et blanc sur les murs et de stuc aux sobres géométries.

Avr.-oct. : t.l.j. 10h-12h, 14h-18h.
Visite guidée. Visite sur r.-v. pour les groupes (10-40 pers.).

BOULAUR — B3

Abbaye Sainte-Marie

32450 Boulaur
Tél. : 05 62 65 40 07
www.boulaur.org
Propriété privée
Inscrit

Le prieuré de Boulaur fut fondé vers 1139-1140 par la comtesse Longuebrune d'Astarac, et rattaché à l'ordre de Fontevrault. Il semble que ce soit au XIVe s. que l'église actuelle ait été édifiée ; elle est ornée de peintures murales de cette époque. Deux travées de style classique ont reçu leur décor au XIXe s. Les bâtiments conventuels ont été entièrement reconstruits aux XVIIe et XVIIIe s. Après de nombreuses vicissitudes, le prieuré est acquis en 1949 par la communauté moniale de l'ordre des Cisterciens qui l'occupe encore aujourd'hui. À l'occasion de travaux de restauration fut découverte une ravissante Vierge à l'Enfant (XIIIe-XIVe s.) qui a été appelée « la Belle Dame de Boulaur ».

T.l.j. : sf mar. 11h30, 16h, 17h et 18h30. Visite libre.
Visite guidée de l'église et du monastère. Fermé Jeu. saint, Ven. saint, Sam. saint, Pâques, 15 août, 25 déc. Visite sur r.-v. pour les groupes.

CASSAIGNE — A2

Château

32100 Cassaigne
Tél. : 05 62 28 04 02
www.chateaudecassaigne.com
Propriété privée
Inscrit

Ce château est construit au début du XIIIe s. par l'abbé de Condom. Il appartient ensuite aux évêques de Condom, qui le possèdent jusqu'à la Révolution. Il est édifié au nord de l'église, qui semble avoir été comprise dans l'ancien système fortifié, et conserve les vestiges d'une forteresse datant du XIIIe s., avec les murs d'assise de moyen appareil. Des traces d'embrasures et de baies gothiques apparaissent encore. Aux XVIIe et XVIIIe s. les prélats font aménager à l'intérieur de somptueux appartements. Le château a fait l'objet d'une restauration par l'actuel propriétaire.

16 sept.-14 juin : t.l.j. 9h-12h, 14h-18h ; 15 juin-15 sept. : t.l.j. sf lun. 9h-12h, 14h-19h.
Fermé 1er janv., 25 déc. Visite guidée. Visite sur r.-v. pour les groupes (10-100 pers.).

B3

CAZAUX-SAVÈS

Château de Caumont

32130 Cazaux-Savès
Tél. : 05 62 07 94 20
www.caumont.org
Propriété privée
Classé

L'actuel château de Caumont est édifié au XVIIe s. sur les traces d'un édifice médiéval. Les noms des Nogaret de La Valette, dont Jean-Louis Nogaret de La Valette, premier duc d'Épernon, nommé par Henri III, apparaissent au nombre des propriétaires de ce château. Très vaste logis Renaissance, il se compose d'un corps de bâtiment central, flanqué de deux ailes, couronné par quatre tours d'angle carrées et fermé de deux tourelles hexagonales. De nombreux aménagements incombent à chaque propriétaire. Ce château, de brique et de pierre voit sa façade modifiée dans l'esprit néogothique de l'époque par James de Mac-Mahon au XIXe s.

Mai-juin, sept.-oct. : dim. et j. fériés 15h-18h ;
juil.-août : dim.-ven. 15h-18h. Visite libre du parc.
Visite guidée de l'intérieur. Visite sur r.-v. pour les groupes toute l'année.
(fiches en différentes langues). (visite adaptée).

B2

FLAMARENS

Château

32340 Flamarens
Tél. : 05 62 28 68 25
Propriété privée
Classé

Sur les ruines d'un château du XIIIe s., Jean de Grossoles en 1469 fait construire un château composé d'un corps de logis de deux pièces et d'une tour d'escalier. En 1535, son fils rajoute un donjon imposant. Les XVIIe et XVIIIe s. marqueront l'apogée de sa splendeur : cheminées en marbre, gypseries, poutres ornées de scènes de chasse, etc. À partir de 1882, il est abandonné ; en 1943, la foudre va détruire les toitures. En 1961, il est vendu en pièces détachées. Une première campagne de restauration a lieu de 1967 à 1969. Une seconde s'est déroulée plus récemment et a vu la reconstruction des planchers, des meneaux et des fenêtres.

Juil.-août : t.l.j. 10h-12h, 15h-18h. Visite guidée.

B2

LAVARDENS

Château

32360 Lavardens
Tél. : 05 62 58 10 61
www.chateaulavardens.com
Propriété privée
Classé

Le village de Lavardens est né autour de son château féodal, fief des comtes d'Armagnac. Le château actuel est édifié au XVIIe s. par Antoine de Roquelaure, maréchal de France et compagnon d'Henri IV. Il fait alors appel aux architectes Pierre Souffron et Pierre Levesville, mais le château n'est jamais achevé. Le corps de logis principal est cantonné de tourelles de plan rectangulaire, établies sur trompes, à l'angle de deux contreforts jumelés et, de l'autre côté, de deux entresols voûtés reposant sur sept contreforts. Un balcon ajouré sur des arcs en plein cintre vient prolonger l'ensemble. Aujourd'hui, l'Association des copropriétaires restaure l'édifice et gère l'accueil et l'animation.

Juil.-août : t.l.j. 10h-19h ; avril-juin, sept.-oct. : 10h30-12h30, 14h-18h ;
nov.-mars : 10h30-12h30, 14h-17h. Fermé du 15 janv. au 15 fév.
Visite libre. Visite guidée sur r.-v. Visite sur r.-v. pour les groupes (20 pers. min).

MANSENCÔME A2

Château du Busca-Maniban

32310 Mansencôme
Tél. : 05 62 28 40 38
www.buscamaniban.fr
Propriété privée
Classé

Le château du Busca-Maniban est construit en 1649 par Thomas de Maniban, avocat au parlement de Toulouse. Ses deux façades reflètent par leur forme majestueuse et classique la dignité des grands magistrats qui ont illustré le parlement du Languedoc aux XVIIe et XVIIIe s. À l'intérieur, un escalier monumental avec balcon et colonnes ioniques accueille le visiteur. La salle d'armes, la salle des gardes, la chapelle sont autant de témoins de la grandiose authenticité du monument.

Avr.-oct. : t.l.j. sf dim. et j. fériés 14h-18h.
Visite guidée. Visite sur r.-v. le reste de l'année et pour les groupes (10-60 pers.).

MARSAN B3

Château

32270 Marsan
Tél. : 05 62 65 61 22
Propriété privée
Classé

Symbole d'une tradition ininterrompue, le château de Marsan appartient à la maison de Montesquiou depuis 1170. L'actuel château, construit pour l'essentiel au XVIIIe s. par le général-duc Aimeric de Montesquiou, se déploie autour d'une cour autrefois traversée par la route royale Toulouse-Auch. En retour d'équerre, le corps de logis de deux étages, flanqué de quatre tours carrées, est construit en pierre. Il oppose deux façades composées, de part et d'autre, d'avant-corps en saillie légère.

Ouvert pendant une journée lors des Journées du patrimoine.
Visite sur r.-v. le reste de l'année. ♿

MONTRÉAL-DU-GERS A2

Villa gallo-romaine

Séviac
32250 Montréal-du-Gers
Tél. : 05 62 29 48 57/05 62 29 48 43
www.seviac-villa.fr.st
Propriété de la commune
Classé

Luxueuse résidence au centre d'un domaine agricole, la villa gallo-romaine de Séviac restitue le cadre de vie d'un aristocrate terrien des IVe et Ve s. apr. J.-C. Couvrant 500 m², l'ensemble thermal de Séviac est un des centres balnéaires privés les plus vastes. Autour de cours et de jardins bordés de colonnes de marbre, la villa est ornée de tapis mosaïqués, uniques en Europe, qui composent des décors géométriques de fleurs, de vigne, d'arbres et d'oiseaux.

Juil.-août : 10h-19h ; mars-juin, sept.-nov. : 10h-12h, 14h-18h.
Visite libre. Visite guidée. Visite sur r.-v. pour les groupes (7 pers. min.). ♿

PLIEUX B2

Château

32340 Plieux
Tél. : 05 62 28 62 92
Propriété privée
Classé

Le château de Plieux est une forteresse du XIVe s., construite sur le modèle des « châteaux gascons » par la famille Faudoas, associée à celle des Rochechouart. Depuis sa construction en 1340, l'ensemble connaît peu de modifications. Il est formé d'un bloc rectangulaire, sur deux étages, flanqué de deux tours carrées. Les baies de l'étage supérieur sont percées vers 1500, en même temps que l'escalier à vis auquel on accède par une porte à accolade. La famille des Rochechouart est propriétaire du château jusqu'au XVIIIe s. De nos jours, il abrite une vaste collection d'art contemporain.

Janv.-juin, sept.-déc. : 15h-17h ; juil.-août : t.l.j. sf mar. 15h-19h. Visite guidée.

B2 **ROMIEU (LA)**

Collégiale Saint-Pierre

Rue du Docteur-Lucante
32480 La Romieu
Tél. : 05 62 28 86 33
www.la-romieu.com
Propriété de la commune
Classé

Chemin de Saint-Jacques-de-Compostelle inscrit sur la Liste du patrimoine mondial en 1998

La collégiale Saint-Pierre est fondée par le cardinal Arnaud d'Aux, cousin du pape Clément V, pape à Avignon, entre 1312 et 1318. L'église, de style gothique méridional, est flanquée d'une tour octogonale, ornée de fresques. Elle se compose d'une nef unique à cinq travées et d'un chœur pentagonal. Le cloître gothique est situé au nord de l'église. La tour octogonale conserve encore la salle des archives, la salle capitulaire et le belvédère. Les vestiges du palais cardinalice peuvent également être admirés, avec la tour dite « du Cardinal ».

Mars-avr., oct.. : t.l.j. 10h-12h30, 13h30-18h, dim. 14h-18h; mai-juin, sept. : t.l.j. 9h30-18h30, dim. 14h-18h30; juil.-août : t.l.j. 9h30-19h, dim. 14h-19h ; nov.-fév. : t.l.j. 10h-12h30, 13h30-17h30, dim. 14h-17h30.
Fermé pendant les offices religieux. Visite libre.
Visite guidée. Visite guidée sur r.-v. pour les groupes (10-150 pers.).
(guide en braille).

B2 **SAINT-AVIT-FRANDAT**

Château de la Cassagne

32700 Saint-Avit-Frandat
Tél. : 05 62 68 83 24
Propriété privée
Classé

Fief de la famille des Thieuras, le château de la Cassagne devient la possession des Vézins puis des Luppé-Garrané, dont Jean-Bertrand, chevalier de Malte et grand prieur de Saint-Gilles. Au XVIIe s., on ajoute au corps principal un bâtiment flanqué de deux tours rondes et d'un balcon. La salle principale restitue celle du grand conseil des chevaliers de Saint-Jean-de-Jérusalem à Malte. Cette salle au plafond brun, au sol marqueté de la croix à huit pointes et aux boiseries sombres, sert de décor à quatorze tableaux représentant le siège de l'île de Malte, dirigé par Soliman le Magnifique en l'an 1565. L'ensemble architectural est doté d'un jardin à l'anglaise au XIXe s.

Mi-juil. à mi-sept. : visite sur r.-v. uniquement. Visite guidée.
Visite sur r.-v. pour les groupes (50 pers. max.).

A2 **VALENCE-SUR-BAÏSE**

Abbaye de Flaran

Centre culturel départemental
32310 Valence-sur-Baïse
Tél. : 05 62 28 50 19
www.gers-gascogne.com
Propriété du département
Classé

L'abbaye est fondée en 1151, sur les terres données par le seigneur de Flaran. Fortifiée au XIVe s., elle passe sous domination anglaise jusqu'en 1481. Cette abbaye est la parfaite illustration des ensembles cisterciens du XIIe s. Remaniée au XVIIe s., elle comprend une église, un cloître, un logis abbatial et un logis pour les étrangers. L'influence cistercienne se lit surtout sur la façade occidentale, la sacristie et la salle capitulaire, avec ses chapiteaux à feuillages plats. L'abbaye est rachetée en 1972 par le conseil départemental du Gers et abrite la Conservation départementale du patrimoine et des musées qui y développe des activités culturelles depuis 2000.

Juil.-août : 9h30-19h; sept.-fin juin : 9h30-12h30, 14h-18h.
Fermé 2 semaines en janv., 25 déc., 1er janv. et 1er mai. Visite libre.
Visite guidée sur r.-v. Visite sur r.-v. pour les groupes (20 pers. max.).

AURIGNAC B3

Château comtal (ruines)

31420 Aurignac
Tél. : 05 61 98 70 06/05 61 70 90 08
www.aurignac.fr
Propriété de la commune
Inscrit

Le château comtal d'Aurignac est élevé au XIIIe s. autour d'une enceinte rectangulaire, occupée aux quatre angles par des tours pleines servant de contreforts. Le château comporte trois groupes d'habitations au sein de l'enceinte : un donjon, une prison et une chapelle au-dessus et enfin l'appartement du comte abritant de remarquables cheminées moyenâgeuses. Le donjon, desservi par un escalier en bois, est une bâtisse ronde construite pour servir de tour de guet.

Visite libre. Visite guidée sur r.-v. pour les groupes.

BALMA B3

Château de Thégra

31130 Balma
Tél. : 05 61 26 09 19
www.chateau-de-thegra.com
Propriété privée
Inscrit

C'est en 1584 que Durand d'Abbatia, capitoul de la ville de Toulouse, fait bâtir le château de Thégra, sur un ancien édifice médiéval. Gravement endommagé lors de la guerre de Cent Ans, le château est reconstruit, à la fin de la domination anglaise, par Adhémard de Valon. Le plan en est modifié, et le nouveau seigneur y apporte le perfectionnement de l'art militaire, en particulier avec l'édification de tours rondes. Très convoité à cause de sa position stratégique et de la fertilité de ses terres, Thégra est, pendant les guerres de Religion, un point d'appui des Protestants, avant de devenir un centre de résistance de la Ligue. Le château est de nouveau remanié au XVIIIe s., avec l'aménagement du corps de logis et des mansardes. Les escaliers de pierre et les cheminées de marbre sont transformés et les tours abaissées. Le château se trouvant à l'abandon lors de la Révolution française, il ne fait l'objet d'exactions. Depuis 1834, le château appartient à la même famille. L'édifice recèle un grand nombre d'éléments remarquables : trois cheminées du XVIe s., dont une représentant *La Chute d'Icare*, des plafonds du XVIe s., une salle d'armes, etc.

15 juin-sept. : 13h-19h. Visite guidée. Visite sur r.-v. pour les groupes.

BRIGNEMONT B2

Moulin à vent

31480 Brignemont
Tél. : 05 62 65 02 75
www.moulindebrignemont.com
Propriété privée
Classé

Ce moulin à vent est bâti en 1740. Construit en briques rouges de la région et recouvert de chaux aérienne, il conserve son aspect massif et noble à la fois. Sa toiture pèse plus de 10 t, ses ailes en pèsent 4 chacune et sa queue en pèse 1. Cette construction utilitaire impose sa magnificence dans le paysage de la Haute-Garonne. Après soixante-dix ans de sommeil, le moulin retrouve sa prime jeunesse grâce à son classement en tant que monument historique, en 1991, puis à sa restauration en 1996. Il propose aujourd'hui des démonstrations de mouture.

15 mai-13 juil., sept.-15 oct. : dim. 15h-19h ; 14 juil.-août : t.l.j. 15h-19h.
Visite guidée. Visite sur r.-v. pour les groupes du 15 mai au 15 oct. (15 pers. min.).

C3

CAMBIAC

Château

31460 Cambiac
Tél. : 05 61 83 12 61
Propriété privée
Inscrit

Vaste logis du XVe s., le château de Cambiac a conservé ses plafonds à caissons, ses cheminées anciennes, et ses tapisseries des XVIe et XVIIe s. Il a été fortement remanié et restauré au XIXe s., dans le respect de l'esthétique de la Renaissance comme en témoignent le parc, l'orangerie du XVIIIe s., les écuries et les dépendances, aménagées ultérieurement.

12-20 juil., 31 juil.-20 août : 13h30-19h30. Visite guidée.

B3

FONBEAUZARD

Château et parc

18, impasse Audibert
31140 Fonbeauzard
Tél. : 05 61 09 57 44
www.pjmp.eu
Propriété privée
Inscrit

Ce château est habité du XVIe au XIXe s. par une famille d'édiles toulousains. Entouré par un parc séculaire de 40 ha, il comporte également une cour des communs, des écuries, un petit jardin, une fontaine médiévale, le jardin de l'enclos et un petit bois.

Juil.-sept. : ven., w.-e., et mer. en sept. 14h30-18h30. Ouvert toute l'année sur r.-v. pour scol. et groupes. Visite libre ou guidée du parc. Visite extérieure uniquement. ♿

C3

FOURQUEVAUX

Château

Rue Jean-Paul-Laurens
31450 Fourquevaux
Tél. : 05 61 63 16 33
Propriété privée
Classé

La seigneurie de Fourquevaux est achetée en 1246 à Jourdain de Roquefort par le comte de Toulouse, Raymond VII. Ce château change de propriétaire pour appartenir, encore de nos jours, à la famille Ysalguier et Beccarie de Pavie. En 1687, la baronnie de Forquevaux devient un marquisat. Le corps de bâtiment principal, avec ses murs épais, sa tour carrée et son corps de logis principal sur quatre niveaux, est édifié au XIIIe s., dans le style gothique. Au XVIe s., à l'initiative de Raymond de Pavie, un pavillon d'entrée, deux tours d'angle et un portique à arcades sont élevés. Enfin, la façade néoclassique, les ailes sud et ouest, puis le jardin à la française sont ajoutés aux XVIIIe et XIXe s.

Visite sur r.-v. toute l'année.

B2

LARRA

Château

31330 Larra
Tél. : 05 61 82 62 51
http://chateau.larra.onlline.fr
Propriété privée
Inscrit

Le domaine est la propriété depuis le XVIe s. de la famille Tournier, riches parlementaires toulousains. Le château est édifié au XVIIIe s. dans le style des villas italiennes d'après les plans de Guillaume Cammas, architecte de la ville de Toulouse. Cet édifice cubique sur deux niveaux présente une façade de neuf travées de fenêtres, ornée de frontons, de tympans sculptés, de niches, de chapiteaux et de vases en terre cuite. Les pièces d'apparat luxueuses, décorées par des toiles de Rivals, s'organisent autour du grand escalier central, agrémenté de stucs, de dorures et de portraits de famille. Enfin, un jardin à la française prolonge la vue du salon et agrémente la cour.

15 mars-15 nov. : w.-e. 15h-18h ; juin-sept. : jeu.-dim. 15h-18h.
Visite du parc et du jardin. Visite guidée pour l'intérieur.
Visite sur r.-v. pour les groupes toute l'année (50 pers. max.).

LOUBENS-LAURAGAIS C3

Château de Loubens

31460 Loubens-Lauragais
Tél. : 05 61 83 12 08
www.chateaudeloubens.com
Propriété privée
Classé

Ce château appartient depuis le XIIIe s. à la famille Loubens. Il est remanié en 1580, dans le style Renaissance, par Jacques de Loubens, conseiller d'État. Un corps de logis, flanqué de deux tours cylindriques voûtées et d'un escalier à vis est alors édifié. Jean-Mathieu de Gounon-Loubens modernise le château et perce des fenêtres après avoir détruit l'escalier à vis. Son fils Jules peuple le parc de fabriques tels des colonnades, des bains ou des rotondes, et meuble les appartements. Cette famille est liée aux grandes figures du XIXe s., comme Jean-Dominique Ingres, Gérard de Nerval ou Théophile Gautier.

Août : jeu.-dim. 14h30-18h30; mai-juil., sept.-12 nov. : dim. et j. fériés 14h30-18h30. Fermé en juil. Visite libre. Visite guidée.
Visite sur r.-v. pour les groupes toute l'année (20 pers. min.).

MERVILLE B2

Château

2, place du Château
31330 Merville
Tél. : 05 61 85 32 34
www.chateau-merville.fr
Propriété privée
Classé

Construit au milieu du XVIIIe s., par le marquis de Chalvet, Sénéchal de Toulouse, le château de Merville est une belle et sobre bâtisse très représentative de l'architecture de l'époque dans le Midi toulousain. Son parc, intégrant un étonnant jardin de buis de la même époque, est étroitement associé à l'édifice. Subtilement agencé par rapport au château et à la campagne environnante, cet ensemble dégage un charme unique et en fait un merveilleux lieu de promenade. Il est aujourd'hui ouvert au public grâce à un important programme de restauration entrepris depuis quelques années par les actuels propriétaires. Depuis trois ans, le labyrinthe de buis a été aménagé avec des jeux ludiques et pédagogiques.

Juin, sept.-oct. : w.-e. et j. fériés 10h-19h30; juil.-août : t.l.j. 10h-19h30.
Visite guidée (sf en cas de grande affluence).
Visite sur r.-v. pour les groupes (20-60 pers.).

MONTMAURIN B3

Villa gallo-romaine

31350 Montmaurin
Tél. : 05 61 88 74 73
http://montmaurin.monuments-nationaux.fr
Propriété de l'État
Classé

CENTRE DES MONUMENTS NATIONAUX

Découverte par Georges Fouet en 1946, la villa gallo-romaine de Montmaurin est un vaste établissement rural édifié vers le milieu du Ier s. associant sur 18 ha un bâtiment résidentiel et des bâtiments d'exploitation. Remaniée au cours des IIIe et IVe s., elle correspond à la phase finale d'une grande demeure de l'Antiquité tardive à péristyle, richement décorée de marbre, dotée de bains et de nombreux jardins intérieurs.

Mai-août : t.l.j. 9h30-12h, 14h-18h;
sept.-avr. : t.l.j. sf lun. 9h30-12h, 14h-17h.
Fermé 1er janv., 1er mai, 1er nov. et 11 nov., 25 déc. Visite libre. Visite guidée.

B3 **MONTRÉJEAU**

Château et parc de Valmirande

Avenue de Tarbes
31210 Montréjeau
Tél. : 06 21 05 40 16
http://otimontrejeau.ifrance.com
Propriété privée
Classé

Le château de Valmirande, édifié par le baron Bertrand de Lassus, est une création *ex nihilo* de la fin du XIXe s. En 1892, il fait l'acquisition de dix parcelles d'un seul tenant, d'une surface de 41 ha, afin d'y implanter le château, entouré d'un parc paysager. La conception du château est confiée à Louis Garros, architecte bordelais. Pour le parc, Lassus fait appel aux frères Bülher, créateurs du parc de la Tête d'or à Lyon, et du parc Borély de Marseille. En 1902, le château a été prolongé à l'est par une chapelle dont on peut admirer les vitraux, les marbres et le Sacré-Cœur de L. Barrias. En 1912, le paysagiste René Édouard André insère deux parterres à la française : l'un au nord du château, l'autre au sud à partir duquel on découvre la vue sur la chaîne des Pyrénées tant aimée de Bertrand de Lassus.

Juil.-15 août : t.l.j. 15 h. Visite guidée.
Visite guidée sur r.-v. le reste de l'année au 06 21 05 49 16 ou au 05 81 95 80 22 (10 pers. min.).

B3 **PROUPIARY**

Abbaye de Bonnefont

31360 Proupiary
Tél. : 05 61 98 22 09
www.bonnefont.org
Propriété de la communauté de communes
Classé

Cette abbaye est fondée en 1136, sur un territoire donné par Flandrine de Monpezat aux moines de Morimond. Elle prospère à partir du XIIIe s., avec le soutien des comtes de Comminges. À la Révolution, les moines sont dispersés et les biens de l'abbaye sont confisqués. Seuls le porche d'entrée et un corps de bâtiment sont encore visibles. Le cloître est partiellement utilisé pour la décoration de l'ancienne gendarmerie de Saint-Martory. L'autre partie du cloître est actuellement visible dans le jardin public de Saint-Gaudens.

Avril-sept. : w.-e. 15 h-18 h 30 ; oct.-mars : w.-e. 15 h-17 h.
Visite libre. Visite sur r.-v. pour les groupes (10-40 pers.).

C3 **REVEL**

Halle centrale et beffroi

Place Philippe-VI-de-Valois
31250 Revel
Tél. : 05 34 66 67 68
www.tourisme-revel.com
Propriété de la commune
Classé

Créée lors de la fondation de la bastide royale, par Philippe VI de Valois en 1342, la halle hexagonale de Revel, avec ses 40 m de côté, est une des plus vastes de France. Cette halle est entourée de « garlandes », galeries couvertes abritant des commerces. Soixante-dix-neuf piliers en bois supportent un toit de tuiles surmonté d'un beffroi. Cette tour de guet, remplacée en 1832 après un incendie, s'élève sur deux étages. Ce beffroi, maison commune, sert de prison jusqu'au XIXe s. et de salle de réunion pour les consuls. Il abrite de nos jours l'office du tourisme de Revel ainsi qu'une salle archéologique et historique sur Revel et sa région au deuxième étage.

Juin-sept. : mer., dim. 10 h, 11 h, 15 h, 16 h, sam. 11 h, 15 h, 16 h ;
oct.-mai : sam. 11 h, 15 h, 16 h. Fermé 1er janv., 8 mai, 1er et 11 nov., 25 déc.
Visite guidée. Visite sur r.-v. pour les groupes.

SAINT-BÉAT B4

Église et trésor

Place Gallieni
31440 Saint-Béat
Tél. : 05 61 79 77 07
Propriété de la commune
Classé

L'église de Saint-Béat est construite en 1132 par des moines bénédictins. Le plan de cette église romane est classique. Il s'organise autour de trois nefs voûtées en berceau. Chacune de ces trois nefs se clôture par une abside en cul-de-four pour former le chœur. Cette église est complétée par un portail couronné d'un tympan sculpté. À une époque plus récente, elle est dotée d'un trésor, qui attire les fidèles. Elle subit des restaurations dont, en 1880, la démolition puis la reconstruction d'une sacristie.

T.l.j. 9h-18h. Visite libre. Visite guidée. ♿

SAINT-FÉLIX-LAURAGAIS C3

Maison de Déodat de Séverac

Rue Déodat-de-Séverac
31540 Saint-Félix-Lauragais
Tél. : 05 61 83 01 83
jjcubaynes@wanadoo.fr
Propriété privée
Inscrit

Intégrée dans la bastide de Saint-Félix-Lauragais, la demeure natale du compositeur Déodat de Séverac (1872-1921), grand-père du propriétaire actuel, est une maison bourgeoise des XVIIe et XVIIIe s. L'architecture intérieure est remodelée par Gilbert de Séverac au XIXe s., à la mode « toscane ». Autour d'un hall d'entrée avec mezzanine sont disposés, en enfilade, salons, salle à manger, salon de musique et atelier de peinture. Les boiseries grises, qui décorent les murs, tranchent avec le rose vénitien du décor et des portes.

Visite guidée sur r.-v. toute l'année.

SAINT-GENIÈS-BELLEVUE B3

Château

31180 Saint-Geniès-Bellevue
Tél. : 05 61 74 26 45
Propriété privée
Inscrit

Ce château existe depuis le XIIIe s. Il est vendu par la veuve de Pierre Borie à Guillaume Bertier, marchand toulousain, en 1465. Jusqu'en 1742, le château appartient à la famille Bertier qui le cède à Jean-Pierre Lassus, écuyer et capitoul de Toulouse. Ses descendants possèdent encore le domaine. En 1595, le château primitif est transformé. Un avant-corps et une tourelle à meneaux complètent le corps de logis principal, en brique, auquel s'ajoutent, au XVIIIe s., deux avant-corps. La renaissance languedocienne inspire un escalier central voûté, qui distribue des pièces décorées au XVIIe et du XVIIIe s.

15 juil.-août : t.l.j. sf lun. 14h-17h. Visite guidée sur r.-v.
Visite guidée sur r.-v. pour les groupes (5-25 pers.).

SEILH B3

Parc de Rochemontès

31840 Seilh
Tél. : 05 61 59 47 47
www.mairie-seilh.fr
Propriété privée
Inscrit

Le château actuel conserve toutes les caractéristiques de l'architecture du XVIIe s. Construit en brique sur un plan simple rectangulaire, flanqué de quatre tours, ce château appartient encore de nos jours à la famille Du Bourg après avoir été la possession des Chalvet. Le tracé du parc répond à l'évidence aux principes formels initiés par Le Nôtre. L'étoile, formée d'allées, mène à un bal champêtre circulaire, une chambre d'amour et un cabinet de verdure. La terrasse, ornée de parterres et de fontaines en niches Louis XV, offre une vue sur la Garonne.

Journées du patrimoine. Visite sur r.-v. le reste de l'année.

Amphithéâtre romain

Avenue des Arènes-Romaines
(quartier Purpan-Ancély)
31000 Toulouse
Tél. : 05 61 22 31 44
www.toulouse-tourisme.com
Propriété de la commune
Classé

Construit au Ier s. de notre ère, cet amphithéâtre est fréquenté jusqu'au IVe s. Il servait de cadre aux spectacles de gladiateurs et aux chasses. Il est associé à des thermes romains, comprenant une piscine dont les vestiges sont conservés dans une crypte archéologique située à proximité. Dans l'Antiquité, cet ensemble constituait un sanctuaire rural lié au culte des eaux.

Juin-oct. : dim. 14h-18h (19h en juil.-août). Visite libre. Visite guidée. Visite sur r.-v. pour les groupes toute l'année (25 pers. max.).

Église Saint-Pierre-des-Cuisines

Place Saint-Pierre
31000 Toulouse
Tél. : 05 61 22 31 44
www.toulouse-tourisme.com
Propriété de la commune
Classé

L'église actuelle, entièrement restaurée, a fait l'objet de fouilles qui ont mis au jour les vestiges d'une basilique funéraire du Ve s. Les trésors exhumés sont préservés dans une crypte archéologique où l'on peut apprécier de nombreux sarcophages. L'église romane de Saint-Pierre-des-Cuisines est construite sur le même emplacement que la basilique, aux XIe et XIIe s. Rattachée à l'abbaye clunisienne de Moissac, elle est agrandie à l'époque gothique. Classée en 1977, elle est aménagée en auditorium pour le conservatoire national de la Région.

Lun. : 10h-13h, visite guidée à 11h ; fin juil.-août : 10h-12h, 14h-19h, visite guidée à 16h30. Fermé 1er janv. et 25 déc. Visite libre avec dépliant-guide. Visite guidée. Visite sur r.-v. pour les groupes (25 pers. max.).
♿ sf la crypte.

Basilique Saint-Sernin

Place Saint-Sernin
31000 Toulouse
Tél. : 05 61 21 70 18
www.toulouse-tourisme.com
www.basilique-st-sernin-toulouse.fr
Propriété de la commune
Classé

Chemin de Saint-Jacques-de-Compostelle
inscrit sur la Liste du patrimoine mondial en 1998

Une première église est construite au Ve s. pour accueillir le corps de saint Sernin, évêque au IIIe s. L'abbaye, située sur le chemin de Saint-Jacques-de-Compostelle, est agrandie à partir de 1070. Le chœur de la nouvelle basilique, chef-d'œuvre de l'art roman, est consacré en 1096 par le pape Urbain II. Le clocher, dit « toulousain », est édifié selon plusieurs campagnes de construction à partir du XIIe s. Le chœur de la basilique est restauré par Viollet-le-Duc. Ces trente dernières années, d'importants travaux de restauration ont permis de dégager les peintures murales du XIIe s. ou de mettre en valeur la table d'autel de 1096.

Mai, nov.-déc. : t.l.j. 8h30-12h, 14h-18h, dim. 8h30-12h30, 14h-19h ; juin, oct. : t.l.j. 8h30-12h30, 14h-18h30 (19h30 le dim.) ; juil.-sept. : t.l.j. 8h30-18h30 (19h30 le dim.). Crypte et déambulatoire fermés 25 déc. Visite libre.

Chapelle des carmélites

1, rue du Périgord
31000 Toulouse
Tél. : 05 34 44 92 05
www.toulouse-tourisme.com
Propriété de l'État
Classé

Seul vestige du couvent des carmélites de Toulouse, la chapelle des carmélites est élevée à partir de 1622. La conduite des travaux est confiée à Didier Sansonnet, qui les clôture en 1643. Désaffectée lorsque les carmélites sont chassées par la Convention, en 1791, la chapelle est rendue au culte en 1807, par le Grand Séminaire. Elle devient ensuite propriété de l'État. D'une grande simplicité architecturale avec sa nef unique, la chapelle s'inscrit dans la tradition du gothique méridional. Le décor peint de la voûte, réalisé par le peintre toulousain Jean-Pierre Rivals, constitue une des principales originalités du lieu. S'inspirant de la chapelle Sixtine, le programme, qui représente un vaste poème à la gloire du Carmel, est achevé en 1751, par Jean-Baptiste Despax. Il est complété par des allégories de part et d'autre des fenêtres, à l'image des vertus recommandées par les règles de l'ordre.

Mai-sept. : t.l.j. sf lun. 9h30-13h, 14h-18h ; oct.-avr. : t.l.j. sf lun. 10h-13h, 14h-17h. Visite libre. Visite guidée sur r.-v. Fermé 1er janv., 1er mai, 1er et 11 nov., 25 déc.

Ensemble conventuel des Jacobins

Parvis des Jacobins
31000 Toulouse
Tél. : 05 61 22 21 92
www.toulouse-tourisme.com
www.jacobins.mairie.toulouse.fr
Propriété de la commune
Classé

Le couvent des Jacobins, maison des frères prêcheurs, dont l'ordre est fondé en 1216 par saint Dominique, combattant l'hérésie cathare, est construit aux XIIIe et XIVe s. Cet ensemble se compose de l'église Saint-Thomas-d'Aquin, où repose son tombeau, d'un cloître formé d'arcades à colonnettes, d'une salle capitulaire, d'un réfectoire et d'une chapelle décorée de fresques du XIVe s. La voûte étoilée de l'église est appelée « le Palmier ». Les vingt-deux nervures du chœur de la voûte reposent sur une unique colonne, plus large que les autres. La salle capitulaire est caractérisée par la légèreté de sa structure de soutènement, qui repose également sur des colonnettes de marbre.

T.l.j. 9h-19h. Visite guidée sur r.-v. pour les groupes. ♿

Hôtel d'Assézat

Place d'Assézat
31000 Toulouse
Tél. : 05 61 12 06 89
www.fondation-bemberg.fr
Propriété de la commune
Classé

Construit en 1555 par Pierre Assézat, cet hôtel particulier toulousain est édifié grâce au commerce florissant du pastel. L'architecte Nicolas Bachelier construit un corps de logis formé de deux ailes principales. Dominique Assézat dirige les travaux du pavillon d'entrée, de la galerie ouverte et de la coursive. Au XVIIIe s., l'hôtel est vendu au baron de Puymaurin. Racheté par la banque Ozenne, il est légué en 1895 à la ville de Toulouse. La composition générale date de la Renaissance. L'hôtel abrite de nos jours les sociétés savantes de la ville et les collections d'œuvres d'art de la famille Bemberg.

T.l.j. sf lun. 10h-12h30, 13h30-18h ; jeu. : 10h-12h30, 13h30-21h. Visite libre. Visite guidée t.l.j. à 15h30 (mar., jeu., sam. premier étage ; mer., ven., dim. second étage). Visite guidée sur r.-v. pour les groupes (200 pers. max.). ♿

Hôtel de ville

Place du Capitole
31000 Toulouse
Tél. : 05 61 22 34 12
www.toulouse-tourisme.com
Propriété de la commune
Classé

Symbole de la municipalité depuis la fin du XIe s., l'actuel Capitole occupe une place emblématique dans l'histoire de Toulouse. Les bâtiments municipaux du XIIe s. ont été détruits par le grand incendie de 1463. La façade actuelle a été bâtie entre 1750 et 1759 sur les plans de l'architecte Cammas afin de cacher l'ensemble hétéroclite des bâtiments datant des XVe, XVIe et XVIIe s. Le décor que l'on peut admirer actuellement a été mis en place à la fin du XIXe s. Commandées sous la IIIe République, ces œuvres magnifient Toulouse tant par le choix des sujets, qui concourent toujours à l'histoire politique et culturelle de la ville, que par celui des artistes, témoins de l'épanouissement d'une « École toulousaine » dont la renommée rayonnait jusqu'à Paris : Pujol réalise les décors de la salle des Illustres, en 1892. La salle des Pas perdus est décorée par l'artiste Henri Martin en 1903, le grand escalier par Paul Laurens, la salle des mariages par Paul Gervais.

Pâques-Toussaint : t.l.j. 9h-19h, w.-e. et j.fériés 10h-19h ;
Toussaint-Pâques : t.l.j. 9h-17h, premier dim. du mois 10h-17h, j. fériés 10h-19h.
Fermé le dim. sf premier dim. du mois.
Visite libre. Visite sur r.-v. pour les groupes. ♿

Maison Calas

50, rue des Filatiers
31000 Toulouse
Tél. : 05 61 53 14 00
gat31@wanadoo.fr
Propriété privée
Inscrit

Cette maison de la rue des Filatiers appartient au procureur Brunet en 1533. En 1750, elle est louée à Jean Calas, qui y vit jusqu'à la mort de son fils, Marc-Antoine, le 13 octobre 1761. Cette maison doit son nom à l'affaire Calas : Jean Calas, calviniste, est accusé d'avoir étranglé son fils de peur qu'il ne se convertisse au catholicisme. La réhabilitation de cet homme et la cassation du jugement n'interviennent qu'en 1765, après l'intervention de Voltaire. Cette maison à colombages garde les traces d'une porte gothique et de corbeaux sculptés datant du XVIe s. Elle est crépie en façade depuis le XIXe s.

T.l.j. 9h-19h. Visite libre extérieure.
Visite intérieure sur r.-v. Visite sur r.-v. pour les groupes.

Musée Saint-Raymond

Place Saint-Sernin
31000 Toulouse
Tél. : 05 61 22 31 44
www.saintraymond.toulouse.fr
www.toulouse-tourisme.com
Propriété de la commune
Classé

Le musée des Antiques de Toulouse est installé dans un ancien hôpital pour les pauvres. Le collège Saint-Raymond, accueillant les étudiants pauvres de l'université de Toulouse, s'installe dans cet édifice jusqu'à la Révolution. Ce bâtiment, seul témoin de cet ensemble, est sauvé de la destruction par Viollet-le-Duc en 1868. Devenu presbytère, l'édifice est transformé en « musée des Petites Antiquités » pour accueillir, de nos jours, les plus riches collections de sculptures antiques d'Europe, des portraits romains ou des vestiges antiques.

T.l.j. 10h-18h (juin-sept. jusqu'à 19h). Fermé 1er janv., 1er mai, 25 déc.
Visite libre. Visite guidée. Visite sur r.-v. pour les groupes.

Musée des Augustins (ancien couvent des augustins)

21 rue de Metz
31000 Toulouse
Tél. : 05 61 22 21 82
www.augustins.org
www.toulouse-tourisme.com
Propriété de la commune
Classé et inscrit

Commencé en 1310 par l'architecte Jean de Lobres, le couvent des augustins accueille les ermites à partir de 1341. Les travaux de l'ensemble s'échelonnent sur plusieurs siècles jusqu'au XVIIe s. L'église est consacrée en 1504 et le petit cloître est mis en place en 1627. Vendu comme bien national à la Révolution, l'édifice perd sa vocation cultuelle et le réfectoire est converti en écuries. Après la Révolution, l'église accueille les collections du Muséum provisoire du Midi de la République. L'architecte Viollet-le-Duc adjoint à l'ensemble une aile supplémentaire. Le musée retrouve définitivement son aspect originel à partir des aménagements de 1950.

T.l.j. 10h-18h (mer. jusqu'à 21h). Fermé 1er janv., 1er mai, 25 déc.
Visite libre. Visite guidée. Visite sur r.-v. pour les groupes.

C3 VERFEIL

Porte Vauraise

31590 Verfeil
Tél. : 05 61 09 89 28
Propriété privée
Classé

La porte Vauraise porte également le nom de porte de Lavaur. Il s'agit d'une porte fortifiée, dont la construction remonte à celle du mur d'enceinte dont elle dépend, entre le XIIe et le XIIIe s. Elle est exhaussée par un bail de murs fait par les consuls de Verfeil en 1593. Une grande salle est alors construite au-dessus du passage par Jean Fourn, maçon de la commune auquel on doit aussi l'escalier à vis qui permet d'y accéder. Dans cette salle se réunissent, au XVe s., les différents conseils politiques. Elle est une des plus anciennes du département.

Mars-août : t.l.j. 14h-18h.

AVENTIGNAN A3

Grottes préhistoriques de Gargas

65660 Aventignan
Tél. : 05 62 39 72 39
http://grottesdegargas.free.fr
Propriété de la commune
Classé

Le site des grottes préhistoriques de Gargas, découvert en 1840, remonte à l'époque paléolithique. Les grottes de Gargas renferment des parois ornées avec les empreintes de deux cent cinquante mains d'adultes et d'adolescents, noires et rouges, auxquels manquent un ou plusieurs doigts. Ces peintures sont datées entre –30000 et –15000. Ces mêmes parois conservent également les traces de gravures rupestres de rennes, d'antilopes, de bisons et de chevaux. La grotte présente également un intérêt écologique dans la mesure où l'on peut admirer une succession de salles avec de multiples concrétions.

Janv.-juin, sept-déc. : t.l.j. sf lun. 10h-12h, 14h-17h;
juil.-août : t.l.j. 10h-12h, 14h-18h. Fermé 1er janv., 25 déc. Pour des raisons de conservation, le nombre de visiteurs est limité par groupe et par jour. La réservation est donc fortement recommandée.
Visite guidée. Visite sur r.-v. pour les groupes (25 pers. max.).

BEAUCENS A4

Donjon des Aigles

100, rue du Château
65400 Beaucens
Tél. : 05 62 97 19 59
www.donjon-des-aigles.com
Propriété privée
Inscrit

Le château de Beaucens est construit au Xe s. Transformé et agrandi pendant plusieurs siècles, il est la demeure des vicomtes du Lavedan. Au XVe s., pendant les troubles de la Réforme, le château est pillé et les titres sont détruits. En 1792, le château est incendié ainsi que les documents qui attestent de son existence et de son ampleur. Restauré après le tremblement de terre de 1854 par Achille Fould, le château de Beaucens est de nos jours la propriété du Donjon des aigles. Tous les jours, des vacances de printemps à fin septembre, ont lieu des présentations rapaces et de perroquets en vol libre dans ce dernier maillon médiéval de la haute vallée du gave de Pau.

Avr.-sept. : 10h-12h, 14h30-18h30. Démonstration de vol en liberté à 15h30 et 17h (15h, 16h30 et 18h en août). Visite libre. Visite guidée sur r.-v.

BONNEMAZON A3

Abbaye cistercienne de l'Escaladieu

65130 Bonnemazon
Tél. : 05 62 39 16 97
www.cg65.fr
Propriété du département
Classé

L'abbaye cistercienne de l'Escaladieu à Bonnemazon est fondée en 1142. Elle prospère jusqu'au XIVe s. avant de décliner à cause des guerres de Religion. Auparavant, son influence est telle qu'elle crée treize établissements religieux. L'église, consacrée en 1160, et son clocher sont restaurés au XVIIe s. Des constructions primitives subsistent la salle capitulaire, l'*armarium claustri* (première bibliothèque) et la prison. Un programme de restauration à long terme a été engagé par le conseil général des Hautes-Pyrénées, propriétaire du site depuis 1997. Des animations culturelles variées sont aussi proposées.

Mai-sept. : t.l.j. 9h30-12h30, 13h30-18h30;
oct.-avr. : t.l.j. sf mar. 9h30-12h30, 13h30-17h.
Fermé 1er janv., 1er mai et 25 déc. Visite libre. Visite guidée sur r.-v. (50 pers. max.).

A3 LOURDES

Château fort et son Musée pyrénéen

65100 Lourdes
Tél. : 05 62 42 37 37
www.lourdes-visite.fr
Propriété de la commune
Classé

Le château fort de Lourdes est édifié au XIe s. sur un piton rocheux et joue un rôle politique et économique dépassant sa vocation défensive. Il sert de résidence seigneuriale pour les comtes de Bigorre jusqu'au XIIe s. Le jeu complexe des alliances et des conflits médiévaux le transforme en place forte puis en prison royale aux XVIIe et XVIIIe s. Devenu une caserne entre 1820 et 1850, le château conserve cependant ses systèmes défensifs : enceinte, pont-levis, herse, donjon et bastion. Déclassé comme ouvrage militaire, il est acheté par la ville de Lourdes en 1894. Depuis 1921, il abrite le Musée pyrénéen qui rassemble les plus importantes collections sur l'histoire des Pyrénées du XVIIIe au début du XXe s.

Avr.-sept. : t.l.j. 9h-12h, 13h30-18h30 ; oct.-mars : t.l.j. 9h-12h, 14h-18h (17h le ven.).
Fermé 1er janv., 1er et 11 nov., 25 déc.
Visite libre. Visite sur r.-v. pour les groupes.

Sanctuaires de Notre-Dame

65100 Lourdes
Tél. : 05 62 42 78 78
www.lourdes-france.org
Propriété privée
Inscrit

La construction des sanctuaires de Notre-Dame de Lourdes est entreprise, dès la reconnaissance des dix-huit apparitions de l'Immaculée-Conception à Bernadette Soubirous en 1858. Une série de trois basiliques est alors superposée : la crypte dans le rocher de Massabielle, la basilique néogothique construite par Duran, l'architecte impérial, et la basilique du Rosaire romano-byzantine consacrée en 1901. Sur le côté gauche de l'esplanade se situe la basilique souterraine Saint-Pie-X, de l'architecte Pierre Vago.

Ouvert toute l'année. Visite libre. Visite guidée. Visites pour les groupes. ♿

A3 MAUVEZIN

Château

65130 Mauvezin
Tél. : 05 62 39 10 27
www.chateaudemauvezin.com
Propriété privée
Inscrit

La première mention de ce château apparaît en 1080, date à laquelle il appartient aux comtes de Bigorre. Il est successivement la propriété des Anglais, des comtes de Foix et de Béarn, de Simon de Montfort, de Gaston Phœbus et enfin d'Henri IV. Son état actuel laisse deviner, grâce aux restaurations du XXIe s., son plan du XIVe s. Les courtines de 35 m de long dessinent une enceinte, consolidée par des contreforts et un donjon haut de 37 m. Six salles abritent un musée archéologique et historique (salle d'armes, scènes reconstituées, machines de guerre).

15 avr.-15 oct. : t.l.j. 10h-19h ; 16 oct.-14 avr. : 13h30-17h30.
Visite libre. Visite guidée.
(support papier). (accès protégé). (juin-sept.).

SAINT-LÉZER A3

Site de Castelbieilh

65500 Saint-Lézer
Tél. : 05 62 31 68 84
www.vic-montaner.com
Propriété de la commune, propriété privée
Inscrit

Les fouilles de Castelbieilh, commencées au XIXe s., ont mis au jour les occupations successives du site. Un sentier archéologique aménagé depuis Saint-Lézer permet de découvrir les traces d'occupation des premiers peuples d'Aquitaine, des Romains, puis des seigneurs médiévaux et enfin des moines bénédictins. Le site est en effet, au Ve s., le siège d'une abbaye bénédictine, fondée par saint Lézer et rasée pendant la Révolution. Ce parcours balisé permet d'appréhender les résultats des fouilles et de matérialiser les différentes phases du site.

Site naturel ouvert toute l'année. Visite libre. Visite guidée sur r.-v.

SAINT-SEVER-DE-RUSTAN A3

Abbaye bénédictine

65140 Saint-Sever-de-Rustan
Tél. : 05 62 96 69 85/05 62 96 63 93
abbaye-st-sever@orange.fr
Propriété de la commune
Classé

D'origine gallo-romaine, le site est le siège d'une abbaye bénédictine déjà attestée au IXe s. Celle-ci est réorganisée et affiliée à la congrégation de Saint-Victor de Marseille en 1087. Elle est florissante jusqu'en 1573, date à laquelle elle est pillée par les huguenots. Restaurée, elle est réformée par la congrégation de Saint-Maur en 1646. Après la Révolution, elle est vendue comme bien national. De nos jours, on peut admirer son ensemble architectural qui va de la plénitude du roman aux fastes des boiseries Louis XV en passant par l'exubérance du baroque.

T.l.j. 14h-18h. Fermé en janv. Visite guidée. Visite sur r.-v. pour les groupes.

TARBES A3

Maison natale du maréchal Foch

2, rue de la Victoire
65000 Tarbes
Tél. : 05 62 93 19 02
www.cg65.fr
Propriété de la commune
Classé

La maison natale du maréchal Foch est transformée en musée en 1951, pour célébrer le centenaire de sa naissance. Au rez-de-chaussée, des portraits évoquent cet homme de guerre qui est à la fois maréchal de France, de Grande-Bretagne et de Pologne. À l'étage, à côté de sa chambre natale avec son alcôve, le bureau et la salle des batailles illustrent cette idée de revanche que le jeune Ferdinand Jean-Marie Foch partage avec toute sa génération avant d'en devenir l'un des artisans. Réunissant divers objets offerts au maréchal, la salle des souvenirs rend hommage à celui qui reste l'un des principaux vainqueurs de la Première Guerre mondiale.

26 mai-sept. : 9h-12h, 14h-18h30; oct.-25 mai : 9h-12h, 14h-17h.
Fermé mar., mer., 1er janv., 1er mai, 1er et 11 nov., 25 déc.
Ouvert premier et troisième dim. du mois et tous les dim. en juil.-août.
Visite guidée. Visite guidée pour les groupes.

C1 **ASSIER**

Le château d'Assier est élevé au XVIe s. par Galiot de Genouillac, héros de Marignan, grand maître de l'artillerie sous Louis XII et François Ier. Le château forme à l'origine un quadrilatère à trois niveaux, fermé sur une cour. Aujourd'hui ne subsiste de l'ensemble que le corps de logis occidental. La façade sur cour conserve ses frises sculptées, son décor d'emblèmes et son portique à deux étages. L'ensemble constitue un précieux témoignage de l'architecture Renaissance du Quercy. La cour intérieure accueille chaque été un festival de musique.

Mai-4 sept. : t.l.j. sf mar. 10h-12h30, 14h-18h45 ; juil.-août : t.l.j. 10h-12h30, 14h-18h45 ; 5 sept.-avr. : t.l.j. sf mar. 10h-12h30, 14h-17h30.
Fermé 1er janv., 1er mai, 1er et 11 nov., 25 déc. Visite libre. Visite guidée.
Visite sur r.-v. pour les groupes (30 pers. max.). ♿ cour et r.-d.-c.

Château
46320 Assier
Tél. : 05 65 40 40 99
http://assier.monuments-nationaux.fr
Propriété de l'État
Classé

CENTRE DES MONUMENTS NATIONAUX

C2 **BACH**

La phosphatière du Cloup-d'Aural est localisée au centre d'un réseau de poches à phosphate du causse de Limogne. Elle présente un échantillon de fossiles de renommée internationale et des traces d'exploitation minière, jusqu'à la grande période d'extraction de la phosphorite du Quercy, au XIXe s. La phosphorite est un phosphate naturel de calcium qui servait à faire de l'engrais. La visite permet d'évoquer cette activité d'extraction comme de suivre, grâce aux nombreux fossiles retrouvés sur le site depuis des siècles, trente millions d'années d'évolution de la faune.

3 avr.-2 mai, 1er-12 sept., 23 oct.-3 nov. : t.l.j. 15h, 16h30 ;
3 mai-juin, 13 sept.-22 oct. : mer., w.-e. 15h, 16h30 ; juil.-août : t.l.j. 11h-18h.
Visite guidée. Visite sur r.-v. pour les groupes toute l'année (15 pers. min.).

Phosphatières du Cloup-d'Aural
Route de Varaire
46230 Bach
Tél. : 06 03 93 45 91/05 65 20 06 72
www.phosphatieres.com
Propriété de la commune
Inscrit

C1 **CABRERETS**

Cette grotte est un centre préhistorique unique en Europe offrant un panorama complet des activités de nos ancêtres. Nous les retrouvons dans leur vie quotidienne, dans leur façon d'appréhender la mort, et surtout dans leur phase de création artistique. La grotte de Pech-Merle est en effet renommée pour sa célèbre grotte peinte, qui comporte soixante représentations animales, peintes ou gravées sur les parois, et treize figurations humaines, accompagnées de signes différents. Le musée Amédée-Lémozi est construit à l'entrée de la grotte. Il présente de nombreux objets de Pech-Merle ainsi qu'une exposition sur la préhistoire dans le Quercy.

4 avr.-2 nov. : t.l.j. 9h30-12h, 13h30-17h.
Visite sur r.-v. pour les groupes du 15 janv. au 15 déc. (25 pers. max.).
Visite libre du musée. Visite guidée de la grotte. ♿ sf grotte.

Grotte de Pech-Merle
46330 Cabrerets
Tél. : 05 65 31 27 05
www.quercy.net/pechmerle
Propriété de la commune
Classé

CAHORS B1

Bibliothèque patrimoniale et de recherche du pays de Cahors

Place François-Mitterrand
46000 Cahors
Tél. : 05 65 35 10 80
www.tourisme-cahors.org
Propriété de la commune
Classé

La ville de Cahors a le privilège de posséder une ancienne bibliothèque qui témoigne de l'architecture néoclassique des dernières années du XIXe s., dans le Quercy. Construit par l'architecte Rodolosse, l'espace intérieur de cette bibliothèque s'organise autour d'une grande salle de consultation dont les murs sont entièrement parés d'ouvrages. Cette salle est agrémentée de deux escaliers à vis par lesquels on accède à la galerie supérieure. Le fonds ancien de cette bibliothèque est d'une grande richesse. Il renferme plus de quarante-cinq mille documents, dont les archives municipales de la ville de Cahors depuis le XIIIe s.

Mar.-jeu. : 14h-18h. Fermé j. fériés.
Visite libre. Visite guidée. Visite sur r.-v. pour les groupes.

Cathédrale Saint-Étienne (cloître, chapelle)

Place Chapou
46000 Cahors
Tél. : 05 65 23 07 50
sdap.lot@culture.gouv.fr
Propriété de l'État
Classé

Chemin de Saint-Jacques-de-Compostelle
inscrit sur la Liste du patrimoine mondial en 1998

La cathédrale s'implante sur un site antique. Elle est édifiée en plusieurs campagnes de construction, échelonnées du XIe au XVIIe s. Elle est composée de deux travées carrées couvertes par deux coupoles sur pendentifs de 16 m d'envergure. Le portail nord, qui date du XIIe s., s'apparente aux grands ensembles romans de Moissac, Beaulieu et Souillac. L'abside est reconstruite entre 1285 et 1293, et le massif occidental est érigé entre 1308 et 1316. Aux XVe et XVIe s., plusieurs aménagements, dont la reconstruction du cloître en 1506 dans le style gothique méridional, modifient l'aspect général de la cathédrale.

Cloître en saison estivale : t.l.j. 10h-18h. Visite libre de la cathédrale et du cloître. Visite guidée du cloître. Visite sur r.-v. de la chapelle Saint-Gaubert et du Trésor auprès de l'office du tourisme. Visite sur r.-v. pour les groupes (30 pers.).
Grenier du Chapitre ouvert selon les expositions en cours.

Hôtel de Roaldès, dit « maison Henri-IV »

247, quai Champollion
46000 Cahors
Tél. : 05 65 31 80 07
Propriété privée
Classé

Cette maison du XVe s. se trouve dans le centre-ville de Cahors. Elle est nommée maison Henri IV, en hommage au futur roi de France, Henri III de Navarre, qui y séjourne après avoir tenu la ville contre les catholiques. Cette maison de la fin du Moyen Âge conserve encore son *soleiho*, mi-terrasse, mi-grenier, qui sert, dans les maisons à colombages d'une certaine importance, à faire sécher le linge mais aussi les plans de pastel, plante tinctoriale de couleur bleue qui a fait la richesse de nombreux commerçants du Sud-Ouest.

Pâques-septembre : t.l.j. sf dim. 10h-12h, 14h-16h30 (juil. : 10h-12h, 14h-17h, août : 10h-12h, 14h-17h30). Visite guidée. Visite sur r.-v. pour les groupes.

C1 **CALÈS**

Moulin fortifié de Cougnaguet

46350 Calès
Tél. : 05 65 32 63 09/05 65 38 73 56
www.cougnaguet.com
Propriété privée
Inscrit

Le moulin fortifié de Cougnaguet, mentionné pour la première fois en 1260, appartient alors aux cisterciens d'Aubazines en Corrèze. En partie fortifié, il possède quatre paires de meules. Quelques signatures de meuniers sont portées sur les embrasures des ouvertures. Ce moulin a cessé son activité en 1959. En parfait état de conservation et d'entretien, il est ouvert au public depuis quarante ans et propose des démonstrations de mouture.
Avr.-15 oct. : t.l.j. 10h-12h, 14h-18h. Visite libre. Visite guidée.
Visite sur r.-v. pour les groupes toute l'année (30-45 pers.). ♿ en partie.

C1 **CARDAILLAC**

Fort

46100 Cardaillac
Tél. : 05 65 40 14 32
Propriété de la commune
Classé

La partie ouest du village de Cardaillac est appelée « fort ». Trois tours, une ronde et deux carrées, délimitent l'ancienne enceinte du village. Au XIVe s., Cardaillac est le siège d'une seigneurie, partagée par cinq familles du nom de Cardaillac. La tour ronde présente deux portes au rez-de-chaussée. L'une d'entre elles est surmontée d'un écusson à l'effigie d'une des familles. Les deux tours carrées, la tour Sagnes et la tour de l'Horloge, hautes d'une vingtaine de mètres, se rapprochent des donjons du Quercy des XIIe et XIIIe s. Une porte centrale permet d'y accéder. Des salles assez vastes, voûtées en arc de cloître, occupent chaque étage.
T.l.j. sf w.-e. 9h-12h, 14h-17h. Visite libre.

C1 **CARENNAC**

Château du Doyen

Le Bourg
46110 Carennac
Tél. : 05 65 33 81 36
www.mairie-carennac.info46.com
Propriété de la commune
Classé

Au XIe s., le village de Carennac est donné à l'abbaye de Cluny qui y installe un bourg et un prieuré. Le château est vraisemblablement construit en partie à partir de 1525 par le doyen Alain de Ferrières, dont les armes sont sculptées sur une lucarne de la façade du château. Il reflète le style de la première Renaissance dans son architecture extérieure, avec ses fenêtres à meneaux. L'intérieur a été embelli du temps de la famille Salignac de La Mothe-Fénelon, dont l'un des représentants fut le célèbre précepteur du duc de Bourgogne et auteur des *Aventures de Télémaque*. Les armes de la famille figurent sur le magnifique plafond à la française du grand salon. Ce château majestueux, dont la galerie est construite sur les chapelles gothiques de l'église, abrite de nos jours l'espace patrimoine du pays d'art et d'histoire de la vallée de la Dordogne lotoise.
Juin-sept. : t.l.j. 14h-18h. Visite libre. Visite sur r.-v. le reste de l'année et pour les groupes (20 pers. max.).

C1 **CÉNEVIÈRES**

Château

46330 Cénevières
Tél. : 05 65 31 27 33
www.chateau-cenevieres.com
Propriété privée
Classé

Initialement grotte fortifiée, puis repaire des comtes d'Angoulême au VIIIe s., le château de Cénevières appartient aux seigneurs de Gourdon pendant plusieurs siècles. Flottard de Gourdon, général des armées du roi Henri II, fait de la forteresse médiévale du XIIIe s. un palais Renaissance. Son fils, Antoine de Gourdon, épouse la cause protestante aux côtés d'Henri IV. On lui doit la construction du temple de la cour d'honneur. Ce château est le fruit de plusieurs campagnes de construction. Il doit à la Renaissance ses fenêtres, ses cheminées, ses plafonds et ses fresques, sa salle d'alchimie et la galerie à colonnes. Il conserve sa salle des gardes et sa chapelle du XIIIe s.
Pâques-sept. : t.l.j. sf dim. mat. 10h-12h, 14h-18h30 ;
oct.-Toussaint : t.l.j. sf dim. mat. 14h-17h30 ;
Toussaint-Pâques : visite sur r.-v. Visite guidée.
Visite sur r.-v. pour les groupes (12-80 pers.). ♿

CIEURAC C2

Château

46230 Cieurac
Tél. : 05 65 31 64 28
http://pagesperso-orange.fr/chateaudecieurac
Propriété privée
Classé

Le château de Cieurac est la propriété des seigneurs de Cardaillac de Saint-Cirq-Lapopie. Sur les bases de l'ancien château fort s'élève le château Renaissance actuel, reconstruit au XIXe s. après un incendie. Ce château cossu et fonctionnel intègre quelques constructions gothiques. On peut admirer les fenêtres à doubles meneaux qui ornent la façade et l'escalier à vis, qui possède des contremarches sculptées. Il abrite pendant longtemps une maison de repos, avant d'être, au siècle dernier, la propriété de l'amiral de Marqueyssac. Ce dernier dote le château de jardins Renaissance, réputés pour être les plus beaux de la province.

Juin, Journées du patrimoine-oct. : w.-e. 14h-18h30; juil.-15 sept. : t.l.j. sf lun. 14h-18h30. Visite guidée.
Visite sur r.-v. pour les groupes toute l'année (10 pers. min.).

FIGEAC C1

Abbatiale Saint-Sauveur

Place Michelet
46100 Figeac
Tél. : 05 65 34 06 25/05 65 50 05 40
Propriété de la commune
Classé

L'église est le seul vestige de l'abbatiale Saint-Sauveur, dont les bâtiments conventuels ont disparu au XVIe s. L'implantation des moines au IXe s. est à l'origine de la fondation de Figeac et de l'édification de cette abbaye. Consacrée en 1093, sa construction s'échelonne jusqu'au XIVe s. L'église appartient aux églises dites de pèlerinage. Remaniée au XVIIe s. après les guerres de Religion, elle conserve encore l'ancienne salle capitulaire, un décor de bois sculpté polychrome illustrant les scènes de la Passion du Christ et des décors sculptés, à l'image de l'évolution de la sculpture de l'époque romane à l'époque gothique.

Avr.-oct. : 10h-12h, 14h-19h. Visite libre. Visite guidée.
Visite guidée sur r.-v. pour les groupes.

Église Notre-Dame-du-Puy

Rue Delbos
46100 Figeac
Tél. : 05 65 34 06 25/05 65 50 05 40
Propriété de la commune
Classé

Cette église paroissiale, qui date de la seconde moitié du XIIIe s., succède à un édifice plus ancien. Les bâtiments sont agrandis au XIVe s. par les consuls de la ville qui y aménagent des chapelles funéraires dans les bas-côtés et remanient la façade. Transformée en citadelle pour les protestants, elle est remaniée au XVIIe s. Les travaux s'achèvent par la pose d'un somptueux retable baroque en noyer sculpté.

Avr.-oct. : 10h-12h, 14h-19h. Visite libre. Visite guidée sur r.-v.
Visite guidée sur r.-v. pour les groupes.

Hôtel de la Monnaie

Place Vival
46100 Figeac
Tél. : 05 65 34 06 25
www.tourisme-figeac.com
Propriété de la commune
Classé

Cette maison bourgeoise du XIIIe s. est caractéristique des constructions de transition, entre les époques romane et gothique. À l'image de l'architecture figeacoise, elle est le premier édifice civil de Figeac à être classé monument historique. Le rez-de-chaussée présente de grandes arcades qui ouvrent sur un atelier et une boutique. À l'étage, des baies géminées sous des arcs de décharge ajourés par des oculi sont agrémentées de motifs végétaux sculptés. L'intérieur de cet hôtel conserve des éléments de confort médiévaux tels des coussièges, des niches et des placards et une cheminée. Il abrite de nos jours l'office du tourisme de Figeac et un musée.

Juil.-août : t.l.j. 10h-19h; mai-juin, sept. : 10h-12h30, 14h30-18h, dim. 10h-13h; oct.-avr. : 10h-12h30, 14h30-18h.
Visite libre. Visite sur r.-v. pour les groupes.

C2 **LARAMIÈRE**

Le prieuré de Laramière est le fruit de deux campagnes de construction aux XIIe et XIIIe s. À la suite de graves dommages pendant les guerres de Religion, il est restauré au XVIIe s. puis remanié au XIXe s. Il s'ordonne autour de quatre corps de bâtiment qui forment un quadrilatère. Trois des quatre ailes subsistent avec le donjon qui domine l'édifice, le réfectoire des moines et la salle capitulaire où il reste les fresques. De nos jours, on devine la disposition de ce prieuré autour de la chaussée des moines, les moulins et les granges attenantes.

Juil.-15 sept. : t.l.j. sf mar. 10h30, 14h30, 16h. Visite guidée.
Visite sur r.-v. pour les groupes le reste de l'année (30 pers. min.).

Prieuré Notre-Dame
46260 Laramière
Tél. : 06 80 88 13 13
www.laramiere.new.fr
Propriété privée
Inscrit

C1 **LARNAGOL**

Le château actuel, construit au XVIIIe s., est édifié sur les vestiges d'une forteresse médiévale à laquelle Simon de Montfort rend hommage en 1215. Parmi les propriétaires successifs apparaissent les Barasc, les Puycornet, les Caussade, les Cessac et les Laporte. Le château conserve un décor particulièrement soigné dans l'esprit de l'époque : des peintures murales mythologiques, des gypseries à motifs mythologiques et des boiseries de noyer. Les pièces sont parées de parquets à compartiments diversifiés. Raymond Sules fait ajouter des ferronneries au XIXe s. Le château présente les peintures de Raymond Sules et de ses amis peintres, réalisées en ces lieux.

Juin-sept. : jeu.-dim. 14h-18h. Visite guidée.

Château
Rue du Château
46160 Larnagol
Tél. : 05 65 31 27 87
Propriété privée
Inscrit

C1 **PADIRAC**

Le gouffre de Padirac est formé de plusieurs cavernes creusées par les eaux depuis des millénaires. L'origine de ces cavernes est due aux plissements et aux cassures de l'écorce terrestre. On découvre la galerie de la Source puis, en bateau, la rivière souterraine. Ensuite, un passage s'est constitué et fait la transition entre le lac et les salles. La salle des Grands Gours offre des vasques d'eau, séparées par des gours calcaires et une cascade d'eau. Enfin, la salle du Grand Dôme, haute de 91 m, nous laisse découvrir des formations rocheuses et des coulées de calcite.

3 avr.-4 juil. : t.l.j. 9h30-17h30; 5 juil.-1er août : t.l.j. 9h30-18h;
2-29 août : t.l.j. 8h30-18h30; 30 août-7 nov. : t.l.j. 10h-17h.
Visite guidée. Visite sur r.-v. pour les groupes.

Gouffre
46500 Padirac
Tél. : 05 65 33 64 56
www.gouffre-de-padirac.com
Propriété privée
Inscrit

PAYRIGNAC B1

Grottes préhistoriques de Cougnac

46300 Payrignac
Tél. : 05 65 41 47 54
www.grottesdecougnac.com
Propriété privée
Classé

Les grottes de Cougnac offrent un riche paysage de concrétions telles des stalactites, des stalagmites, des colonnes, des draperies. Les hommes de Néandertal ont visité ces grottes il y a 50000 ou 70000 ans. C'est au cours du Paléolithique supérieur, entre –25000 et –14000 ans que les hommes de Cro-Magnon ont effectué les dessins sur les parois. On retrouve des cervidés, des bouquetins, des mammouths, des figurations humaines et des signes divers.

5 avr.-6 juil., 29 août-sept. : t.l.j. 10h-11h30, 14h30-17h ;
7 juil.-28 août : t.l.j. 10h-18h ; oct.-4 nov. : t.l.j. sf dim. 14h-16h.
Visite guidée. Visite sur r.-v. pour les groupes toute l'année (20 pers. min.).

PRUDHOMAT C1

Château de Castelnau-Bretenoux

46130 Prudhomat
Tél. : 05 65 10 98 00
http://castelnau-bretenoux.monuments-nationaux.fr
Propriété de l'État
Classé

CENTRE DES MONUMENTS NATIONAUX

Ce château est élevé à partir du XIIIe s. par la puissante famille des Castelnau de Bretenoux. Il reste dans cette famille jusqu'en 1715, date à laquelle la famille de Luynes en hérite. Il est acheté à la fin du XIXe s. par le ténor Jean Mouliérat, qui le restaure après l'incendie de 1851 et en fait don à l'État en 1932. Le donjon et le logis seigneurial de ce château triangulaire, cantonné de tours rondes et doté d'une enceinte et d'un fossé, sont édifiés au XIIIe s. L'aile est conserve encore un plafond à la française et des cheminées médiévales. Au premier étage de cette aile est réunie une collection d'objets d'art du XIIIe s. au XVIIIe s., civils et religieux.

Mai-juin : t.l.j. 10h-12h30, 14h-18h30 ; sept.-avr. : t.l.j. 10h-12h30, 14h-17h30 ; juil.-août : t.l.j. 10h-19h. Fermé mar. d'oct. à mars, 1er janv., 1er mai, 1er et 11 nov., 25 déc. Visite libre. Visite guidée en anglais sur r.-v.
Visite sur r.-v. pour les groupes (30 pers. max.). ♿ en partie.

ROCAMADOUR C1

Grotte préhistorique des Merveilles

L'Hospitalet
46500 Rocamadour
Tél. : 05 65 33 67 92
www.grotte-des-merveilles.com
Propriété privée
Classé

Découverte en 1920, la grotte des Merveilles s'ouvre sur le Causse de Rocamadour. Elle offre aux visiteurs un patrimoine géologique, avec la vision d'une multitude de délicates concrétions cristallines, mais surtout un patrimoine préhistorique. Dans ce « sanctuaire », nos ancêtres Cro-Magnon ont laissé les témoignages de leur passage il y a 25000 à 20000 ans : à la lueur du feu, ils ont orné les parois de peintures rouges et noires représentant des animaux (cervidés, chevaux, etc.) et des mains négatives.

Juil.-août : t.l.j. 9h30-19h ; avr.-juin, sept. : t.l.j. 10h-12h, 14h-18h ;
oct. : t.l.j. 10h-12h, 14h-17h30 ; nov. : t.l.j. 10h-12h,14h-17h.
Visite guidée. Visite sur r.-v. pour les groupes (10-25 pers.).

La cité de Rocamadour, site majeur de pèlerinage marial du haut Quercy, étape des routes de Saint-Jacques-de-Compostelle, attire depuis le Moyen Âge de nombreux pèlerins. Épisodes miraculeux et pèlerins célèbres assignent à Notre-Dame de Rocamadour une place privilégiée en Europe médiévale. La découverte du corps « intact » de saint Amadour, enterré devant la chapelle Notre-Dame, augmente le prestige des sanctuaires. L'ensemble des bâtiments et des édifices religieux qui constituent la cité sainte est construit au XIIe s. Les sanctuaires comptent, notamment, la chapelle Notre-Dame, les églises Saint-Amadour et Saint-Sauveur.

Juin-sept. : t.l.j. 10h30, 14h30, 16h30, dim. 14h30, 16h30;
oct.-mai : visite sur r.-v. Visite guidée. Visite sur r.-v. pour les groupes.

Sanctuaires

Le Pèlerinage
46500 Rocamadour
Tél. : 05 65 33 23 23
www.notre-dame-de-rocamadour.com
Propriété de l'Église
Classé

Chemin de Saint-Jacques-de-Compostelle
inscrit sur la Liste du patrimoine mondial en 1998

C1 — **SAINT-JEAN-LESPINASSE**

Ce château du XVIe s., commandité par Jeanne de Balzac, est édifié entre 1523 et 1534. Son architecture somptueuse, dans l'esprit Renaissance, et son décor sculpté en font un château raffiné, digne des plus beaux châteaux du Val de Loire. Au XIXe s., il est malheureusement dépouillé de ses ornements par des marchands peu scrupuleux. Il est relevé de ses ruines entre 1908 et 1913 par Maurice Fenaille et remeublé.

Mai-août : t.l.j. 10h-12h30, 14h-18h30; sept.-avr. : t.l.j. 10h-12h30, 14h-17h30.
Fermé lun. et mar. d'oct. à mars., 1er janv., 1er mai, 1er et 11 nov. 25 déc.
Visite libre. Visite guidée. Visite sur r.-v. pour les groupes.

Château de Montal

46400 Saint-Jean-Lespinasse
Tél. : 05 65 38 13 72
http://montal.monuments-nationaux.fr
Propriété de l'État
Classé

CENTRE DES MONUMENTS NATIONAUX

B1 — **SAINT-PIERRE-LAFEUILLE**

Le château de Roussillon est élevé au XIIe s. Remanié à plusieurs reprises, il devient au XVIe s. une des places fortes du protestantisme. À cette époque, les seigneurs qui occupent le château sont les membres de la puissante famille Oriolle. L'un d'entre eux reçoit Louis XIII, en 1632. Le château passe ensuite à la famille des Gontaud-Biron. Démantelé au XIXe s., il a conservé ses huit tours qui cintrent la forteresse et les trois corps de logis. Il est actuellement en cours de restauration.

Visite guidée sur r.-v. toute l'année (15 pers. min.).

Château de Roussillon

46090 Saint-Pierre-Lafeuille
Tél. : 05 65 36 87 05/06 70 11 27 91
http://chateau-de-roussillon.com
Propriété privée
Inscrit

AGUTS C3

Château

81470 Aguts
Tél. : 05 63 75 75 72
Propriété privée
Inscrit

Le château médiéval d'Aguts est la possession de la famille de Rigaud. Il est ensuite cédé, en 1640, à la famille d'Avessens. Il appartient notamment à Jean-Jacques d'Avessens de Saint-Rome, un des chefs protestants des guerres de Religion. Incendié à la même période, il est restauré sous les traits d'un vaste quadrilatère de 40 m de côté, entouré d'un fossé. L'architecture de ce château est très sobre, à l'exception de quelques ornementations. La façade est présente une terrasse à balustrades. L'ancienne cuisine voûtée et l'escalier d'honneur sont d'origine. Enfin, la décoration intérieure conserve des plafonds peints et des gypseries.
Juil.-sept. : 9h30-18h30. Visite libre de l'extérieur. Visite guidée de l'intérieur.

ALBI C2

Palais de la Berbie

Musée Toulouse-Lautrec
Place Sainte-Cécile
81000 Albi
Tél. : 05 63 49 48 70
www.museetoulouselautrec.net
Propriété du syndicat mixte
(département, commune)
Classé

Les éléments les plus anciens de ce château épiscopal, dont le nom vient de l'occitan *Bisbia*, signifiant « évêché », remontent aux années 1240-1245. Bernard de Combret et Bernard de Castanet en font, en 1254 et 1307, une forteresse de brique pour affirmer, face aux hérétiques, la puissance des évêques. Le château est flanqué d'un donjon massif, la tour Mage, haute de 50 m. Elle abrite les appartements et la chapelle privée des évêques. Louis d'Amboise fait édifier, à partir de 1474, un corps de bâtiment Renaissance, couvert de toits d'ardoises. Un jardin à la française vient occuper la basse-cour et complète l'ensemble. Ce palais est aujourd'hui le musée Toulouse-Lautrec – le peintre est né en 1864 dans l'hôtel de Bosc, voisin du palais de la Berbie.
Mars, oct. : t.l.j. sf mar. 10h-12h, 14h-17h30, avr.-mai : 10h-12h, 14h-18h;
juin, sept. : 9h-12h, 14h-18h; juil.-août : 9h-18h;
nov.-fév. : t.l.j. sf mar. 10h-12h, 14h-17h. Fermé 1er janv., 1er mai, 1er nov., 25 déc.
Visite libre. Visite guidée. (dans l'auditorium).

Cathédrale Sainte-Cécile

5, boulevard Sybille
81000 Albi
Tél. : 05 63 43 23 43
www.albi-tourisme.fr
Propriété de la ville
Classé

La construction de la cathédrale Sainte-Cécile, chef-d'œuvre du gothique méridional, débute en 1282, sous les ordres de Bernard de Castanet. Elle ne s'achève qu'en 1480. L'aspect défensif de cette cathédrale est une arme dissuasive contre les attaques de la ville. Elle s'enrichit de la porte Dominique-de-Florence vers 1392, d'un clocher-donjon de 78 m de haut, en 1492, et d'un baldaquin, de style gothique flamboyant. L'intérieur de cette cathédrale marque une rupture avec l'aspect massif extérieur. Des artistes flamands réalisent, au XVe s., une fresque du Jugement dernier. Au même moment, des sculpteurs placent un jubé sculpté en pierre calcaire, de style gothique flamboyant. Enfin, la voûte conserve un ensemble de peintures italiennes de la Renaissance, unique par son ampleur.
Juin-sept. : t.l.j. 9h-18h30; oct.-mai : t.l.j. 9h-12h, 14h-18h30.
Visite libre. Visite audioguidée. Visite guidée.

C2 **ANDILLAC**

Ce château des XVe et XVIe s. se présente comme une gentilhommière, dominée par une tour, ancien pigeonnier, coiffée d'un toit en poivrière à huit pans. Il appartenait à la famille Guérin depuis le XVIe s. Le logis principal, agrandi au cours des siècles, a gardé son caractère intimiste du XIXe s. Aujourd'hui maison d'écrivains, il est dédié à la mémoire des écrivains Maurice (1810-1839) et Eugénie (1805-1848) de Guérin. Maurice est notamment l'auteur des poèmes en prose *Le Centaure* et *La Bacchante*, et Eugénie d'un *Journal*, œuvres marquantes de la littérature française.

Janv.-fév. : w.-e. 14h-17h ; mars-avr., nov.-déc. : mer.-dim. 14h-17h ; mai-juin, sept.-oct. : t.l.j. sf mar. 10h-12h, 14h-18h ; juil.-août : t.l.j. 10h-12h30, 14h-18h. Visite libre. Visite guidée.

Château du Cayla

81140 Andillac
Tél. : 05 63 33 90 30
www.tarn.fr
Propriété du département
Classé

C2 **CAGNAC-LES-MINES**

Le paysage du Carmausin a été façonné par l'exploitation du charbon. Le puits de mine no 2, de la fin du XIXe s., conserve son chevalement d'origine et sa machine d'extraction. Sur le carreau de la mine de l'ancien puits no 1 est installé le musée-mine : il retrace l'histoire de l'extraction charbonnière du XIXe s. à l'époque moderne et présente une rétrospective de la vie et du travail des mineurs de fond. Au cœur de cet ensemble minier, au gré de 350 m de galeries reconstituées par une équipe d'anciens mineurs bénévoles, une descente dans la mine permet de revivre les sensations et d'appréhender le cadre de travail des « gueules noires ».

4 avr.-24 juin, sept. : mer., w.-e. 11h-18h30 ; 27 juin-août : t.l.j. 10h-20h. Fermé 1er janv., 1er mai, 1er et 11 nov., 25 déc. Visite libre. Visite guidée.

Puits de mine

Musée de la Mine
Puits no 2 Camp Grand
81130 Cagnac-les-Mines
Tél. : 05 63 53 91 70
www.capdecouverte.com/mine.php4
Propriété de la commune
Inscrit

C3 **CASTRES**

Le palais épiscopal de Castres est édifié à l'emplacement de l'ancien couvent de Saint-Benoît, entre 1666 et 1673. Le commanditaire, Michel de Tubœuf, fait appel à Jules Hardouin-Mansart pour les plans. Auguste de Maupéou, son successeur dans cette œuvre, décide d'embellir le petit jardin et d'amplifier le programme, destiné à affirmer son appartenance aristocratique. La tradition attribue à Le Nôtre les plans du jardin. Son tracé est caractérisé par deux parterres rectangulaires de broderies, quatre compartiments cantonnant un miroir d'eau circulaire et deux bosquets réguliers. Le palais abrite aujourd'hui le musée Goya.

Janv.-juin, sept.-déc. : t.l.j. sf lun. 9h-12h, 14h-18h (17h du 22 sept. au 31 mars), dim. et j. fériés 10h-12h, 14h-18h ; juil. août : t.l.j. sf lun. 10h-18h. Fermé 1er janv., 1er mai, 14 juil., 1er nov. et 25 déc. Visite guidée sur r.-v.

Palais épiscopal et jardin de l'Évêché

Musée Goya
Hôtel de ville
81100 Castres
Tél. : 05 63 71 59 30
www.ville-castres.fr
Propriété de la commune
Classé

Le théâtre municipal de Castres s'inspire des théâtres dits « à l'italienne ». Conçu par l'architecte Joseph Galinier vers 1899, il est inauguré en 1904. La décoration intérieure reflète le luxe extérieur. Les décors peints de la coupole et du foyer sont réalisés en 1902 et 1908 par le peintre toulousain Paul Laurens, auteur entre autres des peintures de l'escalier de l'hôtel de ville de Toulouse.

Lun.-ven. : 10h30-13h, 14h30-18h, sam. 10h-12h, 14h-16h. Fermé les j. fériés. Visite libre. Visite guidée sur r.-v.

Théâtre municipal

Place de la République
81100 Castres
Tél. : 05 63 71 56 58
www.ville-castres.fr
Propriété de la commune
Classé et inscrit

GAILLAC C2

Château et parc de Foucaud

Avenue Dom-Vayssette
81600 Gaillac
Tél. : 05 63 57 18 25
www.ville-gaillac.fr
Propriété de la commune
Classé

Ce château, construit au XVIIe s. en briques roses, est commandité par Jacques de Foucaud d'Alzon, conseiller au parlement de Toulouse. Il se compose d'un corps central, flanqué de deux ailes en retour d'équerre. Sur le côté nord, le château se prolonge par un parc à la française, reliant les communs en hémicycle. Côté sud, un jardin à l'italienne avec terrasses animées de jets d'eau qui s'échelonnent jusqu'au Tarn. Un pavillon de lecture complète l'ensemble. Le parc garde le souvenir des visites de Fragonard et de Liszt. Le château abrite aujourd'hui un musée des Beaux-Arts.

MUSÉE Pâques-Toussaint : t.l.j. sf mar. 10h-12h, 14h-18h ;
Toussaint-Pâques : ven. et w.-e. 10h-12h, 14h-18h. Visite libre.
Visite guidée sur r.-v. pour les groupes.
PARC Pâques-Toussaint : t.l.j. 8h-21h ; Toussaint-Pâques : t.l.j. 8h-19h. Visite libre.

Musée de l'Abbaye Saint-Michel

Place Saint-Michel
81600 Gaillac
Tél. : 05 63 41 03 81
www.ville-gaillac.fr
Propriété de la commune
Classé

Le musée de l'Abbaye investit les dépendances du monastère bénédictin de Gaillac, fondé au Xe s. Cet ensemble est construit en briques du pays et surplombe le Tarn. Il présente les collections d'objets d'art et de traditions populaires, anciennement rassemblées, avant la Seconde Guerre mondiale, dans le château du parc Foucaud. Les collections d'archéologie sont constituées d'éléments découverts lors de la restauration du palais abbatial. Il s'agit entre autres de chapiteaux du XIIIe s. et de mosaïques gallo-romaines. Le musée propose de découvrir des objets liés à la vigne et au vin, à l'art religieux et au compagnonnage.

Lun.-ven. : 10h-12h, 14h-17h ; w.-e. : 10h-12h, 14h-18h. Fermé 1er janv., 25 déc.
Visite libre. Visite guidée sur r.-v. Visite sur r.-v. pour les groupes.

Château de Mauriac

81600 Gaillac
Tél. : 05 63 41 71 18
www.bistes.com
Propriété privée
Inscrit

Un premier château gothique est construit en 1419. Remanié et agrandi à la Renaissance en 1545, il devient un des bastions du calvinisme sous l'influence de Bertrand de Rabastens, vicomte de Paulin. Aujourd'hui, il appartient au peintre Bistes qui le restaure avec goût depuis cinquante ans. La façade principale du château, d'une symétrie parfaite, s'ouvre sur un porche, cintré de deux tourelles et de deux grosses tours d'angle. Cette façade, surmontée d'un chemin de ronde avec coursives en bois et d'un châtelet central de pur style Renaissance, s'ouvre sur une harmonieuse cour carrée. Les appartements privés, décorés dans le goût du XVIIe s., se visitent. On admirera sept plafonds peints, dont un célèbre herbier dans une chambre octogonale.

Mai-oct. : t.l.j. 15h-18h ; nov.-avr. : dim. et j. fériés ou sur r.-v. Visite guidée.

LACAUNE-LES-BAINS D3

Filature Ramond

9, rue Rhin-Danube
81230 Lacaune-les-Bains
Tél. : 05 63 37 04 98
www.lacaune.com
Propriété de la commune
Inscrit

Cette filature de laine, créée en 1841 par Jean Chabbert, porte le nom de la famille Ramond, propriétaire depuis 1926. Elle est équipée d'un ensemble exceptionnel de machines, pour la plupart de la fin du XIXe s., en état de fonctionnement dont un assortiment de cinq cardes, une machine à filer *mulle-jenny* et une retordeuse. Ce petit établissement textile permet de suivre la transformation de la laine brute jusqu'à la production de l'écheveau.

15 juin-15 sept. : lun.-ven. à 15h. Visite guidée.
Visite guidée sur r.-v. pour les groupes le reste de l'année (10 pers. min.).

C3

LAUTREC

Château de Malvignol

81440 Lautrec
Tél. : 05 63 75 96 21
Propriété privée
Inscrit

Le château est édifié entre le XIIe et le XIIIe s., par la famille de Malvignol, avant d'être rebâti et agrandi par les Capriols au XIVe s. Il appartient ensuite, au XVIIIe s., à la famille Subsol et enfin à la famille Bourdès, ancêtre des propriétaires actuels. Ce château, primitivement maison forte, est un exemple de ces gentilhommières rustiques, remaniées au XVIIe s. Son unité architecturale est simplement animée par une tour barlongue, du XVIe s. Le corps de logis est construit sur une terrasse qui domine un jardin. Sa façade est animée par différents décors rompant son austérité.
22 août-sept. : 15h-18h. Visite libre de l'extérieur. Visite guidée.
Visite sur r.-v. pour les groupes toute l'année (50 pers. max.). ♿

C3

LESCOUT

Château du Gua et parc

81110 Lescout
Tél. : 05 63 75 47 45
Propriété privée
Inscrit et classé

Sur les vestiges d'un château fort remontant vraisemblablement au XIIe s., Marie-Thérèse de Ménard de Villemur et son époux Timoléon de Bonnemain, conseiller au parlement de Toulouse, font bâtir une chartreuse. Cette maison des champs sans étage, flanquée de deux ailes de communs, est exécutée selon les canons du nombre d'or. Les murs sont bâtis en briques et moellons de grès et la façade s'inspire du style Louis XIV. L'intérieur est disposé selon des pièces en enfilade, de part et d'autre du salon central, selon l'architecte Le Vau. Ce château témoigne, sans aucune altération, de cette architecture classique, tant appréciée au XVIIIe s.
Ouvert toute l'année. Visite extérieure uniquement sur r.-v.

C3

MAGRIN

Château

Musée du Pastel
81220 Magrin
Tél. : 05 63 70 63 82
www.pastel-chateau-musee.com
Propriété privée
Classé

Propriété de la famille Brenguier de Puylaurens au XIIIe s., le château abrite en 1365, pendant la guerre de Cent Ans, les troupes de Pierre Capriol, seigneur de Lautrec, qui tient la région sous sa coupe. Il sert également de refuge au futur roi Henri IV en 1585. Le château se compose de deux bâtiments distincts : un premier, ruiné, du Xe s., et un second, en meilleur état, datant de la Renaissance. De nos jours, seule la façade sud, qui conserve la porte et deux fenêtres Renaissance, est visible. Le château abrite aujourd'hui le seul musée du Pastel en France qui présente un séchoir à cocagne et un moulin pastellier.
Juil.-sept. : t.l.j. 15h-18h ; oct.-juin : dim. et j. fériés 15h-18h.
Fermé de mi-déc. à mi-janv. Visite guidée. Visite audioguidée.
Visite sur r.-v. pour les groupes toute l'année. ♿ en partie.

C3

MONTGEY

Château

81470 Montgey
Tél. : 06 83 00 47 96
spbouyssou@orange.fr
Propriété privée
Inscrit

Le château médiéval de Montgey, accessible par une ancienne voie romaine, date du XIIe s. Bastion de l'hérésie cathare, il est assiégé par Simon de Montfort au XIIIe s. À partir du XVe s., Montgey ne joue plus aucun rôle militaire et devient une demeure de plaisance pour ses différents propriétaires, notamment le baron de Cahuzac, illustré par Alexandre Dumas. Ce château est un bel exemple de l'architecture militaire du XIIe au XVIe s. L'intérieur est fastueux avec une galerie à l'italienne, orientée vers les Pyrénées, et une cheminée de l'école de Fontainebleau. Le château abrite de nos jours des collections de maquettes de châteaux, de villes et de sites cathares.
Toute l'année : dim. 15h-17h (juil.-août 15h-19h).
Fermé 1er janv., w.-e. de Pâques, 25 déc.
Visite libre. Visite libre des jardins. Visite guidée sur r.-v.

SAINT-AMANS-SOULT C3

Château de Soult-Berg

81240 Saint-Amans-Soult
Tél. : 05 63 98 47 18
www.tarn-web.com
Inscrit et classé

Situé dans le parc naturel régional du haut Languedoc, le château de Saint-Amans-Soult est construit en 1827 par Nicolas Jean de Dieu Soult, duc de Dalmatie et maréchal général de France sous Louis-Philippe. Le château est une imposante bâtisse avec deux avant-corps en saillie aux angles, couverte d'ardoises et éclairée par soixante fenêtres qui donnent à la façade un aspect aéré. L'intérieur témoigne des différents styles décoratifs qui marquent le début du XIXe s. Les pièces du rez-de-chaussée s'organisent autour du salon et l'étage est desservi par un escalier qui mène à une autre salle à manger. Enfin, le parc a été conçu à la demande du maréchal, selon le plan de la bataille d'Austerlitz.

Mai-sept. : mer., dim. 15h-17h. Visite libre du parc.
Visite guidée du château à 15h et 16h. Visite sur r.-v. pour les groupes.

SAINT-JUÉRY C2

Espace culturel du Saut-du-Tarn

81160 Saint-Juéry
Tél. : 05 63 45 91 01
www.musee-saut-du-tarn.com
Propriété de la commune
Classé

L'ancienne centrale hydroélectrique no 1, construite par la Société anonyme des hauts-fourneaux forges et aciéries du Saut-du-Tarn, est mise en service en 1898 et agrandie jusque vers 1930. Sa construction marque le début de l'histoire de la houille blanche dans la moyenne vallée du Tarn. Elle possède une tour des départs de lignes, à l'allure d'un phare, typique des débuts de l'histoire de l'hydroélectricité. À l'intérieur, la plupart des machines d'origine sont en place. Elle abrite aujourd'hui l'espace culturel du Saut-du-Tarn qui a pour vocation d'être un centre de la culture scientifique, technique et industrielle ; il évoque l'histoire de cette industrie au travers de nombreuses maquettes de machines.

Mai-15 nov. : t.l.j. sf sam. 14h-19h ; mars.-avr. : mer., dim. et j. fériés 14h-18h.
Fermé 1er nov. et du 16 nov. à mars. Visite libre. Visite guidée.
Visite sur r.-v. pour les groupes.

SAINT-SULPICE-LA-POINTE C2

Souterrain et château médiéval du Castela

Rue du 3-Mars-1930
81370 Saint-Sulpice-la-Pointe
Tél. : 05 63 41 89 50
www.bastidecocagne-tarn.com
Propriété de la commune
Inscrit

Sicard d'Alaman, seigneur de Saint-Sulpice, ministre et ami du comte de Toulouse Raymond VII, est à l'origine de la reconstruction du château vers 1240, sur une motte castrale encore visible aujourd'hui. De cette forteresse subsistent les murs de la chapelle du XIIIe s. et ceux de quelques remparts. Creusé au pic de fer, dans la motte castrale en dessous du château, le souterrain du Castela, long de 142 m, est unique dans tout le Midi-Pyrénées. Ce remarquable souterrain refuge permet de découvrir des salles à vivre, silos à grains, points d'eau aménagés, niches à lampes, etc. La duchesse du Berry, Jeanne de Boulogne et d'Auvergne, s'y réfugia en l'an 1418 pour y fabriquer de la fausse monnaie.

Oct.-avr. : t.l.j. sf lun. 14h-18h.
Visite guidée. Visite sur r.-v. pour les groupes (10 pers. max.).

C3

SAÏX

Château de Sendrone

81710 Saïx
Tél. : 06 08 54 29 39/05 63 69 65 01
www.ville-saix.fr
Propriété privée
Inscrit

Une tradition orale attribue le château de Sendrone au sieur Sémalens qui le fait construire, vraisemblablement au XVIIe s., pour y loger sa maîtresse. Propriété de la famille Nairac jusqu'en 1869, il passe à la famille Tissié puis à la famille Leenhard, jusqu'à sa vente en 1983. Les dispositions intérieures de ce château, de plan rectangulaire, traduisent le goût et l'art de vivre au XVIIIe s. La porte d'entrée centrale, en pierre de taille, est surmontée d'un fronton triangulaire. Une suite de fenêtres hautes éclaire l'étage principal. Cet ensemble est prolongé sur la façade est par une terrasse bordée de ferronneries du XVIIIe s. L'intérieur est surtout remarquable pour son escalier à la française, orné de décorations en trompe l'œil.

Avr.-sept. : t.l.j. sur r.-v.

C2

SENOUILLAC

Château de Mauriac

81600 Senouillac
Tél. : 05 63 41 71 18
www.bistes.com
Propriété privée
Inscrit

Un premier château est construit en 1419, par Jean-Philippe de Rabastens, vicomte de Paulin. Remanié et agrandi en 1545, il devient un des bastions du calvinisme sous l'influence de Bertrand de Rabastens. Il appartient ensuite à la famille Tapié de Céleyran, puis à un peintre qui le restaure avec goût. La façade principale du château, d'une symétrie parfaite, s'ouvre sur un porche, cintré de deux tourelles et de deux grosses tours d'angle, rondes. Cette façade ouvre sur une cour fermée. L'intérieur du château offre des appartements privés, décorés au goût du XVIIe s. On peut également y admirer sept plafonds peints dont un herbier.

Mai-oct : t.l.j. 15h-18h ; nov.-avr. : dim. et j. fériés 15h-18h ou sur r.-v..
Fermé 1er janv., 25 déc. Visite guidée. Visite sur r.-v. pour les groupes.

C3

SORÈZE

Abbaye-École

Rue Saint-Martin
81540 Sorèze
Tél. : 05 63 50 86 38
www.abbayeecoledesoreze.com
Propriété du syndicat mixte
(région, département, commune)
Classé

Fondée en 754, l'abbaye bénédictine Notre Dame de la Sagne sera rasée à deux reprises, aux Xe et XVIe s. Les bâtiments sont reconstruits au XVIIe s., et Dom Jacques de Hoddy y ouvre un séminaire en 1682 pour accueillir des enfants de familles peu fortunées. En 1776, Louis XVI l'érige en école royale militaire. En 1854, sa direction est confiée à Lacordaire, qui lui donnera ses lettres de noblesse. Collège de renommée internationale, l'établissement ferme ses portes en 1991.

Avr.-sept. : t.l.j. 10h-12h, 14h-18h ; oct.-mars : t.l.j. 14h-17h30.
Fermé vac. de Noël, 1er mai. Visite libre. Visite audioguidée.
Visite sur r.-v. pour les groupes (15 pers. min.).

BRASSAC B2

Château

82190 Brassac
Tél. : 05 63 94 59 67
Propriété privée
Classé

Le château de Brassac est fondé en 1180, par Raymond V, comte de Toulouse. Au cours du XIIIe s., il est la possession de Richard Cœur de Lion, avant de revenir à la famille Planels. Plusieurs autres propriétaires se succèdent dont les familles Luzech, Chandos et enfin Galard et Chabrié. Le château actuel a la forme d'un quadrilatère, flanqué de quatre tours rondes, entouré de douves. La partie supérieure est rasée durant la Révolution. De vastes salles percées de bouches à feu du XVIe s. s'étendent sous la terrasse. Le château est agrémenté d'une esplanade de cèdres du Liban et de sapins centenaires.

Avr.-oct. : t.l.j. sf lun. 10h-12h, 14h-19h.
Visite guidée. Visite sur r.-v. pour les groupes (20 pers. min.).

BRUNIQUEL C2

Château

Rue du Château
82800 Bruniquel
Tél. : 05 63 67 27 67
http://bruniquel.org
Propriété de la commune
Classé

La légende fait remonter les origines du château primitif au VIe s. avec la reine Brunehaut, épouse d'un petit-fils de Clovis. Aux XIIIe et XIVe s., le château appartient aux comtes de Toulouse, puis aux comtes de Comminges, avant de passer aux XVIIe et XVIIIe s. aux Les du Lyon et aux d'Ouvrier. Les murs d'enceinte, renforcés par des contreforts et la tour Brunehaut, datent du XIIe s. L'ensemble se compose de plusieurs corps de logis dont le plus récent, le château jeune, est de 1510. Dans la seconde cour, le château vieux est orné d'une galerie du XIXe s. de style Renaissance, surplombant l'Aveyron de 90 m.

Mars-juin, sept.-oct. : t.l.j. 10h-18h ; juil.-août : t.l.j. 10h-19h ; nov. : t.l.j. 10h-17h.
Visite libre. Visite guidée. Visite sur r.-v. pour les groupes toute l'année (20 pers. max.).

CORDES-TOLOSANNES B2

Abbaye de Belleperche

82700 Cordes-Tolosannes
Tél. : 05 63 95 62 75
www.cg82.fr
Propriété du département
Classé

L'abbaye est fondée en 1143, au bord de la Garonne. Elle est l'un des plus grands monastères du midi de la France et atteint son apogée au XIIIe s. L'essentiel de l'abbaye se présente sous la forme d'un corps de logis à deux niveaux, élevé en 1701. Elle conserve du XIIIe s. des passages voûtés, les ruines du réfectoire, l'infirmerie et d'énormes soubassements prolongés sur la Garonne. Elle offre un bel exemple de l'architecture monastique avec de vastes galeries de circulation, le grenier à grain, l'ensemble hôtelier, les salles de réception ouvertes sur le fleuve, le réfectoire orné de gypseries et enfin le luxueux appartement du prieur.

Mai-juin : t.l.j. sf lun. 14h-18h ; juil.-sept. : t.l.j. sf lun. 10h-12h, 14h-18h, dim. 14h-18h. Visite libre. Visite guidée. Visite sur r.-v. hors saison.
Visite sur r.-v. pour les groupes d'oct. à avr. ♿

C2

ESPINAS

Château de Cas

82160 Espinas
Tél. : 05 63 67 07 40
www.chateaudecas.fr
Propriété privée
Inscrit

Le château du Cas est construit au XIIe s. Il est le siège d'une commanderie des templiers avant d'appartenir en 1340 à la famille Cardailhac. Il est restauré au XVIIe s., après des périodes de pillages et d'abandon. Les vestiges du château présentent, de nos jours, une grosse tour ronde attenante à la façade, haute de deux étages et reposant sur des caves voûtées. Une porte d'honneur, avec l'écusson des seigneurs du lieu, a été conservée. Un grand escalier intérieur, en pierre, distribue les vastes salles du château. À l'extérieur, la chapelle du château sert encore aux cérémonies religieuses des habitants du hameau.

Avr.-mai, oct.-nov. : w.-e. et j. fériés 14h-18h30 ;
juin-sept. : t.l.j. sf lun. 14h-18h30. Visite sur r.-v. t.l.j. sf lun. le reste de l'année.
Visite guidée. Visite sur r.-v. pour les groupes.

C2

GINALS

Abbaye de Beaulieu-en-Rouergue

82330 Ginals
Tél. : 05 63 24 50 10
http://beaulieu-en-rouergue.monuments-nationaux.fr
Propriété de l'État
Classé

CENTRE DES MONUMENTS NATIONAUX

L'abbaye de Beaulieu, *Belloc Locus*, est fondée en 1144 par Adhémar III, évêque de Rodez. L'église abbatiale, édifiée au XIIIe s., se caractérise par l'élan de sa nef unique, ses rosaces et sa coupole élevée sur trompes. La salle capitulaire et le cellier datent de la même époque. Les bâtiments conventuels sont réaménagés et rehaussés au XVIIe s. Devenue exploitation agricole au XIXe s., l'abbaye est sauvée par M. et Mme Brache en 1960. Ils la légueront à l'État, avec leur collection d'art moderne, en 1979.

Avr.-oct. : t.l.j. sf mar. 10h-12h, 14h-18h (t.l.j. juil.-août).
Fermé 1er janv., 1er mai, 11 nov., 25 déc. Visite libre. Visite guidée.
Visite sur r.-v. pour les groupes de nov. à mars. (visite signée).

B2

GRAMONT

Château

82120 Gramont
Tél. : 05 63 94 05 26
http://gramont.monuments-nationaux.fr
Propriété de l'État
Classé

CENTRE DES MONUMENTS NATIONAUX

Le château est composé de deux parties distinctes : au châtelet d'entrée de style gothique se raccorde une aile de style Renaissance percée de belles fenêtres à meneaux délicatement sculptées. Cette aile ouvre sur la cour par une porte géminée qui permet d'accéder à un escalier voûté d'ogives. Toutes les pièces sont meublées et enrichies d'objets d'art du Moyen Âge au XVIIe s. De même, le jardin en terrasse a été redessiné ; il domine un paysage mamelonné, typique de la Lomagne.

Fév.-mars, nov. : t.l.j. sf lun. 14h-17h30 ; avr., sept.-oct. : t.l.j. sf lun. 10h-12h30, 14h-17h30 ; mai-juin : t.l.j. sf lun. 10h-12h30, 14h-18h ; déc.-janv. : ouvert sur r.-v.
Fermé 1er janv., 1er mai, 1er et 11 nov., 25 déc.
Visite guidée. Visite sur r.-v. pour les groupes (20 pers. min.).

LARRAZET — B2

Château

6, rue Cacel
82500 Larrazet
Tél. : 05 63 20 76 50
Propriété privée
Classé

Le château actuel est édifié en l'an 1500 sur les bases d'une maison forte du XIIIe s. par l'abbé Jean III de Cardailhac. En 1572, il servit de refuge aux moines de l'abbaye de Belleperche, saccagée par les huguenots. Le château possède une belle façade de style gothique flamboyant. À l'intérieur, un escalier à courtes rampes droites voûté d'ogives dessert des pièces où subsistent de belles cheminées Renaissance.

Juil.-août : lun., ven., w.-e. 14h-19h ; sept. : w.-e. 14h-19h.
Visite guidée. Visite sur r.-v. pour les groupes (10-20 pers.).

MOISSAC — B2

Abbatiale et cloître

Place Durand-de-Bredon
82200 Moissac
Tél. : 05 63 04 01 85
www.moissac.fr
Propriété de la commune
Classé

Chemin de Saint-Jacques-de-Compostelle
inscrit sur la Liste du patrimoine mondial en 1998

L'abbaye est fondée au VIIe s. par saint Didier, évêque de Cahors. Elle est affiliée à Cluny par les comtes de Toulouse, au XIe s., époque à laquelle l'abbé Ansquitil fait construire le cloître. Celui-ci compte quatre galeries de 40 m reposant sur cent seize colonnes. Soixante-seize chapiteaux historiés pyramidaux illustrent des scènes bibliques et apocalyptiques. Chef-d'œuvre de l'art roman, le portail de l'abbaye est un des premiers exemples de la sculpture romane historiée. Il présente l'histoire du salut de l'humanité ainsi que l'incarnation de la promesse du Jugement.

ABBATIALE T.l.j. 8h30-20h30.
CLOÎTRE Avr.-juin : t.l.j. 10h-12h, 14h-17h ; juil.-août : t.l.j. 9h-19h ; oct.-mars : t.l.j. sf w.-e. 10h-12h, 14h-17h ; sept. : t.l.j. 10h-12h.
Fermé 1er janv., 25 déc. Visite libre. Visite guidée.
Visite sur r.-v. pour les groupes (10-50 pers.). ♿

MONTAUBAN — B2

Cathédrale

Place Franklin-Roosevelt
82000 Montauban
Tél. : 05 63 63 10 23
www.montauban.com
Propriété de l'État
Classé

Après les guerres de Religion, Louis XIV veut marquer sa victoire sur cette place protestante et décide de faire édifier la cathédrale, en 1692. Les plans ont été établis par François d'Orbay, Jules Hardouin-Mansart et Robert de Cotte. Sa construction s'échelonne jusqu'en 1739. La façade occidentale de cette cathédrale, en croix grecque, est construite en pierres. Les deux tours latérales sont dotées de leur partie supérieure au XIXe s. Elle est couverte d'une voûte en berceau à pénétrations. L'intérieur conserve des orgues du XVIIe s. et un tableau de Jean-Dominique Ingres, intitulé Le Vœu de Louis XIII (1824).

Ouvert toute l'année : lun.-sam. : 8h-12h, 14h-19h ; dim. 10h-12h.
Visite libre. Visite guidée. Visite guidée sur r.-v. pour les groupes.

C2 **MONTRICOUX**

Château

Musée Marcel-Lenoir
82800 Montricoux
Tél. : 05 63 67 26 48
www.marcel-lenoir.com
Propriété privée
Inscrit

Dans la région des gorges de l'Aveyron, ce haut lieu d'histoire et de culture, qui était à l'origine une commanderie templière, est devenu une demeure chaleureuse et accueillante dont l'enceinte abrite un musée dédié à l'œuvre de Marcel Lenoir (1872-1931), un artiste aux multiples talents qui a réalisé une œuvre à la croisée du symbolisme, de l'art nouveau et du cubisme et qui connut Picasso, Fernand Léger et bien d'autres.
Mai-sept. : t.l.j. sf mar. 10h-18h. Visite sur r.-v. le reste de l'année.

C2 **PARISOT**

Château de Labro

82160 Parisot
Tél. : 05 65 45 04 23/06 65 09 94 54
Propriété privée
Inscrit

Le château de Parisot est la maison natale de Jean Parisot de La Valette, né en 1494, et qui devient en 1557 le grand maître de l'ordre de Malte. Semblable aux manoirs du Rouergue, le château est protégé par une vaste cour, fermée par une enceinte. Une grande tour carrée, en saillie sur l'arrière du bâtiment, renferme les appartements. Deux ailes en retour d'équerre, flanquées de deux tours rondes, prolongent le corps du château. L'une d'entre elles abrite l'ancienne chapelle. Ce château, vendu comme bien national, est abandonné puis restauré depuis 1964.
14 juil.-15 août : visite sur r.-v. 14h30-19h.
Visite libre. Visite guidée. Visite sur r.-v. pour les groupes.

B2 **REYNIÈS**

Château

82370 Reyniès
Tél. : 05 63 64 04 02
Propriété privée
Inscrit

L'actuel château de Reyniès est reconstruit en 1650 sur les bases d'un château fort datant de 1289 et détruit en 1622 après la conversion des propriétaires au protestantisme. Le château de Reyniès est une gentilhommière de style Louis XIII, avec quelques remaniements du XVIIIe s., dont l'étage, les corniches et les tours. Construit en brique, il a la particularité de suivre un plan triangulaire souligné par trois tours au lieu de quatre.
Juil.-sept. : t.l.j. sf mer. 10h-18h. Visite guidée de l'extérieur uniquement.

Nord-Pas-de-Calais

Nord – Pas-de-Calais

A
B
MANCHE
1
Dunkerque
Gravelines
RN 1
A 16
Calais
RD 947
RD 940
RD 231
A 26
RD 600
Yser
A 25
Ambleteuse
Éperlecques
RD 928
RD 933
Wimille
Saint-Omer
Arques
Boulogne-sur-Mer
RN 42
RN 1
Liane
RD 341
RN 43
A 26
2
Aa
Lys
RD 937
RN 41
RD 126
Pas-de-Calais
Béthune
Montreuil-sur-Mer
RD 928
Ternoise
Fresnicourt-le-Dolmen
A 21
Lens
RN 39
RD 349
RN 39
Scarpe
RD 916
Canche
Arras
Grand-Rullecourt
Barly
RN 25
Authie
A 1
RN 17
3
Doullens
Abbeville
Eu
A 28
A 16
Albert
Amiens
A 29
4
HAUTE-NORMANDIE
Roye
Montdidier
A 1
A
B

C
D
NORD-
PAS-DE-CALAIS
1
N
0
30 km
2
RN 17
Bondues
Wambrechies
Hem
Lille
Chéreng
Seclin
A 23
Douai
Wallers
Valenciennes
RN 45
RN 43
RN 49
Bavay
Escaut
Nord
A 2
RD 939
Cambrai
RN 2
3
Sambre
RD 932
RD 962
Avesnes-sur-Helpe
Esnes
Les Rues-des-Vignes
RN 43
Saint-Quentin
PICARDIE
A 26
4
Tergnier
Noyon
Laon
LORRAINE
C
D

BAVAY D3

Forum gallo-romain

Musée archéologique
2, rue de Gommeries
59570 Bavay
Tél. : 03 27 63 13 95
www.cg59.fr
Propriété du département
Classé

Antique chef-lieu de la cité des Nerviens, alors situé au centre d'un réseau commandant tout le nord de la Gaule Belgique, Bavay a conservé de nombreux vestiges gallo-romains, dont un remarquable forum presque intact. Fondation romaine implantée vers 20 av. J.-C., les fouilles récentes ont montré que le forum est encore occupé dans la première moitié du Ve s. puis au cours du VIIe s. La richesse et l'importante diversité des collections issues des fouilles, présentées dans le musée, attestent bien la place privilégiée de l'antique Bagacum.

Avr.-sept. : t.l.j. sf mar. 9h-18h; oct.-mars : t.l.j. sf mar. 9h-12h, 14h-17h30, w.-e. 10h30-12h30, 14h-18h. Fermé 1er janv., 1er mai, 1er et 11 nov., 25 déc.
Visite libre. Visite guidée. Visite sur r.-v. pour les groupes.

BONDUES C2

Château du Vert-Bois

Avenue Anne-et-Albert-Prouvost
59910 Bondues
Tél. : 03 20 46 26 37
www.ville-bondues.fr
Propriété privée
Inscrit

Le château du Vert-Bois est construit en 1660 à l'emplacement d'une ancienne ferme fortifiée. L'accès se fait par un pavillon d'entrée surmonté d'une tour ; le portail monumental, daté de 1743, est orné de pilastres couronnés par un fronton. Partiellement entouré de douves, composé de pierre moulurée mêlée à la brique, cet édifice est caractérisé par de larges ouvertures et un fronton sur le corps central. La cour est encadrée par deux pavillons, dont l'un abrite une chapelle. Le château conserve à l'intérieur des boiseries du XVIIIe s. L'ancienne ferme abrite la fondation Septentrion d'Anne et Albert Prouvost.

Juil.-août : 15h30, 17h. Fermé 1er janv.
Visite guidée. Visite sur r.-v. pour les groupes toute l'année au 03 20 46 26 37.

CAMBRAI C3

Cathédrale Notre-Dame

6, rue Saint-Georges
59400 Cambrai
Tél. : 03 27 78 36 15/03 27 82 27 90
www.tourisme-cambresis.fr
Propriété de l'État
Classé

L'église de Cambrai est élevée à partir de 1696 à l'emplacement de l'ancienne église de l'abbaye du Saint-Sépulcre fondée au XIe s. Terminée en 1703, elle est érigée en cathédrale après la Révolution (1804). Endommagée par un incendie en 1859, elle est restaurée puis rendue au culte en 1871. Par la régularité de ses formes et la sobriété de son décor, elle offre un bel exemple d'architecture classique.

T.l.j. : 8h-20h. Visite libre. Visite guidée.
Visite sur r.-v. pour les groupes au 03 27 78 36 15 ou 03 27 82 27 90.

Église Saint-Géry et chapelle des jésuites

59400 Cambrai
Tél. : 03 27 78 36 15/03 27 82 27 90
www.tourisme-cambresis.fr
Propriété de la commune
Classé

Située en face de la cathédrale, la chapelle des jésuites, achevée en 1694, contraste par la richesse baroque de sa façade : le relief de l'Assomption et les larges volutes lui confèrent un grand dynamisme. L'intérieur présente également un décor sculpté abondant. Entre baroque et classicisme, l'église Saint-Géry, ancienne abbaye Saint-Aubert, date de la première moitié du XVIIIe s. La croisée du transept est couronnée d'un immense baldaquin soutenu par quatre colonnes de pierre bleue. L'église abrite de nombreux chefs-d'œuvre, dont une *Mise au tombeau* de Rubens (1616) et le jubé de Marsy (1635) en albâtre et en marbre, aujourd'hui transformé en tribune d'orgues.

ÉGLISE T.l.j. : 8h-20h.
CHAPELLE Visite sur r.-v. au 03 27 78 36 15.
Visite libre. Visite guidée. Visite sur r.-v. pour les groupes.

C2 **CHÉRENG**

Maison La Hamaide

6, route Nationale
59152 Chéreng
Tél. : 03 20 79 09 73
roger.meillasoux@wanadoo.fr
Propriété privée
Inscrit

À cette ancienne demeure, propriété de la famille de La Hamaide jusqu'en 1679, était attaché le droit de vinage sur les ponts à Tressin sur la rivière la Marque et ce jusqu'à la Révolution. Elle est aussi de 1670 à 1860 le siège du relais de la poste aux chevaux entre Lille et Tournai. La façade de brique et pierre blanche date du milieu du XVIIe s. et s'inspire de la Renaissance flamande ; la porte est surmontée d'un soleil, et les fenêtres alternent avec un décor de têtes de lion. À l'intérieur subsiste une importante cheminée ornée de blasons et datée de 1400-1420.

Visite libre de l'extérieur.
Visite sur r.-v. pour les groupes toute l'année (10-25 pers.).

B1 **DUNKERQUE**

Le *Duchesse-Anne*

Musée portuaire
Quai de la Citadelle
59140 Dunkerque
Tél. : 03 28 63 33 39/03 28 63 33 29
www.museeportuaire.com
Propriété de la communauté urbaine de Dunkerque
Classé

Le *Duchesse-Anne* est le premier voilier-école de la marine marchande allemande, unique trois-mâts carré français conservé, premier bateau classé monument historique et seul grand voilier visitable en France. Lancé en 1901 en Allemagne sous le nom de *Grossherzogin Elisabeth*, ce trois-mâts carré en acier et long de 92 m est destiné à la formation des marins et des futurs officiers de la marine marchande. En 1932, avec le déclin de la marine à voile, il cesse de naviguer. En 1946, rebaptisé *Duchesse-Anne*, il passe sous pavillon français au titre des dommages de guerre. Voué à la destruction, il est sauvé de justesse par la ville qui procède à sa restauration. Fleuron de la collection de bateaux à flot du Musée portuaire, il a ouvert ses portes au public en 2001, à l'occasion de son centenaire.

MUSÉE À QUAI T.l.j. sf mar. 10h-12h45, 13h30-18h ; juil.-août : t.l.j. 10h-18h. Fermé 1er janv., la veille du Mar. gras, 1er mai et 25 déc. Visite guidée.
Visite guidée sur r.-v. t.l.j. pour les groupes de 9h à 18h (tél. : 03 28 63 33 29).
MUSÉE À FLOT Juil.-août : t.l.j. 14h30, 15h30, 16h30 ;
fév.-juin, sept.-nov. : mer., dim. et j. fériés 15h30 ; vac. scol. (hiver, printemps de la zone B et Toussaint) : t.l.j. 15h30. Fermé 1er janv., veille de Mar. gras, 1er mai, 25, 31 déc. Visite guidée.
Visite sur r.-v. pour les groupes toute l'année (tél. : 03 28 63 33 29).

C3 **ESNES**

Château

59127 Esnes
Tél. : 03 27 78 75 50
http://chateau-esnes.fr
Propriété privée
Classé

Niché au fond d'un vallon, le château d'Esnes est l'un des rares vestiges de cette importance dans la région. Les quatre tours provenant de la forteresse médiévale des XIVe et XVe s. témoignent de l'architecture militaire de l'époque et contrastent, dans la cour intérieure, avec le corps de logis, les communs et le porche construits en brique et pierre vers 1680. L'intérieur a conservé son décor du XVIIIe s.

Avr.-oct. : dernier dim. de chaque mois 14h30-18h.
Visite guidée sur r.-v. Visite sur r.-v. pour les groupes le premier jeu. du mois.

Double page d'ouverture : château d'Olhain, Fresnicourt-le-Dolmen (Pas-de-Calais).

GRAVELINES B1

Citadelle

2, rue Léon-Blum
59820 Gravelines
Tél. : 03 28 51 81 00
www.ville-gravelines.fr
Propriété de la commune
Inscrit et classé

Au XIIe s., Thierry d'Alsace, comte de Flandre, rêve de donner à son domaine une porte sur la mer et une forteresse pour le garder. Gravelines devient alors une cité stratégique, disputée par les Anglais, les Espagnols et les Français. Vauban, gouverneur de la place en 1706, lui donne son aspect actuel. Son rôle défensif en 1940 lui vaudra la croix de guerre. L'arsenal ou citadelle est une véritable petite forteresse incluse dans l'enceinte de la place forte. Les casemates souterraines et la poudrière ont été restaurées et abritent le musée du Dessin et de l'Estampe originale (XIXe et XXe s.).

Sept.-juin : t.l.j. sf mar. 14h-17h, w.-e. et j. fériés 15h-18h ;
juil.-août : t.l.j. sf mar. 14h-18h, w.-e. et j. fériés 10h-12h, 15h-18h.
Fermé vac. de Noël, 1er mai. Visite sur r.-v. pour les groupes t.l.j. sf mar. 9h-12h.

HEM C2

Chapelle Sainte-Thérèse-de-l'Enfant-Jésus-et-de-la-Sainte-Face

14, rue de Croix
59510 Hem
Propriété privée
Inscrit

La chapelle de Hem est édifiée à l'instigation de Philippe Leclercq, patron du textile roubaisien, catholique social et amateur d'art. Élevée de 1956 à 1958 sur les plans de l'architecte suisse Hermann Baur, la chapelle, construite en béton armé et brique, comporte des mosaïques et deux « murs de lumière » conçus par Alfred Manessier. Les vitraux en dalles de verre coloré ont été exécutés par l'usine de Boussois (Nord). Les éléments sculptés sont d'Eugène Dodeigne et la tapisserie de la Sainte-Face, réalisée par le maître tisserand Jacques Plasse-Le-Caisne, reprend, agrandie, une œuvre du peintre Georges Rouault. Construites dans le verger d'une ferme, quatre maisons basses d'ouvriers agricoles sont protégées en tant qu'éléments indissociables de l'ensemble voulu par le mécène.

Visite libre toute l'année. ♿

LILLE C2

Musée-hospice Comtesse

32, rue de la Monnaie
59000 Lille
Tél. : 03 28 36 84 00
www.lilletourism.com
Propriété de la commune, propriété du centre hospitalier régional de Lille
Classé

Ancien hôpital fondé en 1237 par la comtesse Jeanne de Flandre, l'hospice Comtesse constitue, au cœur du vieux Lille, un témoignage de l'architecture locale du XVe au XVIIIe s. Des bâtiments émane une atmosphère particulière chargée de mémoire et d'émotion. La monumentalité de la salle des malades et de la chapelle rappelle la vocation spirituelle et hospitalière du lieu alors que la communauté des sœurs restitue l'intimité d'une maison flamande. Les collections du musée s'inscrivent naturellement dans ce cadre architectural et illustrent l'histoire et la vie à Lille sous l'Ancien Régime.

T.l.j. sf mar. : lun. 14h-18h ; mer.-dim. 10h-12h30, 14h-18h.
Fermé 1er mai, 14 juil., 15 août, dim. de braderie, 1er nov. et 25 déc.
Visite libre. Visite guidée. Visite sur r.-v. pour les groupes (25 pers. max. ; tél. : 03 28 36 84 00).

Palais Rihour

Place Rihour
59000 Lille
Tél. : 03 59 57 94 00
www.lilletourism.com
Propriété de la commune
Classé

Quoique réduit à l'état de vestiges, le palais Rihour est l'unique témoin architectural de l'époque où les ducs de Bourgogne règnent à Lille. Commencés en 1453, les travaux se terminent dix ans plus tard. Plusieurs affectations et plusieurs incendies (1700, 1756 et 1916) ont endommagé l'édifice d'origine. La sacristie qui jouxte la chapelle sert d'écrin à de belles verrières anciennes. La salle des gardes complète ce bel ensemble. Le palais est aujourd'hui le siège de l'office du tourisme de la ville.

T.l.j. 9h30-18h30, dim. et j. fériés 10h-12h, 14h-17h.
Visite guidée. Visite audioguidée. Visite sur r.-v. pour les groupes. ♿ r.-d.-c.

Maison natale de Charles de Gaulle

9, rue Princesse
59000 Lille
Tél. : 03 28 38 12 05
www.charles-de-gaulle.org
Propriété de la fondation Charles-de-Gaulle
Classé

Cette maison bourgeoise du XVIIIe s. a vu naître Charles de Gaulle le 22 novembre 1890. Grâce aux souvenirs familiaux et aux objets personnels rassemblés dans cette demeure, le visiteur est plongé d'emblée dans l'ambiance qui pouvait régner à l'époque de la naissance du futur homme d'État. Un espace d'expositions temporaires et un Centre multimédia dédié au XXe s. et à ses grands hommes complètent la visite.

Mer.-sam. : 10h-13h, 14h-18h ; dim. 13h30-18h30 (juil.-août : 10h-13h, 14h-18h).
Fermé j. fériés. Visite guidée. Visite audioguidée.
Visite sur r.-v. pour les groupes toute l'année.

C3 RUES-DES-VIGNES (LES)

Abbaye de Vaucelles

Hameau
59258 Les Rues-des-Vignes
Tél. : 03 27 78 50 65/03 27 78 98 98
www.abbayedevaucelles.com
Propriété privée
Classé

L'abbaye Notre-Dame-de-Vaucelles, proche de Cambrai, est l'un des plus prestigieux monuments historiques du nord de la France. Treizième fondation de saint Bernard, la première pierre de cet immense édifice est posée le 1er août 1132. De l'abbaye subsistent le bâtiment claustral du XIIe s., qui comporte la salle des moines (1145), le *scriptorium*, l'oratoire, la plus grande salle capitulaire cistercienne d'Europe (1170), le passage sacré, la chapelle et le cellier. La bibliothèque abbatiale date du XVIIIe s. L'église est détruite à la fin du XVIIIe s. L'ensemble est remarquablement entretenu par l'actuel propriétaire.

12 mars-oct. : t.l.j. sf lun. 10h-12h, 14h-17h30, dim. et j. fériés : 15h-18h30 (juil.-août t.l.j.). Ouverture des jardins de mai à mi-oct.
Visite libre. Visite guidée. Visite sur r.-v. pour les groupes. ♿

SECLIN C2

Hospice Notre-Dame

Centre Marguerite-de-Flandre
Avenue des Marronniers
59113 Seclin
Tél. : 03 20 62 70 00/03 20 90 12 12
www.ch-seclin.fr
Propriété d'un établissement public de santé
Classé

L'hôpital Notre-Dame-lès-Seclin est fondé au milieu du XIIIe s. sur un terrain appartenant à Marguerite de Flandre afin de recevoir les malades et les pèlerins se rendant à la collégiale Saint-Piat voisine. Un incendie anéantit l'édifice vers 1340. La chapelle remonte probablement à la reconstruction qui s'ensuit. L'ensemble des bâtiments entourant le cloître date du XVIIe s. Au milieu du XIXe s., l'hôpital est agrandi. L'architecte Charles Marteau construit, dans le prolongement de l'aile est, une réplique de cette dernière et du logis des religieuses. Marteau organise avec Dewarlez les jardins à la française et l'allée plantée. Encore agrandi au XXe s., l'ensemble abrite aujourd'hui une maison de retraite.

Pour les horaires de visite, se renseigner auprès de l'office du tourisme (tél. : 03 20 90 12 12). ♿

WALLERS C3

Fosse d'Arenberg

59135 Wallers
Tél. : 03 27 24 02 67
www.ville-de-wallers-arenberg.fr
Propriété de la commune
Classé

La fosse d'Arenberg est le siège d'extraction de charbon créé par la Compagnie des mines d'Anzin à la fin du XIXe s. Le puits no 2 date d'avant 1914, le puits no 1 conserve un chevalement de 1920. Le puits no 3, foncé en 1954, conserve un chevalement à portique de 1961. Ce chevalement enjambe le moulinage, le seul subsistant dans le département. Ce site, exploité jusqu'en 1989, témoigne de l'évolution de l'extraction du charbon de la fin du XIXe s. jusqu'à l'époque de « modernisation » des années cinquante-cinq à soixante. Le site a servi, en 1994, au tournage du film *Germinal* de Claude Berry.

Mar., jeu. : 9h-11h. Visite guidée. Visite sur r.-v. pour les groupes. ♿

WAMBRECHIES C2

Distillerie Claeyssens

1, rue de la Distillerie
59118 Wambrechies
Tél. : 03 20 14 91 91
www.wambrechies.com
Propriété privée
Classé

En 1789, Joseph-Guillaume Claeyssens quitte la Belgique afin de venir s'installer dans le nord de la France où il fonde une huilerie à Wambrechies. Son fils remarque alors les conditions idéales qu'offre le site pour l'installation d'une distillerie : la rivière, l'écluse et le moulin fournissent l'énergie hydraulique tandis que la nappe phréatique, située à plus de 90 m de profondeur, procure l'eau pure nécessaire à la fabrication de la boisson. En 1817, il transforme l'huilerie en distillerie de genièvre et en confie la direction à son ami d'origine allemande Henri Lensen. Après être restée neuf générations dans la famille Claeyssens, cette distillerie vient d'être rachetée par un groupe belge.

T.l.j. sf j. fériés sur r.-v. au minimum 72h à l'avance au 03 20 14 91 91 ou à tourisme@wambrechies.com.
Visite guidée. Visite sur r.-v. pour les groupes.

A2 **AMBLETEUSE**

Fort Vauban

62164 Ambleteuse
Tél. : 03 20 54 61 54
http://asso.nordnet.fr/fortdambleteuse
Propriété d'une association
Classé

Des sept forts élevés sur ordre de Louis XIV pour assurer la défense des côtes du Boulonnais, seul subsiste le fort d'Ambleteuse. Construit en 1685 d'après les plans de Vauban sur un rocher battu par la mer à l'embouchure de la Slack, l'ouvrage comprend une batterie protégée par une voûte annulaire de 2 m d'épaisseur reposant sur un pilier central, et par des murs de 3 m percés d'embrasures pour pièces de gros calibre. En arrière, un bâtiment d'habitation renferme le corps de garde, le logement du commandant et de la garnison ainsi qu'une citerne. Endommagé lors de la Seconde Guerre mondiale le fort est aujourd'hui restauré.

Dim. de Pâques-oct. : dim. 15h-19h. Visite libre. Visite guidée.
Visite sur r.-v. pour les groupes en sem. (20 pers. min.).

B2 **ARQUES**

Ascenseur à bateaux des Fontinettes

Rue Roger-Salengro
62510 Arques
Tél. : 03 21 88 59 00
www.ville-arques.fr
Propriété de l'État
Inscrit

L'ascenseur à bateaux des Fontinettes, site unique en France et construit en 1888, permit pendant quatre-vingts ans de faire franchir aux péniches la dénivellation fluviale de 13,13 m. Le site est devenu en 1979 un lieu de visite et de promenade, où sont présentés l'historique du site, les mystères d'un fonctionnement particulièrement ingénieux, une vidéo le montrant en activité, etc. L'atelier de réparation présente la machinerie d'époque. Par ailleurs, on peut également s'attarder sur la présentation des différents ascenseurs dans le monde, l'évolution de la vie batelière, ou encore les techniques de halage, puis accéder à l'écluse de grand gabarit qui se trouve à 5 mn de marche.

Avr.-sept. : t.l.j. 10h-12h, 14h-18h, w.-e. et j. fériés 14h-18h.
Visite libre. Visite sur r.-v. pour les groupes de mars à oct.

C3 **ARRAS**

Ancienne abbaye Saint-Vaast

Musée des Beaux-Arts
22, rue Paul-Doumer
62000 Arras
Tél. : 03 21 71 26 43
www.ville-arras.fr
Propriété de l'État
Classé

Créé à l'époque révolutionnaire, le musée des Beaux-Arts d'Arras présente des collections diversifiées qui couvrent un champ très large, tant d'un point de vue chronologique que typologique. Archéologie antique, sculptures médiévales et de l'époque de la Renaissance, peintures des Pays-Bas et tableaux français du XVIIe s., céramiques du XVIIIe s., peinture de paysage du XIXe s., plan-relief de la ville daté de 1716 en constituent les points forts. À ces œuvres exposées au public, il convient d'ajouter celles, également précieuses, du Trésor de la cathédrale. Outre son riche fonds de collections, un autre atout de l'établissement est le bâtiment qui l'abrite depuis près de deux siècles : l'abbaye bénédictine Saint-Vaast. Totalement réédifiée à partir de 1754 sur ordre d'Armand Gaston de Rohan, alors abbé commanditaire, elle déploie ses vastes surfaces et sa sobre ordonnance autour d'une cour d'honneur et de deux cloîtres frappant par leur amplitude et leur élégance.

T.l.j. sf mar. 9h30-12h, 14h-17h30. Fermé 1er et 8 mai, 14 juil., 1er et 11 nov., 25 déc.
Visite libre. Visite audioguidée. Visite sur r.-v. pour les groupes.
(« Le musée au bout des doigts »).

BARLY — B3

Château

6, rue de l'Égalité
62810 Barly
Tél. : 03 21 48 41 20
www.pas-de-calais62.fr
Propriété privée
Classé

Construit à partir des années 1780 par Vincidien-Antoine Blin, capitaine au régiment de Rohan, le château de Barly semble avoir été terminé pendant la Révolution. L'utilisation de la pierre blanche, le corps central prolongé par deux pavillons légèrement saillants et les quatre colonnes cannelées en façade surmontées d'un fronton sont autant d'éléments témoins de l'architecture Louis XVI la plus pure. De belles boiseries du XVIIIe s., un escalier aux balustres de bois finement sculptés et trois pièces (entrée, salon, salle à manger) sont parfaitement conservés dans leur décor d'origine. Les dépendances s'organisent autour d'une cour dominée par un colombier monumental, coiffé d'un toit brisé en pavillon.

Juil.-15 août : t.l.j. sf lun. 13h-19h. Ouvert pour les Journées du patrimoine.
Visite guidée. Visite sur r.-v. pour les groupes (15 pers. min.).

BOULOGNE-SUR-MER — A2

Château-musée

Rue Bernet
62200 Boulogne-sur-Mer
Tél. : 03 21 10 02 22
www.ville-boulogne-sur-mer.fr
Propriété de la commune
Inscrit et classé

Reposant partiellement sur la muraille romaine du IVe s., à l'angle oriental de l'enceinte urbaine, le château de Philippe Hurepel témoigne, par son plan polygonal et l'absence de donjon, de l'évolution de l'architecture fortifiée au XIIIe s. Face au progrès de l'artillerie, cinq de ses neuf tours sont englobées au XVIe s. dans une épaisse maçonnerie. Depuis 1988, il abrite les très éclectiques collections du musée constituées au XIXe s. : égyptologie, archéologie gallo-romaine, beaux-arts, céramique, collections médiévale et océanienne, ainsi que des masques d'Alaska.

T.l.j. sf mar. : 10h-12h30, 14h-17h, dim. 14h30-17h30.
Fermé 1er mai, vac. de Noël.
Visite libre. Visite guidée. Visite sur r.-v. pour les groupes.

Chapelle du Saint-Sang

55, avenue John-Kennedy
62200 Boulogne-sur-Mer
Tél. : 03 21 32 37 53
www.chapelledusaintsang.com
Propriété privée
Inscrit

Au IIIe s., saint Victoric, premier évangélisateur du Boulonnais, élève ici une chapelle. En 1100, Godefroy de Bouillon y fait don du Saint Sang à sa mère la comtesse Ide de Boulogne. Depuis cette date, la présence constante d'une chapelle est attestée. Au troisième quart du XIXe s., l'abbé Leuillieux décide de reconstruire la chapelle dite « la Capelette », dont la construction remonte à 1700, selon les plans de l'architecte anglais Charles Hansom de Clifton. La première pierre est posée le 19 mars 1859. La date de 1860 figure sur une balustrade. Terminé en 1861, l'édifice est consacré le 22 juillet 1862. La flèche en bois, déposée avant 1939, est détruite le 1er avril 1942. Les sculptures sont l'œuvre du sculpteur anglais W. Farmer de Londres.

Juil.-août : jeu.-sam. 15h-17h; premier sam. de chaque mois : 15h-17h.
Visite libre. Visite guidée. Visite sur r.-v. pour les groupes (10 pers. min.).

B2 **ÉPERLECQUES**

Blockhaus

Rue du Sart
62910 Éperlecques
Tél. : 03 21 88 44 22
www.leblockhaus.com
Propriété privée
Inscrit

Le blockhaus d'Éperlecques fait partie du système de défense allemande datant de la Seconde Guerre mondiale, en arrière du mur de l'Atlantique. Le premier projet de l'organisation Todt est présenté par l'architecte Albert Speer à Hitler en mars 1942. Les travaux de cette construction en béton, destinée à abriter une base de fabrication de missiles V2 et une usine de production d'oxygène liquide, s'échelonnent de décembre 1942 à novembre 1943 ; le chantier fait appel à deux mille prisonniers. Les plans de la structure sont signés par l'ingénieur Xavier Dorsch. Bombardé, le blockhaus est abandonné sans que jamais ses installations n'aient fonctionné.

Mars : t.l.j. 11 h-17 h ; nov. : t.l.j. 14 h 15-17 h ; avr., oct. : t.l.j. 10 h-18 h ; mai-août, sept. : 10 h-19 h. Fermé déc.-fév.
Visite audioguidée. Visite sur r.-v. pour les groupes. ♿ avec aide.

B2 **FRESNICOURT-LE-DOLMEN**

Château d'Olhain

62150 Fresnicourt-le-Dolmen
Tél. : 01 39 18 33 14
www.chateau-olhain.com
Propriété privée
Inscrit

Érigé vers 1200 par Hugues d'Olhain et conservé en ses plans d'origine, le château d'Olhain nous parvient du lointain Moyen Âge comme un authentique exemple de château fort de plaine. Durant plusieurs siècles, château et basse-cour assurent le refuge et la sécurité des habitants du village. À partir du XVe s., il sert de garnison aux troupes des ducs de Bourgogne, de l'empereur Charles Quint, puis aux Espagnols vers 1700. Aménagée au XVIIIe s. à usage de ferme, la basse-cour est aujourd'hui encore une exploitation agricole, toujours entourée d'eau.

Avr.-juin, sept.-oct. : dim. et j. fériés 15 h-18 h 30 ; juil.-août : w.-e. 15 h-18 h 30.
Visite libre. Visite guidée sur r.-v. toute l'année pour les groupes auprès de l'office du tourisme (tél. : 03 21 52 50 00). ♿ en partie.

B3 **GRAND-RULLECOURT**

Château

Place du Château
62810 Grand-Rullecourt
Tél. : 03 21 58 06 37
www.chateaux-chambres-hotes.com
Propriété privée
Inscrit

La construction du château remonte aux XVIIe et XVIIIe s. Imposant château en briques et pierres, il est éclairé par plus de cent fenêtres. Remis au goût du jour en 1745 par le marquis de Hamel de Bellenglise. Ses avant-corps en pierres blanches sont couronnés de frontons armoriés côté parc et du monogramme des propriétaires côté village. Il est restauré et meublé par la famille de Patrice de Saulieu depuis 20 ans. L'intérieur comprend une très belle suite de salons réaménagée au milieu du XIXe s., les décorations ont été réalisées par les frères Duthoit, ornementalistes à Amiens. Les importants communs en pierre blanche animée d'une succession de frontons courbes et triangulaires, étaient surmontés autrefois d'un pigeonnier.

Visite sur r.-v. toute l'année.

MONTREUIL-SUR-MER A2

Citadelle

Rue Carnot
62170 Montreuil-sur-Mer
Tél. : 03 21 06 10 83
www.cc-montreuillois.fr
Propriété de la commune
Classé

Tournée vers l'estuaire de la Canche, la citadelle de Montreuil est établie sur un promontoire artificiel qui lui permet de commander à la fois la ville et le port en contrebas. Elle emprunte les bases d'un château royal, construit par Philippe Auguste au début du XIIIe s., dont la porte en arc brisé encadrée par deux tours massives est l'élément le mieux conservé. Au XVIe s., la proximité de la frontière espagnole incite le roi Charles IX à construire une citadelle défendue par cinq bastions tournés vers la ville et la campagne. Remaniée à plusieurs reprises jusqu'à la fin du XIXe s., la citadelle de Montreuil est déclassée en 1929, trois ans après sa protection au titre des monuments historiques.

Juin-sept. : t.l.j. sf mar. 10h-12h, 14h-18h ;
oct.-mai : t.l.j. sf mar. 10h-12h, 14h-17h. Fermé déc. à fév. Visite libre.
Visite guidée. Visite audioguidée. Visite sur r.-v. pour les groupes. ♿

SAINT-OMER B2

Église Saint-Denis

Enclos Saint-Denis
62500 Saint-Omer
Tél. : 03 21 88 89 23/03 21 98 08 51
www.ville-saint-omer.fr
Propriété de la commune
Classé

L'église Saint-Denis, ancienne station de procession sur la voie originelle de la cité entre la cathédrale et l'abbaye Saint-Bertin, est la plus ancienne paroisse de la ville. À la tour-porche gothique du XIIIe s. a été adjointe au XVIIIe s. une nouvelle nef sur le mode des églises halles. Église des échevins de la ville, ses chapelles abritent encore le riche mobilier des confréries de métiers dont elle fut le siège.

Avr.-sept. : 8h30-18h ; oct.-mars : 9h-12h, 14h-17h.
Visite libre. Audioguide disponible à l'office du tourisme.
Visite sur r.-v. pour les groupes auprès de l'office du tourisme au 03 21 98 08 51 ou à contact@tourisme-saintomer.com.

Chapelle de l'ancien collège des jésuites

Rue du Lycée
62500 Saint-Omer
Tél. : 03 21 88 89 23/03 21 98 08 51
www.ville-saint-omer.fr
Propriété de la commune
Classé

Face à la montée en puissance du calvinisme dans les Pays-Bas du Nord, la ville de Saint-Omer, alors sous domination espagnole, est, dès la fin du XVIe s., un ardent foyer de la réforme catholique qui s'est incarnée essentiellement dans l'œuvre des pères jésuites. Édifice central du collège fondé par des jésuites wallons, la chapelle est érigée entre 1615 et 1640. Son plan s'inspire de l'église du Gesù à Rome et reflète les dispositions de la nouvelle liturgie mise en place lors du concile de Trente.

Visite sur r.-v. pour les groupes toute l'année auprès de l'office du tourisme au 03 21 98 08 51 ou à contact@tourisme-saintomer.com.

Abbaye Saint-Bertin (vestiges)

Enclos Saint-Bertin
62500 Saint-Omer
Tél. : 03 21 88 89 23/03 21 98 08 51
www.ville-saint-omer.fr
Propriété de la commune
Classé

Fondée au VIIe s. sur une île au pied du marais audomarois, l'abbaye bénédictine de Saint-Bertin est un des deux berceaux de la ville de Saint-Omer. Elle a connu un grand rayonnement intellectuel, politique et artistique du haut Moyen Âge à la Révolution. Elle fut alors détruite en grande partie puis abandonnée. Seuls subsistent des vestiges de l'abbatiale gothique des XIVe et XVIe s. Depuis 2007, le traitement paysager en jardin du site, une signalétique et une maquette permettent d'en redonner la lecture.

T.l.j. 9h-19h. Mise en lumière des vestiges le soir. Visite libre.
Visite guidée diurne et nocturne sur r.-v. Visite sur r.-v. pour les groupes.
(signalétique). (maquette du site).

A2 — **WIMILLE**

Colonne de la Grande Armée

62126 Wimille
Tél. : 03 21 80 43 69
http://wimille.monuments-nationaux.fr
Propriété de l'État
Classé

CENTRE DES MONUMENTS NATIONAUX

La colonne de Wimille est élevée de 1809 à 1841 à la gloire de la Grande Armée et en souvenir du camp de Boulogne. C'est ici, en 1804, que Napoléon décide d'installer les campements de la Grande Armée, soit cent cinquante mille hommes, pour envahir l'Angleterre, projet qui ne connaîtra pas de suites. Haute de 53,60 m, la colonne possède trois cent soixante-cinq marches qui conduisent à une plate-forme offrant une vue remarquable. Au sommet de la colonne se dressait une statue de l'empereur par Houdon, remplacée sous la Restauration par un globe en bronze doré, puis en 1841 par une nouvelle statue de Napoléon Ier, signée par Bosio. Cette dernière, endommagée pendant la dernière guerre, est présentée dans le pavillon d'accueil. Un Napoléon en petit caporal, selon le vœu du général de Gaulle, œuvre de Pierre Stenne, l'a remplacé en 1962.

Site temporairement fermé. Pour plus d'informations
quant à une prochaine réouverture, se renseigner au 03 21 80 43 69.

Basse-Normandie

Calvados – Manche – Orne

A
B
1
2
3
4
Urville-Nacqueville
Vauville
Cherbourg
Gonneville
Martinvast
Flamanville
MANCHE
Douve
Valognes
Fontenay-sur-Mer
Manche
Écausseville
Saint-Sauveur-le-Vicomte
Crosville-sur-Douve
RN 13
Sainte-Marie-du-Mont
Longues-sur-Mer
Aure
Colombières
Tour-en-Bessin
Bayeux
Saint-Gabriel-Brécy
Pirou
Cerisy-la-Forêt
Juaye-Mondaye
Balleroy
Saint-Sauveur-Lendelin
Hébécrevon
Saint-Lô
Seulles
Gratot
Coutances
Canisy
RN 174
Torigni-sur-Vire
Regnéville-sur-Mer
Cerisy-la-Salle
RN 175
Thury-Harcour
Hambye
Sienne
Calvados
A 84
Airou
Pontécoulant
RD 924
Vire
La Lucerne-d'Outremer
Flers
Chaulieu
Sée
Saint-Malo
Vains-Saint-Léonard
Avranches
Le Mont-Saint-Michel
Mortain
Champsecret
RN 176
Parigny
La Haute-Chapelle
Sélune
Vergoncey
Domfront
Couesnon
Varenne
Mayenne
Fougères
N
BRETAGNE
0
30 km
Rennes
A 81
Laval

C
D
BASSE-NORMANDIE
Dieppe
Fécamp
Yvetot
A 29
Le Havre
Rouen
Honfleur
Deauville
A 13
Canapville
Pont-l'Évêque
Elbeuf
Fontaine-Henry
Thaon
Bénouville
Caen
Bretteville-sur-Odon
Fontaine-Étoupefour
Vieux-la-Romaine
Crèvecœur-en-Auge
Ouilly-le-Vicomte
Lisieux
Courtonne-la-Meurdrac
Monteille
Saint-Germain-de-Livet
Bernay
HAUTE-NORMANDIE
Mézidon-Canon
Gouvix
Fervaques
Vendeuvre
Saint-Pierre-sur-Dives
Orbec
Évreux
Touques
Acqueville
Bellou
Le Renouard
Crouttes
Falaise
La Hoguette
Villers-en-Ouche
Dives
Vie
RN 138
Rabodanges
RN 158
Commeaux
Villebadin
Le Bourg-Saint-Léonard
Argentan
Le Pin-au-Haras
Aube
Risle
RN 26
Orne
A 88
Médavy
Saint-Christophe-le-Jajolet
Mortrée
Le Champ-de-la-Pierre
Carrouges
A 28
Couterne
Orne
RN 12
CENTRE
Sarthe
Mortagne-au-Perche
Courgeoût
Monceaux-au-Perche
RN 12
Alençon
Huisne
Rémalard
Sérigny-Bellême
Noce
Origny-le-Roux
Saint-Cyr-la-Rosière
Nogent-le-Rotrou
PAYS DE LA LOIRE
Saint-Germain-de-la-Coudre
La Rouge
RN 23
La Ferté-Bernard
1
2
3
4
C
D

ACQUEVILLE C3

Parc et jardin floral du château de La Motte

Château de La Motte
14220 Acqueville
Tél. : 02 31 78 31 73
www.calvados-tourisme.com
Propriété privée
Inscrit

Ce château, bâti pour Nicolas Grimoult entre la fin du XVIe s. et 1614, est l'objet d'importants travaux vers 1694. Les alignements plantés du XVIIIe s. et les remaniements intérieurs du XIXe s. lui ont donné l'aspect actuel. À l'est, la cour d'honneur est délimitée par deux ailes en retour et un corps de logis à trois niveaux d'élévation couronnés par d'élégantes lucarnes. Un pont dormant qui enjambe les anciennes douves en permet l'accès. À l'ouest, le corps de logis flanqué de pavillons saillants donne sur le parc arboré.

Avr.-nov. : t.l.j. sf lun. 14h-19h.
Visite libre. Visite sur r.-v. pour les groupes.

BALLEROY B2

Château

14490 Balleroy
Tél. : 02 31 21 60 61
www.chateau-balleroy.com
Propriété privée
Classé

Édifié à partir de 1631 pour Jean de Choisy, conseiller du roi, le château de Balleroy compte parmi les premières réalisations de François Mansart. Formé de cinq pavillons qui s'agencent selon une composition pyramidale, le château offre un appareil polychrome en schiste et calcaire, fait unique chez l'architecte. L'intérieur, dont la pièce majeure est l'escalier, a conservé une riche décoration dont une série de portraits de la famille royale peints par Juste d'Egmond, élève de Rubens. Les communs disposés de part et d'autre d'un jardin à la française, restitution du XXe s., accueillent le musée des Ballons.

Juil.-août : t.l.j. 10h-18h ; 15 mars-juin, sept.-15 oct. : t.l.j. sf mar. 10h-12h, 14h-18h ; 16 oct.-14 mars : t.l.j. sf mar. et w.-e. 10h-12h, 13h30-17h.
Visite libre de l'extérieur. Visite guidée de l'intérieur.
Visite sur r.-v. pour les groupes toute l'année (15 pers. min.).

BAYEUX B2

Cathédrale Notre-Dame

Place de la Liberté
14400 Bayeux
Tél. : 02 31 92 14 21
www.notredamedubessin.org
Propriété de l'État
Classé

De l'édifice roman consacré en 1077 et remanié au XIIe s. perdurent les deux tours de la façade et les grandes arcades de la nef. Le XIIIe s. voit la reprise des décors et la construction du chevet à cinq absides. L'ensemble est couronné par deux fins clochetons. La tour de croisée, quant à elle, est du XVe s. Le maître-autel néoclassique de 1771 répond à l'orgue Cavaillé-Coll (1862) de la nef. Le trésor offre un panorama diversifié de l'art votif dont la chasuble dite de « saint Regnobert », le coffret islamique d'ivoire du XIIe s., le faldistoire du XIVe s. et l'armoire du XIIIe s. en constituent les pièces majeures.

T.l.j. 9h-18h. Visite guidée (renseignements et réservation auprès de l'office du tourisme : 02 31 51 28 28).
Visite guidée sur r.-v. pour les groupes toute l'année.

Double page d'ouverture : abbaye du Mont-Saint-Michel (Manche).

C3 **BELLOU**

Manoir

14140 Bellou
Tél. : 02 31 61 06 55
www.calvados-tourisme.com
Propriété privée
Inscrit

Ce grand manoir en pan de bois est édifié dans la seconde moitié du XVe s. Le colombier et les communs sont élevés à la même période. Le passage d'une demeure fortifiée à un lieu de villégiature a progressivement métamorphosé le parti originel. Un grand pavillon est ajouté à l'est au cours du XVIe s. Au XVIIe s., la façade nord est modifiée et un petit pavillon érigé à l'ouest. Il faudra attendre 1720 pour voir apparaître les écuries. Les deux tours d'angle qui cantonnent la façade nord associées aux pavillons qui encadrent la façade sud apportent homogénéité à cet ensemble. À l'intérieur on trouve de nombreuses peintures datant du XVIe s.

Juil.-août : t.l.j. 14h-19h.
Visite guidée extérieure. Visite sur r.-v. pour les groupes. ♿

C2 **BÉNOUVILLE**

Château

Avenue de Caen
14970 Bénouville
Tél. : 02 31 95 53 23
www.cg14.fr
Propriété du département
Classé

Le château de Bénouville est érigé, pour le marquis de Livry, d'avril 1770 à la fin de 1781, sur des plans de Ledoux. Les décrochements des différents volumes de la façade associés à l'ordre colossal ionique à colonnes au sud et à pilastres au nord produisent un séduisant jeu d'ombre et de lumière optimisé par l'appareil en pierre calcaire de Caen. À l'intérieur, la remarquable cage d'escalier est à l'aune de cette architecture monumentale. Des communs et une chapelle du XVIe s. jouxtent le majestueux édifice qui se dresse dans un vaste parc arboré. Cette rare œuvre ledolcienne à nous être parvenue est, depuis 1986, le siège de la chambre régionale des comptes.

Fin juin-sept. : t.l.j. sf mar. 14h-18h. Visite libre. Visite guidée.
Visite sur r.-v. le reste de l'année au 02 31 57 11 09.

C2 **BRETTEVILLE-SUR-ODON**

Domaine de la Baronnie

8, rue de la Baronnie
14760 Bretteville-sur-Odon
Tél. : 02 31 75 00 21
www.domaine-de-la-baronnie.asso.fr
Propriété de la commune
Inscrit

À la fin du Xe s., la ferme de la Baronnie est une dépendance de l'abbaye du Mont-Saint-Michel à laquelle elle fournit des ressources agraires non négligeables entreposées dans une grange à dîmes. Aujourd'hui encore, trois corps de bâtiment s'organisent autour d'une cour : au sud les écuries sans doute du XVe s., associées à une étable du XIXe s. ; à l'ouest le logis du XVe s., remanié au XVIIIe s. ; au nord la grange à dîmes de la fin du XIIIe s. qui se distingue des autres exemples normands par ses portes percées dans les murs gouttereaux. Depuis les restaurations de 1996, le domaine est un espace culturel communal.

T.l.j. sf sam. apr.-midi, dim. et j. fériés : 9h30-12h, 14h30-18h.
Visite guidée sur r.-v. Visite sur r.-v. pour les groupes. ♿

C2 **CAEN**

Abbaye de la Trinité, dite « aux Dames »

Place de la Reine-Mathilde
14000 Caen
Tél. : 02 31 06 98 45
www.cr-basse-normandie.fr
Propriété de la région
Classé

Fondée vers 1059 pour accueillir des moniales, l'abbatiale abrite le tombeau de sa fondatrice la reine Mathilde, épouse de Guillaume le Conquérant, inhumée en 1083. L'église romane primitive (1060-1090) est modifiée, tant sur le plan de l'espace que du décor, dans le premier tiers du XIIe s. Au XVIIIe s., l'architecte Guillaume de La Tremblaye reconstruit les bâtiments monastiques. Celui du nord abrite un vestibule et un grand escalier d'une réalisation remarquable. Depuis 1984, le conseil régional siège dans cette ancienne abbaye bénédictine.

T.l.j. 14h30, 16h. Fermé 1er janv., 1er mai, 25 déc. Visite guidée.
Visite sur r.-v. pour les groupes. (boucle magnétique). ♿

Abbaye Saint-Étienne, dite « aux Hommes »

Hôtel de ville
Esplanade Jean-Marie-Louvel
14027 Caen Cedex
Tél. : 02 31 30 42 81
www.ville-caen.fr
Propriété de la commune
Classé

Guillaume le Conquérant fonde vers 1063 l'abbaye consacrée en 1077. Le transept, la tour de croisée, la nef et la façade cantonnée de tours datent de cette période. Les flèches et le chevet à déambulatoire sont les parties gothiques venues augmenter l'abbatiale romane dès la fin du XIIe s. De 1704 à 1790, les bâtiments abbatiaux ont été reconstruits selon les plans de Guillaume de La Tremblaye. Ce vaste édifice classique conserve d'intéressants décors de lambris et de nombreuses peintures. Le savoir-faire local du travail de la pierre est visible dans ses trois escaliers monumentaux. À la fin des années cinquante, l'hôtel de ville a fait sien ce bâtiment.

T.l.j. 9h30, 11h, 14h30, 16h ; juil.-août : visite supplémentaire 10h15, 15h15, 17h15. Fermé 1er janv., 1er mai, 25 déc.
Visite guidée. Visite sur r.-v. pour les groupes. ♿ en partie.
(visite adaptée avec possibilité de toucher les décors, maquettes, etc.).

CANAPVILLE — C2

Manoir des Évêques ou de Canapville, dit « des évêques de Lisieux »

14800 Canapville
Tél. : 02 31 65 24 75
www.manoirdeseveques.fr
Propriété privée
Classé

Le manoir de Canapville dit « des évêques de Lisieux » est une ancienne demeure seigneuriale qui se compose de deux corps de logis du XVe s. en pan de bois dont un des poteaux est sculpté d'une tête d'évêque avec sa mitre et sa croix. Ces bâtiments sont construits autour d'une tour d'escalier octogonale en pierre de taille ainsi que trois cheminées monumentales, vestiges d'un logis primitifs du XIIIe s. Un pressoir à cidre et un grenier à pommes sont adossés au logis. Le manoir abrite une intéressante collection de porcelaine chinoise « bleu et blanc ». L'ensemble est entouré d'agréables jardins et d'herbages plantés de pommiers.

Juil.-août : t.l.j. sf mar. 14h-19h. Visite guidée.
Visite sur r.-v. pour les groupes toute l'année. ♿

COLOMBIÈRES — B2

Château

14710 Colombières
Tél. : 02 31 22 51 65
www.chateaudecolombieres.com
Propriété privée
Classé

Le château de Colombières témoigne de mille ans d'histoire du Bessin. Dès le XIe s., Guillaume, Raoul et Baudouin de Colombières sont les compagnons de Guillaume le Conquérant pour la conquête de l'Angleterre. Au XIVe s., les Bacon du Molay édifient la forteresse dont l'essentiel demeure aujourd'hui. Avec ses quatre tours, son pont-levis et ses douves, elle présente une architecture typique des châteaux forts médiévaux. Depuis la fin de la guerre de Cent Ans (1453) et à l'époque des guerres de Religion, les Bricquevilles en sont propriétaires. L'un d'eux, François, est l'un des principaux chefs protestants dont l'histoire est tristement liée au pillage de la cathédrale de Bayeux. Le monument est acquis en 1750 par les Girardin, et son architecture subit les modifications qui lui donnent son nouvel aspect. Le 8 juin 1944, le château est l'un des centres de transmission de l'armée américaine.

Juil.-août : t.l.j. sf w.-e. 14h30-18h30 ; sept. : w.-e. 14h30-18h30.
Visite guidée. Visite sur r.-v. pour les groupes du 15 avr. au 15 oct. ♿

C2 **COURTONNE-LA-MEURDRAC**

Manoir d'Anfernel

14100 Courtonne-la-Meurdrac
Tél. : 02 31 63 15 67
www.lisieux-tourisme.com
Propriété privée
Inscrit

Adrien du Houlley construit Anfernel dans la première décennie du XVIIe s. Acquis en 1754 par Guerrier de Courtonne, le manoir originel brique et pierre est remanié, essentiellement au niveau des ouvertures. La monotonie du plan rectangulaire est interrompue, à l'ouest, par deux décrochements et, au sud-est, par une échauguette dont les couronnements initiaux ont disparu sous la couverture unifiée du logis. L'ensemble des parties hautes de la façade reçoit un décor en damier de brique rose et de pierre calcaire.

Juil.-sept. : lun.-mer. 9h-12h. Visite sur r.-v. pour les groupes.

C2 **CRÈVECŒUR-EN-AUGE**

Château

Musée Schlumberger
14340 Crèvecœur-en-Auge
Tél. : 02 31 63 02 45
www.chateau-de-crevecoeur.com
Propriété de la fondation Schlumberger
Inscrit et classé

Parmi les sites fortifiés qui existaient au Moyen Âge en Normandie, Crèvecœur est un exemple unique de petite seigneurie miraculeusement préservée. Ce château médiéval entouré d'eau a conservé son plan d'origine en deux parties : sur sa motte de terre, le manoir d'habitation est protégé par un ensemble de fortifications ; la chapelle et les bâtiments agricoles à pans de bois sont regroupés dans la basse cour. Des expositions présentent l'histoire médiévale du site, la construction des maisons à pans de bois et l'aventure des frères Schlumberger.

Avr.-juin, sept. : t.l.j. 11h-18h ; juil.-août : t.l.j. 11h-19h ; oct. : dim. 14h-18h. Visite guidée. Visite sur r.-v. pour les groupes de nov. à mars. ♿ en partie.

C2 **DEAUVILLE**

Villa Strassburger, dite « villa Rothschild »

Avenue Strassburger
14800 Deauville
Tél. : 02 31 88 20 44/02 31 14 02 08
www.calvados-tourisme.com
Propriété de la commune
Inscrit

En 1907, dans la récente station balnéaire, l'architecte caennais Pichereau construit pour Henri de Rothschild une villa néonormande dite « la ferme du Coteau ». En 1924, elle prend le nom de son acquéreur, le fortuné Ralph Beaver Strassburger. Au travers de l'utilisation d'un appareil à damier pour les soubassements, du pan de bois vertical, de grands pignons et d'une toiture complexe, ce luxueux édifice renvoie librement à l'architecture des fermes et des manoirs du pays d'Auge. La régulière distribution intérieure en de vastes pièces offre un contraste avec les multiples décrochements extérieurs.

Juil.-août : mar.-jeu. 15h, 16h. Visite guidée. Visite sur r.-v. pour les groupes.

C3 **FALAISE**

Château Guillaume-le-Conquérant

Place Guillaume-le-Conquérant
14700 Falaise
Tél. : 02 31 41 61 44
www.chateau-guillaume-leconquerant.fr
Propriété de la commune
Classé

Falaise, ville natale de Guillaume le Conquérant, duc de Normandie et roi d'Angleterre, est le berceau de la dynastie anglo-normande. Solidement implanté sur son éperon rocheux, le château domine la ville depuis le Xe s. Il est doté au XIIe s. de deux donjons quadrangulaires, exemples rares d'architecture civile romane associant fonctions défensives et résidentielles. Au début du XIIIe s., le roi de France Philippe Auguste leur adjoint un solide donjon cylindrique. Une impressionnante enceinte jalonnée de quinze tours complète l'ensemble. La restauration des donjons et de la haute cour est achevée ; celle des remparts de l'enceinte est en cours.

Fév.-déc. : t.l.j. 10h-18h (19h en juil.-août). Fermé 25 déc. Visite audioguidée. Visite guidée. ♿

FERVAQUES C2

Château, dit « Le Kinnor »

14140 Fervaques
Tél. : 02 31 32 33 96
http://monsite.orange.fr/chateau.le.kinnor
Propriété privée
Classé

Utilisant un manoir du XVe s. comme la base de départ d'une nouvelle construction, François Gabriel érige pour Guillaume de Hautemer, de 1597 à 1602, un ensemble brique et pierre qui entoure une cour d'honneur bordée par la Touques. Au nord, se dresse l'ancien logis modernisé, à l'ouest le nouveau château est composé d'une aile reliant deux pavillons, au sud une aile courte termine la reconstruction de Gabriel. Il bâtit aussi la poterne à l'aspect encore défensif. Dans la première moitié du XVIIIe s., A.-L. de Bullion fait planter le parc et réaménager l'intérieur du château. Une association musicale et d'aide à la réinsertion occupe actuellement l'édifice.

Visite libre ou visite guidée sur r.-v. toute l'année. ♿

FONTAINE-ÉTOUPÉFOUR C2

Château

Route des Capelles
14790 Fontaine-Étoupéfour
Tél. : 02 31 26 73 20
www.calvados-tourisme.com
Propriété privée
Inscrit et classé

À l'origine, le château de Fontaine-Étoupéfour est constitué de corps de bâtiment délimitant une cour carrée ceinte de douves. Le corps de logis Renaissance érigé pour Jean Le Valois d'Escoville vers 1583 est ruiné à la suite d'un incendie à la fin du XIXe s. En juillet 1944, les combats de la bataille de Caen n'épargnent pas le site. Passé au travers de tous ces aléas, le pavillon d'entrée, érigé par François de Vaux vers 1470, constitue avec son décor sculpté et ses pinacles un des rares exemples d'architecture civile de cette période en Normandie.

Juil.-sept. : dim., lun., mar. 14h30-18h30.
Visite guidée. Visite sur r.-v. pour les groupes.

FONTAINE-HENRY C2

Château

3, place du Château
14610 Fontaine-Henry
Tél. : 06 89 84 85 57
www.chateau-de-fontaine-henry.com
Propriété privée
Classé

À partir d'un château médiéval, Fontaine-Henry est transformé pour la famille d'Harcourt, du milieu du XVe s. au milieu du XVIe s. Les façades du château offrent un panorama de l'architecture et de la sculpture pratiquées durant cette période en Normandie. La variété et la diversité ornementales ainsi que la forme élancée des toitures les plus hautes de France ont forgé la renommée de l'édifice. Au début du XVIIIe s., la façade postérieure est remaniée dans un style classique. Aujourd'hui encore, des lambris et du mobilier associés à une collection de peintures agrémentent les salons du rez-de-chaussée.

Pâques-13 juin, 16 sept.-Toussaint : w.-e. et j. fériés : 14h30-18h30;
16 juin-15 sept. : t.l.j. sf mar. 14h30-18h30.
Visite guidée. Visite sur r.-v. pour les groupes toute l'année.

GOUVIX C2

Château d'Outrelaise

Outrelaise
14680 Gouvix
Tél. : 02 31 79 03 64
www.outrelaise.com
Propriété privée
Inscrit et classé

En 1569, Gaspard Le Marchant, conseiller du roi, acquiert la terre d'Outrelaise. Il fait reconstruire le logis seigneurial et s'y retire en 1611. De la reconstruction du XVIe s. perdurent le pavillon d'entrée, les communs et le corps de logis. Ce dernier est augmenté à l'ouest d'une aile en brique et pierre, probablement érigée entre 1604 et 1613. Mis à part une grande cheminée de la fin du XVIe s., les intérieurs sont remaniés à la fin du XVIIIe s. sous l'égide de la marquise de Chambors.

15 juin-15 sept. : dim.-mar. 14h-20h.
Visite libre des jardins. Visite du château sur r.-v. toute l'année. ♿

C3 **HOGUETTE (LA)**

Abbaye de Saint-André-en-Gouffern

14700 La Hoguette
Tél. : 02 31 90 41 08
www.abbayes-normandes.com
Propriété privée
Classé

Guillaume Talvas fonde l'abbaye en 1130. L'église consacrée en 1143 est remplacée par un édifice plus vaste en 1241. Après les destructions des XIVe et XVIe s., la Révolution achève le démantèlement de l'abbaye cistercienne épargnant l'aile occidentale des bâtiments conventuels et un logis gothique. L'aile conventuelle à deux niveaux d'élévation, voûtée d'ogives au rez-de-chaussée, est coupée en deux par un incendie survenu avant 1827. La partie nord est remaniée au XVIIe s. Des chapiteaux sculptés de la fin du XIIe s. ornent la partie sud. Le logis du XIIIe s., bâti pour accueillir les hôtes de l'abbaye, conserve des peintures murales.

25 juin-21 sept. : t.l.j. sf lun. et mar. 13h-19h. Fermé 6-14 juil.
Visite guidée. Visite sur r.-v. pour les groupes toute l'année.

C2 **HONFLEUR**

Maison

Musée d'Ethnographie et d'Art populaire
Musée de la Marine
Quai Saint-Étienne et rue de la Prison
14600 Honfleur
Tél. : 02 31 89 14 12
www.ville-honfleur.fr
Propriété de la commune
Classé

Faisant face au côté sud de l'église Saint-Étienne se dressent deux maisons en pan de bois très probablement de la fin du XVIe s. À l'est, elles sont bordées par l'ancienne prison de la vicomté de Roncheville. Leurs façades sont à encorbellement orné de tresses. Des armes non identifiables sont visibles sur un poteau de la maison au numéro 4. Dans la cour bordée au sud par les anciens remparts de la ville est remonté le manoir Vigneron qui provient de la rue de la Couture à Lisieux. La société le Vieux-Honfleur, fondée en 1896, crée en 1899 l'un des plus anciens musées d'Ethnographie français, abrité en ces lieux depuis 1911.

13 fév.-mars, oct.-nov. : mar.-ven. 14h30-17h30, w.-e. 10h-12h, 14h30-17h30; avr.-sept. : t.l.j. sf lun. 10h-12h, 14h-18h30. Fermé déc.-12 fév., 1er mai.
Visite libre. Visite sur r.-v. pour les groupes.

B2 **JUAYE-MONDAYE**

Abbaye de Mondaye

14250 Juaye-Mondaye
Tél. : 02 31 92 58 11
www.mondaye.com
Propriété privée
Classé

Fondée au milieu du XIIe s. pour des chanoines augustins, l'abbaye de Mondaye devient prémontrée en 1210. Les bâtiments actuels résultent de deux phases de construction selon des plans du père Eustache Restout. L'église, élevée entre 1704 et 1717, les ailes est et sud du carré claustral, le pavillon d'entrée et les bâtiments agricoles construits entre 1731 et 1743 constituent la première phase. La seconde phase, de 1860 à 1903, voit l'achèvement de la galerie du cloître au sud et au nord, l'érection de l'aile nord et de l'aile ouest inachevée. L'église à façade écran abrite un orgue datant de 1740. L'escalier et la bibliothèque constituent les pièces majeures des bâtiments conventuels aujourd'hui encore occupés par les prémontrés.

Juil.-août : t.l.j. 16h; sept-juin : dim. 15h30.
Visite guidée. Visite sur r.-v. le reste de l'année et pour les groupes.

LONGUES-SUR-MER B2

Abbaye Sainte-Marie

Route de Bayeux
14400 Longues-sur-Mer
Tél. : 02 31 21 78 41
www.calvados-tourisme.com
Propriété privée
Classé

Fondée en 1168 par Hugues Wac, l'abbaye Sainte-Marie accroît ses possessions aux XIIIe et XIVe s. puis décline progressivement. Elle est fermée en 1782 et vendue à la Révolution. De l'abbaye bénédictine, il subsiste le chœur de l'église du XIIIe s., le bâtiment sud du cloître du XIVe s. et l'aile ouest, contemporaine de l'église, remaniée et transformée en logis abbatial au XVIIIe s. Des pierres tombales en céramiques et une collection de carreaux émaillés de la fin du XIIIe s. sont exposées dans l'ancienne aile sud du cloître.

Jeu. de Pâques-Toussaint : 14h-18h ;
1er-20 juil., 10-30 sept. : t.l.j. sf dim. et fêtes 14h-18h. Visite libre.

Batteries

Route de la Mer
14400 Longues-sur-Mer
Tél. : 02 31 21 46 87
www.bessin-normandie.fr
Propriété du Conservatoire du littoral
Inscrit

Au printemps 1942, la batterie côtière de Longues est implantée par la marine allemande sur un plateau à flanc de falaise. Située entre les plages de Gold et d'Omaha, elle constitue, avec ses canons d'une portée d'une vingtaine de kilomètres, un élément important du mur de l'Atlantique voulu par Hitler. Le matin du 6 juin 1944, elle entre en action contre la flotte alliée et il faudra quelques heures pour la réduire au silence. La seule batterie côtière de Basse-Normandie à conserver ses pièces de tir est composée d'un poste de direction de tir et de quatre casemates.

Ouvert t.l.j. toute l'année 10h-18h (juin-août : 10h-19h).
Visite guidée d'avr. à oct. (t.l.j en juil.-août et le w.e. d'avr. à juin et de sept. à oct. : 10h15, 11h45, 14h15, 15h45).

MÉZIDON-CANON C2

Château de Canon

14270 Mézidon-Canon
Tél. : 02 31 20 05 07
www.chateaudecanon.com
Propriété privée
Classé

C'est à Pierre de La Rocque, acquéreur du domaine en 1727, que l'on doit le rez-de-chaussée du château. À la suite d'un procès, le domaine est rétrocédé à Élie de Beaumont en 1768. Ce célèbre avocat, ami de Voltaire, fait remanier le château. Il l'augmente d'un niveau, reprend les ouvertures et couronne l'ensemble d'un toit à l'italienne. Le parc combine les jardins réguliers de la première moitié du XVIIIe s. et les jardins anglo-chinois apparus en France vers 1760. On peut toujours y admirer des statues, un kiosque chinois, un temple, des ruines néoclassiques et une enfilade de jardins fleuris clos de murs.

15 avr.-mai : w.-e. et j. fériés 14h-19h ; juin-sept. : t.l.j. sf mar. 14h-18h.
Visite extérieure. Visite guidée intérieure sur r.-v. pour les groupes.

MONTEILLE C2

Château du Mont-de-la-Vigne

14270 Monteille
Propriété privée
Inscrit

Le château du Mont-de-la-Vigne, appartenant à la seigneurie de Montfort, est construit au XIVe s. Il est flanqué de trois tours rondes et possède un chartrier. Au XVIIIe s., une chapelle complète l'ensemble. Les communs en pans de bois datent du XVe et du XVIIIe s. Très touché par la bataille d'août 1944, il a été restauré depuis.

Avr.-sept. : dim. 13h30-19h30 ; oct.-mars : lun. 13h30-19h30.
Visite extérieure. Visite sur r.-v. pour les groupes.

D2 **ORBEC**

Manoir, dit « le Vieux Manoir »

Musée municipal
Rue Grande
14290 Orbec
Tél. : 02 31 32 58 89
www.mairie-orbec.fr
Propriété de la commune
Classé

La ville d'Orbec conserve encore de nombreuses maisons à pans de bois du XVe au XVIIIe s. La plus célèbre d'entre elles, bordant la rue Grande à l'angle de la place de la Poissonnerie, porte la date de 1568 sur l'un des poteaux de l'étage. Son décor sculpté, qui emprunte ses motifs à l'architecture de pierre de la Renaissance – pilastres cannelés, denticules, chutes de feuilles et fruits –, développe également un répertoire original de larges godrons dissimulant l'encorbellement, oves et motifs végétaux en festons. La structure de bois sculpté est complétée par une recherche de polychromie avec un hourdis de tuileaux roses, pierre calcaire blanche, et silex taillés gris et bruns. Elle abrite aujourd'hui le Musée municipal.
Ouvert pendant les vac. scol. Visite libre. Visite guidée.
Visite sur r.-v. pour les groupes toute l'année.

C2 **OUILLY-LE-VICOMTE**

Château de Boutemont

Boutemont
14100 Ouilly-le-Vicomte
Tél. : 02 31 61 12 16
www.lisieux-tourisme.com
Propriété privée
Inscrit

Il ne reste rien de visible de la forteresse édifiée à la fin du XIVe s. Le logis actuel, associé à une muraille pourvue de tours d'angle, est construit à partir de 1538. Le pavillon d'entrée et l'aile nord sont érigés au début du XVIIe s. La fin du XVIIe s. voit l'aménagement de la cour d'honneur. Au XVIIIe s., les murailles sont arasées et l'aile ouest amplifiée d'une galerie en pan de bois (1770). À l'est, la perspective dégagée de la cour d'honneur donne sur un bassin. C'est vers 1920 qu'est mis en place, probablement par Achille Duchêne, le parc à la mise en scène très théâtrale.
Mai-oct. : mer. et w.-e. 10h-12h, 14h-18h. Fermé 1er mai.
Visite libre. Visite guidée sam. à 15h.

B3 **PONTÉCOULANT**

Château

Domaine de Pontécoulant
14110 Pontécoulant
Tél. : 02 31 69 62 54
www.cg14.fr
Propriété du département
Inscrit

Le pavillon sud et les deux tours de la fin du XVIe s. qui constituent le noyau du château actuel sont l'œuvre des Le Doulcet, seigneurs de Pontécoulant depuis le XIVe s. Cette sobre demeure, remaniée au XVIIIe s., se dresse dans un écrin arboré. Enserrée par les deux tours, la longue orangerie, datant de ces remaniements, se distingue nettement, avec ses baies plein cintre et son seul niveau d'élévation, du trapu pavillon sud. En 1908, le domaine de Pontécoulant est légué au département du Calvados. Il offre à la visite une importante collection de décors et de mobilier des XVIIIe et XIXe s.
T.l.j. 10h-12h, 14h30-18h. Visite libre extérieure. Visite guidée intérieure.
Visite sur r.-v. pour les groupes. ♿

C2 **PONT-L'ÉVÊQUE**

Maison, dite « ancien couvent des Dominicaines de l'Isle »

Espace culturel des Dominicaines
Place du Tribunal
14130 Pont-l'Évêque
Tél. : 02 31 64 89 33
http://espacelesdominicaines.over-blog.com
Propriété de la commune
Inscrit

L'ancien couvent, occupé par les dominicaines à partir de 1645 et agrandi dans le premier tiers du XVIIIe s., est vendu en septembre 1792. Au début du XIXe s., une grande partie des bâtiments conventuels sont détruits pour permettre la construction d'un tribunal et d'une prison. Les deux corps de logis en équerre qui subsistent datent de la première moitié du XVIe s. et ont été remaniés, côté cour, au XVIIe s. Ces édifices, probablement antérieurs à l'installation des religieuses, sont construits en pan de bois sur un rez-de-chaussée en maçonnerie. Ils abritent le centre culturel communal.
Juil.-août : t.l.j. 10h30-12h30, 14h30-18h ; avr.-juin, sept. : t.l.j. sf lun., mar. 10h30-12h30, 14h30-18h ; oct.-mars : t.l.j. sf lun., mar. 14h30-18h.
Fermé mi-déc. à mi-fév. Visite guidée. Visite sur r.-v. pour les groupes. ♿ r.-d.-c.

SAINT-GABRIEL-BRÉCY B2

Prieuré Saint-Gabriel

1, rue du Prieuré
14480 Saint-Gabriel-Brécy
Tél. : 06 89 45 71 63
www.prieuresaintgabriel.fr
Propriété privée,
propriété du département
Inscrit et classé

En 1058, l'abbaye bénédictine de Fécamp fonde le prieuré Saint-Gabriel. Lors du déclin de la communauté au début du XVIIIe s., une partie des bâtiments prieuraux disparaît. La porterie du XIIIe s. donne accès à une cour autour de laquelle s'agence le prieuré. Le logis élevé aux XIVe et XVe s. occupe le côté sud. L'ancienne tour de justice se dresse au sud-ouest. À l'est de l'église prieurale, aujourd'hui ruinée, ne subsiste que le chœur conservant de remarquables exemples de sculpture romane du XIIe s.

Mai-juin, sept. : w.-e. 14h30-18h30 ; juil.-août : t.l.j. sf mar. 14h30-18h30.
Visite libre pendant les vac. scol. Visite guidée.
Visite sur r.-v. pour les groupes (10 pers. max.).

Jardin du château de Brécy

Château de Brécy
14480 Saint-Gabriel-Brécy
Tél. : 02 31 80 11 48
www.calvados-tourisme.com
Propriété privée
Classé

C'est au début du XVIIe s. que la famille Le Bas érige le château. Le modeste logis est valorisé par un jardin dont il est le principal élément de la composition. Le déploiement ornemental de ce jardin de la seconde moitié du XVIIe s. s'étage sur cinq terrasses. Chacune d'elles, close de murs, abrite un parterre différent du précédent. Balustres, pots à feu et lions de pierre agrémentent cet ensemble qui préfigure le jardin à la française.

Pâques-Toussaint : mar., jeu, dim. et j. fériés 14h30-18h30 (le sam. en juin).
Visite libre. Visite sur r.-v. pour les groupes toute l'année.

SAINT-GERMAIN-DE-LIVET C2

Château

14100 Saint-Germain-de-Livet
Tél. : 02 31 31 00 03
www.lisieux-tourisme.com
Propriété de la commune
Classé

En 1462, en épousant Jeanne Louvet, Pierre de Tournebu devient seigneur de Livet. Il fait alors bâtir un nouveau logis en pan de bois. Dans la seconde moitié du XVIe s., Jean de Tournebu érige le pavillon d'entrée relié par une aile à une tour d'angle. La polychromie produite par l'appareil en damier de briques rouges et vertes et de pierre calcaire et une savante composition architecturale associée à un langage décoratif varié présentent une synthèse de la Renaissance en pays d'Auge. L'intérieur de cet ensemble offre des décors peints du XVIe s., du mobilier et des peintures des XVIIIe s. et XIXe s.

T.l.j. sf mar. 11h-18h. Fermé 1er mai, 1er-15 oct., déc. et janv.
Visite guidée. Visite sur r.-v. pour les groupes.

C2 **SAINT-PIERRE-SUR-DIVES**

Abbaye

Rue Saint-Benoist
14170 Saint-Pierre-sur-Dives
Tél. : 02 31 20 97 90
www.mairie-saint-pierre-sur-dives.fr
Propriété de la commune
Classé

L'abbaye, fondée en 1012, devient bénédictine en 1046. L'église abbatiale consacrée en 1067 est en grande partie détruite par un incendie vers 1106. Des reconstructions du XIIe s. perdurent, essentiellement la tour sud de la façade et le gros œuvre de la nef. L'abbatiale actuelle, avec ses puissants contreforts et son chevet à cinq absides, est due aux remaniements du XIIIe au XVIe s. Au sud, les bâtiments conventuels organisés autour d'un cloître, ruinés à la fin du XVIe s. et reconstruits au XVIIe s. lors de la réforme mauriste, abritent notamment l'office du tourisme et la bibliothèque municipale.

CLOÎTRE Mai-oct. : t.l.j. 9h30-20h ; nov.-avr. : t.l.j. 9h30-18h. Visite libre.
SALLE CAPITULAIRE 16 avr.-15 oct. : t.l.j. sf dim. 9h30-12h30, 13h30-18h, sam. 10h-12 H, 14h-17h (sans interruption en juil.-août) ;
16 oct.-15 avr. : t.l.j. sf w.-e. 9h30-12h30, 13h30-17h30. Visite libre.
OFFICE DU TOURISME 9h30-12h, 14h30-18h. Visite sur r.-v. pour les groupes toute l'année.

C2 **THAON**

Château

Haute rue de l'Ancienne-Église
14610 Thaon
Tél. : 02 31 80 64 32
Propriété privée
Inscrit

Deux étapes de construction sont visibles dans le château de Thaon. À l'est, une aile prolongée par une chapelle constitue la première étape. Cet ensemble architectural plutôt disparate est daté de la première moitié du XVIIe s., la chapelle portant le chronogramme 1624. Vers 1732, la famille Morel de Thaon érige à l'ouest un nouveau logis. Ce dernier, flanqué aux extrémités d'un pavillon saillant et agrémenté d'un avant-corps central, offre des intérieurs ornés de boiseries, ainsi qu'un bel escalier en pierre. Un vaste parc vient mettre en perspective l'ensemble du bâti.

14 juil.-25 août : t.l.j. 10h-12h, 14h-18h.
Visite extérieure. Visite sur r.-v. pour les groupes.

B2 **THURY-HARCOURT**

Parc et jardin du château

Château de Thury-Harcourt
14220 Thury-Harcourt
Tél. : 02 31 79 72 05
Propriété privée
Inscrit

Construit vers 1635 et remanié dans les premières décennies du XVIIIe s., le château des ducs d'Harcourt est ruiné par un incendie en 1944. De cet édifice, il subsiste la façade principale et les ruines du vestibule, ainsi que la chapelle du XVIIIe s., de plan ovale, restaurée après la guerre. De vastes parterres sont aménagés au XVIIIe s. Après la désaffection révolutionnaire, ils sont repris au XIXe s. suivant la mode romantique. Gravement détériorés pendant la bataille de Normandie, les 70 ha du parc réaménagés offrent, aujourd'hui, des jardins floraux étagés sur trois terrasses successives.

Mai-sept. : t.l.j. 14h30-18h30 ; avr. : dim. et j. fériés 14h30-18h30.
Visite libre. Visite extérieure. Visite sur r.-v. pour les groupes toute l'année.

TOUR-EN-BESSIN B2

Château de Vaulaville

14400 Tour-en-Bessin
Tél. : 02 31 92 52 62
www.calvados-tourisme.com
Propriété privée
Inscrit et classé

Vers 1720, le château de Vaulaville est bâti pour Adrien Morin de Banneville, président du bureau des finances de Caen. C'est un édifice aux dimensions modestes qui se dresse sur une parcelle boisée délimitée par des canaux. Composé d'un rez-de-chaussée surélevé couronné d'un comble à la Mansart, il présente un contraste marqué entre le faux avant-corps de la façade antérieure et l'avant-corps à trois pans de la face postérieure. Dans l'espace ainsi créé se déploie un salon octogonal qui conserve des huisseries mises en place vers 1760. La chapelle attenante au château abrite un retable de la première moitié du XVIIIe s.

Juil.-août : t.l.j. sf mer. 14h30-18h30;
mai-juin, sept.-1er w.-e. de nov. : w.-e. 14h30-18h30.
Visite guidée. Visite sur r.-v. pour les groupes toute l'année.

VENDEUVRE C3

Château

Musée et jardin du château de Vendeuvre
14170 Vendeuvre
Tél. : 02 31 40 93 83
www.vendeuvre.com
Propriété privée
Classé

Demeure toujours habitée par la famille Vendeuvre depuis sa construction en 1750 par Alexandre de Vendeuvre selon les plans de l'architecte J.-F. Blondel, le château présente dans une atmosphère chaleureuse un ensemble historique entièrement meublé et décoré. Chaque pièce aborde un thème de la vie quotidienne, présentée par des automates : l'art de recevoir, la toilette, l'écriture, le fumoir, la peinture, les jeux, etc. Le parc, création de la fin du XIXe s., se compose d'un jardin à la française, d'un jardin d'utilité avec vivier à poissons, colombier et glacière, de jardins d'eau, d'un jardin exotique et de labyrinthes. L'orangerie abrite une exceptionnelle collection de meubles miniatures allant du XVIe s. à l'époque Art déco. Ces chefs-d'œuvre de maîtrise, modèles et objets lilliputiens constituent un panorama très varié des arts décoratifs et font de cette collection un ensemble remarquable.

Avr. : t.l.j. 14h-18h; mai-sept. : t.l.j. 11h-18h; oct. : dim. et j. fériés 14h-18h;
vac. de Toussaint : t.l.j. 14h-18h.
Visite guidée. Visite sur r.-v. pour les groupes toute l'année.

VIEUX-LA-ROMAINE C2

Jardin archéologique, dit « maison au Grand Péristyle »

Musée et site archéologique de Vieux-la-Romaine
13, Chemin-Haussé
14930 Vieux-la-Romaine
Tél. : 02 31 71 10 20
www.cg14.fr
Propriété du département
Inscrit

TOURISME & HANDICAP

Fouillée depuis le XVIIIe s., la ville romaine d'Aregenua, chef-lieu de la cité des Viducasses, est de nos jours enfouie sous le village de Vieux. Les fouilles entreprises entre 1988 et 1992 ont mis au jour plusieurs voies ainsi qu'une vaste *domus* de 1 420 m², aménagée depuis 1993 en jardin archéologique. Cette *domus*, construite dans la seconde moitié du IIe s., est une maison à péristyle, c'est-à-dire dotée d'un jardin intérieur entouré d'un portique. Les quatre rangées de pièces, disposées autour du jardin agrémenté par deux fontaines, étaient ornées d'enduits peints et, pour deux d'entre elles, d'un pavage de mosaïque. Les vestiges de ce petit palais au propriétaire inconnu, arasé au début du VIe s., permettent d'appréhender la distribution d'une demeure antique de type méditerranéen. Un musée de site, ouvert en 2002, présente les objets découverts pendant la fouille.

Janv.-juin, sept.-déc. : t.l.j. sf mer. 9h-17h, w.-e. 10h-18h; juil.-août : t.l.j. 10h-18h.
Fermé 1er janv., 1er mai, 1er et 11 nov., 25 déc.
Visite libre. Visite guidée sur r.-v.

B2 CERISY-LA-FORÊT

Abbaye Saint-Vigor

50680 Cerisy-la-Forêt
Tél. : 02 33 57 34 63
www.abbayes-normandes.com
Propriété de la commune
Classé

L'abbaye est fondée en 1032 par Robert Ier le Magnifique, duc de Normandie. En 1811, l'abbatiale, érigée pour l'essentiel aux XIe et XIIe s., est amputée des cinq travées occidentales dévolues à la paroisse. Trois travées de nef, un chœur, ainsi qu'un transept dont le bras nord est du XVIIIe s. composent donc, aujourd'hui, ce qui est, par l'ampleur de ses proportions et son abondant décor sculpté, un exemple abouti de l'architecture romane normande. Le bâtiment monastique subsistant est du XIIIe s. et comprend au premier étage la remarquable chapelle gothique de l'abbé Saint-Vigor. Depuis la fin du XVIIIe s., l'édifice est devenu l'église paroissiale.

Avr.-juin, sept.-15 nov. : t.l.j. sf lun. 11h-18h ; juil.-août : t.l.j. 11h-18h.
Visite libre. Visite guidée. Visite sur r.-v. pour les groupes toute l'année.

A2 CERISY-LA-SALLE

Château

Centre culturel international
Château de Cerisy
50210 Cerisy-la-Salle
Tél. : 02 33 46 91 66
www.ccic-cerisy.asso.fr
Propriété privée
Classé

Jean Richier, seigneur protestant de Cerisy, érige le château de 1605 à 1620. C'est Joseph Richier qui le fait agrandir au nord en 1756. Le corps de logis, flanqué de quatre massifs pavillons d'angle, présente des plafonds peints du XVIIe s. ainsi que des boiseries du XVIIIe s. provenant de l'abbaye bourguignonne de Pontigny. Le domaine abrite une ferme contemporaine du château. L'ensemble est valorisé par un aménagement paysager mis en place dans la seconde moitié du XIXe s. Depuis 1952, le site héberge un centre culturel international, haut lieu de la pensée moderne.

Juil.-août : jeu. 15h, 16h30. Visite guidée. Visite sur r.-v. pour les groupes.

B3 CHAULIEU

Château de Saint-Martin-de-Chaulieu

50150 Chaulieu
Tél. : 02 33 59 91 90
Propriété privée
Inscrit

C'est probablement Jacques du Bourget, seigneur de Saint-Martin-de-Chaulieu, qui fait ériger le château actuel dans la première moitié du XVIIe s. Il est remanié au niveau de certaines ouvertures, sans doute lors du changement de propriétaire en 1753. C'est à la même période que les écuries sont bâties. Le corps de logis de plan massé présente deux échauguettes pour la façade antérieure et deux pavillons saillants pour la façade postérieure. Une cheminée peinte du XVIIe s. est toujours en place dans la salle à manger. Des restitutions de mobilier viennent agrémenter les intérieurs.

Visite uniquement sur r.-v. toute l'année.

COUTANCES A2

Cathédrale Notre-Dame

50200 Coutances
Tél. : 02 33 19 08 10
www.coutances.fr
www.paysdecoutances.fr
Propriété de l'État
Classé

La présence d'évêques à Coutances est attestée dès 511. Les invasions scandinaves les en chassent en 836. L'évêque Robert marque son retour, en 1024, par la construction d'une cathédrale consacrée en 1056. À partir de 1208, un nouveau monument, aux élégantes proportions, est mis en place. Il est en grande partie achevé vers 1238. N'ayant pas été détruit, l'édifice roman est toujours présent sous l'architecture gothique. Couronnée de trois tours et ponctuée d'un chevet à double déambulatoire, la cathédrale offre une des plus importantes séries de vitraux du XIIIe s. en Normandie.

Juil.-août : t.l.j. sf sam. et dim. mat. 11 h, 15 h ;
3 mai-juin, 1er-17 sept. : mar., dim. 15 h.
Visite guidée. Visite sur r.-v. pour les groupes toute l'année.
De sept. à juin, se renseigner au 02 33 19 08 10.

Hôtel et jardin Quesnel-Morinière

Musée Quesnel-Morinière
2, rue Quesnel-Morinière
50200 Coutances
Tél. : 02 33 07 07 88
www.coutances.fr
Propriété de la commune
Inscrit

[m]

En 1633, une aile vient augmenter l'hôtel particulier érigé au début du XVIIe s. par la famille Rihouey. Après la Révolution, l'édifice est vendu par deux fois. Son dernier acquéreur, M. Quesnel de La Morinière, en fait don à la ville en 1850. Le logis, flanqué de deux ailes agencées autour d'une cour, permet par son porche l'accès à un jardin des plantes réalisé en 1854 par Minel. Synthèse de la diversité des jardins à l'anglaise, de la symétrie de ceux à la française et du rythme donné par des terrasses à l'italienne, ce jardin est agrémenté par une statuaire diversifiée. Depuis 1874, le musée municipal dit Quesnel-Morinière profite de ce cadre.

MUSÉE Juil.-août t.l.j. sf mar. et dim. mat. 10 h-12 h, 14 h-18 h ;
janv.-juin, sept.-déc. t.l.j. sf mar. et dim. mat. 10 h-12 h, 14 h-17 h.
Fermé j. fériés. Visite libre. Visite sur r.-v. pour les groupes.

CROSVILLE-SUR-DOUVE A2

Château

50360 Crosville-sur-Douve
Tél. : 02 33 41 67 25
chateaucrosville@aol.com
Propriété privée
Classé

De la maison forte édifiée au XVe s. par les Boudet, seigneurs de Crosville, subsistent le donjon de l'angle ouest et la double porte au sud. C'est vers 1640, période d'ascension sociale et économique des Boudet, que le logis est réédifié. Le portail permet l'accès à une cour rectangulaire dont les communs occupent trois côtés et le château le côté nord. La façade postérieure de ce dernier donne sur les vestiges d'un jardin clos. Un pavillon central encadré par deux ailes compose le logis aux hautes toitures. Des plafonds peints et de nombreuses cheminées, le tout remarquablement conservé, ornent les intérieurs.

Pâques-sept. : t.l.j. 14 h-18 h. Visite libre. Visite guidée.
Visite sur r.-v. pour les groupes toute l'année.

A1 **ÉCAUSSEVILLE**

Hangar à dirigeables

50310 Écausseville
Tél. : 02 33 41 15 73
www.aerobase.fr
Propriété de la communauté de communes
Classé

Prévu pour succéder à un hangar en bois et abriter deux dirigeables de type ZD3, le hangar d'Écausseville est élevé entre 1917 et 1920 par la Marine. Les dirigeables avaient pour vocation de lutter contre les forces sous-marines allemandes. Or, terminé après les hostilités, Écausseville est désarmé sans avoir été utilisé. Ce vaste vaisseau est composé d'une structure de béton armé supportant un mince voile de béton. Il est l'unique exemple français de cette méthode de construction dite « procédé Hennebique ». Avec le hangar de Toulouse-Blagnac, il constitue un des rares témoins de ce type de réalisation aux dimensions si impressionnantes.

Visite guidée sur r.-v. toute l'année. ♿

A1 **FLAMANVILLE**

Parc du château

Château de Flamanville
50340 Flamanville
Tél. : 02 33 87 66 66
www.flamanville.fr
Propriété de la commune
Inscrit

Ayant fait un fructueux mariage en 1652 et obtenu l'érection de la terre de Flamanville en marquisat en 1654, Hervé Bazan entreprend la construction du château actuel. Il est probablement achevé quand la chapelle est consacrée en 1659. Au sud, le logis, flanqué de pavillons saillants prolongés en retour d'équerre par une aile plus basse, délimite la cour d'honneur. Un pont dormant qui enjambe de larges douves en permet l'accès. Au nord, la basse-cour est délimitée par les communs et l'aile nord du corps de logis. C'est dans un vaste parc arboré agrémenté de points d'eau et d'un jardin conservatoire du dahlia que se dresse cette sobre architecture.

Accès libre au parc du château toute l'année. ♿

A1 **FONTENAY-SUR-MER**

Château de Courcy

6, avenue de Courcy
50310 Fontenay-sur-Mer
Tél. : 02 33 21 41 10
Propriété privée
Inscrit

Le manoir du XVIe s. arasé, un nouvel édifice est érigé pour la famille Le Berseur au XVIIe s. Il est achevé vers 1658. C'est sans doute à un membre de la famille Hellouin que sont dus les agrandissements du XVIIIe s. qui reprennent l'esthétique architecturale de l'édifice déjà en place. La décoration intérieure bien conservée présente des aménagements datables de la fin du XVIIe s. au début du XIXe s. L'élévation antérieure du logis, sobre bâtisse flanquée de pavillons saillants, donne sur une avant-cour tandis qu'un parterre à la française borde la façade postérieure.

15 mai-15 sept. : t.l.j. sf dim.-mar. 14h30-18h.
Visite libre. Visite extérieure. Visite sur r.-v. pour les groupes.

GONNEVILLE A1

Château

50840 Gonneville
Tél. : 02 33 22 90 92
www.manchetourisme.com
Propriété privée
Inscrit

C'est aux familles de Pirou et de Jallot que nous devons le logis du XVIe s. fortement remanié aux XVIIe s. et XVIIIe s. Les communs aux lucarnes à fronton sculpté sont érigés vers 1641. Deux tours du XIVe s., vestiges d'une forteresse médiévale, sont toujours visibles sur le domaine. La progression vers le château se fait en deux temps. Il faut d'abord traverser l'avant-cour bordée par les communs. Puis une poterne du XVIe s. permet d'accéder à une cour d'honneur. Le logis à avant-corps central et fronton occupe le côté sud de celle-ci. L'ensemble est bordé de douves toujours en eau.

Juil.-août : lun.-sam. 10h-12h, 14h-18h30, dim. 14h-18h30.
Visite sur r.-v. le reste de l'année et pour les groupes.

GRATOT A2

Château

Route d'Arouges
50200 Gratot
Tél. : 06 64 01 05 82/02 33 45 18 49
www.chateaugratot.com
Propriété privée
Classé

La seigneurie de Gratot appartient à la famille d'Argouges du XIIIe s. au XVIIIe s. qui fait bâtir le château. Ruinée au XIXe s., la forteresse, probablement élevée au XIVe s., se déploie sur un vaste quadrilatère bordé de douves. Aujourd'hui encore, une poterne datant de cette période en défend l'accès. Au nord s'élève le logis dont la base semble remonter au XVe s. Il porte la trace des divers remaniements dont il a été l'objet jusqu'au XVIIIe s. Après une période d'abandon, une patiente restauration entreprise en 1968 a redonné vie à l'édifice.

T.l.j. 10h-19h. Visite libre. Visite guidée. Visite sur r.-v. pour les groupes.

HAMBYE A3

Abbaye

7, route de l'Abbaye
50450 Hambye
Tél. : 02 33 61 76 92
www.sitesetmusees.cg50.fr
Propriété privée,
propriété du département
Classé

En 1145, Guillaume Paynel, seigneur d'Hambye, fonde l'abbaye Notre-Dame-de-Hambye dans un vallon de la Sienne. La communauté prospère jusqu'au XIVe s., avant d'entrer en décadence et de s'éteindre à la fin du XVIIIe s. Les moines bénédictins, qui ont occupé le site, ont bâti une abbaye sobre et élégante, caractéristique des débuts de la période gothique. Après la Révolution, l'église et le cloître, utilisés comme carrière de pierre, sont en partie démantelés. Aujourd'hui, les ruines majestueuses de l'église surplombent les bâtiments conventuels avec une salle capitulaire remarquable, faisant de cet ensemble monastique médiéval un des plus complets de Basse-Normandie. Le monument accueille en saison des expositions temporaires et des animations.

Avr.-juin, sept.-oct. : t.l.j. sf mar. 10h-12h, 14h-18h ;
juil.-août : t.l.j. 10h-12h, 14h-18h.
Visite libre de l'église. Visite guidée des bâtiments monastiques.
Visite sur r.-v. pour les groupes de nov. à mars.

HÉBÉCREVON B2

Parc et château de La Roque

50180 Hébécrevon
Tél. : 02 33 57 33 20
www.chateau-de-la-roque.fr
Propriété privée
Inscrit

La famille Hue de La Roque érige le château dans la première moitié du XVIIe s. L'ensemble du bâti s'organise autour d'une cour dont le logis occupe le côté ouest. En 1944, des bombardements ont fait disparaître les dépendances du côté sud et endommagé la toiture du logis. Cet édifice, construit en schiste, se compose d'un pavillon central encadré par deux corps de bâtiment. Au nord, un pavillon rectangulaire fait le lien entre le logis et les dépendances. La face ouest du château s'ouvre sur un escalier à double révolution qui permet d'accéder à un parc de plusieurs hectares.

Juin-sept. : t.l.j. sf dim. 9h-12h, 15h-19h.
Visite libre. Visite extérieure. Visite sur r.-v. pour les groupes. ♿

A3 LUCERNE-D'OUTREMER (LA)

L'abbaye de La Lucerne, surnommée d'Outremer pour ses liens avec l'Angleterre, est la plus ancienne abbaye prémontrée de Normandie. Fondée en 1143 par l'évêque d'Avranches, elle reste prospère jusqu'à la Révolution. Les bâtiments conventuels du XIIe s., remaniés au XVIIe s., s'organisent autour d'un cloître repris au XVIIIe s. L'église, également du XIIe s., occupe le côté nord de ce dernier. À l'est, au-delà d'un étang, se dresse le logis abbatial du XVIIIe s. Son utilisation industrielle postrévolutionnaire ayant passablement ruiné l'église et les ailes sud et est du cloître, une restauration patiente de l'abbaye se poursuit depuis 1959 avec pour objectif, à terme, d'y restituer une vie monastique.

15 mars-sept., 15 oct.-15 nov., vac. de Noël : t.l.j. 10h-12h, 14h-18h30 (17h d'oct. à mars). Fermé dim. mat. Visite libre. Visite guidée (juil.-août 14h-18h30 et w.-e. en sept.). Visite sur r.-v. pour les groupes toute l'année (20 pers. min.).

Abbaye de la Lucerne
50320 La Lucerne-d'Outremer
Tél. : 02 33 60 58 98/02 33 48 83 56
www.abbaye-lucerne.fr
Propriété de la fondation abbaye de la Lucerne-d'Outremer
Inscrit et classé

A1 MARTINVAST

Sur la base d'un logis Renaissance érigé vers 1580, le baron Schickler, propriétaire du domaine depuis 1867, élève un château néogothique. Ce dernier conserve un donjon du XIe s., vestige de la forteresse détruite lors de la guerre de Cent Ans. La propriété d'environ 180 ha est aménagée en vaste parc à l'anglaise entre 1820 et 1830 par Alexandre du Moncel, alors propriétaire. Ce dernier crée aussi sur le domaine une ferme modèle. Le baron Schickler achève l'aménagement du parc à la fin du XIXe s. Cet espace boisé s'organise autour de cascades, d'étangs, de prairies et de fabriques dont un imposant obélisque du XVIIIe s.

T.l.j. sf sam. mat., dim. et j. fériés 10h-12h, 14h-18h.
Visite du parc uniquement.

Château
50690 Martinvast
Tél. : 02 33 87 20 80
www.chateau-martinvast.fr
Propriété privée
Inscrit

A3 MONT-SAINT-MICHEL (LE)

L'origine de l'abbaye du Mont-Saint-Michel remonte à 708, lorsque saint Aubert consacre un premier sanctuaire à saint Michel. En 966, des bénédictins s'installent et sont à l'origine de l'essor du nouveau monastère et du pèlerinage qui se développe alors. L'abbaye est un monument unique : tenant compte de la forme en pointe du mont, les architectes de Moyen Âge ont enroulé les constructions autour du rocher. Le bâtiment dit « de la Merveille » apparaît comme le fleuron de l'architecture du monument. Il est le témoin de la maîtrise des bâtisseurs du XIIIe s. qui ont réussi à appuyer sur la pente du rocher deux corps de bâtiment de trois étages. Devenu monument national après 1789, le Mont-Saint-Michel est inscrit sur la liste du Patrimoine mondial de l'Unesco depuis 1979.

Mai-août : t.l.j. 9h-19h; sept.-avr. : t.l.j. 9h30-18h. Fermé le 1er janv., 1er mai, 25 déc.
Visite libre. Visite audioguidée. Visite guidée.
Visite nocturne t.l.j. sf dim. en juil.-août 19h-22h30.
Visite sur r.-v. pour les groupes. (visite signée sur demande).

Abbaye
50170 Le Mont Saint Michel
Tél. : 02 33 89 80 00
http://mont-saint-michel.monuments-nationaux.fr
Propriété de l'État
Classé

MORTAIN B3

Abbaye Blanche

Route de l'Abbaye
50140 Mortain
Tél. : 02 33 79 47 47
www.ville-mortain.fr
Propriété privée
Classé

Fondée en 1120 par saint Vial et sainte Adeline (sa sœur), l'abbaye de moniales cisterciennes, vêtues de blanc (d'où le nom abbaye blanche) est consacrée en 1205. Elle fut construite grâce aux dons des rois d'Angleterre dans le style dit « Plantagenêt ». On peut visiter le cloître pur roman, la salle capitulaire, le bâtiment des conserves et surtout l'église abbatiale qui, avec son appareil de pierres pour principal décor, ses puissants contreforts, son chevet plat, est un exemple caractéristique et bien conservé de l'architecture médiévale cistercienne normande.

T.l.j. sf mar. et dim. mat. 9h-12h, 14h-18h.
Visite libre. Visite guidée sur r.-v. pour les groupes.

PARIGNY B3

Château

50600 Parigny
Tél. : 02 33 49 41 22
www.manchetourisme.com
Propriété privée
Inscrit

Le château de Parigny est reconstruit vers 1630, en s'appuyant sur quatre tours subsistant d'un ancien manoir fortifié. L'ensemble se compose d'un corps de logis à deux niveaux d'élévation traités sans décoration, cantonné par deux tours rondes. Au sud, des ailes en retour relient ces dernières à deux tours de moindres dimensions. Le côté ouest de la cour d'honneur est occupé par une grange contemporaine du logis, tandis qu'à l'est se dressent des écuries dont la construction remonte à 1772. L'intérieur du logis offre encore quelques boiseries d'époque classique, ainsi qu'un escalier en bois du XVIIe s.

Juin-15 juil., 4-20 sept. : t.l.j. 11h-12h, 14h-17h.
Visite libre. Visite sur r.-v. pour les groupes. ♿

PIROU A2

Château fort

50770 Pirou
Tél. : 02 33 46 34 71
www.chateau-pirou.org
Propriété de la fondation abbaye de la Lucerne-d'Outremer
Inscrit

Les parties les plus anciennes de l'actuel château fort remontent au XIIe s. À l'origine, le château de Pirou se dressait au bord d'une lagune envahie par la mer. Derrière une triple rangée de douves et de remparts, l'accès se faisait par cinq portes fortifiées dont trois subsistent. Sur le site étroit, qui conserve sa fonction militaire jusqu'au XVIe s., les constructions se sont succédé jusqu'au XVIIe s. Les trois portes de la barbacane, vestiges visibles du triplé de douves disparues, marquent le premier temps de l'accès à la forteresse du XIIe s. Puis, les deux portes de la basse-cour balisent le chemin vers le pont en pierre substitué au pont-levis au XVIIe s. Sur l'île sise au centre d'un étang artificiel, les remparts défendent le logis du XVIIe s. augmenté d'un autre logis au XVIIIe s. Au XIXe s., le château se détériore progressivement faute d'entretien. Les restaurations entreprises depuis 1966 permettent de redécouvrir un exemple sans équivalent parmi les forteresses médiévales normandes conservées.

Fév.-sept., 15 oct.-nov. : t.l.j. sf mar. 10h-12h, 14h-18h30 (17h d'oct.-mars).
Fermé en janv., 1er-14 oct. et déc. Visite libre. Visite guidée (juil.-août apr.-midi).
Visite extérieure. Visite sur r.-v. pour les groupes. ♿

A2 **REGNÉVILLE-SUR-MER**

Fours à chaux du Rey

14, route des Fours-à-Chaux
50590 Regnéville-sur-Mer
Tél. : 02 33 46 82 18
www.sitesetmusees.cg50.fr
Propriété du département
Inscrit

Érigés de 1852 à 1854 par l'entrepreneur Victor Busnel, les fours du Rey connaissent une trentaine d'années d'activité avant de péricliter comme l'ensemble de la filière chaufournière. Regnéville est un des rares exemples subsistants de site conçu selon le système Simoneau qui permet d'utiliser le bois ou la houille pour cuire la chaux. Bâties au fond d'une carrière dont elles occupent trois côtés, quatre imposantes tours, correspondant chacune à un four, dévoilent, fait rare, leur structure à ciel ouvert. Elles ont la particularité de posséder un niveau intermédiaire avec chambre de surveillance et foyers latéraux.

Avr.-juin, vac. de Pâques et de Toussaint : t.l.j. 14h-18h30 ;
juil.-août : t.l.j. 11h-19h. Visite libre. Visite guidée en juil.-août.
Visite guidée sur r.-v. pour les groupes toute l'année sf 15 déc.-15 janv.
(parcours sonores et tables gravées).

B2 **SAINT-LÔ**

Haras national

Route de Bayeux
50000 Saint-Lô
Tél. : 02 33 55 29 09/02 33 77 60 35
www.haras-nationaux.fr
Propriété de l'État
Inscrit

La croissance du haras installé en 1806 dans l'enceinte de l'ancienne abbaye Sainte-Croix nécessite bientôt de nouvelles installations. Le chantier débute le 11 juin 1882 sur un terrain de 7 ha cédé par la ville et s'achève en septembre 1898. Quatre écuries s'organisent autour d'une vaste cour hexagonale dont l'axe nord-sud est laissé libre. Dans cette perspective vient s'inscrire la maison du directeur. L'ensemble est bâti en brique et pierre comme il est d'usage au XIXe s. pour les édifices à vocation utilitaire. Aujourd'hui, Saint-Lô est l'un des plus importants et des plus visités des haras nationaux. Il héberge environ cent vingt étalons de sept races : pur-sang, percheron, poney français, connemara, cob normand, trotteur français et cheval de selle français.

Juin, sept. : t.l.j. 15h30 ;
juil.-août : t.l.j. sf dim. mat. et j. fériés 11h, 14h30, 15h30, 16h30.
Présentation d'attelages le jeu. du dernier jeu. de juil. au 1er jeu. de sept. à 15h.
Visite guidée. Visite sur r.-v. pour les groupes toute l'année sf dim. et j. fériés 9h-11h, 14h-17h (20 pers. min.)

A2 **SAINT-SAUVEUR-LENDELIN**

Manoir du Grand-Taute

50490 Saint-Sauveur-Lendelin
Tél. : 02 33 19 19 24/02 33 46 67 24
www.manchetourisme.com
Propriété privée
Inscrit

Le manoir du Grand-Taute et ses dépendances sont édifiés dans le dernier tiers du XVIe s. par les Le Coq, seigneurs de Taute. Le bâti s'organise autour d'une cour ouverte dont trois côtés sont occupés par les communs (pressoir, grange, écurie) et le côté ouest par le logis. Ce dernier est daté de 1588. Le robuste appareil en schiste, les tours d'escalier aux angles sud-est et nord-ouest, les divers systèmes de défense (grilles, meurtrières, etc.), tant à l'extérieur qu'à l'intérieur, font de cet édifice un exemple éloquent des manoirs à structure de maison forte érigés dans la période troublée de la fin du XVIe s.

Juil.-août : t.l.j. 14h-18h. Visite libre. Visite sur r.-v. pour les groupes.

SAINT-SAUVEUR-LE-VICOMTE A2

Château

Le Vieux Château
50390 Saint-Sauveur-le-Vicomte
Tél. : 02 33 21 50 44
ot.ssv@wanadoo.fr
Propriété de la commune
Classé

Au Xe s., Roger Ier, seigneur de Saint-Sauveur, fonde une forteresse. Elle est reconstruite en pierre au XIIe s., puis reprise aux XIVe s. et XVe s. Louis XIV redonne de sa superbe au château détérioré durant les guerres de Religion en y fondant un hospice en 1691. Les combats de 1944 entraînent la réédification peu heureuse de l'hospice. Sa suppression récente rend à l'enceinte médiévale tout son caractère. Le donjon carré du XIVe s. de l'angle sud-est compte, avec la tour des prisons du sud-ouest, parmi les vestiges marquants de cette enceinte organisée autour d'une haute cour pentagonale. Aujourd'hui, le château abrite l'office du tourisme.
Juil.-août : lun.-sam. 11 h, 15 h, 16 h, 17 h, dim. 15 h, 16 h, 17 h.
Visite libre des extérieurs toute l'année. Visite guidée.
Visite sur r.-v. pour les groupes.

SAINTE-MARIE-DU-MONT B2

Château

50480 Sainte-Marie-du-Mont
Tél. : 02 33 71 52 34
Propriété privée
Inscrit

Le château du début du XVIIe s., érigé sur le site d'un ancien château fort pour Robert Aux Épaules, seigneur aux ascendances danoises, est arasé vers 1793 à l'exception du bâti de la basse-cour. Élevés à la fin du XVIe s., ces bâtiments sont réaménagés au XIXe s. Au nord, un pavillon central de plan carré, s'élevant sur quatre niveaux et flanqué de deux tourelles, forme, avec les corps de bâtiments de plan rectangulaire qui le cantonnent, le logis actuel. Les dépendances en retour d'équerre occupent le côté est de la cour. Une double porte du XVIe s. permet d'accéder à cet ensemble.
3 juil.-17 août : t.l.j. sf sam. 14 h-17 h.
Visite guidée. Visite extérieure. Visite sur r.-v. pour les groupes. ♿

TORIGNI-SUR-VIRE B2

Château des Matignons

Place Charles-de-Gaulle
50160 Torigni-sur-Vire
Tél. : 02 33 56 71 44
www.ot-torigni.fr
Propriété de la commune
Classé

Arasant la forteresse médiévale, Joachim de Matignon élève un grand pavillon au début du XVIe s. De 1585 à 1612, Jacques de Matignon fait bâtir par l'architecte François Gabriel deux ailes au sud et à l'est. En 1692, un pavillon complète l'ensemble au sud-ouest. Le 12 juin 1944, un incendie ravage l'aile sud, seule subsistance du château après les destructions du XIXe s. Restaurée, elle déploie une architecture marquée par la symétrie et animée par les refends et le contraste chromatique entre la blancheur de la pierre de Caen et le pourpre de la pierre de Troisgots. Hôtel de ville depuis 1817, l'édifice abrite un escalier d'honneur, du mobilier du XIXe s. et des tapisseries du XVIIe s.
Juil.-août : t.l.j. 14 h 30-18 h ; 15-30 juin, 1er-15 sept. : w.-e. 14 h 30-18 h.
Visite guidée toutes les heures. Visite sur r.-v. pour les groupes.

URVILLE-NACQUEVILLE A1

Château et parc de Nacqueville

50460 Urville-Nacqueville
Tél. : 02 33 03 21 12
www.nacqueville.com
Propriété privée
Inscrit

C'est aux Grimouville qu'est due la construction de Nacqueville au cours du XVIe s. À la fin du XVIIe s., Bernard Mangon remanie les ouvertures, ajoute un pavillon à l'ouest et supprime l'enceinte liant le manoir à la poterne. En 1830, Hippolyte de Tocqueville fait unifier les élévations, ajouter des lucarnes imitant celles du châtelet et dessiner le parc par un paysagiste anglais. La poterne du XVIe s. flanquée de tours, l'architecture composite du manoir et le parc animé par une rivière en cascade, une pièce d'eau et des fontaines fleuries, le tout agrémenté de nombreux arbres, ancrent le site dans l'imaginaire romantique du XIXe s.
Pâques-sept. : t.l.j. sf lun., mer. et sam. 12 h-18 h.
Visite libre. Visite guidée sur r.-v. pour les groupes (15 pers. min.). ♿

Manoir du Dur-Écu

50460 Urville-Nacqueville
Tél. : 02 33 03 49 91
www.durecu.com
Propriété privée
Inscrit

Le manoir est bâti entre la fin du XVIe s. et le début du XVIIe s., probablement pour Thomas Lesdo, bailli de la haute justice de l'abbaye du Vœu à Cherbourg. L'ensemble du bâti s'organise autour de deux cours. À l'ouest se déploient le portail, la grange, la maison du fermier, l'étable et l'aile ouest du logis, tandis qu'à l'est s'élèvent l'aile sud du logis flanquée d'un donjon du XVIe s., le colombier et la charretterie. Outre le donjon, les trois bretèches de la face nord du manoir montrent les préoccupations défensives des commanditaires. Trois moulins à eau de 1808 se dressent au sud-est, les vestiges d'un moulin à vent occupant le sommet de la propriété.

Juil.-sept. : mar.-jeu. et Journées du patrimoine 11h-13h, 15h-19h.
Visite libre. Visite extérieure. Visite sur r.-v. pour les groupes. ♿

A3 VAINS-SAINT-LÉONARD

Manoir

50300 Vains-Saint-Léonard
Tél. : 02 33 58 24 46
Propriété privée
Inscrit

C'est probablement à la famille Mathan que sont dues les réalisations des XVIe s. et XVIIe s. alors que celles du XVIIIe s. semblent imputables aux La Bellières. Un pont dormant permet l'accès à une cour. Les communs du XVIe s. occupent trois côtés de celle-ci tandis que le logis se dresse au sud. Ce dernier se compose d'un corps principal et d'une aile en retour au sud. Érigé au XVIe s. pour la partie est, puis agrandi vers l'ouest au XVIIe s. et finalement augmenté de l'aile sud au XVIIIe s., l'ensemble du logis est modifié une dernière fois à la fin du XIXe s. L'intérieur du manoir conserve boiseries et cheminées du XVIIIe s.

Juil.-15 sept. : t.l.j. sf w.-e. et j. fériés 15h-18h.
Visite guidée. Visite sur r.-v. pour les groupes.

A1 VALOGNES

Abbaye bénédictine (ancienne)

1, avenue du 8-Mai-1945
50700 Valognes
Tél. : 02 33 95 01 26
www.mairie-valognes.fr
Propriété de l'État
Inscrit

L'épidémie de peste qui frappe Cherbourg durant l'été 1626 amène les bénédictines à s'installer à Valognes. Le 5 octobre 1631, elles prennent possession de leur nouveau monastère commencé en 1629. Confisqué à la Révolution, il sert d'hôpital à partir de 1810. Les bâtiments conventuels s'organisent autour du cloître dont l'église occupe le côté est. Les chaînes harpées qui rythment les façades, les bossages qui ornent les ouvertures, le profil des pavillons sud, associés à l'unité stylistique, font de cet ensemble un remarquable exemple de l'architecture de la première moitié du XVIIe s. dans le clos du Cotentin. L'abbaye abrite aujourd'hui un centre hospitalier.

Visite libre de la chapelle, de la cour et du cloître.
Visite guidée sur r.-v. toute l'année au 02 33 95 01 26.

Hôtel de Beaumont

11, rue Barbey-d'Aurevilly
50700 Valognes
Tél. : 02 33 40 12 30
www.hoteldebeaumont.fr
Propriété privée
Classé

Entre 1767 et 1771, à partir d'un pavillon de la première moitié du XVIIe s., Pierre-Guillaume Jallot, comte de Beaumont, fait édifier un vaste hôtel par Pierre-Raphaël Lozon. Un avant-corps convexe à deux niveaux de colonnes anime la façade sur cour alors que la sobriété est de mise pour l'élévation donnant sur le jardin à la française. Un exceptionnel escalier tournant à trois volées droites parallèles desservant le premier étage occupe le centre de la distribution intérieure. Les pièces ouvertes à la visite permettent d'admirer du mobilier des XVIIIe s. et XIXe s.

Juil.-15 sept. : t.l.j. sf dim. mat. 10h30-12h30, 14h30-18h30;
w.-e. de Pâques et de Pentecôte : 14h30-18h30.
Visite libre des jardins. Visite guidée du château.
Visite sur r.-v. pour les groupes toute l'année (20 pers. min.).

Hôtel de Grandval-Caligny

32, rue des Religieuses
50700 Valognes
Tél. : 02 33 40 01 75
www.mairie-valognes.fr
Propriété privée
Inscrit

En novembre 1708, Adrien Morel, seigneur de Courcy, acquiert trois logis qu'il fait compléter et rhabiller. A.-L. Hue de Caligny augmente et aménage l'édifice dans la seconde moitié du XVIIIe s. Cet hôtel à la sobre architecture doit sa renommée à la présence régulière dans ses murs de Jules Barbey d'Aurevilly de 1872 à 1887. Le bâti s'organise autour d'une cour d'honneur de plan carré dont le passage sur rue se fait à l'est. Le logis principal à fond de cour donne, à l'ouest, sur un jardin à la française. Ce logis conserve des éléments de décoration d'origine tels que des cheminées en pierre calcaire de Valognes ou des boiseries du XVIIIe s.
Juil.-août : t.l.j. 11h-12h, 14h30-18h.
Visite guidée. Visite sur r.-v. pour les groupes toute l'année.

Thermes romains d'Alauna

Rue Pierre-de-Coubertin
50700 Valognes
Tél. : 02 33 95 01 26
www.mairie-valognes.fr
Propriété de la commune
Classé

Fouillés dès le XVIIe s., les thermes d'Alauna – nom romain de la ville – constituent les seuls vestiges romains de la presqu'île du Cotentin. Élevés dans la seconde moitié du Ier s. apr. J.-C., les thermes ruinés sont en partie réoccupés par de l'habitat médiéval entre le XIIIe s. et le XVe s. Les vestiges actuels permettent de se représenter l'édifice primitif. Conçu sur un plan symétrique, il se compose à l'origine d'une dizaine de pièces dont une étuve, une piscine chaude et une piscine froide. Le mur conservé à l'appareil soigné, qui s'élève sur 12 m, rappelle le caractère exceptionnel de ce site balnéaire.
T.l.j : 9h-19h. Visite libre. Visite guidée pour les groupes.
Visite sur r.-v. pour les groupes toute l'année.

VAUVILLE A1

Jardin botanique

50440 Vauville
Tél. : 02 33 10 00 00
www.jardin-vauville.fr
Propriété privée
Inscrit

Deux ailes en retour d'équerre reliées par un donjon du XIIe s. forment le château élevé aux XVIe s. et XVIIe s. Autour de celui-ci un jardin botanique, créé en 1947 par Nicole et Éric Pellerin, se déploie sur 4 ha où fourmillent notamment amaryllis, senecios et autres aloès. Utilisant les formes naturelles du terrain, il offre une succession d'espaces de verdure. Une ambiance subtropicale est donnée au site par la présence de plus de neuf cents espèces de l'hémisphère austral. L'utilisation d'arbres et d'arbustes à feuillage persistant permet une permanence à ce jardin ouvert sur la mer.
Avr.-sept. : t.l.j. 14h-18h ; oct. : mar., ven., w.-e. 14h-18h. Fermé j. fériés.
Visite libre. Visite guidée. Visite sur r.-v. pour les groupes (10 pers. min.).

VERGONCEY A3

Château de Boucéel

50240 Vergoncey
Tél. : 02 33 48 34 61
www.chateaudebouceel.com
Propriété privée
Inscrit

L'architecte et ingénieur des Ponts et Chaussées Jacques Basché érige, de 1762 à 1764, un nouveau château pour Jacques Doynel, marquis de Montecot. Les façades de cet édifice de plan rectangulaire à trois niveaux d'élévation, dont un sous comble, reçoivent le sobre traitement réservé aux demeures de plaisance de la première moitié du XVIIIe s. La discrète animation des façades repose sur des refends aux angles ainsi qu'à la base des avant-corps, convexe au sud et à pans coupés au nord. L'intérieur est orné de boiseries polychromes d'origine remarquablement conservées, œuvres du sculpteur virois Le Mazier.
20 août-sept. : visite sur r.-v.

D3 **AUBE**

En activité dès la seconde moitié du XVIe s., la forge d'Aube se compose de trois ateliers pour travailler le fer lorsqu'elle est vendue en trois lots au milieu du XIXe s. Pierre Jean Félix Mouchel, nouveau propriétaire de la forge, l'affecte au travail du cuivre. Elle cesse son activité en 1939 et est acquise par la commune en 1980. Huit bâtiments en brique et silex constituent, aujourd'hui, le musée de la Forge-d'Aube. Le marteau hydraulique qui conserve sa structure est, parmi les fours d'affinage et de chaufferie, l'élément le plus remarquable.

Mi-juin à fin sept. : t.l.j. sf mar. 14h-18h. Visite guidée à 14h15, 15h15, 16h15, 17h15. Visite sur r.-v. pour les groupes toute l'année.

Musée de la Forge-d'Aube

Rue de la Vieille-Forge
61270 Aube
Tél. : 02 33 34 14 93
www.forgeaube.fr
Propriété de la commune
Classé

C3 **BOURG-SAINT-LÉONARD (LE)**

M. de Cromot, surintendant des bâtiments, finances, arts et jardins du comte de Provence, fait araser le village et l'ancien château pour dégager la perspective du nouvel édifice débuté en 1763 et probablement achevé avant 1768. De plan rectangulaire à avant-corps central et flanqué de pavillons d'angle saillants, le château se dresse sur une vaste parcelle encadrée par une orangerie et des écuries. Tandis que des clés sculptées ornent les ouvertures et que des chaînes d'angle animent l'élévation, un toit à l'italienne vient couronner l'ensemble. Outre le grand escalier, l'intérieur offre au rez-de-chaussée une importante collection de mobilier de la seconde moitié du XVIIIe s.

Mai-juin, sept. : w.-e. et j. fériés 14h30-16h30 ; juil.-août : t.l.j. 14h30-17h30. Visite guidée. Visite sur r.-v. pour les groupes toute l'année.
(visite guidée).

Château

61310 Le Bourg-Saint-Léonard
Tél. : 02 33 36 68 68
www.ornetourisme.com
Propriété de la commune
Classé

C3 **CARROUGES**

Le château de Carrouges est édifié du XIVe s. au XVIe s. par trois familles successives : les Carrouges, les Blosset et les Le Veneur. Les douves toujours en eau rappellent la vocation défensive originelle de ce château progressivement transformé en demeure de plaisance. Construit en brique et pierre granitique, couvert d'ardoise, l'ensemble du bâti s'organise autour d'une cour fermée. L'escalier d'honneur, réalisation de François Gabriel, les boiseries des XVIIe s. et XVIIIe s., les portraits de famille et la belle collection de mobilier sont le charme de cette robuste demeure.

Avr.-15 juin, sept. : t.l.j. 10h-12h, 14h-18h ;
16 juin-août : t.l.j. 9h30-12h, 14h-18h30 ; oct.-mars : t.l.j. 10h-12h, 14h-17h.
Fermé 1er janv., 1er mai, 1er et 11 nov., 25 déc.
Visite guidée. Visite sur r.-v. pour les groupes.
r.-d.-c. (plans thermoformés, document de visite en braille).

Château

61320 Carrouges
Tél. : 02 33 27 20 32
http://carrouges.monuments-nationaux.fr
Propriété de l'État
Classé

Centre des monuments nationaux

CHAMP-DE-LA-PIERRE (LE) C3

Parc et château
61320 Le Champ-de-la-Pierre
Tél. : 02 33 27 21 70
Propriété privée
Inscrit

C'est un manoir de la fin du XVe s. qui sert de base au château actuel, qui est en fait une succession de bâtiments remaniés du XVe s. au XIXe s. En 1786 débute la mise en place du parc sous la direction de son concepteur, M. Godard. En 1791, l'exil du propriétaire, J.-B. Ricœur de Bâmont, interrompt sa réalisation. Le parc est remis en état et achevé dans la première décennie du XIXe s. À l'est se déploient un parterre et deux potagers, l'un organisé autour d'un bassin et l'autre clos de murs, tandis qu'au sud une vaste parcelle boisée accueille un étang, une île, un labyrinthe et des fabriques telles qu'un temple ou une oisellerie.
15 juil.-sept. : t.l.j. 11h-12h, 15h-18h.
Visite extérieure. Visite libre. Visite sur r.-v. pour les groupes.

Haut-fourneau
La Forge
61320 Le Champ-de-la-Pierre
Tél. : 02 33 39 72 94
www.lechampdelapierre.com
Propriété d'une association
Classé

En 1572, Claude de Broon, seigneur du Champ-de-la-Pierre, fonde un haut-fourneau et une forge. Ils sont augmentés d'une fenderie en 1619. Les Ricœur, propriétaires depuis 1701, assurent la pérennité du site au XVIIIe s. L'activité cesse vers 1860. Un logement et un fournil constituent les seuls vestiges de la fenderie. De la forge ne subsiste qu'un support de canalisation. La pièce majeure du site est le haut-fourneau, dont la restauration est aujourd'hui achevée. Les fouilles de 1989 ont mis au jour un entrepôt à sable, un réservoir à chaux et un entrepôt à moulages.
Juil.-août : visite guidée sam. à 17h.
Visite sur r.-v. pour les groupes toute l'année (10-20 pers.).

CHAMPSECRET B3

Forge de Varenne
Varenne
61700 Champsecret
Tél. : 02 33 37 76 88
mauricelabaisse@wanadoo.fr
Propriété privée
Classé

Créée dans la seconde moitié du XVIe s. par le seigneur de La Ferrière, la forge de Varenne reste attachée à cette seigneurie jusqu'à la Révolution. Inactif depuis les années 1860, le site conserve les trois ateliers caractéristiques des anciennes forges au bois : le haut-fourneau datant de 1767, la forge, dont subsistent les trois cheminées, et la fenderie, avec un des rares exemples conservés de four à réverbère. Des entrepôts pour le fer et le charbon, un logement ouvrier, une chapelle des forgerons et un aménagement hydraulique complètent le site.
T.l.j. 9h-12h, 14h-17h. Visite extérieure. Visite libre.
Visite guidée sur r.-v. Visite sur r.-v. pour les groupes.

COMMEAUX C3

Manoir
61200 Commeaux
Tél. : 02 33 35 73 77
www.ornetourisme.com
Propriété privée
Classé

C'est à Maurice Droulin qu'est attribuée l'édification du manoir vers 1535. La patiente restauration, faisant suite à plus d'un siècle d'inoccupation et aux destructions d'août 1944, aboutit au classement de l'édifice en 1963. Deux ailes en équerre couvertes de hauts combles composent le manoir. Deux tours rondes viennent cantonner l'élévation nord, tandis qu'au sud une tour d'escalier hors œuvre vient s'insérer dans l'angle rentrant de l'équerre. La sculpture des trois lucarnes Renaissance et les crochets feuillagés qui ornent les pignons sont les principaux éléments de décor.
14 juil.-août : t.l.j. sf lun. 10h-12h, 14h-18h. Visite extérieure.
Visite guidée. Visite sur r.-v. pour les groupes toute l'année.

D4 **COURGEOT**

Manoir de Jarossay

Le Jarossay
61560 Courgeot
Tél. : 02 33 25 13 72
Propriété privée
Inscrit

Dans la première moitié du XVIe s., Denis Abot, vicomte du Perche, fait élever le manoir de Jarossay. Par la suite, le logis de plan rectangulaire est augmenté à l'ouest d'une aile en retour d'équerre. En 1750, François René de Tiercelin fait remanier les ouvertures, reprendre la toiture et changer la distribution. À l'ouest, une tour d'escalier hors œuvre dessert l'étage du logis. Placé en encorbellement de cette dernière, un escalier secondaire permet l'accès à une salle haute. La présence de statues en acrotère aux angles du pignon sud est à noter. À la fin du XVIIIe s., un jardin anglais en terrasses est mis en place.

1er-25 juil., 15 août-15 sept. : t.l.j. 10h-18h.

Visite libre. Visite extérieure. Visite sur r.-v. pour les groupes toute l'année.

C3 **COUTERNE**

Château

61410 Couterne
Tél. : 02 33 37 97 97
www.ornetourisme.com
Propriété privée
Inscrit

À la mort en 1549 de Marguerite d'Angoulême dont il est le chancelier et contrôleur général des finances, Jehan de Frotté se retire dans le logis qu'il vient de faire bâtir à Couterne. À la fin du XVIIIe s., Gabriel de Frotté fait augmenter le logis d'un étage, rhabiller la façade et reprendre les décors intérieurs. De plus, aménageant un escalier dans chacune des tours qui cantonnent l'élévation nord, il fait araser la tour d'escalier sud. Dans le même temps, il met en place une cour d'honneur au nord et un parterre au sud. Un musée retrace l'histoire du château dans les communs.

Juil.-août : t.l.j. sf dim., lun. 10h-12h, 14h-18h.

Visite libre. Visite guidée. Visite sur r.-v. pour les groupes.

C3 **CROUTTES**

Jardins du prieuré Saint-Michel

61120 Crouttes
Tél. : 02 33 39 15 15
www.prieure-saint-michel.com
Propriété privée
Classé

Dépendance de l'abbaye bénédictine de Jumièges, le prieuré de Crouttes est fondé vers 994. Le logis prioral du XVIIIe s., remanié au XIXe s., et la chapelle de la fin du XIIIe s. constituent le côté est d'une cour rectangulaire dont le centre est aujourd'hui occupé par un étang. Au sud se dresse la remarquable structure charpentée de la grange aux dîmes de la fin du XIIIe s., tandis qu'au nord lui fait face la laiterie du XVIIIe s. ainsi que le cellier et le pressoir du XVIe s. À la fin du XXe s., un ensemble de jardins est créé au nord de l'ancien enclos monastique : jardin des simples, jardin des iris, roseraie, jardin sauvage, protégés par des haies de charmilles.

Mai-sept. : t.l.j. sf lun. et mar. 14h-18h.

Visite libre. Visite guidée. Visite sur r.-v. pour les groupes (20 pers. min.).

DOMFRONT B3

Donjon et prieuré Saint-Symphorien

Place de la Roierie
61700 Domfront
Tél. : 02 33 30 60 60/02 33 38 53 97
www.ornetourisme.com
Propriété de la commune
Classé

Au début du XIe s., sur un surplomb qui domine la vallée de la Varenne, Guillaume de Bellême fonde un château qui est amplifié et reconstruit du XIIe s. au XIVe s. Vers 1025, le prieuré Saint-Symphorien, dépendance de l'abbaye de Lonlay, est fondé dans l'enceinte du château. En 1608, sur l'ordre de Sully, le château et le prieuré sont démantelés. De plan rectangulaire, le donjon du XIIe s. conserve une partie de ses murs ouest et nord. Les vestiges du prieuré se composent des ruines de la chapelle du XIe s. L'enceinte fortifiée, toujours présente en partie au nord et à l'est du site, comprend notamment deux tours du XIe s., une casemate et les tours du pont-levis de la fin du XIVe s.

T.l.j. 10h-12h, 14h-18h. Visite libre.
Visite guidée de mi-juin à mi-sept. : t.l.j. sf lun. 11h, 15h, 16h15.
Visite extérieure. Visite sur r.-v. pour les groupes toute l'année.

FLERS B3

Château

Château-Musée
61100 Flers
Tél. : 02 33 64 66 49
www.agglo-paysdeflers.fr
Propriété de la commune
Classé

Entre 1530 et 1540, Nicolas de Grosparmy, comte de Flers, fait ériger le château qui ne se compose alors que de l'aile est cantonnée de ses deux tours. Au début du XVIIIe s., Louis de Pellevé reprend les ouvertures et remanie les intérieurs. Au nord, Hyacinthe de La Motte-Ango fait ajouter une aile en équerre dans la seconde moitié du XVIIIe s. Bordé de douves en eau sur trois côtés, le château donne au sud sur un vaste parc aménagé du XVIIe s. au XIXe s. Restauré après les dommages subis en 1944, l'édifice peut aujourd'hui accueillir l'hôtel de ville et le musée municipal.

Déb. avr.-fin oct. : t.l.j. sf sam. mat. et dim. mat. 10h-12h, 14h-18h.
Fermé 1er mai, 13 juil.. Visite libre. Visite guidée.
Visite sur r.-v. pour les groupes toute l'année (10 pers. min.).

HAUTE-CHAPELLE (LA) B3

Manoir de la Chaslerie

61700 La Haute-Chapelle
Tél. : 06 12 96 01 34/02 33 37 08 10
www.chaslerie.fr
Propriété privée
Inscrit et classé

Le manoir de la Chaslerie est un ensemble seigneurial édifié de la fin du XVIe au XVIIIe s. Il est organisé autour d'une cour fermée et agrémenté de douves, d'une chapelle, de fournils et de diverses dépendances. On accède à la cour par un portail à auvent traité à la manière d'un petit dôme « à l'impérial ». Le logis, de plan rectangulaire et flanqué de deux tours, se dresse à l'est. En retour d'équerre s'élèvent des communs du XVIIIe s. tandis qu'un pavillon du XVIIe s. et une écurie de 1764 occupent le côté ouest de la cour. La chapelle dédiée à sainte Anne qui se dresse à une vingtaine de mètres du logis conserve des vestiges de peintures murales de la fin du XVIIe s.

T.l.j. 9h-12h, 14h-18h. Visite libre.
Visite sur r.-v. pour les groupes de juil. au 15 août.

Manoir de la Saucerie

61700 La Haute-Chapelle
Tél. : 02 33 38 99 08
www.ornetourisme.com
Propriété privée
Classé

Possession de Robert Le Saussier à la fin du XIIe s., le domaine devient au XVe s. la propriété de la famille Doynel qui érige le logis Renaissance. Ce dernier, incendié vers 1840, est aujourd'hui complètement disparu à l'exception des remplois visibles dans le corps de ferme qui le remplace. De plan carré, couvert d'un toit à l'impériale pourvu au sud-est d'une échauguette en pan de bois et flanqué sur sa façade ouest de tours rondes, l'imposant châtelet est le seul vestige du bâti seigneurial de la Saucerie. Au XVIIe s., un étage carré en pan de bois est greffé sur chacune des tours, donnant à l'ensemble sa silhouette si particulière.

22 juil.-10 août : t.l.j. 10h30-13h, 14h30-18h30. Visite libre. Visite extérieure.
Visite guidée sur r.-v. pour les groupes.

C3 **MÉDAVY**

Château

61570 Médavy
Tél. : 02 33 35 05 09
www.ornetourisme.com
Propriété privée
Inscrit et classé

De la forteresse élevée au XIIe s. et remaniée aux XVIe s. et XVIIe s. perdure le tracé du site délimité par des douves toujours en eau. De 1645 à 1725, au nord de la parcelle, un nouveau château est élevé. Ce chantier s'accompagne de la création d'un parc. Au sud-ouest du terre-plein s'élève une tour circulaire du XIVe s. transformée en chapelle en 1722 tandis que sa jumelle, dénaturée par les remaniements des XVIIe s. et XIXe s., se dresse au sud-est. Le logis, de plan rectangulaire, flanqué de pavillons saillants couronnés au sud de larges frontons cintrés, abrite un beau mobilier et une collection d'Atlas du XVIe au XVIIIe s. Une importante campagne de restauration est en cours.

Juil.-août : t.l.j. 14h30-19h. Visite libre de l'extérieur.
Visite guidée de l'intérieur. Visite guidée sur r.-v. pour les groupes.

D4 **MONCEAUX-AU-PERCHE**

Jardins du manoir du Pontgirard

Manoir du Pontgirard
61290 Monceaux-au-Perche
Tél. : 02 33 73 61 49
http://pontgirard.free.fr
Propriété privée
Inscrit

Les Chouet, famille de maîtres de forges, construisent le manoir du Pontgirard au XVIe s. Au début du XVIIIe s., le corps de logis, composé de deux ailes d'équerre, est remanié au niveau des ouvertures et augmenté sur sa façade est d'un escalier en fer à cheval. Le côté nord est bordé par des bâtiments du XVIIe s. à usage de communs tandis que des jardins en terrasses se déploient sur le reste de la parcelle. Ces derniers, restitués dans le dernier quart du XXe s., ne proposent pas moins d'une douzaine d'espaces différenciés tels qu'une pergola, un jardin clos, un parterre d'euphorbes ou un escalier d'eau.

Mai-14 juil. : t.l.j. sf mer. 10h-18h. Visite libre. Visite extérieure.
Visite guidée sur r.-v. pour les groupes toute l'année (15 pers. min.). ♿

C3 **MORTRÉE**

Château d'O

Route d'Almenêches
61570 Mortrée
Tél. : 02 33 39 55 79
www.ornetourisme.com
Propriété privée
Classé

À la fin du XVe s., Jean d'O entreprend la reconstruction du château qui est poursuivie par ses héritiers au XVIe s. À la fin du XVIIIe s., le logis, déjà modifié au XVIIe s., est remanié tant à l'intérieur qu'en façade. Deux édifices reliés par une galerie Renaissance s'agencent autour d'une cour ouverte au nord. L'ensemble est baigné par de larges douves. Le châtelet appareillé en damier polychrome reçoit un décor relevant à la fois de la fin du gothique flamboyant et du début de la Renaissance. À fond de cour, le logis flanqué de tours présente des élévations marquées à l'est par le XVIIe s. et à l'ouest par le XVIIIe s. Le salon dit « des Muses » offre un bel exemple de décor néoclassique peint en trompe l'œil.

Août-12 sept. : t.l.j. 10h-16h.
Visite guidée uniquement sur r.-v. ♿ parc et jardins.

NOCÉ D4

Manoir de Courboyer

61340 Nocé
Tél. : 02 33 25 70 10
www.parc-naturel-perche.fr
Propriété privée
Classé

Élevé à la fin du XVe s., le manoir de Courboyer dresse sa robuste silhouette à flanc de coteau. La chapelle indépendante du logis, consacrée en 1500, a été détruite en 1947. Ce monument, dont l'extérieur a subi peu de transformations en cinq siècles (sauf pour l'appentis en façade sud, qui a été construit après 1735) présente plusieurs caractéristiques de l'architecture Renaissance (les fenêtres à meneaux, les rostres et les mâchicoulis). Les dépendances du manoir accueillent la maison du Parc du Perche, avec un espace gourmand et une boutique.

Avr.-juin, sept.-oct. : t.l.j. 10h30-18h ; juil.-août : t.l.j. 10h30-18h30 ; nov.-mars : t.l.j. 10h30-17h30. Fermé 1er janv., 25 déc.
Visite libre. Visite extérieure. Visite guidée.
Visite sur r.-v. pour les groupes toute l'année (15 pers. min.).

Manoir de Lormarin

61340 Nocé
Tél. : 02 33 25 41 89
www.ornetourisme.com
Propriété privée
Inscrit

La famille de La Bretonnière édifie le manoir de Lormarin au XVIe s. C'est à la fin du XVIIe s. que ce dernier est remanié, tant au niveau des ouvertures que des intérieurs, par la famille Turpin, propriétaire du domaine depuis 1662. La sobre façade antérieure est cantonnée de tours rondes tandis qu'une aile d'équerre vient s'inscrire sur la façade postérieure. Une tour d'escalier hors œuvre occupe l'angle rentrant de cette équerre.

Mars-déc. : jeu., ven., w.-e. 14h-19h.
Visite libre. Visite extérieure. Visite sur r.-v. pour les groupes.

ORIGNY-LE-ROUX D4

Château de Chèreperrine

61130 Origny-le-Roux
Tél. : 02 43 97 72 13
www.ornetourisme.com
Propriété privée
Inscrit

Dans le premier quart du XVIIIe s., le marquis des Alleurs fait édifier un nouvel édifice à l'emplacement de l'ancien château fort. Bâti en brique et pierre, couvert d'un toit en ardoises à deux versants, le château, composé de onze travées, brûle en 1925. Lors de sa reconstruction, il est réduit de deux travées à chaque extrémité ce qui a pour effet malheureux d'écraser les proportions. La couverture originelle est remplacée par un toit à l'italienne. Les avant-corps centraux conservent leur fronton sculpté. Très remanié après l'incendie, l'intérieur ne conserve qu'un salon qui semble être de la seconde moitié du XVIIIe s.

Toute l'année : dim. et j. fériés 13h-19h.
Visite libre. Visite guidée. Visite extérieure.

PIN-AU-HARAS (LE) C3

Haras du Pin

61310 Le Pin-au-Haras
Tél. : 02 33 36 68 68
www.haras-national-du-pin.com
Propriété de l'État
Classé

Le haras royal de Saint-Quentin-en-Yvelines se révélant inadapté, la terre du Pin est acquise par Louis XIV en mai 1715. Un nouveau haras y est édifié entre 1715 et 1735 selon les plans de Robert de Cotte et sous la direction de Pierre Le Mousseux, architectes du roi. Les écuries et les dépendances en brique et pierre s'ordonnent en fer à cheval autour d'une cour d'honneur fermée au nord par un portail en fer forgé. À fond de cour, le château à avant-corps lui fait face. La façade sud de cette sobre demeure, comptant pour seul décor des chaînes d'angle refendues,

donne sur des parterres étagés en terrasses. Haras royal, impérial et finalement national, ce domaine de plus d'un millier d'hectares est depuis toujours au service du cheval.
Vac. scol. : 10h30-12h, 14h-17h; mars, oct. : w.-e. 14h-17h ; avr.-sept. : 10h-18h; hors vac. scol. : 14h-17h. Fermé 1er janv., mi-nov. à mi-déc., 25 déc.
Visite libre du parcours découverte de l'écurie no 1. Visite guidée du haras et du château. Visite sur r.-v. pour les groupes. (visite sur r.-v. pour les groupes). (support en braille et en gros caractères).

C3

RABODANGES

Château

61210 Rabodanges
Tél. : 02 33 35 04 76
www.ornetourisme.com
Propriété privée
Classé

Devenu marquisat en 1649, la terre de Culey prend le nom de Rabodanges en 1651. Sur l'emplacement du château fort détruit en 1628 sur l'ordre de Richelieu, Louis de Rabodanges érige un nouvel édifice entre 1630 et 1638. Vers 1660, Guy de Rabodanges achève les aménagements intérieurs. Des pavillons saillants flanquent le corps de logis de plan rectangulaire couronné par des lucarnes à fronton cintré au nord et à fronton triangulaire au sud. Remanié dans la première moitié du XXe s., l'intérieur ne conserve d'origine que l'escalier. Au sud, une succession de terrasses aboutit à une pièce d'eau, tandis qu'au nord des parterres bordent l'allée d'honneur.
Juin-sept. : t.l.j. sf dim. 10h-12h, 14h-17h. Visite guidée.
Visite sur r.-v. pour les groupes toute l'année.

D4

RÉMALARD

Motte castrale, dite « le château »

61110 Rémalard
www.ornetourisme.com
Propriété privée
Inscrit

Sur un coteau dominant la vallée de l'Huisne se dresse la motte de Rémalard. Une forteresse en terre et peut-être même un édifice en pierre sont édifiés sur ce site stratégique. En 1077, elle est assiégée par Guillaume le Conquérant, alors en guerre contre son fils aîné Robert II Courteheuse retranché à Rémalard avec Hugues de Châteauneuf-en-Thimerais, seigneur du lieu. L'urbanisation concentrique de la ville de Rémalard s'est faite en ayant pour centre cette motte castrale. Les vestiges de cette dernière sont toujours impressionnants, même s'ils sont diminués depuis un nivellement malheureux au XIXe s.
Juil.-août : t.l.j. 12h-18h. Visite libre. Visite extérieure.
Visite sur r.-v. pour les groupes.

C3

RENOUARD (LE)

Manoir de Cauvigny

61120 Le Renouard
Tél. : 02 33 35 06 91
www.ornetourisme.com
Propriété privée
Inscrit

Élevé vers 1585, le manoir en pan de bois, modifié à la fin du XVIIe s., devient la propriété de la famille Corday en 1629. La distribution intérieure et le décor qui subsistent datent du milieu du XVIIIe s. Des neuf bâtiments agricoles élevés jusqu'au milieu du XVIIIe s., six perdurent. L'ensemble bâti en pan de bois s'agence autour d'une cour ouverte dont le logis occupe le côté est. Ce dernier, aux sobres élévations, est animé en façade par un léger encorbellement du premier étage et le rythme donné par la disposition régulière des lucarnes. Lieu de résidence de l'enfance de Charlotte Corday, auteur de l'assassinat de Marat, l'édifice lui doit sa renommée.
25 juin-13 sept : jeu.-dim. 11h-17h. Visite libre. Visite extérieure.
Visite de l'intérieur sur r.-v. pour les groupes.

ROUGE (LA) D4

Château de Lorière

61260 La Rouge
Tél. : 02 37 49 61 43
thomasmichel27@noos.fr
Propriété privée
Inscrit

Dans le deuxième tiers du XVIIIe s., François de Carpentin, seigneur de Lorière, fait reconstruire le château. La date de 1746 est gravée sur le linteau de la porte sud. Le corps de logis de plan rectangulaire est flanqué de pavillons légèrement saillants. La travée centrale des élévations nord et sud est ornée de chaînes de pierre et couronnée par un fronton. Le rez-de-chaussée conserve un salon et une salle à manger aux huisseries d'origine. Bosquets d'essences exotiques, bois et pelouses composent le parc à l'anglaise du XIXe s. qui ceint le château.

Mai-sept. : w.-e. et j. fériés 10h-12h, 14h-18h. Visite libre. Visite extérieure.
Visite sur r.-v. pour les groupes toute l'année (10 pers. min.).

SAINT-CHRISTOPHE-LE-JAJOLET C3

Château et jardins de Sassy

61570 Saint-Christophe-le-Jajolet
Tél. : 02 33 35 32 66
www.ornetourisme.com
Propriété privée
Inscrit et classé

Vers 1760, Antoine Le Bègue fait bâtir le château. En 1817, les travaux interrompus par la Révolution sont repris par le marquis d'Ormoy. Vers 1850, le chancelier Pasquier fait reconstruire l'aile sud pour y abriter son abondante bibliothèque. En 1910, les communs et l'aile nord sont reconstruits. Le château en brique et chaînage de pierre, composé d'un corps de logis de plan rectangulaire flanqué de pavillons saillants, conserve tapisseries et mobilier des XVIIe et XVIIIe s. À l'ouest, deux pavillons du XVIIe s. cantonnent l'entrée de la cour d'honneur. À l'est, des escaliers à montées convergentes desservant trois terrasses permettent l'accès au jardin à la française réalisé en 1923 par Achille Duchêne.

Avr.-14 juin : w.-e. et j. fériés 15h-18h ;
15 juin-15 sept. : t.l.j. 10h30-12h30, 14h-18h.
Visite guidée. Visite sur r.-v. le mat. Visite sur r.-v. pour les groupes.

SAINT-CYR-LA-ROSIÈRE D4

Prieuré Sainte-Gauburge

Écomusée du Perche
61130 Saint-Cyr-la-Rosière
Tél. : 02 33 73 48 06
http://museeatp.free.fr
Propriété privée
Classé

Cet ancien prieuré, dont a été célébré en 2006 le millénaire de sa fondation par Guillaume Ier de Bellême, a été successivement rattaché aux abbayes de Saint-Florentin de Bonneval, de Saint-Père-au-Val de Chartres puis de Saint-Denis en France jusqu'à la Révolution. L'écomusée créé en 1972 accueille le public dans des bâtiments caractéristiques de l'architecture des manoirs normands des XVe et XVIe s. qui s'articulent aujourd'hui autour d'un jardin ouvert sur le verdoyant vallon de Saint-Cyr-la-Rosière. Expositions temporaires et spectacles sont présentés dans l'église du XIIe-XIVe s. et la charretterie. Patrimoine agricole et vie rurale dans le Perche sont à découvrir au travers les collections permanentes.

Avr.-sept. : t.l.j. 10h30-18h30; oct.-nov., fév.-mars : t.l.j. 10h30-18h ;
déc.-janv. : t.l.j. 10h30-18h, w.-e. 14h-18h.
Fermé 1er janv., 24, 25 et 31 déc. Visite libre des collections permanentes.
Visite guidée du prieuré les w.-e., j. fériés, vac. scol. 14h-18h.
Visite sur r.-v. pour les groupes.

D4 **SAINT-GERMAIN-DE-LA-COUDRE**

Manoir de la Fresnaye

61130 Saint-Germain-de-la-Coudre
Tél. : 02 33 83 57 64
www.fresnaye-perche.fr
Propriété privée
Inscrit et classé

Un logis carré est édifié sur une hauteur à l'orée du XIVe s. Au début de la guerre de Cent Ans, il est flanqué d'un donjon dont l'architecture est tout à fait originale. Sous Henri IV, la famille de Fontenay, héritière du manoir, ajoute deux tours d'angle, une galerie Renaissance, deux escaliers et divers ornements. Puis l'édifice tombe progressivement en ruine. Des travaux de restauration ont été menés pendant trente ans. Une tour écroulée est de nouveau debout, la herse de l'entrée coulisse de nouveau comme au Moyen Âge. Toutefois, l'ancienne salle d'honneur restera à l'état de jardin intérieur, en témoignage des injures du temps. Une exposition permanente raconte l'histoire du lieu.

Juil.-15 sept. : mar.-ven. 13h-19h. Visite guidée.
Visite sur r.-v. le reste de l'année et pour les groupes toute l'année.

D4 **SÉRIGNY-BELLÊME**

Parc et château du Tertre

Route de Mauves
61130 Sérigny-Bellême
Tél. : 02 33 73 18 30
www.ornetourisme.com
Propriété privée
Inscrit et classé

C'est probablement à Gilles de Bry qu'est due l'érection du château du Tertre vers 1620. Les communs, quant à eux, sont bâtis vers 1678. En 1820, le comte Abrial augmente le logis de deux ailes et l'agrémente de lucarnes. Il réaménage le parc et lui adjoint de nombreuses fabriques. À partir de 1926, le nouveau propriétaire, l'écrivain Roger Martin du Gard, transforme les intérieurs. Le château brique et pierre, flanqué d'échauguettes aux angles de la façade sur jardin, occupe le côté ouest de la cour d'honneur autour de laquelle s'agencent cinq bâtiments de dépendances.

Juil.-15 sept. : t.l.j. sf dim. 13h-19h. Visite libre. Visite extérieure.
Visite sur r.-v. pour les groupes toute l'année. ♿

C3 **VILLEBADIN**

Manoir d'Argentelles

61310 Villebadin
Tél. : 02 33 39 93 70
www.ornetourisme.com
Propriété privée
Classé

C'est probablement Guillot d'Ouilly qui fait élever le manoir vers 1410. Des lucarnes finement sculptées y sont ajoutées en 1632. De plan rectangulaire, le manoir est desservi par une tour d'escalier hors œuvre. Cette dernière est couronnée par une chambre haute en pan de bois. Les quatre tours d'angle, les bretèches, les meurtrières, les mâchicoulis et les douves sont les défenses inhérentes aux édifices de cette période encore troublée.

Mai-juin, sept.-oct. : w.-e. 15h-18h ; juil.-août : t.l.j. 15h-18h.
Visite libre de l'extérieur. Visite guidée de l'intérieur. Visite sur r.-v. pour les groupes.

D3 **VILLERS-EN-OUCHE**

Château de Villers

61550 Villers-en-Ouche
Tél. : 02 33 34 90 30
www.ornetourisme.com
Propriété privée
Inscrit

Sur le domaine de Villers, ancienne dépendance de l'abbaye de Saint-Évroult, la famille de La Chapelle érige un château dans le courant du XVIIe s. À la fin du XVIIIe s., la famille Dufour fait reprendre les ouvertures, enduire les façades et réaménager les intérieurs. Parterres, fabriques et pièces d'eau composent le parc agencé à la même période. Donnant à l'est sur une cour d'honneur et à l'ouest sur le parc, les élévations reçoivent pour tout décor des chaînes de brique. Les intérieurs ont conservé un escalier en chêne du XVIIe s.

Juil., sept. : t.l.j. sf w.-e. et j. fériés 10h-12h, 14h-17h30. Visite libre.
Visite guidée sur r.-v. Visite sur r.-v. le reste de l'année. ♿

HAUTE-NORMANDIE

EURE – SEINE-MARITIME

HAUTE-NORMANDIE
A
B
1
2
3
4
MANCHE
Berck
Abbeville
Eu
PICARDIE
Dieppe
Varengeville-sur-Mer
Tourville-sur-Arques
Saint-Pierre-le-Vieux
Cany-Barville
Ermenouville
Bretteville-Saint-Laurent
Valmont
Oherville
Doudeville
Auffay
Mesnières-en-Bray
Étretat
Écretteville-lès-Baons
Seine-Maritime
Montivilliers
Gommerville
Caudebec-en-Caux
Saint-Wandrille-Rançon
Mont-Cauvaire
Brémontier-Merval
Gonfreville-l'Orcher
Le Havre
Martainville-Épreville
Saint-Maurice-d'Ételan
Hauville
Vascœuil
Fleury-la-Forêt
Lisors
Deauville
Saint-Maclou
Sotteville-sous-le-Val
Radepont
Heudicourt
Pont-de-l'Arche
Amfreville-sous-les-Monts
Gisors
Saint-Georges-du-Vièvre
Le Bec-Hellouin
Montaure
Les Andelys
Harcourt
Acquigny
Gaillon
Lisieux
Fontaine-la-Soret
Le Neubourg
Saint-Just
Émalleville
Vernon
Giverny
Bernay
Beaumesnil
Évreux
Saint-Aquilin-de-Pacy
Mantes-la-Jolie
Chamblac
BASSE-NORMANDIE
Eure
ÎLE-DE-FRANCE
Marcilly-sur-Eure
Argentan
Verneuil-sur-Avre
Dreux
Duclair
Notre-Dame-de-Bondeville
Rouen
Saint-Martin-de-Boscherville
Jumièges
Canteleu
Le Petit-Quevilly
Saint-Pierre-de-Manneville
Petit-Couronne
0
10 km
Alençon
N
0
30 km
Nogent-le-Rotrou
CENTRE
Scie
Arques
Béthune
Eaulne
Bresle
Epte
Thérain
Andelle
Risle
Seine
Eure
Iton
Avre
Charentonne
A 28
A 29
A 13
RN 27
RN 28
RN 29
RN 31
RN 15
RN 14
RN 13
RN 154
RN 26
RN 12

B3 **ACQUIGNY**

Château

1, rue Aristide-Briand
27400 Acquigny
Tél. : 02 32 50 23 31
www.chateaudacquigny.com
Propriété privée
Classé

Le château d'Acquigny est construit pour Anne de Laval, première dame d'honneur de Catherine de Médicis, entre 1557 et 1572. La demeure est vendue au XVIIe s. et entre alors dans la famille Le Roux d'Esneval, qui en est toujours propriétaire. Avec sa loggia à l'italienne richement ornée de motifs inspirés de la Renaissance et de la tradition française, la façade nord forme un contraste avec la façade sud, plus sobre, qui annonce le classicisme. Dans le parc paysager, au réseau hydraulique élaboré, qui entoure le château, on peut voir une orangerie en brique du XVIIIe s. ainsi que divers bosquets d'arbres exotiques.

5 avr.-25 oct. : w.-e. et j. fériés 14h-18h ; juil.-août : t.l.j. 14h-19h.
Visite libre du parc. Visite guidée à 14h30, 15h30, 16h30, 17h30.
Visite sur r.-v. pour les groupes toute l'année (20 pers. min.). ♿

B3 **AMFREVILLE-SOUS-LES-MONTS**

Manoir de Senneville

20, route de Senneville
27380 Amfreville-sous-les-Monts
Tél. : 02 32 49 75 24
www.tourisme-seine-eure.com
Propriété privée
Classé

Construit au début du XVIe s. sur une base du XIIIe s., le manoir de Senneville offre une architecture de briques roses et de pierres blanches. Sa façade, dominée par une haute toiture en ardoises, est rythmée par des fenêtres à meneaux. Elle donne sur une cour d'honneur prolongée par un vaste jardin. Le pigeonnier et la charretterie remontent à la même époque tandis que le décor intérieur de la demeure date du XVIIe s. Il comprend en particulier deux belles cheminées en stuc ornées de figures en ronde bosse.

Visite sur r.-v. pour les groupes toute l'année (10-25 pers.).

B3 **ANDELYS (LES)**

Château-Gaillard

27700 Les Andelys
Tél. : 02 32 54 41 93
http://office-tourisme.ville-andelys.fr
Propriété de la commune
Classé

Selon la légende, Château-Gaillard aurait été construit en une seule année (1196) pour Richard Cœur de Lion, duc de Normandie et roi d'Angleterre. Assiégée en 1203, la forteresse est prise en 1204 par Philippe Auguste, roi de France. Après avoir été réutilisée pendant la guerre de Cent Ans et les guerres de Religion, elle est démantelée au XVIe s. Ne subsiste aujourd'hui que le fort principal, dont les ruines imposantes dominent la vallée de la Seine. On peut voir la basse-cour, les casemates creusées dans le roc et le donjon dont les murailles ont 5 m d'épaisseur. Séparé par un fossé profond, le châtelet défensif adjacent a conservé l'une de ses cinq tours.

Mi-mars à mi-nov. : t.l.j. sf mar. 10h-13h, 14h-18h. Fermé 1er mai.
Visite libre de la haute cour et du donjon. Visite libre de la basse-cour toute l'année. Visite guidée à 11h, 15h, 16h30. Visite sur r.-v. pour les groupes.

Double page d'ouverture : abbaye Notre-Dame-du-Bec, Le Bec-Hellouin (Eure).

BEAUMESNIL A3

Château

Musée de la Reliure
2, rue des Forges
27410 Beaumesnil
Tél. : 02 32 44 40 09
www.chateaubeaumesnil.com
Propriété privée
Classé

Le château de Beaumesnil est construit entre 1631 et 1640 par l'architecte rouennais Jean Gaillard pour Jacques Le Conte, seigneur de Nonant (Orne). Sa façade de brique et pierre se mire dans les larges douves qui l'entourent. Son architecture, de style Louis XIII, s'ordonne autour de l'escalier central abrité par un pavillon dont le dôme domine l'édifice. Un mobilier et des boiseries des XVIIe et XVIIIe s. ornent les pièces intérieures qui abritent le musée de la Reliure. Le parc, dessiné par Jean de La Quintinie, assistant de Le Nôtre à Versailles, a conservé son plan d'origine.

Pâques-juin : ven.-lun. 14h-18h;
juil.-août : t.l.j. 11h-18h; sept. : t.l.j. sf mar. 14h-18h.
Visite libre. Visite sur r.-v. pour les groupes (15 pers. min.).

BEC-HELLOUIN (LE) A3

Abbaye Notre-Dame-du-Bec

Place de l'Abbé-Herluin
27800 Le Bec-Hellouin
Tél. : 02 32 43 72 60
http://bec-hellouin.monuments-nationaux.fr
www.abbayedubec.com
Propriété de l'État
Classé

CENTRE DES MONUMENTS NATIONAUX

Fondée en 1034 par le père Herluin, l'abbaye bénédictine du Bec-Hellouin a un rayonnement spirituel et intellectuel important aux XIe et XIIe s. Éprouvée successivement par la guerre de Cent Ans, le régime de la commende et les guerres de Religion, l'abbaye est remaniée plusieurs fois : le cloître est reconstruit au XVIIe s. et l'ensemble des bâtiments conventuels au XVIIIe s. En 1567 est édifiée la tour Saint-Nicolas afin d'abriter les cloches. Les moines sont contraints de quitter les lieux en 1792, puis l'église abbatiale est démolie et les bâtiments conventuels sont transformés en caserne de cavalerie. La vie monastique a repris depuis 1948, une nouvelle abbatiale étant aménagée dans l'ancien réfectoire.

Juin-sept. : t.l.j. 10h30, 15h, 16h, 17h, dim. et j. fériés 12h, 15h, 16h;
oct.-mai : t.l.j. 10h30, 15h, 16h, dim. et j. fériés 12h, 15h, 16h.
Visite guidée.

BERNAY A3

Abbatiale Notre-Dame

Place de l'Hôtel-de-Ville
27300 Bernay
Tél. : 02 32 46 63 23
www.ville-bernay27.fr
Propriété de la commune
Classé

L'abbaye bénédictine de Bernay est fondée en 1013 et placée sous l'autorité de l'abbé et architecte Guillaume de Volpiano. L'abbatiale est édifiée dans la première moitié du XIe s. En 1790, il ne reste plus que quatre moines que la Révolution disperse. L'abbaye devient alors le siège de divers services administratifs. Dans l'avant-nef de l'abbatiale est utilisée la technique normande des murs épais : la galerie de circulation est établie dans l'épaisseur même du mur. Les chapiteaux sont attribués à trois ateliers différents. Les bâtiments conventuels, reconstruits aux XVIIe et XVIIIe s. par les mauristes, abritent aujourd'hui l'hôtel de ville, le tribunal et un musée.

MUSÉE 15 juin-15 sept. : t.l.j. sf lun. 11h-18h ;
16 sept.-14 juin : t.l.j. sf lun. 14h-17h30. Fermé 1er janv., 1er mai, 25 déc.
Visite libre. Visite guidée sur r.-v. pour les groupes.
ABBATIALE Visite sur r.-v. toute l'année.

A3 **CHAMBLAC**

Château de Bonneville

27270 Chamblac
Tél. : 02 32 44 63 56
Propriété privée
Inscrit

Le château de Bonneville est construit au XVIIIe s. sur les bases d'une ancienne demeure du XVIe s., dont le comte de Bonneville n'a gardé que le rez-de-chaussée sur lequel il fait édifier un étage et un toit mansardé. Après l'ajout, au XIXe s., d'un escalier, le château est remis en état et réaménagé par l'écrivain Jean de La Varende qui s'y installe en 1919. Le château, son mobilier du XVIIIe s., les collections qu'il renferme (notamment plus de deux cents maquettes de bateaux) et le jardin à la française sont restés tels qu'ils étaient en 1959, à la mort de l'écrivain.
Visite libre du parc (visite guidée du 15 juil. au 31 août).
Visite guidée du château. Pour plus de précisions sur les horaires de visite, se renseigner au 02 32 44 63 56.

B3 **ÉMALLEVILLE**

Château

27930 Émalleville
Tél. : 02 32 34 01 87/06 14 49 24 20
www.chateaudemalleville.com
Propriété privée
Inscrit

Le château d'Émalleville est une demeure normande typique, en brique et pierre. Ancienne seigneurie du XVe s., située à l'emplacement d'une ancestrale motte féodale du XIe s., le château fut reconstruit en 1725 pour son propriétaire François Duvert, trésorier de France au bureau des finances de Rouen. Le château a été subtilement noyé dans un parc à l'anglaise de 16 ha, agrémenté de parterres à la française réalisés en 1731 et 1745. Les ailes du château furent rajoutées entre 1850 et 1860 pour donner plus d'espace au logis principal et les communs annexés aux XVIIIe et XIXe s.
Juil.-sept. : t.l.j. 10h-19h.

B3 **ÉVREUX**

Évêché (ancien)

Musée d'Évreux
6, rue Charles-Corbeau
27000 Évreux
Tél. : 02 32 31 81 90
www.evreux.fr
www.musees-haute-normandie.fr
Propriété de la commune
Classé

Édifié à la fin du XVe s. par l'architecte Pierre Smoteau, l'ancien évêché d'Évreux est l'un des derniers témoins du style gothique en Normandie. Il s'appuie sur le mur d'enceinte qui défendait alors la ville. Comprenant trois étages surmontés d'un comble, le corps de logis, rectangulaire, est flanqué d'une tourelle hexagonale. L'extérieur du bâtiment, comme l'intérieur, est l'objet de nombreux réaménagements, notamment avec l'agrandissement des ouvertures et l'ajout d'une aile en retour, au XIXe s., afin d'assurer la liaison avec la cathédrale. Après avoir longtemps été occupé par des services administratifs, l'ancien évêché accueille depuis 1970 les collections du musée, rénové en 1985.
T.l.j. sf lun. 10h-12h, 14h-18h. Fermé 1er janv., 1er mai, 1er et 11 nov., 25 déc.
Visite libre. Visite guidée. Visite sur r.-v. pour les groupes. ♿ en partie.

B2 **FLEURY-LA-FORÊT**

Château

4, route de Lyons
27480 Fleury-la-Forêt
Tél. : 02 32 49 63 91
www.chateau-fleury-la-foret.com
Propriété privée
Classé

Édifié en silex et en briques rouges, le château de Fleury-la-Forêt est caractéristique de l'architecture privée du début du XVIIe s. Remanié et agrandi dans la seconde moitié du XVIIIe s., il se présente aujourd'hui comme un ensemble de bâtiments disposés autour de deux cours : le château et ses dépendances, d'une part, les bâtiments agricoles, d'autre part. Le logis est flanqué de deux petits pavillons rectangulaires et de deux tourelles circulaires. On y accède par une allée de tilleuls centenaires. L'intérieur, meublé, abrite notamment une collection de poupées anciennes.
Juil.-août : 14h-18h ; sept.-juin : dim. 14h-18h. Fermé du 15 nov. au 15 mars.
Visite guidée. Visite sur r.-v. pour les groupes toute l'année.

FONTAINE-LA-SORET A3

Parc du château

4, place de l'Église
27550 Fontaine-la-Soret
Tél. : 02 32 44 01 63
www.normandie.visite.org
Propriété privée
Inscrit

Le parc du château de Fontaine-la-Soret, édifié entre 1764 et 1769 sur une terrasse dominant la vallée de la Risle, a connu trois périodes d'aménagement, toutes encore visibles de nos jours. Au XVIIIe siècle, un parc classique est conçu face à la cour d'honneur, en une succession de terrasses aboutissant à un amphithéâtre. Il est complété au XIXe s. de jeux d'eau en sous-bois, avec une rivière qui serpente jusqu'à l'ancienne ferme. Au XXe s., le paysagiste britannique Russel-Page met en valeur la composition d'ensemble existante, tout en créant deux petits jardins clos, un jardin d'eau et un jardin de fleurs.

Journées du patrimoine : sam. 14h-18h; dim. 10h-18h.
Visite libre. Visite sur r.-v. pour les groupes toute l'année.

GAILLON B3

Château

27600 Gaillon
Tél. : 02 32 53 13 38/06 77 93 24 46
Propriété de l'État
Classé

Le château de Gaillon est construit dans la seconde moitié du XIIIe s. pour les archevêques de Rouen, puis remanié au XVe s. et au début du XVIe s. De nouveaux agrandissements sont effectués entre 1691 et 1707 par Jules Hardouin-Mansart. Démantelé à la Révolution, le château est transformé en pénitencier au XIXe s. Bien que toujours en cours de restauration, quelques vestiges de l'ancien château sont visibles, notamment le porche d'entrée flanqué de ses deux tourelles et la tour qui renfermait l'escalier.

Temporairement fermé pour travaux. Ouvert exceptionnellement lors des Journées du patrimoine. Pour plus de renseignements quant à une prochaine réouverture, se renseigner au 02 32 53 13 38.

GISORS B3

Château

Rue de Penthièvre
27140 Gisors
Tél. : 02 32 55 59 36
www.ville-gisors.fr
Propriété de la commune
Classé

Entreprise vers 1095 par Guillaume le Roux, roi d'Angleterre, fils de Guillaume le Conquérant, la construction de cette forteresse est poursuivie au XIIe s. par Henri II Plantagenêt, puis par Philippe Auguste qui s'en empare en 1193. Point stratégique, elle change souvent de mains. En 1599, Sully met fin au rôle militaire du château. Cette forteresse présente un donjon central édifié sur une motte artificielle, au milieu d'une cour intérieure aujourd'hui aménagée en jardin. Sur une superficie de 3 ha, l'ensemble, qui domine la ville, est entouré de remparts que protègent douze tours, dont la célèbre « tour du Prisonnier ».

Avr.-sept. : t.l.j. sf mar. 10h, 11h, 14h30, 15h45, 17h;
oct.-nov., fév.-mars : w.-e. 10h30, 14h30, 16h.
Fermé en déc. et janv. Parc en accès libre toute l'année.
Visite guidée. Visite guidée sur r.-v. pour les groupes (10-200 pers.).

B3 **GIVERNY**

En 1890, Claude Monet achète la propriété qu'il louait depuis sept ans à Giverny. L'ensemble se compose d'une maison, d'une grange, que le peintre transforme en atelier, et d'un jardin. Il achète trois ans plus tard un terrain supplémentaire et utilise l'eau de l'Epte pour créer un véritable jardin d'eau, comportant notamment un bassin de nymphéas et un pont japonais célébrés dans ses toiles. En 1914, Monet fait construire le vaste atelier nécessaire à l'exécution des grands tableaux des *Nymphéas*. La maison « rose et vert » présente le mobilier et la collection d'estampes japonaises de l'artiste. Entreprise en 1976, la restauration du site s'est inspirée des œuvres du peintre.

Avr.-oct. : t.l.j. 9h30-18h. Visite sur r.-v. pour les groupes (20 pers. min.).
Visite libre. ♿

Propriété de Claude Monet

84, rue Claude-Monet
27620 Giverny
Tél. : 02 32 51 28 21
www.fondation-monet.com
Propriété de l'Institut de France
Inscrit

A3 **HARCOURT**

Au premier château, construit en bois au Xe s., a succédé au XIIe s. un donjon carré en pierre. Le mur d'enceinte et ses douze tours ont été érigés au siècle suivant. Au XVIIe s., le château est remanié et aménagé en résidence d'habitation, avec une nouvelle façade et l'ajout d'un escalier monumental en pierre. Après la Révolution, l'édifice est vendu à un avoué parisien, Louis Gervais Delamare, qui introduit la culture du pin. En 1828, il est légué à l'Académie d'agriculture qui y crée un arboretum en 1833. Le château, qui a conservé son enceinte, sa basse-cour, son châtelet et son haut logis seigneurial, est un exemple bien conservé d'architecture militaire normande.

Mars-15 juin, 15 sept.-15 nov. : t.l.j. sf mar. 14h-18h ;
16 juin-14 sept. : t.l.j. 10h30-18h30. Visite libre. Visite guidée.
Visite sur r.-v. pour les groupes.

Château

13, rue du Château
27800 Harcourt
Tél. : 02 32 46 29 70
www.eure-en-ligne.fr
Propriété du département
Classé

Jardin remarquable

A2 **HAUVILLE**

Le moulin d'Hauville est édifié dans la première moitié du XIIIe s. par les religieux de l'abbaye de Jumièges. Situé au sommet d'un plateau bien exposé aux vents d'ouest, il est l'un des plus anciens moulins-tours à vent de France. Il est utilisé pour moudre les céréales jusqu'au XIXe s. Ses deux étages sont couronnés d'un toit qui pivote afin de s'orienter au vent. Depuis sa restauration en 1984-1985, le moulin fonctionne et broie des céréales au second étage entre ses deux meules de 1,80 m de diamètre (visibles en action lorsque le vent le permet). Un musée des Moulins a été aménagé à côté, dans une ancienne maison de meunier.

11 avr.-19 sept. : dim. 14h30-18h30 (t.l.j. en juil.-août).
Visite libre. Visite guidée.
Visite sur r.-v. pour les groupes toute l'année. ♿ en partie.

Moulin de pierre

Musée des Moulins
27350 Hauville
Tél. : 02 32 56 57 32
www.musees-haute-normandie.fr
Propriété d'une association
Inscrit

HEUDICOURT B2

Château

1, Grand-Rue
27860 Heudicourt
Tél. : 02 32 55 86 06
chateau.heudicourt@wanadoo.fr
Propriété privée
Classé

Implanté sur les fondations d'un ancien rendez-vous de chasse, le château d'Heudicourt est construit au début du XVIIe s. par Claude Sublet, puis par son fils Michel. Il est laissé à l'abandon jusqu'à son acquisition, en 1804, par le comte Martin-Roch Estève, directeur des finances de la campagne d'Égypte, qui effectue d'importants remaniements. La demeure est aujourd'hui habitée par ses descendants. Édifié en briques roses et en pierres, le château est entouré de douves sèches et bordé d'un parc à la française fidèle au plan du XVIIe s. L'intérieur conserve des témoignages du XVIIe s. et du Premier Empire.

Visite guidée du château les dim. de juin, 14h30-18h.
Visite libre extérieure du 1er au 10 juil. et en sept., 10h-16h.
Visite guidée sur r.-v. Visite sur r.-v. pour les groupes toute l'année (20 pers. min.). ♿ en partie.

LISORS B2

Abbaye de Mortemer

27440 Lisors
Tél. : 02 32 49 54 34/02 32 49 54 37
www.mortemer.fr
Propriété privée
Classé

L'abbaye de Mortemer, fondée en 1134 au cœur de la forêt de Lyons, est la première fondation cistercienne de Normandie. L'église, le cloître, la salle capitulaire et le dortoir datent du XIIe et du début du XIIIe s. Il ne reste rien du palais abbatial édifié entre 1524 et 1543. Au XVIIe s., le renouveau spirituel entraîne la rénovation et la reconstruction des bâtiments. Après la Révolution, la communauté est dispersée et l'abbaye, détruite à partir de 1808, tombe en ruine. Aux vestiges des constructions monastiques médiévales s'ajoutent ceux d'un colombier et d'un moulin. Sous le bâtiment conventuel du XVIIe s. est installé un musée qui évoque la vie monastique.

MUSÉE Mai-août : t.l.j. 14h-18h ; oct.-avr. : dim. et j. fériés sur r.-v.
EXTÉRIEUR T.l.j. 13h30-18h.
Fermé 1er janv., 25 déc. Visite libre. Visite guidée.
Visite sur r.-v. pour les groupes toute l'année (20 pers. min.).

MARCILLY-SUR-EURE B3

Abbaye du Breuil-Benoît

27810 Marcilly-sur-Eure
Tél. : 02 37 43 00 30
www.cister.net
Propriété privée
Classé

Fondée en 1137 à la demande des moines de la congrégation de Savigny, l'abbaye du Breuil-Benoît se développe rapidement grâce au culte d'une relique de saint Eutrope qu'elle renferme. Elle est affiliée à l'ordre cistercien en 1148. L'église abbatiale, dont la construction commence en 1190, est consacrée en 1224. En 1769, il ne reste plus que deux moines et l'abbaye, supprimée en 1791, est vendue comme bien national. Le transept est détruit et la nef transformée en grange. Elle est restaurée et rendue au culte en 1854. Si les bâtiments abbatiaux ont soit disparu, soit été fortement remaniés, la nef est bien préservée. Elle aurait servi de modèle pour l'abbaye de Notre-Dame-de-Bonport.

15 juil.-1er sept : visite extérieure uniquement t.l.j. sf dim. et j. fériés 10h-13h, 14h-18h. Visite intérieure guidée sur r.-v.

B3 — **MONTAURE**

Le château de Montaure est édifié au milieu du XVIIe s. sur le site d'un fief mentionné dès le Moyen Âge. Malgré des adjonctions du XIXe et du début du XXe s., il a conservé en grande partie ses dispositions d'origine. Implantée entre cour et jardins, la demeure est précédée de deux pavillons d'entrée et bordée de communs. Le parc, qui s'étend sur 7 ha, est agrémenté de jardins en terrasses utilisant la déclivité du terrain. Le bâtiment du pressoir, construit en pan de bois, date du XVIe s. et a conservé son mécanisme ainsi qu'un pressoir à longue étreinte ; il a été aménagé en musée du Cidre.
Août : w.-e. et j. fériés 15h-18h30. Visite libre du parc. Visite guidée du château et du musée sur r.-v. Visite sur r.-v. pour les groupes toute l'année.

Château
Musée du Cidre
3, place Charcot
27400 Montaure
Tél. : 02 32 50 64 99
www.chateau-de-montaure.org
Propriété privée
Inscrit

A3 — **NEUBOURG (LE)**

Construit vers 1650-1660 pour le comte de Créquy, gentilhomme allié au prince de Condé, le château est transformé au XVIIIe s. par les Harcourt. Pillé à la Révolution, il passe entre les mains de plusieurs propriétaires et tombe à l'abandon, jusqu'à son rachat en 1948 par le duc d'Harcourt. En 1992, il est acquis par l'architecte d'intérieur Jacques Garcia, qui restitue ses volumes et ses décors d'origine. Il est formé de deux corps de bâtiment identiques en brique et pierre, de chaque côté d'une cour d'honneur. À l'intérieur, le faste du décor et du mobilier s'allie au raffinement des collections d'antiques, de porcelaines chinoises et japonaises. Les jardins à la française sont en cours de reconstitution.
JARDINS Pâques-Toussaint : w.-e. et j. fériés 14h-18h ; mai-juin, sept. t.l.j. 14h-18h ; juil.-août : t.l.j. de 10h-18h. Visite libre.
CHÂTEAU Pâques-Toussaint : w.-e. et j. fériés 15h30-17h30 ; juil.-août : t.l.j. 15h30-17h30. Visite audioguidée. Visite sur r.-v. pour les groupes (20-30 pers.). ♿ en partie. (ouvert aux heures du jardin).

Château du Champ-de-Bataille
27110 Le Neubourg
Tél. : 02 32 34 84 34
www.chateauduchampdebataille.com
Propriété privée
Classé
Jardin remarquable

B3 — **PONT-DE-L'ARCHE**

L'abbaye cistercienne Notre-Dame-de-Bonport est fondée en 1190 par Richard Cœur de Lion, roi d'Angleterre et duc de Normandie. Construite rapidement, elle connaît son âge d'or dans la première moitié du XIIIe s. Endommagée pendant la guerre de Cent Ans, elle est restaurée au XVe s. et réaménagée au XVIIIe s. En 1791, l'abbaye est vendue comme bien national et l'église détruite. C'est l'une des rares abbayes cisterciennes de Normandie où subsistent les bâtiments claustraux du Moyen Âge, notamment la salle capitulaire, la salle des moines, le dortoir, les cuisines, et un magnifique réfectoire voûté du XIIIe s.
Avr.-sept. : dim. et j. fériés 14h-18h30 (juil.-août : t.l.j. sf sam.). Visite libre. Visite guidée. Visite sur r.-v. pour les groupes au 02 35 02 19 42 (20 pers. min.). ♿ en partie.

Abbaye Notre-Dame-de-Bonport
27340 Pont-de-l'Arche
Tél. : 02 35 02 19 42/02 35 23 27 62
www.abbayedebonport.com
Propriété privée
Classé

B2 — **RADEPONT**

Dominant la vallée de l'Andelle, le château de Bonnemare est construit vers 1570 pour Nicolas Leconte de Draqueville, président au parlement de Normandie, par un architecte proche de Philibert Delorme. Outre le château proprement dit, le domaine comprend un châtelet d'entrée, une chapelle ronde et des bâtiments de ferme. À l'intérieur, les pièces ont conservé leur décor des XVIe, XVIIe et XVIIIe s. Les communs bordant la cour de ferme, qui datent du XVIIe s., abritent en particulier un cellier, un pressoir à levier et un tour à broyer les pommes. L'ancienne boulangerie a été transformée en logement.
Visite guidée sur r.-v. toute l'année.

Château de Bonnemare
27380 Radepont
Tél. : 02 32 69 44 33
www.bonnemare.com
Propriété privée
Inscrit et classé

SAINT-AQUILIN-DE-PACY B3

Château du Buisson-de-May

27120 Saint-Aquilin-de-Pacy
Tél. : 01 39 58 02 81/06 68 99 29 51
http://buisson-de-may.fr.tc
Propriété privée
Classé

Le château du Buisson-de-May est édifié en 1781-1782 par l'architecte Jacques-Denis Antoine, auteur de l'hôtel des Monnaies à Paris. Le domaine, qui a changé plusieurs fois de propriétaire au XIXe s., est cédé en 1938 à la Caisse d'allocations familiales. Après la guerre, il est peu à peu abandonné. Le bâtiment est actuellement en cours de restauration. Malgré quelques modifications apportées en 1895-1897, il a conservé son état d'origine. Le corps de logis central est flanqué de quatre pavillons coiffés de petits belvédères. L'ensemble allie sobriété néoclassique et raffinement des couleurs de la brique et de la pierre. Le parc est aménagé à l'anglaise.

Mai-sept. : t.l.j. sur r.-v. Visite sur r.-v. pour les groupes (10-50 pers.).

SAINT-GEORGES-DU-VIÈVRE A3

Domaine de Launay

27450 Saint-Georges-du-Vièvre
Tél. : 02 32 42 89 48
Propriété privée
Classé

Conçu au XVIe s. pour les Le Sens de Folleville, le domaine de Launay est resté dans la même famille jusqu'en 1808. Le colombier à toit conique et les communs, à l'architecture en pan de bois typiquement normande, datent du XVIe s. Au début du XVIIIe s., le logis est reconstruit et flanqué d'ailes basses qui le relient aux pavillons latéraux. L'aménagement intérieur a conservé sa distribution et ses boiseries d'origine. Le colombier a été restauré et remonté vers 1940. Le domaine est agrémenté d'un jardin à la française réalisé au XXe s.

20 août-sept. : visites guidées t.l.j. à 14h, 15h et 16h.
Visite sur r.-v. pour les groupes le reste de l'année.

SAINT-JUST B3

Château

3, rue du Potager
27950 Saint-Just
Tél. : 02 32 52 21 52/01 47 27 73 60
Propriété privée
Inscrit (château) et classé (parc)

Jardin remarquable

Édifié à la fin du XVIe s., le château devient en 1652 le fief des Savary, qui sont, durant trois générations, grands maîtres des Eaux et Forêts de Normandie. Transformé en 1776 par le duc de Penthièvre en maison de repos pour ses vieux serviteurs, il appartient ensuite à divers propriétaires. Le décor intérieur est celui réalisé par le maréchal Suchet, duc d'Albufera, en 1822-1824. Le parc arboré est remarquable par son jardin d'eau aux nombreuses cascades, goulottes et allées d'eau, complété d'un potager, d'une glacière et d'un pavillon qui a servi d'atelier au peintre Henri de Maistre (1890-1953).

Juin-déb. août, Journées du patrimoine : t.l.j. 15h-18h. Visite libre.
Visite guidée. Visite sur r.-v. pour les groupes de mai à oct. (20 pers. min.).

SAINT-MACLOU A2

Château de Saint-Maclou-la-Campagne

27210 Saint-Maclou
Tél. : 02 32 57 26 62/06 75 96 87 74
www.chateaudesaintmaclou.com
Propriété privée
Inscrit

Bâti en 1661 dans le style « brique et pierre » à croisillons vernissés, le château est un exemple typique de l'architecture du XVIIe s. normand. Vers 1775, M. de Giverville l'aménage somptueusement pour y recevoir sa bienfaitrice, l'impératrice Catherine II de Russie. La visite du château retrace la légende des enfants de Giverville, abandonnés dans l'Europe des Lumières, puis recueillis par l'impératrice. La promenade dans le parc de 7 ha permet d'admirer la demeure prise entre ses deux perspectives de tilleuls bicentenaires, ses douves sèches, son colombier d'époque Louis XIII, sa grange, son étable, sa chapelle et sa fontaine.

Visite sur r.-v. toute l'année.

B2 **VASCŒUIL**

Le château de Vascœuil avec sa tour octogonale du XIIe s. est remanié au XVIIe s. – c'est aussi à cette époque que des dépendances sont installées dans l'ancien colombier seigneurial. Le château est agrémenté d'un parc arboré de 5 ha, véritable galerie ouverte d'une cinquantaine de sculptures modernes, et d'un jardin à la française fidèle aux plans de Caresme, datés de 1774. Dans une dépendance du XVIIIe s., un musée est consacré à Jules Michelet, qui s'est établi à Vascœuil pendant plus de vingt ans à partir de 1842 ; en haut de la tour, son cabinet de travail a été reconstitué. Le château est aujourd'hui un centre d'art renommé présentant des expositions temporaires d'artistes contemporains.

Avr.-juin, sept.-nov. : t.l.j. sf lun. et mar. 14 h 30-18 h ;
juil.-août : t.l.j. 11 h-18 h 30. Visite libre.
Visite guidée sur r.-v. pour les groupes (20 pers. min.).

Château

8, rue Jules-Michelet
27910 Vascœuil
Tél. : 02 35 23 62 35
www.chateauvascoeuil.com
Propriété privée
Inscrit

TOURISME & HANDICAP

A4 **VERNEUIL-SUR-AVRE**

La tour Grise tire son nom du matériau dans lequel elle est constituée, le grison (appareillage de silex et minerai de fer dans une pâte argileuse), abondant dans le pays d'Ouche. Isolée de l'ancien château et des fortifications de la ville, elle a été édifiée en 1204-1205 par Philippe Auguste, qui se méfiait de l'attachement des Vernoliens à la couronne d'Angleterre, afin de les surveiller. Le haut de la tour est reconstruit à la fin du Moyen Âge. Elle est transformée en hôtel en 1889 ; les aménagements fantaisistes apportés alors ont ensuite été détruits. Les murs, épais de près de 4 m à la base, ne sont percés que par de rares ouvertures étroites.

Mai-sept. : expositions temporaires.
Visite lors des Journées du patrimoine. Visite libre.
Visite guidée. Visite sur r.-v. pour les groupes. en partie.

La Tour Grise

Rue de la Tour-Grise
27130 Verneuil-sur-Avre
Tél. : 02 32 32 17 17
www.verneuil-sur-avre.fr
Propriété de la commune
Inscrit

B3 **VERNON**

Construit entre 1728 et 1742 par l'architecte Contant d'Ivry pour le maréchal de Belle-Isle, petit-fils de Fouquet, le château de Bizy est remanié par ses propriétaires suivants, le duc de Penthièvre, le roi Louis-Philippe et le baron Schickler, qui fait élever le corps central actuel. Avec sa colonnade et ses oculus, la façade nord qui donne sur le parc évoque les palais italiens ; au sud, autour d'une cour d'honneur, s'étendent les communs, où est présenté un ensemble de voitures à cheval. Les salons sont renommés pour leurs boiseries et leurs tapisseries du XVIIIe s. Le parc, remanié à l'anglaise au XIXe s., est agrémenté de jeux d'eau.

Avr.-oct. : t.l.j. sf lun. 10 h-12 h, 14 h-18 h ; mars : w.-e. 14 h-17 h.
Visite guidée. Visite sur r.-v. pour les groupes t.l.j. sf lun.

Château de Bizy

27200 Vernon
Tél. : 02 32 51 00 82
Propriété privée
Classé

AUFFAY B2

Château de Bosmelet

Hameau du Bosmelet
76720 Auffay
Tél. : 02 35 32 81 07
www.chateau-de-bosmelet.fr
Propriété privée
Inscrit et classé

Depuis sa construction, en 1632, le château de Bosmelet est resté la propriété de la même famille. Il est complété au début du XVIIIe s. d'un vaste parc réalisé d'après les projets de Colinet, premier jardinier de Le Nôtre. Réquisitionnée en 1940, la demeure est bombardée en 1944 et restaurée dans les années soixante. Elle présente un corps de logis classique entre deux pavillons, dans une maçonnerie qui mêle briques orangées, briques noires et pierre. Rénové en 1996, le jardin est fidèle à la tradition du Grand Siècle. Le potager, qui s'étend sur 1 ha, comprend plus de neuf cents variétés de fruits et légumes ordonnancés selon les couleurs de l'arc-en-ciel.

Juin, sept. : ven., w.-e. et j. fériés, 13h-19h ; juil.-août : t.l.j. 13h-19h.
Visite libre du jardin. Visite guidée du château.
Visite sur r.-v. pour les groupes toute l'année (15-50 pers.).

BRÉMONTIER-MERVAL B2

Château

76220 Brémontier-Merval
Tél. : 02 32 89 96 67
www.seinemaritime.net
Propriété de la région
Classé

Le château de Brémontier-Merval est construit dans les années 1620 pour Louis Panier, conseiller au parlement de Rouen. Après avoir appartenu à divers propriétaires, il est légué à l'État en 1943. Sa silhouette se distingue par deux hautes ailes qui encadrent le corps de logis, édifié en pierre calcaire et en brique. La cour d'honneur est entourée de communs qui datent également du premier tiers du XVIIe s., notamment une orangerie et un colombier. Réaménagé au XIXe s., le logis principal a conservé deux escaliers de l'époque classique. Le château abrite un lycée agricole depuis 1989.

Visite libre des extérieurs toute l'année. Visite guidée du château sur r.-v. pour les groupes. Visite de la cidrerie en juil.-août : mer., ven. 13h30-18h.

BRETTEVILLE-SAINT-LAURENT A2

Château de Bretteville

76560 Bretteville-Saint-Laurent
Tél. : 02 35 96 54 36
Propriété privée
Inscrit et classé

Situé sur l'emplacement d'une habitation romaine à laquelle a succédé une forteresse, le château de Bretteville est construit au début du XVIIIe s. Il appartient successivement à plusieurs dynasties de parlementaires rouennais et n'a jamais cessé d'être habité. Son corps de logis, d'ordonnance classique, est flanqué de deux pavillons latéraux. Les fenêtres et les niveaux sont soulignés par des briques dont l'agencement rythme la façade. Les perspectives et le dessin du parc, très élaboré, sont demeurés intacts.

Avr.-sept. : 14h30-18h30. Visite sur r.-v. Visite libre.
Visite guidée sur r.-v. pour les groupes toute l'année.

CANTELEU B2 DÉTAIL

Couvent troglodytique Sainte-Barbe

75, quai Gustave-Flaubert
76380 Canteleu
Tél. : 02 35 36 40 83
Propriété privée
Inscrit

Situé en bord de Seine, il se distingue par la juxtaposition de son habitat troglodytique et de ses bâtiments en élévation. Lieu de vie de frères mendiants dès 1472 dans l'ancienne carrière, ce n'est qu'au XVIIe s. qu'un ensemble conventuel est construit, autour d'un cloître adossé à la falaise dans le prolongement du monastère souterrain. Couvent de pénitents jusqu'en 1792, puis successivement pensionnat, maison de retraite, maison maternelle et centre d'urgence jusqu'en 2006. Il est en cours de réhabilitation pour des logements, et les visites du couvent troglodytique autour de l'histoire originale de ce lieu ont repris en 2009.

Mai-sept. : deux visites guidées le dim. Visite sur r.-v. pour les groupes.

Maison de Flaubert

Quai Gustave-Flaubert
76380 Canteleu
Tél. : 02 35 71 28 82/02 35 71 28 03
www.musees-haute-normandie.fr
Propriété de la commune
Classé

Situé au bord de la Seine, le manoir où Flaubert séjourne à la belle saison dès 1844 était auparavant la propriété de l'abbaye Saint-Ouen de Rouen. Il ne reste plus qu'un pavillon datant du XVIIIe s. Ce petit bâtiment d'un étage en pierre et pan de bois, couvert d'ardoise, servait à l'écrivain de cabinet de repos. Il abrite aujourd'hui un musée qui rassemble les souvenirs de l'écrivain.

Juil.-août : mer.-dim. 14h-18h ; sept.-juin : w.-e. : 14h-18h.
Visite libre. Visite guidée. Visite sur r.-v. pour les groupes le jeu.

A2 — **CANY-BARVILLE**

Château de Cany

76450 Cany-Barville
Tél. : 02 35 97 87 36
www.seinemaritime.net
Propriété privée
Inscrit

Le château est édifié entre 1640 et 1646 pour Pierre Le Marinier, qui réunit les seigneuries de Cany et de Barville. Après avoir servi de prison pendant la Révolution, il est de nouveau habité par ses propriétaires en 1802. Il est restauré vers 1830 par la famille de Montmorency-Luxembourg qui redessine le parc à l'anglaise. Située sur un terre-plein bordé de balustrades, la demeure est entourée de douves. Elle est précédée de dépendances, d'une chapelle et d'un chartrier construits vers 1700. À l'intérieur, le mobilier et les boiseries du XVIIe s. ont été, en large partie, conservés.

Juil.-août : t.l.j. sf ven., 10h-12h, 15h-18h. Visite guidée.

A2 — **CAUDEBEC-EN-CAUX**

Maison, dite « des Templiers »

Musée Biochet-Bréchot
1, rue Thomas-Basin
76490 Caudebec-en-Caux
Tél. : 02 35 96 95 91
www.musees-haute-normandie.fr
Propriété de l'association des Amis du Vieux Caudebec
Classé

La maison dite « des Templiers » est un des rares bâtiments civils du XIIIe s. conservé dans la région et abrite aujourd'hui le musée Biochet-Bréchot. Le bâtiment est constitué de deux habitations accolées qui se composent chacune de deux étages et d'un pignon. Leurs volumes intérieurs sont séparés par une rangée de colonnes à chapiteaux à crochets, surmontés d'une arcature. Dans un cadre architectural du Moyen Âge, les collections du musée invitent à redécouvrir le passé de la ville, de la Préhistoire à nos jours.

Avr. à début oct. : mer.-ven. 14h30-18h30, sam. 10h-12h, 14h30-18h30, dim. 14h-18h ; mi-oct. à fin mars : mar. et jeu. 14h-18h.
Visite libre. Visite guidée sur r.-v. pour les groupes toute l'année.

B2 — **DIEPPE**

Château

Château-musée
1, rue Chastes
76200 Dieppe
Tél. : 02 35 06 61 99
www.dieppe.fr
www.musees-haute-normandie.fr
Propriété de la commune
Classé

Bâti sur une terrasse aménagée à mi-hauteur sur le flanc de la falaise, le château domine la ville. Édifié à partir du milieu du XVe s. à l'emplacement d'une forteresse plus ancienne, il prend appui sur une grosse tour cylindrique, vestige des fortifications qui défendaient la ville au XIVe s. Il est remanié et agrandi du XVIe au XVIIe s., avec notamment l'adjonction d'une citadelle sur la falaise et de courtines. Il est construit dans un appareillage de silex, de grès et de briques rouges et blanches. Cette ancienne demeure des gouverneurs du roi est transformée en caserne au XIXe s. Elle abrite le musée municipal depuis 1923.

Oct.-mai : t.l.j. sf mar. 10h-12h, 14h-17h (18h le dim.) ; juin-sept. : t.l.j. 10h-12h, 14h-18h. Fermé 1er janv., 1er mai, 1er nov., 25 déc.
♿ en partie. 👁 (maquette tactile).

DOUDEVILLE A2

Château de Galleville

76560 Doudeville
Tél. : 02 35 96 54 65
www.seinemaritime.net
Propriété privée
Classé

Pierre Roque de Varengeville, conseiller de Louis XIV et ambassadeur à Venise, achète aux moines de Valmont des terres leur appartenant, sur lesquelles il fait construire ce château vers 1680. Depuis sa vente en 1769, il appartient à la même famille. Il est restauré après son incendie en 1943. Entouré de douves sèches, édifié en silex et brique, le logis est encadré de pavillons et d'ailes basses. Sa façade équilibrée est surmontée d'un grand lanternon. Des dépendances, de chaque côté de la cour d'honneur, complètent l'ensemble. Le parc, d'ordonnance classique, comporte un potager et un jardin de fleurs. L'intérieur abrite du mobilier des XVIIe et XVIIIe s.

JARDIN ET PARC Juil.-fin sept. : t.l.j. 13h-18h. Visite libre.
CHÂTEAU Visite guidée.
Visite sur r.-v. pour les groupes de mai à oct. (10-40 pers.).

DUCLAIR A2 DÉTAIL

Château du Taillis

Musée Août-1944
Hameau de Saint-Paul
76480 Duclair
Tél. : 02 35 37 95 46/06 83 82 22 89
www.chateau-du-taillis.com
Propriété privée
Inscrit et classé

Bâti sur les fondations d'une maison forte du XIIIe s., le château de Taillis a été édifié vers 1530. La façade sculptée présente des blasons seigneuriaux, ainsi que des niches et des pilastres. Après une construction inachevée, le corps central est agrandi par l'adjonction de deux pavillons au XVIIe s. et finalisé au XVIIIe s. Certains plus beaux arbres de la région rayonnent dans le parc qui est parsemé de massifs, de plates-bandes et de dépendances telles que l'orangerie en temple gallo-romain. Depuis 2004, les écuries du château abritent le musée Août-1944 qui a pour but de rappeler les heures tragiques de la guerre et le soulagement de la Libération.

CHÂTEAU 15 avr.-oct. : w.-e. 10h-12h, 14h-17h.
MUSÉE 15 avr.-oct. : mer.-dim. 10h-12h, 14h-17h.
Visite libre. Visite guidée. Visite sur r.-v. pour les groupes toute l'année.

ÉCRETTEVILLE-LÈS-BAONS A2

Manoir du Catel

Hameau du Champ-d'Oisel
76190 Écretteville-lès-Baons
Tél. : 06 10 21 33 14
www.manoirducatel.com
Propriété privée
Inscrit

Construit en 1270 par Richard de Treigots, dixième abbé de Fécamp sous Saint Louis, ce manoir médiéval reste incontestablement le plus ancien de Normandie. Au cours de la visite du manoir, est évoqué le destin étroitement liés des plantes et des hommes : une idylle qui remonte au jardin d'Éden. À découvrir également une des plus belles collections de graffitis historiques de France : bateaux, animaux, pendus, chevaliers couvrent les murs intérieurs du manoir.

Juil.-août : t.l.j. sf lun. 10h-13h, 14h-17h.

A2 **ERMENOUVILLE**

Château du Mesnil-Geoffroy

76740 Ermenouville
Tél. : 02 35 57 12 77
www.chateau-mesnil-geoffroy.com
Propriété privée
Classé

La construction du château du Mesnil-Geoffroy, situé à l'emplacement d'un premier édifice plus ancien, remonte au XVIIe s. Il est remanié au siècle suivant, avec l'ouverture de grandes fenêtres, l'adjonction d'ailes basses et la mise en place d'un nouveau décor intérieur. Construit en briques roses décorées de motifs losangés, il a conservé les boiseries et le décor rocaille du XVIIIe s. La demeure est agrémentée d'un parc à la française, récemment réhabilité selon ses dessins d'origine.

PARC Mai-sept. : mer.-dim. 14h30-18h. Visite libre de la roseraie.
CHÂTEAU Mai-sept. : ven., w.-e., j. fériés 14h30-18h.
Visite guidée. Visite sur r.-v. pour les groupes toute l'année (15-55 pers.).

A2 **ÉTRETAT**

Château des Aygues

Route de Fécamp
76790 Étretat
Tél. : 02 35 28 92 77
www.chateaulesaygues.com
Propriété privée
Inscrit

Construit en 1866 par l'architecte havrais Théodore Huchon pour Amédée Boyer, inventeur de l'eau de mélisse des Carmes, le château des Aygues est alors la résidence estivale des reines d'Espagne Marie-Christine de Bourbon-Sicile et Isabelle II. Bâtie en brique et pierre dans le style Louis XIII, cette villa balnéaire qui surplombe la mer est entourée d'un parc romantique créé par Jean-Charles Alphand et Gabriel Davioud dans le style de celui, légèrement postérieur, des Buttes-Chaumont à Paris. À l'intérieur, les salons, qui ont conservé leur mobilier d'époque, rassemblent des souvenirs de la maison de Bourbon et des familles régnantes en Europe au XIXe s.

Juil.-sept. : t.l.j. sf mar. 14h-18h.
Visite guidée. Visite sur r.-v. pour les groupes toute l'année (25 pers. max.).

B1 **EU**

Vestiges archéologiques de Bois-l'Abbé

Ferme du Vert-Ponthieu
Route de Beaumont
76260 Eu
Tél. : 09 63 43 26 81
www.eu-briga.fr
Propriété de l'État
Inscrit

Découverte à la fin du XVIIIe s., la bourgade antique de *Briga* (50 ha environ), récemment identifiée, a fait l'objet de nombreuses fouilles. La recherche archéologique a été relancée depuis 2002 sur l'espace cultuel (temple et nombreux *fana*), qui est implanté sur un étroit plateau où l'eau sort. Elle a permis, entre autres, de découvrir les fondations d'une grande basilique accolée au centre religieux. Créée dans les dernières décennies du Ier s. av. notre ère, cette petite ville dispose, vers la fin du IIe s.-début du IIIe s., d'édifices publics et religieux importants (basiliques, thermes, théâtre, temples, etc.), avant de disparaître vers la fin du IIIe s.

Juil.-août : mar. 14h, dim. 15h. Visite guidée.
Visite guidée sur r.-v. pour les groupes d'avr. à sept.

A2 **GOMMERVILLE**

Château de Filières

76430 Gommerville
Tél. : 02 35 20 53 30
www.seinemaritime.net
Propriété privée
Inscrit et classé

Le château de Filières est construit par Victor Louis en 1788 pour la famille de Mirville à l'emplacement d'un manoir du XVIe s. dont subsistent une aile et quelques vestiges. La Révolution interrompt les travaux et la demeure reste inachevée, si bien qu'elle offre l'aspect de deux édifices juxtaposés, l'un de style Renaissance, l'autre d'époque Louis XVI. L'intérieur est agrémenté de boiseries et de mobilier du XVIIIe s. Le domaine comporte en outre un colombier en damier de silex et calcaire du XVIe s., des communs du XVIIIe s. et d'anciennes écuries en pan de bois, silex et brique du XIXe s.

Mai-juin, sept. : mer., w.-e. et j. fériés 14h-18h ; juil.-août : t.l.j. 11h-18h.
Visite guidée. Visite sur r.-v. pour les groupes (10-80 pers.).

GONFREVILLE-L'ORCHER A2

Château d'Orcher

76700 Gonfreville-l'Orcher
jcharcourt@free.fr
http://chateaudorcher.com
Propriété privée
Inscrit et classé

Du haut de la falaise, le château d'Orcher domine l'estuaire de la Seine. Cette forteresse rectangulaire flanquée de quatre tours des XIe et XIIe s. a notamment appartenu pendant la guerre de Cent Ans au célèbre homme de guerre anglais Falstaff, et au XVIIIe s. au financier Law. Le château est transformé en domaine de plaisance au XVIIIe s. : trois côtés sont rasés et le quatrième, compris entre une tour du XIe s. et le donjon carré, est réaménagé afin de le rendre habitable. Un parc à la française est alors créé sur la terrasse. L'ensemble est restauré après la Seconde Guerre mondiale qui l'a endommagé. À l'intérieur, le décor de boiseries rocaille est intact.
Juil.-15 août : t.l.j. sf lun. 14h-18h ; dim. pendant les Journées du patrimoine 14h-18h. Visite guidée du château. Visite libre du parc.
Visite sur r.-v. pour les groupes de mai à sept le w.-e. ♿

HAVRE (LE) A2

Palais de justice (ancien)

Muséum d'histoire naturelle
Place du Vieux-Marché
76600 Le Havre
Tél. : 02 35 41 37 28/02 35 54 75 85
www.ville-lehavre.fr
www.musees-haute-normandie.fr
Propriété de la commune
Classé

En 1739, la cohue du roi (siège de l'assemblée de justice) annexée aux halles de la ville est en très mauvais état. La construction d'un palais de justice est alors décidée et confiée en 1758 à l'ingénieur Dubois ; les travaux sont terminés en 1760. À la Révolution, le prétoire est occupé par divers services administratifs de la ville. L'aile sud du palais est détruite en 1944 et seul le corps principal est restauré. Il abrite depuis 1876 le Muséum d'histoire naturelle dans lequel, outre les sections d'ornithologie et de minéralogie, une salle est consacrée au peintre naturaliste Lesueur (1778-1846).
T.l.j. sf lun. et jeu. mat. : 9h30-12h, 14h-18h.
Visite libre. Visite guidée sur r.-v. (10 pers. min.).

Prieuré de Graville

1, rue Élisée-Reclus
76600 Le Havre
Tél. : 02 35 24 51 00
www.ville-lehavre.fr
www.musees-haute-normandie.fr
Propriété de la commune
Classé

L'église Saint-Étienne-de-Graville est édifiée au XIe s. par des clercs sur un site qui aurait accueilli le corps de sainte Honorine, morte en 303, avant qu'il soit transféré à Conflans (Oise). Au XIIe s., les clercs sont remplacés par des chanoines réguliers et le prieuré est richement doté par Guillaume Mallet de Graville ; au début du XIIIe s. sont construits les bâtiments conventuels et le sanctuaire de l'église. L'ensemble, remanié et endommagé au cours de son histoire, en porte les traces : l'église, à deux étages, allie éléments romans et gothiques, tandis que les bâtiments abbatiaux ont été modifiés au XVIIe s. Ils abritent aujourd'hui un musée d'art religieux.
T.l.j. sf jeu. 11h-18h, mer. 14h-18h. Fermé 1er janv., 1er et 8 mai, 14 juil. 11 nov., 25 déc. Visite libre. Visite sur r.-v. pour les groupes. ♿ en partie.

JUMIÈGES A2 DÉTAIL

Abbaye

24, rue Guillaume-le-Conquérant
76480 Jumièges
Tél. : 02 35 37 24 02
www.jumieges.fr
Propriété du département
Classé

Le domaine de l'abbaye de Jumièges, d'une étendue de 15 ha, planté d'arbres centenaires, offre la vision d'une harmonie parfaite entre architecture et paysage. Les gigantesques ruines, considérées comme les plus belles de France, délivrent une véritable leçon d'architecture qui s'étend sur dix siècles de construction, du IXe au XIXe s. Il ne reste rien de l'époque de sa fondation, en 654 par saint Philibert, mais l'abbaye conserve d'exceptionnels vestiges de l'époque carolingienne et reste célèbre pour le modèle d'architecture romane normande qu'est l'abbatiale Notre-Dame, inaugurée par Guillaume le Conquérant en 1067. Depuis les raids vikings, destructions et reconstructions ont ponctué l'histoire de cette grande abbaye bénédictine jusqu'à son achat, en 1852, par la famille Lepel-Cointet, dernier propriétaire privé avant l'acquisition par l'État en 1946.

15 avr.-15 sept. : t.l.j. 9h30-18h30; 16 sept.-14 avr. : 9h30-13h, 14h30-17h30.
Fermé 1er janv., 1er mai, 1er et 11 nov., 25 déc. Visite libre.
Visite guidée en juil.-août. Visite guidée sur r.-v. pour les groupes. ♿

B2

MARTAINVILLE-ÉPREVILLE

Château

Musée des Traditions
et Arts normands
76116 Martainville-Épreville
Tél. : 02 35 23 44 70
www.seinemaritime.net
Propriété du département
Classé

Jacques Le Pelletier, fils d'un négociant rouennais, édifie vers 1485 à Martainville un château fort. Il est transformé en demeure de plaisance au début du XVIe s. : la façade en particulier est remaniée avec l'ajout au-dessus de la porte d'entrée d'une élégante loggia d'inspiration flamande; de cette époque datent également les souches des cheminées, au décor gothique foisonnant. Abandonné au XIXe s., occupé par les Prussiens en 1872, le château est acquis par l'État en 1906, restauré et transformé en musée des Traditions et Arts normands à partir de 1961.

T.l.j. sf mar., 10h-12h30, 14h-18h (fermeture à 17h d'oct. à mars).,
dim. 14h-18h30 (fermeture à 17h30 d'oct. à mars).
Fermé 1er janv., 1er mai, 1er et 11 nov., 25 déc.
Visite libre. Visite audioguidée. Visite audioguidée adaptée aux enfants.
Visite sur r.-v. pour les groupes (15-30 pers.). ♿ en partie.

B2

MESNIÈRES-EN-BRAY

Château de Mesnières

Institution Saint-Joseph
76270 Mesnières-en-Bray
Tél. : 02 35 93 10 04
www.seinemaritime.net
Propriété privée
Classé

Situé à l'emplacement d'une construction détruite par les Anglais, le château de Mesnières est édifié entre 1500 et 1546. Il est restauré au XVIIe s. et transformé au XVIIIe s., la cour étant alors ouverte de façon à ménager l'accès par l'escalier d'honneur de 1735. Le domaine est acquis en 1834 par l'abbé Eude, qui y installe un orphelinat. De nouvelles constructions sont réalisées au XIXe s. Le plan du château est inspiré de celui de Chaumont, avec des corps de bâtiment en rectangle cantonnés de tours cylindriques. L'intérieur abrite des peintures, des verrières et des statues datant des XVIIe et XIXe s. En 2004, le château a été ravagé par un incendie. Le circuit de visite laisse d'ailleurs apercevoir l'entendue des dégâts et la restauration progressive.

W.-e. 14h30-18h.
Visite guidée. Visite guidée sur r.-v. pour les groupes toute l'année.

B2

MONT-CAUVAIRE

Château de Rombosc

76690 Mont-Cauvaire
Tél. : 02 35 33 70 71
Propriété privée
Inscrit

Construit en 1634 pour les Civille, famille de parlementaires protestants de Rouen, le château de Rombosc offre une façade singulière. Ses trois niveaux sont divisés en cinq travées séparées par des pilastres, et dominés par un fronton triangulaire qui ne correspond pas aux travées qu'il couronne. L'appareil de brique est couvert par un enduit alors que des pierres soulignent les différents niveaux. De chaque côté de la façade, une tourelle cylindrique la relie à un pavillon latéral qui porte le même décor. La chapelle édifiée au XVIIIe s. a été remplacée par l'actuelle, qui date de 1833. Les communs ont été rasés en 1972.

1er-15 juil., 15 août-10 sept. : t.l.j. 10h-12h, 14h-17h.
Visite extérieure. Visite sur r.-v. pour les groupes.

MONTIVILLIERS A2

Abbaye Saint-Sauveur (ancienne)

Jardin de l'abbaye
50, rue Léon-Gambetta
76290 Montivilliers
Tél. : 02 35 30 96 66
www.ville-montivilliers.fr
Propriété de la commune
Classé

En 684, saint Philibert, abbé de Jumièges, établit à Montivilliers un monastère féminin. Détruit par les Vikings, il ne se relève qu'au début du XIe s. grâce à la charte d'exemption qui lui donne son autonomie. Au Moyen Âge, l'abbaye jouit d'une grande prospérité économique dont l'apogée est atteinte au XIVe s. La vie monastique cesse en 1792 et les bâtiments conventuels sont morcelés. La municipalité entreprend leur mise en valeur dans les années quatre-vingt. Aujourd'hui l'abbaye abrite un parcours spectacle audioguidé « Cœur d'abbayes » qui aborde différents thèmes : la vie monastique, l'histoire de la Normandie et l'architecture des abbayes normandes. Le cloître, la salle capitulaire, le dortoir du XIIe s. et le dortoir du XVIe s., totalement restaurés, présentent une scénographie alliant espaces de projections et maquettes. Le réfectoire gothique du XIIIe s. accueille des expositions temporaires.

Avr.-sept. : t.l.j. sf lun. 10h-18h, w.-e. 14h-18h; oct.-mars : t.l.j. sf lun. 10h-17h, w.-e. 14h-18h. Visite libre audioguidée. Visite sur r.-v. pour les groupes (20-80 pers.). (système d'écoute amplifiée). (maquettes tactiles).

NOTRE-DAME-DE-BONDEVILLE B2 DÉTAIL

Corderie Vallois (ancienne)

Musée industriel de la Corderie Vallois
185, route de Dieppe
76960 Notre-Dame-de-Bondeville
Tél. : 02 35 74 35 35
www.musees-haute-normandie.fr
Propriété du département
Inscrit

En 1822 est édifié un bâtiment destiné à abriter une filature de coton, à l'emplacement d'un ancien moulin à papier. L'usine est agrandie en 1856 pour permettre l'installation d'une machine à vapeur auxiliaire. Dans les années 1870, Jules Vallois la transforme en corderie. Depuis l'arrêt de son activité, en 1978, les équipements et les machines sont restés en place. L'atelier de fabrication, construit en pan de bois et brique, s'élève sur deux étages carrés et un étage de combles. Le musée, aménagé en 1994, permet de voir fonctionner les vannes, la roue à aubes et les mécanismes de transmission distribuant l'énergie sur deux niveaux.

T.l.j. 13h30-18h. Fermé 1er janv., 1er mai, 1er et 11 nov., 25 déc. Visite guidée. Visite sur r.-v. pour les groupes (15-50 pers.).

OHERVILLE A2

Manoir d'Auffay

76560 Oherville
Tél. : 02 35 96 69 69
Propriété privée
Inscrit

Situé dans la vallée de la Durdent, le manoir d'Auffay est construit dans la seconde moitié du XVe s. et modifié à la Renaissance. Le plafond à caissons du vestibule, daté de 1553, est attribué à Jean Goujon. Vers 1900, l'architecte Janet apporte des remaniements à la façade sud. Avec sa savante mosaïque de pierre et de brique, le colombier, typique de l'architecture locale des XVe et XVIe s., abrite le musée des Colombiers cauchois.

Juil.-août : t.l.j. sf mer. et sam. 15h-18h; trois premiers w.-e. sept. : 15h-18h.

B2 DÉTAIL PETIT-COURONNE

Maison de Pierre Corneille

502, rue Pierre-Corneille
76650 Petit-Couronne
Tél. : 02 35 68 13 89
www.musees-haute-normandie.fr
Propriété du département
Classé

La « maison des champs » achetée par le père de l'écrivain en 1608 est propriété de la famille de Corneille pendant tout le XVIIe s. Achetée par le département et devenue musée Corneille en 1879, elle a conservé le verger, le puits et son auge, le four à pain et a été dotée en 1994 d'un potager (plantes du XVIIe s.). Le musée présente la vie de l'écrivain et de ses contemporains dans un mobilier normand authentique.
Janv.-mars, oct.-déc. : t.l.j. sf lun. et mar. 10h-12h30, 14h-17h30, dim. 14h-18h ; avr.-sept. : t.l.j. sf lun. et mar. 10h-12h30, 14h-18h30, dim. 14h-18h.
Fermé 1er janv., 1er mai, 1er et 11 nov., 25 déc.
Visite guidée. Visite sur r.-v. pour les groupes. ♿ en partie.

B2 DÉTAIL PETIT-QUEVILLY (LE)

Chapelle Saint-Julien

Rue Danton
76140 Le Petit-Quevilly
Tél. : 02 35 63 75 98
www.petit-quevilly.fr
Propriété de la commune
Classé

De l'ancien manoir royal d'Henri II Plantagenêt subsiste la chapelle, qui date de la seconde moitié du XIIe s. Transformée en léproserie en 1183, elle est rattachée en 1366 à l'hôtel-Dieu de Rouen. En 1600 s'y établissent les religieux de Sainte-Catherine-du-Mont de Rouen. À partir de 1667, les chartreux de Gaillon construisent à proximité un nouveau couvent. La chapelle est entièrement restaurée par l'architecte Louis Sauvageot à partir de 1894. Remarquablement conservée, avec sa courte nef, son chœur en retrait, ses chapiteaux et les fresques de la voûte d'ogives et du chœur, elle est un exemple représentatif des chapelles des grands manoirs royaux à l'époque romane.
Sam. : 14h-17h. Visite libre. Visite guidée. Visite sur r.-v. pour les groupes.

B2 DÉTAIL ROUEN

Cathédrale Notre-Dame

Place de la Cathédrale
76000 Rouen
Tél. : 02 35 71 51 23
www.cathedrale-rouen.net
Propriété de l'État
Classé

Ayant succédé à un premier sanctuaire du haut Moyen Âge, la cathédrale édifiée au XIIe s. est incendiée en 1200. Immédiatement reconstruite, elle est embellie aux XVe et XVIe s., et complétée au XIXe s. par une flèche en bronze qui remplace celle en bois élevée en 1544. L'édifice est en cours de restauration depuis les dommages qu'il a subis lors de la dernière guerre mondiale. L'extérieur est remarquable par la richesse du décor sculpté de sa façade et de ses portails. À l'intérieur, le déambulatoire renferme plusieurs tombeaux, notamment celui de Louis de Brézé, ainsi que de magnifiques vitraux du XIIIe s. La crypte, romane, a conservé son puits.
Lun. : 14h-18h ; mar.-sam. : 7h30-19h ; dim. : 8h-18h.
Visite libre. Visite guidée sur r.-v. pour les groupes.

Musée des Antiquités

198, rue Beauvoisine
76000 Rouen
Tél. : 02 35 98 55 10
www.musees-haute-normandie.fr
Propriété du département
Classé

Le musée des Antiquités est installé dans le cloître d'un ancien couvent de Visitandines fondé vers 1630. Les premières constructions provisoires sont remplacées par de nouveaux bâtiments entre 1680 et 1691. La chapelle est édifiée à partir de 1711 par Pierre Caumont. Le couvent est supprimé à la Révolution et la chapelle alors démolie. Après avoir fait l'objet de diverses affectations, les bâtiments ont accueilli le musée des Antiquités en 1831. Le portail d'entrée du couvent des Clarisses de la rue Saint-Hilaire y a été transféré en 1908 afin de remplacer celui d'origine, démoli vers 1827 par le percement d'une rue.
T.l.j. sf lun. 10h-12h15, 13h30-17h30, dim. 14h-18h.
Fermé 1er janv., 1er mai, 1er et 11 nov., 25 déc. Visite libre.
Visite sur r.-v. pour les groupes au 02 35 15 69 11. ♿ avec aide.

Église Saint-Laurent (ancienne)

Musée de la Ferronnerie
Le Secq-des-Tournelles
Rue Jacques-Villon
76000 Rouen
Tél. : 02 35 88 42 92
www.musees-haute-normandie.fr
Propriété de la commune
Classé

Située à l'emplacement d'une église paroissiale incendiée en 1248, l'église Saint-Laurent est édifiée entre la seconde moitié du XIVe s. et le début du XVIe s. La flèche, qui datait des années 1490-1501, est démolie quelques années après la Révolution. En 1810, c'est au tour de la façade d'être mutilée. Au XIXe s. et jusqu'au début du XXe s., l'église, désaffectée, est défigurée par divers projets, notamment le percement d'ouvertures dans les murs. Voûtée de pierre, la nef est peu élevée, si bien que son équilibre n'a pas nécessité la présence d'arcs-boutants. En 1921 y est aménagé un musée qui abrite la collection de ferronnerie rassemblée par Henri Le Secq des Tournelles (1854-1925).

T.l.j. sf mar., 10h-13h, 14h-18h. Fermé 1er janv., 1er et 8 mai, Ascension, 14 juil., 15 août, 1er et 11 nov., 25 déc. Visite libre. Visite guidée. Visite sur r.-v. pour les groupes au 02 35 52 00 62 (30 pers. max.). ♿ avec aide (entrée rue Deshaye).

Hôtel d'Hocqueville

Musée de la Céramique
1, rue Faucon
76000 Rouen
Tél. : 02 35 07 31 74
www.musees-haute-normandie.fr
Propriété de la commune
Inscrit

L'hôtel est bâti en 1657 pour M. d'Hocqueville, premier président de la cour des Aides de Rouen, à l'emplacement du vieux château, détruit à la fin du XVIe s., et de la prison du bailliage. Le bâtiment comporte deux étages carrés et un entresol. L'escalier, avec sa curieuse rampe sculptée, les boiseries et les lambris des différentes pièces montrent le soin apporté à la décoration intérieure, qui date de la seconde moitié du XVIIIe s. Le duc de Saint-Simon raconte dans ses *Mémoires* le séjour qu'il fit à l'hôtel en 1705. Le bâtiment abrite aujourd'hui le musée de la Céramique, essentiellement consacré à l'histoire de la faïence de Rouen.

T.l.j. sf mar. 10h-13h, 14h-18h. Fermé les 1er janv., 1er et 8 mai, Ascension, 14 juillet, 15 août, 1er et 11 nov., 25 déc. Visite guidée. Visite sur r.-v. pour les groupes au 02 35 52 00 62.

Musée Flaubert et d'Histoire de la médecine

51, rue Le Cat
76000 Rouen
Tél. : 02 35 15 59 95
www.musees-haute-normandie.fr
Propriété d'un établissement public communal
Inscrit

L'hôtel-Dieu est bâti entre 1749 et 1758 afin de remplacer l'ancien hôtel-Dieu de la Madeleine qui tombait en ruine. Il se compose d'une façade classique donnant sur la place et de deux ailes latérales qui entourent une cour. Le musée Flaubert et d'Histoire de la médecine a été aménagé au bout de l'aile gauche, dans l'un des pavillons où logeait le chirurgien en chef, dont, à partir de 1816, Achille Flaubert, père de l'écrivain. C'est dans cette demeure du XVIIIe s., qui a conservé ses boiseries anciennes et son jardin clos, qu'est né Gustave Flaubert. Il y a vécu jusqu'en 1846. La chambre natale de l'écrivain est visible. Le musée retrace l'histoire de la médecine de l'Antiquité au début du XXe s.

T.l.j. sf dim., lun. et j. fériés. 10h-12h, 14h-18h, mar. 10h-18h. Visite libre. Visite guidée. Visite sur r.-v. pour les groupes (25 pers. max.).

Tour de Jeanne-d'Arc

Rue Bouvreuil
76000 Rouen
Tél. : 02 35 98 16 21
www.seinemaritime.net
Propriété de l'État
Classé

Cet ancien donjon est le seul vestige du château élevé par Philippe-Auguste à Rouen après sa conquête de la Normandie, en 1204. Jeanne d'Arc y est emprisonnée et torturée le 9 mai 1431. Son architecture est typique des donjons cylindriques du XIIIe s. Haute de 35 m, la tour, élevée sur trois niveaux et comportant au rez-de-chaussée une salle voûtée, se dresse au centre d'un petit jardin entouré d'un fossé. Son sommet a été entièrement reconstruit. Un escalier à vis mène aux étages, dans lesquels des panneaux présentent l'histoire du château et évoquent la vie de Jeanne d'Arc.

T.l.j. sf mar. 10h-12h30, 14h-17h, dim. 14h-17h30 (avr.-sept. : fermeture à 18h30). Visite libre. Visite sur r.-v. pour les groupes. ♿ en partie.

A2 Détail — **SAINT-MARTIN-DE-BOSCHERVILLE**

Abbaye Saint-Georges (ancienne)

12, route de l'Abbaye
76840 Saint-Martin-de-Boscherville
Tél. : 02 35 32 10 82
www.abbaye-saint-georges.com
Propriété du département
Classé

L'abbaye bénédictine Saint-Georges-de-Boscherville est fondée en 1114 par Guillaume de Tancarville à l'emplacement d'une communauté de chanoines. Complétée au XVIe s. et (par les mauristes) au XVIIe s., l'abbaye est supprimée en 1790 et plusieurs bâtiments détruits. Ont subsisté l'église abbatiale (devenue paroissiale), de style roman normand, demeurée intacte, la salle capitulaire, qui renferme des statues-colonnes et des chapiteaux historiés de la fin du XIIe s., ainsi que le bâtiment conventuel édifié par les mauristes. Les jardins à la française ont été restaurés à l'identique de leur état du XVIIe s.

Avr.-oct. : t.l.j. 9h-18h30 ; nov.-mars : t.l.j. 14h-17h.
Fermé 1er janv. et 25 déc. Visite libre. Visite audioguidée.
Visite guidée sur r.-v. pour les groupes (10-200 pers.).

Ferme des templiers (ancienne)

54, chemin Saint-Gorgon
76840 Saint-Martin-de-Boscherville
Tél. : 02 35 32 02 71/06 82 98 11 96
Propriété privée
Inscrit

Au début du XIIIe s., la forêt est défrichée sur les hauteurs de Saint-Martin. La ferme construite pour exploiter les nouvelles terres daterait de 1214 au temps où les templiers étaient à Sainte-Vaubourg. Dès le XVe s., les revenus sont attribués à l'aumônier de l'abbaye Saint-Georges qui l'utilise comme hôtellerie accueillante à la campagne. La chapelle Saint-Gorgon ornée d'une procession, datée de 1611, de douze apôtres et douze sibylles, peinte sur plâtre, attire pèlerinage et foire. L'ensemble, vendu comme bien national à la Révolution, a retrouvé ses volumes d'origine, son jardin aromatique et son clos d'arbres fruitiers.

15 juin-sept. : mer., ven. 14h-17h ; 1er-23 juil. : t.l.j. 14h-17h. Visite libre.
Visite guidée. Visite sur r.-v. pour les groupes du 15 mai à oct. (20-80 pers.). ♿

A2 — **SAINT-MAURICE-D'ÉTELAN**

Château d'Ételan

76330 Saint-Maurice-d'Ételan
Tél. : 02 35 39 91 27
www.seinemaritime.net
Propriété privée
Inscrit et classé

Le château d'Ételan est bâti en 1494 pour Louis Picard, bailli de Troyes et du Tournaisis, à l'emplacement d'un ancien château fort dont il reste une cave, un mur d'enceinte et la maison des gardes. De style gothique flamboyant, il est restauré au XIXe siècle et après la Seconde Guerre mondiale qui l'a fortement endommagé. Il présente deux corps de logis à appareillage de pierre et brique alternées, reliés par une galerie d'escalier en pierre. Ses terrasses dominent la dernière boucle de la Seine. La chapelle Sainte-Madeleine, édifiée entre 1495 et 1515, a conservé de nombreux éléments de son décor : lambris, sculptures et peintures murales de la première Renaissance.

15 juin-sept. : sam.-mar. 11h-13h, 15h-19h ;
Toussaint-Pâques : visite sur r.-v. Visite libre.
Visite sur r.-v. pour les groupes (25 pers. min.). ♿ en partie.

A2 Détail — **SAINT-PIERRE-DE-MANNEVILLE**

Manoir de Villers

30, route de Sahurs
76113 Saint-Pierre-de-Manneville
Tél. : 02 35 32 07 02
www.manoirdevillers.com
Propriété privée
Inscrit

Implanté entre cour et jardin, le manoir de Villers est en 1581 une maison de maître en pierre et pan de bois, couverte de tuile. Il est ensuite transformé et agrandi au cours des siècles, jusqu'à devenir un grand manoir de style néonormand achevé vers 1908 par l'architecte Charles Lassire. L'intérieur a conservé le mobilier de la famille de Villers. Avec son théâtre de verdure, son jardin de roses et ses bosquets romantiques, le parc, réhabilité depuis 1990, allie des éléments des XVIIIe et XIXe s. ; la chapelle, reconstruite au XVIe s., est noyée parmi la vigne et les fleurs.

MANOIR Avr.-oct. : sam. 14h30-17h30, dim. et j. fériés 15h-18h30,
le reste de l'année sur r.-v.
PARC Mai-sept. : t.l.j. sf jeu. et ven., 14h30-17h30.
Visite libre du parc. Visite guidée du manoir.
Visite sur r.-v. pour les groupes toute l'année (20 pers.). ♿ en partie.

SAINT-PIERRE-LE-VIEUX — A2

Château d'Herbouville

1, rue d'Herbouville
76740 Saint-Pierre-le-Vieux
Tél. : 02 35 04 23 70
Propriété privée
Inscrit

Le château doit son nom à Jean d'Herbouville, qui le fit construire au début du XVIIe s. C'est une imposante bâtisse couverte d'une étonnante toiture en carène de bateau renversé parée d'ardoises en écailles de poisson. Cheminées, fenêtres à meneaux, filets de grecques et pilastres, se rattachent encore à la Renaissance. Une Renaissance mise au goût normand avec l'emploi de la brique en façade et du grès pour les soubassements, et encadrements d'ouvertures. Entre extérieur et intérieur, la visite offre une vue complète d'Herbouville. Par ailleurs, la remontée dans le temps est progressive : après un passage dans l'Orangerie du XVIIIe s., le visiteur est invité à déambuler autour du château pour en apprécier l'architecture. Il est ensuite emmené dans les jardins nourriciers et bouquetier ainsi que dans le parc pour finalement pénétrer dans l'antre de la cuisine du château, véritable témoin de la vie quotidienne à la Renaissance.

Juil.-août : t.l.j. visite à 9h30, 10h30, 11h30, 14h30, 15h30, 16h30.
Visite guidée.

SAINT-WANDRILLE-RANÇON — A2

Abbaye de Fontenelle

76490 Saint-Wandrille-Rançon
Tél. : 02 35 96 23 11
www.st-wandrille.com
Propriété privée
Classé

L'abbaye de Fontenelle, fondée en 649 par Wandrille, ministre de Dagobert, est placée sous la règle de saint Benoît. Son rayonnement spirituel, interrompu par les invasions normandes, reprend au Ve s. Son histoire est ensuite faite de plusieurs constructions et aménagements successifs, jusqu'à la restauration entreprise par les mauristes au XVIIe s. Vendue à la Révolution, l'abbaye est en partie détruite. Elle comprend aujourd'hui les ruines de l'ancienne église abbatiale des XIIIe et XIVe s., le cloître des XIVe et XVe s. et les bâtiments conventuels des XVIIe et XVIIIe s., toujours occupés par les moines. L'église actuelle est aménagée en 1968 dans une ancienne grange du XIVe s.

Visite libre t.l.j. 5h15-13h, 14h-21h15. Visite guidée de Pâques à la Toussaint t.l.j. sf mar. à 15h30, dim. à 11h30 et 15h30;
Toussaint-Pâques, sam. à 15h30, dim. à 11h30 et 15h30.
Visite sur r.-v. pour les groupes toute l'année (10-40 pers.). ♿

SOTTEVILLE-SOUS-LE-VAL — B3

Château du Val-Freneuse

76410 Sotteville-sous-le-Val
Tél. : 02 35 78 68 84
Propriété privée
Inscrit

Édifié au XVIIe s. pour une famille de conseillers au parlement de Rouen, le château du Val-Freneuse est reconstruit à la fin du XVIIIe s. Les façades du corps de logis sont d'un néoclassicisme un peu sévère : en brique et pierre, elles sont composées de deux niveaux surmontés d'un troisième, moins élevé et séparé par une corniche. À l'intérieur, on visite les salons du rez-de-chaussée, qui ont conservé leur décor Louis XV et Louis XVI. La chapelle, qui date du XIXe s., renferme des boiseries et un plafond néogothiques.

1er-14 juil., sept. : t.l.j. sf mer. 12h-18h. Visite libre.

B2 **TOURVILLE-SUR-ARQUES**

Château de Miromesnil

76550 Tourville-sur-Arques
Tél. : 02 35 85 02 80
www.chateaumiromesnil.com
Propriété privée
Inscrit et classé

Le château de Miromesnil est édifié au lendemain de la bataille d'Arques (1589) qui avait provoqué la démolition de la précédente demeure. Sa construction s'est achevée en 1628 par la façade nord. Celle-ci, dont la solennelle ordonnance classique est ornée de guirlandes de style Louis XIII, s'oppose à la façade sud, où domine l'éclat des briques roses. À l'intérieur sont notamment conservés des souvenirs de la famille Miromesnil ainsi que des archives de Guy de Maupassant, qui y naît le 5 août 1850. Dans le jardin potager, de style écossais, les carrés de légumes sont bordés d'allées fleuries.
Avr.-nov. : t.l.j. 14h-18h (juil.-août : 10h-13h, 14h-18h). Visite libre. Visite guidée. Visite guidée sur r.-v. pour les groupes toute l'année (20 pers. min.).

A2 **VALMONT**

Abbaye Notre-Dame-du-Pré

12, rue Raoul-Auvray
76540 Valmont
Tél. : 02 35 27 34 92
www.abbayes-normandes.com/
http://abbayevalmont.free.fr
Propriété privée
Inscrit et classé

Fondée en 1169, l'abbaye bénédictine est détruite par un incendie et reconstruite au XIVe s., puis à nouveau au XVIe s. Les bâtiments conventuels sont réédifiés dans la seconde moitié du XVIIIe s. à la suite de la réforme de Saint-Maur. La Révolution française entraîne le départ des religieux de l'abbaye, qui devient propriété privée. En 1994, une communauté de moniales bénédictines, venant de Lisieux, s'installe dans les bâtiments conventuels. L'église abbatiale, datant de la Renaissance, a été restaurée et rendue au culte en 1999. La voûte de la chapelle de la Vierge, demeurée intacte, a été peinte par Delacroix, qui séjournait fréquemment dans l'abbaye chez ses cousins Bataille.
T.l.j. 9h-18h. Visite complète de l'église en juil.-sept. 14h30-17h. Fermé en janv.
Visite libre. Visite guidée sur r.-v.
Visite sur r.-v. pour les groupes (50 pers. max.).

B2 **VARENGEVILLE-SUR-MER**

Manoir d'Ango

76119 Varengeville-sur-Mer
Tél. : 02 35 83 61 56
www.manoirdango.fr
Propriété privée
Classé

Jean Ango, riche armateur devenu conseiller de François Ier pour les affaires maritimes, se fait construire une résidence par des artistes italiens dans les années 1530-1540. Transformée en exploitation agricole puis incendiée à la Révolution, elle demeure un témoignage exceptionnel de la prospérité de la région à l'époque. Disposés autour d'une vaste cour, les bâtiments allient matériaux normands (grès, silex, brique) et décor Renaissance (rinceaux, coquilles, médaillons, etc.). L'aile sud comporte une loggia, à l'origine décorée de fresques. Le colombier, avec sa toiture en dôme d'influence byzantine et son riche décor polychrome, pouvait accueillir plus de trois mille pigeons.
11 avr.-sept. : t.l.j. 10h-12h30, 14h-18h;
oct.-Toussaint : w.-e. 10h-12h30, 14h-18h. Visite libre.
Visite guidée sur r.-v. Visite sur r.-v. pour les groupes (10 pers. min.). ♿

Le Bois des Moutiers

Route de l'Église
76119 Varengeville-sur-Mer
Tél. : 02 35 85 10 02
bouchayer-mallet-antoine@wanadoo.fr
Propriété privée
Inscrit

Le Bois des Moutiers est l'une des premières réalisations d'Edwin Luytens, architecte anglais à qui l'on doit le palais du vice-roi à New Delhi. Réalisée en 1898 pour Guillaume Mallet, cette maison de style « Arts and Crafts » est un des rares exemples d'architecture préraphaélite sur le continent. Une même recherche d'originalité dans les formes et les matériaux a guidé la conception du décor intérieur, dont le mobilier a été exécuté en Grande-Bretagne par les ateliers de William Morris. Les jardins, créés par la paysagiste Gertrude Jekyll, sont plantés d'espèces rares, tandis que le parc paysager, conçu par Guillaume Mallet, déploie ses perspectives multiples sur 9 ha.
15 mars-15 nov. : t.l.j. 10h-12h, 14h-18h.
Visite libre. Visite guidée sur r.-v. ♿ en partie.

Pays de la Loire

Loire-Atlantique – Maine-et-Loire
Mayenne – Sarthe – Vendée

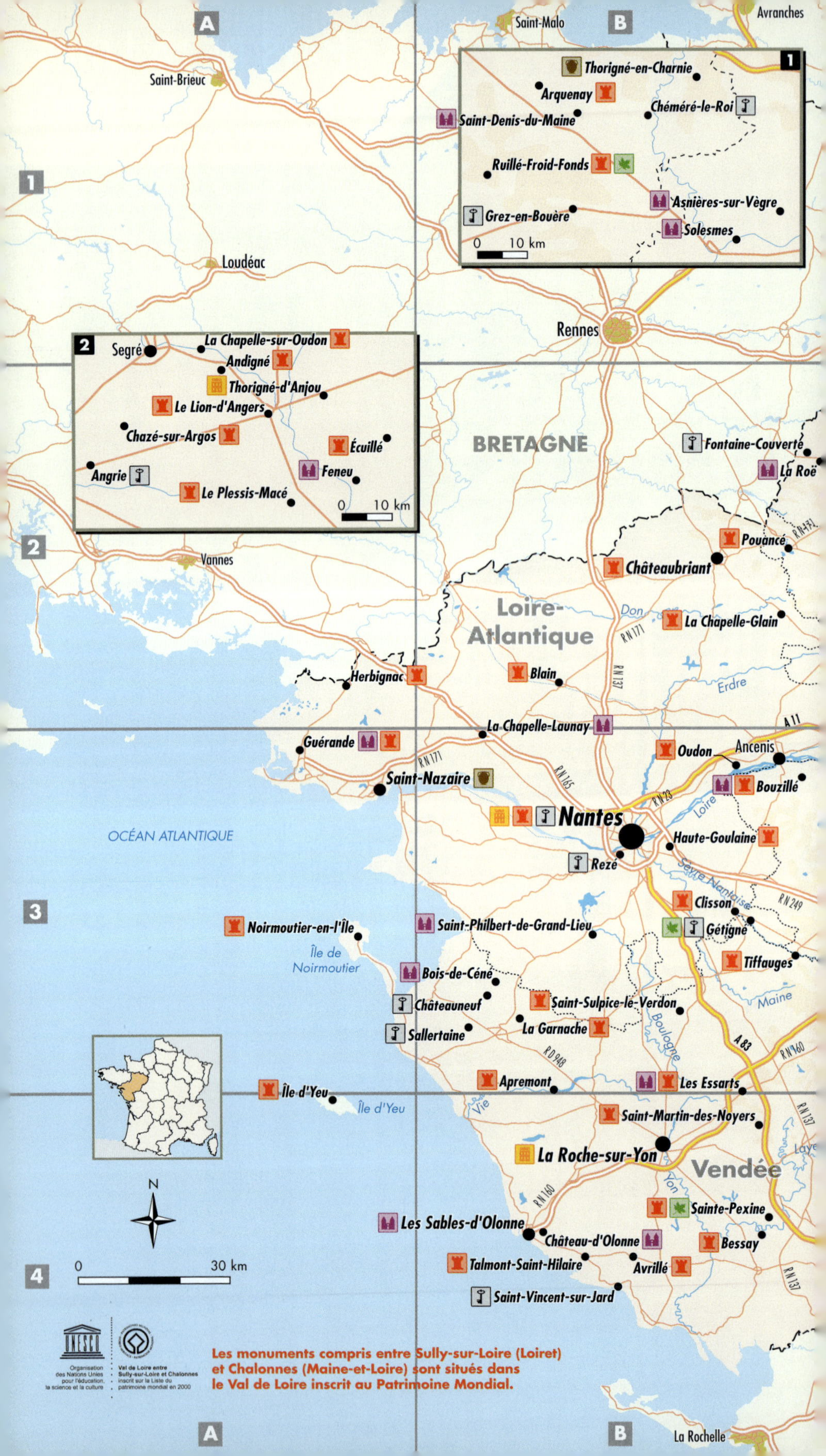
A
B
Saint-Malo
Avranches
Saint-Brieuc
Loudéac
Rennes
Vannes
1
Thorigné-en-Charnie
Arquenay
Chéméré-le-Roi
Saint-Denis-du-Maine
Ruillé-Froid-Fonds
Asnières-sur-Vègre
Grez-en-Bouère
Solesmes
0 10 km
2
Segré
La Chapelle-sur-Oudon
Andigné
Thorigné-d'Anjou
Le Lion-d'Angers
Chazé-sur-Argos
Écuillé
Angrie
Feneu
Le Plessis-Macé
0 10 km
BRETAGNE
Fontaine-Couverte
La Roë
Pouancé
Châteaubriant
Loire-Atlantique
Don
RN 171
La Chapelle-Glain
RN 137
Herbignac
Blain
Erdre
La Chapelle-Launay
A 11
Guérande
Oudon
Ancenis
RN 171
Saint-Nazaire
RN 165
RN 23
Bouzillé
Loire
Nantes
OCÉAN ATLANTIQUE
Haute-Goulaine
Rezé
Sèvre Nantaise
Clisson
RN 249
Noirmoutier-en-l'Île
Saint-Philbert-de-Grand-Lieu
Gétigné
Île de Noirmoutier
Tiffauges
Bois-de-Céné
Châteauneuf
Saint-Sulpice-le-Verdon
Maine
La Garnache
Sallertaine
Boulogne
A 83
RD 948
RN 160
Apremont
Les Essarts
Île-d'Yeu
Île d'Yeu
Vie
Saint-Martin-des-Noyers
RN 137
La Roche-sur-Yon
Vendée
Lay
Yon
RN 160
Sainte-Pexine
Les Sables-d'Olonne
Château-d'Olonne
Bessay
Talmont-Saint-Hilaire
Avrillé
RN 137
Saint-Vincent-sur-Jard
N
0 30 km
1
2
3
4
Organisation des Nations Unies pour l'éducation, la science et la culture
Val de Loire entre Sully-sur-Loire et Chalonnes inscrit sur la Liste du patrimoine mondial en 2000
Les monuments compris entre Sully-sur-Loire (Loiret) et Chalonnes (Maine-et-Loire) sont situés dans le Val de Loire inscrit au Patrimoine Mondial.
La Rochelle

PAYS DE LA LOIRE
C
D
Argentan
BASSE-NORMANDIE
Rennes-en-Grenouilles
RN 176
Mayenne
Lassay-les-Châteaux
Saint-Denis-de-Gastines
Mayenne
Jublains
RN 162
RN 12
Montourtier
Saint-Ouen-des-Vallons
Mézangers
Évron
Olivet
Le-Genest-Saint-Isle
Sainte-Suzanne
Saint-Rémy-du-Val
Mamers
Nogent-le-Rotrou
Sarthe
A 28
Dangeul
Saint-Aignan
Dehault
Huisne
Sillé-le-Guillaume
Ballon
Sarthe
RN 138
1
Laval
A 81
RN 157
Oudon
Erve
1
Entrammes
Saint-Sulpice
Craon
Château-Gontier
Saint-Quentin-les-Anges
Daon
Saint-Laurent-des-Mortiers
Saint-Christophe-en-Champagne
Coulans-sur-Gée
A 11
Pirmil
Le Mans
Yvré-l'Évêque
RN 23
Montmirail
Ardenay-sur-Mérize
RN 157
Braye
Le Grand-Lucé
Bessé-sur-Braye
Saint-Vincent-du-Lorouër
Saint-Ouen-en-Belin
Malicorne-sur-Sarthe
Précigné
Bazouges-sur-le-Loir
RN 138
Loir
Poncé-sur-le-Loir
2
La Flèche
La Chapelle-d'Aligné
Les Rairies
Durtal
Chevîré-le-Rouge
Fougeré
Le Lude
A 28
Genneteil
Baugé
Denezé-sous-le-Lude
Breil
2
RN 162
Challain-la-Potherie
Avrillé
Angers
Saint-Barthélemy-d'Anjou
Varades
Saint-Georges-sur-Loire
Mazé
3
Chalonnes-sur-Loire
Couasnon
Tours
Saint-Aubin-de-Luigné
RN 160
A 85
Layon
RN 147
Authion
Brain-sur-Allonnes
Varennes-sur-Loire
Chouzé-sur-Loire
Evre
A 87
Montsoreau
Fontevraud-l'Abbaye
Maine-et-Loire
CENTRE
3
Cholet
Loudun
Thouars
Les Herbiers
POITOU-CHARENTES
Bressuire
Pouzauges
Châtellerault
Saint-Prouant
Sigournais
A 10
Mouilleron-en-Pareds
Bazoges-en-Pareds
Parthenay
Vouvant
Soulaines-sur-Aubance
Brissac-Quincé
L'Hermenault
Autize
Fontenay-le-Comte
Vendée
Martigné-Briand
Nieul-sur-l'Autize
RN 148
Maillezais
Niort
3
Saint-Rémy-la-Varenne
Coutures
Les Rosiers-sur-Loire
Gennes
Grézillé
Saint-Martin-de-la-Place
Saumur
Villebernier
4
Doué-la-Fontaine
Le Coudray-Macouard
Montmorillon
Cizay-la-Madeleine
Brézé
5 km
Montreuil-Bellay
C
D

BLAIN B2

Château de la Groulaie

44130 Blain
Tél. : 02 40 79 07 81
www.chateau-blain.fr
Propriété de la commune, propriété d'une association
Inscrit et classé

Il semble que le connétable Olivier de Clisson, seigneur du lieu, ait agrandi et fortifié dans les dernières années du XIVe s. un château préexistant à quatre tours et que Jean de Rohan en ait amélioré et embelli les logis autour de 1490. Fastueux au XVIe s., le bâtiment est très abîmé en 1591 lors des guerres de Religion, puis partiellement démantelé par Richelieu en 1621. Le logis est très restauré au début du XXe s. De la forteresse de Clisson subsistent quelques vestiges d'une architecture puissante aux défenses de sommet très développées ; la façade arrière du logis évoque l'élévation initiale du XVe s.

T.l.j. sf lun. 11h-18h. Expositions temporaires. Visite guidée sur r.-v. toute l'année. Visite sur r.-v. pour les groupes toute l'année (10 pers. min.).

CHAPELLE-GLAIN (LA) B2

Château de la Motte-Glain

44670 La Chapelle-Glain
Tél. : 02 40 55 52 01
www.aupaysdechateaubriant.com
Propriété privée
Classé

Reconstruit en 1495 par Pierre de Rohan, maréchal de France, le site présente les caractéristiques des manoirs ruraux de cette période immédiatement postérieure à la guerre de Cent Ans où l'insécurité reste latente. L'appareil défensif est encore développé avec un plan à cour fermée contrôlée par un châtelet fortifié, et la présence de deux tours à mâchicoulis à l'arrière du corps de logis principal ; mais l'architecture dénote déjà une recherche de l'agrément avec de grandes ouvertures et l'ordonnancement de la façade en travées régulières.

15 juin-15 sept. : t.l.j. sf mar. 14h30-18h30.
Visite guidée. Visite sur r.-v. pour les groupes toute l'année.

CHAPELLE-LAUNAY (LA) B2

Abbaye de Blanche-Couronne

44260 La Chapelle-Launay
Tél. : 02 28 01 60 16/02 40 58 33 05
www.abbaye-blanche-couronne.fr
Propriété de la commune, propriété privée
Classé

Fondée au XIIe s. (1126) et reconstruite au XVIIIe s. (1719-1743), elle fut une abbaye bénédictine jusqu'à la Révolution. La visite permet de redécouvrir ces deux périodes dans l'architecture, mais également la période post-révolutionnaire, quand Blanche-Couronne, propriété du peintre Auguste Toulmouche, devient un vrai foyer culturel qui voit séjourner des personnages comme José-Maria de Hérédia, George Sand, Élie Delaunay, Jules Verne, Massenet et beaucoup d'autres. En 1922, Blanche-Couronne, devenue propriété du département, est hôpital psychiatrique jusqu'en 1929. Durant la dernière guerre, elle fut occupée successivement, par les troupes anglaises puis allemandes et enfin par les réfugiés de Saint-Nazaire. Actuellement le bâtiment est la propriété de la commune de La Chapelle-Launay et de l'association Les Compagnons de Blanche-Couronne.

Dim. 15h30-18h. Visite guidée.

Double page d'ouverture : tenture de l'Apocalypse, château d'Angers (Maine-et-Loire).

B2 **CHÂTEAUBRIANT**

Élément clé à la frontière bretonne, Châteaubriant est doté dès le XIe s. d'un puissant donjon, pièce maîtresse d'un système défensif à deux enceintes renforcé sans cesse entre le XIIIe s. et le XVe s. À la fin de la guerre de Cent Ans, la résidence seigneuriale se transporte dans le « bayle » ou « basse-cour » avec la construction d'une nouvelle résidence entre la fin du XVe s. et 1537. On remarque surtout l'opposition entre l'architecture massive et utilitaire de la forteresse médiévale, et les élévations du « château moderne » dont les deux façades sud appartiennent déjà à la Renaissance.

PARC Avr.-sept. : 7h30-20h ; oct.-mars : 7h30-18h. Visite libre.

CHÂTEAU Mai-sept. : t.l.j. sf mar. 11h-18h30 ; oct.-avr. : t.l.j. sf mar. 14h-17h30. Visite guidée. Visite sur r.-v. pour les groupes toute l'année.

Château

44110 Châteaubriant
Tél. : 02 40 28 20 20
www.pays-chateaubriant.fr
Propriété du département
Classé

B3 **CLISSON**

Placée à une position stratégique jusqu'au rattachement de la Bretagne à la France à la fin du XVe s., la forteresse est rénovée sans cesse du XIIIe s. au XVIe s. Elle est marquée par la personnalité d'Olivier de Clisson, connétable de France, et celle du duc de Bretagne François II, qui en fait sa résidence favorite. Dominée par un donjon rectangulaire au nord, quasiment disparu, l'enceinte initiale est adaptée à la guerre en « coups de main » du XIVe s. Les progrès de l'artillerie amènent une modification radicale du site avec l'extension d'une fortification plus basse autour de 1450 et l'adjonction de bastions au XVIe s.

Mai-sept. : t.l.j. sf mar. 11h-18h30, visite à 14h30 ;
oct.-avr. : t.l.j. sf mar. 14h-17h30, visite le dim. à 16h. Visite libre. Visite guidée.

Château

44190 Clisson
Tél. : 02 40 54 02 22
www.valleedeclisson.fr
Propriété du département
Classé

B3 **GÉTIGNÉ**

Acquis dans les premières années du XIXe s. par le sculpteur F. Lemot, le domaine de la Garenne est aménagé en un vaste « jardin pittoresque » où s'élèvent, outre les fabriques, une villa néopalladienne dite « maison du jardinier » (1811-1815) et une demeure néoclassique (1824). Dans l'inspiration des jardins XVIIIe s., le jardin de la Garenne-Lemot n'apparaît plus comme le simple accompagnement de la maison, mais comme une œuvre à part entière : la nature y est complètement remodelée en un tableau idéal de la campagne romaine, qu'animent fabriques et statues antiquisantes. Aujourd'hui, la demeure est un centre d'animation patrimoniale.

PARC Avr.-sept. : 9h-20h ; oct.-mars : 9h30-18h30. Visite libre.

MAISON DU JARDINIER Juin-sept. : t.l.j. sf lun. mat. 10h-12h, 14h-19h ; oct., mars-mai : t.l.j. sf lun. 10h-12h, 14h-18h ; nov.-fév. t.l.j. sf lun. 10h-12h, 14h-17h.

VILLA Janv.-fév., nov.-déc. : t.l.j. sf lun. et le mat. le w.-e. 10h-12h, 14h-17h ; mars-mai, oct. 10h-12h, 14h-18h ; juin-sept. : 10h-12h, 14h-19h.

Visite guidée sur r.-v. ♿ parc.

Domaine de la Garenne-Lemot

44190 Gétigné
Tél. : 02 40 54 75 85
www.nantes-tourisme.com
Propriété du département
Inscrit et classé

GUÉRANDE A3

Château du Careil

Route de La Baule-Guérande
Village de Careil
44350 Guérande
Tél. : 02 40 60 22 99
www.careil.com
Propriété privée
Inscrit

Le château du Careil, mal connu jusqu'en 1571, est un bastion du protestantisme régional dans la seconde moitié du XVIe s. ; dans ce contexte, il est partiellement incendié à la fin du siècle : l'aile endommagée est probablement reconstruite dans les premières années du XVIIe s. Dans la cour, l'agencement architectural et la décoration des deux façades du logis en L issues de ces deux phases de construction expriment l'évolution entre un style encore proche du gothique et un style Renaissance local : le contraste est particulièrement net au niveau du vocabulaire ornemental utilisé au pignon des lucarnes.

Juin-août : visite à 11 h, 12 h, 14 h, 15 h, 16 h, 17 h, 18 h.
Visite aux chandelles lun. et mer. à 21 h 30 en juil.-août.
Visite guidée. Visite sur r.-v. le reste de l'année et pour les groupes.

Collégiale Saint-Aubin

44350 Guérande
Tél. : 08 20 15 00 44
www.ville-guerande.fr
Propriété de la commune
Classé

Succédant à un sanctuaire fondé au VIe s., la collégiale se développe à partir du Xe s. autour des reliques de saint Aubin, évêque d'Angers. L'église, partiellement détruite lors des troubles liés à la Succession de Bretagne (1341-1365), est reconstruite entre la fin du XIVe s. et le XVIe s. Elle est jusqu'à la Révolution le siège d'un chapitre prospère. Alliant des éléments romans (piliers et chapiteaux du XIIe s.) et des superstructures gothiques flamboyantes dont l'exubérance est atténuée par la rudesse du granit gris, l'édifice se caractérise par sa clarté et son apparente homogénéité.

T.l.j. 9 h-12 h, 14 h-18 h. Visite libre. Visite guidée juil.-août.

Fortifications de la ville et porte Saint-Michel

Musée du Pays-de-Guérande
44350 Guérande
Tél. : 02 28 55 05 05
www.ville-guerande.fr
Propriété de la commune
Classé

Prospère dès le haut Moyen Âge grâce au commerce du sel, détruite lors de la guerre de Succession de Bretagne en 1342, la ville de Guérande entreprend la construction d'une ceinture complète de remparts entre 1343 et 1480. Cette enceinte, longue de 1 434 m, était entièrement entourée de douves ; elle est flanquée de six tours et de quatre tours-portes. La principale d'entre elles, la porte Saint-Michel, bâtie au milieu du XVe s., prend la forme d'un châtelet monumental à deux tours semi-circulaires, représentatif de l'architecture militaire bretonne du bas Moyen Âge ; après avoir été logis du gouverneur de la ville, elle sert actuellement de musée.

Avr.-sept. : t.l.j. sf lun. mat. 10 h-12 h 30, 14 h 30-19 h ; oct. : t.l.j. sf lun. mat. 10 h-12 h, 14 h-18 h. Visite libre. Visite sur r.-v. pour les groupes toute l'année.

HAUTE-GOULAINE B3

Château de Goulaine

44115 Haute-Goulaine
Tél. : 02 40 54 91 42
http://chateau.goulaine.online.fr
Propriété privée
Classé

Le corps de logis principal de Goulaine est construit dans les premières années du XVIe s. par un proche des rois de France Louis XII, puis François Ier ; au XVIIe s. sont ajoutées, de part et d'autre, une chapelle et une aile d'écuries, en même temps qu'est exécutée la décoration intérieure du premier étage (1632). Caractéristique de la pré-Renaissance française, la façade apparaît comme un compromis entre l'esthétique gothique et les premières influences italianisantes.

28 mars-2 juil., 6 sept.-7 nov. : w.-e. et j. fériés 14 h-18 h ; 3 juil.-5 sept. : t.l.j. sf mar. 14 h-18 h. Visite guidée. Visite sur r.-v. pour les groupes toute l'année.

A2 — **HERBIGNAC**

Château de Ranrouët

44410 Herbignac
Tél. : 02 40 88 96 17
www.herbignac.com
Propriété de la commune
Inscrit

Le château de Ranrouët contrôle un passage obligé entre Nantes et la Bretagne. Édifié dans la seconde moitié du XIIIe s. par les seigneurs d'Assérac et Rieux, proches du pouvoir ducal, très impliqués dans les conflits de la fin du Moyen Âge, il est constamment renforcé entre le XVe s. et le XVIIe s. Après un démantèlement partiel sur ordre de Richelieu en 1618, son rôle militaire paraît considérablement limité. Une barbacane en demi-lune et un pont-levis donnent accès à l'enceinte heptagonale, entourée de douves et flanquée de six grosses tours portant les traces de multiples réaménagements.

Juil.-août : t.l.j. 10h-19h ; avr.-juin, sept. : t.l.j. sf lun. 14h30-18h30.
Fermé 1er mai. Visite libre. Visite guidée.
Visite sur r.-v. pour les groupes toute l'année.

B3 — **NANTES**

Château des ducs de Bretagne

4, place Marc-Elder
44000 Nantes
Tél. : 08 11 46 46 44
www.chateau-nantes.fr
Propriété de la commune
Classé

Construit entre 1465 et 1500 par François II puis par sa fille la duchesse Anne, le château de Nantes se substitue à une forteresse du XIIIe s., dont seule subsiste une tour polygonale dite « Vieux Donjon ». Flanquée de tours trapues et surdimensionnées, l'enceinte est caractéristique des transformations imposées à l'architecture médiévale traditionnelle par l'usage de l'artillerie lourde. Dans la cour, le grand logis et la tour de la Couronne d'or présentent, autour de 1500, une ornementation de transition entre le gothique flamboyant et la Renaissance, tandis que les autres bâtiments témoignent de l'utilisation continue du château entre le XVIe et le XVIIIe s. Ils abritent aujourd'hui un grand musée d'histoire de Nantes et du pays nantais.

COUR ET REMPARTS Sept.-juin : t.l.j. 10h-19h ; juil.-août : t.l.j. 9h-20h (nocturne jusqu'à 23h le sam.).
MUSÉE Sept.-juin : t.l.j. sf lun. 10h-18h ; juil.-août : t.l.j. 9h30-19h.
Fermé 1er nov., 25 déc., 1er janv., 1er mai. Visite libre.
Visite guidée w.-e., j. fériés et vac. scol. Visite audioguidée.
Visite guidée sur r.-v. pour les groupes au 02 51 17 49 99 (15 pers. min.).
(boucle magnétique, visite signée).
(parcours tactile audioguidée, visite sensorielle).

Manoir de la Hautière

Musée compagnonnique
14, rue Claude-Guillon-Verne
44000 Nantes
Tél. : 02 40 69 30 55
www.nantes-tourisme.com
Propriété privée
Inscrit

Siège d'un petit domaine rural à l'extérieur de Nantes, situé aujourd'hui en pleine ville, le manoir de la Hautière est dès avant 1400 un habitat seigneurial typique des manoirs bretons. Représentative de l'architecture civile du Moyen Âge, la façade sobrement décorée au XVe s. est constituée d'un corps principal de bâtiment, possédant une chambre haute avec un accès extérieur et auquel s'accolent d'autres éléments de différentes époques. Réhabilité depuis 1968 par les Compagnons du tour de France des devoirs unis, le manoir fait désormais fonction de Cayenne (maison des compagnons), et abrite un musée d'histoire du Compagnonnage qui expose des chefs-d'œuvre et des outils de compagnons.

Ouvert toute l'année, sam. 14h-18h.
Visite libre. Visite sur r.-v. pour les groupes en semaine.

Musée des Beaux-Arts

10, rue Georges-Clemenceau
44000 Nantes
Tél. : 02 51 17 45 00
www.nantes.fr
Propriété de la commune
Inscrit

Pour répondre aux besoins d'une collection constituée depuis, 1800 à partir d'envois de l'État, d'achats, dont la collection Cacault en 1810, C.-L. Josso entreprend en 1893 la construction du palais des Beaux-Arts : un circuit de galeries et de salles est ordonné sur plusieurs étages autour d'un patio très éclairé ; la façade extérieure fait référence à de grands modèles classiques. Le musée a su s'adapter à la présentation chronologique des collections sans cesse enrichies. Parallèlement, une politique ambitieuse d'expositions temporaires permet la diffusion du patrimoine et de la création contemporaine.

T.l.j. sf mar. 10h-18h. Nocturne jeu. jusqu'à 20h. Fermé j. fériés.
Visite libre. Visite guidée. Visite sur r.-v. pour les groupes.
(visite spécifique).

Maillé-Brézé

Musée naval
Quai de la Fosse
44000 Nantes
Tél. : 09 79 18 33 51
www.maillebreze.com
Propriété privée
Classé

Lancé en 1957, cet escorteur de la Marine nationale est en service actif au plus fort de la guerre froide, jusqu'en 1988, date de son désarmement. Depuis lors ancré dans le port de Nantes, il est devenu, grâce à l'action d'une association, l'un des plus importants musées navals français « à flot ». Long de 130 m environ, ce bâtiment représente le summum du développement technologique de son époque appliqué à la lutte sous-marine, particulièrement en matière d'armement et d'équipement de détection.

Juin-sept. : t.l.j. 14h-18h ; oct.-mai : lun.-mar., jeu.-ven. visite à 15h et mer., w.-e. et j. fériés 14h-17h ; vac. scol. 14h-17h.
Visite libre. Visite guidée. Visite sur r.-v. pour les groupes (10 pers. min.).

OUDON — B3

Château

11 rue du Pont-levis
44521 Oudon
Tél. : 02 40 83 60 00
www.oudon.fr
Propriété de l'État
Classé

Sur un site préexistant, le seigneur d'Oudon obtient en 1395 le droit de construire un donjon fortifié dont l'aménagement est complété au XVe s. (châtelet d'entrée) et au XVIe s. Carrière de pierre entre 1807 et 1820, il a été rénové récemment. Original par sa forme octogonale, le donjon présente un appareil défensif caractéristique de la fin du XIVe s. dans la région ; une recherche de l'esthétique dans l'élévation, celle du confort dans l'agencement des pièces dénotent cependant une volonté de dépasser l'aspect militaire au profit de l'agrément de la résidence. À l'intérieur, un parcours spectacle composé de décors, films et jeux de lumières est dédié à l'histoire du grand fleuve : la vie d'un pêcheur de Loire au Moyen Âge, la Loire au temps de la Révolution, la batellerie de Loire, le voyage sur la Loire du peintre anglais William Turner. Au dernier niveau, est proposé un voyage virtuel en montgolfière au dessus de la Loire.

Mars : dim. 10h-12h30, 14h-18h30 ;
avr.-juin : t.l.j. 10h-12h30, 14h-18h30 ; juil.-août : t.l.j. 10h-12h30, 14h-19h ; sept., vac. Toussaint : t.l.j. 10h-12h30, 14h-18h ; oct. : w.-e. 10h-12h30, 14h-18h.
Visite libre. Visite guidée sur r.-v. le reste de l'année.
Visite sur r.-v. pour les groupes (20 pers. min.).

B3 **REZÉ**

Maison radieuse

44400 Rezé
Tél. : 02 40 84 43 84
http://maisonradieuse.org
Propriété privée
Inscrit

Cet immeuble d'habitat collectif construit en 1955 par Le Corbusier appartient, sur le plan architectural, aux expériences déjà menées à Marseille et à Firminy visant à rassembler dans une même unité appartements et équipements collectifs. La singularité de Rezé est d'ajouter à cette organisation une dimension sociale, en conformité avec les engagements de l'architecte, qui a valu à la Maison radieuse son appellation de « Laboratoire social » : l'ensemble était géré en coopérative, chaque occupant étant actionnaire après un apport initial. Cette expérience a été interrompue en 1970, mais l'immeuble a scrupuleusement conservé son apparence d'origine.

Visite guidée sur r.-v. mar., jeu. et sam. mat.
Ouvert lors des Journées du patrimoine.

A3 **SAINT-NAZAIRE**

Tumulus de Dissignac

Route de Dissignac
44600 Saint-Nazaire
Tél. : 02 51 10 03 03
Propriété de l'État
Classé

Édifié entre 4000 et 3800 av. J.-C., ce monument mégalithique présente, après restauration en 1970, l'aspect d'un tertre de pierres sèches de 25 m de diamètre environ. Il est composé de deux tombes accolées, constituées chacune d'une chambre (dolmen) précédée d'un couloir d'accès ouvrant sur la face sud-est du tumulus. L'une des deux chambres, agrandie lors d'une phase de réaménagement, présente des décors gravés. Cet édifice, d'un type courant dans la région, semble avoir été investi pendant plusieurs siècles d'un rôle symbolique important, dépassant le cadre uniquement funéraire.

Visite guidée sur r.-v.

B3 **SAINT-PHILBERT-DE-GRAND-LIEU**

Abbatiale

Place de l'Abbatiale
44310 Saint-Philbert-de-Grand-Lieu
Tél. : 02 40 78 73 88
www.ot-stphilbertdegrandlieu.fr
Propriété de la commune
Classé

Attestée dès 819, l'église de Déas est profondément remodelée dans sa partie orientale entre 836 et 847 pour répondre aux besoins du culte de saint Philibert, dont elle abrite alors les reliques. Après le transfert de ces dernières à Cunault, puis à Tournus, elle reste un sanctuaire attractif jusqu'à la Révolution avant d'être temporairement désaffectée au XIXᵉ s. Des fouilles archéologiques et restaurations au début du XXᵉ siècle ont révélé la présence du sarcophage du Saint dans la crypte semi-enterrée. Témoignage exceptionnel de l'architecture carolingienne et romane, l'église se signale aussi par les arcs de la nef qui reposent sur des piliers cruciformes.

Avr.-sept. : t.l.j. 10h-12h30, 14h30-18h30 ; oct. mars : mar. sam. 10h-12h, 14h30-17h30, dim. et j. fériés, 14h-17h30. Visite libre.
Visite guidée juin, sept. : dim. 15h, 16h ; juil.-août : t.l.j. 15h, 16h, mar. 21h.
Visite sur r.-v. pour les groupes toute l'année.

C3 **VARADES**

Château de la Madeleine, dit « palais Briau »

44370 Varades
Tél. : 02 40 83 45 00
www.palais-briau.com/www.varades.fr
Propriété privée
Inscrit

À partir de 1854, François Briau, ingénieur des Arts et Métiers ayant fait fortune dans l'exploitation des chemins de fer, confia à l'architecte angevin Édouard Moll, la construction d'un château appelé aujourd'hui « palais Briau ». Les travaux commencèrent par les communs et les fabriques du parc paysager qui se déploie sur trois terrasses dominant un ancien bras de la Loire. Des passages souterrains permettent d'accéder aux différents niveaux, et notamment à l'orangerie. Le château, édifié en 1862-1863, allie des façades d'inspiration palladienne à la décoration surchargée avec un décor intérieur Second Empire « à la gloire du modernisme ».

Avr.-juin, sept. : w.-e. et j. fériés 14h-18h ; juil.-août : t.l.j. 14h-18h.
Visite libre du parc. Visite guidée. Visite sur r.-v. pour les groupes toute l'année.

ANDIGNÉ

C2 DÉTAIL 2

Château de Saint-Hénis

49220 Andigné
Tél. : 02 41 61 51 78
Propriété privée
Inscrit

Édifiés probablement autour de 1500, les plus anciens bâtiments du château de Saint-Hénis sont conçus dans un objectif défensif et sont renforcés aux environs de 1560, lors des guerres de Religion. En 1840, la construction d'un grand corps de logis englobe le château initial dans son aile gauche. Les éléments visibles de celui-ci sont les plus intéressants du site par leur aspect résolument militaire et par leur style architectural homogène et rude (construction de schiste et tuffeau ; fenêtres longues et étroites ; modénature Renaissance sobre), en contraste fort avec la façade XIXe s.

Visite sur r.-v. toute l'année.

ANGERS

C2

Abbaye Toussaint

Galerie David-d'Angers
33 *bis*, rue Toussaint
49100 Angers
Tél. : 02 41 05 38 90
http://musees.angers.fr
Propriété de la commune
Inscrit et classé

[m]

Les chanoines réguliers de Saint-Augustin, installés autour d'une abbatiale du XIIIe s., sont réformés dès 1635 par la congrégation de Sainte-Geneviève qui fait reconstruire les bâtiments conventuels, dont subsistent un escalier, des vestiges de cloître et une cour d'honneur. L'église, ruinée en 1810, est restaurée dans la seconde moitié du XXe s. pour devenir un musée. De style angevin, elle est couverte d'un berceau brisé à nervures multiples ; elle a été restaurée dans une esthétique contemporaine avec des matériaux volontairement neutres (verre et métal) afin de mettre en valeur l'architecture initiale. L'édifice abrite les plâtres d'atelier du sculpteur David d'Angers.

Oct.-mai : t.l.j. sf lun. 10 h-12 h, 14 h-18 h ; juin-sept. : t.l.j. 10 h-18 h 30.
Visite libre. (visite signée). (visite tactile).

Cathédrale Saint-Maurice

4, rue Saint-Christophe
49000 Angers
Tél. : 02 41 87 58 45
presbytere-cathedrale@wanadoo.fr
Propriété de l'État
Classé

Sur le site d'une église primitive remontant au IVe s., puis d'une cathédrale romane édifiée et partiellement incendiée au cours du XIe s., la reconstruction de Saint-Maurice est entamée dans la première moitié du XIIe s. et s'achève après 1250. Caractéristique du gothique angevin, elle est couverte d'ogives très bombées, formant une nef unique. Du revers de la façade au chevet, le profil de plus en plus nervuré des ogives et le dessin de plus en plus travaillé des fenêtres reflètent stylistiquement la progression de la construction sur un siècle et demi. Les statues-colonnes du portail occidental (1180) aux draperies ciselées évoquent encore leurs homologues de Chartres et du Mans.

Juil.-sept. : 15 h-19 h. Visite guidée. Visite du trésor sur demande.

Château

2, promenade du Bout-du-Monde
49000 Angers
Tél. : 02 41 86 48 77
http://angers.monuments-nationaux.fr
Propriété de l'État
Classé

Construite au XIIIe s., la forteresse comporte dix-sept tours de schiste et de tuffeau et surplombe la Maine qui lui sert de défense naturelle. Résidence des ducs d'Anjou aux XIVe et XVe s., elle s'orne alors de bâtiments et de jardins, où prend place, du temps du roi René, une ménagerie. Le château abrite la tenture de l'Apocalypse, commandée par Louis Ier d'Anjou à la fin du XIVe s., qui, par ses dimensions, son ancienneté et ses qualités plastiques est incontestablement une œuvre majeure de la tapisserie médiévale.

5 sept.-avr. : t.l.j. 10h-17h30; mai-4 sept. : t.l.j. 9h30-18h30.
Fermé 1er janv., 1er mai, 1er et 11 nov., 25 déc.
Visite libre. Visite guidée. Visite audioguidée.
Visite guidée pour les groupes. (cartels, documents de visite).
(plan relief en braille, éléments de tissage en relief et explication en braille, document en gros caractères et en braille).

Hôpital Saint-Jean (ancien)

Musée Jean-Lurçat
4, boulevard Arago
49100 Angers
Tél. : 02 41 24 18 45/02 41 24 18 48
http://musees.angers.fr
Propriété de la commune
Classé

Fondé en 1175 avec l'appui d'Henri II Plantagenêt selon un programme hospitalier courant au Moyen Âge, l'hôpital Saint-Jean assure une fonction médicale jusqu'en 1854. Il est aménagé en musée depuis 1874. La salle des malades, halle à trois nefs égales, constitue l'un des points d'épanouissement du gothique angevin de la fin du XIIe s., par la qualité des proportions et l'élégance des structures. Elle est devenue en 1967 le lieu d'exposition du *Chant du monde*, ensemble de tapisseries de Jean Lurçat créées à partir de 1937 en hommage à *L'Apocalypse*; par extension, un musée de tapisserie contemporaine est installé dans les dépendances XVIIIe s.

Oct.-mai : t.l.j. sf lun. 10h-12h, 14h-18h; juin-sept. : t.l.j. 10h-18h30.
Visite libre. (fiches de salle adaptées).

Hôtel Pincé

Musée Pincé
32 *bis*, rue Lenepveu
49100 Angers
Tél. : 02 41 05 38 00
http://musees.angers.fr
Propriété de la commune
Classé

Construit entre 1523 et 1535 pour Jean Pincé, lieutenant général de la sénéchaussée et maire d'Angers, l'hôtel a été donné en 1861 à la ville d'Angers pour en faire un musée qui présente depuis 1889 des collections d'art antique et d'art extrême-oriental. Les deux corps de logis disposés en équerre et la haute tour d'escalier carrée qui en fait l'angle présentent des façades ordonnées et cloisonnées, application des principes architecturaux et décoratifs de la Renaissance à la demeure urbaine. Toutefois, l'aile droite, probablement due à l'architecte Jean Delespine, légèrement plus tardive (1535), montre déjà une évolution, surtout sensible dans les motifs décoratifs.

Temporairement fermé pour travaux. Pour plus d'informations quant à une prochaine réouverture, se renseigner au 02 41 05 38 00.

ANGRIE — C2 Détail 2

Moulin-Neuf ou moulin de la Marmite

49440 Angrie
Tél. : 02 41 92 04 28
Propriété privée
Inscrit

Mentionné pour la première fois en 1681, le moulin-tour de la Marmite est modifié, comme la plupart des moulins de son type en Anjou au milieu du XIXe s., pour recevoir des ailes en planches (système Berton), qui accroissent sa puissance mais nécessitent le rehaussement de la tour. En 1931, un moteur anglais de 15 ch est installé dans l'appentis accolé à la tour : jusqu'en 1980, il prend le relais du moteur éolien en cas de manque de vent.

T.l.j. sf lun. mat. et dim. mat. Visite guidée sur r.-v. toute l'année.
Visite sur r.-v. pour les groupes toute l'année.

AVRILLÉ — C2

Moulin de la Croix-Cadeau

Route de Laval-Rennes
49240 Avrillé
Tél. : 02 41 42 30 45
www.lacroixcadeau.fr
Propriété privée
Inscrit

Construit en 1750, ce moulin à vent de type moulin-cavier a vu son système mécanique modernisé au XIXe s. et l'ensemble de sa structure restaurée à l'identique entre 1973 et 1989. Composé des trois éléments traditionnels du moulin-cavier (hucherolle, massereau et masse), il possède deux particularités : un massereau de charpente (et non de maçonnerie) couvert d'ardoises ; et un système très élaboré d'arbre moteur en fonte, du XIXe s. En outre, il est l'un des plus grands moulins-caviers d'Anjou.

T.l.j. sf dim. 10h-15h.

BAUGÉ — C2

Château

Musée d'Art et d'Histoire
49150 Baugé
Tél. : 02 41 84 00 74
www.chateau-bauge.com
Propriété de la commune
Classé

Dans l'enceinte fortifiée d'un château à motte primitif, un logis résidentiel est reconstruit entre 1430 et 1455 par Yolande d'Aragon, puis par son fils René d'Anjou, dit « le roi René ». Utilisé par les gouverneurs de la ville entre le XVIe s. et le XVIIIe s., il est ensuite profondément remanié pour un usage administratif. La façade affiche nettement les caractères d'un logis de plaisance du XVe s., notamment la disparition de tout élément militaire dans l'architecture. Dans les combles du château, la figure du roi René est évoquée par le son, la lumière et l'image. Au premier étage du château sont présentés divers thèmes : la dynastie des Anjou, l'Anjou et l'Europe, la chevalerie et les tournois, l'Amour courtois et la croix d'Anjou devenue plus tard la croix de Lorraine.

13-28 fév., 10 avr.-13 juin, 13 sept.-1er nov. : mer.-dim. 14h-18h ;
14 juin-12 sept. : t.l.j. 10h-12h30, 13h30-18h.
Visite guidée. Visite sur r.-v. pour les groupes toute l'année (20 pers. min.).

BOUZILLÉ — B3

Chapelle et château de la Bourgonnière

49530 Bouzillé
Tél. : 02 40 98 10 18
Propriété privée
Inscrit et classé

La vaste enceinte fortifiée actuellement visible est établie en 1446 autour d'un donjon préexistant, possédant déjà sa propre fortification ; dans cet espace s'installent ensuite une chapelle, construite entre 1508 et 1525, et, légèrement à l'est, un château Directoire. Outre l'intérêt de l'ensemble médiéval, l'attrait du site repose essentiellement sur la chapelle : caractéristique du gothique finissant, elle possède un ensemble statuaire monumental, groupé autour d'un exceptionnel Christ de la Transfiguration habillé, dont l'inspiration se partage entre l'école française de Michel Colombe et le vocabulaire décoratif de la Renaissance italienne.

Juil.-15 août : t.l.j. 9h-18h, dim. 14h-18h.
Visite libre. Visite sur r.-v. pour les groupes (10 pers.).

C3 Détail 3

BRAIN-SUR-ALLONNES

Site de la Chevalerie de Sacé

49650 Brain-sur-Allonnes
Tél. : 02 41 52 87 40
www.ot-saumur.fr
Propriété privée
Inscrit

Ce site archéologique est centré sur les vestiges d'une maison forte, probablement construite autour de 1300 ; détruite par un incendie moins d'un siècle plus tard, entre 1360 et 1370, elle n'est plus jamais occupée ensuite. Centre d'une exploitation agricole assez importante dont les bâtiments coexistaient avec le logis principal à l'intérieur d'une enceinte matérialisée par un fossé peu profond, ce manoir présente la particularité d'être en communication directe, par un escalier, avec un réseau de galeries souterraines, de période indéterminée, qui peuvent avoir constitué un refuge potentiel. Sur place est conservée une collection de pavages décorés anciens.

SITE 8 avr.-sept. : t.l.j. sf lun. 14h-18h.
MUSÉE 8 avr.-sept : mar.-sam. 10h-12h, 14h-18h.
Visite libre. Visite guidée sur r.-v. Visite sur r.-v. hors saison.

D2

BREIL

Parc du château de Lathan

49490 Breil
Tél. : 02 41 82 31 00
Propriété privée
Inscrit et classé

L'actuel château, après destruction des deux châteaux antérieurs (XVe s. et XVIIe s.), a été construit en 1862 dans un parc où coexistaient déjà un jardin classique et un jardin paysager romantique. Le premier rassemble les principaux éléments mis en théorie par Le Nôtre : géométrie des bosquets et étoiles de charmille, jeux d'eau et statuaire très étudiés, création de grandes perspectives représentées ici par un canal de 500 m se terminant par une gloriette. Le second, dont ne subsiste qu'une partie, use des procédés créés au XVIIIe s. pour donner une image recomposée et idéalisée d'une nature « à la Rousseau ».

Pâques-Toussaint : t.l.j. sf mar. 10h-18h.
Visite libre. Visite guidée. Visite extérieure uniquement.

C3 Détail 3

BRÉZÉ

Château

2, rue du Château
49260 Brézé
Tél. : 02 41 51 60 15
www.chateaudebreze.com
Propriété privée
Classé

Sur un site très antérieur attesté en 1063 est construite autour de 1450 une enceinte fortifiée dont subsistent aujourd'hui le corps de logis, deux tours d'enceinte et les douves périphériques, le reste ayant été restauré en style néogothique au cours du XIXe s., sans réel rapport avec les structures d'origine. Le logis montre encore, dans l'axe de la façade XVIe s., un portail monumental caractéristique de la période, encadré de colonnes jumelles et surmonté d'un fronton courbe à denticules. Les douves qui entourent le site, taillées dans le roc, sont exceptionnelles par leurs dimensions et par la présence de plusieurs étages d'aménagements.

Fév.-mars, oct.-déc. : t.l.j. sf lun. 10h-18h ;
avr.-sept. : t.l.j. 10h-18h30. Fermé 25 déc.
Visite libre. Visite guidée t.l.j. 11h30, 14h30, 16h.
Visite sur r.-v. pour les groupes toute l'année (20 pers. min.).
(documents écrits multilingues).
(sur r.-v. pour les groupes).

BRISSAC-QUINCÉ C3 DÉTAIL 3

Château

49320 Brissac-Quincé
Tél. : 02 41 91 22 21
www.chateau-brissac.fr
Propriété privée
Classé

Sur le site d'un premier château du XIe s., puis d'une forteresse de la fin du XVe s. endommagée lors des guerres de Religion, Charles de Cossé entreprend au début XVIIe s. un projet grandiose dont seuls le pavillon central et l'aile gauche sont réalisés ; le chantier reste inachevé, préservant de la destruction deux des tours du château médiéval. Le bâtiment actuel, très composite, fait coexister ces différentes phases architecturales ; accoté à une tour XVe s. à mâchicoulis ouverte d'un remplage flamboyant, le pavillon XVIIe s., initialement prévu pour être l'axe du nouveau château, révèle par sa hauteur considérable (avec ses sept étages, Brissac est le plus haut château de France) l'énormité du projet de Charles de Cossé. La visite intérieure permet de découvrir d'importantes collections de meubles et objets d'art, notamment un remarquable ensemble de tapisseries, et un rare théâtre privé de deux cents places aménagé en 1890.

Juil.-août : t.l.j. 10h-18h ;
avr.-juin, sept.-oct. : t.l.j. sf mar. 10h-12h15, 14h-18h.
Visite guidée. Visite sur r.-v. le reste de l'année et pour les groupes toute l'année sf en janv. (juil.-août).

CHALLAIN-LA-POTHERIE C2

Château

49440 Challain-la-Potherie
Tél. : 02 41 92 74 26
www.chateauchallain.com
Propriété privée
Inscrit

Le château est construit entre 1847 et 1851 par l'architecte Hodé. Édifié sur plan rectangulaire à quatre tours rondes dans des proportions monumentales, il est l'expression même du néogothique, très répandu en Anjou au XIXe s. : on apprécie ici comment des éléments architecturaux et ornementaux puisés « en vrac » dans le Moyen Âge finissant et dans le début de la Renaissance sont réutilisés en motifs purement décoratifs au bénéfice d'une esthétique nouvelle qui joue délibérément sur la surcharge et la démesure ; sans réel souci de reconstitution historique, ce style « recomposé » appartient totalement au XIXe s.

Mai-sept. : mer.-dim. 14h-18h ; oct.-avr. : dim. et j. fériés 14h-18h.
Visite libre. Visite guidée. Visite sur r.-v. pour les groupes.

Moulin du Rat

49440 Challain-la-Potherie
Tél. : 02 41 94 14 83
Propriété privée
Inscrit

Moulin à vent, de type « moulin-tour » très fréquent dans l'ouest du département depuis le XIVe s., modernisé autour de 1850, il est toujours en fonctionnement. Constitué d'une tour de maçonnerie assez élevée contenant les meules dans sa partie supérieure, coiffé d'un toit conique pivotant qui s'adapte au vent, il a été doté au cours du XIXe s. d'ailes de planches, qui ont nécessité un rehaussement du bâtiment pour améliorer la prise au vent. Il est maintenant équipé d'un moteur auxiliaire qui pallie les « pannes de vent ».

T.l.j. 9h-13h, 14h-18h, dim. 14h-18h.
Visite guidée. Visite sur r.-v. pour les groupes.

C2 DÉTAIL 2

CHAPELLE-SUR-OUDON (LA)

Château de la Lorie

La Lorie
49500 La Chapelle-sur-Oudon
Tél. : 02 41 92 10 14/06 15 28 38 92
www.chateaudelalorie.fr
Propriété privée
Inscrit et classé

Construit par le grand prévôt d'Anjou R. Le Pelletier aux environs de 1650, le château d'origine est progressivement enchâssé au cours du XVIIIe s. par l'adjonction d'ailes latérales et de pavillons sur jardin. Dégradé par l'occupation des armées républicaines entre 1790 et 1797, le château voit à nouveau son agencement très modifié au début du XXe s. Deux éléments sont à souligner : au centre du bâtiment, la façade du premier château, à la structuration discrète mais très ordonnancée et le « salon de marbre ».

Juil.-Journées du patrimoine : t.l.j. sf mar. 10h-12h, 15h-18h.
Visite guidée. Visite sur r.-v. pour les groupes d'avr. à oct.
(sur r.-v. pour les groupes).

C2 DÉTAIL 2

CHAZÉ-SUR-ARGOS

Château de Raguin

49500 Chazé-sur-Argos
Tél. : 02 41 61 40 20
Propriété privée
Inscrit et classé

Agrégeant des bâtiments d'époques différentes, le château de Raguin offre un beau résumé d'histoire architecturale. D'un manoir médiéval construit en 1414, Pierre du Bellay, capitaine des gardes de Louis XIII, fit au XVIe s. un château Renaissance qui conserve cependant de nombreux traits hérités de la tradition médiévale. Cette attachante demeure, rare par ses proportions humaines, préserve un riche patrimoine pictural. Deux magnifiques « chambres dorées », qui firent sa réputation, sont décorées de peintures sur panneaux de bois, par des artistes italiens au début du XVIIe s. Elles furent commandées par le maréchal Guy du Bellay pour le mariage de son fils avec Madeleine de Beauvau. Le château qui appartint au maréchal de Contades a toujours été habité depuis plusieurs siècles. Son magnifique parc est peuplé d'oiseaux vivants menacés de disparition. Un musée zoologique de grande qualité se trouve dans les communs.

14 juil.-août : 14h-18h.
Visite guidée. Visite sur r.-v. pour les groupes, w.-e. uniquement.

C2

CHEVIRÉ-LE-ROUGE

Église Saint-Médard

49150 Cheviré-le-Rouge
Tél. : 02 41 90 12 07
www.chevire.com
Propriété de la commune
Classé

L'église paroissiale édifiée au XIe s., reconstruite en 1860 en style néogothique, n'a conservé de ses structures anciennes que le clocher (XIe s.-XIIe s.) accolé à l'angle nord du chevet et du transept et un chœur plat complètement refait au XIIIe s. L'opposition stylistique entre ces deux éléments est forte : massivité du clocher carré, ouvert de baies en arc brisé ; légèreté des deux voûtes angevines du chœur que la complexité de leur structure et l'élégance des supports rattachent à l'apogée de ce style. La salle basse du clocher abrite une exposition permanente d'ornements liturgiques.

Juin-sept. : w.-e. 10h-12h, 14h-18h.
Visite libre pour la salle basse du clocher. Visite guidée pour le musée.

CIZAY-LA-MADELEINE

C3 DÉTAIL 3

Abbaye d'Asnières

49700 Cizay-la-Madeleine
Tél. : 02 41 67 04 92/02 41 67 04 70
www.ot-saumur.fr
Propriété du département
Classé

Fondée en 1114, attachée à l'ordre de Tiron, proche des bénédictins, l'abbaye d'Asnières connaît une grande prospérité jusqu'à la fin du XVIe s., époque où elle est ravagée par les protestants. Il ne reste que la partie orientale de l'église abbatiale : un transept que son élévation, à la transition entre roman et gothique, situe à la fin du XIIe s. ; et un chevet plat du XIIIe s., spécimen particulièrement élégant du gothique angevin : constitué de huit voûtes bombées, il se caractérise par une modénature fine et élaborée, et par sa grande clarté.

Juil.-août : t.l.j. sf mar. 14h-18h30. Visite libre. Visite guidée.
Visite sur r.-v. pour les groupes toute l'année.

COUDRAY-MACOUARD (LE)

C3 DÉTAIL 3

Seigneurie du Bois

1, rue de la Seigneurie
49260 Le Coudray-Macouard
Tél. : 02 41 67 88 06/02 41 67 98 04
http://laseigneurieduboislecoudray.blogspot.com
Propriété privée,
propriété d'une association
Inscrit

Existant à la fin du XVe s., la seigneurie du Bois est le siège d'un petit fief relevant de la châtellenie de Montreuil-Bellay. Le domaine subit d'importantes détériorations après la Révolution. Cet ensemble est très évocateur des seigneuries rurales modestes de l'Ancien Régime ; de son enceinte fortifiée subsistent le portail d'entrée, encadré de deux colonnes à bossages vermiculés, et des douves profondes ; le logis de petites dimensions, dont la construction se place au début du XVIe s., présente une façade irrégulière à grandes lucarnes dans laquelle s'ouvre, seul élément décoratif d'origine, une porte en anse de panier surmontée d'un décor à fleuron.

Juil.-août : t.l.j. 14h-18h. Visite guidée.
Visite sur r.-v. pour les groupes toute l'année.

COUTURES

C3 DÉTAIL 3

Château de Montsabert

49320 Coutures
Tél. : 02 41 57 91 21
www.ot-saumur.fr
Propriété privée
Inscrit

Construit pour l'essentiel entre le XIIIe s. et le XVe s., le château appartient à Bertrand Du Guesclin à la fin du XIVe s., puis au domaine patrimonial des Laval. Ensemble irrégulier, il est flanqué aux angles de trois tours de gabarit différent et d'un pavillon carré à échauguette et mâchicoulis tardifs. De nombreuses modifications ont été apportées au XVIIe s. (ouverture de fenêtres, frontons brisés classiques) puis au XIXe s., leur incidence étant particulièrement sensible sur l'ordonnance XVe s. de la cour. Le couronnement crénelé de la tour ouest (XIIIe s.) et celui à mâchicoulis de la tour sud (XVe s.) ont disparu au XXe s.

15 juin-20 sept. : t.l.j. 14h-18h. Visite libre. Visite guidée.
Visite sur r.-v. pour les groupes toute l'année.

D2 **DÉNEZÉ-SOUS-LE-LUDE**

Abbaye de la Boissière

49490 Dénezé-sous-le-Lude
Tél. : 02 41 89 55 52
Propriété privée
Inscrit et classé

Fondée en 1131, dotée au cours du XIIe s. d'une abbatiale dont subsistent aujourd'hui le chevet et une travée de chœur, l'abbaye cistercienne de la Boissière ajoute en 1244 à cet ensemble monastique une chapelle hors clôture, destinée à abriter la relique de la Vraie Croix qu'elle vient d'acquérir et qui attire de nombreux pèlerins laïcs. Les bâtiments conventuels sont entièrement reconstruits au XVIIIe s. La chapelle, de dimensions réduites et d'extérieur assez sobre, recèle à l'intérieur une voûte angevine très complexe, à liernes et tiercerons; la finesse et l'élégance de ses nervures en font l'un des modèles les plus achevés de ce style local.
Vac. de Pâques, août : 10h-12h, 14h-18h.
Visite libre. Visite guidée sur r.-v. toute l'année.

C3 DÉTAIL 3 **DOUÉ-LA-FONTAINE**

La Seigneurie

Troglodytes et sarcophages
1, rue de la Croix-Mordret
49700 Doué-la-Fontaine
Tél. : 06 77 77 06 94
www.troglo-sarcophages.fr
Propriété privée
Inscrit

Découverte en 1989, située au sud-est de la ville de Doué-la-Fontaine, cette carrière souterraine sert pendant la période mérovingienne (VIe s. et VIIe s.) à l'extraction de sarcophages monolithes en calcaire coquillier (couvercles et cuves). Étendue sur plus de 1 ha, l'exploitation se développe selon la méthode des « piliers tournés », qui assurent le soutien de la voûte au fur et à mesure de l'avance des galeries d'extraction. Les fouilles ont permis d'affiner la connaissance des moyens techniques utilisés par les carriers médiévaux pour cette activité dont la production totale pendant ces deux siècles a pu être évaluée à vingt mille pièces environ.
Mai : w.-e. et j. fériés : 14h30-19h; juin-août : t.l.j. 14h30-19h.
Visite guidée. Visite sur r.-v. pour les groupes toute l'année (20 pers.). ♿

C2 **DURTAL**

Château

Place des Terrasses
49430 Durtal
Tél. : 02 41 69 92 60/09 64 05 82 35
www.chateau-durtal.com
Propriété privée
Classé

Fondé par le comte d'Anjou Geoffroy Martel au XIe s., le château de Durtal est reconstruit à partir du XVe s., et le chantier se poursuit au cours des XVIe et XVIIe s. L'édifice actuel fait coexister deux tours de l'ancien château, contemporaines de Langeais et d'une esthétique encore très médiévale, avec un corps de bâtiment représentatif des différentes tendances de la Renaissance : élévation, encore très verticale, de la galerie sud de la cour; ordonnances orthogonales des façades extérieures.
Pâques-juin, sept. : w.-e. visite à 14h30, 15h30, 16h30, 17h30;
juil.-août : t.l.j. 10h-18h; vac. scol. : se renseigner au 02 41 69 92 60.
Visite guidée. Visite sur r.-v. pour les groupes toute l'année.

Manoir de Serrain

Route de Huillé
49430 Durtal
Tél. : 02 41 76 10 44
Propriété privée
Inscrit

Siège d'un fief connu dès le XIe s. tombé ensuite entre les mains de la petite noblesse, ce manoir est construit pour l'essentiel au XVIIe s., puis reçoit quelques aménagements de détail au XVIIIe s. (lucarnes, lambris intérieurs). Révélateur des mentalités de la petite noblesse rurale à l'époque classique, le bâtiment affiche une architecture soignée (façade sur soubassement, organisation symétrique), combinée à une extrême sévérité des effets (ouvertures parcimonieuses, absence de mouluration), que compense à peine la présence d'une galerie aux larges baies, sur le côté de la cour.
Juil.-sept. : jeu.-dim. 14h30-18h30. Visite guidée sur r.-v. toute l'année.

Écuillé

C2 Détail 2

Château du Plessis-Bourré

49460 Écuillé
Tél. : 02 41 32 06 01/02 41 32 06 72
www.plessis-bourre.com
Propriété privée
Classé

Le château du Plessis-Bourré fut construit d'un seul jet (1468-1473) pour le grand argentier du roi Louis XI, Jean Bourré, qui fit reconstruire dans les mêmes années le château de Langeais. Il reflète l'ambivalence de l'architecture à cette période : pour répondre à l'insécurité endémique, recours aux formes médiévales bien adaptées à la défense ; mais, préludant à la Renaissance, exigence de confort et d'esthétique dans l'agencement de la cour intérieure, dans sa décoration et dans la conception du corps de logis. La salle des gardes conserve l'un des premiers plafonds à caissons du XVe s. peints d'allégories légères et parfois cocasses.

Juil.-août : t.l.j. 10h-18h ; avr.-juin, sept. : t.l.j. sf mer. et jeu. mat. 10h-12h, 14h-18h ; 15 fév.-mars, oct.-nov. : t.l.j. sf mer. 14h-18h. Visite guidée.
Visite sur r.-v. pour les groupes toute l'année (20 pers. min.). ♿ parc et r.-d.-c.

Feneu

C2 Détail 2

Chapelle du château de Montriou

49460 Feneu
Tél. : 02 41 93 30 11
www.chateau-de-montriou.com
Propriété privée
Classé

Montriou est un ensemble seigneurial assez important pour posséder douves et portail fortifié au XVe s. : la restructuration complète du site au XIXe s., portant sur la demeure et les éléments défensifs, laisse seule intacte la chapelle initialement attachée au logis, fondée en 1484 par Charlotte de Beauvau, fille d'un sénéchal d'Anjou, proche du roi René. Aujourd'hui à l'écart du château, ce petit édifice gothique flamboyant conserve un ensemble de peintures murales de la fin du XVe s. que leur thème relatif à la Passion du Christ et leur caractère rapprochent d'autres œuvres équivalentes nées dans l'entourage artistique du roi René.

Avr.-mai : dim. et j. fériés 14h-18h ; juin-oct. : t.l.j. sf lun. 14h-19h.
Visite libre. Visite guidée sur r.-v. pour les groupes toute l'année.

Fontevraud-l'Abbaye

C3 Détail 3

Abbaye

49590 Fontevraud-l'Abbaye
Tél. : 02 41 51 73 52
www.abbayedefontevraud.com
http://fontevraud.monuments-nationaux.fr
Propriété de l'État
Classé

Centre des monuments nationaux

Communauté fondée au début du XIIe s. par Robert d'Arbrissel, l'abbaye devient le chef d'un ordre important (quatre-vingts prieurés en 1789), bénéficiant de la protection particulière des Plantagenêt au XIIe s., puis de celle des rois de France, qui lui apportent une opulence attestée par les constructions ininterrompues entre le XIIe s. et le XVIIIe s. Elle est transformée en pénitencier entre 1804 et 1963. L'église abbatiale abrite les gisants de Richard Cœur de Lion, Henri II et Aliénor d'Aquitaine. L'abbaye conserve des bâtiments conventuels de styles très disparates, dont un cloître flamboyant, et, un peu à l'écart, l'exceptionnel bâtiment des cuisines. Depuis 1975, l'ensemble est géré par le Centre culturel de l'Ouest qui organise des concerts, des expositions et accueille des artistes en résidence.

Janv.-mars, nov.-déc. : t.l.j. 10h-17h30 ; avr.-mai, oct. : t.l.j. 10h-18h ; juin-sept. : t.l.j. 9h-18h30. Fermé 1er janv., 1er mai, 1er et 11 nov., 25 déc.
Visite libre. Visite guidée. Visite audioguidée.
Visite sur r.-v. pour les groupes toute l'année. (visite signée).
♿ en partie.

C2 **FOUGERÉ**

Château de Gastines

49150 Fougeré
Tél. : 02 41 90 17 57/01 45 44 63 88
Propriété privée
Inscrit

Le château est construit en 1590, en pleines guerres de Religion. Sa silhouette initiale est modifiée par la surélévation de l'aile gauche du bâtiment (XVIIIe s. ?). Édifié sur une plate-forme entourée de larges douves, le château d'origine concilie les principes esthétiques acquis au XVIe s. (façade symétrique axée sur un pavillon central) avec les impératifs d'un système défensif discret, adapté à cette période troublée : châtelet à pont-levis, meurtrières dans les tours, garage à bateau. La modestie de la décoration et des espaces intérieurs suggère toutefois qu'on est ici en présence du corps d'entrée d'un logis plus prestigieux prévu sur la plate-forme, jamais réalisé, détruit au XVIIIe s.

11 juil.-août : t.l.j. sf mar. 13h-19h. Visite guidée.
Visite extérieure uniquement. Visite sur r.-v. pour les groupes toute l'année.

C3 DÉTAIL 3 **GENNES**

Théâtre gallo-romain

Avenue de l'Amphithéâtre
49350 Gennes
Tél. : 02 41 51 84 14
www.gennes.mairie49.fr
Propriété de la commune
Classé

Construit probablement à la fin du Ier s. apr. J.-C., cet édifice gallo-romain consacré aux spectacles est d'un type architectural mixte combinant la forme de l'amphithéâtre et du théâtre, ce qui n'est pas exceptionnel dans les zones reculées de la Gaule. Il présente une scène elliptique surplombée d'une *cavea* semi-circulaire, dont ne subsistent que les terrasses destinées à supporter les gradins de bois. De grandes dimensions (70 m de rayon pour la *cavea*, 50 x 40 m pour l'arène), ce qui suppose une capacité de plusieurs milliers de spectateurs, le monument possède encore des élévations importantes.

Juil.-août : t.l.j. 10h30, 15h, 16h, 17h.
Visite guidée. Visite sur r.-v. pour les groupes toute l'année.

D2 **GENNETEIL**

Château de Breil-de-Foin

Route D79
49490 Genneteil
Tél. : 02 41 82 25 13
www.ot-saumur.fr
Propriété privée
Inscrit

Structure double, ce site contient deux manoirs distants de quelques mètres, l'un édifié à la fin du XVe s., l'autre au début du XVIIe s., ce qui suscite rapidement l'abandon du précédent comme résidence seigneuriale. La juxtaposition des deux bâtiments est esthétiquement intéressante : elle oppose l'originalité architecturale du logis XVe s. (organisation composite et irrégulière de l'ensemble ; tour d'escalier oblongue en façade), alliée à quelques équipements défensifs (meurtrières), à la rigueur très ordonnée de la façade XVIIe s., ses travées de fenêtres et de lucarnes alignées et ses frontons triangulaires. Breil-de-Foin (« bois de la Frontière ») a été la propriété de la dame de Montsoreau au XVIe s. On visite les pièces de réception du nouveau château avec son superbe escalier XVIIe s., du mobilier, des trouvailles archéologiques, des documents historiques et des fossiles locaux. Un parc botanique agrémente le château.

14 juil.-août : 15h30-18h30. Visite guidée. Visite sur r.-v. pour les groupes.

C3 DÉTAIL 3 **GRÉZILLÉ**

Château de Pimpéan

49320 Grézillé
Tél. : 08 79 30 16 52/06 85 31 07 86
www.pimpean.com
www.ot-saumur.fr
Propriété privée
Inscrit et classé

Sur l'emplacement du château XVe s., dont ne sont conservées que les dépendances fortifiées et la chapelle, on élève avant 1690 un château à quatre corps de logis remanié au XVIIIe s. Parmi les témoins de ces différentes phases de construction, on remarquera surtout des vestiges de l'enceinte fortifiée du XVe s. et, dans la chapelle, la décoration peinte des voûtes : de grande qualité, elle a probablement été exécutée dans la seconde moitié du siècle, à l'initiative de B. de Beauvau, ancien chambellan de Charles VII et sénéchal d'Anjou, constructeur du château.

15 juin-15 sept. : t.l.j. 9h-12h, 14h-18h. Visite guidée.
Visite sur r.-v. le reste de l'année et pour les groupes toute l'année.

LION-D'ANGERS (LE) C2 DÉTAIL 2

Manoir « Les Vents »

Les Vents
49220 Le Lion-d'Angers
Tél. : 02 41 61 30 25
Propriété privée
Inscrit

Initialement entourée d'une enceinte dont seules subsistent les douves et une tour, cette maison forte, probablement construite à la fin du XVe s., reste un point fortifié important jusqu'à la fin des guerres de Religion. Malgré les quelques remaniements apportés à ses ouvertures au cours des XVIe et XVIIe s., cet édifice conserve la façade et la distribution intérieure caractéristiques des manoirs ruraux de la fin du Moyen Âge dans la région ; il se singularise par l'originalité de sa tour d'escalier extérieure, dont le plan hexagonal s'épanouit par encorbellement en un pavillon carré à très haut toit.

Juil.-août : 14h-19h. Visite guidée. Visite extérieure uniquement.

MARTIGNÉ-BRIAND C3 DÉTAIL 3

Château

Avenue du Château
49540 Martigné-Briand
Tél. : 02 41 59 44 21
http://chateaumartigne.free.fr
www.ot-saumur.fr
Propriété privée
Inscrit

Contre les vestiges d'un château féodal dont il conserve l'enceinte fortifiée, René de La Jumelière fait appliquer l'actuel château, dont la construction est complètement achevée avant 1550. L'ensemble est très endommagé à la Révolution (incendie des toitures). De petites dimensions, le bâtiment se place dans le courant esthétique des premiers châteaux XVIe s. du Val de Loire : principe architectural et décoration sont encore marqués par le Moyen Âge, mais l'ordonnance régulière et symétrique de la façade appartient déjà à la Renaissance.

Janv.-juin, août-déc. : t.l.j. sf sam. apr.-midi et dim. 9h-12h, 14h-17h ;
juil. : t.l.j. sf sam. apr.-midi et dim. mat. 9h-12h, 14h-17h.
Visite guidée. Visite sur r.-v. pour les groupes toute l'année.

Château de Villeneuve

Villeneuve
49540 Martigné-Briand
Tél. : 02 41 59 41 57
fvand@club-internet.fr
Propriété privée
Inscrit

Bâti dans une enceinte fortifiée préexistante, ce manoir garde pour l'essentiel sa structure du XVe s., malgré des remaniements postérieurs. L'ensemble présente les caractéristiques des résidences seigneuriales construites peu après la fin de la guerre de Cent Ans, alliant système défensif et architecture d'agrément pour la demeure : on note donc le châtelet fortifié, avec son porche XIVe s. à double ouverture, dont la facture est très soignée, et, sur la façade du logis, les vestiges de l'ordonnance typique des manoirs ruraux de cette époque (tour d'escalier polygonale hors-œuvre), les aménagements ultérieurs sensiblement masqués, ainsi qu'un jardin d'inspiration médiévale.

Avr.-oct. : t.l.j. sf dim. 8h-12h, 14h-17h. Fermé en août.
Visite libre. Visite sur r.-v. pour les groupes.

MAZÉ C2

Château de Montgeoffroy

49250 Mazé
Tél. : 02 41 80 60 02
montgeoffroy@wanadoo.fr
Propriété privée
Classé

L.-G. de Contades, maréchal de France et gouverneur de la province d'Alsace, fait reconstruire entre 1772 et 1776 le château familial de Montgeoffroy par l'architecte parisien J.-B. Barré, disciple de A.-J. Gabriel. La façade sur cour du château est conventionnelle, avec son plan en U et son avant-corps central très marqué, à fronton triangulaire ; la sobriété de son ornementation, la simplicité de l'appareil et la structuration légère de ses volumes sont plus conformes à l'esthétique de la fin du XVIIIe s., de même que la façade postérieure, avec la rythmique plus subtile de ses avant-corps, de plain-pied avec le jardin.

Avr.-14 juin, 16 sept.-11 nov. : t.l.j. 10h-12h, 14h30-18h ;
15 juin-15 sept. : t.l.j. 10h-18h. Visite guidée. Visite sur r.-v. pour les groupes.

C3 DÉTAIL 3

MONTREUIL-BELLAY

Château

Rue du Château
49260 Montreuil-Bellay
Tél. : 02 41 52 33 06
www.chateau-de-montreuil-bellay.fr
Propriété privée
Classé

Sur le site d'une ancienne forteresse du comte d'Anjou Foulques Nerra (1025) reconstruite au XIIIe s. puis au XIVe s., plusieurs bâtiments sont accolés aux courtines fortifiées : au XIVe s., le « château vieux » destiné à la défense de l'entrée ; au cours du XVe s., deux logis résidentiels : le « logis des chanoines » et, beaucoup plus monumental, le « château neuf ». L'enceinte initialement crénelée, flanquée de treize tours rondes talutées, présente un dispositif militaire développé, avec sa barbacane et son châtelet d'entrée modifié au XVe s. Malgré leurs proportions différentes, les deux logis reflètent un souci de confort et d'esthétique caractéristiques du XVe s.

Avr.-juin, sept.-5 nov. : t.l.j. sf mar. 10h-12h, 14h-18h ; juil.-août : t.l.j. 10h-18h30.
Visite libre de l'extérieur. Visite guidée de l'intérieur.
Visite guidée sur r.-v. pour les groupes.

C3 DÉTAIL 3

MONTSOREAU

Château

49730 Montsoreau
Tél. : 02 41 52 33 06
www.chateau-montsoreau.com
Propriété du département
Inscrit et classé

Sur le site d'un château du XIe s. mal connu, Jean de Chambes, proche de Charles VII et des financiers de son entourage (J. Bourré, J. Cœur) entreprend à partir de 1455 la construction du château, que son fils achèvera au début du XVIe s. (chapelle, escalier est de la cour). Le château perd toute fonction de résidence après 1650. Malgré des réminiscences médiévales, le parti adopté est celui d'une demeure de plaisance : recherche de luminosité intérieure et ordonnance de la façade en travées régulières président à l'agencement architectural.

Mars : w.-e. 14h-18h ; avr. : t.l.j. 14h-18h ;
mai-sept. : t.l.j. 10h-19h ; oct.-14 nov. : t.l.j. 14h-18h.
Visite libre. Visite guidée sur r.-v. pour les groupes.
♿ en partie. 📷 (sur r.-v. pour les groupes).

C2 DÉTAIL 2

PLESSIS-MACÉ (LE)

Château

2, rue de Bretagne
49220 Le Plessis-Macé
Tél. : 02 41 32 67 93/02 41 81 41 18
www.chateauplessismace.fr
Propriété du département
Classé

Château à motte quasiment détruit pendant la guerre de Cent Ans mais auquel sa position géographique redonne un rôle de premier plan dans le cadre de la lutte entre la couronne de France et la Bretagne, Le Plessis-Macé est réhabilité sur ses anciennes bases autour de 1450. Louis de Beaumont, chambellan de Louis XI, remet en état les installations militaires ; en même temps, il répare le logis préexistant, dont il fait une résidence fastueuse qui accueille plusieurs souverains français aux XVIe s. et XVIIe s. Très simple avec ses fenêtres à meneaux et ses lucarnes, sa façade se singularise par la galerie de tuffeau qui relie les deux corps de bâtiments.

Juil.-août : t.l.j. 10h30-19h ; avr.-juin, sept.-7 nov. : t.l.j. sf lun. et mar. 13h30-18h.
Visite guidée.

POUANCÉ B2

Château

49420 Pouancé
Tél. : 02 41 92 41 08
www.ville-pouance.fr
Propriété de la commune
Classé

Chef-lieu d'une importante seigneurie de « marche » à la frontière de l'Anjou et de la Bretagne au XIe s., poste clé durant tout le Moyen Âge, le château est vraisemblablement reconstruit entre le XIIIe s. et le XVe s. et reste fonctionnel jusqu'au XVIIe s. Séparé par un vaste fossé des deux autres systèmes fortifiés du site, encore visibles (la ville dans ses remparts et la basse-cour), la haute cour du château de Pouancé est constituée d'une enceinte monumentale flanquée de huit tours de type différent. À l'intérieur de la cour, les vestiges d'un corps de logis XVe s. surplombent un vaste cellier voûté creusé dans la roche.

Juil.-août : t.l.j. sf dim. mat. et lun. 10h-12h, 14h-19h ; sept.-juin sur r.-v.
Visite guidée. Visite sur r.-v. pour les groupes toute l'année.

RAIRIES (LES) C2

Briqueterie Le Croc

Rue du Croc
49430 Les Rairies
Tél. : 02 41 76 32 09
www.cailleau.fr
Propriété privée
Inscrit

Implantée dans un village réputé pour ses briquetiers depuis le Moyen Âge et devenu au XIXe s. un centre de production intensive, la tuilerie du Croc s'installe entre 1891 et 1895 dans de nouveaux bâtiments conçus en fonction des pratiques traditionnelles, dans lesquels elle maintient aujourd'hui encore sa fabrication. L'intérêt du site est double : il présente des exemples spectaculaires d'architecture semi-industrielle, très spécifiques de cette activité, ainsi que des techniques ancestrales de production, peu modifiées par l'introduction de quelques machines-outils au début du XXe s.

Mai-sept. : t.l.j. sf dim. 9h-12h, 14h-18h. Visite libre. Visite guidée sur r.-v.
Visite sur r.-v. pour les groupes toute l'année (de préférence jeu. et ven).

ROSIERS-SUR-LOIRE (LES) C3 Détail 3

Moulin des Basses-Terres

49350 Les Rosiers-sur-Loire
Tél. : 02 41 51 82 93
www.moulins-a-vent.net
Propriété privée
Inscrit

Probablement construit en 1725, le moulin à vent des Basses-Terres a été peu transformé, malgré l'adaptation au XIXe s. d'ailes en planches de bois en remplacement des anciennes ailes à voilure. De petite taille, il a gardé les caractéristiques des moulins du XVIIIe s., généralement disparues ailleurs : tour non rehaussée ; faîtage conservant son guivre (longue perche de bois permettant de le placer dans le sens du vent) ; il est juché sur une « cave », soubassement aménagé qui le rehausse : cet élément fondamental des moulins-caviers est assez rare pour les moulins-tours du type de celui-ci.

15 juin-15 août : t.l.j. sf lun. visite à 17h.
Visite guidée. Visite sur r.-v. pour les groupes toute l'année.

SAINT-AUBIN-DE-LUIGNÉ C3

Château de la Haute-Guerche

49190 Saint-Aubin-de-Luigné
Tél. : 02 41 78 41 48
Propriété privée
Inscrit

Du château construit au XIIIe s., on ne connaît rien avant qu'en 1452, le roi Charles VII autorise le renforcement de ses défenses. Il prend une part active aux guerres de Religion. Il est incendié en 1793, lors des guerres de Vendée. Très ruiné, il présente encore ses deux enceintes fortifiées : dans la haute-cour s'élève le donjon carré du XIIIe s., renforcé au XVe s. par quatre tours circulaires (trois subsistent) et flanqué d'un escalier de la même période ; la basse-cour, dont l'entrée est contrôlée par un corps de garde à échauguettes du XVIe s., possède les vestiges d'une chapelle castrale du XIVe s. et un grenier à céréales du XVe s.

Juil.-août : 10h-12h, 14h-18h.
Visite libre. Visite sur r.-v. le reste de l'année et pour les groupes.

C2 **SAINT-BARTHÉLEMY-D'ANJOU**

Château de Pignerolle

Musée de la Communication
Domaine de Pignerolle
Route de Beaufort-en-Vallée
49124 Saint-Barthélemy-d'Anjou
Tél. : 02 41 93 38 38
www.musee-communication.com
Propriété de la commune
Classé

Édifié en 1776 par un élève de Jacques Ange Gabriel pour un riche Angevin, Marcel Avril seigneur de Pignerolle, ce château est conçu dès l'origine comme un pavillon de plaisance ; il est alors intégré à un jardin, rétabli en 1993 selon les plans initiaux. Les bâtiments annexes (orangerie et pavillons de l'entrée) sont ajoutés au XIXe s. Avec son avant-corps en ordre colossal se détachant sur une façade sobre et équilibrée, la façade est typiquement néoclassique, se plaçant dans la ligne stylistique du Petit Trianon de Jacques Ange Gabriel ou du château de Bénouville de Claude Nicolas Ledoux. Le château abrite actuellement le musée européen de la Communication, qui met en scène l'évolution des moyens de communication de la Préhistoire à nos jours : imprimerie, électricité, morse, téléphone, photographie, cinéma, radio, télévision, conquête spatiale, etc.

Avr.-sept. : t.l.j. 10h-12h30, 14h30-18h (15 juil.-août : 19h) ;
oct.-mars : w.-e. sf sam. mat. 10h-12h30, 14h30-18h, vac. scol. t.l.j. sf lun., mar. et sam. mat. 10h-12h30, 14h30-18h.
Fermé en janv., 1er mai, 11 nov., 24-25, 31 déc. Visite audioguidée.

C3 **SAINT-GEORGES-SUR-LOIRE**

Château de Serrant

49170 Saint-Georges-sur-Loire
Tél. : 02 41 39 13 01
www.chateau-serrant.net
Propriété privée
Classé

Commencé en 1539 par la moitié sud-est de la cour et l'escalier central, le chantier de construction de Serrant se poursuit pendant tout le XVIIe s. en conformité avec le projet initial de Jean Delespine, architecte angevin réputé. Les décors intérieurs sont refaits autour de 1750. Le château subit des restaurations importantes dans ses parties supérieures après 1870. L'ensemble se rattache stylistiquement à l'esthétique des premiers châteaux Renaissance du Val de Loire avec la structuration orthogonale marquée de ses façades et la présence de deux grosses tours rondes encadrant le bâtiment côté jardin.

13 mars-mai, 20 sept.-14 nov. : mer.-sam. 13h30-17h15, dim. et j. fériés 9h45-12h, 13h30-17h15 ; juin-19 sept. : t.l.j. 9h45-17h15.
Visite guidée. Visite sur r.-v. pour les groupes de mi-mai à mi-nov. (20 pers. min.).

C3 Détail 3 **SAINT-MARTIN-DE-LA-PLACE**

Château de Boumois

49160 Saint-Martin-de-la-Place
Tél. : 02 41 38 43 16
www.chateaux-de-la-loire.fr
Propriété privée
Classé

Succédant à un édifice antérieur dont subsiste le donjon, intégré dans la nouvelle architecture, le château est construit pour l'essentiel entre 1500 et 1546. Il subit d'importants aménagements au XVIIIe s. (ouvertures, adjonction de bâtiments). Avec le caractère radicalement opposé de ses deux façades principales (l'une fortifiée à l'ouest ; l'autre, sur cour, à l'élévation de logis gothique), le château de Boumois se situe encore dans la tradition médiévale tardive, qui combine éléments défensifs et résidence d'agrément. La façade ouest évoque nettement l'esthétique des châteaux Renaissance du Val de Loire.

Juil.-août : t.l.j. 10h-12h, 14h-18h. Visite guidée.
Visite sur r.-v. pour les groupes d'avr. à oct. (20 pers.).

SAINT-RÉMY-LA-VARENNE

C3 DÉTAIL 3

Prieuré de Saint-Rémy

49250 Saint-Rémy-la-Varenne
Tél. : 02 41 57 32 32
www.ot-saumur.fr
Propriété de la commune
Classé

Dépendant depuis le Xe s. de Saint-Aubin d'Angers, le prieuré rural de Saint-Rémy-la-Varenne en devient l'un des établissements les plus opulents à partir du XIIe s. Il perd toute fonction religieuse en 1750. Le prieuré conserve deux témoins de sa vitalité et de l'aisance de ses détenteurs : un ensemble de peintures murales que leur style dansant situe à la fin du XIIe s. ; un système décoratif fastueux appliqué à la façade du bâtiment prioral, attribué pour l'essentiel au début de la Renaissance (ornementation des pignons surplombant les larges fenêtres passantes ; bustes en ronde bosse dans des médaillons).

Juin : w.-e. 15h-18h ; juil.-août : t.l.j. 14h-18h, w.-e. 15h-19h.
Visite libre. Visite guidée. Visite guidée sur r.-v. pour les groupes toute l'année.

SAUMUR

C3 DÉTAIL 3

Château-musée

Esplanade du Château
49400 Saumur
Tél. : 02 41 40 24 40
www.ville-saumur.fr
Propriété de la commune
Classé

Lorsqu'il entre en 1360 dans l'apanage des ducs d'Anjou, apparentés à la couronne de France, l'ancien donjon XIIe s. enchâssé dans son enceinte est presque complètement détruit pour être transformé en demeure de plaisance par Louis d'Anjou (fin XIVe s.), puis par le roi René. Renforcé d'une importante enceinte bastionnée peu après l'édit de Nantes (1598), il fait office de caserne, puis de prison du XVIIe s. au XIXe s. Au-dessus des vestiges du vieux château XIIIe s., architecture et ornementation sont ici à l'apogée du gothique finissant : allégement des quatre tours d'angle, décoration raffinée d'une grande richesse, dont seule une miniature des *Très Riches Heures du duc de Berry* donne l'image globale.

Avr.-juin, sept.-3 nov. : t.l.j. sf lun. 10h-13h, 14h-17h30 ;
juil.-août : t.l.j. sf lun. 10 h-18h.
Visite libre. Visite guidée. Visite sur r.-v. pour les groupes toute l'année.

Dolmen de la Pierre-Longue

56, rue du Dolmen
49400 Saumur
Tél. : 02 41 50 23 02
www.saumur-dolmen.com
Propriété privée
Classé

Probablement édifiée au Néolithique final, en bon état de conservation, cette construction mégalithique constituée de grandes dalles accolées se compose d'une vaste chambre intérieure (18 x 5 m), précédée d'une antichambre plus étroite et plus basse, dont ne subsistent que les vestiges. Initialement surmonté d'un tumulus, cet édifice à destination funéraire est considéré comme l'un des plus imposants spécimens actuellement connus des « dolmens à portique », présents surtout dans le sud-est de la région, entre Poitou et Anjou.

Avr.-sept. : t.l.j. sf mer. 9h-19h ; juil.-août : t.l.j. 9h-19h. Visite libre.
Visite guidée sur r.-v. Visite sur r.-v. pour les groupes (12 pers.). (juil.-août).

C3 Détail 3

SOULAINES-SUR-AUBANCE

La Constantinière

49320 Soulaines-sur-Aubance
Tél. : 02 41 45 39 40
www.la-constantiniere.com
Propriété privée
Inscrit

Conçu selon les théories agronomiques issues des travaux d'Olivier de Serres, le domaine est édifié autour de 1675 pour un représentant de la riche noblesse de robe locale. D'abord demeure de campagne, il devient résidence permanente à partir de 1705. Inséparables du domaine agricole de 80 ha dont ils sont le centre, logis d'habitation et dépendances sont regroupés autour d'une cour en demi-lune à portail axial. La façade principale est organisée symétriquement de part et d'autre d'un avant-corps central en léger relief.

Ouvert lors des Journées du patrimoine : 14 h 30-18 h 30.
Visite libre. Visite guidée sur r.-v. extérieure uniquement.

C2 Détail 2

THORIGNÉ-D'ANJOU

Manoir de la Harderie

La Harderie
49220 Thorigné-d'Anjou
Tél. : 02 41 95 63 37/06 07 05 69 50
michel.villedey@wanadoo.fr
Propriété privée
Inscrit

Siège d'un ancien fief du XVIe s., ce manoir a été reconstruit en 1699. Il a conservé intacts, sans transformations ultérieures, son apparence et son aménagement de la fin du XVIIe s., y compris sa distribution et ses décors intérieurs (cheminées, escalier de bois à balustres, ciel d'escalier). On note en outre l'extrême sobriété de cette architecture, exprimée par la simplicité de structure des façades.

15 juil.-août : 10 h-16 h. Visite libre. Visite guidée sur r.-v.

C3 Détail 3

VARENNES-SUR-LOIRE

Moulin du Champ-des-Isles

3, rue de la Croix-des-Noues
49730 Varennes-sur-Loire
Tél. : 02 41 51 76 08
www.moulins-a-vent.net
Propriété privée
Inscrit

Au début du XIXe s., le développement de la meunerie à vent dans la vallée de la Loire suscite dans les zones propices l'installation de moulins très proches les uns des autres : c'est le cas à Varennes-sur-Loire, où subsistent quatre moulins, construits entre 1820 et 1850, dans l'axe d'un courant d'air suivant le cours du fleuve. Le moulin actuellement accessible au public est, comme les autres, un moulin-cavier, type spécifique de l'Anjou constitué d'une hucherolle (cabine de bois), d'un massereau et d'une cave ou masse (pied dans lequel sont logées les meules). En activité entre 1822 et 1925, reconstitué à l'identique en 1992, il se distingue par la hauteur de sa cave (plus de 3 m) et de sa hucherolle (16 m).

Juil.-août : t.l.j. sf ven. selon présence, w.-e. 14 h-18 h ;
avr.-juin, sept.-oct. : w.-e. 14 h-18 h.
Visite guidée sur r.-v. Visite sur r.-v. pour les groupes (30 pers. max.).

C3 Détail 3

VILLEBERNIER

Château de Launay

49400 Villebernier
Tél. : 02 41 50 36 67/06 07 25 60 55
www.manoirdelaunay.com
Propriété privée
Inscrit et classé

De part et d'autre d'un petit manoir qu'il acquiert en 1444, René d'Anjou développe entre 1447 et 1459 un bâtiment en S dont la partie nord, dotée d'un châtelet d'entrée et de deux tours d'angle, est consacrée aux servitudes et la cour sud au logis. Malgré son aspect défensif, il est caractéristique des « manoirs à la campagne » du roi René : silhouette très découpée mais volumes architecturaux simples des façades extérieures ; raffinement et confort des espaces intérieurs (grandes fenêtres, cheminées nombreuses), où la décoration est encore gothique flamboyante.

Juin-sept. : ven. et w.-e. 12 h 30-18 h 30.
Visite guidée. Visite sur r.-v. pour les groupes toute l'année.

ARQUENAY
C2 DÉTAIL 1

Château de la Motte-Henry (motte médiévale)

53170 Arquenay
Propriété privée
Inscrit

L'actuel château de la Motte-Henry est construit autour de 1850 à proximité d'une authentique motte féodale, dont les superstructures ont disparu depuis le XVe s. Éléments primitifs fondamentaux de la castellologie médiévale, la motte et sa basse-cour sont bien conservées. Le château moderne est caractéristique de l'esthétique néogothique : cantonné aux angles de quatre tours rondes à mâchicoulis et doté d'un avant-corps carré à l'allure de châtelet, il combine des éléments du gothique flamboyant et de la Renaissance; il le fait toutefois sans surcharge ni démesure excessives. La décoration intérieure se signale par les lambris et des plafonds à caissons du XIXe s.

20 juil.-20 août : 15h30, 16h30. Visite guidée.

CHÂTEAU-GONTIER
C2

Couvent des ursulines

Place André-Counord
53200 Château-Gontier
Tél. : 02 43 70 42 74
www.tourisme-mayenne.com
Propriété de la commune
Inscrit et classé

Destiné à l'instruction des enfants de toute condition dès 1631, le couvent s'installe en 1634 sur une propriété vendue par un aristocrate local, René de La Touche, dont le manoir du XVe s. est incorporé au nouvel établissement. La construction s'échelonne jusqu'en 1648 pour les bâtiments conventuels, 1660-1664 pour l'église. Le plan général manque de régularité, mais juxtapose des éléments de caractère : le manoir avec sa tour d'escalier polygonale et sa décoration gothique; deux branches du cloître, dont des pilastres en ordre colossal valorisent l'élévation traditionnelle en arcades; l'église de la Trinité, d'esthétique baroque.

Mai-juin, sept. : dim. et j. fériés 15h; juil.-août : jeu.-dim. 15h.
Visite guidée. Visite sur r.-v. pour les groupes toute l'année.

CHÉMÉRÉ-LE-ROI
C2 DÉTAIL 1

Moulin de Thévalles

53340 Chéméré-le-Roi
Tél. : 02 43 98 66 70
www.moulin-de-thevalles.com
Propriété privée
Inscrit

Ce moulin à eau, dont l'existence est attestée dès 1260, fonctionne encore dans des bâtiments du XVIe s. lorsque son propriétaire, industriel entreprenant et novateur du XIXe s., le reconstruit en 1849 selon le concept entièrement nouveau de l'établissement industriel à grande capacité. Équipé de barrages et canaux de dérivation, ce moulin de berge « à roue en dessous » présente une façade imposante, caractéristique de l'architecture industrielle du XIXe s. Les mécanismes de transmission (hérissons) sont au rez-de-chaussée, actionnant à l'étage supérieur plusieurs meules dont l'énorme poids a imposé un renforcement des structures (colonnes de fonte).

Mai-oct. : t.l.j. sf dim. mat. et lun. mat. 10h-12h, 14h-18h.
Visite guidée. Visite sur r.-v. pour les groupes toute l'année (10 pers. min.).

CRAON
C2

Château et parc

Le Château
53400 Craon
Tél. : 02 43 06 11 02
www.chateaudecraon.com
Propriété privée
Inscrit et classé

Établi légèrement en dehors de la ville, le château de Craon est construit entre 1773 et 1777 par l'architecte Pierre Pommeyrol pour le marquis d'Armaillé, membre de la haute aristocratie locale. Un vaste parc à l'anglaise est aménagé, dans le goût de son époque, au début du XIXe s., avec quelques fabriques; le jardin à la française est créé au début du XXe s., par le paysagiste Édouard Redont. Le château présente des élévations caractéristiques du XVIIIe s. : façades hiérarchisées à fronton central, importance des ouvertures et discrétion de la mouluration; on note toutefois l'esprit moins austère, plus proche de l'esthétique « rocaille » de la façade arrière.

CHÂTEAU Juil.-août : t.l.j. sf sam. 13h-19h. Visite guidée.
PARC Avr.-nov. : t.l.j. sf sam. 13h-19h. Visite libre.
Visite guidée du château sur r.-v. pour les groupes avr.-oct.

C2 **DAON**

Le Petit Marigné

53200 Daon
Propriété privée
Inscrit

Appartenant à une famille seigneuriale locale connue au XVe s., le Petit Marigné est construit pour l'essentiel en 1510, modifié au XVIIe s. et XVIIIe s. (rehaussement de la façade, adjonction d'une tour carrée à l'arrière). Ce bâtiment offre un très bon exemple de l'architecture simple et équilibrée des petits manoirs seigneuriaux ruraux des XVIe s.-XVIIe s. : organisation symétrique de la façade de part et d'autre de la porte d'entrée, elle-même mise en valeur par un auvent en ardoises soutenu par des aisseliers ; utilisation sobre d'un vocabulaire ornemental issu de la Renaissance.

22 juil.-août : 14h-17h30.

C2 **ENTRAMMES**

Thermes gallo-romains

53260 Entrammes
Tél. : 02 43 49 46 46
www.laval-tourisme.com
Propriété de la commune
Classé

Masqués par l'église paroissiale qui en avait réutilisé les structures depuis le Moyen Âge, les thermes gallo-romains d'Entrammes ont été redécouverts en 1987. L'exceptionnelle conservation des murs antiques dans le bâti de l'église permet d'apprécier les élévations d'origine et de reconstituer le plan général de l'édifice, rectangle de 30 x 10 m environ, comprenant les quatre subdivisions habituelles (bain froid, puis tiède, étuve et bain chaud) disposées en enfilade. Les piles d'hypocauste (servant à la circulation de l'air chaud sous le sol) sont particulièrement bien conservées.

12 avr.-1er juil., 1er-13 sept. : dim. et j. fériés 15h-18h ;
2 juil.-août, Journées du patrimoine : t.l.j. 10h30-12h30, 14h30-18h30.
Visite sur r.-v. pour les groupes toute l'année.

C1 **ÉVRON**

Basilique Notre-Dame-de-l'Épine

53600 Évron
Tél. : 02 43 66 85 04
www.evron.fr
Propriété de la commune
Inscrit et classé

Fondée sur le site d'un miracle légendaire de la Vierge au VIIe s., l'abbaye bénédictine d'Évron ne prend un réel essor qu'à partir du Xe s. L'abbatiale romane, construite au début du XIe s., voit son chœur et les deux premières travées de sa nef complètement restructurés au XIVe s., tandis que subsiste, légèrement à l'écart de l'église principale, la chapelle votive à Notre-Dame-de-l'Épine, reconstruite au XIIe s. Outre l'intéressante juxtaposition de trois styles, l'abbatiale d'Évron offre deux raretés : une nef romane ancienne surplombée d'une tour de défense, et une statue reliquaire de Vierge à l'Enfant, du XIIe s., en bois polychrome et argent.

T.l.j. 9h-18h30. Visite libre. Visite audioguidée.
Visite guidée sur r.-v. pour les groupes toute l'année.

B2 **FONTAINE-COUVERTE**

Moulin des Gués

53350 Fontaine-Couverte
Tél. : 02 43 06 50 33
http://pagesperso-orange.fr/moulindesgues
Propriété privée
Inscrit et classé

Construit en 1824, ce moulin à vent de type « moulin-tour », le dernier subsistant en Mayenne, a été rehaussé en 1871. En fonction jusqu'en 1954 avec des équipements anciens, il a reçu en 1992 une charpente et des ailes nouvelles. Constitué d'une tour de maçonnerie de trois étages, il présente les caractéristiques techniques habituelles : un toit pivotant pour assurer la prise au vent des ailes, deux meules au niveau supérieur de la tour, tandis que les deux niveaux inférieurs sont consacrés aux traitements de la farine (blutage, tamisage, mise en sac).

Mars-oct. : w.-e. et j. fériés 14h-18h. Visite guidée. Visite sur r.-v. en semaine.

GENEST-SAINT-ISLE (LE) C1

Abbaye de Clairmont
53490 Le Genest-Saint-Isle
Tél. : 02 43 02 11 96
www.abbaye-de-clairmont.com
Propriété privée
Classé

Première abbaye cistercienne de l'Ouest, figurant parmi les plus grandes de l'ordre, elle est fondée en 1150 par les comtes de Laval qui la dotent richement pendant tout le Moyen Âge et en font leur nécropole. Malgré un déclin entamé en 1506 avec sa mise en commende, l'abbaye est largement reconstruite aux XVIe s. et XVIIe s. (cloître, ailes sud et est). De cet ensemble grandiose, on retient surtout les trois bâtiments préservés de l'ensemble initial du XIIe s. (église, bâtiments des convers, porterie), dont l'architecture dépouillée et vigoureuse est typiquement cistercienne.
T.l.j. 9h-17h (19h juin-sept.).
Visite libre. Visite guidée sur r.-v. pour les groupes (10 pers.).

GREZ-EN-BOUÈRE C2 DÉTAIL 1

Moulin de la Guénaudière
53290 Grez-en-Bouère
Tél. : 02 43 64 24 06/02 43 70 50 22
www.moulins-a-vent.net
Propriété de la commune
Classé

Élevé au début du XIXe s., ce moulin à vent est le seul en Mayenne à appartenir au type moulin-cavier, très fréquent en Maine-et-Loire. Ses superstructures, très abîmées, ont été restaurées entre 1983 et 1988. Le principe de fonctionnement du moulin-cavier est fondé sur la dissociation de l'élément moteur (ailes et arbre de transmission), placé au sommet, et des meules, placées au plus bas, dans la « masse ». D'où la silhouette caractéristique constituée d'un socle, d'un cône maçonné destiné à rehausser, et d'une cabine de bois, ou hucherolle, supportant les ailes et contenant arbres et engrenages de transmission, tous en bois.
Juil.-août : t.l.j. 14h-17h30. Visite guidée.

JUBLAINS C1

Musée archéologique départemental
13, rue de la Libération
53160 Jublains
Tél. : 02 43 04 30 16
www.jublains.fr
Propriété du département
Classé

Créée par les Romains dans le cadre d'organisation de l'Empire sous Auguste, au début du Ier s., la ville romaine de *Noviodunum* s'étend à l'emplacement actuel de Jublains sur près de 25 ha. La ville décline à partir du IVe s. Seule la parure monumentale en a été dégagée (thermes, théâtre, temple) ; le vestige le plus spectaculaire et le plus énigmatique est cependant le grand bâtiment fortifié que ses remparts ont fait baptiser « forteresse » et dont la réelle fonction reste inconnue (grenier de l'annone ?). Un musée expose les objets les plus marquants retrouvés en fouilles et rend très lisible l'ensemble du site.
Mai-sept. : 9h-18h ; oct.-avr. : t.l.j. sf lun 9h30-12h30, 13h30-17h30.
Fermé 1er janv. et 25 déc. Visite libre. Visite audioguidée.
Visite guidée sur r.-v. pour les groupes. (boucle magnétique, audioguide).

C1 **LASSAY-LES-CHÂTEAUX**

À l'emplacement approximatif d'une forteresse du XIIe s. démantelée en 1422 sur l'ordre de Charles VII, Jean de Vendôme obtient en 1458 l'autorisation de remonter le château actuel. Il sera peu modifié ensuite. Construit en un an, il est d'une grande homogénéité architecturale, et témoigne d'une adaptation aux nouvelles contraintes nées de l'artillerie (tours sans ouvertures, flanquement étudié des courtines, gigantesque barbacane à canonnières rajoutée vers 1490) ; toutefois, contrairement aux expérimentations tentées à la même époque au Ham, à Dijon, il reste inscrit dans une conception médiévale de la forteresse devenue un peu archaïque.
Pâques-mai : w.-e. et j. fériés 14h30-18h ; w.-e. de Pentecôte-sept. : t.l.j. 14h30-18h. Visite guidée. Visite sur r.-v. pour les groupes.

Château et sa chapelle
53110 Lassay-les-Châteaux
Tél. : 02 43 04 71 22/02 43 04 74 33
Propriété privée (château), propriété de la commune (chapelle)
Inscrit et classé

C2 **LAVAL**

Les travaux d'aménagement de la Mayenne permettent, après 1850, l'installation de bateaux-lavoirs à usage public ; on en compte vingt-deux ancrés le long des quais au début du XXe s., dont il subsiste aujourd'hui deux exemples. Le *Saint-Julien* présente une structure à deux ponts : dans la cale, le lavoir équipé de plus de deux cuves avec leurs chaudières ; au niveau supérieur, le séchoir et le logement du buandier. Il est actuellement l'annexe du Musée municipal.
Juil.-août : t.l.j. sf lun. 10h-12h, 14h-18h. Visite sur r.-v. le reste de l'année.

Bateau-lavoir *Saint-Julien*
Quai Paul-Bouchet
53000 Laval
Tél. : 02 43 53 39 89/02 43 49 46 46
http://musees.laval.fr
Propriété de la commune
Classé

Situé à une position stratégique entre Maine et Bretagne depuis le début du XIe s., réaménagé en site plus défensif à la fin du XIIe s., le château de Laval est un site essentiellement militaire jusqu'à la fin de la guerre de Cent Ans. Les aménagements résidentiels se succèdent ensuite, avec une première phase autour de 1460 puis, en prolongement, la galerie du Château-Neuf, à partir de 1542. On remarque surtout, au sommet du donjon circulaire, le hourd permanent en bois, système défensif rarement conservé et, du côté de la cour, la juxtaposition des deux façades Renaissance.
Juin-sept. : t.l.j. sf lun. 10h-18h, dim. et j. fériés 14h-18h ; oct.-mai : t.l.j. sf lun. 14h-18h. Fermé j. fériés sf 14 juil. et 15 août. Visite libre. Visite guidée. Visite sur r.-v. pour les groupes.

Château
Place de la Trémoille
53000 Laval
Tél. : 02 43 53 39 89
http://musees.laval.fr
Propriété de la commune
Classé

Sanctuaire attesté en 710, devenu église paroissiale du nouveau bourg de Laval en 1024, l'église Notre-Dame se développe aux XIe s. et XIIe s., jusqu'à ce que l'église de la Trinité, proche du château, ne la ramène au rang de simple prieuré. Mis à part quelques vestiges de maçonnerie carolingienne témoignant de son ancienneté, Notre-Dame présente une succession de peintures murales du XIe s. au XVe s. dont l'intérêt tient autant à leur technique (mezzo fesco aux XIIe s. et XIIIe s., à la cire et à la colle au XVe s.) qu'à leur style très affirmé (XIIe s. : Vie de la Vierge ; début XIIIe s. : calendrier des mois ; XVe s. : Christ en gloire).
Visite sur r.-v. auprès de l'office du tourisme au 02 43 49 46 46.

Chapelle Notre-Dame-de-Pritz
53000 Laval
Tél. : 02 43 49 46 46
www.laval-tourisme.com
Propriété privée
Classé

MAYENNE C1

Chapelle des Calvairiennes
Rue Guyart-de-la-Fosse
53100 Mayenne
Tél. : 02 43 00 17 17
www.chapelledescalvairiennes-mayenne.com
Propriété de la commune
Classé

Fondé en 1624 sur l'initiative du lieutenant général de Mayenne pour faire un pensionnat, le couvent est édifié entre 1626 et 1629. Il compte une quarantaine de religieuses en 1700. Les bâtiments conventuels et la chapelle, groupés autour d'une cour carrée, affichent par leur architecture fonctionnelle et dépouillée la sensibilité janséniste de l'établissement au XVIIe s. Deux éléments tranchent : la façade d'entrée, avec un portail Henri IV, en gros appareil à bossages ; et, surtout, sur le maître-autel, un retable en marbre blanc et noir « de la Compassion » de sensibilité très baroque, dont la sculpture est d'une technique virtuose, particulièrement dans les effets de draperie. C'est aujourd'hui un lieu d'exposition.
T.l.j. sf lun. 14h30-18h. Visite libre. Visite guidée.

Musée du château
Place Juhel
53100 Mayenne
Tél. : 02 43 00 17 17
www.museeduchateaudemayenne.fr
Propriété de la commune
Inscrit

Au cœur de la ville, le château de Mayenne est un des édifices civils les mieux conservés du haut Moyen Âge en Europe. Mille ans d'histoire s'y entremêlent, du remarquable palais carolingien à sa transformation en prison au XVIIIe s. La mise en valeur du site a conduit à la création d'un musée, proposant un parcours interactif et ludique. Des collections exceptionnelles sont présentées, notamment une série de jetons, de pions d'échec et de tabula, extrêmement rares, datés des Xe-XIIe s. Ces nombreux objets témoignent de la vie résidentielle, militaire et carcérale du château.
Oct.-mars : t.l.j. sf lun. 9h-12h, 14h-17h ; avr.-juin, sept. : t.l.j. sf lun. 9h-18h ; juil.-août : t.l.j. 10h-19h. Fermé 1er janv., 1er mai, 25 déc.
Visite libre audioguidée. Visite guidée en juil.-août à 10h30, 15h, 17h.
Visite guidée sur r.-v. pour les groupes.

MÉZANGERS C1

Château du Rocher
53600 Mézangers
Tél. : 02 43 01 63 75
Propriété privée
Classé

Construit pour l'essentiel dans la seconde moitié du XVe s. sur un site déjà occupé au XIIIe s., le château du Rocher subit ensuite d'importantes modifications dans son apparence, par le placage d'une façade Renaissance sur son aile ouest (1510-1535) et par l'adjonction d'un corps de bâtiment XVIIIe s. à son extrémité est (1728). Dans cette juxtaposition de styles, on note deux points forts : les façades XVe s., qui combinent encore des structures défensives, et l'impressionnante galerie Renaissance, à la composition complexe et exubérante.
15 juin-sept. : t.l.j. sf ven. 10h-12h, 15h-18h. Visite extérieure uniquement.

MONTOURTIER C1

Château de Bourgon
53150 Montourtier
Tél. : 02 43 02 16 20/06 09 62 99 08
www.chateaudebourgon.com
Propriété privée
Classé

Ce château composite voit se succéder, autour d'un gros œuvre de 1425, des modifications répétées au XVIe s. (partie est, façade antérieure), au XVIIIe s. et au XIXe s. (pavillon sud-est ; distribution intérieure) tandis que Madeleine de Souvré, marquise de Sablé, membre de l'élite intellectuelle de son temps, y fait exécuter entre 1630 et 1654 des décors intérieurs somptueux qui constituent l'intérêt essentiel de ce château : on note la finesse d'exécution des panneaux intégrés aux lambris comme la rareté d'un plafond peint en trompe l'œil de tapisserie au « point de Hongrie ». Le jardin est resté tel qu'au XVIIe s.
Juil.-15 août : t.l.j. sf lun. 14h-18h. Ouvert lors des Journées du patrimoine.
Visite guidée. ♿ r.-d.-c. (visite guidée commentée).

C1 — **RENNES-EN-GRENOUILLES**

Château de Bois-du-Maine

53110 Rennes-en-Grenouilles
Propriété privée
Inscrit

Placé à la frontière de la Normandie et du Maine, cité au XIe s. et très impliqué dans la guerre de Cent Ans, ce château est attesté en 1415 comme « clos à douves » et détenteur d'un droit de haute et basse justice. Sa construction se fait en plusieurs phases : tandis que la tour nord serait du XIVe s. ou XVe s., le corps central est édifié au XVe s., puis restauré aux XVIIe s. et XVIIIe s. ; la tour sud date de 1769. L'aspect du bâtiment, dominé par la fausse symétrie existant entre les deux tours, est composite ; l'élément le plus intéressant en est la tour nord qui conserve plusieurs éléments des XIVe-XVe s. : ses mâchicoulis, une belle charpente en parapluie et, au niveau de ses caves, plusieurs archères destinées à protéger les douves.

T.l.j. sf w.-e. 10h-12h, 14h-17h. Fermé j. fériés. ♿ en partie.

B2 — **ROË (LA)**

Abbaye

53350 La Roë
Tél. : 02 43 06 51 04
http://abbaye-laroe.chez-alice.fr
Propriété de la commune
Inscrit et classé

Cette abbaye de chanoines réguliers est fondée en 1096 par Robert d'Arbrissel (fondateur de Fontevraud cinq ans plus tard) ; malgré des difficultés d'implantation initiales (l'abbatiale n'est achevée qu'en 1139), cette abbaye de défricheurs devient au XIVe s. et au XVe s. l'une des plus influentes de la région. La décadence s'amorce au XVIe s. En 1650, l'établissement est repris en main par les chanoines réformés de la Congrégation de France qui reconstruisent les bâtiments conventuels. Les vestiges de l'abbatiale romane évoquent l'idéal ascétique de Robert d'Arbrissel par leur dépouillement et leur austérité. Au sud-ouest de l'église, une seule aile conservée témoigne de l'architecture très ordonnancée et fonctionnelle des bâtiments du XVIIe s.

Mi-mai à mi-sept. : 15h-18h. Visite sur r.-v. le reste de l'année.

C2 DÉTAIL 1 — **RUILLÉ-FROID-FONDS**

Château et parc du Puy

53170 Ruillé-Froid-Fonds
Propriété privée
Inscrit

Constitué d'une maison de maître et de plusieurs bâtiments annexes, cet ensemble date pour l'essentiel de la fin du XVIIe s., bien que des transformations aient été apportées à la maison principale au début du XIXe s. (1820). On note la sévérité de l'architecture initiale de la maison, et la nature des ajouts du XIXe s. (corniches, frontons, pilastres) qui restructurent la façade dans un esprit nouveau. Le site vaut surtout pour l'agencement d'ensemble des différents bâtiments XVIIe s. constituant une cour d'honneur et pour la perspective d'un jardin à la française qui se prolonge à l'arrière jusqu'au tracé ancien d'un labyrinthe et d'une charmille.

15 juil.-août : 12h30-18h30. Visite libre extérieure (plus chapelle).
Visite guidée sur r.-v. pour les groupes.

C1 — **SAINT-DENIS-DE-GASTINES**

Château de Montfléaux

53430 Saint-Denis-de-Gastines
Tél. : 02 43 00 54 59
Propriété privée
Inscrit

Siège d'une petite seigneurie citée au XIVe s., le château est construit autour de 1635. D'une grande unité stylistique, le bâtiment, qui présente une disposition classique au XVIIe s. (façade sur cour symétrique avec deux ailes, longue façade sur jardin encadrée de deux pavillons en faible relief), atteint une certaine grandeur par la sévérité de son architecture, tenant autant au matériau qu'à la simplicité des effets utilisés (absence de mouluration structurant la façade, mise en valeur du pavillon axial par surélévation de la travée centrale).

Juil.-août : t.l.j. 14h-18h ; avr.-juin : visite sur r.-v.
Visite guidée. Visite sur r.-v. pour les groupes (10 pers.).

SAINT-DENIS-DU-MAINE C2 DÉTAIL 1

Église

53170 Saint-Denis-du-Maine
Tél. : 02 43 98 40 94
www.stdenisdumaine.mairie53.fr
Propriété de la commune
Inscrit

Il ne reste de l'édifice roman initial qu'une tour-clocher carrée à contreforts d'angle ; entièrement remodelée aux XIVe s. et XVe s., l'église actuelle se caractérise surtout par sa décoration intérieure, dont subsistent des peintures murales du XVIe s., très partiellement conservées dans la nef, ainsi qu'un ensemble de retables et, à l'entrée du chœur, un arc triomphal en bois sculpté de rinceaux et de grappes fleuries portant une Crucifixion, œuvres du XVIIe s. et XVIIIe s.

T.l.j. 9h-18h. Visite libre. Visite audioguidée.

SAINT-LAURENT-DES-MORTIERS C2

Château de Noirieux

53290 Saint-Laurent-des-Mortiers
Propriété privée
Inscrit

Construit entre 1742 et 1747 pour un conseiller au présidial d'Angers, le château est endommagé en 1795, lors des guerres vendéennes. Sa façade sur cour et les distributions intérieures sont restructurées dans un esprit complètement nouveau autour de 1850. Les deux façades, par leurs différences, sont révélatrices du mouvement artistique qui les a portées, l'une et l'autre : côté jardin, l'élévation XVIIIe s. est élégante, fondée sur la sobriété des effets et l'articulation soignée des volumes ; côté cour au contraire, œuvre du XIXe s. à part entière malgré la reprise de quelques éléments stylistiques initiaux, le parti adopté est celui de l'ostentation : composition pyramidale très complexe, surdimensionnement du pavillon central, ressauts multiples.

Août.-10 sept. : 14h-17h. Visite guidée. Visite extérieure uniquement.

SAINT-OUEN-DES-VALLONS C1

Château de la Roche-Pichemer

53150 Saint-Ouen-des-Vallons
Tél. : 02 43 90 00 41
Propriété privée
Classé

Sur un site de gué probablement occupé très tôt au Moyen Âge, un manoir résidentiel est construit autour de 1400 dans une enceinte fortifiée. Un second bâtiment, plus imposant, lui est adjoint en équerre à la fin du XVIe s. La décoration intérieure est entièrement refaite au XVIIe s., sous Louis XIII. Malgré la présence de quelques éléments défensifs, l'ensemble présente les attraits d'un château de plaisance qui se rattache à une architecture Renaissance encore assez archaïque, malgré la date tardive de construction du bâtiment principal. Plusieurs décors peints du XVIIe s. subsistent dans des appartements de l'aile nord.

Juil.-15 août : t.l.j. 14h-18h. Visite libre. Visite extérieure uniquement.

SAINT-QUENTIN-LES-ANGES C2

Château de Mortier-Crolles

53400 Saint-Quentin-les-Anges
Tél. : 06 77 61 66 62
billiard.michel@wanadoo.fr
Propriété privée
Classé

Ce château est construit entre 1496 et 1499 par Pierre de Rohan, maréchal de Gié. Comme la Motte-Glain élevé par le même personnage dans cette même période troublée consécutive à la guerre de Cent Ans, le château de Mortier-Crolles présente le double caractère d'un site défensif et d'une résidence d'agrément : l'enceinte à larges douves et tours aux angles conserve son imposant châtelet, en appareil alterné de brique et pierre blanche ; le corps de logis est encore de caractère très gothique bien que la structuration très régulière et symétrique de la façade, de part et d'autre d'un étonnant porche d'entrée, soit déjà très avancée.

Mi-juil.-août. : visite guidée t.l.j. à 15h30, 16h30.

C2 **SAINT-SULPICE**

Château de la Rongère

53360 Saint-Sulpice
Tél. : 02 43 07 71 44
www.tourisme-mayenne.com
Propriété privée
Inscrit et classé

Le château de la Rongère est édifié en plusieurs phases : d'abord le corps de logis principal entre 1545 et 1571 ; puis, en arrière, deux corps de bâtiment, l'un autour de 1675, l'autre au XVIIIe s. L'intérêt essentiel du site est l'ensemble de jardins conçus en fonction du château, tout en utilisant les pentes naturelles du terrain : un premier ensemble de terrasses en trois niveaux descendant dans l'axe du château XVIe s. crée, avec des bassins et des petits pavillons, une perspective à la Le Nôtre; sur le côté, légèrement décalées par rapport au bâtiment, deux terrasses échelonnées rassemblent en quatre compartiments carrés les éléments principaux des jardins classiques : labyrinthe, allées de grands arbres en berceau, charmilles.
Juin-sept. : t.l.j. 10h30-18h30.

C1 **SAINTE-SUZANNE**

Château

53270 Sainte-Suzanne
Tél. : 02 43 01 40 77
www.sainte-suzanne.com
Propriété du département
Classé

Dominant la vallée de l'Erve sur son éperon rocheux, le château de Sainte-Suzanne était au XIe s. la propriété du vicomte du Maine. Seule place forte à avoir résisté aux assauts de Guillaume le Conquérant, la cité était notamment rendue difficile d'accès par les vignes abondantes plantées sur ses versants. Acquise en 1998 par le conseil général, la forteresse fait l'objet d'une restauration importante. Le donjon roman est désormais équipé de passerelles métalliques permettant aux visiteurs d'accéder aux étages supérieurs du monument. Les façades et la toiture du logis du XVIIe s. ont été restaurées, les travaux se poursuivent à l'intérieur en vue d'accueillir un Centre d'interprétation de l'architecture et du patrimoine.
Mai-sept. : t.l.j. 9h-18h; oct.-avr. : t.l.j. sf lun. 9h30-12h30, 13h30-17h30.
Visite libre. Visite audioguidée. Visite sur r.-v. pour les groupes.
(possibilité de visite signée).

C2 DÉTAIL 1 **THORIGNÉ-EN-CHARNIE**

Grottes et canyon de Saulges

Le Moulin de la Roche-Brault
53270 Thorigné-en-Charnie
Tél. : 02 43 90 51 30
www.grottes-de-saulges.com
Propriété de la communauté de communes
Classé

Cet ensemble de plusieurs salles souterraines creusées par l'érosion dans le plateau calcaire fait partie des grottes dites « de Saulges », secteur qui connaît dès le Paléolithique une occupation humaine importante. Précédée de son abri-sous-roche, la Cave à Margot, dans laquelle ont été découverts de nombreux outils de pierre taillée appartenant au Paléolithique inférieur et moyen, est une évocation significative des premiers chasseurs-cueilleurs et de leurs campements qui semblent avoir été ici plus durables qu'ailleurs.
16 mars-juin, sept.-14 juin : 10h, 10h45,11h30, 14h, 14h50, 15h40, 16h30, 17h20; juil.-août : 10h, 10h45, 11h30, 14h, 14h50, 15h40, 16h30, 17h20, 18h10.
Visite guidée. Visite sur r.-v. pour les groupes (10 pers.).

ARDENAY-SUR-MÉRIZE D2

Château d'Ardenay
72370 Ardenay-sur-Mérize
Tél. : 02 43 89 87 19/01 53 76 12 01
www.ardenay.com
Propriété privée
Inscrit

Sur le site d'une maison forte antérieure, dont il réutilise probablement la plate-forme et les douves, ce château est reconstruit essentiellement au XVIIIe s. en deux phases successives ; il est doté, entre 1766 et 1789, d'un jardin à la française dessiné dans l'axe de la façade nord de l'édifice et respectant les lois du genre (allée d'arbres, système de terrasses, statuaire et bassin participant à la symétrie de l'ensemble), tout en restant dans des proportions modestes. Le jardin, actuellement reconstitué, replace en situation l'architecture sobre du château ; les décors intérieurs de la fin du XVIIIe s. témoignent avec élégance du même esprit de sobriété.
Visite guidée sur r.-v. toute l'année.

ASNIÈRES-SUR-VÈGRE C2 DÉTAIL 1

Église Saint-Hilaire et cour de justice (le Temple)
72430 Asnières-sur-Vègre
Tél. : 02 43 92 40 47
asnieres.patrimoine@wanadoo.fr
Propriété de la commune
Classé

Paroisse rattachée au patrimoine cathédral du Mans dès le VIIe s., Asnières est le siège d'une baronnie locale dont le chapitre est détenteur et dont il manifeste l'importance au XIVe s. par un prestigieux manoir qui en est le centre administratif et judiciaire (le Temple). La qualité des peintures murales que présente l'église Saint-Hilaire (1050-1300) est probablement à mettre en relation avec cette opulence. Peintes autour de 1200, elles laissent apparaître par endroits les vestiges de quatre autres campagnes de décoration, l'une antérieure (1150, murs nord et est), les autres postérieures (XIVe s.).
Juil.-août : t.l.j. sf w.-e. à 16h30.
Visite guidée. Visite sur r.-v. pour les groupes toute l'année.

BALLON D1

Château
72290 Ballon
Tél. : 02 43 27 30 51
www.donjondeballon.com
Propriété privée
Classé

Bâtie en 1020 par les puissants seigneurs de Bellême, cette forteresse importante est impliquée dans les grands conflits du Moyen Âge : lutte contre Guillaume le Conquérant, affrontement avec le roi de France, en 1200, occupation par les Anglais pendant la guerre de Cent Ans (1417-1449). Démantelée en 1200, elle est réparée et restructurée à plusieurs reprises entre le XIIIe s. et le début du XVIe s. (1503-1509). L'enceinte triangulaire fortifiée est très ruinée ; des trois ouvrages qui en commandaient les angles, seul le donjon subsiste.
JARDIN Mai-15 août : w.-e. 14h30-18h30 (t.l.j. du 10 juil. au 15 août).
CHÂTEAU 11 juil.-18 août : t.l.j. 14h30-18h30.
Visite guidée. Visite sur r.-v. pour les groupes toute l'année (10 pers. min.).

BAZOUGES-SUR-LE-LOIR C2

Château
39, rue du Château
72200 Bazouges-sur-le-Loir
Tél. : 02 43 45 32 62
www.vallee-du-loir.com
Propriété privée
Inscrit et classé

Signe de l'insécurité des temps et des prétentions honorifiques de son propriétaire, chambellan de Louis XII, le château de Bazouges reçoit en 1485 l'autorisation royale d'une nouvelle fortification que concrétise le châtelet encore visible. Aux XVIIe s. et XVIIIe s., puis au XIXe s., plusieurs corps de logis s'y accolent, enchâssant l'ancien château du XIe s. Plusieurs éléments retiennent l'attention : le châtelet à deux tours et mâchicoulis, caractéristique de l'architecture militaire massive de la fin du XVe s. ; un jardin à la française à l'arrière du château ; et, dans l'enceinte, la présence d'un moulin rappelant la dimension économique des châteaux.
4 avr.-15 sept. : jeu.-dim. 15h-18h.
Visite guidée. Visite sur r.-v. pour les groupes (10-40 pers.).

D2

BESSÉ-SUR-BRAYE

Château de Courtanvaux

72310 Bessé-sur-Braye
Tél. : 02 43 35 34 43
www.vallee-du-loir.com
Propriété de la commune
Inscrit et classé

Construit dans son ensemble au XVe s. sur l'emplacement d'un petit fief mentionné en 1350, le château de Courtanvaux est acquis dans la seconde moitié du siècle par J. de Berziau, financier proche de la Couronne, qui entreprend de nouvelles constructions à partir de 1498. Les bâtiments sont très restaurés au début du XIXe s., et les intérieurs réaménagés en néogothique. En rupture avec l'aspect médiéval de l'ensemble, on remarque, en avant du fossé, le monumental porche flanqué de deux tours rondes dont la décoration de niches, pilastres cannelés et frontons est une anthologie des formes de la Renaissance.

12 avr.-sept. : visite guidée t.l.j. sf mar. 10h-12h, 14h-17h.
Visite libre du parc toute l'année.

C2

CHAPELLE-D'ALIGNÉ (LA)

Château des Gringuenières

Route de Bazouges
72300 La Chapelle-d'Aligné
Tél. : 02 43 45 24 33
www.vallee-du-loir.com
Propriété privée
Inscrit

Monument historique du XVIIe s., cette demeure seigneuriale n'a subi aucune altération depuis. Henry de Thory en confie la réalisation en 1657 à Charles Cesvet, auteur du couvent de la Visitation à La Flèche. À partir d'un corps de logis du début du XVIe s., l'architecte construit le château sur un plan en H, typiquement angevin, unité classique fondée sur la régularité de l'ordonnance et la simplicité des effets. Le parc est dans l'esprit du siècle avec perspectives, allées, haies, massifs de fleurs, plan d'eau, et arbres centenaires.

20 juil.-août, Journées du patrimoine : 13h30-19h30. Visite guidée du parc et du château. Visite sur r.-v. pour les groupes toute l'année. ♿ avec aide.

D2

COULANS-SUR-GÉE

Château

72550 Coulans-sur-Gée
Tél. : 02 43 88 82 03
Propriété privée
Inscrit

Conçus pour un membre éminent de la noblesse de robe locale, le château et son aile de communs sont construits autour de 1750 ; la chapelle sera ajoutée en 1776. La façade du château, d'une ordonnance symétrique et discrète, est typique de l'harmonie esthétique du XVIIIe s. Les communs, paradoxalement, paraissent d'une architecture beaucoup plus structurée, avec un axe central fort (grand porche en plein cintre) que met en valeur le rythme alterné des ouvertures, au rez-de-chaussée comme à l'étage des lucarnes.

Juil.-août : t.l.j. 10h-12h, 14h-18h. Visite libre. Visite sur r.-v. pour les groupes.

D1

DANGEUL

Prieuré de Mayanne

72260 Dangeul
Tél. : 02 43 97 44 43
www.mayanne.fr
Propriété privée
Classé

Né d'une donation faite en 1097 par un seigneur local aux moines de Saint-Vincent du Mans qui y établissent une *cella* dès le début du XIIe s., ce prieuré dépasse au XIVe s. un rôle uniquement religieux et devient le centre administratif et seigneurial des possessions importantes du monastère dans le secteur (vingt paroisses environ). Le bâtiment principal affiche une architecture sans ostentation mais soignée, représentative de son importance, dont témoigne la « grande salle » (*aula*), dortoirs et imposante charpente. Plusieurs autres bâtiments anciens groupés sur le site (chapelle romane, grange dîmeresse, fours) rappellent les fonctions religieuses et économiques de l'établissement.

Juil.-août : 14h30-19h. Visite guidée. Visite sur r.-v. mai-juin, sept.-oct. et pour les groupes (10 pers.).

DEHAULT D1

Château

72400 Dehault
Tél. : 02 43 93 82 04/01 45 04 84 67
rsdemarnies@cegetel.fr
Propriété privée
Inscrit

Mentionné en 1553 comme maison seigneuriale, ce petit bâtiment rectangulaire à toit pentu est probablement construit à la fin du XVe s. Malgré les remaniements du XVIIIe s., qui modifient la distribution intérieure et multiplient les fenêtres, il conserve l'allure générale des manoirs ruraux de la fin du Moyen Âge dans le Maine avec sa tour d'escalier octogonale hors-œuvre en milieu de façade. La décoration se limite à la mouluration soignée des fenêtres et de la porte de l'escalier, unique entrée du manoir à l'origine.

Juil.-10 août : 8h30-11h, 13h30-17h.
Visite guidée. Visite sur r.-v. pour les groupes toute l'année.

FLÈCHE (LA) C2

Prytanée militaire

22, rue du Collège
72200 La Flèche
Tél. : 02 43 48 59 06
www.sarthe.com
www.prythanee-national-militaire.fr
Propriété de l'État
Inscrit et classé

Fondé au début du XVIIe s., le collège de jésuites de La Flèche, un des plus importants du royaume, est construit, pour l'essentiel, entre 1604 et 1625. Après l'expulsion des jésuites de France, en 1762, il est voué à l'éducation des cadets, vocation militaire qui se confirmera avec le transfert dans ses murs de l'école de Saint-Cyr, en 1808. En contraste avec l'architecture dépouillée et fonctionnelle des bâtiments regroupés en plusieurs cours, quelques éléments se détachent : l'exubérant portail d'entrée à frontons superposés, achevé en 1653, typiquement baroque ; dans la chapelle, de style dit « jésuite », avec ses tribunes et son éclairage direct, deux retables de tradition lavalloise et une tribune d'orgue à atlantes et trompes latérales.

Juil.-août : 10h-12h, 14h-18h. Visite libre.
Visite guidée. Visite sur r.-v. pour les groupes toute l'année.

GRAND-LUCÉ (LE) D2

Château et parc

9, place de la République
72150 Le Grand-Lucé
Tél. : 02 43 40 85 56
www.sarthe.com
Propriété privée
Inscrit

Sur le site d'une très ancienne châtellenie, le baron Pinneau de Viennay construit entre 1760 et 1764 un édifice entouré de jardins qui est l'expression même du goût français du XVIIIe s. La façade du château est caractéristique du XVIIIe s. (avant-corps central à fronton, rythme serré des ouvertures, symétrie de l'ensemble). Conçu pour mettre en valeur cette façade et l'ouvrir sur l'infini, le jardin rassemble les procédés mis en pratique par Le Nôtre au siècle précédent : parterres en broderie, symétriques et variés au pied du bâtiment, échelonnement de terrasses, débouchant sur un espace semi-boisé aux allées d'arbres en patte d'oie et aux carrefours ornés de statues.

Avr.-sept. : premier w.-e. du mois 10h-18h.
Visite libre. Visite guidée. Visite sur r.-v. pour les groupes toute l'année.

D2

LUDE (LE)

Château

Le Château
72800 Le Lude
Tél. : 02 43 94 60 09
www.lelude.com
Propriété privée
Inscrit et classé

Cette forteresse du XIe s. est complètement reconstruite sur ses bases anciennes à la fin du XVe s., au profit d'un château dans l'idéal de la Renaissance. Tandis que les deux ailes nord et sud sont élevées entre 1500 et 1525, les deux autres sont entièrement modifiées au XVIIIe s. lors du déplacement du portique d'entrée de l'est vers l'ouest. Le principal attrait de ce château massif à quatre grosses tours d'angle tient à la diversité de ses façades extérieures qui affichent toutes des styles très marqués, les plus remarquables étant l'aile nord, encore proche du gothique, et l'aile sud où se décline tout le vocabulaire ornemental de l'époque de François Ier. À l'intérieur subsistent, dans un oratoire, quelques peintures murales du XVIe s. de l'école de Raphaël (1525).

Avr.-sept. : t.l.j. sf mer. d'avr., mai, première quinzaine de juin et de septembre 10h-12h30, 14h-18h (jardin), 14h30-18h (château).
Visite libre du jardin. Visite guidée du château.
Visite sur r.-v. pour les groupes toute l'année. ♿ en partie.

C2

MALICORNE-SUR-SARTHE

Château

72270 Malicorne-sur-Sarthe
Tél. : 02 43 94 84 65/02 43 94 74 45
www.ville-malicorne.fr
Propriété privée
Inscrit

Siège au XVIe s. d'une vie artistique brillante, détruit peu après la Révolution pour des problèmes d'entretien, le château de Malicorne est reconstruit sur des principes et des proportions radicalement différents au début du XIXe s., à côté des ruines de son prédécesseur que réutilise en partie un rendez-vous de chasse. Bâti selon un plan en T il présente une architecture très proche encore de l'esprit du XVIIIe s. où sont privilégiées les ordonnances régulières peu moulurées à grandes fenêtres et, sur l'aile en équerre, quelques motifs caractéristiques comme des frontons brisés par des lucarnes à linteaux courbes et consoles.

6 juil.-août : t.l.j. sf lun. et mar.
Visite sur r.-v. pour les groupes, d'avr. à sept.

D2

MANS (LE)

Cathédrale Saint-Julien

Place Saint-Michel
72000 Le Mans
Tél. : 02 43 28 28 98
www.lemanstourisme.com
Propriété de l'État
Classé

Succédant à un premier édifice du XIe s. détruit par un incendie en 1137, la cathédrale romane, dont subsiste actuellement la nef, est terminée au milieu du XIIe s. Jugé trop petit, le chœur est reconstruit avec un double déambulatoire et treize chapelles rayonnantes entre 1217 et 1254 ; cette réfection partielle est complétée aux XIVe s. et XVe s. par le transept. Partagée entre roman et gothique, la cathédrale se distingue par l'architecture de son chevet, dont l'effet d'extrême élancement est renforcé par la structure particulière des arcs-boutants en Y, et par deux ensembles décoratifs exceptionnels : des vitraux des XIIe s. et XIIIe s. (nef et chœur) et des peintures de la fin du XIVe s. aux voûtains de la chapelle axiale du chevet.

Juin-sept. : 8h-19h ; oct.-mai : 8h-12h, 14h-18h.
Visite libre. Visite guidée. Visite sur r.-v. pour les groupes toute l'année.

Maison de la reine Bérengère

Musée ethnographique
7, rue de la Reine-Bérengère
72000 Le Mans
Tél. : 02 43 47 38 80
www.lemanstourisme.com
Propriété de la commune
Classé

Cet ensemble est composé de plusieurs maisons, initialement indépendantes les unes des autres, construites à la jonction du XVe s. et du XVIe s. pour de riches bourgeois de la ville ; prestigieuses encore au XVIIe s., ces demeures se déprécient considérablement à partir du XVIIIe s. Sauvées in extremis sur l'initiative d'un mécène privé à la fin du XIXe s., elles sont rassemblées en une seule entité au XXe s. pour constituer un musée ethnographique, consacré aujourd'hui aux collections régionales. Édifiées selon la technique traditionnelle des pans de bois, ces maisons représentent l'apogée du système décoratif médiéval spécifiquement attaché à cette architecture, encore largement conservée dans le quartier ancien du Mans.

Mai-sept. : t.l.j. sf lun. 10h-12h30, 14h-18h ; oct.-avr. : t.l.j. sf lun. 14h-18h.
Visite libre.

MONTMIRAIL — D2

Château

72320 Montmirail
Tél. : 02 43 93 72 71
www.sarthe.com
Propriété privée
Inscrit et classé

Château à motte du XIe s. assez considérable pour avoir accueilli en 1169 une conférence diplomatique entre les rois de France et d'Angleterre, le château de Montmirail est reconstruit en grande partie en 1435, puis bénéficie de quelques embellissements au XVIe s. avant la restructuration complète de la façade nord et des décorations intérieures en 1720. Le château juxtapose les vestiges importants de sa phase médiévale et les aménagements XVIIIe s. Selon un plan déjà établi au XVIIIe s., des jardins à terrasses et buffet en escalier précédant un grand parterre intègrent l'ancienne motte.

Juil.-15 août : t.l.j. sf mar. 14h-19h ; mai-15 sept. : sam. et j. fériés 14h30-18h.
Visite guidée. Visite sur r.-v. pour les groupes toute l'année.

PIRMIL — C2

Château de la Balluère

72430 Pirmil
Tél. : 02 43 95 75 04
http://balluere.free.fr
Propriété privée
Inscrit et classé

Bâtiment composite, le château de la Balluère est constitué d'un logis du XVe s., sur la face arrière duquel est plaquée au XVIIIe s. une façade dans le goût de l'époque. L'élévation de la cour d'honneur, très régulièrement ordonnancée en fonction de la porte d'entrée, contraste avec les faces est et sud du bâtiment, qui présentent encore toutes les caractéristiques du logis XVe s. : échauguette et tour carrée encadrant le pignon sud, tour d'escalier hors œuvre en décrochement sur la façade sud. Cette tour, développée en encorbellement sous un très haut toit à lucarne, constitue un élément particulièrement original et accentue l'effet de surprise créé par cette architecture irrégulière.

Juil.-sept. : w.-e. et lun. 10h-12h, 14h-17h ; les autres jours sur r.-v.
Visite guidée. Visite sur r.-v. pour les groupes toute l'année.

D2 **PONCÉ-SUR-LE-LOIR**

Château

72340 Poncé-sur-le-Loir
Tél. : 02 43 44 45 39
www.sarthe.com
Propriété privée
Inscrit et classé

À proximité du site primitif du XIe s. dont subsistent quelques vestiges, Jean de Chambray fait édifier autour de 1542 un château Renaissance à deux pavillons et cage d'escalier centrale. Détruit au XVIIIe s., le pavillon ouest est remplacé en 1804 par une construction plus basse, qui rompt la symétrie de l'ensemble. On note la qualité de l'architecture, se rapprochant de celle d'Azay-le-Rideau (forte structuration horizontale des élévations; escalier à six rampes droites surplombé d'un plafond à caissons sculptés) et l'intérêt des jardins, dont l'origine pourrait remonter au XVIe s.

Avr.-sept. : t.l.j. 10h-12h30, 14h-18h; oct.-nov. : dim. 14h-18h.
Visite libre. Visite guidée en juil. et août le w.-e. 16h, 17h.
Visite sur r.-v. le reste de l'année.

C2 **PRÉCIGNÉ**

Château du Perray-Neuf (abbaye de Prémontrés)

Le Perray-Neuf
72300 Précigné
Tél. : 02 43 95 41 86
Propriété privée
Inscrit

Fondée en 1189, implantée sur le site actuel en 1209, l'abbaye de Prémontrés qui regroupe quarante moines constitue jusqu'au XVIe s. un des centres religieux majeurs de la région. Autour de l'abbatiale du XIIIe s. alors conservée, les bâtiments conventuels sont complètement reconstruits en 1675. Seuls subsistent actuellement de cet ensemble le porche monumental et l'aile du logis abbatial. L'abbaye se singularise surtout par ses décors intérieurs (lambris, cheminées), dont la richesse et la profusion sont en contraste total avec l'élégance sobre et équilibrée de sa façade, typique de l'architecture monastique dans le dernier siècle de l'Ancien Régime.

Juin-sept., vac. scol. : t.l.j. sf dim. 14h-18h.
Visite guidée. Visite sur r.-v. pour les groupes toute l'année.

D1 **SAINT-AIGNAN**

Château et parc

11, rue du Château
72110 Saint-Aignan
Tél. : 02 43 33 73 87
Propriété privée
Classé

Sur l'emplacement d'un château plus ancien dont il subsiste les douves et quelques vestiges (tour ronde au nord-ouest), l'édifice actuel est construit entre 1640 et 1650 par G. de Clermont. Il est agrandi et modifié au XVIIIe s. (adjonction d'un pavillon latéral, suppression d'un étage aux corps de logis), en même temps qu'est tracé le dessin du parc. La façade du château XVIIe s., régulière et sobre, se singularise surtout par un avant-corps central imposant surmonté d'un dôme à l'impériale et d'un lanterneau, mis encore plus en valeur depuis la modification des corps latéraux au XVIIIe s. Le dessin du jardin, à l'avant et à l'arrière du château, s'appuie sur les lignes sobres des tunnels de charmilles.

Juin-juil., sept. : lun., mar., ven., dim. et sam.
lors des Journées du patrimoine : 13h-19h; août : dim., j. fériés : 13h-19h.
Visite libre extérieure uniquement. Visite intérieure guidée.
Visite sur r.-v. pour les groupes (10 pers.).

SAINT-CHRISTOPHE-EN-CHAMPAGNE C2

Jardin de « la Maçonnière »

72350 Saint-Christophe-en-Champagne
Tél. : 02 43 88 61 26/01 34 73 27 89
dotchot@club-internet.fr
Propriété privée
Inscrit

Autour d'un manoir rural modeste des XVIIe et XVIIIe s., le propriétaire, un artiste anglais, a conçu en 1950 un ensemble de jardins en jouant sur les possibilités offerte par ce lieu clos dans le style de la Renaissance italienne : un jardin à la française avec buis et ifs taillés en topiaires, un jardin à l'anglaise, des salles de verdure et des potagers. Dépassant un simple projet de reconstitution, le concepteur revendique une démarche de création. Son but est de mettre en scène les jardins sous diverses formes que leur a données l'Histoire. En 1988, les jardins prennent un nouvel essor grâce au peintre Joël Moulin.

15 mai-15 oct. : ven, w.-e. et j. fériés 13h-19h.
Visite libre. Visite sur r.-v. pour les groupes toute l'année.

SAINT-OUEN-EN-BELIN D2

Manoir de la Poissonnière

72220 Saint-Ouen-en-Belin
Tél. : 06 85 82 71 23
Propriété privée
Classé

Encore entouré d'une vaste basse-cour et de ses douves, datant probablement de la fin du XVe s., ce manoir joint à une façade caractéristique de cette période (tour d'escalier polygonale hors œuvre, fenêtres à meneaux alignées avec des lucarnes à hauts gâbles) l'attrait d'avoir conservé sa distribution intérieure avec sa décoration d'origine, permettant ainsi d'apprécier le cadre de vie d'un petit seigneur de la fin du Moyen Âge. La chapelle accolée au bâtiment principal, elle aussi en gothique flamboyant, possède encore quelques peintures murales très effacées.

Avr.-sept. : sam. 10h-13h, 14h-17h, dim. 9h-12h, 14h-17h.
Visite guidée pour individuels uniquement.

SAINT-RÉMY-DU-VAL D1

Manoir, dit « le logis du Moulin »

72600 Saint-Rémy-du-Val
Tél. : 06 81 00 98 34
philippe.p.favre@wanadoo.fr
Propriété privée
Inscrit

Entré dans la dépendance de l'abbaye mancelle de la Couture à la fin du Xe s., ce site est initialement un prieuré important auquel est adjoint, probablement au début du XVIe s., un logis abbatial aux allures de manoir. De l'agencement du prieuré, qui devait regrouper plusieurs bâtiments, seule subsiste de façon évidente la chapelle qui conserve des vestiges gothiques flamboyants. Le logis en équerre, articulé autour d'une tour d'escalier polygonale hors œuvre, est lui aussi d'esthétique essentiellement gothique, bien que l'irrégularité de son plan et des éléments greffés en arrière de son corps principal suggèrent une construction en plusieurs phases.

Juil.-août : t.l.j. 11h-17h. Visite guidée sur r.-v.

SAINT-VINCENT-DU-LOROUËR D2

Château des Étangs

72150 Saint-Vincent-du-Lorouër
Tél. : 02 43 72 62 79
amisdesetangs@libertysurf.fr
Propriété privée
Inscrit

À proximité des étangs artificiels créés en 1038 par l'évêque du Mans et devenus lieux de plaisance, ce château est élevé en deux phases : en 1590, un petit pavillon et son escalier dans-œuvre; en 1718, en équerre par rapport au précédent, une aile beaucoup plus longue, dans le style de son époque. Par opposition à l'aile XVIIIe s. qui présente une façade symétrique sans réelle originalité, le pavillon XVIe s. apparaît d'une architecture beaucoup plus recherchée, qui s'affirme dans la structuration élaborée de la façade soulignée par une mouluration soignée et que ne dément pas la qualité de la décoration intérieure.

Juil.-sept. : w.-e. 14h30-18h (t.l.j. les deux premières sem. d'août).
Visite guidée. Visite sur r.-v. pour les groupes toute l'année.

C1 **SILLÉ-LE-GUILLAUME**

Château forteresse et collégiale

72140 Sillé-le-Guillaume
Tél. : 02 43 20 10 32
www.tourisme.sille-le-guillaume.fr
Propriété de la commune
Classé

Siège d'une très vieille baronnie du Haut Maine, le château forteresse de Sillé-le-Guillaume fut bâti au XVe s. sur les ruines d'une ancienne forteresse du XIe s. Il présente la forme d'un quadrilatère flanqué de tours à ses angles, dont l'énorme tour à mâchicoulis domine la ville de sa masse imposante. C'est au seigneur Antoine de Beauvau que l'on doit la construction du donjon d'artillerie très puissant. La collégiale construite du XIIe au XIXe s., au-dessus de la crypte (la plus grande de l'Ouest), jouxte le château. En son sein, un vitrail classé représentant la vie de Jeanne Marie de Maillé.

Juil.-août : t.l.j. sf lun. 10h30-12h, 14h30-16h, 16h30-18h.
Visite sur r.-v. le reste de l'année et pour les groupes.

C2 DÉTAIL 1 **SOLESMES**

Abbaye (les tombeaux)

72300 Solesmes
Tél. : 02 43 95 03 08
www.solesmes.com
Propriété privée
Classé

Cet ensemble de groupes sculptés mis en scène dans des compositions architecturales superposant arcades, niches et frontons est installé dans les croisillons du transept de l'abbatiale de Solesmes aux XVe s. et XVIe s. : dans le bras sud, la *Mise au tombeau du Christ* en 1496 ; au nord, l'*Ensevelissement de la Vierge* et la *Pâmoison de la Vierge*, entre 1525 et 1556. Représentatifs de la piété doloriste de leur époque et de son esthétique naturaliste, ces monuments constituent réellement un ensemble par le parallélisme de leur inspiration et de leur composition architecturale. Le vocabulaire ornemental gothique, les qualités d'expression et de retenue des personnages du premier groupe le rattachent à une inspiration française ; le second ensemble est plus proche du maniérisme de la Contre-Réforme.

T.l.j. 9h-18h. Visite libre. Visite sur r.-v. pour les groupes toute l'année.

D2 **YVRÉ-L'ÉVÊQUE**

Abbaye de l'Épau

Route de Changé
72530 Yvré-l'Évêque
Tél. : 02 43 54 73 45
www.sarthe.com
Propriété du département
Classé

Malgré l'appui initial de la reine Bérengère, veuve de Richard Cœur de Lion, l'abbaye cistercienne de l'Épau, fondée en 1229, connaît un développement chaotique : la nef de l'abbatiale ne sera jamais achevée. Affaiblie, l'abbaye se limite à des aménagements ponctuels, au XVIe s. et, surtout, au XVIIIe s. Les vestiges du XIIIe s. sont intéressants (salle capitulaire et sacristie, chevet de l'église) ; dans l'abbatiale, dont la nef se limite à trois travées, on est surtout frappé des apports du XVe s. (voûtes angevines, fenêtres agrandies) qui, malgré l'importante transformation apportée au programme architectural initial, restent fidèles à l'esprit cistercien de luminosité et de sobriété.

Mars-avr., nov.-déc. : mer.-dim. 10h-12h, 14h-17h ;
mai-oct. : t.l.j. 9h-12h, 14h-17h30. Fermé janv. et fév. Visite libre.
Visite guidée. Visite guidée sur r.-v. pour les groupes toute l'année.

APREMONT B3

Château

85220 Apremont
Tél. : 02 51 55 27 18/02 51 55 73 66
www.apremont-vendee.com
Propriété de la commune
Inscrit et classé

Sur le site d'un bâtiment plus ancien protégé par une enceinte polygonale du XIIIe s. qu'il conserve, Philippe Chabot de Brion, proche de François Ier, construit entre 1530 et 1540 un château constitué de deux tours encadrant un corps de logis ; celui-ci est démoli au cours du XVIIIe s. Les vestiges actuels suggèrent un ensemble XVIe s. encore très défensif. Malgré leurs proportions massives, les tours du château ont cependant recours au vocabulaire architectural caractéristique des débuts de la Renaissance qui se déployait sur le corps de logis : larges fenêtres à croisillons, structuration orthogonale de la façade, avec insistance sur les axes verticaux des fenêtres et des lucarnes.

Juin-août : 10h30-18h30.
Visite libre. Visite guidée l'apr.-midi en juil.-août.
Visite guidée sur r.-v. le reste de l'année et pour les groupes toute l'année.

AVRILLÉ B4

Château de la Guignardière

La Guignardière
85440 Avrillé
Tél. : 02 51 22 33 06
www.guignardiere.com
Propriété privée
Classé

Entreprise autour de 1560 par un proche de la Cour retiré en province, la construction du château est interrompue avant achèvement vingt ans plus tard et ne sera reprise que pour une seule travée en 1773. L'édifice actuel est donc tronqué de la moitié de son plan initial, en U avec pavillons d'angle surélevés d'un étage ; il constitue cependant un des rares exemples d'architecture de la Renaissance en bas Poitou. L'unité des éléments employés, l'équilibre entre les lignes horizontales et verticales très également soulignées par la modénature, l'absence d'ornementation autre qu'architecturale en font une architecture austère proche des réalisations parisiennes du moment.

4 avr.-14 juin, 1er-26 sept. : t.l.j. 11h-20h ; 15 juin-août : t.l.j. 10h-21h.
Visite libre. Visite guidée. (texte de visite écrit).

BAZOGES-EN-PAREDS C4

Donjon

Cour du Château
85390 Bazoges-en-Pareds
Tél. : 02 51 51 23 10
www.bazoges-en-pareds.fr
Propriété de la commune
Inscrit

Le donjon est construit pendant la guerre de Cent Ans, dans la seconde moitié du XIVe s. Il est encore en service au cours des guerres de Religion. Très élevé (32 m, six étages), assez sobre d'élévation, l'édifice présente quelques éléments moins austères, représentatifs du XIVe s. : une tour d'escalier polygonale, de proportions élancées ; des décors trilobés sur les mâchicoulis ; et, à l'intérieur, quelques chapiteaux et culs-de-lampe soutenant les voûtes d'ogives des salles.

Fév.-Pâques, oct. : dim. 14h30-18h ; Pâques-sept. : t.l.j. 14h30-18h.
Visite libre. Visite guidée.
Visite sur r.-v. pour les groupes toute l'année (15 pers. min.).

B4 **BESSAY**

Château

18, rue Principale
85320 Bessay
Tél. : 02 51 27 51 38/01 45 24 53 05
http://chateaudebessay.hautetfort.com
Propriété privée
Inscrit et classé

Propriété d'une famille importante du bas Poitou apparentée aux Lusignan, le château de Bessay est constitué de plusieurs corps de logis disposés en équerre, reliant entre elles deux tours du XVIe s., l'une carrée au nord-ouest, l'autre ronde au sud-est. Dans un ensemble aux façades harmonieuses, cette tour attire particulièrement l'attention par ses dimensions (16 m de haut en cinq niveaux) et sa décoration soignée, relevant du vocabulaire ornemental de la Renaissance italienne, que complète un toit en dôme et, ultime concession aux traditions médiévales, un mâchicoulis couvert. On note également, dans le parc, la présence d'un colombier exceptionnel du XVIe s., de forme carrée et comptant trois mille deux cent boulins.

Juil.-août : t.l.j. sf dim. 14h30-18h30. Visite guidée.
Visite sur r.-v. le reste de l'année au 02 51 27 51 38.

B3 **BOIS-DE-CÉNÉ**

Abbaye de l'Île-Chauvet

85710 Bois-de-Céné
Tél. : 02 51 68 13 19
www.vendee-tourisme.com
Propriété privée
Classé

Fondée en 1130 dans un milieu marécageux peu favorable par des moines bénédictins proches des réformateurs cisterciens, l'abbaye de l'Île-Chauvet jouit apparemment d'une certaine prospérité entre le XIIe s. et le XVe s. La reconstruction partielle des bâtiments n'empêche pas son déclin après les guerres de Religion. L'ensemble est actuellement très ruiné. Malgré la juxtaposition de plusieurs phases de construction, l'abbatiale montre globalement une sobriété proche de la sensibilité cistercienne que ne dément ni son plan (croix latine, nef unique et chevet plat) ni son remarquable portail occidental à quatre voussures moulurées.

Juil.-août : t.l.j. 14h-18h. Visite sur r.-v. pour les groupes toute l'année.

B4 **CHÂTEAU-D'OLONNE**

Abbaye Saint-Jean-d'Orbestier

Rue de l'Abbaye
85180 Château-d'Olonne
Tél. : 02 51 23 88 00
www.lechateaudolonne.fr
Propriété de la commune
Inscrit

L'église abbatiale bénédictine romane Saint-Jean d'Orbestier, « Saint-Jean du bout du monde », a été fondée en 1107 par Guillaume IX, duc d'Aquitaine et comte de Poitou. Elle témoigne de ce qui fut un important monastère entre le XIIe et le XVIIe s. En 1181, elle est placée sous la protection de Richard Cœur de Lion, seigneur de Talmont et roi d'Angleterre. Comme beaucoup d'autres, elle connaît grandeurs, décadences et longues léthargies. Incendiée en 1251, elle est pillée durant la guerre de Cent Ans. Les guerres de Religion en 1569 lui portent un coup fatal. Commence le long déclin de l'abbaye jusqu'à sa fermeture définitive en 1769. Récemment restaurée, c'est aujourd'hui un lieu de visites, d'expositions et de concerts.

Juil.-août : t.l.j. sf mar. 15h-18h ; sept. w.-e. 15h-18h.
Visite libre. Visite guidée. Visite guidée sur r.-v. toute l'année.

CHÂTEAUNEUF B3

Le Petit Moulin

85710 Châteauneuf
Tél. : 02 51 49 31 07
http://moulin.chateauneuf.free.fr
Propriété privée
Inscrit

Construit en 1703, ce moulin à vent de type « moulin-tour » est transformé au XIXe s. pour recevoir un système d'ailes de bois dites « ailes Berthon ». Il est remis en état de fonctionnement en 1975. Constitué dès le départ d'une tour de maçonnerie surmontée d'un toit pivotant qui s'adapte au vent et supporte les ailes (initialement en voilures), le bâtiment voit son architecture sensiblement modifiée par les travaux du XIXe s. : rehaussement de 3 m pour améliorer la prise au vent des nouvelles ailes, transformation des fenêtres. Le principe de fonctionnement reste cependant inchangé, avec la transmission directe du mouvement aux meules, placées au sommet de la tour.

Mars-oct. : t.l.j. 14h-19h.
Visite guidée. Visite sur r.-v. pour les groupes toute l'année.

ESSARTS (LES) B3

Château

85140 Les Essarts
Tél. : 02 51 48 40 75
www.chateau-des-essarts.com
Propriété privée
Inscrit

Accolée à un haut monticule de terre dont on ne sait s'il s'agit d'une motte castrale ou d'un tumulus romain, l'enceinte elliptique des Essarts se constitue à partir du XIIe s., puis est remaniée au XVe s. avec l'adjonction d'un logis résidentiel appuyé au rempart sud. Encore utilisée au début du XVIIe s., la forteresse perd toute valeur militaire au cours du même siècle et est abandonnée. Les vestiges très ruinés de cet ensemble font encore apparaître quelques éléments significatifs de l'architecture militaire médiévale, qui, dans le logis XVe s. dont ne subsistent que quelques murs, se combinent déjà avec les exigences d'une résidence d'agrément somptueuse.

Juil.-août : t.l.j. sf lun. 14h30-18h30.
Visite guidée. Visite sur r.-v. pour les groupes le reste de l'année.

Crypte de l'église

85140 Les Essarts
Tél. : 02 51 62 85 96
Propriété de la commune
Classé

L'église, complètement néogothique, n'offre plus de réel intérêt, à l'inverse de sa crypte construite au plus tard à la fin du XIIe s. On remarque surtout ses voûtes d'arêtes au profil très aigu constituant les trois nefs, la simplicité de ses chapiteaux à volutes ou à coquilles à peine épannelés ainsi que quelques vestiges de peintures murales.

T.l.j. 9h-18h. Visite libre. Visite audioguidée.

FONTENAY-LE-COMTE C4

Château de Terre-Neuve

85200 Fontenay-le-Comte
Tél. : 02 51 69 17 75/02 51 69 99 41
www.chateau-terreneuve.com
Propriété privée
Inscrit et classé

À partir d'un petit manoir bâti à la fin du XVIe s., le graveur O. de Rochebrune recompose au début du XIXe s. la façade au goût de son époque, en même temps qu'il introduit, à l'intérieur, des éléments provenant d'autres châteaux, particulièrement de celui de Colanges-les-Royaux (XVIe s.). Sur l'architecture d'origine, assez simple pour son époque, sont donc plaqués au XIXe s. des éléments destinés à animer et à rythmer plus vigoureusement la façade, au prix d'une évidente surcharge : mise en valeur du premier étage ; implantation de balustrades, statues et médaillons en façade et boiseries en provenance du château de Chambord.

Mai-sept. : t.l.j. 9h-12h, 14h-19h.
Visite guidée. Visite sur r.-v. pour les groupes toute l'année.

Maison Billaud

2, rue Gaston-Guillemel
85200 Fontenay-le-Comte
Tél. : 02 51 69 71 69
www.ville-fontenaylecomte.fr
Propriété de la commune
Inscrit et classé

Fruit de la « Renaissance fontenaisienne » qui voit, au XVIe s. et au début du XVIIe s., le prodigieux développement architectural de la ville, alors capitale du bas Poitou, la maison Billaud est construite en deux phases, à vingt-cinq ans d'écart, dans la seconde moitié du XVIe s. Constituée de deux corps de bâtiments dont le plus ancien s'élève sur rue, elle s'illustre particulièrement par sa façade sur cour, dont la conception très savante se nourrit des plus novatrices expériences parisiennes du moment. Son architecture est très soignée, représentative d'une qualité de construction partagée par de nombreux autres bâtiments de la même époque à Fontenay-le-Comte. La maison Billaud est actuellement consacrée à des expositions d'art contemporain.

T.l.j. sf dim. et lun. 14h-18h selon les expositions. Visite libre.

B3 GARNACHE (LA)

Château

14, rue du Château
85710 La Garnache
Tél. : 02 51 35 64 63/06 80 25 52 13
Propriété privée
Inscrit

Clé d'une seigneurie dominante dans la région au XIIe s., le château est historiquement mal connu. Partiellement démantelé au XVIIe s., puis incendié pendant les guerres de Vendée, il se ruine surtout au cours du XIXe s. Englobé dans l'enceinte de la ville entourée de douves, le château possède sa propre fortification, dont subsistent deux tours rondes que leurs mâchicoulis et leurs décors flamboyants datent plutôt des XIVe s. et XVe s. Le donjon rectangulaire en moellons et schiste, sans mâchicoulis, est probablement du XIIe s.

Juil.-août, Journées du patrimoine : t.l.j. 14h-19h.
Visite libre. Visite sur r.-v. pour les groupes.

C3 HERBIERS (LES)

Abbaye de la Grainetière

85500 Les Herbiers
Tél. : 02 51 67 21 19
www.lesherbiers.fr
Propriété privée
Classé

Émanation de l'abbaye bénédictine de Fontdouce, en Saintonge, l'abbaye est fondée en 1130 sur un site à défricher. Après des débuts difficiles qui freinent la construction des bâtiments, elle atteint son apogée entre le XIIIe s. et le XVe s. malgré la guerre de Cent Ans qui l'oblige à se fortifier ; elle amorce son déclin dans la seconde moitié du XVe s. ; elle est abandonnée en 1760. Les bâtiments conventuels subsistants témoignent de l'évolution entre roman et gothique d'une architecture austère et élégante. Aux angles sud-est et sud-ouest de l'ensemble, deux tours fortifiées présentent un appareil défensif développé.

T.l.j. 7h-19h. Visite libre. Visite guidée sur r.-v. pour les groupes (10 pers. min.).

Moulins du mont des Alouettes

Mont des Alouettes
85500 Les Herbiers
Tél. : 02 51 67 16 66/02 51 66 80 32
www.lesherbiers.fr
Propriété de la commune
Inscrit

Figurant parmi les points culminants de la Vendée, site naturellement propice à la meunerie à vent, cette colline a vu avant le XVIIIe s. l'installation groupée de huit moulins-tours trouvant ici les conditions optimales pour leur activité. Utilisés comme télégraphes optiques par les Vendéens lors de leurs affrontements avec les armées républicaines en 1793, c'est toutefois à l'histoire anecdotique plus qu'à celle des techniques qu'ils doivent leur célébrité, les trois moulins subsistants ayant pris aujourd'hui une valeur emblématique dans la mentalité collective régionale. L'un des moulins, restauré, est en activité et écrase encore à la meule de silex entraîné par sa voilure.

Mai : w.-e. et j. fériés 10h-12h30, 14h-18h ;
juin, sept. : t.l.j. sf mar. 10h-12h30, 14h-18h ; juil.-août : t.l.j. 10h-19h.
Visite guidée. Visite sur r.-v. pour les groupes (10 pers.).

HERMENAULT (L') C4

Parc du château

85570 L'Hermenault
Tél. : 02 51 87 69 07/02 51 00 15 37
www.sudvendeetourisme.com
Propriété privée
Inscrit

Le site de l'Hermenault est habité depuis l'époque néolithique. En 1003, un prieuré y est édifié. Fortifié, il est rattaché à l'abbaye de Maillezais et incendié pendant les guerres de Cent Ans. Une tour poudrière de défense, transformée en pigeonnier, date de cette époque. En 1513, Mgr d'Estissac est nommé évêque de Maillezais. Il y construit un château dont il reste la grande tour qui porte son nom. Rabelais y séjourna et envoya, dit-on, de Rome, les plants de platanes du parc qu'on peut admirer aujourd'hui. Saccagé pendant les guerres de Religion, le château fut restauré par Mgr de Béthune au XVIIe s. En face, il construisit le bâtiment à arcades auquel Mgr de Crussol accola un logis au XVIIIe s. Vendu comme bien national en 1790, il fut racheté par un officier d'empire en 1806. Il est resté dans la même famille depuis. Les monuments sont agrémentés d'une plate-forme qui s'ouvre sur la perspective du parc aménagé aux XVIIe et XVIIIe siècles.

Juin : w.-e. 14h-18h ; 15 juil.-août : t.l.j. sf lun.14h-18h. Visite guidée du parc.

ÎLE-D'YEU (L') A4

Château

85350 L'Île-d'Yeu
Tél. : 02 51 58 32 58
www.ile-yeu.fr
Propriété de la commune
Classé

Probablement construite autour de 1350 par les seigneurs de Clisson, plusieurs fois occupée par les Anglais au cours de la guerre de Cent Ans, la forteresse de l'île d'Yeu est remise en état en 1452, avant d'être transformée à la fin du XVIe s. en fonction des nouvelles contraintes imposées par l'usage de l'artillerie lourde. Elle est démantelée à la fin du XVIIe s. Quadrilatère irrégulier à quatre tours d'angle, représentatif à la fois du système défensif traditionnel (courtine à mâchicoulis, tour haute de trois étages à la pointe sud-est) et de celui du XVIe s. (canonnières, bastionnements), le château se singularise surtout par son site de falaise complètement isolé à marée haute.

4 avr.-12 juin : jeu., dim. 12h-18h ; juil.-août : t.l.j. 11h-18h ;
1er-15 sept. : t.l.j. sf lun. et sam. 12h-18h ; 16-30 sept. : t.l.j. sf lun. et sam. 12h-17h.
Visite libre. Visite guidée.

MAILLEZAIS C4

Abbaye Saint-Pierre

85420 Maillezais
Tél. : 02 51 87 22 80
http://abbayes.vendee.fr
Propriété du département
Classé

Édifiée par les ducs d'Aquitaine sur un îlot calcaire de l'ancien golfe des Pictons, l'abbaye bénédictine de Maillezais est consacrée en 1010. Siège d'un évêché entre 1317 et 1648, elle connaît son apogée entre le XIVe s. et le XVIe s. Rabelais y séjourne au début du XVIe s. Transformée en place forte protestante par Agrippa d'Aubigné pendant les guerres de Religion, elle sert de carrière de pierre après la Révolution. Y subsistent aujourd'hui de majestueux vestiges de l'époque romane puis gothique tardive. Le département de la Vendée a procédé à des travaux de restauration et de mise en valeur muséographique.

Oct.-mai : t.l.j. 9h30-12h30, 13h30-18h ; juin-sept. : t.l.j. 10h-19h.
Fermé les trois dernières semaines de janv. Visite libre.
Visite guidée. Visite sur r.-v. pour les groupes toute l'année.

C4 **MOUILLERON-EN-PAREDS**

Maison natale du maréchal de Lattre

Musée national des Deux-Victoires
1, rue Plante-Choux
85390 Mouilleron-en-Pareds
Tél. : 02 51 00 31 49
www.musee-deuxvictoires.fr
Propriété de l'État
Classé

Mouilleron-en-Pareds, modeste village de Vendée, a vu naître en un demi-siècle deux hommes qui ont joué un rôle clé dans le règlement des deux grands conflits mondiaux du XXe s. : Clemenceau en 1919, le maréchal de Lattre en 1945, lors de la capitulation de Berlin. C'est à ce titre qu'a été fondé, dans le bâtiment de la mairie, le musée des Deux-Victoires, qui réunit des souvenirs relatifs à ces deux personnalités. Par ailleurs, la maison natale du maréchal de Lattre, maison bourgeoise de la fin du XIXe s., composée d'un corps de bâtiment sur rue et de quelques dépendances, se consacre plus exclusivement à l'évocation de celui-ci.

15 avr.-15 oct. : t.l.j. 9h30-12h, 14h-18h ; 16 oct.-14 avr. : t.l.j. 10h-12h, 14h-17h.
Fermé 1er janv, 25 déc. et certains j. fériés. Visite libre. Visite guidée.
Visite sur r.-v. pour les groupes au 02 51 00 38 72 (20 pers. min.).

C4 **NIEUL-SUR-L'AUTISE**

Abbaye Saint-Vincent

85240 Nieul-sur-l'Autise
Tél. : 02 51 50 43 00
www.vendee.fr
http://abbayes.vendee.fr
Propriété du département
Classé

Fondée en 1068, constituée de chanoines génovéfains puis augustiniens (1139), l'abbaye bénéficie des privilèges des ducs d'Aquitaine, des rois de France puis des Plantagenêt et connaît un développement rapide autant qu'important. Partiellement détruite lors des guerres de Religion, elle se rétablit mal malgré les reconstructions de l'abbé Brissac en 1630-1640, et elle est abandonnée au profit du chapitre de La Rochelle en 1715. De cet ensemble prestigieux subsistent encore une église de type poitevin, qui se singularise par une nef sobre, à la verticalité marquée, et une façade très ornée ; autour du cloître roman bien conservé subsiste aussi un portail roman à trois voltes très travaillées, ouvrant autrefois sur le réfectoire, aujourd'hui disparu.

Oct.-mai : t.l.j. 9h30-12h30, 13h30-18h ; juin-sept. : t.l.j. 10h-19h.
Fermé les trois dernières semaines de janv. Visite libre.
Visite guidée. Visite sur r.-v. pour les groupes toute l'année.

A3 **NOIRMOUTIER-EN-L'ÎLE**

Château

Place d'Armes
85330 Noirmoutier-en-l'Île
Tél. : 02 51 39 10 42
www.ville-noirmoutier.fr
Propriété de la commune
Classé

Sur le site d'un *castrum*, élevé au IXe s. par les moines pour résister aux assauts normands, sont construits au XIIe s. un donjon et son enceinte fortifiée. L'ensemble de la structure garde une fonction militaire jusqu'à la Révolution, et sert ensuite de casernement pendant tout le XIXe s. Le donjon carré, flanqué de tourelles d'angle et de contreforts hémicylindriques, est de même type que d'autres donjons de la région de même époque (Tiffauges, Pouzauges) ; l'ouverture de baies géminées à décor trilobé et de fenêtres à meneaux dans ses parties supérieures témoigne des réaménagements du XIVe s. pour le confort de la résidence. Depuis 1905, il sert de musée.

7 fév.-12 juin, 7 sept.-8 nov. : t.l.j. sf mar. 10h-12h30, 14h30-18h ;
13 juin-6 sept. : t.l.j. 10h-19h. Visite libre.

POUZAUGES C4

Château

85700 Pouzauges
Tél. : 02 51 57 01 37
www.paysdepouzauges.fr
Propriété de la commune
Classé

Élevé au XIIe s., le château de Pouzauges joue essentiellement un rôle militaire jusqu'aux guerres de Religion et ne remplit qu'épisodiquement une fonction résidentielle entre 1420 et 1440 avec l'épouse de Gilles de Rais, Catherine de Thouars, qui le réaménage à cet effet. La vaste fortification flanquée de douze tours (une seule subsiste) et le donjon carré avec ses contreforts présentent dans leur ensemble de nombreux points communs avec d'autres sites régionaux de même type, tels Noirmoutier et Tiffauges. Comme celui-ci, le donjon de Pouzauges présente des aménagements des XIVe s. et XVe s. à objectifs militaire et résidentiel.
Juil.-août : t.l.j. sf lun. 14h-19h.
Visite guidée. Visite sur r.-v. pour les groupes toute l'année.

Église Notre-Dame-de-Vieux-Pouzauges

85700 Pouzauges
Tél. : 02 51 57 01 37
www.paysdepouzauges.fr
Propriété de la commune
Classé

L'église est historiquement mal connue, bien que son existence soit mentionnée dès 1050 dans la documentation écrite et que l'analyse place sa construction aux XIe s. et XIIe s. De petites dimensions, caractéristique de l'architecture romane rurale, dotée d'un long chœur à chevet plat et d'une nef en berceau brisé, elle est surtout remarquable par son décor peint qui, autour d'un cycle marial du début du XIIIe s., au dessin gothique très calligraphique, fait apparaître un système décoratif élaboré. Les études récentes ont mis en évidence un état antérieur de ce décor, contemporain de la construction.
Mars.-oct. : 9h-19h30; nov.-fév. : 9h-17h30.
Visite audioguidée. Visite guidée sur r.-v. pour les groupes.

ROCHE-SUR-YON (LA) B4

Maison Renaissance

Place de la Vieille-Horloge
85000 La Roche-sur-Yon
Tél. : 02 51 47 48 27
www.ot-roche-sur-yon.fr
Propriété de la commune
Inscrit

Cette maison, qui date de 1566, est l'édifice le plus ancien de la commune. Elle servit, dit-on, longtemps d'habitation au gouverneur du château. En plus d'une façade rappelant les modèles d'architecture italiens, la maison Renaissance est desservie par un très bel escalier à vis et possède cinq cheminées monumentales en granit. Elle abrite aujourd'hui un centre d'interprétation du patrimoine, avec notamment une exposition permanente illustrant l'histoire et le développement urbanistique de la ville.
Juil.-août : t.l.j. sf dim. 15h-18h. Visite guidée.

SABLES-D'OLONNE (LES) B4

Couvent des bénédictines de Sainte-Croix

Musée de l'abbaye Sainte-Croix
Rue de Verdun
85100 Les Sables-d'Olonne
Tél. : 02 51 32 01 16
www.lessablesdolonne.fr
Propriété de la commune
Inscrit

Émanation de l'abbaye bénédictine de Sainte-Croix de Poitiers, établie aux Sables-d'Olonne en 1632, l'abbaye Sainte-Croix se consacre à l'éducation des enfants et prospère jusqu'à la Révolution. Expression des principes stricts qui conditionnent au XVIIe s. les établissements à vocation scolaire, le bâtiment présente une architecture dépouillée et essentiellement fonctionnelle, sans aucune décoration ornementale : ainsi apparaissent encore la façade et le cloître, dont les quatre branches sont conservées malgré la disparition de l'église à l'ouest. L'abbaye abrite les collections départementales de la Vendée.
15 juin-sept. : t.l.j. sf lun. 10h-12h, 14h30-18h30;
oct.-14 juin : t.l.j. sf lun. 14h30-17h30. Fermé j. fériés. Visite libre.

B4 **SAINT-MARTIN-DES-NOYERS**

Manoir de la Grève

La Grève
85140 Saint-Martin-des-Noyers
Tél. : 02 51 07 86 36
www.asso-chateau-greve.com
Propriété privée
Inscrit

Centre d'une ancienne baronnie aux droits importants à la fin du XIVe s., le manoir, dont la construction se place probablement à la charnière du XVe s. et du XVIe s., joue encore un rôle militaire à l'époque des guerres de Religion, au terme desquelles il est partiellement détruit. Ensemble fortifié à l'origine, il possède encore deux tours de défense à l'arrière du bâtiment, tandis que la façade antérieure est caractéristique des logis seigneuriaux de l'époque, avec sa tour d'escalier hors œuvre, très altérée au XVIe s. Les volumes intérieurs ont, en revanche, conservé de beaux vestiges (escaliers, cheminées, chapiteaux sculptés).

21 juin-20 sept. : t.l.j. 15h-19h (10h-13h, 15h-19h le mer. en juil.-août).
Visite guidée. Visite sur r.-v. pour les groupes toute l'année.

C4 **SAINT-PROUANT**

Abbaye de Grammont

Prieuré de Chassay-Grammont
85110 Saint-Prouant
Tél. : 02 51 50 43 03
http://abbayes.vendee.fr
Propriété du département
Inscrit

Fondée en 1196 par Richard Cœur de Lion, la « celle » de Saint-Prouant appartient à l'ordre érémitique de Grammont fondé au XIe s. par Étienne de Muret, soutenu par les Plantagenêt et dont les principes essentiels reposent sur la non-propriété, l'austérité de vie et l'autonomie des prieurés ou « celles » (quinze moines maximum). Rattachée en 1317 au prieuré de Bois-d'Allonnes, près de Parthenay, celle-ci est désaffectée à la fin du XVIIIe s. De l'ensemble subsistent entre autres une église à la nef charpentée et sans fenêtre, un réfectoire aux six voûtes angevines et une salle capitulaire dont la pile centrale prismatique et les chapiteaux en volutes rompent avec l'austérité générale de ce petit établissement.

Juin-sept. : 10h-19h. Visite libre (bornes interactives).
Visite sur r.-v. pour les groupes.

B3 **SAINT-SULPICE-LE-VERDON**

Logis de la Chabotterie

Site historique culturel
85260 Saint-Sulpice-le-Verdon
Tél. : 02 51 42 81 00
http://chabotterie.vendee.fr
Propriété du département
Inscrit

Établi à l'emplacement d'une forteresse détruite lors de la guerre de Cent Ans, construit en deux étapes, modifié aux XVIIIe et XIXe s., ce logis possède une architecture assez hétérogène : on retient surtout l'élévation très élaborée de la tour d'escalier XVIIe s. Le lieu est surtout connu pour avoir été impliqué dans un événement majeur de l'histoire de la Vendée : le soulèvement contre-révolutionnaire de 1793. Un parcours spectacle avec animations sonores et scènes reconstituées y est consacré. Haut lieu de la guerre de Vendée, il a été le cadre de l'arrestation du général Charette en 1796. Ses pièces meublées façon XVIIIe s. peuvent être visitées avec un audioguide.

Sept.-juin : lun.-sam. 9h30-18h, dim. et j. fériés 10h-19h
(fermeture à 18h de nov. à mars) ; juil.-août : t.l.j. 10h-19h.
Fermé 1er janv., trois dernières semaine de janv., 25 déc. Visite libre.

SAINT-VINCENT-SUR-JARD B4

Maison et jardins de Georges Clemenceau

85520 Saint-Vincent-sur-Jard
Tél. : 02 51 33 40 32
http://maison-clemenceau.monuments-nationaux.fr
Propriété de l'État
Classé

Cette maison basse, face à la mer, a été la villégiature de Clemenceau après son retrait de la vie publique, entre 1920 et 1929 ; il y réside alors épisodiquement, en alternance avec son appartement parisien, et y rédige en partie ses derniers ouvrages. Maison d'agrément d'architecture simple, dans un jardin sans apprêt dans l'esprit de Monet, ami de Clemenceau, elle conserve l'ameublement et l'agencement laissés à la mort de celui-ci. Considérée comme un lieu de mémoire, elle est visitée telle.

15 mai-15 sept. : t.l.j. 9h30-12h30, 14h-18h30 ;
16 sept.-14 mai : t.l.j. sf lun. 10h-12h30, 14h-17h30. Fermé 1er janv., 1er mai, 1er nov., 25 déc. Visite guidée. (visite signée).

SAINT-PEXINE B4

Jardin du logis de Chaligny

Logis de Chaligny
85320 Saint-Pexine
Tél. : 02 51 28 82 62
durantealain@wanadoo.fr
Propriété privée
Inscrit

Entre bois et rivière, le logis de Chaligny est le témoin imposant des principes de la maison rurale dictés par Charles Étienne dans ses divers traités regroupés en 1564 sous le titre *Agriculture et maison rustique*. Construite en 1639, la demeure est composée d'un château et d'une ferme. L'ensemble du domaine a été valorisé par des travaux entrepris voici une dizaine d'années. L'actuel propriétaire s'emploie à recréer un ensemble de jardins d'agrément fruitier et potager, selon le très strict ordonnancement dont un cadastre napoléonien a gardé mémoire.

1er-10 juin, 1er-10 août, sept. : dim. 14h-18h.
Visite libre. Visite sur r.-v. le reste de l'année.

SALLERTAINE B3

Moulin de Rairé

85300 Sallertaine
Tél. : 02 51 35 51 82
www.moulin-a-vent-de-raire.com
Propriété privée
Inscrit

Construit en 1555, cet édifice seigneurial est le seul moulin de France qui n'a jamais cessé de tourner au vent depuis son origine jusqu'à nos jours. Cette exceptionnelle longévité fait de ce monument historique un témoin unique en France. Il est devenu en 1840, la propriété de la famille qui l'exploite encore aujourd'hui. Les meuniers persistent à faire tourner cette machine fascinante qui écrase toujours les céréales : un univers resté intact après plus de cinq siècles.

Fév.-mai : vac. scol. et j. fériés 14h-18h ; juin, sept. : t.l.j. 14h-18h ;
juil.-août : t.l.j. 10h-12h, 14h-18h30.
Visite guidée. Visite sur r.-v. le reste de l'année.

SIGOURNAIS C4

Château

85110 Sigournais
Tél. : 02 51 40 40 71
www.chateau-sigournais.org
Propriété privée
Inscrit et classé

Se substituant à un important château de pierre du XIIIe s., l'enceinte polygonale actuelle est construite entre 1432 et 1461, composée de neuf tours et d'un monumental donjon-porche qui en contrôle l'entrée. Un logis résidentiel est accolé à l'intérieur du rempart au début du XVIe s. Malgré la relative dégradation des tours (cinq subsistent) et du mur d'enceinte, très arasés, cet ensemble constitue un témoignage intéressant sur l'architecture militaire de la région au XVe s., tant par sa forme polygonale que pour le caractère unique de son donjon-porche.

28 juin-Journées du patrimoine : t.l.j. 14h30-18h30. Visite libre.
Visite guidée. Visite sur r.-v. pour les groupes d'avr. à sept. (12 pers. min.).

B4 TALMONT-SAINT-HILAIRE

Château

Rue du Château
85440 Talmont-Saint-Hilaire
Tél. : 02 51 90 27 43
www.chateau-de-talmont.com
Propriété de la commune
Inscrit

Le château de Talmont est l'une des forteresses majeures de la région dès sa construction au XIe s. Incendié par le roi Louis VII en 1138 pour punir le seigneur du Talmondais, le château est renforcé défensivement au XIIe s. par Richard Cœur de Lion pour faire face à l'évolution des machines de guerre de plus en plus puissantes. Ces différentes phases se retrouvent dans les vestiges actuels : les restes d'une église et d'une aula datés du début du XIe s., un donjon et ses différents renforcements du XIIe s. ainsi que quelques éléments d'un logis du XVe s.

Avr.-5 juil. : t.l.j. 10h30-12h30, 14h-18h ; 6 juil.-28 août : w.-e. 10h-19h ; 1er-18 sept. : t.l.j. 14h-18h ; 21 sept.-4 nov. : t.l.j. sf w.-e. 14h-18h. Visite libre. Visite guidée en juil.-août. Visite guidée sur r.-v. le reste de l'année.

B3 TIFFAUGES

Château de Barbe Bleue

85130 Tiffauges
Tél. : 02 51 65 70 51
http://chateau-barbe-bleue.vendee.fr
Propriété du département
Classé

Siège d'une importante baronnie dès le XIe s., le donjon est édifié en 1104. Détenu au début du XVe s. par Gilles de Rais, qui y fait des travaux conséquents, le château prend une part active aux guerres de Religion dans la seconde moitié du XVIe s. Il tombe en ruine entre 1650 et 1700. L'enceinte très étendue, fortifiée de quinze tours et d'une barbacane, constitue un survol de l'évolution de l'architecture militaire médiévale : donjon carré à contreforts hémicylindriques du XIIe s., modifié dans ses parties supérieures au XVe s. ; tours à archères du XIIIe s. ; au nord-ouest de l'enceinte, le système défensif monumental des tours Ronde et Vidame présente l'adaptation ultime des fortifications du Moyen Âge aux contraintes de l'artillerie, autour de 1520.

Avr.-mai, 1er-18 sept. : t.l.j. 10h-12h30, 14h-18h, w.-e. et j. fériés 14h-19h ; juin : t.l.j. 10h-18h, w.-e. 14h-19h ; juil.-août : t.l.j. 11h-19h. Visite guidée. Visite sur r.-v. pour les groupes toute l'année (20 pers.).

C4 VOUVANT

Enceinte et tour Mélusine

85120 Vouvant
Tél. : 02 51 00 86 80/02 51 69 44 99
www.sudvendeetourisme.com
Propriété de la commune
Inscrit

Sur un site appartenant depuis 1015 à l'abbaye de Maillezais et déjà fortifié, Geoffroy Grande Dent, cadet de la famille de Lusignan, fait édifier en 1190 une double enceinte fortifiée, l'une protégeant le bourg et son église, l'autre, au nord-ouest, constituant le château commandé par un donjon cylindrique. L'ensemble est opérationnel en 1214, lors du conflit entre Geoffroy et le roi d'Angleterre Jean sans Terre. Des vestiges substantiels de cette enceinte subsistent au nord du bourg : sur un tiers environ de sa longueur initiale (250 m) sont conservés des remparts pouvant atteindre 10 m de haut, flanqués encore d'une dizaine de tours demi-circulaires, ainsi que le donjon cylindrique de la fin du XIIe s., la tour Mélusine.

Mai-sept. : t.l.j. 10h-12h30, 14h-18h30, dim. et j. fériés 10h-12h, 15h-18h ; oct.-avr. : t.l.j. sf mer. et w.-e. 14h-18h. Visite libre. Visite guidée pour la tour sur r.-v. Visite guidée sur r.-v. pour les groupes (10 pers.).

Picardie

Aisne – Oise – Somme

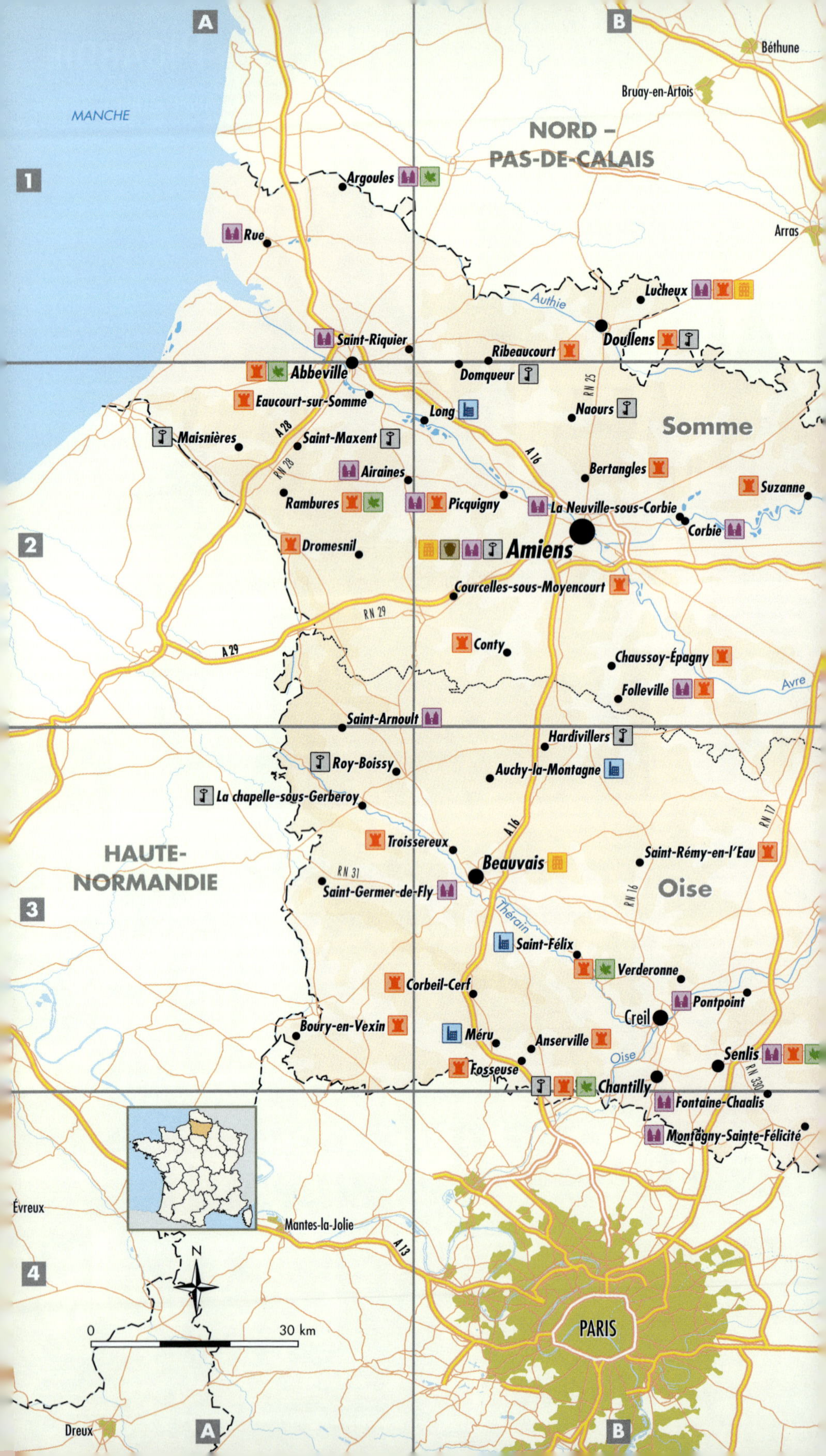
A
B
Béthune
Bruay-en-Artois
MANCHE
NORD –
PAS-DE-CALAIS
1
Argoules
Rue
Arras
Lucheux
Authie
Doullens
Saint-Riquier
Ribeaucourt
Abbeville
Domqueur
RN 25
Eaucourt-sur-Somme
Long
Naours
Somme
Maisnières
A 28
Saint-Maxent
A 16
RN 28
Airaines
Bertangles
Suzanne
Rambures
Picquigny
La Neuville-sous-Corbie
Corbie
2
Dromesnil
Amiens
Courcelles-sous-Moyencourt
RN 29
Conty
A 29
Chaussoy-Épagny
Avre
Folleville
Saint-Arnoult
Hardivillers
Roy-Boissy
Auchy-la-Montagne
La chapelle-sous-Gerberoy
RN 17
A 16
Troissereux
HAUTE-
NORMANDIE
Saint-Rémy-en-l'Eau
Beauvais
RN 31
RN 16
Oise
3
Saint-Germer-de-Fly
Thérain
Saint-Félix
Verderonne
Corbeil-Cerf
Pontpoint
Creil
Boury-en-Vexin
Méru
Anserville
Senlis
Oise
Fosseuse
RN 330
Chantilly
Fontaine-Chaalis
Montagny-Sainte-Félicité
Évreux
Mantes-la-Jolie
A 13
N
4
0
30 km
PARIS
Dreux
A
B

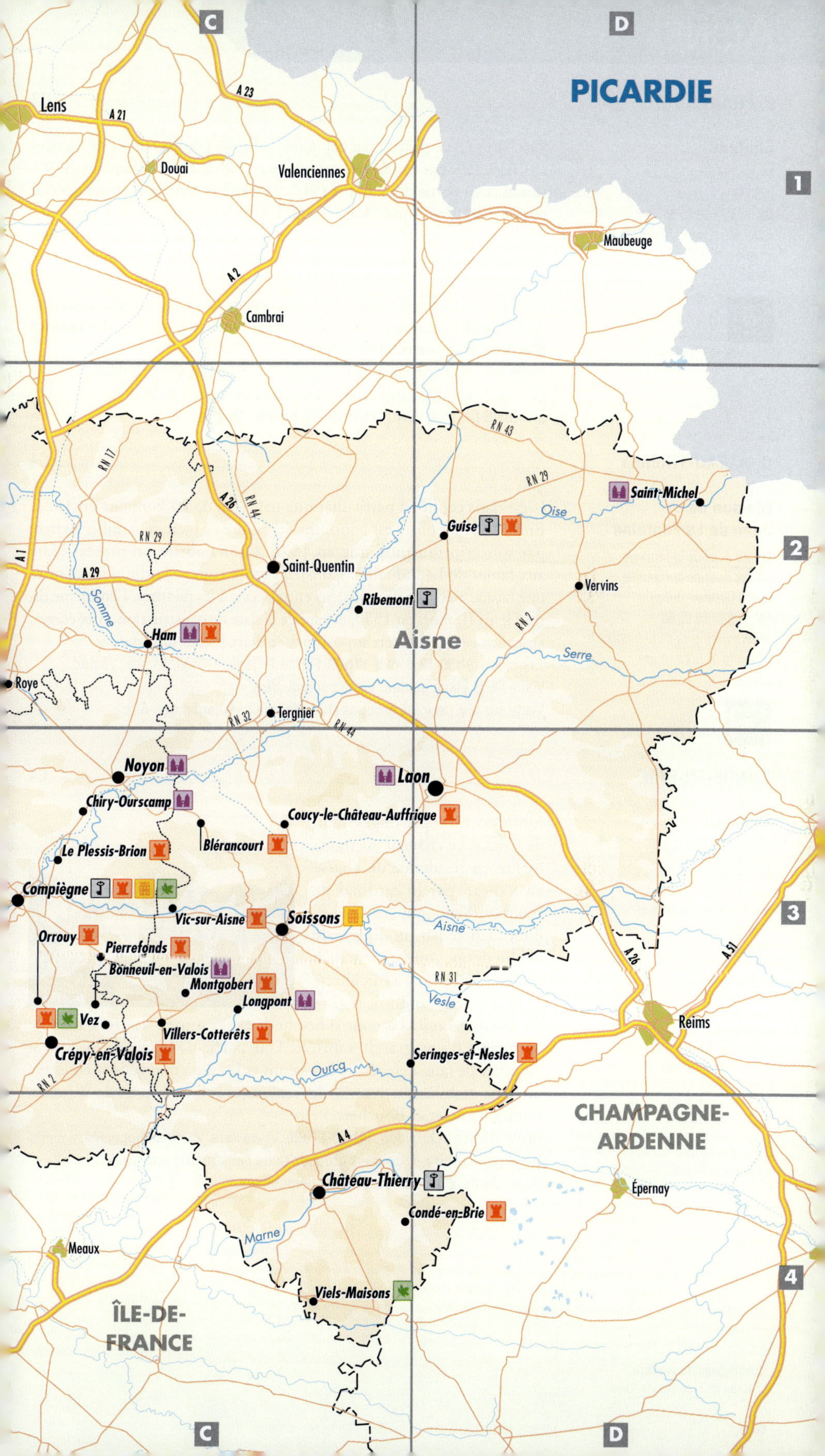
C
D
PICARDIE
1
Lens
A 21
A 23
Douai
Valenciennes
Maubeuge
A 2
Cambrai
RN 43
RN 17
RN 29
Saint-Michel
A 26
RN 44
Oise
Guise
2
RN 29
A 1
A 29
Saint-Quentin
Vervins
Ribemont
Somme
RN 2
Ham
Aisne
Serre
Roye
Tergnier
RN 32
RN 44
Noyon
Laon
Chiry-Ourscamp
Coucy-le-Château-Auffrique
Blérancourt
Le Plessis-Brion
Compiègne
3
Vic-sur-Aisne
Soissons
Aisne
Orrouy
Pierrefonds
A 26
A 51
Bonneuil-en-Valois
RN 31
Montgobert
Vesle
Longpont
Vez
Reims
Villers-Cotterêts
Crépy-en-Valois
Seringes-et-Nesles
Ourcq
RN 2
CHAMPAGNE-
ARDENNE
A 4
Château-Thierry
Épernay
Condé-en-Brie
Marne
Meaux
4
Viels-Maisons
ÎLE-DE-
FRANCE
C
D

BLÉRANCOURT C3

Château

Musée franco-américain
02300 Blérancourt
Tél. : 03 23 39 60 16
www.museefrancoamericain.fr
Propriété de l'État
Classé

Ce château est construit par Salomon de Brosse pour la famille de Gesvres en 1619. Pillé par les troupes espagnoles en 1652, il est confisqué en 1792, vendu et en partie démoli. En 1917, il est utilisé comme quartier général par l'Américaine Anne Morgan pour l'organisation des secours aux civils. Elle le rachète en 1919, le restaure et le transforme en musée. Entouré de fossés, ce château se compose d'un corps de logis flanqué de quatre pavillons d'angle fortement saillants, et d'un portail précédant la cour d'honneur. Le musée abrite les souvenirs de la guerre d'Indépendance, de l'aide américaine pendant la Grande Guerre ainsi que des œuvres d'artistes français et américains.

MUSÉE Temporairement fermé pour travaux. Pour plus d'informations quant à une prochaine réouverture, se renseigner au 03 23 39 60 16.
JARDINS DU NOUVEAU MONDE T.l.j. 8h-19h.

CHÂTEAU-THIERRY C4

Maison de Jean de La Fontaine

Musée Jean-de-la-Fontaine
12, rue Jean-de-la-Fontaine
02400 Château-Thierry
Tél. : 03 23 69 05 60
www.musee-jean-de-la-fontaine.fr
Propriété de la commune
Classé

C'est dans cet hôtel particulier que naît Jean de La Fontaine en 1621. En 1676 le fabuliste est contraint de vendre ce bien de famille. Acheté par souscription publique en 1876, l'hôtel abrite un musée dédié aux fables de La Fontaine. Construit entre cour et jardin, l'hôtel offre une façade au décor de croissants entrelacés sur les pilastres. L'emblème du roi Henri II, mort en 1559, atteste de la date de construction. Aux étages, l'escalier central dessert un cabinet et deux pièces lumineuses.

T.l.j. sf lun. 9h30-12 h, 14 h-17h30. Fermé 1er janv., 1er mai, 1er nov., 25 déc.
Visite libre. Visite guidée. Visite audioguidée.
Visite sur r.-v. pour les groupes (10 pers. min.). jardin et r.-d.-c.

CONDÉ-EN-BRIE C4

Château

Demeure des Princes
02330 Condé-en-Brie
Tél. : 03 23 82 42 25
www.chateaudeconde.com
Propriété privée
Classé

Édifié en 1200 par Enguerrand de Coucy, ce château est transformé en résidence de chasse au XVIe s., par le cardinal de Bourbon-Vendome. Au XVIIIe s., il est racheté par un diplomate qui lui donne son aspect actuel, confiant les travaux à l'architecte et peintre Servandoni, maître du trompe-l'œil. La cour d'honneur est entourée de trois ailes de bâtiments d'une grande sobriété. Une partie de la façade du XIIIe s. est ornée de fausses fenêtres. Les salons et la salle à manger ont conservé un riche mobilier du XVIIIe s., des tapisseries et des tableaux de Watteau, Oudry, Lancret et Boucher.

15 avr.-15 oct. : t.l.j. sf lun. 14h30-17h30. Visite libre. Visite audioguidée.
Visite guidée sur r.-v. pour les groupes toute l'année (20 pers. min.).
en partie. (pour les groupes uniquement).

Double page d'ouverture : château de Pierrefonds (Oise).

C3 **COUCY-LE-CHÂTEAU-AUFFRIQUE**

Château de Coucy

Rue du Château
02380 Coucy-le-Château-Auffrique
Tél. : 03 23 52 71 28
http://coucy.monuments-nationaux.fr
Propriété de l'État
Classé

Ce château fort est édifié par Enguerrand III, sire de Coucy, entre 1220 et 1242. Acquis par Louis d'Orléans en 1399, il passe ensuite dans le domaine royal. En 1652, il est démantelé sur ordre de Mazarin puis transformé en carrière de pierre. En 1917, l'armée allemande fait sauter le donjon et les quatre tours d'angle. L'enceinte médiévale comprend la ville, la basse cour et sur l'extrémité de l'éperon le château, quadrilatère irrégulier flanqué de quatre tours circulaires de 20 m de diamètre. Au centre, s'étalent les débris du donjon. Les courtines conservent les traces des bâtiments résidentiels du XVIe s. qui leur étaient adossés. Les salles souterraines témoignent de la splendeur et de la démesure de cette forteresse.

Mai-août : t.l.j. 10h-13h, 14h-18h30 ; sept.-avr. : t.l.j. 10h-13h, 14h-17h30.
Fermé 1er janv., 1er mai, 25 déc. Visite libre.
Visite guidée. Visite sur r.-v. pour les groupes (20 pers. min.). ♿

D2 **GUISE**

Château fort

Club du Vieux-Manoir
02100 Guise
Tél. : 03 23 61 11 76
http://chateaudeguise.free.fr
Propriété de la commune
Classé

Construit au début du XIIIe s. pour les seigneurs de Guise, à l'emplacement d'une ancienne forteresse, le château échappe à l'occupation bourguignonne du XVe s. Au XVIe s., la dynastie des ducs de Guise transforme le vieux château en véritable place forte. Il est assiégé par les troupes espagnoles et impériales aux XVIe et XVIIe s. Renforcé par Vauban au XVIIe s., il est déclassé en 1918. Utilisé comme décharge publique, il est restauré dès 1954. Cette forteresse s'étend sur plus de 17 ha. Un imposant donjon en grès des Ardennes domine la haute cour ; il abrite un cellier, les cuisines, une salle de séjour et une chapelle voûtée d'ogives. De longs souterrains desservent les bastions de brique.

Juin-sept. : 10h-12h, 14h-19h ; oct.-mai : 10h-12h, 14h-18h. Fermé vac. de Noël.
Visite guidée. Visite sur r.-v. pour les groupes (20 pers. min.).

Familistère Godin

265, Familistère aile droite
02100 Guise
Tél. : 03 23 61 35 36
www.familistere.com
Propriété d'un établissement public, propriété du département
Classé

Jean-Baptiste André Godin (1817-1888) fondateur de la manufacture des fameux poêles et fouriériste convaincu, imaginait une société offrant à tous les employés les « équivalents de la richesse ». À côté de la fonderie de Guise, toujours en activité aujourd'hui, sur les bords de l'Oise, il réalisa pendant la seconde moitié du XIXe s. le Familistère ou « Palais social », composé de trois pavillons d'habitation et d'équipements annexes comme la buanderie-piscine, les économats, le jardin d'agrément, les écoles ou encore le théâtre. La visite de cette utopie devenue musée de site permet de comprendre une expérience d'autogestion unique au monde qui dura plus d'un siècle.

T.l.j. sf lun. 10h-12h, 14h-18h. Visite guidée à 10h30, 14h30 et 16h30.
Visite sur r.-v. pour les groupes toute l'année (10-200 pers.).

LAON D3

Cathédrale Notre-Dame

Place du Parvis-Gauthier-de-Mortagne
02000 Laon
Tél. : 03 23 20 28 62
www.ville-laon.fr
Propriété de la commune
Classé

Chef-d'œuvre du premier âge gothique, perchée au sommet de la cité médiévale, sa construction débuta en 1150 pour se terminer vers 1235, et elle inspira notamment celles de Chartres ou Reims. Elle est prévue au départ pour accueillir sept tours, mais seules cinq ont été construites (dont les deux en façade ornées des fameux seize bœufs sculptés). La nef, rythmée par son élévation à quatre niveaux, est composée de dix travées qui mènent au transept dominé par une tour-lanterne, et on peut toujours observer au nord l'une des plus anciennes roses conservées dans sa forme d'origine.

T.l.j. 9h-19h. Montée accompagnée dans la tour sud-ouest : avr. à fin juin, sept.-11 nov. ven., w.-e. et j. fériés et juil.-août t.l.j. à 11h, 15h, 16h.
Visite guidée de la cathédrale et de la cité sam. à 20h30 en juil.-août.
Visite libre. Visite audioguidée. Visite guidée sur r.-v.
Visite sur r.-v. pour les groupes.

LONGPONT C3

Abbaye de Longpont

02600 Longpont
Tél. : 03 23 72 92 55
www.longpont.com
Propriété privée
Classé

Abbaye cistercienne, fondée en 1131 par saint Bernard, dont subsistent les ruines de l'abbatiale gothique et une partie des bâtiments monastiques transformés au XVIIIe s. par les abbés commendataires. La grande église gothique, consacrée en 1227 et restée intacte jusqu'en 1793, a été mise en démolition après la Révolution jusqu'à son rachat en 1835 ; il en reste le fronton avec sa rosace vide, encadré des contreforts de la nef, et deux des bâtiments entourant la cour du cloître, demeure privée depuis 1803. À l'intérieur, le grand cellier gothique a été conservé tandis qu'une autre partie a été aménagée au XVIIIe s. en palais abbatial, dont subsistent le grand vestibule et son bel escalier de pierre avec sa rampe de fer forgé. Le cloître a été partiellement reconstruit au XVIIe s. et il n'en reste que la galerie sud, ouvrant sur la chauffoir gothique à cheminée centrale, modèle unique de ce type. Les façades ont été transformées au XVIIIe s.

15 mars-oct. : w.-e. et j. fériés 11h-12h, 14h30-18h30.
Visite guidée. Visite sur r.-v. pour les groupes (20 pers. min.). ♿

MONTGOBERT C3

Château

Allée du Château
02600 Montgobert
Tél. : 03 23 96 36 91
http://tourisme.cc-villers-cotterets.fr
Propriété privée
Inscrit

Le château est édifié entre 1768 et 1775 par un ancien notaire du roi, Pierre Desplasses. En 1798, il devient la propriété du général Leclerc, époux de Pauline Bonaparte. Le couple, trouvant la construction exiguë, fait construire un étage en attique en 1799. Le château a conservé la ferronnerie du balcon, la rampe de l'escalier, quelques boiseries et la décoration Louis XVI du salon. Il abrite aujourd'hui le musée européen du Bois et de l'Outil. Plusieurs salles sont également consacrées à la vie locale, à Pauline Bonaparte ou encore à la guerre 1914-1918.

Juil.-août : t.l.j. sf sam. 14h-18h ; mai-juin, sept.-oct. : dim. 14h-18h.
Visite libre. Visite sur r.-v. pour les groupes (10 pers. min.).

C2 **RIBEMONT**

Maison natale de Condorcet

11, rue de Condorcet
02240 Ribemont
Tél. : 03 23 63 71 30
http://mairieribemont.free.fr
Propriété de la commune
Inscrit

C'est dans cette maison que naît, en 1743, Marie Jean Antoine Nicolas Caritat, marquis de Condorcet. Attiré par Paris, ce mathématicien philosophe quitte Ribemont en 1775. La maison, vendue dès 1781, devient la propriété de l'écrivain Léon Hennique en 1881, qui y reçoit Zola, Huysmans, Goncourt et Daudet. Entièrement pillée lors de la Grande Guerre, la maison est reconstruite après 1918. De sa physionomie d'origine, seule la façade harmonieuse subsiste. Elle se compose de cinq travées appareillées en brique et pierre.

Déb. janv. à mi-déc. : t.l.j. 14h-18h30.
Visite libre. Visite guidée. Visite sur r.-v. pour les groupes (10-50 pers.). ♿

D2 **SAINT-MICHEL**

Abbaye

4, rue du Chamiteau
02830 Saint-Michel
Tél. : 03 23 58 87 20
www.abbaye-saintmichel.com
Propriété de la commune
Inscrit et classé

Fondée en 945 par des moines irlandais, cette abbaye bénédictine connaît plusieurs pillages et incendies. Le chœur de l'église est construit à la fin du XIIe s. Le triforium de tradition romane s'inscrit dans une architecture gothique naissante. Les chapelles absidiales ouvrant sur le transept sont orientées à 45° par rapport à la nef. Des fresques du XVIe s. ornent une des galeries du cloître. L'influence de l'art italien se manifeste dans la façade occidentale. Restaurée après l'incendie de 1971, l'abbaye accueille depuis de nombreux concerts qui bénéficient d'une acoustique remarquable.

Avr.-oct. : t.l.j. 14h-18h, w.-e. 14h30-18h30 ; nov.-mars : t.l.j. 14h-18h.
Fermé 24 déc-1er janv. Visite libre.
Visite sur r.-v. pour les groupes (20 pers. min.). ♿

C3 **SERINGES-ET-NESLES**

Château de Nesles

02130 Seringes-et-Nesles
Tél. : 03 23 82 90 93
charles.daireaux@orange.fr
Propriété privée
Classé

Forteresse médiévale édifiée par Robert III de Dreux en 1226 à l'occasion des conflits de succession. Identique au château royal de Dourdan (Essonne), elle présente une enceinte carrée flanquée de neuf tours dont un impressionnant donjon de 17 m de diamètre, isolé par un fossé propre. L'ensemble, hormis le donjon, a été rasé d'un étage lors des guerres de Religion, et seules subsistent les salles des niveaux inférieurs, voûtées d'ogives et munis d'escaliers rampants. Adossé à la courtine ouest, un charmant logis du XVIe s. construit en brique et pierre s'ouvre sur la cour intérieure.

15 avr.-15 oct. : t.l.j. 11h-19h ; 16 oct-14 avr. : w.-e. et j. fériés 11h-17h.
Visite libre. Visite sur r.-v. pour les groupes toute l'année (20-50 pers.).
♿ en partie.

C3 **SOISSONS**

Hôtel de Barral

16-18, Grand-Place-B.-et-J.-Ancien
02200 Soissons
Tél. : 03 23 53 46 27/06 80 42 36 59
mrkl@wanadoo.fr
Propriété privée
Inscrit

Les plus anciens propriétaires connus sont attestés en 1643. Les deux premiers bâtiments, sur la gauche, constituent les communs, et datent du XVIIe s. Le troisième, construit selon un plan en L, date du XVIIIe s. Ses murs sont percés de fenêtres grillées au rez-de-chaussée et de hautes baies décorées de ferronneries à l'étage. Le portail, la terrasse entourée de balustres ainsi que le toit en ardoises, mansardé et pourvu de lucarnes en pierre, sont des adjonctions du XIXe s.

T.l.j. 10h-18h. Visite guidée sur r.-v.
Visite sur r.-v. pour les groupes (10-50 pers.).

VIC-SUR-AISNE C3

Château

2, rue de Pomponne
02290 Vic-sur-Aisne
Tél. : 03 23 55 04 60/06 89 07 12 11
www.chateau-de-vic.com
Propriété privée
Inscrit et classé

Propriété d'un seigneur local, ce château accueille à la fin du XIIe s. les moines de Saint-Médard de Soissons. Un prieuré est alors édifié dans l'enceinte du château. Âprement disputé lors des guerres de Religion, l'ensemble est ruiné en 1599. Dès 1600, les bâtiments sont reconstruits puis aménagés en agréable résidence par les abbés successifs. Privé de ses remparts, le corps de logis présente une façade remaniée par l'adjonction d'un fronton disproportionné. Le donjon de 18 m de haut domine le parc. Celui-ci abrite de nombreuses sculptures des XVIIIe et XIXe s.

Juin-sept. : dim. et j. fériés 15h-18h. Visite libre. Visite guidée.
Visite sur r.-v. pour les groupes (20 pers. min.). ♿ en partie.

VIELS-MAISONS C4

Jardins de Viels-Maisons

11, place du Marché
02540 Viels-Maisons
Tél. : 03 23 82 62 53
www.jardins-vielsmaisons.net
Propriété privée
Inscrit

Le domaine de Viels-Maisons est saisi en 1793 puis vendu. Utilisés comme carrière de pierre, les bâtiments sont détruits en 1804. Sous la Restauration, l'ancien préfet Ladoucette restaure le domaine et reconstruit un château à trois étages. De l'état du XVIIIe s., il ne subsiste que les trois percées du grand parc boisé. Le petit parc entourant le château illustre la diversité du goût paysager propre au XIXe s. et semble avoir été réalisé par Louis-Sulpice Varé (une lettre de 1867 décrit les travaux). Le jardin, ancien potager, est séparé du jardin paysager par une haie topiaire sinueuse.

Premier w.-e. de juin-20 sept : t.l.j. sf mer. et jeu. 14h-18h.
Visite libre. Visite guidée. Visite sur r.-v. pour les groupes (20 pers. min.). ♿

VILLERS-COTTERÊTS C3

Château

Place Aristide-Briand
02600 Villers-Cotterêts
Tél. : 03 23 96 55 10
http://tourisme.cc-villers-cotterets.fr
Propriété de la commune
Classé

Le château est aménagé en résidence de chasse par François Ier dès 1528. Les travaux continuent sous le règne d'Henri II. En 1806, il est converti en dépôt de mendicité par Napoléon puis en maison de retraite en 1889. Le château présente une façade Renaissance. Il est précédé d'une cour bordée des communs, longs bâtiments bas. Le grand escalier de la résidence dessert trois paliers. Comme la chapelle et la salle de l'auditoire, il est décoré des initiales F ou H, de salamandres et de feuillages.

Mai-oct. : t.l.j. sf lun. 11h, 15h ; nov.-avr. : t.l.j. sf dim. 11h, 15h.
Fermé j. fériés. Visite guidée.
Visite sur r.-v. pour les groupes (10 pers. min.). ♿ en partie.

B3 **ANSERVILLE**

Château

8, Grand-Rue
60540 Anserville
Tél. : 03 44 08 42 13
Propriété privée
Inscrit

Propriété de la duchesse d'Aumont en 1672, ce château est vendu en 1740 à J.-B. Michel, fils héritier de Michel d'Anserville. Ce dernier a été anobli pour avoir introduit la blanchisserie à Beauvais. Le château, construit en pierre, constitue une demeure sobre et élégante. La façade, dépourvue de décors, est dotée d'un avant-corps central surmonté d'un fronton. Des ailes basses prolongent le bâtiment central. L'intérieur conserve une cheminée et des dallages du XVIIIe s.

Visite guidée sur r.-v. toute l'année. ♿

B3 **AUCHY-LA-MONTAGNE**

Ancienne forge

55, rue Yves-Maréchal
60360 Auchy-la-Montagne
Tél. : 03 44 46 32 20
http://ot.picardieverte.free.fr
Propriété de la commune
Inscrit

Cette forge du XVIIIe s., caractéristique de l'architecture rurale du plateau picard, constitue un ensemble exceptionnel. Le bâtiment est construit en bois et en torchis sur solin de briques. La porte cochère, à deux vantaux, a conservé la date de construction selon le calendrier républicain (25 messidor an IV). La forge présente une disposition ancienne, avec le foyer et la cheminée latérale. L'ensemble de l'installation est encore utilisé par un artisan forgeron-serrurier.

Avr.-oct. : visite guidée sur r.-v. (20 pers. min.). ♿

B3 **BEAUVAIS**

Ancien palais épiscopal

Musée départemental de l'Oise
1, rue du Musée
60000 Beauvais
Tél. : 03 44 10 40 63/03 44 10 40 50
www.oise.fr
Propriété du département
Classé

La construction de cet ancien palais épiscopal remonte aux XIe et XIIe s. Endommagé en 1472, l'ensemble est restauré au XVIe s. par l'évêque Villers de L'Isle-Adam. Après la Révolution, il devient la préfecture de l'Oise puis le palais de justice en 1842. La cour-jardin est précédée de deux tours formant le châtelet d'entrée. Le logis s'appuie sur l'enceinte gallo-romaine. Les caves des XIIe et XVIe s. abritent les collections archéologiques du département. Les étages, garnis de meubles du XVIIIe s., présentent les collections de peintures françaises et italiennes.

Juil.-sept. : t.l.j. sf mar. 10h-18h ; oct.-juin : t.l.j. sf mar. 10h-12h, 14h-18h.
Fermé 1er janv., lundi de Pâques, 1er mai, lundi de Pentecôte, 1er nov., 25 déc.
Visite libre. Visite guidée. Visite sur r.-v. pour les groupes. ♿ en partie.

C3 **BONNEUIL-EN-VALOIS**

Abbaye de Lieu-Restauré (ancienne)

Association de sauvegarde
et de mise en valeur de l'abbaye
de Lieu-Restauré
60123 Bonneuil-en-Valois
Tél. : 03 44 88 55 31/01 43 29 93 55/
03 44 87 01 55
francois. j_luc@orange.fr
Propriété privée
Classé

Cette abbaye est fondée par les prémontrés en 1138, dans une demeure fortifiée abritant une chapelle. Grâce à de multiples dons, elle s'accroît durant les XIIe et XIIIe s. Détruite vers 1430 puis abandonnée, elle est reconstruite au XVIe s. Utilisée comme carrière de pierre après 1791, elle est restaurée depuis 1964. Les vestiges du cloître et des bâtiments conventuels entourent l'église. Celle-ci conserve deux travées bordées des bas-côtés, le transept et la façade surmontée d'une rose flamboyante.

Mars-nov. : sam.10h-12h, 14h-18h, dim. et j. fériés 10h-12h, 14h-17h.
Fermé 1er janv., 25 déc. Visite libre. Visite guidée.
Visite sur r.-v. pour les groupes (10-50 pers.). ♿

BOURY-EN-VEXIN A3

Château de Boury

Place du Tilleul
60240 Boury-en-Vexin
Tél. : 03 32 55 15 10
www.chateaudeboury.com
Propriété privée
Classé

Le château est édifié entre 1685 et 1689 par Guillaume Aubourg, marquis de Boury et conseiller du roi, selon les plans de Hardouin-Mansart. Acquis par un ancien ministre de Charles X, il est ensuite racheté par un descendant des marquis de Boury en 1875. La cour d'honneur, bordée des communs, présente un parterre à la française. La façade du château, surmontée d'un grand fronton, est décorée de sculptures et de pilastres ioniques. Les salons sont ornés de boiseries du XVIIIe s. et d'un mobilier en grande partie conservé. La cuisine dispose de trois foyers du XVIIIe s.

15 avr.-15 oct. : dim. et j. fériés 14h30-18h30 (t.l.j. sf mar. en août).
Visite libre du parc. Visite intérieure guidée.
Visite sur r.-v. pour les groupes (15 pers. min.). ♿ en partie.

CHANTILLY B3

Château

Musée Condé
60500 Chantilly
Tél. : 03 44 27 31 80
www.chateaudechantilly.com
Propriété de l'Institut de France
Inscrit et classé

jardin remarquable

Le château de Chantilly est construit à l'initiative du connétable Anne de Montmorency en 1528, à l'emplacement d'un édifice plus ancien. Propriété des Condé de 1643 à 1830, il est embelli par Mansart et le parc est dessiné par Le Nôtre. Endommagé à la Révolution, son ancienne splendeur lui est rendue par le duc d'Aumale qui en fait don à l'Institut de France en 1897. L'édifice, reconstruction du XIXe s., se dresse sur une légère éminence, entourée d'eau. L'intérieur, décoré de boiseries et de mobilier du XVIIIe s., abrite des peintures de Raphaël, Clouet, Poussin ou Corot, ainsi que des tapisseries des Gobelins et des manuscrits enluminés.

CHÂTEAU 2 nov.-2 avr. : t.l.j. sf mar. 10h30-17h ; 3 avr.-1er nov. : t.l.j. sf mar. 10h-18h.
Visite libre. Visite guidée sur r.-v. Visite sur r.-v. pour les groupes (20-30 pers.).
PARC 2 nov.-2 avr. : t.l.j. sf mar. 10h30-18h ; 3 avr.-1er nov. : 10h-20h.
Visite libre. ♿

Grandes Écuries du château

Musée vivant du Cheval
60500 Chantilly
Tél. : 03 44 27 31 80
www.museevivantducheval.fr
www.chateaudechantilly.com
Propriété privée
Classé

Commandées par le duc Louis Henri de Bourbon, les Grandes Écuries sont réalisées par l'architecte Jean Aubert, 1721 à 1740. Restées inachevées, elles sont utilisées par les équipages de chasse jusqu'à la Révolution, puis servent de caserne et d'écuries jusqu'en 1814. Classées parmi les plus belles du monde, elles abritent depuis 1982, le musée vivant du Cheval qui doit son succès à son côté vivant (présentations de dressage et ses spectacles équestres) et pédagogique. Il regroupe une trentaine de chevaux de races différentes et sa surface s'étend sur 800 m² de circuit d'exposition.

Temporairement fermé pour travaux. Pour plus d'informations quant à une prochaine réouverture, se renseigner au 03 44 27 31 80.

C3 — **CHIRY-OURSCAMP**

Abbaye d'Ourscamp (ancienne)

60138 Chiry-Ourscamp
Tél. : 03 44 75 72 00
www.serviteurs.org
Propriété privée
Inscrit et classé

Cette abbaye cistercienne est fondée en 1129 par l'évêque de Noyon. Pillée en 1358, elle est reconstruite au XVIe s. En 1792, elle est transformée en hôpital militaire, puis en filature en 1812. Depuis 1941, elle est occupée par une congrégation religieuse. Le portail franchi, une grande allée mène aux bâtiments conventuels. L'aile de Gesvres est cantonnée par un pavillon et une façade à colonnade dorique. Seules la salle des morts, transformée en chapelle, une partie de l'église et du cloître ont été conservées.
T.l.j. sf lun. 9h-12h, 14h-18h. Visite libre. Visite guidée de mai à sept. le dim. à 15h et en juil. et août t.l.j. sf lun. à 10h30 et 15h.
Visite guidée. Visite sur r.-v. pour les groupes. ♿

C3 — **COMPIÈGNE**

Musée et domaine nationaux du château de Compiègne

Place du Général-de-Gaulle
60200 Compiègne
Tél. : 03 44 38 47 02
www.musee-chateau-compiegne.fr
Propriété de l'État
Classé

Construit par Charles V et transformé aux XVIe et XVIIIe s., le château fait l'objet de grands travaux, réalisés à partir de 1751 par Ange Jacques Gabriel sous l'approbation de Louis XV et achevés en 1788. En 1807, le château est occupé par Napoléon Ier, puis de 1853 à 1870 par Napoléon III. Dès 1871 les appartements royaux et impériaux sont ouverts à la visite. Le palais abrite aujourd'hui le musée du Second Empire, celui de l'Impératrice et celui de la Voiture et du Tourisme. Un parc, restitué selon son état du Premier Empire, jouxte le palais.
T.l.j. sf mar. 10h-18h. Fermé 1er janv., 1er mai, 25 déc.
Visite libre. Visite audioguidée. Visite guidée.
Visite sur r.-v. pour les groupes. ♿ avec aide.

Wagon et clairière de l'Armistice

Musée de l'Armistice
Route de Soissons
60200 Compiègne
Tél. : 03 44 85 14 18
www.mairie-compiegne.fr
Propriété de l'État
Inscrit

L'armistice qui met fin à la Première Guerre mondiale est signé en pleine forêt de Compiègne dans un wagon, sur une voie de chemin de fer alors utilisée pour l'artillerie lourde. Abrité dans le musée, un exemplaire identique au wagon « 2419 D » restitue la situation du 11 novembre 1918. Le wagon est divisé en trois compartiments tapissés de rouge et garnis de boiseries d'acajou.
15 oct.-mars : t.l.j. sf mar. 9h-12h, 14h-17h30;
avr.-14 oct. : t.l.j. sf mar. 9h-12h30, 14h-18h. Fermé 1er janv., 25 déc.
Visite libre. Visite guidée. Visite sur r.-v. pour les groupes (30 pers. min.).

B3 — **CORBEIL-CERF**

Château

Rue François-de-Lubersac
60110 Corbeil-Cerf
Tél. : 03 44 52 02 43
belloin@tiscali.fr
Propriété privée
Classé

Le château est édifié au XVIe s. pour sa partie occidentale et au XVIIe s. pour la partie orientale. Les communs sont construits après 1822. Le marquis de Lubersac fait transformer plusieurs pièces du château et le parc vers la fin du XIXe s. Le salon et la bibliothèque sont décorés de boiseries peintes. La salle à manger livre en alternance un décor de panneaux en bois et de pilastres. Les roseraies, les buis taillés et les parterres de fleurs et de plantes vivaces offrent un bel exemple de jardin à la française.
Pâques-Toussaint : visite sur r.-v. uniquement.

CRÉPY-EN-VALOIS C3

Château

Musée de l'Archerie et du Valois
Rue Gustave-Chopinet
60800 Crépy-en-Valois
Tél. : 03 44 59 21 97
www.crepy-en-valois.fr
Propriété de la commune
Inscrit

Le musée de l'Archerie et du Valois est installé dans l'ancienne demeure médiévale des seigneurs de Crépy-Nanteuil. Composé d'une chapelle construite à la fin du XIIe s. et d'un corps de logis du début du XIIIe s., cet ensemble architectural conserve une très belle collection de statues du Moyen Âge au XIXe s. Elles proviennent des différentes églises et chapelles du Valois. Unique en France, ce musée est également consacré à l'archerie. Il témoigne de la pratique, si diverse, du tir à l'arc dans le monde, de la Préhistoire à nos jours, et tout particulièrement des traditions séculaires des compagnies d'arc.

Dernier w.-e. de mars-11 nov. : t.l.j. sf mar. 14h30-18h30. Fermé 1er mai.
Visite libre. Visite sur r.-v. pour les groupes (10 pers. min.).

FONTAINE-CHAALIS B4

Abbaye de Chaalis (ancienne)

Musée Jacquemart-André
60300 Fontaine-Chaalis
Tél. : 03 44 54 04 02
www.chaalis.fr
Propriété de l'Institut de France
Classé

Fondée en 1136, l'abbaye cistercienne, richement dotée, ne cesse de prospérer au cours des siècles. Elle est rénovée au XVIe s. Les pavillons d'entrée et le palais abbatial sont construits après 1741. Le domaine est racheté en 1902 par Mme Jacquemart-André puis légué à l'Institut de France en 1912. Les pavillons franchis, une longue esplanade conduit aux ruines de l'abbaye et au palais transformé en musée. Une partie de l'église abbatiale et la chapelle de l'abbé subsistent. Le musée abrite une importante collection de mobilier des XVIIIe et XIXe s.

Avr.-sept. : 10h-19h; oct.-mars : 10h-18h. Fermé 1er janv., 25 déc.
Visite libre. Visite sur r.-v. pour les groupes. (documents en braille).

FOSSEUSE B3

Château

104, rue du Vert-Galant
60540 Fosseuse
Tél. : 03 44 08 47 66
www.chateau-de-fosseuse.com
Propriété privée
Classé

Probablement construit entre 1568 et 1580 par Pierre de Montmorency, baron de Fosseuse, le château reste dans la famille jusqu'au XVIIIe s. Au début du XIXe s., il est racheté par un député de l'Oise. Laissé à l'abandon jusqu'à 1940, il est alors restauré par les nouveaux propriétaires. Édifié au milieu d'un parc à l'anglaise, le château conserve en façade son décor de pilastres Renaissance et de losanges en briques. Un escalier à double volée en fer à cheval et les ouvertures témoignent des aménagements du XVIIIe s.

Juil. à mi-août : 10h-12h30, 14h-18h. Visite libre du parc.
Visite guidée sur r.-v. Visite sur r.-v. pour les groupes. en partie.

HARDIVILLERS B3

Maison du Serger

Boutique de tisserand
15, rue des Jardins
60120 Hardivillers
Tél. : 03 44 46 32 20
http://ot.picardieverte.free.fr
Propriété de la commune
Inscrit

Construit à la fin du XVIIIe s. dans la rue où s'est concentré l'artisanat du textile, le bâtiment possède toutes les caractéristiques propres au travail de la serge (l'atelier sur rue et la maison d'habitation). La maison du Serger a conservé sa structure d'origine. La disparition de l'activité textile dans les campagnes du Beauvaisis à la fin du XIXe s. conduira l'édifice dans une lente reconversion comme atelier de boutonnier puis comme café-épicerie.

Juin-sept. : dim. 14h-18h30. Visite libre. Visite sur r.-v. pour les groupes.

A3

CHAPELLE-SOUS-GERBEROY (LA)

Ferme du Vidame

2, rue de la Motte
60380 La Chapelle-sous-Gerberoy
Tél. : 03 44 82 74 09
Propriété privée
Inscrit

Achetés par le maréchal d'Armentières au XVIIIe s., les bâtiments de cette ferme, dont la construction remonte probablement au XVIe s., conservent leur vocation agricole jusqu'au XXe s. Les bâtiments sont disposés en U autour d'une cour. La façade du logis est animée par un décor de briques vernissées noires. Les soubassements et les meneaux des fenêtres sont en grès. Des ancrages de fer forgé délimitent les deux étages. Les bâtiments agricoles sont construits en moellons de silex et harpages de brique ou en pan de bois et torchis.

Juil.-sept. : visite sur r.-v. au 03 44 46 32 20. Visite libre.
Visite guidée. Visite extérieure. Visite sur r.-v. pour les groupes.

B3

MÉRU

Ancienne usine Desmarest

Musée de la Nacre et de la Tabletterie
51, rue Roger-Salengro
60110 Méru
Tél. : 03 44 22 61 74
www.musee-nacre.com
Propriété de la communauté de communes
Inscrit

Abrité dans une ancienne usine du XIXe s., le musée de la Nacre et de la Tabletterie de Méru s'efforce de conserver et de mettre en scène un artisanat local autrefois florissant en passe de disparaître. Les métiers de boutonnier et de tabletier, porteur d'une tradition multiséculaire du travail de la nacre et de matières semi-précieuses (corne, écaille, ivoire, os, bois exotiques, etc.), y sont exposés : fabrication d'un bouton de nacre dans un atelier de boutonnier fidèlement reconstitué et activé par une machine à vapeur, collection et objets de tabletterie (couverts, jumelles, objets de culte, dominos, etc.) présentée dans des meubles de découverte ludique.

T.l.j. sf mar. 14h30-18h30. Fermé la deuxième semaine de janv. Visite libre.
Visite guidée à 15h, 16h, 17h. Visite sur r.-v. pour les groupes.

B4

MONTAGNY-SAINTE-FÉLICITÉ

Église

Rue du Moutier
60950 Montagny-Sainte-Félicité
Tél. : 03 44 21 08 90
mairie.montagny-ste-felicite@wanadoo.fr
Propriété de la commune
Classé

L'église est élevée entre 1568 et 1574. En 1783, les reliques de sainte Félicité arrivent de Rome. « Temple de la Raison » durant la Révolution, elle est réparée en 1807. Le clocher, frappé par la foudre en 1920, est réparé en 1927 puis restauré en 1984. Le portail de style Renaissance est décoré de fleurons et de dauphins. Le clocher gothique s'élève à 65 m de haut. La nef aveugle reçoit la lumière des bas-côtés. Un retable en bois et stuc de 1568 représente le martyre de sainte Félicité.

T.l.j. 14h-18h. Visite libre. Visite guidée.
Visite sur r.-v. pour les groupes.

C3

NOYON

Palais épiscopal (ancien)

Musée du Noyonnais
7, rue de l'Évêché
60400 Noyon
Tél. : 03 44 44 03 59
www.ville-noyon.fr
Propriété de la commune
Classé

Édifié au XIIe s., cet ancien palais épiscopal est reconstruit entre 1501 et 1526 par l'évêque Charles de Hangest. En 1886, il est racheté par la commune puis transformé en musée. L'aile du XVIIe s., perpendiculaire au logis, est entièrement reconstruite en 1926. Le logis est une construction Renaissance en brique et pierre avec tourelle d'angle. Il abrite le mobilier gallo-romain issu des fouilles archéologiques de Noyon, des pièces de jeu d'échecs du XIIe s. et des céramiques du Beauvaisis du XVIIe s.

Mai-oct. : t.l.j. sf lun. 10h-12h, 14h-18h; nov.-avr. : t.l.j. sf lun. 10h-12h, 14h-17h.
Fermé 1er janv., 11 nov., 25 déc. Visite libre. Visite guidée.
Visite sur r.-v. pour les groupes (30 pers. max.). en partie.

ORROUY C3

Château

4, rue de la Forêt
60129 Orrouy
Tél. : 003 44 88 26 96
Propriété privée
Inscrit

Probablement construit au XVe s., le château devient, au cours du XVIIe s., la propriété des Doria. Les descendants de cette vieille famille italienne conservent le château jusqu'en 1988. Le plus connu d'entre eux sera le comte Armand Doria, célèbre collectionneur et mécène du XIXe s. Dès 1856, il acquiert les peintures de Corot et de Millet puis de Daumier, Manet, Pissarro, Cézanne, Degas, etc., qui fréquentent également le château. Amateur d'art éclairé, le comte apporte au bâtiment divers aménagements de médiocre qualité. L'aile orientale et l'escalier central sont des adjonctions du XVIIe s.

Juil.-sept. : t.l.j. sf w.-e. et j. fériés 9h-12h, 14h-17h.
Visite libre extérieure seulement. Visite sur r.-v. pour les groupes. ♿ en partie.

PIERREFONDS C3

Château

Rue Viollet-le-Duc
60350 Pierrefonds
Tél. : 03 44 42 72 72
http://pierrefonds.monuments-nationaux.fr
Propriété de l'État
Classé

Construit pour Louis d'Orléans à la fin du XIVe s., le château est racheté par Henri IV puis démantelé sur les conseils de Richelieu. Utilisé comme carrière, il est racheté par Napoléon Ier en 1813 et restauré par Viollet-le-Duc et Ouradou entre 1857 et 1885. Perché sur un promontoire rocheux, le château forme un quadrilatère couronné de huit tours de 38 m de haut. La cour d'honneur dessert le donjon, la chapelle, la salle des gardes et la galerie. Les appartements impériaux abritent un mobilier dessiné par Viollet-le-Duc.

Mai-4 sept. : t.l.j. 9h30-18h; 5 sept.-avr. : t.l.j. sf lun. 10h-13h, 14h-17h30.
Fermé 1er janv., 1er mai, 25 déc. Visite libre. Visite guidée.
Visite sur r.-v. pour les groupes (20 pers. min.).

PLESSIS-BRION (LE) C3

Château

2, rue de l'Église
60150 Le Plessis-Brion
Tél. : 03 44 76 28 28/03 44 76 11 37
jgdelag@wanadoo.fr
Propriété privée
Classé

Le château est édifié entre 1490 et 1524 par Jean de Poumereux, grand maître de l'artillerie de François Ier. En 1787, il est acheté par la famille de Bréda et demeure sa propriété jusqu'en 1924. Le château est flanqué de deux tours surmontées d'un chemin de ronde couvert. La façade est animée par un damier de losanges clairs sur fond de briques roses. La grande salle possède un plafond à la française; les poutres portent les armoiries des propriétaires. Les caves voûtées de briques complètent cette architecture Renaissance.

14 juil.-août : 9h30-11h30, 14h-17h30. Visite libre du parc.
Visite guidée. Visite sur r.-v. pour les groupes. ♿ en partie.

B3 **PONTPOINT**

Abbaye du Moncel (ancienne)

5, rue du Moncel
60700 Pontpoint
Tél. : 03 44 72 33 98
clududvieuxmanoir@free.fr
Propriété privée
Classé

L'abbaye est fondée en 1309 par Philippe le Bel. Transformée en hôpital militaire après la Révolution, elle voit son église rasée en 1795. Elle abrite un collège religieux jusqu'en 1982. Restaurée, elle accueille aujourd'hui des activités touristiques et culturelles. Les bâtiments conventuels entourent sur trois côtés la cour du cloître et le lavabo du XVIe s. Un pilier central du XIVe s. soutient les voûtes du chartrier. La salle capitulaire et les dortoirs subsistent encore. Des celliers voûtés d'ogives couvrent une superficie de 800 m^2.

Mars-nov. : mer.-sam. visite à 14h30 et 16h30, dim. visite à 10h30, 11h30, 14h, 15h30 et 17h. Fermé lun., mar. et troisième dim. de chaque mois.
Visite guidée. Visite sur r.-v. pour les groupes (20 pers. min.).

A3 **ROY-BOISSY**

Moulin Vertu

1, rue Fontaine
60690 Roy-Boissy
Tél. : 03 44 46 21 67
michel.bougois@wanadoo.fr
Propriété privée
Inscrit

Ce moulin, construit en 1571, est utilisé comme moulin à foulon et à huile. En 1830, il est reconstruit et converti en moulin à blé. En 1848, la roue et le vannage sont remplacés et de nouveaux bâtiments sont construits. Abandonné au début du XXe s., il est aujourd'hui restauré. Le moulin présente une élévation à trois étages, en pan de bois et torchis sur soubassement de brique et grès. La cage de la roue est maçonnée de brique, avec parement interne en pierre. L'habitation et la grange présentent une architecture identique.

Mai-oct. : t.l.j. 14h-19h.
Visite sur r.-v. uniquement. ♿ en partie.

A2 **SAINT-ARNOULT**

Prieuré

11, rue Principale
60220 Saint-Arnoult
Tél. : 03 44 46 07 34
www.prieuredesaintarnoult.net
Propriété privée
Inscrit

L'édifice est vraisemblablement construit entre 1490 et 1530. Malgré l'appellation de prieuré, attestée dès le XVIIIe s., le site ne conserve aucune trace d'une occupation religieuse. L'habitation présente en façade un double encorbellement. Les entretoises situées entre les sablières de chaque encorbellement sont sculptées de blasons, d'inscriptions, de motifs végétaux ou géométriques et d'un combat de dragons et de monstres anthropomorphes. La charpente du comble présente des fermes sur blochets.

Août : t.l.j. 14h-17h ; juil., sept. : w.-e. 14h-17h.
Visite guidée. Visite sur r.-v. pour les groupes toute l'année. ♿ en partie.

B3 **SAINT-FÉLIX**

Brosserie Autin (ancienne)

650, rue du Moulin
60370 Saint-Félix
Tél. : 03 44 07 99 50
moulinbrosserie@oisetourisme.com
Propriété privée
Inscrit

Déjà en activité en 1533, le moulin est vendu à la Révolution, et mis en chômage en 1837 suite à la condamnation du meunier. En 1839, il est racheté et transformé par un filateur de laine, puis converti en brosserie en 1864. Celle-ci fonctionne jusqu'en 1979. Un parc de machines subsiste ; les plus anciennes datent de 1870. Une roue hydraulique de type Sagebien tourne encore ; elle fournit l'énergie nécessaire à la production de brosses destinées notamment aux visiteurs.

Temporairement fermé pour travaux. Pour plus d'informations quant à une prochaine réouverture, se renseigner au 03 44 07 99 50. ♿

SAINT-GERMER-DE-FLY A3

Abbaye (ancienne)

11, place de Verdun
60850 Saint-Germer-de-Fly
Tél. : 03 44 82 62 74
http://pagesperso-orange.fr/ot-paysdebray
Propriété de la commune
Inscrit

Fondée au VIIe s., l'abbaye est reconstruite au XIIe s. et la chapelle de la Vierge est consacrée en 1267. L'abbaye subit de lourds dégâts durant la guerre de Cent Ans. Les mauristes s'y installent en 1644 et la restaurent. Après 1790, les bâtiments conventuels sont détruits. La porterie abrite la maison abbatiale du XVIIIe s. et la mairie. L'église conserve un autel en pierre du XIIe s. La sainte-chapelle, édifice gothique rayonnant, garde, au niveau de l'abside, des vitraux du XIIIe s.

Avr.-oct. : t.l.j. 9h-18h ; nov.-mars : t.l.j. sf dim. 9h30-12h30, 14h-17h30.
Visite libre. Visite guidée sur r.-v.
Visite sur r.-v. pour les groupes (10 pers. min.).

SAINT-RÉMY-EN-L'EAU B3

Château

60130 Saint-Rémy-en-l'Eau
Tél : 03 44 78 79 69
http://picardietourisme.com
Propriété privée
Inscrit

Ici naquit le comte d'Angiviller qui fut directeur des bâtiments sous Louis XVI et mit en place les fondements du musée du Louvre. Construit en 1619 par le marquis Flahaut de la Billarderie ce château en briques et pierres est au centre de jardins irréguliers, conçus selon les préceptes de Lerouge, plantés d'essences d'arbres remarquables dont un tulipier de Virginie qui fut offert par Benjamin Franklin, lors de la guerre d'Indépendance américaine. Un quinconce de tilleuls, des ifs quadricentenaires, ponctuent une promenade qui débouche par de grandes percées sur des prairies verdoyantes et vastes. Des communs, bâtis sous Louis XV, en pierre de Saint-Leu encadrent en parfaite symétrie une cour d'honneur dont l'entrée se fait par un pavillon à lanternon achevé en 1774. Une grande maison de poupées de la marque parisienne « Jumeau », dans leur mobilier d'origine, met un point d'orgue à la visite.

Juin-juil., Journées du patrimoine : 14h-19h.
Visite sur r.-v. pour les groupes d'avr. à oct. (20 pers. min.).

SENLIS B3

Château de Valgenceuse

18, route de Nanteuil
60300 Senlis
Tél. : 03 44 53 02 46
www.valgenceuse.fr
Propriété privée
Inscrit et classé

Jardin remarquable

Construit à l'emplacement d'un ancien château démoli en 1825, celui de Valgenceuse est acheté en 1895 et agrandi d'une galerie la même année et de deux pavillons en 1911. Le parc, bombardé en 1940, est amputé par l'autoroute en 1964. Le château est composé d'un corps central flanqué de deux ailes en retour d'équerre sur cour. Les avant-corps, surmontés d'un fronton triangulaire, sont précédés d'un péristyle à colonnes doriques. La salle de billard conserve un décor de boiseries du XIXe s. et le salon un riche mobilier.

1er-10 juil., sept. : 10h-12h, 14h-18h. Visite libre. Visite extérieure uniquement.
Visite sur r.-v. pour les groupes (15 pers. min.).

Fondée par Adélaïde de Poitou, épouse d'Hugues Capet, à la fin du Xe s. l'église est reconstruite entre la fin du XIIe s. et le milieu du XIIIe s. puis réparée au XVIe s. En 1973, elle est achetée par le pianiste György Cziffra, restaurée et transformée en centre culturel. Les vestiges du premier édifice sont visibles dans une crypte aménagée en sous-sol. L'église, composée de quatre travées doubles, est épaulée par de puissants contreforts. Des armoires à reliques sont aménagées dans les travées de l'abside.
Mai-oct. : w.-e. 15h-18h30 ; nov.-avril : dim. 15h-17h.
Fermé 15 juil.-15 août et 15 déc.-15 fév.
Visite guidée. Visite sur r.-v. pour les groupes (30 pers. max.).

Chapelle royale de Saint-Frambourg
10, place Saint-Frambourg
60300 Senlis
Tél. : 03 44 53 39 99
http://pagesperso-orange.fr/fondation.cziffra
Propriété privée
Classé

B3

TROISSEREUX

Construit à la fin du XVe s. ou au début du XVIe s. par Georges du Bissipat puis Jean de L'Isle-Marivaux, conseiller des rois Louis XI puis Henri II et Charles IX, le château est vendu en 1752 au marquis de Corberon et reste dans la famille jusqu'en 1904. Le bâtiment est cerné de belles douves. Côté jardin, le corps principal est flanqué de deux tours d'angle carrées. Les façades de briques roses sont rythmées par des bandeaux de pierre. Les salons gardent des décors du XVIIIe s., et le grand escalier sa rampe en fer forgé du XVIIe s.
T.l.j. : 14h-17h. Fermé du 11 nov. au 31 janv. Visite libre du parc. Visite guidée de l'intérieur. Visite sur r.-v. pour les groupes (30-50 pers.). ♿ en partie.

Château
1, rue du Château
60112 Troissereux
Tél. : 03 44 79 00 00
www.chateau-troissereux.com
Propriété privée
Classé

B3

VERDERONNE

Les jardins de Verderonne se déploient autour des anciens communs (un pigeonnier octogonal, une grange de la ferme seigneuriale du XVIIe s.) du château reconstruit entre 1725 et 1730 par le dernier marquis de Verderonne. Ce sont des jardins d'eau, de roses anciennes, de parterres d'iris, de plantes vivaces, où l'on peut aussi admirer une superbe serre du XIXe s. et un rare théâtre d'époque Louis XV, qui a conservé sa machinerie d'époque.
Mi-mai à mi-oct. : w.-e. et j. fériés 14h-19h. Visite libre.
Visite guidée. Visite sur r.-v. pour les groupes (25 pers. max.). ♿

Jardins et théâtre
9, rue du Château
60140 Verderonne
Tél. : 03 44 73 10 67
www.jardinsettheatredeverderonne.fr
Propriété privée
Inscrit et classé

C3

VEZ

Propriété de Philippe Auguste en 1215, ce château est incendié par les Jacques en 1358 puis reconstruit, pourvu de fossés et achevé en 1410. Racheté par Léon Dru en 1890, il est entièrement restauré. Les ruines du logis et l'ancienne chapelle sont entourées d'une enceinte en forme de losange, défendue par un donjon de 30 m de haut. Les quatre niveaux habitables présentent des baies rectangulaires percées au XIXe s. La courtine orientale est couronnée d'un chemin de ronde à mâchicoulis.
Premier w.-e. d'avr.-juin, 16 sept.-oct. : dim. et j. fériés 14h-18h ; juil.-15 sept. : t.l.j. 14h-18h. Expositions temporaires. Visite libre.
Visite sur r.-v. pour les groupes (20 pers. min.).

Château
60117 Vez
Tél. : 03 44 88 55 18
www.donjondevez.com
Propriété privée
Classé

ABBEVILLE A1

Château et jardins de Bagatelle

133, route de Paris
80100 Abbeville
Tél. : 03 22 24 02 69/06 08 05 96 83
www.ot-abbeville.fr
Propriété privée
Inscrit

Bâti par Abraham Van Robais vers 1740, le château est orné d'un jardin à la française, créé par Josse Van Robais en 1756. Le parc à l'anglaise qui entoure le château est créé au milieu du XIXe s. Le château présente une façade en brique et pierre flanquée d'un avant-corps saillant à trois pans. Il a conservé son mobilier et ses boiseries Louis XV et Louis XVI. Un escalier à double volée et rampe en fer forgé conduit à l'étage. Des essences rares et variées boisent le parc.

CHÂTEAU 14 juil.-août : 14h-18h. Visite guidée.
JARDINS Mi-mai au 14 juil., sept. à mi-oct. : t.l.j. sf w.-e. 14h-16h30. Visite libre des jardins. Visite sur r.-v. pour les groupes toute l'année. ♿ en partie.

AIRAINES A2

Ancien prieuré

Rue du Prieuré
80270 Airaines
Tél. : 03 22 29 45 05
Propriété de la commune
Classé

L'ancien prieuré clunisien, jouxtant une petite église romane, abrite chaque année des expositions présentant les œuvres des grands artistes du XXe s. Il fut érigé en 1130 dans la dépendance de l'abbaye parisienne Saint-Martin-des-Champs. Détruit par les Bourguignons en 1422, il fut reconstruit au XVIe s. Depuis 1978, après d'importants travaux de restauration, le prieuré est devenu un haut lieu de l'art contemporain.

Juil.-août : t.l.j. 14h30-18h ; mai, juin et sept. : w.-e. et j. fériés. Visite libre.

AMIENS B2

Musée de l'Hôtel-de-Berny

36, rue Victor-Hugo
80000 Amiens
Tél. : 03 22 97 14 00
www.amiens.fr
Propriété de la commune
Classé

Cet hôtel est construit par les officiers du bureau des finances d'Amiens en 1633. Propriété du marquis de Landreville en 1816, il est racheté par C. de Berny en 1866. Aménagé en demeure historique dès 1930 par Gérard de Berny, il est légué à la commune et transformé en musée en 1966. L'édifice, construit entre cour et jardin, présente des façades en brique et chaînages de pierre. Les salons, les chambres et la bibliothèque sont ornés de boiseries peintes, de meubles régionaux et de tapisseries d'Aubusson.

Temporairement fermé pour travaux. Pour plus d'informations quant à une prochaine réouverture, se renseigner au 03 22 97 14 00.

Musée de Picardie

48, rue de la République
80000 Amiens
Tél. : 03 22 97 14 00
www.amiens-tourisme.com
Propriété de la commune
Inscrit

Bâti entre 1855 et 1867 par les architectes Henri Parent et Arthur Diet, le musée de Picardie est l'un des premiers monuments construits spécifiquement pour accueillir des œuvres d'art. Le Grand Salon, édifié en 1886 par l'architecte Emile Ricquier sur l'emplacement de la cour intérieure, conforte le musée dans sa fonction de palais des Arts. Son élévation monumentale et le décor déployé, depuis les sculptures qui ornent ses façades jusqu'aux fresques de Puvis de Chavanne de l'escalier d'honneur, tout concourt à impressionner le visiteur, à fonder l'identité singulière du musée de Picardie.

Mar., ven., sam. : 10h-12h30, 14h-18h ; mer. 10h-18h ;
jeu. 10h-12h30, 14h-21h ; dim. 14h-19h.
Fermé 1er janv, 1er et 11 nov., 25 déc. Visite libre.
Visite sur r.-v. pour les groupes. (visite adaptée sur r.-v.). ♿

Gisement préhistorique de Saint-Acheul

Jardin archéologique de Saint-Acheul
10, rue Raymond-Gourdain
80090 Amiens
Tél. : 03 22 47 82 57
www.amiens-tourisme.com
Propriété de la commune
Inscrit et classé

Les alluvions quaternaires de Saint-Acheul font l'objet de fouilles dès 1859. La même année, le premier rapport scientifique est publié par A. Gaudry. En 1872, l'industrie lithique de type « acheuléen » est définie à partir de l'outillage de pierre taillée découvert dans les graviers de la moyenne terrasse. Couvrant une longue période comprise entre – 1,5 million et – 120000 ans, elle est caractérisée par le biface, utilisé pour le dépeçage du gibier et le travail du bois. Une coupe géologique est visible.

T.l.j. 9h-12h30, 14h-17h30 ; vac. de Pâques, juil.-août : 10h-12h, 14h-19h. Fermé vac. de Noël. Visite libre. Visite guidée d'avr. à sept. le dim. à 14h et sur r.-v. le reste de l'année. Visite guidée. Visite sur r.-v. pour les groupes.

Maison de Jules Verne

2, rue Charles-Dubois
80000 Amiens
Tél. : 03 22 45 45 75
www.amiens-tourisme.com/
www.jules-verne.net
Propriété de la commune
Inscrit

La « maison à la tour » dans laquelle Jules Verne vécut de 1882 à 1900 est aujourd'hui l'une des plus belles maisons d'écrivain en Europe. Du décor d'origine du rez-de-chaussée au grenier, elle évoque au travers de sept cents objets la personnalité, les sources d'inspiration, l'œuvre et les souvenirs de Jules Verne. Les aventures de ses héros y sont mises en scène.

15 avr.-14 oct. : t.l.j. sf mar. mat. 10h-12h30, 14h-18h30, w.-e. 11h-18h30 ; 15 oct.-14 avr. : t.l.j. sf mar. 10h-12h30, 14h-18h30, w.-e. 11h-18h30. Fermé 1er janv., 1er mai, 25 déc. Visite libre. Visite audioguidée. Visite guidée mer. et w.-e. à 15h. Visite guidée sur r.-v. pour les groupes (25 pers. max.). (audioguide avec clavier contrasté).

Tours de la cathédrale Notre-Dame

Place Notre-Dame
80000 Amiens
Tél. : 03 22 80 03 41
http://cathedrale-amiens.monuments-nationaux.fr
Propriété de l'État
Classé

CENTRE DES MONUMENTS NATIONAUX

La cathédrale d'Amiens – le plus vaste édifice gothique de France : 145 m de long, 42,30 m de haut sous voûte – est construite entre 1220 et 1288 par R. de Luzarches puis T. et R. de Cormont. Des adjonctions se poursuivent un siècle durant. En 1366, la façade est achevée par la construction des tours : celle du sud est élevée rapidement, mais celle du nord n'est terminée qu'en 1401. Invisibles depuis la nef, elles sont construites entre les piles de la façade selon un plan barlong et encadrent au quatrième niveau la grande rose flamboyante. Le dernier étage des tours est réuni par une galerie haute.

Avr.-juin, sept. : t.l.j. sf mar. et w.-e. 14h30-17h15, visite à 15h et 16h30 ; juil.-août : t.l.j. sf mar. 14h30-17h15, visite à 11h ; oct.-mars : t.l.j. sf mar. 15h45. Fermé 1er janv., 1er mai, dernier dim. de sept., 25 déc. Visite libre. Visite guidée. Visite sur r.-v. pour les groupes.

A1 **ARGOULES**

Abbaye de Valloires (ancienne)

Abbaye de Valloires
80120 Argoules
Tél. : 03 22 29 62 33
www.abbaye-valloires.com
Propriété privée
Classé

L'abbaye cistercienne est fondée en 1158 par le comte de Ponthieu. Ruinée par les différentes guerres, elle est reconstruite entre 1687 et 1750. Préservée à la Révolution, elle est revendue à une institution sociale en 1817. La cour d'honneur est bordée par les communs et un pigeonnier. Ils précèdent les bâtiments conventuels construits en brique et pierre et groupés autour du cloître. Des boiseries du baron Pfaff de Pfaffenhoffen, Autrichien exilé, ornent les intérieurs. Un jardin cistercien est restitué dans le potager.

Mars, oct.-nov. : t.l.j. 11h30, 14h30, 15h30 (16h30 le w.-e.) ; avr. : t.l.j. 11h30, 14h30, 15h30, 16h30 ; mai-août : t.l.j. 10h30, 11h30, 14h30, 15h30, 16h30, 17h30 ; sept. : t.l.j. 10h30, 11h30, 14h30, 15h30, 16h30 (17h30 le w.-e.). Visite guidée. Visite sur r.-v. pour les groupes (20-50 pers.). (pour les groupes uniquement sur r.-v.).

BERTANGLES B2

Château de Bertangles

80260 Bertangles
Tél. : 03 22 93 68 36
www.chateaubertangles.com
Propriété privée
Inscrit et classé

Depuis le XIe s., trois familles se succédèrent par héritage et mariage sur le site de Bertangles. Remplaçant les manoirs fortifiés détruits puis reconstruits à maintes reprises, Louis Joseph de Clermont-Tonnerre ancêtre direct du propriétaire actuel, fit construire à proximité un château de style Régence, les deux façades étant revêtues de sculptures ayant pour thème la paix. Le corps de logis est flanqué de deux pavillons en saillie avec deux ailes attenantes. Dans les salons, de belles boiseries et dans la salle à manger une superbe tapisserie d'Aubusson. L'escalier d'honneur en pierre, d'une remarquable stéréotomie, occupe toute la hauteur de l'avant-corps gauche. La grille de la cour d'honneur, réalisée par Jean Veyren est un chef-d'œuvre de la ferronnerie Picarde. Elle est une véritable encyclopédie de la chasse.

Juil.-août : t.l.j. 17h30. Visite guidée.
Visite sur r.-v. pour les groupes (20-60 pers.).

CHAUSSOY-ÉPAGNY B2

Château

38, rue du Château
80250 Chaussoy-Épagny
Tél. : 03 22 41 05 07
www.chateaudechaussoy.com
Propriété privée
Inscrit

Détruit par un incendie en 1768, le château est reconstruit vers 1777 par F. de Cambray, puis vendu en 1788 à J.-B. Morgan, dernier seigneur de Chaussoy. Les descendants successifs s'efforcent de restaurer l'édifice. Le château présente un corps de bâtiment rectangulaire en pierre à deux niveaux. La façade sud possède un avant-corps en saillie surmonté d'un fronton. La façade nord présente un avant-corps semi-circulaire orné de pilastres, de bandeaux, de moulures et d'agrafes richement sculptées.

Juil. à mi-août : t.l.j. sf mar. 15h-18h.
Visite libre. Visite guidée. Visite extérieure uniquement.
Visite sur r.-v. pour les groupes toute l'année (25 max.). ♿

CONTY B2

Château de Wailly

Rue Petit-Rond
80160 Conty
Tél. : 03 22 38 16 07
http://picardietourisme.com
Propriété privée
Inscrit et classé

Le château brique et pierre en U fut construit vers 1640 par les d'Halluin. Il passera par alliance aux Croÿ qui le conserveront jusqu'en 1919. Ils construiront successivement les communs, deux bâtiments de quinze arcades en pierre de style Louis XIV vers 1690. Entre 1780 et 1789 les princes de Croÿ ajouteront, aux extrémités des communs, quatre pavillons, et une chapelle à l'aile ouest du château. Un vaste hémicycle néoclassique en pierre relie le logis aux communs. Les bâtiments ont été partiellement détruits à la Révolution. Les propriétaires actuels s'emploient depuis 1919 à entretenir et sauvegarder ce qui reste.

Juil. à mi-août : t.l.j. 12h-18h. Visite libre. Visite extérieure.
Visite sur r.-v. pour les groupes (20-40 pers.). ♿

B2 **CORBIE**

Église abbatiale Saint-Pierre (ancienne)

Rue Charles-de-Gaulle
80800 Corbie
Tél. : 03 22 96 95 76
Propriété de la commune
Classé

L'abbaye bénédictine est fondée en 657 par sainte Bathilde, veuve de Clovis II. L'église abbatiale, de style gothique, est commencée en 1502 et n'est achevée qu'en 1740. Afin d'économiser les frais d'une restauration, le transept et le chœur sont rasés en 1815. En façade, les tours, hautes de 55 m, encadrent une rose flamboyante. La nef vestigiale abrite des statues et de nombreuses reliques, dont celle de la Vraie Croix et celle de la Sainte Face. Un plan restitue la grandeur de l'abbaye avant la Révolution.
juil.-août : t.l.j. sf dim. et lun. 11 h, 15 h. Ascension de la tour sud le ven. à 10 h 30 en juil.-août. Visite guidée. Visite sur r.-v. le reste de l'année. ♿

B2 **COURCELLES-SOUS-MOYENCOURT**

Château

80290 Courcelles-sous-Moyencourt
Tél. : 03 22 90 82 51
Propriété privée
Inscrit et classé

Construit au XVIIe s., le château est occupé par la famille de Sarcus jusqu'en 1719. Racheté par les Langlois de Septenville, il est revendu en 1826 au comte de Gomer puis légué à différents héritiers. Le château se compose d'un bâtiment principal flanqué de deux ailes. La façade avant, sur le jardin à la française, présente un appareil en brique et pierre avec un avant-corps saillant en pierre. La façade arrière s'élève sur un parc à l'anglaise. Des boiseries et des cheminées en marbre du XVIIIe s. subsistent.
1er-25 juil., 5-30 sept. : 14 h-18 h. Visite guidée extérieure uniquement.
Visite guidée. Visite sur r.-v. pour les groupes (20 pers. min.). ♿

B2 **DOMQUEUR**

Muches

Place de l'Église
80620 Domqueur
Tél. : 03 22 28 64 71
http://picardietourisme.com
Propriété de la commune
Inscrit

Les « muches » sont un réseau de galeries servant de refuge pour la population lors des invasions espagnoles du XVIIe s. Elles s'étendent sous la place de l'Église et sont accessibles depuis la cave du presbytère. La galerie principale est creusée dans la craie à 9 m de profondeur. Elle dessert une cinquantaine de chambres et constitue un réseau de 300 m de long. Les emplacements de portes, de foyers et de niches de stockage sont encore visibles. L'aération est assurée par des puits.
Avr.-août : t.l.j. 15 h-18 h.
Visite guidée sur r.-v. Visite sur r.-v. pour les groupes (10 pers. min.).

B1 **DOULLENS**

La Citadelle

RN 25 direction Amiens
80600 Doullens
Tél. : 03 22 32 54 52
www.doullens-tourisme.com
Propriété du département
Inscrit

Doullens, ville frontière jusqu'en 1659 est dotée par le roi François Ier d'une Citadelle dès 1525. Rendu nécessaire par la puissance de l'artillerie, cet ouvrage fait transition entre les châteaux forts du Moyen Âge et les citadelles bastionnées que Vauban fera construire un siècle et demi plus tard. La Citadelle a eu différents rôles : lieu de garnison, lieu d'assignation à résidence, prison d'État, maison de préservation pour jeunes filles et prison pour femmes.
Juin-sept. : w.-e. 14 h 30, 16 h 30 ; juil.-août : t.l.j. 14 h 30, 16 h 30.
Visite guidée. Visite sur r.-v. pour les groupes le reste de l'année (20-60 pers.).

Salle du commandement unique

Hôtel de Ville
2, avenue Foch
80600 Doullens
Tél. : 03 22 32 54 52
www.doullens-tourisme.com
Propriété de la commune
Classé

Lieu historique où fut confié le 26 mars 1918 le commandement des armées alliées à un seul homme : Foch. Installée au premier étage de l'hôtel de ville, cette salle est le témoin d'un acte majeur qui conduira les Alliés à la victoire le 11 novembre 1918.
Lun.-jeu. : 9 h-12 h, 14 h-18 h (17 h le ven.) ; sam. : 10 h-12 h.
Visite libre. Visite sur r.-v. pour les groupes (20-60 pers.).

DROMESNIL A2

Château

80640 Dromesnil
Tél. : 03 22 90 61 02
Propriété privée
Inscrit et classé

Le château est construit par P. Roussel de Belloy en 1775. Vendu en 1885, il est épargné par la Grande Guerre, mais pillé entre 1940 et 1944. Le château présente un corps de logis, surmonté de frontons, et deux ailes en retour. Il est construit en brique et pierre, selon le style Louis XV. La façade sur cour est agrémentée d'un perron, l'autre donne sur le parc. L'ancien manoir du XVe s. subsiste à côté du château. Transformé en ferme, il conserve un colombier octogonal construit en brique et pierre.

Juil.-10 août : 10h-12h30, 14h30-17h30. Visite libre du parc.
Visite guidée. Visite sur r.-v. pour les groupes. ♿ en partie.

EAUCOURT-SUR-SOMME A2

Château

Rue du Pont
80580 Eaucourt-sur-Somme
Tél. : 03 22 27 05 32
www.espacemedieval.com
Propriété de la commune
Inscrit

L'ancien château résiste aux troupes anglaises en 1346 mais est détruit en 1358. Reconstruit à la fin du XIVe s., il demeure une place forte durant le XVe s. Utilisé par les ligueurs en 1589, il est délaissé et abandonné à la Révolution. Construit sur la rive droite de la Somme, le château possède une porte d'entrée en tiers-point flanquée de tours. La tour nord conserve une salle voûtée sur croisée d'ogives et une cheminée. Les murs présentent un parement de pierre régulier qui dissimule un blocage de pierraille.

Mai-juin, sept.-oct. : dim. 14h-18h ; juil.-août : t.l.j. 14h-18h.
Visite libre. Visite guidée. Visite sur r.-v. pour les groupes (10 pers. min.). ♿

FOLLEVILLE B2

Château et église

20, Grand-Rue
80250 Folleville
Tél. : 03 22 41 49 52
http://sitedefolleville.free.fr
Propriété de la commune
Classé (église) et inscrit (château)

Le château est édifié par J. de Folleville à la fin du XIVe s. Il est agrandi et réaménagé par Raoul de Lannoy en 1478. Propriété de P.-E. de Gondi en 1604, il est en partie démoli entre 1777 et 1779. Occupé par les lazaristes au XIXe s., il est racheté par la commune en 1990. Le corps de logis est un bâtiment rectangulaire cantonné de trois tours circulaires. La courtine nord est pourvue d'une guette de 25 m de haut, cylindrique à la base puis hexagonale et dodécagonale. Un escalier à vis conduit aux étages de la tour et du logis. L'église, commandée par la famille de Lannoy, est achevée en 1519. En 1617, Vincent de Paul y prêche le sermon fondateur de son œuvre. Au XIXe s., les stalles du chœur sont vendues. Dédiée à saint Jacques, l'église se situe en bordure de la basse-cour du château. Flanquée de contreforts massifs, elle abrite le tombeau en marbre de Raoul de Lannoy et de son épouse Jeanne de Poix. La nef, voûtée de châtaignier, garde la chaire en bois du sermon et une vasque baptismale en marbre de style Renaissance.

Visite guidée sur r.-v. toute l'année sf j. fériés.
Visite sur r.-v. pour les groupes (10 pers. min.). ♿

C2

HAM

Château

26-28, résidence Michel-Rigaux
80400 Ham
Tél. : 03 23 81 30 00/03 23 81 16 16
Propriété de la commune
Inscrit

Commencé au XIIIe s., le château est achevé au XVe s. par L. de Luxembourg, connétable de Saint-Pol. Il est ensuite utilisé comme prison politique, et compte parmi ses prisonniers célèbres : Mirabeau au XVIIIe s., les ministres de Charles X après 1830 et le futur Napoléon III de 1840 à 1846. Il est détruit par les Allemands en 1917. Une seule tour, construite en brique, subsiste. De plan carré, elle défend l'entrée du château, reconnaissable par l'esplanade. Au niveau du chemin de ronde, une galerie de six travées est recouverte de croisées d'ogives.

Visite toute l'année sur r.-v. au 03 23 81 30 00.

Crypte de l'église abbatiale

Rue Notre-Dame
80400 Ham
Tél. : 03 23 81 30 00
Propriété de la commune
Classé

Fondée en 1108, l'abbaye est construite aux XIIe et XIIIe s. Elle est incendiée par les troupes bourguignonnes en 1411 et pillée en 1557. Reconstruite à partir de 1678, elle est ravagée par les flammes en 1760 puis réparée. De l'abbaye, seule l'église Notre-Dame subsiste. La façade romane à portail en plein cintre est surmontée de trois fenêtres. La nef garde les traces du XVIIe s. Le chœur gothique est bâti sur une crypte voûtée d'ogives. Elle abrite les gisants d'Odon IV, seigneur de Ham, et de sa femme.

T.l.j. sf lun. 9h-12h, 14h-18h. Fermé entre Noël et 1er janv.
Visite guidée sur r.-v. Visite sur r.-v. pour les groupes (20 pers. max.).

B2

NEUVILLE-SOUS-CORBIE (LA)

Église Notre-Dame-de-l'Assomption

Rue de Pont-Noyelle
80800 La Neuville-sous-Corbie
Tél. : 03 22 96 95 76
Propriété de la commune
Classé

Vraisemblablement construite vers la fin du XVe s. ou le début du XVIe s., l'église est entretenue par la puissante abbaye de Corbie. Au début du XXe s., elle est encore entourée de son cimetière. L'église, construite en pierre, présente une simple nef à trois travées et un seul bas-côté au nord. Elle abrite une cuve baptismale du XVe s. Le clocher, garni de contreforts, est accolé à la façade. Le portail, ouvert au fond de quatre voussures, est surmonté d'un tympan flamboyant représentant l'Entrée du Christ à Jérusalem.

Visite sur r.-v. pour les groupes toute l'année. Fermé 1er janv., 1er mai, 8 mai, Ascension, Pentecôte, 14 juil., 15 août, 1er nov., 11 nov., 24-25 déc., 31 déc.

B2

LONG

Usine hydroélectrique (ancienne)

Rue de la Chasse-à-Vaches
80510 Long
Tél. : 03 22 31 80 21/03 22 31 10 92
www.long.fr
Propriété de la commune
Classé

L'usine est construite sur un bras de la Somme entre 1902 et 1903 à la demande du conseil municipal. Elle alimente le bourg du Catelet en 1907 et les communes voisines de Cocquerel et Villers-sous-Ailly en 1912. En 1968, elle est sacrifiée au profit du réseau EDF. L'usine, construite en briques, repose sur quatre piles de maçonnerie établies sur des pieux en hêtre de 10 m de long. Les trois turbines fournissent le courant électrique. La partie centrale, rehaussée d'un étage, abrite le logement du mécanicien.

Mai-sept. : t.l.j. sf lun. 14h-18h.
Visite guidée. Visite sur r.-v. pour les groupes (50 pers. max.).

LUCHEUX B1

Beffroi, château et église

80600 Lucheux
Tél. : 03 22 32 54 52
www.doullens-tourisme.com
Propriété de la commune (beffroi et église), propriété privée (château)
Classé

Beffrois de Belgique et de France inscrits sur la Liste du patrimoine mondial en 1999

Le beffroi, symbole de l'affranchissement de la ville, est érigé après 1201 par les bourgeois, à l'emplacement d'une ancienne porte de la cité. En 1464, Louis XI y signe l'édit créant la poste royale. La tour quadrangulaire, à deux étages, présente un passage voûté d'ogives en arc brisé du côté du village et en plein cintre vers l'extérieur. Une tourelle circulaire abrite l'escalier à vis. Il conduit à la salle de l'échevinage et à celle des archives. Un clocheton garni de la cloche communale surmonte la toiture.
Le château, attesté à partir de 1147, est probablement construit par Hugues II Campdavène en 1120. Résidence préférée des comtes de Saint-Pol aux XIIIe et XIVe s., il est démantelé en 1640 sur ordre de Richelieu. Le château ruiné présente une enceinte polygonale, renforcée de tours et percée de deux portes. Le donjon, circulaire et cantonné de tourelles, s'assoit sur une base carrée. La salle de justice du seigneur est reconnaissable par ses baies géminées ouvertes sous des arcatures en tiers-point.
L'église Saint-Léger est fondée par Hugues II Campdavène en 1095. Ancienne église prieurale, elle dépend de l'abbaye de Molesmes (Côte-d'Or). Elle est construite entre 1130 et 1170, puis remaniée aux XVIe et XVIIe s. Le transept roman conserve des chapiteaux décorés de monstres et de fleurs, et le chœur des chapiteaux historiés représentant les péchés capitaux. Les voûtes d'ogives du chœur datent de 1140-1145. Les collatéraux du XVIIe s. encadrent la nef lambrissée et percée de fenêtres ébrasées.
Juil.-août : ven. et sam. 15h ; juin, sept. : ven. 15h.
Visite guidée. Visite sur r.-v. pour les groupes (20-50 pers.).

MAISNIÈRES A2

Moulin de Visse

10, rue du Moulin
80220 Maisnières
Tél. : 03 22 26 10 24
Propriété privée
Inscrit

Le moulin de Visse est implanté en 1837, sur le cours de la Vimeuse, en amont d'un ancien moulin. Doté d'un déversoir en 1925, il est vendu en 1949 et continue à fonctionner jusqu'en 1961. Le moulin se compose d'un étage inférieur à pan de bois orthogonal hourdé de torchis et de brique et d'un étage supérieur à bardage de bois posé à clin. La roue est démontée mais le vannage, les mécanismes de transmission et les meules subsistent, ils sont entretenus par le propriétaire, un ancien meunier.
T.l.j. : 14h-17h. Visite guidée sur r.-v.
Visite sur r.-v. pour les groupes (20-25 pers.).

NAOURS B2

Moulin Belcan et moulin Staveele

5, rue des Carrières
80260 Naours
Tél. : 03 22 93 71 78
Propriété privée
Inscrit

Le moulin à vent de Belcan provient de Linselles (Nord), où il a été démonté en 1962 pour être remonté ici par R. Martin. Il écrase la graine de colza jusqu'en 1965. Le pivot date de 1407, mais la tour est récente. Le moulin à vent dit « Westmolen » provient de Staveele en Belgique. Voué à la démolition en 1963, il est acheté lui aussi par R. Martin et remonté en face du moulin Belcan. Le pivot du XVIe s. est complété par deux volants belges et les ailes sont remises à neuf.

Mi-janv. à mi-nov. : 8h30-18h30. Visite libre. ♿

B2

PICQUIGNY

Château et collégiale Saint-Martin

80310 Picquigny
Tél. : 03 22 51 46 85
Propriété de la commune (église), propriété privée (château)
Classé

Le château de Picquigny date du XIe s. et fut la propriété des seigneurs de Picquigny, vidames d'Amiens jusqu'au XVIIIe s. Il est reconstruit au XIVe s. et complété aux XVIe et XVIIe s. Aujourd'hui, on peut encore y admirer la cuisine de 1581 qui conserve sa cheminée, les caves et la prison où des templiers auraient été emprisonnés. La collégiale Saint-Martin se trouve dans l'enceinte du château. Il s'agit de l'ancienne chapelle castrale, fondée par Eustache de Picquigny, premier vidame en 1066. La crypte de la chapelle seigneuriale, située dans le bras nord du transept, abrite les tombes des seigneurs. On peut y admirer aussi l'important souterrain, établi au XVIIe s., qui relie le château à l'édifice religieux.

Juil.-août : t.l.j. sf lun. 11 h, 15 h, 16 h 30 ;
dim. et j. fériés 15 h, 16 h 30 ; Pâques-oct. : visite sur r.-v.
Visite guidée. Visite sur r.-v. pour les groupes (10 pers. min.). ♿ en partie.

A2

RAMBURES

Château fort

8, rue du Château
80140 Rambures
Tél. : 03 22 25 10 93
www.chateaufort-rambures.com
Propriété privée
Inscrit et classé

Ce monument unique en France à bien des égards est le premier construit en brique et pierre. Bâti au début du XVe s. par David de Rambures dans le but de résister à l'artillerie de l'époque, il présente des fronts curvilignes malgré un plan d'ensemble carré. Le château est aujourd'hui habité et entretenu par les descendants des seigneurs de Rambures de la Roche Fontenilles. Les intérieurs sont entièrement meublés. Le parc romantique à l'anglaise, planté d'essences rares, s'est doté d'un jardin de roses aux trois cent soixante variétés formant un labyrinthe de couleurs et de senteurs.

Mars, oct. : t.l.j. sf mer. mat. 10 h-12 h, 14 h-18 h ;
avr.-13 juil., 25 août-sept. : t.l.j. sf mer. 10 h-12 h, 14 h-18 h ;
14 juil.-24 août : t.l.j. sf mer. 10 h-18 h ; nov.-déc. : dim. 14 h 30, 16 h.
Visite libre du parc. Visite guidée du château.
Visite sur r.-v. pour les groupes (25 pers. min.).
♿ en partie. (explicatif des pièces remis à l'entrée).

B1

RIBEAUCOURT

Château

80620 Ribeaucourt
Tél. : 03 22 54 08 44
Propriété privée
Inscrit

Le château est construit en 1642 par la famille Le Fournier. Il est doté de l'aile ouest au XIXe s. et devient la propriété de la famille de Berny en 1821. Dévasté en 1944, il est aujourd'hui restauré. Le château, précédé d'une cour d'honneur, se compose d'un corps central flanqué de deux pavillons décrochés et de deux ailes formant les communs. Il est construit en brique avec des harpes en pierre. Des garnitures de cheminées et des boiseries subsistent à l'intérieur. La salle à manger possède un plafond du XVIIe s.

Mai-sept. : 14 h-18 h. Visite libre.
Visite guidée. Visite sur r.-v. pour les groupes.

RUE A1

Chapelle de l'hospice

Rue du Colonel-Tétart
80120 Rue
Tél. : 03 22 25 69 94
www.ville-rue.fr
Propriété de l'hôpital local de Rue
Classé

La chapelle, construite vers 1507, constitue l'aile sud de l'hôpital fondé en 1186 et rétabli en 1710 après un incendie. La chapelle, accessible par une porte latérale, est bâtie en craie sur soubassement de silex. Elle se compose d'une nef et d'un chœur avec un chevet à trois pans. La charpente voûtée de la nef repose sur des poutres sculptées de décors cynégétiques. Une tribune, à laquelle on parvient depuis l'hospice, permettait aux pèlerins d'assister aux offices. Elle surplombe deux travées de stalles.

Visite guidée sur r.-v. toute l'année.

SAINT-MAXENT A2

Moulin à vent

Rue du Moulin
80140 Saint-Maxent
Tél. : 03 22 28 50 67
Propriété de la commune
Classé

Le moulin, vraisemblablement bâti vers 1630, est destiné à moudre le blé. Il cesse son activité en 1940 et subit des réparations en 1962. Il est racheté par la commune en 1982 et de nouveau restauré. Ce moulin à vent de 16 m de haut est entièrement construit en bois de châtaignier, de chêne, de buis et de pommier. Le pivot supporte deux étages surmontés d'un toit mansardé et orientables par un levier. Les quatre bras de 8,50 m de long actionnent le mécanisme en état de marche, comme les meules et la trémie.

Mars-oct. : 14h-18h. Visite guidée sur r.-v.

SAINT-RIQUIER A1

Église abbatiale et trésor

Place de l'Église
80135 Saint-Riquier
Tél. : 03 22 71 82 20
www.saint-riquier.com
Propriété de la commune
Classé

L'abbaye bénédictine, fondée au VIIe s., est agrandie au XIIe et au XVIe s. Dévastée en 1554, elle décline avec la ville. La façade, richement sculptée, est surmontée d'une tour carrée, haute de 50 m. Le chœur garde les grilles en fer forgé, un lutrin en marbre et les stalles du XVIIe s. La trésorerie, salle voûtée du XIIIe s., abrite des peintures murales du XVIe s. Le trésor contient un christ byzantin du XIIe s., des reliquaires du XIIIe s., un retable en albâtre du XVe s. et des ornements du XVIe s.

Avr.-oct. : t.l.j. sf jeu., sam. apr. midi, dim. mat. 10h-12h, 14h-17h. Fermé trois premières semaines de juil. (festival de musique). Visite guidée. Visite sur r.-v. le reste de l'année et pour les groupes (50 pers. max.).

Ci-contre : façade occidentale, cathédrale Notre-Dame d'Amiens (Somme).

POITOU-CHARENTES

CHARENTE – CHARENTE-MARITIME
DEUX-SÈVRES – VIENNE

A
B
1
2
3
4
A. 87
Cholet
Argent
Nueil-les-Aubiers
Deux-Sèvres
PAYS DE LA LOIRE
A. 83
Montravers
Bressuire
Saint-André-sur-Sèvre
Sèvre nantaise
RN 149
Amailloux
La Roche-sur-Yon
Parthenay
Beaulieu-sous-Parthenay
Les Sables-d'Olonne
Saint-Marc-la-Lande
Autize
Luçon
Fontenay-le-Comte
RN 148
Cherveux
Échiré
RN 11
Sèvre niortaise
Niort
Saint-Martin-de-Ré
RN 11
Celles-sur-Belle
Île de Ré
La Rochelle
Usseau
La Jarne
RN 137
RN 150
Boutonne
Villeneuve-la-Comtesse
Charente-Maritime
Dampierre-sur-Boutonne
Île-d'Aix
Fouras
Rochefort
Saint-Jean-d'Angély
Île d'Oléron
Trizay
Mazeray
Hiers-Brouage
A 837
Crazannes
Authon-Ébéon
Marennes
Saint-Porchaire
Port-d'Envaux
Migron
Saint-Bris-des-Bois
OCÉAN ATLANTIQUE
Sablonceaux
Saintes
Cherves-Richemont
Seudre
RN 150
Cognac
Pons
Juillac-le-Coq
Barzan
RN 137
Mortagne-sur-Gironde
Saint-Dizant-du-Gua
Jonzac
Meux
Seugne
RN 10
Lesparre-Médoc
Montguyon
Blaye
A
B

POITOU-CHARENTES
C
D
1
2
3
4
CENTRE
LIMOUSIN
AQUITAINE
Vienne
Charente
Saint-Martin-de-Sanzay
Ternay
Loudun
Thouars
Oiron
La Roche-Rigault
Princay
Les Ormes
Guesnes
Moncontour
Usseau
La Chaussée
Airvault
Châtellerault
Scorbé-Clairvaux
Saint-Loup-Lamairé
Naintré
Lhoumois
Dissay
Angles-sur-l'Anglin
Jaunay-Clan
Archigny
Bonnes
Vasles
Poitiers
Chauvigny
Saint-Savin-sur-Gartempe
Antigny
Sanxay
Nouaillé-Maupertuis
Pindray
Journet
Gizay
Montmorillon
Bougon
Gençay
Magné
Brux
Saint-Martin-l'Ars
Charroux
Chef-Boutonne
Surin
Paizay-Naudouin
Confolens
Tusson
Bayers
Étagnac
Roumazières-Loubert
Chassenon
Limoges
La Rochefoucauld
Balzac
Bassac
Angoulême
Nersac
Puymoyen
Champagne-Vigny
Aubeterre-sur-Dronne
Périgueux
RN 147
RN 149
RN 151
RN 11
RD 948
RN 10
RN 141
RD 939
RD 674
A 10
A 20
A 89
Thouet
Dive
Creuse
Vonne
Clain
Vienne
Gartempe
Anglin
Charente
Tardoire
Bandiat
Dronne
N
0
30 km

ANGOULÊME C3

Cathédrale Saint-Pierre

18, rue Fénelon
16000 Angoulême
Tél. : 05 45 38 70 79/05 45 95 20 38
www.via-patrimoine.com
Propriété de l'État
Classé

La construction de la cathédrale Saint-Pierre d'Angoulême est commanditée vers 1100 par l'évêque Girard. Endommagée par les huguenots en 1562, elle est rétablie en 1634. Reconnue très tôt comme exceptionnelle, la cathédrale figure sur la première liste des monuments historiques en 1840 et est fortement restaurée de 1850 à 1875 par Paul Abadie. Elle comprend une nef unique, un transept à absidioles et un chœur à chapelles rayonnantes. La façade romane est l'une des rares en France à posséder un programme iconographique aussi développé. La nef et le transept sont couverts d'une file de coupoles sur pendentifs, système d'une grande originalité, emprunté à l'église Saint-Étienne de Périgueux, mais qui voit ici son véritable perfectionnement.

T.l.j. 9h30-19h. Visite libre. Visite guidée.
Visite sur r.-v. pour les groupes toute l'année. ♿

Hôtel de ville

16000 Angoulême
Tél. : 05 45 38 70 79
www.via-patrimoine.com
Propriété de la commune
Inscrit

L'hôtel de ville d'Angoulême est construit dans le style gothique de 1858 à 1868, sur les plans de Paul Abadie fils, sur l'emplacement du château des comtes d'Angoulême. De l'ancien château médiéval, entrepris après 1228 pour Isabelle Taillefer, subsistent les deux plus belles tours : la tour polygonale dite de Lusignan, bâtie au début du XIVe s., et la tour ronde des Valois (fin du XVe s.). La façade principale est surmontée d'un beffroi haut de 57 m. Les deux tours ainsi que les salons Second Empire se visitent.

Juil.-août : selon la programmation estivale ;
16-20, 23-27 juin : w.-e. 15h sur r.-v. ; 1er-19 sept. : 15h ;
oct. : w.-e. 15h ; nov. : 15h (se renseigner au 05 45 38 70 79 pour les jours).
Visite guidée. Visite sur r.-v. pour les groupes (19 pers. max.).

AUBETERRE-SUR-DRONNE C4

Église souterraine monolithe

16390 Aubeterre-sur-Dronne
Tél. : 05 45 98 65 06/05 45 98 57 18
www.aubeterresurdronne.com
Propriété de la commune
Classé

L'église souterraine et monolithe Saint-Jean d'Aubeterre est une des plus vastes d'Europe. Ses parties les plus anciennes remontent à l'époque paléochrétienne et l'abside au XIIe s. Il s'agit à l'origine d'un baptistère. Un premier édifice orienté abrite des sépultures alors qu'un second volume, perpendiculaire, forme l'église. Cette dernière se compose d'une nef de 27 m de long, 20 m de haut, flanquée d'un bas-côté surmonté d'une galerie délimitée par des colonnes octogonales et d'une abside en cul-de-four qui abrite un mausolée ou reliquaire. Un escalier dans la roche conduit au bas-côté ouest de la galerie, reliée à l'ancien château par un étroit boyau.

T.l.j. 9h30-12h30, 14h-18h (19h juin-sept.). Fermé 1er janv., 25 déc.
Visite guidée. Visite sur r.-v. pour les groupes toute l'année (20 pers. min.). ♿

Double page d'ouverture : tours de La Rochelle (Charente-Maritime).

C3 **BALZAC**

Château

Château de Balzac
16430 Balzac
Tél. : 05 45 68 15 16/05 49 50 10 50
www.cc-braconne-charente.fr
Propriété privée
Classé

Édifié en bordure de Charentes vers 1600 sur des vestiges du XIVe s., le château rappelle le souvenir du célèbre épistolier Jean-Louis Guez de Balzac, l'un des premiers membres de l'Académie française « restaurateur de la langue française », qui en fit son ermitage. Marie de Médicis, Richelieu, et le duc d'Épernon y séjournèrent. À voir : la grande salle voûtée du XIVe s., les cuisines du XVIIe s., les salons XVIIe et XVIIIe s., les fresques du XVIIe s., le canal et les jardins fleuris ainsi que le patrimoine rural (colonnade, puits, lavoir, écurie, musée et cour pavée du XVIIe s.).
12 juil.-20 août : t.l.j. 12h-18h. Visite libre des extérieurs. Visite guidée du château à 17h. Visite sur r.-v. pour les groupes toute l'année (20 pers. min.).

C3 **BASSAC**

Abbaye

Le Bourg
16120 Bassac
Tél. : 05 45 81 94 22
www.abbayebassac.com
Propriété privée
Inscrit et classé

Fondée en 1002, l'abbaye de Bassac est consacrée en 1015. En grande partie reconstruite au XIIe s., elle est pillée par les Anglais, puis restaurée et fortifiée au XVe s. La réforme mauriste y est introduite en 1666. Les voûtes de l'église sont reconstruites en 1677 et 1688, ainsi que les bâtiments conventuels : entre 1677 et 1681 pour l'aile est, vers 1683 pour l'aile sud, et vers 1712-1716 pour l'aile ouest. Le cloître est détruit en 1820. L'église est couverte de voûtes d'ogives et d'une coupole sur pendentifs avec façade ordonnancée. Le passage couvert menant de la basse-cour des communs au cloître reçoit six voûtes d'ogives et une voûte d'arêtes.
T.l.j. sf dim. mat. 10h-12h, 15h-18h. Visite libre. Visite guidée sur r.-v. (15 j. av.). Visite sur r.-v. pour les groupes. (pour les groupes sur r.-v., 60 pers. max.).

C3 **BAYERS**

Château

16460 Bayers
Tél. : 05 45 22 54 74
Propriété privée
Inscrit

En 1434, Guillaume de La Rochefoucauld s'installe à Bayers dans un ensemble fortifié alors délimité par des fossés. L'essentiel de l'actuel château est construit à la fin du XVe s. Vendu à la Révolution, il tombe peu à peu en ruine pour être entièrement restauré à partir de 1979. Le corps de logis rectangulaire est flanqué d'une tour d'escalier polygonale, d'une échauguette et d'une tour cylindrique couronnée d'un chemin de ronde couvert. La porte d'entrée reçoit un arc en accolade à feuilles de choux et pinacles. Les baies sont à moulures prismatiques.
Juil.-Journées du patrimoine : 14h-18h30. Visite guidée.
Visite sur r.-v. le reste de l'année et pour les groupes toute l'année.

C4 **CHAMPAGNE-VIGNY**

Logis du Maine-Giraud

16250 Champagne-Vigny
Tél. : 05 45 64 04 49
www.mainegiraud.com
Propriété privée
Inscrit

Cité au XIVe s., le logis du Maine-Giraud change plusieurs fois de mains au cours des siècles avant de devenir la propriété de la famille de Vigny en 1786. Alfred de Vigny y fait de nombreux séjours et écrit quelques ouvrages dans son cabinet de travail aménagé dans la tour d'escalier polygonale. L'actuel manoir semble dater du XVe s. Il est flanqué d'une tour carrée arasée et entouré de bâtiments de dépendances. Il abrite un musée dédié à la vie et à l'œuvre du poète.
T.l.j. 9h-12h, 14h-18h. Fermé 1er janv., 25 déc. Visite libre. Visite guidée l'été. Visite audioguidée. Visite sur r.-v. pour les groupes. en partie.

CHASSENON D3

Site gallo-romain
16150 Chassenon
Tél. : 05 45 89 32 21
www.cassinomagus.fr
Propriété du département
Inscrit et classé

Le site de Chassenon, situé sur l'ancienne voie reliant Lyon à Saintes, fait partie des grands sanctuaires ruraux gallo-romains de Poitou-Charentes. L'antique *Cassinomagus* comprend alors, à l'intérieur d'une enceinte, un temple, un théâtre et des thermes fréquentés pendant tout le Haut Empire par des pèlerins venus chercher la guérison promise par la divinité du temple. Les thermes, remarquablement bien conservés, mesurent 80 m de long et possèdent encore des murs de 5 m de haut. Ils contiennent une grande salle centrale, deux chaufferies et des salles souterraines voûtées.
16 mars-avr., 14 sept.-15 nov. : t.l.j. 14h-17h30 ; mai-13 sept. : t.l.j. 10h-19h.
Visite guidée. Visite sur r.-v. pour les groupes du 16 nov. au 15 mars.
♿ en partie.

CHERVES-RICHEMONT B3

Château Chesnel
16370 Cherves-Richemont
Tél. : 05 45 83 11 05
www.roffignac.com
Propriété privée
Inscrit

Charles-Roch Chesnel, gouverneur de Cognac, fait construire entre 1610 et 1625 un nouveau château sur le domaine de « La Roche ». Bâti sur un plan régulier, il se compose d'une vaste avant-cour rectangulaire fermée par trois ailes et ouvrant sur le logis principal de plan carré, entouré de douves sèches. Par sa rigueur dans le plan et le dépouillement voulu de son décor, il offre un bon exemple du classicisme français de l'époque Henri IV-Louis XIII. Il représente, avec son parapet sur fortes consoles masquant les toitures et doté d'un crénelage purement décoratif, l'exemple le plus abouti des châteaux charentais.
15 juin-15 sept. : mar., jeu., sam. 10h30, 14h30, dim. 15h.
Visite guidée du château (extérieurs), de la distillerie et dégustation.
Visite sur r.-v. pour les groupes (6 pers. min.).

Logis de Boussac
16370 Cherves-Richemont
Tél. : 05 45 83 13 01
mehaud@yahoo.fr
Propriété privée
Inscrit

Construit par Jacques Perrin de Boussac, négociant en eaux-de-vie, à la fin du XVIIe s., le logis de Boussac comprend un corps central flanqué de deux pavillons surbaissés. Les élévations principales sont ornées de bossages soulignant les divisions verticales et de bandeaux horizontaux. Des portes à balustrades donnent sur des perrons. La terrasse reliée au logis par un escalier en fer à cheval bénéficie d'une vue remarquable sur la vallée de l'Antenne.
Mai-oct. : w.-e. et j.-fériés, 14h-19h.
Visite guidée. Visite sur r.-v. le reste de l'année et pour les groupes.

COGNAC B3

Château François-Ier
127, boulevard Denfert-Rochereau
16100 Cognac
Tél. : 05 45 36 88 86
www.tourism-cognac.com
Propriété privée
Inscrit

Le château de Cognac est construit au XIIIe s. par Guy de Lusignan, à l'emplacement d'un castel du XIIe s. dont subsistent les deux longues salles basses voûtées. La guerre de Cent Ans laisse le château en mauvais état. Le comte Jean de Valois-Angoulême, qui revient en France après trente-deux ans de captivité en Angleterre, entreprend alors vers 1450 l'édification d'un nouveau château, où naît le 12 septembre 1494 son petit-fils, le futur roi de France, François Ier. Le château est acheté en 1795 par le baron Otard, qui y installe la maison de cognac et sauve l'ensemble d'une ruine totale dont la chapelle Saint-François.
Avr.-juin, sept.-oct. : t.l.j. 11h, 14h, 15h30, 17h ;
juil.-août : t.l.j. 11h, 14h, 15h, 16h, 17h, 18h ; nov.-déc. : t.l.j. sf w.-e. 11h, 14h.
Fermé 1er mai, 1er et 11 nov., 25 déc. Visite guidée.
Visite sur r.-v. pour les groupes de janv. à mars (20 pers. min.).

Maison Martell

7, place Édouard-Martell
16100 Cognac
Tél. : 05 45 36 33 33
www.martell.com
Propriété privée
Inscrit

La maison Martell, la plus ancienne des grandes maisons de cognac, est fondée en 1715 et installée depuis 1833 rue Gâte-Bourse dans des bâtiments du début du XIXe s. Les chais, le bureau et la mise en bouteilles sont entièrement reconstruits dans les années 1850 par l'architecte Eugène Demangeat. De grands travaux ont lieu à la fin du XIXe s. avec la construction de la distillerie en 1890, de nouveaux chais et du comptoir en 1906.

Avr.-mai, oct. : t.l.j. 10h-17h, w.-e. 12h-17h; juin-sept. : t.l.j. 10h-17h, w.-e. 11h-17h. Visite guidée à 10h, 11h, 14h30, 15h45, 17h. Visite sur r.-v. le reste de l'année.

D3

ÉTAGNAC

Château de Rochebrune

16150 Étagnac
Tél. : 05 45 65 26 69
www.lacharente.com
Propriété privée
Inscrit

Le château de Rochebrune est construit en 1570 pour le maréchal Blaise de Montluc. C'est à l'origine une solide forteresse carrée, à quatre corps de bâtiment autour d'une cour, flanqués d'une tour ronde à chaque angle et entourés de larges douves. Le grand escalier voûté à double volée, les cheminées en granit, ainsi que le plafond peint aux armes des Rochechouart et des Montluc témoignent du faste de la Renaissance. Le château fait l'objet, dès 1806, d'une campagne de travaux menée par le père du général Pierre Dupont, Isaac, qui fait abattre une des quatre ailes pour égayer et ouvrir l'édifice. Les salons sont à cette occasion décorés et luxueusement meublés en style Empire.

Juil.-août : t.l.j. sf mar. 14h-18h. Visite guidée. Visite sur r.-v. pour les groupes toute l'année.

B3

JUILLAC-LE-COQ

Château de Beauregard

16130 Juillac-le-Coq
Tél. : 05 45 32 29 72
Propriété privée
Inscrit

Le château de Beauregard possède le caractère d'un élégant logis saintongeais du XVIIIe s., érigé au centre d'un domaine viticole. Il est bordé de terrasses à balustres masquant un niveau de caves voûtées. La façade principale est dotée d'un avant-corps central à pilastres ioniques supportant un fronton triangulaire ajouré d'un œil-de-bœuf. L'intérieur renferme encore de nombreux éléments contemporains de sa construction, comme l'escalier et son élégante rampe en fer forgé, un salon entièrement lambrissé et l'ensemble des cheminées.

Mars-juin : t.l.j. sf dim. 10h-18h. Visite guidée. Visite sur r.-v. toute l'année.

C3

NERSAC

Château de Fleurac

16440 Nersac
Tél. : 05 45 91 89 54
mahy-fleurac@orange.fr
Propriété privée
Inscrit

Le château de Fleurac est une demeure représentative du style italianisant à la mode dans les Charentes au XVIIe s. Dominant la vallée de la Charente, il s'élève sur une succession de terrasses entourées d'élégantes balustrades; il présente un plan irrégulier en L et englobe les restes d'un édifice de style roman à contreforts plats. Ses fossés taillés dans le roc, les crénelages festonnés plus ornementaux que défensifs rappellent le château Chesnel. À remarquer, à l'intérieur, un escalier monumental à balustres et le grand salon orné de gypseries.

Juil. à début août : 13h30-19h30, visite guidée à 17h. Visite libre. Visite guidée de l'ensemble sur r.-v. Visite sur r.-v. le reste de l'année et pour les groupes toute l'année.

Moulin à papier de Fleurac

Musée du Papier d'Angoumois
16440 Nersac
Tél. : 05 45 91 50 69
www.moulin-de-fleurac.com
Propriété du département
Inscrit

Le moulin de Fleurac, ancien moulin à grain seigneurial situé au bord de la Charente, dépend à l'origine du château de Fleurac. Reconstruit dans la seconde moitié du XIXe s. puis abandonné pendant plusieurs décennies, il est transformé en 1978 en moulin à papier et en musée du papier, afin de témoigner de l'importante tradition papetière de l'Angoumois, où sont dénombrés dès le XVIe s. quelque cent cinquante moulins à papier. Il produit du papier selon les techniques anciennes (à la cuve).

15 juin-15 sept. : t.l.j. sf mar. 10h-12h, 14h-19, w.-e. et j. fériés 11h-12h, 15h-19h ; 16 sept.-oct., avr.-14 juin : t.l.j. sf mar. 10h-12h, 14h-18h, w.-e. et j. fériés 15h-18h ; nov.-mars : t.l.j. sf mar. et w.-e. 14h-18h. Fermé 1er janv., 1er nov., 11 nov., 25 déc. Visite guidée. Visite sur r.-v. pour les groupes (10 pers. min.).

PAIZAY-NAUDOUIN-EMBOURIE C3

Château de Saveille

16240 Paizay-Naudouin-Embourie
Tél. : 05 45 31 60 36
Propriété privée
Inscrit

Le château de Saveille est construit par Jacques de La Rochefaton, qui reçoit en 1508 du seigneur de Ruffec « le droit de châtellenie, haute, basse et moyenne justice » et « le droit d'édifier un château fort sur sa terre ». Les travaux ayant duré près d'un demi-siècle, l'édifice allie les caractéristiques des châteaux fortifiés à un décor Renaissance. La moitié de la façade sud, depuis la grosse tour, est encore de tradition médiévale alors que la façade est et la tour des prisons annoncent, par leurs hautes lucarnes ornées de sculptures mythologiques, le style Renaissance.

Juil.-Journées du patrimoine : t.l.j. sf dim.
Fermé 15 août. Visite libre avec notice. Visite extérieure seulement.
Visite guidée sur r.-v. pour les groupes des Journées du patrimoine à fin juin.

PUYMOYEN C3

Moulin à papier du Verger

16400 Puymoyen
Tél. : 05 45 61 10 38
http://moulinduverger.com
Propriété privée
Inscrit

Situé sur la rive droite de la vallée des Eaux-Claires, le moulin du Verger est à l'origine un moulin à blé (1537), transformé en 1539 en moulin à papier, comme beaucoup d'autres moulins en Charente dès le début du XVIe s. Il est reconstruit en 1635 par le marchand papetier hollandais Deric Jansen. Le bâtiment se compose du moulin, alimenté par un bief de 1 km qui actionne une turbine de 12 CV (autrefois trois roues à aubes), surmonté d'une maison de maître. Accolé au bâtiment et longeant le canal d'arrivée, un séchoir de 72 m est caractéristique de l'architecture papetière charentaise. La papeterie est encore en activité et on y fabrique toutes sortes de papiers à usage graphique.

T.l.j. 16h-18h, w.-e. sur r.-v. Visite guidée.
Visite sur r.-v. pour les groupes (10 pers. max.).

ROCHEFOUCAULD (LA) C3

Château

16110 La Rochefoucauld
Tél. : 05 45 62 07 42
www.chateau-la-rochefoucauld.com
Propriété privée
Classé

Berceau de l'une des plus illustres familles françaises, le château de La Rochefoucauld est une remarquable réalisation architecturale de la première Renaissance française, qui rivalise par son élégance et la qualité de son architecture avec les châteaux du Val de Loire. On doit son aspect actuel aux travaux entrepris par François II de La Rochefoucauld vers 1520, à l'exception du donjon carré du XIIe s., des tours du XVe s. et d'une aile du XVIIIe s. Les galeries de la cour d'honneur, qui se répartissent sur trois niveaux, représentent l'élément le plus remarquable du château, tant par leur ampleur que par la diversité, la richesse et le raffinement du décor sculpté.

Avr.-déc. : t.l.j. sf mar. 10h-19h ; janv.-mars : w.-e. et j.fériés 14h-19h.
Visite libre. Visite guidée. Visite guidée en été.
Visite sur r.-v. pour les groupes toute l'année.

C3 **ROUMAZIÈRES-LOUBERT**

Château de Peyras

16270 Roumazières-Loubert
Tél. : 05 45 71 25 25
www.chateau-peyras.com
Propriété privée
Inscrit

Le nom de Peyras apparaît pour la première fois dans une charte de 1067 ; la seigneurie est attestée à partir du milieu du XVe s. Elle appartient alors à la grande famille poitevine des Feydeau et reste entre leurs mains jusqu'en 1720. Dominant la Charente, le château s'élève sur un site occupé depuis l'époque protohistorique. Il se compose d'une cour rectangulaire bordée de communs et d'un logis, à l'est, couvert de hautes toitures de tuiles plates et flanqué d'une grosse tour ronde qui rappelle l'origine médiévale du site. À l'intérieur, certaines pièces possèdent encore un caractère médiéval affirmé, en particulier la salle basse dotée de huit arcades.

Toute l'année dim. et Journées du patrimoine 14h30-18h (sf en juil.).
Visite guidée. Visite guidée sur r.-v. le reste de l'année et pour les groupes.

C3 **TUSSON**

Logis de Marguerite d'Angoulême

Maison du patrimoine
16140 Tusson
Tél. : 05 45 31 17 47
www.clubmarpen.org
Propriété de la commune, propriété privée
Inscrit

Le bourg de Tusson doit son existence à l'importante abbaye fontevriste fondée au XIIe s. par Robert d'Arbrissel, dont il reste aujourd'hui d'intéressants vestiges. Le logis de Marguerite d'Angoulême est une vaste demeure édifiée au XVIe s. destinée, selon Brantôme, à accueillir la suite de la sœur de François Ier, reine de Navarre, lorsqu'elle effectuait des retraites à l'abbaye des Dames. De la Renaissance subsistent de nombreux éléments, tels la façade sur rue et les deux escaliers à vis. Ce logis abrite actuellement la Maison du patrimoine, qui présente une collection ethnographique et du mobilier régional charentais du XVIe s. au XIXe s. Un jardin monastique médiéval offrant deux cent cinquante variétés de plantes a été recréé. Des animations permanentes ont lieu autour des métiers de la restauration du patrimoine.

Juil.-15 sept. : t.l.j. 10h-18h30 ; 21 mars-juin, 16 sept.-1er déc. : mer, dim. 14h-18h.
Visite libre. Visite guidée. Visite sur r.-v. en hiver.
Visite sur r.-v. pour les groupes toute l'année.

AUTHON-ÉBÉON B3

Château d'Authon

17770 Authon-Ébéon
Tél. : 05 46 25 05 40
Propriété privée
Classé

Le château est le siège d'une baronnie qui appartint longtemps à l'une des plus anciennes familles de Saintonge, les Authon. Suite à la disparition prématurée de Jean d'Authon lors du siège de La Rochelle en 1627, le château est vendu. L'actuelle demeure, entourée de douves alimentées par le Dandelot, conserve une tour dite « de la Graveline » (ou des Gardes) édifiée en 1588 et un pavillon carré, orné de lucarnes sculptées et d'une belle porte à fronton, datant de 1607. La cour intérieure est traitée à la française et présente une roseraie ancienne. L'ensemble fait l'objet, entre 1875 et 1891, d'importants travaux de restauration et de transformation, dont la reconstruction des écuries et la plantation du parc à l'anglaise, ainsi que de démolition de plusieurs bâtiments.

15 juin-30 sept. : 11h-12h, 14h-19h. Visite guidée.
Visite guidée sur r.-v. d'oct. à mi-juin. Visite sur r.-v. pour les groupes. ♿

BARZAN B4

Site gallo-romain du Fâ

17120 Barzan
Tél. : 05 46 90 43 66
www.fa-barzan.fr
Propriété de la commune
Classé

Situé sur l'estuaire de la Gironde, le site archéologique de Barzan est l'un des plus importants de la région. Il correspond à l'emplacement de l'ancien port de Saintes. Il est d'un intérêt archéologique considérable puisqu'il s'agit du seul port antique connu et accessible en totalité (200 ha) aux recherches archéologiques modernes. Des fouilles réalisées entre les deux guerres ont mis au jour un temple monumental, des thermes et un théâtre. La visite donne accès au site des fouilles ainsi qu'au musée.

Avr.-sept. : t.l.j. 10h-19h ; oct.-mars : ven., w.-e. et vac. scol. 14h-17h30.
Fermé en janv., 11 nov., 25 déc. Visite libre du musée.
Visite libre ou guidée des thermes. Visite guidée des fouilles du sanctuaire.
Visite sur r.-v. pour les groupes. ♿

CRAZANNES B3

Château

17350 Crazannes
Tél. : 06 80 65 40 96
www.crazannes.com
Propriété privée
Inscrit et classé

La seigneurie de Crazannes est acquise en 1447 par le chevalier Jean Acarie. Elle reste aux mains de cette famille originaire de Saintonge pendant plus de trois siècles. Le château se compose d'un corps de logis quadrangulaire, flanqué à l'ouest d'une puissante tour cylindrique à mâchicoulis et toit en poivrière et, à l'est, d'une tourelle en encorbellement. La façade sud, remontée au début du XXe s., n'a pas été achevée. La façade nord, précédée d'une large terrasse, possède un remarquable décor gothique flamboyant.

Avr.-oct. : w.-e. et j. fériés 14h-19h (t.l.j. en juil.-août).
Visite guidée. Visite sur r.-v. pour les groupes (10 pers. min.).

B3 **DAMPIERRE-SUR-BOUTONNE**

Château et jardins de Dampierre

10, place du Château
17470 Dampierre-sur-Boutonne
Tél. : 05 46 24 02 24
http://membres.multimania.fr/chateaudedampierre/
Propriété privée
Classé

Joyau Renaissance serti d'eau vive dans son écrin de verdure, le château de Dampierre se compose d'un corps de logis flanqué de deux tours rondes, doté d'une double galerie aux célèbres caissons sculptés d'emblèmes mythologiques, livre de pierre des secrets de l'Alchimie, véritable chef-d'œuvre. Le parc est dédié à Léda, le jardin labyrinthique fait écho aux caissons sculptés de la galerie et les écuries sont consacrées aux vingt chevaux de Salvador Dalí. Les dépendances abritent des expositions d'artistes contemporains.

Juil.-août : t.l.j. 10h30-19h; juin, sept. : t.l.j. 14h-18h; 15 mars-mai, oct.-11 nov. : dim. et j. fériés 14h-17h. Visite libre du jardin et des communs. Visite guidée du château. Visite sur r.-v. pour les groupes. (sur r.-v. pour les groupes).

A3 **FOURAS**

Fort Enet

Pointe de la Fumée
17450 Fouras
Tél. : 05 46 84 96 28
www.histoirerochefort.com
Propriété privée
Inscrit

Le fort Enet est situé à l'extrémité de la rive droite de l'embouchure de la Charente et relié au continent par une longue passe découverte à marée basse. En 1801, alors que plane une menace anglaise, Bonaparte décide d'interdire définitivement l'accès à la rade de l'île d'Aix, par la construction de deux forts, l'un sur la Longe de Boyard, l'autre sur le rocher d'Enet. Le fort est remis à la Marine en décembre 1811. Y est ajouté vers 1850 un second étage de feux. Réarmé en 1889, le fort est réaménagé; les plates-formes sont à nouveau modernisées en 1905, quelques années avant le déclassement du fort.

Mi-fév. à mi-oct. : visite guidée en fonction des marées. Visite sur r.-v. pour les groupes toute l'année.

Fort Vauban

Musée d'Histoire régionale
Place du Sémaphore
17450 Fouras
Tél. : 05 46 84 15 23
http://pagesperso-orange.fr/musee.fouras
Propriété de la commune
Classé

La forteresse de Fouras, qui commande l'accès à l'estuaire de la Charente, est au cours des siècles un point stratégique convoité. Patrimoine des sires de Rochefort dès le XIe s., puis acquis par Philippe le Bel, le château est ensuite cédé aux seigneurs de Tonnay-Boutonne avant d'être repris puis détruit vers 1351. Le donjon quadrangulaire actuel aurait été reconstruit en 1480 par Jean de Brosse. Assiégé par Condé en 1585, il est occupé par les Rochelais en 1615 avant de servir de base royale pendant le siège de La Rochelle. Il fait ensuite l'objet d'importants travaux, réalisés d'après les plans de François Ferry entre 1689 et 1693, pour renforcer le système de fortifications. Il abrite aujourd'hui un musée régional.

Juin-15 sept. : t.l.j. sf. lun. mat. 10h-12h, 14h-18h; 16 sept.-mai : w.-e. et j. fériés 14h30-17h30; vac. scol. : t.l.j. sf lun. 14h30-17h30. Visite libre. Visite guidée de la fortification et de la crypte t.l.j. sf lun. à 14h de juin au 15 sept.

HIERS-BROUAGE A3

Ville fortifiée de Brouage

17320 Hiers-Brouage
Tél. : 05 46 85 19 16
www.officedetourismebrouage.com
Propriété de la commune,
propriété privée
Inscrit et classé

Brouage est une place forte portuaire des XVIe et XVIIe s., alors célèbre pour la qualité de son sel et pour sa situation géographique sur un bras de mer qui s'enfonce au milieu des marais salants. Créé en 1555 par Jacques de Pons, seigneur d'Hiers, Brouage est un lieu de négoce international important, annexé au domaine royal en 1578. Les premiers remparts (1570-1575), jugés insuffisants par Richelieu, sont renforcés dès 1628 par les fortifications actuelles. Brouage compte alors quatre mille habitants, et produit 300 000 t de sel par an. Aujourd'hui, la halle aux vivres abrite un centre d'interprétation sur l'art militaire.

Juil.-août : 9h30-19h ; avr.-juin, sept. : t.l.j. 9h30-12h30, 14h-19h ;
oct.-mars : t.l.j. 10h-12h30, 14h-17h30 (18h en oct. et fév.).
Fermé lun. mat. de nov. à mars, 1er janv., 25 déc.
Visite guidée sur r.-v. toute l'année. Visite sur r.-v. pour les groupes (10 pers. min.).

ÎLE-D'AIX A3

Maison de l'Empereur

Musée national napoléonien
Fondation Gourgaud
30, rue Napoléon
17123 Île-d'Aix
Tél. : 05 46 84 66 40
www.musees-nationaux-napoleoniens.org
Propriété de l'État
Classé

Après la défaite de Waterloo, Napoléon se réfugie du 12 au 15 juillet 1815 dans la maison du commandant de la place de l'île d'Aix avant de quitter la France pour un exil définitif sur l'île de Sainte-Hélène. Il en avait ordonné la construction en 1808. Acquise en 1925 par le baron Gourgaud, arrière-petit-fils du général Gourgaud qui avait accompagné l'empereur à Sainte-Hélène, la maison est transformée en musée napoléonien légué aux musées nationaux et rattaché depuis 1959 au musée de Malmaison.

Oct.-mars : t.l.j. sf lun. et mar. 9h30-12h30, 14h-17h ;
avr.-sept. : t.l.j. sf lun. et mar. 9h30-12h30, 14h-18h.
Visite libre. Visite audioguidée. Visite guidée sur r.-v. pour les groupes.

JARNE (LA) A2

Château de Buzay

17220 La Jarne
Tél. : 05 46 56 63 21/05 56 02 90 06
www.buzay.fr
Propriété privée
Inscrit et classé

Édifice néoclassique homogène et de grande qualité, le château de Buzay est dû à Louis Harouard du Beignon, qui fait rebâtir l'édifice à partir de 1771, sur les bases de celui reconstruit par son grand-père quatre-vingts ans auparavant. Le corps de logis offre une majestueuse façade sur cour, qui s'organise autour d'un pavillon central formant portique avec pilastres, colonnes ioniques et fronton triangulaire. Sa façade postérieure, plus sobre, domine, depuis sa terrasse, d'élégants parterres et une longue perspective terminée par une rangée de balustres. Le château a gardé ses décors intérieurs et son mobilier du XVIIIe s.

Juil.-Journées du patrimoine : t.l.j. 14h30-17h30.
Visite guidée. Visite sur r.-v. pour les groupes de mai à sept. (20 pers. min.).

A3 **MARENNES**

Château de la Gataudière

19, rue de la Gataudière
17320 Marennes
Tél. : 05 46 85 01 07/06 13 23 57 63
www.gataudiere.com
Propriété privée
Inscrit et classé

C'est à François Fresneau, ingénieur militaire, mathématicien, botaniste et explorateur, que l'on doit la reconstruction, vers 1750, du château actuel de la Gataudière. Le logis est un vaste bâtiment en longueur qui s'élève sur trois niveaux, avec un avant-corps central. La façade sur jardin est dotée d'une terrasse ornée d'un élégant garde-corps en fer forgé ; elle est rythmée par une série de pilastres ioniques et l'attique de l'avant-corps, sculpté de bas-reliefs. L'élément intérieur le plus remarquable est le salon central de pierre, avec son décor sculpté de trophées représentant les quatre saisons, les arts et les sciences.

Avr.-juin, sept.-oct. : t.l.j. sf lun. 14h-17h ; juil.-août : t.l.j. 10h-12h, 14h-18h.
Visite guidée. Visite sur r.-v. pour les groupes toute l'année.

B3 **MAZERAY**

Château de Beaufief

17400 Mazeray
Tél. : 05 46 32 35 93/06 70 81 24 40
http://chateaubeaufief.e-monsite.com
Propriété privée
Inscrit

Le château de Beaufief est construit en 1768 par Pierre Augustin Perrodeau, conseiller secrétaire du roi, juriste éminent et maire de Saint-Jean-d'Angély, sur les fondations d'un ancien logis. Le corps de logis s'élève au fond d'une vaste cour, précédée d'un saut-de-loup et encadrée de communs. Sa façade sur cour s'organise autour d'un pavillon central coiffé d'un fronton triangulaire. Subsistent de nombreux aménagements intérieurs d'origine, comme l'escalier, les cheminées, ainsi que la chapelle, décorée de délicates gypseries. Un important pigeonnier et les vestiges d'un somptueux parc à l'anglaise agrémentent l'ensemble.

Visite guidée sur r.-v. toute l'année.

B4 **MEUX**

Château

Place de l'Église
17500 Meux
Tél. : 05 46 48 16 61
www.chateau-de-meux.com
Propriété privée
Inscrit

C'est sans doute à Louis Chesnel, seigneur de Meux dès 1444, que l'on doit la reconstruction de ce château, propriété de la famille jusqu'en 1712. Il offre un bel exemple de logis gothique flamboyant élevé dans la seconde moitié du XVe s. Si les tours ont disparu, le château a conservé d'intéressants détails : la tour d'escalier avec sa lucarne ornée de pinacles soutenus par un chou frisé et une « cagouille » (escargot), ses fenêtres à moulures prismatiques, ses grandes cheminées, de remarquables petits coussièges. Un jardin soigneusement entretenu, doté d'une belle roseraie, complète l'ensemble.

Mai-sept. : t.l.j. sf mar. 14h30-18h30. Fermé du 15 déc. au 15 fév.
Visite guidée. Visite sur r.-v. le reste de l'année et pour les groupes le mat.

B3 **MIGRON**

Château Couvert

17770 Migron
Tél. : 05 46 94 96 15
www.chateau-couvert.com
Propriété privée
Inscrit

Située sur une île de l'Antenne, la maison noble de Château-Couvert ne compte à l'origine que quelques bâtiments peu fortifiés, dont l'actuelle tour carrée constitue l'élément le plus ancien. Le château est reconstruit à la Renaissance. Le corps de logis central est rapporté à la fin du XVIIe s. Le logis possède des hautes toitures d'ardoises et l'aile gauche une curieuse toiture en carène de bateau renversée (XIXe s.). L'ensemble, très majestueux, est cerné de douves et précédé d'élégants balustres.

10 juil.-août : t.l.j. 13h-18h.
Visite libre. Visite guidée. Visite extérieure seulement.
Visite sur r.-v. pour les groupes le reste de l'année. ♿

MONTGUYON B4

Tour du château

17270 Montguyon
Tél. : 05 46 04 29 89/05 46 04 28 70
b.bordelais3@free.fr
Propriété de la commune
Inscrit

Situé sur un promontoire rocheux dominant le bourg, le château de Montguyon appartient aux seigneurs du même nom dès le XIe s., puis à d'illustres familles comme les La Rochefoucauld et les Rohan. Des démolitions successives au XVIIe s., l'incendie dû à la foudre en 1793 et le manque d'entretien ont ruiné le site. Le donjon, visitable, subsiste encore. Les remparts ont été restaurés et reconstruits bénévolement par une association. Un son et lumière grandiose anime le site mi-juillet.

Avr. à fin août : t.l.j. 14h-18h.
Visite guidée sur r.-v. Visite sur r.-v. pour les groupes le reste de l'année.

MORTAGNE-SUR-GIRONDE B4

Ermitage monolithe

17120 Mortagne-sur-Gironde
Tél. : 05 46 90 52 90
www.estuaire-gironde.fr
Propriété privée
Classé

L'histoire de cet ermitage creusé dans le calcaire tendre des coteaux de Gironde remonte au début de l'ère chrétienne, avec sa légendaire fondation attribuée à Saint-Martial. Au Moyen Âge, l'ermitage est une étape importante sur l'Estuaire pour les pèlerins en route vers Saint-Jacques-de-Compostelle. Sept récollets y vivent encore à la Révolution. C'est une chapelle monolithe remarquable avec tribune, retable, table de communion du XVIIe s. L'ensemble est taillé dans la falaise : escalier, cellules, cellier, cuisine, à l'exception d'une tour de guet en moellons dominant la falaise.

Avr.-sept. : t.l.j. sf lun. 13h30-19h. Visite guidée.
Visite sur r.-v. le reste de l'année et pour les groupes toute l'année.

PONS B3

Donjon

17800 Pons
Tél. : 05 46 96 13 31
www.pons-tourisme.fr
Propriété de la commune
Classé

Le château fort de Pons, est avec Taillebourg, la plus importante forteresse médiévale de la Saintonge. Lors des guerres des Plantagenêt les deux châteaux sont rasés. Geoffroy III seigneur de Pons reconstruit rapidement la forteresse et le donjon est réédifié vers 1187. Le démantèlement des défenses, ordonné par Richelieu après la reddition de Pons en 1621, provoque la démolition partielle du château, y compris du logis. Toutefois, le donjon et les remparts ne sont guère touchés. La famille d'Albret entreprend de relever le château et effectue des travaux entre 1623 et 1670.

Mai-sept. : t.l.j. 9h30-17h30. Visite libre. Visite guidée sur r.-v.
Visite sur r.-v. le reste de l'année.

Hôpital des pèlerins

17800 Pons
Tél. : 05 46 96 13 31
www.pons-tourisme.fr
Propriété de la commune
Classé

Chemin de Saint-Jacques-de-Compostelle
inscrit sur la Liste du patrimoine mondial en 1998

Situé sur le chemin de Saint-Jacques-de-Compostelle venant de Tours, l'hôpital des pèlerins ou hôpital neuf fut construit par Geoffroy III sire de Pons au XIIe s. Dernier exemple du genre à subsister en Europe, son plan est emblématique : il réunit les soins de l'âme et du corps. En effet, un passage voûté relie l'église Notre-Dame (détruite) et la salle des malades. C'est sous ce porche protégeant du soleil et de la pluie que les pèlerins recevaient une portion de pain béni et que les orphelins étaient déposés.

Juil.-août : t.l.j. 10h-19h. Visite libre. Visite guidée sur r.-v.
Visite sur r.-v. le reste de l'année.

Château d'Usson

Domaine des Égreteaux
17800 Pons
Tél. : 05 46 91 09 19
www.chateau-enigmes.com
Propriété privée
Inscrit

Le château d'Usson, dit le « château des énigmes », est né du rêve fou d'un riche négociant de cognac, William Augereau, qui achète le 13 décembre 1879 les vestiges du château d'Usson datant du XVIe s., situé sur la commune d'Échebrune, pour les intégrer à une nouvelle construction dans son domaine des Égreteaux, situé 8 km plus loin. Il compose ainsi un nouveau château, en utilisant la tour ronde, la galerie, ainsi que le remarquable décor sculpté provenant d'Usson. Les travaux s'échelonnent jusqu'en 1886-1891 et comprennent également la création d'un vaste parc clos, ainsi qu'un jardin composé d'allées de charmilles et de cabinets de verdure.

4 avr.-6 nov. : t.l.j. 10h-19h.
Visite-découverte ludique sous forme d'énigmes. Visite guidée.
Visite sur r.-v. pour les groupes.

B3 **PORT-D'ENVAUX**

Château de Panloy

17350 Port-d'Envaux
Tél. : 05 46 91 73 23
www.chateau-de-panloy-17.com
Propriété privée
Inscrit

L'actuel château de Panloy est construit vers 1770 par l'architecte parisien Barbier de Noisy, pour le baron de Saint-Dizant. Il remplace un vaste édifice de la fin du XVIe s. En 1812, un incendie oblige à reconstruire l'aile droite et, en 1877, les toitures à la Mansart en mauvais état sont refaites au goût du jour. Le château adopte un plan en U, flanqué de six pavillons, dont deux, vestiges du château Renaissance, sont agrémentés d'un décor varié, oculi, chapiteaux ioniques, caissons sculptés de fleurs. La façade sur cour est marquée par un avant-corps central couronné d'un fronton triangulaire.

Juil.-août : t.l.j. 10h-19h ; mai-juin, sept. : t.l.j. sf lun. 10h-12h, 14h-18h ;
Pâques-Toussaint : dim. et j. fériés 14h-18h. Visite guidée.
Visite sur r.-v. pour les groupes le reste de l'année (20 pers. min.).

B3 **ROCHEFORT**

Corderie royale

Centre international de la mer
17300 Rochefort
Tél. : 05 46 87 01 90
www.corderie-royale.com
Propriété de la commune
Classé

Construite en 1666 par l'ingénieur du roi François Blondel, la Corderie royale fait partie de l'arsenal maritime de Rochefort, implanté sur les bords de la Charente sur ordre de Louis XIV et à l'initiative de Colbert. Première manufacture à caractère industriel et chef-d'œuvre de l'architecture classique, la Corderie royale, longue de 374 m, sert pendant deux siècles et demi à confectionner tous les cordages en chanvre des grands voiliers de la Marine royale. Son activité décline progressivement avec l'arrivée du câble-chaîne jusqu'au début du XXe s. La fermeture de l'arsenal en 1926 et son incendie par les Allemands en 1944 laissent le site à l'abandon. Restaurée entre 1976 et 1988, la Corderie abrite aujourd'hui le Conservatoire du littoral, la Ligue pour la protection des oiseaux, la chambre de commerce et d'industrie, le Centre international de la mer et la bibliothèque municipale.

Fév.-mars, oct.-déc. : t.l.j. 10h-12h30, 14h-18h ; avr.-juin, sept. : t.l.j. 10h-19h ;
juil.-août : t.l.j. 9h-19h. Fermé en janv., 25 déc. Visite libre. Visite guidée.
Visite sur r.-v. pour les groupes (10-50 pers.).

École de médecine navale

25, rue de l'Amiral-Meyer
17300 Rochefort
Tél. : 05 46 99 59 57
www.musee-marine.fr
Propriété de l'État
Inscrit

Installée depuis 1788 dans un pavillon de l'Hôpital maritime, l'École de médecine navale a constitué des collections nécessaires à la formation des chirurgiens de marine et des médecins chargés de la santé des ouvriers et habitants de l'arsenal : bibliothèque scientifique et philosophique, collections anatomique, zoologique et botanique, instruments anciens, objets ethnographiques. Ces ensembles, étroitement associés au lieu qu'ils occupent, livrent une saisissante image de la connaissance médicale des XVIIIe et XIXe s.

Juin, sept. : t.l.j. 14h30, 16h30; juil.-août : t.l.j. 10h30, 14h30, 16h30 ; oct.-mai : t.l.j. 14h30. Fermé en janv., 1er mai, 25 déc.
Visite guidée. Visite sur r.-v. pour les groupes.

Hôtel de Cheusses

Musée de la Marine
1, place de la Galissonnière
17300 Rochefort
Tél. : 05 46 99 86 57
www.musee-marine.fr
Propriété de l'État
Classé

Cet hôtel, construit à partir de 1599 pour Adrien de Lauzeré, premier valet de chambre d'Henri IV, appartient à la famille protestante de Cheusses, lorsqu'il est repris par le roi en 1666 lors de la création de l'arsenal. Il est alors agrandi pour accueillir les chefs d'escadre commandant la marine, qui partent en 1781 s'installer à la Maison du Roy. Construit selon le plan traditionnel en U entre cour et jardin, il abrite le Commissariat général de la marine jusqu'à la fermeture de l'arsenal en 1926. Depuis 1936, il rassemble les riches collections de la salle des « petits modèles » de l'arsenal, liés à la construction navale.

Mai-sept. : t.l.j. 10h-20h; oct.-avr. : t.l.j. 13h30-18h30.
Fermé en janv., 1er mai, 25 déc. Visite libre. Visite guidée pour les groupes.
(visite guidée aménagée, sonore et tactile).

Maison de Pierre Loti

141, rue Pierre-Loti
17300 Rochefort
Tél. : 05 46 82 91 90
www.ville-rochefort.fr
Propriété de la commune
Classé

C'est après 1880 et ses premiers grands succès littéraires que l'officier de marine Julien Viaud, *alias* Pierre Loti, entreprend de grandes transformations dans la maison familiale. Lieu de mémoire, il l'aménage au gré de ses voyages à travers le monde et des fantaisies de son temps. La salle Renaissance, la salle gothique, la mosquée, le salon turc et la chambre arabe nous transportent dans les mondes magiques et exotiques du Moyen Âge et de l'Orient, revus à travers l'imaginaire de l'écrivain voyageur. En 1969, la commune achète à ses descendants la maison et son jardin, qui devient musée municipal.

Oct.-mai : t.l.j. sf mar. et dim. mat. 10h30, 11h30, 14h, 15h, 16h;
juin, sept. : t.l.j. sf mar. 10h30, 11h30, toutes les 30 mn de 14h à 17h;
juil.-août : t.l.j. sf mar. visite toutes les 30 mn de 10 à 11h30 et de 14h à 18h.
Fermé en janv. Visite guidée (réservation vivement recommandée).
Visite sur r.-v. pour les groupes au 05 46 82 91 92 (10-20 pers.).

Pont transbordeur du Martrou

17300 Rochefort
Avenue Jacques-Demy
Tél. : 05 46 83 30 86
www.paysrochefortais.fr
Propriété de l'État
Classé

Confronté au problème du trafic maritime sur les fleuves, l'ingénieur Ferdinand Arnodin invente une solution originale : le pont transbordeur. Construit en 1900, ce très spectaculaire ouvrage reste l'unique exemple en France de ces élégantes et aériennes prouesses techniques, les ponts transbordeurs de Brest, Nantes, Rouen et Marseille ayant été détruits. Sur les deux rives de la Charente, deux pylônes métalliques soutiennent un tablier de 175 m de long placé à 50 m au-dessus des plus hautes eaux. Le tablier porte des rails, sur lesquels circule un chariot qui entraîne une nacelle. L'augmentation croissante de la circulation automobile durant la première moitié du XXe s. rend le trafic difficile. En 1967, après le tournage des *Demoiselles de Rochefort*, il est remplacé par le pont à travée levante. Délaissé et oublié, il se dégrade lentement avant d'être sauvé de la démolition par les Monuments historiques en 1976. Restauré depuis 1993, il est à nouveau en état de fonctionnement.

Juin-août : t.l.j. sf lun. mat. 10h-12h30, 14h-19h30 ;
sept. : t.l.j. sf lun. mat. 10h-12h30, 14h-19h.
Visite libre. Maison du Transbordeur (découverte et histoire du Pont transbordeur) ouverte de fév. à nov.
(avr.-sept. : renseignements au 05 46 87 56 30).

A2 — **ROCHELLE (LA)**

Hôtel Fleuriau

Musée du Nouveau-Monde
10, rue Fleuriau
17000 La Rochelle
Tél. : 05 46 41 46 50
www.ville-larochelle.fr
Propriété de la commune
Inscrit et classé

L'hôtel Fleuriau compte parmi les grands hôtels particuliers élevés au XVIIIe s. à La Rochelle. Construit pour Regnaud de Beaulieu et agrandi en 1772 par l'armateur Aimé Benjamin Fleuriau, il s'organise entre cour et jardin. Le corps de logis et les deux ailes latérales des communs encadrent une cour pavée, dont l'accès se fait par un portail monumental. Les façades présentent des ouvertures cintrées en anse de panier et des balcons en fer forgé rehaussé de dorures. À l'intérieur, l'hôtel a gardé son décor raffiné de boiseries, de trumeaux sculptés et dorés, de miroirs et de belles cheminées en marbre, témoins de l'art de vivre au XVIIIe s. Il abrite aujourd'hui le musée du Nouveau-Monde évoquant les relations culturelles et historiques entre la France et l'Amérique depuis le XVIe s., mais aussi la délicate question de l'esclavage.

Oct.-mars : t.l.j. sf mar. 9h30-12h30, 13h30-17h ;
avr.-sept. : t.l.j. sf mar. 10h-12h30, 14h-18h, dim. 14h30-18h.
Fermé 1er janv., 1er mai, 14 juil., 1er et 11 nov., 25 déc.
Visite libre. Visite guidée. Visite sur r.-v. pour les groupes.

Hôtel de ville

17000 La Rochelle
Tél. : 05 46 51 51 51/05 46 41 14 68
www.ville-larochelle.fr
Propriété de la commune
Classé

L'hôtel de ville occupe aujourd'hui encore l'emplacement de la première « maison de ville » du XIIe s. Le mur d'enceinte, de style gothique flamboyant, date de la fin du XVe s. Dans la cour se succèdent un pavillon Renaissance, un logis construit sous le règne d'Henri IV et l'aile datant du XIXe s. L'intérieur, réaménagé au XIXe s., témoigne des nombreux souvenirs liés à l'histoire de la ville.

Oct.-mai : w.-e. 15h ; juin, sept. et vac. scol. : t.l.j. 15h ;
juil.-août : t.l.j. 15h, 16h. Fermé 1er janv., 25 déc. Visite guidée.

Tours de La Rochelle (tour de la Lanterne, tour Saint-Nicolas et tour de la Chaîne)

17000 La Rochelle
Tél. : 05 46 41 74 13
http://la-rochelle.monuments-nationaux.fr
Propriété de l'État
Classé

CENTRE DES MONUMENTS NATIONAUX

Remarquables vestiges de l'enceinte médiévale, les trois tours du vieux port de La Rochelle témoignent de la puissante activité de la ville, développée par la découverte de l'Amérique et la naissance d'un commerce d'outre-mer. Bastion calviniste dès la première moitié du XVIe s., La Rochelle est assiégée par Richelieu en 1627-1628, engendrant la reddition des habitants et la destruction des fortifications, à l'exception de la porte de la Grosse-Horloge, des trois tours et d'une partie de l'enceinte. Élevées au XIVe s., la tour de la Chaîne et la tour Saint-Nicolas ferment et protègent le port. La tour de la Lanterne, construite au XVe s., est l'unique phare médiéval existant encore en France. Elle sert ensuite de prison, comme l'attestent les nombreuses inscriptions laissées par les détenus sur ses murs.

Avr.-sept. : t.l.j. 10h-18h30 ; oct.-mars : t.l.j. 10h-13h, 14h15-17h30 (22h le mar. en juil.-août pour les tours de la Chaîne et Saint-Nicolas).
Fermé 1er janv., 1er mai, 25 déc. Visite libre. Visite guidée.
Visite sur r.-v. pour les groupes. ♿ en partie. (visite signée).

Palais épiscopal (ancien) – hôtel Crussol d'Uzès

Musée des Beaux-Arts
28, rue Gargoulleau
17000 La Rochelle
Tél. : 05 46 34 76 55
www.ville-larochelle.fr
Propriété de la commune et de l'État
Inscrit

Cet hôtel est construit au début du XVIIe s. à l'emplacement d'une ancienne maison acquise en 1600 par Paul Legoux, trésorier de la maison de Navarre. Il devient séminaire en 1673, évêché en 1696. Mgr de Crussol le fait reconstruire de 1773 à 1777 par l'architecte parisien Nicolas Ducret. Il est confisqué à la Révolution, et la bibliothèque municipale s'y installe en 1795 et le musée des Beaux-Arts en 1845. L'hôtel abrite aujourd'hui un espace d'Art contemporain au rez-de-chaussée, le service départemental d'architecture et du patrimoine au premier étage et le musée des Beaux-Arts au second.

Oct.-mars : t.l.j. sf mar. 9h30-12h30, 13h30-17h ;
avr.-sept. : t.l.j. sf mar. 10h-12h30, 14h-18h, dim. 14h30-18h.
Fermé 1er janv., 1er mai, 1er et 11 nov., 25 déc.
Visite libre. Visite guidée. Visite sur r.-v. pour les groupes. ♿

SABLONCEAUX B3

Abbaye

17600 Sablonceaux
Tél. : 05 46 94 41 62
http://chemin-neuf.org
Propriété privée
Inscrit et classé

L'abbaye de Sablonceaux, fondée par Guillaume VIII, duc d'Aquitaine, observe la règle de saint Augustin. Plusieurs bâtiments médiévaux subsistent, dont l'église, la salle capitulaire, la grange aux dîmes. L'abbaye est ensuite réaménagée au cours du XVIIIe s. comme en témoigne le logis de l'abbé, doté d'une étonnante galerie ouverte sur sa façade sud et qui a gardé de cette époque ses boiseries, ses cheminées de pierre, ainsi que deux salons à décor de gypseries. Depuis 1986, elle a retrouvé son activité religieuse.

ÉGLISE ET SITE Ouverts toute l'année.
BÂTIMENTS Juil.-août, le premier dim. de chaque mois : t.l.j. 15h-18h.
Visite guidée. Visite guidée sur r.-v. pour les groupes toute l'année. ♿

B3 **SAINT-BRIS-DES-BOIS**

Abbaye de Fontdouce

17770 Saint-Bris-des-Bois
Tél. : 05 46 74 77 08
www.fontdouce.com
Propriété privée
Classé

L'abbaye de Fontdouce, fondée en 1111, est, au cours des XIIIe et XIVe s., l'un des puissants monastères de Saintonge. Son architecture associe le roman austère des premiers temps au gothique ornementé du XIIIe s. Vendue comme bien national à la Révolution, l'abbaye appartient depuis plus de deux siècles à la même famille qui restaure les bâtiments conventuels parmi lesquels l'élégante salle capitulaire traversée par une dérivation de la fontaine Douce, le parloir, et un joyau de l'art roman : la chapelle basse, surmontée de la chapelle haute réaménagée au XVIIIe s. ; sans oublier les jardins au pied des bâtiments qui sont redessinés dans un style à la française.

Avr. : t.l.j. 14h30-18h30, dim. 10h30-18h30;
mai-juin, sept.-oct. : t.l.j. 10h30-18h30 ; juil.-août : t.l.j. 10h-19h.
Visite libre. Visite guidée. Visite sur r.-v. pour les groupes toute l'année.
(sur r.-v.).

B4 **SAINT-DIZANT-DU-GUA**

Château de Beaulon

25, rue Saint-Vincent
17240 Saint-Dizant-du-Gua
Tél. : 05 46 49 96 13
www.chateau-de-beaulon.com
Propriété privée
Inscrit

À l'origine gothique flamboyant, le château de Beaulon fut, après un incendie en 1510, reconstruit dans sa partie ouest dans le style Renaissance par Jacques de Beaulon. Il présente aujourd'hui, en symétrie sur sa façade nord, une admirable lucarne gothique sculptée d'un riche décor avec pinacles, colonnettes, moulures prismatiques et symboles médiévaux et une lucarne Renaissance à pilastres plats et fronton triangulaire. Une tour d'escalier ponctuée de colonnes et de hauts reliefs romains se trouve au sud. Le château est agrémenté d'un parc, le « Jardin bleu ».

Mai-sept. : t.l.j. 9h-12h, 14h-18h ; oct.-avr. : t.l.j. sf w.-e. 9h-12h, 14h-18h.
Visite libre avec notice. Visite sur r.-v. pour les groupes.

B3 **SAINT-JEAN-D'ANGÉLY**

Tours de l'ancienne abbaye royale

17400 Saint-Jean-d'Angély
Tél. : 05 46 32 04 72
www.angely.net
Propriété de la commune
Classé

Chemin de Saint-Jacques-de-Compostelle
inscrit sur la Liste du patrimoine mondial en 1998

Un premier monastère, fondé par le roi d'Aquitaine Pépin au début du IXe s. pour abriter la tête relique de saint Jean-Baptiste, est reconstruit après les raids des Vikings vers 940. Remaniée et agrandie, pillée pendant la guerre de Cent Ans, l'abbaye est presque entièrement détruite en 1568 lors des guerres de Religion. Elle est à nouveau reconstruite du début du XVIIe s. à la fin du XVIIIe s. par les frères mauristes. Mais les travaux de la nouvelle église abbatiale, commencés en 1741, s'arrêtent en 1787. L'église, inachevée, se compose d'une seule façade occidentale encadrée de hautes tours à clochetons, autour desquels court une galerie à balustrade offrant un beau panorama de la ville.

15 juin-15 sept. : t.l.j. Visite libre. Visite guidée sur r.-v.
Visite sur r.-v. pour les groupes toute l'année.

SAINT-MARTIN-DE-RÉ A2

Citadelle et fortifications

17410 Saint-Martin-de-Ré
Tél. : 05 46 09 20 06
www.saint-martin-de-re.fr
Propriété de la commune,
propriété de l'État
Classé

Fortifications de Vauban
inscrites sur la Liste du
patrimoine mondial en 2008

Suite à l'inspection de l'île de Ré qu'il effectue en 1674 à la demande de Louis XIV, Vauban rédige en 1681 son instruction sur les fortifications de Saint-Martin, destinées à assurer la protection de l'arsenal de Rochefort. Les travaux, qui commencent dès le 29 juin 1681, sont réalisés par l'ingénieur Augier, sur les plans de Vauban et de Ferry, et se terminent vers 1702. L'enceinte présente une forme semi-circulaire ; elle est composée de cinq bastions réguliers de cinq demi-lunes et possède uniquement deux accès terrestres : la porte Toiras et la porte des Campani. La citadelle, qui peut abriter mille deux cents hommes, est accessible par une seule porte, la porte Royale, située face à la mer et possédant son propre petit port.

Site accessible sur r.-v. toute l'année. Visite guidée.
Visite sur r.-v. pour les groupes.

Domaine de la Baronnie

21, rue Baron-de-Chantal
17410 Saint-Martin-de-Ré
Tél. : 05 46 09 21 29
www.labaronnie-pallardy.com
Propriété privée
Inscrit

La Baronnie appartenait aux seigneurs de l'île de Ré. Elle fut construite, entre 1712 et 1721, par Jean Masseau de Beauséjour, sur les fondations de l'ancien château du XIIe s. En 1785, Louis XVI en fait l'acquisition pour la reine Marie-Antoinette. À la Révolution, la Baronnie est vendue comme bien national. En 1996, les actuels propriétaire la rachètent et entreprennent sa restauration. Une allée parfumée de lavande et de jasmin permet d'accéder à la cour intérieure pavée de galets. On traverse ensuite le logis par le grand hall pour découvrir un jardin clos qui offre un havre de paix et de détente.

Ouvert de Pâques à la Toussaint sur r.-v. le mat.

Hôtel de Clerjotte

Musée Ernest-Cognacq
13, avenue Victor-Bouthillier
17410 Saint-Martin-de-Ré
Tél. : 05 46 09 21 22
www.musee-iledere.com
Propriété de la commune
Classé

TOURISME & HANDICAP

L'Hôtel de Clerjotte est le plus bel exemple d'architecture civile de l'île de Ré. On attribue sa construction datée vers 1470, à Louis Clergeat, receveur de l'île de Ré pour Charles de France. Transformé en arsenal par Vauban vers 1690, il devient propriété de la commune dans les années soixante. Au fond de la cour pavée, un corps de logis de la fin du Moyen Âge flanquée d'une tour abritant un escalier à vis précédé d'une porte gothique flamboyant témoigne de la première construction. Il est embelli à la fin du XVIe s. et au début du XVIIe s. de deux ailes en retour inspirées d'une Renaissance tardive. Il abrite aujourd'hui le Musée Ernest Cognacq.

Oct.-mars : t.l.j. sf mar. 10h-12h, 14h-17h, w.-e. et j. fériés 14h-17h ;
avr.-juin, sept. : t.l.j. sf mar. 10h-13h, 14h-18h, w.-e. et j. fériés 14h-18h ;
juil.-août : t.l.j. sf mar. 10h-19h. Fermé 1er janv., 1er nov., 11 nov., 25 déc.
Visite libre. Visite guidée.

B3 **SAINT-PORCHAIRE**

Château de La Roche-Courbon

17250 Saint-Porchaire
Tél. : 05 46 95 60 10
www.t3a.com/larochecourbon
Propriété privée
Classé

Le château est construit vers 1475 par Jehan de Latour sur le site rocheux de La Roche-Courbon, occupé depuis la Préhistoire. On doit à la famille Courbon, propriétaire pendant plus de deux siècles, la métamorphose, au XVIIe s., de l'austère château fort en élégante et fastueuse demeure classique. Après quelques transformations faites au XVIIIe s., le domaine décline avant d'être vendu en 1817, puis abandonné. Sauvé de la ruine grâce aux appels de Pierre Loti, il est acheté en 1920 par Paul Chénereau qui a consacré sa vie à le restaurer. Le décor intérieur du XVIIe s. est remarquable, notamment la salle de bains recouverte de boiseries peintes et sculptées datées de 1662.

CHÂTEAU T.l.j. 10h-12h, 14h-18h (17h en hiver).
Visite guidée sf le jeu. du 15 sept. au 15 mai.
JARDINS T.l.j. 10h-12h, 14h-19h30 (17h30 en hiver). Visite libre.
Fermé la semaine en janv. et le dim. mat. l'hiver, 1er janv, 25 déc.
Visite sur r.-v. pour les groupes (15 pers. min.).

B3 **SAINTES**

Abbaye aux Dames

11, place de l'Abbaye
17100 Saintes Cedex
Tél. : 05 46 97 48 48
www.abbayeauxdames.org
Propriété de la commune
Inscrit

L'abbaye aux Dames est dotée d'une vaste église romane du XIIe s. et d'un ensemble de bâtiments conventuels refaits au XVIIe s. ; récemment restaurés, ils abritent aujourd'hui le Centre culturel de rencontres qui développe un projet artistique autour de la musique.

Oct.-mars : t.l.j. 14h-18h ; avr.-sept. : t.l.j. 10h-12h30, 14h-19h. Fermé vac. de Noël.
Visite libre. Visite audioguidée. Visite guidée sur r.-v.

Hôtel Monconseil

Musée Dupuy Mestreau
4, rue Monconseil
17100 Saintes
Tél. : 05 46 93 36 71
www.ot-saintes.fr
Propriété privée
Inscrit

L'hôtel Monconseil est construit en 1738 pour le marquis Antoine Guinot de Monconseil. Il devient de 1790 à 1810 le siège de la préfecture de la Charente-Inférieure et abrite depuis 1920 un musée. Remarquable spécimen de l'architecture civile du XVIIIe s., le musée Dupuy-Mestreau contient de riches collections d'art régional, réunies au tournant des XIXe et XXe s. par Abel Mestreau (1855-1939).

Avr.-sept. : t.l.j. sf lun. 10h-12h30, 13h30-18h, dim. 13h30-18h ;
oct.-mars : t.l.j. sf lun. 14h-17h (sur r.-v. le mat.). Fermé 1er janv., 1er mai, 1er nov., 25 déc. Visite guidée. Visite sur r.-v. pour les groupes le mat.

Maison du Présidial

Musée du Présidial
28, rue Victor-Hugo
17100 Saintes
Tél. : 05 46 93 03 94
Propriété de la commune
Classé

Cet hôtel particulier du début du XVIIe s., demeure prestigieuse de l'ancien président du présidial, regroupe les tableaux anciens (XVe-XVIIIe s.) du musée des Beaux-Arts, fondé en 1864 grâce au legs du comte Louis Lemercier.

Avr.-sept. : t.l.j. sf lun. 10h-12h30, 13h30-18h, dim. 13h30-18h ;
oct.-mars : t.l.j. sf lun. 14h-17h (sur r.-v. le mat.). Fermé 1er mai.
Visite libre. Visite guidée sur r.-v. pour les groupes.

Amphithéâtre gallo-romain

20, rue Lacurie
17100 Saintes
Tél. : 05 46 97 73 85
www.ville-saintes.fr
Propriété de la commune
Classé

Achevé vers 40 apr. J.-C., sous le règne de l'empereur Claude, l'amphithéâtre de Saintes est la preuve insigne de la romanisation de la ville antique. Adossé à un vallon, il pouvait accueillir près de quinze mille spectateurs. Ce lieu présentait bien sûr les spectacles sanglants, prisés à cette époque : combats de gladiateurs, chasses d'animaux, etc. De nos jours ce site est plus calme et accueille, durant la saison estivale, divers festivals.

Juin-sept. : t.l.j. 10h-20h; oct.-mars : t.l.j. sf dim. mat. 10h-12h30, 13h30-17h ; avr.-mai : t.l.j. 10h-18h, dim. 13h30-18h. Fermé 1er janv., 1er mai, 1er nov., 25 déc. Visite libre. Visite audioguidée. Visite guidée de juin à mi-sept. (audioguide).

Trésor de l'ancienne cathédrale Saint-Pierre

1, place Saint-Vivien
17100 Saintes
Tél. : 05 46 93 09 92
paroisse.saintesrg@cegetel.net
Propriété de la commune
Classé

La cathédrale Saint-Pierre de Saintes est attestée dès la fin du VIIIe s. Une seconde reconstruction générale, lancée vers le milieu du XVe s. sous l'épiscopat de Guy de Rochechouart, est interrompue par les guerres de Religion, pendant lesquelles elle est presque entièrement détruite. Une seconde reconstruction débute alors en 1582 pour se terminer vers 1662. Elle fait l'objet depuis 1972 d'importantes campagnes de restauration.

Visite libre. Visite guidée l'été (se renseigner au 05 46 93 09 92).

TRIZAY — B3

Abbaye

Centre d'Art contemporain
Esplanade de l'Abbaye
17250 Trizay
Tél. : 05 46 82 34 25
www.trizay.com
Propriété de la commune
Classé

Le prieuré Saint-Jean-l'Évangéliste de Trizay, bâti dans la vallée de l'Arnoult, est fondé au cours de la seconde moitié du XIe s. et dépend de l'abbaye bénédictine de La Chaise-Dieu. Son église, de la fin du XIe s., dont il ne reste que trois chapelles, est un édifice octogonal de grandes dimensions. Des bâtiments conventuels et du cloître (XIIe au XVe s.), il reste la salle capitulaire, le cellier, les dortoirs et le réfectoire. Laissé à l'abandon pendant de nombreuses décennies, le prieuré a été récemment restauré, mettant en valeur son architecture originale et d'intéressantes peintures murales.

15 janv.-mars, nov. : t.l.j. 14h-18h, dim. 15h-19h ; avr.-oct. : t.l.j. sf lun. 14h-19h. Visite guidée. Visite sur r.-v. pour les groupes.

VILLENEUVE-LA-COMTESSE — B3

Château

17330 Villeneuve-la-Comtesse
Tél. : 05 46 33 92 50
Propriété privée
Inscrit

Assiégé à plusieurs reprises lors des guerres féodales et anglaises, le château de Villeneuve succombe en 1430 sous les assauts du connétable d'Albret, qui le démolit presque entièrement, à l'exception d'une grande tour. La famille de Laurencie en est propriétaire de 1550 à 1843. Le château est formé d'une enceinte rectangulaire du XVe s. entourée de fossés et flanquée de tours d'angle, dont deux subsistent. Le donjon carré qui servait de châtelet d'entrée est doté de contreforts hémicylindriques.

Juil.-août : lun. 15h, 16h et ven. 10h, 11h.
Ouvert pour les Journées du patrimoine.
Visite guidée. Visite sur r.-v. pour les groupes toute l'année.

C1 **AIRVAULT**

Abbaye

Musée des Arts
et Traditions populaires
79600 Airvault
Tél. : 05 49 70 84 07/05 49 70 84 03
www.tourisme-airvaudois.fr
Propriété de la commune
Inscrit et classé

Ralliée à l'ordre des augustins, l'abbaye d'Airvault est fondée au Xe s. L'église abbatiale romane, qui a conservé des chapiteaux sculptés remarquables, est consacrée en 1100 et reçoit au XIIIe s. des voûtes gothiques angevines. Les bâtiments conventuels qui subsistent datent de la fin du XIIe s. ou du début du XIIIe s. Endommagé par les guerres de Religion, le logis abbatial est reconstruit vers 1650. Propriétés de la commune depuis la Révolution, les bâtiments conventuels, séparés de l'église et du cloître par une rue percée au XIXe s., abritent aujourd'hui un musée des Arts et Traditions populaires.

BÂTIMENTS CONVENTUELS (MUSÉE) Mai-sept. : t.l.j. 14h30-18h30 ; oct.-avr. : mer. 14h30-17h30. Visite sur r.-v. pour les groupes toute l'année.
ÉGLISE ABBATIALE Juin-sept. : t.l.j. 10h-12h, 14h30-18h30.
Visite libre. Visite guidée. Visite sur r.-v. pour les groupes.

B1 **AMAILLOUX**

Château de Tennessus

79350 Amailloux
Tél. : 05 49 95 50 60
www.tennessus.com
Propriété privée
Inscrit

Un aveu de 1404 cite la tour de Tennessus. Lors du siège de Parthenay en 1414 par l'armée du Dauphin, le château est attaqué. De nombreux propriétaires se succèdent jusqu'à nos jours, dont les Bodet de La Fenêtre au XVIIe s. et les Chasteigner jusqu'à la Révolution. Le château est flanqué de plusieurs tours : une ample tour carrée de la seconde moitié du XIVe s. renfermant une salle voûtée au rez-de-chaussée et, aux étages, des salles avec cheminées monumentales ; une vaste tour ronde couronnée de mâchicoulis datant du XVe s. et une autre tour de moindre proportion (XVe s., XVIIe s.) encadrant une cour fermée par un pont-levis.

Sept.-juin : visite sur r.-v. uniquement. Visite guidée.
Visite sur r.-v. pour les groupes.

B2 **BEAULIEU-SOUS-PARTHENAY**

Château de la Guyonnière

79420 Beaulieu-sous-Parthenay
Tél. : 05 49 64 22 99
chateau.laguyonniere@wanadoo.fr
Propriété privée
Inscrit

Le château de la Guyonnière est construit au XIVe s. Remanié aux XVe s. et XVIe s., il conserve une allure féodale marquée. Il forme un quadrilatère cantonné de tours, dont une abrite un pigeonnier. On y pénètre par une porte fortifiée. Les jardins, auxquels on accède par un petit pont-levis formant poterne, sont entourés de profondes douves et se composent de neuf carrés d'inspiration médiévale, où se côtoient fleurs, légumes, plantes mellifères, médicinales, aromatiques, roses anciennes, arbustes et arbres fruitiers.

Juin-14 juil., 20 août-sept. : 9h30-12h, 14h30-18h.
Visite libre avec notices. Visite guidée sur r.-v.
Visite extérieure seulement. Visite sur r.-v. pour les groupes toute l'année.

BOUGON C2

Tumulus

Musée des Tumulus de Bougon
La Chapelle
79800 Bougon
Tél. : 05 49 05 12 13
www.deux-sevres.com
Propriété du département
Classé

Le site archéologique de Bougon, formé par cinq tumulus concentrés dans un espace restreint, constitue une des plus anciennes nécropoles connues sur la façade atlantique. Sa construction remonte au Ve millénaire av. J.-C. et sa fréquentation s'étale sur plus de deux millénaires. Situé à proximité du site, le musée, construit par J.-F. Milou et conçu comme une grande vitrine ceinte d'un péristyle métallique, propose un parcours de découvertes et des expositions.

Janv. : dim. 13h-17h30; fév.-avr., oct.-déc. : lun., mar., jeu., ven. 10h-17h30, mer., w.-e. 13h-17h30 (1er et 11 nov. 13h-17h30);
mai-sept. : t.l.j. 10h-18h30, mer. 13h-18h30.
Visite libre. Visite audioguidée. Visite guidée. Visite sur r.-v. pour les groupes.
(t.l.j. juin-sept., vacances de Pâques zone B, w.-e. de mai et j. fériés; sur r.-v. pour les groupes).

CELLES-SUR-BELLE B2

Abbaye royale

Rue des Halles
79370 Celles-sur-Belle
Tél. : 05 49 32 92 28
www.ville-celles-sur-belle.com
Propriété de la commune
Classé

L'abbaye de Celles-sur-Belle est d'abord un prieuré augustinien dépendant de l'abbaye de Lesterps, érigé en abbaye en 1137-1140. L'église est reconstruite au XVe s. Les bâtiments conventuels, mis à mal pendant les guerres de Religion, sont restitués et l'église est restaurée vers 1670-1690, par l'architecte Le Duc dit Toscane, alors que l'abbaye appartient aux Génovéfains. Le monumental bâtiment classique à décor de bossages, daté de 1682, renferme un vaste escalier, un réfectoire voûté d'ogives et une galerie de cloître à voûtes d'arêtes. Il domine un terrain qui recevait un jardin à la française. Le site accueille de nos jours des activités culturelles.

15 avr.-14 juin, 16 sept.-15 oct. : mar.-ven. 10h30-12h30, 14h30-17h30 ;
15 juin-15 sept. : t.l.j. 10h30-12h30, 14h30-18h30.
Visite libre des extérieurs. Visite sur r.-v. pour les groupes (10 pers.).

CHEF-BOUTONNE C3

Château de Javarzay

79110 Chef-Boutonne
Tél. : 05 49 29 86 31
chateaudejavarzay@cegetel.net
Propriété de la commune
Classé

C'est à François de Rochechouart, gouverneur de Gênes, que l'on doit la construction vers 1515 du château de Javarzay. Il s'agit alors d'un des plus vastes châteaux du Poitou. La famille de La Rochefoucauld, le comte de Pontchartrain, ministre de Louis XIV, Guillaume de Lamoignon de Malesherbes, avocat de Louis XVI, comptent parmi les illustres propriétaires du château. De l'édifice fortifié de douze tours, il ne reste que le châtelet d'entrée, flanqué de tourelles et relié à une tour ronde, et la chapelle. Une orangerie a été ajoutée en 1854. L'édifice accueille une collection de coiffes et de vêtements du XIXe s., ainsi que des expositions temporaires. Des salles sont consacrées à Jean-François Cail (1804-1871).

Pâques-Toussaint : t.l.j. sf lun. et mer. (ouvert les lun. fériés) 15h-18h.
Visite guidée à 15h et 16h30.
Visite sur r.-v. pour les groupes toute l'année (10 pers. min.).

B2 **CHERVEUX**

Au XIIIe s., Cherveux fait partie des six fiefs confisqués par Saint-Louis à Hugues de Lusignan. De ce château primitif il ne reste aucune trace. La présente construction est l'œuvre de l'Écossais Robert Coningham capitaine d'une compagnie d'ordonnance sous Charles VII, puis de la garde du corps de Louis XI. Il participe à diverses campagnes militaires avec Arthur de Richemont, seigneur de Parthenay (notamment à Formigny en 1450). Accusé de traîtrise, jeté en prison, puis réhabilité par Louis XI, il meurt en 1479. Cet ensemble très homogène, car bâti en peu de temps dans le dernier tiers du XVe s., se signale d'abord par son donjon, visible depuis le lointain. Il apparaît dans un site campagnard, encore aujourd'hui, bien préservé.

Avr.-oct. : w.-e. 15h-19h. Visite extérieure. Visite guidée.
Visite sur r.-v. pour les groupes toute l'année.
(acoustique particulière d'une salle).

Château

79410 Cherveux
Tél. : 05 49 75 06 55
www.chateau-de-cherveux.com
Propriété privée
Classé

B2 **ÉCHIRÉ**

Construite au début du XIIIe s. par les seigneurs de Parthenay, la forteresse de Coudray-Salbart surveille le passage sur la Sèvre niortaise, à la frontière de la Gâtine et de la plaine de Niort. Ses hautes murailles percées d'archères rappellent sa fonction militaire. Abandonnée à la fin du Moyen Âge, elle n'a subi aucun remaniement ce qui explique son bon état de conservation. Le château proprement dit est précédé d'une basse-cour à l'ouest. Il comprend deux niveaux de circulation : le chemin de ronde et la gaine, long couloir voûté ménagé dans l'épaisseur des murs. Plusieurs salles voûtées sont ouvertes à la visite en fonction de l'avancement des travaux de restauration commencés en 2005.

3 avr.-2 juil., 16 août-oct. : w.-e. et j. fériés 10h-12h, 14h-18h;
3 juil.-15 août : t.l.j. sf mar. 10h-12h30, 14h30-18h.
Visite libre. Visite guidée. Visite sur r.-v. pour les groupes toute l'année.

Château de Coudray-Salbart

79410 Échiré
Tél. : 05 49 25 71 07
www.salbart.org
Propriété de la communauté d'agglomération
Classé

C1 **LHOUMOIS**

Le château de la Roche-Faton est élevé à l'emplacement d'un château plus ancien du XIIe s. qui a brûlé au début du XVe s. lors des conflits opposant les Armagnacs et les Bourguignons. On doit à Mathurin Pidoux la reconstruction de l'ancienne forteresse médiévale à partir de 1544. Le château comprend trois corps de bâtiment qui s'ordonnent autour d'une cour : le châtelet d'entrée flanqué de deux tours du XVe s. attenant au corps de logis à deux ailes en équerre des XVe s. et XVIe s., deux ailes de communs du XVIIe s. établis à l'emplacement des courtines dont deux tours sont conservées. Des douves, il ne reste qu'une pièce d'eau. À la fin du XVIIIe s., une terrasse est créée face au logis et une chapelle du XVIIe s., restaurée au XIXe s., jouxte les communs.

22 août-sept. : t.l.j. 10h-12h, 14h-18h; avr.-juin : w.-e. 10h-12h, 14h-18h.
Visite libre. Visite extérieure. Visite sur r.-v. pour les groupes.

Château de la Roche-Faton

79390 Lhoumois
Tél. : 05 49 63 01 41
Propriété privée
Inscrit

MONTRAVERS B1

Château du Deffend

79140 Montravers
Tél. : 05 49 65 46 80
fmahlerbesse@wanadoo.fr
Propriété privée
Inscrit

Le château du Deffend dominant la Sèvre nantaise, au cœur d'un parc paysager, est construit de 1860 à 1865 par Savary de Beauregard, sur les plans de l'architecte parisien La Rue et sous la surveillance de l'architecte de Poitiers Ojamme. Cet édifice brique et pierre offre deux façades très différentes aux effets encore accentués par l'abondance des jeux décoratifs. Un corps de logis rectangulaire sous toiture à croupes est assorti d'avant-corps. Deux pavillons cantonnent l'élévation antérieure.

15 août-sept. : t.l.j. 14h-18h. Visite guidée.
Visite sur r.-v. pour les groupes d'avr. au 23 sept. (10 pers. min.).

NIORT B2

Donjon

Musée ethnographique et archéologique
79000 Niort
Tél. : 05 49 78 72 00/05 49 78 72 04
www.agglo-niort.fr
Propriété de la communauté d'agglomération
Classé

Le double donjon de Niort est construit entre 1160 et 1175 par Henri II Plantagenêt. Il est alors situé au centre d'une enceinte longue de 700 m et flanquée d'une dizaine de tours, détruites en 1817. Les deux donjons sont appuyés de tourelles pleines et de contreforts hémicylindriques, et reliés par un corps de logis élevé au XIVe s. Ils abritent un musée qui présente des collections d'archéologie régionale et d'ethnologie.

T.l.j. sf lun. 10h-12h30, 14h-17h.
Visite libre. Visite sur r.-v. pour les groupes.

NUEIL-LES-AUBIERS B4

Parc et jardins du château de Tournelay

79250 Nueil-les-Aubiers
Tél. : 05 49 65 61 13
Propriété privée
Inscrit

Le domaine de Tournelay comprenait une « maison-noble » en 1783. Achetée au XIXe s. par un notable local, elle fut considérablement agrandie par son fils. En 1820, l'essentiel du château existe autour du pavillon de style Louis XIII qui en constitue le centre. En 1859, l'imposant ensemble des dépendances est bâti : écuries, chenil, poulailler, etc. dans le pur style anglais. Le parc de 30 ha est créé dans le style « à l'anglaise » de l'époque. À partir de 1972, la restauration totale du domaine débute. Un étang est créé au centre du parc. Aujourd'hui, Tournelay constitue, par son ampleur et sa variété, un témoignage exceptionnel sur la vie d'un grand domaine au XIXe s.

13 juil.-25 août : 14h-18h30. Visite libre. Visite sur r.-v. le reste de l'année et pour les groupes toute l'année (20 pers. min.).

C1 **OIRON**

Château

79100 Oiron
Tél. : 05 49 96 51 25
http://oiron.monuments-nationaux.fr
Propriété de l'État
Classé

CENTRE DES MONUMENTS NATIONAUX

Édifié à partir du XVIe s. par la famille seigneuriale des Gouffier, le château d'Oiron abrite la collection contemporaine *Curios & Mirabilia*, librement conçue sur le thème du cabinet de curiosités en référence à la fabuleuse collection d'art de Claude Gouffier, grand écuyer d'Henri II. Les artistes réinterprètent un lieu et un décor d'origine exceptionnels – galerie de peintures murales Renaissance dans le style de l'école de Fontainebleau, boiseries peintes et sculptées du XVIIe s. Sur les pas du marquis de Carabas, dont Claude Gouffier, dit-on, a été le modèle, le visiteur est invité à flâner entre « curiosités » et « merveilles ».

Juin-sept. : t.l.j. 10h30-18h30; oct.-mai : t.l.j. 10h30-17h30.
Fermé 1er janv., 1er mai, 1er et 11 nov., 25 déc.
Visite libre. Visite guidée. Visite sur r.-v. pour les groupes.

B2 **PARTHENAY**

Château et fortifications

79200 Parthenay
Tél. : 05 49 64 24 24
office-tourisme@district-parthenay.fr
Propriété de la commune
Inscrit et classé

Parthenay, capitale de la Gâtine, possède un patrimoine monumental remarquable, représentatif d'une ville médiévale : château et fortifications, maisons à pan de bois, églises romanes ou gothiques. Elle est au Moyen Âge le siège d'une des principales seigneuries du Poitou et elle conserve d'importants vestiges de cette époque : la porte Saint-Jacques au nord, la porte de la Citadelle au sud et le château, élevé à l'extrémité du promontoire rocheux défendu par le Thouet. Ce château, flanqué de grosses tours rondes, est réaménagé au XVe s. par Arthur de Richemont, connétable de France.

T.l.j. 9h-18h. Visite libre. Visite guidée sur r.-v. pour les individuels en juil. et août.
Visite guidée sur r.-v. pour les groupes de sept. à juin.

B1 **SAINT-ANDRÉ-SUR-SÈVRE**

Château de Saint-Mesmin

79380 Saint-André-sur-Sèvre
Tél. : 05 49 80 17 62
www.chateau-saintmesmin.fr
Propriété du département, propriété de la communauté de communes
Classé

Le château de Saint-Mesmin est construit vers 1370 par Pierre de Montfaucon. Plusieurs familles se succéderont au cours des siècles. En 1798, il est vendu comme bien national, la famille Proust, dernière propriétaire, en fait don en 1989 à une association chargée de sa restauration et de son animation. Depuis 2003, il est devenu la propriété d'un syndicat mixte qui a pris le relais de l'association. Le château est formé d'une petite enceinte hexagonale flanquée de tours, d'un petit châtelet d'entrée défendu par des tours et autrefois doté d'un pont-levis. Un puissant donjon cylindrique de 14 m de diamètre et de 28 m de haut, ajouté au début du XVe s., lui confère l'aspect d'un véritable château fort. Restauration en cours.

Mai-13 juin : dim. et j. fériés 15h-19h;
14 juin-6 juil., 31 août-19 sept. : t.l.j. 10h30-12h30, 14h30-18h30 ;
8 juil.-30 août : t.l.j. 10h30-13h, 14h30-18h30.
Visite libre. Visite guidée. Visite sur r.-v. pour les groupes toute l'année.

SAINT-LOUP-LAMAIRÉ — C1

Château de Saint-Loup

79600 Saint-Loup-Lamairé
Tél. : 05 49 64 81 73
www.chateaudesaint-loup.com
Propriété privée
Classé

De l'époque médiévale, le château de Saint-Loup conserve son système de douves, un imposant donjon carré et un corps de logis, remanié au XXe s. Au début du XVIIe s., la famille Gouffier, bâtisseur du château d'Oiron, élève le somptueux logis classique à pavillons, caractéristiques des créations architecturales inspirées de Philibert Delorme. Au cours des XVIIe s. et XVIIIe s., l'ensemble du domaine est composé autour d'un long canal bordé d'arbres et terminé par un élégant pavillon. Un grand jardin potager est créé à l'arrière du château ; un vaste verger clos et un parc à allées rayonnantes sont installés sur les hauteurs. Enfin, les communs médiévaux sont transformés en « ménagerie » (ferme), avec un imposant pigeonnier et une orangerie avec deux petits jardins potagers à la française.

Mai-15 sept. : t.l.j. 10h-19h ; 16 sept.-avr. : w.-e. et j. fériés 14h-19h.
Visite guidée. Visite sur r.-v. pour les groupes toute l'année.

SAINT-MARC-LA-LANDE — B2

Commanderie des Antonins

79310 Saint-Marc-la-Lande
Tél. : 05 49 63 43 31/05 49 63 26 12
www.maison-patrimoine.fr
Propriété de la commune
Inscrit

L'église paroissiale de Saint-Marc-la-Lande est une ancienne chapelle de l'ordre de Saint-Antoine-de-Viennois, fondée au XIe s. pour soigner le mal des ardents ou feu de Saint-Antoine. François de Tournon, commandeur de 1509 à 1512, semble être à l'origine de cette construction. Le remplage des fenêtres, les contreforts à pinacles et le riche décor de la façade accusent les influences du gothique flamboyant et de la Renaissance italienne. Dévastée par les protestants, la commanderie est restaurée à partir du XVIIe s. Vers 1654, les voûtes sont remontées et l'église est raccourcie. Le corps de logis attenant est allongé vers 1681. Un verger et un jardin de plantes médicinales complètent l'ensemble, qui abrite aujourd'hui des expositions temporaires.

T.l.j. sf lun. 14h-19h. Visite guidée de la commanderie.
Visite libre des jardins et de la collégiale.
Visite sur r.-v. pour les groupes toute l'année.

SAINT-MARTIN-DE-SANZAY — C1

Château de Sanzay

79290 Saint-Martin-de-Sanzay
Tél. : 05 49 67 78 93
Propriété privée
Inscrit

Édifié au XVe s., le château de Sanzay est la propriété de la famille d'Aviau de Piolan de la fin du Moyen Âge au début du XXe s. La construction du logis remonte pour partie au XVe s. (sous-sol, comble), tout comme la chapelle en œuvre avec sa porte sommée d'un arc en accolade et ses baies à remplage. Au XVIIe s., la demeure est remise au goût du jour par la construction d'escaliers à double révolution venus remplacer les tours d'escalier détruites. Au XVIIIe s., les ouvertures et les lucarnes sont agrandies et, au XIXe s., deux pavillons en retrait de part et d'autre du corps central sont ajoutés. Un pigeonnier, des portails, une pièce d'eau et des jardins agrémentent l'ensemble.

Juil.-sept. : t.l.j. sf mer. 14h-18h.
Visite guidée. Visite sur r.-v. pour les groupes toute l'année.

C1 **THOUARS**

Château

79100 Thouars
Tél. : 05 49 68 16 25
www.thouars.fr/vah
Propriété du département
Classé

Le château de Thouars, dominant la vallée du Thouet, est édifié en 1619 par Marie de La Tour d'Auvergne, épouse d'Henri de La Trémoille, qui, pour mener à bien cette construction, fait raser la puissante forteresse médiévale de Thouars, dont ne subsiste aujourd'hui qu'une partie du mur d'enceinte avec ses tours de défense. Pillé à la Révolution, le château est déclaré bien national puis vendu à la ville en 1833. Transformé et utilisé en caserne jusqu'en 1849, puis en collège de 1854 à 1868, enfin en prison de 1872 à 1925, il abrite aujourd'hui le collège Marie-de-la-Tour-d'Auvergne.

Visite guidée sur r.-v. toute l'année et pour les groupes.

B2 **USSEAU**

Château d'Olbreuse

79210 Usseau
Tél. : 05 49 04 98 65
rene.de-reals@wanadoo.fr
Propriété privée
Inscrit

Le château d'Olbreuse est la propriété de la famille Desmier depuis 1335. Au Moyen Âge, le château rectangulaire est cantonné de tours, dont deux subsistent aujourd'hui. Vers 1760, des travaux sont entrepris, dont la suppression du mur de courtine et l'édification d'une aile perpendiculaire au logis. Après une longue période d'abandon et de dégradation, le château est restauré depuis 1967.

Juil.-15 août : 12h-18h. Visite libre. Visite extérieure seulement.
Visite sur r.-v. pour les groupes toute l'année.

C2 **VASLES**

Château et jardins de La Sayette

79340 Vasles
Tél. : 05 49 69 94 93
Propriété privée
Inscrit

« Maison forte » du XVe s., le château de La Sayette appartient à la même famille depuis l'origine. Investi par les Anglais, assiégé par les huguenots, le château et ses jardins sont remaniés au XVIIe s. À la Révolution, Honoré de La Sayette ayant émigré, le château est vendu comme bien national mais racheté par la belle-fille d'Honoré. En 1850, Alfred de La Sayette procède à des remaniements confiés à l'architecte Boyer qui érige la chapelle de style néogothique (1857-1882) éclairée par une suite de onze vitraux. Un jardin classique français, avec grilles et cadrans solaires du XVIIe s., un potager doté d'un abreuvoir-pédiluve et une vaste charmille agrémentent l'ensemble.

29 juil.-6 sept. : t.l.j. 13h30-19h30.
Visite guidée. Visite sur r.-v. pour les groupes toute l'année.

ANGLES-SUR-L'ANGLIN D1

Château d'Angles

86260 Angles-sur-l'Anglin
Tél. : 05 49 48 86 87
www.anglessuranglin.com
Propriété de la commune
Classé

Cité dès 1025, le château d'Angles surveille la frontière du Poitou face à la Touraine et au Berry. À l'origine, la forteresse appartient aux évêques de Poitiers, qui l'inféodent jusqu'au XIIIe s. à la puissante maison de Lusignan. Après y avoir effectué d'importants travaux au XVe s., notamment la transformation du donjon en corps de logis, les évêques délaissent peu à peu le château qu'ils abandonnent définitivement en 1702. En ruine, il devient carrière publique à la Révolution. Le château présente aujourd'hui d'importants vestiges du XIe s. au XVe s., dont ceux du donjon roman à contreforts hémicylindriques, qui se dressent sur un éperon rocheux dominant de 40 m le cours de l'Anglin.

Juil.-août : t.l.j. sf mar. 10h30-12h30, 14h30-18h30;
mai-juin, sept.-oct. : w.-e. 14h30-18h30. Visite libre.
Visite extérieure seulement. Visite sur r.-v. pour les groupes.

Le Roc-aux-Sorciers

Centre d'interprétation
du Roc-aux-Sorciers
2, route des Certeaux
86260 Angles-sur-l'Anglin
Tél. : 05 49 83 37 27
www.roc-aux-sorciers.com
Propriété de l'État,
propriété de la communauté
de communes
Classé

Le Roc-aux-Sorciers constitue l'un des sites majeurs d'art rupestre associant art pariétal et occupation humaines. Daté du Magdalénien moyen, il y a quinze mille ans, il offre une frise sculptée longue de près de 20 m, avec des bisons, chevaux, félins, bouquetins et des figures humaines dont trois femmes rendues grandeur nature. Par sa richesse thématique, stylistique et technique, son ampleur, il est qualifié de « Lascaux de la sculpture ». Le site original étant fermé au public pour des raisons de conservation, le centre d'interprétation permet aux visiteurs de découvrir cette œuvre sous la forme d'un fac-similé que chacun peut toucher et d'un spectacle original, didactique et poétique.

Avr.-juin, sept. à début nov. : t.l.j. sf lun. et mar. 10h-12h30, 13h30-18h ;
juil.-août : t.l.j. 10h-12h30, 13h30-19h ; nov.-déc., fév.-mars : dim. et vac.
Noël et fév. : 10h-12h30, 13h30-18h. Fermé fin vac. Noël jusqu'au 31 janv.
Visite libre. Visite guidée. Visite sur r.-v. pour les groupes.

ANTIGNY D2

Château de Boismorand

86310 Antigny
Tél. : 05 49 48 49 05
Propriété privée
Inscrit et classé

Le château de Boismorand est acheté, en cours de construction, en 1470 par Jean de Moussy qui achève les travaux vers 1490. On lui doit la fondation de la chapelle de Jouhet et le décor de l'église d'Antigny. Le domaine est complètement transformé à partir de 1867. Dominant la vallée de la Gartempe, le château forme un ensemble imposant, composé du logis d'origine remanié dans un décor néogothique, complété de vastes communs en U et d'un jardin de buis créés au XIXe s. Le logis abrite une chapelle ornée de remarquables peintures murales du XVe s. Elle fait partie du circuit de la « vallée des fresques ».

Juil.-août. Visite libre des jardins et des communs.
Visite guidée de la chapelle. Visite guidée.
Visite sur r.-v. pour les groupes de sept. à juin (20 pers. min.).

C2 **ARCHIGNY**

Abbaye de l'Étoile

86210 Archigny
Tél. : 05 49 46 80 65/05 49 85 32 52
www.abbaye-etoile.fr
Propriété de la commune
Classé

L'abbaye de l'Étoile, fondée en 1124 par Isembaud de l'Étoile, est ralliée en 1149 à l'ordre de Cîteaux. Incendiée et pillée lors de la guerre de Cent Ans puis des guerres de Religion, elle est rebâtie deux fois par les abbés réguliers, la dernière fois au début du XVIIe s., avant d'être ruinée, comme beaucoup d'abbayes françaises, par la commende. Après la Révolution, elle est transformée un temps en exploitation agricole. C'est la seule abbaye du Poitou où on peut encore retrouver le plan bernardin. Subsistent aujourd'hui d'intéressants vestiges médiévaux comme la salle capitulaire aux voûtes angevines et la sacristie. L'abbaye reste connue aujourd'hui dans le monde entier grâce à son troisième abbé : Isaac de l'Étoile, un très grand théologien.

Oct.-mars : t.l.j. r.-v. Visite libre. Visite guidée.
Visite sur r.-v. pour les groupes toute l'année. ♿

Ferme acadienne

Musée Acadien
86210 Archigny
Tél. : 05 49 85 57 46
www.archigny.net
Propriété de la commune
Inscrit

L'Acadie, première colonie française du début du XVIIe s. située au nord du golfe du Saint-Laurent, prospère dès 1632 avec des colons venus essentiellement du haut Poitou. La colonie devient britannique en 1713, et dès 1755 commencent l'arrestation et la déportation des tous les Acadiens. Pour intégrer ceux qui sont rapatriés en France, les physiocrates, pour lesquels « toute richesse vient de la terre », font appel au marquis Pérusse des Cars, qui prévoit un projet ambitieux de construction de cent cinquante fermes avec granges, puits et terres défrichées. Seules cinquante-huit maisons sont construites, la première en 1773. Elles sont placées par groupes le long d'une voirie rectiligne avec mares et fours à pain. La maison n° 10 est une des trente-six maisons qui subsistent de la « ligne acadienne » ; elle abrite un musée rural retraçant l'histoire des exilés de la Nouvelle-France.

Mai-oct. : t.l.j. 14h-18h.
Visite guidée. Visite sur r.-v. pour les groupes (15 pers. min.).

C2 **BONNES**

Château de Touffou

86300 Bonnes
Tél. : 05 49 56 08 48
www.chateaudetouffou.com
Propriété privée
Inscrit et classé

Mentionné depuis 1127, le château de Touffou appartient à partir de 1519 à la famille Chasteigner. C'est Jean Chasteigner, seigneur de La Roche-Posay et compagnon d'armes de François Ier, et son épouse Claude de Montléon, dame de Touffou, qui font remanier le château vers 1550-1560. L'ensemble, d'une grande monumentalité, se compose d'une cour d'honneur et d'une terrasse en contrebas surplombant la Vienne, entourées d'une enceinte quadrangulaire flanquée à chaque angle de tours cylindriques. Le donjon est composé de deux constructions successives (XIIe et XVe s.) réunis ; l'aile nord Renaissance est dotée de grandes lucarnes avec pots à feu. D'intéressantes fresques du début du XVIIe s. ornent la chambre dite « de François Ier ».

15 juin-15 sept. : t.l.j. sf mar. et dim. mat. 10h-12h, 14h-18h.
Visite libre des jardins et des écuries. Visite guidée du château.
Visite sur r.-v. pour les groupes toute l'année. (sur r.-v.).

BRUX C2

Château d'Épanvilliers

86510 Brux
Tél. : 05 49 87 18 43
Propriété privée
Inscrit

Le fief, qui relève du comté de Civray, appartient dès le début du XVIe s. à la famille de Montalembert. Au milieu du XVIIIe s., le domaine est agrandi et aménagé au goût du jour par Pierre-Charles-François, dit « le marquis de Montalembert », chevalier de l'ordre de Saint Louis. Après la mort de sa femme en 1825, le marquis abandonne le château. Il passe ensuite entre les mains de propriétaires successifs. Le château se compose d'une cour d'honneur encadrée de communs et du logis. Celui-ci offre un bel exemple d'architecture classique, à la composition équilibrée, aux lignes sobres et rigoureuses. L'intérieur possède d'intéressants aménagements, comme des boiseries du XVIIIe s., le majestueux escalier du vestibule central et son élégante rampe en fer forgé.

Juil.-août : t.l.j. sf jeu. et ven. 14h-19h. Visite guidée.
Visite sur r.-v. pour les groupes toute l'année.

CHARROUX C2

Abbaye Saint-Sauveur

Place Saint-Pierre
86250 Charroux
Tél. : 05 49 87 62 43
http://charroux.monuments-nationaux.fr
Propriété de l'État
Classé

Centre des monuments nationaux

Le monastère est fondé à la fin du VIIIe s. par le comte Roger de Limoges, sous la protection de Charlemagne. Au creux d'un vallon, non loin de la Charente, la tour octogonale de Charroux perpétue le souvenir de l'une des plus puissantes abbayes bénédictines de la France médiévale. L'importante église abbatiale, édifiée au XIe s. dans la tradition carolingienne, s'organisait autour d'une immense rotonde à trois étages dédiée au saint Sauveur. Il n'en reste que la tour dite « de Charlemagne ». De l'ensemble monastique subsistent la salle capitulaire du XVe s., où sont rassemblées de remarquables sculptures provenant du portail gothique, et son remarquable trésor qui le classent parmi les hauts lieux du patrimoine poitevin.

Mai-août. : t.l.j. sf lun. 9h30-12h30, 14h-18h30 ; sept.-avr. : t.l.j. sf lun. 10h-12h30, 14h-17h30. Fermé 1er janv., 1er mai, 1er nov., 25 déc. Visite libre. Visite guidée.
Visite sur r.-v. pour les groupes (20 pers. min.). ♿ en partie avec aide.
(visite signée sur r.-v. au moins deux mois à l'avance).
(visite sur r.-v. au moins 15 j. à l'avance).

CHÂTELLERAULT C1

Site de l'ancienne manufacture d'armes

Musée Auto-Moto-Vélo
3, rue Clément-Krebs
86100 Châtellerault
Tél. : 05 49 21 03 46
www.alienor.org
Propriété de l'État,
propriété de la commune
Inscrit

La manufacture d'armes de Châtellerault est créée par ordonnance royale du 14 juillet 1819. Elle est le creuset d'une production d'armes toujours à la pointe des nouveautés technologiques (fusils Chassepot, Gras, Lebel). Du point de vue architectural, elle est le résultat d'une longue évolution adaptée à la théorie et aux nouveaux matériaux de construction : bâtiments en tuffeau et moellons dans un plan ordonnancé, puis, à partir de 1886, création de sheds, de hangars et de hautes cheminées, et enfin, à partir de 1914, apparition de nouveaux modules en béton et verre. La manufacture ferme en 1968. Longtemps abandonnée, elle a fait l'objet d'une réhabilitation, marquée depuis 1994 par l'œuvre de Jean-Luc Vilmouth. Un des bâtiments abrite le musée Auto-Moto-Vélo, qui possède une riche collection de véhicules de 1890 à nos jours.

Fév.-juin, 20 sept.-déc. : t.l.j. sf lun. et mar. 14h-18h ;
juil.-19 sept : t.l.j. sf mar. 10h-12h, 14h-18h. Fermé en janv., 1er mai, 25 déc.
Visite libre. Visite guidée sur r.-v. pour les groupes toute l'année lun., mer. mat., jeu. mat., ven. mat. et sam. mat.

C1 **CHAUSSÉE (LA)**

Château de la Bonnetière

86330 La Chaussée
Tél. : 05 49 98 90 09
www.tourisme-vienne.com
Propriété privée
Inscrit

Citée dès 1239, la Bonnetière est d'abord une forteresse. Relevé au début du XVe s., le château appartient à la famille de Vaucelles, puis à partir de 1685 à celle des Marreau de Boisguérin, et de 1806 à 1914 aux Goudon de La Lande. L'histoire du château est liée à celle des Acadiens, puisque de nombreuses familles de La Chaussée sont parties au milieu du XVIIe s. pour la Nouvelle-France. Le château se compose d'une entrée cantonnée de deux tours rondes, d'un corps de logis rectangulaire et massif, encadré par deux pavillons latéraux et flanqué de deux tours rondes sur la façade postérieure. Dans la cour s'élève un beau pigeonnier octogonal avec mille trois cent quarante-huit boulins.
Juil.-août : t.l.j. sf lun. 10h-12h, 14h-19h ; juin : w.-e. 10h-12h, 14h-19h.
Visite libre. Visite sur r.-v. pour les groupes toute l'année.

C2 **CHAUVIGNY**

Château baronnial

86300 Chauvigny
Tél. : 05 49 46 39 01
www.chauvigny.fr
Propriété de la commune
Classé

Du XIe s. à la Révolution, la seigneurie de Chauvigny appartient aux évêques de Poitiers. Le château, plutôt modeste à l'origine, est régulièrement agrandi. Le donjon roman quadrangulaire, percé de jours en archère et de fenêtres en plein cintre, est surélevé au XIIIe s. et renforcé de tourelles d'angle. L'enceinte, régulièrement épaulée de contreforts plats, épouse la pointe de l'éperon rocheux. Un second donjon est élevé à cheval sur le mur d'enceinte vers 1400, dont subsiste aujourd'hui un grand pan de mur isolé. Les imposants vestiges du château témoignent de son ampleur passée et du rôle stratégique qui lui incombait.
Juil.-août : visite guidée sur r.-v.

Château d'Harcourt

Rue Saint-Pierre
86300 Chauvigny
Tél. : 05 49 46 39 01
www.chauvigny.fr
Propriété de la commune
Classé

Propriété des vicomtes de Châtellerault, le château d'Harcourt est acquis au XVe s. par Guillaume de Charpagnes, évêque de Poitiers. Sa puissante enceinte, qui s'élève au cœur de la cité médiévale, est flanquée de tours pleines, percée de fines archères cruciformes à étrier et renforcée à la base par un glacis ; elle se franchit par un châtelet d'entrée ouvrant sur la rue Saint-Pierre. Au fond de la cour, le donjon surplombe la vallée du Talbat. Malgré quelques remaniements, le château d'Harcourt est le mieux conservé des châteaux chauvinois. Il accueille aujourd'hui des expositions temporaires et des spectacles.
Juil.-août : visite guidée sur r.-v.

Collégiale Saint-Pierre

86300 Chauvigny
Tél. : 05 49 46 39 01
www.chauvigny.fr
Propriété de la commune
Classé

La construction de la collégiale Saint-Pierre au XIIe s. est liée à la présence des évêques de Poitiers, titulaires de la seigneurie de Chauvigny du XIe s. à la Révolution. Son chevet étagé offre une harmonieuse composition de volumes, dont le décor s'ordonne sur deux niveaux rythmés par des colonnes engagées et couronnées par une corniche portant des murets coudés. À l'intérieur, le chœur est entouré d'une colonnade aux remarquables chapiteaux sculptés de scènes bibliques et de monstres.
Toute l'année t.l.j. : visite guidée sur r.-v. Visite libre.

Donjon de Gouzon

86300 Chauvigny
Tél. : 05 49 46 39 01
www.chauvigny.fr
Propriété de la commune
Classé

Le donjon de Gouzon doit son nom au mariage, à la fin du XIIIe s., de Blanche de Beaumont, détenante du fief, avec Guy de Gouzon, d'une famille du Bourbonnais. Entre 1346 et 1349, Fort d'Aux, évêque de Poitiers, achète le château de Gouzon qui reste dans le domaine épiscopal jusqu'à la Révolution. Ce monument est caractéristique des grands donjons romans du sud-ouest. Son élévation en moyen appareil, portée à 20 m au XIIIe s., soutenue par des contreforts plats puis semi-circulaires et percée d'archères, témoigne du rôle défensif de l'édifice. Il subsiste une faible partie de l'enceinte du château. Il abrite aujourd'hui un musée, l'Espace d'archéologie industrielle.

15 juin-août : lun.-ven. 10h-12h30, 14h30-18h30, sam. 14h30-18h30, dim. et j. fériés 11h-18h30 ; avr.-14 juin, sept.-oct. : 14h-18h ; nov.-mars : w.-e. et j. fériés 14h-18h. Fermé vac. de Noël.
Visite libre. Visite guidée (se renseigner 05 49 46 39 01 pour jour et horaires).
Visite sur r.-v. pour les groupes.

Église de Saint-Pierre-les-Églises

Route de Lussac-les-Châteaux
86300 Chauvigny
Tél. : 05 49 46 39 01
www.chauvigny.fr
Propriété de la commune
Classé

Pendant la période gallo-romaine, le site de Saint-Pierre-les-Églises est occupé par une agglomération traversée par la voie romaine allant de *Limonum* (Poitiers) à *Avaricum* (Bourges) et franchissant ici la Vienne à gué. Au cours du haut Moyen Âge, une importante nécropole mérovingienne s'y développe. L'église possède une abside percée de fenêtres étroites surmontées d'un linteau monolithe gravé d'entailles simulant des claveaux. À l'intérieur, un cycle de fresques carolingiennes évoque des épisodes du *Nouveau Testament*.

Juil.-août : t.l.j. 10h-18h, visite guidée mar. et ven. à 10h30 (sf 15 août).
Visite libre. Visite guidée. Visite sur r.-v. pour les groupes toute l'année.

DISSAY C1

Château

86130 Dissay
Tél. : 05 49 52 40 22
Propriété privée
Inscrit et classé

Cité dès 673, Dissay est la propriété des évêques de Poitiers jusqu'à la Révolution. Le château est reconstruit par Pierre d'Amboise, évêque de 1481 à 1505. Il subit d'importantes modifications au XVIIIe s. Pillé et en partie détruit à la Révolution, il prend son aspect actuel à la suite des restaurations effectuées entre 1900 et 1905 par l'architecte Hardion. Entouré de vastes douves, l'édifice présente un plan quadrangulaire, flanqué de tours d'angle couronnées d'un chemin de ronde sur mâchicoulis, et est pourvu d'un élégant châtelet d'entrée richement orné. L'intérieur possède des éléments remarquables, comme les peintures murales qui ornent l'oratoire et la superbe voûte en palmier de l'escalier.

Pâques-1er juil. : dim. et j. fériés 15h-18h ;
2 juil.-1er sept. : t.l.j. sf mer. 15h-18h ; 2 sept.-Toussaint : 14h-17h.
Visite guidée. Visite sur r.-v. pour les groupes toute l'année (15 pers. min.).

C1 **SCORBÉ-CLAIRVAUX**

Château de Clairvaux

Musée international du Jeu d'échecs
86140 Scorbé-Clairvaux
Tél. : 05 49 93 90 08/05 49 93 88 49
Propriété privée
Inscrit et classé

Le château de Clairvaux est bâti au XVe s. par la famille Chabot. Au XVIIe s., Gilles Fouquet, frère du surintendant des finances de Louis XIV, commence la construction d'un vaste château avec de très longs bâtiments de communs encadrant la cour d'honneur ; l'entreprise est interrompue par son exil. Le domaine est vendu en 1704 à la famille Chérade de Montbron, qui fait élever vers 1770 un corps de logis classique aux lignes sobres, qui s'appuie sur l'aile du XVe s. Le château abrite aujourd'hui le musée international du Jeu d'échecs.

Juil.-août : t.l.j. 14h-19h. Visite guidée.
Visite sur r.-v. pour les groupes de Pâques à la Toussaint.

C3 **SURIN**

Château de Cibioux

86250 Surin
Tél. : 05 49 87 04 89
www.chateau-de-cibioux.com
Propriété privée
Inscrit

Le château de Cibioux, qui porte le nom du petit ruisseau affluent de la Charente, est une ancienne seigneurie du XVe s. dont subsistent quelques éléments défensifs. Transformé en château de plaisance aux XVIIe s. et XVIIIe s., il est vendu comme bien national à la Révolution. Malgré la destruction de certains bâtiments au XIXe s., le château n'a pas trop été dénaturé. Le corps de logis est longé d'une élégante terrasse à balustres datée de 1787, qui aboutit à une surprenante loggia abritant une petite chapelle néogothique.

Mai-sept. : t.l.j. sf mar. et mer. 14h-18h. Visite guidée.
Visite sur r.-v. le reste de l'année et pour les groupes (15 pers. min.).

C1 **TERNAY**

Château

9, rue du Château
86120 Ternay
Tél. : 05 49 22 97 54
www.chateau-de-ternay.com
Propriété privée
Inscrit et classé

Bertrand de Beauvau, conseiller du roi René d'Anjou, fait reconstruire le château de Ternay en 1439 et édifier la chapelle en 1444. Le château échoit en 1606 à la famille d'Arsac, qui le lègue au début du XIXe s. à Charles-Marie d'Aviau de Piolant, et reste la propriété des d'Aviau de Ternay. D'importants travaux de restauration sont entrepris par l'architecte Ojamme à partir de 1861. Le château est formé de quatre ailes organisées autour d'une cour intérieure. Un remarquable donjon hexagonal rappelle la place forte, tandis que l'aile orientale offre, sur sa façade sur cour, un décor sculpté flamboyant très raffiné et abrite une remarquable chapelle gothique.

Juil.-août : t.l.j. sf jeu. 14h30-17h ;
avr.-juin, sept.-oct. : w.-e. et j. fériés 14h30-17h. Visite guidée.
Visite sur r.-v. pour les groupes toute l'année de nov. à mars (15 pers. min.).

C1 **USSEAU**

Château de la Motte

86230 Usseau
Tél. : 05 49 85 88 25
www.chateau-de-la-motte.net
Propriété privée
Inscrit

Le château de la Motte d'Usseau est probablement dû à Guillaume du Bec, qui y demeure en 1452. Il reste la propriété de cette famille jusqu'au début du XVIIe s., puis des famille Carré et Viart. Il est vendu en 1863 aux pères de Picpus, qui transforment l'édifice. Le château, accroché au flanc d'une colline qui domine le village, est composé d'un corps de bâtiments principal de plan rectangulaire, de trois niveaux, flanqué d'une tour ronde couronnée de mâchicoulis.

Avr.-sept. : w.-e. 10h-12h, 14h-17h. Visite guidée.
Visite sur r.-v. pour les groupes toute l'année de 11h à 15h.

Provence-Alpes-Côte d'Azur

Alpes-de-Haute-Provence – Alpes-Maritimes
Bouches-du-Rhône – Hautes-Alpes – Var – Vaucluse

A
B
1
2
3
4
Annonnay
Grenoble
Valence
RHÔNE-ALPES
5 km
Apt
Céreste
Buoux
Lourmarin
La Tour-d'Aigues
La Roque-d'Anthéron
Le Puy-Sainte-Réparade
Peyrolles-en-Provence
Montmaur
Valréas
Nyons
Lez
Aygues
Ouvèze
Buëch
Vaison-la-Romaine
Pont-Saint-Esprit
Mornas
Crestet
Sisteron
Orange
Le Barroux
Vaucluse
Nesque
Ganagobie
Carpentras
Mazan
Saint-Étienne-les-Orgues
Forcalquier
LANGUEDOC-ROUSSILLON
Sorgues
Vénasque
Simiane-la-Rotonde
Pernes-les-Fontaines
L'Isle-sur-la-Sorgue
Avignon
Gordes
Mane
Barbentane
Châteaurenard
Caumont-sur-Durance
Coulon
Manosque
Nîmes
Tarascon
Maillane
Cavaillon
Saint-Rémy-de-Provence
Gréoux-les-Bains
Les Baux-de-Provence
Durance
Fontvieille
Salon-de-Provence
Arles
La Barben
Petit Rhône
Bouches-du-Rhône
Rhône
Aix-en-Provence
Arc
Étang de Vaccarès
Istres
Saintes-Maries-de-la-Mer
Saint-Maximin-la-Sainte-Baume
Bouc-Bel-Air
Marignane
Port-Saint-Louis-du-Rhône
Marseille
Saint-Cyr-sur-Mer
Six-Fours-les-Plages
MER MÉDITERRANÉE
A 7
A 49
A 48
A 41
A 9
A 54
A 51
A 55
A 50
RN 75
RD 93
RN 85
RN 100
RD 99
RN 7
RD 973
RN 96
RD 3
RD 23
RN 568
RD 570
RN 560
RN 8

PROVENCE-ALPES-
CÔTE D'AZUR
C
D
1
2
3
4
N
0
30 km
Hautes-Alpes
Alpes-de-Haute-Provence
Alpes-Maritimes
Var
Névache
Le Monêtier-les-Bains
Briançon
Villar-Loubière
L'Argentière-la-Bessée
Château-Ville-Vieille
Saint-Véran
Mont-Dauphin
Gap
Embrun
Crots
Tallard
Barcelonnette
Seyne-les-Alpes
Saint-Étienne-de-Tinée
Colmars-les-Alpes
Digne-les-Bains
Malijai
Tende
La Brigue
Saorge
Entrevaux
Lucéram
Roquebrune-Cap-Martin
Contes
Tourrette-Levens
La Trinité
Menton
La Turbie
Castellane
Riez
Allemagne-en-Provence
Saint-Martin-de-Brômes
Quinson
Gourdon
Vence
Grasse
Beaulieu-sur-Mer
Villefranche-sur-Mer
Saint-Jean-Cap-Ferrat
Nice
Mandelieu-la-Napoule
Draguignan
Entrecasteaux
Les Arcs
Fréjus
Brignoles
Le Thoronet
Vins-sur-Caramy
La Celle
Sainte-Maxime
Saint-Tropez
Collobrières
Le Rayol-Canadel-sur-Mer
Toulon
Hyères
La Seyne-sur-Mer
Île de Port-Cros
Île de Porquerolles
Cagnes-sur-Mer
Valbonne
Mouans-Sartoux
Antibes
Vallauris
Cannes
Île Sainte-Marguerite
Île Saint-Honorat
5 km
Romanche
Clarée
Guisane
Guil
Severaisse
Drac
Durance
Ubaye
Lac de Serre-Ponçon
Bléone
Var
Tinée
Vésubie
Roya
Verdon
Asse
Estéron
Loup
Artuby
Siagne
Lac de Saint-Cassien
Nartuby
Argens
Gapeau
RN 91
RN 94
RN 85
RD 900
RD 900e
RN 202
RN 204
RD 907
RD 952
RD 955
RN 7
A 8
A 43
A 57
RN 97
RN 98
R.D.43
R.D.559

ALLEMAGNE-EN-PROVENCE C3

Château

04550 Allemagne-en-Provence
Tél. : 04 92 77 46 78
hyyp://pagesperso-orange.fr/himmel
Propriété privée
Classé

Le donjon du château d'Allemagne-en-Provence est élevé au XIIIe s. pour les seigneurs de Castellane. Au début du XVIe s., François, baron d'Allemagne, puis son fils Melchior ajoutent au donjon et ses tours de défense un corps de bâtiment de style Renaissance avec de larges fenêtres à meneaux en six parties. Au XVIIIe s., le château passe à la famille Varages. Vendu à la Révolution, il est racheté au XIXe s. par le marquis de Ripert-Monclar, qui y fait de nombreuses restaurations : il remplace notamment une partie de la toiture en quatre pentes du donjon par des créneaux et il place des griffons (lions assis) sur les gâbles des fenêtres. À l'intérieur, certaines pièces conservent de beaux plafonds à la française du XVIe s., et une monumentale cheminée Renaissance en stuc (gypserie), de 1546, ornée de deux personnages mythologiques en pied.

Pâques-juin, 15 sept.-oct. : w.-e. et j. fériés 16 h, 17 h ;
juil.-14 sept. : t.l.j. sf lun. 16 h, 17 h.
Visite guidée. Visite sur r.-v. pour les groupes toute l'année (15 pers. min.).

CÉRESTE B3 Détail 1

Prieuré de Carluc

04280 Céreste
Tél. : 04 92 79 09 84
www.cereste.fr
Propriété de la commune
Classé

Le prieuré de Carluc, fondé au XIe s., est rattaché au siècle suivant à l'abbaye de Montmajour. Reconstruit dans le deuxième quart du XIIe s., le prieuré, situé sur l'ancienne *via Domitia* rayonne largement sur les régions voisines jusqu'au milieu du XIVe s. et accueille de nombreux pèlerins et voyageurs entre l'Espagne et l'Italie. Au début du XVIIIe s., les bâtiments sont ruinés et l'ensemble est vendu à la Révolution. Du prieuré subsistent l'église majeure amputée d'une travée, une galerie creusée dans le roc servant de cloître, les vestiges d'une autre église de plan presque carré qui aurait pu servir de baptistère, et des aménagements rupestres servant aussi bien d'habitat que de lieu de sépulture. Le site a également conservé de nombreuses tombes taillées dans le rocher.

Site actuellement en travaux. Pour des raisons de sécurité, seules des visites guidées organisées par l'office du tourisme sont possibles. Pour plus d'informations concernant les horaires, se renseigner au 04 92 79 09 84.

COLMARS-LES-ALPES C2

Fort de Savoie et fort de France

04370 Colmars-les-Alpes
Tél. : 04 92 83 41 92
www.colmars-les-alpes.fr
Propriété de la commune
Classé

Située au pied du col d'Allos, la place forte de Colmars, fortifiée dès le XIVe s., est renforcée au XVIIe s. par Vauban pour défendre la frontière de la Provence alors menacée par le duc de Savoie. L'enceinte médiévale qui entoure la ville est ensuite renforcée par des tours bastionnées construites en 1691. Le fort de Savoie, situé au nord, et le fort de France, au sud, sont construits entre 1693 et 1695 pour protéger Colmars. Le fort de Savoie, de plan irrégulier, est relié à la ville par un chemin de ronde jusqu'à la porte de Savoie. Le fort de France est relié à l'enceinte par un chemin de ronde crénelé encore partiellement couvert.

Juil.-août : visite guidée t.l.j. 10 h-12 h ; visite libre t.l.j. 14 h 30-19 h.
Visite guidée sur r.-v. pour les groupes.

Double page d'ouverture : place forte de Mont-Dauphin, (Hautes-Alpes).

C2

DIGNE-LES-BAINS

Cathédrale Notre-Dame-du-Bourg

04000 Digne-les-Bains
Tél. : 04 92 36 62 62
www.ot-dignelesbains.fr
Propriété de la commune
Classé

La construction de Notre-Dame-du-Bourg remonte au dernier tiers du XIIe s. et constitué une des réussites majeures de l'architecture romane des les Alpes françaises. Un chevet plat éclairé par trois fenêtres révèle un parti cistercien repris dans les constructions de l'ordre de Chalais. À l'extérieur, la façade, flanquée de deux contreforts entre lesquels s'ouvre le portail orné d'arcades en plein cintre, comportait un porche aujourd'hui disparu. Cette façade est ornée d'une rosace aux accents gothiques. L'intérieur conserve des fragments de peintures murales des XVe et XVIe s. Les vitraux contemporains et le mobilier liturgique sont dus à David Rabinowitch.

Juin-sept. : t.l.j. sf lun. 15h-18h ; oct.-avr. : dim. 15h-17h.
Visite libre. Visite guidée sur r.-v. toute l'année. ♿

Musée Alexandra-David-Neel

27, avenue Maréchal-Juin
04000 Digne-les-Bains
Tél. : 04 92 31 32 38
www.alexandra-david-neel.org
www.ot-dignelesbains.fr
Propriété de la commune
Inscrit

Alexandra David-Neel, célèbre écrivain et exploratrice française, achète cette maison en 1927 et la baptise *Samten-Dzong*, ce qui signifie « temple de la méditation ». Elle y entrepose tous les objets et les souvenirs qu'elle ramène de ses longs et nombreux voyages réalisés en Asie : peintures religieuses tibétaines, sculptures, tapis, etc. Le musée retrace la vie et l'œuvre de l'exploratrice.

T.l.j. 10h, 14h, 15h30. Visite guidée.
Visite guidée sur r.-v. pour les groupes (15-60 pers.).

C3

ENTREVAUX

Citadelle

04320 Entrevaux
Tél. : 04 93 05 46 73
www.entrevaux.info
Propriété de la commune
Classé

Ville frontière de la Provence face à la maison de Savoie, Entrevaux s'élève sur un éperon rocheux fermant la vallée du Var. Elle est défendue par une enceinte crénelée constamment renforcée au cours des siècles. Pour relier le château, situé au sommet du rocher, à la ville et en faire une véritable citadelle, Vauban fait construire, à partir de 1693, un chemin de neuf rampes en zigzag dont les travaux durent près de cinquante ans. L'entrée du château est gardée par une petite redoute avec pont-levis et pont dormant jeté sur un fossé impressionnant. Le château comprend trois corps de casernes et la maison du commandant.

Visite libre de la citadelle.
Visite guidée du village médiéval sur r.-v. pour les groupes.

B3

FORCALQUIER

Parc du couvent des Cordeliers

04300 Forcalquier
Tél. : 04 92 75 10 02
www.forcalquier.com
Propriété de la commune
Inscrit

Probablement fondé vers 1236, le couvent des Cordeliers est l'une des premières fondations franciscaines implantées en Provence. Il s'établit dans une demeure donnée par Raymond Béranger, comte de Forcalquier. Endommagé pendant les guerres de Religion, mal entretenu par la suite, il est vendu à la Révolution, transformé en exploitation agricole avant d'être restauré dans les années soixante. Le couvent possède, autour de son cloître reconstitué, l'ensemble des salles conventuelles. L'oratoire abrite une jolie Vierge à l'Enfant en bois sculpté du XVe s.

Visite guidée sur r.-v. toute l'année auprès de l'office du tourisme au 04 92 75 10 02.

GANAGOBIE B3

Prieuré Notre-Dame-de-Ganagobie

Le Prieuré
04310 Ganagobie
Tél. : 04 92 68 00 04
www.ndganagobie.com
Propriété privée
Classé

Le monastère de Ganagobie est fondé vers le milieu du Xe s. par l'évêque de Sisteron, sur un piton dominant la vallée de la Durance. Rapidement rattaché à Cluny, il s'enrichit au XIIe s. d'une église au portail remarquable (tympan sculpté), transformé au début du XVIe s. Le plan de l'église, traditionnel en Provence, comporte une nef unique de trois travées et un double transept où s'ouvrent trois absides. Des mosaïques de qualité exceptionnelle de la fin du XIIe s. ornent le fond du sanctuaire : des animaux fantastiques cernés d'entrelacs y sont représentés. Le prieuré est occupé aujourd'hui par une importante communauté de bénédictins.

T.l.j. sf lun. 15h-17h15 (accès aux mosaïques). Visite libre.

GRÉOUX-LES-BAINS B3

Château, dit « des Templiers »

04800 Gréoux-les-Bains
Tél. : 04 92 78 01 08
www.greoux-les-bains.com
Propriété de la commune
Classé

L'histoire dudit « château des Templiers », dont l'origine est attestée dès le XIIe s., est étroitement liée à la seigneurie de Gréoux cédée en 1307 par le comte de Provence, Charles II, aux hospitaliers de Saint-Jean-de-Jérusalem en échange de possessions de l'ordre à Orange. La seigneurie passe peu de temps après au recteur du comtat Venaissin, avant d'entrer dans le patrimoine des Glandevez, seigneurs de Gréoux jusqu'au début du XVIIe s., époque à laquelle le château est transformé en résidence d'été. Vendu comme bien national à la Révolution, il est en cours de réhabilitation depuis 1996. Des parties sont remontées, notamment la tour sarrasine et l'aile ouest. Son enceinte est aujourd'hui le berceau d'un théâtre en plein air qui accueille des manifestations culturelles pendant la saison estivale ; sa salle des Gardes reste, de mars à décembre, un lieu d'exposition et d'expression de nombreux artistes : peintres, sculpteurs, céramistes, etc.

Visite guidée un jeu. sur deux à 14h30 (juin-sept. : visite guidée à 16h).
Exposition temporaires visite libre t.l.j. sf mar. 15h30-18h30.

MALIJAI C2

Château

Le Château
04350 Malijai
Tél. : 04 92 34 01 12
www.malijai.com
Propriété de la commune
Classé

Le château de Malijai est mentionné pour la première fois dans un acte de donation de 1381, effectué par la reine Jeanne, comtesse de Provence, au profit de Guidon Flotte de Nice, seigneur de Courbons. Il est vraisemblablement détruit lors des invasions sarrasines. Le château actuel est bâti au XVIIIe s. pour une riche famille de bourgeois marseillais, les Noguiers, dont un des membres héberge Napoléon Ier dans la nuit du 4 au 5 mars 1815. Vendu en 1924 à la société Péchiney, puis cédé à Rhône-Poulenc qui y entreprend des travaux pour loger ses employés, il appartient depuis 1980 à la mairie de Malijai installée au rez-de-chaussée. L'intérieur abrite de belles gypseries du XVIIIe s.

T.l.j. sf w.-e. et j. fériés 9h-12h, 13h30-17h30 (17h le ven.).

B3

MANE

Château de Sauvan

04300 Mane
Tél. : 04 92 75 05 64
www.chateaudesauvan.com
Propriété privée
Classé

Le château de Mane est construit à partir de 1719 par l'architecte avignonnais Jean-Baptiste Franques pour le brigadier des armées du roi, Michel-François de Forbin-Janson. Surnommé le « petit Trianon » provençal, il offre un bel exemple de l'architecture classique des Alpes du Sud. La façade très équilibrée offre un avant-corps orné d'un fronton à tympan sculpté. À l'intérieur, un vaste hall d'entrée débouche sur un escalier monumental desservant l'étage. Le château, entièrement restauré, abrite un riche mobilier des XVIIe s. XVIIIe et XIXe s.

Fév.-mars : dim. 15h30 ; avr.-juin, sept.-16 nov. : jeu., w.-e. et j. fériés 15h30 ; juil.-août : t.l.j. sf sam. 15h30. Fermé 15 nov.-janv.
Visite guidée. Visite sur r.-v. pour les groupes.

Prieuré de Salagon

Musée départemental ethnologique
04300 Mane
Tél. : 04 92 75 70 50
http://musee-de-salagon.com
Propriété du département
Classé

Le prieuré de Salagon est mentionné au début du XIIe s. comme le plus important prieuré dépendant de l'abbaye bénédictine Saint-André de Villeneuve-lès-Avignon. La richesse du prieuré, dont les domaines agricoles devaient s'étendre dans la basse vallée de la Laye, explique sans doute l'ampleur et la qualité des constructions de cet établissement dont subsistent l'église du XIIe s. et un beau bâtiment Renaissance. Cinq jardins de création contemporaine agrémentent l'ensemble, dont un jardin médiéval composé de trois cents espèces. Le prieuré abrite aujourd'hui le Musée départemental ethnologique de la Haute-Provence.

Fév.-avr. : t.l.j. 10h-18h ; mai, sept. : t.l.j. 10h-19h ; juin-août : t.l.j. 10h-20h ; oct.-15 déc. : t.l.j. sf mar. 10h-18h.
Visite libre. Visite audioguidée. Visite guidée sur r.-v. toute l'année.

B3

MANOSQUE

Couvent de la Présentation (ancien)

Fondation Carzou
7-9, boulevard Élémir-Bourges
04100 Manosque
Tél. : 04 92 87 40 49
Propriété privée,
propriété de la commune
Classé

La fondation Carzou est installée dans une chapelle de l'ancien couvent de la Présentation, construite entre 1840 et 1845 et restaurée au début des années quatre-vingt-dix. Il s'agit d'une belle construction néoclassique, constituée d'une nef unique couverte d'une voûte en plein cintre ornée de caissons à rosace, suivie d'une travée à coupole. Elle accueille, sur plus de 600 m², un ensemble de peintures de Carzou sur le thème de l'Apocalypse, réalisées en 1991. Ces peintures évoquent en particulier les tragédies du XXe s.

Juil.-août : t.l.j. sf lun. 10h-12h, 14h30-18h30 ; juin, sept. : t.l.j. sf lun. et dim. 10h-12h, 14h30-18h30 ; janv.-mai, oct.-déc. : mer.-sam. 10h-12h, 14h30-18h30.
Visite libre. Visite guidée sur r.-v. pour les groupes toute l'année.

Maison de Jean Giono, el Paraïs

Montée des Vraies-Richesses
04100 Manosque
Tél. : 04 92 70 54 54/04 92 87 73 03
www.centrejeangiono.com
www.ville-manosque.fr
Propriété privée
Inscrit

L'écrivain Jean Giono est né à Manosque le 30 mars 1895. En 1930, après avoir habité différents endroits à Manosque, il acquiert la maison du Paraïs (du nom provençal de l'endroit où l'on carde la laine), où il s'installe avec sa famille et qu'il habitera jusqu'à sa mort. Il y rédige une grande partie de son œuvre. La maison garde de nombreux souvenirs de l'écrivain, dont sa bibliothèque restée en l'état. Sa vie et son œuvre sont présentées au centre Jean-Giono situé à Manosque.

EL PARAÏS Visite guidée sur r.-v. ven. 15h-17h au 04 92 87 73 03.
CENTRE JEAN-GIONO 1, boulevard Élémir-Bourges : oct.-mars : t.l.j. sf lun. et dim. 14h-18h ; avr.-sept. : t.l.j. sf lun. 9h30-12h30, 14h-18h, sam. 9h30-12h, 14h-18h (dim. de juil. à sept.). Fermé vac. scol. de Noël et j. fériés. Visite libre.

QUINSON C3

Grotte de la Baume-Bonne

Musée de la Préhistoire
04500 Quinson
Tél. : 04 92 74 09 59
www.museeprehistoire.com
Propriété de la commune
Inscrit

[m]

La grotte de la Baume-Bonne, située à 50 m au-dessus du Verdon, est le gisement préhistorique le plus important du patrimoine archéologique découvert sur les rives du Verdon. Toutes les grandes étapes de l'histoire le l'homme en Provence y sont représentées. La richesse des différents sites a motivé la création du musée de la Préhistoire des gorges du Verdon, dont la construction a été confiée à l'architecte Norman Foster. Le circuit muséographique est constitué de dix-neuf salles thématiques, retraçant les différentes époques préhistoriques. Un sentier thématique relie le musée de la Préhistoire à la grotte de la Baume-Bonne.

GROTTE Juil.-août : visite guidée sur r.-v. mer., sam.
Visite guidée sur r.-v. le reste de l'année le premier sam. du mois.
MUSÉE Fév.-avr., oct.-15 déc. : t.l.j. sf mar. 10h-18h ;
mai-juin, sept. : t.l.j. sf mar. 10h-19h ; juil.-août : t.l.j. 10h-20h. Fermé 16 déc.-janv.
Visite guidée juil.-août : mer., sam. sur r.-v. Visite guidée. ♿
(sur r.-v. pour les groupes au 04 92 75 99 51).

RIEZ C3

Baptistère

04500 Riez
Tél. : 04 92 77 99 09
www.ville-riez.fr
Propriété de la commune
Classé

[m]

Siège d'un évêché dès le Vᵉ s., Riez possède l'un des rares baptistères paléochrétiens de Gaule qui nous soient parvenus presque intacts (partie basse du monument). Construit sur un plan octogonal inscrit dans un carré, il a conservé sa piscine baptismale, elle-même de plan octogonal. Huit colonnes antiques en remploi supportent la coupole, d'époque romane. Un déambulatoire circulaire s'ouvre sur huit niches alternativement rectangulaires et semi-circulaires. Un musée lapidaire présente les vestiges romains du site.

15 juin-15 sept. : mar., jeu., sam. 18h. Visite guidée.
Visite sur r.-v. pour les groupes toute l'année. ♿ en partie.

SAINT-ÉTIENNE-LES-ORGUES B3

Abbaye Notre-Dame-de-Lure

04230 Saint-Étienne-les-Orgues
Tél. : 04 92 73 02 57
Propriété de la commune
Classé

Située à 1 200 m d'altitude au fond d'une vallée sauvage, l'église Notre-Dame-de-Lure, centre de pèlerinage marial encore fréquenté, est la seule partie conservée d'un monastère fondé par Guiges de Revel, abbé de Boscodon au XIIᵉ s. Son architecture reprend les critères de l'ordre de Chalais, imprégné de l'austérité cistercienne. Au nord-ouest, l'édifice est agrandi au XIIIᵉ s. par un faux bas-côté, sorte de longue galerie voûtée d'un demi-berceau. Le cloître devait se situer au sud-est de l'église comme l'attestent des traces d'arrachement sur cette façade.

Juil.-août : visite guidée sur r.-v.

SAINT-MARTIN-DE-BRÔMES C3

Église

04800 Saint-Martin-de-Brômes
Tél. : 04 92 78 02 02
http://pagesperso-orange.fr/mairie-smdb
Propriété de la commune
Inscrit

Le prieuré de Saint-Martin-de-Brômes est donné en 1042 à l'abbaye Saint-Victor de Marseille. De l'ensemble subsiste l'église romane qui comprend une nef de trois travées voûtées en berceau légèrement brisé, terminée par une abside en hémicycle couverte d'un cul-de-four. Une seconde nef a été élevée contre le flanc sud au XVIᵉ s. Ses voûtes d'ogives flamboyantes retombent sur des consoles sculptées. Elle renferme des tableaux de la fin du XIXᵉ s. de Gibelin.

Mai-15 sept., Journées du patrimoine : t.l.j. sf lun. 15h-19h.
Fermé j. fériés. Visite guidée.
Visite sur r.-v. le reste de l'année et pour les groupes toute l'année.

Au bout de l'esplanade qui formait la base de l'ancien château s'élève la tour de l'Horloge, dont la construction remonte probablement au XIVe s. De forme carrée et d'une hauteur de 24 m, elle est appareillée en pierres à bossages et couronnée de mâchicoulis. Elle abrite, au rez-de-chaussée, une tombe romaine du IVe s. avec cercueil de plomb et squelette trouvé au village en même temps que des pièces de monnaie à l'effigie des empereurs Maxence et Constantin. Depuis 1972, elle abrite le Musée gallo-romain.

Mai-15 sept., Journées du patrimoine : t.l.j. sf lun. 15h-19h.
Fermé j. fériés. Visite guidée.
Visite sur r.-v. le reste de l'année et pour les groupes hors saison.

Tour de l'Horloge

04800 Saint-Martin-des-Brômes
Tél. : 04 92 78 02 02
http://pagesperso-orange.fr/mairie-smdb
Propriété de la commune
Classé

C2

SEYNE-LES-ALPES

Construite par Vauban en 1693 pour assurer la défense de la ville située à la frontière des États de Savoie, la citadelle de Seyne englobe la grande tour qui protégeait déjà la ville au XIIIe s. Formant un hexagone allongé et irrégulier, elle possède une caserne d'infanterie, un magasin à poudre avec une salle d'armes et un corps de garde. La terrasse inférieure traversant le rempart communique avec la ville. Elle dresse de ce côté une façade abrupte flanquée de deux échauguettes en encorbellement.

Juil. à mi-sept. : 10h-12h, 15h-18h. Visite libre. Visite guidée.
Visite guidée sur r.-v. pour les groupes hors saison.

Citadelle

04140 Seyne-les-Alpes
Tél. : 04 92 35 00 51/04 92 35 11 00
www.decouverte-paca.fr
Propriété de la commune
Inscrit et classé

B3

SIMIANE-LA-ROTONDE

Situé entre Apt et Banon, Simiane-la-Rotonde doit sa célébrité à un édifice circulaire dominant le village qui n'est autre que le donjon d'un château médiéval dont on peut voir encore l'enceinte au nord et le corps de logis au sud. Construit à la fin du XIIe s., sans doute pour Raimbaud de Simiane, le donjon constitue, par son plan circulaire et son élévation inhabituels dans le midi de la France, un monument d'architecture civile de première importance. L'intérieur abrite un beau décor sculpté de salle romane.

Mars-avr., sept.-11 nov. : t.l.j. sf mar. 13h-18h,
mai-août : t.l.j. 10h30-13h, 13h30-19h.
Visite libre. Visite guidée sur r.-v. pour les groupes toute l'année.

Rotonde

04150 Simiane-la-Rotonde
Tél. : 04 92 73 11 34
www.simiane-la-rotonde.fr
Propriété de la commune
Classé

B2

SISTERON

Occupé à l'époque gallo-romaine, le rocher escarpé qui commande la clue de la Durance est fortifié dès l'époque carolingienne. La citadelle proprement dite date de trois époques bien distinctes : le rempart supérieur et le donjon remontent au XIIIe s. ; le système d'enceintes bastionnées adapté au nord et au sud date de la fin du XVIe s. ; les travaux de reprise des courtines et des casemates dans la partie nord renforçant les défenses du site sont réalisés de 1840 à 1860, époque à laquelle la Savoie et le comté de Nice ne sont pas encore rattachés à la France.

Avr.-mai, oct. : t.l.j. 9h-18h ; juin : t.l.j. 9h-19h ; juil.-août : t.l.j. 9h-19h30 ;
1er-11 nov. : t.l.j. 9h-17h. Visite libre. Visite guidée sur r.-v. le reste de l'année et pour les groupes toute l'année.

Citadelle

04200 Sisteron
Tél. : 04 92 61 27 57/04 92 61 06 00
www.sisteron.com
Propriété de la commune
Classé

ANTIBES — D3 DÉTAIL 2

Bastion Saint-André

Musée d'Archéologie
4, rue des Cordiers
06600 Antibes
Tél. : 04 92 90 54 37/04 92 90 53 31
www.antibes-juanlespins.com
Propriété de la commune
Inscrit

Le bastion Saint-André, élevé sous Louis XIV par Vauban, fait partie des nombreuses fortifications maritimes élevées entre les XVIe et XVIIe s., pour renforcer la protection des cités côtières au rôle stratégique. Il abrite aujourd'hui un musée archéologique qui présente le résultat de nombreuses fouilles effectuées à Antibes, antique *Antipolis* fondée au Ve s. av. J.-C., et sur des épaves de navires sombrés à proximité de la cité.

16 sept.-14 juin : t.l.j. sf lun. 10h-13h, 14h-18h;
15 juin-15 sept. : t.l.j. sf lun. 10h-12h, 14h-18h (nocturne mer. et ven. jusqu'à 20h en juil.-août). Fermé 1er janv., 1er mai, 1er nov., 25 déc. Visite libre. Visite sur r.-v. pour les groupes toute l'année. ♿ en partie.

Château Grimaldi

Musée Picasso
Place Mariéjol
06600 Antibes
Tél. : 04 92 90 54 20/04 92 90 54 26
www.antibes-juanlespins.com
Propriété de la commune
Classé

Le château Grimaldi est élevé au XIIe s. à l'emplacement d'un ancien *castrum* romain. Ancienne propriété des évêques d'Antibes, il est cédé en 1385 par la reine Marie de Provence à Luc et Marc Grimaldi et reste dans la famille jusqu'à son rachat par Henri IV en 1608. Utilisé comme caserne puis comme hôpital après la Révolution, il devient musée municipal en 1928. En 1946, une partie du château est mise à disposition de Pablo Picasso, à la recherche d'un grand atelier. L'ensemble est dominé par un donjon carré à bossages du XIIe s. à trois niveaux, flanqué de constructions médiévales principalement remaniées au XVIIe s. Le château abrite aujourd'hui les œuvres que Picasso y a réalisées et qu'il a léguées à la ville en partant.

16 sept.-14 juin : t.l.j. sf lun. 10h-12h, 14h-18h;
15 juin-15 sept. : t.l.j. sf lun. 10h-18h (nocturne mer., ven. jusqu'à 20h en juil.-août). Fermé 1er janv., 1er mai, 1er nov., 25 déc. ♿

Fort Carré

Avenue du 11-Novembre
06600 Antibes
Tél. : 04 32 90 52 13/06 14 89 17 45
www.antibes-juanlespins.com
Propriété de la commune
Classé

Construit dans la seconde moitié du XVIe s. sur ordre d'Henri II, le fort Carré permettait de surveiller le fleuve du Var, à l'époque frontière entre la France et la Savoie. Situé à l'entrée du port d'Antibes, il a par ailleurs permis d'en assurer la défense, notamment après les réaménagements de Vauban à la fin du XVIIe s. Étant l'une des premières constructions bastionnées de France, le fort Carré présente un intérêt à la fois historique, architectural et visuel.

15 juin-15 sept. : t.l.j. sf lun. 10h-17h30 (visite libre du premier niveau et visite guidée pour les niveaux supérieurs); 16 sept.-14 juin : t.l.j. sf lun. 10h-16h (visite guidée). Fermé 1er janv., 1er mai, 1er nov., 25 déc. Visite libre. Visite guidée. Visite guidée sur r.-v. pour les groupes toute l'année (10-25 pers.).

Sanctuaire Notre-Dame-de-la-Garoupe

Cap d'Antibes
06600 Antibes
Tél. : 04 93 67 36 01/04 97 23 11 11
Propriété de la commune
Inscrit

La chapelle Notre-Dame-de-la-Garoupe est élevée au XIIIe s., à l'emplacement d'une chapelle primitive du IVe s., sur un plateau dominant le cap d'Antibes. Elle est agrandie au XVIe s. au moment où les cordeliers prennent en charge et construisent les bâtiments conventuels. Elle a la particularité de posséder deux statues placées dans des nefs accolées et réunies par deux larges arcades : Notre-Dame-de-Bon-Port, patronne de la corporation des marins, se trouve dans la petite nef qui remonte au XIIIe s., et Notre-Dame-de-la-Garde, protectrice d'Antibes, est située dans la grande nef élevée au milieu du XVIe s. La chapelle abrite de nombreux ex-voto qui témoignent, de façon souvent naïve, la reconnaissance et la foi de ceux qui ont été sauvés par Notre-Dame.

T.l.j. 10h-12h, 14h-17h. Visite libre. ♿

D3

BEAULIEU-SUR-MER

Villa grecque Kérylos

Fondation Théodore-Reinach
Rue Gustave-Eiffel
06310 Beaulieu-sur-Mer
Tél. : 04 93 01 01 44
www.villa-kerylos.com
Propriété de l'Institut de France, propriété privée
Classé

La villa Kérylos, construite entre 1902 et 1908 par l'architecte Emmanuel Pontrémoli pour Théodore Reinach, riche historien et archéologue, est une reconstitution fidèle d'une luxueuse maison grecque de l'île de Délos, datant du IIe s. av. J.-C. Des œuvres authentiques (amphores, vases, lampes, statuettes) côtoient un mobilier réalisé en bois fruitier d'après les illustrations retrouvées sur des vases ou des mosaïques d'époque. Un agréable jardin agrémente l'ensemble. Léguée en 1928 à l'Institut de France, la villa abrite aujourd'hui la fondation Théodore-Reinach.

Juil.-août : t.l.j. 10h-19h ; nov.-fév. : t.l.j. 14h-18h, w.-e. et vac. scol. 10h-18h. Fermé 25 déc. Visite libre. Visite guidée.
Visite guidée sur r.-v. pour les groupes toute l'année. ♿ en partie.

D2

BRIGUE (LA)

Notre-Dame-des-Fontaines

06430 La Brigue
Tél. : 04 93 79 09 34
www.labrigue.fr
Propriété de la commune
Classé

Attesté dès le XIIe s., le sanctuaire de pèlerinage Notre-Dame-des-Fontaines est situé à 4 km au nord du village et surplombe le lit d'une source miraculeuse. La chapelle est agrandie au XVe s. pour accueillir, sur l'ensemble de ses murs intérieurs, un remarquable décor peint, réalisé en 1492 par les maîtres italiens Jean Canavesio (scène de la *Passion du Christ* dans la nef et *Jugement dernier* au revers de la façade d'entrée) et Jean Baleison (scènes de la vie de la Vierge, de l'enfance du Christ, et des Évangélistes dans le chœur et sur l'arc triomphal). Les peintures de la voûte de la nef datent de sa surélévation en 1750.

Mai-sept. : t.l.j. 10h-12h, 14h-17h30. Visite guidée sur r.-v. toute l'année. ♿

D3 Détail 2

CAGNES-SUR-MER

Château-musée

Place Grimaldi
06800 Cagnes-sur-Mer
Tél. : 04 92 02 47 30
www.cagnes-tourisme.com
Propriété de la commune
Classé

C'est à Rainier Ier Grimaldi, seigneur de Monaco et de Cagnes, amiral de la flotte de Philippe le Bel et propriétaire des lieux dès 1309, que l'on attribue la construction du château de Cagnes. Des travaux réalisés entre 1620 et 1625 lui font perdre son aspect de forteresse. L'accès se fait aujourd'hui par une double rampe donnant sur une cour intérieure bordée de deux niveaux de galeries à arcades. Les salles d'apparat sont aménagées à cette époque. Le château abrite aujourd'hui une partie de la donation de l'artiste Suzy Solidor, le musée de l'Olivier ainsi que le musée d'Art moderne méditerranéen.

Mai-oct. : t.l.j. sf mar. 10h-12h, 14h-18h ; oct.-avr. : t.l.j. sf mar. 10h-12h, 14h-17h. Fermé 1er janv., 25 déc. Visite libre. Visite guidée sur r.-v.

Domaine des Collettes

Musée Renoir
Chemin des Collettes
06800 Cagnes-sur-Mer
Tél. : 04 93 20 61 07
www.cagnes-tourisme.com
Propriété de la commune, propriété du département
Inscrit

Le domaine des Collettes, avec son parc agrémenté d'oliviers centenaires, et sa ferme du XIXe s. entourée de dépendances (citerne, lavoir) est la dernière demeure du peintre Auguste Renoir. Il achète le domaine en 1907, fait construire la maison, y emménage avec sa famille en 1908 et y reste jusqu'à sa mort en 1919. Cette demeure est aujourd'hui transformée en musée qui présente, outre l'atelier, le mobilier et les souvenirs du peintre, dix tableaux originaux de la dernière période de Renoir.

Mai-oct. : t.l.j. sf mar. 10h-12h, 14h-18h ; nov.-avr. : t.l.j. sf mar. 10h-12h, 14h-17h. Fermé 1er janv., 1er mai, 25 déc. Visite libre. Visite guidée sur r.-v.

CANNES

Fort de l'Île Sainte-Marguerite

Musée de la Mer
Île Sainte-Marguerite
06400 Cannes
Tél. : 04 93 38 55 26
www.cannes.com
Propriété de la commune
Classé

Le fort royal de l'île Sainte-Marguerite (la plus grande des îles de Lérins) est construit dans la première moitié du XVIIe s. puis renforcé par Vauban. Il comprend, outre ses avancées et ses puissantes murailles, les bâtiments de casernement, la chapelle et la maison du gouverneur ainsi que la célèbre prison où étaient détenus le légendaire Masque de Fer, présumé frère jumeau de Louis XIV, et de nombreux pasteurs protestants enfermés à la suite de la révocation de l'édit de Nantes. Le fort abrite aujourd'hui le musée de la Mer, qui présente les découvertes archéologiques faites sur le fort et autour de l'île.

Avr.-mai : t.l.j. sf lun. 10h30-13h15, 14h15-17h45; juin-sept. t.l.j. 10h-17h45 ; oct.-mars : t.l.j. sf lun. 10h30-13h15, 14h15-16h45.
Fermé 1er janv., 1er mai, 1er et 11 nov., 25 déc.
Visite libre. Visite guidée. Visite sur r.-v. pour les groupes toute l'année.

Le Suquet

Musée de la Castre
Le Suquet
06400 Cannes
Tél. : 04 93 38 55 26
www.cannes.com
Propriété de la commune
Classé

Du Suquet, le château des moines de Lérins élevé entre le XIe et XIIe s., au sommet de la vieille ville, les principales parties qui subsistent sont l'enceinte quadrangulaire, la tour du XIIe s. et l'ancienne chapelle castrale, la chapelle Sainte-Anne. Le château et la chapelle abritent depuis 1952 les collections archéologiques et ethnographiques du musée de la Castre, qui présente un vaste ensemble de pièces d'Océanie, d'Asie et des Amériques, ainsi qu'une collection d'instruments de musique du monde et d'œuvres montrant Cannes au XIXe s.

Avr.-juin, sept. : t.l.j. sf lun. 10h-13h, 14h-18h; juil.-août : t.l.j. 10h-19h ; oct.-mars : t.l.j. sf lun. 10h-13h, 14h-17h. Nocturne le mer. jusqu'à 21h de juin à sept. Fermé 1er janv., 1er mai, 1er et 11 nov., 25 déc.
Visite libre. Visite sur r.-v. pour les groupes toute l'année.

Monastère fortifié de l'abbaye de Lérins

Île Saint-Honorat
06400 Cannes
Tél. : 04 92 99 54 00
www.abbayedelerins.com
Propriété d'une association
Classé

Fondée par saint Honorat au début du Ve s., l'abbaye de Lérins est longtemps une des plus célèbres abbayes de la chrétienté. Victime des incursions sarrasines, des corsaires génois et des attaques espagnoles, elle est détruite puis reconstruite à plusieurs reprises. Confisquée à la Révolution, elle est rendue aux moines cisterciens de la congrégation de Sénanque, qui entreprennent dès 1880 la reconstruction de l'église et la restauration des bâtiments abbatiaux. Les parties les plus anciennes conservées sont le cloître, la salle capitulaire et le monastère fortifié, appelé « château », dont la construction s'échelonne du XIe au XIVe s. Des sept chapelles implantées autrefois sur l'île, seule subsiste la chapelle Saint-Sauveur à l'ouest et celle de la Trinité à l'est, restauré par Formigé.

Mai-sept. : t.l.j. 9h-18h, dim. 8h-18h; oct.-avr. : t.l.j. 9h-17h, dim. 8h-17h.
Fermé j. fériés.

D3 **CONTES**

Forge

Écomusée de la Vallée du Paillon
06390 Contes
Tél. : 04 93 79 19 17
www.musee-contes.fr
Propriété de la commune
Classé

La forge de Contes, située dans son site d'origine, est utilisée jusqu'en 1958 pour la fabrication d'outils agricoles. Ce moulin à fer est semblable à ceux utilisés par les moines cisterciens du Moyen Âge. Il fonctionne grâce à la force motrice de l'eau qui anime, par l'intermédiaire d'une roue à aubes, une petite meule, un martinet (marteau de 45 kg servant à battre le fer) et une pompe à eau. La forge abrite le matériel du dernier forgeron, M. Bracco, ainsi qu'une collection d'outils fabriqués « au martinet ». Sur le site sont aussi visibles un moulin à huile, doté de ses mécanismes anciens, ainsi que les vestiges d'un moulin à farine.
MOULINS Sam. 9h30-12h30, 14h-17h.
MUSÉE Deuxième et quatrième dim. du mois 10h30-12h30, 14h-17h.
Visite sur r.-v. en semaine pour les groupes. Visite guidée.

D3 DÉTAIL 2 **GOURDON**

Château

06620 Gourdon
Tél. : 04 93 09 68 02
www.chateau-gourdon.com
Propriété privée
Inscrit

La construction du château de Gourdon, surplombant de plus de 500 m le cours du Loup, remonte au XIIe s. Il appartient jusqu'en 1235 aux comtes de Provence. En partie reconstruit à partir de 1610, il forme un imposant quadrilatère irrégulier flanqué à trois de ses angles d'une tour circulaire. C'est à cette époque qu'est aménagé le remarquable jardin de buis, surplombant les gorges. Le château abrite aujourd'hui un musée des Arts décoratifs et de la Modernité, un Musée historique et est agrémenté par des jardins.
MUSÉE DES ARTS DÉCORATIFS ET DE LA MODERNITÉ
Juil.-août : 15h, 17h ; sept.-juin : visite sur r.-v.
MUSÉE HISTORIQUE Juin-sept. : 11h-13h, 14h-19h ; oct.-mai : vac. scol. 14h-18h.
JARDINS Juil.-août : 15, 17h ; avr.-sept. : visite sur r.-v.
Visite guidée. Visite sur r.-v. pour les groupes (10 pers. min.).

D3 DÉTAIL 2 **GRASSE**

Hôtel de Clapiers-Cabris

Musée d'Art et d'Histoire de Provence
2, rue Mirabeau
06130 Grasse
Tél. : 04 93 36 01 61/04 97 05 58 00
www.museesdegrasse.com
Propriété de la commune
Inscrit

L'hôtel de Clapiers-Cabris est édifié en 1771 pour la marquise de Cabris, fille du marquis de Mirabeau, par l'architecte milanais Giovanni Orello. Il passe ensuite aux Bruery, parfumeurs grassois, puis à la famille Mottet qui saccage l'immeuble en vendant ou détruisant notamment les belles boiseries d'origine. Il est sauvé grâce à François Carnot qui y installe en 1921 un musée régional d'Art et d'Histoire de Provence, exposant entre autres l'évolution du mobilier provençal. Situé entre rue et jardin, l'hôtel associe le style français à l'ordonnance italienne. Un jardin à la française agrémente l'ensemble.
Avr. : t.l.j. 11h-18h ; mai-sept. : t.l.j. 10h-19h ; oct.-mars : t.l.j. sf mar. 11h-18h.
Fermé 1er janv., 1er mai, 25 déc.
Visite guidée. Visite guidée sur r.-v. pour les goupes.

Hôtel Pontevès

Musée de la Marine
23, boulevard Fragonard
06130 Grasse
Tél. : 04 93 40 11 11/04 97 05 58 00
www.grasse-riviera.com
Propriété de la commune
Classé

L'hôtel Pontevès est élevé au XVIIIe s. par l'abbé de Pontevès, aumônier d'une des princesses royales. Dès 1793, les administrateurs du département du Var s'y installent. Au XIXe s., il est la propriété de la famille Amic. Il abrite aujourd'hui le musée de la Marine, dédié à la vie et à la carrière d'un grand marin de Provence et de ses compagnons : François-Joseph Paul, comte de Grasse (1722-1788). Trente maquettes de navires sont exposées dans les salles voûtées de l'hôtel.
T.l.j. sf w.-e. et j. fériés 10h-12h30, 14h-17h30.
Visite libre. Visite guidée sur r.-v.

Villa Fragonard

Musée Jean-Honoré-Fragonard
23, boulevard Fragonard
06130 Grasse
Tél. : 04 93 36 52 98/04 97 05 58 00
www.museesdegrasse.com
Propriété de la commune
Classé

Élevée à la fin du XVIIe s. pour Mme de Rogon, cette villa appartient à diverses familles provençales avant de passer à Alexandre Maubert, cousin, ami et admirateur de Jean-Honoré Fragonard, qu'il reçoit de janvier 1790 à mars 1791. Il s'agit d'une grande maison provençale rectangulaire à deux niveaux, entourée d'un jardin d'agrément. La cage d'escalier est décorée de grisailles aux motifs révolutionnaires attribués à Alexandre-Évariste Fragonard, fils d'Honoré. La villa abrite aujourd'hui un musée consacré aux œuvres de la famille Fragonard.

Avr. : t.l.j. 11h-18h ; mai-sept. : t.l.j. 10h-19h ; oct.-mars : t.l.j. sf mar. 11h-18h.
Fermé 1er janv., 1er mai, 25 déc.
Visite guidée. Visite sur r.-v. pour les groupes. ♿

LUCÉRAM D3

Église Sainte-Marguerite

06440 Lucéram
Tél. : 04 93 79 46 50/04 93 91 69 56
www.luceram.com
Propriété de la commune
Classé

La construction de l'église Sainte-Marguerite commence en 1487, mais les travaux se poursuivent au XVIIe s. (façade) et au XVIIIe s. (clocher à bulbe, décor de gypseries). Édifice à nef unique, elle est cantonnée de deux chapelles latérales et terminée par un chevet plat. L'intérieur est richement orné avec un remarquable mobilier composé essentiellement d'un ensemble de retables à fond d'or ou de paysages, dont le retable de *Sainte Marguerite*, peint par Louis Brea à la fin du XVe s. et celui de *Saint Antoine* peint par Jean Canavesio.

Mar., mer., jeu. : 10h-12h, 14h-18h ; dim. : 14h-18h.
Visite guidée t.l.j. sf lun. et dim. à 11h, 14h30, 16h.

MANDELIEU-LA-NAPOULE D3

Château de La Napoule

La Napoule Art Foundation
Avenue Henry-Clews
06210 Mandelieu-la-Napoule
Tél. : 04 93 49 95 05
www.lnaf.org
Propriété d'une association
Inscrit

Jardin remarquable

La construction du château de La Napoule remonte au XIVe s. Démantelé par les troupes du duc de Savoie puis transformé en verrerie après la Révolution, il est acheté par le sculpteur américain Henry Clews (1876-1937) qui procède avec sa femme architecte à de grands travaux donnant au château son aspect actuel, mélange de roman, de gothique et de motifs orientalisants. Du château d'origine subsistent deux tours. L'ensemble est agrémenté d'un beau jardin aménagé par Mary Clews avec des sculptures de son époux.

7 fév.-7 nov. : t.l.j. 10h-18h, visite à 11h30, 14h30, 15h30, 16h30 ;
8 nov.-10 fév. : lun.-ven. 14h-17h, visite à 14h30, 15h30, w.-e. et vac. scol. 10h-17h, visite à 11h30, 14h30, 15h30. Visite guidée. ♿ en partie.

Jardin des Romanciers, dit « Fontana Rosa »

6, avenue Blasco-Ibañez
06500 Menton
Tél. : 04 92 41 76 76
www.jardins-menton.fr
Propriété de la commune
Classé

Construite au XIXe s., la villa Emilia est achetée en 1922 par le romancier espagnol Vicente Blasco Ibañez, qui jusqu'à sa mort en 1928 s'emploie à la création d'un jardin littéraire orné de bustes en hommage à ses écrivains préférés. « El jardin de los Novelistas » accueille des sculptures de Léopold Bernstamm et des décors de céramique de Donadini. La villa est démolie par la ville en 1985 et une partie des jardins lotie.

Visite guidée sur r.-v. lun. et ven. à 10h.

Hôtel de Daniel d'Adhémar de Lantagnac

24, rue Saint-Michel
06500 Menton
Tél. : 04 92 10 97 10
www.tourisme-menton.fr
Propriété de la commune
Classé

L'hôtel de Daniel d'Adhémar de Lantagnac est construit au milieu du XVIIIe s. pour Jean-Balthazar de Daniel, intendant pour le roi de la garnison de Monaco. L'hôtel passe ensuite à sa fille, qui épouse en 1766 Antoine Alexandre d'Adhémar de Lantagnac. L'ensemble, qui abrite aujourd'hui le service du patrimoine de la ville, a conservé une remarquable décoration intérieure.

Ouvert du mar. au sam. 10h-12h30, 13h30-18h. Visite libre.

Palais Carnolès

Musée des Beaux-Arts
Avenue de la Madone
06500 Menton
Tél. : 04 93 35 49 71
www.tourisme-menton.fr
Propriété de la commune
Inscrit

Ancien palais d'été des princes de Monaco, le palais Carnolès est édifié au début du XVIIIe s. dans l'esprit du Grand Trianon et modifié sous le prince Honoré VI à partir de 1818. À la fin du XIXe s., le palais appartient à un riche Américain, le Dr Edward P. Allis, célèbre ichtyologiste qui le fait restaurer et redécorer par l'architecte danois Tersling et l'Allemand Matthiessen. Il abrite aujourd'hui le musée des Beaux-Arts, qui présente entre autres une belle collection de primitifs italiens. Le palais est entouré d'un parc d'agrumes, dans lequel est conservée la tour de la noria, au décor maniériste.

T.l.j. sf mar. et j. fériés : 10h-12h, 14h-18h. Visite libre. Visite guidée sur r.-v.
Visite guidée sur r.-v. pour les groupes toute l'année. ♿ en partie.

Jardin de la Serre-de-la-Madone

74, route de Gorbio
06500 Menton
Tél. : 04 93 57 73 90
www.serredelamadone.com
Propriété du Conservatoire du littoral
Classé

Le jardin de la Serre-de-la-Madone est conçu entre 1919 et 1939 par Lawrence Johnston, paysagiste célèbre en Angleterre et auteur en 1907 du jardin d'Hidcote Manor dans les Cotswolds. Son jardin d'hiver, à Menton, est destiné aux plantes rapportées d'Extrême-Orient ou d'Afrique. Un grand nombre d'espèces indigènes côtoient des plantes importées. Aménagé en terrasses sur les pentes du vallon de Gorbio, le jardin est orné de bassins, de rocailles et de sculptures.

Avr.-oct. : t.l.j. sf lun. 10h-18h ; déc.-mars : t.l.j. sf lun. 10h-17h.
Fermé 1er janv., nov., 25 déc. Visite guidée t.l.j. à 15h.
Visite guidée sur r.-v. au 04 92 10 33 66.

MOUANS-SARTOUX D3 DÉTAIL 2

Château des seigneurs de Mouans

Espace de l'Art concret
06370 Mouans-Sartoux
Tél. : 04 93 75 71 50
www.espacedelartconcret.fr
Propriété de la commune
Inscrit

Édifié au XVe s., le château de Mouans sera restauré une première fois, après avoir été endommagé par le siège du duc Charles Emmanuel Ier de Savoie (1592). Au XVIIIe s., il passe de la famille de Grasse à celle de Villeneuve avant d'être transformé en château de plaisance. Deux ailes accompagnent trois tours qui entourent la cour intérieure et lui confèrent ainsi une forme triangulaire peu commune. Depuis 1990, le château de Mouans abrite un centre d'Art contemporain, l'espace de l'Art concret où sont présentées, dans la galerie, des expositions temporaires. En 2004, un nouveau bâtiment est inauguré, la donation Albers-Honegger, qui propose une collection nationale permanente. Le parc du château a été réaménagé en 2007 par le paysagiste Gilles Clément.

Sept.-juin : mer.-dim. 12h-18h ; juil.-août : t.l.j. 11h-19h. Visite libre. Visite guidée. Visite sur r.-v. pour les groupes toute l'année.

NICE D3

Cathédrale orthodoxe Saint-Nicolas

Avenue Nicolas-II
06000 Nice
Tél. : 04 93 96 88 02
www.acor-nice.com
Propriété d'une association
Classé

La cathédrale Saint-Nicolas est construite à partir de 1903 pour répondre aux besoins d'une colonie russe installée à Nice depuis le milieu du XIXe s. Sa construction est confiée à Préobrajensky, professeur d'architecture à l'Académie impériale des beaux-arts de Saint-Pétersbourg, qui s'inspire des églises à cinq coupoles de la fin du XVIe s. à Moscou. L'église est élevée dans le parc de la villa Bermond, alors propriété du tsar Nicolas II. Les coupoles en béton armé sont recouvertes de tuiles vernissées et les dômes de feuilles d'or. À quelques mètres se trouve la chapelle commémorative du tsarévitch Nicolas Alexandrovitch.

Mai-sept. : t.l.j. 9h-12h, 14h30-18h ; oct., 16 fév.-avr. : t.l.j. 9h15-12h, 14h30-17h30 ; nov.-15 fév. : 9h30-12h, 14h30-17h. Fermé dim. mat. Visite libre. Visite guidée sur r.-v.

Chapelle de la Miséricorde

7, cours Saleya
06000 Nice
Tél. : 04 92 00 41 90
Propriété de la commune
Classé

Chef-d'œuvre baroque du vieux Nice, la chapelle de la Miséricorde est l'ancienne église Saint-Gaëtan du couvent des Théatins. Elle est élevée en 1740 par Vittone d'après les plans du célèbre architecte italien du XVIIe s., Guarini. Elle appartient à la confrérie des pénitents noirs. Son architecture extérieure offre une symétrie élégante ornée de volutes, de contre-courbes, d'oculi et de lucarnes. L'intérieur abrite un décor réalisé au XIXe s. d'une remarquable richesse. La sacristie présente des trésors d'art primitif niçois.

Mar. 14h30-17h30.

Église et monastère de Cimiez

Place du Monastère
06000 Nice
Tél. : 04 93 81 00 04
www.nice.fr
Propriété de la commune
Classé

Ancienne dépendance de l'abbaye bénédictine de Saint-Pons, l'église Notre-Dame de Cimiez est cédée en 1546 aux franciscains, qui procèdent aux XVIIe et XVIIIe s. à la reconstruction de l'ensemble des bâtiments y compris le couvent et les cloîtres. L'église abrite les trois œuvres maîtresses du célèbre primitif niçois Louis Brea : la *Pietà*, la *Crucifixion* et la *Déposition*. Les bâtiments conventuels abritent un musée consacré à l'histoire des franciscains à Nice du XIIIe s. à nos jours.

T.l.j. sf dim. et j. fériés 10h-12h, 15h-18h. Visite libre.

Observatoire d'astronomie du Mont-Gros

Boulevard de l'Observatoire
06000 Nice
Tél. : 04 92 00 31 12
www.observatorium.fr
Propriété de l'État
Classé

Au sommet du Mont-Gros, dans un parc forestier de 35 ha, le domaine de l'observatoire de Nice offre un patrimoine scientifique, historique et naturel remarquable dont la plus grande coupole mobile d'Europe, conçue par Gustave Eiffel et une quinzaine de bâtiments historiques, la plupart réalisés par l'architecte Charles Garnier. Fondé en 1881 par Raphaël Bischoffsheim, il fait aujourd'hui partie de l'observatoire de la Côte d'Azur, deuxième centre de recherche astronomique de France, à la pointe dans de nombreux programmes internationaux d'exploration spatiale et d'astrophysique.

Visite guidée tous les mer. et w.-e. à 14 h 45.
Visite guidée sur r.-v. pour les groupes.

Musée des Beaux-Arts Jules-Chéret

33, avenue des Beaumettes
06000 Nice
Tél. : 04 92 15 28 28
www.musee.beaux-arts.nice.org
Propriété de la commune
Inscrit

Le musée des Beaux-Arts de Nice est installé depuis 1925 dans un palais édifié en 1878 pour l'épouse d'un conseiller du tsar, la princesse Kotschoubey. Habité ensuite par le millionnaire Thompson, le palais est vendu à la ville. Le musée des Beaux-Arts présente une riche collection de tableaux du XIIIe au XXe s. : L. Brea, Van Loo, Rodin, Carpeaux, J. Chéret, Raoul Dufy, Kees van Dongen.

T.l.j. sf lun. 10 h-18 h. Fermé 1er janv., dim. de Pâques, 1er mai, 25 déc.
Visite guidée. (visite adaptée sur r.-v.).

Palais Lascaris

15, rue Droite
06000 Nice
Tél. : 04 93 62 72 40
www.nice.fr
Propriété de la commune
Classé

Ancienne résidence des Lascaris-Vintimille, le palais est édifié au milieu du XVIIe s. pour Jean-Baptiste Lascaris, aide de camp du duc de Savoie. Vendu par cette famille en 1802, il est acquis par la ville de Nice en 1942. C'est un palais de style génois, doté d'une façade monumentale à quatre niveaux, ornée d'éléments décoratifs au rez-de-chaussée et à l'étage noble. À l'intérieur, le vestibule et l'escalier sont ornés de fresques tandis que les appartements du deuxième étage renferment un riche décor peint ainsi que des stucs et des boiseries du XVIIIe s. Le palais abrite aujourd'hui le musée historique de la ville.

T.l.j. sf mar. 10 h-18 h. Fermé 1er janv., 1er mai, dim. de Pâques.
Visite libre. Visite guidée. Visite guidée sur r.-v. pour les groupes.

Site archéologique de Cimiez

Musée archéologique
160, avenue des Arènes
06000 Nice
Tél. : 04 93 81 59 57
www.musee-archeologique-nice.org
Propriété de la commune
Classé

Situé sur un éperon rocheux, Cimiez, quartier de Nice, conserve d'imposants vestiges de l'antique *Cemenelum*, chef-lieu de la province romaine des Alpes-Maritimes du Ier s. av. J.-C. au IVe s. Les arènes de Cimiez forment une petite ellipse pouvant accueillir quatre mille spectateurs. Il s'agit d'un des plus petits amphithéâtres connus en Gaule. Le quartier thermal conserve les vestiges de trois ensembles thermaux bâtis sur le même plan et juxtaposant d'est en ouest une salle froide, une salle tiède et deux salles chaudes. Un réseau de voies romaines, très bien conservé, relie les thermes à des boutiques et à des vestiges artisanaux, tels qu'un four à chaux. Un des ensembles thermaux est transformé au cours du Ve s. apr. J.-C. en cathédrale avec un baptistère. L'occupation de Cimiez semble s'arrêter à la fin du VIIe s. Un musée archéologique situé sur le site évoque la vie de la province à l'époque romaine et présente le résultat des fouilles.

T.l.j. sf mar. 10 h-18 h. Fermé 1er janv., 1er mai, dim. de Pâques, 25 déc.
Visite guidée sur r.-v.

Roquebrune-Cap-Martin D3

Cabanon et site corbuséen du Cap-Martin

Promenade Le Corbusier
06190 Roquebrune-Cap-Martin
Tél. : 04 93 35 62 87
www.roquebrune-cap-martin.com
Propriété du Conservatoire du littoral, propriété privée
Classé

À proximité de la villa E. 1027 de son amie Eileen Gray, face à la mer, Le Corbusier construit en 1952 un cabanon sur une parcelle voisine appartenant à son autre ami Thomas Rebutato, propriétaire de la guinguette *L'Étoile de Mer*. Accolé à cette dernière, le cabanon de 16 m² est construit en rondins de bois et matériaux industriels. Malgré ses dimensions modestes, il offre un plan très élaboré qui devait servir de modèle pour les autres unités de camping édifiées sur le site. Ce cabanon témoigne des recherches de l'architecte sur la production standardisée.

Visite guidée mar. et ven., à 10 h sur r.-v.

Château des Grimaldi (ancien)

Place William-Ingram
06190 Roquebrune-Cap-Martin
Tél. : 04 93 35 07 22
www.roquebrune-cap-martin.com
Propriété de la commune
Inscrit

Édifié au Xᵉ s. par les vicomtes de Vintimille, le château de Roquebrune est à l'origine le donjon d'une imposante forteresse réunissant tout le village. Restauré par les Grimaldi à la fin du XVIᵉ s., il conserve une tour-porte crénelée, un logis seigneurial, un chemin de ronde ainsi qu'un puits. Haut de 26 m, il abrite, au premier étage, la salle des cérémonies, au deuxième étage, la salle des gardes, une prison et la salle des archers et au troisième étage la demeure seigneuriale. Au quatrième étage se trouve la plate-forme supérieure d'artillerie.

Juil.-août : 10 h-12 h 30, 15 h-19 h 30 ; avr.-juin, sept. : 10 h-12 h 30, 14 h-18 h 30 ; fév.-mars, oct. : 10 h-12 h 30, 14 h-18 h ; nov.-janv. : 10 h-12 h 30, 14 h-17 h.
Visite libre audioguidée. Visite guidée sur r.-v.

Saint-Étienne-de-Tinée D2

Ensemble de chapelles

06660 Saint-Étienne-de-Tinée
Tél. : 04 93 02 41 96/04 93 02 24 00
www.saintetiennedetinee.fr
Propriété de la commune
Inscrit et classé

Saint-Étienne-de-Tinée conserve un ensemble de chapelles peintes remarquables. Cet art caractéristique se développe dans les Alpes-Maritimes aux XVᵉ et XVIIᵉ s. Commandées par les paroisses ou les confréries à des artistes itinérants souvent originaires du Piémont ou de la Ligurie, les peintures sont destinées à enseigner les Saintes Écritures aux fidèles illettrés. La chapelle Saint-Sébastien conserve des peintures murales de Canavesio et de Baleison datées de la fin du XVᵉ s. La chapelle Saint-Érige-d'Auron est sans doute l'édifice le plus remarquable par son architecture romane du XIIIᵉ s. et ses peintures du XVᵉ s. La chapelle Saint-Maur et celle du couvent des Trinitaires sont également ornées.

Mer. et ven. : 10 h-12 h, 16 h-18 h. Visite guidée.

Saint-Jean-Cap-Ferrat D3

Villa Ephrussi

Musée Île-de-France
Avenue Ephrussi-de-Rothschild
06230 Saint-Jean-Cap-Ferrat
Tél. : 04 93 01 33 09
www.villa-ephrussi.com
Propriété de l'Institut de France
Classé

Cette villa est construite de 1891 à 1912 par Béatrice de Rothschild, épouse de Maurice Ephrussi. Située dans un cadre exceptionnel, sur l'isthme reliant cap Ferrat à la côte, la villa s'organise autour d'un patio central couvert et s'inspire des grandes demeures de la Renaissance italienne. Pour ce palazzio italien, enduit de crépit rose, la propriétaire fait appel à de nombreux architectes. Les somptueux jardins de styles différents sont attribués aux architectes-paysagistes Achille Duchêne et Harold Peto. Léguée à l'Académie des beaux-arts de l'Institut de France en 1934, la villa abrite un musée qui présente les collections de Béatrice de Rothschild et de son mari, riche de cinq mille œuvres d'art.

Juil.-août : t.l.j. 10 h-19 h ; nov.-fév. : t.l.j. 14 h-18 h, w.-e. et vac. scol. 10 h-18 h.
Visite libre. Visite guidée du premier étage.

D2 **SAORGE**

Monastère et ancien couvent des franciscains

06540 Saorge
Tél. : 04 93 04 55 55
http://saorge.monuments-nationaux.fr
Propriété de l'État
Classé

Le couvent de Saorge, fondé en 1633, reste l'un des derniers exemples du style baroque franciscain encore conservé dans le pays niçois. L'église présente un bel ensemble de mobilier en bois sculpté, ainsi qu'un remarquable chemin de croix sur toile signé Pietro Botta (1726). Le réfectoire est décoré de fresques du XVIIe s. en parfait état. Dans les galeries du cloître, vingt-cinq fresques du XVIIIe s. représentent, dans un style naïf, la vie de saint François d'Assise.

Fév.-avr., oct. : t.l.j. sf mar. 10h-12h, 14h-17h ;
mai-sept. : t.l.j. sf mar. 10h-12h, 14h-18h. Fermé 1er mai, nov.-janv.
Visite libre. Visite guidée t.l.j. à 10h30 et 15h.

D2 **TENDE**

Gravures rupestres de la vallée des Merveilles et du mont Bégo

Musée départemental des Merveilles
06430 Tende
Tél. : 04 93 04 32 50
www.museedesmerveilles.com
Propriété de la commune
Classé

Située dans le parc national du Mercantour, la vallée des Merveilles rassemble, au pied du mont Bego, un ensemble exceptionnel de gravures rupestres, dont la plupart remontent à l'âge du bronze ancien, entre 2800 et 1300 av. J.-C. On y trouve des figures anthropomorphes, des représentations d'animaux ou des figures géométriques. Les gravures, plus ou moins nettes, ont été réalisées par piquetage. Les plus précises ont été gravées sur des schistes colorés en surface par l'oxyde de fer, faisant ressortir la couleur vert-bleu de la roche mère. Les gravures sur les grès sont plus difficiles à reconnaître. Le musée des Merveilles, situé à Tende, est un complément incontournable de la randonnée.

Mai-15 oct. : t.l.j. sf mar. 10h-18h30 (t.l.j. juil.-sept.) ; 16 oct.-avr. : 10h-17h.
Fermé 1er janv., 12-24 mars, 1er mai, 13-25 nov., 25 déc.
Visite guidée. Visite sur r.-v. pour les groupes.

D3 **TOURRETTE-LEVENS**

Château

Musée d'Histoire naturelle
06690 Tourrette-Levens
Tél. : 04 93 91 03 20
www.tourrette-levens.org
Propriété de la commune
Inscrit

La construction du château de Tourrette-Levens remonte probablement au XIIe s., époque à laquelle la seigneurie entre en la possession des Chabaud, propriétaires jusqu'au XVIIe s. Des six tours initiales ne subsiste qu'une tour carrée haute de 12 m. Le château abrite aujourd'hui un musée d'histoire naturelle présentant de vastes collections d'insectes et de papillons.

Mai-sept. : t.l.j. sf lun. 14h-18h30 ; oct.-avr. : t.l.j. sf lun. 14h-17h30.
Fermé 1er janv. Visite libre.
Visite guidée sur r.-v. pour les groupes (15 pers. min.).

TRINITÉ (LA) D3

Sanctuaire de Notre-Dame-de-Laghet

06340 La Trinité
Tél. : 04 92 41 50 50
http://sanctuaire-laghet.cef.fr
Propriété de l'État,
propriété d'une association
Inscrit

Laghet est célèbre depuis que Marie a commencé en 1652 d'y dispenser ses miracles. Dom Jacques Fighiera offre la statue de la Vierge (1652), le sanctuaire est construit (1654-1656) puis confié aux carmes. Depuis 1905, il est desservi par les prêtres du diocèse de Nice, avec l'aide des bénédictines du Sacré-Cœur de Montmartre qui y assurent depuis 1978 l'accueil et l'animation spirituelle. La chapelle, de style baroque, est entourée sur ses quatre façades par les galeries du cloître où sont accrochés de nombreux ex-voto témoignant de la ferveur populaire. Les plus beaux sont conservés au musée.

SANCTUAIRE T.l.j. 7h30-21h30.
MUSÉE Mai-sept. : t.l.j. 15h30-17h30 ; oct.-avr. : t.l.j. sf mar. 15h-17h.
Visite libre. (mallette sensorielle). (à l'hôtellerie sur r.-v.).

TURBIE (LA) D3

Trophée des Alpes

Avenue Albert-Ier
06320 La Turbie
Tél. : 04 93 41 20 84
http://la-turbie.monuments-nationaux.fr
Propriété de l'État
Classé

CENTRE DES MONUMENTS NATIONAUX

Le Trophée des Alpes est érigé au Ier s. av. J.-C. à la gloire de l'empereur romain Auguste, vainqueur des peuples des Alpes. Il s'agit du seul édifice de ce type existant encore aujourd'hui. Mutilé au cours des siècles, puis restauré grâce à un mécène américain, il domine toute la Riviera française. Sur un soubassement carré de 38 m de côté, orné de la dédicace à l'empereur suivie du nom des quarante-quatre peuples vaincus, se dressait une construction cylindrique entourée d'une colonnade dorique. Des niches aménagées dans le massif intérieur abritaient l'effigie des généraux vainqueurs, tandis qu'au sommet du monument une statue colossale d'Auguste affirmait sa puissance. Au pied du trophée, un musée retrace l'histoire du monument.

19 mai-20 sept. : t.l.j. sf lun. 9h30-13h, 14h30-18h30;
21 sept.-18 mai : t.l.j. sf lun. 10h-13h30, 14h30-17h.
Fermé 1er janv., 1er mai, 1er et 11 nov., 25 déc. Visite libre.
Visite sur r.-v. pour les groupes. parc et musée.

VALBONNE D3 DÉTAIL 2

Abbaye chalaisienne

Musée du Patrimoine
1, rue de la Paroisse
06560 Valbonne
Tél. : 04 93 12 96 54
www.abbyvalb.org
Propriété de la commune
Classé

L'abbaye Sainte-Marie de Valbonne a été fondée en 1199 par les moines de Prads appartenant à l'ordre bénédictin de Chalais. Cette abbaye, du plus pur style roman primitif, fut abandonnée au XIIIe s. et devint prieuré de Lérins. À la fondation du village de Valbonne en 1519, l'ancienne église abbatiale devient paroissiale et les bâtiments conventuels abritent désormais le château du prieur-seigneur de Lérins. Classée depuis 1970, l'abbaye est en voie de restauration. L'aile des convers abrite de nos jours le musée du Patrimoine « Le Vieux Valbonne » où est présenté l'histoire de l'abbaye, de l'ordre de Chalais, du village, de ses habitants et de leurs métiers.

Oct.-mai : t.l.j. sf lun. 14h-18h; juin-sept. : t.l.j. sf lun. 15h-19h.
Fermé de fin déc. à mi-janv. Visite libre. Visite guidée le sam. à 16h.

D3 DÉTAIL 2

VALLAURIS

Château

Musée Magnelli, musée de la Céramique, musée Picasso
Place de la Libération
06220 Vallauris
Tél. : 04 93 64 71 83
www.vallauris-golfe-juan.com
Propriété de l'État (chapelle), propriété de la commune (château)
Classé

Le château de Vallauris est élevé sur un ancien prieuré dépendant du monastère de Lérins et dont subsiste aujourd'hui la chapelle romane probablement édifiée au XIIe s. C'est un petit édifice à nef unique couverte d'un berceau brisé, prolongée par une abside plus basse, voûtée en cul-de-four. Le logis ruiné est reconstruit à la fin du XIVe s. puis remanié à partir de 1568. Il s'agit d'un vaste édifice quadrangulaire flanqué de tours d'angle. La chapelle abrite aujourd'hui le musée national exposant une des œuvres monumentales de Picasso, *La Guerre et la Paix*. Le château abrite le musé consacré au peintre Magnelli ainsi que celui présentant en grande partie de la céramique contemporaine.

Juin-sept. : t.l.j. sf mar. 10h-12h, 14h-18h; sept.-juin : t.l.j. sf mar. 10h-12h, 14h-17h. Fermé 1er janv., 1er mai, Toussaint, 1er et 11 nov., 25 déc. Visite libre.

D3 DÉTAIL 2

VENCE

Chapelle du Rosaire, dite « Matisse »

06140 Vence
Tél. : 04 93 58 03 26
http://pagesperso-orange.fr/maison.lacordaire
Propriété privée
Inscrit

La chapelle du Rosaire est conçue et réalisée entre 1949 et 1951 par Henri Matisse, pour remercier les sœurs de Rosaire chez lesquelles il effectue un séjour de convalescence. Le révérend père L.-B. Rayssiguier collabore avec Matisse sur le plan liturgique, tandis que l'architecte Auguste Perret supervise l'ensemble. La décoration épurée de cette chapelle est la dernière œuvre de Matisse. Elle comprend des vitraux réalisés par Paul Bony, des panneaux de céramiques et l'ensemble du mobilier liturgique. À l'extérieur, seule une immense croix de fer forgé rappelle le caractère sacré du lieu. La galerie expose les études faites pour la réalisation de la chapelle.

T.l.j. sf ven., dim. : 14h-17h30; mar., jeu. : 10h-11h30, 14h-17h30; vac. scol. : ven. 14h-17h30. Fermé j. fériés.
Visite guidée. Visite guidée sur r.-v. pour les groupes. ♿ en partie.

D3

VILLEFRANCHE-SUR-MER

Chapelle Saint-Pierre, dite « Cocteau »

Quai Courbet
06230 Villefranche-sur-Mer
Tél. : 04 93 76 90 70
www.villefranche-sur-mer.fr
Propriété d'une association
Classé

La construction de la chapelle Saint-Pierre, dédiée au patron des pêcheurs, remonte probablement à la seconde moitié du XVIe s. En 1957, alors que les pêcheurs y entreposent leurs filets de pêche, Jean Cocteau recouvre l'intérieur de la chapelle de peintures qui comportent cinq scènes principales : les deux premières évoquent la vie méditerranéenne et les trois suivantes relatent des épisodes de la vie de saint Pierre. Un décor géométrique relie les différentes scènes.

Oct.-mai : t.l.j. sf lun. 10h-12h, 14h-18h ; juin-sept. : t.l.j. sf lun. 10h-12h, 15h-19h. Fermé de mi-nov. à mi-déc. Visite libre. Visite guidée sur r.-v.

Citadelle Saint-Elme

Musée Volti
Musée Goetz-Boumeester
Collection Roux
06230 Villefranche-sur-Mer
Tél. : 04 93 76 33 27
www.villefranche-sur-mer.fr
Propriété de la commune
Classé

La citadelle Saint-Elme est construite à partir de 1550 par Emmanuel Philibert, duc de Savoie, pour protéger la rade de Villefranche. Il confie les travaux à l'architecte André Provana. Élevée sur un promontoire rocheux qui domine la rade, elle est isolée du côté terre par un vaste fossé aujourd'hui transformé en route. Elle a conservé son enceinte bastionnée de plan quadrangulaire, à l'intérieur de laquelle subsistent de nombreux bâtiments abritant entre autres un musée consacré au sculpteur Volti, la collection Roux représentant des figurines en céramique retraçant des scènes du Moyen Âge et de la Renaissance, ainsi que le musée d'Art moderne Goetz-Boumeester.

Oct.-mai : t.l.j. sf dim. mat. 10h-12h, 14h-17h30;
juin-sept. : t.l.j. sf dim. mat. 10h-12h, 15h-18h30. Fermé en nov.
(musée Volti et Goetz-Boumeester). (musée Volti).

AIX-EN-PROVENCE B3

Palais de l'archevêché (ancien)

Musée des Tapisseries
Place des Martyrs-de-la-Résistance
13100 Aix-en-Provence
Tél. : 04 42 23 09 91
www.mairie-aixenprovence.fr
Propriété de la commune
Classé

[m]

L'archevêché d'Aix est commencé au XIVe s. par l'archevêque Arnaud de Brachaisio, sur une ancienne maison adossée à la sacristie de l'église et appartenant au prévôt de Saint-Sauveur. Agrandi et embelli au cours des XVIIe et XVIIIe s., le palais s'ouvre sur la place par une belle porte Régence dont le décor est attribué à Toro. Elle donne accès à la cour centrale autour de laquelle s'ordonnent les bâtiments. L'intérieur a conservé un très bel escalier à double évolution avec une rampe à pilastres en fer forgé. L'ensemble abrite aujourd'hui un musée qui présente une remarquable collection de tapisseries des XVIIe et XVIIIe s. dont certaines ornaient les salons du palais. La cour accueille tous les ans les représentations du célèbre Festival de musique d'Aix.
15 oct.-15 avr. : t.l.j. sf mar. 10h-18h ; 16 oct.-14 avr. : t.l.j. sf mar. 13h30-17h. Fermé en janv. Visite guidée.

Cathédrale Saint-Sauveur et son cloître

13100 Aix-en-Provence
Tél. : 04 42 23 45 65
www.cathedrale-aix.net
Propriété de l'État
Classé

Le groupe cathédral Saint-Sauveur s'élève à l'emplacement d'un ancien forum romain dont certains éléments, comme le dallage, sont encore visibles. Sa construction remonte au Ve s. avec l'installation du baptistère parfaitement conservé et du groupe épiscopal. La nef romane correspond à l'ancienne nef principale. À la suite de la reconstruction de l'église en 1285, cette nef devient le bas-côté sud. La nouvelle nef gothique est achevée vers 1350 et la façade flamboyante en 1513. Au XVIIe s. de nouveaux travaux, menés par l'architecte de la ville, Laurent Vallon, donnent au bas-côté nord son aspect actuel. L'intérieur abrite le remarquable retable du *Buisson ardent*, triptyque peint par Nicolas Froment, au XVe s. Le cloître des chanoines est un bel exemple d'architecture couvert en charpente et de sculptures romanes.
CLOÎTRE T.l.j. sf dim. 10h-12h, 14h30-17h30.
TRIPTYQUE DU *BUISSON ARDENT* Mar. 15h-16h.

Château et parc de la Mignarde

13100 Aix-en-Provence
Tél. : 04 42 16 11 61
Propriété privée
Classé

Probablement élevée vers 1670, la bastide de la Mignarde est remaniée vers 1775 par un confiseur ordinaire de maréchal de Villars, Gabriel Mignard. Son fil, Sauveur Mignard, poursuit les embellissements et aménage les jardins avec des bassins et une statuaire très riche attribuée à Barthélemy François Chardigny, sculpteur toulonnais ayant travaillé avec Nicolas Ledoux. Le château accueille au début du XIXe s. Pauline Bonaparte. La bastide et le parc forment un ensemble représentatif des bastides aixoises des XVIIe et XVIIIe s.
Visite guidée sur r.-v. uniquement. ♿ en partie.

Hôtel Boyer d'Éguilles

Muséum d'histoire naturelle
6, rue Espariat
13100 Aix-en-Provence
Tél. : 04 42 27 91 27
www.museum-aix-en-provence.org
Propriété d'une association
Classé

[m]

L'hôtel Boyer d'Éguilles fait partie des nombreux hôtels particuliers élevés à Aix aux XVIIe et XVIIIe s., pour des magistrats ou des juristes fortunés siégeant au Parlement. Il est édifié vers 1675 pour Jean-Baptiste Boyer d'Éguilles, conseiller au Parlement, auteur probable des plans. La construction de l'hôtel est confiée à Jean Jaubert, architecte de la ville. Construit en U, comme les hôtels particuliers parisiens bâtis à la même époque, il est doté d'un portail à carrosses ouvert sur une cour d'honneur. La façade est ornée de grands pilastres colossaux cannelés. L'hôtel, richement décoré, abrite aujourd'hui le Muséum d'histoire naturelle.
T.l.j. 10h-12h, 13h-17h. Visite libre. Visite guidée sur r.-v. pour les groupes.

Hôtel d'Estienne de Saint-Jean

Musée du Vieil-Aix
17, rue Gaston-de-Saporta
13100 Aix-en-Provence
Tél. : 04 42 21 43 55
www.maine-aixenprovence.fr
Propriété de la commune
Classé

Propriété des Estienne de Saint-Jean à la fin du XVIe s., l'hôtel éponyme passe au siècle suivant aux Martigny, riche famille de parlementaires d'Aix, héritiers du nom et de la fortune des Estienne. On leur doit vers 1670 la transformation de l'hôtel réalisée sous la direction du célèbre architecte Pierre Puget. La façade est ornée de pilastres cannelés coiffés de chapiteaux corinthiens. Il abrite aujourd'hui le musée du Vieil-Aix. voué au passé d'Aix et de sa région, il présente, entre autres, une importante collection de faïences méridionales.

Avr.-oct. : t.l.j. sf lun. 10h-13h, 14h-18h ; nov.-mars : t.l.j. sf lun. 10h-12h, 14h-17h.
Visite libre. Visite guidée sur r.-v. Fermé j. fériés. ♿ r.-d.-c.

Hôtel Paul-Arbaud

Musée Paul-Arbaud
2a, rue du 4-Septembre
13100 Aix-en-Provence
Tél. : 04 42 38 38 95
www.academiedaix.org
Propriété privée
Classé

L'hôtel Paul Arbaud est bâti à la fin du XVIIIe s. à l'emplacement d'un ancien couvent de feuillants de l'ordre de Cîteaux fondé en 1656. Il est situé à l'entrée du quartier Mazarin qui offre, par le nombre de ses hôtels particuliers édifiés aux XVIIe et XVIIIe s., un remarquable ensemble d'architecture classique. L'hôtel porte le nom du collectionneur, bibliophile et mécène Paul Arbaud, propriétaire dès 1876. Pour mettre en valeur ses collections, il fait richement décorer les intérieurs. À sa mort, en 1911, l'hôtel et l'ensemble de ses collections sont légués à l'académie d'Aix.

T.l.j. sf dim., lun. et j. fériés : 14h-17h.
Visite libre. Visite guidée sur r.-v. pour les groupes. ♿ en partie.

***Oppidum* d'Entremont**

Avenue Fernand-Benoit
13100 Aix-en-Provence
Tél. : 04 42 21 97 33/04 42 99 10 00
www.asso-archeo-entremont.com
Propriété de l'État
Classé

Situé à 3 km au nord d'Aix, l'*oppidum* celto-ligure d'Entremont, occupé de la fin du IIIe s. jusqu'au début du Ier s. av. J.-C., est la capitale des Saylens vaincus par les armées romaines de Caïus Sextius Calvinus en 123 av. J.-C. Deux remparts successifs avec leurs tours, des ruelles délimitant des îlots d'habitations aux cases étroites, des fours et des pressoirs à huile, évoquent la vie d'une petite ville indigène avant la conquête romaine. Un ensemble de sculptures (guerriers accroupis, têtes coupées, bas-reliefs), conservées au musée Granet, constitue le plus riche témoignage de l'art celto-ligure en Provence.

Avr.-oct. : t.l.j. sf mar. 9h-12h, 14h-18h ; nov.-mars : t.l.j. 9h-12h, 14h-17h.
Fermé 1er janv., 1er mai, 1er et 11 nov., 25 déc. Visite libre.
Visite guidée sur r.-v. pour les groupes. ♿ en partie.

Pavillon Paul-Cézanne

Atelier de Cézanne
9, avenue Paul-Cézanne
13100 Aix-en-Provence
Tél. : 04 42 21 06 53
www.atelier-cezanne.com
Propriété de la commune
Inscrit

L'atelier Paul-Cézanne est installé dans ce pavillon que le peintre, natif d'Aix, s'est fait construire à la fin du XIXe s. vingt ans avant sa mort. Entouré d'un jardin, il abrite les souvenirs de l'artiste et restitue l'ambiance de cette maison du quartier des Lauves, au nord de la ville, où Cézanne préparait ses toiles à l'aube avant de partir peindre.

Janv.-mars, oct.-déc. : t.l.j. 10h-12h, 14h-17h ; avr.-juin, sept. : 10h-12h, 14h-18h ;
juil.-août : 10h-18h. Fermé 1er janv., 1er mai, 25 déc. Visite libre.
Visite guidée mer., sam. à 10h et 15h (réservation conseillée au 04 42 16 10 91).
Visite guidée sur r.-v. pour les groupes au 04 42 16 10 91.

Jardin du pavillon Lanfant

13100 Aix-en-Provence
Tél. : 04 42 16 11 61
Propriété de l'État
Classé

Construit vers 1677 pour Simon Lanfant, trésorier général de France, le pavillon Lanfant est caractéristique par sa forme et par sa décoration des bastides et des pavillons construits aux XVIIe et XVIIIe s. par les familles parlementaires d'Aix. Il a conservé un bel escalier avec une remarquable rampe en fer forgé et une riche décoration intérieure. La coupole ovale est décorée d'une fresque de Val Loo (1710), auteur aussi de l'*Assemblée des dieux* qui orne le plafond du salon au premier étage. Devant le pavillon s'ouvre un beau parc à fontaines adossées et bassins.
Visite libre du jardin 9h-18h. Visite guidée sur r.-v.

Pavillon Vendôme

Musée du Pavillon Vendôme
32, rue Célony et 13, rue de la Molle
13100 Aix-en-Provence
Tél. : 04 42 91 88 75
www.mairie-aixenprovence.fr
Propriété de la commune
Classé

Le pavillon Vendôme est construit en 1665 pour le duc du Vendôme, petit-fils d'Henri IV et de Gabrielle d'Estrées, gouverneur de Provence. Ouvert sur un vaste jardin à la française, il se compose à l'origine d'un étage sur galerie permettant aux carrosses d'arriver jusqu'au pied de l'escalier. À la suite des travaux, la galerie est fermée et l'escalier refait avec une double volée ornée d'une rampe en fer forgé. Plus tard, le pavillon est surélevé d'un étage. Le portail d'entrée est encadré par deux atlantes soutenant le balcon, œuvre du sculpteur Jean-Claude Rambot. Le pavillon abrite une riche collection de meubles, de peintures et d'objets d'art des XVIIe et XVIIIe s.
15 oct.-15 avr. : t.l.j. sf mar. 10h-18h; 16 oct.-14 avr. : 13h30-17h.
Jardin accessible toute l'année. Fermé 1er janv., 1er mai, 25 déc. Visite guidée.

Commanderie des hospitaliers de Saint-Jean-de-Malte

Musée Granet
Place Saint-Jean-de-Malte
13100 Aix-en-Provence
Tél. : 04 42 52 88 32
www.mairie-aixenprovence.fr
Propriété de la commune
Inscrit et classé

Saint-Jean-de-Malte est au XIIe s. l'église d'une commanderie située hors les murs et habitée par les moines-chevaliers de l'ordre des hospitaliers de Saint-Jean-de-Jérusalem (devenu plus tard Malte), dont une des fonctions était de surveiller les routes. De l'édifice primitif subsistent encore deux tours de défense de part et d'autre du chevet plat. Le plan en croix latine est modifié au XVIIe s. par l'ouverture de chapelles latérales comprises entre les contreforts et offertes par les grandes familles d'Aix. Le musée Granet est installé dans l'ancien prieuré des chevaliers, dont la façade sur place date du XVIIIe s. D'abord occupées par une école de dessin fréquentée par le peintre Granet, les salles ont été aménagées en musée au début du XIXe s. Elles abritent une belle collection de peintures du XVIe au XXe s.
Juin-sept. : t.l.j. sf lun. 11h-19h; oct.-mai : t.l.j. sf lun. 12h-18h.
Fermé 1er janv., 1er mai, 25 déc. Visite guidée.

Tuilerie des Milles, ancien camp d'internement

La Tuilerie
Chemin de la Badesse
13100 Aix-en-Provence
Tél. : 04 42 24 34 68
Propriété de l'État
Classé

La tuilerie-briqueterie des Milles est bâtie au XIXe s. puis reconstruite vers 1912 après un incendie. Elle est réquisitionnée lors de la Seconde Guerre mondiale et transformée en camp d'internement de 1939 à 1943. De 1939 à 1940, elle sert de camp de regroupement pour les antinazis allemands et autrichiens dont les peintres Hans Bellmer et Max Ernst, auxquels on attribue les peintures murales du réfectoire. De fin 1940 à mars 1943, elle sert de camp d'internement pour les juifs raflés à Marseille : camp de départ vers la déportation. L'usine rouverte après la guerre est aujourd'hui désaffectée. Un comité du site Mémorial des Milles et un wagon-souvenir sont créés en 1991.

T.l.j. sf w.-e. 9h-12h, 12h45-17h (16h le ven.). Fermé en août.

Château de Seuil

13100 Aix-en-Provence
Tél. : 04 42 92 15 99
www.chateauduseuil.fr
Propriété privée
Inscrit

Le château du Seuil est un vaste domaine transformé au XVIIe s. en maison de maître par les Michaélis, une famille de parlementaires aixois. Peu séparé des bâtiments agricoles, le château forme un ensemble caractéristique des bastides aixoises du XVIIe s. La maison de maître comprend le corps principal et l'aile droite alors que l'aile gauche, entièrement indépendante mais reliée à la façade principale par un pan de mur, devait servir de logis au fermier.

Visite sur r.-v. pour les groupes toute l'année.

A3 **ARLES**

Cryptoportiques du forum

13200 Arles
Tél. : 04 90 49 38 20
www.arles-tourisme.com
Propriété de l'État
Classé

Vaste ensemble de galeries et de piliers souterrains servant à exhausser le forum, les cryptoportiques datent de la fin du Ier s. av. J.-C. Construits selon un plan en U de 89 m de large et 59 m de long, ces cryptoportiques sont les mieux conservés du monde romain. Certains aménagements intérieurs font penser que leurs fondations ont pu servir de grenier sous l'empereur Constantin. Chaque côté est formé d'une galerie double dont les voûtes en berceau reposent sur une file centrale de piliers rectangulaires. Dans la galerie nord ont été trouvés un buste d'Auguste jeune et un bouclier de marbre gravé d'une inscription dédiée à Auguste, conservé au musée de l'Arles antique.

Nov.-fév. : 10h-12h, 14h-17h ; mars-avr., oct. : 9h-12h, 14h-18h ;
mai-sept. : 9h-12h, 14h-19h. Fermé 1er janv., 1er nov., 25 déc.
Visite libre. Visite guidée.

Abbaye de Montmajour

Route de Fontvieille
13200 Arles
Tél. : 04 90 54 64 17
http://montmajour.monuments-nationaux.fr
Propriété de l'État
Classé

L'abbaye de Montmajour est élevée entre les XIe et XIVe s. par une communauté monastique bénédictine établie sur le site dès le Xe s. Dominant la plaine de la Crau, à l'époque zone marécageuse, l'abbaye forme un ensemble architectural roman exceptionnel comprenant un édifice préroman du XIe s., la chapelle Saint-Pierre dont une nef est aménagée dans le rocher, la chapelle et la crypte Sainte-Croix des XIe et XIIe s., l'abbatiale Notre-Dame et le cloître roman des XIIe et XIIIe s., ainsi qu'une tour de défense de 26 m de haut élevée sur ordre de l'abbé Pons de l'Orme en 1369 pour défendre l'abbaye. Montmajour est agrandie au XVIIIe s. d'un second monastère à l'ouest, le monastère Saint-Maur. Endommagée à la Révolution, l'abbaye est sauvée de la ruine en 1838 par François Huard, conservateur du musée d'Arles.

Avr.-juin : t.l.j. 9h30-18h ; juil.-sept. : t.l.j. 10h-18h30 ;
oct.-mars : t.l.j. sf lun. 10h-17h. Fermé 1er janv., 1er mai, 1er et 11 nov., 25 déc.
Visite libre. Visite guidée sur r.-v.

Amphithéâtre (ou arènes)

13200 Arles
Tél. : 04 90 49 38 20
www.arles-tourisme.com
Propriété de la commune
Classé

Construit au Ier s., l'amphithéâtre d'Arles est l'un des mieux conservés du monde romain. Consacré aux combats de gladiateurs, il pouvait contenir jusqu'à vingt mille spectateurs. De forme elliptique, il mesure 136 m de long sur 107 de large et s'élève sur deux étages d'arcades de soixante travées. À chaque niveau, une vaste galerie circulaire permettait d'accéder aux gradins par des escaliers alternant avec des passages horizontaux. L'arène est séparée des gradins par un mur de protection en appareil très soigné revêtu de dalles.

Nov.-fév. : 10h-17h ; mars-avr., oct.-déc. : 9h-18h ; mai-sept. : 9h-19h. Fermé 1er janv., 1er mai, 1er nov., 25 déc. Visite libre. Visite guidée.

Commanderie de Malte (ancienne)

Musée Réattu
10, rue du Grand-Prieuré
13200 Arles
Tél. : 04 90 49 37 58
www.museereattu.arles.fr
Propriété de la commune
Classé

Le musée Réattu occupe l'ancien grand prieuré de l'ordre de Malte. Les grands prieurs s'y installent définitivement au XVIIe s., après la destruction de grand prieuré de Saint-Gilles. L'ensemble est racheté en partie après la Révolution par le peintre arlésien Jacques Réattu (1760-1833) qui en fait sa maison et y installe son atelier. L'actuel musée est formé de la réunion de deux édifices contigus, élevés au XVe s., ordonnant chacun leurs bâtiments autour d'une cour centrale. La partie nord conserve de belles façades Renaissance. La chapelle gothique, en façade sur la rue, date du début du XVIe s. Le musée abrite les collections du peintre Réattu, ainsi que de riches collections d'art moderne, dont une section consacrée à l'art photographique.

Janv.-juin, oct.-déc. : t.l.j. sf lun. 10h-12h30, 14h-18h30 ; juil.-sept. : t.l.j. sf lun. 10h-19h. Fermé 1er janv., 1er mai, 1er nov., 25 déc. Visite libre. Visite guidée. Visite sur r.-v. pour les groupes au 04 90 49 35 23.

Museon Arlaten

Musée départemental d'ethnographie
29-31, rue de la République
13200 Arles
Tél. : 04 90 93 58 11/04 90 52 52 31
www.museonarlaten.fr
Propriété du département
Classé

Musée départemental d'ethnographie provençale créé en 1896 par Frédéric Mistral, poète provençal qui y consacra le montant de son prix Nobel de littérature en 1904. Installé en 1906 dans l'ancien palais de Laval-Castellane (XVIIe s.), il constitue le répertoire majeur des divers aspects de la vie traditionnelle en Provence (costumes, mobilier, artisanat, objets de culte et superstition, etc.).

Temporairement fermé pour travaux. Pour plus d'informations quant à une prochaine réouverture, se renseigner au 04 90 52 52 31.

Nécropole des Alyscamps

13200 Arles
Tél. : 04 90 49 36 74/04 90 49 36 89
www.arles-tourisme.com
Propriété de la commune
Classé

Vaste allée bordée de tombeaux menant à l'église Saint-Honorat, le cimetière des Alyscamps s'est formé de part et d'autre de la voie Aurélienne, qui donnait accès à la cité romaine par l'est. À l'origine, nécropole païenne, adoptée par les chrétiens au milieu du IVe s., ce cimetière doit sa renommée au culte de saint Genest, martyr arlésien qui y fut enseveli. La présence dans la crypte de l'église Saint-Honorat des reliques de saints évêques (Trophime, Concordius, Hilaire, etc.) multiplie les inhumations et la ferveur des fidèles, en particulier celle des pèlerins de Saint-Jacques-de-Compostelle qui viennent s'y recueillir. Outre les tombeaux visibles aux Alyscamps, d'autres exemplaires remarquables sont déposés au musée lapidaire.

Mai-sept. : t.l.j. 9h-19h ; mars-avr., oct. : t.l.j. 9h-12h, 14h-18h ; nov.-fév. : t.l.j. 10h-12h, 14h-17h. Fermé 1er janv., 1er mai, 1er nov., 25 déc. Visite libre. Visite guidée.

Théâtre

Rue de la Calade
13200 Arles
Tél. : 04 90 49 38 20
www.arles-tourisme.com
Propriété de la commune
Classé

Achevé vers l'an 12 av. J.-C., ce théâtre romain, quoique mal conservé, témoigne de l'importance de la colonie d'Arles. Adossé à un portique comprenant alors trois étages de vingt-sept arcades, dont seule subsiste une travée englobée dans une tour du rempart médiévale (tour Roland), le théâtre pouvait accueillir dix mille spectateurs. Au nord et au sud s'ouvrent deux entrées monumentales donnant accès à l'*orchestra*, hémicycle réservé aux spectateurs privilégiés. Le mur bas séparant l'*orchestra* de la scène était orné de la statue aujourd'hui conservée au musée lapidaire de l'Arles antique. Du mur de scène subsistent deux colonnes de marbre surmontées de chapiteaux corinthiens.

Nov.-fév. : t.l.j. 10h-12h, 14h-17h ; mars-avr., oct. : t.l.j. 9h-12h, 14h-18h ;
mai-sept. : t.l.j. 9h-12h, 14h-19h. Fermé 1er janv., 1er mai, 1er nov., 25 déc.
Visite libre. Visite guidée.

Thermes de Constantin

Rue Dominique-Maïsto
13200 Arles
Tél. : 04 90 49 38 20
www.arles-tourisme.com
Propriété de la commune,
propriété privée
Classé

Construits au Bas-Empire, les thermes publics du nord, dits « de Constantin », offrent d'imposants vestiges architecturaux. Une vaste salle, chauffée par le sol et les murs à l'aide d'un système d'hypocauste, était revêtue de marbre. Il s'agit de la pièce principale du *caldarium* (bain chaud et « sauna ») communiquant avec une abside semi-circulaire voûtée en cul-de-four qui abritait l'une des piscines. L'édifice se développait vers le sud par d'autres salles : *tepidarium* (salle tiède), *frigidarium* (salle froide).

Nov.-fév. : 13h-17h ; mars-avr., oct. : 9h-12h, 14h-18h ;
mai-sept. : 9h-12h, 14h-19h. Fermé 1er janv., 1er mai, 1er nov., 25 déc.
Visite libre. Visite guidée.

Église et cloître Saint-Trophime

Place de la République
13200 Arles
Tél. : 04 90 49 38 20
www.arles-tourisme.com
Propriété de la commune
Classé

Placée sous le vocable de saint Trophime, premier évêque de l'église d'Arles, l'église est élevée sur un sanctuaire déjà attesté au Ve s. Reconstruite aux XIe et XIIe s., elle offre un portail sculpté considéré comme le chef-d'œuvre de l'école romane provençale. S'inspirant à la fois de la façade d'un temple et d'un arc de triomphe romain, ce porche, élevé de sept marches au-dessus du sol de la place, est, avec celui de Saint-Gilles-du-Gard, le seul grand registre sculpté de la région. Le programme iconographique illustre le thème de salut à travers le Christ triomphant de la vision de saint Jean et le Jugement dernier.

Nov.-fév. : t.l.j. 9h-12h, 14h-17h ; mars-avr., oct. : t.l.j. 9h-12h, 14h-18h ;
mai-sept. : t.l.j. 9h-12h, 14h-19h. Fermé 1er janv., 1er mai, 1er nov., 25 déc.
et pendant les offices religieux. Visite libre. Visite guidée.

BARBEN (LA) B3

Château

13330 La Barben
Tél. : 04 90 55 25 41
www.chateau-de-la-barben.fr
Propriété privée
Classé

Propriété de l'abbaye Saint-Victor de Marseille en 1060, le château de La Barben passe ensuite au Pontevès avant d'être acquis par René d'Anjou, roi de Provence au XVe s. Il passe ensuite à Jean de Forbin, riche amateur marseillais, et reste dans cette puissante famille provençale jusqu'en 1963. Restauré après les guerres de Religion, il est transformé aux XVIIe et XVIIIe s. Certaines restaurations extérieures sont postérieures au tremblement de terre de 1909. Le château a conservé un intérieur richement décoré, avec, entre autres, de belles tapisseries d'Aubusson. La terrasse, ornée d'un escalier à double volée, domine des jardins à la française probablement dessinés par Le Nôtre.

Fév.-mars : w.-e. 14h-17h ; avr.-11 nov. : t.l.j. 14h-17h.
Visite guidée.

BARBENTANE A3

Château

13570 Barbentane
Tél. : 04 90 95 51 07
Propriété privée
Classé

Le château de Barbentane a été construit à partir de 1674 par l'architecte Louis-François de La Valfenière pour Paul-François de Barbentane, premier consul au parlement d'Aix-en-Provence. Achevé à la fin du XVIIIe s., on doit ses aménagements intérieurs à Joseph-Pierre de Puget, marquis de Barbentane, ambassadeur du roi Louis XV à Florence. Les pièces du rez-de-chaussée sont pavées de marbre blanc et gris de Toscane, avec une décoration originale et un mobilier d'époque. Le château est toujours habité par la même famille.

Pâques-oct. : t.l.j. sf mer. 10h-12h, 14h-18h (t.l.j. juil.-sept.).
Visite guidée. Visite sur r.-v. pour les groupes.

BAUX-DE-PROVENCE (LES) A3

Château (ruines)

13520 Les Baux-de-Provence
Tél. : 04 90 54 55 56
www.chateau-baux-provence.com
Propriété de la commune
Classé

L'histoire du château des Baux-de-Provence est étroitement liée à celle du village perché sur un éperon rocheux occupé dès l'âge du bronze. Son histoire ne commence réellement qu'au Xe s. lorsqu'une puissante famille féodale, les seigneurs des Baux, étend sa domination sur toute la région. Annexé au comté de Provence avec Louis III d'Anjou, le comté des Baux est réuni à la Couronne en 1481 et le village connaît une nouvelle période faste sous la suzeraineté du roi de France. Mais, pour punir ce fief turbulent et indocile, rallié aux idées de la Réforme et soutenu par Gaston d'Orléans, Richelieu fait détruire définitivement le château en 1631. Sont néanmoins visibles les vestiges de nombreuses salles, tours, habitations troglodytes, etc. En 1642, la ville fut offerte à la famille Grimaldi ; et, aujourd'hui encore, l'actuel prince de Monaco porte le titre de marquis des Baux. Le site du château permet de revivre cette histoire mouvementée grâce aux animations, aux visites et aux tirs de catapultes.

Mars-mai : t.l.j. 9h-18h30 ; juin-août : t.l.j. 9h-20h30 ;
sept.-nov. : t.l.j. 9h30-18h ; déc.-fév. : t.l.j. 9h30-17h.
Visite libre. Visite guidée. Visite audioguidée.
Visite guidée sur r.-v. pour les groupes.

L'hôtel des Porcelet fait partie des hôtels édifiés aux XVe et XVIe s. correspondant à la période faste du comté des Baux-de-Provence, alors rattaché à la Couronne. Il porte le nom d'un des propriétaires, Pierre de Porcelet, écuyer de Maillance et beau-frère du baron-gouverneur des Baux entre 1582 et 1621. Il a conservé au rez-de-chaussée une salle voûtée ornée de fresques du XVIe s. Il abrite aujourd'hui un musée consacré au peintre figuratif Yves Brayer, très attaché à la Provence.
Avr.-sept. : 10h-12h30, 14h-18h30; oct.-mars : t.l.j. sf mar. : 10h-12h30, 14h-18h.
Fermé janv.-fév. Visite libre.

Hôtel des Porcelet
Musée Yves-Brayer
13520 Les Baux-de-Provence
Tél. : 04 90 54 36 99
www.yvesbrayer.com
Propriété de la commune
Classé

B4 BOUC-BEL-AIR

De récentes recherches permettent de dater le jardin du XVIIe s. (Henri de Séguiran et descendance). Au décès du fils d'Henri de Séguiran, Reynaud, en 1678, le jardin ressemblait à son état actuel. Le jardin est composé de terrasses, murs, bassins qui structurent le paysage et mêlent les références traditionnelles du jardin à la française aux influences italiennes. L'eau des sources du terrain a été canalisée par le biais d'un réseau complexe de galeries, citernes, vannes et bassins qui se déversent les uns dans les autres.
Mai-oct. : w.-e. et j. fériés 14h-18h; juin-août : t.l.j. 15h-19h.
Visite guidée sur r.-v. toute l'année. ♿

Jardins d'Albertas
13320 Bouc-Bel-Air
Tél. : 04 42 22 94 71/04 91 59 84 94
www.jardinsalbertas.com
Propriété privée
Classé

A3 CHÂTEAURENARD

Châteaurenard est élevé du XIIe au XVe s. sur un ancien *castrum* déjà attesté au Xe s. et construit par un seigneur nommé Reynard. Cette première construction est agrandie et modifiée vers 1170 pour devenir un donjon fortifié avec quatre tours rondes dominant la Durance. En 1407 le dernier pape d'Avignon, Benoît XIII, vient s'y réfugier. Détruit à la Révolution, le château féodal n'a conservé que deux tours qui abritent un musée d'Histoire locale.
Mai-sept. : t.l.j. sf lun. et dim. mat. 10h-12h, 14h30-18h30 ;
oct.-avr. : t.l.j. sf ven. 15h-17h. Fermé 1er janv., 1er mai, 25 déc.
Visite libre. Visite guidée. Visite sur r.-v. pour les groupes.

Château
13160 Châteaurenard
Tél. : 04 90 24 25 50
www.chateaurenard.com
Propriété de la commune
Classé

A3 FONTVIEILLE

Le moulin à farine d'Alphonse Daudet appartient à l'origine à un groupe de moulins à vent comprenant également le moulin Ramet et le moulin Tissot. Il est acquis en 1923 par Hyacinthe Bellon et transformé en musée Alphonse-Daudet pour rendre hommage au grand écrivain qui a su ériger en légende universelle une scène classique de l'histoire des techniques : l'effondrement de la meunerie à la meule concurrencée par la vapeur et les cylindres. Le moulin Daudet est du type tour à toit conique rotatif; ses ailes à traverses ont été restaurées en 1931 et 1988. Son gros fer est un remploi, qui porte la date de 1777.
T.l.j. 9h-12h, 14h-18h. Visite libre. Visite guidée sur r.-v.

Moulin d'Alphonse Daudet
13990 Fontvieille
Tél. : 04 90 54 67 49
Propriété privée
Classé

MAILLANE — A3

Maison de Frédéric Mistral

Musée Frédéric-Mistral
13910 Maillane
Tél. : 04 90 95 84 19
www.maillane.fr
Propriété de la commune
Classé

C'est à Maillane qu'à vécu le poète Frédéric Mistral. Il y compose toute son œuvre couronnée en 1904 par le prix Nobel de littérature. Il est l'un des principaux initiateurs de renouveau de la langue provençale. Installé dans la demeure que Frédéric Mistral habite de 1876, date de son mariage, à sa mort en 1914, un musée retrace la vie et l'œuvre du poète.

Avr.-sept. : t.l.j. sf lun. 9h30-11h30, 14h30-18h30;
oct.-mars : t.l.j. sf lun. 10h-11h30, 14h-16h30. Fermé j. fériés.
Visite guidée. Visite sur r.-v. pour les groupes (10 pers. min.).

MARIGNANE — B4

Château des Covet de Marignane

13700 Marignane
Tél. : 04 42 77 04 90/04 42 31 12 97
Propriété de la commune
Classé

Construit au XIVe s., le château est agrandi vers 1600 pour Jean-Baptiste Covet, premier consul d'Aix, sur des plans du peintre Jean Daret. Il possède une belle façade classique et a conservé, dans la cour intérieure, un escalier monumental à balustres éclairé par une loggia. À l'intérieur subsistent des cheminées monumentales portées par des cariatides, des frises peintes et des plafonds peints représentatifs de l'art baroque méridional, réalisés par l'atelier de Jean Daret vers 1665. L'ensemble est aujourd'hui le siège de la mairie.

Visite guidée sur r.-v. t.l.j. sf w.-e. : 10h-12h, 14h30-16h30. Fermé j. fériés.

MARSEILLE — B4

Abbaye Saint-Victor

3, rue de l'Abbaye
13007 Marseille
Tél. : 04 96 11 22 60
www.saintvictor.net
Propriété de la commune
Classé

Située sur les pentes méridionales du port, l'abbaye Saint-Victor est fondée au Ve s. par Jean Cassien, moine pèlerin. Il élève une basilique en l'honneur de saint Victor, martyr du IIIe s. Une partie de cette basilique est conservée et constitue une des cryptes de l'église actuelle. Les bénédictins s'installent sur le site à la fin du Xe s. L'abbaye, agrandie du XIe au XIIIe s., devient l'une des plus prospères de la région sous l'impulsion des abbés Wilfred et Isarn. C'est au XIVe s. que le futur pape d'Avignon Urbain V, alors abbé de Saint-Victor, fait de l'édifice une église fortifiée. Transformée en dépôt à fourrage à la Révolution, puis en prison et en caserne, elle est rendue au culte au XIXe s. L'intérieur abrite de nombreux tombeaux et bas-reliefs.

T.l.j. 9h-19h. Visite libre. Visite guidée sur r.-v.

Docks romains

Musée des Docks romains
Place Vivaux
13002 Marseille
Tél. : 04 91 91 24 62
www.marseille.fr
Propriété de la commune
Classé

Le musée des Docks romains est construit sur le site d'un des rares entrepôts commerciaux portuaires romains mis au jour lors des travaux de reconstruction du Vieux-Port. Conçu comme un centre de documentation archéologique sur le commerce antique, il évoque l'activité portuaire de Marseille entre le VIe s. av. J.-C. et le IVe s. apr. J.-C. La vocation même de la ville comme port de transit s'y révèle grâce aux grands vases de stockage vinaire, ou *dolia*. Le musée abrite également le fruit de recherches archéologiques sous-marines, en présentant des objets issus d'épaves de navires ayant sombré au large des côtes marseillaises. Grâce aux récentes découvertes archéologiques à proximité du musée, la topographie du site se dévoile encore un peu plus aujourd'hui. L'importance portuaire de la ville est omniprésente dans les fouilles. Ainsi, sous les places Jules-Verne et Bargemon, ont été découverts d'autres entrepôts, des quais, des appontements, des bateaux et des thermes contemporains des docks.
Juin-sept. : t.l.j. sf lun. 11 h-18 h ; oct.-mai : t.l.j. sf lun. 10 h-17 h. Fermé j. fériés.
Visite libre. Visite guidée.

Cathédrale Sainte-Marie-Majeure

Place de la Major
13002 Marseille
Tél. : 04 91 90 53 57
www.marseille.fr
Propriété de l'État
Classé

La cathédrale Sainte-Marie-Majeure est construite en 1852 à 1874 par l'architecte Léon Vaudoyer, remplacé par Espérandieu puis Revoil, à l'initiative de l'évêque Eugène de Mazenod. Son style éclectique réunit la tradition byzantine aux éléments d'architecture romane et gothique.
Mi-juin à août : t.l.j. sf lun. 8 h 30-18 h 30 ; sept. à mi-juin : t.l.j. sf lun. 9 h-12 h, 14 h-17 h 30. Visite guidée sur r.-v. pour les groupes.

Château et parc Borély

Musée des Arts décoratifs
134, avenue Clot-Bey
13000 Marseille
Tél. : 04 91 42 67 27
www.marseille.fr
Propriété de la ville
Classé

Le château Borély est construit en 1767 par Louis Borély, héritier d'une grande famille de négociants marseillais, sur des plans de J.-L. Clérisseau. Agrandi après la Révolution par la famille Panisse-Passis, il est acquis en 1857 par la ville de Marseille. Il est alors amputé pour permettre la construction de l'hippodrome. L'intérieur conserve une belle décoration d'époque Louis XVI due à un peintre d'Aubagne, Louis Chaix. La plus grande partie des tableaux qui ornaient le château est désormais conservée au palais de Longchamp. Le château abrite aujourd'hui le musée des Arts décoratifs.
Temporairement fermé pour travaux. Pour plus d'informations quant à une prochaine réouverture, se renseigner au 04 91 42 67 27.
Visite de la réserve archéologique sur r.-v.

Château d'If

Embarcadère Frioul If Express
1, quai de la Fraternité
13007 Marseille
Tél. : 04 91 59 02 30
http://if.monuments-nationaux.fr
Propriété de l'État
Classé

Situé sur un petit îlot de roc blanc, à 20 mn du Vieux-Port, en avant des îles du Frioul, le château d'If est une forteresse construite par ordre de François Ier après le siège de Marseille par les troupes de Charles Quint en 1524. Utilisé plus tard comme prison d'État, il doit sa célébrité au roman d'Alexandre Dumas *Le Comte de Monte-Cristo*, dont les héros, l'abbé Faria et Edmond Dantès, sont internés dans les cachots du rez-de-chaussée.
Accès en bateau par le quai de la Fraternité.
Mai-20 sept. : t.l.j. 9 h 30-18 h ; 21 sept.-avr. : t.l.j. 9 h 30-17 h 30.
Horaires sous réserve de la météo. Fermé 1er janv., 25 déc.
Visite libre. Visite guidée. (visite signée).

Unité d'habitation Le Corbusier, dite « Cité radieuse »

280, boulevard Michelet
13008 Marseille
Tél. : 04 91 13 89 00
www.marseille-citeradieuse.org
Propriété d'une association
Classé

L'unité d'habitation de Marseille est commandée à Le Corbusier en 1945 par le ministère de la Reconstruction et de l'Urbanisme. Longtemps baptisée « maison du Fada », c'est un « laboratoire social », associant « logis » et « prolongements » (équipements et commerces) ; il abrite trois cent trente-sept appartements, des « cellules », conçues comme autant de maisons individuelles reliées aux services communs (école maternelle, gymnase, hôtel, bar, restaurant, commerce, services, clubs). Les logements à parfaite isolation phonique se répartissent en vingt-trois variantes.

Partiellement accessible t.l.j. Visite sur r.-v. le ven. apr.-midi (5 pers. min.).

Hospice et chapelle de la Vieille-Charité

Musée d'Archéologie méditerranéenne
Musée d'Arts africains, océaniens et amérindiens
2, rue de la Charité
13002 Marseille
Tél. : 04 91 14 58 59/04 91 14 58 38
www.marseille.fr
Propriété de la commune
Classé

L'hospice de la Charité est créé le 8 décembre 1622, sur une décision du conseil de la ville de Marseille pour recueillir les pauvres de la ville. Commencé en 1640, l'édifice est agrandi plusieurs fois jusqu'en 1750. L'hospice forme un quadrilatère à trois niveaux d'arcades, avec en son centre une chapelle due au célèbre architecte-sculpteur Pierre Puget. De proportions harmonieuses, elle offre un bel exemple d'architecture baroque. La Vieille-Charité abrite aujourd'hui le musée d'Archéologie méditerranéenne et le musée d'Arts africains, océaniens et amérindiens.

MUSÉE D'ARCHÉOLOGIE MÉDITERRANÉENNE Juin-sept. : t.l.j. sf lun. 11 h-18 h ; oct.-mai : t.l.j. sf lun. : 10 h-17 h. Fermé j. fériés. Visite libre. Visite guidée.

MUSÉE D'ARTS AFRICAINS, OCÉANIENS ET AMÉRINDIENS
Juin-sept. : t.l.j. sf lun. 11 h-18 h ; oct.-mai : t.l.j. sf lun. : 10 h-17 h.
Fermé j. fériés. Visite libre. Visite guidée. Visite guidée dim. à 11 h.

Maison diamantée

Musée du Vieux-Marseille
Rue de la Prison
13002 Marseille
Tél. : 04 91 90 42 22
www.marseille.fr
Propriété de la commune
Classé

Construite à la fin du XVIe s. par de riches commanditaires d'origines espagnole et italienne, la Maison diamantée, qui doit son nom à son décor en bossage en pointe de diamant, est l'une des plus anciennes demeures de Marseille. Elle s'élève à proximité du quai grec sur les vestiges de demeures antiques et médiévales. Elle est habitée par de grandes familles comme les Castellanes Majastre. Morcelée à la Révolution, elle est utilisée à la fin du XIXe s. par les travailleurs du port et les immigrés italiens. Sauvée de la ruine en 1914, elle échappe en 1943 aux destructions des vieux quartiers décidées par les autorités allemandes. Elle abrite aujourd'hui le musée du Vieux-Marseille.

T.l.j. sf dim. et j. fériés : 12 h-19 h. Fermé j. fériés. Visite libre.

Palais de Longchamp

Musée des Beaux-Arts
Muséum d'histoire naturelle
13004 Marseille
Tél. : 04 91 14 59 30/04 91 14 59 50
www.marseille.fr
Propriété de la commune
Classé

Le palais de Longchamp est édifié de 1862 à 1869 par l'architecte Henri Espérandieu à la gloire de l'eau pour marquer l'aboutissement du canal de Marseille amenant les eaux de la Durance. Il est élevé de part et d'autre de château d'eau. Une colonnade semi-circulaire relie le château d'eau à chacune des ailes du palais. L'aile droite abrite le Muséum d'histoire naturelle, l'aile gauche le musée des Beaux-Arts. Dans l'axe sont organisées des terrasses successives, avec cascades, bassins et fontaines.

MUSÉE DES BEAUX-ARTS Temporairement fermé pour travaux.
Pour plus d'informations quant à une prochaine réouverture, se renseigner au 04 91 14 59 30.

MUSÉUM D'HISTOIRE NATURELLE T.l.j. sf lun. 10 h-17 h.
Fermé j. fériés. Visite guidée sur r.-v. pour les groupes.

B3 Détail 1

PEYROLLES-EN-PROVENCE

Château

13860 Peyrolles-en-Provence
Tél. : 04 42 57 89 82
www.peyrolles-en-provence.com
Propriété de la commune, propriété privée
Inscrit et classé

Dominant la vallée de la Durance, le château de Peyrolles est d'abord propriété des châtelains de Cavaillon. En 1211, après donation, il devient la résidence des archevêques d'Aix et passe, au milieu du XVe s., entre les mains des comtes de Provence. En 1648, le roi échange le château à Henri de Maynier, baron d'Oppède, qui le cède en 1681 à Antoine de Laurens. En 1778, il échoit par alliance à la famille de Boisgelin. Son aspect actuel est dû à des remaniements effectués dans la seconde moitié du XVIIe s. L'intérieur abrite un très bel escalier et de nombreuses pièces au décor de gypserie.

Visite guidée sur r.-v. toute l'année.

A4

PORT-SAINT-LOUIS-DU-RHÔNE

Tour Saint-Louis

13230 Port-Saint-Louis-du-Rhône
Tél. : 04 42 86 01 21
www.portsaintlouis.fr
Propriété de la commune
Inscrit

Édifié en 1737, la tour Saint-Louis est construite pour surveiller l'embouchure du Rhône à cet endroit. Poste de surveillance et lieu de résidence d'une garnison, elle sert aussi de refuge aux populations des environs en cas de conflits. Elle offre un exemple intéressant de la survivance de l'architecture moyenâgeuse au XVIIIe s. La tour Saint-Louis abrite aujourd'hui l'office du tourisme.

Sept.-juin : lun.-ven. 9h-11h30, 13h30-17h ; juil.-août : 9h-11h30, 14h-17h30.
Visite libre. Visite sur r.-v. pour les groupes (10 pers. min.).

B3 Détail 1

PUY-SAINTE-RÉPARADE (LE)

Château et parc de Fonscolombe

13610 Le Puy-Sainte-Réparade
Tél. : 04 42 50 06 09
Propriété privée
Inscrit et classé

Le château de Fonscolombe, édifié au début du XVIIIe s. pour Honoré Boyer, parlementaire à Aix, est un bâtiment assez sévère remanié au XIXe s. Il a conservé une grande partie de son décor intérieur. Il est agrémenté d'une terrasse et d'un double escalier qu'ornent de grands vases sculptés et des sphinges. Il est entouré d'un parc remarquable orné de fontaine, bassin, chapelle et sculptures, aménagé au cours des XVIIIe et XIXe s. par les Boyer de Fonscolombe et les Saporta, savants botanistes et géologues.

Visite des jardins sur r.-v.

B3 Détail 1

ROQUE-D'ANTHÉRON (LA)

Abbaye de Silvacane

13640 La Roque-d'Anthéron
Tél. : 04 42 50 41 69
www.ville-laroquedantheron.fr
Propriété de la commune
Classé

Comme ses « sœurs » le Thoronet et Sénanque, l'abbaye de Silvacane est l'exemple type de l'organisation de la communauté cistercienne prônée par saint Bernard. Fondée en 1147 par les moines de l'abbaye de Morimond, dans un site marécageux des bords de la Durance, elle atteint son apogée économique et spirituelle à la fin du XIIIe s. L'église, le cloître et les bâtiments monastiques, récemment restaurés, offrent une architecture d'une grande pureté fonctionnelle et dépouillée, d'expression essentiellement romane, même si la croisée d'ogives y fait son apparition. L'installation récente des vitraux contemporains de Sarkis, dans le réfectoire, y valorise les jeux de lumière et de la pierre.

28 mai-sept. : t.l.j. 10h-18h ; oct.-27 mai : t.l.j. sf mar. 10h-13h, 14h-17h.
Visite libre. Visite guidée dim. à 14h30 d'oct. au 27 mai et t.l.j. à 10h30 et 16h en juil.-août. Visite sur r.-v. pour les groupes.

SAINT-RÉMY-DE-PROVENCE A3

Chapelle Notre-Dame-de-Pitié

Fondation Mario-Prassinos
Montée des Antiques
13210 Saint-Rémy-de-Provence
Tél. : 04 90 92 35 13
www.saintremy-de-provence.com
Propriété du diocèse
Inscrit

La chapelle Notre-Dame-de-Pitié est mentionnée pour la première fois en 1525, mais son existence antérieure est certaine. Elle est agrandie en 1651 sur le vœu des consuls pour ériger un autel à saint Rémy, patron de la ville, et à saint Roch, protecteur et guérisseur de la peste qui ravage alors la Provence. La nef centrale pourrait remonter aux XIIe et XIIIe s. Les nefs latérales datent du milieu du XVIIe s. Située à la sortie sud du centre-ville, elle abrite une partie de la donation du peintre grec Mario Prassinos (1916-1985).

Mars-juin, sept.-déc. : t.l.j. sf lun. et mar. 14h-18h;
juil.-août : t.l.j. sf lun. et mar. 11h-13h, 15h-19h.
Fermé janv.-fév., 1er mai, 1er nov., 11 nov., 25 déc. Visite guidée sur r.-v.

Glanum (site archéologique)

Route des Baux-de-Provence
13210 Saint-Rémy-de-Provence
Tél. : 04 90 92 23 79
http://glanum.monuments-nationaux.fr
Propriété de l'État
Classé

CENTRE DES MONUMENTS NATIONAUX

Au débouché d'un vallon traversant les Alpilles, une source et une grotte, fréquentées dès le VIe s. av. J.-C., sont à l'origine du sanctuaire qui reçoit au IIe et au Ier s. av. J.-C. des aménagements monumentaux : nymphée, porte fortifiée, temple, place entourée de portiques, salle d'assemblée, etc. et des maisons organisées autour d'une cour. Des divinités indigènes, dont la principale est le dieu Glan, y sont honorées par une population celto-ligure fortement hellénisée. Après la fondation en 46-45 av. J.-C. de la colonie romaine d'Arles, d'importants remaniements architecturaux et urbanistiques transforment le sanctuaire en lui donnant les caractères essentiels d'une ville romaine : forum, basilique, curie, thermes, temples. La ville, abandonnée à la fin du IIIe apr. J.-C. au profit de Saint-Rémy, sert de carrière de pierre aux bâtisseurs de la nouvelle agglomération.

Avr.-août : t.l.j. 9h30-18h30; sept. : t.l.j. sf lun. 9h30-18h30 ; oct.-mars : 10h-17h.
Fermé 1er janv., 1er mai, 1er et 11 nov., 25 déc.
Visite libre. ♿ en partie. (avr.-sept.).

Hôtel de Sade

1, rue du Parage
13210 Saint-Rémy-de-Provence
Tél. : 04 90 92 64 04
http://glanum.monuments-nationaux.fr
Propriété de l'État
Classé

CENTRE DES MONUMENTS NATIONAUX

Bâti au XVe s. sur les ruines d'un édifice romain du IVe s., l'hôtel de Sade abrite aujourd'hui les collections archéologiques issues des fouilles de Glanum. Au rez-de-chaussée, les éléments du décor des monuments gallo-romains côtoient une borne militaire ainsi que des stèles funéraires. La stèle d'Aebutius Agathon, gestionnaire des finances des Glaniques, est le premier monument découvert au XVIIIe s. sur lequel le nom des habitants de la ville antique est inscrit. Au premier étage, trois salles présentent des sculptures, des bas-reliefs et des statues. Le dernier étage est réservé aux céramiques et aux objets de la vie quotidienne.

Temporairement fermé pour travaux. Pour plus d'informations quant à une prochaine réouverture, se renseigner au 04 90 92 64 04.

Hôtel Mistral-Mondragon

Musée des Alpilles
1, place Favier
13210 Saint-Rémy-de-Provence
Tél. : 04 90 92 68 24
www.saint-remy-de-provence.com
Propriété de la commune
Classé

Cet hôtel richement sculpté est construit au XVIe s. par la famille Mistral de Mondragon, puis occupé par des religieuses ursulines avant de devenir l'hôtel de ville jusqu'en 1689. Ayant connu ensuite plusieurs propriétaires, il est racheté par la ville en 1921. La façade principale est ornée de pilastres d'ordre ionique au premier étage et d'ordre corinthien au deuxième étage. L'hôtel abrite aujourd'hui le musée des Alpilles consacré à l'art populaire, au patrimoine rural et industriel.

Janv.-fév., nov.-déc. : t.l.j. sf lun. et dim. 14h-17h; mars-juin, sept.-oct. : t.l.j. sf lun. et dim. 10h-12h, 14h-18h; juil.-août : t.l.j. sf lun. et dim. 10h-12h30, 14h-19h. Ouvert le 1er dim. du mois. Fermé janv.-fév., 1er mai, 25 déc. Visite libre. ♿

Prieuré Saint-Paul-de-Mausole

Avenue Van-Gogh
13210 Saint-Rémy-de-Provence
Tél. : 04 90 92 77 00
www.saint-remy-de-provence.com
Propriété d'une association
Classé

Le prieuré de Saint-Paul-de-Mausole, situé à proximité du mausolée des Julii, est reconstruit aux XIe et XIIe s., sur une église déjà attestée au Xe s. Il offre un bel exemple avec un cloître roman épuré, adossé à une église de style roman, surmontée d'un clocher hérité de la tradition lombarde. La façade date du XVIIIe s. Les moines franciscains de l'ordre mendiant des observantins sont les premiers à recevoir des malades psychiatriques. Le prieuré est aussi célèbre pour avoir accueilli Vincent Van Gogh de mai 1889 à mai 1890.

Oct.-mars : t.l.j. 10h15-17h15 ; avr.-sept. : t.l.j. 10h15-19h. Fermé du 24 déc. au 1er janv., 1er nov. ♿ en partie.

A4 SAINTES-MARIES-DE-LA-MER (LES)

Château d'Avignon

Route d'Arles
13460 Les Saintes-Maries-de-la-Mer
Tél. : 04 90 97 58 60
www.cg13.fr
Propriété du département
Classé

Le château d'Avignon porte le nom d'une riche famille de notables, propriétaire du domaine au XVIIIe s., les d'Avignon. Après la Révolution, le château est vendu à Mme de Raphélis qui le cède en 1811 au comte de Miollis, général d'Empire, qui procède à d'importantes transformations. Le château passe en 1893 à Louis Noilly-Prat qui confie à l'architecte arlésien Auguste Véran les plans d'aménagement et au décorateur Auguste Blanqui une partie des décorations intérieures. La façade principale se compose d'un corps central à trois niveaux surmonté en son centre d'une tour rectangulaire formant « belvédère ». Il est flanqué de deux ailes latérales à deux niveaux et conserve à l'intérieur un ensemble de boiseries en noyer.

Avr.-oct. : t.l.j. sf mar. 9h45-17h45; nov.-mars : ven. et dernier dim. du mois 9h45-16h45. Fermé dernière semaine de déc., 1er janv., 1er mai. Visite libre du parc. Visite guidée. Visite sur r.-v. pour les groupes (20 pers. max.).

Église paroissiale Notre-Dame-de-la-Mer

Place de l'Église
13460 Les Saintes-Maries-de-la-Mer
Tél. : 04 90 97 80 25
paroissesaintesmaries@orange.fr
Propriété de la commune
Classé

Située sur un faible monticule rocheux, à l'emplacement d'un ancien site romain, l'église des Saintes est construite vers 1165-1170, dans une pierre très dure, dorée par le soleil. Au XVe s., sous l'impulsion du roi René, l'église se transforme et s'agrandit. La nef est prolongée vers l'ouest de deux travées de style roman. Pour défendre le village des pirates et des barbares débarquant en Provence, l'ensemble est surélevé pour établir un chemin de ronde. L'intérieur a conservé un chœur orné de remarquables chapiteaux sculptés, probablement dus à des sculpteurs ayant travaillé à Arles ou à Nîmes.

T.l.j. 8h-12h30, 14h-19h. Visite libre.

SALON-DE-PROVENCE B3

Château-Musée de l'Empéri

Musée d'Art et d'Histoire militaire
Montée du Puech
13300 Salon-de-Provence
Tél. : 04 90 44 72 80
www.visitsalondeprovence.com
Propriété de la commune
Classé

À la fois forteresse et palais, le château de l'Empéri, dont la construction s'échelonne du Xe au XVIe s., est l'un des plus anciens châteaux de Provence. Situé sur un rocher dominant la ville, il est l'ancienne résidence des seigneurs-archevêques d'Arles, sous la suzeraineté des empereurs romains germaniques, d'où son nom d'Empéri, puis des rois de France. Le roi René, François Ier, Catherine de Médicis font partie des illustres personnalités qui séjournent au château. Propriété de la ville depuis la Révolution, il est transformé en caserne au XIXe s. Restauré, il abrite depuis 1967 l'une des premières collections d'art et d'histoire mondiales militaires française, propriété de l'Armée française.

T.l.j. sf mar. 10h-12h, 14h-18h. Fermé certains j. fériés.
Visite libre. Visite guidée sur r.-v.

TARASCON A3

Abbaye Saint-Michel-de-Frigolet

13150 Tarascon
Tél. : 04 90 95 70 07
www.frigolet.com
Propriété d'une association
Inscrit et classé

L'abbaye Saint-Michel-de-Frigolet est installée dans un vallon de la Montagnette. Des documents révèlent l'existence d'un monastère à partir du XIIe s. En 1316, le pape Jean XXII installa quelques religieux de Frigolet à la cathédrale d'Avignon; les autres se joindront bientôt au chapitre collégial de Sainte-Marthe à Tarascon. C'est la fin de la vie religieuse jusqu'au XVIe s., époque où des hiéronymites suivis par des érémites de Sain-Augustin vont peupler le monastère de Frigolet jusqu'à la Révolution. En 1858, le père Edmond Boulbon rachète ce qui reste des bâtiments et y restaure l'ordre des chanoines réguliers de Prémontré. De l'ancien monastère subsistent (XIIe-XVIIe s.) l'église Saint-Michel, le cloître et la chapelle romane de Notre-Dame-du-Bon-Remède. Celle-ci, ornée de magnifiques boiseries et de tableaux du XVIIe s., est enchâssée dans la basilique de Notre-Dame (XIXe s.).

Visite libre. Visite guidée du monastère sur r.-v.
Visite sur r.-v. pour les groupes. (04 90 90 52 70 ou hotellerie@frigolet.com).

Château du roi René

Boulevard du Roi-René
13150 Tarascon
Tél. : 04 90 91 01 93/04 90 91 03 52
www.tarascon.org
Propriété de la commune
Classé

Le château du roi René est édifié au début du XVe s. sur les bords du Rhône alors frontière entre la Provence et le royaume de France, par Louis II duc d'Anjou et comte de Provence. Son fils, René Ier, entreprend les aménagements et le décor transformant le château en palais Renaissance. Lorsqu'en 1481 la Provence est rattachée à la Cousonnages, le château devient résidence de passage pour les grands personnages du royaume. Progressivement dépouillé, il devient une prison au XVIIIe s. Il est acquis par l'État en 1932. Le château se compose de deux parties distinctes : la basse-cour au nord, bordée par les bâtiments des communs, le logis seigneurial au sud, traité comme une forteresse autonome autour d'une cour intérieure dont l'élégance contraste avec l'allure militaire de ses hauts murs extérieurs et de ses hautes tours.

2 juin-sept. : t.l.j. 9h30-18h30; oct.-1er juin : t.l.j. sf lun. 10h30-17h.
Visite libre. Visite guidée. en partie.

C1 **ARGENTIÈRE-LA-BESSÉE (L')**

Mines d'argent du Fournel (anciennes)

Musée des Mines d'argent
05120 L'Argentière-la-Bessée
Tél. : 04 92 23 02 94
www.ville-argentiere.fr
Propriété de la commune
Inscrit

Le site minier du Fournel renferme un important gisement de plomb et d'argent connu et utilisé dès le Moyen Âge. Intensément exploité à la révolution industrielle, le site ferme en 1908 puis est laissé à l'abandon. Son exploitation a mis au jour un patrimoine minier remarquable, qui permet de comprendre les conditions d'extraction du minerai à l'époque médiévale et de les comparer avec les installations industrielles du XIXe s. Le musée des Mines d'argent présente l'histoire du site et celle des techniques d'exploitation minière du Moyen Âge à la Renaissance.

MUSÉE T.l.j. sf w.-e. 9h-17h.
MINES Avr.-juin, sept.-nov. : t.l.j. sf w.-e. 9h-16h ; juil.-août : t.l.j. 9h-18h.
Interdit aux moins de 6 ans. Déconseillé aux personnes de santé précaire (60 m de dénivelé entre le parking et la mine).

C1 **BRIANÇON**

Église des cordeliers (ancienne)

05100 Briançon
Tél. : 04 92 20 29 49
www.ot-briancon.fr
Propriété de la commune
Classé

Construit peu après l'installation de l'ordre des cordeliers à Briançon en 1378, le couvent prospère grâce à de nombreux dons. Épargnée par les incendies qui ravagent la ville en 1624 et 1692, hormis le clocher qui est alors abattu, l'église est vendue comme bien national à la Révolution, puis transformée en entrepôt pour l'hôpital militaire situé à côté. Composée d'une nef unique de quatre travées couvertes d'ogives, elle possède un chœur partiellement voûté à chevet plat et offre, sur les voûtes et les murs, des peintures remarquables aux accents transalpins.

Visite guidée toute l'année.
Pour plus d'informations concernant les horaires, se renseigner au 04 92 20 29 49 ou consulter le calendrier des visites sur www.ot-briancon.fr.

Fort du château (ancien)

05100 Briançon
Tél. : 04 92 20 29 49
www.ot-briancon.fr
Propriété de la commune
Classé

Fortifications de Vauban inscrites sur la Liste du patrimoine mondial en 2008

La situation stratégique de Briançon, dominant le confluent de cinq vallées alpines et le passage vers l'Italie, l'oblige à se doter d'un système défensif constamment renforcé au cours des siècles. Au XIVe s., la ville est déjà entourée de murailles flanquées de tours. En 1590, le duc de Lesdiguières prend Briançon et conforte les fortifications existantes. Vers 1690, une seconde enceinte, bastionnée, est établie pour protéger la ville des invasions piémontaises. Vauban dessine de nouveaux plans et donne à la ville son aspect actuel. Le « château » proprement dit est une position d'artillerie établie au XIXe s. sur trois niveaux, de plans trapézoïdal et dont la partie nord-est est constituée d'une fortification bastionnée.

Visite guidée toute l'année.
Pour plus d'informations concernant les horaires, se renseigner au 04 92 20 29 49 ou consulter le calendrier des visites sur www.ot-briancon.fr.

Fort des Salettes

05100 Briançon
Tél. : 04 92 20 29 49
www.ot-briancon.fr
Propriété de la commune
Classé

Fortifications de Vauban inscrites sur la Liste du patrimoine mondial en 2008

Le fort des Salettes est édifié à partir de 1709 par le maréchal de Berwick sur les plans de Vauban, au sommet d'un contrefort dominant les fortifications de Briançon. Chargé du commandement militaire du front des Alpes, Berwick décide de protéger la ville en fortifiant les sommets qui l'entourent. Avec le fort des Salettes, l'accès de Briançon à l'Italie est verrouillé. Le fort offre un bon exemple de l'architecture défensive du XVIIIe s.

Visite guidée toute l'année.
Pour plus d'informations concernant les horaires, se renseigner au 04 92 20 29 49 ou consulter le calendrier des visites sur www.ot-briancon.fr.

Fort des Trois-Têtes

05100 Briançon
Tél. : 04 92 20 29 49
www.ot-briancon.fr
Propriété de l'État
Classé

Fortifications de Vauban
inscrites sur la Liste du patrimoine mondial en 2008

La première étude de fortification du site des Trois-Têtes se trouve dans le projet de 1700 de Vauban. Soucieux de protéger Briançon en établissant des forts sur les sommets alentour, le maréchal de Berwick fait construire aux Têtes un camp retranché, dont les travaux s'échelonnent jusqu'en 1734. Son plan s'inscrit dans un système bastionné régulier. Le front de gorge est constitué de lignes de défense. À l'intérieur de l'enceinte ont été construits plusieurs édifices logistiques : casernes, poudrières et corps de garde. La chapelle, désaffectée, est transformée après 1815, en caserne.

Visite guidée toute l'année. Pour plus d'informations concernant les horaires, se renseigner au 04 92 20 29 49 ou consulter le calendrier des visites sur www.ot-briancon.fr.

CHÂTEAU-VILLE-VIEILLE C1

Fort de Château-Queyras

05350 Château-Ville-Vieille
Tél. : 04 92 46 86 72
www.fortqueyras.fr
Propriété privée
Inscrit

Le fort de Château-Queyras s'élève à 1 400 m d'altitude sur un pilon rocheux qui obstrue la vallée du Guil. D'abord simple poste de garde d'une vallée exposée aux bandes de pillards puis aux protestants vaudois, Château-Queyras s'organise autour d'un donjon déjà attesté au début du XIVe s. Pris en 1587 par Lesdiguières qui rallie la vallée du Queyras au protestantisme, il échappe de justesse à la destruction ordonnée par Louis XIII. À la suite de l'intrusion des troupes du duc de Savoie, Vauban est chargé de renforcer l'ensemble du système défensif. Les travaux s'échelonnent jusqu'au XIXe s. Trop à l'écart, le fort ne subit aucun assaut notable et sert de caserne puis de colonie de vacances avant d'être vendu en 1967.

Mai-juin, sept. : t.l.j. 10h30-17h;
juil.-août : t.l.j. 9h-19h. Visite libre. Visite guidée t.l.j. en juil.-août à 10h30, 14h30, 16h30. Visite guidée sur r.-v. le reste de l'année.

CROTS C2

Abbaye de Boscodon

05200 Crots
Tél. : 04 92 43 14 45
www.abbayedeboscodon.fr
Propriété de l'association des amis de Boscodon
Classé

L'abbaye de Boscodon est fondée en 1142 par des moines bénédictins venus de Chalais. Elle prospère jusqu'aux XIIIe et XIVe s. avant d'être incendiée puis dévastée lors des guerres de Religion. Restaurée au XVIIe s., l'abbaye est vendue comme bien national à la Révolution. Seule l'église et une partie de l'aile des moines nous sont parvenue intactes. De plan traditionnel chalaisien, l'abbatiale se compose d'une seule nef avec un transept et un chœur à chevet plat. L'ensemble en tuf, soigneusement appareillé, est voûté en berceau très légèrement brisé. Le clocheton de l'église vient d'être restitué.

Église abbatiale t.l.j. 8h30-18h; présentation audiovisuelle t.l.j. 9h-17h30 (horaires donnés à titre indicatif : se renseigner au 04 92 43 14 45).
Visite guidée en juil.-août sur r.-v. Visite guidée sur r.-v. pour les groupes du lun. au sam. 9h30-14h30. ♿

C2

EMBRUN

Cathédrale Notre-Dame-du-Réal

05200 Embrun
Tél. : 04 92 43 72 72
www.ot-embrun.fr
Propriété de la commune
Classé

Construite entre 1170 et 1220 et dédiée à la vierge Marie, la cathédrale Notre-Dame-du-Réal témoigne de la prospérité des princes archevêques d'Embrun. Son architecture d'inspiration lombarde est caractérisée à l'extérieur par les arcatures longeant la toiture et son porche encadré par deux lions. Son maître-autel du XVIIIe s. en marbre polychrome, ses statues du XVe s., ses chaires à prêcher, ses autels baroques, ses grandes orgues offerte par Louis XI, ses vitraux et sa rosace du XVe s., ainsi que son trésor riche de nombreux ornements liturgiques, en font l'un des joyaux du Dauphiné.

Ouvert toute l'année (se renseigner au 04 92 43 72 72 pour les horaires).
Visite libre. Visite guidée de la cathédrale et du trésor en juil.-août : mar. à 21 h, jeu. à 10 h. Visite guidée sur r.-v. pour les groupes toute l'année.

Chapelles de l'ancien couvent des Cordeliers

05200 Embrun
Tél. : 04 92 43 72 72
www.ot-embrun.fr
Propriété de la commune
Classé

De l'église des Cordeliers, consacrée en 1447, il ne reste que les quatre chapelles du collatéral nord, aujourd'hui affectées à l'office du tourisme. Ces chapelles renferment de remarquables fresques peintes de plusieurs mains. Une première campagne peut être attribuée à l'artiste piémontais Giacomo Jaqueiro ou à son atelier (saint Jean, légende de sainte Catherine, messe de saint Grégoire). Postérieurs, le cycle des miracles de saint Antoine et Padoue et les scènes de la vie de la Vierge sont aussi l'œuvre de peintres transalpins.

T.l.j. sf dim. 9 h-12 h, 13 h 30-18 h.

Tour Brune

05200 Embrun
Tél. : 04 92 43 49 48
Propriété de la commune
Classé

La tour Brune, élevée au XIIe s., correspond à l'ancien donjon du palais des archevêques d'Embrun. Elle est successivement salle du Trésor, prison, arsenal et citerne d'eau au XIXe s. Composée de quatre étages de salles voûtées, elle abrite aujourd'hui un musée consacré au paysage du parc national des Écrins.

Mai-sept. : w.-e. 10 h 30-12 h 30, 14 h 30-19 h (mi-juin à mi-sept. : t.l.j.);
vac. scol. Toussaint, Noël, Pâques : 14 h 30-18 h.
Visite libre. Visite guidée sur r.-v. pour les groupes hors saison.

C2

GAP

Château de Charance

Quartier de Charance
05000 Gap
Tél. : 04 92 51 21 79/04 92 53 01 09
www.ville-gap.fr
Propriété de la commune
Inscrit

Situé au nord-ouest de Gap, dans un vaste parc, le château de Charance est l'ancienne résidence d'été des évêques gapençais. Propriété des vicomtes de Gap au Xe s., puis des évêques au XIVe s., il est détruit au XVIIe s. puis reconstruit dans sa configuration actuelle. Propriété de la ville depuis 1973, le château héberge aujourd'hui le siège du parc national des Écrins. Les anciennes écuries accueillent le Conservatoire botanique national, chargé de conserver et de valoriser le patrimoine végétal de la montagne alpine.

Avr.-oct. : visite guidée sur r.-v.

MONÊTIER-LES-BAINS (LE) C1

Chapelle Saint-Pierre

Musée d'Art sacré
05220 Le Monêtier-les-Bains
Tél. : 04 92 24 57 43/04 92 24 40 04
www.monetier.com
Propriété de la commune
Classé

L'ancienne chapelle des Pénitents-Blancs est fondée au IXe s. pour abriter les voyageurs venant du Lautaret. Reconstruite au XVIIIe s. à la suite d'un incendie, la chapelle, placée sous le vocable de saint Pierre, abrite aujourd'hui le musée d'Art sacré. Celui-ci présente des collections de bois polychromes, d'orfèvrerie, d'ornements liturgiques des XVe s. au XIXe s. Provenant des trente chapelles et églises de la commune, l'ensemble témoigne de la grande dévotion exprimée au cours des siècles par les habitants de la région.

Juil.-août : t.l.j. sf w.-e. 16h-19h ; sept.-juin : mer. et ven. 16h-19h ;
Noël-avr. : jeu.-ven. et dim. 14h-18h.
Visite sur r.-v. le reste de l'année et pour les groupes toute l'année.

MONT-DAUPHIN C1

Place forte de Mont-Dauphin

05600 Mont-Dauphin
Tél. : 04 92 45 42 40
http://mont-dauphin.monuments-nationaux.fr
Propriété de l'État
Classé

CENTRE DES MONUMENTS NATIONAUX

Fortifications de Vauban inscrites sur la Liste du patrimoine mondial en 2008

La construction de la place forte de Mont-Dauphin est décidée par Louis XIV à la suite de l'intrusion du duc de Savoie en 1692 par le col de Vars. Élevée par Vauban dès 1693 pour protéger la frontière des Alpes, elle est située au confluent des vallées du Guil et de la Durance. Les travaux, menés rapidement au début, se poursuivent jusqu'au XIXe s. au gré des menaces qui pèsent sur la frontière. Remarquable ensemble défensif, dont les principaux ouvrages sont réalisés en marbre rose de Guillestre, Mont-Dauphin est resté intact.

Juin, sept. : t.l.j. 10h, 15h ; juil.-août : t.l.j. 10h, 15h, 16h ; oct.-mai : t.l.j. sf lun. 15h.
Fermé 1er janv., 1er mai, 1er et 11 nov., 25 déc. Visite guidée.

MONTMAUR B2

Château

05400 Montmaur
Tél. : 04 92 58 02 42
www.chateau-montmaur.com
Propriété du département
Classé

Le château de Montmaur est une ancienne forteresse médiévale élevée au XIVe s. par les seigneurs de Montauban. Remanié aux XVIe et XVIIe s. par les seigneurs de La Flotte, puis par la famille d'Agoult, il forme un quadrilatère flanqué au sud de deux tours rondes. Les deux tours situées au nord et le donjon ont disparu à la Révolution. Le château conserve un intérieur décoré de peintures murales.

Juil.-août : mar., jeu., sam. 15h, 17h.
Visite guidée. Visite sur r.-v. pour les groupes au 04 92 58 00 49.

NÉVACHE C1

Église Saint-Marcellin

05100 Névache
Tél. : 04 92 20 02 20
Propriété de la commune
Classé

Édifiée à la fin du XVe s. à l'emplacement du château fortifié des seigneurs de Névache, l'église Saint-Marcellin se compose d'une nef unique de deux travées et d'un chœur à chevet plat. La base du clocher correspond à l'ancienne tour du château, surélevée au XVIIe s. pour recevoir la flèche. L'église renferme un beau retable de style baroque en bois de mélèze, doré à la feuille, ainsi que des fresques du XVe s. figurant notamment les saints Antoine et Christophe.

T.j.l. sf en hiver uniquement le w.-e.

Église Saint-Sébastien-de-Plampinet

05100 Névache
Tél. : 04 92 21 19 19
Propriété de la commune
Classé

L'église Saint-Sébastien-de-Plampinet, élevée à partir de 1510 et consacrée en 1532, se compose d'une nef unique de trois travées couvertes d'un berceau plein cintre et d'une petite abside voûtée, à chevet plat. Elle renferme des peintures murales remarquables. La travée précédant l'abside est recouverte de peintures murales exécutées vers 1530 et représentant, sur la voûte, dix-neuf scènes de la Passion, sur l'arc triomphal l'Annonciation et au mur sud saint Érasme et sainte Marguerite.

Visite sur r.-v. toute l'année au 04 92 21 19 19.

C1 SAINT-VÉRAN

Ferme des Forannes, dit « le Soum »

Quartier des Forannes
05350 Saint-Véran
Tél. : 04 92 45 86 42
Propriété publique
Inscrit

Le département des Hautes-Alpes conserve de nombreux cadrans solaires à décor peint exécutés entre le XVIIe et le XIXe s. Saint-Véran qui, perché à 2 040 m d'altitude, est la plus haute commune d'Europe, est célèbre pour l'architecture de ses maisons dont les premiers niveaux en maçonnerie (écurie, logis) sont surmontés de la *fuste* (galeries superposées à claire-voie), en bois de mélèze, où les récoltes d'automne terminaient leur maturation. Certaines maisons-fermes, comme celle qui se trouve au quartier des Forannes, possèdent des cadrans solaires exemplaires exécutés autour de 1835 par Zarbula.

T.l.j. 9h30-18h30. Visite guidée t.l.j. à 10h30 et 12h.
Visite sur r.-v. pour les groupes hors saison.

C2 TALLARD

Château

05130 Tallard
Tél. : 04 92 54 04 29
www.ville-tallard.fr
www.tourisme-tallard-barci.com
Propriété de la commune
Classé

Situé à 15 km de Gap à la sortie de l'autoroute, le château de Tallard est construit au XIVe s. sur un éperon rocheux dominant la Durance et le village. Un grand logis Renaissance aux magnifiques fenêtres à meneaux ainsi qu'une chapelle de style gothique flamboyant viennent au XVIe s. agrandir ce château. Incendié par l'armée du duc de Savoie en 1692, puis laissé à l'abandon plusieurs siècles, il est devenu la propriété de la commune de Tallard en 1957. Aujourd'hui, il est en partie restauré et consolidé.

Juil.-14 sept. : t.l.j. 10h-12h, 14h-18h.
Visite libre. Visite guidée à 10h30, 14h30 et 17h et mer. en nocturne à 21h30.
Visite guidée sur r.-v. pour les groupes d'oct. à mars au 04 92 54 10 14.

C1 VILLAR-LOUBIÈRE

Moulin à farine et à huile

05800 Villar-Loubière
Tél. : 04 92 55 26 78
Propriété de la commune
Inscrit

Le moulin de Villar-Loubière, dans le parc national des Écrins, est construit en 1838 pour la production de farine et d'huile. Propriété de la famille Bellon, il est cédé en 1978 à la commune qui procède à sa restauration partielle. Couvert de chaume, il possède trois roues horizontales alimentées en eau par des chenaux en bois depuis le canal, et actionnant les meules. La première écrasait les noix, la deuxième les céréales pour le bétail et la troisième produisait la farine pour le pain ; une quatrième roue verticale actionnait un blutoir (tamis destiné à séparer la farine des semoules et des sons).

Juil.-août : t.l.j. 15h30-18h30.
Visite guidée. Visite sur r.-v. pour les groupes le reste de l'année.

ARCS (LES) C3

Chapelle Sainte-Roseline

83460 Les Arcs
Tél. : 04 94 73 37 30
Propriété de la commune, propriété privée
Inscrit

La chapelle Sainte-Roseline, élevée autour de 1200, appartient à l'ancienne abbaye bénédictine de la Celle-Roubaud fondée au XIe s. Elle est aujourd'hui encore dominée par la tour carrée de l'ancien château de Villeneuve où naît, en 1267, sainte Roseline, célèbre pour ses miracles. Elle abrite un précieux mobilier, dont un maître-autel baroque en bois sculpté du XVIIe s., des grilles et stalles du XVIIe s., et un retable du XVIe s. À l'initiative de la famille Maeght, elle abrite aussi des vitraux d'Ubac et de Bazaine, une mosaïque réalisée par Chagall en 1975 représentant un épisode de la vie de sainte Roseline ainsi que des œuvres de Giacometti dont un lutrin.
T.l.j. sf lun. et j. fériés 15h-19h. Visite libre.

BRIGNOLES C4

Palais des comtes de Provence

Musée du Pays brignolais
Place des Comtes-de-Provence
83170 Brignoles
Tél. : 04 94 69 45 18
www.museebrignolais.com
Propriété de la commune
Inscrit

L'ancien palais comtal de Brignoles, adossé au rempart sud de la ville, est construit en 1246 pour les comtes de Provence. Il leur sert de résidence d'été et accueille à plusieurs reprise le parlement de Provence obligé de quitter Aix-en-Provence pour fuir les épidémies de peste qui y sévissent. Orné de mâchicoulis qui ceinturaient le chemin de ronde, il abrite depuis 1945 le musée du Pays brignolais. Les Amis du Vieux Brignoles qui gèrent le musée présentent de nombreuses collections : archéologie (sarcophages de la Gayolle), art sacré, art décoratif, beaux-arts (tableaux de Parrocel et de Montenard), arts et traditions populaires (ex-voto, costumes provençaux, crèche, santons) et sciences de la nature (faune, fossiles et minéraux).
Avr.-sept. : t.l.j. sf lun. et mar. 9h-12h, 14h30-18h, dim. et j. fériés 9h-12h, 15h-18h; oct.-mars : t.l.j. sf lun., mar. 10h-12h, 14h30-17h, dim. 10h-12h, 15h-17h. Fermé 1er janv., dim. de Pâques, 1er mai, 25 déc. Visite libre.
Visite guidée sur r.-v. Visite sur r.-v. pour les groupes (10 pers. min.).

CELLE (LA) C4

Abbaye

Place de l'Église
83170 La Celle
Tél. : 04 94 59 19 05
www.la-celle.fr
Propriété du département
Classé

Fondée au VIe s., l'abbaye de La Celle dépend de la puissante abbaye de Saint-Victor de Marseille avant de passer à des religieuses bénédictines de la haute noblesse provençale. La congrégation se développe considérablement, au XIIIe s., quand Garsende de Sabran, épouse d'Alphonse II d'Aragon, vient s'y retirer. À partir du XVIe s., la réputation des religieuses change de nature et nécessite l'intervention de Mazarin, abbé commendataire de La Celle, et d'Anne d'Autriche pour que cessent les scandales. Des bâtiments monastiques adossés à la chapelle du couvent (actuelle église paroissiale) subsistent une partie du cloître, la salle capitulaire, deux celliers et le dortoir.
Avr.-sept. : t.l.j. 9h-12h30, 14h-18h30, w.-e. 10h-12h30, 14h30-18h30; oct.-mars : t.l.j. 9h-12h, 14h-17h, w.-e. 10h-12h, 14h-17h30.
Fermé 1er janv., 1er mai, 1er et 11 nov., 25 déc. Visite guidée.

C4 **COLLOBRIÈRES**

Monastère de la Verne (ancienne chartreuse)

Monastère de la Verne
83610 Collobrières
Tél. : 04 94 43 45 41
www.collobrieres-tourisme.com
Propriété de l'État
Classé

Située au cœur du massif des Maures, la chartreuse de la Verne est fondée en 1170 par les évêques de Fréjus et de Toulon à la limite des deux diocèses. Après le départ des chartreux en 1793, les bâtiments monastiques sont abandonnés et tombent en ruine; seuls restent entretenus ceux qui sont habités et utilisés par les fermiers et leurs troupeaux. La vie religieuse a repris en 1982 avec le retour de la communauté monastique de Bethléem, et la restauration des communs a été entreprise. À partir de 2001, le relevage des principaux bâtiments – le grand cloître avec ses douze cellules de solitude et l'église romane dont ne subsistaient que le mur nord, une partie de l'abside et la souche du clocher – a été réalisé.

T.l.j. sf mar. 11 h-17 h (18 h de juil. à août).
Fermé en janv., j. de fêtes religieuses. Visite libre.

C3 **ENTRECASTEAUX**

Château

83570 Entrecasteaux
Tél. : 04 94 04 43 95
www.chateau-entrecasteaux.fr
Propriété privée
Inscrit

Les origines du château d'Entrecasteaux remontent au XIe s. Mais l'édifice actuel date en majeure partie des XVIe s. et XVIIe s. Il est la propriété de puissantes familles provençales comme les Castellane, les Grignan et les Bruni, dont le plus illustre est l'amiral d'Entrecasteaux qui périt en 1793 au cours de l'expédition lancée pour retrouver l'explorateur La Pérouse. Sauvé de justesse à la Révolution, le château reste la propriété de la famille jusqu'en 1949. C'est une longue bâtisse, bien proportionnée, décorée par quelques balustrades en fer forgé du XVIIe s. Entièrement remeublé d'objets des XVIIe et XVIIIe s., le château est réhabilité et habité par son propriétaire. À découvrir : les salles de garde, les cuisines du XVIe s., les cabinets de curiosité, le salon de musique baroque, la bibliothèque ou encore la suite orientale. Le beau jardin à la française aux parterres de buis est attribué à Le Nôtre.

Pâques-oct. : t.l.j. sf sam. 16 h. Visite guidée (visite supplémentaire en août à 11 h 30). Visite guidée sur r.-v. pour les groupes toute l'année.

C4 **FRÉJUS**

Amphithéâtre

Rue Henri-Vadon
83600 Fréjus
Tél. : 04 94 51 34 31
www.frejus.fr
Propriété de l'État
Classé

Destiné à recevoir les combats de gladiateurs, l'amphithéâtre de Fréjus est construit au Ier s. apr. J.-C. Son ellipse accuse une dimension de 114 m sur 82, et l'arène centrale mesure 68 m sur 39. Il comporte trois étages de gradins pour accueillir environ dix mille personnes. L'espace réservé au public pouvait être recouvert d'une immense toile protectrice, le *velum*, nécessaire en cas d'intempéries ou de grosses chaleurs. À l'entrée de l'amphithéâtre subsistent des blocs à trou central utilisés pour l'ancrage du *velum*. L'arène possédait en son centre une fosse cruciforme par laquelle les gladiateurs, les animaux ou les décors apparaissaient à l'aide de la machinerie.

15 oct.-14 avr. : t.l.j. sf lun. et j. fériés 9 h 30-12 h 30, 14 h-17 h;
15 avr.-14 oct. : t.l.j. sf lun. et j. fériés 9 h 30-12 h 30, 14 h-18 h.
Fermé 1er janv., 1er mai, 25 déc. Visite libre. Visite guidée sur r.-v.

Chapelle Notre-Dame-de-Jérusalem, dite « Jean Cocteau »

Avenue Nicolaï – La Tour de Mare
83600 Fréjus
Tél. : 04 94 53 27 06
www.frejus.fr
Propriété de la commune
Inscrit

Au début des années soixante, un banquier niçois, Jean Martinon, a l'idée d'aménager sur les hauteurs de Fréjus le domaine de la Tour de Mare destiné aux artistes, et sollicite Jean Cocteau pour la construction de la chapelle. Le projet initial est abandonné à la mort du banquier. Seule la chapelle est construite en 1963. Elle est conçue par Cocteau en collaboration avec l'architecte cannois Jean Triquenot. La décoration de la chapelle est réalisée par Édouard Dermit, fils adoptif de Jean Cocteau, au moyen des calques laissés par l'artiste, mort en 1963. Le revêtement du sol est une création de Roger Pélissier, céramiste de la Tour de Mare.
15 oct.-14 avr. : t.l.j. sf lun. et j. fériés 9h30-12h30, 14h-17h;
15 avr.-14 oct. : t.l.j. sf lun. et j. fériés 9h30-12h30, 14h-18h.

Cathédrale du groupe épiscopal

58, rue de Cardinal-Fleury
83600 Fréjus
Tél. : 04 94 51 26 30
http://cathedrale-frejus.monuments-nationaux.fr
Propriété de l'État
Classé

CENTRE DES MONUMENTS NATIONAUX

Édifiée sur des vestiges de l'Antiquité tardive, la construction de la cathédrale de Fréjus s'échelonne probablement de la fin du XIe s. au début du XIIIe s. Elle se compose de deux nefs juxtaposées séparées par trois larges arcades, la nef du nord, dédiée à saint Étienne, et celle du sud, placée sous le vocable de Notre-Dame. Dans le cœur sont conservées des stalles du XVe s. La nef Saint-Étienne abrite un retable de Jacques Durandi, peintre niçois du XVe s. Les vantaux de la porte comportent chacun huit panneaux sculptés au XVIe s. et représentant des scènes de la vie de la Vierge, des images de Pierre et Paul, et des portraits d'inconnus.
Juin-sept. : t.l.j. 9h-18h30 ; janv.-mai, oct.-déc. : t.l.j. sf lun. 9h-12h, 14h-17h.
Fermé 1er janv., 1er mai, 1er et 11 nov., 25 déc. Visite libre. Visite guidée.

Cloître du groupe épiscopal

58, rue de Cardinal-Fleury
83600 Fréjus
Tél. : 04 94 51 26 30
http://cathedrale-frejus.monuments-nationaux.fr
Propriété de l'État
Classé

CENTRE DES MONUMENTS NATIONAUX

Situé au nord-ouest de la cathédrale, le cloître est édifié au XIIe s. Les quatre galeries inférieures de ce cloître à deux étages s'ouvrent par des arcs brisés retombant sur des colonnes jumelées. Les plafonds à panneaux de bois sont peints au XIVe s. d'êtres humains, d'animaux, de personnages fantastiques. L'étage supérieur du cloître se caractérise par des arcatures en plein cintre, de fines colonnes surmontées de chapiteaux à feuillage datant du XIVe s. La salle qui borde la galerie nord est réservée au musée archéologique municipal.
Juin-sept. : t.l.j. 9h-18h30; janv.-mai, oct.-déc. : t.l.j. sf lun. 9h-12h, 14h-17h.
Fermé 1er janv., 1er mai, 1er et 11 nov., 25 déc. Visite libre. Visite guidée.

Baptistère du groupe épiscopal

58, rue de Cardinal-Fleury
83600 Fréjus
Tél. : 04 94 51 26 30
http://cathedrale-frejus.monuments-nationaux.fr
Propriété de l'État
Classé

CENTRE DES MONUMENTS NATIONAUX

Le baptistère de Fréjus est un des plus anciens de France. Construit au Ve s., il se compose d'un bâtiment carré dans lequel s'inscrit un massif octogonal percé de fenêtres et rythmé par huit colonnes surmontées de chapiteaux. Certains de ces éléments sont des remplois antiques. Le second étage est composé d'un tambour octogonal supportant seize piles rectangulaires reliées par des arcades. Sur ce plan s'établit la coupole du baptistère, reconstruite au XIXe s. Au centre se trouve une piscine octogonale. L'évêque procédait au baptême par immersion dans la piscine, après quoi les nouveaux chrétiens, vêtus de blanc, sortaient par la porte haute et assistaient à une messe dans la cathédrale.
Juin-sept. : t.l.j. 9h-18h30 ; janv.-mai, oct.-déc. : t.l.j. sf lun. 9h-12h, 14h-17h.
Fermé 1er janv., 1er mai, 1er et 11 nov., 25 déc. Visite guidée.

Théâtre

Rue du Théâtre-Romain
83600 Fréjus
Tél. : 04 94 53 58 75
www.frejus.fr
Propriété de la commune
Classé

Du théâtre de Fréjus, probablement construit au Ier s. apr. J.-C., subsistent les murs rayonnants couronnés de voûtes, qui servaient de soubassement aux gradins. Entre ces murs, des couloirs permettaient de gagner les gradins aujourd'hui disparus. Les substructions de la scène sont également visibles. Bâti contre une petite pente, l'ensemble mesure 84 m sur 60 m.
15 oct.-14 avr. : t.l.j. sf lun. et j. fériés 9h30-12h30, 14h-17h ;
15 avr.-14 oct. : t.l.j. sf lun. et j. fériés 9h30-12h30, 14h-18h.
Fermé 1er janv., 1er mai, 25 déc. Visite libre. Visite guidée sur r.-v.

C4 HYÈRES

Fort de l'Estissac

Île de Port-Cros
83400 Hyères
Tél. : 04 94 01 40 72
www.portcrosparcnational.fr
Propriété de l'État
Inscrit

Le fort de l'Estissac appartient aux nombreuses fortifications élevées ou renforcées autour de 1635 sur ordre de Richelieu, craignant une invasion des côtes de Provence par une flotte espagnole. La menace écartée, la garnison du fort est diminuée. L'île et le fort jouent de nouveau un rôle défensif lors d'une série de pillages, menés par des Anglais au mouillage dans la rade d'Hyères. Au XIXe s., le fort sert à contrôler les différentes passes de la rade d'Hyères. Il abrite aujourd'hui des expositions sur le milieu marin.
Juil.-août : 10h30-18h ; mai-juin, sept. : 10h-12h30, 13h30-17h.

Fort Saint-Agathe

Île de Porquerolles
83400 Hyères
Tél. : 04 94 58 36 45
Propriété de l'État
Inscrit

Construit en 1531 pour protéger la rade de Hyères, le fort Saint-Agathe se compose d'une tour d'artillerie, d'une enceinte et d'une avancée. De forme cylindrique, la tour s'élève sur deux niveaux : une grande salle circulaire voûtée et une plate-forme à ciel ouvert. Ces deux niveaux communiquent par l'intermédiaire d'un oculus percé au sommet de la voûte, et par un escalier à vis. L'enceinte du corps de place forme un pentagone irrégulier, protégé par une enceinte avancée flanquée de trois bastionnets.
Mai-sept. : 10h-12h, 14h-18h. Visite libre. Visite guidée sur r.-v.
Visite guidée sur r.-v. pour les groupes toute l'année.

Site archéologique d'Olbia

Quartier de l'Almanarre
83400 Hyères
Tél. : 04 94 57 98 28
Propriété de l'État
Classé

Situé en bord de mer, Olbia est l'unique site de ce type conservé sur le littoral méditerranéen. Fondée par les Grecs au IVe s. av. J.-C., la ville fortifiée d'Olbia est un ancien comptoir maritime. Les fouilles ont mis au jour de nombreux vestiges dont une enceinte quadrangulaire de 165 m de côté, flanquée de tours carrées aux angles et dans les parties médianes.
Avr.-sept. : 9h30-12h30, 15h-19h. Fermé oct.-mars, 1er mai. Visite libre.
Visite guidée à 10h, 11h, 15h30, 17h. Visite guidée sur r.-v. pour les groupes.

Villa Noailles

83400 Hyères
Tél. : 04 98 08 01 98/04 98 08 01 95
www.villanoailles-hyeres.com
Propriété de la commune
Inscrit

La villa Noailles, villa d'hivernage, est la première maison construite par l'architecte Rob Mallet-Stevens. Commandée par le couple Charles et Marie-Laure de Noailles, elle est élevée entre 1924 et 1930. L'édifice est réalisé en maçonnerie traditionnelle, avec quelques éléments en béton armé. Très vite, le projet initial évolue vers un complexe culturel et sportif privé de 1 800 m² de surface habitable et comprenant quarante-deux chambres. Charles de Noailles fait appel à de nombreux artistes de l'entourage de Mallet-Stevens parmi lesquels figurent les décorateurs Pierre Chareau, Eileen Gray, le peintre Théo Van Doesburg.

Juil.-août, sept. : t.l.j. sf mar. 10h-12h, 16h-19h30 (ven. fermeture à 16h, nocturne de 16h à 20h); janv.-juin, oct.-déc. : t.l.j. sf lun. et mar. 10h-12h30, 14h-17h30. Fermé j. fériés. Visite libre. Visite guidée. Visite sur r.-v. pour les groupes.

RAYOL-CANADEL-SUR-MER (LE) C4

Domaine du Rayol

Avenue des Belges
83820 Le Rayol-Canadel-sur-Mer
Tél. : 04 98 04 44 00
www.domainedurayol.org
Propriété du Conservatoire du littoral
Inscrit

Le domaine de Rayol est construit pour l'explorateur colonial et banquier Alfred-Théodore Courmes. Il commande en 1910 une première villa à l'architecte Guillaume Tronchet, et fait aménager le parc. À la demande de Mme Courmes, une deuxième villa, le Rayolet, est construite entre 1925 et 1927 dans le style néoprovençal par Tronchet. Le domaine est acquis en 1939 par le constructeur aéronautique Henry Potez qui confie à son architecte Minjoz des modifications, dont l'agrandissement du Rayolet et son aménagement intérieur en style Art déco. Il fait construire en 1950 le pavillon du Pêcheur en bordure de plage.

Janv.-mars, nov.-déc. : t.l.j. 9h30-17h30; avr.-juin, sept.-oct. : t.l.j. 9h30-18h30; juil.-août : t.l.j. 9h30-19h30. Visite libre. Visite guidée (10 pers. min.). (sur r.-v. pour les groupes au 04 98 04 44 00 ou à cafe@domainedurayol.org.).

SAINT-CYR-SUR-MER B4

Site archéologique

Musée Tauroentum
131, route de la Madrague
83270 Saint-Cyr-sur-Mer
Tél. : 04 94 26 30 46
www.saintcyrsurmer.com
Propriété privée, propriété de la commune
Classé

Le musée Tauroentum est construit sur les vestiges d'une villa romaine où ont été retrouvées trois remarquables mosaïques noir et blanc du Ier s. Les fouilles ont permis d'exhumer des verreries, lampes funéraires, monnaies et quelques objets rares comme les colonnes torsadées en marbre blanc des Ier et IIe s. Le musée présente aussi des outils en pierre et en silex découverts sur le site romain.

T.l.j. sf mar. 15h-19h. Visite guidée. Visite guidée sur r.-v. pour les groupes.

B4

SAINT-MAXIMIN-LA-SAINTE-BAUME

La renommée de Saint-Maximin tient à l'invention, en 1279, des reliques de sainte Marie-Madeleine découvertes à la suite des recherches ordonnées par Charles II d'Anjou, comte de Provence et de Sicile. Il décide en 1295 l'édification du couvent et y installe des dominicains. Au-dessus d'une crypte du haut Moyen Âge qui abrite des sarcophages des IVe et Ve s. s'élève l'église, dont la nef à neuf travées voûtées d'ogives est flanquée de collatéraux dans lesquels s'inscrivent huit chapelles. Le mobilier conservé dans la basilique est d'une remarquable richesse (sarcophages, retables, stalles, etc.). Les bâtiments conventuels ont été remaniés et agrandis aux XVe, XVIIIe et XIXe s. L'ensemble abrite aujourd'hui un hôtel.
Visite guidée sur r.-v. pour les groupes uniquement.

Couvent royal des dominicains
Place Jean-Salusse
83470 Saint-Maximin-la-Sainte-Baume
Tél. : 04 94 86 55 66
www.hotelfp-saintmaximin.com
Propriété de la commune
Classé

C4

SAINT-TROPEZ

La chapelle Notre-Dame-de-l'Annonciade est en 1633 le siège d'une confrérie de Pénitents blancs qui ont choisi de soigner les malades sur les navires en quarantaines. La porte de la chapelle est construite en 1727 dans un calcaire dur, matériau absent de tout massif des Maures et sans doute importé par la mer. L'intérieur abrite la donation Georges-Gramont comprenant, entre autres, des peintures de Signac, Picabia, Matisse, Braque, etc.
Juin-sept. : t.l.j. sf mar. 10h-12h, 15h-19h ; oct.-mai : t.l.j. sf mar. 10h-12h, 14h-18h. Fermé nov., 1er janv., 1er mai, Ascension, 25 déc.

Chapelle Notre-Dame-de-l'Annonciade
Musée de l'Annonciade
Place Grammont
83990 Saint-Tropez
Tél. : 04 94 17 84 10
www.saint-tropez.fr
Propriété de la commune
Inscrit

La citadelle de Saint-Tropez est construite à partir de 1583 pour protéger la ville avec l'aide financière du gouvernement de Provence. Démolie à la suite des conflits de la Ligue, elle est reconstruite en 1602. Renforcée par Vauban au XVIIe s., elle possède un donjon de forme hexagonale cantonné de trois tours massives. Autour de la cour centrale, une série de salles voûtées abrite aujourd'hui le Musée naval.
Avr.-sept. : t.l.j. 10h-18h30 ; oct.-mars : t.l.j. 10h-12h30, 13h30-17h30. Fermé 1er janv., 1er mai, 17 mai, jeu. de l'Ascension, 25 déc. Visite guidée sur r.-v.

Citadelle
Musée naval
83990 Saint-Tropez
Tél. : 04 94 97 45 21
www.saint-tropez.fr
Propriété de la commune
Classé

C4

SAINTE-MAXIME

La tour carrée de Sainte-Maxime est attestée en 1557 sur un document émanant de l'abbé prieur du Thoronet, seigneur de Sainte-Maxime. Elle est probablement élevée pour recueillir et défendre la population en cas de danger venu de la mer. Il s'agit d'une tour de plan carré, couverte d'un toit à quatre pans, soutenu par deux rangs de génoises. Des bouches à feu sont encore visibles sur les façades sud et ouest. La tour abrite aujourd'hui un musée des Traditions locales.
T.l.j. sf lun. apr.-midi et mar. 10h-12h, 15h-18h (19h en juil.-août). Visite libre.

Tour carrée
Musée des Traditions locales
Place de l'Église
83120 Sainte-Maxime
Tél. : 04 94 96 70 30
www.ste-maxime.com
Propriété de la commune
Inscrit

SEYNE-SUR-MER (LA) C4

Fort de Balaguier

Musée naval
924, corniche Bonaparte
83500 La Seyne-sur-Mer
Tél. : 04 94 94 84 72
www.ot-la-seyne-sur-mer.fr
Propriété de l'État
Inscrit

Le fort de Balaguier fait partie de la série des forts construits par Richelieu en 1633 pour protéger les côtes de la Provence contre les incursions espagnoles. Il se compose d'un vaste donjon circulaire pouvant recevoir huit canons placés dans huit embrasures et d'une enceinte côté terre qui en empêche l'accès. Le fort abrite aujourd'hui le musée naval évoquant entre autres le souvenir du siège de Toulon par Bonaparte en 1793.

T.l.j. sf lun. et mar. 10h-12h, 14h-18h (juil.-août : 15h-19h). Fermé j. fériés. Visite libre. Visite guidée mer. à 15h. Visite guidée sur r.-v. pour les groupes.

SIX-FOURS-LES-PLAGES B4

Chapelle Notre-Dame-de-Pépiole

Chemin de Pépiole
83140 Six-Fours-les-Plages
Tél. : 04 94 63 38 29/06 13 92 48 23
www.six-fours-les-plages.com
Propriété de la commune
Inscrit

Notre-Dame-de-Pépiole est une des plus anciennes chapelles de la région. Sa construction remonte aux Ve et VIe s. Longtemps propriété du monastère Saint-Victor à Marseille, elle se compose de trois nefs juxtaposées orientées est-ouest et de trois absides. Les parties les plus récentes remontent au XIIe s. (le portail, la voûte à doubleaux de la nef nord et les deux grands arceaux de pierre bleus). Les trois nefs, probablement séparées à l'origine, sont réunies vers le XIIe s. par les deux arcs. La chapelle dénuée de toute décoration architecturale est ornée d'un clocher et d'un campanile.

T.l.j. 15h-18h. Visite libre. Visite guidée. Visite guidée sur r.-v.

Église (ancienne collégiale Saint-Pierre)

Montée du Fort
83140 Six-Fours-les-Plages
Tél. : 04 94 34 24 75
www.six-fours-les-plages.com
Propriété de la commune
Classé

L'église est le seul vestige du vieux village de Six-Four, rasé au milieu du XIXe s. pour la construction d'un fort destiné à protéger Toulon. L'église du XIIe s. est presque entièrement conservée dans l'actuel édifice. Elle est agrandie au XVIe s. et transformée en collégiale. Achevée en 1614, elle se compose de quatre travées de nefs voûtées de croisées d'ogives, d'un chœur pentagonal et de chapelles latérales séparées par des murs épais servant de contreforts. L'intérieur abrite un remarquable polyptyque attribué à Louis Bréa.

Oct.-mai : t.l.j. sf mar. 10h-12h, 14h-18h ;
juin-sept. : t.l.j. sf mar. 10h-12h, 15h-19h. ♿

THORONET (LE) C4

Abbaye du Thoronet

83340 Le Thoronet
Tél. : 04 94 60 43 90
http://thoronet.monuments-nationaux.fr
Propriété de l'État
Classé

CENTRE DES MONUMENTS NATIONAUX

L'abbaye du Thoronet, l'aînée des « sœurs » cisterciennes provençales, est fondée en 1146 par les moines de Tourtour dans un site sauvage du Var. L'ensemble monastique, bien conservé, présente tous les caractères du style roman provençal. À l'exception des croisées d'ogives de la salle capitulaire, la voûte en berceau est ici reine; ses volumes harmonieux s'arrondissent partout, de l'église au cellier en passant par le dortoir. La pureté des proportions, la simplicité géométrique des volumes, l'absence totale d'ornements, la qualité de l'appareillage des pierres et une acoustique exceptionnelle en font l'un des témoins les plus remarquables de l'idéal prôné par saint Bernard.

Avr.-sept. : t.l.j. 10h-18h30, dim. 10h-12h, 14h-18h30;
oct.-mars : t.l.j. 10h-13h, 14h-17h, dim. 10h-12h, 14h-17h.
Visite libre. Visite guidée. Visite sur r.-v. pour les groupes.
♿ en partie. (visite signée). (moulages, maquettes).
(mai-oct.).

C4 **TOULON**

Le fort de la Grosse-Tour est construit de 1514 à 1524 par Jean-Antoine de La Porta, pour protéger l'entrée de la rade de Toulon. Il est représentatif de la dernière étape de l'adaptation de la fortification médiévale à l'artillerie, avant l'apparition de la fortification bastionnée. Renforcé par Vauban au XVIIe s., il sert ensuite de prison. Plus large que haute, la tour comporte une galerie circulaire qui dessert une série de bouches à feu. Le fort abrite aujourd'hui le musée naval de Toulon.
Juil.-sept. : t.l.j. sf mar. 10h-12h, 14h-18h.

Fort de la Grosse-Tour, dite « Tour Royale »

Musée naval
83000 Toulon
Tél. : 04 94 02 02 01/04 94 02 17 99
Propriété de l'État
Classé

Le musée de la Marine est installé dans un bâtiment sur lequel est remontée depuis 1976 la porte de l'Arsenal construite entre 1736 et 1738 par Jean Longe Maucord. Elle offre une riche polychromie. Sur le soubassement en pierre de Cassis s'élèvent des colonnes en cipolin ramenées de Grèce. Le fronton est orné de deux statues, Mars à droite par Verdiguier, Minerve à gauche par Maucord. Le musée évoque l'histoire de la marine de guerre à Toulon.
Sept.-juin : t.l.j. sf mar. 10h-18h ; juil.-août : t.l.j. 10h-18h.
Fermé 1er mai, 25 déc. ♿ en partie.

Musée de la Marine

Place Monsenergue
Quai de Norfolk
83000 Toulon
Tél. : 04 94 02 02 01
www.musee-marine.fr
Propriété de l'État
Classé

C4 **VINS-SUR-CARAMY**

Le château de vins-sur-Caramy est construit au début du XVIe s. pour la famille de Garde, dont le membre le plus illustre est Hubert de Garde, baron de Vins, célèbre chef de la Ligue, redouté dans toute la Provence où il exerce une justice expéditive sous le mandat du parlement d'Aix. Vaste quadrilatère soutenu par un soubassement élevé et flanqué de quatre tours, le château présente une façade à deux étages percée de larges croisées à meneaux.
Avr.-oct. : t.l.j. sf mar. 10h-12h, 14h-17h30. Visite guidée.
Visite guidée sur r.-v. pour les groupes toute l'année.

Château

83170 Vins-sur-Caramy
Tél. : 04 94 72 50 40
http://pagesperso-orange.fr/chateaudevins
Propriété privée
Inscrit

APT — B3 DÉTAIL 1

Basilique-cathédrale Sainte-Anne

84400 Apt
Tél. : 04 90 04 61 71
www.apt-cathedrale.com
Propriété de la commune
Classé

La cathédrale Sainte-Anne est élevée à partir du XIe s. sur une première église placée sous le vocable de Notre-Dame et de saint Castor, un des premiers évêques d'Apt au Ve s. Sa construction s'échelonne du XIIe au XVIIIe s. Le bas-côté sud avec son absidiole, la croisée du transept, surmontée d'une coupole octogonale sur trompes, et le clocher remontent à l'époque romane. Les voûtes d'ogives couvrant la nef sont du XVIIIe s. Deux cryptes subsistent sous l'église, l'une date du XIIe s. et l'autre, établie sous la précédente, est sans doute le lieu de culte originel. La salle du trésor abrite entre autres le voile de sainte Anne, étoffe ramenée de Damiette par les croisés.

CATHÉDRALE T.l.j. sf lun. 10h-12h, 15h-17h.
TRÉSOR Visite guidée de juil. à mi-sept. : 11h-12h, 17h-18h; visite guidée sur r.-v. de mi-sept. à fin juin. ♿

AVIGNON — A3

Chapelle du collège des jésuites

Musée lapidaire
27, rue de la République
84000 Avignon
Tél. : 04 90 85 75 38
www.avignon.fr
Propriété de la commune
Classé

La chapelle du collège des jésuites est élevée à partir de 1620 par l'architecte François de Royers de La Valfenière sur des plans très probablement conçus par Étienne de Martelange. Bel exemple d'architecture baroque, elle se compose d'une nef unique, flanquée de cinq travées plaquées d'arcades et dominée par des tribunes à balustres. Le chœur est poursuivi par une abside pentagonale voûtée en cul-de-four. La décoration intérieure est d'un relief très accusé. La chapelle abrite aujourd'hui le Musée lapidaire qui présente les collections archéologiques du musée Calvet.

T.l.j. sf mar. : 10h-13h, 14h-18h. Fermé 1er janv., 1er mai, 25 déc. Visite libre. ♿

Chapelle Saint-Nicolas et pont Saint-Bénézet

84000 Avignon
Tél. : 04 90 27 51 16
www.avignon.fr
Propriété de la commune
Classé

Un pont de bois reposant sur des piliers en maçonnerie, bases d'un pont antique, est élevé au XIIe s. par Bénézet et la confrérie des frères du pont. Démantelé en 1226 lors du siège d'Avignon, l'ouvrage est rebâti en pierre entre 1234 et 1237. Victime des guerres et des crues, il est abandonné en 1668. Les quatre arches qui subsistent aujourd'hui sur les vingt-deux initiales datent très vraisemblablement des modifications apportées entre 1345 et 1348. Elles sont précédées au pied du rocher des Doms par un châtelet édifié au XIVe s. Sur la deuxième pile, la chapelle Saint-Nicolas se dresse sur l'ancienne chapelle romane dans laquelle est inhumé saint Bénézet.

Mars-15 nov. : t.l.j. 9h-19h (21h en juil. et 20h en août-sept.);
16 nov.-fév. : t.l.j. 9h30-17h45.

Hôtel de Caumont

Collection Lambert
5, rue Violette
84000 Avignon
Tél. : 04 90 16 56 20
www.collectionlambert.com
Propriété du département
Classé

L'hôtel de Caumont est élevé entre 1720 et 1733 pour le collectionneur, archéologue et bibliophile Joseph de Seytres, marquis de Caumont, sur des plans de l'architecte avignonnais Jean-Baptiste Franque. Les travaux se poursuivent jusqu'en 1751, bien après la mort du marquis en 1745. Vendu à la Révolution, l'hôtel devient au XIXe s. une école, une caserne et, dans les années soixante-dix, la faculté de lettres. Il abrite, depuis juillet 2000, la collection Yvon Lambert composée d'œuvres d'art contemporain.

T.l.j. sf lun. 11h-18h; juil.-août : t.l.j. 11h-19h.

Hôtel Villeneuve-Martignan

Musée Calvet
65, rue Joseph-Vernet
84000 Avignon
Tél. : 04 90 86 33 84
www.avignon.fr
Propriété de la commune
Classé

L'hôtel Villeneuve-Martignan est le plus bel hôtel seigneurial d'Avignon. Il est construit à partir de 1741 pour Joseph Ignace de Villeneuve, premier consul, par l'architecte avignonnais Jean-Baptiste Franque et son fils François. Ruiné, Villeneuve doit interrompre les travaux en 1754. Modifié à plusieurs reprises par les propriétaires successifs jusqu'à son acquisition en 1833 par la ville, il forme un ensemble sobre et élégant s'organisant autour d'une cour et d'un jardin. En partie dénaturé à l'intérieur, l'hôtel abrite de remarquables collections provenant de donations – dont le cabinet de curiosités légué par le docteur Esprit Calvet (1728-1810) – ou d'acquisitions dans les domaines de l'archéologie, des beaux-arts, des arts décoratifs et de l'ethnologie.
T.l.j. sf mar. 10 h-13 h, 14 h-18 h. Fermé 1er janv., 1er mai, 25 déc.

Hôtel de Crochans

Maison Jean-Vilar
8, rue de Mons
84000 Avignon
Tél. : 04 90 86 59 64
www.maisonjeanvilar.org
Propriété de la commune
Inscrit

L'hôtel de Crochans correspond au corps de bâtiment principal d'un palais construit vers 1330 par le cardinal Pierre des Près. Habité par plusieurs prélats, l'ensemble devient vers 1463 la propriété de la famille Brancas. En 1671, l'habitation principale est achetée par Louis Henri de Guyon, dont le fils, seigneur de Crochans, maître de camp dans les armées royale, donne à l'hôtel son aspect actuel. En 1823 celui-ci est acquis par la préfecture pour y loger l'archevêque d'Avignon. Disposé entre cour et jardin, l'hôtel, dont le portail d'entrée est attribué à Pierre Mignard, abrite aujourd'hui la maison Jean-Vilar.
Mar.-ven. : 9 h-12 h, 13 h 30-17 h 30, sam. : 10 h-17 h.
Fermé dim., lun., j. fériés, 1er janv., août, 25 déc.
Visite libre. Visite guidée sur r.-v.

Hôtel Baroncelli-Javon

Musée du Palais-du-Roure
3, rue du Collège-du-Roure
84000 Avignon
Tél. : 04 90 80 80 88
www.avignon.fr
Propriété de la commune
Classé

L'hôtel Baroncelli est construit au XVe s. pour Pierre Baroncelli, intendant du légat Jules Della Rovere. Reprenant le principe architectural du Petit Palais devenu le modèle de l'architecture domestique à Avignon, il se compose de quatre corps de bâtiment ordonnés autour d'une cour. L'ensemble est remanié aux XVIIe et XVIIIe s., et revêt alors l'aspect d'un hôtel particulier. Assidûment fréquenté par l'écrivain Frédéric Mistral au XIXe s., c'est aujourd'hui un centre important de la culture provençale.
Visite mar. à 15 h. Visite guidée sur r.-v. les autres jours. Fermé en août.

Palais des Papes

84000 Avignon
Tél. : 04 90 27 50 00
www.palais-des-papes.com
Propriété de la commune
Classé

Édifié au milieu du XIVe s., durant les pontificats de Benoît XII et Clément VI, le palais des Papes demeure le plus grand palais urbain jamais construit à cette époque en Europe. Nécessitant une quinzaine d'années seulement, son édification a débuté en 1335 par l'élévation de la tour du Pape, regroupant les appartements privés du pape ainsi que son trésor. Au nord de cette tour, une cour aux allures de cloître est bordée par trois ailes dont celle de la chapelle et du conclave. En 1342, Clément VI accède au trône pontifical et donne au chantier un caractère plus ambitieux. Les travaux sont confiés à Jean de Louvres, qui commence par accoler la tour de la Garde-Robe à la tour du Pape et qui poursuit par l'aile de la Grande-Audience, surmontée de la Grande-Chapelle, véritable exploit architectural. À l'ouest, l'aile des Grands Dignitaires clôt le chantier (1352) et ferme une nouvelle cour, appelée aujourd'hui « cour d'honneur ». Témoin du luxe qui s'installe à la cour de Clément VI, la décoration intérieure, exécutée par le peintre italien Matteo Giovannetti, fait du palais un laboratoire de la nouvelle peinture, à l'aube de la Renaissance.

Avr.-juin, oct.-nov. : t.l.j. 9h-19h ; juil. : t.l.j. 9h-21h ;
août-sept. : t.l.j. 9h-20h ; nov.-mars : t.l.j. 9h30-17h45.
Visite libre. Visite audioguidée. Visite guidée.
(mars-nov.).

Petit Palais

Musée du Petit-Palais
84000 Avignon
Tél. : 04 90 86 44 58
www.avignon.fr
Propriété de la commune
Classé

Édifié vers 1318-1320, le Petit Palais est à l'origine la livrée du cardinal Bérenger Frédol l'Ancien, grand pénitencier du pape Clément V, puis du cardinal Arnaud de Via. Il devient ensuite le palais des Évêques. Modifié au XIVe s. puis au XVe s. par Jules Della Rovere, futur pape Jules II, le palais est alors revêtu de deux façades dont le dessin reflète le style de la Renaissance italienne. Il se compose de quatre ailes ordonnées autour d'un cloître et d'une cour de service. Vendu à la Révolution, il est transformé en petit séminaire au XIXe s. Il abrite aujourd'hui un musée dédié à la peinture italienne du Moyen Âge et de la Renaissance.

T.l.j. sf mar. 10h-13h, 14h-18h. Fermé 1er janv., 1er mai, 25 déc.

BARROUX (LE) — B2

Château

84330 Le Barroux
Tél. : 04 90 62 35 21
www.chateau-du-barroux.com
Propriété privée
Inscrit

La construction du château du Barroux remonte au XIIe s. Propriété des seigneurs des Baux, il appartient ensuite à de puissantes familles avant d'être transformé par les seigneurs de Rovilhasc au XVIe s. en une belle demeure Renaissance. Endommagé à la Révolution, vendu puis abandonné au XIXe s., il voit sa reconstruction entreprise en 1929. Incendié en 1944 par les troupes allemandes, il est de nouveau repris en 1960. Il comprend encore des éléments médiévaux et une chapelle, ornée de peintures murales de la fin du XVIIe s.

Avr.-mai : w.-e. 10h-19h ; juin : 14h30-19h ;
juil.-août, sept. : 10h-19h ; oct. : 14h-18h. Visite libre. Visite guidée sur r.-v.

B3 DÉTAIL 1

BUOUX

Fort

84480 Buoux
Tél. : 04 90 74 25 75
www.buoux-village.com
Propriété de la commune
Classé

Le fort de Buoux est élevé au XIIe s. sur un éperon rocheux déjà occupé par les Ligures, puis par les Romains. Surplombant la combe de l'Aigue-Brun, il commande le chemin antique et médiéval qui fait communiquer le nord et le sud du Lubéron. Fortifié aux XIIIe et XIVe s., il joue un rôle défensif jusqu'à son démantèlement par Louis XIV en 1660. Sur ce haut plateau de 500 m de long et de 40 à 100 m de large subsistent des abris protohistoriques, des silos creusés dans le roc, les ruines d'une église du XIIIe s. ainsi qu'un remarquable système défensif dominé par un donjon taluté.

Visite libre t.l.j. sf en cas d'intempéries.

B3

CARPENTRAS

Cathédrale Saint-Siffrein

84200 Carpentras
Tél. : 04 90 63 08 33
www.carpentras-ventoux.com
Propriété de la commune
Classé

La cathédrale Saint-Siffrein est élevée en 1405 sur ordre de Benoît XIII, sur un édifice roman menaçant ruine. Les travaux vont s'échelonner du XVe au XVIe s. Consacrée en 1531, elle offre un style gothique méridional avec une nef unique couverte de voûte d'ogives, une travée de chœur et abside à sept pans, des chapelles latérales logées entre les contreforts épaulant la nef. La façade est du XVIIe s. et le clocher fut ajouté par Revoil, à la fin du XIXe s. Son mobilier est un résumé de l'art comtadin, avec ses rares vitraux du XVe s., des œuvres picturales d'Engerrand Quarton, Mignard, Parrocel, Natoire, etc., des sculptures de Jacques Bernus, Pansin et Giraud ; les frères Mille ont travaillé sur la ferronnerie. Le trésor de la cathédrale conserve le Saint Mors de Constantin, célèbre fausse relique dont l'image sert de blason à la ville, les souvenirs des anciens évêques, de belles sculptures et un rare ensemble répertorié d'ornements et de vases sacrés. À l'extérieur, la porte Notre-Dame, ou « porte juive », est attribuée au lapicide Blaise Lécuyer (1470-1480).

T.l.j. sf dim. apr.-midi 7 h 30-12 h, 14 h-18 h 30. Visite libre.

Hôtel-Dieu

Place Aristide-Briand
84200 Carpentras
Tél. : 04 90 63 08 33
Propriété publique
Classé

L'hôtel-Dieu est construit au milieu du XVIIIe s. par Mgr d'Inguimbert, évêque de Carpentras de 1735 à 1757, sur les plans de l'architecte l'Allemand, auteur de nombreux ouvrages dans la région. Les premiers malades y sont accueillis en 1762. Les bâtiments, ordonnés autour d'une cour intérieure, ont conservé une remarquable apothicairerie avec ses armoires peintes et une collection de vases de Moustiers et de mortiers du XVIIe s.

Visite guidée uniquement pendant les vac. scol. sur r.-v.

Synagogue

84200 Carpentras
Tél. : 04 90 63 39 97
www.carpentras-ventoux.com
Propriété d'une association
Classé

Expulsée du royaume de France, la population juive s'est réfugiée au XIVe s. dans le comtat venaissin. Elle est rassemblée en quatre communautés, occupant un quartier réservé dans les villes d'Avignon, l'Isle-sur-la-Sorgue, Carpentras et Cavaillon. La synagogue de Carpentras est reconstruite au milieu du XVIIIe s. sur un édifice du XIVe s. devenu trop exigu. Elle offre, outre les salles annexes témoignant du rituel juif (piscines liturgiques, boulangerie pour les pains azymes, terrasse pour le sabbat), une traditionnelle salle de prière de plan carré couverte de boiseries présentant un décor de pilastres doriques supportant une frise de triglyphes et métopes.

Lun.-jeu. 10h-12h, 15h-17h, ven. 10h-12h, 15h-16h.
Fermé j. fériés et j. de fêtes juives.

CAUMONT-SUR-DURANCE A3

Chartreuse de Bonpas

1, chemin de Réveillac
84510 Caumont-sur-Durance
Tél. : 04 90 23 67 98
www.louis-bernard.com
Propriété privée
Inscrit

La chartreuse de Bonpas est à l'origine une commanderie de l'ordre des hospitaliers de Saint-Jean-de-Jérusalem établie au XIIIe s., dans un édifice déjà occupé au XIIe s. par « les frères pontifs ». Ces derniers assuraient le passage de la Durance, reliant les deux domaines provençaux du comté de Toulouse et du comté de Barcelone. Au XIVe s., l'établissement passe aux chartreux. La chartreuse est supprimée à la Révolution et sa grande église détruite. De l'ensemble conventuel subsistent quelques bâtiments du XVIIe s., de beaux jardins, le mur d'enceinte ainsi que la chapelle Notre-Dame-de-Bonpas, conservant, sous l'abside, une crypte taillée dans le rocher.

Toute l'année : lun.-ven. 10h-12h30, 14h-18h30; w.-e. 10h-19h. Visite libre.
Visite interactive. Visite guidée sur r.-v. pour les groupes (10-12 pers.).

CAVAILLON B3

Chapelle de l'hôpital

Musée de l'Hôtel-Dieu
84300 Cavaillon
Tél. : 04 90 76 00 34
www.cavaillon.org
Propriété de la fondation Calvet
Classé

L'ancienne chapelle de l'hôpital de Cavaillon est construite de 1755 à 1758 par J.-L. Bertet, maître maçon et entrepreneur de bâtiment à Cavaillon, d'après les plans de l'architecte avignonnais Joseph Abel Mottard. Elle se compose d'une nef unique de trois travées et se termine au nord par un chœur semi-circulaire. Elle abrite la collection du musée archéologique de Cavaillon.

Mai-sept. : t.l.j. sf mar. 9h30-12h30, 14h30-18h30;
oct. : t.l.j. sf mar. 9h-12h, 14h-17h. Fermé nov. à avr. Visite libre.
Visite guidée sur r.-v. Visite sur r.-v. pour les groupes.

Synagogue

Musée juif comtadin
84300 Cavaillon
Tél. : 04 90 76 00 34
www.cavaillon.org
Propriété de la commune
Classé

Expulsées du royaume de France, les communautés juives se sont réfugiées dans le Comtat Venaissin au XIVe s., État pontifical indépendant jusqu'au XVIIIe s. Le droit de culte et celui de s'administrer leur étaient reconnus, mais elles ne pouvaient accéder qu'aux métiers autorisés par le pape. La synagogue de Cavaillon, édifiée au XVe s., est reconstruite au XVIIIe s. À l'intérieur, la salle haute, réservée aux hommes, témoigne par sa décoration de la double appartenance de la communauté à la culture juive et provençale. Au rez-de-chaussée, la salle réservée aux femmes, servant également de boulangerie à la Pâque juive, est plus sobre et abrite les collections du Musée juif comtadin.

Mai-sept. : t.l.j. sf mar. 9h30-12h30, 14h30-18h30;
oct. : t.l.j. sf mar. 9h-12h, 14h-17h; nov.-avr. : t.l.j. sf mar. et dim. 9h-12h, 14h-17h.
Fermé 1er janv., 1er mai, 25 déc. Visite libre. Visite guidée sur r.-v.

B2 **CRESTET**

Atelier de Claude et de François Stahly

84110 Crestet
Tél. : 04 90 36 35 00
crestet.centre.art@wanadoo.fr
Propriété de l'État
Inscrit

Ce lieu d'exposition, d'habitation et d'ateliers collectifs est créé de 1966 à 1970 pour le sculpteur François Stahly et sa femme Claude, tisserande. Conçu par leur fils Bruno Stahly, l'ensemble s'organise géométriquement autour de deux patios. Les bâtiments, dont l'ossature est en béton armé, abritent aujourd'hui un centre d'art contemporain avec des ateliers d'artistes, des lieux de création, des salles d'expositions et de conférences.
T.l.j. sf lun. et mar. 11 h-18 h ; 22 juin-13 oct. : t.l.j. 11 h-18 h.
Fermé déc.-janv. Visite guidée sur r.-v. pour les groupes.

B3 **GORDES**

Abbaye de Sénanque

84220 Gordes
Tél. : 04 90 72 05 72/04 90 72 22 11
www.senanque.fr
Propriété de la communauté monastique
Classé

L'abbaye de Sénanque est fondée en 1148, par douze moines cisterciens venus de l'abbaye de Mazan dans le Vivarais. Sa construction s'échelonne jusqu'au milieu du XIIIe s. L'église est consacrée en 1178 par l'évêque de Cavaillon. La communauté s'accroît rapidement et connaît son apogée aux XIIIe et XIVe s. Elle possède alors quatre moulins, sept granges et de nombreuses terres en Provence. Affaiblie par les guerres de Religion, l'abbaye est vendue à la Révolution. Depuis 1988 une nouvelle communauté de moines y est installée. L'abbaye a conservé l'ensemble des bâtiments. Le bâtiment des convers, situé au sud, date du XVIIIe s.
Janv., 16 nov.-déc. : t.l.j. 14 h 50, 16 h 20 ;
fév.-mars, oct.-15 nov. : t.l.j. 10 h 30, 14 h 50, 16 h 20 ;
avr.-mai, sept. : t.l.j. sf dim. mat. 10 h 10, 10 h 30, 14 h 30, 15 h 30, 16 h 30 ;
juin : t.l.j. sf dim. mat. 10 h 10, 10 h 30, 14 h 30, 15 h 10, 15 h 30, 16 h 10, 16 h 30 ;
juil.-août : t.l.j. sf dim. mat. 9 h 50, 10 h 10, 10 h 30, 14 h 30, 14 h 50, 15 h 10, 15 h 30, 15 h 45, 16 h, 16 h 15, 16 h 30. Fermé 5-18 janv., ven. Saint, 25 déc.
Visite guidée. Visite sur r.-v. pour les groupes.

Château

Musée Pol-Mara
84220 Gordes
Tél. : 04 90 72 02 75
www.gordes-village.com
Propriété de la commune
Classé

Le château de Gordes est construit entre 1538 et 1541 pour Bertrand de Simiane, ancien page à la cour de François Ier, à l'emplacement d'une ancienne forteresse médiévale. Sa façade ouest offre des travées de fenêtres délimitées par des pilastres sommées de baies d'attique coiffées de frontons triangulaire. La façade sur cour reprend une ordonnance similaire. L'aile nord renferme l'escalier d'honneur richement décoré conduisant à l'étage où trône une remarquable cheminée de 1541. L'ensemble abrite un musée dédié au peintre flamand Pol Mara.
T.l.j. 10 h-12 h, 14 h-18 h. Fermé 1er janv., 25 déc. Visite libre.

Moulin des Bouillons

Route de Saint-Pantaléon
84220 Gordes
Tél. : 04 90 72 22 11
www.gordes-village.com
Propriété privée
Classé

Construit en 1762 sur un site gallo-romain, le moulin des Bouillons est le plus ancien moulin à huile d'olive conservé intact avec tous ses éléments de travail. Une large salle voûtée renferme la presse à huile et son mécanisme. Le moulin abrite aujourd'hui un musée consacré à l'huile d'olive et présente notamment une importante collection de lampes à huile et d'amphores.
Avr.-oct. : t.l.j. sf mar. 10 h-12 h, 14 h-18 h. Visite libre. Visite guidée.
Visite sur r.-v. pour les groupes. ♿

Village des bories

84220 Gordes
Tél. : 04 90 72 03 48
www.gordes-village.com
Propriété de la commune
Classé

Le village des bories de Gordes, composé de cinq groupes d'habitations organisés autour d'une cour, ceinturés de murs de pierre, semble dater des XVIIe s. et XVIIIe s. Aujourd'hui aménagé en musée d'habitat rural, il témoigne de la traditionnelle construction rurale en pierre sèche montée en encorbellement, sans usage de mortier, et de l'organisation d'une communauté vivant en autarcie. Les récoltes produites aux alentours sont transformées et consommées dans le village où subsistent pressoirs, fours, magnanerie. Ce village a probablement été occupé jusqu'au début du XIXe s.

Visite libre t.l.j. de 9h au coucher du soleil. Fermé 1er janv., 25 déc. ♿ en partie.

ISLE-SUR-LA-SORGUE (L') B3

Hôtel Donadéi de Campredon

Maison René-Char
20, rue du Docteur-Tallet
84800 L'Isle-sur-la-Sorgue
Tél. : 04 90 38 17 41
www.mairie-islesurlasorgue.fr
Propriété de la commune
Inscrit

L'hôtel Donadéi de Campredon est une belle demeure du XVIIIe s. Il s'élève sur trois niveaux, disposés autour d'une cour intérieure, prolongée par un jardin et ornée d'une fontaine. Ce lieu voué aux grandes expositions, trois dans l'année, propose également aux visiteurs la découverte d'un fonds permanent consacré à la vie et à l'œuvre du poète René Char.

Juil.-sept. : t.l.j. sf lun. 10h-13h, 14h-19h; nov.-juin : t.l.j. sf lun. 10h-12h30, 14h-17h30. Fermé 1er janv., 1er mai, 25 déc. Visite guidée sur r.-v. ♿

LOURMARIN B3 DÉTAIL 1

Château

Fondation Laurent-Vibert
84160 Lourmarin
Tél. : 04 90 68 15 23
www.chateau-de-lourmarin.com
Propriété privée
Inscrit et classé

La partie la plus ancienne du château de Lourmarin est élevée à la fin du XVe s. sur un ancien logis seigneurial, pour la puissante famille d'Agoult héritière dès le siècle précédent du fief de Lourmarin. Lors de travaux effectués dans la première moitié du XVIe s., un nouvel édifice de style Renaissance est accolé au premier. Transformé en bâtiment agricole et progressivement abandonné au cours du XIXe s., le château est sauvé de la ruine en 1921 par le riche industriel lyonnais Laurent Vibert, passionné d'art et de littérature. À sa mort, en 1925, il lègue le château à une fondation chargée d'accueillir de jeunes artistes. Le château appartient aujourd'hui à l'Académie des sciences et belles-lettres d'Aix.

Janv. : w.-e. apr.-midi sur r.-v.; fév., nov.-déc. : 10h30-11h30, 14h30-16h; mars-avr., oct. : 10h-11h30, 14h30-16h30; mai, sept. : 10h-11h30, 14h-17h30; juin-août : 10h-18h. Fermé 1er janv., 25 déc.
Visite guidée sur r.-v. pour les groupes toute l'année (7 pers. min.).

MAZAN B3

Chapelle des Pénitents-Blancs

Musée communal
Rue de Saint-Nazaire
84380 Mazan
Tél. : 04 90 69 75 01
Propriété de la commune
Inscrit

La chapelle des Pénitents-Blancs est élevée à la fin du XVIIe s. Elle est surtout remarquable par son plafond et ses peintures réalisées sous la direction du maître d'œuvre Salomon de l'école d'Avignon. La chapelle abrite le musée communal de Mazan, qui présente les divers aspects de la vie rurale traditionnelle d'autrefois.

16 juin-15 sept. : t.l.j. sf mar. 15h30-18h30. Visite guidée.
Visite guidée sur r.-v. pour les groupes toute l'année.

A2 **MORNAS**

Forteresse

84550 Mornas
Tél. : 04 90 37 01 26
www.forteresse-de-mornas.com
Propriété de la commune
Inscrit

Située au sommet d'une falaise occupée depuis la haute Antiquité en raison de sa position stratégique, la forteresse de Mornas est élevée au XIIe s. par les comtes de Toulouse, alors propriétaires du Comtat Venaissin. Par le traité de Paris, signé en 1229, le comtat venaissin est remis au Saint-Siège. La forteresse est alors confiée à deux chevaliers de l'ordre de Saint-Jean-de-Jérusalem. Lors des guerres de Religion, elle passe un temps aux mains des huguenots. Au XVIIIe s., elle perd son importance stratégique et tombe en ruine. De l'ensemble fortifié subsistent, outre la muraille d'enceinte, les ruines de la chapelle castrale et de plusieurs salles ainsi que les tours de guet.
Avr.-juin : t.l.j. sf w.-e. 11h-12h, 14h-17h ; sept.-19 oct. : w.-e. 11h-12h, 14h-17h.
Visite guidée. Visite sur r.-v. pour les groupes.

A2 **ORANGE**

Théâtre antique

Rue Madeleine-Roch
84100 Orange
Tél. : 04 90 51 17 60
www.theatre-antique.com
Propriété de la commune
Classé

Au cœur de la vallée du Rhône, datant du Ier s. apr. J.-C., le théâtre antique d'Orange est certainement l'un des plus beaux héritages de la Rome impériale. Témoignage exceptionnel de l'Antiquité, il est le théâtre le mieux conservé en Europe. Il doit surtout sa renommée à son magnifique mur de scène, étonnamment préservé et unique dans le monde occidental. C'est ce qui lui confère son acoustique si exceptionnelle : haut lieu de spectacles à l'époque romaine, il l'est encore aujourd'hui pour le plus grand plaisir des mélomanes du monde entier. La visite audioguidée permet d'imaginer les dix mille spectateurs dans les gradins, les acteurs, les danseurs, les jongleurs entrant sur scène devant un mur de marbre au décor somptueux, etc.
Janv.-fév., nov.-déc. : t.l.j. 9h30-16h30 ; mars, oct. : t.l.j. 9h30-17h30 ; avr.-mai, sept. : t.l.j. 9h-18h ; juin-juil. : 9h-19h. Fermé 1er janv., 25 déc.
Visite audioguidée. Visite guidée sur r.-v. ♿ en partie.

B3 **PERNES-LES-FONTAINES**

Tour Ferrande

84210 Pernes-les-Fontaines
Tél. : 04 90 61 31 04
www.ville-pernes-les-fontaines.fr
Propriété de l'État
Classé

La tour Ferrande est le seul témoin d'un établissement des hospitaliers de Saint-Jean-de-Jérusalem. Datée du XIIIe s., elle renferme un remarquable cycle de peintures murales narrant la lutte de Charles d'Anjou, roi de Naples, soutenu par le pape Clément IV, contre la maison de Hohenstaufen. Ces peintures sont exécutées à la fin du XIIIe s., probablement à la demande de la famille des Baux, dont l'un des membres était alors recteur de Pernes, pour rappeler la bataille où s'illustre l'un des siens, Bertrand des Baux.
Visite guidée uniquement sur r.-v. (juin-sept. : visite à 10h lun., mar., mer. et ven.).

SORGUES A3

Château de Brantes, parc et jardin

157, chemin de Brantes
84700 Sorgues
Tél. : 04 90 39 11 73/06 62 09 98 22
ch2b@wanadoo.fr
Propriété privée
Inscrit

Jardin d'inspiration toscane, clos par un mur de galets élevé en 1700, le jardin de Brantes s'articule autour de trois bassins-miroirs dessinés en 1959 par le paysagiste danois Mogens Tvede. Encadré par un des plus vieux *Magnolias grandifloras* d'Europe et une rare plataneraie, le jardin s'agrémente de rosiers icebergs, de pivoines arbustives, de lagerstroemias centenaires, d'agapanthes bleues et blanches, d'hydrangeas, etc.

Pâques-Toussaint : 10h-12h, 15h-18h. Visite guidée sur r.-v.

TOUR-D'AIGUES (LA) B3 Détail 1

Château

Musée de la Faïence
84240 La Tour-d'Aigues
Tél. : 04 90 07 50 33
www.chateau-latourdaigues.com
Propriété du département
Classé

Le château de La Tour-d'Aigues est édifié au XVe s. par la famille d'Agout sur une ancienne forteresse médiévale dont subsistent les caves, la base des tours et le donjon. Au XVIe s., Jean-Louis-Nicolas de Boulier fait moderniser le château et confie à l'architecte Ercole Nigra le rhabillage de l'ensemble dans un goût Renaissance et l'aménagement intérieur. Le château se compose alors d'un corps central dominé par le donjon et les deux ailes latérales, la cour étant fermée au sud par une galerie d'arcades avec un portail d'inspiration antique. Mais l'ensemble est ravagé par un incendie en 1780. Les caves abritent le musée de la Faïence et celui de l'Habitat rural en pays d'Aigues.

Avr.-oct. : t.l.j. 10h-18h ; nov.-mars : t.l.j. 13h30-17h, w.-e. 10h-12h, 13h30-17h.
Fermé 1er janv., 25 déc. Visite libre. Visite guidée.
Visite guidée sur r.-v. pour les groupes.

VAISON-LA-ROMAINE B2

Cathédrale et cloître

84110 Vaison-la-Romaine
Tél. : 04 90 36 50 05
www.vaison-la-romaine.com
Propriété de la commune
Classé

Cet édifice est un très bel exemple de l'architecture romane en Provence. Elle le doit à la qualité de son parement, à son dépouillage, à ses réemplois antiques et aux réalisations qui s'en inspiraient. La cathédrale que nous connaissons repose sur des édifices paléochrétiens qui remontent aux premières communautés. De l'édifice construit au XIe s., la cathédrale a conservé l'abside flanquée de deux absidioles avec leurs voûtes en cul-de-four. Le cloître a été construit au XIe-XIIe s. au nord de la cathédrale. Trois galeries sont d'origine, celle du sud ayant été reconstruite à la fin du XIXe s.

Nov.-mars, oct. : 10h-12h, 14h-17h ; avr.-mai. : 10h30-12h30, 14h-18h ;
juin-sept. : 10h-12h30, 14h-18h30. Fermé 1er janv., 25 déc.,
fin vac. janv. au début vac. fév. Visite libre. Visite audioguidée.

Musée et sites archéologiques de Puymin et de La Villasse

84110 Vaison-la-Romaine
Tél. : 04 90 36 50 05
www.vaison-la-romaine.com
Propriété de la commune
Inscrit et classé

Les sites archéologiques de Puymin et de La Villasse sont principalement constitués de rues bordées de boutiques et d'habitations de ville ou de quartiers artisanaux. À Vaison, les maisons étaient organisées autour de cours à portiques et d'enfilades de salles ouvrant sur des perspectives, des jardins, des jeux d'eau qui le rapprochaient des exemples campaniens. Le musée, implanté au cœur des sites d'où provient le mobilier archéologique, conserve autels, cippes, inscriptions funéraires et honorifiques, et surtout l'exceptionnel ensemble de grandes statues impériales en marbres de Claude, Domitien, Hadrien et son épouse Sabine.

PUYMIN Nov.-déc., fév. : 10h-12h, 14h-17h; mars, oct. : 10h-12h30, 14h-17h30; avr.-mai : 9h30-18h; juin-sept. : 9h30-18h30.
LA VILLASSE Nov.-fév. : 10h-12h, 14h-17h; mars, oct. : 10h-12h30, 14h-17h30; avr.-mai : 10h-12h, 14h30-18h; juin-sept. : 10h-12h, 14h30-18h30.
MUSÉE Nov.-fév. : 10h-12h, 14h-17h; mars, oct. : 10h-12h30, 14h-17h30; avr.-mai : 9h30-18h; juin-sept. : 9h30-18h30.
Fermé janv., 25 déc. Visite libre. Visite audioguidée.

A2 VALRÉAS

Chapelle des Pénitents-Blancs

84600 Valréas
Tél. : 04 90 35 04 71
www.ot-valreas.fr
Propriété de la commune
Classé

La chapelle des Pénitents-Blancs est élevée à partir de 1585 à l'initiative de premier recteur de la confrérie des Pénitents-Blancs fondée à Valréas au début du XVIe s. L'originalité de cette chapelle réside en son remarquable décor. Elle est ornée de boiseries d'époque Louis XIV couvrant les murs latéraux de la nef, de peintures en trompe l'œil sur la partie haute des murs, sur l'arc triomphal et sur les arcs doubleaux. Le plafond à caissons en bois date de 1715.

Mi-avr. à mi-sept. Visite libre. Visite guidée sur r.-v.

Hôtel de Simiane

84600 Valréas
Tél. : 04 90 35 04 71
www.ot-valreas.fr
Propriété de la commune
Classé

Cette ancienne demeure des Clarets de Truchenu, ancêtres de la branche valréassienne des Simiane, existe déjà en 1446. Elle est agrandie et modifiée au XVIIe s. (1639) sur les plans de l'architecte avignonnais Louis de la Valfenière et par Charles Louis de Simiane. Elle supporte de nouveaux aménagements grâce à Louis de Simiane, époux de Pauline de Grignan, petite-fille de Mme de Sévigné. Le corps principal et les deux ailes s'élèvent sur un rez-de-chaussée en arcades et s'organisent autour d'une cour d'honneur. Une terrasse, portée par la galerie d'arcades, prolonge chacune des ailes. L'intérieur abrite un bel escalier et de vastes salons aux plafonds à la française et à l'impériale.

T.l.j. sf dim. et j. fériés : 15h-17h. Visite libre.

B3 VENASQUE

Baptistère

84210 Venasque
Tél. : 04 90 66 62 01
www.venasque.fr
Propriété de la commune
Classé

Relié à l'église Notre-Dame par un couloir voûté en plein cintre, cet édifice quadrilobé est appelé à tort baptistère. Il s'agirait plutôt d'une église funéraire épiscopale du deuxième quart du XIe s. élevé sur un édifice paléochrétien. Il est formé de quatre absides semi-circulaires ou outrepassées, englobées dans des massifs quadrangulaires et ordonnées autour d'un espace central presque carré. Le décor d'arcatures aveugles dans les absides est l'un des exemples les plus anciens d'un parti architectural largement adopté au XIIe s. par l'art roman provençal.

4 janv.-4 avr., 11 oct.-12 déc. : t.l.j. 9h15-12h, 13h-17h;
5 avr.-10 oct. : t.l.j. 9h-12h, 13h-18h30. Fermé du 13 déc. au 2 janv.

Rhône-Alpes

Ain – Ardèche – Drôme – Haute-Savoie
Isère – Loire – Rhône – Savoie

A
B
Monceau-les-Mines
BOURGOGNE
Moulins
Courtes
Reyssouze
Paray-le-Monial
Charolles
1
Mâcon
Saint-Cyr-sur-Menthon
RN 79
A 40
Bourg-en-Bresse
La Pacaudière
Charlieu
Corcelles-en-Beaujolais
Suran
Saint-Nizier-sous-Charlieu
Vichy
Odenas
Belleville
Châtillon-sur-Chalaronne
Blacé
RN 83
Roanne
Salles-Arbuissonnas
Fareins
Ambronay
Villefranche
Jarnioux
Ambérieu-en-Bugey
Loire
Loire
RN 7
Oingt
Trévoux
Saint-Marcel-de-Félines
Anse
Saint-Bernard
A 42
Pérouges
Thiers
Miribel
Ain
Pommiers
Éveux
A 6
Lyon
Auzon
Brévenne
Boën
Saint-Étienne- le-Molard
RN 6
Crémieu
Rhône
Montverdun
A 46
A 72
Saint-Chef
Champdieu
Montrond-les-Bains
2
Montbrison
Bonnefamille
A 47
AUVERGNE
Saint-Romain-le-Puy
RN 82
Saint-Romain-en-Gal
Septême
Sury-le-Comtal
Vienne
Sainte-Croix-en-Jarez
RN 85
Roche-la-Molière
Saint-Étienne
La Côte-Saint-André
RN 7
Firminy
Roussillon
RN 82
Hauterives
Brioude
RN 86
A 7
Saint-Antoine-l'Abbaye
Cance
Saint-Bonnet-de-Chavagne
Yssingeaux
Tournon-sur-Rhône
RN 92
RN 532
Romans-sur-Isère
A 49
Doux
RD 534
RN 532
RD 533
Eyrieux
Valence
3
Drôme
Ardèche
La Voulte-sur-Rhône
Pranles
Loire
Crest
RN 7
Privas
RN 102
Cliousclat
Drôme
LANGUEDOC-ROUSSILLON
Ardèche
Meyras
RN 104
Cruas
Roubion
Mirabel
Aubenas
Baume
Montélimar
Largentière
Vogüé
Le Poët-Laval
Lez
Alba-la-Romaine
Grignan
Chassezac
A 7
Aygues
Bourg-Saint-Andéol
Chamaret
Nyons
Rhône
RN 86
Labastide-de-Virac
Suze-la-Rousse
4
Alès
Avignon
A
B

RHÔNE-ALPES
FRANCHE-COMTÉ
Haute-Savoie
Ain
Savoie
Isère
PROVENCE-ALPES-CÔTE D'AZUR
Lac Léman
Thonon-les-Bains
Brenthonne
Abondance
Dortan
Gex
Ferney-Voltaire
Nantua
Saint-Julien-en-Genevois
Taninges
Bonneville
Thorens-Glières
Passy
Clermont
Annecy
Lovagny
Menthon-Saint-Bernard
Cheignieu-la-Balme
Chindrieux
Belley
Saint-Pierre-de-Curtille
Marthod
Aix-les-Bains
Albertville
Izieu
Le Bourget-du-Lac
Aime
Chambéry
Saint-Pierre-d'Albigny
Peisey-Nancroix
La Tour-du-Pin
Le Passage
Francin
Saint-Geoire-en-Valdaine
Virieu-sur-Bourbre
Saint-Maximin
Le Touvet
Saint-Martin-le-Vinoux
Saint-Jean-de-Maurienne
Biviers
Sassenage
La Tronche
Grenoble
Vizille
Briançon
Vassieux-en-Vercors
Die
Gap
Digne-les-Bains
Rhône
Isère
Arc
Drac
Romanche
Bourne
Guiers
Dranse
Giffre
Arly
Fier
Ain
Oignin
Ouvèze
A 40
A 41
A 43
A 48
A 49
A 51
RN 5
RN 84
RN 508
RN 201
RN 203
RN 506
RN 504
RN 75
RN 516
RN 212
RN 90
RN 92
RN 91
RN 85
RD 93
N
0
30 km
1
2
3
4
C
D

AMBÉRIEU-EN-BUGEY B2

Château des Allymes

01500 Ambérieu-en-Bugey
Tél. : 04 74 38 06 07/04 74 34 55 66
www.allymes.com
Propriété de la commune
Classé

Le château des Allymes, exemple d'architecture militaire en Bugey, est construit de 1311 à 1320 en plein conflit entre le Dauphiné et la Savoie. Il devient savoyard en 1335, et français en 1601. Mal entretenu, il échappe aux destructions révolutionnaires. Racheté en 1847, ses courtines sont restaurées. À nouveau délaissé, il est acquis par la mairie d'Ambérieu en 1984. Établi sur la mont Luisandre, c'est un château de plan carré à deux tours opposées en diagonale et reliées par des courtines.

Janv.-fév. : w.-e. 14h-17h30 ; mars-avr., oct.-nov. : t.l.j. sf ven. 14h-18h ; mai-juin : t.l.j. sf ven. 14h-18h30 ; juil.-août : t.l.j. 10h-12h, 14h-19h ; sept. : t.l.j. 14h-18h30. Visite libre. Visite sur r.-v. pour les groupes.

AMBRONAY B1

Abbaye Sainte-Marie

Place de l'Abbaye
01500 Ambronay
Tél. : 04 74 38 74 00
www.ambronay.org
Propriété du département
Inscrit et classé

L'abbaye Sainte-Marie est fondée par saint Barnard au IXe s. L'église construite au XIIIe s., sur les vestiges de l'église carolingienne est modifiée au XVe s. par l'abbé Jacques de Mauvoisin qui fait ajouter deux chapelles. C'est également au XVe s. que sont construits les bâtiments conventuels et le cloître. Ce dernier est doté d'une galerie haute et d'un escalier au XVIIe s. Largement restaurée, l'abbaye abrite aujourd'hui un centre culturel et accueille chaque année en septembre-octobre un festival de musique baroque.

T.l.j. sf dim. mat. et offices : 9h-16h (19h en juil.-août). Visite libre. Visite audioguidée. Visite guidée de sept. à oct. le dim. à 15h (sur r.-v. le reste de l'année). Visite sur r.-v. pour les groupes.

BOURG-EN-BRESSE B1

Monastère royal de Brou, église et musée

63, boulevard de Brou
01000 Bourg-en-Bresse
Tél. : 04 74 22 83 83/04 74 14 15 84
http://brou.monuments-nationaux.fr
Propriété de l'État
Classé

CENTRE DES MONUMENTS NATIONAUX

Le monastère royal de Brou est édifié par Marguerite d'Autriche pour perpétuer l'amour qu'elle porte à son défunt époux Philibert II le Beau, duc de Savoie et pour y abriter son tombeau, celui de sa mère et le sien propre. Construit de 1506 à 1532, le monastère s'organise autour de trois cloîtres à étages et d'une église, véritable joyau gothique flamboyant. Tombeaux, retable, statues et stalles forment un riche ensemble de sculpture flamande du XVIe s. Sa construction a mobilisé les meilleurs artistes de France, de Bourgogne et de Flandres. Le musée de Brou est installé dans les salles du monastère depuis 1922. Il offre une remarquable collection d'œuvres d'art du XVIe au XXe s.

Juil.-sept. : t.l.j. 9h-18h ; oct.-mars : t.l.j. 9h-12h, 14h-17h ; avr.-juin : t.l.j. 9h-12h30, 14h-18h. Fermé 1er janv., 1er mai, 1er et 11 nov., 25 déc. Visite libre. Visite guidée. Visite audioguidée. Visite en langue des signes sur r.-v. Visite sur r.-v. pour le groupes. ♿ en partie. (visite signée).

Double page d'ouverture : château de Voltaire, Ferney-Voltaire (Ain).

B1 **CHÂTILLON-SUR-CHALARONNE**

Implanté au moins depuis le XIIIe s., l'ancien hôpital a été reconstruit au XVIIIe s. autour d'une tour des remparts de la ville, transformée en chapelle. L'architecture de briques des bâtiments s'intègre parfaitement à la ville médiévale. L'apothicairerie a été entièrement réalisée en 1814; elle comporte notamment 120 pots en faïencerie de Meillonnas. L'ouvroir des sœurs présente aujourd'hui une collection de costumes traditionnels. La tisanerie conserve un *Triptyque de la Lamentation*, de 1527. À visiter également le musée Traditions et Vie dans les anciens bâtiments du couvent des Ursulines.

Avr.-juin, sept. : t.l.j. sf lun. 10h-12h, 14h-18h ; juil.-août : t.j.l. sf lun. 10h-12h, 14h-19h; oct.-15 nov. : w.-e. 10h-12h, 14h-18h. Fermé 1er janv., 25 déc. Visite guidée. Visite sur r.-v. pour les groupes. ♿ r.-d-c.

Ancien hôpital-apothicairerie

Place Saint-Vincent-de-Paul
01400 Châtillon-sur-Chalaronne
Tél. : 04 74 55 15 70
www.museetraditionsetvie.fr
Propriété de la commune
Classé

C2 **CHEIGNIEU-LA-BALME**

Cette grange à dîmes fortifiée au XIVe s. appartient à la famille Bouvier des Éclaz du XIVe au XIXe s. Au XVIIe s., des agrandissements donnent au château sa structure actuelle avec son bâtiment couvert à la Delorme, remarquable en cette région. Une tour ronde Renaissance, écrêtée à la Révolution, y est restée adossée. Un musée consacré à la vigne et à ses outils est installé au château.

T.l.j. 9h-19h. Visite libre. Visite guidée. Visite sur r.-v. pour les groupes. ♿ en partie.

Château des Éclaz

01510 Cheignieu-la-Balme
Tél. : 04 79 81 26 20
Propriété privée
Inscrit

B1 **COURTES**

La construction de la ferme de la Forêt remonte au XVIIe s. Le bâtiment, qui abrite aujourd'hui un des musées de l'outillage et mobilier bressan, présente, au premier étage, une galerie extérieure en forme de balcon, à laquelle on accède par un escalier externe. La traditionnelle cheminée sarrasine, en bois et torchis, traverse l'étage jusqu'au toit. La mitre, de forme pyramidale, a été refaite en 1935.

Juil.-sept. : t.l.j. sf lun. 10h-12h, 14h-18h30; avr.-juin, oct. : w.-e. 10h-12h, 14h-18h30. Visite libre. Visite sur r.-v. pour les groupes. ♿ avec aide.

Ferme de la Forêt

Musée de l'Outillage
et du Mobilier bressan
01560 Courtes
Tél. : 04 74 30 70 77
www.fermemuseedelaforet.com
Propriété privée
Classé

DORTAN C1

Château

7, place de l'Hôtel-de-Ville
01590 Dortan
Tél. : 04 74 77 70 01
Propriété privée
Inscrit

Le château, probablement édifié au XIVe s. pour défendre l'abbaye de Saint-Claude, est aménagé au XVIIIe s. par M. Uffelle. Le Mire fait rénover la décoration en 1858 et édifier la chapelle qui coiffe le donjon en 1864 par l'architecte Sainte-Marie-Perrin. Le château réunit autour d'une étroite cour quatre corps de bâtiment. Le donjon rectangulaire, fondé sur le roc, a conservé ses structures médiévales jusqu'au deuxième étage, sur lequel la chapelle de Renaissance est posée.

Juin-sept. : jeu. et mar. à partir de 15h.
Visite guidée. Visite sur r.-v. pour les groupes.

FAREINS B1

Château de Fléchères

01480 Fareins
Tél. : 04 74 67 86 59
www.chateaudeflecheres.com
Propriété privée
Classé

Sur une motte féodale encore entourée par ses douves très profondes, Jean puis Mathieu de Sève, prévôts des Marchands de Lyon, construisent le château de 1606 à 1625. Élevé d'un jet, l'ensemble est resté inchangé. Le corps de logis principal comporte trois étages afin d'accueillir un « temple de fief » pour les calvinistes. Dans la salle du Conseil, la cheminée de pierre et de marbre (6 m de haut) est sculptée de vertus théologales. En 1632, le peintre luccois Pietro Ricchi (1606-1675) décore six salles à fresques, qui sont en cours de dégagement. Il s'agit du seul grand ensemble pictural italien début XVIIe s. conservé en France.

Avr.-juin, sept.-11 nov. : w.-e. et j. fériés 10h-12h, 14h30-18h ; juil.-août : t.l.j. 10h-12h, 14h30-18h. Visite guidée.
Visite sur r.-v. pour les groupes 15 mars à nov. (15 pers. min.).

FERNEY-VOLTAIRE C1

Château de Voltaire

Allée du Château
01210 Ferney-Voltaire
Tél. : 04 50 40 53 21
http://voltaire.monuments-nationaux.fr
Propriété de l'État
Classé

CENTRE DES MONUMENTS NATIONAUX

En 1674, G. Budé fait élever un château à l'emplacement d'une maison forte du XIVe s. Il est acquis en 1758 par Voltaire qui dirige les travaux de reconstruction et d'agrandissement. Il y reçoit pendant vingt ans d'innombrables personnalités venues de l'Europe entière. Le travail de mise en valeur du legs moral et intellectuel de Voltaire, entrepris par la Compagnie dramatique Le Nouveau Fusier et l'association Voltaire Aujourd'hui, a incité l'État à acquérir le château en 1999 pour y installer l'auberge de l'Europe, Centre culturel de rencontre dédié en particulier aux Droits de l'Homme et qui allie expositions, colloques, spectacle, création, recherche et l'accueil d'artiste en exil.

Avr.-4 nov. : t.l.j. sf lun. 10h-13h, 14h-18h. Visite guidée à 10h30, 11h30, 14h30, 15h30, 16h30. Visite sur r.-v. pour les groupes. ♿ en partie.

C2 **IZIEU**

Maison-mémorial des enfants juifs exterminés

01300 Izieu
Tél. : 04 79 87 21 05
www.memorializieu.eu
Propriété d'une association
Inscrit

La maison d'Izieu perpétue le souvenir des cent cinq enfants et des adultes juifs qui y avaient trouvé refuge à partir de mai 1943. Le 6 avril 1944, sur ordre de Klaus Barbie, quarante-quatre enfants et sept adultes furent arrêtés, puis déportés. Léa Feldblum, éducatrice, fut l'unique survivante. Lieu de mémoire et d'histoire tourné vers le présent, la maison d'Izieu est un lieu de réflexion sur le crime contre l'humanité. L'exposition permanente évoque la vie quotidienne de la colonie et retrace, dans la grange, les parcours des enfants d'Izieu et de leur famille dans le cadre des persécutions antisémites de la Seconde Guerre mondiale.
T.l.j. 9h-17h, sam. 14h-18h, dim. et j. fériés 10h-18h (mi-juin à mi-sept. : t.l.j. 10h-18h30). Fermé vac. Noël, w.-e. en déc. et janv. Visite libre. Visite guidée w.-e. et j. fériés à 15h, vac. scol. t.l.j. à 15h et juil.-août t.l.j. à 11h et 15h. Visite sur r.-v. pour les groupes. ♿ en partie.

B2 **MIRIBEL**

Carillon de Mas Rillier

01700 Miribel
Tél. : 04 78 55 61 16
www.cc-miribel.fr
Propriété de la commune
Inscrit

Le beffroi de Miribel est construit en 1947 par l'architecte Louis Mortamet pour abriter un carillon de cinquante cloches provenant des fonderies Paccard d'Annecy-le-Vieux. La taille, le volume des chambres des cloches, les ouvertures, le matériau ont été conçus pour répondre à la fonction instrumentale du beffroi, tour octogonale en béton armé de 25 m de haut. Il s'agit du seul beffroi construit en France pour recevoir un carillon.
Mai-juin, 1er-21 sept. : w.-e. et j. fériés sf lun. 15h-19h (juil.-août : t.l.j.). Visite guidée. Visite sur r.-v. pour les groupes.

B2 **PÉROUGES**

Maison du Prince

Musée historique du Vieux-Pérouges
Rue du Prince
01800 Pérouges
Tél. : 04 74 061 00 88
Propriété privée
Classé

La maison du Prince, résidence des princes de Savoie, fait partie des nombreuses maisons construites à Pérouges après son siège en 1468. La prospérité de la ville, dès le XIVe s., lui vaut d'être disputée par Savoyards et Français. Épargnée par l'industrialisation, elle décline rapidement : en 1900, la ville est quasiment désertée et les démolitions commencent. Elle est sauvée par la création en 1911 du comité de défense du Vieux-Pérouges. La maison du Prince accueille une partie du musée historique du Vieux-Pérouges ainsi qu'une collection d'objets d'art et traditions populaires (armes, faïence, outils, meubles, objets ménagers, métiers à tisser, etc.). Le site est également agrémenté d'un jardin « Hortulas ».
Pâques-oct. : t.l.j. 10h-12h, 14h-18h; nov.-Pâques : sam., dim. 10h-12h, 14h-18h. Visite libre. Visite sur r.-v. pour les groupes.

SAINT-BERNARD B2

Château

152, avenue Suzanne-Valadon
01600 Saint-Bernard
Tél. : 04 74 00 37 62
www.chateau-de-saint-bernard.fr
Propriété privée
Classé

Construit pour l'essentiel au XIIIe s., le château de Saint-Bernard est la propriété des Covet de 1599 à 1801, puis passe de main en main, avant d'être acquis par Suzanne Valadon et Joseph Utter (1923 à 1948). Le château figure sur plusieurs toiles du peintre Maurice Utrillo, fils de la propriétaire. La tour-porche, le donjon, une tour ronde, reliés par la muraille nord, donnent sur la cour qui s'ouvre sur la prairie et la Saône.

CHÂTEAU Juil.-août : t.l.j. 14h-18h. Visite guidée.
Visite sur r.-v. pour les groupes.
JARDIN 15 mars-oct. : dim. et j. fériés 14h-18h.

SAINT-CYR-SUR-MENTHON B1

Domaine des Planons

Musée de la Bresse
Hameau de la Mulatière
01380 Saint-Cyr-sur-Menthon
Tél. : 03 85 36 31 22
www.musees.ain.fr
Propriété du département
Classé

Cet ensemble architectural exceptionnel de cinq bâtiments de ferme réunis autour d'une cour carrée résume l'évolution de la construction rurale bressane depuis le XVe s. Les bâtiments de ferme ont fait l'objet d'une restauration exemplaire préservant l'authenticité des formes et matériaux. L'aménagement scénographique permet au public de percevoir ce site comme un lieu de vie et d'unité familiale, lieu de production, d'apprentissage et de consommation. Chaque saison, le musée propose une programmation culturelle riche en nouveautés.

14 fév.-mars : dim. 13h30-18h ; avr.-mai, oct.-14 nov. : t.l.j. sf mar. 10h-18h ; juin-sept. : t.l.j. sf mar. 10h-18h, dim. et j. fériés 19h.
Visite libre. Visite guidée. Visite en langue des signes sur r.-v.
Visite sur r.-v. pour les groupes.

TRÉVOUX B2

Château fort

01600 Trévoux
Tél. : 04 74 00 36 32
www.tourisme-trevoux-saonevallee.com
Propriété du département
Classé

La construction du château fort de Trévoux remonte probablement au tout début du XIVe s. Vendu aux Bourbons puis confisqué par François Ier, il est abandonné et décline jusqu'à son rachat par le département en 1822. Le grand donjon octogonal aux assises alternées de pierres blanches et dorées est lié à deux courtines sur lesquelles s'appuient deux autres tours.

Mai-sept. : w.-e. et j. fériés visite à 16h.
Fermé 1er janv., 1er mai, 8 mai, 1er nov., 11 nov., 25 déc.
Visite guidée. Visite sur r.-v. pour les groupes toute l'année.

Ci-contre : façade occidentale, monastère royal de Brou, Bourg-en-Bresse (Ain).

ALBA-LA-ROMAINE B4

Site archéologique d'Alba

07400 Alba-la-Romaine
Tél. : 04 75 52 45 15
www.alba-la-romaine.fr
Propriété du département
Classé

Alba, chef-lieu de la cité des Helviens du Ier au IVe s. apr. J.-C., connaît son premier développement à l'époque augustéenne (27 av.-14 apr. J.-C.) et son apogée au IIe s. Du milieu du IIe s. jusqu'au milieu du IIIe s. se construisent des édifices publics monumentaux dont un théâtre de trois mille places. Premier siège épiscopal de la région, Alba perd au milieu du Ve s. son importance politique et religieuse au profit de Viviers qui devient le siège épiscopal.

Toute l'année. Visite libre. Visite guidée de mai à sept. (mai-juin, sept. : w.-e. à 16 h; juil.-août : t.l.j. sf mer. apr.-midi à 10 h 30 et 16 h 30).
Visite sur r.-v. pour les groupes toute l'année.

Château

Place du Château
07400 Alba-la-Romaine
Tél. : 04 75 52 42 90/04 75 52 40 97
www.alba-la-romaine.fr
Propriété privée
Inscrit

Le premier donjon datant du XIe s. est visible du parc. Le château a été construit au XVe s. et a connu de profondes transformations à la Renaissance. Il cumule les fonctions militaire, de prestige et résidentielle. On visite les extérieurs, deux étages meublés et la cave. En été, le château accueille une grande exposition d'art contemporain, des concerts et du théâtre.

21 mars-14 juin : t.l.j. 14 h-18 h ; 21 juin-20 sept. : t.l.j. 10 h-12 h, 15 h-19 h.
Visite libre. Visite guidée à 15 h en juil.-août et sur r.-v. en juin, sept.
Visite sur r.-v. pour les groupes (10 pers. min.).

AUBENAS B3

Château de Montlaur

07200 Aubenas
Tél. : 04 75 87 81 11
www.aubenas.fr
Propriété de la commune
Classé

Édifié dès le XIIe s. par la famille de Montlaur, le château est agrandi et achevé par les Ornano puis les Vogüé qui l'acquièrent en 1716. Forteresse massive, au donjon carré et au chemin de ronde à mâchicoulis, il conserve des tourelles du XVe s. aux escaliers à vis, un grand escalier et une série de salles lambrissées et meublées évoquant le XVIIIe s. On peut y voir des œuvres du peintre symboliste Chaurand-Neyrac (1878-1948). Le château est actuellement le siège de l'hôtel de ville.

Juin, sept. : t.l.j. sf dim. et lun. 10 h 30, 14 h 30 ;
juil.-août : t.l.j. 11 h, 14 h, 15 h, 16 h, 17 h ; oct.-mai : t.l.j. sf dim. et lun. 14 h.
Fermé j. fériés. Visite guidée.
Visite sur r.-v. pour les groupes du mar. au sam. ♿ en partie.

BOURG-SAINT-ANDÉOL B4

Hôtel Doize

12, rue Paul-Mazet
07700 Bourg-Saint-Andéol
Tél. : 04 75 54 60 73/04 75 54 54 20
otbsa@wanadoo.fr
Propriété privée
Inscrit et classé

Cette demeure reconstruite par l'architecte Frank pour Jean-François Doize possède deux parties. C'est l'habitation d'hiver, ouvrant sur la cour d'honneur, qui porte aujourd'hui le nom d'hôtel Doize. La façade Louis XV, aux chaînages d'angle à bossages, présente des baies cintrées, encadrés de pilastres, et ornées de mascarons évoquant des allégories.

Juil.-sept. : mar., mer., jeu. 10 h-13 h, 15 h-18 h.
Visite guidée. Visite sur r.-v. pour les groupes.

B3

CRUAS

Ancienne église abbatiale

Grand-Rue
07350 Cruas
Tél. : 04 75 49 59 20
www.ot-cruas.fr
Propriété de la commune
Classé

L'abbaye de Cruas, fondée en 804 par les bénédictins, n'a conservé aucun vestige antérieur au XIe s. Affaiblie par les attaques des huguenots aux XVIe et XVIIe s., elle est définitivement supprimée en 1741 par l'évêque de Viviers. Édifice roman à bandes lombardes, l'abbaye est pourvue d'une tour carrée à étages en retrait et, au-dessus de croisée des transepts, d'une tour ronde à lanterne. Dans la crypte, colonnes monolithes dont les chapiteaux archaïques sculptés d'animaux témoignent des tout débuts de la sculpture romane.

Pâques-fin sept. : t.l.j. sf offices 10h30-18h30, dim ; 15h-19h ;
fin sept.-Pâques : t.l.j. sf dim. et lun. 14h-18h. Fermé 1er janv., 1er mai, 25 déc.
Visite guidée. Visite sur r.-v. pour les groupes.

B4

LABASTIDE-DE-VIRAC

Château des Roure

Le Château
07150 Labastide-de-Virac
Tél. : 04 75 38 61 13
www.chateaudesroure.com
Propriété privée
Classé

Au XVIe s., la terre de Labastide devient la propriété de Philippe Sautel, seigneur de Barjac. En 1750, son fils Claude édifie une maison forte qui prend le nom de Roure par le mariage d'une de ses filles avec Pierre de Beauvoir du Roure. Favorable à la religion réformée, le bourg est pris en 1629 par les troupes de Louis XIII qui arasent les tours et démolissent les échauguettes du château. Au début du XIXe s., les Pradier achètent le château à la famille du Roure. Puissante construction rectangulaire le château a conservé ses tours d'angle et présente un bel escalier à vis, des cheminées et un plafond à la française. Une magnanerie en activité y expose des soieries artisanales.

Juil.-août : t.l.j. 10h-19h ; Pâques-juin, sept. : t.l.j. sf mer. 14h-18h.
Visite audioguidée. Visite sur r.-v. pour les groupes de Pâques à oct.

B4

LARGENTIÈRE

Château

07110 Largentière
Tél. : 04 75 36 83 44
odladut@hotmail.fr
Propriété de la commune
Inscrit

Le château de Largentière possède un donjon dont la construction remonte au XIIIe s. À ce donjon carré sont ajoutées plus tard deux tours rondes, réunis au XVIe s. par un corps de logis, sur l'initiative de l'évêque Claude de Tournon. Épargné par la Révolution, il est utilisé comme tribunal et comme prison avant de devenir un hôpital.

Juil.-août : visite guidée. en partie.

MEYRAS B3

Château de Ventadour

07380 Meyras
Tél. : 04 75 38 00 92
http://chateau.ventadour.free.fr
Propriété d'une association
Inscrit

Le château de Meyras, baptisé de Ventadour au XIXe s., est édifié au XIIe s. au confluent de l'Ardèche et de la Fontaulière. Sa position stratégique lui permet de contrôler une des grandes voies reliant la vallée du Rhône au Puy. Endommagé au cours de la guerre de Cent Ans puis remanié, il joue un rôle pendant les guerres de Religion. Progressivement abandonné au XVIIe s., il semble être démantelé vers 1700 avant de tomber en ruine. Depuis 1968, une association travaille à sa restitution complète.

Juil.-sept. : t.l.j. sf sam. mat. et dim. mat. 9h-12h, 14h-19h.
Visite guidée. Visite guidée sur r.-v. pour les groupes de juin à mi-oct. ♿

MIRABEL B3

Domaine du Pradel

07170 Mirabel
Tél. : 04 75 36 76 56
http://epl.aubenas.educagri.fr
Propriété privée,
propriété de l'État et de la région
Inscrit

Olivier de Serres, agronome protestant, s'installe au Pradel, dont il fait une ferme modèle, en 1578, après les guerres de Religion. On lui doit l'implantation de la soie en Ardèche et des ouvrages qui ont inspiré des générations d'agronome comme le *Théâtre d'agriculture et mesnage des champs*. Le domaine du Pradel abritant la bibliothèque d'Olivier de Serres est détruit en 1628 lors de la reprise des places protestantes par Richelieu. Reconstruit par son fils, le domaine accueille l'école d'agriculture après 1920. Un musée dédié à Olivier de Serres et à son œuvre y est installé depuis 1990.

Juil.-août : t.l.j. 14h-18h visite libre du domaine.
Visite guidée sur r.-v. Visite sur r.-v. pour les groupes toute l'année. ♿

PRANLES B3

Maison de Pierre et de Marie Durand

Musée du Vivarais protestant
Le Bouschet-de-Pranles
07000 Pranles
Tél. : 04 75 64 22 74
http://lebouschetdepranles.free.fr
Propriété d'une association
Classé

Dans une maison forte du XVe s., remarquablement restaurée, le musée est une véritable fresque historique. Il retrace la vie d'une famille protestante du Vivarais, dans la tourmente de la répression religieuse du XVIIIe s. Marie Durand est la célèbre prisonnière de la tour de Constance (à Aigues-Morte) ayant résisté pendant trente huit ans sans vouloir abjurer sa foi. Le musée évoque également la vie rurale d'autrefois.

Mai-15 juin : w.-e. et j. fériés 14h-18h ; 15-30 juin, sept. : t.l.j. sf lun. 14h-18h ; juil.-août : t.l.j. sf dim. mat. 10h-18h.
Visite guidée. Visite sur r.-v. pour les groupes au 04 75 66 23 95.

B3 **TOURNON-SUR-RHÔNE**

Édifié sur un pic rocheux, le château de Tournon date essentiellement des XVe et XVIe s. C'est aujourd'hui l'un des mieux conservés de l'Ardèche. Habité par les seigneurs de Tournon jusqu'au XVIIe s., il est ensuite occupé par des prisons jusqu'en 1926. Il abrite actuellement un musée qui présente des collections variées et de qualité dans les domaines des arts décoratifs, des beaux-arts (peintures, sculptures, arts graphiques du XVIe s. au XXe s.) ainsi qu'un patrimoine local et technique unique.

20 mars-mai, sept.-oct. : t.l.j. sf mer. 14h-18h ; juin : t.l.j. 14h-18h ;
juil. : t.l.j. 10h-12h, 14h-18h. Visite libre. Visite guidée.
Visite sur r.-v. pour les groupes toute l'année.

Château

Musée du Rhône
14, place Auguste-Faure
07300 Tournon-sur-Rhône
Tél. : 04 75 08 10 30
www.ville-tournon.com
Propriété de la commune
Classé

B4 **VOGÜÉ**

Le château de Vogüé qui remonte au XIIe s. est reconstruit au XVe s. par les Rochemure du Besset. Bien que racheté et transformé en 1603 par Melchior Ier de Vogüé, il est abandonné au XVIIe s. au profit d'Aubenas. Incendié et saccagé à la Révolution, il est racheté en 1839 par le marquis de Vogüé qui entreprend sa restauration. Vaste bâtiment flanqué de quatre grosses tours rondes, le château conserve la base d'une tour du XIIe s. et abrite un salon XVIIe s. ainsi que la salle des États de Vivarais. Le château accueille depuis 1971 des expositions temporaires ouvertes à toutes les disciplines (peinture, gravure, sculpture, photographie, céramique, verre, etc.) et la collection du graveur Jean Chièze (1898-1975).

Pâques-21 juin, 21 sept.-Toussaint : mer.-dim. 10h30-12h30, 14h-18h ;
28 juin-20 sept. : t.l.j. 10h30-18h30. Visite libre. Visite guidée.
Visite sur r.-v. pour les groupes de Pâques à la Toussaint.

Château

07200 Vogüé
Tél. : 04 75 37 01 95
www.chateaudevogue.net
Propriété privée
Inscrit

B3 **VOULTE-SUR-RHÔNE (LA)**

Le château de La Voulte, construit dès avant le XIVe s., est agrandi et remanié au XVIe s. par la famille des Levis-Vendatour qui en font une demeure princière : grande galerie, escaliers à arcades, embellissement de la chapelle des Princes. À la Révolution, les fortifications sont démolies et la crypte de la chapelle est saccagée. La salle des États du Languedoc est ruinée en 1944 par un bombardement. La chapelle des Princes, restaurée, offre une riche décoration Renaissance.

Pâques-Toussaint : mer. 10h30
(départ de l'office du tourisme, place E.-Jargeat). Visite guidée.
Visite sur r.-v. pour les groupes toute l'année. ♿ en partie.

Château et chapelle des Princes

07800 La Voulte-sur-Rhône
Tél. : 04 75 62 44 36
www.paysdelavoulte.fr
Propriété de la commune
Classé (chapelle)

CHAMARET B4

Château (vestiges)

26230 Chamaret
Tél. : 04 75 46 55 85
http://latourdechamaret.perso.sfr.fr
Propriété de la commune
Inscrit

La tour de Chamaret est le donjon le plus important d'un ensemble castral double. Au premier bâtiment, construit du XIIe au XIVe s., sont jointes deux habitations et une chapelle. À la suite de la partition du domaine entre branches rivales de la famille, un second bâtiment défensif est édifié au XIIIe s., entre le mur d'enceinte et le fossé. Un clocher est installé au sommet de la tour lors de la restauration de 1895.

Juin-août : mer., ven. 14h30-18h30 ; w.-e. et j. fériés 14h30-19h.
Visite libre. Visite sur r.-v. pour les groupes.

CLIOUSCLAT B3

Atelier de potiers

26270 Cliousclat
Tél. : 04 75 63 05 69
www.poteriedecliou.com
Propriété privée
Inscrit

Le village de Cliousclat se développe autour de son prieuré à partir du XIIe s. Dès l'époque moderne, des potiers y sont installés. L'activité connaît son apogée au XIXe s., faisant de Cliousclat un village essentiellement centré sur la production de poterie. Un seul atelier, créé en 1901, existe encore aujourd'hui. On y trouve tous les éléments d'une installation traditionnelle : exposition à l'air, bourleau (bassin de trempage), bassin de décantation, pourrissoir, boudineuse, séchoir, four à bois.

15 avr.-sept. : t.l.j. 10h-12h30, 14h-19h ; oct.-14 avr. : t.l.j. 10h-12h30, 14h-18h (seulement l'apr. midi en janv.). Fermé j. fériés.
Visite guidée sur r.-v. Visite sur r.-v. pour les groupes.

CREST B3

Tour

26400 Crest
Tél. : 04 75 25 32 53
www.mairie-crest.fr
Propriété de la commune
Classé

La tour de Crest est le vestige d'une forteresse démantelée sur ordre de Louis XIII en 1632 et qui réunissait deux châteaux dont un a disparu. Prison d'État dès le XVe s., désaffectée en 1877, la forteresse est vendue puis rachetée par la commune en 1988. Bâti sur le rocher, ce rectangle imposant est en fait constitué d'un énorme mur-bouclier et de trois tours accolées. Remaniées à différentes époques sur différents niveaux, elles sont raccordées par un système complexe de paliers et d'escaliers.

Mai-14 sept. : t.l.j. 10h-19h ; 15 sept.-oct. : t.l.j. 14h-18h ;
nov.-janv. : w.-e. 14h-18h ; vac. de Noël, de la Toussaint, de fév.-avr. : t.l.j. 14h-18h.
Visite libre. Visite guidée en juil.-août.
Visite sur r.-v. pour les groupes au 04 75 76 61 14.

DIE C3

Abbaye Notre-Dame-de-Valcroissant

26150 Die
Tél. : 04 75 22 12 70/04 75 22 03 03
Propriété privée
Classé

L'abbaye Notre-Dame-de-Valcroissant est probablement fondée vers 1140. Placée sous l'ordre de Cîteaux, elle est ruinée par les guerres de Religion et abrite dès 1568 dans ses bâtiments conventuels le bétail et les récoltes. En 1606, les cisterciens récupèrent leur bien, mais l'abbaye reste une ferme, modernisée par le dernier abbé vers 1750. Elle est vendue aux enchères en 1791. Le réfectoire a conservé les vestiges des peintures du XIIe s. et du XIVe s.

Juil.-août : lun., mer., ven. 17h ; mai : ven. 17h ; juin, sept. : mer. 17h.
Visite guidée. Visite sur r.-v. pour les groupes.

B3

GRIGNAN

Château

26230 Grignan
Tél. : 04 75 91 83 55
www.ladrome.fr
Propriété du département
Classé

Le château est d'abord une forteresse que l'édification de l'aile sud, l'aile François Ier, transforme en l'un des plus beaux « palais » de la Renaissance du sud-est de la France. Après l'apogée du XVIIe s., le château est ruiné pendant la Révolution. Il fut véritablement sauvé au début du XXe s. par sa propriétaire, Mme Fontaine, qui mena à bien un extraordinaire chantier de reconstruction. Le château doit aussi sa postérité à l'une des plus grandes femmes de lettres françaises Mme de Sévigné, qui y séjourna auprès de sa fille et qui y mourut en 1696.

T.l.j. 9h30-12h, 14h-18h. Fermé mar. de nov. à mars, 1er janv., 25 déc. Visite libre des extérieurs. Visite guidée t.l.j. jusqu'à 11h30 et 17h30 (juil.-août jusqu'à 18h). Visite guidée : juin-sept. Visite sur r.-v. pour les groupes.

B2

HAUTERIVES

Palais idéal du facteur Cheval

26390 Hauterives
Tél. : 04 75 68 81 19
www.facteurcheval.com
Propriété de la commune
Classé

TOURISME & HANDICAP

Le « Palais idéal » de Ferdinand Cheval, dit le « facteur Cheval » est un chef-d'œuvre de patience : il a fallu trente-trois ans, de 1879 à 1912, au facteur pour collecter des pierres au cours de ses tournées et édifier dans son jardin ce monument rêvé, où évocation de palais orientaux voisinent avec imitations de végétaux. Le facteur meurt en 1924 après avoir consacré huit autres années de sa vie à la construction de sa tombe au cimetière.

Janv., déc. : t.l.j. 9h30-12h30, 13h30-16h30; fév.-mars, oct.-nov. : t.l.j. 9h30-12h30, 13h30-17h30; avr.-juin, sept. : t.l.j. 9h30-12h30, 13h30-18h30; juil.-août : t.l.j. 9h30-12h30, 13h30-19h. Fermé 1er janv., 15-31 janv., 25 déc. Visite libre. Visite guidée. Visite audioguidée. Visite sur r.-v. pour les groupes.

B3

MONTÉLIMAR

Château des Adhémar

26200 Montélimar
Tél. : 04 75 00 62 30
www.ladrome.fr
Propriété du département
Classé

Édifié au XIIe s. par les Adhémar de Monteil, le château est cédé en 1383 aux papes qui le donnent à Louis XI en 1447. À l'issue des guerres de Religion, après sièges et pillages, il est concédé aux protestants. Il sert de prison de 1791 à 1926. Rare exemple d'architecture romane civile, il regroupe deux châteaux médiévaux : la tour de Narbonne et la citadelle aux fenêtres romanes, en plus d'une chapelle seigneuriale. Le tout est ceinturé d'un chemin de ronde qui domine la vallée du Rhône.

T.l.j. 9h30-12h, 14h-18h. Fermé mar. de nov. à mars, 1er janv., 25 déc. Visite libre. Visite audioguidée. Visite sur r.-v. pour les groupes.

B4

POËT-LAVAL (LE)

Château et chapelle des Hospitaliers

26160 Le Poët-Laval
Tél. : 04 75 46 44 12
Propriété privée
Classé

La commanderie s'installe au Poët-Laval dans la première moitié du XIIIe s. et connaît sa plus grande prospérité avant les guerres de Religion où les destructions sont telles que les commandeurs abandonnent le site qui tombe en ruines, à l'exception du massif donjon. La chapelle castrale redevient alors l'église paroissiale jusqu'à son abandon en 1895. Le pigeonnier qui coiffe le donjon date du XVIIe s.

Juil.-août, Journées du patrimoine : t.l.j. sf lun. 11h-12h30, 15h-19h. Visite libre. Visite guidée. Visite sur r.-v. pour les groupes.

ROMANS-SUR-ISÈRE B3

Collégiale Saint-Barnard

26100 Romans-sur-Isère
Tél. : 04 75 02 28 72
www.ville-romans.com
Propriété de la commune
Classé

La collégiale de Romans-sur-Isère est fondée par saint Barnard au IXe s. En 1238, l'archevêque Jean de Bernin élève une église gothique. Elle est ruinée par les guerres de Religion et sa reconstruction dure jusqu'au début du XVIIIe s. L'ensemble est endommagé à la Révolution et le cloître roman disparaît après 1857. De l'église romane du XIe s. ne subsiste que la partie inférieure des murs de la nef. La collégiale, au remarquable portail oriental roman, recèle, entre autres, un ensemble de neuf panneaux brodés évoquant la Passion.

15 juin-20 sept. : t.l.j. sf w.-e. 10h-12h, 15h-18h;
le reste de l'année sf fév. : dim. 15h-18h. Visite libre.
Visite guidée de la collégiale, de la sacristie et de la chapelle. ♿

Couvent de la Visitation

Portail Roger-Vivier – rue Bistour
26100 Romans-sur-Isère
Tél. : 04 75 05 51 81/04 75 05 51 90
www.ville-romans.com
www.resistance-drome.org
Propriété de la commune
Inscrit

Le couvent de la Visitation est fondé sur un ancien château donné par François de Gast aux religieuses de la Visitation pour y faire un couvent. En échange de ce don, ses quatre filles y sont reçues. L'aile nord du couvent est du XVIIe s. Les autres parties sont édifiées de 1667 jusqu'au XIXe s. Une galerie de cloître à l'italienne en pierre blanche égaie l'ensemble. Les religieuses, expulsées en 1793, reviennent en 1801 pour partir définitivement en 1906. Depuis 1971, le couvent abrite le musée international de la Chaussure, le musée ethnographique et le musée de la Résistance.

Janv.-avr., oct.-déc. : t.l.j. sf lun. 10h-17h; mai-juin, sept. : t.l.j. sf lun. 10h-18h; juil.-août : t.l.j. 10h-18h; dim. et j. fériés 14h30-18h.
Fermé 1er janv., 1er mai, 1er nov., 25 déc. Visite libre. Visite guidée du 15 juin au 15 sept., jeu. à partir de 14h30. Visite sur r.-v. pour les groupes. ♿ en partie.

SUZE-LA-ROUSSE B4

Château

26790 Suze-la-Rousse
Tél. : 04 75 04 81 44
www.ladrome.fr
Propriété du département
Classé

Propriété de la famille des Baux, le château de Suze est construit à partir de 1374. Au XVIe s., il est embelli et conserve son caractère défensif. Endommagé à la Révolution, il est restauré au XIXe s. avant d'être acquis en 1965 par le département. Flanqué de tours et de courtines lui conférant un aspect extérieur austère, le château possède à l'intérieur une belle cour Renaissance, une salle d'armes et des salons, desservis par un grand escalier. Il est aujourd'hui le siège d'une université du vin.

T.l.j. 9h30-12h, 14h-18h. Fermé mar. de nov. à mars, 1er janv. et 25 déc.
Visite guidée : juin-sept. Visite sur r.-v. pour les groupes.

VASSIEUX-EN-VERCORS C3

Atelier P 51

Musée de la Préhistoire du Vercors
26420 Vassieux-en-Vercors
Tél. : 04 75 48 27 81
www.prehistoire-vercors.fr
Propriété du parc régional du Vercors
Classé

L'atelier P 51 de taille du silex de Vassieux-en-Vercors date du Néolithique final (2500 av. J.-C.). Les fouilles ont mis au jour un ensemble de « fabrique » intacte, en place, spécialisée dans la production de grandes lames. Le musée présente, parallèlement aux vestiges de cet atelier, la restitution du cadre et des modes de vie des hommes venus en Vercors depuis le Paléolithique.

Juil.-août : t.l.j. 10h-18h; mai-juin, sept. : t.l.j. 10h-12h30, 14h-18h ;
oct.-avr. : w.-e. 10h-12h30, 14h-17h ; vac. scol. : t.l.j. 10h-12h30, 14h-17h.
Fermé 1er janv., 25 déc. Visite libre.
Visite guidée sur r.-v. pour les groupes (10-40 pers.). ♿

D1 **ABONDANCE**

Abbaye

74360 Abondance
Tél. : 04 50 81 60 54
www.abbaye-abondance.org
Propriété de la commune
Classé

Abbaye fondée au XIIe s. comportant aujourd'hui encore l'église abbatiale gothique, décorée de trompe-l'œil du XIXe s. Le cloître est orné de peintures murales exceptionnelles du XVe s. retraçant la vie de la Vierge dans un décor alternant paysages locaux et références italiennes. Les bâtiments conventuels abritent une exposition sur le patrimoine religieux de la vallée.

ÉGLISE Visite libre toute l'année.
CLOÎTRE Avr.-juin, sept.-oct. : t.l.j. sf mar. 9h30-12h, 14h-17h, visite guidée à 15h; juil.-août : t.l.j. 9h30-12h, 14h-17h30, visite guidée à 10h (sf dim. mat.) et 15h; 21 déc.-mars : t.l.j. sf w.-e. 9h30-12h, 14h-17h, visite guidée à 15h.
Fermé Toussaint-20 déc., 25 déc. et 1er janv.
Visite sur r.-v. pour les groupes toute l'année.

C2 **ANNECY**

Château-musée

Place du château
74000 Annecy
Tél. : 04 50 33 87 30
http://musees.agglo-annecy.fr
Propriété de la commune et de la communauté d'agglomération
Classé

Résidence des comtes de Genève jusqu'en 1394, propriété de la maison de Savoie à partir du XVe s., puis des ducs du Genevois-Nemours au XVIe s., le château a fait l'objet de multiples campagnes d'agrandissement. Ses tours et différents logis offrent aujourd'hui un mélange d'architecture défensive médiévale d'élégantes façades Renaissance. Abandonné au XVIIIe s., il est utilisé comme caserne 1742 à 1947, puis sert de toit aux sans-abris de l'après-guerre jusqu'à un incendie en 1952. Racheté à l'armée par la ville d'Annecy un an plus tard, le château est alors restauré pour accueillir un musée (collections contemporaines, beaux-arts et ethnographiques). De cette très belle forteresse sont à retenir : la sobriété massive de la tour de la Reine, la salle des colonnes, la grande salle autour de laquelle s'organisaient les appartements comtaux, ou encore les peintures murales du logis Nemours et du logis Perrière des XVIe et XVIIIe s.

Juin-sept. : t.l.j. 10h30-18h; oct.-mai : t.l.j. sf mar. 10h-12h, 14h-17h.
Fermé 1er janv., w.-e. de Pâques, 1er mai, 11 nov., 25 déc. Visite libre.
Visite guidée deux fois par semaine en juil.-août.
Visite sur r.-v. pour les groupes toute l'année au 04 50 33 87 34.

Palais de l'Île

Centre d'interprétation de l'architecture
Passage de l'Île
74000 Annecy
Tél. : 04 50 33 87 30
http://musees.agglo-annecy.fr
Propriété de la communauté d'agglomération
Classé

Les comtes de Genève, après s'être installés à Annecy, retirent le fief aux seigneurs de l'Isle pour le confier aux Monthouz. Prison jusqu'en 1355, le château est alors transformé en atelier monétaire. Du XVIe s. jusqu'à la fin du XIXe s., il héberge différentes administrations et redevient un temps durant une prison. Restauré, il abrite aujourd'hui le musée historique d'Annecy. Le château a conservé des objets liés à sa fonction administrative : bac du droit, salle d'audience, cachots.

Juin-sept. : t.l.j. 10h30-18h; oct.-mai : t.l.j. sf mar. 10h-12h, 14h-17h.
Fermé 1er janv., w.-e. de Pâques, 1er mai, 11 nov., 25 déc. Visite libre.
Guide écrit. Visite sur r.-v. pour les groupes toute l'année. r.-d.-c.

BRENTHONNE C1

Château d'Avully

74890 Brenthonne
Tél. : 04 50 36 11 59
www.chateau-avully.com
Propriété privée
Inscrit

Propriété de la famille d'Avully dès le XIIIe s., le château est fortifié au cours du siècle suivant. En 1499, il est vendu aux Saint-Michel qui reconstruisent le corps est, et remanient le corps ouest en le dotant de belles cheminées. Revendu en 1754, il est acheté en 1756 par les de Sales. Situé en plaine, le château est protégé par des fossés et des douves. Il se compose de deux bâtiments séparés par une cour, fermée sur un côté par une loggia. Il est défendu aux angles par deux échauguettes et une tour en éperon.

Visite le dim. 14h-18h toute l'année ou sur r.-v. ♿ r.-d.-c.

CLERMONT C1

Château

74270 Clermont
Tél. : 04 50 69 63 15
www.cg74.fr
Propriété du département
Classé

Le château de Clermont est édifié de 1578 à 1582 pour Gallois de Regard, ecclésiastique fortuné. Il reste dans la famille jusqu'à la disparition de la dernière comtesse de Clermont, en 1860, et change ensuite plusieurs fois de propriétaires. Acquis par le département en 1966, il est sauvé de la ruine. Le corps de logis, vaste rectangle de deux étages, ferme la cour occupée sur les trois autres côtés par des galeries de trois étages à arcs surbaissés, inspirées de la Renaissance italienne. Les deux angles sud sont occupés par deux pavillons. Au sud se trouve également un curieux portail doublement voûté ouvrant vers les anciens jardins.

Mai-juin, 1er-20 sept. : w.-e. et j. fériés 14h-19h ; juil.-août : t.l.j. 14h-19h (dernière visite à 17h les soirs de spectacle).
Visite guidée. Visite sur r.-v. pour les groupes.

LOVAGNY C2

Château de Montrottier

74330 Lovagny
Tél. : 04 50 46 23 02
www.chateaudemontrottier.com
Propriété d'une association
Classé

Le château de Montrottier est la propriété de la famille de Menthon de 1427 à 1792. Vendu en 1796, il passe à plusieurs propriétaires dont Mme de La Rochette qui se ruine en le restaurant et qui le vend en 1876 aux Frèrejean. Un collectionneur, Léon Marès, en hérite en 1906. Il y dépose ses collections d'art et lègue le château en 1916 à l'Académie florimontane. Le château se compose d'une tour du XIIIe s., du donjon et d'un grand corps de logis en L abritant la salle des gardes et la salle des chevaliers au plafond à caissons.

15 mars-mai, sept. : t.l.j. sf mar. 14h-18h ; juin-août : t.l.j. 14h-19h ; 1er-15 oct. : t.l.j. 14h-18h. Visite guidée.
Visite sur r.-v. pour les groupes dès 9h (20 pers. min.).

MENTHON-SAINT-BERNARD C2

Château de Menthon

74290 Menthon-Saint-Bernard
Tél. : 04 50 60 12 05
www.chateau-de-menthon.com
Propriété privée
Inscrit

Propriété de la famille de Menthon depuis le XIIe s., il a gardé sa silhouette médiévale avec ses trois grosses tours. Ses propriétaires n'ont eu de cesse de l'entretenir et de l'aménager. Dès la Renaissance, des appartements remplacent le chemin de ronde, au XVIIIe s. la façade sur le lac est créée, au XIXe s. des tourelles sont ajoutées et les intérieurs sont redécorés.

Mai-juin, sept. : ven., w.-e. et j. fériés 14h-18h ; juil.-août : t.l.j. 12h-18h.
Visite guidée. Visite sur r.-v. pour les groupes.

D1 **PASSY**

Église Notre-Dame-de-Toute-Grâce

Plateau d'Assy
74480 Passy
Tél. : 04 50 58 80 52
www.passy-montblanc.com
Propriété de la commune
Inscrit

L'église de Passy, construite sous la responsabilité du chanoine Devémy et du père Couturier, par les architectes Maurice Novarina et Malot entre 1937 et 1946, est consacrée en 1950. Le décor extérieur et intérieur fait de l'église un petit musée d'art moderne. Les plus grands artistes du milieu du XXe s. – Léger, Lurçat, Richier, Rouault, Bazaine, Matisse, Braque – ont donné pour sa décoration peintures, sculptures, mosaïques, vitraux et tapisseries.

T.l.j. sf offices 9h-12h, 14h-18h.
Visite libre. Visite guidée sur r.-v. pour les groupes. ♿ en partie.

D1 **TANINGES**

Chartreuse de Mélan

74440 Taninges
Tél. : 04 50 34 25 05
www.taninges.com
Propriété du département
Classé

La chartreuse de Mélan fut fondée au XIIIe s. par Béatrix de Faucigny pour inhumer le corps de son fils Jean. Pendant cinq cents ans, Mélan abritera des moniales chartreuses, qui seront chassées par les révolutionnaires français en 1792. La chartreuse accueillera ensuite un collège, dirigé par plusieurs congrégations religieuses puis, après 1905, un orphelinat départemental. Mais, en 1967, un incendie se déclare dans les dortoirs et fait de nombreuses victimes. Des peintures du XVe s. ornent les voûtes de l'église. Le cloître du XVIe s. aux arcs surbaissés reposant sur de fortes piles reflète une grande rigueur à l'image de l'ensemble de la chartreuse.

15 juin-15 sept. : mer. 16h. Visite guidée.
Visite sur r.-v. pour les groupes toute l'année (10 pers. min.). ♿

C1 **THONON-LES-BAINS**

Château de Ripaille

Quai de Ripaille
74200 Thonon-les-Bains
Tél. : 04 50 26 64 44
www.ripaille.fr
Propriété privée
Inscrit

Amédée VIII, duc de Savoie, fonde en 1410 un prieuré, en hommage à son père, dans des bâtiments en place en 1377. Désirant quitter le pouvoir, il fait construire en 1434, à côté du prieuré, un château de sept tours où il se retire. L'ensemble est incendié par les Bernois en 1589. Deux communautés de chartreux s'y installent et réaménagent l'ensemble. Une église baroque est alors élevée. Vendu comme bien national à la Révolution, le château est racheté par le général Dupas. M. Engel-Gros l'acquiert en 1892 et le rénove dans le goût du XIXe s. Il fait démolir l'église baroque et crée des jardins à la place.

Avr.-juin : t.l.j. 11h, 14h30, 16h ; juil.-août : t.l.j. 11h, 14h30, 15h45, 17h ; sept. : t.l.j. 11h, 15h ; oct. : w.-e. 15h. Visite guidée.
Visite sur r.-v. pour les groupes toute l'année. 🍽 (sur r.-v. toute l'année).

C1 **THORENS-GLIÈRES**

Château de Thorens

74570 Thorens-Glières
Tél. : 04 50 22 42 02
www.chateauthorens.fr
Propriété privée
Inscrit et classé

Le château, bâti vers 1060 par le comte de Genève, appartint aux sires de Compey jusqu'à leur chute en 1479. Il passa aux mains des maisons de Savoie et de Luxembourg. Puis, en 1602, il devint propriété de la famille de Sales, qui occupa les plus hautes charges auprès de la cour de Savoie, à Turin, jusqu'à l'annexion à la France (1860). Ce château leur appartient encore. Demeure de saint François de Sales et villégiature de Camille de Cavour (artisan de l'unité italienne), il conserve les souvenirs, les œuvres et les objets d'art de ces deux personnages et de leur famille.

Juil.-août : t.l.j. 14h-19h ; sept.-oct., avr.-juin : w.-e. et j. fériés 14h-18h.
Visite guidée. Visite sur r.-v. pour les groupes toute l'année (20 pers. min.).

BIVIERS C2

Château Servien, dit « Serviantin »

38330 Biviers
Tél. : 04 76 52 27 65/06 72 83 35 16
www.chateauservien.com
www.abelservien.com
Propriété privée
Inscrit

Ce château doit son nom à la famille Servien, qui l'a détenu de 1500 à 1655 et dont le membre le plus éminent fut Abel Servien. Le titre de gloire de ce ministre d'État injustement tombé dans l'oubli fut d'avoir négocié les traités de Westphalie (1648) qui permirent à la France d'accéder au rang de première puissance européenne. D'allure encore médiévale, cet élégant château a fait l'objet d'embellissements de la Renaissance jusqu'au début du XIXe s. Il se compose de deux corps de bâtiment en équerre, l'un flanqué de deux tours rondes et l'autre prenant appui sur une tour carrée de construction plus massive. Le château conserve des boiseries Louis XV et une décoration du Second Empire. Une exposition permanente y est consacrée à Abel Servien.

Août-10 sept. : lun.-ven. 10h-12h, 14h-18h, w.-e. sur r.-v. Fermé j. fériés.
Visite extérieure libre. Visite intérieure sur r.-v. Visite sur r.-v. pour les groupes.

BONNEFAMILLE B2

Château de Moidière

38090 Bonnefamille
Tél. : 04 74 96 44 63
www.chateau-moidiere.com
Propriété privée
Inscrit

Le château de Moidière est construit en 1660 par Nicolas Guillet de Moidière avec les matériaux d'une maison forte du XVe s. Incendié en 1789, il est reconstruit à partir de 1809. Depuis 1660 il appartient à la même famille. C'est un corps de logis rectangulaire flanqué de quatre avancées carrées, à toiture de tuiles écaille typiquement dauphinoise. Son vestibule est décoré de trompe-l'œil italiens. Les caves accueillent un vivarium, et dans le parc botanique plus de soixante espèces du Dauphiné qui vivent en semi-liberté. Le château est également agrémenté d'un parc animalier de plus de cent cinquante animaux sur 30 ha de vraie nature.

Vac. fév.-juin, sept.-11 nov. : mer., w.-e. et j. de fêtes 14h30-18h ;
juil.-août : t.l.j. sf mar. 14h30-18h30.
Visite libre. Visite sur r.-v. pour les groupes toute l'année sf mar.

CÔTE-SAINT-ANDRÉ (LA) B2

Maison natale d'Hector Berlioz

Musée Hector-Berlioz
69, rue de la République
38260 La Côte-Saint-André
Tél. : 04 74 20 24 88
www.musee-hector-berlioz.fr
Propriété du département
Classé

La maison où naît Hector Berlioz en 1803 est construite à la fin du XVIIe s. Elle abrite le musée consacré au dernier grand musicien romantique. Manuscrits, partitions, premiers instruments du compositeur, photographies y sont présentés, ainsi que des portraits et des lithographies d'Henri Fantin-Latour.

Oct.-mai : t.l.j. sf mar. 10h-18h ; juin-sept. : t.l.j. sf mar. 10h-19h.
Fermé 1er janv., 1er mai, 25 déc. Visite libre. Visite audioguidée.
Visite sur r.-v. pour les groupes t.l.j. sf w.-e. ♿ r.-d.-c.

B2 **CRÉMIEU**

Couvent des augustins

Hôtel de ville
38460 Crémieu
Tél. : 04 74 90 45 13/04 74 90 70 92
www.ville-cremieu.fr
Propriété de la commune
Classé

Fondé au XVIe s., le couvent des augustins est achevé en 1791 par la commune et abrite aujourd'hui l'hôtel de ville. Le hall d'entrée a conservé son plafond à la française. L'ancien chauffoir des moines, salle voûtée d'ogives retombant sur un pilier central, est devenu la salle de justice de paix. Le cloître voisin aux galeries à voûtes d'arêtes a été partiellement pavé au XIXe s. avec des dalles funéraires.

Lun.-ven. : 9h-12h, 13h-17h ; sam. : 9h-12h. Fermé j. fériés. Visite libre.
Visite guidée d'avr. à mi-oct., dim. à 15h. Visite sur r.-v. pour les groupes.

C3 **GRENOBLE**

Église Saint-Laurent

Musée archéologique
Place Saint-Laurent
38000 Grenoble
Tél. : 04 76 44 78 68
www.musee-archeologique-grenoble.com
Propriété du département
Classé

C'est dans ce lieu que les plus anciens témoignages de la présence du christianisme à Grenoble ont été révélés par l'archéologie. Depuis le IVe s. et le développement de la nécropole aux abords de la ville jusqu'à la construction du prieuré bénédictin au XIIe s. et ses transformations successives jusqu'au XVIIIe s., le site offre une complexité et une richesse architecturales tout à fait originales. Situé sous le chevet roman de l'église prieurale, l'oratoire (ou crypte) Saint-Oyand, daté du VIe s., en constitue la partie la mieux conservée.

Temporairement fermé pour travaux. Pour plus d'informations quant à une prochaine réouverture, se renseigner au 04 76 44 78 68.

Évêché (ancien)

Musée de l'Ancien évêché
2, rue Très-Cloître
38000 Grenoble
Tél. : 04 76 03 15 25
www.ancien-eveche-isere.com
Propriété de l'État
Inscrit

Les premiers bâtiments de l'évêché sont construits au XIIIe s. en brique comme la cathédrale Notre-Dame et l'église Saint-Hugues. Le cardinal Le Camus fait exécuter l'embellissement à partir de 1672. En 1802, une nouvelle vague de travaux provoque l'écroulement d'une partie des bâtiments, aussitôt reconstruits. Après une restauration valorisant les évolutions de l'édifice, l'évêché est transformé en musée d'Histoire de l'Isère. La visite commence par les vestiges du rempart antique du premier baptistère de Grenoble, situés sous le parvis de la cathédrale voisine.

Lun., mer.-sam. : 9h-18h ; mar. 13h30-18h ; dim. 10h-19h.
Fermé 1er janv., 1er mai, 25 déc. Nocturne le ven. jusqu'à 22h en juil.-août.
Visite audioguidée. Visite guidée. Visite sur r.-v. pour les groupes.

Monastère Sainte-Marie-d'En-Haut

Musée dauphinois
30, rue Maurice-Gignoux
38000 Grenoble
Tél. : 04 57 58 89 01
www.musee-dauphinois.fr
Propriété de la commune, propriété du département
Classé

Dans ce couvent du XVIIe s. est installé le Musée dauphinois, créé en 1906 par Hippolyte Muller, archéologue et ethnologue. Ce musée régional de l'Homme possède des fonds très riches mettant en scène les hommes, les arts décoratifs, le patrimoine rural et industriel des Alpes dauphinoises. Du couvent lui-même, on visite la chapelle baroque, le cloître et le chœur des religieuses.

Oct.-mai : t.l.j. sf mar. 10h-18h ; juin-sept. : t.l.j. sf mar. 10h-19h.
Fermé 1er janv., 1er mai, 25 déc. Visite libre. Visite guidée.
Visite sur r.-v. pour les groupes au 04 57 58 89 26.

Passage (Le) C2

Château

38490 Le Passage
Tél. : 04 78 22 10 26
Propriété privée
Inscrit et classé

Ancienne maison forte bâtie au XVe s., le château prend sa forme actuelle de grande demeure classique typiquement dauphinoise au XVIIe s. Intégralement restaurée au XIXe s. par le général d'Empire Quiot, il conserve quelques éléments du XVIIIe s. : le vestibule avec son escalier, sa rampe forgée et son plafond en gypserie ; une enfilade de pièces aux boiseries peintes ; la chapelle aux trois autels de marbre.

12 juil.-29 août : visite sur r.-v. au 04 74 88 15 77. Visite guidée.

Roussillon B2

Château Renaissance

38150 Roussillon
Tél. : 04 74 86 72 07
www.ot-pays-roussillonnais.fr
Propriété de la commune
Inscrit et classé

Dessiné par Sebastiano Serlio, le château de Roussillon s'inscrit dans la Renaissance italienne tout en reflétant la personnalité de son commanditaire : le cardinal François de Tournon, conseiller de François Ier. L'édifice est connu pour avoir accueilli l'épisode historique de la signature de l'édit de Roussillon le 9 août 1564 : Charles IX y décida que l'année commencerait le 1er janvier dans tout le royaume de France. Grotesques de plafond et peintures Renaissance sont à admirer dans la chambre de Catherine de Médicis.

Juin-août : t.l.j. à 15h30 ; sept.-mai : w.-e. à 15h30.
Visite guidée. Visite sur r.-v. le reste de l'année et pour les groupes.

Saint-Antoine-l'Abbaye B3

Abbaye

Musée de Saint-Antoine-l'Abbaye
Le Noviciat
38160 Saint-Antoine-l'Abbaye
Tél. : 04 76 36 40 68
www.musee-saint-antoine.fr
Propriété de l'État, de la commune et d'une association
Classé

Érigée par les bénédictins au XIIe s. pour abriter les reliques de saint Antoine, l'église initiale est remplacée à la fin du XIIIe s. par l'église gothique construite par les antonins. Devant l'affluence des pèlerins, l'ordre hospitalier des Antonins voit le jour. Ils achèvent l'église à la fin du XVe s. et n'ont de cesse d'agrandir et d'embellir l'abbaye jusqu'au XVIIIe s. où l'ordre disparaît. L'abbatiale abrite un trésor important. Le noviciat, les grandes écuries et le bâtiment des étrangers accueillent le Musée départemental (expositions permanente et temporaires, jardin, boutique, concerts, récitals de clavecin et spectacles). Des concerts sont donnés sur les orgues XVIIe restaurées.

10 mars-juin, sept-12 nov. : t.l.j. sf mar. 14h-18h ;
juil.-août : t.l.j. sf mar. 10h30-12h30, 14h-18h.
Salon aux gypseries du bâtiment des étrangers : jeu., ven. et w.-e. à 16h sur r.-v.
Fermé du 24 déc. au 1er janv, 1er mai.
Visite libre. Visite sur r.-v. pour les groupes. ♿

B3 **SAINT-BONNET-DE-CHAVAGNE**

Cet imposant édifice témoigne de l'architecture de la Renaissance. Du Moyen Âge au début du XIXe s., son histoire fut marquée par la domination de trois familles de seigneurs : Arthaud, de La Porte et de Marcieu. La famille de La Porte est, au XVIIe s., l'une des plus riches de la région. La terre de l'Arthaudière est érigée en marquisat au XVIIIe s. Le château a gardé de sa splendeur passée sa galerie Renaissance, avec de surprenants décors sculptés, le puits couvert à l'impériale et l'originalité de ses jardins en terrasses.

Juin, sept. : w.-e. 15h-19h ; juil.-août : lun., mer., jeu., w.-e. 15h-19h.
Visite libre. Visite guidée. Visite sur r.-v. pour les groupes.

Château de l'Arthaudière

38840 Saint-Bonnet-de-Chavagne
Tél. : 04 76 38 63 88
www.saint-bonnet-de-chavagne.fr
Propriété de la commune
Classé

B2 **SAINT-CHEF**

De l'abbaye bénédictine fondée au VIe s. ne subsiste que l'église romane du XIIe s., au portail gothique. Elle conserve un ensemble de peintures romanes remarquable. Celles de la tribune de la chapelle du croisillon nord représentent la Jérusalem céleste : Christ en majesté et cortèges d'anges. Sur les parois, l'Apocalypse de saint Jean est également illustrée.

Avr.-oct. : 14h30-18h30. Visite libre du bas de l'église.
Visite guidée de la chapelle haute et des fresques du XIIe s.
Visite sur r.-v. pour les groupes toute l'année.

Église abbatiale

38890 Saint-Chef
Tél. : 04 74 92 59 92/04 74 27 73 83
www.saint-chef.fr
Propriété de la commune
Classé

C2 **SAINT-GEOIRE-EN-VALDAINE**

Le château de Longpra appartient à la même famille depuis 1536. En 1755, Pierre Antoine Pascalis de Longpra, conseiller au parlement du Dauphiné, transforme la maison forte du XIIe s. – dont subsistent les douves en eau et le pont-levis – en une demeure aristocratique dans l'esprit et le goût néoclassique italien du XVIIIe s. La richesse des décors témoigne de l'empreinte des artistes dauphinois de l'époque dont les ébénistes grenoblois Hache. Musée de l'outil à bois des XVIIIe et XIXe s., films documentaires (restauration de tableaux par des maîtres italiens, etc.), expositions temporaires, animations, parc et jardin aux fleurs face aux contreforts de la Chartreuse.

Mai-juin, sept.-oct. : dim. et j. fériés 14h-18h ; juil.-août : t.l.j. 14h-18h ;
Journées du patrimoine : 10h30-19h. Visite libre du parc et des expositions.
Visite guidée du château. Visite sur r.-v. pour les groupes toute l'année. ♿

Château de Longpra

38620 Saint-Geoire-en-Valdaine
Tél. : 04 76 07 63 48
www.longpra.com
Propriété privée
Classé

C3 **SAINT-MARTIN-LE-VINOUX**

La Casamaures, édifiée en 1855 par Joseph Julien dit Cochard, est une « folie » du XIXe s. au cœur d'un jardin exotique, vendue dès 1878. Ce petit palais est laissé à l'abandon avant d'être acquis en 1981 et sauvé de la ruine par une artiste grenobloise. De style orientalisant, la décoration exubérante est exécutée grâce à la technique du béton moulé dont c'est une des premières réalisations. Cinquante-deux colonnes structurent les trois façades sur deux étages et encadrent les trente-trois baies aux verres de couleurs. Les moulures d'arabesques sont rehaussées d'un badigeon ocre et bleu outremer.

Premier sam. du mois : 14h.
Visite guidée. Visite sur r.-v. pour les groupes toute l'année.

Maison, dite « la Casamaures »

8 *bis*, avenue du Général-Leclerc
38950 Saint-Martin-le-Vinoux
Tél. : 04 76 47 13 50
http://casamaures.org
Propriété privée
Classé

SAINT-MAXIMIN C2

Tour d'Avalon

38530 Saint-Maximin
Tél. : 04 76 97 60 19
Propriété de la commune
Inscrit

En 1895, les moines chartreux élèvent le tour d'Avalon sur les ruines d'un ancien donjon du XIIe s. Cette construction est dédiée à saint Hugues d'Avalon, né au château en 1140, chartreux lui-même, puis évêque de Lincoln jusqu'à sa mort en 1200. La tour de 33 m de haut, construite dans un calcaire dur, compte quatre niveaux avec une terrasse offrant un très beau panorama.

Juil.-août : t.l.j. sf mar. 15h-19h. Visite libre.

SASSENAGE C3

Château

Allée du Château
38360 Sassenage
Tél. : 04 38 02 12 04
www.chateau-de-sassenage.com
Propriété de la fondation Bérenger-Sassenage
Classé

Magnifique exemple de l'architecture française, le château de Sassenage, construit de 1662 à 1669, a gardé ses dispositions d'origine avec son corps de logis et une aile, flanquée de deux pavillons, couverte d'une haute toiture à lucarnes. Il témoigne ainsi, tant par la richesse de ses décors que par la diversité de son mobilier d'époque, d'un certain art de vivre aux XVIIe et XVIIIe s. Il renferme un grand escalier à balustrades et des cuisines voûtées organisées autour d'une monumentale cheminée.

Mai-juin, sept. : dim. 14h-17h ; juil.-août : t.l.j. sf sam. 14h-18h.
Visite guidée. Visite sur r.-v. pour les groupes toute l'année (15 pers. min).

SEPTÈME B2

Château

38780 Septème
Tél. : 04 74 58 26 05
www.chateau-de-septeme.fr
Propriété de la commune
Inscrit

Dès 1066 une maison forte est attestée en place de l'actuel château. Elle passe en 1249 aux ducs de Savoie, puis en 1354 au royaume de France. Le site est clos par une enceinte de plus de 1 km. C'est au milieu de cet enclos qu'est construit au XVe s. un nouveau château, réaménagé au XVIe s. La cour intérieure abrite deux loggias à deux niveaux et une galerie à portique. Plus tard, un jardin à la française est créé dans le reste de l'enclos.

Avr.-nov. : w.-e. et j. fériés 14h-18h. Visite guidée.
Visite sur r.-v. en semaine et pour les groupes (20 pers. min.).

TOUVET (LE) C2

Château et jardins

38660 Le Touvet
Tél. : 04 76 08 42 27
www.touvet.com
Propriété privée
Classé

Le château du Touvet date du XIVe s., mais doit son aspect actuel aux travaux réalisés par Pierre de Marcieu au XVIIIe s. Épargné par la Révolution, il conserve ses aménagements intérieurs : un grand escalier de pierre à rampe en fer forgé, salon Louis XV décorés de gypserie ou de boiseries, salle à manger au plafond à la française dont les murs sont tendus de cuir de Cordoue gaufré et doré. Les jardins à la française sont agrémentés d'escaliers d'eau à l'italienne.

Avr.-juin : dim. et j. fériés 14h-18h ;
juil.-août : t.l.j. sf sam. 14h-18h ; sept.-oct. : dim. 14h-18h.
Visite libre des jardins. Visite guidée du château.
Visite sur r.-v. pour les groupes toute l'année (15 pers. min.). ♿ r.-d.-c.

C3 **TRONCHE (LA)**

Maison du peintre Ernest Hébert

Chemin Hébert
38700 La Tronche
Tél. : 04 76 42 97 35
www.musee-hebert.fr
Propriété privée
Inscrit

C'est dans cette propriété que le peintre grenoblois Ernest Hébert séjourne lors de ses passages à Grenoble. Élève de David d'Angers, il crée ses plus belles œuvres lors de séjours en Italie. Installé dans la maison, un musée dédié au peintre présente ses tableaux et restitue le cadre de vie de l'artiste. Il présente également des expositions temporaires d'artistes contemporains.
T.l.j. sf mar. 10h-18h (juin-sept. jusqu'à 19h le dim.).
Visite libre. Visite guidée 1er dim. du mois à 15h30.

B2 **VIENNE**

Église et cloître Saint-André-le-Bas

Place du Jeu-de-Paume
38200 Vienne
Tél. : 04 74 85 18 49/04 74 85 50 42
www.vienne-tourisme.com
www.musees-vienne.fr
Propriété de la commune
Classé

La fondation de l'abbaye Saint-André-le-Bas remonte au VIe s. De l'abbaye ne subsistent que l'église et le cloître. L'église a conservé une décoration sculptée antérieure au XIIe s. avec des pilastres cannelés aux chapiteaux historiés et des baies supérieures romanes aux colonnettes posées sur des masques expressifs. Le cloître, construit au XIIe s., est tout ce qui reste des bâtiments conventuels. Il abrite une partie des collections du musée de Vienne : nombreuses épitaphes chrétiennes provenant des nécropoles médiévales (Ve-XVe s.) de Vienne et des alentours.
Avr.-oct. : t.l.j. sf lun. 9h30-13h, 14h-18h ; nov.-mars : t.l.j. sf lun. 9h30-12h30, 14h-17h30, w.-e. 13h30-17h30. Fermé 1er mai, 1er nov., 25 déc.
Expositions temporaires toute l'année. Visite libre. Visite guidée.
Visite sur r.-v. pour les groupes.

Église Saint-Pierre-le-Bas

Musée archéologique
Place Saint-Pierre
38200 Vienne
Tél. : 04 74 85 20 35
www.vienne-tourisme.com
www.musees-vienne.fr
Propriété de la commune
Classé

Bâti hors les murs, Saint-Pierre-le-Bas est un monastère du Ve s. dont l'église est le plus ancien monument chrétien de Vienne. D'une architecture romane primitive, elle rappelle des temples romains. C'est au XIIe s. que le clocher-porche est élevé, ainsi que le portail sud qui donne sur l'ancien cloître. De l'ensemble, vendu en 1791, ne subsiste que l'église épargnée par les démolitions. Depuis 1872, l'église abrite le musée lapidaire de Vienne : les pièces présentées proviennent de la cité antique.
Avr.-oct. : t.l.j. sf lun. 9h30-13h, 14h-18h ; nov.-mars : t.l.j. sf lun. 9h30-12h30, 14h-17h, w.-e. 13h30-17h30. Fermé 1er mai, 1er nov., 25 déc.
Visite libre. Visite sur r.-v. pour les groupes.

Théâtre antique

Rue du Cirque
38200 Vienne
Tél. : 04 74 85 00 05
www.vienne-tourisme.com
Propriété de la commune
Classé

Cité romaine importante, Vienne est dotée au Ier s. apr. J.-C. d'un théâtre. Adossé au mont Pipet, il mesure 130 m de diamètre et compte quarante-six rangs de gradins pouvant accueillir jusqu'à dix mille personnes. Fouillé et restauré au début du siècle, il présente des dispositifs scéniques encore visibles et beaucoup de fragments sculptés exposés *in situ* ou au musée Saint-Pierre. Le théâtre accueille chaque année le festival Jazz à Vienne.
Sept-oct. : t.l.j. sf lun. 9h30-13h, 14h-18h ;
nov.-août : t.l.j. sf lun. 9h30-12h30, 14h-17h, w.-e. 13h30-17h.
Visite libre. Visite guidée. Fermé 1er mai, 1er et 11 nov., 25 déc.
Visite sur r.-v. pour les groupes.

VIRIEU-SUR-BOURBRE C2

Château
38730 Virieu-sur-Bourbre
Tél. : 04 74 88 27 32
www.chateau-de-virieu.com
Propriété privée
Inscrit

Si les bâtiments du château de Virieu datent du XVe s., l'occupation du site remonte au moins au XIe s. Dès le XVIIIe s., les travaux entrepris transforment la forteresse médiévale en un lieu de séjour agréable avec terrasses et jardins. Au début du XXe s., d'importantes rénovations des intérieurs sont effectuées et les extérieurs sont consolidés. Plus récemment, les parterres à la française ont retrouvé leur aspect d'avant la Révolution : pelouses à dessins, bordures de buis, bassins.

Pâques-juin, sept.-Toussaint : w.-e. et j. fériés 14h-18h ;
juil.-août : t.l.j. sf lun. 14h-18h. Visite guidée.
Visite sur r.-v. pour les groupes toute l'année.
(visite personnalisée et individuelle).

Château de Pupetières
100, route de Virieu
38730 Virieu-sur-Bourbre
Tél. : 06 14 30 27 31
http://pupetieres.jimbo.com
Propriété privée
Inscrit

En 1861, Alphonse, marquis de Virieu, fils d'Aymon, qui fut l'ami de Lamartine, confie à Eugène Emmanuel Viollet-le-Duc, la mission de reconstruire un château médiéval qui avait subi les ravages de la révolution. Appliquant sa doctrine « restaurer un édifice, ce n'est pas l'entretenir [...] c'est le rétablir dans un état complet qui peut n'avoir jamais existé à un moment donné », l'architecte met l'accent sur la structure architecturale et privilégie l'utilisation des matériaux locaux en associant le pisé, la pierre, la brique, les galets, les tuiles vernissées. La virtuosité du maître se trouve dans l'aménagement intérieur, la surabondance des décors peints des sols aux plafonds, les tapisseries aux scènes champêtres, ports de mer, les fleurs de lis, les armoiries, les boiseries sculptées.

4 juil.-15 août, Journées du patrimoine : t.l.j. 13h-18h, w.e. 11h00-17h30.
Visite sur r.-v. pour les groupes d'avr. à oct. (20 pers. min.).

VIZILLE C3

Château de Lesdiguières
Musée de la Révolution française
38220 Vizille
Tél. : 04 74 68 07 35
www.musee-revolution-francaise.fr
Propriété de l'État
Classé

Construit au début du XVIe s., le château de Lesdiguières connaît au cours des siècles différents propriétaires et subit des dommages plus ou moins importants. C'est ici que le 21 juillet 1788 l'assemblée des trois ordres du Dauphiné réclame la convocation des États généraux. Restauré au début du XXe s., il est acquis par l'État en 1924. Les deux corps de bâtiments en équerre de style Renaissance sont flanqués de deux tours. Le vaste parc auquel on accède par un escalier monumental est agrémenté d'une grande pièce d'eau. Aujourd'hui, le château est un musée dédié à la Révolution française.

Avr.-oct. : t.l.j. sf mar. 10h-12h30, 13h30-18h ; nov.-mars : 10h-12h30, 13h30-17h.
Fermés j. fériés et vac. Noël. Visite libre. Visite audioguidée.
Visite guidée le premier dim. du mois à 15h. Visite sur r.-v. pour les groupes.

A2 — BOËN

Château

Musée de la Vigne
Place de la République
42130 Boën
Tél. : 04 77 24 08 12
www.chateaumuseedelavigne.com
Propriété de la commune
Classé

Le château a été construit à la fin du XVIIIe s. par un architecte italien, Giovanni Michele Dalgabbio, pour le seigneur de Boën, Jacques-Marie Punctis de la Tour. Le monument possède une magnifique rotonde à l'italienne et des salles de réception à décor de Louis XVI. Il s'agit du dernier château de l'Ancien Régime construit en Rhône-Alpes. Dans les étages supérieurs, le musée de la vigne, complètement rénové et interactif dans son parcours, permet aux visiteurs de découvrir la vie et le métier des vignerons foréziens du début du XXe s. à nos jours.

T.l.j. sf lun. 14h-18h ; juil.-août : mar.-sam. 10h-12h, 14h-18h.
Fermé 1er mai, déc.-fév. Visite libre. Visite guidée sur r.-v. pour les groupes.

TOURISME & HANDICAP

A2 — CHAMPDIEU

Château de Vaugirard

42600 Champdieu
Tél. : 04 77 58 33 88
coyne.elevageduforez@wanadoo.fr
Propriété privée
Classé

Le château de Vaugirard, construit de 1600 à 1605 par Jacques de Girard, conseiller du roi, comprend un corps de logis rectangulaire, flanqué de deux pavillons carrés, et en retour, de deux ailes basses terminées par deux autres pavillons carrés coiffés de lanternon. La cour est fermée par un portail à bossages et par une grille. De l'autre côté, une tour ronde abrite un ancien colombier. Deux grandes salles conservent plafonds à la française et cheminées monumentales baroques. Une des salles est décorée d'une fresque représentant le Grand Carrousel de Louis XIV en 1662. Tous les étés, le château accueille des concerts.

Juin-sept. : t.l.j. sf ven. et sam. 14h-18h. Visite extérieure libre.
Visite guidée de l'intérieur. Visite sur r.-v. pour les groupes toute l'année.

Prieuré bénédictin et son église romane

Rue Bégonnet-Bivon
42600 Champdieu
Tél. : 04 77 97 02 68/04 77 97 17 29
www.champdieu.fr
Propriété de la commune
Classé

C'est autour de l'an mil que des moines venus d'Auvergne fondent le prieuré et bâtissent une église et des bâtiments conventuels dans le pur style auvergnat. Ce prieuré fut ensuite fortifié pendant la guerre de Cent Ans, tout comme l'ensemble du bourg médiéval. À découvrir : la crypte de l'église (XIe s.), les nombreux chapiteaux sculptés (XIe et XIIe s.), la fresque du réfectoire (XVe s.) et le centre d'interprétation de l'art roman en Forez situé à la « Porte de Bise », vestige restauré des anciennes fortifications également point d'accueil touristique et point de départ des visites guidées.

PORTE DE BISE Mai-juin, vac. scol. sf Noël : t.l.j. sf lun. et sam. 14h-18h ; juil.-août : t.l.j. 10h-12h, 14h-18h ; sept. : t.l.j. sf lun. et sam. 10h-12h, 14h-18h.
Visite libre du cloître et de l'église toute l'année.
Visite guidée aux horaires et périodes d'ouverture de l'accueil « Porte de Bise ».
Visite sur r.-v. pour les groupes. ♿ en partie. (guide multimédia).

CHARLIEU A1

Abbaye

42190 Charlieu
Tél. : 04 77 60 28 84
www.amisdesartscharlieu.com
Propriété du département
Classé

Fondée vers 875 et rattachée à Cluny vers 930, l'abbaye bénédictine de Charlieu offre sa pierre dorée et neuf siècles de son impressionnante histoire au regard des visiteurs : substructions des églises des IXe, Xe et XIe s., dernière travée et portail de l'église du XIe s., narthex du XIIe s., pur chef-d'œuvre d'art roman, cloître gothique et chapelle du XVe s., salle capitulaire, musée lapidaire et d'art religieux.

Fév.-mars, nov.-déc. : t.l.j. sf lun. 10h-12h30, 14h-17h30;
avr.-juin, sept.-oct. : t.l.j. sf lun. 10h-12h30, 14h-18h30;
juil.-août : t.l.j. 10h-12, 13h-19h. Fermé en janv., 25 déc.
Visite libre. Visite sur r.-v. pour les groupes au 04 77 60 12 42. ♿

Hôtel-Dieu

Musée hospitalier, musée de la Soierie
9, boulevard du Général-Leclerc
42190 Charlieu
Tél. : 04 77 60 28 84
www.amisdesartscharlieu.com
Propriété de la commune
Inscrit

L'hôtel-Dieu de Charlieu, créé par des bénédictins, est géré par l'ordre de Sainte-Marthe durant plusieurs siècles. Il est reconstruit et agrandi de 1754 à 1866 et constitue un bon exemple de l'évolution architecturale des hôpitaux. La chapelle sépare les salles des malades, très longues et très hautes, pourvues de grandes fenêtres et de lits à rideaux. La pharmacie de 1778 est restée intacte. L'hôtel-Dieu est présenté tel qu'il a fonctionné à la fin du XIXe s. et au début du XXe s. Un musée de la Soierie est également installé dans ce bâtiment.

Fév.-juin, sept.-déc. : t.l.j. sf lun. 14h-18h; juil.-août : t.l.j. 10h-13h, 14h-19h.
Fermé en janv., 25 déc. Visite libre. Visite guidée.
Visite sur r.-v. pour les groupes. ♿ en partie.

FIRMINY B2

Château des Bruneaux

3, rue Chanzy
42700 Firminy
Tél. : 04 77 89 38 46
www.multitex.fr/bruneaux
Propriété de la commune
Inscrit en partie

Le château des Bruneaux est construit et décoré par des artistes italiens dans les années 1780. Toujours bien entretenu, il a gardé son aspect d'origine avec un style et une décoration soignés. Derrière la sobre façade, les salons et les chambres conservent stucs et boiseries peintes, plafonds à la française, cheminées et parquets. Il abrite un écomusée consacré, d'une part, aux jouets d'une usine locale et, d'autre part, à l'histoire de la mine de charbon. Une galerie de mine a été reconstituée sous les pelouses du château ainsi qu'un appartement de mineur.

CHÂTEAU T.l.j. sf lun. 14h-18h.
MINE Dim. et j. fériés 14h30-17h.
Fermé 1er janv., 25 déc. Visite libre du château. Visite guidée de la mine.
Visite sur r.-v. pour les groupes.

Unité d'habitation Le Corbusier

42700 Firminy
Tél. : 04 77 61 08 72
www.sitelecorbusier.com
Propriété de la commune
Classé

Cet immeuble est la dernière « unité d'habitation de grandeur conforme » conçue par Le Corbusier. Il est construit de 1964 à 1967 à Firminy dans le cadre du projet Firminy-vert mené par le maire, Eugène Claudius-Petit, qui, devant créer un nouveau quartier, conçoit une charte soucieuse de qualité architecturale et urbanistique. L'édifice comporte quatre cent quatorze logements de type HLM ainsi qu'une école maternelle sur trois niveaux, au sommet de l'édifice.

Avr.-oct. : t.l.j. 10h-18h ; nov.-mars : t.l.j. sf mar. 10h-18h.
Fermé 1er janv., 1er mai, 25 déc. Visite guidée : départ de l'espace Le Corbusier.
Visite sur r.-v. pour les groupes toute l'année.

Maison de la culture Le Corbusier

42700 Firminy
Tél. : 04 77 61 08 72
www.sitelecorbusier.com
Propriété de la commune
Classé

Réalisée par Le Corbusier entre 1953 et 1962, la Maison de la culture et de la jeunesse fait partie du projet Firminy-vert. Lors d'un premier projet, l'élévation sert d'auvent pour la tribune du stade, mais les deux projets sont ensuite dissociés. Le Corbusier garde cependant le parti architectural de cette contrainte, réalisant un édifice rectangulaire de 112 m de long avec une toiture suspendue de béton cellulaire, reposant sur des câbles. Le pignon sud est orné d'un moulage signé Le Corbusier. Rebaptisé « espace Le Corbusier », l'édifice est toujours utilisé comme centre culturel.

Mêmes conditions que l'unité d'habitation Le Corbusier.

Stade Le Corbusier

42700 Firminy
Tél. : 04 77 61 08 72
www.sitelecorbusier.com
Propriété de la commune
Classé

Indissociable du site de la Maison de la culture, le stade est étudié par Le Corbusier à partir du 1955 dans le cadre du projet Firminy-vert. Il est construit de 1966 à 1968 sur une ancienne carrière de pierres. La contrainte du site explique le plan en cuvette allongée taillée dans le roc. La tribune d'honneur est couverte d'un auvent en béton armé.

Mêmes conditions que l'unité d'habitation Le Corbusier.

A2 MONTBRISON

Salle de la Diana

Rue Florimond-Robertet
42600 Montbrison
Tél. : 04 77 96 01 10
www.ladiana.com
Propriété de la commune
Classé

Bâtie en 1296 par le comte de Forez pour célébrer son mariage, la salle de la Diana devient le lieu de réunion des états du Forez. Propriété de la ville depuis 1862, elle abrite le siège de la Société historique et archéologique du Forez et sa bibliothèque. Sa voûte ogivale boisée est divisée en plus de mille sept cents caissons peints des blasons des maisons nobles du Forez et de France. Attenant à la salle, est installé un musée archéologique.

Mer., sam. : 9h-12h, 14h-17h. Visite libre. Visite guidée.
Visite sur r.-v. pour les groupes. salle héraldique.

A2 MONTROND-LES-BAINS

Château

42210 Montrond-les-Bains
Tél. : 04 77 94 64 74
www.montrond-les-bains.fr
Propriété de la commune
Inscrit

Le fort du XIIe s., établi par les comtes de Forez pour surveiller un péage sur la Loire, est rebâti au XIVe s. par Arthaud II de Saint-Germain. Au XVIe s., Arthaud VII le transforme en demeure Renaissance. Pillé en 1562 par le baron des Adrets, occupé par les ligueurs, il est finalement ruiné par l'incendie de 1793. Depuis 1969, l'association des Amis du château a entrepris sa restauration. L'enceinte, dotée de quatre tours rondes, défend le château. De forme trapézoïdale, celui-ci est flanqué de tours quadrangulaires et de deux tours rondes : l'une renferme l'escalier, l'autre forme le donjon.

Avr.-mai : w.-e. et j. fériés 14h-18h ; juin, sept. : ven., w.-e. et j. fériés 14h-18h ; juil.-août : t.l.j. sf lun. et mar. 14h-18h. Visite libre. Visite guidée.
Visite sur r.-v. pour les groupes toute l'année au 04 77 06 91 91 (10 pers. min.).

MONTVERDUN A2

Prieuré

42130 Montverdun
Tél. : 04 77 97 53 33
http://prieure-montverdun.monsite.orange.fr
Propriété de la commune
Classé

La fondation du prieuré de Montverdun remonte aux Xe-XIe s. Élevé sur un pic volcanique, il est ceint d'un rempart défendu par cinq tours rondes. Du prieuré du XVe s., partiellement démoli au XVIIe s., subsiste l'aile sud appuyée au rempart. L'église romane du XIIe s. comporte à l'origine trois nefs. Modifiée au XVe s., c'est maintenant un édifice à deux nefs, avec une abside en cul-de-four, dont les trois fenêtres sont encadrées de piliers doubles aux chapiteaux historiés.

Avr.-sept. : t.l.j. 10h-12h, 14h-19h, dim. et j. fériés 10h-12h, 15h-19h; nov.-fév. : t.l.j. 10h-12h, 14h-17h, dim. et j. fériés 10h-12h, 15h-17h; oct., mars : t.l.j. 10h-12h, 14h-18h, dim. et j. fériés 10h-12h, 15h-18h. Fermé 1er janv., 24-25 et 31 déc.
Visite libre. Visite guidée. Visite sur r.-v. pour les groupes. ♿ église.

PACAUDIÈRE (LA) A1

Le Petit Louvre

42310 La Pacaudière
Tél. : 04 77 64 11 06
www.leroannais.com
Propriété de la commune
Classé

Relais de poste implanté au XVIe s. sur la nouvelle route reliant Paris à Lyon, le Petit Louvre se présente comme un bâtiment rectangulaire, d'architecture gothico-Renaissance, flanqué d'une tourelle aux briques de couleurs émaillées et d'une tour ronde. La façade conserve des sculptures de bois au niveau des corniches et des lucarnes. Une remarquable charpente d'origine, en forme de coque de bateau renversée, supporte une toiture élevée et pentue. L'intérieur offre des fresques du XVIe s.

Juil.-sept. : t.l.j. sf lun. et mar. 15h-19h.
Visite guidée. Visite sur r.-v. pour les groupes toute l'année (10 pers. min.).

POMMIERS A2

Prieuré

42260 Pommiers
Tél. : 04 77 65 46 22
www.loire.fr
Propriété du département
Classé

Dans la plaine du Forez, des moines bénédictins s'installent dès le haut Moyen Âge sur le balcon alluvial de Pommiers occupé depuis l'Antiquité. Le développement de ce prieuré, dépendance de l'abbaye de Nantua (Ain) dès le IXe s. et de celle de Cluny (Saône-et-Loire) dès le XIe s., permet la fortification du bourg monastique aux XIVe et XVe s. Cet ensemble monumental, qui se trouve aujourd'hui sur l'actuel chemin de Saint-Jacques-de-Compostelle, s'étend du pont de la Valla (XIVe s.) au village fortifié avec son église réputée pour ses vases acoustiques (*echeas*), le prieuré (XIe-XVIIIe s.) et l'hôtel du prieuré (XVIe s.).

Avr.-sept. : t.l.j. 10h-13h, 14h-19h; oct.-mars : w.-e. 10h-13h, 14h-17h.
Fermé 24, 25 et 31 déc., 1er janv. Visite libre. Visite guidée.
Visite sur r.-v. pour les groupes toute l'année. ♿

B2 ROCHE-LA-MOLIÈRE

Château

1, rue Victor-Hugo
42230 Roche-la-Molière
Tél. : 04 77 90 60 40
www.rochelamoliere.com
Propriété de la commune
Inscrit

Le château de Roche-la-Molière date du XIIe s. et appartient aux Lavieu depuis le XIIIe s. Reconstruit au XIVe s., il passe aux d'Augerolles à la fin du XVe s. puis, au siècle suivant, aux Caponi qui le revendent en 1684. En 1772 il est acheté par les Neyron qui le conservent jusqu'en 1951, date de l'achat par la ville. La Société d'histoire de Roche-la-Molière s'emploie à sa restauration. Les bâtiments sont organisés autour de la cour : grange et poterne, chapelle, corps de logis en équerre précédé depuis le XVIIIe s. d'un escalier monumental. Dans l'angle intérieur se trouve une tourelle d'escalier. Le château présente d'anciennes cuisines voûtées d'ogives avec leurs fours, des plafonds à la française et des salons XVIIIe s.
Sam. : 14h30-17h. Visite guidée. Visite sur r.-v. pour les groupes toute l'année.

A2 SAINT-ÉTIENNE-LE-MOLARD

Château de la Bâtie d'Urfé

42130 Saint-Étienne-le-Molard
Tél. : 04 77 97 54 68
www.loire.fr
Propriété du département
Classé

Grand-père d'Honoré d'Urfé, l'illustre auteur de *L'Astrée*, Claude d'Urfé est un habitué de la cour de François Ier. Ambassadeur du roi au concile de Trente, puis auprès du Paul III, il est nommé à la fin de sa carrière gouverneur du Dauphin. Revenant de ses nombreux voyages, Claude d'Urfé fait appel aux artistes italiens (G. Siciolante, Fra Damiano da Bergamo, F. Orlandini) et français (Masséot Abaquesne) pour faire de la demeure familiale de la plaine du Forez un château de la Renaissance, célèbre notamment pour sa chapelle et sa voûte en caissons et pour sa « salle de fraîcheur », décorée de coquillages, sables colorés et rocailles, récemment restaurée.
Avr.-sept. : t.l.j. 10h-13h, 14h-19h ; oct.-mars : t.l.j. 10h-13h, 14h-17h.
Fermé 1er janv, 24-25 et 31 déc. Visite libre du parc. Visite guidée.
Visite sur r.-v. pour les groupes toute l'année.
(possibilité de visite signée). (juin-sept.).

A2 SAINT-MARCEL-DE-FÉLINES

Château

Place de l'Église
42122 Saint-Marcel-de-Félines
Tél. : 04 77 63 23 08
chateaustmarcel@wanadoo.fr
Propriété privée
Classé

Le château construit au XIIIe s. et remanié à la fin du XVIe s. est un vaste bâtiment aux murs talutés sur une grande hauteur, flanqué aux angles de trois tours et du donjon raccourci. La poterne ouvre sur la cour parée sur deux côtés d'une galerie couverte. Des masques grotesques décorent les fenêtres à meneaux de la galerie supérieure. Les pièces, décorées entre 1660 et 1691, présentent des boiseries peintes de motifs floraux et paysagers, et des huisseries ornées de trompe-l'œil en camaïeu.
Pâques-Toussaint : dim. et j. fériés 14h-18h (juil.-août : dim., lun. 14h-18h).
Visite guidée. Visite sur r.-v. pour les groupes.

SAINT-NIZIER-SOUS-CHARLIEU A1

Couvent des Cordeliers
42190 Saint-Nizier-sous-Charlieu
Tél. : 04 77 60 28 84
www.amisdesartscharlieu.com
Propriété du département
Classé

Fondé vers 1280, détruit en 1360, reconstruit à la fin du XIVe s., vendu comme bien national, dépecé puis classé d'urgence, le couvent des Franciscains conserve ses principaux éléments : l'église (XIVe s.) avec sa remarquable charpente en bois du XVIIe s., des peintures murales (XVe s.), les gisants des seigneurs de Châteaumorand, le cloître gothique et l'ancienne bibliothèque.

Fév.-mars, nov. : t.l.j. sf lun. 10h-12h30, 14h-17h ; avr.-juin, sept.-oct. : t.l.j. sf lun. 10h-12h30, 14h-18h ; juil.-août : t.l.j. 10h-13h, 14h-19h. Fermé déc.-janv. Visite libre. Visite sur r.-v. pour les groupes. ♿

SAINT-ROMAIN-LE-PUY A2

Église prieurale
42610 Saint-Romain-le-Puy
Tél. : 04 77 76 92 10
www.aldebertus.com
Propriété de la commune, propriété privée
Classé

L'église prieurale est installée sur ce cône basaltique au Xe s. La nef et les deux absidioles remontent à l'époque carolingienne. Au XIe s., le chœur est allongé, une abside et deux absidioles sont élevées sur une crypte haute qui compense la pente. En même temps, l'église est voûtée et les murs doublés d'arcatures. Les chapiteaux du chœur, de la crypte et l'étonnante frise de panneaux qui décore le chevet, constituent un bel ensemble de sculpture préromane. Les peintures des XIe, XIIe, XIIIe et XVe s. laissent imaginer l'atmosphère de ce sanctuaire même s'il est en grande partie dépouillé de sa riche polychromie. La chapelle gothique et le portail datent du XVe s.

Avr.-juin, oct. : w.-e. 14h30-17h30 ; juil.-sept. : t.l.j. sf mar. 14h30-19h. Visite libre. Visite audioguidée. Visite guidée. Visite sur r.-v. pour les groupes (10 pers. min.).

SAINTE-CROIX-EN-JAREZ B2

Chartreuse
42800 Sainte-Croix-en-Jarez
Tél. : 04 77 20 20 81
www.saintecroixenjarez.com
Propriété privée, propriété de la commune et du département
Inscrit et classé

Situé au cœur d'un vallon verdoyant, le village de Sainte-Croix-en-Jarez est enclos presque tout entier dans les bâtiments remarquablement conservés d'une ancienne chartreuse du XIIIe s. Une communauté de moines suivant la règle de saint Bruno vécut en ce monastère jusqu'en 1792. À cette date, les moines furent chassés par les révolutionnaires et les bâtiments, devenus biens nationaux, furent vendus aux enchères et achetés par des familles des alentours qui vinrent y habiter.

Avr.-juin, sept. : t.l.j. sf lun. 10h30-12h30, 14h-18h ; juil.-août : t.l.j. 10h30-12h30, 13h30-19h ; oct.-mars : w.-e., j. fériés et vac. de Noël 14h-17h. Fermé 1er janv., 25 déc. Visite libre. Visite guidée. Visite sur r.-v. pour les groupes toute l'année (12 pers. min.).

SURY-LE-COMTAL A2

Château de Sury
42450 Sury-le-Comtal
Tél. : 04 77 30 18 80
chateau-de-sury@orange.fr
Propriété privée
Classé

Le château de Sury, élevé au XIe s. par les comtes de Forez, est acquis au XVIIe s. par Jacques de La Veuhe qui construit le château actuel. Son gendre, Pierre de Sourdis, le fait décorer entre 1642 et 1652 et le dote d'imposantes cheminées richement sculptées, d'un salon d'été au plafond à caissons sculptés et ornés de médaillons, ainsi que d'une salle à manger dont les boiseries XVIIe s. ont été peintes au XIXe s. de paysages romantiques.

Juil.-sept. : jeu., ven., sam. 9h-12h, 15h-18h. Visite guidée. Visite sur r.-v. pour les groupes.

B2 **ANSE**

Château des Tours
69480 Anse
Tél. : 04 74 67 05 64
www.tourismepierresdorees.com
Propriété de la commune
Classé

Le château des Tours, construit entre 1213 et 1218, est à l'origine un bâtiment défensif. Remanié aux XVe s. et XVIe s., il est transformé en résidence. Un donjon de 23 m est relié à une tour semi-circulaire par deux courtines et un corps de logis. La tour nord est coiffée d'un hourd très bien conservé. Sa datation précise établie par dendrochronologie le date de 1216 et en fait un des plus anciens connus en France.
Sam. : 15h. Visite guidée. Visite sur r.-v. le reste de l'année.

B1 **BELLEVILLE**

Hôtel-Dieu
68, rue de la République
69220 Belleville
Tél. : 04 74 66 44 67
www.ot-beaujolaisvaldesaone.fr
Propriété privée
Classé

Ouvert en 1733 pour accueillir quatorze pauvres, puis progressivement agrandi au XIXe s., l'hôtel-Dieu de Belleville a fonctionné jusqu'en 1991. Son parfait état de conservation en fait un fidèle témoin de la vie hospitalière. On visite l'apothicairerie et sa riche collection de pots en faïence, porcelaine et verre, la salle du conseil et ses précieuses archives, les chapelles et leurs expositions d'art sacré, les trois salles de malades encore meublées de leurs lits à ruelle et d'objets chirurgicaux et usuels.
15 janv.-avr., nov.-15 déc. : t.l.j. sf dim. 10h-12h, 14h-18h, sam. 10h-12h, 14h-17h ; juil.-sept. : t.l.j. 10h-12h, 14h-18h, sam. 10h-12h, 14h-17h, dim. 15h-17h.
Visite audioguidée. Visite guidée.
Visite sur r.-v. pour les groupes toute l'année. ♿

B1 **BLACÉ**

Château de Pravins
69460 Blacé
Tél. : 06 14 44 12 97
www.mairie-blace.fr
Propriété privée
Inscrit

L'ancienne maison forte de Pravins est une propriété viticole depuis le XIIe s. Les bâtiments actuels, construits au XVIe s., sont remaniés au XVIIIe s. Ils ont appartenu aux familles Le Besséo, Damas, d'Antigny et Gayot de Saint-Éloi. Le parcours de visite, axé sur l'histoire du site, de ses propriétaires successifs et de la restauration récente des bâtiments, comprend la cour, la façade, la cave, le rez-de-chaussée et le premier étage de la maison. Les pièces intérieures, meublées, présentent de beaux plafonds à la française, ainsi que de vastes cheminées de pierre. Le domaine renoue aujourd'hui avec sa tradition viticole.
Visite sur r.-v. toute l'année.

B1 **CORCELLES-EN-BEAUJOLAIS**

Château
69220 Corcelles-en-Beaujolais
Tél. : 04 74 66 00 24
www.chateaudecorcelles.fr
Propriété privée
Inscrit

Le château de Corcelles, construit au XVe s., est modifié au XVIe s. pour le rendre plus confortable. Autour de la cour, parée de galeries en bois Renaissance, se répartissent plusieurs bâtiments flanqués de tours rondes. Le donjon carré est traversé par la porte d'entrée surmontée de mâchicoulis protégeant le pont-levis. Au premier étage se trouve une chapelle aux boiseries gothiques découpées en dentelles et qui portent le blason d'une des familles propriétaires, les de La Magdeleine-Ragny.
T.l.j. sf dim. et j. fériés : 10h-12h, 14h30-18h30.
Visite libre. Visite sur r.-v. pour les groupes. ♿ sf chapelle.

ÉVEUX B2

Couvent Sainte-Marie-de-la-Tourette

69210 Éveux
Tél. : 04 72 19 10 90
www.couventlatourette.com
www.dominicains.fr
Propriété privée
Classé

Le couvent de la Tourette est construit de 1956 à 1959 par Le Corbusier, à la demande du révérend père Couturier du chapitre provincial des dominicains. Tout en béton armé brut de décoffrage, il forme un quadrilatère en partie sur pilotis qui regroupe sur cinq niveaux cuisine, atrium, cloître en T, réfectoire, salles de conférences et d'accueil, bibliothèque, et une centaine de cellules. L'église de l'aile nord surmonte une crypte aux autels individuels. Le tout est d'une grande austérité, propice à la vie monacale. Tout en continuant à accueillir une communauté dominicaine, le couvent de la Tourette abrite aujourd'hui un centre culturel de rencontre.

Dim. : 15h. Visite guidée. Visite sur r.-v. le reste de l'année.

JARNIOUX B2

Château

69640 Jarnioux
Tél. : 04 74 03 80 85
www.tourismepierresdorees.com
Propriété privée
Inscrit

La seigneurie de Jarnioux, en indivision depuis le XIIIe s., connaît de nombreux coseigneurs jusqu'en 1560 où les Henry, famille de consuls lyonnais, rachètent toutes les parts. En 1771, Jean Sandrin de Champdieu acquiert le château et le revend à Jacques Michel Sahuc. Le château, construit à différentes époques, doit son unité à l'emploi constant de la pierre dorée : pavillon d'entrée (1642) et bâtiment de la chapelle (XVIe s.) qui donnent accès aux deux premières cours ; bâtiment Renaissance et long bâtiment du milieu du XVIIIe s.

Mai-15 juil., 16 août-sept. : mar., jeu. 9h-11h et lun., mer. et ven. 14h-17h.
Visite guidée. Visite sur r.-v. pour les groupes de mai à oct.

LYON B2

Abbaye des Dames de Saint-Pierre

Musée des Beaux-Arts
20, place des Terreaux
69001 Lyon
Tél. : 04 72 10 17 40
www.mba-lyon.fr
Propriété de la commune
Classé

Construit au XVIIIe s. à l'emplacement d'une abbaye du Ve s., le couvent des Dames de Saint-Pierre est un grand bâtiment carré, dont la cour ombragée, entièrement refaite au XIXe s., correspond à l'ancien cloître. Le réfectoire avec sa décoration baroque est la seule pièce du couvent à être restée intacte. Le couvent abrite le musée des Beaux-Arts qui offre un panorama complet de l'histoire de la peinture européenne et qui possède un ensemble très riche de peintures françaises du XIXe s.

T.l.j. sf mar. et j. fériés : 10h-18h, ven. 10h30-18h.
Visite libre. Visite guidée. Visite sur r.-v. pour les groupes.

Hôtel-Dieu

Musée des Hospices civils de Lyon
1, place de l'Hôpital
69002 Lyon
Tél. : 04 72 41 34 98
www.chu-lyon.fr
Propriété des Hospices civils de Lyon
Classé

Site historique de Lyon inscrit sur la Liste du patrimoine mondial en 1998

La fondation de l'hôtel-Dieu remonte au XIIe s. Entièrement reconstruit au XVIIe s., il est agrandi en 1748 par Germain Soufflot, qui le dote de la grande façade sur le Rhône. À la fin du XVIIIe s., les Hospices civils de Lyon sont créés, réunissant l'hôtel-Dieu et l'hôpital de la Charité. Ce dernier est démoli en 1934 et certaines de ses salles sont remontées à l'hôtel-Dieu autour du dôme XVIIe s., dont l'apothicairerie et la salle des archives abritant des boiseries Louis XIII sculptées, des armoires et cabinets, des faïences, des étains, etc., ainsi que le patrimoine hospitalier et médical de la Charité.

Mar.-ven. : 13h-18h. Fermé j. fériés. Visite libre. Visite guidée à 15h30 le mar. Visite sur r.-v. pour les groupes (15-20 pers.).

Hôtel de Lacroix-Laval

Musée des Arts décoratifs
34, rue de la Charité
69002 Lyon
Tél. : 04 78 38 42 00
www.musee-des-tissus.com
Propriété privée
Inscrit

Cet hôtel particulier, construit par Germain Soufflot en 1739 pour Jean de Lacroix-Laval, abrite le musée des Arts décoratifs. Le mur qui le sépare de l'hôtel de Villeroy, dans lequel est installé le musée historique des Tissus, a été abattu pour relier les deux musées. Le musée des Arts décoratifs possède des collections de majoliques des XVe et XVIe s., des tapisseries, une collection d'horlogerie et des pièces d'orfèvrerie contemporaines.

MUSÉE DES TISSUS T.l.j. sf lun. 10h-17h30.
MUSÉE DES ARTS DÉCORATIFS T.l.j. sf lun. 10h-12h, 14h-17h30.
Fermé dim. de Pâques et de Pentecôte. Visite guidée.
Visite audioguidée. Visite sur r.-v. pour les groupes (10 pers. min.).

Jardin Rosa Mir

87, rue de la Croix-Rousse
69004 Lyon
http://rosa.mir.free.fr
Propriété de la commune
Inscrit

Le jardin de Rosa Mir est construit par Jules-Senis Mir, maçon espagnol, réfugié en France en 1949. Atteint d'une maladie qui l'empêche d'exercer son métier, il édifie de 1952 à 1983 ce jardin de 360 m² auquel il donne le nom de sa mère, Rosa Mir Mercader. Toutes les constructions – maisonnettes, portiques, colonnes – sont ornées de coquillages, galets, cailloux et morceaux de faïences. Les plantations très variées font de ce jardin élevé dans une cour de la Croix-Rousse un îlot de verdure.

Avr.-nov. : sam. 15h-18h. Visite libre.
Visite guidée sur r.-v. toute l'année et pour les groupes.

Basilique de Fourvière

8, place de Fourvière
69005 Lyon
Tél. : 04 78 25 13 01
www.fourviere.org
Propriété privée
Inscrit

Site historique de Lyon inscrit sur la Liste du patrimoine mondial en 1998

En 1870, l'archevêque de Lyon fait vœu d'édifier une nouvelle église à Notre-Dame si la ville est épargnée par l'avancée prussienne. Il tient sa promesse et fait construire une basilique consacrée en 1896. Les architectes Pierre Bossan et Sainte-Marie Perrin lui donnent un aspect massif de forteresse pour symboliser son rôle protecteur. Mélange d'influences antiques, gothiques et byzantines à l'extérieur comme à l'intérieur, sa décoration exubérante est entièrement consacrée à la Vierge. Depuis le parvis on accède à la crypte inachevée dédiée à Saint Joseph.

T.l.j. 7h-19h. Visite libre. Visite guidée d'avr. à nov. 9h30, 10h30, 11h30, 15h, 16h, 17h. Visite sur r.-v. pour le groupes au 04 78 25 86 19.

Parc archéologique de Fourvière

Musée gallo-romain
6, rue de l'Antiquaille
69005 Lyon
Tél. : 04 72 38 49 30
www.musees-gallo-romains.com
Propriété de la commune
Classé

Lugdunum, capitale de la Gaule, est dotée vers 15 av. J.-C. d'un imposant théâtre élevé sur la colline de Fourvière. Il s'agit du plus ancien théâtre de Gaule conçu à l'origine pour accueillir cinq mille spectateurs. À la fin du Ier s. apr. J.-C., il est agrandi pour recevoir onze mille spectateurs. L'odéon, réservé à des représentations poétiques ou musicales, compte trois mille places. Il était probablement couvert par une toiture de plaques de bronze. L'ensemble du site est abandonné au cours du IIIe s. À proximité, inscrit dans le flanc de la colline, est installé le musée de la Civilisation gallo-romaine.

T.l.j. sf lun. 10h-18h. Fermé 1er janv., 1er mai, 1er nov., 25 déc. Visite libre. Visite guidée. Visite sur r.-v. pour les groupes au 04 72 38 81 91. ♿ en partie.

Hôtel de Gadagne

Musée d'Histoire de la ville de Lyon
Musée des Marionnettes du monde
1, place du Petit-Collège
69005 Lyon
Tél. : 04 78 42 03 61
www.gadagne.musees.lyon.fr
Propriété de la commune
Classé

Site historique de Lyon
inscrit sur la Liste du
patrimoine mondial en 1998

L'hôtel est construit entre 1511 et 1527 par les frères Pierrevive, et vendu en 1545 aux Gadagne, riches banquiers d'origine florentine. À partir du XVIIe s., il est vendu à plusieurs reprises et les parcelles sont divisées. La ville l'achète en 1902 pour y installer son musée historique. C'est le plus vaste ensemble Renaissance du vieux Lyon ; sa cour est bordée au nord par trois étages de galeries ouvertes et voûtées. Le musée présente l'histoire de Lyon du XIe s. à nos jours. Depuis 1950, l'édifice abrite également le musée international de la Marionnette, le seul entièrement dédié à ce domaine en France.

Mer.-dim. : 11h-18h30. Fermé 1er janv., Pâques, 1er mai, 14 juil., 25 déc. Visite libre. Visite audioguidée. Visite guidée sur r.-v. le dim. à 15h, 17h. Visite pour les groupes au 04 37 23 60 45.

Église Saint-Irénée

51, rue des Macchabées
69005 Lyon
Tél. : 04 72 57 66 37/04 78 25 14 28
www.lyon-st-irenee.org
Propriété de la commune
Classé

Une église est édifiée vers 450 sur les tombeaux de saint Irénée, deuxième évêque de Lyon, et des martyrs Alexandre et Épipode. Au IXe s., une crypte abrite les trois tombeaux. Malgré quelques dommages, cette crypte carolingienne, par deux fois restaurée, est parvenue jusqu'à nous dans son état initial. L'église haute, dévastée en 1562 pendant les guerres de Religion, relevée en 1584, a été totalement reconstruite en 1824. Elle possède de beaux vitraux du XIXe s. et présente à son extérieur un calvaire monumental restauré au XIXe s.

ÉGLISE T.l.j. 8h30-18h.
CRYTPE Sam. 14h30-17h. Fermé 1er janv., 25 et 31 déc. Visite libre. Visite guidée à 15h tous les 1er sam. du mois. Visite sur r.-v. pour les groupes.

Église Saint-Just

39, rue des Farges
69005 Lyon
Tél. : 04 72 57 66 37/04 78 25 14 28
www.lyon-st-irenee.org
Propriété de la commune
Classé

L'église, dédiée aux frères Macchabées et à saint Just, treizième évêque de Lyon, a été construite aux XVIe-XVIIe s. avec une majestueuse façade du XVIIIe s. ; son aménagement intérieur fut poursuivi au siècle suivant. Elle possède une belle collection de tableaux de maîtres de renommée nationale du XVIIIe s. ainsi que les œuvres de la peinture lyonnaise du XIXe s. Ses vitraux permettent de suivre l'évolution de l'art du vitrail lyonnais du milieu du XIXe s. au milieu du XXe s.

Visite guidée sur r.-v. toute l'année.

Trésor de la cathédrale Saint-Jean

Place Saint-Jean
69005 Lyon
Tél. : 04 78 92 82 29
http://cathedrale-lyon.cef.fr
Propriété de l'État
Classé

La cathédrale Saint-Jean est élevée en 1170 sur une église déjà attestée au Ve s. Achevée au XIVe s., elle possède une riche décoration sculptée. Une grande partie des statues sont endommagées par les protestants en 1562, mais les portails conservent les trois cent soixante-cinq médaillons à l'imagerie populaire. L'abside et le chœur sont romans et laissent place, dès la croisée des transepts, à l'élégance gothique. La chapelle des Bourbons, édifiée au XVe s., reçoit un décor flamboyant. La cathédrale présente un ensemble de vitraux du XIIe s. au XIXe s. Le trésor possède une remarquable collection d'objets liturgiques allant de l'époque byzantine au XXe s.
15 mai-15 sept. : mar., jeu.-sam. 9h-12h, 14h-18h30, mer. 11h-12h, 14h-18h30, un dim. sur deux 14h-18h30; 16 sept.-14 mai : mar., jeu.-sam. 9h30-12h, 14h-18h, mer. 11h-12h, 14h-18h, un dim. sur deux 14h-18h.
Fermé 1er janv., 1er mai, 25 déc. Visite libre. Visite guidée r.-v.

Château Lumière

25, rue du Premier-Film
69008 Lyon
Tél. : 04 78 78 18 95
www.institut-lumiere.org
Propriété de la commune
Inscrit

Cette maison de maître est édifiée en 1901 par l'industriel Antoine Lumière, père des célèbres frères Lumière, à proximité des usines produisant les plaques photographiques. La décoration utilise le vocabulaire Art nouveau décliné dans les carreaux de sols, les peintures et les faïences murales, les hauts de porte et les cheminées sculptées, les verrières. Restaurée par la ville, elle abrite depuis 1978 le siège de la Fondation nationale de la photographie et, depuis 1982, celui de l'Institut Lumière.
T.l.j. sf lun. 11h-18h30. Fermé 1er janv., 1er mai, 25 déc.
Visite libre. Visite audioguidée.
Visite sur r.-v. pour les groupes au 04 78 78 18 84 (7 pers. min.).

B1 **ODENAS**

Château de La Chaize

69460 Odenas
Tél. : 04 74 03 41 05
www.chateaudelachaize.com
Propriété privée
Classé

Le château de La Chaize est construit de 1674 à 1676 pour François de La Chaize d'Aix (frère du père de La Chaize, confesseur de Louis XIV), sur l'emplacement du château de la Douze (XIIe s.). C'est un bâtiment de style classique couvert à la Mansart. Le corps central au fronton triangulaire se prolonge par deux ailes en retrait puis par deux pavillons. Sur le pavillon sud s'appuient en retour une galerie de cinq arcades puis un simple pavillon. Le château, situé en Beaujolais, produit du vin de Brouilly et possède un cuvage de 110 m de long dont la cave constituée de onze travées de voûtes d'arêtes surbaissées abrite barriques et tonneaux.
Lun.-jeu. : 8h30-12h, 14h-17h; ven. : 8h30-12h, 14h-15h30; sam. sur r.-v. Fermé en août et pendant les vendanges. Visite guidée du cuvage uniquement. Visite guidée des jardins sur r.-v. de juin à sept. Visite sur r.-v. pour les groupes toute l'année.

OINGT B2

Donjon

69620 Oingt
Tél. : 04 74 71 21 24
www.tourismepierresdorees.com
Propriété de la commune
Inscrit

Oingt, stratégiquement implanté à la frontière de la Bourgogne et du Beaujolais, possède déjà une motte féodale quand un château neuf est édifié au début du XIIIe s. Son dernier propriétaire le restaure avant d'en faire don à la commune en 1888. Le donjon, circulaire, compte cinq étages. Le quatrième, très modifié au XIXe s., correspond alors avec un hourd qui coiffe le donjon.

Juil.-août : t.l.j. 15h-19h ; 15 avr.-juin, sept. : w.-e. et j. fériés 15h-19h.
Visite libre. Visite sur r.-v. pour les groupes.

SAINT-ROMAIN-EN-GAL B2

Musée et site gallo-romain

69560 Saint-Romain-en-Gal
Tél. : 04 74 53 74 01
www.musees-gallo-romains.com
Propriété du département
Classé

Quartier de la Vienne antique, Saint-Romain-en-Gal est occupé vers 30 av. J.-C. Les fouilles ont mis au jour de nombreux vestiges gallo-romains : maisons, entrepôts, ateliers de poterie ainsi que des édifices exceptionnels comme la maison des Dieux océans, remarquable par son ampleur, ses bassins et ses mosaïques. Un musée met en relation les vestiges apparents, le mobilier découvert et les résultats de la recherche en expliquant la géographie du site, son passé gallo-romain de quartier résidentiel et artisanal et les modes de vie de ceux qui l'ont habité.

T.l.j. sf lun. : 10h-18h. Fermé 1er janv., 1er mai, 1er nov., 25 déc.
Visite libre. Visite guidée. Visite audioguidée.
Visite sur r.-v. pour les groupes au 04 74 53 74 02.

SALLES-ARBUISSONNAS B1

Chapitre

Place du Chapitre
69460 Salles-Arbuissonnas
Tél. : 04 74 67 53 38
www.rhonetourisme.com
Propriété de la commune
Classé

Le prieuré de Salles est fondé au Xe s. par des bénédictins de Cluny. En 1301, ils cèdent la place aux bénédictines de Grelonge, d'origine noble. Elles se placent en 1777 sous l'autorité de l'évêché de Lyon et édictent leurs propres statuts : chaque chanoinesse doit bâtir sa maison dans l'enceinte du chapitre. À la Révolution, les bâtiments sont vendus comme biens nationaux. Le cloître du XIIe s. est en grande partie démoli. Adossé à l'église romane du XIe s., il n'en subsiste que la galerie est. En arrière se trouvent le parloir et la salle capitulaire qui conserve des peintures du XVe s. Une porte gothique donne sur le village. La cour d'honneur est bordée par d'anciennes maisons de chanoinesses.

Mai-sept. : t.l.j. 8h-18h30 ; oct.-avr. : t.l.j. 8h30-17h30.
Visite libre. Visite guidée. Visite sur r.-v. pour le groupes.

D2 **AIME**

Basilique Saint-Martin

73210 Aime
Tél. : 04 79 55 67 00
www.aime-savoie.com
Propriété de l'État
Classé

La basilique d'Aime est édifiée vers 1020 à l'emplacement d'une église paléochrétienne, elle-même fondée sur un édifice gallo-romain. Désaffectée à la fin du XVIIIe s., vendue à la Révolution, elle est rachetée en 1865 par l'Académie de Val-d'Isère qui la cède à l'État en 1884. À nef unique, l'église est dominée par le chœur sous lequel se trouve la crypte. Au niveau inférieur, un musée lapidaire accueille les vestiges antiques d'Aime et des environs.

T.l.j. sf dim. 10h-12h, 14h-18h. Fermé j. fériés.
Visite libre. Visite sur r.-v. pour les groupes toute l'année. ♿ sf crypte.

C2 **AIX-LES-BAINS**

Temple de Diane

Place Maurice-Mollard
73100 Aix-les-Bains
Tél. : 04 79 88 68 00
www.aixlesbains.com
Propriété de la commune
Classé

Hypothétiquement dédié à Diane, le temple gallo-romain d'Aix-les-Bains est un des mieux conservés de France. Le temple étant à demi engagé dans le château d'Aix, seuls deux de ses côtés sont visibles : la face nord aux contreforts modernes et la face ouest dont l'entablement est surmonté des vestiges d'un fronton triangulaire. À l'intérieur, où le revêtement mural est arraché, les restes d'un mur en retour dessinent un vestibule. Autant d'éléments qui évoquent le temple plus sûrement dédié à une divinité des sources qu'à Diane elle-même. Le site abrite également une importante collection archéologique.

Jeu. : 14h30. Visite guidée. ♿

Thermes nationaux

Place Maurice-Mollard
73100 Aix-les-Bains
Tél. : 04 79 88 68 00
www.aixlesbains.com
Propriété de l'État
Inscrit

Les vestiges des thermes romains sont conservés au sein de l'imposant ensemble des Thermes nationaux commandé par Victor-Amédée III en 1775. Il fait édifier le premier ensemble thermal avec une cour semi-circulaire bordée de cabine. Victor-Emmanuel Ier engage des restaurations en 1816. Les thermes sont agrandis en 1854 et 1861, puis en 1880. La dernière extension, en 1931, est centrée autour d'un hall à mosaïques et fontaine. De cette époque sont conservées deux cabines de luxe aux mosaïques Art déco.

T.l.j. 9h-12h, 14h-18h. Fermé 10 déc.-7 janv. Visite sur r.-v. pour les groupes. ♿

C2 **ALBERTVILLE**

Château de Manuel de Locatel

73200 Albertville
Tél. : 04 79 32 04 22
Propriété de la commune
Inscrit

Édifié par Jean Antoine de Locatel entre 1579 et 1583, le château domine les vallées de l'Isère et de l'Arly. Propriété de la famille de Manuel de Locatel jusqu'au XXe s., il est vendu à la ville par les héritiers. À l'origine, le corps de logis est un rectangle flanqué de deux tours, probablement surmonté d'un chemin de ronde. Des agrandissements réalisés à la fin du XVIIIe s. lui confèrent sa disposition actuelle en L, défendue par trois tours. À l'intérieur, la salle des gardes possède un plafond XVIIe s. aux poutres peintes.

Juil.-août : t.l.j. 15h, 16h, 17h. Visite guidée.
Visite sur r.-v. pour les groupes de mars à oct.

BOURGET-DU-LAC (LE) C2

Prieuré

Ancienne route d'Aix
73370 Le Bourget-du-Lac
Tél. : 04 79 25 01 99
office.tourisme@bourgetdulac.com
Propriété de la commune
Classé

Le prieuré du Bourget-du-Lac est fondé au XIe s. par une communauté de bénédictins. Après 1793, il passe à différents propriétaires privés dont J. Barut, qui commence sa restauration, et la duchesse de Choiseul, propriétaire en 1912. Il est acquis par la ville en 1952. Le cloître inachevé a la particularité de présenter une galerie basse du XVe s., sur laquelle a été remontée l'ancienne galerie déjà en place au XIIIe s. À l'emplacement du potager, Mme de Choiseul a créé un jardin à la française et un parc l'anglaise récemment restaurés.

Juil.-août : mar., ven. 16h, jeu. 10h. Visite guidée. Visite libre des jardins.
Visite sur r.-v. pour les groupes toute l'année.

CHAMBÉRY C2

Couvent des Franciscains

Musée savoisien
Square Lannoy-de-Bissy
73000 Chambéry
Tél. : 04 79 33 44 48
www.chambery-tourisme.com
Propriété de la commune
Classé

Les franciscains s'installent à Chambéry vers 1220, dans un modeste couvent doté d'une chapelle. En 1371, la construction de remparts protège le couvent des inondations. Reconstruit à cette époque, il est remanié au XVIIe s. Au XVIIIe s., après une longue période de déclin, les derniers frères sont expulsés. Le couvent est transformé en évêché et l'église en cathédrale. Pillée à la Révolution, elle est rétablie en 1802. Le Musée savoisien présente des collections d'archéologie, d'ethnologie et d'art (primitifs savoyards, sculptures médiévales).

T.l.j. sf mar. et j. fériés : 10h-12h, 14h-18h.
Visite libre. Visite guidée sur r.-v. pour les groupes. en partie.

Cathédrale Saint-François-de-Sales

Place Métropole
73000 Chambéry
Tél. : 04 79 33 25 00
www.chambery-tourisme.com
Propriété de l'État
Classé

Consacrée en 1488, Saint-François-de-Sales est à l'origine l'église du monastère des franciscains. Devenue cathédrale en 1779, elle affiche un gothique flamboyant assez sobre, reflétant la modestie franciscaine. De dimension très vaste, elle abrite le saint suaire de 1453 à 1502. Au XIXe s., elle est entièrement décorée de peintures néogothiques en trompe l'œil qui habillent les voûtes d'entrelacs sur fond de faux ciel, et les murs d'architectures et de sculptures.

CATHÉDRALE T.l.j. 8h30-11h45, 15h-18h, dim. : 10h-12h15, 14h30-20h15.
Visite libre. Visite guidée
TRÉSOR 15 mai-15 sept. : sam. 15h-17h. Visite guidée.
Visite sur r.-v. pour les groupes.

Château des ducs de Savoie

73000 Chambéry
Tél. : 04 79 33 42 47/04 79 33 81 62
www.chambery-tourisme.com
Propriété du département
Classé

Les premiers bâtiments du château sont élevés vers 1226 autour d'une cour d'honneur. Flanqué de deux tours défensives, la tour de la Trésorerie et la tour demi-ronde, le château est doté d'une chapelle gothique au début du XVe s. qui reçoit dès 1502 le saint suaire. En 1536, le château est abandonné par la famille ducale qui s'installe à Turin. Il est plusieurs fois incendié, et sa reconstruction s'achève sous le Second Empire. Il abrite actuellement la préfecture et l'Hôtel du département. Des peintures en trompe l'œil du XIXe s. ne subsistent que celles des voûtes.

Temporairement fermé pour travaux. Pour plus d'informations quant à une prochaine réouverture, se renseigner au 04 79 33 42 47.

Outre-Mer

Guadeloupe – Guyane – Martinique

GUADELOUPE

MARTINIQUE

GUYANE

OCÉAN ATLANTIQUE
Saint-Laurent-du-Maroni
RN1
Îles du Salut
Kourou
Cayenne
Matoury
RN2
Sparouine
Lézard
Kokioko
Maroni
Kourou
Sinnamary
Comté
Orapu
Grand-Abounami
Mana
Arataï
Approuague
Lawa
SURINAME
Grand-Inini
Oyapok
Ouaqui
BRÉSIL
Camopi
Yaloupi
Wanapi
Tampok
Alitani
Malani
Guadeloupe et
Martinique
Guyane
N
0
50 km

ÎLES DES SAINTES – TERRE-DE-HAUT

Fort Napoléon

97137 Terre-de-Haut
Tél. : 05 90 61 01 51/05 90 37 99 59
www.terredehaut-lessaintes.com
Propriété du département
Classé

Ouvrage militaire à la Vauban, le fort Napoléon est construit de 1844 à 1867. On peut visiter son jardin exotique, son musée de la Marine et des Traditions populaires qui retrace l'histoire de Terre-de-Haut, de 1493 à nos jours. Diorama, maquettes, objets anciens et traditionnels permettent de mieux connaître le riche passé de l'archipel saintois.
T.l.j. 9h-12h30. Fermé 1er janv., 1er mai, 15-16 août, 25 déc.
Visite libre. Visite guidée. Visite audioguidée en anglais.

POINTE-À-PITRE

Musée Schœlcher

24, rue Peynier
97110 Pointe-à-Pitre
Tél. : 05 90 82 08 04
www.cg971.fr
Propriété du département
Inscrit

Le musée Victor Schœlcher est né en 1887 du souhait du célèbre abolitionniste, désireux de promouvoir la culture sous toutes ses formes, auprès d'une population libérée quarante ans plus tôt du joug de l'esclavage. Schœlcher donna au conseil général de la Guadeloupe une collection hétéroclite regroupant des originaux et des copies d'œuvres d'art célèbres de l'Antiquité au XIXe s., des objets personnels et des souvenirs de voyage. Le parcours muséographique propose aux visiteurs de découvrir la vie de Victor Schœlcher, ses combats idéologiques et particulièrement celui qu'il mena pour l'abolition de l'esclavage.
T.l.j. sf w.-e. et j. fériés 9h-17h. Visite libre. Visite guidée.
Guide écrit. Visite sur r.-v. pour les groupes.

Maison Souques-Pagès

Musée Saint-John-Perse
9, rue de Nozières
97110 Pointe-à-Pitre
Tél. : 05 90 90 01 92
www.ville-pointeapitre.fr
Propriété de la commune
Classé

L'ancienne demeure des directeurs de l'usine Darboussier abrite le musée Saint-John Perse : poète, prix Nobel de littérature, né à Pointe-à-Pitre en 1887. Le bâtiment, « briques et fer », date de la fin du XIXe s. Le porche d'entrée, rythmé par de fines colonnettes, est décoré de carreaux en faïence. Le rez-de-chaussée, tout aussi décoré, est à l'image des maisons bourgeoises de l'époque avec ses meubles anciens. L'étage est consacré aux expositions temporaires. Enfin, l'étage de comble est consacré à l'exposition sur Saint-John Perse et comprend photographies, objets et effets personnels du poète.
T.l.j. sf w.-e. 8h-17h. Fermé j. fériés.
Visite libre. Visite guidée sur r.-v. Visite guidée sur r.-v. pour les groupes.

TROIS-RIVIÈRES

Parc archéologique des Roches gravées

Bord de Mer
97114 Trois-Rivières
Tél. : 05 90 92 91 88
www.cg971.fr
Propriété du département
Classé

Le parc archéologique des Roches gravées, créé en 1975 par la Société d'histoire de la Guadeloupe, constitue un ensemble de gravures datant de 300-500 apr. J.-C., vestiges des civilisations amérindiennes, arawak et caraïbe. Ce site, qui présente près de deux cent trente gravures anthropomorphes et zoomorphes, dont certaines aussi énigmatiques que le « cacique » homme « chauve-souris », est agrémenté d'un jardin tropical aux espèces variées, dont certaines participaient de l'économie des Amérindiens.
T.l.j. 8h30-17h. Fermé j. fériés.
Visite libre. Visite guidée sur r.-v. pour les groupes.

Double page d'ouverture : habitation Acajou, Le François (Martinique).

VIEUX-HABITANTS

Domaine de l'habitation La Grivelière, dite « maison du Café »

Vallée de Grande-Rivière
97119 Vieux-Habitants
Tél. : 05 90 98 34 14
www.vertevallee-guadeloupe.com
Propriété de la région
Classé

La Grivelière est une habitation caféière qui s'étend sur 90 ha au fond de la vallée de Grande-Rivière. Elle conserve, autour de la maison des maîtres, l'ensemble des bâtiments à usage professionnel et domestique. Leur construction date du début du XIXe s., mais certains vestiges pourraient remonter au XVIIIe s., époque de l'introduction de la culture de café en Guadeloupe. L'association Verte Vallée gère et anime le domaine qui fait, depuis 1991, l'objet de travaux de restauration.

Déc.-avr., juil.-août : 10h, 11h, 12h, 13h, 14h, 15h, 16h, 16h30; mai-juin, oct.-nov. : 10h, 11h, 12h, 13h, 14h, 15h, 16h.
Fermé en sept. Visite guidée. Visite sur r.-v. pour les groupes.
(12h-14h30).

BASSE-TERRE

Fort Delgrès

Musée de l'Histoire
97100 Basse-Terre
Tél. : 05 90 80 56 58
www.cg971.fr
Propriété du département
Classé

Le fort Delgrès est édifié entre 1650 et 1780 sur une falaise dominant la rivière du Galion. À l'origine, il s'agit de la maison fortifiée du gouverneur Charles Houël, agrandie et aménagée au XVIIIe s. comme principal point de défense de l'île. Son architecture bastionnée se déploie sur 5 ha où se trouvent de nombreux ouvrages en pierre : citerne, poudrières, caserne, casemates, corps de garde. Ce monument est dédié depuis 1989 au colonel Louis Delgrès, combattant en 1802 contre le rétablissement de l'esclavage. Haut lieu d'histoire et de culture, il accueille diverses expositions et manifestations.

T.l.j. 9h-17h. Visite guidée ven. de 9h à 11h. Visite sur r.-v. pour les groupes.

Hôpital militaire (ancien)

Quartier du Carmel
37, rue Amédée-Fengarol
97100 Basse-Terre
Tél. : 05 90 80 56 58
Propriété du département
Inscrit

L'ancien hôpital militaire Saint-Louis est édifié au début du XIXe s. pour remplacer celui brûlé en 1794. Il se situe à l'emplacement du couvent des Carmes fondé en 1651. Le portail, l'escalier monumental et les deux pavillons à l'entrée sont inscrits parmi les monuments historiques. Le bâtiment en U s'élève sur deux niveaux autour d'une cour plantée de manguiers centenaires. Son architecture allie maçonnerie pour les murs et fonte pour les poteaux et garde-corps des galeries. L'hôpital accueille l'administration coloniale en 1918 puis devient le lycée Gerville-Réache en 1951.

Visite guidée dans le cadre des visites du quartier du Carmel : mar. 9h.
Visite sur r.-v. pour les groupes.

Maison Coquille

Quartier du Carmel
4, rue Léonard
97100 Basse-Terre
Tél. : 05 90 80 56 58
Propriété privée
Classé

La maison Coquille, située à la limite nord du quartier du Carmel, est bâtie vers 1780 pour le procureur général Robert Germain Coquille. Demeure bourgeoise, elle se compose de deux bâtiments principaux à deux niveaux formant angle droit et reliés par un escalier en pierre. Le rez-de-chaussée en maçonnerie et l'étage en bois caractérisent les constructions de type mixte courantes dans la ville. Une cuisine extérieure et un logement de domestiques complètent l'ensemble. Un vaste jardin pourvu d'une fontaine et d'un kiosque participe au confort des résidents.

Visite guidée dans le cadre des visites du quartier du Carmel : jeu. 9 h.
Visite sur r.-v. pour les groupes.

Palais d'Orléans, hôtel du Gouverneur (ancien)

Préfecture
Quartier du Carmel
Rue de Lardenoy
97109 Basse-Terre
Tél. : 05 90 80 56 58
Propriété du département
Classé

Le palais d'Orléans est construit en 1933 comme résidence du gouverneur sur une ancienne propriété des jésuites en place au milieu du XVIIe s. Ce lieu est occupé successivement par l'hôpital militaire brûlé en 1794 et les casernes d'Orléans en 1830. L'architecte des colonies, Ali-Georges Tur, venu pour reconstruire les bâtiments publics après le cyclone de 1928, édifie le palais. Situé dans un immense parc, le bâtiment est précédé d'un escalier monumental et d'une grande fontaine. L'utilisation du béton armé permet la réalisation d'auvents plats et arrondis soutenus par de nombreuses colonnes, de claustras et autres ouvertures. Depuis 1951, le palais accueille les services préfectoraux.

Visite guidée dans le cadre des visites du quartier du Carmel.
Visite sur r.-v. pour les groupes.

Palais du conseil général

Quartier du Carmel
Boulevard du Gouverneur-Général-Félix-Éboué
97109 Basse-Terre
Tél. : 05 90 80 56 58
www.cg971.fr
Propriété du département
Classé

Le palais du conseil général est reconstruit en 1930 par Ali-Georges Tur, sur l'emplacement de l'ancien bâtiment détruit par le cyclone de 1928. Dès la fin du XVIIIe s., le terrain est affecté aux services du gouvernement : conseil colonial puis conseil général en 1854. Ce site fait partie de la « coulée verte », succession de jardins qui participent à l'aération de la ville. L'architecture de ce monument est caractéristique des ouvrages administratifs de Tur : technique du béton armé, monumentalité de l'édifice marquée par de larges escaliers et d'immenses colonnes, ventilation favorisée par des patios, claustras, galeries et hautes fenêtres.

Visite guidée dans le cadre des visites du quartier du Carmel : mar. 9 h.
Visite sur r.-v. pour les groupes.

Palais de justice

Quartier du Carmel
Boulevard du Gouverneur-Général-Félix-Éboué
97109 Basse-Terre
Tél. : 05 90 80 56 58
Propriété du département
Classé

Le palais de justice est bâti en 1934 par Ali-Georges Tur sur les ruines de l'ancien édifice détruit par le cyclone de 1928. Dès 1664 est érigé sur ce site le premier hôpital de l'île, confié en 1685 aux frères de Saint-Jean-de-Dieu. Vers 1818, les locaux accueillent le palais de justice. Le bâtiment s'organise symétriquement au palais du conseil général et constitue avec lui une entité administrative. Conçu en béton armé, le monument reprend les éléments architecturaux des édifices publics : patio, escaliers monumentaux, colonnades, hauts plafonds, toitures en terrasse.

Visite guidée dans le cadre des visites du quartier du Carmel : mar. 9h.
Visite sur r.-v. pour les groupes.

Pont du Galion

97100 Basse-Terre
Tél. : 05 90 80 56 58
Propriété de l'État
Inscrit

Le pont du Galion, situé à l'entrée sud de la ville, est construit entre 1773 et 1780. Il doit son nom à la rivière du Galion qui témoigne de la présence des navires espagnols dès le XVe s. Édifié en pierres volcaniques, il présente une seule arche d'une portée de 35 m sur 30 m de hauteur, avec, de part et d'autre de la construction, deux tabliers de bois permettant de couper l'accès à la ville en cas d'attaque ennemie. Aujourd'hui complètement bitumé, le pont du Galion demeure un lieu très fréquenté par les automobilistes.

Visite guidée dans le cadre des visites du quartier du Carmel, point de vue depuis le fort Delgrès : ven. 9h. Visite sur r.-v. pour les groupes.

Maison Chapp

Quartier Saint-François
42, cours Nolivos
97100 Basse-Terre
Tél. : 05 90 80 56 58
Propriété privée
Inscrit

La maison Chapp est construite entre 1782 et 1787 par deux négociants fortunés de Basse-Terre, Victor Estiemble et Pierre Nicolas Angeron. Demeure cossue bordant le cours Nolivos, elle doit son nom au dernier acquéreur en 1885. Elle présente en façade un appareillage de pierre de taille volcanique sur trois niveaux. Autour d'une cour intérieure s'organisent des éléments témoignant de l'art de vivre bourgeois de la ville : galerie sous arcade, cuisine avec cheminée et fourneaux, bassin et escalier de pierre.

Visite guidée dans le cadre des visites du quartier du Saint-François : jeu. 9h.
Visite sur r.-v. pour les groupes.

Cathédrale Notre-Dame-de-Guadeloupe

Quartier Saint-François
Place Saint-François
97100 Basse-Terre
Tél. : 05 90 81 18 13
Propriété de l'État
Classé

À l'origine, église des capucins construite en 1736 et dédiée à saint François d'Assise, cet édifice est étroitement lié à l'histoire de la Guadeloupe. Endommagée par les guerres franco-anglaises, l'église sert de maison de commune aux révolutionnaires. Agrandie et restaurée au XIXe s., elle devient cathédrale en 1850 et est consacrée à Notre-Dame-de-Guadeloupe en 1877. Sa façade en pierre de taille volcanique, rythmée par le jeu de pilastres et de niches, est surmontée d'un fronton curviligne abritant la Vierge reine.

T.l.j. 7h-11h. Visite libre. Visite sur r.-v. pour les groupes.

CAYENNE

Immeuble Franconie

Musée départemental
1, avenue du Général-de-Gaulle
97300 Cayenne
Tél. : 05 94 29 59 13
www.cg973.fr
Propriété du département
Inscrit

Situé au centre de Cayenne, cet immeuble est construit au XIXe s. pour une famille de négociants, les Franconie. Il est vendu en 1885 à l'administration locale par Gustave Franconie, député de la Guyane, qui fait don de la bibliothèque de son père au gouvernement. Cet édifice très simple, dont une partie s'organise selon un plan en L, est caractéristique des maisons créoles cayennaises. Il s'agit d'une construction à ossature de bois, remplissage de brique et parement en bois. L'immeuble abrite la bibliothèque départementale et, depuis 1901, le musée départemental.
Ouvert toute l'année. Lun., jeu. : 8h-13h15, 15h, 17h45; mer., ven. : 8h-13h15.
Fermé mar. et w.-e. Visite libre. Visite guidée.

ÎLES DU SALUT

Ensemble pénitencier

Tél. réservation bateau :
05 94 32 09 95
Tél. : 05 94 31 19 60
Propriété privée/CNES
Propriété de l'État (Conservatoire du littoral) pour la maison du Bagne
Inscrit et classé

À une heure de mer de Kourou, ce petit archipel compte trois îles toutes marquées par l'histoire pénitentiaire de la Guyane, avec les vestiges et les constructions du bagne. Pour aider au développement du pays et remplacer les esclaves affranchis par l'abolition de l'esclavage (1848), le gouvernement français expédie en Guyane, en 1852, une main-d'œuvre « bon marché » constituée par un premier envoi de six cent trente forçats. Il en viendra en tout soixante-dix mille qui n'apporteront pas de contribution significative au développement du pays. Dreyfus, Seznec, comptent parmi les célèbres pensionnaires du bagne. Propriété du Centre national d'études spatiales depuis 1971, l'accès est limité à l'île Royale. Outre le quartier cellulaire, l'île conserve l'église en brique et en bois (1855), dont la chapelle est décorée de fresques peintes par le bagnard Lagrange, ainsi que l'hôpital militaire, daté de 1884, et dont deux façades sont rythmées par de grands arcs en pierres taillées. La maison du directeur, qui surplombe la baie, a été restaurée et accueille un musée qui retrace l'histoire pénitentiaire des îles.
15 km au large de Kourou/embarquement au débarcadère du Vieux-Bourg de Kourou; visite t.l.j. sf lors d'un lancement d'*Ariane*.
Visite libre. Visite guidée à 10h30. Visite sur r.-v. pour les groupes.

SAINT-LAURENT-DU-MARONI

Camp de la Transportation

Avenue du Lieutenant-Chandon
97320 Saint-Laurent-du-Maroni
Tél. : 05 94 34 23 98/05 94 34 41 54
www.ot-saintlaurentdumaroni.fr
Propriété de la commune
Classé

C'est en 1857 que le commandant Mélinon débarque sur la pointe Bonaparte avec les premiers transportés. Ils défrichent le site et implantent les premiers carbets. Le pénitencier du Maroni voit le jour en remplacement des pénitenciers de l'Est abandonnés pour des raisons d'insalubrité. En 1858, Auguste Laurent Baudin, gouverneur de la Guyane, baptise cette pointe Saint-Laurent-du-Maroni. Cette ville est érigée en « commune pénitentiaire » par un décret de mars 1880. Le camp en est l'élément fondateur. Grand rectangle, entourés de murs, d'environ 235 m de long sur 120 m de large, il est composé de cinq parties principales : deux destinées à l'organisation du camp et aux cases, trois à la réclusion. Une seule entrée, un portail couvert d'un arc segmentaire en brique, en permet l'accès. L'un des deux bâtiments d'entrée abrite actuellement la bibliothèque municipale.
Visite libre pour la cour d'accueil 9h-17h. Visite guidée du quartier de la réclusion : lun. 15h, 16h30; mar.-sam. : 9h30, 11h, 15h, 16h30; dim. et j. fériés : 9h30, 11h. Visite guidée sur r.-v. pour les groupes.

CARBET (LE)

Église Saint-Jacques

Bourg
97221 Le Carbet
Propriété de la commune
Classé

La première église au Carbet est construite de fourches et de roseaux en 1640. En 1776, l'église est rebâtie en dur, mais elle sera gravement endommagée par le tremblement de terre du 11 janvier 1839. Les travaux de réparation sont entrepris en 1840 et se poursuivent en 1841. La nuée ardente de la montagne Pelée en 1902 s'arrête à l'entrée du bourg et l'église est épargnée. Avec le presbytère et le cimetière, elle forme un ensemble architectural religieux jouxtant le patrimoine civil (mairie, place, halle) représentatif de la vie au XIXe s.

T.l.j. : 7h30-12h. Visite libre.

CASE-PILOTE

Église de l'Assomption-et-de-Saint-Joseph

Bourg
97222 Case-Pilote
Propriété de la commune
Classé

L'église de Case-Pilote est l'une des plus anciennes de la Martinique. Le premier édifice est construit en 1640 et 1645. Des remaniements réalisés en 1861, en 1887 et en 1903 ont donné à l'église l'aspect actuel. La tribune et l'escalier en béton armé datent de 1928. Cette église de style baroque possède un mobilier important en partie protégé : l'autel, les lustres, la table de communion, la toile de Sainte Famille.

T.l.j. sf dim. : 8h30-11h30. Visite libre.

FORT-DE-FRANCE

Bibliothèque Schœlcher

1, rue de la Liberté
97200 Fort-de-France
Tél. : 05 96 70 26 67
www.tourismefdf.com
Propriété du département
Classé

Cet édifice aux allures de pagode est l'œuvre de l'architecte Henri Picq (1839). Présenté dans le jardin des Tuileries, il est ensuite transporté à Fort-de-France pour abriter la bibliothèque offerte en 1883 à la Martinique par Victor Schœlcher, député puis sénateur auquel on doit l'abolition de l'esclavage dans les colonies françaises. Le bâtiment occupe l'emplacement de l'hôtel du « Petit Gouverneur » qui aurait été habité par Joséphine, alors vicomtesse de Beauharnais. Les douze colonnes métalliques de la grande verrière reposent sur un soubassement de pierre. La décoration très éclectique est bien dans le goût de l'époque. Restaurée en 1979, la bibliothèque est de nouveau ouverte au public.

T.l.j. sf dim. : lun. 13h-17h30 ; mar.-jeu. 8h30-17h30 ; ven. 8h30-17h ; sam. 8h30-12h. Fermé j. fériés. Visite libre.
Visite guidée occasionnellement. Visite sur r.-v. pour les groupes.

Cathédrale Saint-Louis

Place Monseigneur-Romero
97200 Fort-de-France
www.tourismefdf.com
Propriété de la commune
Classé

Siège de l'évêché de la Martinique depuis 1850, la cathédrale Saint-Louis est le premier monument religieux de l'île. Suite à l'incendie de 1890, l'architecte Henri Picq remet un plan de la cathédrale avec structure métallique en 1891. De 1893 à 1894, une réfection de l'église en fer est réalisée en style roman-byzantin avant d'être inaugurée en 1895 par Mgr Carmémé. Ce vaste édifice de 67 m de long et 24,50 de large, avec un clocher qui s'élève à 55 m du sol, est percé de très nombreuses ouvertures avec vitraux dans le chœur représentant la vie de saint Louis. De nombreuses personnalités y sont inhumées dont les comtes de Blénac et d'Esnotz.

Lun., ven. et w.-e. 6h30-11h ; mar., mer. et jeu. : 14h30-16h. Visite libre.

Fort Saint-Louis

Marine nationale
97200 Fort-de-France
Tél. : 05 96 60 54 59
basenav-fdf@wanadoo.fr
Propriété de l'État
Classé

C'est sous la protection de cet ouvrage à la Vauban que Fort-de-France s'est développé. Le fort doit son allure définitive aux énormes travaux entrepris à l'initiative du comte de Blénac, à partir de 1680. Sa dernière défense remonte à la guerre de Sept Ans en 1762. Les Anglais débarquent et s'emparent des hauteurs dominant la ville. Le fort capitule. Entouré de trois côtés par la mer, il dessine un vaste polygone irrégulier couvrant pratiquement toute la presqu'île.

Base militaire en activité le fort est ouvert pendant les Journées du patrimoine. Visite guidée sur r.-v. pour les groupes uniquement.

Musée départemental d'Archéologie précolombienne et de Préhistoire de la Martinique

9, rue de la Liberté
97200 Fort-de-France
Tél. : 05 96 71 57 05
www.tourismefdf.com
Propriété du département
Inscrit

Le Musée départemental est abrité dans l'ancien bâtiment de l'Intendance militaire, bâti en 1898 et réhabilité en 1969 par le conseil général de la Martinique. Rénové en 1997, il présente une collection de pièces archéologiques amérindiennes datées du Ier s. av. J.-C. au XIVe s. environ apr. J.-C. Cette collection, réputée la plus riche et la plus diversifiée des Petites Antilles, a été enrichie par un don de bijoux amérindiens de Colombie et d'objets ethnographiques contemporains des Amérindiens de Dominique, Guyane et Brésil permettant de mettre l'homme amérindien au centre de la réflexion et du parcours du visiteur.

T.l.j. sf dim. : lun. 13h-17h; mar.-ven. 8h-17h; sam. 9h-12h. Fermé j. fériés. Visite libre. Visite guidée. Visite guidée sur r.-v. pour les groupes. ♿

FRANÇOIS (LE)

Habitation Acajou

Rhum Clément
Domaine de l'Acajou
97240 Le François
Tél. : 05 96 54 62 07
www.habitation-clement.fr
Propriété privée
Classé

L'habitation Acajou (également nommée « habitation Clément »), fondée au début de la colonisation, est l'une des plus anciennes de la Martinique. Entièrement rénovée en 1987, elle est un bel exemple de maison de plantation du XVIIIe s. encore en activité. Au cœur d'un parc de plus de 16 ha, différents bâtiments – chais, bureaux, cuisines, écuries – s'organisent autour de la maison de maître.

T.l.j. 9h-17h30. Fermé en sept. Visite libre. Visite audioguidée. ♿

SAINTE-MARIE

Habitation Saint-Jacques

Centre culturel départemental
du Fond-Saint-Jacques
11, rue du Pavé
97230 Sainte-Marie
Tél. : 05 96 69 10 12
www.fondsaintjacques.com
Propriété du département
Inscrit

Depuis le XVIIe s., l'habitation-sucrerie de Fond-Saint-Jacques héberge successivement un monastère qui prospère sous l'impulsion du célèbre père Labat, une sucrerie, puis une distillerie. Aujourd'hui, ce site permet de découvrir l'histoire du patrimoine sucrier de la Martinique. Il abrite également un important centre culturel, qui organise de nombreuses manifestations (expositions d'arts plastiques, théâtre, musique, danse, festivals).

Lun.-ven. : 9h30-16h30; sam. : 10h-17h. Visite libre. Visite sur r.-v. pour les groupes. ♿

Église du Mouillage

Rue Victor-Hugo
97250 Saint-Pierre
Tél. : 05 96 78 34 05
omt.saintpierre@wanadoo.fr
Propriété de la commune
Inscrit

La première église est construite en 1654 par le père Bologne dans le cadre de la création d'un monastère dominicain. Détruite par un bombardement anglais en 1667, elle est partiellement reconstruite en 1675. Érigée en cathédrale en 1853 avec l'arrivée de Mgr Le Herpeur, premier évêque de la Martinique, elle est agrandie. Détruite le 8 mai 1902 par l'éruption de la montagne Pelée, elle est reconstruite en pierre de taille en 1923-1924. De l'église précédente, seule la partie inférieure est conservée ainsi que le premier étage de la tour nord.
T.l.j. 6h-12h. Visite libre. Visite guidée sur r.-v.

Asile Bethléem (ancien)

Rue de la Raffinerie
97250 Saint-Pierre
Tél. : 05 96 78 34 05
omt.saintpierre@wanadoo.fr
Propriété privée
Inscrit

C'est sous l'égide de la confrérie de Saint-Vincent-de-Paul qu'est construit l'asile de Bethléem en 1866. Cet asile était dévolu aux soins des vieillards et des enfants.
T.l.j. 9h-17h. Visite libre. Visite guidée. Visite guidée sur r.-v. pour les groupes.

Cachot de Cyparis

Rue Victor-Hugo
97250 Saint-Pierre
Tél. : 05 96 78 34 05
omt.saintpierre@wanadoo.fr
Propriété de la commune
Inscrit

Situé dans l'enceinte de la prison édifiée en 1851, le cachot de Cyparis porte le nom du prisonnier qui a longtemps été présenté comme le seul survivant de l'éruption du 8 mai 1902 qui détruisit Saint-Pierre. Le retentissement mondial de cette catastrophe comme sa bonne fortune lui valurent de devenir une attraction majeure du cirque Barnum.
T.l.j. 9h-17h. Visite libre. Visite guidée. Visite guidée sur r.-v. pour les groupes.

Bureaux du Génie

Quartier du Fort
Rue Levassor
97250 Saint-Pierre
Tél. : 05 96 78 34 05
omt.saintpierre@wanadoo.fr
Propriété de la commune
Classé

Les bureaux du Génie occupent l'emplacement d'une maison privée édifiée vers 1772, après le démembrement d'une partie de l'habitation Hardy-Desmisseaux. Affecté à la colonie en 1851, la propriété abrite l'hospice civil de Saint-Pierre. Il est attribué, à partir de 1855, au service du Génie et des Ponts et Chaussées. Le site est remarquable par son architecture déployée en terrasse, et par son ingénieux système hydraulique.
T.l.j. 9h-17h. Visite libre. Visite guidée. Visite guidée sur r.-v. pour les groupes.

Magasins du Figuier (ruines)

Rue Bouillé
97250 Saint-Pierre
Tél. : 05 96 78 34 05
omt.saintpierre@wanadoo.fr
Propriété de la commune
Inscrit

Les ruines des magasins du Figuier, anciens établissements commerciaux datant des XVIIIe et XIXe s., constituent un ensemble établi le long de la rue Bouillé et dominé par les murs du chemin de ronde et de la terrasse supérieure qui recevait autrefois la batterie d'Esnotz et qui accueille aujourd'hui le musée de la ville.
T.l.j. 9h-17h. Visite libre. Visite guidée. Visite guidée sur r.-v. pour les groupes.

Maison coloniale de santé

Quartier du Fort
97250 Saint-Pierre
Tél. : 05 96 78 34 05
omt.saintpierre@wanadoo.fr
Propriété de la commune
Classé

La Maison coloniale de santé est créée dès 1839. Cet établissement psychiatrique, employant des traitements modernes tels que l'hydrothérapie, accueille en 1900 deux cents pensionnaires soignés par deux médecins, quatre religieuses et quatorze infirmiers. Construit en plusieurs tranches en fonction de l'acquisition de terrains, il est subdivisé en trois parties juxtaposées. On remarque dans ces différentes parties la présence importante de systèmes de distribution d'eau : canalisation, bassin, caniveaux.
T.l.j. 9h-17h. Visite libre. Visite guidée. Visite guidée sur r.-v. pour les groupes.

Théâtre (ancien)

Rue Victor-Hugo
97250 Saint-Pierre
Tél. : 05 96 78 34 05
omt.saintpierre@wanadoo.fr
Propriété de la commune
Classé

Fondé en 1786 par des négociants pierrotains, l'ancien théâtre a fait l'objet de plusieurs remaniements au XIXe s. Son architecture néo-classique et le répertoire proposé l'ont placé au cœur de la vie culturelle antillaise.
T.l.j. 9h-17h.
Visite libre. Visite guidée.
Visite guidée sur r.-v. pour les groupes.

TRINITÉ (LA)

Château Dubuc

Presqu'île de la Caravelle
97220 La Trinité
Tél. : 05 96 58 09 00/05 96 64 42 59
www.ot-trinitemartinique.fr
Propriété de la région
Classé

Ruines d'une habitation construite vers 1740, très étendue, l'habitation Dubuc prend peu à peu le nom de « château » Dubuc lorsqu'elle est déjà en ruine. Élément du patrimoine culturel historique et industriel de La Trinité, ce domaine témoigne de ce qu'est alors la civilisation de plantation. Le « château » Dubuc se trouve sur l'un des plus beaux sites classés de l'île, la presqu'île de la Caravelle.
T.l.j. 8h30-17h. Visite libre. Visite guidée t.l.j. sur r.-v.

TROIS-ÎLETS (LES)

Église Notre-Dame-de-la-Délivrance

97229 Les Trois-Îlets
Tél. : 05 96 68 40 48
www.trois-ilets.com
Propriété de la commune
Classé

L'église des Trois-Îlets est construite par les pères jésuites en 1724. Marie-Josèphe Rose Tascher de La Pagerie, future impératrice des Français, y est baptisée le 27 juillet 1763. D'importants travaux de restauration sont entrepris en 1979-1980. En 1994, elle est ravagée par un incendie. La restauration complète de l'édifice a eu lieu en 1999-2000, ce qui a permis à l'édifice de retrouver son lustre d'antan.
Lun.-sam. : 9h15-11h45. Visite libre.

Sucrerie de La Pagerie (ruines)

Musée départemental de La Pagerie
Domaine de La Pagerie
97229 Les Trois-Îlets
Tél. : 05 96 68 38 34
www.trois-ilets.com
Propriété du département
Inscrit

Le domaine de La Pagerie abrite un musée qui est consacré à l'histoire et à la botanique en hommage à la petite Yeyette, Rose de Beauharnais, devenue Joséphine, impératrice des Français. Le musée s'articule autour de trois points forts : le domaine avec son parc planté d'espèces arbustives et végétales rares; les ruines du moulin à canne et celles de la sucrerie-purgerie; la case à farine ou manioquerie. La Pagerie ressemble à une petite ferme située dans un verger normand avec ses lucarnes, son toit de tuiles et ses solides murs de pierre.
T.l.j. sf lun. : mar.-ven. 9h-17h30; w.-e. 9h30-12h30, 15h-17h; j. fériés 9h30-12h30. Visite libre. Visite guidée.
Visite guidée sur r.-v. pour les groupes.

Ci-contre : cathédrale Saint-Louis, Fort-de-France (Martinique).

A

B

C

Abbaye de Cluny (Saône-et-Loire).

D

E

F

G

H

I

J

K

L

Château de La Motte-Tilly (Aube).

M

Château d'If, Marseille (Bouches-du-Rhône).

N

O

P

Sainte-Chapelle, Paris (Île-de-France).

Villa Savoye, Poissy (Yvelines).

Q

R

S

T

U

V

W

Y

Remerciements

Nous remercions tous ceux qui, au cours de la préparation de cet ouvrage, nous ont apporté leur aide pour l'établissement de la liste des monuments sélectionnés, la rédaction et la relecture des notices, ou pour le rassemblement de l'iconographie :

la direction de l'Architecture et du Patrimoine, les directions régionales des Affaires culturelles, les collectivités territoriales, les offices du tourisme, les syndicats d'initiative, les associations La Demeure historique et Vieilles Maisons françaises, ainsi que les propriétaires,

et tout particulièrement :

Marie-Joseph Arrighi-Landini
Martine Audibert
Jean-Pierre Beck
Laurence Berthon
Patrice Bertrand
Patrick Blandin
Agathe Blondel
Patrick Boisnard
Jérôme Bonhôte
Jean-Pierre Bouchet
Catherine Boulot-Duprat
Frédérique Boura
Laurent Bouthor
Mireille Bouvet
Marceline Brunet
Agnès Bruno
Kamolwan Budharugsa
Bernard Castelain
Agnès Charpentier
Fabienne Chaudesaigues
Annick Clavier
Josette Clier
Christophe Cloquier
Noëlle Combe
Jean-Pierre Commun
Yvon Comte
Patrice Conte
Pascal Couanon
Yves Cranga
François Decaens
Laure Dedouit
Florence Delacampagne
Pascale Delmotte
Chloé Demey
Sylvie Denante
Isabelle Denis
Céline Dépond
Jean Desloges
Marlène Desroses
Laetitia Desset
Joëlle Deyres
Maryse Durin
Leila Ezepko
Martine Fabioux
Christophe Fenneteau
Françoise Fillon
Claire Fournier
Marie-France François
Michèle François
Jean Fusier
Alexandre Gady
Anne Genevard
Marie-Odile Giraud
Georges Gonsalvès
François Goven
Sylvie Grenet
Michèle Guérin
Ewa Harland
Mariucz Hermanowicz
Sabine Humbert
Vania Jacquelet
Michel Kneubülher
Anne-Françoise Kowalewski
Philippe Laos
Brigitte Larrounec
M. Laurenceau
Solange Lauzanne
Yannick Lecherbonnier
Marie Leduc
Marie-Hélène Lemoine
Patrick Léon
Isabelle Lettéron
Éliane Lochot
Emmanuel Luis
Robert Malnoury
Marie-Odile Mandy
Benoît Martin
Jean Marx
Marie-Claude Mary
Dominique Masson
Pascale de Maulmin
Élisabeth Meller-Liron
Agnès Monge
Brigitte Montagne
Marie-Françoise Morel
Pascale Morestin
Sophie Morlot
Hervé Musse
Alain Nafilyan
Cécile Niesseron-Brenot
Claude Niski
Jean Nougaret
Christine Oculi
Virginie Ollier
Erwann Patte
Hervé Pelvillain (†)
Anne Peubez
Odile de Pierrefeu
Jacques Raffin
Roxane Ravo-Joubert
Élisabeth Réveillon
Marie-Françoise Ribadeau-Dumas
Marie-Claire Ricard
Annick Richard
Alain Rieu
Mme Rolland
Anne Rousset
André Signoles
Jean-Christophe Simon
Marie-Hélène Since
Bernard Sonnet
Jeanine Soulié
Eddy Stein
Catherine Tijou
Anne-Laure Tisseyre
Pascale Touzet
Christian Trézin
Annick Tuslane-Monaesclay
Anne-Laure Vella
Dominique Watin-Grandchamp
Michel Wiénin
Vanessa Yager
Thierry Zimmer

h = haut m = milieu b = bas

Acloque B. © CMN, Paris : 112h, 343h, 409, 499, 608, 819.
Aérosud © CMN, Paris : 55, 61.
Alticolor © CMN, Paris : 114-115.
Alves G. © Conservation départementale des Musées des pays de l'Ain : 745b, 748h.
Audibert M. © CRMH Provence-Alpes-Côte d'Azur : 718, 719, 720b, 721, 730, 732h, 734, 736.
Aujoulat N. © CNP, Périgueux : 35.
Ayrault © Inventaire général Île-de-France/ADAGP : 297.
Bach J.-C. © : 14b.
Ballot J.-C. © : 392-393, 395.
Ballot J.-C. © CMN, Paris : 326h, 820.
Barathieu A. © CMN, Paris : 362-363.
Barnoud P. © : 135.
Basset © Musée des Arts décoratifs de Lyon : 775h.
Bastian A. © : 73.
Bastien D. © Inventaire général Lorraine/ADAGP : 416m, 419m, 422, 439.
Beauvalot Y. © Inventaire général Bourgogne/ADAGP : 158.
Berthé Ph. © CMN, Paris : 36, 37, 39b, 42, 46, 58, 63, 82-83, 189, 197, 212h, 290-291, 314, 327, 366, 372h, 378, 382b, 391h, 475m, 534-535, 538, 624h, 638-639, 680-681, 699h, 720h, 744, 805, 814-815.
Beuzzen Ph. © CMN, Paris : 176.
Bevalot J.-P. © CRMH Franche-Comté : 274b.
Bidoli J.-F. © Photothèque EPCC Saline royale : 270-271.
Blandin P. © CRMH Franche-Comté : 277, 283, 284, 285h, 286.
Blot G. © RMN/Institut de France : 348m.
Bobin Y. © : 761b, 762, 766h.
Boisnard P. © CRMH Franche-Comté : 282.
Bonnaud G. © : 53.
Bordes D. © CMN, Paris : 121h, 142h, 334, 714, 740-741.
Boulanger C. © CMN, Paris : 553.
Breuil A. © : 403h.
Brugier M. © : 329, 475h, 564b, 565, 708, 753h, 755, 757b, 794h.
Busseuil D. © Écomusée de la communauté urbaine Le Creusot-Monceau-les-Mines : 143.
Cadet P. © CMN, Paris : 301m, 361.
Castelet © : 545.
Chabot B. © Inventaire général Aquitaine/ADAGP : 31, 68, 69, 71, 72.
Champollion H. © : 138, 155.
Clariana G. © CMN, Paris : 10-11, 17h, 615h.
Coing G. © Inventaire général Lorraine/ADAGP : 421, 423b, 426, 430.
Commereuc H. © CRMH Bretagne : 173.
Commereuc H. © Inventaire général Bretagne/ADAGP : 168.
Corbierre P. © Inventaire général Basse-Normandie/ADAGP : 514, 526, 530.
Cosset S. © Mairie de Mandeure : 275h.
Couchaux D. © Inventaire général Haute-Normandie/ADAGP : 541, 552h.
Cranga Y. © Inventaire général Midi-Pyrénées/ADAGP : 462b, 465.
Dapvril P. © Inventaire général Nord-Pas-de-Calais/ADAGP : 498h.
De Brantes C.-H. © : 738.
Decaens F. © Inventaire général Basse-Normandie/ADAGP : 521h.
Decossy M. © Inventaire général Languedoc-Roussillon/ADAGP : 371, 372h, 380, 385, 387h, 391b.
Decouz © : 780, 781.
Delagarde J.-P. © : 352b.
Denante S. © CRMH Provence-Alpes-Côte d'Azur : 712b, 728, 729.
Deslandes Y. © Musées départementaux de Seine-Maritime : 551.
Dubau M. © Inventaire général Aquitaine/ADAGP : 44, 52h, 54, 67, 75h, 76.
Dupont R. © : 405.
Dupuis M. © Musée d'Histoire de Saint-Malo : 184.
Durupt de Baleine A. © Inventaire général Lorraine/ADAGP : 424, 427.
Duthu J.-L. © Inventaire général Bourgogne/ADAGP : 118h, 121m, 134h, 136, 148, 152, 157b.
Duvernay É-E. © Château de Sassenage/ Office du tourisme de Sassenage : 764h.
Eraud D. © ADAGP : 590, 591.
Erfurth J. © Inventaire général Alsace/ADAGP : 14m.
Fessy G. © Institut de France : 174m, 622.
Feuillie J. © CMN, Paris : 133, 153, 294, 387b, 447.
Fouilloux D. © : 118m.
Frayssex P. © : 166.
Fusier J. © CRMH Champagne-Ardenne : 248b, 251h, 252, 254, 256, 257, 258, 259, 260, 261h, 262h.
Fussler N. © Musées de Strasbourg : 18b.
Gallard J.-P. © CRMH Pays de la Loire : 568, 572, 592, 598.
Gaud H. © : 129.
Génin P.-Y. © CRMH Franche-Comté : 288.
George A. © Inventaire général Lorraine/ADAGP : 416h, 420, 432.
Gilbert A. © Drac Guyane : 792.
Giraud M.-O. © CRMH Aquitaine : 40h.
Giraud M.-O. © Inventaire général Midi-Pyrénées/ ADAGP : 459.
Giraud P. © Inventaire général Pays de la Loire/ ADAGP : 569b, 595b, 599, 602, 604m, 605.
Gueneau L. © CMN, Paris : 345b.
Guérin G. © CRMH Aquitaine : 56, 64, 75b, 77.
Guillaume J. © Inventaire général Lorraine/ADAGP : 418, 436.
Halleux D. © CEL : 169h.
Heller M. © Inventaire général Rhône-Alpes/ ADAGP : 726m.
Hermanovicz M. © Inventaire général Centre/ADAGP : 221b, 223, 224, 225, 227, 228, 229, 230, 232m, 237, 240b.
Hermelin P. © Domaine national de Chambord : 232h.
Hervé D. © Ville de Montivilliers : 552h.
Hervouet P. © Conservation départementale

des Antiquités et Objets d'art de l'Ain : 745h.
Hitau S. © : 318.
Jacques J.-C. © Inventaire général Languedoc-Roussillon/ADAGP : 376b.
Jacques R. © CMN, Paris : 140b, 145, 273, 312.
Jay F. © Musée des Beaux-Arts de Dijon : 123.
Joly P. © CMN, Paris : 569h.
Jugie Ph. © Musée national de Préhistoire, Les Eyzies : 47h.
Kammenhalter M. © Asepam : 23m.
Kérignard M. © Inventaire général Lorraine/ADAGP : 433.
Kleinefenn F. © : 186.
Kollmann C. © Inventaire général Haute-Normandie/ADAGP : 556.
Lambart A. © Inventaire général Bretagne/ADAGP : 170m, 171, 178, 180, 182, 187m, 188, 191.
Lasa F. © Inventaire général Pays de la Loire/ADAGP : 582m, 587m, 594, 595m.
Laugery © : 33h.
Le Droumaguet M. © France Télécom/Cent : 170h.
Lecoq-Vallon F. © : 593.
Lemaître P. © CMN, Paris : 162-163, 205, 215, 300, 324, 344h, 345h, 347, 349, 351, 354, 440-441, 474, 656, 665h, 746b.
Leroux J.-B. © : 45m.
Leroy T. © Inventaire général Haute-Normandie/ADAGP : 542b.
Levillain © CMN, Paris : 172.
Lonchampt A. © CMN, Paris : 40b, 111b, 113, 198, 261m, 301h, 303, 369, 374, 375, 410, 460b, 476b, 483, 525, 670.
Maillier A. © Bibracte : 149.
Marlard O. © Inventaire général Nord-Pas-de-Calais/ADAGP : 494m.
Marx J. © CRMH Franche-Comté : 278.
Mary J. © CRMH Provence-Alpes-Côte d'Azur : 692, 699m, 700b.
Mathieu J.-L. © : 287.
Miossec Y. © Inventaire général Haute-Normandie/ADAGP : 546.
Monnier H. © CMN, Paris : 146.
Müller P. © CMN, Paris : 192-193, 204, 219, 231, 244-245, 253, 263, 307, 341, 469, 629, 637, 716, 810.
Ogier M. © : 183.
Ollivier A. © : 678b.
Paillé J.-L. © CMN, Paris : 18h, 26-27, 352h, 484, 700h.
Pautrat S. © : 275b.
Peiré J.-F. © Inventaire général Midi-Pyrénées/ADAGP : 455b, 456b, 463, 482h.
Périn J.-M. © Inventaire général Languedoc-Roussillon/ADAGP : 382h, 383, 388.
Petitberghein T. © Inventaire général Nord-Pas-de-Calais/ADAGP : 492b, 493h, 493m, 494h.
Peton É. © : 279.
Pierrefeu O. © CRMH Provence-Alpes-Côte d'Azur : 686, 687, 689, 704, 706, 709, 715.
Pillet D. © Inventaire général Pays de la Loire/ADAGP : 562, 563, 566.
Poche F. © : 295.
Pons F. © CMN, Paris : 304.
Prévert A. © CRMH Basse-Normandie : 506h.
Quivillic © Inventaire général Bretagne/ADAGP : 185.
Raflin J. © Inventaire général Auvergne/ADAGP : 86, 87, 88, 89, 91, 92, 94, 96, 97, 98, 100, 101, 102, 104, 106, 107, 108, 111m, 112b.
Raïofiss M. © CMN, Paris : 360.
Rapilliard M. © CMN, Paris : 187h, 500-501, 519b.
Renoux B. © CMN, Paris : 558-559.
Réo S. © CRMH Provence-Alpes-Côte d'Azur : 694b, 696, 726h, 727.
Revault É. © CMN, Paris : 122, 125, 137, 156, 160, 161, 305, 313, 326b, 335h, 336, 397, 403b, 408, 444, 445, 711, 713, 724.
Richard A. © : 285b.
Rivet F. © : 657.
Roquefeuil L. de © : 218b.
Rose C. © CMN, Paris : 311, 338, 339, 344m, 348b, 350, 379, 610-611.
Roucaute G. © Inventaire général Rhône-Alpes/ADAGP : 684.
Rousseau B. © Inventaire général Pays de la Loire/ADAGP : 570, 571, 573, 574h, 575, 576b, 578, 579, 580.
Roussel F. © Inventaire général Lorraine/ADAGP : 419b.
Roussillon S. © : 653b.
Roux B. © : 761h.
Sabran-Pontevès E. de © : 57.
Saint-Jean T. © Office du tourisme de Bordeaux : 51, 52b.
Sarda J.-L. © : 478.
Sarrola J.-L. © Inventaire général Corse/ADAGP : 267, 268m.
Seckler J.-M. © : 23b.
Since M.-H. © CRMH Basse-Normandie : 504, 506b, 508, 509, 512, 513, 517, 519h, 521b, 527, 529, 532h, 533.
Soula C. © Inventaire général Midi-Pyrénées/ADAGP : 452, 466, 468, 470b, 473, 482m.
Stamm J.-C. © Inventaire général Alsace/ADAGP : 17b, 24m.
Thurel F. © CRMH Provence-Alpes-Côte d'Azur : 690, 694h, 697, 735m, 739.
Travert Y. © : 234.
Tulane M. © CMN, Paris : 705, 749.
Vial T. © : 789, 790h, 791b.
Vialles J.-B. © Inventaire général Île-de-France/ADAGP : 296, 325.
Yager J. © : 384h.
Zimmermann O. © Musée d'Unterlinden : 20.
Zvardon F. © : 16.
Zvardon F. © Musées de Strasbourg : 19.
© Abbaye de Flavigny : 126.
© Akg-images : 309.
© Akg-images/Bibolet C. : 299.
© Akg-images/Bildarchiv Steffens : 289.
© Akg-images/Champollion H. : 411, 600, 601, 757h, 770, 784-785, 788m, 797.
© Akg-images/De Agostini Pict.Li : 765.
© Akg-images/Peter L.-M. : 698.
© Akg-images/Schütze/Rodemann : 359.
© Association château d'Aujac : 372b.
© Bibliothèque patrimoniale et de recherche du Grand Cahors : 470h.

© CFMM : 60.
© Château de l'Hermenault/Hebert N. : 604h.
© Château de Rambures : 635.
© Château du Touvet : 764b.
© CMN, Paris : 654.
© Conseil général de la Mayenne : 586.
© CRMH Alsace : 24h.
© CRMH Aquitaine : 30, 33b, 34, 39h, 41, 45h, 49b, 65, 66, 70.
© CRMH Centre : 196, 199, 200, 201, 202, 206, 207, 208, 209, 211, 212b, 214, 216, 217, 221m, 222, 233b, 239, 240h, 240m, 241, 243.
© CRMH Franche-Comté : 276.
© CRMH Martinique : 794b, 795, 796.
© CRMH Nord-Pas-de-Calais : 490, 492h, 496, 497h, 498b.
© CRMH Pays de la Loire : 585.
© CRMH Picardie : 615m, 616m, 617, 618, 619, 623, 624b, 625, 626b, 627, 630, 632, 633, 634, 636.
© CRMH Poitou-Charentes : 643, 645, 646, 649, 652, 653h, 655, 659, 661, 662, 663, 664, 665m, 666, 667, 668, 669, 672, 674, 676, 678h, 679.
© CRMH Rhône-Alpes : 754, 766b, 767h, 768h, 771, 772, 774m, 777, 778, 779b, 782h.
© Culture site : 38b.
© FLC/ADAGP ; photo Denante S. © CRMH Provence-Alpes-Côte d'Azur : 712h.
© FLC/ADAGP ; photo Feuillie J. © CMN, Paris : 281b.
© Fondation Abbaye de la Lucerne : 520.
© Fondation Le Corbusier/ADAGP ;
© CRMH Rhône-Alpes : 774h.
© Fotolia/Bastide J. : 464.
© Fotolia/Batailler C. : 38h.
© Fotolia/Bourhia S. : 25.
© Fotolia/Christophe B. : 537.
© Fotolia/Combaud E. : 320.
© Fotolia/Delmo07 : 750b.
© Fotolia/Gg : 267.
© Fotolia/Img85h : 717.
© Fotolia/Jimjag : 48, 49h.
© Fotolia/JM-G : 95.
© Fotolia/Jonathan : 386.
© Fotolia/Le Studio Alchimie : 226.
© Fotolia/Leleu M. : 218h.
© Fotolia/Lips C. : 685.
© Fotolia/Montier S. : 587h.
© Fotolia/OM Photos : 642.
© Fotolia/PackShot : 330.
© Fotolia/Pesenti G. : 620.
© Fotolia/Philophoto : 264-265, 269.
© Fotolia/Philou : 431.
© Fotolia/Roland Y. : 756.
© Fotolia/Séb-Compiègne : 621.
© Fotolia/Pozzo di Borgo T. : 233h.
© Fotolia/Xiongmao : 616h.
© Gromelle Grand Angle : 737.
© Hoa-Qui/Bibikow W./Age Fotostock : 791h.
© Hoa-Qui/Bibolet C./Top : 390.
© Hoa-Qui/Buss W./Eyedea : 417.
© Hoa-Qui/Cuvelier N. : 472.
© Hoa-Qui/Fernandez S./Age Fotostock : 467.
© Hoa-Qui/Garnier M. : 606.
© Hoa-Qui/Guichaoua Y./Eyedea : 731b, 733.
© Hoa-Qui/Jarry-Tripelon/Top : 406, 481b.
© Hoa-Qui/JNS/Rapho : 331.
© Hoa-Qui/Machet B. : 495b.
© Hoa-Qui/Mattes R./Explorer : 428.
© Hoa-Qui/Perrin T. : 317.
© Hoa-Qui/Reperant D. : 564m, 609.
© Hoa-Qui/Reperant D./Explorer : 319.
© Hoa-Qui/Roignant J.-M. : 788b.
© Hoa-Qui/Sudres J.-D./Top : 784-785.
© Hoa-Qui/Targa/Age Fotostock : 455h, 768b.
© Hoa-Qui/Testelin X. : 491.
© Hoa-Qui/Testelin X./Rapho : 105, 328.
© Hoa-Qui/Thomas F. : 702
© Hoa-Qui/Thomas F./Eyedea : 357.
© Hoa-Qui/Tierny Y./Explorer : 495h.
© Hoa-Qui/Troncy M. : 773.
© Hoa-Qui/Veiller H. : 251b.
© Hoa-Qui/Veiller H./Explorer : 650m.
© Hoa-Qui/Wolf A. : 710.
© Inventaire général Auvergne/ADAGP : 109.
© Inventaire général Île-de-France/ADAGP : 310.
© Jacana/Cedre J./Eyedea : 412-413.
© Jacana/Riesler J.-D./Eyedea : 337.
© Les Amis de l'abbaye de Mortemer : 542h.
© Loflo69 : 747.
© Mairie de Champdieu : 767b.
© Maison Jean-Vilar, Avignon : 731h.
© Maison de Pierre et Marie Durand, Pranles : 752b.
© Moulin à vent de Brignemont : 458.
© Musée de la Céramique, Rouen : 554.
© Musée de Millau : 450h.
© Musée du château de Mayenne/Pelletier B. : 588.
© Musée Toulouse-Lautrec : 476h.
© OT Beaulieu-sur-Dordogne : 396.
© OT Chambon-sur-Voueize : 401.
© OT Cruas : 751.
© OT Lucéram : 694m.
© OT du Pays de Bray : 626h.
© OT du Pays des Abbayes : 437.
© OT Trévoux Saône Vallée : 748b.
© patrimoine@nouaille.com : 675.
© Petit Hôtel Bourrienne : 355.
© Roque Saint-Christophe : 43.
© Service du patrimoine de la ville de Basse-Terre : 790m.
© Service régional de l'Archéologie Poitou-Charentes/ADAGP : 648.
© Top / Hinous P./Eyedea : 298.
© Ville d'Arles/H.-L. Casès : 707.
© Ville de Croissy-sur-Seine : 322.
© Ville de Lyon : 775b, 776.
© www.all-free-photos.com : 596
© www.chateaudecanon.com : 510.
© www.chateauservien.com : 760.
© www.christophe-duranti.com : 703.

Centre des monuments nationaux

Président
Philippe Bélaval
Directrice générale
Bénédicte Lefeuvre

Directeur des éditions
Jocelyn Bouraly
Responsable des éditions
Catherine Donzel
Responsable de la fabrication
Carine Merse
Conception graphique, mise en pages, infographie
Marc Brugier
Correction
Sylvie Lelandais

Coordination éditoriale
Laure Watel
Recherche iconographique
Frédérique Potier
Conception couverture
Antoine Robaglia
Conception des cartes
Hélène Barau, Graphies Meylan
Correction
La Machine à mots

Photogravure
Mavit, Carcassonne
SCEI, Ivry-sur-Seine
Impression
Loire Offset Titoulet, Saint-Étienne, France, 2010
Réimpression : Avril 2014
Dépôt légal : juin 2010